심리학개론

사람 · 마음 · 뇌 과학

Σ 시그마프레스

심리학개론

사람 · 마음 · 뇌 과학

Daniel Cervone 지음
김정희, 김남희, 이경숙, 이나경, 장인희 옮김

PSYCHOLOGY
The Science of Person, Mind, and Brain

Σ 시그마프레스

심리학 개론 사람 · 마음 · 뇌 과학

발행일 | 2017년 2월 20일 1쇄 발행
2019년 3월 5일 2쇄 발행
2022년 1월 20일 3쇄 발행

지은이 | Daniel Cervone
옮긴이 | 김정희, 김남희, 이경숙, 이나경, 장인희
발행인 | 강학경
발행처 | ㈜ 시그마프레스
디자인 | 강경희
편집 | 문수진

등록번호 | 제10-2642호
주소 | 서울시 영등포구 양평로 22길 21 선유도코오롱디지털타워 A401~402호
전자우편 | sigma@spress.co.kr
홈페이지 | http://www.sigmapress.co.kr
전화 | (02)323-4845, (02)2062-5184~8
팩스 | (02)323-4197

ISBN | 978-89-6866-878-4

PSYCHOLOGY The Science of Person, Mind, and Brain

First published in the United States by WORTH PUBLISHERS, New York
Copyright © 2015 by WORTH PUBLISHERS
All rights reserved.
Korean language edition © 2017 by Sigma Press, Inc. published by arrangement with WORTH PUBLISHERS

* 책값은 책 뒤표지에 있습니다.
* 이 도서의 국립중앙도서관 출판예정도서목록(CIP)은 서지정보유통지원시스템 홈페이지(http://seoji.nl.go.kr)와 국가자료공동목록시스템(http://www.nl.go.kr/kolisnet)에서 이용하실 수 있습니다.(CIP제어번호 : CIP2017002403)

역자 서문

이 책의 원 제목은 *Psychology : The Science of Person, Mind, and Brain*이다. 그리고 이 책에서는 심리학을 사람, 마음, 뇌에 대한 과학적 연구로 정의를 내리고 있다. 사람에 대한 관심을 가지고 깊이 연구하기 시작한 것은 서양에서는 소크라테스 그리고 동양에서는 부처까지 거슬러 올라갈 수 있지만, 사실 사람의 마음에 대한 과학적인 연구가 시작된 것은 그리 오래되지 않았다(분트가 심리실험실을 설립한 1879년). 비교적 짧은 역사를 가지고 있지만 심리학은 그동안 급속도로 발전해왔고 최근에는 특히 뇌 과학의 발전과 더불어 분야도 더 다양해지면서 심리학자들은 여러 가지 분석 수준을 사용하여 인간 행동을 분석하고 있다. 이 책은 사람, 마음, 뇌 분석 수준에서 각각 그리고 통합적으로 인간의 심리를 설명하고 있다.

우리는 어떤 사람(혹은 자신)의 행동에 대해 다음과 같은 질문을 한다. 왜 그렇게 행동했을까? 무슨 생각으로 그런 행동을 했을까? 그 사람의 머리에는 뭐가 들어 있을까? 그 사람의 머리는 어떻게 되어 있을까? 이런 질문에 대해 이 책에서는 사람, 마음, 뇌 수준에서 각각 분석할 뿐만 아니라 각 수준이 어떻게 연결되는지 이해하기 쉽게 설명해준다.

대부분의 심리학 개론서에서는 뇌에 대한 이해가 앞부분에 나오고 그다음에 마음에 대한 이해 부분이 나오고 그다음에 사람에 대한 이해가 나오기 때문에 각 수준이 독립적으로 다루어져서 어떻게 연결되는지 이해하기 어려울 뿐만 아니라, 뇌를 다루는 부분에서 이미 흥미를 잃게 되는 경우가 많다. 이 책은 각 장이 사람 수준에서 시작해서, 사람을 잘 이해하기 위해 마음 수준으로 내려가서 설명하고, 다시 마음 수준을 더 잘 이해하기 위해 뇌 수준으로 더 깊이 내려가서 설명한다. 또한 이 세 수준이 각각 어떻게 연결되는지 설명하고 있어서 인간의 행동을 전체적으로 큰 그림에서도 이해하고 더 깊고 세밀한 수준에서도 이해할 수 있도록 해준다.

이 책이 나오기까지 6명의 역자들은 세 차례에 걸친 모임을 가지고 그 외의 매체를 사용하여 정보를 공유했다. 우선 각 번역자의 전공과 관심에 따라서 번역을 맡을 장들을 정했다. 그리고 책 속의 동일한 개념이 다르게 표현되지 않도록 용어를 통일하기 위하여 각 장의 핵심 용어에 나오는 용어들을 먼저 우리말로 번역해서 공유했다. 6명의 역자들은 샌드위치로 저녁을 대신하고 커피를 마시면서 학문적인 소담을 나누는 즐거운 추억을 만들었다. 부족함은 남아 있지만 각 분야의 전공자로서 각자 최선을 다해 번역했다고 믿는다. 심리학을 전공하거나 교양으로 심리학을 공부하는 후배들이 이 책을 통해서 성장할 수 있기를 기대한다.

끝으로 이 책이 나오기까지 많은 관심을 보여주신 ㈜ 시그마프레스의 강학경 사장님과 김갑성 차장님, 그리고 편집부 직원들에게 감사의 말씀을 드린다.

2017년
역자 일동

저자 서문

한동료 교수와의 대화에서 이 책이 시작되었다. 심리학개론 수업을 시작한 지 몇 주 후에 수강생한 명이 이렇게 질문했다고 한다. "이 수업에서 왜 생물학을 공부하고 있어요? 내가 수강신청한 과목은 심리학인데요?"

이것은 매우 좋은 질문이라고 우리는 생각했다.

그 학생은 생물학에 대해서는 잘 이해하고 있었다. 그러나 그는 뇌세포, 생화학, 신경경로, 유전적 메커니즘과 같은 생물학적인 사실들이 심리학적 현상과 어떻게 관련되는지 이해하지 못했다. 어떻게 그럴 수가 있을까 생각할 수도 있겠지만, 심리학을 이제 배우기 시작한 학생으로서는 그렇게 생각하는 것이 당연한 일이다.

그러나 심리학개론을 이렇게 이해해서는 안 된다. 학생들이 사람에게 유전되는 심리적 특성을 이해하기 전에 반드시 유전적 메커니즘을 먼저 공부해야만 하는 것은 아니다. 연구자들은 심리적 현상을 더 깊이 이해하기 위하여 뇌를 연구하지만 학생들이 그것을 이해하기 위해 반드시 먼저 뇌 구조를 암기할 필요는 없다. 중요한 것은 학생들이 가장 관심을 많이 가지고 있는 주제를 교재의 마지막 장에 가서야 만나게끔 할 필요가 없다는 점이다. 가족, 친구, 관계, 인종 집단, 사회경제적 환경, 그리고 문화적 관습과 관련된 실제 사회 속에서 살아가고 있는 사람이 경험하는 것을 먼저 소개하는 것이 중요하다. 사회 속에서 자신의 능력을 충분히 발휘하면서 잘 살아가고 있는 사람들에 대하여 심리학개론서의 마지막 장에 배치하여 논의할 필요가 없다. 그것은 책의 앞부분, 중간 부분, 그리고 모든 장에 걸쳐 다루어져야 할 내용이다. 사람에 대하여 모든 장에서 다룸으로써 심리학개론을 가르치는 교수와 배우는 학생들이 직면하는 많은 실제 문제들을 해결할 수 있는 새로운 교수 전략에 대한 문을 개방할 것이라고 우리는 바로 인식하게 되었다.

교수 전략

이 책은 이 전략에 따라 집필되었다. 이 전략에 따라 집필된 책의 내용을 공부하면 학생들의 학습 수준도 향상될 것이다. 그 전략 자체는 비교적 간단하며 분석 수준 접근과 '사람 우선' 접근의 두 가지 단계로 구성된다.

분석 수준

첫 번째 단계는 분석 수준 접근이다. 연구자들(예 : Harré, 2002; Mischel, 2009)이 지적했듯이, 오늘날 심리과학자들은 서로 보완적인 여러 가지 분석 수준에서 연구한다. 대부분의 심리학 분야는 세 가지 수준으로 조직되어 있다.

1. **사람** : 집단, 사회, 그리고 문화의 한 구성원으로 발달하는 개인
2. **마음** : 정신적 표상, 인지 과정, 그리고 인지 과정이 상호작용하는 정서적 과정
3. **뇌** : 우리가 마음을 가질 수 있고 사람일 수 있게 해주는 방대하게 서로 연결된 신경계

사람, 마음 그리고 뇌의 분석 수준에서 수행되는 이론과 연구 프로그램들은 '경쟁적인 관점'이 아니다. 그것들은 과학적인 이해를 위한 상호 보완적인 통로들이며 서로 결합하여 오늘날의 다면적이면서도 통합적인 과학이 된다.

분석 수준의 틀은 두 가지 큰 장점을 가지고 있다. 정확할 뿐만 아니라(최신 정보를 반영하는) 직관적이기도 하다. 심리학개론 수업을 수강하기 이전에도, 사람들은 (1) 사람들의 심리학적 삶을 의논하고, (2) 마음의 작용(기억, 학습, 등)에 대해 익숙하고, (3) 생물학적 뇌가 마음을 가질 수 있게 하고 한 사람이 될 수 있게 해준다는 것을 안다. 이 책에서는 과학적인 이론과 연구를 제시할 때 사람의 직관적인 지식을 활용한다.

'사람 우선' 접근

세 가지 분석 수준 중 어디에서 출발할지 결정해야 한다. 즉 사람, 마음, 뇌 분석 수준 중 어느 수준에서부터 주제를 소개할 것인지 정해야 한다. 많은 책들은 '아래'에서 시작한다. 그 저자들은 몸의 구조와 신경생리학을 소개한 후에 사람의 사고와 기분을 다루고 눈에서 뇌까지의 신경경로를 상세하게 기술한 후에 사람이 환경과 상호작용하여 획득하는 지각정보의 범위를 다룬다.

이 책은 일관성 있게 '위'에서 시작한다. 우리는 처음으로 사람 우선 접근을 심리학개론에서 소개한다. 모든 장에서 소개되는 과학적인 이론과 연구는 사회문화적 상황 속에서 일어나는 사람들의 삶에 초점을 맞춘 현상을 사람 분석 수준에서 제시한다. 그 후에 이해를 심화하기 위하여 마음 수준(인지적 그리고 정서적 과정)과 뇌 수준(신경과 생화학 시스템)에서 탐색한다. 뇌와 신경계, 감각과 지각, 그리고 기억을 다루는 장들을 포함한 모든 장에서 사람 우선 접근을 사용한다.

요약 차례

차례

Jasper James / Getty Images

Gallery Stock

Gallery Stock

CHAPTER

3

뇌와 신경계 ─────────────────────── 71

S4M / Getty Images

CHAPTER

4

감각과 지각 ───────────────────────── 107

CHAPTER

5

기억 ————————————————— 155

Gallery Stock

Gallery Stock

Gallery Stock

CHAPTER

8 의식 ————————————— 283

Loyall Sewall / Gallery Stock

Maya Almeida / Gallery Stock

Gallery Stock

H&D Zielske / Gallery Stock

Michael Prince / Gallery Stock

Hugh Arnold / Gallery Stock

CHAPTER

13 발 달 ——————————————— **499**

Amani Willett / Gallery Stock

과학적인 목적을 위해 사람을 대상으로 연구할 때에는
인격체로 대우해야 한다.

– Harré & Secord

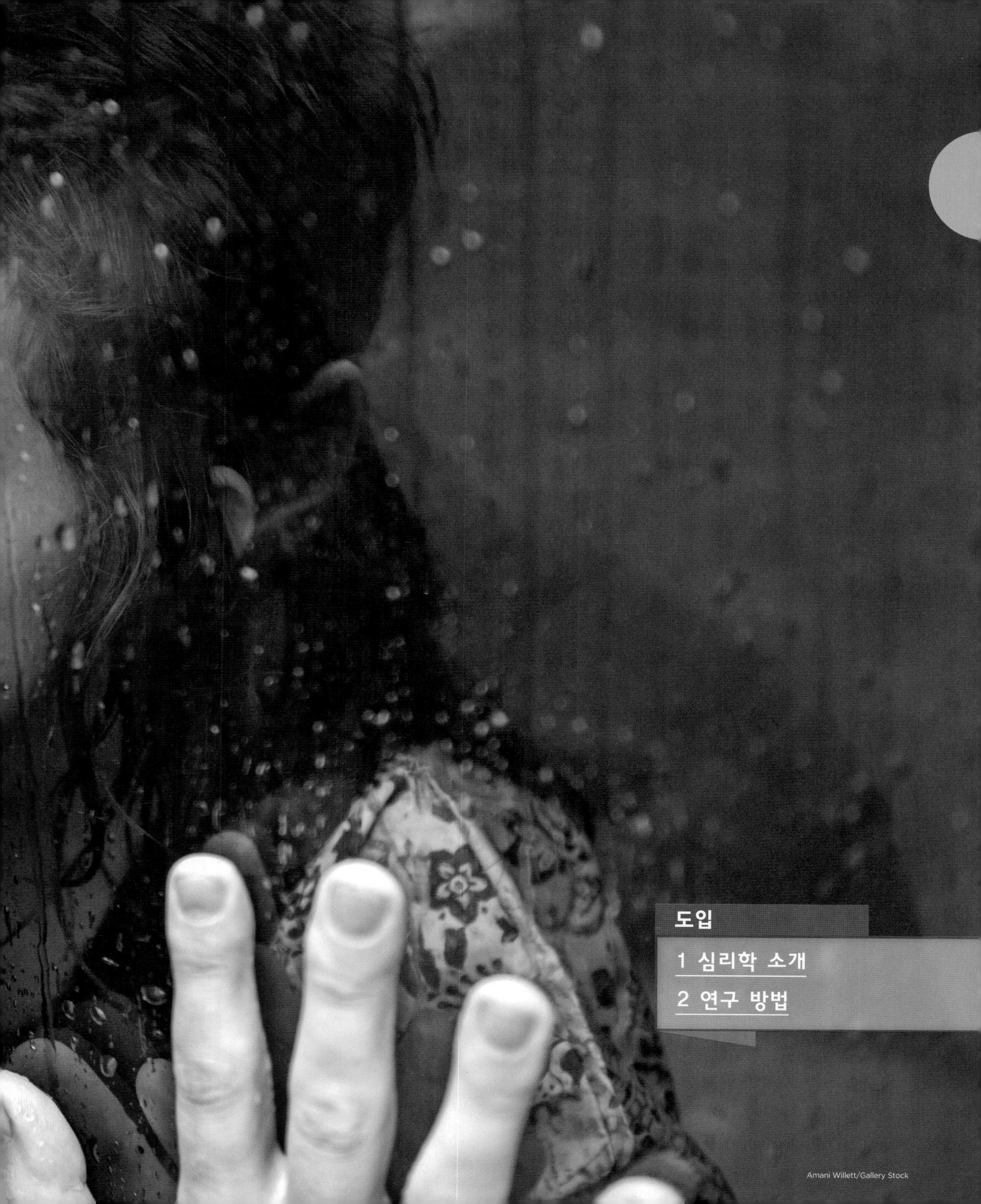

도입

Amani Willett/Gallery Stock

심리학 소개

1

1950년대에 시카고에서 자라고 있던 클로드라는 한 미국 흑인 아동은 동네 수영장에서 수영을 할 수 있기는 한데 수요일에만 가능하고, 롤러 링크에서 롤러스케이트를 탈 수 있기는 한데 목요일에만 가능하다는 이야기를 듣고 어리둥절했다. 이것은 '흑인' 아동에게만 적용되는 규칙이었다. 클로드는 "우리는 일반사람이야. 하지만 주중에만 일반사람이구나"라고 이야기했다.

그 규칙들은 어디에서 왔고, 얼마나 많은 규칙이 있는지, 그리고 그 규칙들은 왜 어떤 사람에게는 적용되고 어떤 사람에게는 적용되지 않는지 그는 궁금해졌다.

몇 해가 지난 후에, 한 심리학자는 이 아동을 포함한 수많은 사람들이 직면한 그 물음들을 분석했다. 그는 이와 같은 경험을 통해 아동은 두 가지를 배운다고 설명했다. 아동들은 자신이 개인일 뿐만 아니라 한 집단의 구성원―이 사례에서는 흑인―이라는 것을 배운다. 그리고 사회가 그들이 속한 집단에 대해 어떻게 생각하는지 알게 된다. 즉 "사회의 다른 구성원들이 주류 집단을 포함한 많은 것들에 대하여 어떤 생각을 가지고 있는지에 대하여 꽤 잘 알게 된다"고 그 심리학자는 설명한다. 특히 사회의 **고정관념**을 알게 된다. 고정관념이란 집단 구성원들은 비슷하다는 것에 대한 간단한 믿음이다.

그 후 그 심리학자는 고정관념이 학교에서 학생들의 수행에 영향을 미칠 수 있다는 생각을 하게 되었다. 예를 들어 시험 직전에 사람들에게 그들이 속한 집단에 대한 부정적인 고정관념을 상기시키면, 그 고정관념이 그들의 집중력을 분산시키고 불안을 일으켜서 성적을 떨어뜨릴 수 있다.

그 심리학자와 동료들은 그 아이디어를 검증하는 중요한 과학적인 연구를 수행했다. 그들의 연구는 다음과 같은 결과를 나타냈다.

> 고정관념은 **사람**에게 영향을 미친다. 사람들에게 그들 집단에 대한 고정관념을 상기시키면 평균적으로 수행 수준이 떨어지는 경향이 있다.

> 고정관념은 **마음**에 영향을 미친다. 고정관념은 시험을 잘 치기 위해 요구되는 사고과정을 방해하는 주의분산과 불안을 일으킨다.

> 고정관념은 **뇌**에 영향을 미친다. 고정관념은 시험을 잘 치기 위해 도움이 되는 뇌의 영역보다 정서적 반응을 일으키는 뇌의 영역을 활성화시킨다.

Jaimie Duplass / Getty Images

Jasper James / Getty Images

심리학자 클로드 스틸은 1950년대 시카고에서 성장하면서 경험했던 인종차별 때문에 고정관념의 심리적 영향에 대한 연구를 하게 되었다.

여기에서 우리는 인간의 경험에 대한 아이디어에서 출발해서 그 아이디어를 검증하는 사람·마음·뇌에 대한 연구까지 도달하는 심리학자의 여정을 볼 수 있다.

그것은 또한 그 흑인 아동의 여정이었다. 그 어린 클로드는 자라서 심리학자 클로드 스틸(Claude Steele)이 된다. 1950년대와 1960년대에 시카고에서 차별을 경험하면서 자란 스틸 교수는 훗날 미국의 유명한 심리과학자 중 한 사람이 되었다(Steele, 2010).

그것은 당신의 여정이 될 수도 있다. 사람·마음·뇌의 과학인 심리학에 대한 공부를 하면서 인간 경험에 대한 당신 자신의 아이디어를 검증해볼 수 있을 것이다. ◉

사전 질문

> **심리학이란 무엇인가?**

심리학에 오신 것을 환영합니다. 고정관념과 그것이 사람·마음·뇌에 미치는 영향에 대하여 앞에서 소개한 이야기는 심리학이 어떤 분야인지 보여준다. **심리학**(psychology)이란 사람·마음·뇌에 대한 과학적인 연구다.

> 사람 : 사람 그리고 사회·문화적 상황 속에서의 사람의 행동
> 마음 : 사람과 동물이 가지고 있는 감정과 사고를 포함하는 정신적 활동
> 뇌 : 행동하고, 느끼고, 사고하는 능력의 생물학적 기반

심리학이란 짧게 말하면 사람·마음·뇌의 과학이다.

이 장에서는 심리과학을 소개한다. 우선 6명의 현대 심리학자들이 어떤 일을 하고 있는지 알아본다. 심리학자들이 하는 일을 통해서 심리학 분야의 다양성을 알게 될 뿐만 아니라 과학적 방법이라는 한 가지 통합성도 볼 수 있을 것이다. 심리학자들이 사람·마음·뇌를 연구할 때 직관에만 의존하는 것이 아니다. 그들에게는 과학적 연구를 통해 증거를 수집하는 것이 중요하다.

그다음에는 몇 가지 심리학 연구를 살펴보면서 세 가지 유형의 연구 — (1) 사람의 행동, (2) 마음의 정서과정과 사고과정, (3) 뇌의 생물학적 시스템 — 가 어떻게 상보적인 관계를 이루는지 알게 될 것이다.

마지막으로 심리학의 역사에 대해 알아본다. 고대 학자들도 현재 심리학에서 추구하는 질문들을 제시했다. 하지만 과거와 현재의 커다란 차이점은 오늘날에는 과학적 방법을 사용한다는 것이다. 과학적 방법은 심리학자가 인간성에 대한 끊임없는 질문에 대해 새롭고 자료에 기반한 답을 할 수 있도록 해준다.

오늘날의 심리과학

심리학 관련 일을 하는 사람들은 세계적으로 수만 명이나 된다. 그들은 어떤 일을 하면서 생활하고 있는지 6명의 심리학자를 만나보자.

심리학자들은 어떤 일을 하는가

사전 질문

> **심리학 분야의 특징인 다양성을 보여주는 예에는 어떤 것들이 있는가?**

심리학자를 생각하면 어떤 그림이 머리에 그려지는가?

여기에서 소개하는 6명의 심리학자가 일하고 있는 모습을 잠깐 들여다보면 다음과 같다.

심리학 사람·마음·뇌에 대한 과학적인 연구

Macmillan Education Archive

폴린 마키(PAULINE MAKI) 만일 당신이 나의 실험실에 들어선다면 당신은 내가 어떤 사람에게 다음과 같은 지시를 하고 있는 것을 볼 수 있을 것이다.

내가 한 단어를 말해주면 그 단어와 라임(rhyme)이 맞는 단어를 가능한 한 많이 생각해내세요. 시간은 1분입니다. 준비됐지요? 단어는 '네임(name)'입니다. 시작.

폴린 마키 신체 화학물질과 정신적 수행에 대한 그녀의 연구는 마음의 작용과 뇌의 생물학적 메커니즘을 연결하는 심리과학의 주요 영역 발전에 기여하고 있다.

심리학자는 사람들에게 왜 이런 것을 하도록 할까? 이것은 정신적 수행을 측정하는 것으로 연구자는 과제 수행에 영향을 미치는 요인들을 탐색한다. 그 요인들은 여러 가지다. 어떤 요인은 얼마나 피로한지, 그 과제를 수행하기 위해 얼마나 많은 노력을 하는지와 같이 예상할 수 있는 것들이다. 그러나 뜻밖의 요인도 있다. 이 과제에서 평균적으로 여성이 남성보다 더 많은 단어를 생각해냈으며 여성의 수행이 신체 내의 화학물질인 에스트로겐의 영향을 받는다는 결과가 나타났다. 임신과 관련해서 중요한 역할을 하는 에스트로겐이 정신 능력에도 영향을 미칠 수 있다. 에스트로겐 수준과 사고를 관련시키는 우리 연구는 신체와 마음 간에 높은 상관이 있다는 것을 보여준다.

신체와 마음의 관계는 여러 가지 이유로 중요하다. 여성 유방암 환자에게는 에스트로겐 수준을 낮추기 위한 약을 사용하는데 그 약이 그들의 정신 능력을 손상시키는가? 이것은 남성에게도 중요한 문제다. 예를 들어 전립선암 치료가 신체 화학반응을 일으키고 정신적 수행에 영향을 미친다.

이것이 내가 하는 일이다. 나는 신체 화학반응이 마음에 어떤 영향을 미치는지 연구하는 과학자다. 우리는 사람들이 복용하는 약뿐만 아니라 신체의 내적 화학반응이 어떻게 정신 능력에 영향을 미치는지 더 잘 이해할 수 있기를 희망한다.

Courtesy Ed Cutrell

에드 커트렐(ED CUTRELL) 심리학자의 모습을 생각해보라고 한다면, 일주일 동안 인도의 시골 마을에서 농부들과 퇴비 만드는 것에 대해 이야기하거나, 방갈로르 지역에서 성매매업 종사자와 휴대전화 사용법에 대해서 이야기하거나, 소프트웨어 엔지니어와 함께 기술설계 일을 하는 모습이 머리에 그려지지 않을 것이다. 하지만 그런 일들이 나의 일상이다. 나는 마이크로소프트 인도 연구소에서 일하는 심리학자다.

나는 개발도상국에서 컴퓨터 시스템이 어떻게 삶의 질을 개선할 수 있는지 이해하려고 노력한다. 비록 세계적으로는 거의 50억 대 이상의 휴대전화가 사용되고 있지만, 테크놀로지의 이점을 아직 누리지 못하는 사람들이 많다. 몇몇 국가들은 모든 시민에게 전기와 연결망을 제공하기 위해 노력하고 있지만, 기업과 가정에서는 하드웨어 비용을 감당할 여유가 없는 경우가 많다. 하지만 재정적인 문제만 있는 것이 아니다. 제한된 교육과 문맹, 테크놀로지 사용에 대한 정치적, 성차별적, 종교적인 금지, 정신적으로 정보를 조직하는 것을 의미하는 인지 모델의 차이 또한 장애가 된다. 그것들을 극복하기 위해서는 테크놀로지뿐만 아니라 사람에 대한 이해도 필요하다. 나는 다양한 공동체 속에서 사람들이 어떻게 사고하고, 느끼고, 서로 관계를 맺는지를 연구하고 연구 결과를 바탕으로 기술적인 해결을 위한 설계를 한다.

우리 그룹은 농부들이 환경 파괴 없이 지속가능한 농경기술을 공유하고, 재원이 부족한 학교에

에드 커트렐이 인도 방갈로르에서 일하고 있는 모습이다. 그는 인도인들이 특별히 필요로 하는 정보기술을 설계하기 위해서 인도인들의 공동체 속 삶에 대하여 배우고 있다.

서 아이들이 컴퓨터를 공유하고, 글자를 모르는 여성들이 인도 시골 지역에서 소액금융을 이용할 수 있게 도와줄 수 있는 시스템을 개발했다. 이런 시스템은 나 자신을 포함한 대부분의 사람들의 환경과는 많은 차이가 있는 환경 속에서 살고 있는 사람들을 위해 설계되었다. 나의 심리학적 훈련 은 그들의 삶의 현실, 열망, 요구를 이해하고 그들을 위한 테크놀로지를 적용하는 데 도움이 된다.

Macmillan Education Archive

린 오웬스 목(LYNNE OWENS MOCK) 내가 심리학자라고 말하면 사람들은 누워서 심리적 고통을 이야기할 수 있는 편안한 가죽 소파를 내가 가지고 있다고 생각한다. 하지만 나는 시카고 지역 공동체에서 대부분의 시간을 보내면서 일한 다. 나는 지역 정신건강센터의 연구 부서를 책임지고 있으며 여러 가지 일을 맡고 있다.

Macmillan Education Archive

린 목은 심리과학의 원리를 도시 공동체에서 일하면서 적용한다. 그녀는 2장에서 다루는 연구방법을 적용하여 공동체 프로그램의 효과를 과학적으로 평가한다.

› 서비스 기관이 프로그램을 운영할 때는 누군가 그 프로그램의 효과를 판단해야 하는데, 내가 그 일을 맡고 있다. 예를 들어 최근에 유권자 등록 집회와 젊은 여성의 리더십 개발 프로그램 을 평가했다. 나의 심리학적 훈련이 지역사회 지도자들의 생각을 이해하는 것과 프로그램 효 과에 대한 과학적 증거를 분석하고 보고하는 데 도움이 된다.

› 나는 연구를 수행하는 특정한 방식의 적절성을 감시하는 연구윤리위원회 를 운영한다. 이 활동은 심리학자들에게는 익숙한 일이며 우리의 모든 연 구는 인간의 권리를 보호하는 윤리 원칙을 따르고 있다.

› 나는 손주를 양육하는 조부모들을 지지하는 집단을 운영한다. 우리는 약물 남용이나 사춘기 소년의 양육에 따르는 어려움과 같은 문제를 논의한다. 심리학적 훈련을 통해 나는 그 집단과 개인적이고 가끔은 고통스러운 경험 을 의논하기 위하여 경청하고 질문하는 방법을 배웠다. 심리학적 훈련은 또 한 최근 연구에 기반한 아동발달에 대한 지식을 조부모들에게 전달하기 위 해서도 도움이 된다.

이런 나의 활동들 중에서도 가장 우선하는 것은 아프리카계 미국인 심리학을 포함하는 대학 강 의다. 지역사회의 생활 속에서 얻는 실제 경험들이 나의 수업과 직업에서 성공하기 위한 열쇠다.

Macmillan Education Archive

글로리아 발라그(GLORIA BALAGUE) 나는 훈련 중인 팀을 지켜보고 있다. 내일은 그 팀이 시합하는 것을 지켜보고 있을 것이다. 나는 팀의 스포츠심리학자 로 일하고 있다.

나는 선수의 수행에 영향을 미치는 심리적 요인들을 연구하고 있으며 그 예는 다음과 같다.

Macmillan Education Archive

글로리아 발라그는 선수들과 함께 일하는 스포츠심리학자다. 스포츠심리학자는 선수들이 침착하면서 자신감을 잃지 않고 경기에 집중할 수 있도록 심리적 기술을 개발하는 것을 돕는다.

› 집단으로 함께 일하기 : 개인 스포츠(예 : 수영)일지라도 선수들은 집단적으 로 훈련한다. 팀 구성원들 간의 상호작용은 모든 사람의 수행에 영향을 줄 수 있다.

› 의사결정 : 선수들은 중요한 정보에 주의를 집중하고, 신속하게 판단하고, 실수를 하거나 패배를 한 후에도 신속하게 다시 집중할 수 있어야 한다.

› 자신감 : 선수들은 패배를 한 후조차 자신감을 유지해야만 한다.

› 감정 조절 : 선수들은 감정 조절에 실패하고 원래 수준 이하의 능력을 보이 는 '질식(choke)' 상태에 빠지는 경우가 있다. 감정 조절은 학습할 수 있는 기술이다.

선수들과 일할 때 나는 임상심리학에서 배운 것을 적용한다. 임상 실무와 마찬가지로 스포츠심리학자들은 어려움에 대처하는 다양한 기술을 가르친다. 만일 심리치료 내담자나 운동선수가 매우 불안해한다면, 불안한 생각(예 : "모든 사람이 나의 능력이 부족하다고 생각할거야.") 대신에 침착함을 유지하는 데 도움이 되는 생각(예 : "다른 사람들은 내가 불안해한다고 생각할거야. 사실 그렇기도 하지만 나는 내가 지금 무엇을 하고 있는지 분명히 알고 있어.")을 하도록 가르칠 수 있다. 이 전략들은 선수들이 침착하게 집중할 수 있도록 하는 데 도움이 된다.

중요한 것은 심리적 기술도 신체적 기술과 마찬가지로 훈련할 수 있다는 것이다. 누구나 노력하면 정신력을 높일 수 있다. 나는 내가 '수석'코치와 마찬가지라고 생각한다.

연습한다고 반드시 완벽하게 되는 것은 아니다. 시합이 시작되면 불안 때문에 선수가 실수할 수 있다. 어떤 심리학자들은 선수들과 함께 일하면서 감정을 조절하는 전략을 가르친다.

Dominican University

로버트 칼린-제이지맨(ROBERT CALIN-JAGEMAN) 누군가에게 내가 심리학자라고 말하면 그들은 종종 어떤 사람을 연구하느냐고 묻는다. 그러면 나는 사람을 연구하는 것이 아니라 대양에 서식하는 바다 민달팽이인 아플리시아 캘리포니카를 연구한다고 설명해야 한다. 그러면 대부분 깜짝 놀라서 말을 멈춘다. 내가 하는 일을 다음과 같이 소개해보겠다.

나는 기억이 어떻게 만들어지는지에 관심이 있다. 우리는 끊임없이 정보를 접하고 있으며, 그것들 중 일부는 영원히 기억된다. 나는 생물학적 기관인 뇌가 어떻게 기억을 저장하고 접근하는지를 이해하기 위해 노력한다.

이것이 바다 민달팽이와 어떤 관계가 있을까? 바다 민달팽이는 뇌가 어떻게 기억을 저장하는지 볼 수 있는 놀라운 기회를 제공한다. 모든 동물들과 마찬가지로 아플리시아도 기억을 구성한다. 그러나 대부분의 동물과 달리 아플리시아는 극히 단순한 신경 체계를 가지고 기억을 구성한다. 꿀벌은 뇌세포를 100만 개 가지고 있고 인간은 1,000억 개를 가지고 있는 데 비해서 아플리시아의 뇌세포는 2만 개밖에 되지 않는다. 세포 수가 적기 때문에 세포 속에 전극을 심어서 아플리시아가 새로운 정보를 학습하는 동안에 세포 하나하나가 기억을 구성하는 것을 추적할 수 있다.

로버트 칼린-제이지맨은 간단한 신경 체계를 가지고 있는 아플리시아 캘리포니카(커다란 바다 민달팽이)의 세포 간 소통을 연구함으로써 기억의 생물학적 기초를 탐구한다.

바다 민달팽이가 다소 독특한 연구주제지만 나의 일상은 연구를 하는 심리학자나 대학 교수와 마찬가지다. 아침에 학생들과 함께 실험실에 들어가 아플리시아를 돌보고 먹이를 주고 그다음에 강의하러 나간다. 오후에는 실험실로 다시 돌아오고 저녁에는 그날의 연구 결과를 정리한다.

Macmillan Education Archive

리 L. 매든(LEE L. MADDEN) 나의 상담실에 잠깐 들러보면 내가 한 사람이나 두 사람, 혹은 다섯 사람과 함께 이야기하고 있는 것을 볼 수 있을 것이다. 방에는 환자(들)나 논의하는 주제에 따라서 울음, 웃음, 고함 소리가 나거나 침묵이 흐를 수도 있다. 임상심리학자로서 내가 하는 일은 눈에 보이는 것으로 알 수 없다.

나의 머릿속에서는 복잡한 생각들이 일어나고 있다. 환자에 대한 지식 기반을 만들고, 내가 생각하는 가설을 검증하고, 그 사람이 어떤 어려움에 빠져 있는지 그리고 어떻게 도와줄 수 있는지 정확하게 알아내기 위해 세심하게 중재한다.

심리연구자들은 앞에서 기술한 것처럼 각 환자 속에 존재하는 내가 접근할 필요가 있는 복잡한

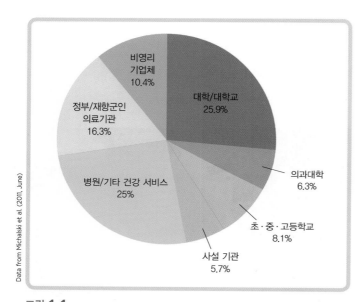

리 매든은 개인적 · 집단적으로 심리치료를 하는 임상심리학자다. 그녀는 환자들을 이해하고 환자들로 하여금 스스로를 이해하도록 돕기 위해 심리과학에서 얻은 연구 결과를 사용한다.

심리적 요인들의 과학적 정보를 수집한다. 과학적 연구 결과들은 환자들이 자신을 더 잘 이해하고 자신의 목적을 달성하기 위해 자신의 장점을 강화하도록 환자들을 지도하는 데 도움이 된다. 임상심리학자로서 나는 환자들이 어떻게 감정을 조절하는지, 어떻게 정보를 조직하고 결정하는지, 직장과 가정에서 어떻게 다른 사람들과 행동하는지, 그리고 자신이 처한 상황과 이 세상에 대해 어떻게 생각하는지 이해할 필요가 있다. 나는 그 사람의 자신감과 동기의 수준, 그리고 신경 시스템을 포함한 신체 생리에 대하여 얼마나 잘 이해하는지 알 필요가 있다. 그 사람은 자신이 특별한 문화 속에서 살고 있다는 것을 이해하는가? 그는 과거를 반추하면서 현재를 충실히 살고 있는가 아니면 스트레스를 일으키는 방식으로 자신의 미래를 내다보는가? 이 물음들에 대한 대답이 나의 자료다.

신뢰, 비밀보장, 윤리적 행동의 관계를 유지하면서 환자를 이해하고 중재하는 것이 내가 하는 일의 전부다. 이런 유용한 일을 하는 데 있어서 당신이 이 책에서 배우게 될 심리연구에서 얻은 지식이 큰 도움이 된다.

심리학의 다양성

6명의 심리학자들의 모습을 통해서 오늘날의 심리학 분야를 살펴보았다. 당신은 무엇을 관찰했는가? 그들이 하는 일이 각각 다르다는 것을 쉽게 알 수 있었을 것이다. 그들은 실험실, 지역사회, 선수들이 뛰고 훈련하는 장소, 정보기술 연구소에서 일한다. 그들은 혼자서, 집단으로 혹은 지역사회와 함께 일한다. 그리고 바다 민달팽이! 어떤 사람은 새로운 과학 지식을 만드는 것이 목적이고 어떤 사람은 사람들을 돕기 위해 기존 지식을 적용한다.

더 많이 소개한다면 더 다양한 모습이 나타날 것이다. 심리학자들은 병원, 학교, 기업, 정부에서도 일한다(그림 1.1). 그들의 연구 대상의 연령은 다양해서 태아(얼마나 이른 시기부터 의식이 있는지 알기 위해)에서부터 후기 성인기(노년의 지혜를 이해하기 위해)까지 범위가 넓다. 그들은 개인의 내적인 정신적 삶(예 : 심리치료), 수백 혹은 수천 명의 사람들 간의 상호작용(사회심리학), 그리고 수백만 명 간의 '가상적(virtual)' 상호작용을 탐구한다(소셜네트워킹 사이트에서 수행된 연구). 어떤 사람은 한 개인에게 전적으로 초점을 맞추고, 어떤 사람은 특별한 정신적 삶의 측면에, 또 다른 사람은 뇌 속의 생물학적 메커니즘에 초점을 맞춘다.

그래서 '심리학자'라고 하는 특정한 한 가지 유형의 직업은 없다. 심리학자는 광범위한 기술을 가지고 광범위한 문제에 적용한다.

비영리 기업체 10.4%
정부/재향군인 의료기관 16.3%
대학/대학교 25.9%
병원/기타 건강 서비스 25%
의과대학 6.3%
초 · 중 · 고등학교 8.1%
사설 기관 5.7%

그림 1.1
심리학자는 어디에서 일하는가 심리학자가 일하는 어떤 특정한 장소는 없다. 그들은 대학교, 병원, 의과대학, 기업체, 정부, 사설 기관 등에서 일하고 있다.

심리학의 통합성

사전 질문

> ❯ 직관의 단점은 무엇인가?
> ❯ 직관에 대한 좋은 대안은 무엇인가?

심리학 분야가 매우 다양한데 심리학자들의 활동을 함께 묶을 수 있는 공통된 연결 고리는 없을까? 심리학자들이 하는 일은 분명히 다양하다. 하지만 그 속에는 어떤 공통점이 있다.

한 가지 중요한 공통점은 과학적 방법에 충실하다는 것이다. 이 충성심은 심리학을 하나로 융합하고 또한 심리학을 다른 분야와 차별화하는 데 도움이 된다. 심리학자가 그러하듯이 소설가, 언론인, 시인, 작가, 철학자도 인간 본성에 대한 가치 있는 아이디어를 제공한다. 하지만 다른 분야의 전문가들과는 달리 심리학자는 아이디어를 과학적으로 검증한다. 심리학자들은 사람에 대한 그들의 선호하는 아이디어일지라도 옳지 않을 수 있다는 것을 인식하고 그것을 평가하기 위한 과학적 증거를 찾는다.

과학적 방법에 충실한 것은 심리학은 물론 생물학, 화학, 물리학과 같은 다른 과학에서도 마찬가지다. 심리학이 특별한 것은 엄격한 과학적 방법을 행동, 정서, 사고과정, 그리고 심리적 고통을 감소시키기 위한 심리치료에 적용하기 때문이다.

잠시 후에 과학적 방법에 대해 더 자세하게 이야기하기로 하고, 우선 직관에 대해 이야기해보자. 직관의 제한점 때문에 심리학자는 과학적 방법을 적용한다.

> 과학자를 생각하면 어떤 그림이 머리에 그려지는가?

직관과 그 제한점 심리학에서는 과학적 방법이 정말 필요한가? 이런 질문이 제기되는 이유는 다른 과학에 비해 심리학에서는 직관 — 자발적인 통찰과 '예감(hunches)' — 이 특별한 역할을 하기 때문이다.

생물학, 화학, 혹은 물리학의 첫 수업에서 사물의 작용에 대한 직관적인 생각을 하는 학생은 거의 없을 것이다. 여러 가지 원소가 어떻게 결합하여 화합물질이 되는가? 원자 입자들이 어떻게 상호작용하는가? 수강하기 전에는 이런 생각을 거의 해본 적이 없을 것이다. 그러나 심리학과 관련해서는 수강하기 전부터 사람들이 여러 가지 직관을 가지고 있다. 심리학 첫 수업 시간에 교수가 "사람에 따라서 어떻게 성격이 다릅니까?"라고 질문한다고 가정해보라. 당신은 직관적으로 생각나는 것들을 답할 수 있을 것이다. 자신의 직관에 대해 그 자신은 정확하다고 생각한다. 그리고 많은 경우에 직관이 실제로 정확할 수도 있다(Oltmanns & Turkheimer, 2009 참조).

> 한 질문에 대하여 당신과 어떤 사람이 다른 직관을 가지고 있기 때문에 논쟁을 한 경험이 얼마나 되는가?

심리학 문제들은 직관적으로 생각할 수 있는 간단하고 쉬운 것들인데 "심리학에서 과학적인 연구까지 할 필요가 있을까?"라고 생각할 수도 있을 것이다. 만일 당신도 그렇게 생각한다면, 여러 현인들이 말하고 있는 직관적인 생각에 대해 알아보자.

어느 것이 맞을까? 권력은 부패하는가 부패하지 않는가? 사람은 악한가 혹은 선한가? 사람들은 공정한 통치자를 원하는가 자유를 원하는가? 한 가지는 분명하다. 직관에 의존하는 것만으로는 안 된다. 직관은 천차만별이다.

과학적 방법 심리학은 직관에만 의존해서 살 수 없다. 심리학은 사람들의 직관적인 생각이 무엇이든 관계없이 모든 사람이 인정할 수 있는 설득력 있는 방법을 필요로 한다.

다행히 이 방법은 이미 존재한다. 수 세기 동안 그것은 과학적 방법으로 알려져 있다.

과학적 방법(scientific methods)이란 과학자들이 세상에 대한 정보를 획득하는 절차를 말한다. 과학적 방법에는 세 가지 핵심적인 단계가 있다.

1. 증거 수집. 과학자는 세상에 대해 가만히 앉아 생각만 하지

> 권력은 부패하는 경향이 있고 절대 권력은 절대 부패한다.
> – Lord Acton
> (영국 역사가이자 정치이론가)

> 권력은 부패한다고 말하지만 실제로는 부패하기 쉬운 사람을 권력이 유인한다는 것이 더 정확하다.
> – David Brin(작가)

> 그럼에도 불구하고 나는 여전히 사람들의 마음이 선하다고 믿는다.
> – Anne Frank
> (홀로코스트 피해자이자 일기작가)

> 악의 승리를 위해 필요한 것은 선한 사람들이 아무것도 하지 않는 것이다.
> – Edmund Burke
> (정치이론가이자 철학자)

> 신은 자유롭게 살고자 하는 욕구를 모든 사람의 심장에 심어 놓았다.
> – George W. Bush
> (미국 대통령)

> 소수의 사람만이 자유를 원하고 대다수는 공정한 주인에 대해 만족한다.
> – Sallust
> (로마 역사학자이자 정치가)

과학적 방법 과학자들이 세상에 대한 정보를 획득하는 여러 절차. 과학적 방법은 증거 수집 단계, 관찰한 내용을 체계적으로 기록하는 단계, 관찰한 방법을 기록하는 세 가지 핵심적인 단계를 포함한다.

Bettmann / CORBIS

과학적 방법 영국의 철학자이며 과학자인 프랜시스 베이컨 경은 400여 년 전에 과학적 방법의 장점을 설명했다. 기록에 의하면 불행하게도 그는 과학적 방법을 너무나 좋아한 나머지, 찬 기온이 식육제품의 보존에 어떤 영향을 미치는지 알아보기 위해 몹시 추운 날씨에 실험을 하다가 폐렴에 걸려서 사망했다고 한다.

않는다. 세상에 나가 직접 관찰한다. 이 관찰은 그들이 내리는 결론의 기반이 되는 증거를 제공한다.

2. **관찰 내용에 대한 체계적인 기록.** 과학자는 관찰하는 것을 신중하고 상세하게 기록하고 체계적으로 요약한다(예 : 표, 그래프). 이렇게 하면 다른 과학자들과 쉽게 의사소통할 수 있는 정확한 기록이 된다.

3. **관찰 방법에 대한 기록.** 과학자는 단순하게 관찰한 것을 말하지 않는다. 어떻게 관찰했는지, 어떤 도구를 사용했는지, 그 증거를 얻기 위해 어떤 절차를 수행했는지 정확하게 기록한다. 이 기록은 그 연구가 **반복** 수행될 수 있도록 해준다. 즉 다른 과학자들이 그 절차를 반복하여 원래 결과를 확인하는 것이 가능하다.

정보를 얻기 위해 이 세 가지 단계를 사용할 때 심리학자는 일반적으로 많은 정보를 수집하기 위해 노력한다. "여자는 남자보다 더 수다스러운가?"라는 물음과 관련해 한 예를 들어보자. 개인적인 일상경험에서 얻을 수 있는 적은 양의 정보에 기초해서 "그래, 여자들이 더 수다스럽지. 내 친구 중에서 마크는 정말 조용한데 샤를린은 항상 큰 소리로 장황하게 말해."라고 대답할 수 있을 것이다. 대조적으로 심리학자들은 개인적인 경험을 훨씬 뛰어넘는 방대한 양의 정보를 수집한다. 두 심리학자가 1968년에서 2004년 사이에 수행된 63개의 수다에 대한 연구들을 분석했다(Leaper & Ayres, 2007). 63개의 연구는 각각 위의 세 가지 단계(증거 수집, 관찰 내용 기록, 관찰 방법 기록)를 사용하였으며 총 4,385명의 여성과 남성을 관찰했다. 그것은 정말 많은 정보다! 그 결과 평균적으로 남성이 여성보다 조금 더 수다스럽다고 나타났다.

과학적인 관찰 이외에 과학에는 직관을 위한 여지도 있다. 과학자들이 직관에 의해 아이디어를 갖게 되는 경우가 있다(이 장 앞부분에서 이야기한 클로드 스틸의 경우와 같이). 하지만 그 아이디어를 평가하기 위해서는 과학적인 방법을 통해 획득한 증거에 의존한다.

과학적 방법은 심리학에서 당신이 기대하지 않은 곳까지 두루 사용된다. 심리학자들은 신체 화학물질이 어떻게 정신 수행에 영향을 미치는지(앞에서 논의한 폴린 마키가 하는 일 참조) 혹은 뉴런이 어떻게 기억의 기초를 형성하는지(로버트 칼린-제이지맨이 하는 일 참조)를 알기 위해 당연히 과학적 방법을 사용한다. 그런데 심리학자들은 실제적인 문제와 관련해서도 과학적 방법을 사용한다. 앞에서 보았듯이 린 목은 지역사회를 위한 서비스 프로그램이 잘 운영되기를 손 모아 기도만 하지 않는다. 그녀는 과학적 방법을 사용하여 그 효과를 분석한다.

심리학자들이 질문에 대한 답을 찾기 위해 사용하는 과학적 방법에 대해서는 2장에서 알아볼 것이다. 여기에서는 질문 자체에 대해 살펴보기로 하자.

인간 행동에 대한 과학적 질문과 비과학적 질문
사전 질문

> **'과학적' 문제란 어떤 것인가?**

심리학자는 질문에 답하기 위해 과학적 방법을 사용하며 질문의 유형에 관계없이 답하는 것이 아니다. 과학적인 질문에 대해서 과학적인 방법으로 답한다. 심리학에서 과학적 질문과 비과학적 질문을 구별하는 것은 심리학을 이해하는 데 도움이 된다.

과학적 질문(scientific question)이란 앞에서 기술한 과학적 방법을 통해 수집한 증거를 가지고 답할 수 있는 질문이다. 만일 어떤 질문이 과학적인 것이라면 그 질문에 답하기 위한 설득력 있는 증거가 필요하다. 다시 말해서 과학적 질문은 **경험적**이다. 경험적 질문은 관찰을 통해 수집한 증

과학적 질문 과학적인 방법으로 수집한 증거를 가지고 답할 수 있는 질문

거를 가지고 답할 수 있는 질문이다.

어떤 것이 과학적 질문인지 다음 예를 통해 경험해보자. 인간 행동에 관련한 다음 질문들 중에서 어떤 것이 과학적 질문인지 (위에서 소개한 정의에 기초해서) 생각해보라.

1A. 만일 당신이 중병을 앓고 있어서 어떤 약이 절실하게 필요한데 그 약을 살 돈이 없다면 약국 문을 부수고 들어가서 약을 훔쳐도 되는가?

1B. 중병을 앓고 있는 사람을 돕기 위해서는 약국 문을 부수고 들어가 약을 훔쳐도 된다는 생각은 여성과 남성 간에 차이가 있는가?

2A. 실제로 천사가 있는가? 그리고 있다면 얼마나 많은 천사가 있는가?

2B. 눈에 보이지 않는 천사를 실제로 존재한다고 믿는 사람들이 왜 그렇게 많은가?

3A. 모든 독신남은 현재 미혼인가?

3B. 결혼한 사람들은 결혼하지 않은 사람들보다 더 행복한가 혹은 덜 행복한가?

'A'질문들과 'B'질문들이 분명히 다르다는 것을 알아차렸을 것이다. B질문들에 대해서는 답을 하기 위한 분명한 증거를 생각할 수 있을 것이다. 그 증거를 구하는 것이 쉬운 경우도 있고 쉽지 않은 경우도 있다. 1B와 같은 질문에 답하기 위해서는 남성과 여성에게 약국 질문에 대해 어떻게 생각하느냐고 물어보기만 하면 되지만, 2B와 같이 정확하게 답하는 것이 쉽지 않은 경우도 있다(예 : Boyer, 2001 참조). 그럼에도 불구하고 B질문들에 대해서는 증거를 수집하는 것이 가능하며 증거 없이는 그 질문에 대해 설득력 있게 답할 수가 없다. 이런 질문은 과학적 질문이다.

A질문들은 이와 다르다. A질문들은 증거를 수집해서 답을 할 수가 없다. 이런 질문들에는 다음과 같은 세 가지 유형이 있다.

Steven Robertson / Getty Images

1. **규범적 질문**은 사람이 어떻게 행동해야 하는지에 대한 질문이다. (규범이란 바람직하거나 사회적으로 인정받는 행동에 대한 규칙이나 표준이다.) 만일 "지금 만나고 있는 상대에게 이제 헤어지고 싶은 솔직한 이유를 말하면 더 힘들 거니까 거짓말을 해야 할까?"라고 한다면 당신은 규범적 질문을 하고 있는 것이다. '살인하지 말라'는 규범적 질문("살인이 용납될 수 있는가?")에 대한 답이다. 규범적 질문은 증거를 수집해서 답할 수 있는 것이 아니라 행동에 대한 용인된 규칙에 호소함으로써 답을 구한다. '살인하지 말라'와 같은 규범에 대해서조차 관련된 과학적 증거는 없다.

2. **신념적 질문**. 2A는 과학적 질문처럼 보일 수 있지만 아니다. 그것은 믿음에 대한 질문이며 과학적 사실로 증명할 수 없는 종교적 신념이다. 종교적 신념은 과학이 연구하는 자연의 세계를 넘어서는 초자연의 세계에 대한 것이다.

3. **논리적 질문**. 2A와 마찬가지로 3A도 과학적 질문같이 보일 수 있다. 아마도 당신은 몇몇 남성들에게 "당신은 독신남입니까?"와 "당신은 현재 미혼입니까?" 두 가지 질문을 해서 그 두 질문의 답이 일치하는지 알아봄으로써 증거를 수집할 수 있다. 하지만 그렇게 할 필요가 없다. 2A는 간단하게 논리적으로 답을 얻을 수 있다. 즉 진술문에서 결론을 추출하기 위한 규칙을 사용하면 된다. 독신남이라는 의미가 '현재 미혼인 남자'를 의미하기 때문에 3B는 답을 얻기 위해 과학적인 증거가 필요없는 질문이다.

어떤 질문이 과학적 질문인지 알았으니 이제는 과학적 질문이라고 해서 모두 같은 것이 아니라는 것을 인식해야 한다. 과학자들은 여러 가지 다른 유형의 질문을 한다. 지식을 획득하는 초기

비판적 사고 논리적으로 생각하고, 가정을 의심하고, 증거를 분석하고, 그리고 일반적으로 개방적이지만 의심하는 사고기술

에는 "세상이 어떤 모습일까?"와 같은 매우 일반적인 질문을 하는 경향이 있다. 예를 들어 아동에게 처음으로 접하는 문제를 주고서 "이 아이가 문제를 풀 수 있을까? 문제를 풀 수 있다면 어떤 해결방법을 사용할까?"와 같은 질문을 함으로써 아동 연구를 시작한 한 심리학자(장 피아제)에 대하여 14장에서 배우게 될 것이다. 이후에 과학자들은 일반적으로 한 요인이 어떻게 다른 요인에 영향을 미치는가 하는 더 구체적인 질문을 한다. 예를 들면 이 장의 앞부분에 나온 이야기 속에서 한 심리학자가 어떤 사회적 요인(고정관념)이 학업 성취(낮은 시험 점수)에 특별한 영향을 미칠 것이라고 예측한 것을 보았다. 2장에서는 심리학자들이 여러 가지 유형의 질문에 대한 답을 얻기 위해 사용하는 연구방법들에 대해 살펴볼 것이다.

심리과학에 대한 비판적 사고

과학적 질문과 비과학적 질문을 분석해보면서 심리학은 비판적 사고를 필요로 한다는 것을 알게 되었다. **비판적 사고**(critical thinking)란 논리적으로 생각하고, 가정을 의심하고, 증거를 분석하고, 그리고 더 일반적으로 말해서 받아들이는 정보에 대해서 개방적이지만 의심하는 사고기술을 말한다. 비판적으로 생각하는 사람들은 간단하게 수동적으로 아이디어를 '흡수'하지 않고 능동적으로 평가한다. 그들은 과학 이론을 배울 때 연구방법의 결점이나 제한점을 찾고 만일 그 연구가 다른 집단을 대상으로, 다른 시점에서, 다른 사회나 문화 속에서 수행된다면 같은 결과가 나올 것인지 의문을 갖는다. 심리학을 포함한 모든 과학의 발전은 과학적 관찰에만 의존하는 것이 아니라 관찰된 것이 무엇이든 그것을 해석하고 설명하기 위해 필요한 비판적 사고기술에도 의존한다.

> 어떤 것이든 그것을 이해하기 위한 열쇠는 측정이라고 하는 양적인 관찰과 논리라고 하는 체계적인 사고 방식이다.
> – Peter Atkins(2003, p. 276)

당신은 이 책을 공부하는 과정 속에서 비판적 사고기술을 향상시킬 수 있을 것이다. 당신은 심리학에 대한 몇 가지 사실만 배우는 것이 아니라 심리과학의 '비판적인 소비자'가 될 것이다.

> **분석 수준** 어떤 대상이나 사건을 기술하고 설명하는 여러 방법. 심리학적 현상은 사람, 마음, 뇌의 세 가지 수준에서 연구될 수 있다.

사람·마음·뇌 과학으로서의 심리학

이 장의 첫 부분에 나오는 이야기는 심리학자들이 세 가지 방식, 즉 (1) 사람, (2) 마음, (3) 뇌를 연구함으로써 질문에 접근한다는 것을 보여주었다. 먼저 분석 수준이란 무엇인지에 대해 알아보고 그 후에 수학 성적에서의 성차라는 한 가지 현상을 가지고 사람, 마음, 그리고 뇌 수준의 분석에 대하여 자세하게 살펴볼 것이다.

분석 수준

사전 질문

> ❯ **심리 현상을 설명하기 위한 '분석 수준' 접근의 특징은 무엇인가?**

사람, 마음, 뇌에 대한 연구들은 심리과학에 대한 분석 수준에 따라 차이가 있는 것을 보여준다. 어떤 과학에서든 **분석 수준**(levels of analysis)이란 대상이나 사건을 기술하고 설명하는 방식을 말한다. 한 가지 구체적인 예를 통해 분석 수준에 대해 알아보기로 하자.

어떤 사람이 아이폰으로 앵그리 버드 게임을 하고 있는 것을 당신이 보고 있다고 가정하자. 당신은 당신이 보고 있는 것을 어떻게 기술하겠는가? 아마도 다음과 같이 말할 수 있을 것이다.

A. 그 전화기 화면에 앵그리 버드가 나와 있다.
B. 한 정보처리기기가 컴퓨터 명령 프로그램을 실행하고 있다.
C. 한 전자기기가 중앙처리장치(CPU)에 800MHz 속도로 전자 입력/산출 작업을 실행하고 있다.

이 세 가지 진술문은 다른 분석 수준을 보여준다. A의 분석 수준은 전화기가 전부다(전화기를 사용하는 사람의 관점에서 보는). B의 분석 수준은 컴퓨터 소프트웨어이며 그 진술문은 컴퓨터 프로그램의 명령에 따라 발생하고 있는 정보 처리 단계를 나타낸다. C의 분석 수준은 전자 하드웨어이며 전자가 전화기의 CPU 속에서 회전하고 있는 것을 말하고 있다.

각 수준들은 상당히 다르다. "그것이 어떻게 작동하는가?"라는 질문의 답들 간에 얼마나 큰 차이가 있는지 보여준다. 하드웨어 수준에서의 답은 '실리콘 칩이 전기적으로 디지털화된 지시를 처리한다'이다. 소프트웨어 수준에서의 답은 '일련의 프로그래밍 절차들이 사용자 입력에 따라서 이미지를 스크린에 보여준다'이다. 가장 높은 수준(진술문 A)의 답은 '새들을 향해 새총을 쏘면 새들은 돼지 위에 내려앉는다'이다.

분석 수준에 대한 다음 세 가지 사실에 주의해야 한다.

1. 모두가 옳은 답이다. "그 전화가 현재 하고 있는 일을 옳게 기술한 것은 어느 것인가?"라고 질문해서는 안 된다. 모두가 각각의 방식으로 정확한 답이며 상보적이다.

2. 한 수준 아래로 내려가면(A에서 B, 혹은 B에서 C), 더 낮은 수준은 더 높은 수준을 더 깊이 이해할 수 있게 해준다. 전화기는 화면에 어떻게 앵그리 버드를 보여주는가(수준 A)? 소프트웨어 프로그래밍 단계를 실행함으로써(수준 B). 전화기는 어떻게 이 모든 프로그래밍 단계를 실행할 수 있는가(수준 B)? 빠른 속도로 작동하는 전자 중앙처리장치 덕분

> 여기에서 어떤 일이 일어나고 있는가? 하드웨어 속에서 전자들이 회전하고 있는가? 컴퓨터 소프트웨어 속에서 정보가 처리되고 있는가? 게임이 실행되고 있는가? 세 가지 모두가 일어나고 있는 중이다. 스마트폰의 작업은 전자 하드웨어, 컴퓨터 소프트웨어, 사용자가 경험하고 있는 게임의 세 가지 다른 분석 수준에서 기술될 수 있다. 심리학적 이슈들도 마찬가지로 물리적 뇌, 마음의 사고과정, 사람의 경험의 세 가지 분석 수준에서 각각 설명될 수 있다.

이다(수준 C).

3. 만일 전체적으로 그 전화기를 이해하고 싶다면 '꼭대기'(가장 높은 분석 수준, A)에서 시작하는 것이 가장 좋다. 만일 바닥(수준 C)에서 시작한다면—즉 가설적으로 몸을 웅크려서 CPU 속에 들어가서 전자들이 활동하고 있는 것을 본다면—전기적 활동만으로는 그 전화기가 앵그리버드 게임을 작동하는 것을 알 수조차 없을 것이다.

심리학에서의 분석 수준은 앵그리 버드 예에서의 분석 수준과 비슷하다.

❯ 사람, 마음, 뇌 설명들은 상호보완적이며 각각의 방식으로 모두 옳은 설명이다.

❯ 한 수준을 내려가면(사람에서 마음, 혹은 마음에서 뇌), 더 낮은 수준은 더 높은 수준을 더 깊이 이해할 수 있도록 해준다.

❯ 일반적으로 '꼭대기'인 사람의 분석 수준에서 시작하는 것이 가장 좋다. 만일 바닥에서 시작한다면—뇌의 한 지점에서 일어나는 전기 활동의 비트를 관찰한다면—전기적 활동만으로는 사람이 무엇을 하고 있는지 알 수 없을 것이다.

한 가지 예를 통해서 심리학에서 분석 수준이 어떻게 작동하는지 살펴보자.

분석 수준의 예 : 성별, 고정관념, 수학 성적

사전 질문

> ❯ 수학 수행에서의 성차는 사람, 마음, 뇌 수준에서 각각 어떻게 설명할 수 있는가?

수학시험 성적의 예를 가지고 설명해보자. 남자와 여자가 중요한 수학시험을 보면 남자들에 비해서 높은 점수를 받는 여자들의 수가 적다는 연구 결과가 있다(Cole, 1997). 성차가 항상 나타나는 것은 아니다. 개인적으로 매우 큰 의미가 있는 '중대한' 시험과 같이(예 : 대학입시) 특별한 상황에서 성차가 나타난다. 여기에서 과학적인 질문은 '왜 매우 중요한 수학시험에서 높은 점수를 받는 여성이 상대적으로 적은가?'이다.

사람, 마음, 뇌 분석 수준에서의 설명 이 질문에 대해서 세 가지 방식으로 답할 수 있다.

답 1 : 우리 사회의 한 가지 고정관념은 여성이 수학을 잘 못한다는 것이다. 매우 뛰어난 여성 수학자를 포함한 모든 여성이 이 고정관념을 알고 있을 것이다. 만일 중요한 수학시험을 치고 있을 때 이 고정관념이 생각난다면, 집중력이 분산되고 수행에 방해를 받을 것이다. 따라서 여성의 수행에 영향을 미치는 사회적 고정관념이 성차를 설명할 수 있다.

답 2 : 수학시험을 잘 보기 위해서는 수학에 대한 지식뿐만 아니라 마음의 평정 상태도 필요하다. 불안과 같은 부정적인 정서는 수학문제를 해결하기 위해 필요한 사고과정(기억, 집중)을 방해할 수 있다. 중요한 수학시험 중에 여성이 남성보다 더 많은 불안을 경험한다면, 사고에 미치는 정서적 영향이 성차를 설명할 수 있다.

답 3 : 뇌는 매우 복잡하며 영역에 따라 맡은 일이 다르다. 만일 수학시험 중에 수학문제 해결에 도움이 되지 않는 뇌의 영역이 매우 활성화된다면, 그 활동은 수학에 필요한 뇌 영역의 활동을 방해하여 수행에 나쁜 영향을 미칠 수 있다. 만일 수학시험 중에 여성의 뇌 활동이 남성과 다르다면 뇌 활동이 수학시험 성적에서의 성차를 설명할 수 있다.

이 답들은 같은 현상에 대하여 **사람**(고정관념을 경험하는), **마음**(사고과정에 정서가 영향을 미치는), **뇌**(여러 영역들)의 세 가지 다른 측면을 설명한다. 사람, 마음, 뇌의 설명들은 각각 옳을 수 있

훌륭한 심리학적 이론을 갖게 되면, 뇌가 어떻게 작동하고 있는지 질문하는 것이 타당하게 된다… 심리학적 분석 수준은 신경과학적 자료를 해석하기 위한 틀을 제공한다. 그렇지 않다면, 그것은 모두 픽셀에 지나지 않는다.
– John Kihlstrom(2006)

이것은 실제 인간의 뇌다. 하지만 생각을 하고 있는 뇌는 아니다. 사고와 그 외 마음의 활동들은 '뇌에 의해' 일어나는 것이 아니라 뇌를 사용하는 사람에 의해 일어난다.

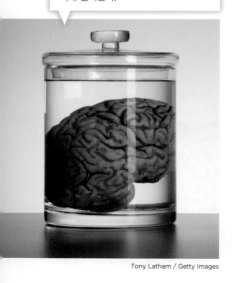

Tony Latham / Getty Images

고 상호보완적일 수 있다. 한 수준 아래로 내려가면 더 높은 수준에 대하여 더 깊이 이해할 수 있다. 사람들은 왜 고정관념의 영향을 받는가? 그것은 정신과정 수준에서 정서가 사고에 영향을 미치기 때문이다. 왜 정서는 사고에 영향을 미치는가? 그것은 뇌 수준에서 정서를 유발하는 뇌의 영역이 수학문제 해결에 필요한 논리적 사고와 관련된 뇌의 영역과 연결되어 있기 때문이다.

세 가지 분석 수준은 비록 상호보완적이지만 같은 것은 아니다. 사람과 마음은 다르다. 사람이 마음을 가지고 있지만 마음은 사람 전체와 동일한 것이 아니다. 당신에게는 당신의 사고과정 이상의 것이 있다. 마음과 뇌는 다르다. 인간의 뇌를 여기저기 찔러봐도 그

> 당신은 마음과 뇌가 다르다는 것을 생각해본 적이 있는가?

속에 있는 생각이라는 것을 볼 수 없고, 신체에서 제거된 뇌는 그것 자체로는 어떤 생각도 할 수 없을 것이다. 당신(사람)은 당신의 뇌(사고를 위해 필요한 생물학적 도구)를 사용하여 사고한다(정신 혹은 마음의 활동). 그래서 여성과 수학시험의 관계에 대한 세 가지 답은 사람, 마음, 뇌의 분석 수준을 보여준다.

사람, 마음, 뇌 분석 수준의 연구 심리학자들은 여러 다른 분석 수준에서 설명도 하고 또한 그 설명이 옳은지 알아보기 위해 **사람, 마음, 뇌**의 각 수준에서 연구를 수행하기도 한다. 여기 한 가지 예를 들어보자.

두 심리학자(Quinn & Spencer, 2001)가 다음과 같은 연구를 사람 수준에서 수행했다. 그들은 참여자들을 심리실험실에서 수학시험을 치게 했다. 어떤 남자와 여자 참여자들에게는 아무런 정보 없이 그냥 시험을 보도록 했다. 나머지 남자와 여자 참여자들에게는 '이 문제들을 이전에 사람들에게 풀어보게 한 결과 성차가 나타나지 않고 여자들과 남자들의 성적이 똑같았다'는 말을 해주었다(Quinn & Spencer, 2001, p. 64). 실험 결과 참여자들이 그냥 시험을 볼 때는 남자가 여자보다 잘하는 것으로 나타났다. 그러나 참여자들에게 먼저 그 검사는 성차가 없다고 말해주었을 때는 남자와 여자의 수행 수준이 같았다. 남녀가 평등하다는 정보가 **고정관념 위협**을 감소시켰다(Steele, 1997). 고정관념 위협이란(이 장 앞부분의 이야기에서 보았듯이) 자신이 속한 집단에 대한 부정적인 고정관념이 자신에게서 확인될 수 있다고 생각할 때 일어나는 부정적인 사고와 감정을 의미한다. 고정관념 위협을 제거하면 수행에서 성차가 제거되었다(Quinn & Spencer, 2001). 따라서 이 연구 결과는 고정관념이 여자들의 수행 수준에 부적 영향을 미친다고 하는 **사람 수준**의 설명을 지지한다.

마음의 분석 수준에서 수행된 한 연구에서 심리학자들은 불안과 사고과정 간의 관계를 탐색했다(Ashcraft & Kirk, 2001). 그들은 모든 사람의 마음속에서 불안이 사고를 방해할 수 있다고 생각하고 연구 참여자들에게 (1) 수학에 대해 생각할 때 어느 정도 불안을 느끼는지 보고하고 (2) 단어와 숫자로 된 목록을 기억하도록 부탁했다. 불안 수준과 기억의 정확성을 관련시켰을 때 더 **높은** 수준의 불안이 더 **낮은** 기억력과 연관이 있는 것을 발견했다(Ashcraft & Kirk, 2001). 수학문제를 잘 풀기 위해서는 기억력이 필요하기 때문에(수학문제에 있는 숫자와 단어를 계속 추적해야만 한다), 따라서 높은 불안 때문에 수학 수행이 낮아질 수 있다. 마음에 대한 이 사실(불안이 기억과 사고를 방해할 수 있다)은 사람에 대한 사실을 더 깊이 이해할 수 있도록 해준다. 왜 고정관념이 사람들의 수학시험 성적에 영향을 미치는가? 고정관념이 불안을 증가시킬 수 있고, 그 불안 때문에 사고가 방해를 받는다.

세 번째 분석 수준인 뇌 수준의 한 연구에서 심리학자들(Krendl et al., 2008)은 뇌 영상 기법을 사용하여 여성들이 수학문제를 푸는 동안에 뇌에서 일어나는 활동을 연구했다. 참여자들을 두 집단으로 나누어 한 집단에게는 수학 능력에 있어서 남녀 간에 차이가 있

고정관념 위협 여자들은 수학시험 수행에서 고정관념에 의한 영향을 받을 수 있다. 왜? 그것은 세 가지 분석 수준에서 이해할 수 있다 ― (1) 개인적인 사람은 사회적 고정관념에 의한 영향을 받는다, (2) 마음에서 기억하기 위해 필요한 처리과정이 불안 때문에 방해를 받는다, (3) 정서적 각성과 관련한 뇌 시스템이 활성화되어 수학적 추리를 위해 필요한 뇌 시스템의 활동을 방해할 수 있다.

lightpoet / Shutterstock

부정적인 고정관념 이 학생은 1958년 백인들만 다니던 버지니아 주 노퍽에 있는 학교에 처음으로 다니게 된 흑인 학생들 중 한 명이다. 그런 학생들이 경험한 많은 어려움 중 하나가 사회적 고정관념이다. 심리학 연구는 고정관념이 사람들의 행동, 사고과정, 뇌 활동에 영향을 미칠 수 있다는 것을 보여준다.

The Virginian-Pilot file photo

사람·마음·뇌
상호작용

그림 1.2

성 고정관념이 검사 수행에 어떻게 영향을 미치는가?

이 책의 각 장에는 이와 같은 '사람·마음·뇌'가 포함되어 있다. 〈PMB〉는 한 질문에 대해 (이 장의 경우 "성 고정관념이 검사 수행에 어떻게 영향을 미치는가?") 사람 수준, 마음 수준, 그리고 뇌 수준에서 각각 어떻게 답을 할 수 있는지를 보여준다.

P | **사람**

수학 수행에 대한 성 고정관념은 여성에게 고정관념 위협이라고 알려져 있는 부정적 사고와 정서를 경험하게 하고 결과적으로 낮은 수행으로 나타나게 된다.

M | **마음**

성 고정관념은 정신 과정에 영향을 미쳐서 불안을 일으킬 수 있으며 그 결과 기억을 방해한다. 손상된 기억력은 검사 수행 수준을 낮출 수 있다.

정서적 각성 : 증가된 불안	→	사고 능력 : 손상된 기억

B | **뇌**

고정관념은 수학문제 해결에 도움이 되는 높은 수준의 사고 기능을 담당하는 뇌 영역보다는 정서를 일으키는 역할을 하는 뇌 영역의 활동을 증가시킨다.

Gallery Stock

> 당신은 어떤 종류의 과제에 대하여 불안 고조와 기억력 감퇴를 경험했는가?

다는 연구 결과가 있다고 말해주고 다른 한 집단에게는 말해주지 않았다. 이 정보를 제공한 이유는 고정관념이 영향을 미칠 것으로 예상했기 때문이다. 그리고 두 집단의 모든 여성에게 수학문제를 풀도록 했다.

그 연구에서 두 가지 연구 결과가 나타났다. 첫째, 고정관념이 수행에 영향을 미쳤다. 고정관념과 관련된 정보를 들은 여성들의 수행 수준이 낮았다. 둘째, 고정관념이 뇌에 영향을 미쳤다. 고정관념과 관련된 정보를 들은 여성들은 정서적 경험과 관련된 뇌 영역의 활동이 증가하는 것으로 나타났다. 고정관념 정보를 듣지 않은 여성들의 뇌에서 가장 활발한 활동을 보여주는 영역은 수학문제 해결에 도움이 되는 영역이었다(Krendl et al., 2008). 이 연구 결과는 우리가 더 깊이 이해할 수 있도록 해준다. 고정관념이 뇌의 수학문제 해결에 관련이 없는 다른 영역을 활성화한다. 수학문제 해결에 관련이 없는 다른 영역의 뇌 활동은 다른 유형의 정서와 사고를 일으킨다(마음 수준). 결국 뇌와 정신 활동이 검사 점수에서의 성차를 일으킨다(사람 수준)(그림 1.2).

고정관념 이외에도 수학 수행의 성차에 영향을 미치는 요인들이 있다. 남성과 여성은 수학에 대한 관심 수준, 특수한 정신 능력(예 : 수학 이외의 분야에서 성공하는 데 도움이 되는 능력), 뇌의 구조와 기능에서 차이가 있을 수 있다(Ceci, Williams, & Barnett, 2009; Stoet & Geary, 2012). 대부분의 심리 현상들은 여러 가지 요인에 의한 영향을 받으며 수학문제를 푸는 것과 관련한 심리적인 측면도 예외가 아니다. 그럼에도 불구하고, 여러 수준에서 영향을 미치는 요인들을 통합하면 심리과학에서 더 많은 수준에서 이해가 가능하다는 것을 고정관념이 사람, 마음, 뇌 수준에서 어떻게 작용하는지 분석함으로써 알 수 있었다.

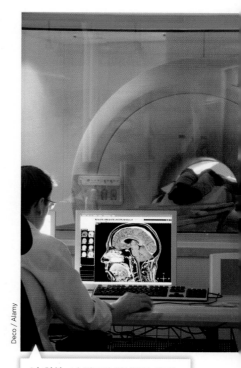

뇌 영상 뇌 연구의 핵심적인 증거는 뇌 영상에서 얻는다. 뇌 영상 기법은 사람들이 여러 정신 활동의 유형에 따라서 뇌의 어떤 부분이 가장 활성화되는지 볼 수 있도록 해준다. 이 기법은 연구자들로 하여금 뇌부터 마음과 사람까지의 분석 수준들을 연결할 수 있도록 도와준다.

심리학 : 사람·마음·뇌의 과학에 대한 개관

당신은 이 책에서 사람·마음·뇌의 분석을 만날 것이다. 그래서 이 책의 제목도 심리학 : 사람·마음·뇌의 과학이다. 이 책은 21세기 심리과학에서 일어나는 활동을 반영하는 것으로 구성되어 있다. 심리학자들은 사람의 행동에 대한 재미있는 사실을 알게 되면 마음의 구조와 과정의 수준에서 그것을 이해하기 위해 '더 깊이 파고들려고' 한다. 그리고 마음의 수준에서 이해가 되면 계속해서 더 깊이 파고들어 마음이 작용하도록 하는 뇌의 활동을 이해하려고 한다. 당신도 사람, 마음, 뇌 수준의 연구 결과들을 만나게 되면서 이와 같은 경험을 할 것이다.

이 책은 여러 수준의 심리학을 각 장에서 그리고 전체적으로 반영하고 있다.

1. **각 장** : 각 장은 사람의 행동과 경험에 대한 한 가지 이야기로 시작한다. 이것은 그 장에서 다루어지는 내용에 관련하여 심리학자들이 연구하고 싶어 하는 인간 경험을 첫 번째로 소개하기 위해서다. 사람의 경험을 소개한 후에 마음과 뇌의 분석 수준으로 내려가서 정신 시스템과 뇌 메커니즘에 대한 연구가 어떻게 사람에 대한 과학적 이해를 깊게 하는지 살펴본다. 뇌와 관련해서는 각 장의 후반부에서 다룬다. 따라서 뇌 연구에 대한 학습은 연구자들이 뇌를 연구함으로써 이해하려고 하는 심리 현상에 대해 학습한 후에야 가능하다.

2. **책 전체** : 이 책은 전체 4부로 구성되어 있다. 1부의 1장은 심리학 분야를 소개하고 2장은 주요 연구방법을 소개한다. 나머지 2부 뇌, 3부 마음, 4부 사람은 각각 뇌, 마음, 사람 수준의 분석에서 다루는 심리학 연구들을 소개한다. 각 장은 심리과학의 특별한 주제에 초점을 맞춘다. 예를 들어 '우리는 어떻게 세상을 지각하는가?', '동기 수준에 어떤 요인들이 영향을 미치는가?', '아동기부터 성인기까지 심리적으로 어떻게 발달하는가?', '심리장애를 경험하고 있는 사람에게 심리치료는 어떻게 도움을 줄 수 있는가? 등이 있다. 뇌, 마음, 사람을 다루는 장들

은 어떤 순서로 읽어도 좋다. 1장과 2장에서 공부한 배경 지식을 가지고 있으면 이 책의 나머지 어떤 장으로든 바로 이동해도 충분히 이해할 수 있다.

심리학 책은 독립적인 몇 개의 장으로 구성되는 독립적인 몇 개의 부로 나뉘어 있다고 잘못 생각하기가 쉽다. 심리학은 서로 관련성이 거의 없는 개별적인 하위분야들의 집합이 결코 아니다. 특히 최근에는 여러 다른 분야들이 서로 소통하는 고도로 융합된 과학이 되었다. 우리가 논의한 분석 수준은 이 융합의 핵심이다. 여러 심리학 영역에서 연구자들은 같은 심리 현상을 다른 수준에서 공통적으로 탐색하고 연구 결과에 대한 정보를 서로 공유한다. 다음과 같은 예를 생각해보자.

심리학자들은 자신의 정서와 행동을 조절하는 사람들의 능력을 의미하는 **자기조절**에 관심이 있다. 맛있는 후식을 많이 주문하고 싶지만 자신에게 그와 반대되는 지시를 한다면(예 : "디저트가 얼마나 살찌게 하는지 잊지 말아야 해!" 혹은 "디저트 메뉴는 쳐다봐서도 안 돼!"), 당신은 자기조절을 하고 있는 중이다. 자기조절은 여러 분야에서, 여러 분석 수준에서 탐색되었다.

> 사람 수준에서 성격심리학자들은 생애 초기에 나타나서 청소년기와 성인기까지 계속되는 자기조절 능력의 개인차를 확인한다(12장).
> 마음 수준에서 기억 연구자들은 사고와 정서의 흐름을 통제할 수 있는 '집행' 능력을 가지고 있는 정신 시스템이 있다는 것을 발견한다(5장).
> 뇌 수준에서 연구자들은 자기조절이 일어날 때에 뇌에서 상호 연결되어 있는 영역들이 활성화되는 것을 발견한다. 즉 한 뇌 영역이 다른 뇌 영역의 활동을 조절한다(3장).

이런 여러 영역에서의 연구들은 뇌와 마음이 어떻게 사람으로 하여금 자신을 조절하도록 하는지를 통합적으로 보여준다. 오늘날 심리학에서는 이와 같은 통합된 예들을 많이 볼 수 있으며, 이 책에서도 앞으로 많이 만나게 될 것이다.

이 책은 여러 심리학 영역들 간의 상호 연결성을 강조할 것이다. 'PMB 상호작용'에서는 한 분석 수준에서 수행된 연구가 어떻게 다른 분석 수준에서 수행된 연구와 연결되는지를 보여줄 것이다.

"어떻게 하느냐 하면 말이야…
머릿속에 먼저 떠오르는 것을 말하면 돼."

Joseph Farris / Cartoonstock.com

심리학의 역사

지금까지는 현재에 초점을 맞춘 오늘날의 심리과학에 대해 살펴보았다. 이제 과거로 돌아가보자. 심리학의 과거를 이해하면 현재 과학을 더 잘 이해할 수 있다.

심리학의 역사를 어디에서부터 살펴보아야 할까? 인간은 인류 역사를 통해서 예를 들어 "이 사람은 믿을 만한 사람인가?", "저 사람은 훌륭한 지도자일까?", "이 사람들은 나를 좋아할까?"와 같은 질문들을 해왔다(Heyes, 2012). 여기에서는 사람과 인간의 마음에 대하여 체계적으로 접근한 심리학적 이론들로 시작하기로 한다.

고대 심리학자들 : 아리스토텔레스와 부처

사전 질문

> **아리스토텔레스와 부처를 현대 심리학자와 비교할 때 비슷한 점과 다른 점은 무엇인가?**

체계적인 심리학 이론이 나온 심리학의 역사는 2,400년보다 더 오래전에 시작했다.

아리스토텔레스 대부분 서양 문명의 기초는 기원전 5세기 아테네의 10만 명이 채 안되는 시민들에 의해 확립되었다. 그러나 그들은 건축과 조각에서부터, 서양의 가장 위대한 지적인 업적으로서 수 세기 동안 자리 한 철학적 분석, 문학과 연극, 그리고 민주정치의 기초를 형성한 정치 시스템까지 대단한 업적을 성취했다.

아테네인들은 또한 그리스어로 '정신 혹은 마음'을 의미하는 *psyche*를 탐색했다. 아테네인들의 가장 위대한 'psyche-ologist'가 아리스토텔레스였다.

아리스토텔레스는 오늘날의 기준으로 보면 심리학자가 아니다. 그는 질문에 대해 과학적인 방법을 사용한 답을 하지 않았다. 하지만 누가 그를 비난하겠는가? 과학적인 방법은 그가 살던 시대에서 2,000년 후에야 발명되었다. 그러나 그는 마음에 대해 그리고 마음과 신체의 관계에 대해 신중하고 논리적이며 체계적으로 생각했다(Bolton, 1978).

아리스토텔레스는 분류에 관심이 있었다. 무엇을 분류하는 것은 그것을 한 범주의 구성원으로 확인하는 것이다. 예를 들어 만일 돌아다니고 있는 개똥이를 보고 '개'라고 한다면 개똥이를 '개'라는 범주에 분류하는 것이다. 아리스토텔레스는 인간의 마음이 할 수 있는 다양한 정신 능력을 분류했다. 놀랍게도 그의 분류 체계는 21세기 심리학에서 볼 수 있는 것과 비슷하다. 아리스토텔레스가 분류한 범주는 다음과 같다.

그리스 학자 아리스토텔레스는 2,300여 년 이전에 마음에 대한 심오한 생각을 했지만 그것을 과학적으로 검증하기 위한 방법이 없었다.

〉 **지각** : 사람과 동물이 환경 속에 있는 대상을 인식하는 능력

〉 **기억** : 아리스토텔레스는 기억을 하나의 특수한 능력으로 분류했을 뿐만 아니라 기억에 다른 유형이 있다는 것을 알았다. 그는 어떤 기억은 갑자기 떠오르고(예 : 이 글을 읽고 있는 중에 갑자기 최근에 친구가 한 말이 생각날 수 있다), 어떤 기억은 노력을 해야만 생각난다고 말했다 (예 : 정신 능력을 여러 가지로 분류한 고대 그리스인의 이름을 묻는 시험문제에 답하기 위해서는 노력이 필요하다).

〉 **욕구, 합리적 사고, 행동** : 아리스토텔레스는 인간과 동물의 차이점을 논했다. 그는 인간과 동물 모두 행동을 동기화하는 욕구를 가지고 있지만, 동물과 달리 인간은 신중하고 논리적인 합리적 사고도 할 수 있다고 한다. 따라서 인간 행동의 원인은 흔히 욕구와 합리적 사고라는 두 가지 갈등적인 요인에 있다.

> 당신의 행동을 결정하는 데 있어서 가장 최근에 합리적 사고와 욕구가 갈등을 일으킨 적은 언제인가?

아리스토텔레스에 대해서는 잠시 후에 다시 이야기하기로 하고 먼저 아리스토텔레스와 비슷한 시대에 지구의 다른 지역에 살았던 한 사람의 생각을 살펴보기로 하자.

부처 인도 북부에서 기원전 5~6세기에 한 부유한 통치자의 아들이 부보다는 지혜를 추구하기로 결심했다. 역사는 그가 지혜를 발견했다고 말하고 있으며 그를 부처라고 부른다.

> 당신은 고통의 원인에 대한 부처의 믿음이 옳다고 생각하는가?

당신은 부처를 종교적인 인물로 생각할 것이다. 그것은 물론 맞는 말이지만 그는 순수하게 심리학적인 질문을 제안한 사람이다. 특히 그는 정서의 원인에 대해 질문했다. 지능이 있는데도 불구하고 사람은 왜 분노, 질투, 실망과 같은 부정적인 정서를 경험하기가 쉬운가? 부처는 두 가지 생각이 합쳐져 정서적 고통을 일으킨다고 제안했다. 사람들은 (1) 자신이 자연의 일부라고 생각하지 않고 세상과 분리된 존재라고 믿는다. (2) 세속적으로 더 많은 것을 소유한다면 더 행복할 것이라고 믿는다(더 많은 돈, 더 좋은 집, 더 높은 지위의 친구 등). 그러나 이런 생각은 행복보다는 고통의 원인이 된다. 사람은 필연적으로 더 많은 것을 더 많이 원하게 되고 욕망, 실망, 질투, 더 많은 욕구의 순환 속에 빠지게 된다.

부처는 고통을 치료하는 방법을 제안했다. 현대 심리학 용어로 말하면 그는 부정적인 정서를

He who dies with
the most toys,
WINS!

t_kimura / Getty Images

"가장 많은 장난감을 소유하고 죽는 사람이 승자다!"
이것이 바로 부처가 경계하라고 한 생각이다.

감소시키기 위한 '심리치료'를 제안했다. 그것은 명상이었다. 자신이 누구인지 그리고 고통의 원인이 무엇인지에 대한 명상을 통해 정신적 고통에서 벗어날 수 있는 통찰을 가질 수 있다고 부처는 말했다.

아리스토텔레스와 마찬가지로, 부처는 과학적인 방법을 사용하지 않았다. 그를 오늘날의 용어로 심리학자라고 할 수는 없지만 그의 아이디어는 오늘날의 것으로 보인다. 부처와 마찬가지로 최근 심리학자들도 사고과정이 어떻게 정서적 스트레스를 일으키는지(9장과 13장) 그리고 명상이 뇌 기능에 어떻게 영향을 미치는지 연구하고 있다(8장).

고대로부터 배우기 아리스토텔레스와 부처가 우리에게 가르치는 것은 두 가지다. 첫 번째는 최근 심리과학에서 '새로운' 것은 무엇이고 새롭지 않은 것은 무엇인가에 대한 질문이다.

최근 심리학에서 질문하는 많은 것들이 새롭지만, 놀라운 것은 오랜 기간 그 질문들을 해왔다는 점이다. 여러 정신 활동을 어떻게 분류할 것인가 그리고 사고와 정서는 어떻게 상호작용하는가와 같은 오래된 질문들은 오늘날까지 여전히 남아 있다. 아리스토텔레스는 최근 연구방법에 대해서는 놀라겠지만 21세기 심리학에서 다루고 있는 많은 문제에 대해서는 익숙하다고 생각할 것이다. 오늘날의 심리학은 인간에 대한 시간을 초월한 질문들에 대하여 새롭고 연구에 기반한 답을 제공한다.

두 번째는 심리학의 목적에 대한 것으로 사람·마음·뇌에 대한 이 모든 생각을 하는 목표가 무엇인지다. 아리스토텔레스의 목적과 부처의 목적은 달랐다. 아리스토텔레스는 지식 그 자체를 위한 지식을 추구했다. "그는 사람에 대한 이해 그 자체를 위해 사람을 이해하려고 했다"(Watson, 1963, p. 44). 그렇지만 부처는 실천적인 목적을 추구했다. 그는 '이론적인 호기심이 아니라 무엇보다 고뇌로부터의 해방이라는 실천적 목표'를 가지고 있었으며(Bodhi, 1993, p. 4) 사람들이 더 행복한 삶을 살 수 있도록 도와주기를 원했다(Dalai Lama & Cutler, 1998). 그들의 차이점은 오늘날의 심리학에서도 찾아볼 수 있다. 많은 심리학자들이 사람·마음·뇌에 대한 과학적 지식 확장을 목적으로 하는 연구자들이다. 하지만 또 다른 많은 심리학자들은 부처와 마찬가지로 실천적 목적을 위해 일한다. 그들은 사람들의 삶을 개선하기 위하여 학교, 공동체, 기업, 심리치료원에서 일하면서 심리학적 지식을 적용하고 있다.

당신은 지식 그 자체를 위한 지식 탐구의 가치가 무엇이라고 생각하는가?

2000년을 뛰어넘어 : 로크, 칸트, '천성 대 양육'

사전 질문

> 철학자인 로크와 칸트는 인간이 어떻게 지식을 획득한다고 믿었는가?

이제 아리스토텔레스와 부처의 시대에서 2,000년을 뛰어넘는다. 긴 시간을 뛰어넘었지만 아직 수백 년 전 시대이고, 심리학자가 아니라 철학자 두 사람을 만나게 될 것이다. 그들은 과학적 방법을 사용하여 질문에 답하지 않았다. 하지만 최근까지 여전히 답을 얻지 못한 질문을 그들이 제기했다. 그중에서 가장 중요한 것이 자연과 양육에 대한 질문이다.

'천성 대 양육' 자연과 양육의 구분은 심리학적 특성의 기원과 관련이 있다. 우리의 신념, 우리의 능력, 우리가 좋아하고 싫어하는 것은 어디에서 오는 것인가? 두 가지 가능한 답이 있다.

1. **자연**(nature) : 자연(이 상황에서 사용되는)이란 심리적 특성의 생물학적 기원을 말한다. 자연 덕분에 가지고 있는 특성은 유전된 것으로, 유전적 성분으로 구성된다. 통상적으로 '고정 배선(hard wired)'이라고 말한다.

2. **양육**(nurture) : '교육하다 혹은 길러내다'라는 뜻을 가지고 있으며 세상 경험을 통한 능력의 발달을 말한다(영어로 양육을 'nurture'라고 하고 유치원을 'nursery school'이라고 한다). 양육을 통해 얻는 능력은 유전이 아니라 학습에 의한 것이다.

자연은 기침, 재채기, 얼음 위에서 미끄러지려고 할 때 안 넘어지려고 순식간에 손을 뻗는 것과 같은 행동의 원천임에 틀림없다. 누구도 이런 것들을 가르칠 필요가 없다. 양육은 운전, 요리, 자전거 타기와 같은 행동의 원천임에 틀림없다. 이런 기술은 경험을 통해 획득한다. 하지만 다른 많은 행동의 원천은 타고난 것인지 경험에 의한 것인지 구분하기 어렵다. 자연과 양육의 상대적인 중요성은 17세기 존 로크가 탐구하기 시작한 이래로 논쟁거리다.

> 지금 현재 당신이 하고 있는 것들 중에서 오로지 경험에 의해 학습한 것은 무엇인가(양육)? 고정 배선은 무엇인가(자연)?

Red Images, LLC / Alamy

말하기와 쓰기 말을 하고 다른 사람의 말을 이해하는 능력은 유의미하게 자연적인 것이며 인류 역사를 통해 사람들은 말로 의사소통을 해왔다. 그 결과 우리는 학교에 가기 전에도 유창하게 말할 수 있는 물려받은 정신적 능력을 가지고 있다. 그러나 쓰기 능력은 양육의 산물이다. 생물학적으로 현대 인류 역사가 수만 년이라고 하지만, 글자가 발명된 것은 약 3,000년 전밖에 되지 않으며 글쓰기를 배우기 위해서는 교실에서 공부하는 시간이 필요하다.

로크 존 로크는 영국 철학자로서 세계 역사상 놀라운 시기인 1600년대 말에 그의 주요 연구를 발표했다. 그 이전 200년 동안 유럽은 지적 재탄생이라는 '르네상스'를 경험했다. 학자들은 과학적 질문에 대한 답을 얻기 위해 아리스토텔레스나 교회의 권위에 의존하지 않고 스스로 답을 찾으려고 했다. 예를 들어 이탈리아 과학자 갈릴레오 갈릴레이는 우주에 대한 질문의 답을 얻기 위해 성경을 찾아보지 않고 망원경을 꺼내 하늘을 보았다. 르네상스 학자들은 과학적 방법을 사용하기 시작했다.

로크 시대의 학자들은 물리적 세상의 신비뿐만 아니라 인간 마음의 신비도 파헤치는 것이 가능하다고 생각하게 되었다. 로크는 "사람들은 아이디어를 어디에서 얻는가? 즉 마음속에 있는 개념의 원천은 무엇인가?"라는 생각을 했다.

로크는 자연이 아니라 양육을 주장했으며 우리는 경험으로부터 아이디어를 얻는다고 했다. 그는 아이디어의 원천은 세상에 대한 우리의 지각이라고 주장했다. 우리가 사건을 경험할 때 시각, 청각, 여러 다른 감각들이 세상 정보를 우리 마음으로 끌어들이고, 이 경험에 기초를 둔 정보가 아이디어의 근원이다. 예를 들면 우리 손을 나무, 바위, 혹은 벽돌 속으로 집어넣을 수 없지만 양동이에 담겨 있는 물속에는 집어넣을 수 있다는 것을 반복적으로 경험한다. 그런 경험들을 통해 우리는 '액체'와 '고체'의 개념을 발달시킨다.

출생 시에는 세상의 경험이 아직 없다. 그래서 로크에 의하면 태어날 때 우리의 마음은 아무것도 씌어 있지 않은 '백지'와 같다. 백지 위에는 무엇이라도 그릴 수가 있으며, 자연이 학습하기 위한 능력을 제공한다. 그러나 그 모든 아이디어를 제공하는 것은 양육(경험)이다.

아이디어를 어떻게 획득하는가 하는 이 개념은 너무나 분명해서 아무도 의심할 수 없을 것이라고 생각되었다. 그런데 누군가가 의심했다. 그는 바로 임마누엘 칸트라고 하는 18세기 독일 철학자다.

칸트 칸트는 사람은 경험으로부터 학습한다는 것을 알았다. 그러나 그는 사람의 마음을 백지라고 생각하지는 않았다. 그는 어떤 아이디어는 출생 시에 이미 가지고 태어난다고 믿었다.

벽돌로 된 벽에 손을 집어넣기로 마음먹고 실천에 옮기면 잠시 후에 고통이 따른다는 것을 경험을 통해 배울 수 있다. 칸트는 물론 이것을 인정한다. 그러나 '시간'의 개념과 어떤 것이 일어

자연 심리학에서 심리적 특성의 생물학적 기원. 자연에서 오는 특성은 물려받은 것이다.

양육 세상 경험을 통한 능력의 발달. 양육에서 오는 능력은 물려받은 것이 아니라 학습한 것이다.

난 '후'(시간적으로 나중에)에 어떤 것이 일어난다는 생각을 어떻게 학습하는가 하는 질문을 한다. 시간은 눈으로 볼 수 없다. 어렸을 때 부모가 아이에게 시간의 성질에 대해 강의했을 것 같지는 않다. 하지만 시간의 개념과 '전'과 '후'의 개념은 어릴 때부터 마음에 있는 것으로 보인다.

마찬가지로 칸트는 3차원적인 물리적 공간에서 물체들이 서로 앞, 뒤, 위, 아래에 위치하는 '공간'의 개념을 어디에서 배웠느냐고 질문할 것이다. 한 사건이 다른 사건을 일으키는 원인이 되는 인과관계의 개념은 어떻게 배웠는가? 이런 개념들을 아이들은 명시적으로 배우지 않고 알고 있는 것으로 보인다.

> 당신은 시간에 대한 개념이 타고난 것이라고 생각해본 적이 있는가?

칸트는 공간, 시간, 인과관계와 같은 개념은 타고나는 것으로 양육이 아니라 자연의 산물이라고 주장했다. 그리고 칸트는 로크의 생각이 잘못된 것이라고 보았으며 마음은 백지 상태가 아니라 어떤 개념들을 가지고 태어난다고 했다.

오늘날에도 과학자들은 로크와 칸트가 주장하는 자연과 양육의 문제에 대해 여전히 논쟁을 계속하고 있다(Elman et al., 1996; Goldhaber, 2012; Pinker, 2002; Shea, 2012).

근대로 이동 : 분트와 제임스

사전 질문

> ❯ 분트와 제임스를 과학적 심리학의 창시자들이라고 하는 이유는 무엇인가?

아리스토텔레스, 부처, 로크, 칸트를 논의하면서 그들은 최근 관점에 비추어보면 심리학자들이 아니라고 했다. 이제 진정한 심리과학자들에 대하여 살펴보자.

분트 과학적 심리학은 분명한 시작점이 있다. 1875년 빌헬름 분트(Wilhelm Wundt)가 라이프치히대학교에 교수로 부임해서 심리실험실 연구를 시작하고 공식적으로는 1879년에 실험심리연구소라는 실험실을 개설했을 때다(Bringmann & Ungerer, 1980; Harper, 1950).

분트는 원래 생물학과 의학을 공부했다. 그러나 세 가지 요인이 그의 관심을 심리학으로 돌리게 했다. 첫 번째는 순수한 흥미로 그는 마음을 연구하는 것이 환자를 치료하는 것보다 더 재미있다고 생각했다(Wertheimer, 1970). 두 번째는 과학과 의학기술의 발전에 대한 그의 지식이었다. 분트는 신체 내부기관(예 : 눈의 내부, 성대)을 관찰할 수 있는 새로 발명된 기구들이 심리학적 기능(보기, 말하기)을 연구하기 위해 사용될 수 있다는 것을 인식했다. 세 번째는 신경계 연구의 발전에 대한 그의 지식이었다. 독일 과학자들은 신체의 신경계 세포들이 어떻게 작용하는지를 연구하기 위한 실험적인 방법을 개발했다. 뇌와 신경계가 마음의 생물학적 기초이기 때문에, 분트가 알고 있었듯이, 생물학의 발전은 성공적인 실험심리학의 가능성을 보여주었다(Watson, 1963).

분트는 이 새로운 분야에 발을 내딛으면서 두 가지 중요한 단계를 거쳤다. 첫 번째 단계로 그는 생물학적 지식과 마음의 분석을 통합한 **생리심리학의 원리**(*Principles of Physiological Psychology*)를 썼다. 특히 그는 세상의 사건을 지각하고 감정을 느끼는 것을

실험심리학의 아버지 분트(앉아 있는 사람)와 라이프치히대학교 실험실 조교들

의미하는 의식에 대한 마음의 능력을 탐구했다(8장). 두 번째 중요한 단계는 라이프치히대학교에 실험실을 설립한 것이었다(Harper, 1950). 분트는 실험실 연구에서 실험심리학의 표준이 되는 절

차를 세웠다. 그는 실험실에서 사람들에게 과제를 수행하도록 하는 환경을 체계적으로 변화시켰다. 그는 문제 해결에 걸리는 시간과 같은 수행의 측면들을 정확하게 측정했다(Robinson, 2002). 그런 과정 속에서 그는 이 책의 2장에서 논의할 실험방법들을 개척했다.

분트의 실험실은 유럽과 미국 학생들의 관심을 받았다. 그들은 공부를 마치고 본국으로 돌아가 새로운 심리과학의 지식을 확산시켰다. 분트가 오늘날 세계적인 심리과학 공동체의 씨를 심었기 때문에 그를 '실험심리학의 아버지'라고 부르는 것은 당연하다.

제임스 1875년에 심리실험실을 개설한 사람은 분트만이 아니었다. 또 다른 심리실험실이 미국 하버드대학교에 설립되었다(Boring, 1929; Harper, 1950). 그 실험실의 연구 활동은 그렇게 대단하지는 않았지만 그 실험실의 소장이 바로 지적 거물인 윌리엄 제임스(William James)였다.

제임스는 보통 사람들은 거의 경험하지 않는 문제로 고민했다. 그는 여러 분야에 재능이 있어서 진로를 결정하기가 어려웠다. 1860년대에 그는 "과학에서 회화, 다시 과학으로, 또다시 회화로, 그 후에도 화학, 해부학, 자연사로, 그리고 마침내 의학으로 전공을 바꾸었다"(Menand, 2001, p. 75). 의학 학위를 받은 후에 그는 심리학으로 분야를 바꾸고 심리학 개론서를 쓰기 시작

했다. (심리학 개론서 집필을 마친 후에 그는 다시 분야를 바꾸어 미국의 가장 위대한 철학자 중 한 사람이 되었다.)

제임스는 그의 심리학 개론서 집필을 1878년에 시작했다. 그는 1880년에 집필을 마칠 것이라고 생각했지만 10년이나 더 걸렸다(Watson, 1963). 그 책은 두께가 자꾸 늘어나서, 제임스는 "저자 자신보다 더 후회하는 사람은 없을 것이다"라고 말했다(James, 1890, p. xiii). 1890년 발표되었을 때 그것은 기다린 보람이 있었다. 많은 비평가들이 제임스의 심리학의 원리(*The Principles of Psychology*)를 심리학 역사에서 가장 위대한 종합적인 책이라고 했다(Austin, 2013 참조).

제임스의 책은 심리학을 소개했을 뿐만

분명히 훌륭한 학술대회였을 것이다
1909년 클라크대학교에서 개최된 학술대회에 참석한 사람들의 사진이다. 첫째 줄 왼쪽에서 세 번째가 윌리엄 제임스이고 첫째 줄 오른쪽에서 네 번째가 지그문트 프로이트다. 프로이트의 심리분석학파에 대해서는 나중에 소개한다.

아니라 심리학에 대한 정의를 내렸다. 1890년까지 심리학의 범위는 불분명했다. 사람들은 심리학이 무엇인지 혹은 무엇이 될 수 있는지 몰랐다. 제임스는 의식, 자기개념, 사고, 정서, 본능, 사회 행동, 의지, 최면술과 같은 광범위한 주제들을 분석하여 각각을 새로운 심리학 분야로 만들었다. 그의 비전은 이 책에서 다루는 주제들의 범위에 중요한 공헌을 했다.

책 마지막 장에서 제임스는 자연, 양육, 그리고 로크와 칸트의 관점을 다루었다. 그는 마음은 출생 시에 '자연적인 구조'를 가지고 있다고 결론을 내림으로써 로크보다는 칸트의 입장에 섰다(James, 1890, p. 889). 하지만 특히 중요한 것은 제임스가 내린 결론의 내용이 아니라 어떻게 그 결론에 도달했는가 하는 점이다. 제임스는 오래된 로크/칸트의 철학적 논쟁을 해결하는 방식은 더 철학적으로 논쟁하는 데 있는 것이 아니라 과학적인 증거가 중요하다고 말했다. 철학적 논쟁에서 과학적 자료로 논쟁의 초점을 이동시킴으로써 심리학이 과학으로 자리 잡을 수 있는 결정적인 계기가 마련되었다.

주요 관점

사전 질문

> ❯ 심리학의 여섯 가지 주요 관점의 특징은 무엇인가?

오늘날 심리학에서는 대부분의 과학적 활동의 초점이 문제에 맞추어져 있다. 연구자들은 사람, 마음, 뇌 연구에서 특수한 과학적 문제를 해결하기 위해 노력한다. 그러나 심리학의 초기에는 심리학이 무엇을 어떻게 해야 하는가 하는 일반적인 질문을 가지고 있었다. '무엇이 심리학의 주요 연구 주제가 되어야 하는가?', '심리학자는 이론을 어떻게 형성하고 연구를 어떻게 수행해야 하는가?'

심리학자들은 이 질문들에 대한 다양한 답을 제공했다. 심리학에는 따라서 대안적인 관점들, 즉 심리과학을 건설하기 위한 일반적인 접근들이 있다. 그것들 중에서 여섯 가지 관점에 대해 살펴보자. 먼저 함께 살펴볼 두 가지 관점은 구성주의와 기능주의다.

기본적인 구성 이 그림은 기본적인 구성으로 분석될 수 있다. 프랑스인 폴 시냐크가 그린 이 점묘화는 색채 페인트의 점들로 구성되어 있다. 기본 구성인 점들은 합쳐져서 램프 옆에 있는 한 여인의 초상을 형성한다. 구성주의 심리학자에 의하면, 마음도 이와 마찬가지로 기본적인 부분들이 합쳐져서 전체적인 정신적 경험을 형성하는 것으로 분석된다.

Paul Signac / The Bridgeman Art Library / Getty Images

구성주의와 기능주의 심리학에서 구성주의와 기능주의 간의 차이는 생물학에 비유해보면 가장 잘 이해할 수 있다(Titchener, 1898). 생물학자들은 신체를 두 가지 중 한 방식으로 연구한다. 해부를 하면 신체 조직(뼈, 연조직, 체액)을 볼 수 있다. 활동 중인 신체를 연구하면 그것의 기능(소화, 호흡 등)을 볼 수 있다. 심리학에서도 비슷한 구분을 할 수 있다.

구성주의(structuralism)란 마음의 기본적인 성분이나 구조에 대한 연구를 강조하는 관점이다. 구성주의자들은 복잡한 정신적 경험들은 간단하고 기본적인 마음의 성분들로 구성되어 있다고 말했다(Titchener, 1898). 케이크 만드는 레시피에 재료가 다 포함되어 있듯이, 마음의 성분들이 합쳐져서 전체적인 정신적 경험을 만든다. 예를 들어 한 그림을 본다고 가정해보자. 당신은 하나의 전체적인 정신적 경험을 한다("아, 모나리자 그림 속의 신비한 미소가 좋아!"). 이 경험에 대해서 구성주의자들은 지각(당신은 빛과 색의 패턴을 지각한다), 느낌(당신은 그 그림을 좋아한다)과 같은 기본적인 정신적 성분의 통합이라고 말한다. 지각과 느낌이 마음의 기본적인 구성이 될 것이다.

기능주의(functionalism)는 활동하는 마음에 대한 연구를 강조한다. 기능주의자들은 마음이 어떤 성분을 포함하는지보다는 마음이 무엇을 하는지 — 무엇에 도움이 되는지 — 에 관심이 있다. 기능주의자들은 유기체가 환경에 적응할 때 일어나는 정신적 활동(예 : 학습, 기억)을 확인하려고 애썼다. 그들은 정신적 기능은 신체적 생존을 높이는 데 성공적일 때만 일어나기 때문에 그들은 마음과 신체 간의 관계를 중요시했다. 이 책에서 사용되는 언어로 다시 말하자면 기능주의자들은 마음의 분석 수준과 뇌의 분석 수준 간의 관계를 중요하게 생각했다(Angell, 1906).

구성주의자와 기능주의자는 두 관점 모두가 심리학의 발전에 공헌한다고 인정했다(Watson, 1963). 그들의 차이점은 무엇을 강조하는지에 있었다. 새로운 분야의 발전을 위해 어디에 심리학자들이 전념해야 하는지에 대한 의견이 일치하지 않았다.

정신분석 구성주의와 기능주의는 유럽과 미국 대학의 심리학과에서 개발되었다. 세 번째 관점은 19세기 말 대학교가 아니라 오스트리아 빈에 있는 한 의사의 사무실에서 개발되었다.

지그문트 프로이트(Sigmund Freud)는 **정신분석**이라고 알려진 관점을 개발했다. 12장에서 자세하게 살펴보겠지만, 정신분석은 마음이 여러 부분을 포함하고 있다고 주장한다(Freud, 1900, 1923). 그 부분들은 서로 갈등적이다. 예를 들어 한 부분은 성적 충동을 가지고 있고, 반면에 다른 부분은 성적 충동을 억제하도록 하는 사회적 규칙을 포함한다. 프로이트는 사람들이 이런 갈등을 충분히 의식하지 못하며 많은 정신적 활동은 주로 무의식에서 일어난다고 주장했다.

구성주의 마음의 기본적인 성분이나 구조 그리고 그것들이 어떻게 합쳐져서 복잡한 정신적 경험을 만들어내는지에 초점을 맞추는 관점

기능주의 마음의 구조보다는 신체와 상호작용하고 환경에 적응하는 마음의 정신적 활동에 초점을 맞추는 관점

프로이트는 성격 이론과 심리치료법을 개발했으며 두 가지 모두 사회에 커다란 영향을 미쳤다. 그러나 심리과학 내에서 그의 업적은 그 당시부터 오늘날까지 신랄한 비판을 받고 있다. 연구자들은 정신분석은 너무 이론적인 접근이며 많은 부분이 검증 불가능하다고 생각했다. 정신분석의 이런 제한점을 극복할 수 있는 접근으로 **행동주의**가 등장하게 되었다.

행동주의 행동주의가 마음을 연구하는 접근은 구성주의, 기능주의, 정신분석과 매우 달랐다. 큰 차이점은 행동주의 창시자인 존 왓슨(John Watson)에 의하면, 심리학자들이 마음을 연구해서는 안 된다는 점이다. 왓슨(Watson, 1913)은 **행동주의**(behaviorism)는 '행동의 예측과 통제'에만 초점을 맞추는 관점이라고 말했다(p. 158). 왓슨이 말하는 행동이란 관찰 가능한 행동을 뜻한다. 실험자가 관찰할 수 있고 정확하게 기록할 수 있는 유기체의 활동을 의미한다. 대조적으로 마음의 내용은 직접 관찰할 수 없다. 성공적인 과학의 핵심은 관찰이기 때문에, 마음에 대한 연구는 과학적 심리학이 될 수 없으며 심리학은 오로지 행동에만 관심을 가져야 한다고 그는 주장했다.

심리학자 스키너(B. F. Skinner, 1953)는 조금 다른 행동주의를 제안했다. 왓슨과 마찬가지로 스키너도 행동에 대한 연구를 강조했지만 그는 '행동'에 사고와 느낌을 포함시켰다. 스키너의 행동주의는 따라서 전반적인 심리적 경험을 분석했다. 스키너의 분석에서 행동—모든 신체의 움직임, 사고, 느낌—의 궁극적인 원인은 환경이다. 환경의 영향이 점차적으로 유기체의 행동을 조성한다. 심리학의 가장 중요한 과제는 행동에 미치는 환경의 영향을 연구하는 것이다. 6장은 스키너가 개발한 심리적 시스템을 상세하게 다룬다.

행동주의자들은 환경이 행동을 조성하는 과정을 모든 유기체에 일반화할 수 있다고 믿었다. 이 이론적인 주장은 연구 수행을 위한 중요한 함의를 가지고 있다. 즉 연구자들은 그들이 원하는 어떤 유기체도 연구하는 것이 가능하다는 것을 의미한다. 대부분의 행동주의자들은 쥐와 같은 실험실에서 다루기 쉬운 동물을 연구했다. 행동주의가 미국 심리학의 주류를 이루었던 1920~1950년대는 '쥐 실험실'이 심리학을 공부하는 학생들이 가장 많은 시간을 보내는 곳이었다.

행동주의는 심리학에 과학적 엄격성을 부가했다. 그러나 많은 사람들은 행동주의가 쥐를 연구하면서 독특한 인간 본질에 대한 관심을 약화시키는 나쁜 영향도 미쳤다고 생각했다. 이런 비판을 배경으로 해서 **인본주의 심리학**이 탄생하게 되었다.

인본주의 심리학 **인본주의 심리학**(humanistic psychology)은 일상의 개인적인 경험이 심리학자들의 주요한 연구 목표가 되어야 한다고 주장하는 지적 움직임이다(Smith, 1990). 인본주의 심리학자들은 개별적인 심리적 요인이나 한 시점에서 고려되는 정신 과정이 아니라 그 사람 전체에 관심의 초점을 맞추다.

이것은 심리학을 처음 접하는 사람들에게는 당연하게 보일 것이다. 심리학자들은 원래 사람의 경험에 관심이 있는 사람들 아닌가? 하지만 인본주의 심리학자들이 본 20세기 중반의 심리학은 인간의 경험을 홀대하고 있었다. 행동주의자들은 쥐를 실험했다. 정신분석가들은 사람들이 의식하지도 못하는 심리적 갈등을 논했다. "이 두 가지 관점은 인간을 인간답게 다루지 않았고 실제 삶의 문제도 다루지 않았다"고 당시의 지도적인 인본주의 심리학자인 롤로 메이(Rollo May)는 말했다(Smith, 1990, p. 8에서 인용).

Matt Meadows / Getty Images

쥐·마음·뇌? 행동주의 심리학자들은 종종 미로 학습을 하는 쥐와 같은 실험실 동물의 행동을 연구했다. 이런 연구는 관찰 가능한 행동에 대한 정확한 측정이 가능하다는 큰 장점을 가지고 있다. 그러나 인본주의 심리학자를 포함한 다른 관점의 심리학자들은 그것은 또한 큰 단점을 가지고 있다고 지적하면서 쥐 연구 때문에 인간이 가지고 있는 독특한 심리적 경험에 대한 과학적 연구의 관심이 멀어졌다고 했다. 오늘날에도 여러 심리학 분야에서 동물 연구가 수행되고 있지만, 사람을 대상으로 하는 연구가 대부분이다.

행동주의 환경이 행동을 조성하는 방법을 연구함으로써 관찰 가능한 행동의 예측과 통제에만 관심이 있는 관점

인본주의 심리학 일상의 개인적 경험—사고, 느낌, 희망, 두려움, 자기개념—이 심리학자들의 주된 연구 목표라고 주장하는 지적 움직임

AP Photo / Disney-ABC Domestic Television, Ida Mae Astute

"나는 삶을 사랑한다. 삶은 아름다운 것이다… 현재는 더 그렇다." 피부를 먹는 박테리아에게 최근에 손, 발, 한쪽 다리를 잃은 사람이 한 말이라는 것이 놀랍다. 이것은 에이미 코프랜드가 케이티 쿠릭과의 인터뷰에서 한 말이다. 비극적 사고를 겪고도 일어설 수 있었던 것은 긍정심리학 운동이 강조하는 인간 잠재력의 한 예일 뿐만 아니라 개인적인 정신력에 대한 증거다. 그녀는 인생의 좌절에도 불구하고 개인적인 힘을 모아서 성장하는 모습을 보여주었다.

인본주의 심리학자들은 여러 가지 도전을 했다. 칼 로저스(Carl Rogers)는 정신분석에 대한 대안적인 심리치료법(14장)뿐만 아니라, 개인적인 경험 혹은 자기개념을 중심으로 하는 인본주의 성격 이론을 개발했다(12장). 에이브러햄 매슬로(Abraham Maslow)는 기본적인 생리적 욕구, 안전 욕구에서 심리적인 성장 욕구까지 인간의 위계적인 동기 이론을 제시했다(10장). 인본주의 심리학자들은 특히 자신과 주변 세상을 이해하고 심리적으로 성장해 나가려고 하는 인간의 타고난 잠재력을 강조했다.

21세기에 나타난 지적 운동도 초기 인본주의 심리학의 관점과 비슷하다. **긍정심리학**(positive psychology)은 심리학자들이 인간의 허약함에 너무 많은 관심을 기울였다고 비판하고 대신에 사랑, 용기, 용서, 영성과 같은 '긍정적인 개인 특성'에 초점을 맞추어야 한다고 주장했다(Seligman & Csikszentmihalyi, 2000, p. 5). 이 특성들은 어려운 상황을 극복하고, 좌절에서 다시 용기를 얻고, 경험을 통해 지혜를 얻도록 해주는 힘이다(Aspinwall & Staudinger, 2002; Gable & Haidt, 2005; Keyes, Fredrickson, & Park, 2012). 긍정심리학의 의도는 훌륭하지만 너무 단순하다고 지적하는 사람들이 있다. 대부분의 심리적 특성은 — '긍정적'이라는 이름이 붙여진 것조차 — 개인이 처한 상황에 따라서 웰빙에 긍정적 효과가 있을 수도 있고 부정적인 효과가 있을 수도 있다(McNulty & Fincham, 2012). 그럼에도 불구하고 19세기 인본주의 심리학이 다룬 비슷한 주제들을 발전시켜서 긍정심리학은 현재 영향력을 가지고 있다.

인본주의 심리학은 오늘날 심리학에서 발견할 수 있는 다른 어떤 것보다 이 책의 관점과 일치한다. 인본주의 심리학자들은 복잡한 삶을 살아가면서 삶에 대해 숙고하는 사람들의 경험을 탐구하는 것이 심리학의 궁극적인 목표라고 주장했다. 이 책에서는 사람들의 삶과 경험에 대해서 다양한 영역의 심리과학이 어떻게 설명하는지 보여주기 위해 노력했으며 **사람을 우선하는 접근**을 선택했다. 그래서 주제를 소개할 때 가능한 한 사람 수준의 분석으로 시작했다. 당신은 심리학의 다양한 주제가 인간 경험을 어떻게 설명하는지 볼 수 있을 것이다.

20세기 후반에는 과학이 더 발전하여 심리학자들이 마음과 뇌의 작용에 대한 정보를 사람의 지식과 결합할 수 있게 되었다. 이런 발전에는 이제 논의할 정보 처리 심리학과 인지 혁명이 큰 영향을 미쳤다.

긍정심리학 인간의 나약함보다는 사랑, 용기, 용서와 같은 긍정적인 개인 특성을 강조하는 지적 운동

인지 혁명 마음을 정보 처리 시스템으로 보는 관점으로 심리과학에 새로운 형식의 이론과 연구를 소개했다

정보 처리와 인지 혁명 행동주의자들은 마음을 연구하는 것에 반대했다. 그들은 사고 처리과정을 분석하는 것(마음이 지식을 어떻게 저장하는가, 한 생각이 어떻게 다른 생각과 연결되는가)은 결국은 사변적이고 따라서 비과학적이라고 주장했다. 하지만 이 주장은 컴퓨터라는 새로운 기계가 등장함으로써 기반을 잃게 되었다. 컴퓨터는 지식을 저장하고 한 '생각'을 다른 생각과 연결한다. 컴퓨터가 하는 활동들은 과학적으로 충분히 이해될 수 있다(컴퓨터과학). 우리가 만일 컴퓨터가 생각하는 것을 이해할 수 있다면 인간이 생각하는 것을 왜 이해할 수 없겠는가?

이 논리는 1950년대 후반에 심리학에서 지적인 혁명을 일으켰다(McCorduck, 2004; Miller, 2003). **인지 혁명**(cognitive revolution)은 마음이 지식을 획득, 저장, 인출하는 능력이 심리과학의

중심일 수 있고 중심이 되어야 한다고 주장했다.

그러나 도대체 마음을 어떻게 연구한 단 말인가? 인지 혁명 기간에 연구자들은 마음을 **정보 처리 시스템**과 같은 것으로 간주하고 연구했다(Simon, 1969). **정보 처리 시스템**(information processing system)이란 상징(예 : 단어와 수)을 획득, 저장, 조작할 수 있는 장치다. 상징이란 정보 그리고 정보를 변환시키기 위한 지시를 말한다. 컴퓨터에 있는 계산 프로그램을 생각해보자. 만일 2와 3을 누르고 더하기 버튼을 누르면 5가 나온다. 이것은 계산기가 2와 3을 나타내는 상징들을 저장하고, 2와 3을 +표

첫 범용 컴퓨터인 ENIAC을 프로그래밍하고 있는 여성들의 사진이다. 오늘날의 컴퓨터와 비교하면 공룡같이 크고 속도도 느리지만, 그것은 컴퓨터과학뿐만 아니라 심리학의 발전을 위한 중요한 열쇠였다. 컴퓨터가 인간이 생각하는 것과 비슷하게 과제를 수행할 수 있기 때문에 심리학자들은 인간의 마음을 정보 처리 시스템으로 보게 되었다.

시로 더하라고 지시하여 5로 변환시킨다. 심리학을 위한 핵심 포인트는 우리도 마음속으로 2와 3을 더해서 5를 생각할 수 있기 때문에 우리 마음도 상징을 저장하고 조작하는 정보 처리 시스템으로 간주할 수 있다. 따라서 정보 처리의 원리는 인간 마음을 연구하기 위한 지침이 될 수 있다(Simon, 1979).

오늘날 심리학자들은 인간의 마음과 뇌가 컴퓨터와 똑같이 작용하지 않는다는 것을 알고 있다. 예를 들어 신체적인 뇌는 반복적으로 사고기술을 훈련하면 바뀌지만(3장), 컴퓨터의 물리적인 전자는 반복적으로 같은 프로그램을 돌려도 바뀌지 않는다. 그럼에도 불구하고 정보 처리 접근과 전반적인 인지 혁명은 심리과학의 발전에 큰 기여를 했다. 이 책의 뒷부분에서 공부하겠지만(특히 마음을 다루는 장들에서), 정보 처리 접근과 인지 혁명은 분트와 제임스 시대 이후로 심리학자들을 자극했던 마음에 관련한 물음에 대한 새로운 답을 내놓았다.

◐➔ 돌아보기 & 미리보기

이 장에서 우리는 심리학이 무엇이고 심리학이 어디에서 왔는지 살펴보았다. 오늘날의 심리학 분야는 다양하다. 하지만 물음에 대한 답을 구하기 위하여 과학적 연구를 중요하게 생각한다는 점에서는 일치한다. 사람, 마음, 뇌의 세 가지 분석 수준에서 수행된 연구들 간에 서로 정보를 제공함으로써 세상 사람에 대한 연구에서 먼저 발견된 현상을 마음과 뇌에 대한 연구를 통해 더 깊이 이해할 수 있다. 현대 심리학의 성공은 특히 과학적 연구방법의 발전을 포함하는 과거부터 지금까지 누적되어온 심리학 연구 덕분이다.

다음 장에서는 오늘날의 심리과학자가 사용하는 연구방법 ─ 연구 전략과 증거를 수집하는 방법 ─ 에 대해 살펴본다. 이 방법은 분트가 언급한 진짜 과학적인 심리학의 가능성을 실현할 수 있도록 해준다.

> 컴퓨터는 상징 시스템이라고 하는 중요한 인공물 가족의 한 구성원이다… 그 가족의 또 다른 중요한 구성원은 인간의 마음과 뇌다.
> ─ Herbert Simon(1996, p. 21)

정보 처리 시스템 상징을 획득하고 저장하고 조작하여 정보를 변환시키는 장치

Chapter Review
복습

이제 이 장을 마쳤다. 부록에는 심리학 기초에 대해 배운 부분이 요약되어 있다. 요약을 읽어보면 이 장에서 학습한 내용을 복습하는 데 도움이 된다.

핵심 용어

과학적 방법	기능주의	양육	정보 처리 시스템
과학적 질문	분석 수준	인본주의 심리학	행동주의
구성주의	비판적 사고	인지 혁명	
긍정심리학	심리학	자연	

연습문제

1. 심리학 분야의 연구와 활동 영역은 광범위하지만 그것들을 통합시키는 한 가지 공통점은 대부분의 심리학자들이
   a. 심리치료기술을 훈련받는다.
   b. 마음은 '백지'라고 믿는다.
   c. 과학적 방법을 선호한다.
   d. 정신분석을 경험한다.

2. 리아는 멕케니언 교수의 수학 과목을 수강하는 학생들 중에서 오전 8시 반 학생들이 오후 3시 반 학생들보다 수학을 더 좋아하는지 알아보기 위해 각 반의 학생들 중 몇 명과 이야기를 해보고 그들의 흥미 수준이 같다는 인상을 받고 그렇게 결과를 보고했다. 어떻게 하면 더 과학적인 연구가 될 수 있었겠는가?
   a. 척도를 사용했다면 관찰한 것을 더 정확하게 기록할 수 있었을 것이다.
   b. 관찰한 방법을 기술했다면 좋았을 것이다.
   c. 더 과학적인 질문을 했다면 좋았을 것이다.
   d. a와 b 모두 옳다.

3. "금연을 돕기 위해 설계된 프로그램이 효과가 있을까?"는 다음과 같은 이유로 과학적인 질문이다.
   a. 그 답을 아는 것이 유용하다.
   b. 증거 수집에 의해서만 답을 얻을 수 있다.
   c. 과학자만 답을 할 수 있다.
   d. a, b, c 모두 틀렸다. 이것은 과학적 질문이 아니다.

4. 다음 중에서 과학에 대하여 개방적이지만 동시에 회의적인 입장을 가장 잘 나타내는 말은 무엇인가?
   a. "죽은 사람과 이야기하는 것이 가능할 수 있겠지만 과학적인 증거가 있는지 살펴볼 필요가 있다."
   b. "죽은 사람과 이야기하는 것이 가능하다는 것을 나는 안다. 내가 직접 경험해 보았으니까."
   c. "죽은 사람과 이야기하는 것이 가능할 수는 있겠지만 전문가의 말을 들어볼 필요가 있다."
   d. "죽은 사람과 이야기하는 것이 가능하다고 나를 확신시켜 줄 수 있는 증거가 없다."

5. 자존감에 대한 문화적 차이에 대한 연구는 _____수준의 분석인 반면에, 이 차이가 어떻게 사고 과정에 영향을 미치는가 하는 시험은 _____수준에서 일어난다.
   a. 마음, 뇌
   b. 사람, 뇌
   c. 마음, 사람
   d. 사람, 마음

6. 시상은 입력된 정보를 뇌의 영역들에 전달하고 정보를 통합하여 사람이 지각할 수 있도록 하는 일종의 '스위치보드'와 같은 뇌의 한 구조다. 사람이 마취 상태가 되면 시상의 활동이 크게 감소한다. 이 연구 결과는 _____분석 수준의 연구가 _____분석 수준에서의 이해를 높여줌으로써 심리학자들이 의식에 대해 깊이 이해하도록 해준다.
   a. 뇌, 사람
   b. 마음, 사람
   c. 뇌, 마음
   d. 마음, 뇌

7. 의식, 자기조절, 수학 수행과 같은 현상을 다른 분석 수준들에서 연구할 수 있다는 사실은 다음과 같은 것을 말해준다.
   a. 다른 분석 수준들은 상호보완적이다.
   b. 심리학은 점점 더 과학적으로 되어가고 있다.
   c. 우리는 사회적, 심리적, 생물학적 존재다.
   d. a와 c 둘 다 옳다.

8. 아리스토텔레스는 다음과 같은 것에 근거하여 심리학자로 볼 수 있다.
   a. 그는 여러 정신 활동을 분류하는 데 관심이 있었다.
   b. 그는 인간 고뇌의 원인을 이해하려고 노력했다.
   c. 그는 심리치료를 처음으로 수행했다.
   d. 그는 과학적 방법을 발명했다.

9. 인간 정서의 원인에 대한 부처의 설명은 다음과 같은 이유로 놀랍다.
   a. 과학적 타당성   b. 현대적인 것
   c. 무지   d. 대담성

10. _____는 아기들이 빨기 반사행동을 하는 이유를 설명하기 어려웠을 것이다.
    a. 칸트   b. 제임스
    c. 로크   d. 분트

11. 남자와 여자가 각각 상대방에게 느끼는 매력 포인트가 다른 것은 인류의 진화적인 과거에 뿌리가 있다고 주장하는 진화심리학자와 가장 의견을 같이 할 것 같은 사람은 다음 중 누구인가?
    a. 칸트   b. 제임스
    c. 로크   d. 분트

12. _____는 심리 기능을 이해하기 위해 처음으로 실험 방법을 사용했으며 '실험심리학의 아버지'라고 불린다.
    a. 칸트   b. 제임스
    c. 로크   d. 분트

13. 인본주의 심리학자와 행동주의 심리학자는 다음과 같은 진술문 중 어느 것에 동의를 안 하겠는가?
    a. 사람은 다른 사람에 의해 동기화될 수 있다.
    b. 행동은 주로 환경에 의해 조성된다.
    c. 사람은 과학적 방법을 사용하여 연구될 수 있다.
    d. 사람의 사고와 감정이 심리학자의 주된 관심이 되어야 한다.

14. 인지 혁명은 어떤 사람의 주장에 대한 반작용으로 탄생했다.
    a. 구성주의자   b. 기능주의자
    c. 행동주의자   d. 정신분석가

15. 우리는 환경 속에서 경험을 통해 지식을 획득한다고 하는 로크의 주장은 다음 중 어느 것의 관심사와 가장 일치하는가?
    a. 구성주의자   b. 기능주의자
    c. 행동주의자   d. 진화론자

해 답

해답은 부록에서 확인할 수 있다.

연구 방법

만일 첫 데이트를 나간다면 어떤 계획을 세우는 것이 좋을까? 로맨틱한 영화 보기, 공원 산책하기, 촛불을 밝히고 저녁 식사를 하면서 이야기 나누기와 같이 조용하고 편안한 데이트를 계획하는 것이 좋을까? 여기 한 데이트 웹사이트에서 제공하는 팁이 있다.

피가 끓어오르는 활동을 해보세요! 상대방이 스카이다이빙이나 패러세일링 하는 것을 오랫동안 간절히 꿈꾸어온 건 아닌지 알아보세요. 아니면 공포영화… (아니면) 비치발리볼이나 플래그풋볼 게임을 하는 것도 신체적 각성을 일으키기 위한 대단히 효과적인 방법입니다… 심장을 뛰게 만드는 것은 심장을 녹아버리게 할 수도 있습니다.

스카이다이빙? 공포 영화? 그렇다. 무서운 것을 포함하여 신체적 각성을 일으키는 활동은 성적 매력을 자극한다. 이것을 확인하기 위하여 두 심리학자가 한 연구를 수행했다.

남성 실험 참여자들에게 캐나다 산악지역 속의 강을 가로지르는 두 가지 다리 중 하나를 건너도록 했다. 하나는 물 위 3미터 높이의 무겁고, 넓고, 단단한 향나무 다리다. 다른 하나는 강 위 70미터에 나무판자들을 쇠줄로 연결해 놓은 좁은 다리로, 사람이 지나갈 때마다 기울고 흔들거리는 무섭게 보이는 다리다.

그 연구의 절차는 간단했다. 남성 참여자가 혼자 다리를 건넜을 때 여성 연구자가 접근하여 여성이 그려진 그림을 보여주고, 그 여성에 대한 극적인 이야기를 써달라고 부탁했다. 글을 다 쓰고 나면 여성 연구자는 전화번호를 주면서 원한다면 전화하라고 말해주었다. 연구자들은 참여자들이 쓴 이야기 속에 나타난 성적 이미지의 양을 부호화하고 전화를 한 남자들의 수를 기록했다(전화를 한 것은 실험자에 대하여 성적 매력을 느꼈을 가능성의 표시다). 그다음에는 (1) 무서운 다리를 건넌 신체적으로 각성된 남성 집단과 (2) 낮고 튼튼한 다리를 건넌 비교적 평온한 남성 집단을 비교했다.

그 결과는? 두 집단에 차이가 있었다. 무섭고 불안한 다리를 건넌 남성들은 높은 수준의 성적 매력을 표시했다. 그들은 낮고 튼튼한 다리를 건넌 남성들보다

> 더 성적인 내용이 포함된 이야기를 작성했고
> 실험자에게 전화를 한 빈도도 4배나 높았다.

이 결과는 바로 데이트 웹사이트가 예측한 것이다!

Gallery Stock

Lawren / Getty Images

무섭고 신체적 각성을 일으키는 활동이 성적 매력을 증가시킬 수 있다는 이 연구 결과가 당신에게 확신을 주는가? 그렇지 않다! 그 연구를 수행한 심리학자들조차 그 연구 결과를 수긍하지 않았다. 왜 그럴까? 연구방법에 대한 이 장을 읽고 나면 그 이유를 알게 될 것이다. ◉

누구나 사람의 행동을 설명하려고 한다. 당신도 아마 그럴 것이다. 당신의 친구는 왜 화가 났을까? "기분이 나쁠 뿐이야." 메시지를 남겼는데 그 녀석은 왜 답을 안 하지? "기억력이 나빠서 분명히 잊어버렸어." 왜 시험 성적을 C-밖에 못 받았어? "시험 칠 때 너무 떨려서."

심리학자들은 행동을 설명하려고 할 때 그 설명을 검증하기 위한 과학적 증거를 수집하려고 특히 애쓴다. 이 장에서는 심리학자들이 증거를 획득하기 위해 사용하는 **연구방법**에 대해 설명할 것이다.

심리학 수강을 신청할 때에는 연구방법이 아니라 사람에 대해 공부할 것이라고 기대했을 것이다. 하지만 연구방법을 모르고서 사람을 이해하기는 어렵다. 심리학에서 가르치는 사람·마음·뇌를 이해하기 위해서는 연구방법에 대한 지식이 필요하다. 연구방법을 모르고서 심리학을 공부하는 것은 수박 겉핥기식이며, 심리학자들이 어떻게 결론에 도달했는지 알지 못한 채 심리학자들이 내린 결론만 알게 될 것이다.

연구 방법을 알게 되면 새로운 정보뿐만 아니라 새로운 능력도 갖게 된다. 연구를 비판할 수 있고 '그 심리학자가 발견한 것이 무엇인가'뿐만 아니라 '그 연구는 잘 수행된 것인가?'라는 질문도 할 수 있다. 여러 가지 연구 유형에 대해 알 수 있으며, "그것은 어떤 **종류**의 연구이고, 그 연구 방법의 장점과 제한점은 무엇인가?"라는 질문도 할 수 있다. 뿐만 아니라 "그 심리학자들이 연구를 어떻게 수행했는가?" 그런데 "나는 그것을 어떻게 개선할 수 있을까?"와 같은 질문을 하면서 자신이 할 연구를 생각하기 시작할 수 있다.

연구 방법에 대하여 알아보기 위해 비판적인 사고를 훈련하면서 이 장을 시작하기로 하자.

그다음에는 연구 방법과 관련한 다음과 같은 세 가지 주요 내용을 다룬다.

1. **연구 설계** : 연구 프로젝트를 위한 계획
2. **자료** : 연구에서 획득되는 정보
3. **과학적 증거 획득** : 심리학자들이 사람, 마음, 뇌에 대한 자료를 얻기 위해 사용하는 절차와 과학적 도구

마지막으로 과학적 **이론**과 **연구윤리**에 대한 논의로 마무리한다.

심리학에서의 실험 연구 실험실에서 참여자들은 심리실험에 참여한다. 실험 결과는 심리과학자들이 사람, 마음, 뇌에 대한 아이디어를 개발하고 검증하기 위해 증거를 사용한다는 것을 보여준다. 이 연구에서는 연구 참여자가 컴퓨터 화면에 빠르게 나타나는 얼굴 표정에 대한 판단을 하고 있다.

연구 방법의 문제점

연구에서는 결점을 찾아내는 비판적 사고기술이 무엇보다 중요하다. 완벽한 연구 계획은 거의 없다. 많은 연구 계획은 연구 가치를 손상시키는 결점을 가지고 있다. 연구의 결점을 확인하고 제거하는 것이 심리학자의 결정적인 기술이다. 그리고 당신들이 앞으로 개발할 수 있는 기술이다.

사람에 대한 연구에서의 전략적 결점

사전 질문

> ❯ 심리학 연구의 가치를 감소시킬 수 있는 결점에는 어떤 것들이 있는가?

여기 결점을 가지고 있는 한 연구 계획이 있다. 살펴보기로 하자.

결점이 있는 전략 최근에 대학교 기숙사에 들어온 한 학생이 있는데 그는 기숙사 학생들이 그를 좋아하는지 알고 싶어 한다. 그는 과학적인 연구를 수행하기로 결심하고 다음과 같은 방법을 사용한다.

기숙사 복도를 따라서 첫 번째로 보이는 방문을 노크하고 "혹시 당신은 나를 좋아합니까?"라고 질문한다. 그 방 안에 있던 사람은 "어, 예, 그럼요."라고 답한다.

그는 계속해서 다음 방문을 노크한다. 아무 대답이 없다. 그러면 다시 다른 방문을 노크하고 누군가 안에 있는 사람이 나오자 "헤이, 너 나 좋아해?"라고 묻는다.

"아니 별로."라는 답이 돌아온다.

그는 세 사람을 더 만났다.

> "날 좋아해?" / "음, 잘 모르겠는걸."
> "너 날 좋아하지, 안 그래?" / "아니, 안 좋아해."
> "너 날 좋아하지, 맞지?" / "헤이, 들어와, 우리 파티하고 있는 중이야! 물론 널 좋아하지!"

자신의 계획에 대한 확신을 가지고 그는 계속 질문을 해서 마침내 20개의 반응을 얻었다. 그는 자기 방으로 돌아가서 사람들이 한 말을 기억해내려고 노력해 그 결과에 대한 요약문을 작성했다.

다른 사람들이 당신에 대해 어떻게 생각하는지 알고 싶은가? 아무 방문이나 노크해서 그 방에 있는 사람이 누구인지 관계없이 아무에게나 질문해서는 안 된다. 그 결과는 사람들이 가지고 있는 실제 의견과는 다른 그림을 보여줄 수 있다. 이 장에서 배우게 될 연구 방법에 따라서 연구를 하면 더 좋은 정보를 얻을 수 있다.

결점 연구 계획을 위한 그 학생의 노력은 완전한 것과는 거리가 너무 멀었다. 정확하게 그 문제점은 무엇일까? 아래와 같은 일곱 가지 문제점이 있다.

다른 사람의 마음을 상하지 않게 하기 위해 가장 마지막으로 솔직하지 못했던 적이 언제인가?

1. 사람들이 정직하게 대답하지 않았을 수 있다. 그 학생을 좋아하지 않는 기숙사생들이 면전에서 그를 싫어한다고 말하고 싶지 않았을 수 있고 그래서 정직하게 답하지 않았을 수 있다.

2. 연구 절차 때문에 사람들의 감정이 변했을 수 있다. 방문을 노크하고 "혹시 당신은 나를 좋아합니까?"와 같은 바보같은 질문을 하지 않았다면 그를 좋아하는 기숙사생들도 있었을 것이다. 사람들이 가지고 있는 그에 대한 감정을 변화시키는 것이 아니라 사람들이 그를 좋아하는지 알아보려고 하는 것이 목적이었기 때문에, 이것 또한 연구의 결점이다.

3. 사람들이 상황에 따라 다르게 대답했을 수 있다. 예를 들어 다섯 번째 반응은 열광적이었지만 그 이유는 파티가 열리고 있는 중에 노크를 하고 질문을 했기 때문일 수 있다.

4. 다른 사람들의 의견은 달랐을 수 있다. 방에 없었던 기숙사생들은 방에 있었던 기숙사생들과 다른 의견을 가지고 있을 수 있었는데 질문을 받지 못해서 답을 못한 것이다.

5. 질문의 문구가 반응에 영향을 미쳤을 수 있다. 질문의 문구가 일정하지 않았으며 문구에 따라 반응이 달라졌을 수 있다.

6. 어떤 반응은 해석하기가 어려웠을 수 있다. 예를 들어 "음, 잘 모르겠는걸."이라고 말한 사람의 진짜 의견은 무엇일까? 반응을 해석하기가 어려우면 연구 결과에 애매함을 더해준다.

7. 사람들의 반응을 요약한 것이 정확하지 않았을 수 있다. 방에 돌아와 사람들이 말한 것을 요약하려고 책상에 앉았을 때 그들이 진술한 것 중 일부분을 잊어버렸을 수 있다. 따라서 요약이 정확하지 않을 수 있다.

그 연구에는 위와 같은 많은 문제점이 있으며 각 문제점들이 모여서 더 큰 문제를 만들어낸다. 즉 그 연구는 왜곡된 세상의 그림을 그렸을 것이다. 손상된 렌즈를 가지고 있는 카메라와 마찬가

그녀의 입이 그렇게 클 수는 없다. 이 그림은 왜곡된 것이다. 즉 사진 속의 이미지는 실제 세상의 구조와 일치하지 않는다. 연구에서도 마찬가지 일이 일어날 수 있다. 연구과정 속의 결점이 세상의 실제 구조와 다른 '그림'을 만들 수 있다. 연구자가 인간 본질에 대한 정확한 그림을 획득할 수 있도록 연구방법은 왜곡을 최소화하도록 설계되어야 한다.

지로 결점을 가지고 있는 연구는 세상을 부정확하게 보여주는 '그림'을 만들어낸다. 그 학생은 대부분이 그를 좋아하지 않는데 대부분이 좋아한다고 하거나 혹은 대부분이 정말 그를 좋아하는데도 대부분이 좋아하지 않는다고 결론을 내릴 수 있다.

결점 수정하기

사전 질문

> **> 누가 심리학 연구의 문제점에 대하여 비판적으로 생각할 수 있는가?**

이 장에서 공부할 내용을 이제 시작했지만 위의 일곱 가지 연구 결점 중에서 다는 아니라도 몇 가지에 대해서는 개선점을 생각할 수 있을 것이다. 두 가지에 대해 살펴보자.

> 5번에 대한 개선 방법 : "질문의 문구가 반응에 영향을 미쳤을 수 있다." 이것을 개선하는 방법은 쉽다. 그 학생에게 질문할 문장을 쓰고 외우게 해서 모든 사람에게 정확하게 똑같은 방식으로 질문하게 한다.

> 6번에 대한 개선 방법 : "어떤 반응은 해석하기가 어려웠을 수 있다." 사람들에게 질문할 때 선다형 답들 중에서 선택하도록 하면 반응이 애매하지 않게 해석될 수 있다.

나머지 문제점들 중에는 수정하기 쉬운 것도 있고 어려운 것도 있다. 당신은 심리학 연구의 문제점에 대하여 비판적으로 생각할 수 있는 능력을 가지고 있기 때문에 개선 방법을 생각할 수 있다. 당신은 일상생활에서 사용하는 비판적 사고기술을 연구방법에 대한 문제에 적용하여 연구 결점을 탐색하고 개선할 수 있을 것이다. 그 기숙사 연구의 결점들은 심리학자들이 연구를 수행할 때 극복해야만 하는 문제점들을 보여준다.

지금까지 가상적인 한 가지 예를 가지고 연구전략의 문제점을 살펴보았다. 이제부터는 구체적으로 심리과학의 연구 전략에 대해 알아보자. 심리학자들은 신중하게 연구를 설계함으로써 연구의 결점을 감소시킨다.

연구목적과 연구설계

전문가들은 종종 설계로부터 작업을 시작한다. 설계는 수행할 일의 개요 혹은 스케치를 말하며, 건축가는 건물에 대한 설계를 스케치하고 패션 디자이너는 의상의 스타일을 그린다. 심리학자는 연구를 설계한다. **연구설계**(research design)란 과학적인 연구 프로젝트를 수행하기 위한 계획이다.

연구를 수행할 때 심리학자는 특수한 연구목적을 달성하기 위한 설계를 선택한다. 우선 연구의 세 가지 목적을 살펴보고 그다음에는 연구자가 그 목적을 달성할 수 있도록 해주는 연구설계에 대해 알아보기로 하자.

연구목적

사전 질문

> **> 과학적 연구의 세 가지 목적은 무엇인가?**

심리학에서 혹은 어떤 과학에서도 연구자는 일반적으로 기술, 예측, 인과 설명이라는 세 가지 목적 중 하나를 가지고 있다.

기술 연구자가 한 주제를 연구하기 시작할 때는 신중하고 체계적으로 기술되어 있는 것을 찾는다. 기술은 연구하는 주제에 대한 기본적인 사실을 설정한다. 획득한 사실은 후속 이론과 연구의 길잡이 역할을 한다.

예를 들어 당신이 연구하는 주제가 사회불안이라고 가정하자. 사회불안이란 사회 상황 속에서 두려움, 걱정, 자의식이 매우 높아지는 경향성을 말한다. 연구를 시작하기 위해서 기본적인 기술 정보가 필요하며 당신의 연구목적은 사회불안에 대한 사실을 정립하는 것이다. 그 사실은 다음과 같은 질문에 대한 답이 될 수 있다.

> 사회불안을 경험하는 사람들의 비율은 얼마나 되는가?
> 사회불안을 경험하는 사람들의 전형적인 사고와 감정은 어떤 것인가?
> 사회불안은 생의 초기에 얼마나 일찍 발달하는가?

이런 사실들만으로는 어떤 사람이 불안하게 될지, 혹은 그 이유가 무엇인지, 혹은 불안을 완화하기 위해 어떻게 도울 수 있을지 알 수가 없다. 그럼에도 불구하고 이런 질문에 대한 답을 제공하는 기술적 정보는 후속연구를 위한 기반이 될 수 있다.

예측 연구의 두 번째 목표는 예측이다. 과학자들은 사건의 발생을 예측하려고 한다. 그들은 한 시점에서 얻을 수 있는 정보를 사용하여 후에 발생하는 결과를 예측할 수 있는지 알고 싶어 한다.

어떤 것을 연구할 때는 두 가지 유형의 예측이 있다 — (1) 무엇이 그 발생을 예측하는가, (2) 발생한 그것은 다시 무엇을 예측하는가. 사회불안의 예를 가지고 설명하면 예측하는 두 가지 질문 유형은 다음과 같다.

1. 어떤 요소들이 사회불안을 예측하는가? 예를 들어
   > 낮은 자신감이 높은 사회불안을 예측하는가?
   > 따뜻하고 지지적인 양육태도가 낮은 사회불안을 예측하는가?
   > 생물학적으로 비슷한 사람들(예 : 일란성 쌍둥이)은 비슷한 수준의 사회불안을 가지는 경향이 있는가? (다시 말해 생물학적 요인이 사회불안을 예측하는가?)
2. 사회불안은 어떤 결과를 예측하는가?
   > 더 높은 사회불안이 더 낮은 직업적 성공을 예측하는가?
   > 더 높은 사회불안이 타인에 대한 더 높은 수준의 예의 바름을 예측하는가?
   > 아동기의 더 높은 사회불안은 성인기의 더 높은 사회불안을 예측하는가? (다시 말해 사회불안에서의 개인차는 생애에 걸쳐서 일관성이 있는가?)

높은 불안 연구 결과에 의하면 아동기에 상대적으로 높은 수준의 불안을 경험한 사람은 그렇지 않은 사람보다 성인기에 더 불안한 경향이 있다 (Copeland et al., 2014). 이 연구는 세 가지 연구목적 중 하나인 예측을 달성한 연구로 아동기 불안이 성인기 불안을 예측한다는 것을 보여준다.

인과 설명 세 번째 연구목적은 과학의 궁극적인 목적인 설명이다(Salmon, 1989). 과학자들은 어떤 일이 왜 일어나는지를 설명하려고 한다. 왜 고체는 높은 온도에서 녹는가? 왜 자식은 부모를 닮는가? 왜 사람들은 사회불안을 경험하는가?

왜라는 질문에 답하기 위해서 과학자들은 인과를 설명하려고 한다. 인과 설명이란 결과에 직접적으로 영향을 미치는 요인을 확인하는 것이다. 인과 설명은 '한 결과가 어떻게 다른 요인이나 성분에 의존하는지'를 보여준다(Woodward, 2003, p. 6). 사회불안의 사례에서 몇 가지 가능성을 생각해보라(예 : '결과'는 사람들의 다양한 사회불안 수준이다).

> 특정한 유형의 생각(예 : "나는 창피하게 될거야") 때문에 사회적으로 불안하게 되는가?

> 이완기술을 훈련하면 사회불안이 낮아지는가?

> 항불안제는 효과가 있는가? 즉 항불안제는 불안을 감소시키는가? 그렇다면 효과가 나타나는 원인은 무엇인가?

인과 설명에서 중요한 것은 조작이다. 한 요인이 조작됨에 따라서 결과가 변한다면, 그 조작된 요인이 그 결과에 영향을 미치는 원인이 된다(Woodward, 2003).

인과 설명은 두 가지 이유 때문에 중요하다. 첫째, 과학의 핵심적인 목적인 세상이 어떻게 작동하는지를 이해할 수 있게 해준다. 둘째, 그것은 실제로 적용할 수 있는 문을 열어준다. 예를 들어 만일 특정한 유형의 사고가 사람을 불안하게 만드는 원인이라는 것을 안다면, 그 지식을 심리치료에 적용할 수 있다. 심리치료사는 사람들에게 그런 생각을 없애도록 그리고 불안을 덜 일으키는 생각으로 대체하도록 도움을 줄 수 있다.

중요한 것은 예측이 인과 설명의 목적을 달성하지 **않는**다는 것이다. 예를 들면 해변에 살고 있는 사람들이 맑은 여름날에 집과 사무실의 창문에 판자를 붙이고 있는 것을 본다면 당신은 곧 열대성 폭풍이 불겠구나 하고 예측할 수 있을 것이다. 그 사람들의 행동이 폭풍을 예측할 수는 물론 있지만 그것의 원인은 아니다. (예측과 인과 설명의 차이에 대해서는 이 장의 뒷부분에서 **상관 설계**에 대해 논의할 때 다시 다루기로 한다.)

연구의 세 가지 목적을 공부했으니 이제 세 가지 연구 설계에 대해 알아보자. 숫자 3이 겹치는 것은 우연의 일치가 아니다. 세 가지 설계(조사, 상관연구, 실험)는 각각 세 가지 연구목적(기술, 예측, 설명) 중 하나를 달성한다.

조사법

사전 질문

> 조사법이란 무엇인가?
> 모집단과 표본은 어떻게 다른가? 왜 연구자는 자료를 전체 모집단에서 수집하지 않고 표본에서 수집하는가?
> 무선표집이 표본의 대표성을 증가시키는 이유는 무엇인가?

연구자들은 큰 집단의 사람들에 대한 정보를 원하는 경우가 많다. 예를 들어 전국적인 선거 이전에 유권자들의 정치적 의견을 알고 싶어 한다. 유권자들에게 그들의 의견을 물어보기만 하면 정보를 얻을 수 있다고 간단하게 생각하기 쉽다. 그러나 문제는 유권자의 수가 너무 많다는 것이다. 어떻게 그 많은 모든 유권자들에게 물어볼 수 있겠는가?

사실 그들 모두에게 물어볼 필요가 없다. 대신에 조사법을 사용할 수 있다. **조사법**(survey method)이란 선택된 하위집단으로부터 정보를 얻음으로써 큰 집단의 사람들에 대한 기술적 정보를 획득하는 한 가지 연구 설계다(Groves et al., 2009). 하위집단을 신중하게 선택함으로써(아래에서 설명할 것이다), 그 하위집단의 관점이 그 집단 전체의 관점과 비슷하다고 확신할 수 있다.

조사법은 다양한 유형의 증거를 수집하기 위해 사용할 수 있다(Punch, 2003). 예를 들면 하위집단의 사람들을 조사하여 생물학적 정보(예 : 키, 몸무게, 혈압)를 얻을 수 있다. 하지만 실제로 대부분의 조사연구에서는 사람들에게 **문항**을 주고 간단하게 예/아니요로 답하거나 여러 답들 중에서 고르라고 한다. 조사(예 : 전체 문항들)는 어떤 주제라도 다룰 수 있고 그 길이도 정해져 있지 않다. '5,000가지 질문 조사'에는 "당신은 이 5,000가지 질문 조사와 같은 조사의 질문에 답을

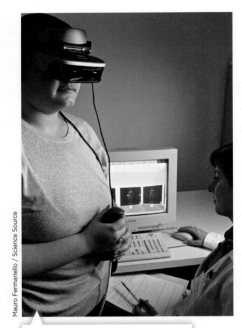

치료하면서 실험하기 괴상한 안경을 쓰고 있는 여성은 가상현실 치료를 받고 있는 내담자다. 가상현실 치료에서는 내담자에게 컴퓨터가 보여주는 이미지를 사용하는 안전한 방식으로 그들이 불안하게 느끼는 상황에 노출시킨다(14장 참조). 만일 연구자가 치료의 한 측면을 조작하여-예를 들어 한 집단은 가상현실 치료에 노출시키고 다른 한 집단은 그런 기술을 사용하지 않는 치료를 받게 하여-어떤 유형의 치료가 더 효과가 있는지 두 집단을 비교한다면 그 연구자는 실험을 수행하고 있는 것이다.

조사법 선택된 하위집단으로부터 정보를 얻음으로써 연구자가 큰 집단의 사람들에 대한 기술적 정보를 획득하는 한 가지 연구 설계

기입하고 있지 않을 때는 무엇을 합니까?"와 같은 다양한 문항이 포함되어 있다(http://5000questionsur.livejournal.com/483.html). 자신의 삶에 대한 만족도를 측정하기 위해 설계된 조사는 "나의 전반적인 삶에 대한 만족을 _____라고 묘사할 수 있다"와 같이 한 문항만 포함할 수도 있다(Seligson, Huebner, & Valois, 2003).

모집단과 표본 연구를 수행하는 연구자가 관심을 가지고 있는 큰 집단의 모든 사람이 그 연구의 **모집단**(population)이다. 앞의 예에서는, 투표권이 있는 모든 국민이 모집단이다.

모집단

표본

그림 2.1
모집단과 표본

연구자가 접촉하는 선택된 하위집단의 사람들을 **표본**(sample)이라고 한다(그림 2.1). 연구자는 표본에서 얻은 정보를 사용하여 전체 모집단에 대한 결론을 추출한다.

많은 조사에서, 표본은 모집단의 작은 일부일 뿐이다. 그럼에도 불구하고 표본에서 얻은 정보는 모집단을 정확하게 기술하는 것으로 나타난다. 예를 들어 미국 대통령 선거에서 여론조사자들은 일반적으로 1억 2,500만 명의 투표자 모집단 중에서 약 2,000명만 표집한다. 그런데도 지난 두 선거에서 표본은 그 결과를 정확하게 예측했다(Graefe et al., 2013; Panagopoulos, 2009). 이런 정확성의 열쇠는 표본의 선택이다.

무선표집 여론조사자는 무선표본을 가지고 선거를 정확하게 예측할 수 있다. 2012년 미국 대통령 선거에서 여론조사자(통계 전문가)인 네이트 실버(Nate Silver)는 주별 선거 결과를 거의 완벽하게 예측했다.

각 주별 예측과 결과

대선
승리 확률

롬니
● 90
● 80
● 70
● 60
○ 50
○ 60
● 70
● 80
● 90
오바마

538 예측

실제 결과

Amy E. Price / Getty Images for SXSW

무선표본 연구자들은 모집단 중에서 표본에 속할 사람을 어떻게 정하는가? 힌트를 주자면 이 질문에는 함정이 있다.

연구자들은 개인적으로 누가 표본에 포함될지 결정하지 않는다. 대신에 표본을 무선적으로 선택한다. **무선표본**(random sample)에 속하는 각 개인이 그 표본에 포함될(혹은 포함되지 않을) 확률은 우연에 의해 결정된다(동전을 던지거나 주사위를 굴리는 것과 같이). 우연에 의해 결정되는 과정은 일반적으로 모집단의 모든 구성원에게 그 표본에 포함될 공평한 기회를 제공한다. 예를 들어 한 학교의 전체 5,000명의 학생 중 100명의 무선표본을 뽑기 위해서는 모든 학생에게 개인적으로 50 대 1로 뽑힐 수 있는 우연의 기회가 주어진다.

무선표집을 하면 대표적인 표본을 구하는 데 도움이 된다. **대표표본**(representative sample)이란 전체 모집단의 특성(성별, 인종, 수입, 태도, 성격 등)과 닮은 특성을 가지고 있는 표본이다. 예를 들어 만일 라틴계 미국인 13%, 아프리카계 미국인 12%, 아시아계 미국인 12%인 대학에서 조사를 한다면, 대표표본에도 대략 라틴계 13%, 아프리카계 12%, 아시아계 12%가 포함될 것이다. 표본을 무선적으로 뽑으면 일반적으로 추출된 전체 모집단을 대표한다.

모집단 연구를 수행하는 연구자가 관심을 가지고 있는 큰 집단의 모든 사람

표본 연구자가 접촉하는 선택된 하위집단의 사람들. 연구자는 표본으로부터 얻은 정보를 사용하여 전체 모집단에 대한 결론을 추출한다.

무선표본 각 개인이 포함되거나 혹은 포함되지 않을 확률이 우연에 의해 결정되는 표본

대표표본 전체 모집단의 특성과 닮은 특성을 가지고 있는 표본

표본의 크기가 커도 무선적으로 뽑지 않는다면 부정확한 결과를 산출할 수 있다. 전체 수강생 100명인 수업에서 80명이 출석한 어느 날 강의평가를 실시한다고 가정하자. 그 표본은 비교적 크지만(모집단 100명의 학생들 중 80%) 무선적이지 않기 때문에 전체 학생들의 의견을 잘못 대변할 수 있다. 예를 들어 출석하지 않은 20명의 학생들이 다른 학생들만큼 그 과목을 좋아하지 않을 수 있는데(그 학생들이 출석하지 않은 이유일 수도 있다) 그들은 전혀 표본에 포함되어 있지 않다. 따라서 그 표본에서 얻은 결과는 편향되어 있을 수 있으며 그 과목에 대한 모집단의 의견을 더 잘못 예측할 수 있다. 그 편향은 100명의 모집단에서 무선적으로 학생들을 표집함으로써 제거할 수 있다(앞에서 제시한 기숙사 연구에서도 여러 가지 문제점 중 하나가 무선적으로 표집하지 않았던 것이다).

조사연구는 어느 한 시점에서의 한 모집단을 기술하며 따라서 연구의 세 가지 목적 중에서 첫 번째 목적인 기술을 달성한다. 두 번째 목적인 예측을 달성하기 위해서는 두 번째 연구 전략인 상관설계가 필요하다.

상관연구

사전 질문

> ❯ 상관연구란 무엇인가?
> ❯ 상관연구는 심리학자가 어떤 과학적 목적을 달성하는 것을 돕는가?
> ❯ 산포도란 무엇이고 어떻게 해석하는가?
> ❯ 정적상관이란 무엇인가? 부적상관이란 무엇인가?
> ❯ 상관계수란 무엇인가? 강한 정적상관계수, 약한 정적상관계수, 강한 부적상관계수, 약한 부적상관계수란 무엇인가?
> ❯ 상관설계의 주요 제한점은 무엇인가?

상관연구(correlational survey 혹은 상관설계)에서 연구자는 2개 이상의 변인을 측정하여 한 변인이 증가(혹은 감소)하는 것이 다른 변인이 증가(혹은 감소)하는 것과 관련이 있는지 결정한다. 변화하는 어떤 특성을 **변인**(variable)이라고 한다. 그 특성은 사람에 따라 변하거나 특정한 사람의 특성은 시간에 따라 변할 수 있다(예 : 한 사람의 기분이 시간에 따라서 변할 수 있다). 상관연구의 결과는 2개 이상의 변인 간 상관의 정도를 나타낸다.

상관연구는 일반적으로 많은 사람들을 대상으로 수행된다. 연구자는 각 개인에 대한 두 가지 이상의 변인을 측정하고 전체 집단에서 그 변인들이 상관이 있는지 알아본다. 어떤 경우에는 두 가지 변인이 시간적으로 동시에 측정된다. 예를 들어 연구자가 사람들의 현재 (1) 연수입과 (2) 삶의 행복 수준을 측정하여 이 두 가지가 상관이 있는지 알아본다(Diener, Tay, & Oishi, 2013). 또 다른 연구는 시간적으로 간격을 두고 변인들을 측정한다. 예를 들어 어떤 연구자들은 (1) 아동기에 측정한 성격과 (2) 성인기에 획득한 직업적 성공 및 개인적 성공의 관계를 연구했다(Shiner & Masten, 2012). (실제로는 조사연구와는 달리 대부분의 상관연구는 큰 모집단에서 무선적으로 뽑은 참여자들을 대상으로 연구하지 않는다는 점에 주의해야 한다.)

심리학자들은 앞에서 논의했듯이 상관설계를 사용하여 과학적인 예측 목표를 달성한다. 두 가지 변인을 측정해서 한 변인이 다른 변인을 예측하는지 결정할 수 있다. '아동기의 높은 사회불안이 성인기의 높은 사회불안을 예측하는가?'라는 예측 질문을 생각해보라. 상관연구에서 이 질문의 두 가지 변인은 다음과 같다.

1. 변인 1 : 아동기의 사회불안 수준
2. 변인 2 : 성인기의 사회불안 수준

Time & Life Pictures / Getty Images

신문 오보 수정! 재선출된 해리 트루먼 대통령이 그가 패배했다는 잘못된 기사 제목을 실은 신문을 들고 있는 사진이다. 그 신문은 어떻게 그런 실수를 하게 되었을까? 무선표집을 하지 않았기 때문이다. 연구자들은 전화로 여론조사를 실시했는데 1948년에는 전화가 널리 보급된 시대가 아니었으며 트루먼의 지지자들 중에는 상대편 지지자들보다 전화가 없는 사람들이 많았다. 그 여론조사의 표본은 모집단을 대표하지 않았으며 비대표성을 가진 표본에 의해 부정확한 선거 결과가 예측된 것이다.

상관연구 2개 이상 변인 간 관계를 결정하는 것을 목적으로 하는 연구설계

변인 사람에 따라 혹은 시간에 따라 변화하는 어떤 특성

연구자는 한 아동집단의 사회불안을 측정하고 그리고 그들이 성인기에 들었을 때 사회불안을 다시 측정한다. 그래서 연구자는 두 변인이 상관이 있는지, 즉 변인 1이 변인 2를 예측하는지를 결정한다.

이제 문제는 얼마나 정확하게 두 변인이 관련이 있느냐 하는 것이다. 한 가지 방법은 그래프를 그리는 것이다. **산포도**(scatterplot)는 두 변인 간의 관계를 나타내는 그래프다. 두 변인의 값을 점으로 표시하여 시각적으로 흩어진 정도를 보여준다.

그림 2.2는 강우량과 사람들이 우산을 쓰는 비율에 대한 산포도를 보여준다. 이 가설적인 연구에서 연구자는 매일 20일 동안 두 변인을 측정했다. 각 점은 특정한 날의 두 변인의 측정치를 나타낸다.

부와 행복 새 차를 가지고 있는 여자가 행복해 보인다. 한 변인인 부를 다른 한 변인인 행복과 관련시키는 상관연구는 비싼 것을 살 수 있게 해주는 부의 증가와 행복 수준의 증가가 상관이 있는 것을 보여준다(Deiner et al., 2013).

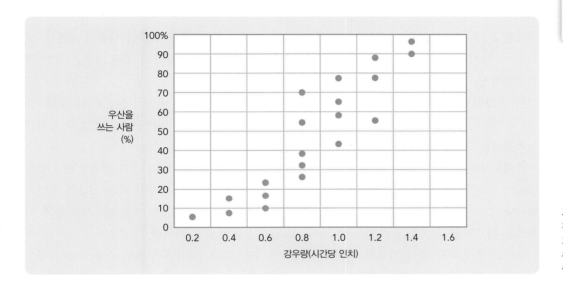

그림 2.2
강우량 산포도 산포도는 두 변인 간의 관계를 볼 수 있도록 해준다. 이 사례에서는 강우량과 우산 사용 간의 강한 관계를 한눈에 볼 수 있다.

정적상관과 부적상관 그래프(그림 2.2)를 보면 그 결과가 분명하다. 강우량이 많을수록 우산을 쓰는 사람이 더 많다. 이와 같이 한 변인의 수준이 높아지면 다른 변인의 수준도 높아지는 관계를 **정적상관**(positive correlation)이라고 한다. 이와 반대로 한 변인이 증가하면 다른 변인이 감소하는 관계를 **부적상관**(negative correlation)이라고 한다. 예를 들어 쉽게 예상할 수 있겠지만 강우량과 선크림 사용은 부적상관이 있다. 만일 산포도에서의 점들이 체계적으로 올라가거나 내려가지 않는다면 — 예를 들어 거의 원을 이룬다면 — 그 두 변인 간의 관계는 정적상관도 아니고 부적상관도 아닌 **무상관**이다.

두 변인의 관련성을 결정하기 위한 두 번째 방법은 두 변인 간의 관계를 요약하는 숫자를 계산하는 것이다. **상관계수**[correlation coefficient, 간단하게 **상관**(correlation)이라고도 한다]는 두 변인 간 관계의 강도를 나타내는 수치다. 그것은 보통 r로 표시한다. 상관계수는 공식을 사용하여 최하 -1.0과 최고 $+1.0$ 범위 내의 수로 나타낸다. 0보다 높은 상관을 **정적상관**이라고 하고 0보다 낮은 상관을 **부적상관**이라고 한다. 몇 가지 예를 사용하여 이 숫자들이 의미하는 것을 알아보기로 하자.

> **무상관**($r = .00$)은 두 변인이 전혀 상관이 없는 것을 나타낸다. 한 변인의 수준이 높은 것이 다른 변인의 수준이 높거나 낮은 것과 체계적 관련이 없다. 예를 들어 (1) 기술적인 전문 직종(예 : 기술자, 세무사, 컴퓨터 프로그래머)에서의 수행과 (2) 외향적인 성격 특성 간의 상관은 0이다(Hurtz & Donovan, 2000). 그 성격 특성은 전문적인 기술과 관계가 없는 사교적인 사회행동을 말한다.

산포도 두 변인 간의 관계를 나타내는 그래프. 두 변인의 측정치를 나타내는 자료점들은 흩어진 정도를 시각적으로 보여준다.

정적상관 (두 변인 간의 통계적 관계에서) 한 변인이 증가하면 다른 변인도 증가하는 상관

부적상관 한 변인이 증가하면 다른 변인이 감소하는 상관

상관계수 두 변인 간 상관의 강도를 나타내는 수치

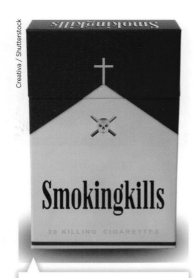

흡연은 곧 사망 어떻게 알 수 있는가? 그 증거는 기본적으로 상관이다. 비흡연자로 하여금 흡연하도록 강요하는 실험을 하는 것은 비윤리적이기 때문에, 흡연이 건강에 부적인 영향을 미친다고 보고하는 결정적인 자료는 흡연율과 사망률 간의 상관이다.

> 강한 정적상관(즉 +1.0에 가까운)은 한 변인의 수준이 높으면 다른 변인의 수준도 함께 높은 것을 나타낸다. 예를 들어 한 연구에서 (1) 지각된 자기효능감(예 : 자신의 능력에 대한 확신)과 (2) 행동(구체적으로 말해서, 두려운 상황 속에서 효과적으로 행동하기) 간에는 +.84의 상관이 있었다. 높은 수준의 자기효능감은 높은 수준의 효과적인 행동과 관련이 있었다(Bandura, Adams, & Beyer, 1977).

> 강한 부적상관(즉 -1.0에 가까운)은 한 변인의 수준이 높으면 다른 변인의 수준이 낮은 것을 나타난다. 예를 들면 (1) 고객 서비스에서 용납할 수 없는 지연(예 : '종업원이 친구에게 문자 메시지를 보내느라고' 지연이 발생하는 사례)과 (2) 그 가게에 대한 고객의 호감은 -.73이었다(Houston, Bettencourt, & Wenger, 1998). 용납할 수 없는 지연이 더 발생할수록 호감도가 더 떨어졌다.

그림 2.3은 산포도와 상관계수를 보여주고 있다. 그림 2.2의 강우량과 우산 사용의 예에서, 상관은 +.91이다. 그 숫자는 그래프에서 받은 인상을 확인해준다. 강우량과 우산 사용은 강한 정적상관이 있다.

상관… 그리고 인과관계? 두 변인 간의 정적상관은 한 변인이 다른 변인의 원인이라는 것을 증명하는가? 아니다. 사실 "수천 번 말해도 아니요, 아니요." 상관이 인과관계로 보일 수 있지만 인과관계를 확인할 수는 없다.

캘리포니아 주에서 특정한 달에 내린 평균 강우량은 그 달 이름의 글자 수와 정적상관이 있다(그림 2.4). 글자 수가 작은 달에는 비가 적게 내렸다. 그러나 글자나 강우도 다른 하나의 원인은 아니다. 그 상관은 단순한 우연의 일치다. 캘리포니아의 강우량은 가을과 겨울에는 많고 봄과 여름에는 적으며 봄과 여름 달의 이름(예 : May, June)이 우연히 짧을 뿐이다.

결론은 분명하다. 달의 이름이 강우의 원인이 될 수는 없다. 하지만 인과의 문제는 종종 매우 미묘하다. 다음 두 가지 예를 생각해보다.

1. 빈곤은 정신질환과 정적상관이 있다. 하지만 빈곤이 정신질환의 원인인가? 그 질문에 답하기는 어려우며 논쟁점으로 남는다(Sen, 2012). 인과관계의 방향이 반대일 가능성도 있다. 즉 심한 정신질환을 가지고 있는 사람이 좋은 직업을 가질 확률이 낮다면 정신질환이 빈곤의 원인일 수 있다.

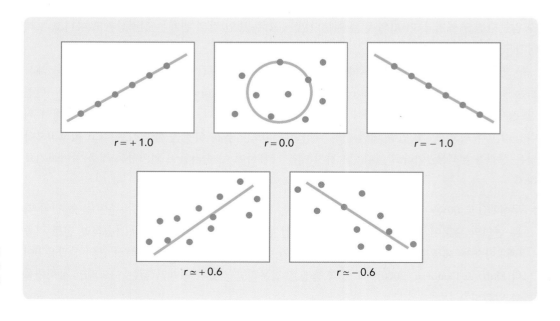

그림 2.3
산포도와 상관 상관계수 *r*은 두 변인 간의 상관 강도와 방향을 나타낸다. 상관계수는 산포도에서 시각적으로 나타나는 정보를 요약한다.

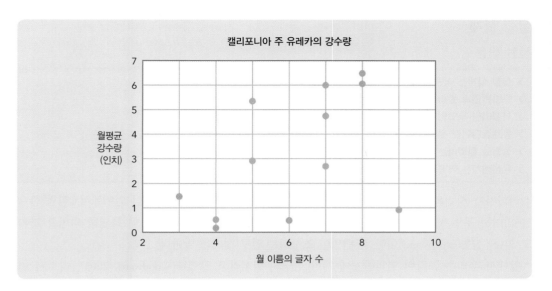

그림 2.4
캘리포니아 주 유레카 지역의 강수량 유레카에는 가장 글자 수가 적은 세 달 동안은 거의 비가 오지 않는다. 비가 많이 오는 달은 가장 이름이 긴 세 달 중 두 달이다. 그러나 그 두 변인 중 어느 것도 다른 하나의 원인이 아니며 그래프는 상관은 인과관계를 의미하는 것이 아니라는 원리를 보여준다.

2. 교육 수준이 성인기 부의 수준과 정적상관이 있다. 그것은 교육이 부의 원인이라는 것을 의미하는가? 아마도 아니다. 재산이 많은 가정의 자녀는 더 오랜 기간 교육을 받을 수 있고 재산을 상속받을 수도 있기 때문에, 교육이 성인기 부의 원인이라고 말할 수는 없다.

일반적으로 X변인과 Y변인 간에 상관이 있을 때는 네 가지 가능성이 있다. 그것은 (1) X가 Y의 원인인 경우, (2) Y가 X의 원인인 경우, (3) 어떤 제3의 변인이 X와 Y에 영향을 미치며 따라서 X와 Y 모두 원인이 아닌 경우, (4) X와 Y 간의 관계가 완전한 우연의 일치인 경우의 네 가지다(그림 2.5). 상관연구설계로는 어떤 가능성인지 구별할 수 없다. 이런 이유로 실험연구를 할 필요가 있다.

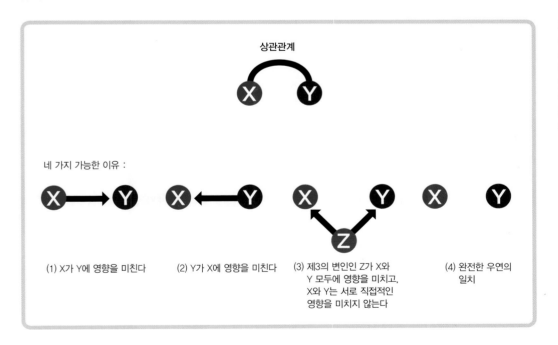

그림 2.5
상관과 인과관계 만일 X변인과 Y변인이 상관이 있다면 X가 Y에 원인으로 영향을 미칠 수 있다. 하지만 세 가지 다른 가능성도 있다 — Y가 X의 원인, 제3의 변인(Z)이 X와 Y 모두에 영향을 미치거나, 혹은 X와 Y 간의 관계가 완전한 우연의 일치일 수 있다(그림 2.6에서와 같이).

실험 설계

사전 질문

> ❯ 실험 설계는 어떤 과학적 목적을 가지고 있는가?
> ❯ 독립변인과 종속변인은 어떻게 다른가?
> ❯ 가설이란 무엇인가?
> ❯ 통제집단이란 무엇인가?
> ❯ 실험을 정의하는 두 가지 특징은 무엇인가?
> ❯ 무선배치는 어떻게 독립변인과 종속변인 간의 원인 효과를 확인시킬 수 있는가?

심리학자가 사건의 원인을 확인하고 싶을 때는 실험을 수행한다. 일상적인 언어에서 '실험'한다는 의미는 무언가 새로운 것을 시도한다는 의미다. 하지만 심리학에서는 더 특별한 의미를 가지고 있다. **실험**(experiment)이란 한 변인이 조작되는 연구 설계를 말한다.

앞에서 우리는 조작이 인과관계에 대한 설명의 열쇠라고 말했다(Woodward, 2003). 따라서 변인을 조작하는 실험은 인과관계를 설명하기 위한 심리학자의 도구다.

실험에서 연구자는 한 가지 이상의 변인을 조작하여 다른 변인들에 미치는 영향을 확인한다. 변인을 조작하기 위한 연구자의 계획이 **실험 설계**(experimental design)다.

실험 설계의 기본 실험 설계의 용어에는 **독립변인**과 **종속변인**이라는 두 가지 유형의 변인이 있다. 이 두 가지 변인이 어떻게 다른지 기억하는 것이 중요하다.

> ❯ 독립변인 : 실험자가 조작하는 변인을 **독립변인**(independent variable)이라고 한다. 예를 들어 기억을 연구하는 실험자가 어떤 사람에게는 단어 목록을 기억하기 위해 1분을 주고 다른 사람에게는 2분을 준다면, 조작된 변인인 시간이 독립변인이다.
> ❯ 종속변인 : 조작된 독립변인에 의해 잠재적으로 영향을 받는 변인을 **종속변인**(dependent variable)이라고 한다. 심리학자는 종속변인이 독립변인에 의한 영향을 받았는지 알아보기 위해 종속변인을 측정한다. 위의 예에서 실험자는 사람들에게 기억검사를 하고 그들이 기억하는 단어의 수를 측정한다. 기억한 단어의 수가 종속변인이 된다. 종속이라는 용어는 이 변인의 수준이 독립변인의 영향을 받거나 독립변인에 의존할 수 있다는 의미다.

독립변인을 조작하기 위해 연구자는 종속변인이 관찰되는 다른 환경들을 만든다. 그 환경들은 모든 것이 동일한데 독립변인의 수준에서만 차이가 있다. 독립변인의 수준이 다른 이 환경들을 **실험조건**(experimental condition)이라고 한다. 위의 예에서 암기하는 시간 1분과 2분이 그 연구의 두 가지 실험조건이다. (표 2.1은 우리가 논의한 세 가지 연구목적과 세 가지 연구설계를 요약해서 보

실험 사건의 원인을 확인하기 위한 목적을 가지고 한 변인을 조작하는 연구 설계

실험 설계 실험에서 하나 이상의 변인을 조작하기 위한 연구자의 계획

독립변인 실험 설계에서 한 변인에 대한 효과를 알아보기 위하여 조작을 하는 변인

종속변인 실험 설계에서 독립변인의 조작에 의한 잠재적으로 영향을 받는 변인

실험조건 연구 설계에서 독립변인 수준이 각각 다른 환경

표 2.1

연구목적과 연구설계	
연구목적	**연구설계**
기술 : 연구하는 주제에 대한 기본적인 사실 정립	*조사법* : 모집단의 특성을 기술하기 위해 표본에서 얻는 정보를 사용
예측 : 사건의 발생을 예언	*상관연구* : 한 변인이 다른 변인을 예측하는 정도를 결정
인과 설명 : 결과에 직접적으로 영향을 미치는 요인 확인	*실험 설계* : 종속변인에 대한 원인 효과를 결정하기 위해 독립변인을 조작

여준다.)

일반적으로 실험의 목적은 가설을 검증하는 것이다. **가설**(hypothesis)이란 연구의 결과에 대한 예측이다. 위의 예에서 연구자는 1분 동안 암기하는 조건보다 2분 동안 암기하는 조건에서 기억하는 단어의 수가 많을 것이라고 예측한다. 이 예측이 연구자의 가설이다.

많은 실험들은 **통제집단**이라고 하는 한 가지 실험조건을 포함한다. **통제집단**(control group)이란 다른 실험조건에서 변하는 요인을 제외시킨 실험의 한 조건이다. 다시 말하면 통제집단은 독립변인의 수준을 0으로 내려서 제외시키는 집단이다.

독립변인, 종속변인, 실험조건, 가설, 통제집단 등의 많은 용어를 소개했다. 또 다른 예를 가지고 이 용어들을 더 자세하게 알아보자. 우울증에 대한 심리치료에 관심이 있다고 가정하자. 심리치료의 빈도(혹은 심리치료의 '강도'; Moos & Moos, 2003)가 우울증 치료에 영향을 미친다고 생각하면 더 자주 치료를 받으면 그 효과가 더 클 것이라고 기대할 것이다. 이것을 검증하기 위해서 사람들이 받는 치료의 빈도수를 다르게 하는 연구를 계획해보자 — 예를 들어 2주에 1회, 1주에 1회, 1주에 2회. 이제 방금 학습한 용어를 사용하면 다음과 같이 표현할 수 있다(그림 2.6).

> 치료의 빈도가 높으면 치료 효과가 높을 것이라는 것이 가설이다.
> 치료의 빈도가 **독립변인**이다.
> 빈도의 각 수준(1주일에 1회, 2회, 3회)이 실험조건이다.
> 실험조건들은 독립변인인 치료의 빈도를 조작한다.
> 우울증의 측정치가 **종속변인**이다.

자세히 살펴보면 "통제집단은 어떻게 된 거야?"라는 질문을 하게 될 것이다. 독립변인의 수준이 0으로 내려가는, 즉 치료를 전혀 받지 않는, 네 번째 조건을 통제집단으로 만들 수 있다. 통제집단의 가치를 알기 위해 다음과 같은 사례가 발생했다고 가정해보자. 나머지 세 가지 조건들만 수행하고 치료가 끝난 시점에서 세 조건에 있는 사람들 모두 비슷한 수준의 우울증을 나타냈다. 어떤 결론을 내릴 수 있을까? 세 가지 치료가 모두 매우 효과적이면서 효과의 정도가 같을 수 있다. 혹은 세 가지 치료 모두 효과가 전혀 없을 수 있다. 이런 경우에 통제집단이 있어야만 치료가 일반적으로 효과가 있는지 확인할 수 있다.

무선배치의 힘 방금 기술한 우울증 연구를 만일 당신이 수행한다면 사람들을 어떤 조건에 어떻게 배치해야 할까?

무선표집에서와 마찬가지로 그 답은 '당신이 결정하지 않는다'이다. 그 누구도 결정하지 않는다. 각 참여자는 무선적으로 한 가지 실험조건에 배치될 것이다. **무선배치**(random assignment)란 전적으로 우연에 의해 참여자들이 실험조건에 배치되는 절차다.

실험은 (1) 한 가지 이상의 실험조건이 있고 (2) 연구 참여자들을 실험조건에 무선적으로 배치하는 두 가지 특징을 가지고 있다.

무선배치는 매우 중요한 역할을 한다. 무선배치는 잠재적인 실험 외생변인의 가능성

가설 연구의 결과에 대한 예측

통제집단 실험처치를 받지 않는 한 가지 실험조건

무선배치 전적으로 우연에 의해 참여자들이 실험조건에 배치되는 절차

그림 **2.6**
실험 설계의 용어

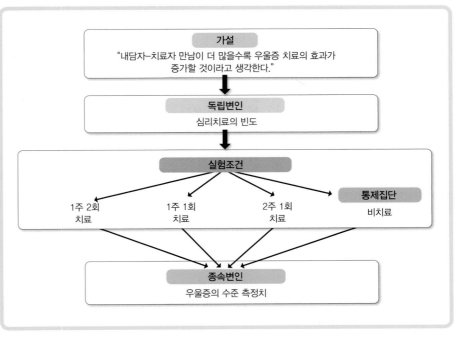

을 감소시킨다. **외생변인**(confound)이란 독립변인 이외의 요인으로서 실험조건들 간에 차이를 만들 수 있는 요인이다. 한 가지 잠재적인 외생변인은 사람들 간의 차이다. 만일 사람들의 유형에 따라 다른 실험조건들에 배치한다면, 조건들 간의 차이에 대한 진정한 원인을 알 수가 없다. 그 결과가 (a) 실험조건들의 차이 때문인지 혹은 (b) 실험조건들에 **배치된 사람들**의 차이 때문인지 결정할 수 없다. 무선배치는 이 문제를 해결할 수 있다. 무선배치는 다른 실험조건들에 배치되는 사람들의 특성이 연구 시작점에서 다르지 않다는 것을 분명하게 해준다.

이것이 어떻게 작용하는지 보기 위해서 세 가지 실험조건에서 참여자 90명의 기억 실험을 한다고 가정하자. 90명 중에는 예외적으로 기억력이 좋은 사람도 있고 기억력이 나쁜 사람도 있을 것이다. 사람들 간의 이런 차이가 연구 결과에 영향을 미칠까? 만일 무선적으로 배치를 한다면 영향을 미치지 않을 것이다. 무선배치를 하면 우연에 의해 기억력이 좋은 사람과 기억력이 나쁜 사람이 비슷하게 세 가지 실험조건에 각각 배치될 것이다. 그 결과 세 가지 실험집단은 연구의 시작점에서 **평균적으로** 차이가 없을 것이다. 만일 종속변인을 측정하는 연구의 마지막에 집단 간 차이가 있다면, 따라서 실험 조작 때문에 차이가 생겼다고 확신할 수 있다.

무선배치와 외생변인의 제거에 대해서 배웠으니 이제 이 장의 서두에 나온 이야기의 질문에 답할 수 있다. 무섭고 각성을 일으키는 다리를 건넌 남성들이 안전하고 단단한 다리를 건넌 남성들보다 여성에 대한 더 큰 성적 매력을 느꼈던 것을 기억할 것이다. 그런데 그 연구자들은 그 결과를 확신하지 않았다. 왜 확신하지 않았을까? 그들은 그 연구에서 무선배치를 하지 않았기 때문에 외생변인이 있을 수 있다는 것을 알고 있었다. 남성들을 두 다리 중 하나에 무선적으로 배치하지 않고 개인적으로 선택하도록 했다. 그 결과 그 변인(다리의 유형)에는 남성의 성격 유형에 따른 외생변인이 혼재되어 있을 수 있다. 예를 들어 무서운 다리를 선택한 남성들이 안전한 다리를 선택한 남성들보다 더 용감하고 모험심이 있고 스릴을 즐기는 사람들일 수 있으며 따라서 성적 상상과 여성 실험자에게 전화를 거는 경향성에 차이가 있을 수 있다. 무선배치를 사용한 후속연구(Dutton & Aron, 1974; Meston & Frohlich, 2003)에서 공포를 느끼는 각성이 실제로 성적 매력을 증가시키는 결과로 나타났다. 그런 연구들은 무선배치를 하지 않은 연구에서 나온 결과보다 훨씬 더 설득력이 있다.

자료 : 양적자료와 질적자료

연구설계는 과학적 증거를 수집하기 위한 계획이다. 이제 수집된 증거를 살펴보기로 하자.

심리학자들이 수집한 과학적 증거를 '자료'라고 부른다. **자료**(data)란 과학적인 연구에서 획득된 모든 정보다. 자료에는 양적자료와 질적자료의 두 가지 유형이 있다.

양적자료(quantitative data)는 숫자로 표시한다. **양적 연구방법**(quantitative research method)에서 참여자의 반응은 숫자로 기술된다. 사람들의 지능검사 점수를 계산하거나, 빡빡한 마감일자로 스트레스를 받고 있는 사람들의 심박수를 기록하거나, 혹은 (이 장 앞부분의 이야기에서) 여성 실험자에게 전화를 하는 남성들의 수를 세는 심리학자는 양적자료를 수집하고 있는 것이다. 대부분의 심리학 연구에서는 양적방법을 사용한다.

질적자료(qualitative data)란 숫자로 전환되지 않은 과학적인 정보의 원천들이다. **질적 연구방법**(qualitative research method)을 사용하는 연구자는 숫자가 아니라 언어를 사용하여 관찰하고 기록하고 요약한다.

심리학에서 사용하는 양적자료에 대해 알아보자.

외생변인 독립변인 이외의 요인으로서 실험조건들 간에 차이를 만들 수 있는 요인

자료 과학적인 연구에서 획득된 모든 정보

양적자료 수치 자료. 즉 숫자를 사용하여 과학적으로 관찰한 것을 기록하는 자료

양적 연구방법 참여자의 반응을 숫자로 기술하는 과학적인 방법

질적자료 숫자로 전환되지 않고 언어로 보고되는 과학적 정보의 원천들

질적 연구방법 연구자가 숫자가 아니라 언어를 사용하여 관찰하고 기록하고 요약하는 방법

양적자료

사전 질문

> ❯ 측정이란 무엇인가? 심리학에서 측정의 세 가지 예에는 어떤 것이 있는가?
> ❯ 조작적 정의란 무엇인가?
> ❯ 변인을 측정할 때 신뢰도와 타당도란 무엇인가?
> ❯ 양적연구법의 잠재적인 장점과 단점은 무엇인가?
> ❯ 연구 결과가 통계적으로 유의미하다는 것은 무엇을 의미하는가?

심리학 개론 수업에 대해 크게 놀라는 것 중 하나는 숫자가 많이 나온다는 것이다. 수강하기 전에는 심리학 개론에서는 숫자보다는 언어를 많이 다룬다고 생각했을 것이다. 마음속에 떠오르는 생각을 해보면 숫자가 아니라 대부분 언어를 만나게 될 것이다. 복잡하게 '얽힌' 감정—그만 만나고 싶은 남자친구로부터 전화를 받았는데 그 남자친구가 이별 통고를 할 때 느끼는 감정—을 느낄 때, 당신은 숫자가 아니라 언어로 그 감정을 표현하려고 할 것이다. 하지만 사고와 정서를 연구하는 심리학자들은 그래프, 차트, 수치표, 그리고 통계분석을 한 숫자를 사용한다. 이 숫자들은 도대체 어디에서 오는가?

Courtesy of James W. Grice. / idiogrid.com

측정 심리학자는 측정이라고 하는 과정을 통해서 숫자를 구한다. **측정**(measurement)이란 대상이나 현상에 대한 정보에 숫자를 부여하는 테크닉을 말한다(Stevens, 1948). (나중에 '과학적 증거 획득하기'라는 부분에서 정보를 구하기 위해 사용되는 특별한 과학적 도구에 대해 살펴볼 것이다. 지금은 측정의 절차 그 자체에만 초점을 맞춘다.)

물리적인 속성에 대한 측정은 익숙하다. 길이는 자로 재고 기온은 온도계로 측정한다. 그런 과정 속에서 숫자(센티미터, 도)를 물리적 속성(연필의 한 끝에서 다른 한 끝의 길이, 방의 따뜻한 정도)에 부여한다.

그러나 **심리적** 속성에 대해서는 어떻게 할 것인가? 사람의 생각, 느낌, 능력, 태도, 성격 특성은 길이, 폭, 부피를 가지고 있지 않다. 그러면 그것들을 어떻게 측정할 수 있을까? 핵심적인 절차는 심리적 속성을 조작적으로 정의하는 것이다.

조작적 정의(operational definition)란 한 속성을 측정하는 절차를 구체적으로 서술한 것이다. 그 절차의 결과가 정의에 의한 속성의 측정치다. 이제 (1) **지능**, (2) **자존감**, (3) **유아의 공포 반응**이라는 세 가지 심리적 속성에 대한 조작적 정의에 대해 알아보자.

> ❯ **지능** : 사람들에게 어려운 문제를 주고 그들이 정확하게 답한 개수를 셀 수 있다. 측정 절차의 결과인 정답 수가 조작적 정의에 의한 지능의 측정치다.

> ❯ **자존감** : 사람들에게 자신을 말해주는 진술문(예 : "나는 여러 가지 좋은 성질을 가지고 있다고 생각한다.")을 제시하고 각 진술문에 대하여 동의하는지 아니면 동의하지 않는지 표시하도록 한다. 동의하거나 혹은 동의하지 않는 평균 수준이 자존감에 대한 지표다(Rosenberg, 1965).

> ❯ **유아의 공포 반응** : 이 사례의 참여자는 유아들이기 때문에 절차에 언어(예 : 지시나 검사 질문)를 포함시킬 수 없다. 그렇지만 유아의 **행동**을 측정하는 것이 가능하다. 예를 들어 (1) 당신은 유아 근처에 유아를 놀라게 할 수 있는 사건(예 : 스크린 뒤에서 갑자기 인형이 튀어나오는 것)을

심리학 연구자가 되고 싶습니까? 그들은 이런 것을 거의 하루 종일 쳐다보고 있는 일을 한다. 대부분의 심리학 연구는 양적자료를 수집하고 분석하는 일이다. 그래도 연구자들이 하는 일은 겉으로 보이는 것보다 더 재미있다. 한 심리학자는 "어떻게 새로운 현상을 발견하느냐고?… 어떻게 행동에 대한 놀랄 만한 통찰력을 갖게 되느냐고? 어떻게 새로운 이론을 만드느냐고? 자료를 탐색해서 한다."라고 말했다(Bem, 1987, p. 172).

당신의 기말 성적은 지능 이상의 무엇을 측정하는가?

측정 대상이나 현상에 숫자를 부여하는 절차

조작적 정의 한 변인을 측정하기 위해 사용될 수 있는 절차를 구체적으로 서술한 것

Chronicle / Alamy

Mary Evans Picture Library / Alamy

측정 절차 19세기 말 영국의 프랜시스 골턴 경의 실험실에서 처음으로 몇 가지 심리 특성이 측정되었다(Galton, 1883). 골턴의 인체 측정이란 용어는 더 이상 사용되지 않지만, 양적자료에 대한 신중한 측정과 통계분석과 같은 그가 채용한 원리는 널리 환영을 받았다(Boring, 1950).

꾸미고, (2) 유아들의 반응을 비디오에 녹화하고, (3) 영상 속에서 아동이 울거나 불안을 나타내는 신체적 반응을 부호화한다(Kagan & Snidman, 1991).

어떤 경우에는 연구자들이 같은 속성에 대하여 다른 조작적 정의를 사용할 때가 있다. 한 사람은 예를 들어 공포를 행동 반응으로 조작적으로 정의하는 반면, 다른 사람은 공포를 사람들에게 무서워하는 경향성을 묻는 질문지로 조작적으로 정의할 수 있다. 이 차이는 연구 결과를 분석할 때 상당한 문제를 일으킬 수 있다(Kagan, 1988). 다른 절차가 갈등적인 결과를 초래할 수 있다. 공포를 연구하는 사례에서 만일 행동적으로는 많은 공포를 경험하는 사람이 질문지에서는 차분하고 무서워하지 않는다고 기술한다면 어떤 일이 일어날까 생각해보라(Myers, 2010). (사람들은 다른 사람에게 자신이 무서워하지 않는다는 인상을 심어주기 위해 혹은 자신을 안심시키기 위해 그렇게 말할 수 있다.) 행동적 정의를 사용하는 연구는 그 사람의 '두려움의 정도가 높다'고 하는 반면에 질문지를 기준으로 하는 정의를 사용하는 연구는 '두려움의 정도가 낮다'고 할 것이다.

정서 측정하기 잇따른 패배를 지켜본 후 팬들의 정서적 반응을 어떻게 측정할 수 있을까? 그들은 자신들의 심정을 묻는 질문지 칸에 답을 메울 기분이 아닐 것이다. 만일 질문지에 답을 한다고 해도 그들의 실망감을 인정하려고 하지 않을 수도 있다. 그래서 다른 절차―정서에 대한 다른 조작적 정의―가 필요하다. 한 가지 가능성은 5장에서 상세하게 배우게 될 얼굴 표정을 측정하는 것이다. 얼굴 근육의 특별한 움직임은 직접적으로 측정될 수 있고 사람들의 정서 상태를 나타낼 수 있다.

Sports Illustrated / Getty Images

신뢰도와 타당도 측정절차를 결정하고 나면 그것이 좋은 측정절차라는 것을 어떻게 알 수 있을까? 좋은 측정은 신뢰도와 타당도의 두 가지 특성을 가지고 있어야만 한다.

> 신뢰도 : 만일 어떤 심리적 속성을 일관성 있게 측정한다면 그 측정은 **신뢰도**(reliability)를 가지고 있다. 수년의 간격을 둔 두 시점에서 지능검사를 해도 일반적으로 그 점수는 일관성이 있다 (Watkins & Smith, 2013). 마찬가지로 사람들의 자존감 점수도 일반적으로 생애에 걸쳐서 일관성이 있다(Trzesniewski, Donnellan, & Robins, 2003). 두 가지 측정은 따라서 신뢰도가 있다. 만일 어떤 검사를 두 시점에서 실시했을 때 많은 사람들이 한 시점에서는 낮은 점수를 받고 다른 시점에서는 높은 점수를 받는다면 그 검사는 신뢰도가 부족할 것이다.

> 타당도 : 측정하고자 하는 것을 제대로 측정한다면 그 측정은 **타당도**(validity)를 가지고 있다. 100미터를 몇 초에 달리는지를 측정하는 것은 지능에 대한 타당하지 않은 지표다. 달리는 속도를 측정하는 것은 측정하려고 했던 지능을 측정하지 않기 때문이다. 최근 측정 연구의 발전은 측정의 개념에 대한 더 정확한 정의를 제공한다. 만일 '특성(측정되고 있는)에서의 변화 때문에 측정한 결과에 변화가 생긴다면' 그 측정은 타당한 것이다(Borsboom Mellenbergh, & van Heerden, 2004, p. 1061). 예를 들어 어떤 사람이 체중계에 올라섰을 때, 그 사람의 체중의 변화 때문에 그 체중계에 나타나는 숫자(측정한 결과)에 변화가 생긴다면, 그 체중계는 그것이 측정하고자 하는 몸무게를 타당하게 측정한다는 것을 알 수 있다.

타당하지 않은데 신뢰할 수 있는 측정이 있을 수 있다. 100미터 달리기 예를 다시 생각해보자. 그 측정 자체는 신뢰할 수 있다 — 즉 한 번 달릴 때 걸린 시간과 다시 달릴 때 걸린 시간에 일관성이 있을 수 있다. 하지만 그 정보가 아무리 신뢰도가 높다고 해도 그것은 여전히 타당한 지능 측정이라고 할 수 없다.

숫자의 장점 '이 모든 숫자들이 어디에서 오는가?'에 대한 답은 측정이다. 그런데 또 다른 질문이 있다. 바로, 우리는 왜 숫자를 좋아하는가? 다시 말해서 양적자료의 장점은 무엇인가?
숫자에는 비교, 간결성, 정확성의 세 가지 장점이 있다.

> 비교 : 심리학자들은 종종 사람들의 행동이나 경험을 비교하고 싶어 한다. 숫자는 쉽게 비교할 수 있다. 두 사람이 경험하는 심리적 우울증의 정도를 비교하고 싶다고 생각해보자. 양적자료가 없으면 그 비교는 어려울 것이다. 만일 한 사람이 "나는 최근에 정말 기분이 우울해서 슬프고 힘이 없어"라고 말하고 또 한 사람은 "나는 요즈음 하고 싶은 일이 거의 없고 침대에서 일어나기도 힘들 지경이야"라고 말한다면, 두 사람 중 누가 우울증이 더 심한지 알 수가 없다. 그러나 우울증에 대한 양적측정(예 : Beck, Steer, & Brown, 1996) — 경험하고 있는 우울증의 수준을 나타내는 값 — 을 하면 쉽게 비교할 수 있는 숫자를 보여준다.

> 간결성 : 심리학자들은 정보를 간결하게 소통할 필요가 있다. 그들은 많은 사람들을 대상으로 연구한 결과를 종종 학술지의 제한된 공간 속에 보고해야 한다. 숫자는 통계방법(아래에서 논의된다)을 사용하거나 그래프(그림 2.7)를 사용하여 간략하게 나타낼 수 있다. 이에 비해서 언어(예 : 인터뷰 옮겨 적기)는 간결하게 요약하기가 어렵다(비록 요약하는 방법이 개발되어 있기는 하지만; Grbich, 2009).

> 정확성 : 과학은 정확성을 필요로 한다. 과학의 역사를 통해 정확한 측정은 이론의 발전에 불을 지폈다. '달은 정말 멀리 떨어져 있다' 혹은 '물체를 떨어뜨리면 빠르게 가속화된다'와 같이 말로 표현하는 것은 정확하지 않다. '달은 239,000마일 떨어져 있다' 혹은 '물체를 떨어뜨리면 물체는 9.8m/s²로 가속화된다'와 같이 숫자로 표현하면 과학이 필요로 하는 정확성을 가지게 된다.

신뢰도 측정의 한 가지 특성으로 만일 한 측정 시점과 다른 측정 시점에서 일관성 있는 결과를 나타낸다면 그 측정은 '신뢰도'를 가지고 있다.

타당도 측정의 한 가지 특성으로 만일 그것이 측정하고자 하는 것을 측정한다면 그 측정은 타당도를 가지고 있다.

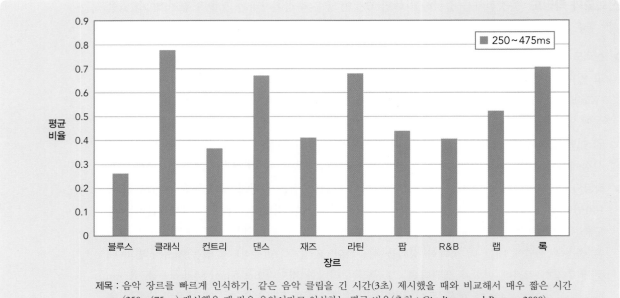

제목 : 음악 장르를 빠르게 인식하기. 같은 음악 클립을 긴 시간(3초) 제시했을 때와 비교해서 매우 짧은 시간 (250~475ms) 제시할 때 같은 음악이라고 인식하는 평균 비율(출처 : Gjerdingen and Perrott, 2008).

그림 2.7

그래프 읽는 방법 양적자료를 그래프로 간결하게 보여줄 수 있다. 그래프를 쉽게 읽는 방법은 다음과 같다 — 그래프를 바깥쪽에서 안쪽으로 읽는다. 반드시 제목과 레이블(바깥쪽)을 먼저 읽고 나서 막대, 선, 그 외 다른 자료 기록(안쪽)을 본다. 이렇게 세심하게 그래프를 보는 것만으로도 연구에 대한 많은 정보를 얻을 수 있는 경우가 많다.

위의 그래프를 가지고 한번 해보자. 바깥쪽(제목과 레이블)으로부터 다음과 같은 것을 알 수 있다.

1. 연구자들은 곡 일부의 클립을 (a) 1초 미만(250~475ms) 그리고 (b) 3초 동안 들려주었다.
2. 다양한 음악 장르(블루스, 클래식 등)의 클립을 들려주었다.
3. 각 클립을 들은 후에 참여자들은 그 곡의 장르를 분류했다.
4. 연구자들은 주어진 곡 일부의 짧은 클립과 긴 클립을 듣고 참여자들이 분류한 것이 대응하는지 안 하는지를 결정했다.

이제 그래프의 안쪽, 즉 막대를 보도록 하자. 결과가 놀랍다. 극히 짧은 클립(1/4초 동안의 아주 짧은 소리)인데도 불구하고 참여자들은 그것을 인식할 수 있었다. 클래식과 록 음악의 경우에는 1/4초 동안 듣고 분류하는 것이 3초 동안 듣고 분류하는 정도와 거의 비슷할 정도로 정확하게 판단했다. 사람들은 놀랍도록 빠르게 음악을 인식할 수 있다. 그리고 사람들은 한 그래프에서도 많은 것을 알 수 있다.

실제 측정 원리 이제 실제로 측정이 어떻게 이루어지는지 알아보자. 두 가지 예를 살펴볼 것이며, 그 첫 번째는 정치적 태도다.

기업이 야생지역의 석유를 시추하는 것에 대하여 정부가 허락해야 하는가? 하는 정치적 문제에 대한 태도를 연구한다고 가정하자. 만일 사람들에게 그들의 태도를 말로 표현해달라고 부탁한다면, 간결하지도 않고 정확하지도 않은 정보를 얻게 될 것이다("음, 모르겠는데요, 나는 좀 반대하는 입장인데 국가는 많은 에너지를 필요로 합니다"). 그렇기 때문에 숫자가 필요하다. 숫자를 얻기 위해서는 앞에서 기술한 두 가지 단계가 필요하다.

1. 변인을 조작적으로 정의한다. "당신은 기업이 야생지역에서 석유를 시추하는 것을 찬성합니까, 혹은 반대합니까?"라고 사람들에게 질문할 수 있을 것이다. 그다음에 '찬성'에서 '반대'까지의 척도에 표시하도록 부탁할 수 있을 것이다. 그 척도를 표시하면 다음과 같다.

야생지역에서의
석유 시추를 반대한다

야생지역에서의
석유 시추를 찬성한다

2. 관찰된 변이에 숫자를 부여한다. 이 경우에는 간단하게 척도에 숫자를 표시하면 된다.

야생지역에서의
석유 시추를 반대한다

야생지역에서의
석유 시추를 찬성한다

연구자들은 모든 참여자에게 정확하게 똑같은 질문을 하고 참여자들은 이해하기 쉬운 같은 척도를 사용하여 반응할 것이다. 이 절차는 앞에서 읽은 기숙사 연구가 가지고 있던 두 가지 문제점 ─ 질문의 문구가 달라서 대답이 다를 수 있었던 문제점과 반응들에 대한 이해가 어려웠던 문제점 ─ 을 극복할 수 있다.

두 번째 예는 조금 더 복잡하다. 심리학자는 두 가지 수학문제 ─ 문제 A 그리고 문제 B라고 하자 ─ 를 풀기 위해 필요한 사고 단계의 수가 각각 체계적으로 다를지 질문할 수 있다. 이 사례에서 관심 있는 변인은 사고의 양이다. 사고의 양을 어떻게 측정할 수 있을까?

1. 변인을 조작적으로 정의한다. 조작적으로 이 변인을 정의하기는 까다롭다. 특히 사람들이 수학 문제에 집중하고 있을 때 머리에서 일어나는 모든 생각을 추적할 수가 없기 때문에 사람들에게 "얼마나 많은 생각을 했는가?"라고 물어볼 수 있는 신뢰할 만한 방법이 없다. 하지만 문제를 해결하기 위해 걸린 시간을 잴 수는 있다(Menon, 2012; Posner, 1978). 다른 활동과 마찬가지로 생각하는 데는 시간이 걸린다. 더 많이 생각하면 더 많은 시간이 걸린다. 사고 단계가 더 많으면 더 많은 시간이 걸리기 때문에, 더 많은 사고의 양을 문제 해결에 걸리는 더 많은 시간의 양으로 조작적 정의를 내리는 것이 가능하다.

2. 관찰된 변이에 숫자를 부여한다. 이 사례에서 숫자를 부여하기 위해서는 간단하게 몇 초가 걸렸는지 세기만 하면 된다. A와 B 중에서 어떤 문제를 해결하는 데 더 많은 생각이 필요했는지 결정하기 위해서, 각 참여자가 문제를 해결하기 위해 몇 초를 사용했는지 측정하고 어느 문제를 해결하는 데 시간이 더 많이 걸렸는지 확인한다.

숫자를 요약하고 분석하기 : 통계　앞에서 논의한 야생지역에서의 석유 시추에 대한 태도 변인을 측정한다고 가정하자. 100명의 반응을 수집한 결과에 대하여 "사람들의 태도가 어떻습니까?"라는 질문을 받는다면 대답할 수 있는 두 가지 방식이 있다. 100명의 반응을 하나씩 모두 열거할 수 있을 것이다. "7점 척도에서 첫 번째 사람은 5를 표시했고, 두 번째 사람은 3을 표시했어. 세 번째 사람은 ─ 어머, 우연의 일치인가 ─ 첫 번째 사람과 마찬가지로 5를 표시했어! 그리고 4번째 사람은 …" 그러나 그 방법은 매우 불편하다. 더 좋은 방법은 통계를 사용하는 것이다.

통계(statistics)란 여러 숫자를 요약하기 위한 수학적 절차다. 이 절차들 중에는 일반적으로 숫자들의 의미를 기술하는 기술통계가 있고 과학자가 숫자들에 대한 결론을 추론할 수 있도록 해주는 추리통계가 있다(한 숫자들의 집단이 두 번째 숫자들의 집단과 차이가 있는지 결론을 내리기 위하여).

숫자들을 기술할 때 사람들은 대략적인 평균값을 알고 싶어 한다. "사람들의 태도가 어떻습니까?"라는 질문에 답하기 위해서는 평균적인 태도점수를 알 필요가 있다는 것을 아마도 직관적으로 생각할 것이다. 모든 점수를 합해서 점수의 개수로 나누어서 통계적 **평균**(mean)을 구할 수 있다. (위에 나온 태도를 알아보는 예에서는 점수들을 합해서 100으로 나눈다.)

두 번째 기술통계는 표준편차다. **표준편차**(standard deviation)는 평균에서 떨어져 있는(혹은 이탈한) 정도를 기술한다. 다음 두 가지 숫자들의 세트를 생각해보자.

통계　여러 숫자들을 요약하기 위한 수학적 절차

평균　한 분포에서의 평균점수

표준편차　평균에서 떨어져 있거나 이탈한 정도를 기술하는 통계치

모차르트 음악은 사람들을 유의미하게 더 똑똑하게 만드는가? 클래식을 들으면 뇌를 자극하여 다양한 영역에서의 수행을 향상시킬 수 있다고 하는 '모차르트 효과'에 대하여 많은 사람들은 의문을 가지고 있었다. 정말 모차르트 효과가 있을까? 구체적으로, 통계적으로 유의미한 효과가 있을까? 다시 말해 모차르트를 듣는 사람과 듣지 않는 사람 간에 우연에 의해 기대되는 것보다 더 큰 차이가 있는가? 이것을 확인하기 위해서 연구자들은 한 집단에게는 모차르트 음악을 들려주고 다른 한 집단에게는 단편 소설을 읽어주었다. 그 후에 두 집단 모두에게 지능검사를 실시했다. 통계적 검증은 두 집단 간에 유의미한 차이를 나타내지 않았다(Nantais & Schellenberg, 1999). 평균적으로 모차르트를 들었던 사람들이 듣지 않은 사람들과 비교해서 유의미하게 더 잘하거나 더 못하지 않았다. 이것은 통계적 검증의 중요성을 나타낸다. 두 집단 간에 차이가 있다고 생각했던 것들이 통계적으로 검증하면 유의미한 차이가 있는 것이 아니라는 것을 보여주는 사례들이 종종 있다.

De Agostini / Getty Images

세트 A : 1 1 2 2 4 6 6 7 7
세트 B : 3 3 3 3 4 5 5 5 5

세트 A와 세트 B의 평균은 모두 4로 같다. 그러나 세트 A의 숫자들은 세트 B의 숫자들보다 평균에서 더 많이 떨어져 있다. 따라서 세트 A의 숫자들은 더 큰 표준편차를 가지고 있다.

평균과 표준편차와 같은 통계치로 결과를 요약한 후에 심리학자들은 종종 그 결과가 우연히 일어난 것이 아닌지 알고 싶어 한다. 우연히 일어난 결과가 아니라는 개념을 간단하게 예를 들어 알아보자. 동전을 던지면 앞면이 나올 확률이 반이고 뒷면이 나올 확률이 반이다. 만일 동전을 100번 던져서 앞면이 50번이 아니라 52번이 나온다면 당신은 "믿을 수 없어! 50번 나올 거라 기대했는데 2번이 더 나왔어!"라고 놀라지 않을 것이다. 50 대신 52라는 이 작은 차이는 단지 우연히 일어날 수 있다고 생각한다. 하지만 이번에는 앞면이 52번 대신에 92번 나왔다고 생각해 보라. 그것은 이상할 것이다! 기대했던 것과 너무 차이가 크기 때문에 — 즉 우연의 결과라기에는 너무 큰 차이 — 당신은 앞면이 50% 이상 나오게끔 그 동전이 '조작된' 것이라고 의심할 것이다.

통계적 절차는 관찰된 결과가 우연에 의해 기대되는 결과와 다른지를 결정할 수 있다. 우연에 의해 기대되는 것과 다른 관찰된 결과를 **통계적으로 유의미하다**(statistically significant)고 한다. 위의 예에서 100번 중에서 92번 앞면이 나오는 것은 통계적으로 유의미한 결과인 반면에 100번 중 52번은 아니다. 결과가 우연에 의한 것과 다른지를 결정하기 위해 사용되는 추리통계를 유의도 검증이라고 한다.

유의도 검증은 일반적으로 2개 이상 집단의 숫자들 — 한 실험에서 여러 집단의 평균점수들 — 에 적용하여 차이가 있는지 결정한다. 1장에서 남성과 여성이 일부분 고정관념 위협 때문에 수학시험 성적이 다르다는 연구를 보았다. 그 집단이 '다르다'고 말하기 전에 연구자들은 그 집단들의 평균 차이가 우연히 일어날 수 있는 차이를 초과하는지 알아보기 위하여 유의도 검증을 수행했다.

연구자들은 일반적으로 한 시점에서 얻은 한 연구의 자료를 분석한다. 그런데 가끔 여러 연구에서 얻은 결과들을 요약하는 경우도 있다. **메타분석**(meta analysis)은 많은 연구에서의 전체적인 패턴을 확인하기 위해 여러 연구 결과를 통합하는 통계적 기법이다(Cooper, Hedges, & Valentine, 2009). 나머지 장들에서 나타나는 연구자가 '메타분석'을 수행했다는 말은 간단하게 연구자가 이전 연구들의 결과를 요약했다는 뜻이다.

양적자료의 제한점 양적자료는 대부분의 심리학 분야의 성장을 위한 원동력으로서 심리과학의 주식이라고 할 수 있다. 그러나 양적자료는 제한점도 있기 때문에 심리학 연구를 비판적으로 생각할 때는 이 제한점들을 염두에 두어야 한다.

한 가지 단점은 양적 측정은 질적연구에서 발견할 수 있는 정보를 나타내지 못할 수 있다(아래에서 논의). 많은 양적연구에서 연구자는 모든 연구 참여자들에게 같은 형식으로 실시하는 조사를 하거나 질문지를 만든다. 그러나 참여자들은 조사에 포함되지 않는 중요한 생각, 감정, 개인적 경험을 가지고 있을 수 있다. 대학교 1학년생들을 대상으로 그들의 교육에 가장 큰 영향을 미

통계적으로 유의미하다 관찰된 결과가 우연히 일어날 수 있다고 기대되는 것과 다를 때 그 실험 결과를 통계적으로 유의미하다고 한다.

메타분석 많은 연구들에서 나타나는 전체적인 패턴을 확인하기 위해 여러 연구 결과를 종합하기 위한 통계적 기법

쳤다고 생각하는 요인들을 조사한다고 가정하자. 그들에게 7점 척도를 사용하여 그들의 선생님, 부모의 지지, 공부한 양과 같은 요인들에 대한 점수를 표시하도록 부탁할 수 있을 것이다. 인터넷을 사용하여 세계 여러 사람들을 조사할 수도 있을 것이다. 그러나 어떤 사람들은 조사에 포함되어 있지 않은 요인을 보고하고 싶어 할 수 있다. 예를 들어 만일 자신의 교육 경험에 '가장 큰 영향'을 미친 요인을 묻는 질문에 대하여 인도네시아 학생들은 '쓰나미'(2004년 인도네시아에서 수백 개의 학교 건물을 파괴했던 쓰나미)라고 말하고 싶어 할 수도 있다. 그러나 질문지 척도에는 그것을 물어보지 않았다.

또 하나의 제한점은 어떤 복잡한 심리적 특성들은 숫자로 나타내지 못할 수 있다는 점이다. 사람들의 성격에 대해 생각해보자. 많은 성격검사들은 마음이 따뜻한, 조직적인 혹은 늑장 부리는 성격 특성에 대한 개인 점수를 부여한다(12장 참조). 그러나 사람들에게 자신에 대하여 언어로 기술하도록 하면 특성 점수가 나타내는 것보다 더 복잡한 성격 특성을 나타낼 때가 종종 있다. 예를 들어

Paul Souders / DanitaDelimont.com

양적연구 아동과 육아에 대하여 사람들이 가지고 있는 신념을 당신은 어떻게 탐색할 것인가? 양적연구에서는 신념을 측정하기 위하여 일정한 조사 문항들을 개발할 수 있다. 그런데 양적연구의 단점은 연구자와 다른 문화 속에서 살고 있는 사람들은 그 조사 문항에 포함되어 있지 않은 신념을 가지고 있을 수 있다는 점이다. 이 사진 속의 할머니와 아동이 살고 있는 발리에서는 신성한 선조가 아이로 환생한다고 사람들은 믿는다(Gerdin, 1981). 양적 조사에서 환생에 대한 질문을 포함시켰을까? 이와 같은 사례에서는 질적 연구방법이 더 적절하다. 질적방법을 사용하면 사람들에게 자신들의 용어로 자신들의 삶에 대해 기술하도록 함으로써 연구자가 생각하지 못했던 그들의 신념과 경험에 대한 정보를 얻을 수 있다.

당신은 선다형 문제를 좋아하는가 혹은 질적인 에세이 문제를 좋아하는가? 그것은 당신이 내용을 얼마나 잘 아느냐에 따라 다른가?

한 연구에서(Orom & Cervone, 2009) 네 사람이 자신들에 대하여 다음과 같이 기술했다.

1. "나는 다른 사람들을 만나면 미소를 짓거나 농담을 하거나 가벼운 포옹도 하는 매우 환영받는 성격이지만, 또 다른 심술궂은 측면도 있다."
2. "나는 착하고, 남에게 도움을 주려고 하고, 친절하고, 따뜻하다… 나는 쉽게 어울리지만 급하고 나쁜 성질도 있다. 나는 쉽게 질투를 하고… 매우 변덕스럽고… 거만하다."
3. "나는 전반적으로 조직적인 편이지만 집에서는 성급하고 지저분하다."
4. "나는 계획한 일에 대해서는 시간에 맞추거나 미리 하는 것을 좋아하지만 관심이 덜한 일을 할 때에는 마감시간이 가까울 때까지 미룬다.

예를 들어 네 번째 사람의 미루는 성향은 상황에 따라 다르기 때문에 하나의 '늑장 부리기 점수'로 기술할 수 없다. 하나의 양적인 '꾸물대는 버릇 점수'는 그 사람을 잘 기술하지 못할 것이다. 그런 이유로 어떤 연구자들은 질적자료를 선택한다.

질적자료

사전 질문

> 질적 연구방법이란 무엇인가? 질적자료를 구하는 세 가지 방법은 무엇인가?
> 질적자료의 세 가지 장점은 무엇인가? 대부분의 심리학자들이 질적자료보다 양적자료를 선호하는 이유는 무엇인가?

위에서 지적했듯이 질적자료는 숫자로 나타나지 않는 과학적 정보의 원천이다. 질적자료의 주요 형식은 언어다. 질적연구를 수행하는 심리학자는 참여자들에게 그들 자신의 말로 그들의 경험과 삶을 기술하도록 부탁하고 그 후에 숫자가 아니라 참여자들의 말을 요약하고 해석한다.

심리학에서 질적 정보의 가장 큰 원천은 인터뷰다(Potter & Hepburn, 2005). 그 외에 자연적인 상황에서 발생하는 행동 관찰과 같은 정보원도 질적연구의 증거를 제공할 수 있다. 그러나 인터뷰가 가장 일반적이다. 사하라 이남의 아프리카에서 HIV/AIDS 확산을 예방하려는 노력에 관련한 한 예를 살펴보자.

HIV/AIDS 예방은 성공적으로 진행되고 있지만 풀어야 할 문제점도 있다. 병이 진행되는 것을 막을 수 있는 약도 개발되어 있고 그 약을 사하라 이남의 국가들에서는 무료로 나눠주고 있다. 풀리지 않는 문제점은 무료로 약을 나누어주고 있는데도 치료받는 것을 중단하는 환자들이 많다는 것이다. 치료를 받지 않으면 위험한데도 불구하고 그들은 왜 병원을 방문하지 않는 것일까?

한 연구팀은 그 이유가 복잡하기 때문에 간단한 양적조사 문항들을 가지고는 그 이유를 밝힐 수 없을 것이라고 생각했다. 그래서 그들은 질적연구를 수행했다. 그들은 3개월 이상 계속해서 치료를 받지 않은 나이지리아, 탄자니아, 우간다의 환자들을 인터뷰했다(Ware et al., 2013). 그 환자들은 병원에서 경험한 것뿐만 아니라 예약날짜에 방문을 못한 이유와 관련된 상황들을 이야기했다. 연구의 질적자료를 분석한 결과 사하라 이남 아프리카 국가들에서의 삶의 어려움과 병원에서의 문제점과 관련한 '복잡한 일련의 사건들' 때문인 것으로 나타났다(Ware et al., 2013, p. 6). 한 남자는 다음과 같이 보고했다.

> 예약날짜에 맞추어 병원에 가려고 하는데 그날 오토바이 택시를 탈 돈이 없다. 그래서… 예약날짜에 가지 못하고 다른 날에 병원에 가면, (병원 사람들이) 예약날짜에 안 왔다고 큰소리로 야단친다. 그래서 사정을 설명하면 그는 "밤에 밖에서 자고 다음 날 와"라고 말한다. 어떻게 밖에서 밤을 보낼 수 있겠는가? 병원에 갈 차비를 구하지 못해서 이제야 여기 왔는데 잠자리와 먹거리를 위한 돈을 내가 어떻게 구한단 말인가? 내가 병원을 방문하는 데는 이런 문제점들이 있다.
>
> -Ware et al. (2013, p. 6)*

이와 같이 복잡하고 문화적으로 잠재되어 있는 이유들은 전통적인 양적연구에서는 결코 알아낼 수 없을 것이다.

모든 세상이 연극 무대인가? 극작가와 사회과학자들은 무대 밖의 인간사를 무대에 비유해서 이해할 수 있다고 말한다. 당신과 당신 주변 사람들은 삶의 드라마 속에서 역할들을 담당한다. 이 드라마를 잘 그려내기 위해서는 양적자료보다는 질적자료가 더 적절할 수 있다.

질적자료의 장점 심리학자들은 다음과 같은 세 가지 이유 때문에 양적자료보다 질적자료를 수집하고 싶어 한다—(1) 개인적인 의미를 이해하기 위해서, (2) 이야기같은 삶의 성질을 반영하기 위해서, (3) 자연스러운 증거를 획득하기 위해서. 이제 하나씩 살펴보기로 하자.

사건에 대한 개인적인 의미란 그것을 경험하고 있는 개인을 위한 유의미성이다. 개인적인 의미는 숫자 속에서 포착하기가 어렵다(Polkinghorne, 2005). 한 친구가 "나는 이제 너에게 진저리가 나"라고 말한다고 가정하자. 그럴 경우에 당신이 원하는 정보는 숫자가 아니라("1부터 7까지 척도에서 정확하게 얼마나 진저리가 나는가?") 그렇게 말한 이유와 그 뒤에 숨어 있는 이유가 무엇인지 알고 싶을 것이다. 진술에 대한 정확한 의미를 알기 위해서는 정해진 측정 척도를 나누어주는 것보다는 그들 자신의 용어를 사용하여 말하도록 할 필요가 있다(Kelly, 1955).

사람들의 자신의 삶에 대한 이해는 종종 이야기 같은 구조를 가지고 있다—시간에 걸쳐서 풀어내는 내러티브(McAdams, 2006). 인생 이야기 속의 정보를 표현하는 가장 좋은 방법은 숫자

---

* ⓒ 2013 Ware et al. (2013). Toward an understanding of disengagement from HIV treatment and care in sub-Saharan Africa: A qualitative study. *PLoS Medicine*, 10, e1001369. doi: 10.1371/journal.pmed.1001469

가 아니라 언어다(Goffman, 1959; Scheibe, 2000). 삶 속에서 사람들은 여러 역할을 한다(친구, 부모, 선생님, 연인 등). 사람들의 행동을 이해하기 위해서는 타인에 대한 그 사람의 행동뿐만 아니라 그 사람에 대한 타인의 행동을 고려해야만 가능하다. 심리적 경험의 '연극같은' 측면을 이해하기 위해서는 사회적 상황 속에서 일어나는 행동의 의미를 포착할 수 있는 질적방법이 유용하다(Harré, 2000).

자연스러운 증거란 세상의 실제 상황에 대한 사실 그대로의 정보다. 심리학자들이 원하는 그런 증거는 양적방법으로 구하기 어려운 경우가 종종 있다. 양적자료를 획득하기 위한 절차는 사건의 자연스러운 흐름을 방해할 수 있다. 예를 들어 사람들이 일하는 도중에 가끔 경험하는 조용한 집중 상태를 측정하기 위하여 사람들에게 "7점 척도에서 당신이 현재 경험하고 있는 집중 상태는 어느 정도입니까?"라고 질문한다고 가정하자. 이런 침입적인 양적절차는 사람들에게 자연스럽게 일어나는 느낌을 방해할 것이다. 조용하게 집중하고 있는데 방해를 받아서 집중이 깨질 수 있을 것이다. 질적연구 전략은 그런 침입을 받지 않게 할 수 있다. 질적연구자들은 방해하지 않고 진행 중인 사건을 관찰하거나 사람들의 경험에 대한 정보를 제공하는 기록되어 있는 자료를 연구한다(Denzin & Lincoln, 2011).

질적연구의 세 가지 유형 질적 연구의 세 가지 유형에는 (1) 임상 사례연구, (2) 질적 관찰연구, (3) 질적 공동체 참여연구가 있다.

사례연구(case study)란 특정한 한 사람이나 한 집단에 대한 상세한 분석이다. 사람 혹은 집단이 그 '사례'다. 심리학에서 **임상 사례연구**(clinical case study)란 심리치료를 받는 어떤 사람에 대한 분석이며 그것은 종종 건강센터나 클리닉에서 제공된다. 심리학자들은 일반적으로 그들의 사례를 요약해서 기록하며 따라서 임상 사례연구에서는 질적자료가 생산된다.

질적자료를 생산할 수 있는 두 번째 유형의 연구는 연구자가 사람들과의 상호작용 없이 거리를 두고 사람들의 행동을 관찰하는 **관찰연구**(observational study)다. 예를 들면 연구자는 학교 운동장에서 학생들이 친화적으로 그리고 공격적으로 행동하는 모습을 눈에 띄지 않게 관찰한다(Ostrov & Keating, 2004). 관찰연구의 결과가 양적자료(폭력적인 사건의 횟수와 같은)를 포함할 수 있지만, 연구자들은 일반적으로 그들이 관찰한 것을 요약한 보고서 형식의 질적자료를 작성한다(Polkinghorne, 2005).

한 관찰연구에서 연구자는 부자 이웃과 가난한 이웃 간에 차이가 있다는 강력한 증거를 제공했다(Zimbardo, 1970). 그는 도심의 가난한 지역과 교외 부촌 지역에 비슷한 두 자동차를 주차하고 어떤 일이 일어나는지 관찰했다. 교외 부촌 지역에서는 별로 관찰할 것이 없었다. 5일 동안 주민들은 그 차 곁을 지나갈 뿐이었다. 그러나 도심에서는 연구가 시작된 지 10분 만에 사람들이 자

유명한 심리학자인 지그문트 프로이트는 수치 자료를 수집하지 않았다 그는 치료를 받는 환자를 보고 그 사례를 기술하는 보고서를 작성했다. 위의 사진은 그의 사례들 중 하나에 대하여 프로이트가 쓴 노트다.

그들은 그들이 실험 대상이 되고 있다는 것조차 몰랐다 도심과 교외 이웃들에서 수행된 기물 파손에 대한 관찰연구를 실시하는 동안 파손된 자동차

Courtesy Philip G. Zimbardo

사례연구 특정한 한 사람이나 한 집단에 대한 상세한 분석. 한 사람이나 집단이 그 '사례'다.

임상 사례연구 심리치료를 받고 있는 사람에 대한 분석. 일반적으로 사례의 기록된 요약이다.

관찰연구 연구자들이 사람들과의 상호작용 없이 멀리서 사람들의 행동을 관찰하는 유형의 연구

동차를 파손하기 시작했다. 2일 동안 주민들이 자동차의 값나가는 모든 것을 가져갔다. 그 연구자는 도심 이웃들에게 팽배한 익명성이 기물 파손이 일어난 가장 큰 이유라고 생각했다. 반대로 교외 부촌 지역 주민들은 익명성이 덜하고 따라서 공동체 재산에 대한 개인적인 책임감을 공유한다. 연구자가 관찰하여 기록한 보고서는 이웃에 따라서 사회생활의 차이가 크다는 것을 강력하게 보여주었다.

관찰연구에서 심리학자는 연구 참여자들과 상호작용을 하지 않는다. 하지만 **공동체 참여연구**(community-participation study)라고 부르는 한 유형의 질적연구에서는 연구자들이 공동체 주민들과 협력하여 연구의 목적과 절차를 결정한다(Allison & Rootman, 1996; Kelly, 2004). 그 연구자의 목적은 공동체 생활을 이해하고 주민들이 그들이 바라는 사회적 변화를 이루도록 돕는 것이다. 주민들이 그들 공동체의 경험과 목적에 대한 전문가이기 때문에 심리학자는 연구를 설계할 때 그들과 가까이 일한다.

공동체기반 연구 자료는 일반적으로 질적인 것이다. 심리학자들은 그 공동체가 직면하고 있는 문제와 그것을 극복하는 방법을 알기 위해서 주민들의 생활에 대한 그들의 보고에 귀를 기울인다. 예를 들어 집 없이 살고 있는 어머니들이 육아 스트레스에 어떻게 대처하고 있는지에 대한 연구에서(Banyard, 1995), 심리학자는 미국 중부지방의 여러 도시의 임시 주거지에 살고 있는 64명의 여성들과 인터뷰했다. 질적자료를 분석한 결과 연구 참여자들이 진술한 주제를 확인할 수 있었다. 가장 공통적인 주제는 문제를 직면하려는 욕구였다. 즉 문제에 대해 걱정만 하지 않고 해결할 수 있는 방법을 찾으려고 애씀으로써 대처하는 방법이었다. 자식과 함께 살 집을 찾는 문제를 논의하는 과정에서 한 여성은 다음과 같이 이야기했다. "한 가지 방법으로 해결이 안 되면 나는 나의 자존심을 누르고 또 다른 사람에게 도움을 청한다… 포기하고만 있을 수는 없다"(Banyard, 1995, p. 881). 이 질적자료는 수치 자료를 사용했다면 얻을 수 없는 집 없는 어머니들의 생활에 대한 풍부하고 정서적으로 의미가 있는 이해를 할 수 있게 해주었다.

질적자료의 단점 질적방법은 장점도 있지만 단점도 있다. 숫자를 사용하는 방법이 가지고 있는 장점이 바로 질적방법의 단점이다.

질적자료를 가지고 비교하는 것은 어렵다. 치료사에 의한 두 가지 사례연구를 읽고 두 사람을 비교하고 싶어 한다고 가정하자. "두 사람 중에서 누가 더 심각한 심리적 스트레스를 경험했는가?"라는 질문에 대해서 질적 사례연구는 양적 측정에서 얻을 수 있는 것과 같은 간단한 답을 제공하지 않는다.

질적방법은 간단하지 않다. 예를 들어 한 미국 심리학자는 한 사람이 10년 이상의 기간에 걸쳐서 쓴 편지를 분석함으로써 개인의 성격에 대한 질적연구를 했다(Allport, 1965). 질적인 성격분석 결과는 결코 간결하지 않았다. 한 사람에 대한 기술이 200페이지가 넘는 한 권의 책이었다. 그뿐만 아니라 질적 증거를 수집하는 과정은, 질적방법이 원래 과학의 발전 경로를 가속하지 않는 것과 같이, 속도가 느리고 노력의 강도가 심하다.

언어의 해석은 개방적이기 때문에 질적방법은 정확성이 부족하다. 말하는 사람들의 성격과 문화적 배경에 차이가 있기 때문에 같은 단어나 문장에 대하여 다른 해석이 가능하다. 반대로 숫자는 의미가 정확하게 전달되는 '만국 공용어'다.

마지막으로, 질적자료에는 편파의 가능성이 있다. 연구를 수행할 때 연구자들은 연구 결과가 자신들의 이론적 아이디어와 일치하기를 공통적으로 바란다. 자료가 양적일 때 연구자들은 그들의 가설을 기각할 수 있는 분명한 수치적 사실을 직면한다. 그러나 자료가 질적일 때는 결과에 대한 해석이 필요하고 연구자들은 해석을 왜곡할 수 있다. 심리학 역사에서 가장 유명한 연구들 중

공동체 참여연구 연구의 목적과 절차를 결정하기 위해 연구자가 공동체 주민들과 협력하는 연구의 한 유형

하나가 이 이유 때문에 비판을 받았다. 프로이트(Sigmund Freud, 1923)는 전적으로 질적 사례연구의 증거를 기초로 성격 이론을 개발했다(12장 참조). 비평가들은 그 사례연구를 해석한 사람이 프로이트 자신이라고 지적했다. 따라서 그의 이론을 지지하는 증거를 획득하려는 프로이트의 욕구 때문에 해석이 편파적이었을 수 있다(Crews, 1998).

질적연구의 이런 중대한 제한점들 때문에 대부분의 심리학자들은 질적 증거보다는 양적 증거를 선택한다. 이제 주로 양적자료와 관련하여 논의하는 연구 설계에 대해 살펴보기로 하자.

과학적 증거 획득 : 심리학적 증거와 생물학적 증거

지금까지 두 가지 주요 주제인 연구자료와 연구 설계에 대하여 학습했다. 자료에는 질적자료와 양적자료가 있고 연구 설계에는 조사, 상관연구, 실험이 있다. 아직 끝이 아니다. 연구의 목적은 과학적 증거를 획득하는 것임을 기억하라. 과학적 증거를 획득하기 위해서 과학자들은 도구와 절차에 대해서 잘 알아야 한다. 생물학자들은 현미경에 대해서 그리고 현미경에 나타나는 영상을 얻기 위한 방법을 알아야 한다. 아원자(subatomic) 물리학자는 입자 가속장치와 그것이 생산하는 입자를 탐지하는 방법을 알아야 한다.

심리학자들의 전문적인 도구와 절차는 무엇인가? 그 답은 심리학자가 추구하는 증거의 유형에 따라 다르다. 이제 심리학자들이 획득하는 심리학적 증거와 생물학적 증거에 대하여 살펴보자.

심리학적 증거

사전 질문

> ❯ 사람의 사고, 감정, 행동을 연구하기 위해 심리학자들이 획득하는 세 가지 유형의 심리학적 증거는 무엇인가?
> ❯ 사람의 행동에 대한 증거 자원으로서 자기보고의 두 가지 제한점은 무엇인가?

심리학적 증거는 사람의 사고, 감정, 행동에 대한 정보다. 그런 증거의 한 가지 정보원천은 사람들이 스스로 보고하는 것이다.

정보 제공자로서의 참여자 : 자기보고와 관찰자 보고 사람들은 어떤 사람의 대인관계가 어떤지 혹은 그 사람이 여름휴가를 어떻게 계획하고 있는지 어떻게 알 수 있을까? 한 가지 방법은 그냥 물어보는 것이다. **자기보고**(self-report) 방법이란 연구자가 참여자에게 자신에 대한 정보를 제공하도록 부탁하는 연구 기법이다.

가장 일반적인 자기보고 방법은 참여자들에게 자신의 생각을 가장 잘 나타내는 답을 진술하거나 선택하도록 하는 **질문지법**(questionnaire)이다. 이 장의 앞부분에서 보았던 석유 시추에 대한 의견을 물어보는 질문이 전형적인 자기보고 질문지 문항이다(표 2.2 참조).

사람들은 자신에 대해 정확하게 보고할 수 없거나 보고하지 않으려고 할 때가 있다. 이 문제점은 그 사람을 알고 있는 다른 사람에게 그 사람의 심리적 특성에 대해 기술하도록 하는 **관찰자 보고**(observer report)를 사용함으로써 극복할 수 있다. 예를 들어 부모들에게 그들 자녀에 대해 보고하도록 부탁할 수 있다. 대학생들에게 그들의 룸메이트 성격에 대해 보고하도록 부탁할 수 있다. 관찰자 보고는 사람들에게 자신에 대해 기술하도록 부탁하는 것에서는 획득할 수 없는 독특한 정보를 제공할 수 있다(Oltmanns & Turkheimer, 2009).

자기보고 참여자들에게 자신들에 대한 정보를 제공하도록 부탁하는 연구 기법

질문지법 참여자들에게 자신의 생각을 가장 잘 나타내는 답을 진술하거나 선택하도록 하는 가장 일반적인 자기보고 방법

관찰자 보고 특정한 사람을 알고 있는 다른 사람으로부터 보고를 받음으로써 그 사람의 다양한 특성을 연구자가 알아내는 연구방법의 하나

표 2.2

사고 기록지					
날짜/시간	상황	자동적 사고	정서	적응적 반응	결과
	1. 어떤 실제 사건이나 연속적인 생각, 혹은 백일몽이나 기억들이 불쾌한 감정을 갖게 했는가? 2. 어떤 불편한 신체적 감각이 있었는가(어떤 것이든 조금이라도 있었다면)?	1. 마음속에 어떤 생각이나 모습이 스쳐 지나갔는가? 2. 마음속에 그런 생각이나 모습이 스쳐 지나갈 그 당시에 어느 정도 그것을 믿었는가?	1. 그 순간에 어떤 감정(슬픔/불안/분노 등)을 느꼈는가? 2. 그 감정의 강도는 어느 정도였나? (0~100%)	1. (선택적) 당신은 어떤 인지적 왜곡을 했는가? 2. 아래에 있는 질문들을 사용하여 자동적 사고에 대한 반응을 작성하라. 3. 각 반응에 대해 당신은 어느 정도 믿는가?	1. 당신은 자동적 사고를 각각 어느 정도 믿는가? 2. 당신은 지금 어떤 감정을 느끼는가? 그 감정의 강도는 어느 정도인가? (0~100%) 3. 당신은 무엇을 할 것인가(혹은 무엇을 했는가)?
4/28	체중계에 올라서니 210을 가리켰다. 나는 190으로 감량하기 위해 다이어트를 꾸준히 하고 있는 중이다.	나는 매력적이지 않다. 80%	슬픔 40%	선택적 추상	매력적이지 않음 40%
5:12 pm	가슴이 철렁 내려앉고 어깨가 긴장되는 기분이다.	나는 정말 체중을 줄이고 싶은데 잘 되지 않는다. 95%	좌절 30%	비록 조금 과체중이지만 나에게는 매력이 여전히 남아 있다. 95%	슬픔 20%
		분명히 체중을 줄일 수 있는데 내가 뭘 잘못한 것일까? 60%	창피함 50%	유치한 환상	90% 사실이기를 간절히 원하지만 현실은 10%
				체중 감량은 칼로리 통제와 운동의 문제지 얼마나 간절하게 원하는가 하는 것과는 관계가 없다. 90%	좌절 10%
				'해야만 한다'고 생각하기	해야만 한다 10%
				체중 감량은 어려운 일이다. 그리고 효과적이고 꾸준히 할 수 있는 계획을 세우기 위한 시간이 필요하다. 95%	창피함 5% 계획 : 식단을 다시 조정하고 일주일에 3일 체육관에 가는 것으로 운동량을 늘린다.

출처 : ⓒ J. Beck, 2011. Adapted from *Cognitive Behavior Therapy : Basics and Beyond*, 2nd edition

사고 기록지는 자기보고 질문지의 한 예다. 사람들에게 마음에 떠오르는 생각('자동적 사고')과 부정적인 정서에 대처하기 위해 그들이 고안한 사고('적응적 반응')를 보고하도록 부탁했다.

직접관찰 행동을 직접적으로 관찰할 때 심리학자들은 효율적이면서 비교적 눈에 띄지 않게 기록하기 위해 전자코딩 시스템을 종종 사용한다.

> 당신은 지난 주에 무엇을 했는지 기억할 수 있는가?

참여자 관찰 : 행동에 대한 직접관찰 어떤 사람들은 심리학이 자기보고와 관찰자 보고 방법에 의존하는 것은 너무 과한 의존이라고 주장한다(Kagan, 2002). 이런 증거들은 내재적인 제한점을 가지고 있다. 자신의 행동이나 다른 사람의 행동에 대한 사람들의 보고는 여러 가지 이유(예 : 잘못된 기억, 좋은 인상을 주려는 동기)로 부정확할 수 있다. 따라서 심리학자들은 증거에 대한 다른 출처를 필요로 한다.

한 가지 대안은 연구자가 연구 참여자들의 행동을 직접적으로 관찰하고 기록하는 방식으로 증거를 획득하는 **직접관찰**(direct observation)이다. 연구자들은 일반적으로 참여자를 관찰하는 동안에 일어나는 특별한 행동을 기록하기 위한 시스템을 개발한다. 예를 들어 서두에 기술한 이야기에서, 연구자들은 안전한 다리와 위험한 다리를 걸어서 건넜던 남자들의 행동을 직접 관찰하고, 기록하고, 계산했다.

행동을 직접 관찰하면 자기보고에서 드러나지 않는 사실을 찾을 수 있다. 예를 들어 대학생들의 성실성에 대한 연구에서(Mischel & Peake, 1982), 연구자들은 성실하게 수업에 참여하기, 반듯하게 강의 노트 작성하기, 제시간에 숙제 제출하기와 같은 행동을 관찰했다. 그들은 또한 학생들에게 자신의 행동에 대해 솔직하게 자기보고를 하도록 부탁했다. 직접관찰과 자기보고는 종종 일치하지 않았다. 학생들은 일반적으로 그들이 일관되게 성실하다고 보고한 반면에 직접관찰 결과는 그렇지 않은 것으로 나타났다.

마음을 탐사하기 : 정신과정을 보여주는 실험실 과제 1장에서 논의했듯이 심리학의 한 가지 목표는 마음의 작용을 이해하는 것이다. 즉 기억, 사고, 정서와 관련한 정신 과정을 이해하는 것이다. 마음에 대한 증거를 탐색하는 과정에서 연구자들은 두 가지 문제에 직면한다 — (1) 다른 사람의 정신 과정을 관찰할 수 없다(어떤 사람을 보고 있어도 그 사람이 무엇을 생각하고 있는지 볼 수가 없다). (2) 자신의 정신 과정도 관찰할 수 없다('갑자기 어떤 생각이 떠올랐는데' 어디에서 어떻게 그런 생각이 나왔는지 볼 수가 없다). 그렇기 때문에 자기보고, 관찰자 보고, 직접관찰이 아닌 새로운 형태의 증거가 필요하다.

이 세 번째 형식의 증거는 정신 과정을 나타내는 실험실 과제다. 연구자들은 특수한 정신적 기술을 사용해야만 해결할 수 있는 신기한 과제를 개발한다. 그들은 이 과제를 통제된 실험실 환경(예 : 참여자들이 일상 활동에 의한 정신집중을 방해받지 않는 환경) 속에서 참여자들에게 제시한다. 사람들이 이 과제를 수행하는 것을 기록함으로써, 연구자들은 마음의 작용에 대한 통찰을 얻을 수 있다.

많은 심리학자들은 두 가지 유형, 즉 '빠른' 사고과정과 '느린' 사고과정이 있다고 믿는다(Kahneman, 2011). 빠른 사고는 자동적으로 일어나며 사고가 일어나는 것을 막을 수가 없다. 사고과정을 직접 관찰할 수가 없는데 이 아이디어를 어떻게 검증할 수 있을까?

스트룹 과제(MacLeod & MacDonald, 2000; Stroop, 1935)를 예로 들어보자. 사람들에게 여러 색으로 표기된 글자들을 보여준다(그림 2.8). 어떤 글자들은 잉크색과 색이름이 일치하지만 어떤 경우에는 일치하지 않는다. 참여자들은 가능한 한 빨리 그 잉크색의 이름을 말해야만 한다.

잉크색과 색이름이 일치하면 그 과제는 쉽다. 하지만 예를 들어 '파란색'이란 글자가 노란색으로 쓰여져 있는 것과 같이 잉크색과 색이름이 일치하지 않으면 '노란색'이라고 말하고 싶은데도 '파란색'이라고 읽는 것을 막는 것이 거의 불가능하다.

스트룹 과제를 해보았으니 "그것은 마음의 작용에 대해서 무엇을 말하는가?"라고 스스로에게 물어보라. 스트룹 과제는 읽기와 관련한 정신 과정은 색이름을 말하기 위해 필요한 정신 과정보

빨간색	파란색
노란색	**초록색**
파란색	노란색
초록색	빨간색
초록색	**초록색**
노란색	**파란색**
파란색	**빨간색**

그림 2.8
스트룹 과제 이름을 읽는 것은 어렵지 않다. 그런데 오른편에 있는 색이름을 말하기는 쉽지가 않다! 스트룹 과제라고 하는 이 간단한 절차는 읽기는 너무나 순식간에 일어나기 때문에 막을 수가 없으며 그 색이름을 말하는 것을 방해하는 것을 막을 수가 없다는 것을 보여준다.

직접관찰 연구자들이 연구 참여자들의 행동을 직접 관찰하고 기록하는 연구의 한 방법으로 종종 특수한 행동을 카운트한다.

다 더 빠르게 일어난다는 것을 보여준다. 이것은 마음이 빠르고 느리게 다른 속도로 작용한다는 것을 의미한다.

생물학적 증거

사전 질문

> ❯ 심리학과 생물학 연구의 두 가지 주요 목표는 무엇이며, 과학자들은 어떻게 연구하는가?

과거에는 대부분의 심리학 영역에서 획득한 과학적 증거는 전적으로 심리적이었다. 생물학적 증거—뇌와 뇌가 조절하는 신체 시스템에 대한 정보—는 뇌와 행동의 관계에 초점을 맞춘 일부 심리학 영역에서 추구되었다. 그러나 오늘날은 상황이 극적으로 변했다. 실제로 모든 심리학 분야의 연구자들이 뇌-행동 관계를 연구한다. 당신은 이 책의 모든 장에서 생물학적 증거를 접하게 될 것이다.

왜 이런 큰 변화가 일어났을까? 그것은 뇌와 신경계를 연구하는 신경과학의 발전에 의한 자극을 받았기 때문이다(3장 참조). 20년 전만 해도 신경과학자들은 '과학자들이 인간의 신경해부학에 대한 기초적인 지식도 없다고 한탄'했지만, 오늘날은 "새로운 테크놀로지와 자동화로 … 높은 해상도로 완벽한 신경회로를 그릴 수 있다"(Perkel, 2013, p. 250). 이런 발전에 힘입어서 뇌 분석 수준의 연구가 가능해져 1장에서 논의했듯이 사람과 마음에 대한 더 깊은 이해를 할 수 있게 되었다. 이제 뇌 분석 수준의 연구를 위해 사용되는 도구와 절차에 대해 간단하게 살펴보기로 하자.

헤어스타일이 좋아 보이지는 않겠지만, 연구를 위해서는 훌륭한 스타일 전극들이 뇌 활동을 기록하는 뇌전도를 만들어낸다. 연구 참여자들의 얼굴에 붙인 전극들은 얼굴 표정의 정서와 관련된 근육 움직임을 기록한다.

뇌에 대한 증거 : EEG와 fMRI 뇌에서는 두 가지 유형의 활동이 일어난다. 하나는 전기적 활동이고 다른 하나는 화학적 활동이다. 뇌에 대한 과학적 증거는 전기적 변화와 화학적 변화에서 얻을 수 있다.

뇌의 전기적 활동은 뉴런이라는 세포에 의해 생성된다. 전기 충격이 한 뉴런의 끝에서 다른 뉴런으로 이동한다. 따라서 뇌의 전기적 활동은 전기적 활동에 민감한 과학적 장치에 의해 기록될 수 있다. **뇌파기록**(electroencephalography, EEG)은 두피에 전극을 장치하여 뇌의 전기적 활동을 기록하기 위한 기법이다. 전극은 전극이 장치된 곳을 중심으로 한 뇌 영역에서 일어나는 전기적 활동의 양을 기록한다. 결과적으로 기록된 전기적 활동은 여러 뇌 영역에서 일어나는 신경 활동의 증거가 된다.

뇌의 전기적 활동에 대한 두 번째 방법은 전기적 신호를 기록하는 것이 아니라 혈류를 기록하여 간접적으로 보는 방법이다. 신체의 다른 세포들과 마찬가지로 뇌의 뉴런은 에너지를 필요로 한다. 더 활동적인 뉴런, 즉 더 빈번하게 전기적 신호를 생성하는 뉴런은 더 많은 에너지를 필요로 한다. 에너지는 혈류 속에서 운반되는 산소에서 얻을 수 있기 때문에 혈류는 뉴런 활동의 단서를 제공한다. 뇌의 어떤 영역의 혈류가 증가하는 것은 그 뇌 영역의 활동이 증가했다는 것을 나타낸다. 연구자들은 **기능적 자기공명영상**(functional magnetic resonance imaging, fMRI)을 사용하여 심리적 활동을 하는 동안 일어나는 혈류를 기록한다. fMRI는 그 활동을 하는 동안 가장 활발한 뇌의 영역을 나타내는 뇌 주사(brain-scanning) 사진을 만드는 기술이다. 그림 2.9에서와 같이 fMRI를 사용하여 사람들이 음악을 연주할 때 그리고 감상할 때 특히 활발한 뇌 영역들을 볼 수 있다.

뇌의 화학적 활동은 한 뉴런에서 다른 뉴런으로 이동하는 생화학물질인 **신경전달물질**과 관련된다. 한 뉴런에 의해 방출된 신경전달물질이 다른 뉴런에 도달할 때 그것은 두 번째 뉴런의 활동에

뇌파기록(EEG) 두피에 전극을 붙여서 뇌의 전기적 활동을 기록하고 시각적으로 보여줄 수 있도록 하는 기술. 뇌파기록을 사용한 뇌의 전기적 활동을 기록한 것을 뇌전도(electroencephalogram)라고 한다.

기능적 자기공명영상(fMRI) 사람이 심리적 활동을 할 때 특정 뇌 영역에서 일어나는 활동을 보여주는 뇌 주사 방법

영향을 미친다. 따라서 뉴런들은 신경전달물질을 통해 '소통'한다. 신경전달물질에 의해 뇌는 지속적으로 상호 소통하는 뉴런들의 네트워크를 가지고 있다.

연구에서 신경전달물질 활동은 심리적 과정(예 : 지각, 사고, 혹은 정서)에 영향을 미치는 화학물질인 **향정신성 물질**을 사용함으로써 조작될 수 있는 것으로 나타났다. 향정신성 물질은 뉴런 간의 정상적인 소통을 변화시킴으로써 영향을 미친다. 연구목적 이외에, 향정신성 물질은 현실을 정확하게 지각

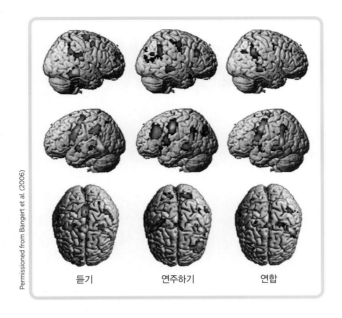

Permissioned from Bangert et al. (2006)

듣기   연주하기   연합

그림 2.9
뇌 영상 연구자들은 어떤 활동을 하는 동안에 어떤 뇌 영역이 활성화되는지 알아보기 위하여 뇌 영상법을 사용한다. 여기에서 보여주는 그림은 피아니스트와 일반인이 피아노 음악을 듣거나(듣기 조건) 혹은 피아노 건반을 누를 때(연주 조건)의 뇌 영상이다. 색깔로 나타난 부분은 피아니스트가 음악을 들을 때와 연주할 때 더 활발한 뇌 영역을 보여준다. 연합 조건에서의 영상은 피아니스트가 들으면서 연주하는 동안 더 활발한 영역을 보여준다. 모든 연구 참여자들이 같은 음악 과제를 수행했음에도 불구하고 피아니스트들이 과제들을 수행할 때 더 많은 '뇌 힘'을 사용한 것을 볼 수 있다.

하고 이해하는 능력에 심각한 왜곡이 있는 장애는 물론, 기분과 감정에 관련한 심리적 장애 때문에 고통을 받고 있는 사람들(14장 참조)을 위한 치료에 널리 사용된다.

신체에 대한 증거 : 정신생리학 연설을 하려고 하면 당신의 전신이 반응을 할 것이다. 땀이 나고 심장이 더 빨리 뛰고 '흥분된' 느낌을 갖게 될 것이다. **정신생리학**(psychophysiology)은 생리적 반응과 심리적 경험 간의 관계에 대한 과학적 정보를 제공하는 연구 분야다(Andreassi, 2007).

정신생리학자들은 신체 시스템의 활동 수준을 기록하기 위해 특별한 도구를 사용한다. 그 하나가 피부의 전기적 저항을 측정하는 **피부전도반응**(skin conductance response, SCR)이다(사진 참조). 피부전도는 땀샘이 활동할 때 변하며, 사람이 불안할 때 일어난다. SCR은 따라서 심리적 불안에 대한 측정을 가능하게 해준다.

또 하나의 정신생리학적 방법은 심박수를 측정하는 것이다. 심박측정기에 의한 기록을 살펴보면 사람들이 과제를 수행할 때 나타나는 심박수의 변화를 알 수 있다.

정신생리학적 측정 방법을 사용하면 자기보고 방법으로 획득할 수 있는 것 이상의 정보를 획득할 수 있다. 불안을 일으키는 정보에 대해 생각하지 않음으로써 스트레스에 대처하는 경향성을 말하는 **억압적 대처 양식**에 대한 연구(예 : Mund & Mitte, 2012)를 예로 들어보자. (실제로는 많은 스트레스를 경험하고 있으면서 "다 괜찮아"라고 말하는 사람은 억압적 대처 양식을 나타낸다고 볼 수 있다.) 한 연구(Weinberger, Schwartz, & Davidson, 1979)에서 연구자들은 억압적 대처 양식을 가지고 있는 사람들에 대한 정보를 두 가지 방법으로 획득했다.

1. 자기보고 측정 : 연구 참여자들에게 자기보고식 질문지에 그들의 일반적인 불안 수준을 기술하도록 부탁했다.

2. 생리적 측정 : 연구 참여자들에게 불안을 일으킬 수 있는 문장을 들려주고(예 : '그의 룸메이트가 그의 배를 찼다') 이어지는 문장을 가능한 한 빨리 생각해내도록 요구하는 약한 스트레스를 받는 과제를 수행하도록 하고 그동안 SCR과 심박수를 측정했다.

자기보고 측정에서, 억압 유형의 참여자들은 불안하지 않은 것으로 나타났다. 그들이 보고한 불안 수준은 다른 사람들과 대부분 비슷한 수준이었다. 그러나 정신생리적 측정치의 결과는 다르게 나타났다. 피부전도반응과 심박수 측정치는 스트레스가 있는 과제를 수행할 때 억압 유형의

Colin Anderson / Getty Images

피부전도반응 연구 참여자의 왼쪽 손에 붙어 있는 전극이 불안 수준을 나타내는 생리적 반응인 피부전도반응을 기록한다. 이 연구에서 피부전도는 참여자들이 YetiSports JungleSwing 게임을 하는 동안 기록되었다.

정신생리학 생리적 반응과 심리적 경험 간의 관계에 대한 과학적 정보를 제공하는 연구 분야

피부전도반응(SCR) 피부에 나타나는 전기 저항의 정도를 말하며 심리적 불안 정도를 측정하기 위해 땀샘의 활동을 사용한다.

사람·마음·뇌
상호작용

그림 2.10

침착해 보이는 사람이 실제로는 불안할 수 있을까?

P **사 람**

어떤 사람은 억압적 대처 양식을 나타낸다. 실제로 높은 수준의 스트레스를 경험하고 있으면서도 스트레스를 받고 있지 않다고 말한다.

M **마 음**

사람들이 반응하는 시간을 측정하는 연구 방법은 억압 유형의 사람들은 자기 자신의 불안을 일으키는 생각을 감시하고 억제하기 위하여 시간을 소비한다는 것을 제안한다.

> 환경에 반응하기 위한 방법을 생각한다
>
> ↓
>
> 불안을 일으키는 내용에 대한 자기 자신의 생각을 감시한다
>
> ↓
>
> 불안을 일으키는 생각을 억제한다

B **뇌**

정신생리학적 연구 방법은 억압 유형의 사람들이 불안하지 않다고 말할 때조차 높은 수준의 불안 각성을 경험한다는 것을 보여준다.

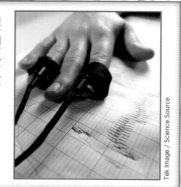

Tek Image / Science Source

Gallery Stock

60

사람들이 다른 사람들보다 훨씬 더 **높은** 수준의 불안 각성을 경험한 것을 보여주었다. 정신생리학적 측정 방법은 따라서 자기보고를 통해 얻을 수 있는 것 이상의 정보를 얻게 해준다.

흥미롭게도 그 연구자들은 참여자들이 그 문장을 완성하는 데 걸린 시간도 측정했다. 스트레스 억압 유형의 사람들이 문장을 완성하기 위해 더 많은 시간이 걸린 것을 발견했다(Weinberger et al., 1979). 그 이유는 무엇이었을까? 한 가지 가능성은, 과제를 하는 동안 그들이 정보 처리를 위한 추가적인 단계를 사용한다는 것이다. 다시 말해서 억압 유형의 사람들은 (1) 문장을 듣고 연이은 문장을 생각할 뿐만 아니라, 다른 사람들과는 다르게 (2) 불안을 일으키는 내용에 대한 자신의 반응을 감시하고 정서적으로 위협적인 반응을 억제했다(Erdelyi, 1985 참조). 두 번째 정보 처리 단계 때문에 시간이 추가적으로 사용된 것이라고 볼 수 있다. 따라서 그 연구방법은 억압적 대처 유형을 가지고 있는 사람에 대한 생리적 증거와 마음에 대한 증거를 모두 제공했다(그림 2.10).

> 지금 현재 당신의 불안 수준에 대한 피부전도반응(SCR)은 어떻게 나타날까?

과학적 설명

이 장을 시작할 때 우리는 연구의 목적에 대해서 이야기했다. 연구는 설명을 가능하게 하고 설명은 결국 과학의 궁극적 목적이다(Salmon, 1989). 연구에서 얻은 증거는 과학적 설명을 개발하고 검증하고 개선하기 위해 필요한 정보를 제공한다. 심리학에서 연구의 목적은 사람의 행동과 경험, 마음의 작용, 뇌의 기능을 설명하기 위한 정보를 제공하는 것이다. 심리학의 자료, 연구 설계, 과학적 증거의 형식에 대해서 알아보았으니, 이제 심리학자들이 어떻게 과학적 설명을 형식화하는지 알아보자.

과학에서의 이론

사전 질문

> ❯ **과학적 이론이란 무엇인가?**

과학자들은 과학적 이론이라고 하는 아이디어를 개발함으로써 현상을 설명한다. 과학에서 이론이란 무엇인가? 미국 국립과학원의 한 위원회는 다음과 같은 명확한 정의를 내렸다.

> 일상적으로 '이론'은 예감이나 추측을 말한다. "나는 그것이 발생한 이유에 대한 한 가지 이론을 가지고 있다"는 말은 증거가 충분하지 않거나 결정적이지 않다는 의미로 사용되는 경우가 많다.
> 이론에 대한 형식적인 과학적 정의는 일상적으로 사용되는 의미와 상당히 다르다. 그것은 자연(nature)의 어떤 측면에 대한 많은 지지적인 증거에 기반한 통합적인 설명을 말한다.
> 미국 국립과학원(2008, p. 11)

과학자가 어떤 이론을 가지고 있다고 말할 때는 단순히 추측한다는 의미가 아니다. **과학적 이론**(scientific theory)이란 한 현상이나 일련의 현상들에 대한 자료에 기반한 체계적인 설명이다. 예를 들어 이 책 속에서 자존감이 개인적 성취를 향상시킨다거나, 아동의 사고가 단계들을 거쳐 발달한다거나, 비관적인 사고 유형이 사람들을 우울하게 만든다고 하는 이론을 가지고 있다고 심리학자들이 말할 때, 그것은 과학적인 증거에 기반을 둔 체계적인 설명이 가능하다는 것을 의미한다.

> 당신은 이론과 가설이 어떻게 다르다고 생각하는가?

이론의 범위는 좁을 수도 있고 넓을 수도 있다. 프로이트(Sigmund Freud, 1900, 1930)는 예를 들어 놀라운 범위의 이론을 개발했다. 그것은 마음의 전체적인 구조, 아동 발달, 성인들의 정신

> 과학적 이론 과학자가 '이론'을 가지고 있다고 말하는 것은 만화 속의 이론가가 말하는 것과 같지 않다. 과학적 이론은 인과관계에 대한 추측이 아니다. 그것은 많은 양의 과학적 증거에 기초한 현상에 대한 체계적인 설명이다.

과학적 이론 과학에서 한 현상이나 일련의 현상들에 대한 자료에 기반한 체계적인 설명

적 고통과 성격차, 개인과 사회 간의 관계를 설명하는 것이었다. 최근 심리과학에서는 존 앤더슨(John Anderson)과 그의 동료들이 지각, 기억, 문제 해결, 기술 발달을 설명하기 위한 이론을 개발했다(Anderson et al., 2004). 그러나 대부분의 이론들은 좁은 범위에 초점을 맞춘다. 예를 들면 고통의 경험에 대한 유명한 한 이론(Melzack & Wall, 1965; 4장 참조)은 심리적 경험 중 하나인 고통에 대해서만 설명하는 이론이다.

이론과 증거의 관계

사전 질문

> ❯ 이론과 증거는 어떤 관계인가?

과학적 이론과 과학적 증거는 양방향으로 연결되어 있다. 어떤 경우에는 여행의 방향이 이론에서 증거로 향한다. 과학자는 이론을 형성하고, 그 이론에 기초해서 특수한 가설을 개발하고, 그 후에 가설을 검증하기 위한 연구를 설계한다. 1장에서 이미 보았듯이 고정관념이 어떻게 수행에 영향을 미치는지에 대한 이론에 기초해서 언제 고정관념 효과가 일어나는지에 대한 특수한 가설을 생성했다. 그 가설을 검증하기 위해 사람, 마음, 뇌의 분석 수준에서 연구가 수행되었다.

연구 결과는 이론의 신뢰 수준을 결정한다. 만일 한 이론에 기초한 가설이 반복적으로 검증되면 그 이론의 신뢰도는 커진다. 하지만 만일 증거에 의해 검증이 되지 않는다면, 그 이론은 수정되거나 폐기되어야 한다.

이론에서 출발해서 증거로 이동하는 이런 '방향의 여행'에서는 이론이 먼저 나오고 자료는 이론적 가설이 설정된 후에 수집된다. 그러나 실제로 이 순서는 당신이 생각하는 것보다 덜 일반적이다. 과학은 종종 그 반대 방향으로 진행한다. 연구자들은 먼저 (1) 과학적 자료를 수집하고 그 후에 (2) 수집된 자료 속의 중요한 패턴을 설명할 수 있는 이론을 개발하기 위해 노력한다.

이렇게 증거에서 출발해서 이론으로 향하는 여행을 할 때, 심리학자들은 발견의 과정을 거친다. 그들은 주의 깊게 자료를 수집하고 분석함으로써 설명을 필요로 하는 흥미 있는 현상을 발견할 수 있다. 자료 속의 패턴들이 이론의 개발을 자극하고 이끈다. 한 심리학자는 다음과 같이 말했다.

> 무엇인가 흥미 있는 것을 만나게 되면 다른 모든 것을 중단하고 그것을 연구하라.
> – B. F. Skinner(1956, p. 223)

> 자료와 밀접하게 친숙해져라… 자료를 모든 각도에서 조사하라… 만일 자료에서 새로운 가설이 제시되면 자료 속 다른 곳에서 추가적인 증거를 찾아보도록 하라. 만일 흥미 있는 희미한 패턴 흔적이 보이면, 더 뚜렷하게 나타나도록 자료를 재조직하라… 무엇이든 흥미 있는 것을 (찾아보아라)… 어떻게 새로운 현상을 발견하느냐고? 어떻게 좋은 아이디어를 냄새 맡느냐고? 어떻게 행동에 대한 뛰어난 통찰력을 갖게 되느냐고? 어떻게 새로운 이론을 만드느냐고? 자료를 탐색함으로써 가능하다.
>
> –Bem(1987, p. 172)

당신은 이론과 연구 간의 두 가지 방향의 여행 모두가 심리과학을 발전시킨 것을 알 수 있게 될 것이다.

연구윤리

운전 면허증을 받을 때 운전은 '권리가 아니라 특권이다'라는 말을 들었을 것이다. 심리학자들이 '연구 자격증' — 연구를 할 수 있게 해주는 교육과 자격증 — 을 갖게 될 때 같은 말을 듣는다. 연구를 수행하는 것은 특권이다. 보호되어야 하는 권리는 연구 참여자들의 권리다.

연구의 윤리적 검토

사전 질문

> ❯ **연구 제안서의 윤리적 문제는 어떻게 결정되는가?**

사람이나 동물을 대상으로 하는 모든 심리학 연구는 연구윤리를 평가하는 전문가 집단인 기관윤리심의위원회의 평가를 받는다. **기관윤리심의위원회**(Institutional Review Board, IRB)는 계획한 연구가 사회 전반의 원칙과 도덕적 신념에 따라 적절한지를 판단한다. 대학, 병원 등의 모든 연구를 수행하는 기관은 기관윤리심의위원회를 두고 있다.

어떤 연구든 연구자들은 연구를 수행하기 전에 상세한 연구 계획서를 기관윤리심의위원회에 제출한다. 기관윤리심의위원회는 연구의 이득(과학적 지식 획득)과 비용(연구 참여자에 대한 불편함과 잠재적 위험)을 판단하여 그 연구가 수행될 수 있는지 결정한다.

미국의 기관윤리심의위원회들은 사람을 대상으로 하는 모든 연구에 대한 윤리적 기준을 규정한 문서인 **벨몬트 보고서**(National Commission for the Protection of Human Subjects of Biomedical and Behavioral Research, 1979)에서 상세하게 제시한 기준에 따라 판단한다. 벨몬트 보고서가 발표되고 미국의 전반적인 연구윤리 시스템이 검토된 것은 대표적인 역사적 사건 중 하나인 터스키기 연구(Tuskegee Study)에 대한 충격 때문이었다.

터스키기 연구는 성 접촉에 의해 확산되는 세균성 질병인 매독에 대하여 미국 정부의 지원을 받아 수행된 연구였다. 연구자들은 치료를 받지 않은 상태의 몸속에서 병이 어떻게 진행되는지를 알고 싶었다. 1932년 그들은 앨라배마 주 터스키기에 살고 있는 매독 진단을 받은 미국 흑인들을 대상으로 장기적인 연구를 시작했다. 연구자들은 연구 참여자들에게 엄청난 윤리적 침해를 하면서도 그들이 병을 앓고 있다는 것조차 알려주지 않았다. 그뿐만 아니라 연구가 시작된 지 몇 해 후에 매독을 치료할 수 있는 페니실린이 개발되었는데도 참여자들을 치료하지 않았다. 이 끔찍한 윤리적 침해 때문에 21세기까지 계속되어온 연구과정에 대한 불신이 미국 흑인들 사이에서 크게 일어났다(Shavers, Lynch, & Burmeister, 2000).

터스키기 연구 1997년 빌 클린턴 미국 대통령은 미국 정부를 대신하여 수십 년 전에 수행된 터스키기 매독 연구의 윤리적 과실에 대하여 공식적으로 사과했다. 클린턴과 앨 고어 부통령이 허먼 쇼와 사진에 나와 있다. 그는 그 연구에 대한 적절한 통보를 받지 않은 많은 연구 참여자들 중 한 사람이다.

AP Photo / Doug Mills

연구에서의 윤리적 원칙

사전 질문

> ❯ **심리학에서 윤리적 연구의 지침이 되는 세 가지 원칙은 무엇인가?**

연구 지침이 되는 윤리적 원칙은 터스키기 연구와 같은 윤리적 침해를 제한하기 위해 만들어졌다. 특히 세 가지 원칙은 심리학 연구의 중요한 지침이 되고 있다.

1. **연구 참여는 자율적이어야 한다.** 연구에 참여하도록 강요하거나 억압할 수 없다. 회사 경영자가 연구에 참여하라고 직원에게 명령할 수 없다. 교도소 간수가 죄수에게 실험에 참여하도록 강요할 수 없다. 또한 연구자는 실험 참여를 거부하기 힘들 정도의 큰 혜택을 제공할 수 없다.

2. **참여자에게 정보를 제공해야 한다.** 사람들이 연구 참여에 대한 공식적인 결정을 하기 전에 연구의 주요 절차에 대한 정보를 제공받아야만 한다. 연구자가 정보를 제공할 때에는 연구 절차를 설명하고 연구 참여자가 참여에 동의할 것인지를 결정하는 과정인 **동의절차**(consent procedure)를 수행해야 한다.

기관윤리심의위원회(IRB) 제안된 연구의 윤리를 평가하는 전문가로 구성된 집단

동의절차 연구자가 연구 절차를 설명하고 연구 참여자가 참여에 동의할 것인지를 결정하는 과정

부모 동의 아동도 심리실험에 참여할 수 있다. 그러나 아동이 동의절차를 이해할 수 없기 때문에 윤리적 검토 절차에서 부모의 동의를 얻는다. 18세 미만인 사람들을 대상으로 하는 모든 연구에서는 자녀의 참여에 대한 부모의 허가를 반드시 받아야만 한다.

3. 참여자는 연구 참여를 철회할 수 있어야 한다. 동의절차를 거쳐서 참여하기로 동의한 후라도, 참여자는 언제든지 연구에서 철회할 수 있다. 그리고 참여를 철회한 것에 대한 어떠한 불이익도 받지 않아야 한다(예 : 참여자가 실험을 마칠 때 받는 수익이나 점수를 잃지 않는다).

마지막으로, 실험이 끝난 단계에서 연구자는 연구 참여자들에게 그들이 참여한 연구에 대하여 상세하게 보고하는 실험 사후 설명을 해야 한다. 실험 사후 설명은 실험에 대한 정보를 미리 알려주면 연구에 영향을 미치기 때문에 실험을 시작할 때 알려줄 수가 없었을 때 특히 중요하다. 실험자는 참여자가 연구의 절차와 목적을 충분히 이해하도록 해야만 한다.

윤리적 원칙은 또한 동물을 대상으로 하는 연구에도 적용된다. 연구자는 사용되는 동물의 수뿐만 아니라 연구에 사용되는 동물이 받는 스트레스나 고통을 최소화해야만 한다. 동물연구는 심리학 연구에서 차지하는 비율이 작다. 그럼에도 불구하고 동물연구는 기초 과학뿐만 아니라 인간 복지를 위한 적용에도 큰 가치가 있는 것으로 나타났다. 신체적 그리고 정신적 건강문제를 치료하는 많은 효과적인 방법은 원래 동물을 대상으로 한 연구에 기초하고 있다(Miller, 1985).

미국에서 연구윤리를 평가하기 위한 공식적인 절차가 자리를 잡기 시작한 것은 1970년대다. 그것은 미국 법률의 일부분이다. 그러므로 당신이 이 책에서 만나게 될 모든 연구는 과학적 원칙뿐만 아니라 기관윤리심의위원회에서 요구하는 윤리적 원칙을 따르고 있다.

↩↪ 돌아보기 & 미리보기

1장에서 당신은 심리학자들이 철저하게 과학적 방법에 따라 연구한다는 것을 배웠다. 그들은 사람, 마음, 뇌에 대해 추측만 하는 것이 아니다. 그들은 그들의 아이디어에 대한 과학적 증거에 근거하도록 노력한다.

이 장에서는 심리학자들이 그 증거를 획득하는 방법을 보여주었다. 그 방법은 다양하며 심리과학과 같이 주제가 다양한 분야에서는 방법이 다양할 수밖에 없다. 그러나 그런 다양성에도 불구하고, 심리학의 연구방법에는 연구 설계(조사법, 상관연구, 실험), 자료 유형(양적, 질적), 증거 유형(심리학적, 생물학적)의 수가 비교적 많지 않다.

당신은 이 연구방법들을 앞으로 여러 장에서 반복적으로 만날 것이다. 그리고 어떤 장을 펼치더라도 다양한 혼합된 방법들을 발견하게 될 것이다. 오늘날의 심리과학에서 연구자들은 모든 분야에서 사람, 마음, 뇌의 문제에 연구방법들을 사용한다.

Chapter Review
복 습

이제 이 장을 마쳤다. 부록에는 연구 방법에 대해 배운 부분이 요약되어 있다. 요약을 읽어보면 이 장에서 학습한 내용을 복습하는 데 도움이 된다.

핵심 용어

가설	무선배치	양적자료	질적 연구 방법
공동체 참여연구	무선표본	연구설계	질적자료
과학적 이론	변인	외생변인	측정
관찰연구	부적상관	임상 사례연구	타당도
관찰자 보고	사례연구	자기보고	통계
기관윤리심의위원회	산포도	자료	통계적으로 유의미하다
기능적 자기공명영상	상관계수	정신생리학	통제집단
뇌파기록	상관연구	정적상관	평균
대표표본	신뢰도	조사법	표본
독립변인	실험	조작적 정의	표준편차
동의절차	실험 설계	종속변인	피부전도반응
메타분석	실험조건	직접관찰	
모집단	양적 연구 방법	질문지(법)	

연습문제

1. 숀은 심리학과 게시판에 그녀가 수행하는 연구에 참여할 신청자를 모집하는 광고를 붙인다. 그녀가 관심이 있는 모집단은 그 대학의 모든 학부생들이다. 이 모집 방법은

   a. 무선표집의 좋은 예다.

   b. 모집단의 모든 사람이 표본에 포함될 수 있는 동등한 기회를 가지도록 해준다.

   c. 대표적 표본을 산출할 수 있을 것 같다.

   d. 심리학과 학생들이 과대표성을 가지게 될 것 같기 때문에 대표적 표본을 산출할 것 같지 않다.

2. 두 변인 간에 부적상관이 있을 것 같은 쌍은?

   a. 공부한 시간과 시험 점수

   b. 결석 횟수와 기말 평점

   c. 카페인 섭취량과 깨어 있는 시간

   d. 주당 체육관에서 보낸 시간과 심혈관 건강

3. 셸리는 12월 시카고의 일일 강수량(비와 눈)과 시카고 국제공항의 일일 정시 출발 비행기 수의 상관계수를 계산한다. 다음 중 가장 비슷할 것 같은 상관계수는?

   a. − 3.43

   b. − .64

   c. .00

   d. .90

4. 아이스크림 판매와 범죄가 상관이 있지만, 우리는 아이스크림이 범죄의 원인이라고 할 수 없는 이유는 무엇인가?

   a. 범죄가 아마도 아이스크림이 더 팔리는 이유이기 때문에

   b. 여름 열기가 아이스크림 판매와 범죄 증가의 원인이 될 수 있기 때문에

   c. 범죄는 조작적으로 정의될 수 없기 때문에

   d. a, b, c 모두 옳다.

5. 연구자들(Damisch, Stoberock, & Mussweiler, 2010)은 사람들에게 10개 중 가능한 한 많은 퍼트를 하도록 부탁하면서 그 이전에 골프공에 대해 말해주는 내용을 조작했다. 그 사람들을 두 집단으로 나누어 한 집단에게는 그 공이 행운의 공이라고 말하

고 다른 한 집단에게는 그들이 온종일 사용하던 공이라고 말했다. 그 연구자들은 참여자들이 홀에 공을 넣는 퍼트 수를 측정했다. 이 연구에서 독립변인은 _____이고 종속변인은 _____이다.

a. 그 공이 행운의 공이라고 들은 사람들, 그 공이 그들이 온종일 사용한 공이라고 들은 사람들

b. 퍼트 수, 사람들에게 해준 말

c. 그 공이 그들이 온종일 사용한 공이라고 들은 사람들, 그 공이 행운의 공이라고 들은 사람들

d. 사람들에게 해준 말, 퍼트 수

6. 무선 _____은(는) 표본의 대표성을 증가시키기 위해 사용되고, 반면에 무선 _____은(는) 잠재적인 외생변인(사람들 간의 차이)을 제거하기 위해 사용된다.

a. 표집, 선택
b. 배치, 선택
c. 표집, 배치
d. 배치, 표집

7. 자존감에 대한 질문지에 표시해달라고 사람들에게 부탁하는 것은 _____연구의 한 예이며, 사람들에게 그들이 자신을 얼마나 긍정적으로 생각하는지 글로 기술하도록 부탁하는 것은 _____연구의 한 예다.

a. 상관, 질적
b. 상관, 양적
c. 양적, 질적
d. 질적, 양적

8. 레이먼은 자존감을 평가하기 위해 설계된 성격 질문지에 반응하고 1~5점 척도에서 평균 4점을 받았다. 한 달 후에 다시 검사를 했을 때도 그는 같은 점수를 받았다. 적어도 이 질문지가 어떤 성질을 가지고 있다고 확신할 수 있는가?

a. 타당도
b. 신뢰도
c. 정확도
d. 변산도

9. 8번 문제에서 자존감의 조작적 정의는 무엇이었는가?

a. 레이먼이 질문지에서 얻은 평균점수
b. 각 검사 기간에 받은 레이먼의 점수 간 차이
c. 레이먼이 그 질문지에 답하는 데 걸린 시간
d. 레이먼이 그 질문지에 답하려고 하는 의지

10. 지난 시험에서 대부분의 학생들은 가능한 점수의 75%를 받았다. 당신의 수행도를 비교하기 쉽도록 하는 것은 다음 중 어떤 것의 분명한 장점인가?

a. 변인을 수량화하는 단어
b. 상관 방법
c. 변인을 수량화하는 숫자
d. 과학적 방법

11. 이본은 8세 남아와 여아의 수학 능력을 비교하고 여아가 남아보다 평균적으로 높은 점수를 받는 것을 발견했지만 그 점수의 차이가 통계적으로 유의미하지 않은 것으로 나타났다. 이것은 무엇을 의미하는가?

a. 이것은 우연에 의한 기대일 수 있는 차이다.
b. 이것은 우연에 의한 기대일 수 있는 것보다 훨씬 큰 차이다.
c. 이것은 우연에 의한 기대일 수 있는 차이가 아니다.
d. 우연히 이 연구 결과가 나올 확률은 1%다.

12. 다음 연구방법들 중에서 자연적인 증거를 획득하는 데 가장 유용하지 않은 것은?

a. 사례연구
b. 관찰연구
c. 공동체 참여연구
d. 실험실 실험연구

13. 샤야는 새로운 것을 기꺼이 시도하는 자신을 자랑스럽게 생각하며 성격 질문지 검사에서도 이 특성에서 매우 높은 점수를 받았다. 하지만 지난주에 그녀의 행동을 직접 관찰한 결과 그녀는 새로운 아이디어에 대해 비판적이고, 친구들이 에티오피아 식당에 가자고 해도 거절하고, 같은 TV 쇼를 반복해서 보았다. 이 불일치는 다음 어떤 연구의 제한점을 나타내는가?

a. 관찰자 보고
b. 직접관찰
c. 자기보고
d. 실험법

14. 과학에서 이론은 다음과 같은 성질에 따라 기술될 수 있다. 아닌 것은?

a. 사변적일 뿐이다.
b. 체계적이다.
c. 증거에 기반한다.
d. 범위가 넓을 수도 있고 좁을 수도 있다.

15. 버니는 서면동의 양식에 사인하고 실험이 반 정도 진행되고 있을 때 불편함을 느끼기 시작했다. 실험 참여자로서 그는 다음 중 어떤 권리를 가지고 있는가?

a. 연구를 철회하기 위한 허가를 신청할 수 있다.
b. 불이익 없이 연구를 철회할 수 있다.

   c. 최소한의 불이익을 당하고 연구를 철회할 수 있다.
   d. 그의 권리는 미국의 어느 지역에서 연구가 수행되느냐에 따
     라서 다를 것이다.

해 답

해답은 부록에서 확인할 수 있다.

일단 훌륭한 심리학적 이론이 있어야 뇌가 어떻게 이것을 해내는지 질문할 수 있다. 구조와 기능에 대한 잘 확립된 심리학 이론을 가지고 있을 때에만 신경과학의 증거들이 의미가 있다. 그렇지 않으면 그저 픽셀에 불과하다.

– John Kihlstrom

뇌와 신경계

환자는 아버지를 앞에 두고 사기꾼을 보고 있다고 생각하였다. "그는 제 아버지와 똑같이 생겼지만 아버지가 아닙니다. 멋진 남자네요. 그러나 제 아버지는 아닙니다, 박사님."

"왜 이 남자가 당신 아버지인 척한다고 생각하세요?"라고 박사가 물었다.

"그게 이상합니다, 박사님 – 왜 제 아버지인 척하는 걸까요? 어쩌면 아버지가 나를 돌보라고 보낸 사람은 아닐까요?"

- Hirstein & Ramachandran(1997, p. 438)

신기한 사례였다. 이 환자는 오랫동안 자신의 아버지와 정상적인 관계를 유지했었다. 그런데 이제 그는 아버지를 알아보지 못한다. 당신은 무엇이 문제라고 생각하는가?

어쩌면 이 환자는 기억상실증이어서 아버지를 기억하지 못하는지도 모른다. 그러나 그것은 아니었다. 아버지와 전화 통화할 때는 모든 것이 정상이었다. 그는 아버지의 목소리를 재인할 수 있고 그들의 관계를 기억하면서 예전처럼 대화하였다. 문제는 아버지를 눈으로 볼 때만 일어났다.

아니면 얼굴을 탐지하는 뇌 부위가 손상되어 사람을 재인하는 능력이 사라진 것일 수 있다. 그러나 그것도 아니었다. 그는 다른 사람들은 쉽게 재인하였다. 이웃사람, 친구, 그 밖의 많은 사람들. 오직 아버지만 알아보지 못하였다.

이 환자의 개별 뇌 부위는 모두 정상임이 밝혀졌다. 문제는 영역들 간의 연결에 있었다(Hirstein & Ramachnadran, 1997).

사람의 뇌에는 얼굴을 탐지하는 영역과 정서를 유발하는 영역이 있다. 대다수 사람들의 경우 이 두 뇌 영역은 서로 연결되어 있다. 사랑하는 사람을 보고 있으면 이 두 영역이 활성화된다. 두 영역의 활성화가 상호연결에 의해 결합되고, 그 결과 따뜻한 감정이 일어난다. 당신이 연인과 마주 보고 있을 때 느끼는 것처럼 말이다.

위에 기술한 환자의 뇌는 이런 연결에 문제가 발생하였다. 손상이 일어난 뒤로 그는 '따뜻한 느낌'을 더 이상 경험할 수 없게 되었다. 아버지를 보면서 자신의 아버지를 보고 있을 때 느끼는 감정을 경험하지 못한다. 뇌 손상이 마음에 혼란을 일으킨 것이다. 아버지를 보고 있을 때 일반적으로 유발되는 정서를 경험하지 못하기 때문에 환자는 남자를 사기꾼이라고 생각하는 것이다.

Jose Luis Pelaez, Inc. /
Blend Images / Corbis

이 환자의 장애는 **카프그라 증후군**(capgras syndrome)으로 불리며 드물게 발견된다. 그러나 이것이 우리에게 주는 가르침은 대단히 중요하다. 뇌에서 핵심은 연결이라는 것이다.

뇌는 인터넷과 비슷하다. 인터넷의 힘은 수많은 컴퓨터들 간의 연결에서 나온다. 뇌의 힘은 수많은 뇌세포들 사이의 연결에 있다. 인터넷 연결 없이는 친구와 이메일을 주고받을 수 없고, 유튜브의 동영상을 볼 수 없고, 인터넷 게임도 할 수 없다. 마찬가지로 뇌의 연결 없이는 당신은 노래를 부를 수도 없고, 책을 읽을 수도 없고, 아버지를 알아볼 수도 없다. ◉

뇌는 어떤 것일까? 뇌는 아주 신비로워 보인다. 뇌는 두개골 아래에 있는 생물학적 세포 집합체로, 우리로 하여금 예술작품을 창조할 수 있게 하고, 햇볕의 따뜻함을 느낄 수 있게 하고, 우주선을 타고 여행하는 자신을 상상할 수 있게 한다. 또한 심지어 이런 모든 것, 자신이 예술작품을 창조하고 있고, 햇볕의 따뜻함을 느끼고 있고, 우주선에 타고 있는 자신을 상상하고 있다는 **사실**에 대해서 생각할 수 있는 놀라운 힘을 제공한다.

이 장은 뇌의 작용을 설명하는 일반 원리로 시작한다. 그다음으로 뇌를 '확대하여' 전체 뇌 조직과 개별 세포에 대해 설명할 것이다. 마지막으로 신체를 관통하는 2개의 소통 체계인 신경계와 내분비계를 알아본다.

뇌와 행동 : 일반 원리

'뇌는 무엇일까?'라는 질문이 새로운 것은 아니다. 수천 년 전부터 학자들은 뇌에 대해 여러 가지 추측을 시도해왔다.

시대별 뇌에 대한 생각

사전 질문

> ❯ **뇌를 설명하는 유추는 시대에 따라 어떻게 변화했는가?**

역사적으로 뇌를 설명하는 학자들은 유추를 사용해왔다(Hampden-Turner, 1981). 신비로운 뇌를 덜 신비로운 어떤 대상과 비슷한 것으로 묘사한 것이다. 이 유사성이 뇌의 작동 방식에 대해 말해주고 있다.

❯ 고대 로마인은 도시의 분수에 물을 공급하기 위해 펌프를 발명하였다. 뇌에 대해 심사숙고했던 로마인은 뇌가 펌프와 같다고 보았다(Daugman, 2001). 의사였던 갈레노스는 뇌가 파이프와 비슷한 신경을 통하여 '동물의 영(animal spirit)'을 공급함으로써 신체 움직임을 제어한다고 주장하였다(Vartanian, 1973).

❯ 18세기에 들어서면서 유럽의 발명가들은 복잡한 기계들을 새로 개발하기 시작하였고(예 : 기계식 시계), 뉴턴은 우주도 기계와 마찬가지로 물리적 법칙을 따른다고 주장하였다. 18세기의 학자들은 뇌와 신체가 기계처럼 작동한다고 생각하였다. 이런 유추는 프랑스 의사인 라 메트리의 책, *L'homme Machine*('Man a Machine', 1748; Wellman, 1992)에서 분명하게 드러난다.

❯ 19세기에 들어서 물리학자는 에너지 법칙을 발견하고, 발명가는 에너지를 산업에 이용하고, 프로이트는 뇌를 에너지 시스템으로 생각하였다(Breuer & Freud, 1895). 프로이트는 정신 에너지가 뇌의 여러 부위에 저장되어 있다가 행동의 동력으로 사

뇌는 어떤 것일까? 고대 로마 시대의 분수는 도시로 물을 끌어들이는 첨단기술이었다. 이런 기술에 영감을 받은 학자들은 뇌가 체액의 순환을 담당하는 펌프와 같다고 주장하였다.

Mim Friday / Alamy

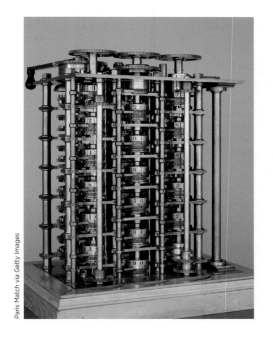

Paris Match via Getty Images

RGB Ventures LLC dba SuperStock / Alamy

배비지 차분기관 왼쪽의 그림은 '생각하는' 것처럼 보였던 기계로, 영국의 수학자 찰스 배비지(Charles Babbage)가 고안한 *차분기관*(difference engine)이다. 이 기계는 복잡한 수학공식을 적용해서 답을 구할 수 있었다. 차분기관 같은 기계의 힘은 뇌를 연구하는 학생들에게 뇌를 기계적인 장치로 이해하게 만들었다─당신 머릿속에 있는 생각하는 기계. 오른쪽 그림은 배비지가 차분기관을 발명할 때 사용한 생물학적 도구이다. 배비지의 뇌는 런던에 있는 과학박물관에 보관되어 있다.

용된다고 주장하였다. 증기 엔진에 너무 많은 에너지가 쌓이면 기계 고장이 발생하듯이 정신적 에너지가 너무 억제되면 심리적 문제가 발생한다고 보았다.

❯ 20세기 후반 컴퓨터라는 새로운 기계의 등장으로 뇌는 컴퓨터와 비슷하다는 유추가 일반화되었다. 물리적인 뇌가 컴퓨터 하드웨어라면 마음의 신념이나 기술은 소프트웨어로 비유되었다(Simon, 1969). 흥미롭게도 이런 유추는 반대로도 적용되고 있다. 컴퓨터는 뇌 또는 마음과 비슷한 '생각하는 기계'이다(McCorduck, 2004).

우리는 다른 유추를 사용하여 이야기를 시작하였다. 뇌는 인터넷과 같다. 이 둘의 힘은 수많은 영역들 사이의 연결에 있다.

모든 유추─펌프, 기계, 에너지 시스템, 컴퓨터, 인터넷─는 뇌에 대해 무엇인가를 말해주고 있다. 어떤 유추(컴퓨터와 인터넷)는 다른 유추(펌프, 로마인은 뇌과학보다 수로시설 건설에 더 뛰어났다)보다 더 우수하다. 어떤 유추도 완벽하지 않지만 모두 유용하다. 인간의 뇌는 대단히 복잡하기 때문에 뇌를 이해하는 첫 단계로 유추의 사용은 그만큼 가치가 있다. 이 장이 끝날 때까지 다음 두 가지를 잊지 말도록 하자. 뇌는 (1) 도구, (2) 근육과 비슷하다.

뇌는 도구와 어떻게 비슷한가

사전 질문

> ❯ 뇌를 도구로 보는 유추는 어떤 점에 주목하고 있는가?

철학자 롬 하레(Rom Harré, 2002, 2012)는 도구로서의 뇌를 강조하였다. 사람들은 일상의 직무를 수행하는 데 뇌를 사용한다. 뇌/도구 유추는 두 가지 중요한 사실에 주목하고 있다.

1. 당신은 다양한 종류의 과업에 아무 도구나 사용할 수 있다. 본래 그 과업을 위해 만들어지지 않은 도구일지라도 말이다(Heyes, 2012). 예를 들어 드라이버는 나사를 돌릴 때뿐만 아니라 병따개, 얼음 깨는 송곳, 무기로도 사용될 수 있다. 이와 유사하게, 뇌는 원래 진화론적으로 과거의 문제 해결을 위해 발달된 것이지만 읽기, 쓰기, 운전하기 등과 같은 현대의 과제를 수행할 때도 사용할 수 있다.

2. 당신이 직무를 수행하기 위해 도구를 사용할 때 직무 집행의 책임은 도구가 아니라 당신에게 있다. 당신은 '내 삽이 길 위의 눈을 치웠다'라고 말하지 않는다. 삽을 도구로 사용하여 당신이 눈을 치웠다고 말한다. 마찬가지로 당신은 '내 손이 타자를 쳤다'거나 또는 '내 다리가 2마일을 11분에 달렸다'라고 말하지 않는다. 이 모든 것은 손과 다리라는 생물학적 도구를 사용하여 당신이 한 것이다. 이와 마찬가지로 수학문제를 풀 때, 간단한 질문에 답할 때, 외국어를 학습할 때, 문제를 해결하고, 대답하고, 학습하는 것은 당신의 뇌가 아니라 당신이다(Bennet & Hacker, 2003). 당신이 이런 직무를 수행하기 위해서는 뇌가 필요하지만 이것을 하는 것은 당신의 뇌가 아니라 당신이다.

뇌/도구 유추는 뇌와 사람의 심리적 경험에 대한 논쟁도 피할 수 있게 해준다. 경험을 하는 것은 뇌가 아니다. 경험을 하는 것은 사람이다. 일부 학자들은 '정서적 뇌'(Ecker, Ticic, & Hulley, 2012), '영적인 뇌'(Beauregard & O'Leary, 2008), '정치적 뇌'(Westen, 2007)에 대해 말하고 있지만 정서적이고, 영적이고, 정치적인 존재는 당신의 뇌가 아니다. 바로 당신이다.

당신은 사람들이 마치 뇌가 정서적인 것처럼 말하는 이유가 무엇이라고 생각하는가?

뇌는 어떻게 근육과 비슷한가

사전 질문

> **뇌가 근육과 비슷하다는 것을 연구자들은 어떻게 증명하고 있는가?**

근육은 반복적으로 사용하면 발달한다. 그 결과 힘이 생기고 근육 사용을 요구하는 신체적 과제를 더 잘 수행할 수 있게 된다.

근육처럼 뇌도 과제를 반복하여 수행하면 변화한다. 이런 변화는 미래에 이 과제를 더 잘 수행할 수 있게 만든다. 이에 대한 증거가 저글링에 관한 연구에서 발견되었다(Draganski et al., 2004).

연구자들은 저글링을 할 줄 모르는 24명의 참여자들을 대상으로 뇌 영상 촬영을 하였다. 그런 다음 이들 중 절반에게는 3개월 동안 저글링을 배우게 하였고, 나머지 절반의 참여자들은 저글링을 배우지 않았다. 3개월 뒤 다시 한 번 뇌 영상 촬영이 이루어졌다. 연구자들은 두 집단의 영상을 비교함으로써 참여자들의 뇌가 3개월 동안 어떻게 변화했는지를 눈으로 확인할 수 있었다.

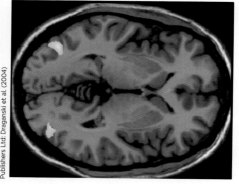

그림 3.1
저글링을 학습한 뇌 노란색으로 표시된 부위가 저글링 학습의 결과로 변화된 뇌 부위다. 저글링을 반복하면 시각적 움직임을 처리하는 뇌 부위에 있는 세포의 발달이 촉진된다. 이 사진은 뇌를 위쪽에서 찍은 것으로 오른쪽이 뇌의 전두엽이다.

저글링 학습 집단의 참여자들 뇌에서 변화가 발견되었다. 이 변화는 시각자극의 움직임을 처리하는 뇌 영역에서 일어났는데, 저글링이 여러 움직이는 물체에 대한 시각적 주의를 요구하기 때문인 것으로 보인다(그림 3.1). 저글링 학습 집단은 학습 전과 비교하여 이 뇌 영역이 확장되었다. 저글링을 학습한 뒤 이 영역에 있는 뇌세포의 수가 증가하였다. 저글링을 배우지 않은 사람들에게서는 어떤 변화도 발견되지 않았다(Draganski et al., 2004).

이 연구의 핵심은 저글링이 뇌를 향상시킨다는 것이 아니다. 보다 일반적인 원리가 중요하다. 즉 경험은 뇌의 해부학적 구조를 변화시킨다. 뇌 구조는 고정되어 있거나 불변하는 것이 아니다. 근육처럼 경험과 함께 발달한다. 이런 뇌의 특징을 **가소성**(plasticity)이라고 부르는데, 경험의 결과로 뇌의 역량이 물리적으로 변화한다는 의미이다(Zatorre, Fields, & Johansen-Berg, 2013).

가소성은 뇌가 컴퓨터와 다르다는 것을 보여준다. 당신이 좋아하는 소프트웨어를 반복하여 작동시킨다고 컴퓨터의 하드웨어가 변화하진 않는다. 하지만 당신이 동일한 과제를 반복하여 수행하면 생물학적 하드웨어인 당신의 뇌는 변화한다.

한 번이라도 당신 뇌의 가소성에 대해 생각해본 적이 있는가?

가소성 경험의 결과로 물리적으로 변화하는 뇌의 역량

뇌 부위마다 기능이 다르다

사전 질문

> ❭ **뇌 손상은 뇌의 구조와 기능에 대해 무엇을 말해주는가?**

인간의 뇌는 둥글고 표면이 울퉁불퉁한 하얀 꽃양배추와 모습이 비슷하다. 그러나 '뇌는 꽃양배추와 비슷하다'는 좋은 유추는 아니다. 꽃양배추와 뇌는 많은 면에서 다른데, 그중에서도 특히 한 가지는 꼭 지적할 필요가 있다. 꽃양배추의 모든 부위는 본질적으로 동일하다. 식물 조직이 구분되어 있지 않다. 꽃양배추의 어떤 한 부분과 다른 부분 사이에 생물학적 차이가 없다는 것이다. 하지만 뇌는 그렇지 않다. 뇌는 고도로 세분화되어 있다. 뇌의 개별 부위는 구조적으로 차이가 있고 서로 다른 종류의 심적 활동과 연합되어 있다.

뇌 손상 증거　뇌가 구분되어 있다는 것을 어떻게 알 수 있을까? 확신할 만한 증거들이 뇌 손상 사례에서 얻어졌다.

사고 또는 질병으로 뇌의 특정한 부위가 손상된 사람들이 있다. 이런 뇌 손상은 마음에서 다음과 같은 세 가지 결과를 발생시킬 수 있다.

1. 정신 능력이 모두 사라진다. 생각도 할 수 없고 감정도 느끼지 못한다. 만일 이런 결과가 발생한다면, 사고에 필요한 용량을 제공하는 데 뇌 전체가 정상적으로 기능해야 한다는 것을 의미한다.
2. 정신 능력이 모두 남아 있기는 하지만 약화된다. 생각은 할 수 있지만 느리고 지적이지 못하다. 이런 결과가 일어난다면, 모든 뇌 부위가 뇌의 속도와 역량에 동등하게 기여하고 있다고 볼 수 있을 것이다.
3. 특정 정신 능력이 선택적으로 사라진다. 어떤 사고 능력은 완벽하게 정상이지만 다른 사고 능력은 사라진다. 만일 이런 일이 발생하면, 뇌가 구분되어 있으며 손상된 부위는 사라진 특정 정신 능력을 담당하고 있는 부위라는 것을 의미한다.

보통 어떤 일이 일어나고 있을까? 세 번째 결과가 일반적이다. 뇌 손상은 대체로 특정 정신 능력을 사라지게 만든다. 150년 전에 일어난 뇌 손상 사례가 이러한 사실을 생생하게 보여준다.

피니어스 게이지　버몬트의 철도 공사장 노동자였던 피니어스 게이지(Phineas Gage)의 뇌 손상 사례가 그것이다(Damasio et al., 1994). 게이지의 직업은 철로 작업에 필요한 폭발물 관리자였다. 그는 철로에 있는 바위를 제거하기 위해 폭발물을 집어넣는 작업을 하던 중이었다. 불행하게도 금속막대가 바닥에서 튕겨나오면서 게이지의 **뺨**을 뚫고 들어가 그의 뇌에 그대로 가서 박혔다(게이지에게는 불행이지만 과학 발전을 위해서는 행운이라고 할 수 있는 사건이었다). 막대는 게이지의 두개골을 뚫고 나왔다(그림 3.2).

게이지는 어떻게 되었을까? 보스턴 포스트(1848. 9. 13)는 '이 사건의 가장 신기한 일은 그가 살았다는 사실이다… 그리고 그의 이성도 온전하였다'고 보도했다. 게이지의 정신 능력은 대부분 손상을 입지 않았다. 그는 신체 움직임을 통제할 수 있었고, 언어는 정상이었으며, 기억은 폭발사고도 모두 회상할 수 있을 정도로 좋았다. 게이지는 사고가 발생하기 전보다 지적능력이 떨어진 것 같지도 않았다(Damasio et al., 1994).

게이지의 사례는 위에 기술한 1과 2의 결과와 모순된다. 뇌 손상에도 불구하고 그는 여전히 이전처럼 빠르고 지적으로 사고할 수 있었기 때문이다.

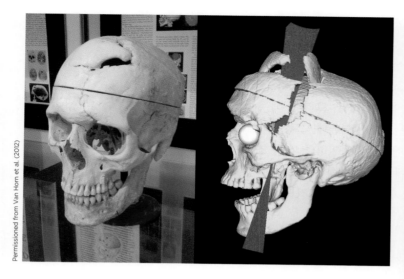

Permissioned from Van Horn et al. (2012)

Collection of Jack and Beverly Wilgus

그림 3.2
피니어스 게이지 위 사진은 금속막대가 통과한 게이지의 뇌를 보여주고 있다. 오른쪽 그림은 금속막대를 들고 있는 게이지의 초상화이다 — 뇌과학 역사상 가장 유명한 사고를 보여주는 유물이다.

하지만 한 가지는 확실하게 변했다. 사고 전의 그는 매너가 좋은 사람이었다. 사고 이후로 그는 친구와 동료에게 불쾌감을 주는 욕설을 하기 시작하였다. 예전의 그는 참을성이 많고 책임감이 강한 사람이었는데 사고 이후에는 회사에서 해고를 당할 정도로 책임감이 사라졌다. 게이지의 사회행동은 더 이상 통제가 불가능해졌다. 그는 사회 규칙, 관습, 의무를 지키지 못했다. 그의 주치의였던 할로우는 그의 변화에 대해 다음과 같이 기록하고 있다.

> 사고가 일어나기 전의 그는 균형 잡힌 정신을 소유하고 있어서 그를 알고 있는 사람들로부터 상황 판단이 빠르고 머리가 좋은 사업가, 작업을 계획할 때 에너지가 넘치고 인내심이 많은 사람이라는 평가를 받았다. 그는 이 점에서 가장 많이 변해서 친구들과 지인들은 그를 두고 '그는 더 이상 게이지가 아니다'라고 말했다. 사고 후의 게이지는 변덕스럽고, 불손하고, (예전에는 하지 않던) 욕설을 주저 없이 내뱉었다. 또한 지인들에 대한 존중은 거의 찾아볼 수 없었고 자신의 욕구와 반대되는 규제나 조언을 참지 못했다. 그는 때로 완강하게 고집을 부렸고, 어느 때는 변덕스럽고 우유부단했다. 미래 계획을 세우는 데 있어서도 그러한 모습을 보였는데, 그는 특정 계획을 세웠다가도 곧바로, 조금이라도 더 그럴듯한 계획으로 마음을 바꾸곤 했다.
>
> ─ Macmillian(2000, pp. 92-93)에서 인용

집행과정과 자기조절의 관계

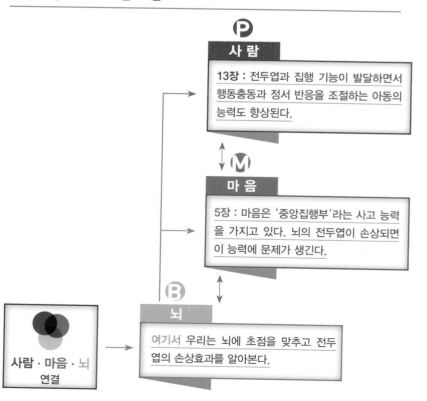

(P)
사 람
13장 : 전두엽과 집행 기능이 발달하면서 행동충동과 정서 반응을 조절하는 아동의 능력도 향상된다.

(M)
마 음
5장 : 마음은 '중앙집행부'라는 사고 능력을 가지고 있다. 뇌의 전두엽이 손상되면 이 능력에 문제가 생긴다.

(B)
뇌
여기서 우리는 뇌에 초점을 맞추고 전두엽의 손상효과를 알아본다.

사람 · 마음 · 뇌
연결

피니어스 게이지의 사례는 심각한 뇌 손상도 사고 능력을 사라지게 하거나 사고 속도를 늦추지 않는다는 것을 보여준다. 대신, 뇌 손상은 선택적이다. 뇌 손상은 인간의 여러 능력 중에서 특정 능력은 앗아가지만 다른 능력에는 전혀 영향을 끼치지 않을 수 있다. 게이지가 사회 규칙과 의무를 이행하는 능력만 잃은 것처럼 말이다. 이는 뇌의 서로 다른 부위들이 특화되어 있음을 의미한다. 뇌의 어떤 부위가 특정 정신 활동에는 매우 중요하지만 다른 활동에는 전혀 필요하지 않을 수도 있다.

요약하면, 당신은 뇌에 대해 몇 가지 중요한 사실을 배웠다. 뇌는 삶의 과제를 수행하기 위한 생물학적 도구이다. 무엇보다 뇌는 사용할수록 기능이 좋아지는 특별한 도구이다. 마치 근육처럼 말이다. 뇌는 많은 특화된 부위를 가진 복잡한 도구이다. 마지막으로, 서론의 카프그라 증후군 환자 사례가 보여주는 것처럼 뇌의 복잡성은 더욱 증가한다. 다양한 뇌 부위들이 서로 매우 긴밀하게 연결되어 있다. 간단하고 일상적인 과제의 수행도 다수의 뇌 부위가 함께 작용해야만 가능하다.

이제 이 놀라운 생물학적 도구에 대해 자세히 살펴봄으로써 뇌가 어떻게 작동하는지 알아보자.

뇌를 확대하여 보기

일단 뇌에 대한 여행을 큰 그림 — 전체적인 뇌 구조와 주요 하위구조 — 으로 시작할 것이다. 그다음에 하위구조가 서로 연결되어 있는 소통망을 살펴보기 위해 뇌를 '확대하여' 들여다볼 것이다. 더 나아가서 뇌의 개별 세포인 뉴런과 뉴런 간의 의사소통 방법에 대해 자세히 살펴보기로 한다.

상향식 체제

사전 질문

> ❯ 아리스토텔레스의 뇌 모델은 현대의 뇌 개념과 어떻게 비교되는가?
> ❯ '하나에 3개의 뇌'를 가지고 있다는 맥린의 주장은 무슨 의미인가?
> ❯ 가장 하위 수준의 뇌 구조와 기능은 무엇인가?
> ❯ 중간 수준의 뇌 구조와 기능은 무엇인가?
> ❯ 상위 수준의 뇌 구조와 기능은 무엇인가?

뇌를 연구하는 학자들은 전체 뇌가 3개의 주요 부위로 이루어져 있다는 사실을 이미 오래전부터 알고 있었다. 최초의 뇌 모델은 2,000년도 더 되었지만 상당히 현대적으로 보인다.

아테네의 위대한 과학자였던 아리스토텔레스는 뇌와 마음이 인간의 사고 수준에 따라 다르게 작용하는 3개의 구조로 되어 있다고 주장하였다. 아리스토텔레스의 모델에서 가장 하위 수준은 성장과 번식을 책임지고 있는 식물 정신이다. 그다음 단계에는 쾌락과 고통을 담당하는 동물 정신이 있다. 마지막으로 가장 상위에는 논리적 사고를 가능하게 하는 이성적 정신이 있다(Aristotle, trans. 2010).

아리스토텔레스가 뇌 모델을 제안했을 당시에 뇌 구조에 대한 현대의 과학적 지식은 존재하지 않았다. 그럼에도 불구하고 그의 생각은 현대까지 이어지고 있다. 신경과학자 폴 맥린(Paul MacLean, 1990)은 20세기 가장 유명한 개념 모델을 제안하였는데, 이 모델도 3개의 뇌 구조가 상향식으로 조직되어 있다고 가정하고 있다.

맥린의 모델은 삼위일체 뇌로 잘 알려져 있다. '삼위일체'는 3개의 뇌가 합해져서 하나의 뇌를

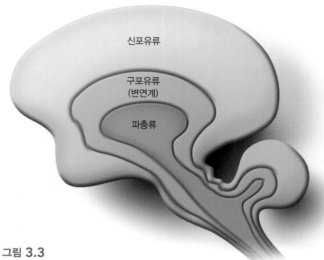

그림 3.3
삼위일체 뇌 맥린의 삼위일체 뇌 모델은 파충류의 뇌, 구포유류의 뇌(변연계로 알려져 있는 뇌 부위), 신포유류의 뇌로 불리는 3개의 뇌가 합해져서 하나의 뇌를 이루고 있다고 제안한다. 종이 진화하는 동안 오래된 뇌는 보존되면서 그 위에 새로운 뇌가 추가되었다.

이루고 있다는 의미이다. **삼위일체 뇌**(tribune brain) 모델에 따르면 인간의 전체 뇌는 3개의 주요 부위로 구성되어 있고, 각 부위는 자기만의 독특한 활동을 수행하는 차별적인 기능을 가지고 있다. 즉 우리는 하나의 뇌 안에 3개의 뇌를 가지고 있다는 것이다. 아리스토텔레스의 모델에서처럼, 뇌의 어떤 부위는 다른 부위보다 더 높은 수준의 발달을 이룬 것이다.

맥린은 이 3수준의 뇌가 종이 진화하는 과정에서 서로 다른 시기에 나타났다고 주장한다(그림 3.3).

1. **파충류의 뇌.** 가장 낮은 수준의 뇌 부위로 진화론적으로 가장 오래된 구조이다. 파충류가 진화한 이후부터 존재하였다.
2. **구포유류의 뇌.** 중간 수준의 뇌 체계로 파충류의 뇌보다 나중에 발달하기는 하였지만 오래되었다. 100만 년 전 포유류의 진화와 함께 발달이 완성되었다.
3. **신포유류의 뇌.** 가장 최근의 최고 수준의 뇌 체계다. 5~20만 년 전 사이 호모 사피엔스에서 완전한 발달이 일어났다(Mithen, 1996).

맥린에 따르면 우리는 현대인 특유의 뇌 체계만 소유하고 있는 것이 아니라 아래에 있는 비인간 포유류의 뇌와 가장 아래에 파충류의 뇌도 소유하고 있다.

언뜻 보기에 '하나의 뇌 안에 3개의 뇌'라는 말은 이상하게 들린다. 그러나 다음 세 가지 사실을 생각해보자.

❯ 뇌에서 일어나는 어떤 경험은 단어로 쉽게 표현할 수 있다. 당신은 '나는 지금 심리학 교재를 읽고 있다'거나 또는 '나는 내일까지 뇌에 대한 공부를 마칠 생각이다'라는 말을 할 수 있다.

❯ 그런데 어떤 경험은 강한 정서를 유발하지만 단어로 설명하기 어렵다. 당신은 말로 표현하기 어려운 '뒤섞인 정서'를 경험할 때가 있다(예 : 친한 친구가 좋은 직장을 얻어서 다른 도시로 이사할 것이라는 소식을 들으면 행복감, 슬픔, 부러움이 뒤섞인 정서를 경험한다).

❯ 어떤 뇌 활동은 전혀 '경험'을 하지 못한다. 뇌가 하고 있는 것을 자각조차 하지 못하는 경우이다. 지금도 당신의 뇌는 체온과 호흡을 조절하고 있지만 당신은 뇌가 이 일을 하고 있는 것을 느끼지 못한다.

맥린의 삼위일체 뇌 모델에 따르면 이런 상이한 경험은 뇌의 서로 다른 부위의 활동을 반영하고 있다. 당신이 경험을 단어로 표현할 때는 신포유류 뇌를 사용하는 것이다. 이와 대조적으로 정서는 구포유류의 뇌에서 만들어진다. 구포유류의 뇌는 언어 산출이 불가능하고(비인간 동물은 말을 못한다), 말로 표현하기 어려운 정서를 설명하는 데 도움이 된다. 마지막으로 파충류의 뇌는 체온조절 및 호흡조절처럼 단순한 기능을 담당한다. 이 뇌 체계는 의식적인 경험을 만들어낼 수 없기 때문에 우리는 뇌가 내부 생리 상태를 조절하는 중이라는 사실을 느끼지 못한다. 삼위일체 뇌의 세 부위는 서로 연결되어 있어서 이들의 활동은 조절이 가능하다. 그러나 이들의 기능에는 차이가 있다.

맥린이 처음으로 삼위일체 뇌를 제안한 것이 1969년이었다(Newman & Harris, 2009). 그 이후 과학은 엄청난 진보를 이루었지만 여전히 맥린의 3부위, 상향식 체제화는 뇌 구조를 설명하는 소중한 이론으로 평가받고 있다. 이제 이 '3개의 뇌'를 자세히 살펴보기로 하자. 지금부터는 현대 생물학적 용어를 사용하여 설명할 것이다 ― (1) **뇌간**(맥린의 파충류의 뇌), (2) **변연계**(구포유류의

삼위일체 뇌 인간의 뇌가 상이한 시기에 진화하여 서로 다른 기능을 수행하는 3개의 뇌 부위로 나뉘어 있다는 뇌 구조에 대한 개념 모델

뇌), (3) 대뇌(포유류의 뇌)와 대뇌의 바깥층인 대뇌피질.

뇌간 가장 낮은 수준의 뇌 영역은 척수 바로 위에 있는 **뇌간**(brain stem)
이다. 뇌간의 주요 세 구조(연수, 뇌교, 중뇌)는 생존에 필요한 신체 활동
을 조절한다(그림 3.4).

　연수(medulla)는 내부 신체 상태를 안정되고 일정하게 유지하는 항상성
에 중요한 역할을 하고 있다. 심장박동률과 혈압 같은 생리적 활동 비율
을 조절함으로써 항상성에 기여한다. 또한 연수는 뇌에서 나머지 신체
로 가는 핵심 통로이기도 하다. 척수와 상위 뇌 영역 사이의 소통이 연
수를 통해 일어난다. 그 밖에도 연수는 질식을 예방하기 위해 목구멍이
수축하는 '구역반사'를 통제한다(Urban & Caplan, 2011).

　뇌교(pons)는 뇌간의 일부로 연수 바로 위에 위치하고 있다. 뇌교는
여러 기능을 수행하고 호흡률을 통제하는 구조를 포함한다. 또한 신체
는 마비되어 있지만 뇌는 매우 활성화되는 꿈을 꾸는 상태인 수면 단계
(REM 수면; 8장 참조)를 만든다. 연구에 의하면 뇌교가 손상을 입은 동
물은 꿈을 꾸는 동안 주변을 돌아다니고 상상의 사냥감을 공격하는 행동을 보인다(Siegel, 2005).
뇌교는 또한 뇌의 다른 영역들에 신호를 전달하는 중계소와 같은 기능을 가지고 있다.

　뇌간의 세 번째 주요 구조는 다양한 방식으로 유기체의 생존에 기여하고 있는 작지만 복잡한
구조인 **중뇌**(midbrain)이다. 중뇌의 한 영역은 위협 사건에 방어 반응을 만들어내어 유기체를 보
호한다. 이에 대한 증거가 중뇌의 핵심 영역을 인공적으로 활성화한 연구들에서 얻어졌다. 중뇌
가 활성화되면 동물은 위협이 존재하지 않는 상황에서도 방어 반응을 보인다. 예를 들어 연구자
가 쥐의 중뇌를 자극하자 쥐는 매우 각성되고 심장박동이 증가하고 환경에 아무것도 없는데도 도
망을 다녔다(Brandaõ et al., 2005).

<table>
<tr><td>당신의 망상체는 지금 현재 얼마
나 활동적인가?</td></tr>
</table>

　이 3개의 주요 구조(연수, 뇌교, 중뇌) 외에도 뇌간에는 당신이
이 장을 읽고 있는 지금 각성을 유지할 수 있게 하는 세포 연결
망이 자리 잡고 있다. 이 연결망을 **망상체**(reticular formation)라
고 하는데, 유기체의 전체 각성 수준에 영향을 미치는 뇌 체계이다(Gupta et al., 2010). 이런 망상
체의 기능은 고양이를 대상으로 한 연구에서 밝혀졌다(Moruzzi & Magoun, 1949). 연구자들은 하
위 수준의 뇌 체계인 망상체를 자극하면서 상위 수준의 뇌 영역인 피질의 활동을 기록하였다. 망
상체가 자극되자 피질의 활동이 증가하였다. 망상체는 다른 뇌 영역의 각성 수준을 조절한다. 망
상체가 손상되면 살아있지만 움직일 수 없고, 사건을 인식하지 못하고, 깨어나지 않는 **혼수상태**에
빠질 수 있다(Gupta et al., 2010).

　가장 하위 수준의 뇌 영역을 떠나기 전에 뇌간 바로 뒤에 위치하고 있는 중요한 뇌 구조를 알아
보자. 이것은 뇌의 뒤쪽 밑에 놓여 있는 미니 뇌처럼 보이는 **소뇌**(cerebellum)로 신체 움직임을 조
정한다. 소뇌가 손상되어도 여전히 신체의 움직임은 가능하지만 협응적이고 정밀한 움직임은 할
수 없다. 자세가 이상하고, 걸음걸이는 덜 유연하고, 종이 위의 그림을 정확하게 따라 그리지 못
한다(Daum et al. 1993). 소뇌는 신체검사에서 의사가 요구하는 과제를 수행할 때도 필요하다. 눈
을 감고 검지로 당신의 코를 빠르게 터치하라(Ito, 2002). 이 검사는 소뇌의 기능을 평가한다.

　움직임 제어가 소뇌의 유일한 직무는 아니다. 대부분의 다른 뇌 부위처럼 소뇌도 많은 다른 뇌
영역들과 연결되어 있다. 이런 연결 덕분에 소뇌는 시간의 경과를 정확하게 지각하고 정서와 사
고의 통제에도 관여하고 있다(Strick, Dum, & Fiez, 2009). 소뇌가 손상된 환자들은 다른 사람들과

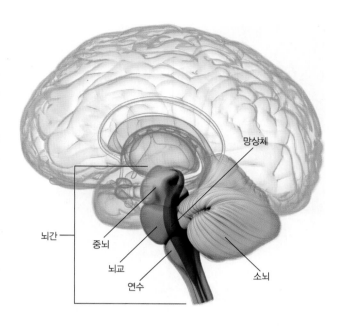

그림 3.4
뇌간과 소뇌 뇌간(연수, 뇌교, 중뇌, 망상체
포함)과 소뇌

뇌간 가장 낮은 수준의 뇌 영역. 뇌간의 구
조들은 생존에 필요한 신체 활동을 조절한다.

연수 생리 활동 비율을 조정하여 항상성에
기여하고, 뇌에서 신체의 나머지 부위에 이
르는 소통 경로를 담당하는 뇌간의 구조

뇌교 호흡률의 제어와 REM 수면의 생성과
관련된 생물학적 기능을 수행하는 뇌간의
구조

중뇌 위협 사건에 대한 방어 반응을 만들어
내는 등 다양한 방식으로 생존에 기여하는
뇌간의 구조

망상체 신체 각성에 영향을 주는 뇌간의 세
포 연결망

소뇌 움직임의 제어, 정서, 사고에 기여하
는 뇌간 뒤에 위치하고 있는 뇌 구조

오래된 소뇌를 사용하는 운동 체조 선수가 묘기를 선보이려면 협응적이고, 유연하고, 정교한 움직임을 가능하게 하는 소뇌가 필요하다.

비교하여 시간 간격의 변화를 잘 지각하지 못하고 음악 리듬에 맞추어 두드리는 반응도 잘 하지 못한다(Ivry & Keele, 1989).

변연계 당신이 뇌간만 가지고 있다면 심리적인 삶을 경험하지 못할 것이다. 뇌간은 기본적인 신체 기능을 유지하게 해주지만 정서와 감정은 느끼게 해주지 못한다. 이것을 위해서는 더 많은 뇌가 필요하다.

다행히도 진화는 당신에게 더 많은 뇌를 제공해주었다. 모든 포유동물은 뇌간과 상위 수준의 뇌 영역 사이에 위치하는 여러 뇌 구조들의 집합체인 **변연계**(limbic system)를 소유하고 있다(그림 3.5). 변연계는 포유동물에게 정서적인 삶을 가능하게 해준다.

맥린은 뇌의 여러 부위에 위치하고 있는 이런 상이한 구조들을 하나의 '시스템', 즉 서로 함께 작동하는 하나의 집합체로 보아야 한다는 생각을 가장 먼저 하였다(Newman & Harris, 2009). 후속연구들에 의해 맥린의 이러한 직관이 사실임이 증명되었다. 변연계의 여러 부위가 상호 연결되어 있다는 사실이 밝혀졌다. 즉 포유동물은 뇌 구조들이 상호 연결되어 있는 시스템을 소유하고 있고, 이 시스템 덕분에 포유동물의 정신 능력은 진화론적으로 더 오래된 유기체와 비교하여 크게 확장되었다(Reep, Finlay, & Darlington, 2007). 지금부터는 이 시스템의 가장 중요한 구조들을 살펴보도록 하자.

> 정서 경험이 없는 삶은 어떨까?

시상하부(hypothalamus)는 작지만 생존에 필수적인 변연계 구조이다. 체온 유지처럼 내부 신체 상태를 일정하게 유지하는 데 핵심 역할을 담당하고 있다. 시상하부는 또한 먹기, 마시기, 성행동처럼 진화를 위한 중요한 행동을 유발한다(King, 2006). 시상하부는 신체 내분비 체계에 속하는 뇌

변연계 시상하부, 해마, 편도체를 포함하는 뇌간 바로 위에 있는 뇌 구조로 포유동물이 정서 반응을 경험할 수 있는 능력을 제공한다.

시상하부 먹기, 마시기, 성행동 같은 행동과 신체 상태를 조정하는 변연계의 구조

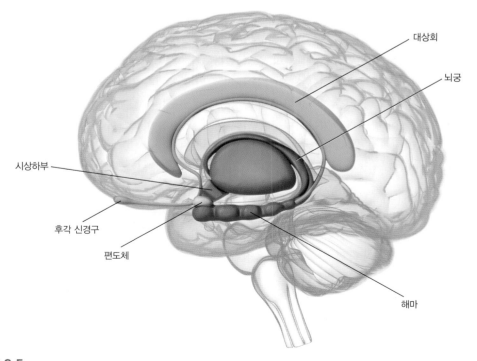

그림 3.5
변연계 변연계와 주요 구조 : 시상하부, 해마, 편도체, 뇌궁, 후각 신경구, 대상회

하수체와 연결되어 있어서 이런 과제들을 수행할 수 있다. 시상하부는 뇌하수체에 직접 신호를 보내고, 뇌하수체는 나머지 신체와 소통을 한다. 시상하부는 나중에 살펴볼 뇌 구조인 시상 바로 아래 위치하고 있다. (하부는 아래라는 의미로 **시상하부**라는 이름은 위치를 가리킨다.)

1950년대에 수행된 놀라운 연구에 의해 시상하부가 동기에도 중요한 역할을 하고 있다는 것이 발견되었다(Olds, 1958; Olds & Milner, 1954). 연구자들은 쥐의 시상하부에 전극을 심는 외과적 수술을 시행하였다. 이들은 쥐가 레버를 누르면 전극에 전류가 흐르도록 조작하였다. 즉 쥐가 레버를 누르면 쥐의 시상하부가 자극되었다(그림 3.6). 쥐는 레버를 누르려고 할까? 확실히 그렇다! 쥐는 한 시간 동안 5,000번이 넘게 레버를 눌렀다(Olds, 1958). 후속연구는 쥐가 굶어 죽을 수 있는데도 먹이보다 전기 자극을 선택한다는 것을 발견하였다(Bozarth, 1994).

시상하부가 보상회로의 일부이기 때문에 뇌의 자극이 보상으로 작용하였던 것이다. 보상회로는 유기체가 음식 또는 성 같은 경험이나 보상자극을 추구할 때 활성화되는 상호 연결된 뇌 구조들의 집합체를 말한다(Haber & Knutson, 2010). 놀랍게도 환경에 보상자극이 존재하지 않아도 회로 활성화는 보상적으로 작용한다(6장 참조). 세부적인 해부학적 구조는 종마다 약간의 차이가 있지만 현대의 신경 영상 연구들에 의하면 인간을 포함한 영장류의 보상회로 역시 최초로 발견된 쥐의 보상회로와 비슷하다(Haber & Knutson, 2010).

해마(hypocampus)는 바나나 모양으로 구부러진 변연계의 구조로 일상생활에서 두 가지 중요한 과제를 담당하고 있다. 하나는 기억이다. 영구적인 기억의 생성은 해마에서 부분적으로 일어난다(Bliss & Collingridge, 1993; Nadel & Moscovitch, 1997). 이 생물학적 도구가 손상을 입으면 경험에 대한 영구적인 기억이 만들어지지 않는다(5장 참조). 기억에서 해마의 역할을 보여주는 증거는 노년기에 발생하는 알츠하이머병 사례에서 찾아볼 수 있다. 사건을 기억하는 능력을 상실한 알츠하이머 환자들은 해마의 크기가 줄어들어 있다(Barnes et al., 2009).

두 번째로 해마는 지리학적 배치와 그 안에서 항목의 위치를 기억하는 공간기억을 담당한다(Nadel, 1991). 당신은 대형 주차장(예 : 쇼핑센터)에 자동차를 주차한 뒤 나중에 자동차를 찾느라고 헤맨 적이 있는가? 주차한 곳을 찾으려면 해마가 필요한데 당신이 해마를 자동차에 두고 내리지 않았다면 다행이다. 해마가 공간기억에 기여한다는 증거는 공간기술이 중요한 직업에 종사하고 있는 사람들에 대한 연구에서 나왔다 — 런던의 택시 기사(Woollett, Spiers, & Maguire, 2009).

런던의 택시 기사들은 택시 자격증을 취득하기 위해 수천 개의 도로 위치와 도로가 서로 연결되어 있는 방식을 엄청나게 학습해야 한다. 이 때문에 택시 기사의 뇌는 일반 운전자와 차이가 있을 것이라는 가설이 세워졌다. 연구자들은 택시 기사 집단과 일반 운전자로 구성된 통제집단에게 런던의 도로 위를 달리는 자동차를 조종하는 가상현실 비디오게임을 하게 하였다. 참여자들이 게임을 하는 동안 fMRI를 사용하여 이들의 뇌 활동을 기록하였다. 연구자들은 택시 기사들의 해마가 훨씬 더 발달되어 있음을 발견하였다. 택시 기사들의 해마 뒤쪽 부위에서 세포의 수가 증가해 있었다(Woollett et al., 2009).

이 결과는 이 장을 시작할 때 말했던 가소성을 다시 한 번 보여준다. 뇌에는 사용과 함께 강해지는 특별한 부위들이 있다. 운동선수가 근육을 단련하면 근육이 발달하는 것처럼 해마를 훈련한 택시 기사의 해마도 발달한다.

편도체(amygdala)는 아몬드처럼 생긴 작은 구조이다(편도체는 그리스어 '아몬드'에서 나온 것이다). 대부분의 뇌 구조처럼 편도체는 뇌에 있는 수많은 다른 구조들과 연결되어 있다. 그 결과 수

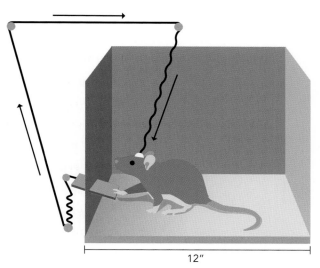

그림 3.6
올즈와 밀너의 실험 이 연구에서 쥐는 자기 시상하부에 가해지는 전기자극과 연결되어 있는 레버를 누를 수 있었다. 전기자극은 엄청난 보상물이었다. 쥐는 한 시간에 수천 번의 레버 누르기를 하였다.

해마 영구적인 기억의 형성과 공간기억(지리학적 배치에 대한 기억)에 필요한 변연계의 구조

편도체 위협자극의 정보 처리에 기여하는 변연계의 구조

대뇌피질 복잡한 개념적 사고 역량의 핵심이 되는 뇌의 바깥 표면에 있는 세포층

많은 심리적 과정에서 편도체의 활성화가 일어난다(Labar, 2007). 편도체의 역할이 특별히 중요한 심리과정 중 하나가 위협의 탐지이다. 당신이 숲을 산책하는데 땅바닥을 기어가는 뱀을 보았다고 상상해보자(그림 3.7). 당신이 그것을 알아차리기 전에, 즉 당신이 "이런, 뱀이네!"라고 말을 하기도 전에 당신의 신체가 먼저 반응한다. 당신은 즉각적으로 공포를 경험하고 위험으로부터 멀어진다. 이런 재빠른 반응은 편도체에서 일어나는데, 눈으로부터 입력된 정보는 빠르게 다른 뇌 부위로 보내져서 정서적 각성을 일으키고 뱀을 향해 가던 발걸음을 멈추게 만든다(LeDoux, 1994). 편도체의 반응은 나머지 뇌 부위가 뱀에 대한 의식적인 경험을 만들기도 전에 신체 반응을 일으킬 정도로 재빠르다.

그렇다고 편도체의 역할이 신체적 위험과 관련된 정보 처리에만 국한되어 있는 것은 아니다. 경제적인 위험에 대한 반응도 편도체에서 일어난다. 한 연구에서 편도체가 손상된 2명의 참여자에게 도박게임을 제안하였다(De Martino, Camerer & Adolphs, 2010). 이 둘은 금전적 보상이 바뀌는 동전 던지기에 돈을 걸지 여부를 선택해야 했다. 이런 게임에 참여하는 대부분의 참여자들은 손실 혐오적이 되면서 잃을 가능성이 있는 내기를 피한다(Kahneman & Tversky, 1982). 가령 누군가 '앞면이 나오면 당신이 50달러를 따고 뒷면이 나오면 당신이 나에게 50달러를 주어야 한다'라고 하면서 동전 던지기를 제안하면 당신은 아마 거절할 것이다. 50달러를 잃는다는 생각이 혐오적이기 때문에 이 게임을 피하는 것이다. 그러나 만일 당신의 편도체가 손상되었다면 당신은 이 도박에 돈을 걸 수 있다. 실제로 편도체가 손상된 두 참여자는 대부분의 사람들이 회피한 내기를 수락하였다. 특히 이들은 잃을 확률이 높은 내기를 수락하였다. 이들은 분명히 게임을 이해하고 있었고 머리를 쓰면서 게임을 하였지만, 잠재적인 금전 손실에 대한 위협을 훨씬 덜 느끼고 있었다(De Martino et al., 2010).

이제 다른 3개의 구조를 살펴보고 변연계에 대한 논의를 마치도록 하자. 뇌궁('아치'의 라틴어)은 곡선의 구조로 시상하부와 해마 사이를 연결하고 있다. 이 때문에 뇌 구조들이 하나의 시스템으로 작동하면서 상호작용할 수 있다. **후각 신경구**는 냄새 감각에 필요한 뇌 구조로, 비강에서 오는 정보를 받아서 뇌의 다른 부위에 전달한다. 변연계의 가장 윗부분을 감싸고 있는 대상회는 한 과제에서 다른 과제로 전환하는 능력과 관련이 있다. 가령 다음 단어를 보고 낱자의 색깔을 말하라는 요구를 받았다고 해보자 : ORANGE. 당신은 즉각적으로 '오렌지'라고 말하려던 반응을 멈추고 '파랑'이라고 말하는 반응으로 전환해야 한다. 뇌 영상 연구들은 사람들이 이런 전환과제를 수행할 때 대상회가 특히 활성화되는 것을 보여준다(Carter et al., 1998).

대뇌피질 상향식 뇌 여행의 마지막 단계는 맨 꼭대기에 있는 수 밀리미터의 두께로 이루어진 뇌의 바깥 표면의 세포층인 **대뇌피질**(cerebral cortex)이다. 비록 얇지만 강력하다. 이곳에 있는 뇌세포 연결망이 인간에게 사고력을 제공하는 생물학적 도구이다 — 우리 자신, 우리의 과거, 우리의 미래에 대한 생각, 언어를 사용한 소통, 예술작품의 창조, 낮은 수준의 뇌 영역에서 일어나는 충동과 정서의 조절.

뇌의 바깥 표층 — 대뇌피질 — 을 보면 가장 먼저 접혀져 있는 주름에 주목하게 된다. 뇌는 수많은 이랑과 고랑을 가지고 있으며 대뇌피질은 이것들을 자기만의 방식으로 감싸고 있다. 뇌의 바깥 표층의 이런 주름은 엄청난 이점을 가지고 있다. 주름 덕분에 우리의 뇌는 더 넓은 면적의 대뇌피질을 가지게 되었다. 큰 옷을 접으면 작은 가방에 집어넣기 쉬운 것처럼

그림 3.7
편도체와 공포 반응 상위 수준의 뇌 영역이 위협을 인식하기도 전에 위험 대상에 반응할 수 있는 것은 편도체 덕분이다. 정보는 눈에서 뇌의 중심 영역(시상)을 통과하여 편도체에 도달하고, 여기서 정서 반응이 만들어진다.

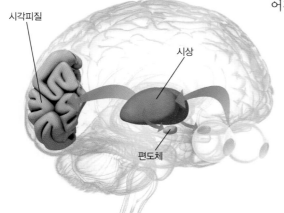

시각피질

시상

편도체

큰 대뇌피질이 상대적으로 작은 두개골에 들어갈 수 있는 것은 뇌 표면의 주름 때문이다(비교하자면 당신의 뇌는 코끼리보다 우수하지만 두개골은 훨씬 작다.) 당신의 대뇌피질 표면적은 약 2.5제곱피트이다(Kolb & Whishaw, 1990). 하지만 주름 덕분에 가로와 세로의 넓이가 1.5피트밖에 되지 않는 당신의 머리 안에 들어갈 수 있다.

그다음으로 당신이 주목하는 것은 뇌 표면에 있는 매우 깊은 몇몇 고랑들이다. 이것이 피질을 엽이라고 불리는 뇌의 부위들을 구분하게 해주는 열이다. 지금부터 엽과 이들이 담당하고 있는 심리 활동에 대해 살펴보자(그림 3.8). 그 전에 먼저 기억할 것이 있다. 이 장을 시작할 때 뇌의 부위들이 서로 밀접하게 연결되어 있다는 것을 배웠다. 거의 모든 복잡한 과제의 수행에서 소통 연결망에 의해 서로 다른 엽에서의 활동이 자동으로 조정된다(Sporns, 2011).

뇌 뒤쪽에 있는 대뇌피질부터 살펴보기로 하자. 뇌 뒤쪽에 있는 엽은 **후두엽**(occipital lobe)이다. 이 영역은 시각정보 처리와 관련이 깊기 때문에 시각피질이라고 불린다. 어떤 것을 선명하게 보려면 눈만 필요한 것이 아니라 후두엽도 필요하다. 이에 대한 증거가 시각피질에서 발작(비정상적인 뇌 활동)이 일어나고 있는 환자들의 사례에서 얻어졌다. 이들의 눈은 정상이지만 이들의 시각 경험은 왜곡되어 있다. 이들은 존재하지 않는 것을 보거나 때로는 일시적인 맹시를 경험하기도 한다(Panayiotopoulos, 1999).

눈에서 오는 시각정보를 처리하는 것 외에도 후두엽은 머릿속으로 시각정보를 만들어낼 때, 즉 심상을 형성할 때에도 활성화된다(7장 참조). 사람들에게 눈을 감고 특정 이미지에 대해 생각하라고 하였더니 이들의 시각피질이 크게 활성화되는 것이 발견되었다(Kosslyn et al., 1996). 또한 후두엽이 손상된 환자는 심상을 떠올리지 못한다(Farah, 1984). 따라서 보는 것과 이미지를 떠올리는 것은 서로 다른 활동이지만 — 하나는 바깥 세계에 있는 자극의 탐지이고 다른 하나는 머릿속의 판타지 — 두 활동은 후두엽이라는 동일한 생물학적 도구를 사용한다.

후두엽에서 뇌의 위쪽 방향으로 이동하면 **두정엽**(parietal lobe)에 이른다. 두정엽에는 환경 속성(감각 체계를 통해 탐지한 자극)과 신체 속성을 연결하는 정보 처리과정인 체감각정보 처리를 담당하는 뇌 부위가 존재하고 있다. 당신은 언제 체감각 체계를 사용할까? 항상! 아주 간단하게 물이 가득 찬 종이컵을 들어올린다고 상상해보자. 이런 일상적인 활동은 생각을 하지 않아도 할 수 있는 행동으로 보일 것이다. 하지만 실제로는 꽤 복잡하다. 컵을 들어올리기 위해서는 여러 정보가 필요하다 — (1) 컵의 정확한 위치, (2) 컵을 찌그러뜨리지 않고 들어올리기 위해 필요한 힘의

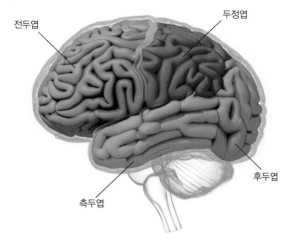

그림 3.8
대뇌피질의 엽 대뇌피질은 열에 의해 엽이라고 불리는 여러 피질 영역으로 나뉘어 있다.

그에게 팁을 줄 필요가 없다 집사 로봇(Home Exploring Robot Butler, HERB)은 사람들에게 음식과 음료를 제공하는 일상 과제들을 수행한다. 오랜 연구 기간과 수백만 달러의 연구비를 투자했음에도 HERB는 이런 과제들에서 여전히 미숙하다. 최근에 발표된 연구에 의하면 로봇은 병을 잡을 수 있지만 똑바로 들지 못하고 거꾸로 들거나 바로 떨어뜨린다. 인간은 두정엽의 기능 덕분에 이런 과제들을 하찮을 정도로 쉽게 해낸다. 그러나 이것을 수행하는 로봇을 설계하기란 쉽지 않다.

후두엽 시각정보와 시각적 심상의 처리와 관련된 대뇌피질 영역. 보통 시각피질이라고 불린다.

두정엽 신체 감각에 대한 정보 처리(예 : 신체를 환경과 연결하는)와 관련된 대뇌피질 영역

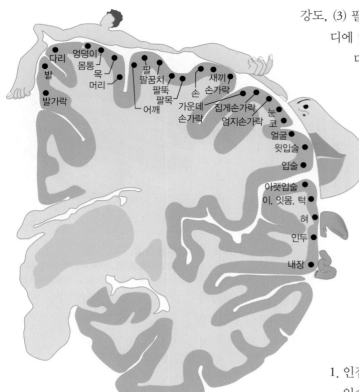

강도, (3) 팔과 손의 위치, (4) 컵을 잡을 때 힘의 강도. 처음 두 정보는 컵이 어디에 있고 무엇으로 만들어졌는지를 보게 해주는 시각 체계에서 뇌로 간다. 마지막 두 정보는 신체로부터 나오는데, 신경 시스템이 신체의 위치와 움직임에 대한 정보를 뇌에게 제공한다. 이 두 정보의 흐름—감각과 신체—은 어딘가에서 통합이 일어나야 한다. 이것이 두정엽에서 일어난다(Andersen et al., 1997).

두정엽의 앞부분에는 신체의 모든 부위에서 오는 정보를 받아들이는 영역인 **감각피질**(sensory cortex)이 있다. 감각피질은 등이 가렵고, 발이 저리고, 팔을 허공에 뻗고 있다는 것을 알게 해준다.

자연은 감각피질에 놀라울 정도로 체계적인 설계를 허락하였다. 감각피질에는 신체의 모든 부위가 표상되어 있다. 신체 부위와 피질은 서로 대응된다(그림 3.9). 당신의 발에서 오는 감각정보의 입력은 피질의 특정 부위로 가고, 무릎에서 오는 입력정보는 다른 피질 부위로 간다. 이런 신체와 뇌의 대응은 두 가지 독특한 특징을 가지고 있다.

그림 3.9
감각피질 신체의 각 부위는 신체에 대한 '지도'를 이루고 있는 감각피질의 상이한 부위로 신호를 보낸다.

1. 인접한 신체 부위는 피질의 인접 영역과 대응된다. 예를 들어 당신의 입술에서 오는 정보를 처리하는 감각피질 부위는 당신의 코에서 오는 정보를 처리하는 부위 옆에 있다. 손에서 오는 신호를 처리하는 피질 영역은 손가락에서 오는 신호를 처리하는 영역과 인접하고 있다.

2. 뇌에서 신체 부위가 차지하는 공간은 신체 부위의 물리적인 크기와 비례하지 않는다. 오히려 특정 신체 부위에 할당된 피질의 면적은 이 신체 부위의 민감성과 직접적인 연관이 있다. 매우 민감한 신체 부위(예 : 입술, 손가락)가 덜 민감한 부위(예 : 팔꿈치 또는 등)보다 체감각피질에서 더 넓은 공간을 차지하고 있다.

보통 감각피질은 신체 부위에서 오는 입력정보에 의해 활성화된다. 그렇다면 직접적인 활성화, 즉 과학자가 감각피질을 전기적으로 자극하면 어떤 일이 발생할까? 와일더 펜필드라는 의사가 뇌전증 환자를 수술하던 중에 처음으로 이것을 시도하였다(Costandi, 2008; Penfield & Boldrey, 1937). 수술이 진행되는 동안 환자는 깨어 있었다. 이것이 가능한 것은 뇌에는 감각 수용기가 없기 때문인데, 환자는 뇌수술 동안 통증을 느끼지 않는다. 펜필드가 감각피질의 한 영역에 약한 전기자극을 주자 환자는 혀가 마비되는 것을 느꼈다. 또 다른 영역을 자극하자 무릎이 따끔거리는 것을 느꼈다(그림 3.10). 다양한 영역을 자극해보고 환자가 경험하는 감각을 기록하고 나서 펜필드는 뇌의 감각피질과 신체 부위 간의 대응을 확인할 수 있었다(Penfield & Boldrey, 1937).

두정엽 아래 야구 장갑과 비슷하게 생긴 피질 부위가 **측두엽**(temporal lobe)이다(그림 3.8). 측두엽에 의존하는 두 심리 과제가 듣기와 기억이다. 듣기는 **청각피질**(auditory cortex)이라고 불리는 측두엽의 상부 표면에 위치한 영역에서 일어난다. 측두엽의 이 부위는 소리를 들으면 음높이, 강도, 시간 간격을 탐지하기 위해 활성화된다. 말소리와 음악 모두 청각피질이 있어야 들을 수 있다(Zatorre, Belin, & Penhune, 2002). 기억의 경우 사실과 경험을 기억할 때 활성화되는 다중 뇌 체계의 조직화에 측두엽의 특정 영역이 중요한 역할을 하고 있다(McClelland & Rogers, 2003). 측두엽의 손상은 흔한 물체의 이름조차 기억할 수 없게 만든다. 예를 들어 한 연구에서 측두엽 손상 환자에게 24개의 상이한 동물 그림을 보여주었을 때, 그는 겨우 3개(고양이, 개, 말)만 정확한 이

감각피질 신체의 각 부위에서 오는 감각정보를 받는 두정엽의 한 영역

측두엽 듣기와 기억을 포함하여 심리적 기능에 중요한 대뇌피질의 영역

청각피질 소리에 대한 정보 처리와 사실과 경험을 기억하는 데 핵심이 되는 측두엽의 한 영역

름을 말할 수 있었다(McClelland & Rogers, 2003).

마지막으로 두정엽에서 좀 더 앞쪽으로 나아가면 **전두엽**(frontal lobe)에 도달한다. 인간뿐만 아니라 진화적으로 가까운 유인원의 뇌에서도 가장 넓은 영역이 전두엽인데, 전체 뇌 용적의 약 35%에 달한다(Semendeferi et al., 2002). 인간의 전두엽은 여러 독특한 특성을 가지고 있다. 가령 전두엽 영역들 간의 풍부한 상호 연결과 전두엽과 다른 뇌 부위들 사이의 밀접한 연결은 대표적인 특성이라고 할 수 있다. 이런 독특한 생물학적 특성 때문에 인간은 가장 특별한 정신 능력을 가지게 되었다(Semendeferi et al., 2002; Wood & Grafman, 2003) — 자기 자신에 대해 생각하고, 스스로 목표를 세우고, 정서를 통제하고, 다른 사람들의 평가를 받는 사회적 존재로서 자신을 인식하는 능력, 즉 문명사회의 구성원으로 살고 있는 인간의 능력. 피니어스 게이지의 사례에서 보았듯이 전두엽이 손상되면 사회 규칙에 따라 개인의 행동을 통제하는 능력이 감소한다.

전두엽은 또한 신체 움직임을 통제하는 뇌 부위도 포함하고 있다. 전두엽의 뒤쪽 두정엽 가까이에 **운동피질**(motor cortex)이라고 알려진 뇌 영역이 있다. 이 피질 영역은 신체 근육에 움직임 신호를 보낸다. 앞으로 자세히 논의하겠지만, 이 신호는 척수를 통하여 신체 끝에 있는 근육까지 계속하여 전달된다.

펜필드와 동료들이 수행한 연구에서 운동피질의 기능을 보여주는 초기 증거들이 발견되었다. 펜필드는 운동피질의 상이한 영역을 자극하면 다른 움직임이 유발되는 것을 발견하였다. 운동피질의 어느 한 영역을 자극하였더니 환자의 손이 움직였다. 다른 영역을 자극하였더니 팔이 움직였다(Penfield & Boldrey, 1937).

펜필드의 연구 결과는 감각피질과 마찬가지로 운동피질도 각 신체 부위의 근육을 통제하는 영역이 정해져 있는 신체 부위 '지도'로 되어 있음을 보여준다. 그러나 최근의 연구에서 이런 생각이 정확하지 않다는 것이 발견되었다(Graziano, 2010). 운동피질에 있는 개별 부위가 개별 근육을 통제하고 있지 않다. 대신에 특정 운동피질 부위가 여러 상이한 근육들의 협응적 활동을 유발한다. 이러한 활동들은 진화과정을 통하여 특정 종의 유기체 적응에 기여하는 중요한 행동들이다.

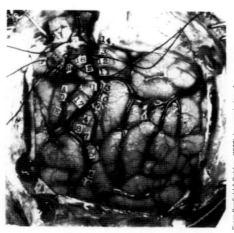

From Penfield & Boldrey (1937), by permission of Oxford University Press

14. 무릎 아래에서 오른쪽 발까지 얼얼하고 저림
13. 발을 포함하여 오른쪽 다리 아래가 모두 감각이 없음
4. 엄지손가락을 제외한 나머지 4개의 손가락에서 충격과 무감각
8. 엄지손가락의 움직임 감각
7. 8과 동일함
5. 오른쪽 혀의 무감각
6. 오른쪽 혀와 입술에서 얼얼한 느낌
15. 위아래 진동운동과 연합된 혀의 얼얼한 느낌

그림 3.10
펜필드의 뇌 자극 사진은 수술을 받고 있는 환자의 뇌 윗부분을 보여준다. 숫자는 외과의가 전기자극을 가했던 감각피질 영역을 표시하고 있다. 설명은 해당 피질 영역이 자극되고 있을 때 환자가 느끼는 감각이다.

> 당신은 지금 어떤 협응적인 움직임을 하고 있는가?

원숭이의 운동피질의 상이한 부위들을 자극하면 물체를 잡으려고 손을 뻗고, 입에 손을 가져다 대고, 뛰어오르는 움직임 등이 나타난다(Graziano et al., 2002; 그림 3.11).

운동피질 앞쪽에는 전두엽의 **연합 영역**(association areas)이 위치하고 있다. 연합 영역은 뇌의 다른 영역에서 정보 처리가 일어난 감각정보들을 받아들인다. 연합 영역은 이 입력된 정보를 세계에 대한 저장된 지식 및 기억에 연결한다(Pandya & Seltzer, 1982; Schmitz & Johnson, 2007). 입력된 감각정보와 저장된 지식 사이의 이런 연결 때문에 심리적으로 의미 있는 경험이 일어난다. 당신은 손을 내밀고 천천히 다가오는 사람만 지각하는 것이 아니라 과거의 잘못을 사과할 준비가 되어 있는 오래된 지인을 지각한다. 당신의 감각 시스템은 휴대전화에서 들려오는 사람의 목소리를 전달하고 있지만, 연합 영역은 자녀의 대학생활을 궁금해하는 사랑이 가득한 부모의 목소리를 들을 수 있게 해준다.

연합 영역의 앞쪽은 **전전두피질**(prefrontal cortex)이다. 이 영역은 이마 바로 뒤에 자리 잡고 있다. 전전두피질은 다양한 정신 기능을 담당하고 있는 여러 특수 하위구조들이 포함된 복잡한 생물학적 장치다. 전전두피질의 가장 대표적인 기능으로 두 가지 정신 활동을 들 수 있다.

하나는 마음에 정보를 유지하는 능력으로 사실에 집중하고, 주의를 초점화하고, 정보를 조작하는 것을 말한다(Levy & Goldman-Rakic, 2000). 전전두피질은 감각 시스템에서 온 정보나 저장된 기억에서 나온 정보를 결합하고 조작할 수 있는 일종의 정신적 '작업장'을 제공하고 있다

전두엽 자기반성(예 : 자신에 대해 생각하는 것)처럼 인간의 특별한 정신적 능력을 가능하게 해주는 인간의 뇌에서 특히 넓은 대뇌피질 부위

운동피질 신체의 근육 움직임을 통제하는 신호를 내보내는 대뇌피질 영역

연합 영역 뇌의 다른 영역으로부터 감각정보를 받아서 저장되어 있는 기억 또는 지식과 연결하는 영역으로 의미 있는 심리 경험을 가능하게 하는 대뇌피질 영역

전전두피질 이마 바로 뒤에 있는 뇌 영역. 사실에 초점을 맞추고, 주의를 집중하고, 정보를 조작하고, 사회적 규칙에 맞추어 행동을 조정하는 뇌 영역

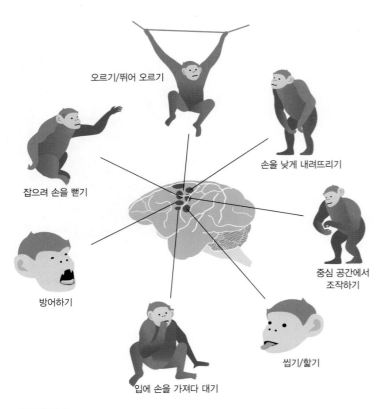

오르기/뛰어 오르기

손을 낮게 내려뜨리기

잡으려 손을 뻗기

중심 공간에서 조작하기

방어하기

씹기/핥기

입에 손을 가져다 대기

그림 3.11
운동피질 자극 원숭이 운동피질의 서로 다른 영역을 자극하면 물체를 잡기 위해 손을 뻗거나 뛰어 오르기 같은 여러 근육들이 결합된 의미 있는 행동양식이 나타난다 (Graziano, 2010).

(Dehaene & Naccache, 2001). 이런 능력 덕분에 당신의 정신 능력은 엄청나게 향상된다. 이런 작업장 없이는 생각의 흐름이 거의 전적으로 환경자극에 의해 결정될 것이다. 장면, 냄새, 소리가 당신의 생각을 한 방향으로만 끌고 갈 것이다. 전전두피질은 당신의 생각을 현재 환경에 존재하지 않는 사람들, 대상들, 사건들에 집중할 수 있는 '집행' 능력을 부여하고 있다(Posner & Rothbart, 2007). 당신은 먼 미래에 발생하거나 또는 오래전에 발생하였던 사건에 대해 생각할 수 있다. 전전두피질은 인간에게 다른 종과 다른 '정신적 시간 여행'을 가능하게 해준다(Suddendorf & Corballis, 2007).

> 당신의 정신적 '작업장'에는 현재 얼마나 많은 개별정보들이 들어 있는가?

전전두피질의 두 번째 기능은 피니어스 게이지가 잃어버린 사회 규칙과 관습에 맞추어 행동하는 능력이다. 전두엽 손상은 왜 이런 능력을 손상시키는 것일까? 이에 대한 설명은 사고 및 정서 모두와 관련이 있다. 전두엽이 손상되면, (1) 피질에서 만들어지는 사회 세계에 대한 생각과 (2) 하위 뇌 영역에서 만들어진 사회 세계에 대한 정서 사이의 정상적인 연결이 끊어진다. 그 결과 전두엽 손상 환자는 다른 사람들의 기대에 맞추어 행동을 하게 만드는 정서를 경험하지 못한다. 가령 이러한 정서에는 사람들과 어울리지 못했을 때 느끼는 어색함과 다른 사람들이 자신을 형편없이 볼까봐 오는 불안이 있다(Bechara, Damasio & Damasio, 2000). 또한 전두엽 손상은 개인이 자신과 상호작용하는 사람의 정서를 경험하는 능력인 공감을 감소시킨다(Agosta, 2010). 죄책감, 후회 그리고 희생자에 대한 공감을 느끼지 못해 폭력적인 범죄를 저지르는 사람들이나 반사회적인 범죄자의 행동은 공감의 결핍으로 설명될 수 있다(Shamay-Tsoory et al., 2010).

요약하면 뇌는 상향식으로 조직되어 있다. 뇌간에 있는 하위 수준의 구조들은 신체 상태를 조절하고 기본적인 생존과 관련된 욕구에 기여한다. 중간 수준의 변연계 구조들은 유기체가 정서를 경험하고 기억을 형성할 수 있게 한다. 상위 수준의 뇌 구조인 대뇌, 특히 대뇌피질은 복잡하고, 창의적이고, 이성적인 사고를 가능하게 해준다.

하나의 신체 기관에 여러 개의 조직이 있다는 것을 보았다. 그런데 뇌는 좌/우로도 조직되어 있다.

좌/우 체제화

사전 질문

> ▶ 좌뇌와 우뇌를 연결하고 있는 것은 무엇인가?
> ▶ 좌뇌와 우뇌는 어떤 기능에 특화되어 있는가?
> ▶ 좌뇌와 우뇌가 분리되면 2개의 뇌를 갖게 되는 것인가? 우리는 그것을 어떻게 알 수 있는가?

당신은 왼쪽과 오른쪽에 각각 하나씩 2개의 다리를 가지고 있다. 팔, 손, 눈, 귀, 신장, 그 밖의 많은 다른 신체 부위들도 왼쪽과 오른쪽에 하나씩 있다.

대뇌반구 뇌도 마찬가지다. 인간의 뇌는 하나지만, 뇌는 깊은 홈으로 왼쪽과 오른쪽이 분리되어 2개의 부위로 나뉘어 있다. 이 양쪽 부위를 **대뇌반구**(cerebral hemispheres)라고 한다(그림 3.12).

뇌의 좌/우 조직과 신체의 좌/우 조직 간의 관계는 놀랍다. 신체에서 뇌로 가는 신호가 교차한다. 신체의 왼쪽에서 나오는 정보는 뇌의 오른쪽에 도달하고 신체의 오른쪽에서 나오는 정보는 뇌의 왼쪽에 도달한다. 이와 유사하게 뇌에서 신체로 내려지는 명령도 교차한다. 심지어 뇌와 매우 가까이 위치하고 있는 신체 부위에서 오는 신호도 교차한다. 예를 들어 각 망막의 바깥쪽에 맺힌 정보는 같은 방향의 반구에 전달되고 안쪽에 맺힌 정보는 교차해서 반대로 반구로 들어간다. 연구에 의하면 이런 교차는 유기체의 발달 초기에 일어나는 복잡한 뇌의 '배선'에 유익하다(Shinbrot & Young, 2008).

좌반구와 우반구는 둘 사이에서 신호를 전달하는 200만 개 이상의 세포들로 이루어진 **뇌량**(corpus callosum)으로 연결되어 있다. 뇌량은 뇌 정면에서 뒤쪽까지 뻗어 있어서 전두엽, 두정엽, 후두엽의 왼쪽과 오른쪽을 연결하고 있다. 이런 연결 덕분에 당신의 왼쪽과 오른쪽이 동시에 작용한다. 당신이 테니스에서 양손 백핸드를 구사할 때, 서로 다른 반구가 왼팔과 오른팔을 통제하고 있지만, 행동은 협응적으로 일어난다. 헤드폰으로 음악을 들을 때, 당신의 양쪽 뇌가 왼쪽 귀와 오른쪽 귀에서 듣는 소리를 정보 처리하고 있지만, 당신은 이 소리들에서 음악을 경험한다.

반구 특수화 사람의 좌우 반구는 상당히 비슷해 보이지만, '겉만으로는 뇌에 대해 아무것도 말할 수 없다'. 비슷한 생김새에도 불구하고 반구는 다양한 심리 활동에 특화되어 있다. 어떤 과제는 좌뇌에 의존하고 다른 과제는 우뇌를 사용한다.

좌반구는 언어에 특화되어 있다. 오른손잡이의 약 97%가 좌반구를 사용하여 언어를 이해하고 산출한다. 왼손잡이의 경우에 이 비율은 약 70%로 여전히 높은 편이다(Toga & Thompson, 2003). 19세기 2명의 의사ー프랑스인 폴 브로카(Paul Broca)와 독일인 칼 베르니케(Carl Wernicke)ー에 의해 실어증 환자에게서 좌반구의 언어 기능이 밝혀졌다.

브로카의 통찰은 말할 수 있는 단어가 오직 'tan'이어서 'Tan'이라는 별명을 가졌던 환자로부터 나왔다. 성인기 초기에 질병을 앓고 나서 그는 다른 사람의 말은 이해할 수 있지만, 신기하게도 'tan'이라는 말 이외에는 한 단어도 말하지 못하는 실어증에 걸리게 되었다(Schiller, 1992). 환자가 사망하고 나서 브로카는 이 남자의 뇌에서 브로카 영역이라고 불리는 좌반구의 특정 영역이 손상되었음을 발견하였다(그림 3.13). 우리가 단어를 말할 수 있으려면 이 영역이 정상적으로 기능해야만 한다.

몇 년 후 베르니케는 언어를 이해하는 능력을 상실한 환자를 만나게 되었다. 이들은 단어의 소리는 들을 수 있지만 이 소리가 무엇을 의미하는지 알지 못하였다(Geschwind, 1970). 사후 부검에서 뇌 손상이 드러났다. 하지만 이번 손상은 Tan과는 다른 뇌 영역에서 발견되었다. 구어를 이해하는 데 필요한 이 영역을 현재 베르니케 영역이라고 부른다(그림 3.13).

브로카와 베르니케 영역 둘 다 좌반구에 있다. 후속연구(예 : Sperry, 1982)에서 베르니케가 생각했던 것보다 언어 이해에 우반구가 더 많이 관여되어 있음이 밝혀졌지만, 현대의 연구 결과들은 대다수 사람들의 경우 언어 산출과 언어 이해를 위한 우세반구가 좌반구라는 증거를 보여주고 있다(Josse & Tzourio-Mazoyer, 2004).

좌반구의 전문성이 언어에만 있는 것은 아니다. 또 하나가 산술이다. 머릿속으로 곱셈을 하는 동안 뇌를 촬영한 연구는 우반구보다 좌반구가 유의미하게 더 많이 활성화되는 것을 보여주었다

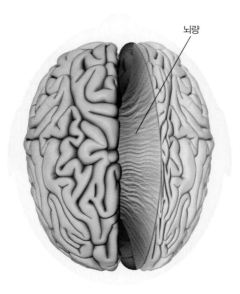

뇌량

그림 3.12
대뇌반구와 뇌량 좌반구와 우반구는 뇌량을 통해 긴밀하게 서로 연결되어 있다. 그림은 두 반구 사이 뇌량의 연결을 보여주기 위해 우반구를 한쪽으로 밀었을 때 뇌의 모습이다.

대뇌반구 뇌의 양쪽. 좌반구는 수학과 언어를 포함하여 분석적 과제에 특화되어 있다면, 우반구는 이미지를 만들어내고 생각하는 능력에 특화되어 있다.

뇌량 두 반구가 동시에 작용할 수 있게 두 반구를 연결하고 있는 뇌 구조

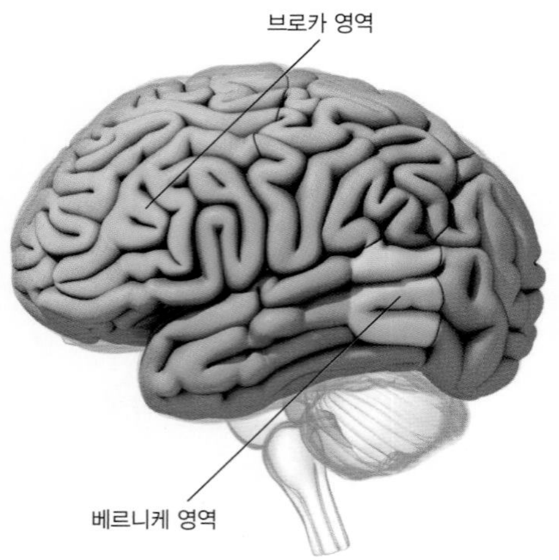

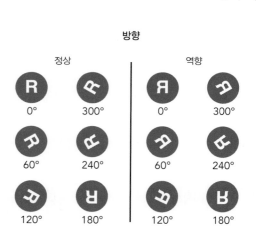

브로카 영역

베르니케 영역

그림 3.13
브로카 영역과 베르니케 영역 언어에 반드시 필요한 뇌의 두 영역 - (1) 단어 산출을 담당하는 브로카 영역과 (2) 구어를 이해하는 데 필요한 베르니케 영역

방향

정상 | 역향

R 0° | R 300° | Я 0° | Я 300°

R 60° | R 240° | Я 60° | Я 240°

R 120° | R 180° | Я 120° | Я 180°

그림 3.14
이상한 각도의 낱자들 연구자가 참여자에게 하는 질문은 간단하다 - 낱자의 방향이 정상인가? 또는 낱자의 방향이 거꾸로 되어 있는가? 이 질문에 답하기 위해서 참여자는 마음속에서 심적 이미지를 회전시켜야 한다. 이런 심적 회전 과제는 공간적 사고에 특화된 뇌의 우반구를 사용하게 한다.

분할 뇌 뇌량을 절단하는 외과적 절차의 결과로 대뇌반구 사이의 정보 교환이 방해를 받아 의식 경험이 달라진다.

(Chochon et al., 1999).

언어와 산술은 공통점이 많다. 둘 다 개별 상징들(단어, 숫자)이 다양한 규칙(문법규칙 또는 연산규칙)에 따라서 특정 순서로 결합된다. 상징이 순서에서 벗어나면 결과는 무의미하다. '224 + = ' 또는 'Dog her ran Jane spot after'는 이해할 수 없다. 특정 규칙에 따라 단계별로 상징이나 대상의 결합을 요구하는 활동이 분석적 과제이다. 좌반구는 분석적 과제에 뛰어나다. 흥미롭게도 우리가 방금 논의한 두 분석 과제(언어와 산술)는 과제를 수행하는 동안 활성화되는 좌반구의 영역이 겹친다(Baldo & Dronkers, 2007).

분석적 과제가 다루지 않는 것은 무엇인가? 공간적 활동은 분석적 과제와 다르다. 공간적 사고를 할 때 당신은 마음속으로 이미지를 만든다. 당신이 살고 있는 집의 창문이 모두 몇 개인지를 말해달라는 요청을 받는다고 해보자. 당신은 먼저 마음속으로 집에 대한 그림을 떠올리고 나서 창문을 셀 것이다. 마음속으로 집을 그리는 것이 공간적 사고의 한 예다.

> 당신은 공간적 사고와 관련된 다른 정신 활동을 생각해낼 수 있는가?

하나가 심적 회전 과제인데(그림 3.14), 이 과제에서 사람들은 마음속에 이미지를 형성하고 난 다음 이 이미지가 다른 각도에서는 어떻게 보일지를 상상한다. 그림 3.14에서 당신은 이상한 각도로 인쇄된 낱자 R을 보고 마음속에서 똑바로 회전을 시켜야 한다. 이런 심적 회전 과제는 일종의 공간적 사고인데, 단어 또는 숫자들의 논리적 관계가 아니라 이미지에 대한 생각을 포함하고 있기 때문이다.

심적 회전 실험은 두 가지 재미있는 결과를 보여준다. 당신은 그중 하나를 직접 경험했을 것이다. 작은 각도보다 큰 각도의 이미지를 회전하는 데 걸리는 시간이 더 길다. 즉 심적 이미지의 회전은 물리적인 대상을 회전하는 것과 비슷하다. 90도 돌려져 있는 물체보다 180도 돌려져 있는 물체를 회전하는 데 시간이 더 오래 걸리는 것처럼 당신 머릿속에 있는 이미지도 90도보다 180도 회전하는 데 더 오래 걸린다(7장 참조).

두 번째 결과는 뇌와 관련이 있다. 연구에 따르면 심적 회전 같은 공간적 사고는 우반구에서 일어난다. 이에 대한 증거가 심적 회전 과제를 수행하는 동안 참여자의 뇌를 촬영한 한 연구에서 나왔다. 참여자가 이 과제를 수행하는 동안 우반구의 활성화가 가장 크게 나타났다(Milivojevic, Hamm, & Corballis, 2009a). 심적 회전 과제에서 우반구의 장점은 속도이다. 사람들에게 가능한 빠르게 심적 이미지를 회전시키라고 요청하자 좌반구보다 우반구가 더 빠르게 활성화되었다(Milivojevic, Hamm, & Corballis, 2009b).

분할 뇌 증후군 두 반구는 마치 서로 다른 직무에 특화되어 있는 2개의 작업팀처럼 작동한다. 하지만 이들은 뇌량을 통해 끊임없이 의사소통하고 있기 때문에 전체적인 활동은 협응적이다.

만일 소통이 멈추면 어떻게 될까? 즉 뇌량이 끊어지면 어떤 일이 발생할까? 당신은 서로를 무시하면서 작동하는 '2개의 뇌'를 가지게 될까?

믿기 어렵겠지만 그렇게 된다. 뇌량이 없으면 좌반구와 우반구는 실제로 마치 '2개의 독립적인 뇌'처럼 작동한다(Sperry, 1961, p. 1749) — 두 작업팀이 다른 팀의 활동을 알지 못한 채 자신의 특수 직무만 수행하는 것처럼. 이에 대한 증거가 뇌량이 절단되어 두 반구 간의 정보 교환이 불가능해진 사람이나 동물에 대한 **분할 뇌**(split brain) 실험에서 나왔다. 분할 뇌 연구는 1981년에 노벨상을 수상한 신경과학자 로저 스페리(Roger Sperry)에 의해 시작되었다.

스페리와 그의 학생들의 초기 연구는 고양이를 대상으로 수행되었다. 다른 동물과 마찬가지로 고양이도 특정 환경자극에 대해 새로운 반응을 학습한다(6장 참조). 스페리와 동료들은 고양이의 한쪽 반구로만 자극이 들어가도록 하고 특정 반응을 유발하였다. 나중에 다른 쪽 반구로 자극이 들어가도록 한 다음 동일한 반응이 일어나는지를 관찰하였다. 뇌량이 정상인 고양이에게서는 학습의 전이가 발생하였다. 그러나 뇌량을 절단한 고양이는 그렇지 않았다. 분할 뇌 고양이는 뇌의 한쪽을 사용해서는 과제를 수행할 수 있었지만 다른 쪽을 사용해서는 할 수 없었다(Sperry, 1961). 즉 뇌량을 절단하자 두 반구는 서로의 학습을 무시하였다.

후속연구는 뇌량을 절단하면 인간의 심리적 경험에 어떤 변화가 일어나는지를 보여주었다 (Sperry, 1982; Sperry, Gazzaniga, & Bogen, 1969). 의학적인 이유로 뇌량이 절단된 사람들이 있다. 한쪽 뇌에서 다른 쪽으로 퍼져 나가는 뇌전증 발작을 막기 위해 외과적으로 뇌량을 절단하는 경우가 있다. 수술 후에도 환자는 매우 정상으로 보인다. 뇌량이 절단되어도 일상 행동은 거의 영향을 받지 않는다. 일상생활에서 경험하는 대부분의 정보들은 직접 두 반구로 전달된다. 하지만 정보가 한쪽 뇌에만 도달하면 어떤 일이 발생할까?

스페리와 동료들은 이것을 알아보기 위한 영리한 실험 절차를 고안하였다. 이들은 환자를 프로젝트 스크린 앞에 앉히고 스크린 중앙에 있는 점에 시선을 고정하도록 하고 스크린의 오른쪽과 왼쪽에 동시에 빠르게 단어들을 제시하였다(그림 3.15). 이렇게 하면 왼쪽에 제시된 단어는 우반구로만 가고, 오른쪽에 제시된 단어는 오직 좌반구로 전달된다. 분할 뇌 환자에게 어떤 단어를 보았는지 질문하면 그들은 오른쪽에 제시된 단어만 말할 수 있다(그림에서 '반지'). 당신은 환자가 다른 단어(예시에서 '열쇠')가 제시되었다는 사실을 전혀 인식하지 못했다고 생각할지 모른다. 그러나 그렇지 않다(Sperry et al., 1969).

단어가 언어 산출 능력이 없는 우반구로 들어갔기 때문에 '열쇠'를 말할 수 없는 것뿐이다. 환자에게 본 것을 왼손(우반구에 의해 통제되는)으로 스크린 뒤에 있는 물체들 중에서 집으라고 하면 해당 물체를 골라낸다. 즉 환자의 우반구는 '열쇠'라는 단어를 보고 이해하지만 '열쇠'라는 생각을 단어로 바꿀 수 없을 뿐이다. 만일 환자에게 골라 집은 열쇠를 보기 전에 무엇을 집었는지 물어보면, 그는 '반지'를 집었다고 말한다. 이 질문에 대한 대답은 우반구가 무엇을 하였는지 전혀 인식하지 못하는 좌반구에서 일어나기 때문이다.

이 특별한 검사 덕분에 분할 뇌 환자의 독특한 심리 경험이 알려지게 되었다. 이런 검사가 없었다면 환자는 정상으로 보였을 것이다. 이런 환자는 왼쪽 시각장에 짧게 제시되는 자극을 말하지 못하는 경험을 가끔 하겠지만(Gazzaniga & Miller, 2009, p. 261), 좌반구에게는 큰 문제가 되는 것 같지 않다. 실제로 좌뇌만 가지고도 사람들은 비교적 정상적인 삶을 유지할 수 있다. 2007년 6세 여아 캐머런 모트는 매일 겪는 격렬한 발작 때문에 전체 우반구를 제거하는 외과 수술을 받았다. 몇 년 뒤 캐머런은 학교에 다닐 수 있게 되었고 우수한 학생이 되었다. 한 신문기자가 '수술 후유증이 있는지'를 물었을 때, 그녀는 "아니요, 전혀요"라고 답하였다(Celizic, 2010). (복잡한 언어 능력과 관련된 좌반구를 절제하면 생활이 더 힘들다; Bayard & Lassonde, 2001).

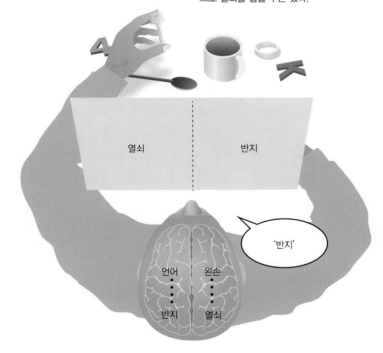

그림 3.15
분할 뇌 연구 절차 분할 뇌 증후군의 경우 뇌의 한쪽은 다른 쪽이 하는 일을 모른다. 좌반구는 단어 '반지'를 보고 참여자는 '반지'라고 말한다. 우반구는 단어 '열쇠'를 보지만 '열쇠'라고 말하지 못한다. 언어 능력이 좌반구에 위치하고 있기 때문이다. 그러나 왼손으로 열쇠를 잡을 수는 있다.

> 뇌의 각 반구는 자기만의 지각, 학습, 기억 경험을 가진 매우 독립적인 인지 영역으로 이루어진 듯하다. 이런 모든 경험을 다른 쪽 반구는 거의 의식하지 못하는 것 같다.
>
> — Roger Sperry(1982, p. 1224)

뇌 연결망

사전 질문

> **우리 뇌는 엄청난 양의 정보를 어떻게 동시에 처리하는가?**

상향식과 좌/우 배열 외에도 뇌에는 세 번째 조직이 있다. 유추를 이용하여 설명해보자. 거대한 아파트 건물을 상상해보라. 건물은 상향식(예 : 40층)과 좌우(예 : 각 층의 동쪽과 서쪽의 아파트는 평면도가 다르다)로 조직되어 있다. 그러나 이것만이 아니다. 세 번째 체제화는 건물의 서로 다른 곳에 살고 있는 사람들을 연결하는 것이다. 소통망이 건물의 다른 층과 다른 방향에 살고 있는 주민들을 연결해준다. 예를 들어 38B, 19D, 21C, 4A, 6E에 살고 있는 주민은 사회적 연결망으로 서로 '친구'가 될 수 있고—38C, 19A, 17C, 3B, 8E의 주민도 마찬가지다—그 밖에도 수많은 주민들 사이의 통합이 일어날 수 있다. 이런 망 덕분에 사는 곳이 달라도 주민들 사이에서 빠르고 빈번한 정보의 교환이 일어난다. 이런 소통망이 아파트 건물의 수많은 층과 방향을 가로지르는 세 번째 체제화이다.

뇌도 이와 비슷하게 작동한다. 뇌는 위, 아래, 왼쪽과 오른쪽을 가로지르는 소통에 기초한 세 번째 조직을 가지고 있다(그림 3.12). 이런 '뇌 연결망'은 여러 영역을 서로 연결하여 이들 사이의 빠른 소통을 가능하게 한다(Bullmore & Sporns, 2009; Sporns, 2011, 2012). 이런 소통 덕분에 여러 뇌 영역의 활동이 협응을 이룬다. 사회연결망에서 친구처럼 각각의 뇌 영역은 정보를 공유하고, 지식을 통합하고, 동시적 활동이 가능하다.

뇌 영역의 동시 다발성 복잡한 사고를 요구하는 과제는 망으로 연결된 여러 뇌 영역들에 의존한다. 일상생활의 사건—최근의 말다툼—에 대해 생각해보자. 당신은 마음속에서 이 사건을 '회상'할 수 있다. 말다툼이 일어났던 장소를 그림으로 떠올리고, 말다툼을 할 때 경험했던 정서를 느끼고, 말한 문장과 단어를 기억한다. 중요한 것은 이 모든 것을 **동시**에 할 수 있다는 것이다. 당신은 그림, 정서, 단어를 마음에서 한 번에 떠올릴 수 있다. 말다툼을 회상하는 이런 마음의 능력을—뇌의 분석 수준에서—어떻게 설명할 수 있을까?

이것을 설명하기 위해 뇌는 두 가지 생물학적 특성이 필요하다.

1. 뇌의 특수 영역 : 앞에서 설명한 것처럼 뇌의 각 부위는 특정 유형의 정신 능력에 특화되어 있다. 어떤 뇌 영역은 어떤 것을 '그리는' 능력에 기여하고(예 : 심상의 형성), 어떤 영역은 정서를 유발하고, 또 어떤 영역은 언어를 이해하고 산출하는 능력과 관련이 있다. 따라서 당신 마음속에서 말다툼이 회상되는 방식을 설명하기 위해서는 이런 각 특화된 영역에 대해 알아야 한다.

2. 뇌의 연결망 : 뇌의 개별 영역을 아는 것만으로는 충분하지 않다. 어떤 부위가 활성화되는지뿐만 아니라 이들이 어떻게 통합되고 동시에 작동하는지를 설명할 수 있어야 한다. 이를 위해서 뇌의 연결망에 대해 알아야 한다—여러 뇌 영역에서 일어나는 활동을 결합하는 소통망. 당신의 정신 경험이 이미지, 소리, 정서가 결합된 형태로 나타나는 것은 뇌의 여러 부위들(좌반구와 우반구, 피질의 앞부분과 뒷부분, 하위 수준과 상위 수준의 뇌 영역)이 연결되어 있기 때문이다. 여러 뇌 영역들의 활성화 연결망이 당신에게 말다툼을 회상할 수 있도록 한다.

생물학적으로 뇌의 여러 부위가 동시에 작동하게 하는 것은 무엇일까? 이런 연결망은 뇌에 있는 수많은 신경세포들로 구성된다. 이런 세포들 중 대부분은 얇고 긴데, 어떤 세포는 뇌의 한 부위에

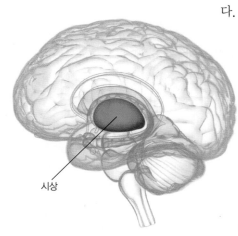

시상

그림 3.16

시상 뇌의 중앙에 위치하고 있는 시상은 '중계소'처럼 뇌 영역들 사이의 소통을 담당하고 있다.

서 다른 부위까지 정보를 전달할 수 있을 정도로 길다.

이런 정보의 전달은 대부분 뇌의 한가운데 위치하고 있는 **시상**(thalamus)으로 알려진 뇌 구조를 통과한다. 시상은 뇌 영역들 사이를 연결하는 일종의 '중계소'와 같은 역할을 한다(그림 3.16; Izhikevich & Edelman, 2008). 뇌는 왼쪽과 오른쪽뿐만 아니라 상위와 하위 영역에서 일어나는 활동을 모두 통합하기 위해 시상 안과 밖으로 빠르게 정보 전달이 일어나고 있다.

뇌 연결망의 시각화 최근 연구자들은 뇌 영역을 연결하는 신경섬유를 시각화하는 새로운 방법을 개발하였다(Le Bihan et al., 2001). 특정 뇌 영역의 활동을 보여주는 fMRI와 다르게, 이 새로운 기법은 뇌의 한 영역에서 다른 영역을 가로지르는 정보 연결망을 보여주는 3차원의 사진을 제공한다. 이 사진에서 색채 부호는 뇌의 한 영역에서 다른 영역으로 정보를 이동시키는 신경섬유 다발을 가리킨다.

이 기법은 뇌 연결망을 보여주는 놀라운 사진을 제공해준다(그림 3.17). 생각하고 느끼는 능력의 기저에 있는 생물학적 기제에 대한 우리의 이해를 즉각 바꾸어준다. 대뇌피질 아래에는 엄청나게 복잡한 연결망이 존재하고 있고, 뇌의 역량은 이것에 기초하고 있다.

뇌의 역량은 월드와이드웹(WWW)과 비슷하다. 컴퓨터나 스마트폰은 당신이 많은 것을 할 수 있도록 한다 — 친구와의 소통, 길 찾기, 상품 구매, 날씨 정보, 스포츠 중계. 이런 역량은 단순히 당신 손에 있는 기계에 달려있지 않고, 이 기계가 수백만 개의 다른 컴퓨터와 연결되어 있는 것에서 나온다. 이와 유사하게, 대부분의 당신의 정신 능력도 단순히 뇌의 한 영역의 활동에 달려있는 것이 아니라 서로 연결된 수많은 뇌 영역들 사이의 협응적 활동에 기반하고 있다.

뇌의 연결망에 대한 연구는 여전히 초기 단계에 있다. 미국은 2009년부터 뇌 연결망을 연구하기 시작하였다(National Institutes of Health, 2009). 이런 연구들의 장기적인 목표는 유기체의 뇌와 전체 신경계의 연결망을 완벽하게 도식화하는, **커넥톰**(connectome)의 완성이다(Sporns, Tononi, & Kötter, 2005). (커넥톰이라는 용어는 유기체의 신경 연결망 지도로 유기체의 유전정보 지도인 게놈과 유사하다.)

뇌의 연결망에 대한 논의는 서론의 사례를 떠올리게 한다. 우리는 카프그라 증후군이 뇌의 서로 다른 영역들 사이의 연결이 끊어져서 일어난다고 배웠다(Thiel et al., 2014 참조). 이런 단절로 인해 사랑하는 사람의 얼굴이 얼굴인 것은 알지만 이 얼굴을 친숙한 얼굴로 판단하는 데 필요한 정서를 경험하지 못한다. 예를 들어 엄마가 사기꾼이 아니라 진짜 엄마임을 아는 당신의 능력은 뇌에 있는 '연결망'으로 이루어진 복잡한 소통 체계에 달려있다(그림 3.18).

시상 뇌 영역들 사이의 빠른 연결을 위해 '중계소'와 같은 기능을 하는 뇌 중앙에 위치하고 있는 구조

커넥톰 유기체의 전체 신경계와 뇌의 완벽한 신경 연결망

> 정신 능력이 연결망에 의해 일어난다는 생각은 뇌의 작동 방식에 대한 당신의 처음 생각과 어떻게 일치하는가?

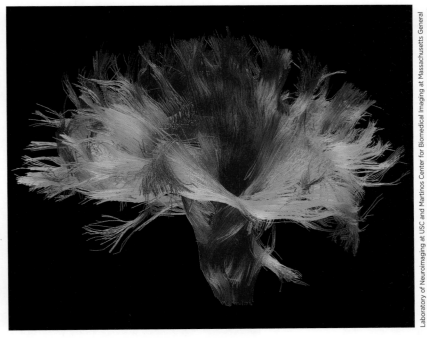

그림 3.17
뇌의 연결망 최근에 개발된 뇌 영상 기술은 뇌 영역들 사이의 연결망을 볼 수 있게 해준다. (영상에 추가되는 색은 비슷한 뇌 영역을 연결하고 있는 섬유를 나타낸다.) 그림에서 보듯이 뇌 연결망은 엄청나게 복잡하다. 뇌의 구조들은 밀접하게 서로 연결되어 있다. 이런 영상은 과학자들로 하여금 뇌 영역들 사이의 연결보다 개별 영역의 역할에 초점을 맞추었던 초기 뇌 연구에 대해 다시 생각하게 하였다. 한 과학자는 "우리는 한 번도 뇌를 제대로 본 적이 없다. 그것은 잘 보이는 곳에 숨어 있었다"라고 말하였다.

그림 **3.18**

사람 · 마음 · 뇌
상호작용

왜 어떤 사람은 사랑하는 사람의 얼굴을 알아보지 못하는 것일까?

ⓟ **사 람**

카프그라 증후군(서론 참조)을 가진 사람들은 이상한 경험을 한다. 사랑하는 사람의 얼굴을 재인하지 못한다.

ⓜ **마 음**

이 증후군은 정신 체계들이 협응을 못해서 일어난다. 이런 사람은 얼굴은 재인하지만 얼굴과 연합된 정서를 경험하지 못한다.

이것은 얼굴이다

이 얼굴은 친숙한가?
이 사람은 정확히 누구인가?

이 사람을 알고 있다는
느낌이 있는가?

ⓑ **뇌**

뇌 수준에서 분석해보면, 이 증후군은 두 뇌 부위 사이의 소통이 단절되어 있다 — 얼굴 재인을 담당하는 얼굴정보 처리 영역인 방추(파란색)와 당신이 사랑하는 사람을 보고 있다는 것을 입증하는 정서를 만들어내는 변연계의 편도체(빨간색).

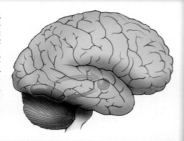

Gallery Stock
이 여성은 카프그라 증후군이 아니다.

뉴런

사전 질문

> ❯ 신경세포는 신체의 다른 세포들과 어떤 차이가 있는가?
> ❯ 어떻게 뉴런은 전기화학적으로 소통하는가?
> ❯ 어떻게 한 뉴런의 축색종말에서 다른 뉴런의 수상돌기로 신호 전달은 어떻게 일어나는가?
> ❯ 무엇이 한 뉴런의 발화를 결정하는가?
> ❯ 어떻게 뉴런은 그 자리에 고정되어 있는가?

계속하여 뇌를 들여다보기로 하자. 지금까지는 누군가의 두개골을 열고 육안으로 볼 수 있는 뇌 부위에 대해 논의하였다. 하지만 육안이 아니라 현미경을 통해 뇌를 보면 무엇이 보일까?

당신이 보는 것은 개별 세포들이다. 신체의 모든 다른 구조들처럼 뇌는 세포로 이루어져 있다. 뇌에는 뉴런이라고 불리는 약 1,000억 개의 세포들이 있다. **뉴런**(neurons)은 뇌의 기본 구성 요소이다.

뉴런은 신체의 다른 세포들과 여러 가지로 닮았다. 모든 세포는 세포 내부와 외부 환경을 분리하는 세포벽, 유전 자료를 담고 있는 핵, 세포에 에너지를 제공하는 기본 기능을 수행하는 추가 구조로 이루어져 있다. 하지만 뉴런의 두 가지 해부학적 특징은 신체의 다른 세포들과 차이가 있다(Kuffler & Nicholls, 1976). 첫 번째는 **수상돌기와 축색**으로 인한 뉴런의 독특한 형태이다. 두 번째는 **시냅스**에서 발견되는 특수 구조로 인한 뉴런들끼리의 소통하는 능력이다. 지금부터 뉴런의 이런 특징을 자세히 살펴보자.

수상돌기와 축색 생물학적 세포를 상상해보라고 하면 당신은 아마도 둥글거나 타원형의 어떤 것을 그릴 것이다. 실제로 많은 세포들이 이런 모양을 하고 있지만 뉴런은 그렇지 않다. 2개의 특수한 구조 때문에 뉴런은 독특한 형태를 띠고 있다.

첫 번째는 **수상돌기**(dentrites)인데, 세포체라고 불리는 뉴런의 조직에서 뻗어 나온 구조이다. 수상돌기는 나뭇가지처럼 얇고 길어서 세포체로부터 멀리까지 뻗어 있다(그림 3.19).

수상돌기는 다른 뉴런으로부터 입력되는 신호를 받는다. 이들은 마치 마이크처럼 근처에 있는 뉴런들에서 오는 신호를 받아들인다. 한 뉴런의 세포체에는 수많은 수상돌기가 돌출되어 있는데, 이것은 수많은 다른 뉴런들에서 오는 입력신호를 받아들일 수 있다는 의미이다.

뉴런 독특한 형태와 서로 소통하는 능력에서 다른 세포들과 차별되는 신경세포라고도 불리는 뇌세포

수상돌기 다른 뉴런으로부터의 입력 신호를 받아들이는 뉴런의 세포체에서 가지들이 뻗어 나온 부위

그림 3.19
수상돌기, 세포체, 축색 뇌의 뉴런은 3개의 기본 구조로 이루어져 있다 — (1) 세포의 몸체 또는 세포체, (2) 다른 뉴런에서 오는 입력신호를 받는 수상돌기, (3) 다른 뉴런에 신호를 전달하는 세포체에서 뻗어 나온 길고 얇은 축색. 축색은 수초로 둘러싸여 있고, 지방으로 된 수초는 신호가 축색을 따라 내려가는 속도를 증가시킨다.

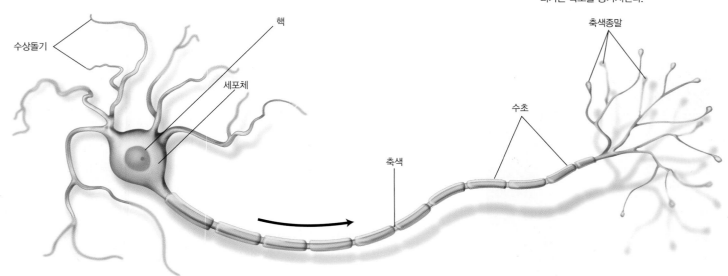

수상돌기　　　핵

세포체

축색종말

수초

축색

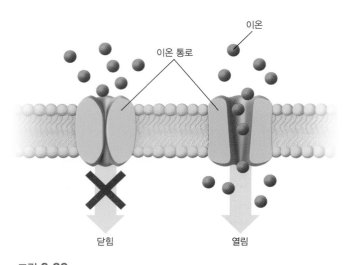

이온 통로

이온

이온 통로

닫힘   열림

그림 3.20
이온 통로 전하를 띤 입자 또는 이온은 세포벽의 통로를 통과하여 뉴런의 안과 밖을 이동한다. 이런 이동에 의해 활동전위라고 불리는 전기적 활동이 만들어진다.

축색 다른 뉴런에 정보를 전달하는 뉴런의 얇고 길게 뻗어 있는 부위

활동전위 신경충격(또는 스파이크), 전류가 축색을 따라 내려가는 전기화학적 사건

수초 축색을 둘러싸고 있는 지방물질로 절연제로 작용한다.

뉴런의 두 번째 특수한 구조는 **축색**(axon)으로 알려진 얇고 긴 구조이다. 모든 뉴런은 하나의 축색을 가지는데, 이것은 정보를 다른 뉴런에 보내는 역할을 한다. 당신은 축색을 '마이크'—인접한 뉴런의 수상돌기—에서 수집한 정보를 전파하는 스피커와 비슷하다고 생각할 수 있다.

인간의 경우 길이가 약 1미터에 달하는 긴 축색도 있다(Maday & Holzbaur, 2012). 이것은 하나의 뉴런이 비교적 먼 거리—뇌의 한 영역에서 다른 영역으로 또는 뇌에서 다른 신체 부위로—를 가로질러 정보를 전달할 수 있다는 의미이다. 앞에서 배웠던 하나의 뇌 영역과 다른 뇌 영역 사이의 '연결망'은 뇌 영역들을 가로지르는 축색들로 이루어진다.

축색의 끝부분은 **축색종말**이라는 수많은 가지들로 갈라져 있다. 뉴런이 다른 뉴런에 신호를 전달하는 과정이 축색종말에서 일어난다. 이런 전달에 대해서는 시냅스와 신경전달물질에서 논의할 것이다.

활동전위 뉴런들은 때로 '빈둥대면서' 쉬고 있을 때가 있다. 이럴 때 뉴런 내부에서의 생화학적 과정은 신체의 다른 세포들과 동일하다. 그러나 주기적으로 뉴런은 갑자기 활발해진다. 뉴런은 전류가 세포체에서 축색종말을 따라 내려가는 전기화학적 사건인 **활동전위**(action potentials)를 만들어낸다(신경충격 또는 스파이크라고도 불린다)(Bean, 2007). '전기화학적'이라는 단어는 활동전위 동안에 발생한 전기가 전하를 띠는 화학물질에서 오기 때문이다.

활동전위는 '실무율' 원리를 따른다(Rieke et al., 1997). 뉴런은 '발화'(활동전위의 생성)하거나 또는 발화하지 않는다. 작은 발화 또는 절반의 발화, 즉 '중간'의 발화는 존재하지 않는다.

활동전위는 놀랍도록 강력하다. 예를 들어 전기뱀장어의 뉴런은 인간을 죽음에 이르게 할 수 있을 정도의 수백볼트의 전기를 일으킨다(Ornstein & Thompson, 1984). 인간의 경우에도 두피에서 전극을 이용하여 뇌 활동을 기록할 수 있을 정도로 활동전위의 전기적 힘은 강력하다(2장 참조). 뇌의 전류는 두개골을 통과하여 쉽게 탐지된다.

이런 힘은 뉴런의 안과 밖에 있는 화학물질의 전하에서 온다. 휴지기에 있는 뉴런의 내부는 음전하를 띠는 물질로 채워져 있다. 세포의 바깥쪽에는 양전하를 띠는 나트륨 이온이 존재한다. 활동전위 동안 나트륨 이온이 짧은 시간 뉴런의 세포벽에 있는 통로를 통과하여 뉴런 안으로 들어온다. 이런 전하를 띤 입자들의 흐름이 통로 부근에서 전기충격을 만들어낸다(그림 3.20).

마치 뇌운이 지구에 발사하는 번개처럼 활동전위도 뉴런의 세포체에서 축색으로 이어지는 길을 따라 발사된다. 전기충격은 축색의 길이를 따라 이동하는데 세포막의 한 통로에서 전기적 활동은 다음 통로의 문을 여는 스위치같이 작용한다. 나트륨 이온이 통로를 돌진하여 들어오면 이 활동전위가 다음 문을 여는 방식으로 신경충격은 축색을 따라 끝까지 내려간다.

돌진이다! 과정은 복잡하지만 빠르다. 신경충격은 1초에 100미터의 속도로 이동한다. 이들은 축색을 감싸고 있는 지방물질로서 절연제로 작용하는 **수초**(myelin sheath)에 의해 속력이 증가한다. 수초의 색깔은 뉴런과 다르다. 뉴런은 회색이지만 수초는 흰색이다. 그래서 수상돌기와 세포체가 자리 잡고 있는 뇌 영역, 즉 수초가 덮고 있지 않은 뇌 영역을 회백질이라고 부르게 되었다. 한 영역에서 다른 영역으로 이동하는 수초로 덮여 있는 축색다발이 있는 뇌 부위는 뇌의 **백질**로 불린다.

오징어 과학자들은 오징어를 가지고 뉴런의 전기적 성질에 대해 처음으로 알게 되었다(Hodgkin & Katz, 1949). 왜 오징어였을까? 신체의 벽 또는 외투에 신호를 보내는 축색이 유난히 크기 때문이다. 오징어의 축색은 과학자가 전극을 직접 축색에 삽입할 수 있을 정도로 크다. 전기 기록은 세포 안과 밖을 이동하는 전하를 띤 입자들에 의해서만 일어날 수 있는 축색의 전기 활동 변화를 보여주었다.

Image Source RF / Justin Lewis / Getty Images

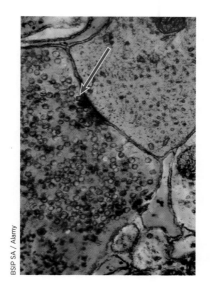

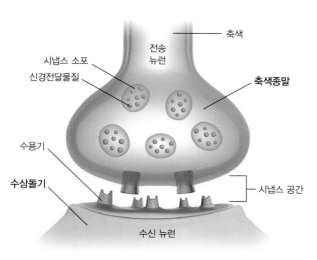

BSIP SA / Alamy

그림 3.21
틈을 주의하라 뉴런이 서로 소통하려면 시냅스라고 불리는 작은 공간을 가로질러 메시지가 전달되어야 한다. 오른쪽 그림은 전송 뉴런의 축색종말, 수신 뉴런의 수상돌기, 그리고 시냅스를 보여준다. 왼쪽은 실제 전송 뉴런과 수신 뉴런의 전자현미경 사진이다. 빨간 화살표는 전송 뉴런의 시냅스 소포가 축색종말의 끝에 도달한 위치를 가리키고 있고, 이곳에서 신경전달물질이 시냅스로 방출된다.

활동전위가 빠른 속도로 이동하는 것 때문에 뉴런은 짧은 시간 동안 수많은 활동전위를 만들어낼 수 있다. 뉴런은 1초에 100번 이상 발화할 수 있다. 뉴런의 발화비율은 다른 뉴런에 전달하는 신호들 중에서 핵심 정보이다(Gabbiani & Midtgaard, 2001).

시냅스와 신경전달물질 뉴런은 정확히 어떻게 다른 뉴런에 정보를 전달하는 것일까? 한때 과학자들은 뉴런 대 뉴런의 소통이 직접적이라고 믿었다. 이들은 한 뉴런의 축색종말과 다른 뉴런의 수상돌기가 줄로 묶여 연결되어 있다고 생각하였다. 한 뉴런의 활성화가 다른 뉴런을 직접적으로 활성화시킨다고 생각하였다.

그 후 **시냅스**가 발견되었다. **시냅스**(synapse)는 두 뉴런 사이의 작은 공간을 말한다. 비록 이 공간은 매우 작지만―약 20나노미터, 1미터의 200억분의 1(Thompson, 2000)―뉴런은 이 시냅스 공간을 가로질러 소통을 해야 한다. 뉴런들은 서로 직접 연결되어 있지 않다. 이들은 어떻게 소통하는 것일까?

뉴런은 화학적으로 소통하고 있다. 전송 뉴런은―두 번째 뉴런에 신호를 전달하는 뉴런―시냅스를 건너 이동하는 화학물질인 **신경전달물질**(neurotransmitters)을 방출한다. 신경전달물질 분자가 시냅스에 방출되면 시냅스 공간을 가로질러서 수신 뉴런―전송 뉴런으로부터 오는 신호를 받는 뉴런―에 도달한다. 신호를 보내고 받는 뉴런 사이의 이런 화학적 연결이 뉴런의 기본 소통 방식이다. (하지만 이 방식만 있는 것은 아니다.) 신경전달물질이 시냅스를 가로지르는 여행에 대해 자세히 알아보자(그림 3.21).

전송 뉴런은 **시냅스 소포**(synaptic vesicles)로 알려진 작은 주머니에 신경전달물질을 담고 있다. 시냅스 소포는 소량의 신경전달물질을 담고 있는 작은 물방울과 비슷하다. 시냅스 소포는 뉴런 안에서 이동하여 축색을 따라 내려간다. 시냅스 소포가 축색의 끝에 도달하여 축색종말의 외부 가장자리와 '도킹'이 일어나면(Hammarlund et al., 2007), 이들은 자기가 가지고 있는 신경전달물질을 시냅스 공간에 방출할 수 있다.

전송 뉴런에서 방출된 신경전달물질의 분자는 수신 뉴런의 수상돌기에 있는 수용기에 도달한다. **수용기**(receptor)는 신경전달물질이 부착되는 위치이다. 화학적으로 수용기는 신경전달물질 분자가 결합되는 분자이다. 신경전달물질의 분자 형태가 특정 수용기의 결합 여부를 결정한다. 전송 뉴런에서 나온 신경전달물질은 수신 뉴런의 수용기에 부착되고 뉴런들 간의 놀라운 소통이 완결된다.

시냅스 두 뉴런 사이의 매우 작은 공간. 뉴런들 사이의 화학적 신호가 이 미세한 틈을 이어주어야 한다.

신경전달물질 뉴런 사이의 시냅스를 가로질러 이동하는 화학물질. 뉴런의 기본 소통 방식

시냅스 소포 뉴런 안에서 신경전달물질을 저장하고, 운반하고, 시냅스로 신경전달물질을 방출하는 작은 주머니들

수용기 신경전달물질이 부착되는 수신 뉴런의 수상돌기에 위치한다. 특정 종류의 신경전달물질과 결합될 수 있는 화학 분자

표 3.1

신체의 주요 신경전달물질	
신경전달물질	**신체에서의 역할**
아세틸콜린	근육을 통제하는 척수의 뉴런과 기억을 조절하는 뇌에 있는 많은 뉴런이 사용하는 신경전달물질
도파민	뇌의 보상 체계에서 방출되는 쾌감을 불러일으키는 신경전달물질. 도파민은 뇌 영역에 따라 여러 기능을 가지고 있다. 주로 억제성이다.
GABA(gamma aminobutyric acid)	뇌에 있는 주요 억제성 신경전달물질
글루타메이트	뇌에 있는 가장 일반적인 흥분성 신경전달물질
글리신	척수에 있는 뉴런들이 주로 사용하는 신경전달물질. 대부분 억제성 신경전달물질로 작용한다.
노르에피네프린	신경전달물질과 호르몬으로 작용한다. 말초신경계에서 투쟁-도피 반응을 담당한다. 뇌에서는 정보 처리를 정상적으로 조절하는 신경전달물질로 작용한다. 노르에피네프린은 보통 흥분성이지만 일부 뇌 영역에서는 억제성으로 작용한다.
세로토닌	기분, 식욕, 감각 지각을 비롯하여 여러 기능과 관련된 신경전달물질. 척수에 있는 세로토닌은 통증 경로에서 억제성으로 작용한다.

아교세포 뉴런을 제자리에 고정시키고 뇌에서 영양분의 공급과 노폐물 제거 같은 생물학적 기능을 가진 세포

뇌는 여러 가지 종류의 신경전달물질을 가지고 있다. 즉 다양한 분자들이 뉴런들 사이의 화학적 소통을 담당하고 있다. 이들 중 일부가 표 3.1에 제시되어 있다. 상이한 신경전달물질이 뇌와 신체의 서로 다른 영역에 집중적으로 분포하고 있다.

화학적 소통의 목적은 무엇인가? 전송 뉴런에서 수신 뉴런으로 이동하는 신경전달물질은 무엇을 일으키는가? 이들의 핵심 기능은 수신 뉴런의 발화율에 영향을 미치는 것이다. 어떤 신경전달물질은 수신 뉴런에서 활동전위의 발생 확률을 증가시키는 **흥분성 수용기**와 결합한다. 다른 신경전달물질은 수신 뉴런의 발화율을 감소시키는 억제성 수용기와 결합한다. 수신 뉴런은 여러 수용기에서 오는 입력 신호들을 통합하는데 이렇게 통합된 정보가 수신 뉴런의 발화율을 결정한다(Gabbiani & Midtgaard, 2001).

의식 경험, 심리장애 그리고 약물 효과의 연결

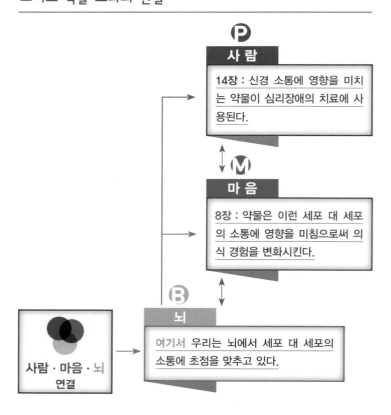

Ⓟ **사 람**

14장 : 신경 소통에 영향을 미치는 약물이 심리장애의 치료에 사용된다.

Ⓜ **마 음**

8장 : 약물은 이런 세포 대 세포의 소통에 영향을 미침으로써 의식 경험을 변화시킨다.

Ⓑ **뇌**

여기서 우리는 뇌에서 세포 대 세포의 소통에 초점을 맞추고 있다.

사람 · 마음 · 뇌
연결

아교세포 뇌에는 뉴런만 있는 것이 아니다. 아교세포라고 불리는 이웃도 꽤 많이 있다. 뇌는 뉴런만큼이나 많은 아교세포를 가지고 있다(Azevado et al., 2009).

아교세포(glial cells)는 영양분을 공급하고 노폐물을 제거하는 생물학적 기능으로 뉴런을 돕고 있다. 또한 뉴런을 제자리에 고정시켜주는 역할도 하고 있어서 아교라는 명칭을 얻었다. glia는 그리스어로 '접착제'라는 뜻이다.

아교는 뉴런과 해부학적으로 차이가 있다. 뉴런과 다르게 이들은 축색, 수상돌기를 가지고 있지 않고 활동전위도 만들어내지 않는다. 그래서 사람들은 아교세포가 뉴런을 돕는 것

외에는 하는 일이 없다고 생각하였다. 그러나 최근 연구들은 아교세포가 지금까지 과소평가되어 왔다는 사실을 보여준다. 예를 들어 뉴런들 사이의 상호작용처럼 아교세포도 유기체 경험의 결과로 해부학적인 변화가 나타나고(Fields, 2008), 뉴런의 연결망에서 일어나는 소통의 양에 영향을 미치는 것 같다(Araque & Navarette, 2010; Werner & Mitterauer, 2013). 많은 과학자들이 미래에 아교세포가 정신적 삶에 기여하는 놀라운 방식이 밝혀질 것으로 예상하고 있다.

신경계

당신의 심리생활은 뇌에만 달려있지 않다. 뇌를 나머지 신체와 연결하는 소통 시스템도 중요하다. 신체의 기본 소통 시스템이 **신경계**(nervous system)인데, 신체 부위들 사이에서 신호를 전달하는 뉴런들의 집합체를 말한다.

　이 장에서 지금까지 다루었던 뇌는 전체 신경계의 일부분일 뿐이다. 지금부터는 중추신경계와 말초신경계, 두 주요 부위를 살펴봄으로써 나머지 신경계에 대해 공부해보도록 하자.

중추신경계

사전 질문

> **❯ 중추신경계의 구조와 기능은 무엇인가?**

중추신경계(central nervous system)의 명칭은 위치에서 유래하였다. 신체의 중앙에서 발견된다. 중추신경계는 뇌와 척수, 2개의 부위로 이루어져 있다. 뇌에 대해서는 이미 다루었기 때문에 지금부터는 척수에 대해 살펴보도록 한다.

　척수(spinal cord)는 뇌간에서 척추 끝까지 뻗어 있는 뉴런과 교세포 다발이다. 이 세포들은 손상을 입지 않도록 척추 뼈로 감싸져 있다(그림 3.22).

　척수는 뇌와 신체 사이에서 두 가지 방식의 소통에 참여하고 있다.

> ❯ 한 방향의 소통은 환경으로부터의 정보가 척수를 통과하여 뇌로 간다. 특히 외부자극에 반응하는 **감각뉴런**(sensory neuron)은 환경에 대한 메시지를 척수에 전달한다.

> ❯ 다른 방향의 소통으로 신체에 내려지는 뇌의 지시가 척수를 통해 전달된다. 뇌에서 나온 메시지가 척수에 도달하면 **운동뉴런**(motor neuron)이 신체의 근육에 신호를 전달한다. 이 신호는 뇌가 신체 움직임을 통제할 수 있게 한다.

　어떤 신체 활동은 신호가 뇌까지 전달되지 않아도 된다. 이런 활동에는 외부자극에 대한 자동적이고 불수의적 반응을 말하는 **반사**(reflex)가 있다(그림 3.23). 가령 의사가 당신의 무릎을 칠 때 일어나는 다리의 움직임은 반사이다. (일부러 하는 동일한 다리 움직임은 반사가 아니다). 반사 반응은 척수에 있는 뉴런들에 의해 집행된다. 감각정보는 **매개뉴런**에 도달하는데, 이것이 다시 신체를 활동 상태로 가져가는 운동뉴런에 정보를 전달한다.

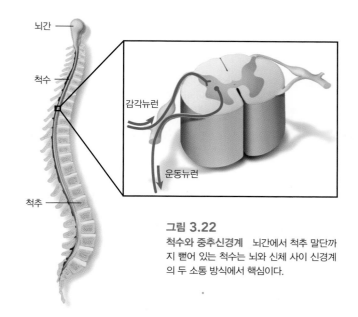

그림 3.22
척수와 중추신경계 뇌간에서 척추 말단까지 뻗어 있는 척수는 뇌와 신체 사이 신경계의 두 소통 방식에서 핵심이다.

신경계 신체 부위들 사이에서 신호를 전달하는 뉴런들의 집합체

중추신경계 신체의 중심에서 발견되는 신경계 부위. 두 주요 부위는 뇌와 척수이다.

척수 뇌간에서 척추 아래까지 뻗어 있는 뉴런 다발. 뇌와 신체 사이의 두 가지 소통 방식에 관여하고 있다.

감각뉴런 외부자극에 반응하고 환경에 대한 메시지를 척수에 전달하는 신경세포

운동뉴런 뇌가 신체 움직임을 통제할 수 있도록 척수로부터 나온 신호를 신체 근육에 전달하는 신경세포

반사 외부자극에 대한 자동적이고 불수의적인 반응

그림 3.23
반사 간단한 반사는 척수에서 일어난다. 매개뉴런은 감각뉴런으로부터 정보를 받아서 근육에 연결된 신경에 직접 정보를 전달한다.

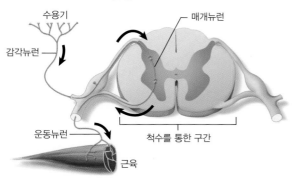

말초신경계 중추신경계 바깥 신체 말단에서 발견되는 신경계의 일부. 체신경계와 자율신경계로 구성되어 있다.

뇌신경 머리에서 발견되는 말초신경계의 일부. 뇌의 하단에서 눈, 코, 혀 같이 머리에 있는 기관에 이어지는 신경

척수신경 척수에서부터 신체의 목, 몸통, 팔다리에 이르는 말초신경계의 일부

체신경계 신체 움직임을 통제할 수 있게 해주는 뇌 – 말초 소통을 제공하는 말초신경 시스템의 일부

자율신경계 호흡처럼 통제가 불가능한 신체 기능을 제어하는 소통을 제공하고 있는 말초신경계의 일부

교감신경계 '싸움' 또는 '도피' 반응에 필요한 생물학적 시스템을 활성화시킴으로써 유기체의 준비를 돕는 자율신경계의 구성성분

말초신경계

사전 질문

> **말초신경계의 구조와 기능은 무엇인가?**

말초신경계(peripheral nervous system)는 이름이 말해주듯이, 신체의 중심에서 멀리 떨어져 있는 신체 말단에서 발견된다. 중추신경계 외부에 있는 모든 뉴런은 말초신경계에 속한다.

말초신경계의 부위를 분류하는 방식에는 두 가지가 있다. 한 가지 방식은 물리적인 위치로 분류하는 것이다. **뇌신경**(cranial nerves)은 머리에서 발견되는 말초신경계의 일부이다. 이 신경은 뇌의 하부에서 나와서 눈, 코, 혀 같은 머리에 있는 구조들과 연결되어 있다. **척수신경**(spinal nerves)은 척수에서 나와서 목, 몸통, 팔다리로 이어진다(그림 3.24).

말초신경계의 두 번째 방식은 이들의 기능에 따라 분류한다. **체신경계**(somatic nervous system)는 신체 움직임을 통제할 수 있게 해주는 뇌–말단 소통을 제공한다. 예를 들어 당신이 럭비공을 골대가 아닌 팀원에게 패스하겠다고 결정하면, 팀원이 공을 받을 수 있게 다리와 발을 움직이도록 뇌에서 나온 메시지가 체신경계를 따라 전달된다. **자율신경계**(automatic nervous system)는 일반적으로 당신이 통제할 수 없는 신체 기능을 제어하기 위한 소통을 담당한다. 이들은 당신이 생각하지 않아도 일어난다. 당신이 다른 선수에게 패스할지 아니면 골대를 향해 슛을 날릴지에 대한 결정을 내리면서 상대 진영으로 달려갈 때 휴식하고 있을 때보다 심장은 더 빨리 뛰고, 땀선의 분비는 증가하고, 호흡은 빨라지고, 동공은 확장된다. 하지만 당신은 심장박동률, 땀 분비, 호흡, 동공 확장의 변화를 의식적으로 결정하지 못한다. 변화는 자율신경계가 전달하는 신호에 의해 자동으로 일어난다.

자율신경계는 다시 상이한 과제를 수행하는 2개의 하위 구조로 나뉜다. **교감신경계**(sympathetic nervous system)는 당신에게 활동을 준비시킨다. 심장박동률의 증가처럼 빠른 활동에 필요한 생물학적 체계의 활성화가 일어난다. 이런 활동은 '싸움' 또는 '도피' 반응 — 위협에 대항하거나 도피하는 활동 — 을 가능하게 해준다. 럭비 사례를 다시 인용하자면 당신이 상대 진영으로 달려 들어

그림 3.24

말초신경계 말초신경계는 중추신경계 바깥에 있는 신체를 관통하는 모든 뉴런을 포함한다. 말초신경계는 위치(뇌 또는 척수) 또는 기능(체 또는 자율)에 의해 분류될 수 있다. 자율신경계는 다시 교감신경계와 부교감신경계로 나뉜다.

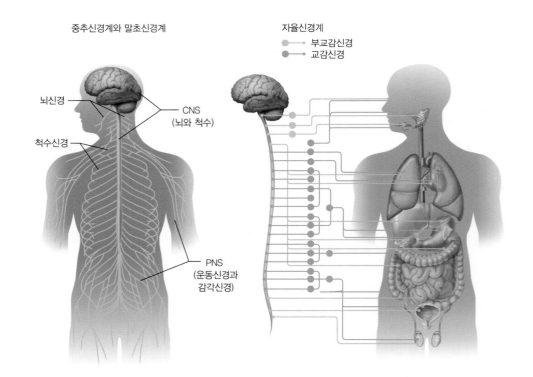

중추신경계와 말초신경계

뇌신경
척수신경

CNS
(뇌와 척수)

PNS
(운동신경과 감각신경)

자율신경

○→ 부교감신경
●→ 교감신경

갈 때 교감신경계가 생물학적 체계의 활성화를 책임지고 있다.

팀원에게 공을 패스하고 난 후에 무슨 일이 일어날지 상상해보자. 득점을 하고, 게임이 끝나고, 당신 팀이 승리하고 나면, 이제 당신의 신체는 다르게 반응한다. 긴장이 풀리고 휴식을 하면서 집에 가서 쉬고 싶다는 생각을 할 것이다. 신체의 **부교감신경계**가 행동에 돌입하려고 하고 있다. **부교감신경계**(parasympathetic nervous system)는 자율신경계의 일부로 당신이 위협 또는 스트레스 아래 있지 않을 때 정상적인 신체 기능을 유지하도록 한다. 이것은 소화와 배설 같은 '기본 가사 활동'이 일어나게 하고 심박률과 혈압을 낮추고 기초 활동 수준을 감소시킨다.

> 가장 최근에 당신의 교감신경계가 활성화되었던 때는 언제인가? 어떤 느낌이었는가?

교감신경계와 부교감신경계의 이런 상이한 역할은 심리적 요인에 의해 영향을 받는 신체 기능을 설명한다. 가령 부담스러운 여행이 스트레스를 일으켜서 '여행 변비'를 경험하는 사람들이 많이 있다. 여행 스트레스 때문에 교감신경계는 평상시보다 더 많이 활성화되고 부교감신경계는 덜 활성화되면서 정상적인 소화 기능이 방해를 받는 것이다.

내분비계

신경계만이 신체의 유일한 소통 체계는 아니다. 두 번째 소통 체계로 신체의 한 부분에서 다른 부분으로 생화학물질을 이용하여 전달하는 **내분비계**(endocrine system)가 있다. 생화학물질의 신호는 신체 장기의 활동에 영향을 미친다.

이제 보게 되겠지만 신체의 소통 체계들은 서로 연결되어 있다. 뇌의 활동은 내분비 활동에 영향을 미친다. 이런 연결이 마음과 신체 사이에서 중요한 역할을 한다.

호르몬

사전 질문

> ❯ 내분비계는 무엇이고 이것은 신경계와 어떻게 다른가?

내분비계가 소통에 이용하는 생화학물질을 **호르몬**(hormone)이라고 하고, 이것은 혈류를 통해 이동하면서 '메신저'의 역할을 한다. 이들이 신체 장기에 메시지를 전달한다.

내분비계의 호르몬에 기초한 소통은 신경계의 소통과 차이가 있다. 신경계는 신속하고 특별하다면 내분비계는 느리고 덜 특수적이다. 가령 운동장에서 럭비를 할 때 곁눈질로 보니 럭비공이 당신의 머리를 향해 똑바로 날아오고 있다고 가정해보자. 2개의 과정이 일어난다.

> ❯ 신경계는 당신의 목과 팔 근육에 신호를 빠르게 전달하는 활동에 돌입한다. 덕분에 당신은 피하면서 손으로 공을 잡을 수 있다.

> ❯ 위 과정보다 느리지만 내분비계에 의해 신호되는 호르몬이 전체적인 신체 에너지를 증가시킨다. 이 효과는 오래 지속된다. 공을 잡고 나서 한참 뒤에도 당신은 '흥분'되어 있다. 내분비계에 의해 만들어지는 각성은 신경계에 의해 만들어진 행동이 끝난 다음에도 계속된다.

이런 신체 반응의 상이한 속도는 두 시스템의 상이한 소통 기제를 반영한다. 신경계는 앞에서 배웠듯이 전기에 의해 소통이 일어난다. 활동전위가 축색을 따라 발사된다. 내분비계는 화학적으로 소통한다. 호르몬이 혈류를 따라 흐른다. 전기적 '발사'가 화학적 '부유'보다 더 빠르다.

> 당신은 내분비계의 지연효과를 경험한 적이 있는가?

부교감신경계 소화와 배설작용을 활성화시키고 기저 심박률과 혈압을 회복시켜서 위협 또는 스트레스가 없을 때 신체가 정상적인 기능을 유지할 수 있게 하는 자율신경계의 일부

내분비계 혈류를 통해서 뇌에서 장기에 메시지를 전달하는 호르몬을 만들어내고 분비하는 선의 집합체

호르몬 내분비계가 소통에 사용하는 화학물질. 혈류를 따라 이동하고 신체 장기에 메시지를 전달한다.

송과선 수면과 각성 패턴에 영향을 미치는 멜라토닌이라고 불리는 호르몬을 만드는 내분비선

뇌하수체 내분비계의 '주분비선'. 스트레스 반응, 번식, 대사율을 조절하는 여러 다른 선들의 생물학적 활동에 영향을 미치는 호르몬을 방출한다.

갑상선 신체 대사율을 조절하는 호르몬을 방출하는 내분비선

흉선 면역 체계의 발달과 기능에 영향을 미치는 호르몬을 만드는 내분비선

부신선 스트레스에 반응하는 호르몬과 성호르몬을 만드는 내분비선

췌장 혈류에 있는 당 수준을 조절하는 인슐린을 포함하여 호르몬을 분비하는 장기

생식선 번식 세포를 만드는 장기. 여성의 난소에서는 난자를, 남성의 고환에서는 정자를 만든다.

난소 난자가 만들어지는 여성의 번식세포

고환 정자가 만들어지는 남성의 번식세포

빠른 신경계가 있는데 왜 신체는 느린 내분비계가 필요한 것일까? 때로 뇌는 광범위하고 장기적으로 지속되는 신호를 전달할 필요가 있다. 우리의 예에서 당신이 럭비선수이고 날아오는 럭비공이 킥오프라고 해보자. 당신은 신체 활동이 오래 계속될 수 있게 해주는 여러 신경 체계의 각성을 원할 것이다. 호르몬은 신체를 관통하여 퍼져 나가기 때문에 수많은 근육에 에너지 공급을 증가시키기에 적합하다.

선

사전 질문

> **주요 내분비선과 기능은 무엇인가?**

호르몬은 화학물질을 분비하는 신체 기관인 선에 의해 만들어진다. 내분비계의 선은 신체 여러 곳에 위치하고 있다(그림 3.25). 2개는 뇌에 있다. **송과선**(pineal gland)(솔방울과 비슷해서 붙여진 이름이다)은 수면과 각성 패턴에 영향을 미치는 멜라토닌이라고 불리는 호르몬을 만들어낸다. 방출되는 멜라토닌의 양은 뇌에서 나오는 신호뿐만 아니라 환경 요인에 의해서도 영향을 받는다. 어둠은 졸음을 유도하는 멜라토닌의 방출을 증가시킨다. 사람들이 밝은 불빛에 노출되면 멜라토닌 수준이 감소한다(Lewy et al., 1980).

> 한밤중에 화장실에 가기 위해 잠이 깨었을 때 너무 각성되어 다시 잠들기 어려운 적이 있었는가? 어쩌면 당신이 켜 놓은 불빛이 멜라토닌 수준을 감소시켰을 수 있다!

또 뇌에는 작지만(완두콩 정도의 크기) 강력한 내분비선인 **뇌하수체**(pituitary gland)가 있다. 실제로 이것은 내분비계의 '주분비선'이라고 불릴 정도로 강력하다. 이런 힘은 뇌하수체가 다른 선들의 생물학적 활동에 영향을 미치는 호르몬을 분비하는 것에서 나온다. 이런 선들 중에는 스트레스에 반응하고 번식에 기여하고 신체의 에너지를 조절하는 선이 있다. 또한 뇌하수체는 신경계와 내분비계가 연결되는 지점이다. 특히 뇌의 시상하부는 뇌하수체 활동에 영향을 미치는 화학물질을 방출한다. 이런 과정 — 시상하부에서 '주분비선' 뇌하수체를 거쳐 그 밖의 선들에 이르는 — 을 통하여 뇌는 신체를 관통하는 내분비계 활동에 영향을 미칠 수 있다.

다른 선들은 그림 3.25에서 보듯이 머리 외부에 위치하고 있다.

> **갑상선**(thyroid gland)은 신체의 에너지 소모율을 의미하는 신체 대사율을 조절하는 호르몬을 분비한다. 에너지 소모 비율은 개인의 몸무게에 영향을 미친다. 따라서 갑상선 기능의 변화는 비만율의 변화와 상관관계가 있다(Knudsen et al., 2005).

> **흉선**(thymus)은 면역 체계의 기능과 발달에 영향을 미치는 호르몬을 분비하고 있어서 전체적인 건강에 중요하다.

> **부신선**(adrenal glands)은 신장 위쪽에 위치하고 있고 스트레스에 반응하는 호르몬뿐만 아니라 성호르몬도 만든다. 성호르몬은 생식선에서도 만들어진다.

> **췌장**(pancreas)은 인슐린을 포함하여 혈류에 있는 당 수준을 조절하는 호르몬을 분비한다.

> **생식선**(gonads)은 번식세포를 생산하는 기관이다. 여성의 **난소**(ovaries)는 난자를 만들고 남성의 **고환**(testes)은 정자를 만든다. 난자와 정자 외에 생식선은 호르몬도 분비한다. 난소는 가슴 같은 여성의 성적 특성의 발달을 촉진하는 에스트로겐과 생리주기를 조절하는 **황체호르몬**을 만든다. 남성의 고환은 남성 성인의 성적인 특성(예 : 저음, 뼈와 근육의 양)의 발달을 촉진하는 테스토스테론을 만든다.

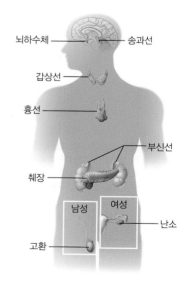

주요 내분비선

뇌하수체 — 송과선
갑상선
흉선
부신선
췌장
남성 / 여성
고환 — 난소

그림 3.25
주요 내분비선

호르몬의 심리적 효과 : 에스트로겐

사전 질문

> **>** 에스트로겐은 어떻게 기억과 행동에 영향을 미치는가?

확실히 호르몬은 중요한 생물학적 기능을 지니고 있다. 그렇다면 심리적으로는 어떨까? 심리학 교재는 왜 호르몬에 대해 논의하는 것일까?

호르몬은 심리적 기능에도 영향을 끼친다. 사람의 기분, 동기, 정신 능력에 영향을 미친다. 이에 대한 확실한 증거가 여성의 호르몬 수준과 심리적 기능에 관한 연구에서 발견되었다. 난소 호르몬 수준은 생리주기에 따라 변화한다. 심리적 기능이 호르몬 수준과 연계된 생리주기에 따라 비슷하게 변화하는 것이 관찰된다면, 이것은 호르몬이 심리에 영향을 미친다는 증거가 될 것이다. 두 가지 사례를 살펴보자.

한 연구팀(Maki, Rich & Rosenbaum, 2002)은 에스트로겐이 기억과 관련된 뇌 영역에서 뇌세포 성장에 영향을 미친다는 것을 알고 있었다. 따라서 이들은 에스트로겐 수준과 기억 수행이 서로 연결되어 있을 것이라고 예측하였다. 이 예측을 검증하기 위해 여성들을 대상으로 두 시점에서 연구를 수행하였다 — 에스트로겐 수준이 낮은 생리주기 초기와 에스트로겐 수준이 높은 생리주기 후기. 두 시점에서 여성들은 단어 목록을 읽고 나서 나중에 이들 중 얼마나 많은 단어를 기억하는지를 측정하는 과제를 수행하였다. 여성의 기억은 생리주기에 따라 변화하였다. 예측대로 에스트로겐 수준이 높은 때 기억이 더 우수하였다(Maki et al., 2002).

두 번째 사례는 에스트로겐 수준과 패션 스타일에 대한 연구이다. 연구자들은 여성이 한 달 중 특정 시기에 짝짓기 대상에게 특별히 매력적으로 보이려는 것은 진화론적으로 적응적이라고 추론하였다(특히 번식력이 왕성한 시기). 번식력이 낮은 시기에는 짝짓기보다는 다른 활동에 시간을 할애하는 것이 적응적이다. 연구자들은 우리에게는 아직 과거의 심리적 흔적이 남아 있어서 오늘날의 여성들도 짝짓기 경향성이 생물학적인 번식기 동안에 높고, 이런 경향성은 여성의 패션과 화장에서 드러날 것이라고 가정하였다. 이 가설을 검증하기 위해 낮은 번식과 높은 번식 두 시점에서 여성의 모습을 사진으로 찍었다. 그런 다음은 평가자들에게 한 쌍의 사진(각 여성의 낮은 번식과 높은 번식 시점에서 얻은 두 장의 사진)을 평가하도록 하였다. "어떤 사진이 더 매력적인 사람으로 보이기 위해 노력하고 있는 것 같습니까?"(Haselton et al., 2007, p. 42). 당연히 평가자들은 어떤 사진이 높은 번식 기간에 찍은 것인지 알지 못하였다.

어떤 사진에 있는 여성이 더 매력적으로 보이려고 노력하고 있었을까? 예측대로 높은 번식 시기에 찍은 사진이었다. 유의미한 수준으로 평가자들은 이 사진 속의 여성이 자신의 매력을 높이기 위한 패션을 선택하고 있다고 평가하였다(Haselton et al., 2007). 또한 높은 번식 시기 동안 여성들은 노출이 더 많은 옷을 선택한다(표 3.2).

신경계에 대한 연구와 마찬가지로 내분비계의 연구도 과거에서 진화한 생물학적 기제와 현대의 사회환경에서 심리적 경험 사이에 상호 연관성을 밝혀냈다.

연구에 의하면 여성의 패션 스타일은 생리주기의 낮은 번식 시기와 높은 번식 시기 동안 다르다. 높은 번식 시기에 여성은 유행하는 옷과 노출이 많은 옷을 더 많이 입는다.

표 3.2

여성의 의복 선택		
판단(평가자의 코드)	높은 번식	낮은 번식
'더 유행하는 옷' 착용(70%)	18	8
'더 멋진 옷' 착용(77%)	17	8
더 많은 피부 노출(상부)(77%)	11	6
더 많은 피부 노출(하부)(93%)	7	5
'더 섹시한 옷' 착용(70%)	6	7
'더 많은 액세서리' 착용(63%)	6	7
한 시점에서는 치마를 입었는데 다른 시점에서는 입지 않았다(100%)	3	0
레이스로 된 상의 착용(87%)	3	1

출처: *Hormones and Behavior*, 51:40－45, Haselton et al., Ovulatory shifts in human female ornamentation: Near ovulation, women dress to impress, ⓒ 2007

●➜ 돌아보기 & 미리보기

이 장에서 당신은 뇌에 대한 많은 것을 자세히 학습하였다 — 상향식과 좌/우 체제화, 뇌의 특정 영역들 사이의 연결망, 개별 세포의 기능, 말초신경계와 내분비계에 이르는 뇌의 연결. 그러나 세부 내용에만 주의를 기울이지 않도록 하라. 뇌에 대한 이 모든 정보를 학습하는 이유를 기억하라.

심리학에서 뇌 연구가 중요한 이유는 사람에 대한 이해를 향상시키기 때문이다 — 사람의 생각, 감정 그리고 행동. 이 책 속의 모든 장은 뇌에 대한 정보를 담고 있다. 심리학 분야의 모든 연구자들은 뇌의 신경계와 생화학 시스템을 공부하는 것으로 사람들의 경험과 마음에 대한 이해가 더 깊어지도록 노력하고 있다. 뇌에 대해 많이 공부할수록 사람이 어떤지에 대해 더 많이 알게 된다.

Chapter Review
복습

이제 이 장을 마쳤다. 부록에는 뇌와 신경계에 대해 배운 부분이 요약되어 있다. 요약을 읽어보면 이 장에서 학습한 내용을 복습하는 데 도움이 된다.

핵심 용어

가소성	대뇌피질	수초	중추신경계
감각뉴런	두정엽	시냅스	척수
감각피질	말초신경계	시냅스 소포	척수신경
갑상선	망상체	시상	청각피질
고환	반사	시상하부	체신경계
교감신경계	변연계	신경계	축색
난소	부교감신경계	신경전달물질	췌장
내분비계	부신선	연수	측두엽
뇌간	분할 뇌	연합 영역	커넥톰
뇌교	삼위일체 뇌	운동뉴런	편도체
뇌량	생식선	운동피질	해마
뇌신경	소뇌	자율신경계	호르몬
뇌하수체	송과선	전두엽	활동전위
뉴런	수상돌기	전전두피질	후두엽
대뇌반구	수용기	중뇌	흉선

연습문제

1. 런던 택시 기사의 해마는 일반 운전자보다 더 크다. 이것은 뇌의 어떤 특징을 잘 보여주는 것인가?
   a. 안정성
   b. 수초화
   c. 가소성
   d. 순환성

2. 피니어스 게이지의 사고가 그의 지능과 인성에 미친 효과는 뇌에 대해 무엇을 말해주는가?
   a. 우리는 뇌의 10%만을 사용하고 있다.
   b. 뇌 부위는 특수화되어 있다.
   c. 뇌는 고도의 가소성을 지닌다.
   d. 뇌는 스스로 회복가능하다.

3. 맥린의 삼위일체 뇌에서 생존과 관련된 신체 기능 조절을 담당하고 있는 부위는 어느 곳인가?
   a. 신포유류의 뇌
   b. 구포유류의 뇌
   c. 파충류의 뇌
   d. 식물정신

4. 다음 중 어떤 뇌 부위가 손상되면 움직임이 서투르고 협응적 운동에 문제가 생기는가?
   a. 뇌교
   b. 중뇌
   c. 소뇌
   d. 망상체

5. 당신이 공부하지 않은 어려운 시험을 치르기 위해 교실로 들어설 때 다음 변연계의 구조 중 어느 것이 가장 많이 활성화되겠는가?
   a. 해마
   b. 편도체
   c. 뇌궁
   d. 대상회

6. fMRI는 영상을 만들어내기 위해 신체의 어떤 특성을 활용하는가?

a. 방사능 물질이 신체 조직에 흡수된다.

b. 사용되고 있는 신체 영역의 혈류가 증가한다.

c. 활동전위의 전기는 매우 강력하다.

d. 땀샘이 활성화될 때 피부전도가 변화한다.

7. 다음 중 어느 엽이 손상되면 눈을 감고 손가락으로 코를 만지기 어렵게 되는가?

a. 두정엽   b. 측두엽

c. 후두엽   d. 전두엽

8. _____엽과 다른 뇌 영역 사이의 풍부한 상호 연결 때문에 자신에 대해 생각하고 다른 사람들이 자신을 어떻게 보는지를 생각할 수 있는 등 인간의 독특한 능력이 가능하다.

a. 두정엽   b. 측두엽

c. 후두엽   d. 전두엽

9. 전두엽에 있는 이 영역은 당신이 쓸데없는 자극을 차단하고 이 연습문제에 집중할 수 있게 해준다.

a. 운동피질   b. 연합 영역

c. 감각피질   d. 전전두피질

10. 우리가 복잡한 활동을 협응적으로 할 수 있는 것은 뇌의 어떤 특징 때문인가?

a. 가소성   b. 특수화

c. 상호 연결성   d. 반구 특수화

11. 1미터 이상의 길이를 가지고 먼 거리까지 정보를 전달하는 뉴런의 구조는 무엇인가?

a. 축색   b. 수상돌기

c. 시냅스   d. 아교세포

12. 활동전위가 축색을 따라 내려가는 속도를 더욱 증가시키는 뉴런의 구조는 무엇인가?

a. 수초   b. 아교세포

c. 새냅스 공간   d. 수상돌기

13. 척수에서는 근육을 제어하고 뇌에서는 기억을 조절하는 신경전달물질은 무엇인가?

a. 세로토닌   b. 노르에피네프린

c. 도파민   d. 아세틸콜린

14. 예상치 않은 체중 증가는 다음 중 어떤 선과 가장 관련이 깊은가?

a. 생식선   b. 부신선

c. 흉선   d. 갑상선

해 답

해답은 부록에서 확인할 수 있다.

감각과 지각

29세의 미국인 허버트 돌레잘은 그리스의 해안가 마을 키소스의 세인트 존스를 관광하는 동안 일기를 썼다. 다음은 일부를 발췌한 것이다.

첫째 날(오전) : 처음 몇 걸음은 심하게 휘청거렸다. 걸음걸이는 어색하고 힘들었다. 정교한 협응이 필요한 과제는 끔찍할 정도로 힘이 들었다.

첫째 날(오후) : 40피트를 걷고 나자 똑바로 걷는 능력이 상당히 향상되었음을 느꼈다.

둘째 날 : 처음으로 도움 없이 혼자서 6~8걸음을 걸을 수 있게 되었다. 지금은 휴대용 녹음기의 작동처럼 비교적 사소한 과제를 수행하는 것이 가장 힘들다.

셋째 날 : 오늘 처음으로 발을 바꾸어 가면서 계단을 오를 수 있었다.

다섯째 날 : 더 이상 지팡이를 사용하지 않게 되었다.

여섯째 날 : 이전보다 더 잘 걸을 수 있게 되었다. 50개의 계단 중 마지막 6개의 계단에서는 처음으로 발을 바꾸어 가면서 내려갈 수 있었다. 어제만 해도 불가능한 일이었다. 그런데 지금은 자연스럽고 씩씩하게 해냈다.

아홉째 날 : 처음으로 휴대용 녹음기의 배터리를 교체하였다.

열한 번째 날 : 노새가 다니는 미끄럽고 울퉁불퉁한 길을 무거운 가방을 들고 걷는 것도 문제없이 해냈다.

Jaroslaw Wojcik / Getty Images

Nicole Blade / Getty Images

회복이 이렇게 빠르다니! 그런데 무엇에서 회복된 것일까? 첫째 날의 기록을 보면 그는 다리에 큰 부상을 입은 것처럼 보였다. 그런데 둘째 날에 그는 계단을 내려올 수 있었다. 하지만 간단한 전자 기기는 조작하지 못했다. 그는 팔을 다쳤던 것일까? 며칠이 지나지 않아 그는 전자 기기를 쉽게 조작하게 되었다.

실제로 무슨 일이 있었던 것일까? 허버트는 부상을 입은 것이 아니라 극적인 지각 변화를 경험하고 있었다. 그는 전체 시각장이 거꾸로 보이는 특수 프리즘을 장착한 안경을 끼고 일종의 실험을 해본 것이었다.

S4M / Getty Images

허버트는 평생 똑바로 보면서 살아왔지만 얼마 지나지 않아 거꾸로 보는 것에 쉽게 적응하였다. 시각 체계—감각과 지각에 대한 이 장의 주요 주제—는 어떻게 그렇게 빠르게 거꾸로 된 이미지에 적응할 수 있었던 것일까?

이 장을 시작하기 전에 시각에 관한 간단한 사실 하나를 알아야 한다. 눈 앞쪽의 곡률로 인해서 세계의 이미지는 눈 뒤쪽에 도달하기 전에 왼쪽과 오른쪽, 그리고 위와 아래의 역전이 일어난다. 이것은 또 다른 질문을 하게 한다. 우리는 세계에 대한 역전된 이미지에 어떻게 적응했는가? ◎

당신이 세상 이곳저곳을 기어 다니는 작은 혹은 거대한 어떤 생물체라고 상상해보자. 당신에게 가장 기본적인 도전이 무엇이라고 생각하는가? 음식 찾기? 포식동물 피하기? 또는 부상을 입었을 때 휴식을 취하고 따뜻하게 지내는 것일 수도 있다.

모두 중요하다. 그러나 이 모든 것은 보다 기본적인 것에 의존하고 있다. 바로 정확한 감각과 지각이다. 음식을 찾으려면 음식을 볼 수 있거나 냄새를 맡을 수 있어야 한다. 포식동물을 피하기 위해서는 보고, 냄새 맡고, 들을 수 있어야 한다. 추위를 피하고 부상에서 회복하려면, 추운지 또는 부상을 입었는지를 알기 위해 신체 내부환경을 느낄 수 있어야 한다. 생존은 감각과 지각을 필요로 한다는 것이 이 장의 핵심이다.

지각 시스템

사전 질문

> ❯ **감각과 지각의 차이는 무엇인가?**

사람은 감각정보와 지각정보를 전달하는 신체 부위들이 상호 연결되어 있는 **지각 시스템** (perceptual system) 덕분에 사건을 감각하고 세계를 지각할 수 있다(Gibson, 1966; Withagen & Michaels, 2005). 이 장에서는 인간이 소유하고 있는 6개의 지각 시스템에 대해 배우게 될 것이다.

1. **시각 시스템**(visual system) : 빛의 형태로 들어오는 정보를 지각한다.
2. **청각 시스템**(auditory system) : 소리 파장의 형태로 환경에 대한 정보를 얻는다.
3. **미각 시스템**(gustatory system) : 화학물질에 민감하게 반응하고 맛에 대한 감각을 제공한다.
4. **후각 시스템**(olfactory system) : 공기 중에 있는 화학물질을 탐지하고 냄새에 대한 감각을 제공한다.
5. **촉각 시스템**(haptic system) : 접촉을 통해 대상에 대한 정보를 얻는다.
6. **신체 감각 시스템**(kinesthetic system) : 신체 부위의 위치정보(예 : 팔을 옆구리에 붙이고 있는지 또는 공중에 뻗고 있는지), 중력과 전체 신체에 대한 정보(예 : 똑바로 서 있는지 또는 거꾸로 서 있는지)를 탐지한다.

우리는 각각의 지각 시스템을 두 단계로 나누어 기술하려고 한다. 먼저, 지각 시스템의 심리학을 공부한다—시스템이 전달하는 정보와 시스템 작동에 대한 심리학의 원리. 다음으로 시스템의 생물학에 대해 공부한다—지각 시스템이 직무를 수행하게 하는 신경계의 기제. 따라서 먼저 사람과 마음 수준에 초점을 맞추고, 그다음에 신경계와 뇌 수준에서 분석을 시도한다.

그다음으로 감각과 지각에 영향을 미치는 사회적 요인에서 세 가지 현상, 즉 (1) 통증 경험, (2) 얼굴 지각, (3) 동기 상태가 지각 경험에 미치는 영향을 의미하는 동기화된 지각을 살펴본다. 마지막으로 방해 정보는 피하고 특정 정보에 초점을 맞추는, 환경에 있는 여러 정보의 흐름들 속에

지각 시스템 감각정보와 지각정보를 전달하는 신체의 상호 연결된 부위들. 인간은 6개의 지각 시스템을 가지고 있다.

시각 시스템 빛의 형태로 신체에 도달하는 환경정보를 탐지하는 지각 시스템

청각 시스템 소리 파장으로 이루어진 환경정보를 탐지하는 지각 시스템

미각 시스템 화학물질에 민감하게 반응하고 맛에 대한 감각을 제공하는 지각 시스템

후각 시스템 공기 중의 화학물질을 탐지하고 냄새 감각을 제공하는 지각 시스템

촉각 시스템 접촉을 통해 대상에 대한 정보를 획득하는 지각 시스템

신체 감각 시스템 신체 부위의 위치정보를 탐지하는 지각 시스템

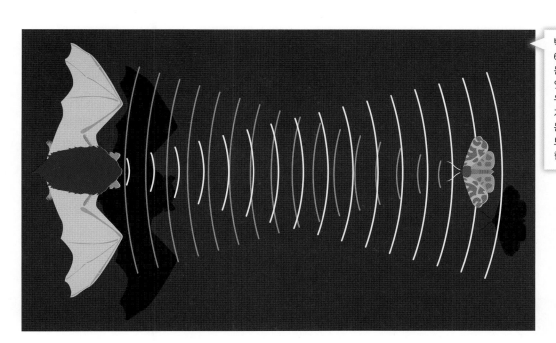

서 '줌인(zoom in)'하는 선택적 주의로 이 장을 마치려고 한다.

시작하기 전에 먼저 **감각**과 **지각**의 정의부터 살펴보기로 하자. 감각과 지각을 정의하는 한 가지 접근은 생물학적 과정을 참조한다. **감각**(sensation)은 신체 말단에 있는 세포가 물리적 자극을 탐지할 때 일어난다. **지각**(perception)은 뇌에 있는 시스템이 이 신호를 처리하고 감각 입력에 대한 의식적 자각을 만들어낼 때 일어난다. 이 정의는 생물학적 정보 처리의 단계들을 정확하게 기술하고 있지만 심리적 경험에 눈을 돌리면 두 가지 문제점이 존재한다. 첫째, 감각 경험은 뇌 활성화의 결과지 단순히 신체 말단에서 일어나는 것이 아니다. 감각피질이라고 알려진 뇌 영역이 활성화되어야 신체 감각을 경험하게 된다고 3장에서 설명하였다. 둘째, 의식적 자각 없이도 지각이 일어날 수 있다. 무의식적 지각(또는 식역하 지각) 연구는 참여자가 자각하지 못하도록 빠르게 정보를 제시한다. 그런데도 참여자는 정보의 영향을 받는다. 즉 정보를 지각했다는 의미이다(예 : Marcel, 1983; Siegel et al., 2013).

감각과 지각을 정의하는 또 다른 접근은 심리학적이다. 두 일상 사례가 이 접근이 포착하려고 하는 심리 경험의 차이를 잘 보여준다. (1) 무릎을 부딪치면 당신은 "아이고 아파!"라고 말한다. 누군가 "어디가?"라고 물으면 당신은 무릎을 가리킨다. (2) 교통사고를 목격하면 당신은 "아이고 사고가 났네!"라고 말한다. 누군가 "어디서?"라고 질문할 때, 당신은 당신의 눈을 가리키지는 않는다. 첫 번째 사례는 신체의 한 지점에서 일어나는 느낌을 말하는 감각을 보여주고 있다면, 두 번째 사례는 사람이 환경에서 사건과 대상에 대한 정보를 획득하는 심리 과정인 지각을 보여준다 (Hacker, 2004, 2010).

물리적 자극에서 심리적 경험으로

사전 질문

> ❯ **물리적 사건은 어떻게 하여 심리 경험으로 변환되는가?**

감각과 지각의 과학에서 물리적 세계와 심리적 세계를 연결하는 것은 큰 도전이다. 환경에는 빛 파장, 소리 파장, 열원 등 물리적 자극이 존재한다. 이들과 마주치면 사람들에게 심리적 경험이

감각 신체의 말단에 위치한 세포들이 물리적 자극을 탐지할 때 일어나는 생리적 과정

지각 뇌의 시스템이 감각 신호를 처리하고 감각 입력을 자각할 때 일어나는 생리적 과정

일어난다. 보이고, 들리고, 온기를 느끼는 것이다. 물리적 사건은 어떻게 하여 심리적 경험으로 변환되는 것일까?

변환

물리적인 것에서 심리적인 것으로의 전환은 물리적 자극이 신체의 신경계 세포를 활성화시키는 생물학적 과정인 **변환**(transduction)으로부터 시작된다. 일단 활성화가 일어나고 나면 세포는 물리적 자극의 발생을 신호하는 신경 충격을 뇌로 전달한다. 뇌에서의 신호 처리가 감각과 지각 경험을 일으킨다.

개인의 감각과 지각 경험이 전적으로 변환에 의해서만 결정되는 것은 아니다. 다른 요인들(특히 자극이 발생할 때 개인의 마음 상태와 환경 맥락)도 영향을 미친다. 하지만 결정적인 첫 번째 단계는 변환이다.

당신은 피라미드 꼭대기에 무엇을 기대하였는가? 코? 고대 이집트 시대부터 인류는 신이 지켜보고 있다는 믿음을 떠올리기 위해 눈을 사용해왔다. 이것은 인간의 경험에서 시지각이 얼마나 중요한지를 보여준다.

James E. Knopf / Shutterstock

수용기 세포

물리적 자극을 변환하는 신경계의 세포를 **수용기 세포**(receptor cells)라고 부른다. 다양한 종류의 수용기 세포들이 환경에서 오는 상이한 물리적 자극에 민감하게 반응한다. 수용기 세포가 자극되고 나면 뇌에 신호가 전달된다.

일반적으로 수용기 세포의 종류에 따라 민감하게 반응하는 자극이 정해져 있다. 예를 들어 눈의 수용기 세포인 **광수용기**(photoreceptor)는 빛 자극에 민감하다. 피부 표면 바로 아래에 있는 수용기 세포는 물리적 압력에 민감하게 반응한다. 귀에 있는 수용기 세포는 소리 파장에 의해 자극된다. 이런 신경 충격들을 이용하여 지각 시스템은 외부세계에 대한 정보를 수집한다.

지금부터 시각 시스템에 대해 공부함으로써 우리의 지각 시스템이 이런 정보를 어떻게 획득하는지 자세하게 알아보도록 하자.

시각 시스템

'내 눈으로 똑똑히 보았어!', '백문이 불여일견', '증거를 보기 전까지는 믿을 수 없다'. 신뢰할 만한 정보가 필요할 때 우리는 눈으로 보는 것을 믿는 경향이 있다.

시지각

사전 질문

> 한 눈만 가지고 어떻게 깊이 지각을 할 수 있는가?
> 두 눈을 가진 것의 장점은 무엇인가?
> 시각 시스템은 어떻게 움직임을 지각하는가?
> 과거 경험과 현재 맥락은 형태 지각에 어떤 영향을 미치는가?
> 불빛이 어두워졌다는 것을 우리는 어떻게 식별하는가?
> 전체 환경에 대한 주의는 어떻게 색을 경험하게 만드는가?
> 색은 반대색을 가지고 있는가?

시각 시스템은 4개의 서로 다른 정보, 즉 (1) 거리와 크기, (2) 움직임, (3) 형태, (4) 밝기와 색에 대한 정보를 전달한다.

변환 물리적 자극에 의해 신경계의 세포가 활성화되는 생물학적 과정으로 이때 발생한 신경 충격은 뇌로 전달되어 지각과 감각 경험을 일으킨다.

수용기 세포 환경에 있는 특정 종류의 물리적 자극에 민감하게 반응하고, 자극이 일어나면 뇌에 신호를 전달하는 신경계 세포

광수용기 빛 자극에 민감하게 반응하는 눈에 있는 수용기 세포

거리와 크기 잠시 책 읽기를 멈추고 주변을 둘러보라. (그러나 잊지 말고 다시 책으로 돌아오기를!) 당신이 어디에 있든지 어떤 대상은 다른 것보다 더 가까이 있다는 것을 즉각적으로 안다. 휴대전화는 당신 가까이에 놓여 있다. 창문을 통해 보이는 자동차는 멀리 있다. 창문은 자동차보다는 가까이 있지만 휴대전화보다는 멀리 있다. 거리 지각은 3차원의 공간에서 대상이 얼마나 깊숙이 위치하고 있는지에 대한 판단이기 때문에 **깊이 지각**(depth perception)이라고 불린다. 깊이 지각은 너무 쉬워서 당신이 심리학 강좌를 듣기 전까지는 이것에 대해 생각조차 해본 일이 없을 것이다. 그렇다면 우리는 어떻게 해서 깊이를 지각하는 것일까?

외눈박이 몬스터가 깊이 지각을 못할 거라고 생각하는가? 다시 한 번 생각해보라. 단안 깊이단서 덕분에 몬스터 주식회사의 마이크 와조스키는 깊이 지각에 거의 문제가 없다.

이 질문에 답하기 전에 세계에 대한 또 하나의 지각 속성인 대상의 크기와 거리의 관계에 대해 살펴보자. 크기에 대한 판단은 특정 시점에 지각할 수 있는 시각 세계의 범위를 말하는 시각장에서 대상이 차지하는 면적에 의해서만 결정되지 않는다. 만일 당신이 엄지와 집게손가락으로 만든 원을 통해서 하늘에 있는 달을 본다면, 손가락이 달보다 시각장에서 더 많은 공간을 차지한다. 하지만 당신은 달이 매우 멀리 있다고 생각하기 때문에 달을 더 크게 지각한다.

거리와 크기를 판단하기 위해 시각 시스템은 당신과 지각 대상 사이의 거리를 판단하게 해주는 출처정보인 **깊이단서**(cues to depth)를 사용한다. 깊이단서에는 두 가지 종류가 있다.

> 대상의 크기가 시각장을 차지하는 비율에 의해 결정된다면 당신의 삶이 어떻게 달라질지 생각해보라.

그림 4.1
2개의 단안 깊이단서 수렴하는 수직선과 결기울기로 인해서 아래쪽에 있는 남자보다 위쪽에 있는 남자가 훨씬 더 크게 지각된다.

1. **단안단서**(monocular cues) : 한 눈만으로도 깊이 지각이 가능한 단서
2. **양안단서**(binocular cues) : 두 눈이 필요한 깊이 단서

단안단서가 얼마나 강력한지를 경험하려면 다시 한 번 당신의 주변을 둘러보라. 그런데 이번에는 한 눈을 가리고 보라. 여전히 깊이를 지각할 수 있는가? 분명히 그럴 것이다! 수많은 단안단서들이 거리정보를 제공하고 있다. 2개의 단안단서가 그림 4.1에 제시되어 있다.

언뜻 보면 두 남자의 크기가 다르다. 작은 남자 뒤에 큰 남자가 서 있다. 이들은 실제로 얼마나 차이가 있을까? 두 사람의 크기를 측정해보면 물리적 크기가 동일하다는 사실을 알게 된다. 하지만 당신은 위에 있는 남자를 더 멀리 그리고 더 크게 지각한다. 이런 지각은 시각 시스템이 사용하는 다음의 두 단서 때문이다.

> **수렴하는 수직선**(converging vertical lines) : 서로 가까이 다가가는 또는 수렴하는 수직 방향의 선은 깊이 지각을 만들어낸다. 이것은 물리적 세계에 대한 우리의 경험에 기초하고 있다. 당신이 도로 또는 철로를 바라보면, 도로 또는 철로의 두 모서리가 시각적으로 수렴한다. 심지어 수렴하는 선이 종이 위에 제시되어도 우리의 시각 시스템은 자동으로 깊이 지각을 전달한다.

> **결기울기**(texutre) : 두 번째 깊이 지각 단서는 시각 장면에 있는 물체 표면의 무늬를 말하는 결기울기의 시각적 변화이다. 멀리 뻗어가는 거친 표면(예 : 철로의 조각돌)을 보고 있다고 상상해보라. 가까이에 있는 조각돌은 개개의 특징과 조각돌 사이의 틈까지도 보인다. 멀리 있는 조각돌은 구별하기 어려운 '점'이 되어 서로 뒤섞여 있다. 그림 4.1의 벽면과 바닥면의 결에서도 이런 변화가 나타나고 있다. 이들이 깊이 지각에 기여하고 있는 것이다.

> 당신은 초등학교 미술시간에 거리 착시를 만들어내기 위해 어떤 단안단서들을 사용했는가?

깊이 지각 거리에 대한 지각

깊이단서 우리가 지각하는 대상과 우리 사이의 거리를 판단하게 해주는 출처정보

단안단서 한 눈만으로 가용할 수 있는 깊이단서

양안단서 두 눈이 필요한 깊이단서

수렴하는 수직선 서로 가까이 다가가는 수직 방향의 선들로 이루어진 단안 깊이단서

결기울기 시각 장면에서 대상의 표면 무늬에 기초한 단안 깊이단서

레오나르도 다빈치의 **최후의 만찬**은 깊이감을 만들어내기 위해 수렴하는 수직선을 사용하고 있다.

Culture Club / Getty Images

그림 4.2
중첩 단안 깊이단서인 중첩으로 인해서 그림의 아래쪽에 있는 사람이 위쪽에 있는 사람보다 더 가까이 있는 것으로 지각된다.

세 번째 단안단서는 **중첩**(occlusion)으로 한 대상이 다른 대상을 차단하는 시각 현상을 말한다. 차단은 다른 대상 앞에 놓여 있는 대상이 더 가까이에 있다는 것을 알려준다. 중첩 하나만으로도 충분히 거리 지각이 가능하다. 그림 4.2에서 보듯이 수렴하는 수직선과 결기울기를 제거해도 중첩 때문에 우리는 한 달리기 선수를 다른 선수보다 더 가까이 지각할 수 있다.

또 다른 단안단서가 **그림자**(shading)인데, 이것은 광원의 차단으로 일어나는 시각 이미지 내에서 상대적으로 어두운 영역을 가리킨다. 그림자가 어떻게 드리우는지에 따라 대상은 가까이 또는 멀리 지각될 수 있다. 그림 4.3을 보라. 어떤 원들은 정사각형 위에 볼록 솟아오른 것 같고 당신과 더 가까이 있는 것으로 보인다. 다른 원들은 정사각형 아래로 꺼진 것 같고 더 멀리 있는 것으로 보인다. 그러나 실제로는 어떤 원도 더 가까이 또는 더 멀리 있지 않다—이들은 종이 위에 있는 그림일 뿐이다. 그림 속의 그림자가 거리 지각을 만들어내고 있다.

또 다른 단안단서로 흐릿함과 반대되는 시각 이미지가 구별되는 정도를 말하는 **선명도**(clarity)가 있다. 대상이 선명할수록 더 가까이 지각된다. 일반적으로 바로 앞에 있는 대상은 멀리 있는 대상보다 더 선명하게 보인다. 그러나 실제 거리는 그대로인데 선명도가 변화할 때가 있다. 이런 일이 발생하면 선명도의 변화로 거리 지각에 특별한 착시현상이 일어날 수 있다. 안개, 먼지, 스모그가 많은 지역에 살고 있는 사람에게 산은 멀리 보일 것이다. 그러나 대기가 깨끗해지면 마치 산이 갑자기 점프해서 다가온 것처럼 가까이 느껴진다.

마지막으로 대상의 크기와 거리에 대한 지각은 환경 맥락, 즉 대상이 위치하고 있는 환경 내

중첩 시각장에 있는 한 대상이 다른 대상의 일부를 가리는 것에 기초한 단안 깊이단서

그림자 광원의 차단으로 발생하는 시각 이미지 내에서 상대적으로 어두운 영역에 기초한 단안 깊이단서

선명도 흐릿함에 반대되는 것으로 시각 이미지가 구별되는 정도. 단안 깊이단서

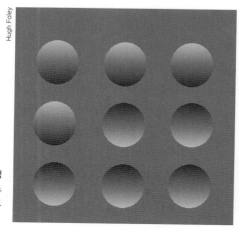

Hugh Foley

그림 4.3
그림자 그림자는 중요한 깊이 지각 단서이다. 그림 속의 어떤 원들은 정사각형 위에 볼록 솟아오른 것으로 보이면서 정사각형보다 더 가까이 느껴지는 반면에, 움푹 들어간 것처럼 보이는 원들은 더 멀리 있는 것으로 지각된다.

에 존재하는 전체 시각단서들의 영향을 받는다. 그림 4.4의 이상하게 보이는 사람들은 이런 맥락의 역할을 잘 보여준다.

실제로 이상한 것은 사람이 아니라 방이다. 크기 지각 연구를 위해 제작된 **에임스 방**(Ames room)의 핵심 특징은 입방체가 아니라는 사실이다. 그림 4.5에서 보듯이 관찰자에게서 멀리 있는 뒤쪽 벽면이 기울어져 있다. 또한 바닥과 천장도 서로 평행을 이루고 있지 않다. 천장의 높이가 오른쪽보다 왼쪽이 더 높다. 이 방은 정육면체 형태가 아니라는 사실을 발견하기 어렵도록 설계되었다. 우리 시각 시스템은 (1) 방(인물이 관찰되고 있는 맥락)은 정육면체라는 사실을 가정하고 (2) 이런 가정하에서 인물들의 신장을 해석한다(O'Reilly, Jbabdi, & Behrens, 2012). 이런 가정을 충족하는 유일한 해석은 오른쪽에 있는 사람이 크다는 것이다.

단안 깊이단서들이 있는데 우리는 왜 2개의 눈을 가지도록 진화했는지 궁금할 것이다. 양안은 나름의 이점이 있다. 눈을 2개 가진 유기체는 여분의 눈을 하나 더 가지고 있는 셈이다. 눈 하나가 손상되어도 시각은 유지된다. 또한 눈이 2개면 시각장도 더 넓어지기 때문에 더 많은 정보를 얻을 수 있다. 더욱이 양안시각은 2개의 양안 깊이단서를 이용하여 더 정확한 깊이 지각도

거리단서로서 선명도 예술가는 선명도를 떨어뜨려서 산의 거리감을 표현한다.

그림 4.4
에임스 방 저 여자 — 아니 저 남자 — 는 거인인가! 아니면 두 사람 모두 거인인가?

에임스 방 크기 지각의 연구 도구. 시각 시스템이 가정하고 있는 것과 다르게 이 방은 정육면체가 아니기 때문에 크기와 관련된 지각 착시를 일으킨다.

그림 4.5
에임스 방 설명 그림 4.4에 있는 남자와 여자는 거인이 아니다. 이들은 크기 착시를 일으키는 에임스 방 안에 있다. 그림에서 보듯이 에임스 방의 벽은 직각이 아니며, 천장과 바닥은 평행을 이루지 않는다.

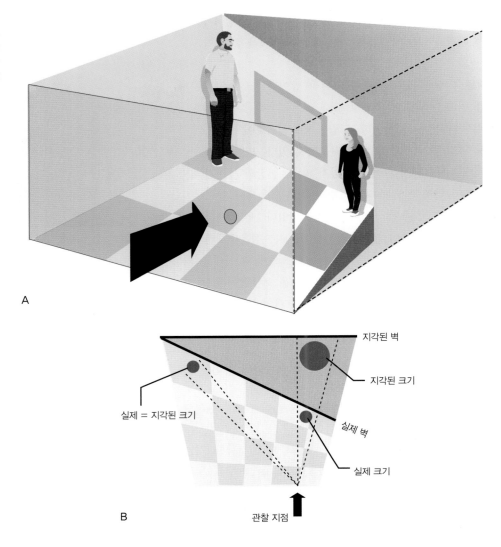

그림 4.6
뷰 마스터 뷰 마스터는 입체시를 이용하여 3차원 공간의 지각을 만들어낸다. 뷰 마스터는 당신의 왼쪽 눈과 오른쪽 눈에 약간 다른 이미지를 제시한다.

Dorling Kindersley / Getty Images

입체시 두 눈이 약 2~3인치 떨어져 있는 것 때문에 두 눈에 맺힌 이미지의 차이로 일어나는 3차원 공간의 지각. 양안 깊이단서

수렴 가까이 있는 대상을 보기 위해 안구 근육이 기울이는 노력에 기초한 양안 깊이단서

제공한다(Bingham & Pagano, 1998) — 입체시와 수렴.

입체시(stereopsis)는 두 눈에 도달한 이미지가 동일하지 않은 것에 기초한 3차원 공간의 지각이다(그림 4.6). 두 눈에 맺힌 이미지가 다른 이유는 우리의 두 눈이 몇 인치 떨어져 있기 때문이다. 오른쪽 손의 엄지손가락이 코 가까이 오도록 세우고 양 눈을 번갈아 가면서 감아보라. 두 눈이 서로 다른 이미지를 받고 있는 것 때문에 당신은 마치 손이 '점프'하는 것처럼 보일 것이다. 멀리 있는 물체를 볼 때는 두 이미지 사이의 차이가 아주 작다. 그러나 가까이 있는 물체를 볼 때는 차이가 크다. 두 이미지 사이의 차이 정도가 거리에 대한 정보를 제공하는 양안단서이다.

수렴(convergence)은 눈을 움직이는 근육과 관련된 깊이단서이다. 가까이 있는 대상을 볼 때(예 : 얼굴 가까이 있는 대상)는 대상에 초점을 맞추기 위해 안구 근육이 작동해야 한다. 대상이 가까울수록 눈을 수렴하기 위한 근육의 노력을 더 많이 요구한다. 이 근육에서 뇌로 전달되는 피드백이 대상의 거리에 대한 추가적인 정보를 제공한다(Wexler & van Boxtel, 2005).

당신은 많은 깊이단서들에 대해 배웠다. 표 4.1은 이 단서들을 요약해 놓은 것이다.

수렴 부족증은 두 눈을 안쪽으로 수렴하기 힘든 양안 시각장애로 치료가 가능하다.

표 4.1

깊이단서	
단안단서	**양안단서**
수렴하는 수직선	입체시
결기울기	수렴
중첩	
그림자	
선명도	
환경 맥락	

움직임 지각 크기와 거리 외에 당신의 시각 시스템은 움직임에 대한 정보도 전달한다. 이 정보에는 두 가지 종류가 있다—(1) (관찰자는 움직이지 않고) 환경에 있는 대상이 움직인다. (2) (정지된) 환경에서 관찰자가 움직인다. 지금부터 차례대로 살펴보자.

사람은 대상의 움직임 지각에 매우 뛰어나다. 미세한 움직임도 즉각적으로 알아차린다. 당신이 팔을 쭉 펴서 이 책을 들고 있을 때 책이 움직였다는 것을 인식하는 데 필요한 움직임의 정도는 이 페이지에 있는 낱자 2개의 간격보다 크지 않아도 된다(Sekuler, Watamaniuk & Blake, 2002). 우리는 대상이 어디로 가고 있고 얼마나 빠르게 움직이고 있는지를 탐지하는 능력이 매우 뛰어나다. 지각연구에 참여하는 사람들은 컴퓨터 스크린 위에 있는 점 자극의 방향과 속도가 약간만 변화해도 빠르게 탐지할 수 있다(Sekuler et al., 2002).

심지어 움직임이 일어나지 않을 때도 움직임을 지각할 정도로 시각 시스템은 움직임을 탐지하려는 경향이 있다. **파이 현상**(phi phenomenon)은 정지된 2개의 대상이 순서를 바꾸어 가면서 반짝일 때 일어난다. 관찰자는 정지된 대상이 반짝거리고 있는 것으로 지각하지 않고 움직임을 지각한다. 즉 관찰자에게는 하나의 대상이 한 위치에서 다른 위치로 이동하는 것으로 보인다.

움직이는 대상이 생물체일 경우 움직임은 대상이 무엇인지에 대한 정보도 제공한다. 스웨덴의 심리학자 군나르 요한슨(Gunnar Johansson)(Cutting의 개관논문, 2012)은 팔다리에 전구를 부착한 채 어두운 방 안을 걸어 다니는 사람을 촬영하였다. 이렇게 만들어진 동영상은 움직이는 점들의 집합체라고 할 수 있다—검은 배경에 흰색 불빛들로 이루어진 동영상(그림 4.7). 그럼에도 불구하고 관찰자는 즉각적으로 자기가 보는 것이 사람이라는 것을 알아차렸다. 다른 시각적인 단서들(얼굴, 의복 등)이 존재하지 않아도 움직임만으로도 움직이는 대상이 사람이라는 것을 즉시 알 수 있었다. 이 연구의 참여자들은 점의 움직임으로부터 연기자의 성별뿐만 아니라 심지어 정서 상태(연기자에게 특정 정서를 경험하고 있는 것처럼 움직이라고 요청하고 나서 촬영한 동영상에서)까지도 알아맞히는 경우도 많았다(Atkinson et al., 2004; Gold et al., 2008).

이제 당신이 공원을 조깅하고 있는 상황을 생각해보자. 대상은 정지되어 있고 당신이 움직이는

파이 현상 정지된 대상이 차례대로 반짝이면 하나의 대상이 앞뒤로 움직이는 것으로 지각되는 움직임 착시

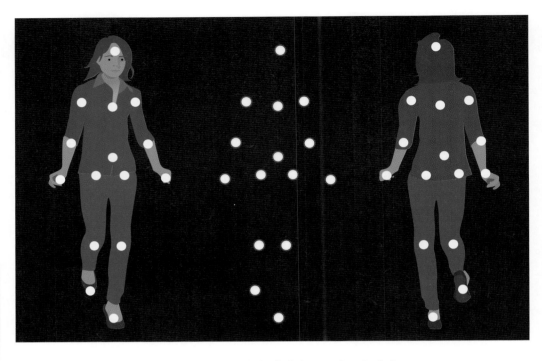

그림 4.7
생물학적 움직임과 점의 형태 그림의 중간에 있는 점들은 무선의 단순한 기하학적 형태로 보인다. 하지만 이 점들이 움직이기 시작하면 사람으로 보인다.

> 우리는 수백 년 동안 망막 상의 이미지가 고정된 스크린 위에서 움직이는 사진과 비슷하다고 생각해왔다. 이미지는 망막 위에서 자유롭게 이동할 수 있는 것으로 보았다. 그러나 실제로는 그 반대다. 이미지는 세계에 닻을 내리고 완벽하게 정지되어 있고, 망막이 이미지에 따라 움직인다.
>
> — James J. Gibson
> (1968; pp. 337-338)

경우이다. 당신의 지각 경험은 어떨까? 두 가지 사실에 주목하도록 하라.

▶ 눈에 도달하는 이미지는 움직이는데 환경은 고정된 것으로 지각한다. 당신이 걸을 때마다 망막 위의 이미지(예 : 근처의 나무)는 신체의 움직임 때문에 도약이 일어난다. 그렇지만 당신은 '나무가 움직이네!'라고 생각하지 않는다. 당신의 시각 시스템이 환경에 있는 대상이 비록 망막 상에서 움직이고 있어도 고정되어 있다는 것을 정확하게 알려주고 있다. 이것이 의미하는 사실은 환경에 있는 대상의 움직임 지각과 망막 위의 움직임 사이에 일대일 대응이 존재하지 않는다는 것이다.

▶ 환경 속에서 움직이고 있는 동안 관찰자는 시각 이미지의 체계적인 흐름을 경험한다. 당신이 조깅을 할 때 환경 속 대상들의 이미지는 서로 다른 속도로 변화한다. 가까이 있는 대상(예 : 땅바닥)은 빠르게 지나가는 반면에 시각장의 다른 영역에 있는 이미지(예 : 멀리 있는 언덕)는 훨씬 느리게 지나간다. 심리학자 제임스 깁슨(James J. Gibson)은 움직이고 있는 유기체가 경험하는 **광학적 흐름**(optical flow) — 시각 이미지의 연속적인 변화 — 이 움직임 정보를 제공한다고 주장한다. 비디오게임 디자이너는 움직임과 깊이 착시를 만들어내기 위해 광학적 흐름을 이용한다(그림 4.8).

그림 4.8
광학적 흐름 비교적 단순한 그래픽으로 이루어진 비디오게임도 광학적 흐름 덕분에 강렬한 움직임 경험을 만들어낼 수 있다. 도로변의 흰색과 빨간색 선 같은 가까이 있는 대상은 휙휙 빠르게 지나가는 반면에 상대적으로 멀리 있는 건물은 정지되어 있다.

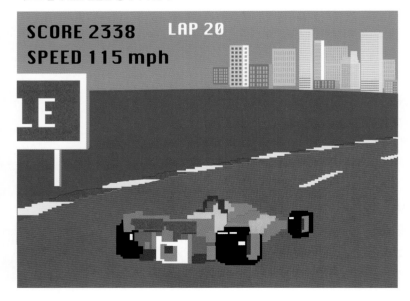

형태 거리와 움직임 외에도 우리의 시각 시스템은 형태, 즉 대상의 윤곽에 대한 정보도 제공한다. 사실 시각 시스템은 실제로 존재하지 않는 형태를 볼 정도로 형태를 탐지하려는 경향이 강하다. 그림 4.9는 이탈리아 심리학자 카니자(Gaetano Kanizsa, 1976)가 고안한 카니자 삼각형이다. 이 그림에서 사람들은 3개의 검은 원과 1개의 검은 삼각형 위에 놓여 있는 흰색의 밝은 삼각형을 본다. 그러나 흰색 삼각형의 가운데 열린 부분에 선분이 존재하지 않는다. 다시 말하면 삼각형은 3개의 연속 선분으로 만들어지는데 밝은 흰색의 삼각형에는 선분이 없다. 실제로 선분이 없는 열린 영역 중 하나에 시선을 고정하면 흰색 삼각형이 사라진다. 그러나 전체 이미지에 주의를 돌리면 밝은 흰색 삼각형이 다시 나타난다.

또한 밝은 흰색의 삼각형 아래에 있는 검은 삼각형과 원도 확실한 형태를 가지고 있지 않다. 그림에는 3개의 V 모양의 선분과 3개의 '팩맨' 이미지가 있을 뿐이다. 친숙한 기하학적 형태를 경험하려는 우리의 성향이 삼각형과 원을 지각하게 하는 것이다.

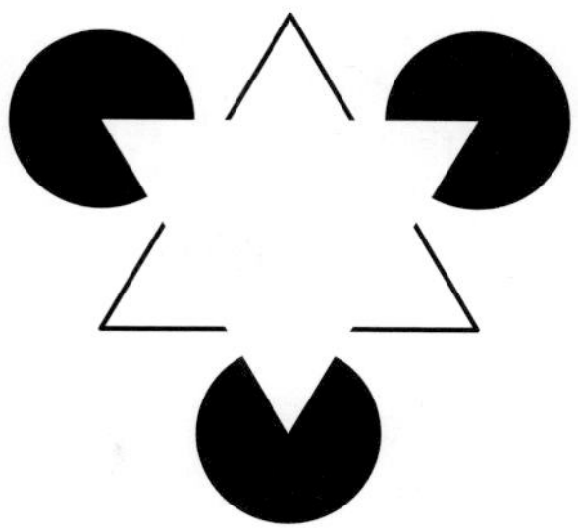

형태에 대한 시각 시스템의 해석은 형태가 제시되는 맥락에 달려있다. 그림 4.10의 가운데 상자에는 1개의 수직선과 옆으로 누운 'm'이 있다. 무엇이 보이는가? 당신이 위에서 아래로 읽어 내려가면 맥락은 숫자가 되면서 가운데 상자 속의 형태는 13으로 지각된다. 그러나 왼쪽에서 오른쪽으로 읽으면 낱자가 맥락이 되고 형태는 갑자기 'B'로 바뀐다. 대상의 지각이 맥락의 영향을 받는다는 생각은 전체적이고 체제화된 지각을 강조하는 게슈탈트 심리학으로부터 왔고 게슈탈트 원리라고 부른다(Wagemans et al., 2012). 그림 4.11은 여러 가지 게슈탈트 원리를 보여준다.

때로 시각 시스템은 형태와 윤곽을 놓고 '어떻게 해야 할지' 모르는 것처럼 보일 때가 있다. 즉 두 가지 해석이 모두 가능한 도형에서 시각 시스템은 환경을 이해하려고 애를 쓰고 있는 것처럼 둘 사이를 왔다 갔다 한다. 그림 4.12에 있는 물병의 모서리는 얼굴 옆모습의 윤곽선으로 지각될 수도 있다. 이런 변화하는 지각은 (1) 주의의 초점이 되고 있는 대상 또는 '전경'과 (2) 전경이 일어나고 있는 배경 맥락을 구분하려는 시각 시스템의 **전경-배경 지각**(figure-ground perception) 원리를 보여준다. 예를 들어 당신이 그림 4.12에서 얼굴 옆모습을 본다면, 얼굴이 전경이고 물병의 흰색 부분이 배경이 된다.

밝기와 색채 거리, 움직임, 형태에 대한 정보 외에 시각 시스템은 밝기와 색에 대한 정보도 제공한다. 인간의 시각은 이런 시각 속성에 극단적으로 민감하다. 눈에 있는 세포는 1광자(빛의 기본 단위)라는 최소량의 빛에 반응한다(Rieke & Baylor, 1998).

그림 4.9
카니자 도형 이 그림은 카니자 삼각형이다. 이 그림에서 사람들은 검은 삼각형과 3개의 검은 원 위에 놓여 있는 흰색의 밝은 삼각형을 지각한다. 그렇지만 이 도형에는 삼각형이 되기 위해 필요한 연속 선분이 존재하지 않는다. 인간의 시각 시스템은 형태가 존재하지 않아도 기하학적 형태를 볼 정도로 형태를 탐지하려는 경향이 강하다.

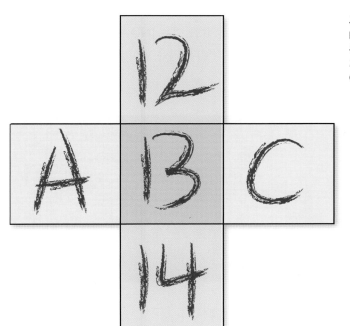

그림 4.10
B 또는 13? 위에서 아래로 읽으면 중간의 이미지는 13이다. 하지만 왼쪽에서 오른쪽으로 읽으면 B가 된다. 자극의 지각은 자극이 제시되고 있는 맥락에 의해 영향을 받는다.

광학적 흐름 유기체가 환경을 관통하여 움직일 때 일어나는 시각 이미지의 연속적인 변화

전경-배경 지각 장면을 주의의 초점이 되는 대상인 '전경'과 배경 맥락으로 구분하려는 시각 시스템의 경향성

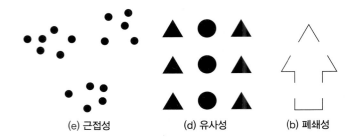

(e) 근접성   (d) 유사성   (b) 폐쇄성

그림 4.11
게슈탈트 원리 한 무리의 대상을 지각할 때 당신은 즉각적으로 이들을 집단화한다. 게슈탈트 원리는 이런 집단화가 일어나는 기본 방식을 기술하고 있다. (a) 근접성의 원리에 따르면 서로 가까이 있는 항목들은 함께 집단화된다. 그래서 당신은 (a)그림에서 세 집단의 점을 지각한다. (b) 유사성의 원리는 물리적으로 비슷한 항목들이 집단화되어 지각되는 것을 말한다. 이 때문에 (b)그림에서 (행보다) 열로 지각한다. (c) 폐쇄성의 원리는 완전한 형태로 지각하려는 경향성을 말하며, 그래서 (c)그림의 형태가 불완전한데도 화살표를 보게 된다.

그림 4.12
전경-배경 지각 물병은 전경-배경 지각 원리를 보여주고 있다 — 얼굴 옆모습도 마찬가지다. 어떤 부분이 전경이 되고 어떤 부분이 배경이 되는지에 따라 그림에서 다른 형태를 보게 된다.

시각 시스템은 빛의 존재 여부뿐만 아니라 빛의 밝기 변화도 탐지한다(예 : 방이 밝은지 어두운지). 이런 변화를 인식하려면 얼마나 많은 변화가 필요할까? 이것은 **최소식별차이**에 대한 질문이다. **최소식별차이**(just noticeable difference, JND)는 사람이 탐지할 수 있는 물리적 자극(예 : 빛, 소리 등)에서의 최소 변화를 말한다. JND에 대한 연구는 19세기에 물리적 자극과 심리적 반응 간의 관계를 탐구하는 **정신물리학**(psychophysics)에서 시작되었다.

그렇다면 질문의 답은 무엇인가? 빛의 변화를 식별하려면 어느 정도의 변화가 필요할까? 하나의 정답은 존재하지 않는다. 정답은 상황에 따라 다르다. 조금만 생각을 해보면 정답이 무엇에 달려있는지는 금방 알 수 있다. 다음 두 상황을 비교해보자.

1. 당신이 촛불 하나가 켜져 있는 방에 있는데, 당신 뒤에 있는 사람이 두 번째 초를 켰다. 당신은 조도의 변화를 알아차릴까?

2. 당신이 햇볕이 밝은 날 야외에 있는데, 당신 뒤에 있는 사람이 초를 켰다. 당신은 조도의 변화를 알아차릴까?

이 두 경우에 변화된 빛의 양은 동일하다. 촛불 하나의 빛. 그러나 당신은 1에서는 빛의 변화를 알아차리겠지만 2에서는 알아차리지 못할 것이다. 즉 1에서는 촛불 하나의 빛이 JND보다 크지만 2에서는 동일한 양의 빛이 JND보다 작기 때문이다. 중요한 것은 JND가 일정하지 않다는 사실이다. JND 수치는 환경에 존재하고 있는 빛의 양에 달려있다. 많은 빛이 존재하고 있으면 밝기 변화를 인식하기 위해 더 큰 조도 변화가 필요하다.

최소식별차이(JND) 빛 또는 소리 같은 물리적 자극에서 사람이 탐지할 수 있는 최소 변화

정신물리학 물리적 자극과 심리적 반응 사이의 관계를 연구하는 심리학의 한 분야

그림 4.13
밝기 왼쪽과 오른쪽의 사각형은 동일하다. 배경 맥락에 의해 둘은 다르게 지각된다.

대상에 대한 밝기 지각은 대상으로부터 반사되는 빛뿐만 아니라 인접한 대상에서 반사되어 나오는 빛에도 달려있다. 우리의 시각 시스템은 시각장의 서로 다른 영역의 밝기를 비교하여

반응한다. 그림 4.13은 이것을 보여준다. 왼쪽의 사각형은 어둡게, 그

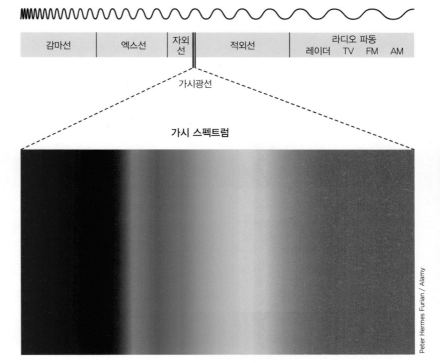

가시 스펙트럼

리고 오른쪽의 사각형은 밝게 보인다. 하지만 실제로 두 사각형의 밝기는 동일하다! 이런 지각의 차이는 맥락에 의해 유발된다. 왼쪽의 사각형은 배경보다 더 어둡고 따라서 오른쪽에 있는 사각형보다 더 어둡게 지각된다.

지금부터는 색 지각에 대해 살펴보자. 빛의 물리학부터 시작해야 한다. 가시광선은 전기와 자기로 구성된 물리적 에너지를 가리키는 전체 **전자기 스펙트럼**에서 매우 좁은 대역이다. 전자기 에너지는 물리적 파동으로 존재한다. 파동은 다양한 파장을 가진다(그림 4.14). 인간의 시각 시스템은 오직 가시광선 대역에서만 민감하기 때문에 다른 많은 장파장(예 : 라디오 파동)과 단파장(예 : 엑스선)을 탐지하지 못한다.

그림 4.14
전자기 스펙트럼 전체 전자기 스펙트럼에서 가시광선이 차지하고 있는 영역은 매우 좁다.

가시광선 대역에서 파장의 변화는 색의 변화와 일치한다. 우리가 식별할 수 있는 가장 짧은 파장은 보라색으로 지각되고 가장 긴 파장은 빨간색으로 지각된다. 빛 자체에는 색이 존재하지 않

는다는 사실을 기억하라. 빛 에너지에는 '색'이 없다. 색은 빛 에너지에 의해 활성화된 시각 시스템에서 일어나는 심리적 경험이다.

색에 대한 심리적 경험이 파장에 의해서만 전적으로 결정되는 것은 아니다. 우리는 이런 사실을 파장과 색이 일치하지 않는 두 가지 사례를 통해 알 수 있다. (1) 빛의 파

장이 다른데 동일한 색 경험이 일어날 때가 있다. (2) 빛의 파장은 동일한데 상황이 변화하면 다른 색 경험이 일어날 때가 있다. 이 두 현상이 그림 4.15에 제시되어 있다.

(a)와 (b) 그림 속의 사과는 거의 같아 보인다. 노랑과 초록 과일들 사이에 놓여 있는 몇 개의 빨간 사과. 그렇지만 (a)와 (b)로부터 당신의 눈에 도달한 빛은 (b)의 이미지 위에 놓여 있는 파란 필터 때문에 상당한 차이가 있다. 빛의 파장이 다른데도 불구하고 당신은 빨강이라는 동일한 색을 경험한다. 조도가 변화해도 특정 대상을 동일한 색으로 지각하는 경향성을 **색 항등성**(color constancy)이라고 한다.

(b)와 (c)의 사과는 다르게 보인다. (c)에 있는 사과는 파랑-보라색으로 (b)에 있는 보통의 빨간 사과와 다르게 보인다. 하지만 (b)와 (c)의 두 사과 이미지의 파장은 동일하다. 사과에서 당신의 눈에 도달하는 빛의 파장은 동일함에도 불구하고, 당신은 (b)와 (c)에서 색깔이 다른 사과를 지각한다.

그림 4.15
색 항등성 그림은 색 항등성의 원리를 보여준다. (a)와 (b)에 있는 사과로부터 반사되는 빛은 상당한 차이가 있지만 둘 다 빨강으로 보인다. (b)에 있는 사과로부터 오는 빛의 파장은 실제로는 (c)에 있는 사과의 파장과 같다.

색 항등성 조도의 변화에도 불구하고 대상의 색을 동일하게 지각하는 경향성

그림 4.16
색은 꿀벌에게도 필요하다 꿀벌이 색맹이라면 꽃을 찾기 어려울 것이다. 색 지각은 환경에서 유기체의 생존에 도움을 준다.

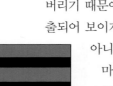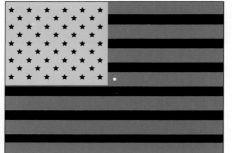

그림 4.17
색 지각의 대립과정 노랑-파랑과 초록-빨강은 대립색이다. 당신이 국기 한가운데에 있는 하얀 점을 응시하고 난 뒤에 하얀 빈 벽으로 주의를 돌리고 눈을 깜박이면 이런 대립과정을 경험할 수 있다. 눈을 깜박이면 친숙한 색채의 국기를 보게 될 것이다.

여기서의 교훈은 우리의 시각 시스템이 색이라는 개별 속성에 반응하는 것이 아니라 시각환경 전체에 반응한다는 것이다(Shevell & Kingdom, 2008). 진화적인 측면에서 볼 때 이것은 당연하다. 다른 능력과 마찬가지로 색을 지각하는 능력도 유기체의 생존과 번식을 위해 진화한 것이다. 이런 생물학적 성취는 유기체가 전체 환경에 적응하기 위한 것이다. 그림 4.16은 색 지각이 유기체의 생존에 어떻게 기여하는지를 보여준다. 당신이 꿀벌이라면 꽃을 찾아야 한다. 색 시각 없이는 배경이 되는 식물의 잎사귀 속으로 꽃이 사라져 버리기 때문에 꽃을 찾기 어려울 것이다(왼쪽 그림을 보라). 색 시각이 배경환경으로부터 꽃을 돌출되어 보이게 한다(오른쪽 그림). 꿀벌이 수억 년 전부터 색을 지각할 수 있는 것은 놀라운 일이 아니다(Chittka, 1996).

마지막으로 색 지각에서 중요한 사실은 색이 대립색을 갖는다는 것이다. 우리는 불그스름한 갈색은 떠올릴 수 있지만 불그스름한 초록은 상상하기 어렵다. 빨강과 초록은 대립색이다. 지각의 대립과정은 2개의 서로 대립하는 색채 쌍과 관련된 시각 경험을 일으킨다—빨강-초록과 노랑-파랑(Hurvich & Jameson, 1957). 특별한 상황에서 당신은 이런 대립색의 존재를 경험할 수 있다. 그림 4.17을 보면서 지시에 따라 해보라. 당신은 잔상(그림을 보고 난 뒤에 보이는 이미지)에서 색(초록, 노랑)이 반대색(빨강, 파랑)으로 변화한 것을 경험할 것이다. 왜? 여러 생물학적 기제가 관여되어 있지만, 한 가지 중요한 정보처리과정이 눈에 있는 세포의 생화학물질과 관련되어 있다(Ritschel & Eisemann, 2012). 오랫동안 한 가지 색을 응시하면 이 색에 반응하는 생화학물질이 일시적으로 감소한다. 그런 다음 빈 벽을 보면 대립색에 반응하는 화학물질이 증가하게 되고, 이것이 당신의 지각 경험을 지배하게 된다.

지금부터는 지각의 생물학으로 더 깊이 들어가보자.

눈에서 뇌로 : 시지각의 생물학적 기초

사전 질문

> ❯ 빛 에너지는 어떤 생물학적 과정을 거쳐서 뇌로 전달되는 정보로 변환되는가?
> ❯ 시각정보가 일단 뇌에 도달하고 나면 어떤 정보 처리가 일어나는가?
> ❯ 시각정보의 복잡성에도 불구하고 우리는 어떻게 대상을 정확하게 지각할 수 있는 것인가?

보는 데 필요한 첫 번째 생물학적 도구는 당연히 우리의 눈이다.

각막 눈의 가장 앞쪽에 있는 투명한 물질로 이루어져 있고 빛을 모으는 기능을 가진다.

동공 빛이 통과하는 구멍

홍채 동공을 확장 또는 수축시켜서 다양한 빛 수준에 반응하도록 하는 동공을 둘러싸고 있는 다양한 색을 띠고 있는 구조

수정체 입력된 빛을 모으는 기능을 하는 조절이 가능한 투명한 기관

눈 시지각은 눈 앞쪽에 있는 4개의 생물학적 기관(그림 4.18a)에서 시작된다—각막, 동공, 홍채, 수정체. **각막**(cornea)은 눈 가장 앞쪽에 있는 투명한 조직이다. 각막은 외부세계에 대한 선명한 이미지를 만들어내기 위해 빛을 모으는 역할을 한다. **동공**(pupil)은 빛이 통과하는 구멍이다(그림 4.18b). 구멍의 크기는 동공을 둘러싸고 있는 다양한 색깔의 **홍채**(iris)에 의해 조절된다. 홍채는 흐릿한 불빛에서는 동공을 확장시키고(예 : 구멍이 넓어진다), 밝은 불빛에서는 수축시킨다. 마지막으로 입력되는 빛을 모아서 초점을 맞추는 또 하나의 투명한 기관인 **수정체**(lens)가 있다. 하지

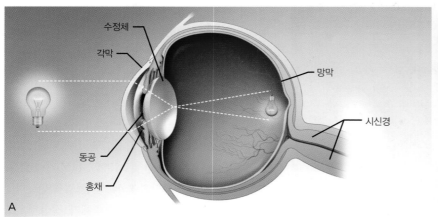

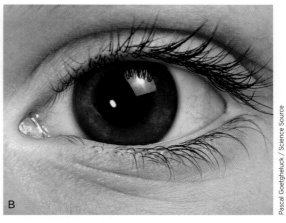

그림 4.18
눈 환경으로부터 오는 빛은 눈 앞쪽에 있는 일련의 기관, 즉 각막, 동공, 수정체를 통과한다. 감각 수용기는 눈의 망막에 위치하고 있다. 그림의 백열전구에서 보듯이, 이미지는 상하좌우가 바뀌어서 망막에 상이 맺힌다. 그렇지만 당신이 보는 것은 똑바로 된 백열전구이다(a). 동공의 크기는 홍채에 의해 조절된다(b).

만 수정체의 초점 기제는 조절가능하다는 점에서 각막과 다르다. 눈의 근육이 상이한 거리에 있는 대상의 이미지가 망막에 선명하게 맺히도록 탄력적인 수정체를 조정한다. 나이가 들수록 수정체의 탄력성이 떨어지고 사람들은 멀리 또는 가까이 있는 물체를 선명하게 보기 위해 보조 렌즈(안경)가 필요해진다.

눈의 내부는 투명한 물질로 채워져 있다. 빛은 이 물질을 통과하고 나서 눈의 뒷벽인 망막에 도달하는데, 망막에는 빛에 반응하고 뇌로 신호를 보내는 신경세포가 있다.

거꾸로 보이는 안경을 착용한 관광객 이야기에서 말했듯이, **망막**(retina)에 도달한 이미지는 역전되어 있다. 수정체의 굴절로 인해서 이미지가 '뒤집어진다'. 그런데도 우리가 망막에 있는 이미지를 볼 때 왜 세계를 거꾸로 보지 않는 것일까? 세상이 거꾸로 보이는 안경을 착용한 남자는 그의 망막에 있는 이미지를 볼 때 왜 거꾸로 된 세계를 보지 않았던 것일까? 그것은 사람들이 말 그대로 '망막에

> Hey, this material in my textbook is upside down! But, come to think of it, with a little effort I still can pick up the information in the text.

그림 4.19
거꾸로 읽기 거꾸로 보이는 안경을 착용한 그리스 관광객(서론에 소개되었던)에게 이것은 어떻게 보일까? 위 문장을 읽는 당신의 경험과 비슷할 것이다. 망막에 있는 이미지가 똑바로 되어 있건 거꾸로 되어 있건 상관없이 우리는 시각 시스템을 생물학적 도구로 사용하여 환경에 대한 정보를 획득할 수 있다.

있는 이미지를 보고 있는 것'이 아니기 때문이다. 사람들은 외부세계 그 자체를 본다. 망막은 빛의 형태로 도달하는 세계에 대한 정보를 지각할 수 있게 해주는 생물학적 도구일 뿐이다. 만일 빛이 망막에 부딪치는 방식을 변화시켜도 — 거꾸로 보이는 안경을 착용하거나, 물구나무를 서기를 하거나, 또는 그림 4.19에 있는 글자를 읽을 때처럼 — 우리는 조금만 연습하면 여전히 세계에 대한 정확한 정보를 얻을 수 있다.

일단 빛이 망막에 도달하고 나면 신경계는 행동에 돌입한다. 앞서 설명한 것처럼 빛 에너지를 변환하는 신경세포를 광수용기라고 부른다. 망막에는 두 가지 종류의 광수용기가 있고, 이들의 이름은 모양에서 유래하였다 — 원추체와 간상체(그림 4.20). 인간의 망막에는 약 500만 개의 원추체와 약 1억 개의 간상체가 있다(Winkler, 2013).

> 당신은 한 번이라도 '생물학적 도구'를 다르게 사용했던 적이 있는가? 얼마나 빠르게 적응할 수 있었는가?

원추체(cones)는 두 가지 주요 시각 속성에 대한 정보를 제공하는 광수용기이다 — 세부사항과 색. 세부사항을 지각하는 능력은 망막의 중심부에 있는 **중심와**(fovea)라고 불리는 영역 때문에 가능하다(Curcio et al., 1990; 그림 4.21). 당신이 선명하고 상세하게 보기 위해 어떤 대상에 초점을 맞추고 있다면 원추체가 집중되어 있는 중심와에 의존하고 있는 것이다. 어떤 한 대상에 초점을 맞추면, 시각장의 주변에 있는 다른 대상들은 흐리게 보인다. 이 대상들로부터 오는 빛은 원추체가 거의 없는 중심와 바깥 영역에 떨어진다.

또한 원추체는 색을 볼 수 있게 한다. 서로 다른 원추체가 상이한 파장, 즉 다른 색으로 지각되

망막 빛에 반응하고 뇌에 신호를 보내는 신경세포가 위치하는 눈의 가장 뒤쪽에 있는 벽

원추체 망막의 중심부에 집중되어 있으며 시각적 세부사항에 대한 정보와 색 정보를 제공하는 광수용기

중심와 원추체가 밀집되어 있는 망막의 중심 영역

그림 4.20
간상체와 원추체 고성능 현미경으로 얻은 컬러 사진에서 간상체는 초록으로 그리고 원추체는 파랑으로 표시되어 있다.

그림 4.21
중심와 이 망막 사진에서 진한 빨간색 부분이 원추체가 집중되어 있는 중심와이다.

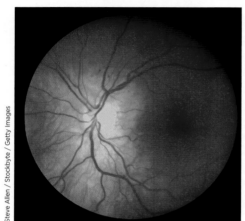

는 파장에 민감하게 반응한다. 이런 민감한 반응들이 결합되어 시지각이 일어난다. 우리는 엄청나게 많은 색을 인식할 수 있지만, 놀랍게도 원추체의 종류는 그렇게 많지 않다. 단지 세 가지 종류의 원추체가 있을 뿐이다―(1) 파랑, (2) 초록, (3) 빨강에 해당하는 파장에 최대로 민감하게 반응하는 원추체. 이 원추체들이 결합해 전체적인 색 경험이 일어난다(Sharpe et al., 1999). (TV 역시 빨강, 초록, 파랑 광선을 결합하여 색 스펙트럼을 만든다.)

유전적 변이 때문에 특정 원추체가 정상적으로 기능하지 않는 사람들이 있다. 다시 말해 빨강, 초록, 파랑 원추체 중 하나라도 문제가 있으면 **색맹**(color blindness)이 된다(Sharpe et al., 1999). 색에 민감한 원추체가 모두 정상이라면 당신은 그림 4.23에서 숫자 74를 볼 수 있을 것이다. 만일 그렇지 않다면 당신은 숫자를 못 보고 점만 보게 된다.

간상체(rods)는 낮은 조도에서 볼 수 있게 해주는 광수용기이다. 앞에서 말했듯이 간상체는 광자 1의 조도에도 반응하는 수용기이다. 이와 대조적으로 원추체는 활성화되려면 이보다 100배 더 많은 광자가 필요하다. 우리가 야외에서 해가 지고 난 뒤에도 볼 수 있는 것이나 흐린 조명의 실내에서 볼 수 있는 것은 간상체의 민감도 덕분이다.

간상체는 조도가 낮은 조건에서도 볼 수 있게 해주지만 색을 지각할 수 있게 하지는 못한다. 원추체와 다르게 간상체는 색에 민감하지 않다. 간상체는 빨강에 해당하는 장파장에 전혀 반응하

그림 4.22
원추체의 스펙트럼 민감도 세 가지 종류의 원추체가 서로 다른 빛 파장에 최고 민감하게 반응한다.

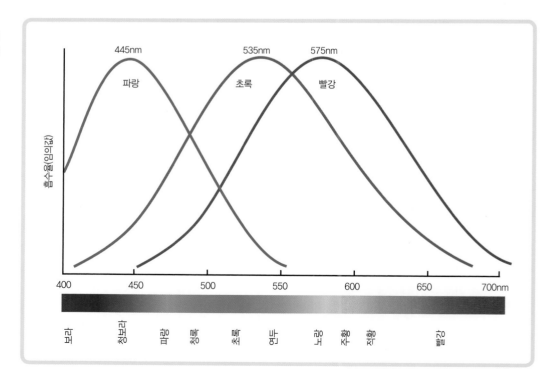

색맹 빨강, 초록, 파랑 중 하나 이상의 색에 대한 무감각

간상체 낮은 조도에서 볼 수 있게 해주는 광수용기

지 않는다. 밤에 이런 사실을 경험할 수 있다. 해가 지고 나면 주변환경은 더 어둡게 보일 뿐만 아니라 색도 잘 보이지 않고 빨간색 물체는 검정으로 보인다. 그렇지만 밤에 당신의 색 시각이 완전히 사라지는 것은 아니다. 연구에 의하면 간상체만 활성화될 때에도 우리의 시각 시스템은 어떤 색 경험을 제공하는데, 이것은 밝은 빛 아래에서 보았던 과거 경험에 기초하여 친숙한 물체의 색을 '경험에 근거하여 추측'하기 때문이다(Pokorny et al., 2006).

망막은 대부분의 시각정보를 **시각 고정**(visual fixations)이 일어나고 있는 동안에 수집한다. 시각 고정은 한 위치에서 다른 위치로 눈이 빠르게 움직이는 **도약 안구 운동**(saccades) 사이에 일어난다. 지각자의 빠른 안구 움직임과 시각 고정을 추적하는 작업은 연구자들에게 큰 도전이다.

원추체와 간상체가 자극되고 나면 눈은 시각정보를 뇌로 전송한다. 이런 정보의 흐름에서 핵심 역할을 하고 있는 것이 망막에서 나오는 정보를 뇌로 전달하는 **신경절 세포**(ganglion cells)이다. 신호를 전달하는 신경절 세포의 섬유가 **시신경**(optic nerve)이다(그림 4.18a). 신경절 세포의 수는 간상체와 원추체의 수보다 훨씬 적다. 따라서 신경절 세포 하나가 여러 개의 광수용기에서 오는 정보를 받아서 통합하고 있다.

시신경이 눈을 빠져나가는 망막 부위에는 광수용기가 존재하지 않는다. 따라서 이 지점에 도달한 빛은 어떤 시각 경험도 만들어내지 못한다. 이것이 망막에서 아무것도 보이지 않는 **맹점**(blind spot)이다. 당신이 주변을 둘러보면 보지 못하는 것이 없기 때문에 이상하다는 생각이 들 것이다. 평소에는 맹점을 경험하는 일이 없다. 뇌가 맹점을 '채워 넣어서' 연속적인 시각 경험을 제공하고 있기 때문이다. 그러나 맹점을 경험해볼 수는 있다. 그림 4.24를 보라.

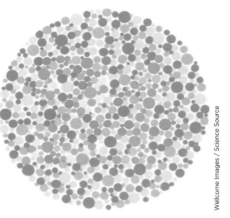

그림 **4.23**
색맹검사 색 시각이 정상이 아닌 사람들은 이 그림에서 숫자 74를 보지 못한다.

그림 **4.24**
맹점 왼쪽 눈을 감고 오른쪽 눈으로 십자가를 보면서 당신과 그림 사이의 거리를 변화시키다 보면, 어느 순간 검은 점이 사라진다. 이 현상은 점으로부터 반사되는 빛이 망막의 맹점을 때릴 때 일어난다.

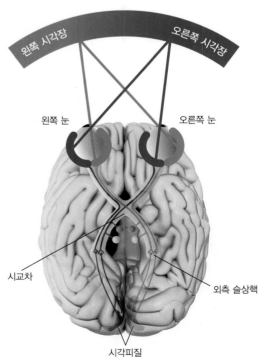

왼쪽 시각장   오른쪽 시각장

왼쪽 눈   오른쪽 눈

시교차

외측 슬상핵

시각피질

그림 **4.25**
뇌로 가는 시각경로 정보는 일련의 단계를 거쳐서 눈에서 뇌로 간다. 시교차에서 한쪽 반구에서 다른 반구로 신호의 전환이 일어난다. 외측 슬상핵은 입력 신호를 계산한다. 그런 다음 신호는 시각피질로 전달되고 추가적인 정보 처리가 일어난다.

눈에서 뇌로 신호가 눈에서 뇌로 가는 경로는 세 단계로 나뉜다. 처음 두 단계는 시교차와 외측 슬상핵과 관련이 있다.

❭ **시교차**(optic chiasm)에서 시각 신호는 시신경을 교차하여 전달된다(그림 4.25). 결과적으로 왼쪽 시각장에 있는 정보는 우반구로 가고 오른쪽 시각장의 정보는 좌반구로 간다.(이런 교차는 뇌 배선의 일반적 특징이다. 3장을 참조하라).

시각 고정 시선이 한 지점에서 유지되는 기간. 이때 대부분의 시각정보가 추출된다.

도약 안구 운동 한 지점에서 다른 지점으로 옮겨가는 빠른 눈 움직임

맹점 광수용기가 존재하지 않는 망막 부위에 빛이 떨어지는 것 때문에 아무것도 보이지 않는 시각장의 위치

시교차 왼쪽 시각장의 정보는 우반구로 가고, 오른쪽 시각장의 정보는 좌반구로 가도록 시신경이 교차되는 뇌의 부위

그림 4.26
시각피질의 매핑 망막 위의 자극과 시각피질의 활동이 매핑을 이룬다. 왼쪽의 그림을 원숭이에게 보여주고 망막에서 해당하는 영역이 활성화되면, 오른쪽 그림이 보여주듯이 원숭이 시각피질에서 그에 해당하는 활성화가 발견된다.

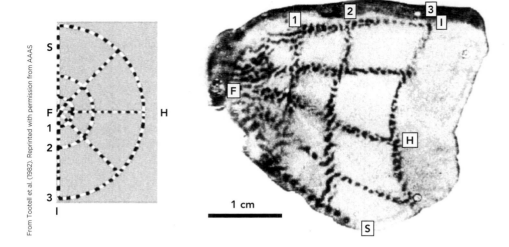

From Tootell et al. (1982). Reprinted with permission from AAAS

> **외측 슬상핵**(lateral geniculate nucleus)의 세포는 시각 신호를 받아서 '계산'을 한다. 가령 망막에 도달한 빨강 파장의 빛을 초록 파장의 빛과 비교하는 계산이 일어나기 때문에 앞에서 기술한 대립과정이 일어난다(Shapley & Hawken, 2011).

지금부터 설명하는 정보 처리의 세 번째 단계는 시각피질에서 일어난다.

시각피질 외측 슬상핵에서 나온 신호는 시각정보 처리를 담당하는 뇌의 뒤쪽에 있는 **시각피질**(visual cortex)에 도달한다(Belliveau et al., 1991). 앞서 논의한 시각 속성(크기, 형태, 움직임 등)의 지각에 필요한 생물학적 정보 처리가 시각피질에서 일어난다.

시각피질은 눈에 있는 수많은 광수용기에서 오는 신호들을 계속하여 통합하는 여러 세포층으로 이루어져 있다. 정보 처리의 첫 번째 층에서 망막의 활성화와 시각피질의 활성화 사이의 매핑이 일어난다(Tootell et al., 1982). 망막의 인접영역이 피질의 인접영역에 표상된다(그림 4.26).

망막에서 시각피질에 이르는 이런 매핑이 착시에 대한 통찰을 제공한다. 앞에서 크기 착시에 대해 이야기하였다. 두 대상의 크기가 동일한데 다르게 보일 때가 있다(그림 4.1). 이런 시각 착시가 일어나는 동안의 피질 활동은 대상의 실제 크기가 아닌 지각된 크기와 일치하는 것으로 밝혀졌다(그림 4.27).

실제 크기가 동일한데 더 크게 또는 더 작게 보이는 대상은 피질에서 더 큰 또는 더 작은 활성화를 일으킨다(Huk, 2008).

이 결과는 분석 수준 사이의 연결을 제공한다(그림 4.28). 사람들은 착시를 경험한다. 결기울기

외측 슬상핵 시각 신호를 받아서 이것을 시각피질로 전송하기 전에 '계산'을 하는 세포

시각피질 시각정보의 처리에 기여하는 뇌 뒤쪽에 있는 영역

그림 4.27
뇌에서 시각 착시 두 동그라미의 크기는 동일한데 위에 있는 동그라미가 아래에 있는 것보다 더 크게 보인다. 이것은 시각피질에서 서로 다른 활동을 만들어낸다. 아래에 있는 동그라미는 초록색으로 표시된 활동 패턴을 유발하는 반면에, 위에 있는 동그라미는 빨간색으로 표시된 활동 패턴을 만들어낸다.

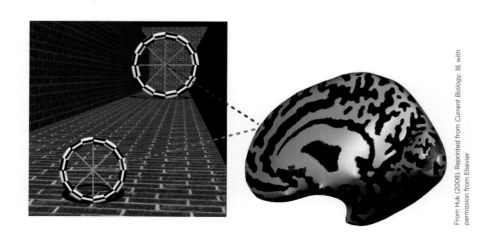

From Huk (2008). Reprinted from Current Biology, 18, with permission from Elsevier

그림 **4.28**

사람들은 대상의 크기를 정확하게 지각할까?

사람 · 마음 · 뇌
상호작용

사람

사람들은 흔히 착시를 경험한다. 이 그림에 있는 사람의 크기는 변화하지 않았다. 크기가 변한 것처럼 보이는 것은 착시이다.

마음

마음 수준의 분석은 이런 착시를 수렴하는 수직선 같은 깊이단서를 사용한 심적 계산으로 설명한다.

뇌

뇌 수준의 분석은 착시를 시각피질에서 자극의 표상으로 설명한다.

From Huk (2008). Reprinted with permission from Elsevier

Michael Doolittle / Alamy

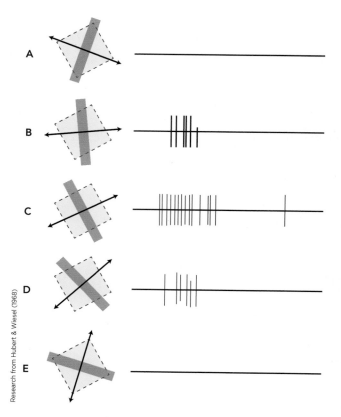

Research from Hubert & Wiesel (1968)

그림 4.29
허블과 위즐의 선분 왼쪽은 원숭이에게 제시한 다양한 각도의 선분들이다. 오른쪽은 원숭이의 시각피질에 있는 세포 하나에서 얻어진 활동 기록이다. 수직선은 세포의 활동을 가리킨다. 세포는 특정 각도의 선분에 최대로 반응하고 있다(그림 c의 각도).

와 수렴하는 수직선 같은 단서의 시각 시스템 정보 처리는 마음의 작용과 관련된 착시를 설명한다. 시각피질에 대한 연구는 뇌 수준에서 무엇이 일어나고 있는지를 보여준다.

50년 전 신경과학자 데이비드 허블(David Hubel)과 토르스톤 위즐(Torsten Wiesel)은 시각피질이 정확하게 어떻게 작용하는지를 밝혀 노벨상을 수상하였다(Hubel, 1963). 이들은 시각피질에서 '속성 탐지자'라고 불리는 개별 세포들을 발견하였다. 이것은 크기, 형태, 움직임 같은 특정 시각 속성에 반응하는 세포들이다. 예를 들어 어떤 피질세포는 특정 각도의 선분에 최대로 반응한다(그림 4.29).

시각피질에 대한 최근 연구는 피질이 서로 다른 종류의 정보 처리를 어떻게 결합하는지를 밝혀냈다. 대상의 형태, 밝기, 표면 결, 색과 같은 시각 특징들은 이런 지각 속성에 대한 정보를 통합하는 피질의 복잡한 정보 처리과정에 의해서 서로 영향을 주고받는다(Shapley & Hawken, 2011). 이런 통합이 대상에 대한 정확한 지각을 만들어낸다. 예를 들어 당신이 파란색 자동차를 보고 있는데, 차의 일부는 그늘에 있고 일부는 햇빛에 드러나 있다면, 당신의 망막에 도달하는 물리적인 빛은 자동차의 이 두 부분에서 큰 차이가 있을 것이다. 그러나 당신은 이 자동차가 여러 색깔을 가진 것으로 지각하지 않는다. 여러 시각 속성들을 통합하는 피질의 능력 때문에 파란색 자동차에 그림자가 드리운 것으로 정확하게 지각한다.

> 이 파란색 자동차 사례에서 색 항등성에 관한 과일 바구니 속의 사과(그림 4.15)가 떠올랐는가? 동일한 원리가 작용하고 있다.

청각 시스템

"응? 뭐라고?"

영어에서 가장 흔하게 나오는 10개의 단어는 'the', 'of', 'and', 'a', 'to', 'in', 'is', 'you', 'that', 'it'이다(Burch, 2000). 그렇지만 사람들의 대화를 들어보면—음악, 교통, 비디오게임, 세척기 소리 이상으로—가장 흔한 단어는 '응?'과 '뭐라고?'인 것 같다. 사람들은 종종 들으려고 애를 쓴다.

우리가 의미 있는 소리를 들을 수 있다는 것은 놀라운 일이다. 당신의 귀에 닿는 물리적 자극은 음파이다. **음파**(sound wave)는 공기를 통과하여 움직이는 압력의 변화이다. 청각 시스템은 이런 공기 압력의 변화를 세계에 대한 정보를 제공하는 신호로 변환한다. 청각 시스템은 많은 음파

> **철로 청취** 음파는 일반적으로 공기를 통하여 이동하지만 철로같은 고형 매체를 통해서도 이동이 가능하다.

James Marshall / Corbis

음파 귀에 도달하는 압력의 변화로 청각 시스템에 의해 신호로 변환된다.

가 동시에 발생할 때도 공기 압력으로부터 의미를 창조해낼 수 있다. 그렇기 때문에 당신은 언제나 '응?' 또는 '뭐라고?'라고 말하지 않아도 되는 것이다.

진화적 관점에서 청각 시스템은 큰 장점을 가지고 있다. 시각 시스템은 친구와 적, 포식동물과 사냥감을 탐지할 수 있지만, 이들이 숨어 있지 않을 때에만 가능하다. 시야 밖에 있는 환경의 위협과 기회를 탐지할 수 있는 능력은 유기체의 생존 가능성을 높인다.

청각 시스템이 전달하는 정보의 종류에 대해 살펴보자. 그런 다음 청지각을 가능하게 해주고 있는 생물학적 기제를 알아볼 것이다.

청지각

사전 질문

> ❯ 소리의 특성은 무엇인가?
> ❯ 소리가 어디서 오는지를 어떻게 아는가?
> ❯ 소리를 듣는 것뿐만 아니라 재인할 수 있게 해주는 심리과정은 무엇인가?

어떤 소리를 들으면 당신은 소리가 갖는 근본 의미를 지각한다 — 친구의 인사, 소방차의 사이렌, 베이스의 리듬. 하지만 지각을 연구하는 심리학자는 소리의 의미가 아니라 청각적인 특성에 주목한다(McLachlan & Wilson, 2010). 우리는 네 가지 소리 특성(소리 강도, 음고, 음색, 소리 출처의 위치)에 대해 살펴볼 것이다. 그런 다음 당신이 들은 것이 무엇인지를 알게 해주는 심리과정에 대해 알아보도록 하자.

소리 강도 때로는 핀이 떨어지는 소리도 들릴 때가 있다. 그러나 때로는 아무 생각이 나지 않을 정도로 시끄러울 때도 있다. 청각 경험은 **소리 강도**(loudness)에서 차이가 있다. 소리 강도는 주관적인 것으로 지각자가 경험하는 소리의 크기를 말한다(Plack & Carlyon, 1995).

소리 강도에 대한 당신의 심리과정은 기본적으로 음파의 물리적 특성에 의해 결정된다. 많은 물리적 에너지가 포함된 음파는 더 큰 소리로 지각된다. 과학자들은 소리의 물리적 에너지를 데시벨(dB)로 측정한다. 물리적인 길이를 미터(m)로 측정하는 것처럼 음파의 물리적 강도는 데시벨로 측정한다. 그림 4.30은 여러 소리의 데시벨 수치를 보여준다. 데시벨 척도에서 10dB은 0dB보다 10배 더 큰 소리라는 의미이다. (그림에서 자동차의 소리 강도는 70dB로 표시되어 있는데, 이 소리는 60dB의 대화 소리보다 10배 더 크다.)

음파의 물리적 강도와 소리 강도 지각은 서로 밀접하게 관련되어 있지만 정확히 일치하지는 않는다. 다음 두 연구 결과는 물리적 강도와 심리적 경험이 정확하게 대응하지 않는다는 것을 보여준다.

1. 음파의 강도 변화가 지각된 소리 강도의 변화와 일치하지 않는다. 물리적 강도가 10dB 증가(즉 10배 증가)할 때, 지각된 소리 강도는 2배가 된다(Stevens, 1955). 소리 강도가 10배 증가한 것으로 지각되지 않는다.

2. 사람들은 소리 강도 착각을 경험한다. 강도가 커졌다 작아졌다 하는 다양한 음조들로 구성된 목록에서 마지막 음조를 언제나 동일한 강도로 제시하면, 사람들은 이 마지막 음조의 소리 강도를 다르게 지각한다(Jesteadt, Green & Weir, 1978; Reinhardt-Rutland, 1998). 마지막 음조의 강도는 동일하기 때문에 이들을 다르게 지각하는 것은 착각이다.

소리 강도 청각 경험의 강도에 대한 주관적인 경험

그림 4.30

데시벨 척도 음파의 물리적 강도를 측정하기 위해 과학자들이 사용하는 측정 단위가 데시벨(dB)이다. 데시벨 척도에서 10dB 소리는 0dB 소리보다 10배 더 크다는 의미이다. 20dB 소리는 10dB 소리보다 10배 더 크다. 0dB은 청각 경험에 필요한 최소 물리적 강도를 의미한다.

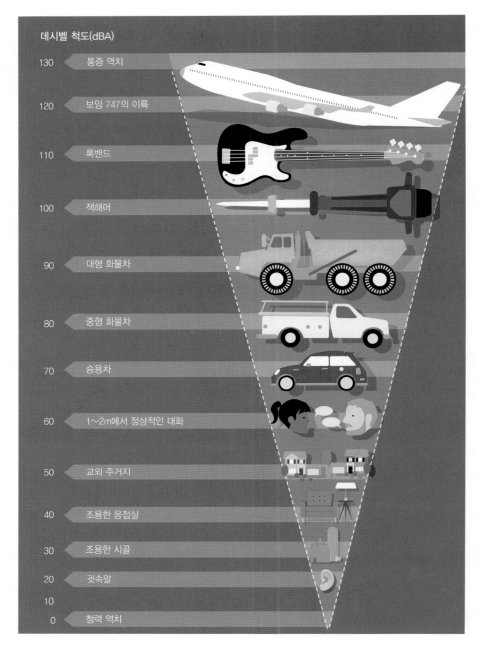

데시벨 척도(dBA)

130	통증 역치
120	보잉 747의 이륙
110	록밴드
100	잭해머
90	대형 화물차
80	중형 화물차
70	승용차
60	1~2m에서 정상적인 대화
50	교외 주거지
40	조용한 응접실
30	조용한 시골
20	귓속말
10	
0	청력 역치

음고 소리의 두 번째 특성은 '낮은' 또는 '높은'이라는 단어를 사용하여 묘사하는 소리 경험을 의미하는 **음고**(pitch)이다. 피아노 건반의 왼쪽은 '낮은 음고'의 소리를 만들어낸다. 오른쪽으로 갈수록 높은 음고를 가진 소리가 나온다.

음고의 변화를 일으키는 음파의 물리적 특성은 빈도이다. 음파의 **빈도**(frequency)는 특정 기간 동안 발생하는 진동의 수를 말한다. 그림 4.31에서 보듯이 음파의 빈도가 높을수록 음고는 높다.

소리 강도처럼 음고 역시 심리 경험으로 귀에 도달하는 물리적 음파에 의해서만 결정되지 않는다. 다시 한 번 지각적 착각을 통해서 물리적 자극과 심리적 경험이 어떻게 나뉘는지를 살펴보자. 심리학자 로저 셰퍼드(Roger Shepard, 1964)는 기괴한 심리 경험을 일으키는 일련의 음조들 — 현재 셰퍼드 음조라고 불린다 — 만들었다. 이 음조들에서 사람들은 높이가 끝도 없이 올라가는 소리를 듣는다. 모든 음조가 바로 전 음조에 비해 더 높은 소리로 들린다. 그러나 물리적으로 음파의 빈도는 무한히 높아지고 있지 않다. 대신 물리적 자극은 계단을 오르다 보면 시작했던 곳으로 되돌

음고 '낮은' 또는 '높은'이라는 단어를 사용하여 기술하는 소리 경험(악보 또는 목소리)

빈도 정해진 기간 동안에 발생하는 진동의 수에 기초한 음고 변화를 일으키는 음파의 물리적 속성

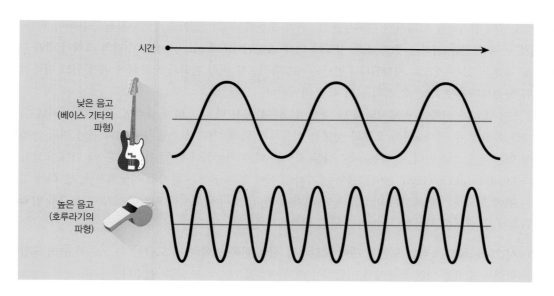

그림 4.31
음파의 빈도와 음고 높은 빈도의 음파(특정 기간 동안에 진동수가 더 많은 음파)는 음고가 더 높다.

아오는 에셔(M. C. Escher)의 그림에 있는 계단과 비슷한 '되돌리기'가 일어나고 있다(그림 참조).

음색 세 번째 소리 특성은 플루트 소리와 바이올린 소리를 비교하면 분명해진다. 동일한 음고와 소리 강도로 연주하는데도 두 소리는 확실히 다르다. 당신은 아마도 바이올린 소리를 '더 풍부하다'라고 느낄 것이다.

바이올린의 음색 중 하나가 이런 풍부성이다. **음색**(timbre)은 소리 강도와 음고가 동일한 경우에도 다른 소리와 구별할 수 있게 해주는 소리의 '특징'이다. 음색의 변화는 보통 물리적인 음파의 복잡성 변화와 일치한다. 바이올린 소리가 플루트 소리보다 더 풍부하게 느껴지는 것은 바이올린에서 나오는 음파가 더 복잡하기 때문이다(Rasch & Plomp, 1999).

에셔의 계단 에셔의 그림에서 꼭대기에 있는 계단은 계속해서 위로 올라가는 것으로 보인다(또는 계속해서 아래로 내려가는 것으로 보인다. 어느 방향으로 이동하는지에 달려있다). 이 시각 현상은 셰퍼드의 음조로 알려진 청각 현상, 즉 한 음조에서 다음 음조로 끝도 없이 음조가 높아지는 현상과 비슷하다.

음색은 일상생활의 청지각에 중요하다(Menon et al., 2002). 목소리를 재인하는 당신의 능력에 대해 생각해보라. 당신은 수많은 친구와 친족들의 목소리를 즉각 재인할 수 있고, 심지어 전화기에서 흘러나오는 목소리도 재인한다. 이런 재인은 단순히 소리 강도와 음고에 기초하고 있지 않다. 전화기는 비슷한 수준의 소리 강도에서 서로 다른 목소리를 전달하도록 설계되었다. 친구들의 목소리가 비슷한 음고를 가지고 있어도 목소리의 특질(목소리의 음색)이 다르기 때문에 우리는 이들의 목소리를 재인하는 데 문제가 없는 것이다.

스트라디바리우스 이 스트라디바리우스 바이올린은 경매에서 3,500만 달러에 팔렸다. 소리 강도나 음고 때문이 아니다! 악기를 특별하게 만드는 청각적 특질이 음색이다.

위치 자연환경에서 포식동물의 소리를 듣는 동물은 '어디에 있지?'가 다른 무엇보다 궁금하다. 유기체는 소리의 속성(소리 강도, 음고, 음색)뿐만 아니라 이 소리가 어디서 오는지도 들어야 한다. 즉 유기체는 소리의 위치를 알아내야 한다 — 소리 출처의 위치 확인.

음색 음파의 복잡성 변화에 기초한 소리의 독특한 '특징'

시간 청지각 연구에서 소리가 양쪽 귀에 도달하는 시간의 차이에 기초한 소리 출처의 위치 단서

압력 청지각 연구에서 한쪽에서 오는 음파에 의해 만들어지는 왼쪽 귀와 오른쪽 귀에서 압력의 차이에 기초한 소리 출처의 위치 단서

청각의 위치화를 이해하기 위해서는 (1) 왼쪽/오른쪽과 (2) 위/아래, 두 차원을 구분해야 한다. [세 번째 차원인 거리는 주로 소리 강도에 의해 결정된다(Coleman, 1963). 소리의 크기가 작을수록 더 멀리 있는 것으로 지각된다.] 인간은 해부학적으로 머리 왼쪽과 오른쪽에 귀가 있고 따라서 위/아래보다 왼쪽/오른쪽 정위를 더 쉽게 파악한다.

먼저 소리가 왼쪽에서 제시되고 난 다음에 오른쪽에서 다른 소리가 들리면, 당신은 소리의 위치를 확인할 수 있다. 왼쪽/오른쪽 정보를 제공하기 위해, 청각 시스템은 우리의 귀가 머리 양쪽에 있는 점을 이용한다. 음파는 서로 다른 경로를 따라 이동하여 한쪽 귀와 다른 쪽 귀에 도달한다(Middlebrooks & Green, 1991). 음파는 가까운 쪽에 있는 귀에는 곧바로 이동하지만, 먼 쪽에 있는 귀에 도달하기 위해서는 머리를 돌아서 가야 한다. 소리의 위치를 파악하기 위해 시간과 압력이라는 두 단서를 사용한다. 소리가 당신 왼쪽에서 들려올 때

> **시간**(timing) : 소리는 오른쪽 귀에 도달하기 전에 왼쪽 귀에 먼저 도달한다. 오른쪽 귀에 도달하려면 소리는 머리를 돌아서 이동해야 하기 때문에 시간이 조금 더 걸린다.
> **압력**(pressure) : 음파는 오른쪽 귀보다 왼쪽 귀에서 더 큰 압력을 발생시킨다. 오른쪽 귀에 도달하는 음파는 머리를 돌아 이동하는 동안 압력을 잃어버리기 때문이다.

우리의 청각 시스템은 자동으로 이런 단서들을 처리하고 결합하여 왼쪽/오른쪽 소리 위치를 쉽게 지각하고 있다.

그러나 이 동일한 단서들이 위/아래 위치 파악을 어렵게 만들기도 한다. 2개의 동일한 소리가 두 위치(당신의 앞과 뒤)에서 들려온다고 가정해보자. 이 소리는 왼쪽/오른쪽 차원에서는 동일한 위치에 있다(중간). 이들이 발휘하는 시간과 공기압력은 왼쪽 귀와 오른쪽 귀에서 동일하다. 이런 소리를 들을 때 사람들은 앞/뒤 **혼란**을 경험한다. 실제로 소리는 앞쪽에서 나오는데 뒤에서 나온다고 생각한다(또는 반대; Middlebrooks & Green, 1991). 운전 중에 멀리서 울리는 사이렌 소리(예 : 구급차 또는 소방차)를 들을 때 이런 경험을 한다. 사이렌 소리가 앞에서 나는지 아니면 뒤에서 나는지 알기 어렵다.

위/아래 소리 위치화에 대해서는 무엇을 말할 수 있을까? 2개의 소리가 당신 정면에서 똑바로 오는데, 하나는 위에서 오고 다른 하나는 아래에서 온다고 가정해보자. 두 귀에서 소리압력과 시간이 동일하기 때문에 두 소리를 구분할 수 없다. 하지만 사람들은 위/아래 구분을 정확하게 해낼 수 있다(Middlebrooks & Green, 1991). 어떻게? 핵심 요인은 신경계로 들어가는 물리적 신호에 영향을 미치는 귀의 모양에 있다. 우리 귀는 위아래가 대칭을 이루고 있지 않기 때문에 음파가 위에서 또는 아래에서 귀로 들어가는지에 따라 물리적 신호가 달라진다. 다시 말하면 음파는 위에서 오는지 아래에서 오는지에 따라 귀에서 산란되는 방식이 서로 다르다. 이런 차이 때문에 사람들은 소리가 위에서 나오는지 아래에서 나오는지를 지각할 수 있다.

무슨 소리지? 소리 강도, 음고, 음색, 위치 외에도 당신은 이 소리가 무엇인지를 알려고 한다. 아기 울음소리인가? 또는 고양이 울음소리였나? 천둥번개 소리인가? 또는 폭발음이었나? 이것은 소리 출처의 확인, 즉 **청각 재인**에 관한 질문이다.

일반적으로 사람들은 청각 재인을 아주 잘한다. 한 연구(Gygi, Kidd, & Watson, 2004)에서 참여자들에게 A(airplane flying)에서 Z(a zipper)에 이르는 70개의 소리를 들려주었다. 각 소리가 제시된 시간은 단지 수 초에 불과하였고, 이들 중 많은 소리들이 일상에서 흔히 접하지 못하는 소리였다(예 : 헬리콥터 소리). 그런데도 참여자들은 거의 대부분의 자극을 재인하였다.

소리를 재인하려면 사전지식이 필요하다. 사전지식 없이는 재인은 불가능하다. 당신이 인도 보

라 개구리(울음소리가 닭과 비슷하다)를 알지 못하면, 이 개구리가 아무리 크게 울어도 이것을 재인할 수 없다. 소리를 재인하기 위해서는 단기기억에 소리를 유지하면서 장기기억에 저장된 소리지식을 활성화시키고(5장 참조) 이 둘을 비교해야 한다(McLachlan & wilson, 2010).

> 당신이 구별하기 어려운 소리는 무엇인가?

귀 세 부분(외이, 중이, 내이)으로 이루어진 청력을 담당하는 생물학적 구조

고막 음파가 부딪칠 때 진동하는 귀에 있는 얇은 막

유모세포 음파의 변환을 담당하는 내이에 있는 청각 수용기 세포

귀에서 뇌로 : 청지각의 생물학적 기초

사전 질문

> ❯ 어떤 생물학적 과정을 거쳐서 음파는 의미 있는 정보로 변환되는가?

지금부터 청지각을 가능하게 해주는 생물학적 기제에 대해 알아보자.

귀에서의 청각정보 처리 일상 언어에서 '귀'는 머리 옆에 붙어 있는 외현적인 구조를 말한다. 그러나 청각정보 처리 연구에서(Moore & Linthicum, 2004), **귀**(ear)는 외이, 중이, 내이의 세 부분으로 이루어진 복잡한 생물학적 기제를 의미한다(그림 4.32).

음파는 처음에 **귓바퀴** ─ 음파를 포착하여 외이도를 따라 고막을 향해 가게 만드는 외이의 일부 ─ 에 도달한다. **고막**(eardrum)은 음파가 부딪칠 때 진동하는 얇은 막이다. 강도와 규모가 다른 음파들은 고막에서 상이한 패턴의 진동을 발생시킨다.

고막의 움직임에 의해 중이에 있는 기관들이 활성화된다. 특히 고막의 진동은 이소골이라고 불리는 중이에 있는 서로 연결되어 있는 작은 뼈들에 움직임을 일으킨다. 이런 이소골의 움직임에 의해 정보의 변환(음파 진동이 신경 신호로 전환)이 일어나는 내이가 활성화된다.

변환은 달팽이관이라고 알려진 내이에 있는 나선형의 액체로 채워진 기관에서 일어난다. 달팽이관에는 변환을 담당하는 청각 수용기 세포인 **유모세포**(hair cells)가 있다(Gillespie & Müller, 2009). 유모세포의 명칭은 세포의 모양에서 유래하였다(그림 4.33). 이소골의 움직임은 달팽이관의 액체를 진동시키고, 이것은 다시 유모세포의 움직임을 유발한다. 마지막으로 유모세포의 움직임은 뇌로 이동하는 신경 충격을 촉발한다.

그림 4.32
귀의 구조 음파가 탐지되기 위해서는 외이도를 따라 고막으로 이동해야 하고, 고막의 진동이 중이에 있는 기제들을 활성화시킨다. 이런 기제는 다시 음파 진동을 신경 신호로 변환하는 내이의 활성화를 일으킨다.

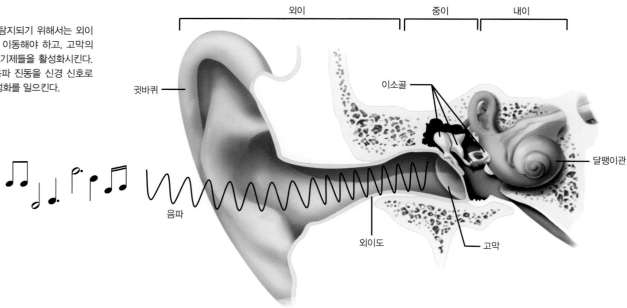

외이 　중이 　내이

귓바퀴

이소골

달팽이관

음파

외이도

고막

그림 4.33

내이의 유모세포 이 사진은 내이의 유모세포(청각 시스템의 수용기 세포)를 근접 촬영한 것이다.

> **큰 소음-록 콘서트**에서 경험하는 소음은 귀의 유모세포를 손상시키고 소음으로 인한 난청을 일으킨다. 난청은 끊임없이 윙윙거리는 소리가 들리는 이명증을 동반하기도 한다(NIDCD, 2013). 왼쪽의 사진은 영국 밴드 콜드플레이의 크리스 마틴이다. 그는 이명증을 앓고 있고 환경소음의 위험을 알리는 캠페인을 벌이고 있다. 오른쪽은 엄마 기네스 펠트로 품에 안겨 있는 그의 딸 애플인데, 소음으로부터 잘 보호되고 있는 모습이다.

청각피질 청각 신호는 달팽이관에서 뇌로 청각정보를 전달하는 수천 개의 신경세포다발인 **청신경**(auditory nerve)에 의해 내이를 떠난다. 시신경과 마찬가지로 신경섬유가 교차되면서 왼쪽 귀에서 오는 정보는 우반구로 가고, 오른쪽 귀에서 오는 정보는 좌반구에 도달한다.

달팽이관에서 오는 신호를 이해하는 상위 수준의 정보 처리는 청각피질에서 일어난다. 청각피질은 청각정보의 처리를 담당하는 측두엽에 위치한 뇌 부위를 말한다(3장 참조). 청각피질은 전체 뇌피질의 8분의 1을 차지하고 있다(Woods & Alain, 2009).

청각피질은 상당히 넓다. 청각피질은 약 1,000만 개의 뉴런을 포함하고 있다. 시각피질이 체계적으로 조직화되어 있다는 사실을 기억하라. 망막의 인접 영역에 떨어지는 물리적 자극은 시각피질에서도 인접영역에서 처리된다(그림 4.26). 이와 같은 조직화가 음고에 기초하고 있다는 사실만 빼고 청각피질도 비슷하다(Wessinger et al., 1997). 비슷한 음고를 가진 소리들(즉 빈도가 비슷한 소리들)은 청각피질의 인접영역에서 처리된다(그림 4.34). 음고의 차이가 큰 소리들은 더 멀리 떨어진 영역에서 처리된다(Woods & Alain, 2009).

음고 외에 다른 정보도 청각피질에서 처리되고 있다. 인간과 비인간 영장류를 대상으로 한 뇌영상 연구들은 (1) 소리 위치, (2) 소리 출처의 확인, (3) 종족 구성원의 발성에 대한 정보를 처리하는 특수 영역들을 확인하였다(Rauschecker & Tian, 2000).

그림 4.34

청각피질 뇌는 소리 경험을 일으키기 위해 약 1,000만 개의 뉴런들로 이루어진 청각피질에서 청각 신호를 처리한다.

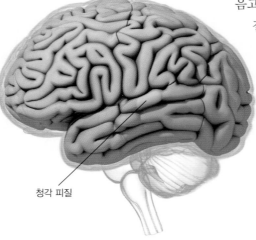

청각 피질

청신경 내이에서 뇌로 가는 청각정보를 전달하는 신경세포 다발

후각 시스템

백화점에 들어서면 보통 처음으로 보게 되는 상품 중 하나가 향수이다 — 바로 정면에 진열하는 이유는 수익 때문이다. 소비자는 이 작은 병에 거금을 쏟아붓는다. 향수의 가격과 구매는 공기 중의 화학물질을 지각하는 후각의 힘을 보여준다.

장 파투 향수를 구매할 수 있다면 당신도 기쁠 것이다. 향수 가격은 1온스에 약 400달러이다.

냄새 지각

사전 질문

> ❯ **우리가 냄새 맡을 수 있는 자극은 어떤 것이 있는가?**

후각은 광범위한 정보를 제공한다. 어떤 냄새가 난다는 것만 알려주지 않는다. 후각은 (1) 강도, 또는 냄새가 얼마나 강한지, (2) 쾌, 또는 **부취제**(odorant)의 냄새가 좋은지 나쁜지에 대한 정보도 제공한다(Moskowitz, Dravnieks & Klarman, 1976). 이 두 차원은 완전히 다르다. 강도와 쾌에 대한 정보는 뇌의 서로 다른 영역에서 처리된다(Anderson et al., 2003).

이제 곧 알겠지만 후각은 (1) 음식, (2) 페로몬, (3) 세포 손상과 질병에 대한 화학적 신호를 포함하여 다양한 부취제를 탐지한다.

후각에 대한 우리의 논의는 기본적으로 인간의 후각에 초점을 맞추고 있다. 그러나 냄새는 다른 종에게 훨씬 중요하다. 개를 생각해보자. 폭탄 탐지 훈련을 받은 개에 대한 연구는 폭발물이 들어 있는 컨테이너가 아무리 넓고 어두워도 개의 탐지 능력이 대단히 뛰어나다는 것을 보여주었다. 시각 손상이 어떤 영향도 미치지 않을 정도로 개는 후각에 강하게 의존하였다. 폭발물이 눈에 보이는 곳에 놓여 있어도 곧바로 그것에 가까이 가지 않는데, 이것은 시각에 일차적으로 의존하고 있는 유기체라면 하지 않을 행동이다. 대신 개는 폭발물에서 나온 냄새 이동경로를 따라 움직였다(Gazit & Terkel, 2003). 즉 개의 행동은 시각보다 후각에 의해 지배되고 있다고 할 수 있다. 개는 시각보다 후각을 더 신뢰한다. 이와 대조적으로 인간은 '자신의 코를 자신의 시각만큼 믿지 않는다'(Sela & Sobel, 2010, p. 13). 이런 심리적 차이는 생물학적인 것과 관련이 있다. 개의 경우 후각에 관여하고 있는 뇌 부위가 전체 뇌의 12.5%에 달

냄새 테스트 통과 폭발물을 적발하는 훈련을 받은 개는 시각보다 후각에 의존한다.

> 당신은 이 정보로 설명할 수 있는 개의 기이한 행동을 본 적이 있는가?

하지만 인간의 경우에는 1%에도 미치지 않는다(Williams, 2011).

음식 냄새 우리가 냄새를 지각하는 자극 중 하나가 음식이다. 진화과정에서 음식 냄새를 탐지하는 능력이 중요해진 이유는 두 가지다. 하나는 당연히 유기체가 음식을 찾을 수 있게 해준다. 다른 하나는 위험에 빠뜨릴 수 있는 상한 음식을 피하게 해준다. 포유류는 부패한 음식 냄새를 맡고 회피하는 탁월한 능력을 지녔다(Takahashi, Nagayama & Mori, 2004).

좋은(부패하지 않은) 음식이 제시될 때 사람들은 냄새로 얼마나 정확하게 알 수 있을까? 직관적으로 이야기하자면, 우리는 냄새를 정확하게 식별할 때도 있지만, 무슨 냄새인지 말하지 못할 때도 있다. 연구 결과는 이런 직관과 일치한다. 정확성에서 상당한 차이가 나타난다. 한 연구(Cain, 1979)에서 흔히 경험하는 부취제(예 : 초콜릿, 계피, 땅콩버터)를 제시받은 참여자들은 시행의 45%에서 정확하게 냄새를 맞추었다. 며칠이 지난 뒤 참여자들에게 실험실로 다시 와서 첫째 날에 그들이 붙인 명칭을 사용하여 냄새를 다시 한 번 확인하도록 요청하였다. 몇 번의 연습 후에, 참여

부취제 냄새를 유발하는 자극. 부취제에는 음식, 페로몬 같은 여러 다양한 물질과 세포 손상과 질병에 대한 화학적 신호가 포함되어 있다.

> 당신의 냄새 재인 능력은 얼마나 정확한가? 저녁식사를 준비 중인 집에 들어섰을 때 어떤 음식인지 알아맞힐 수 있는가?

자들은 시행의 77%에서 일관되게 처음 명칭을 적용할 수 있게 되었다(Cain, 1979). 명칭이 부정확한 경우에도 (예 : 육두구 냄새를 맡고는 정향이라고 말하는 경우), 참여자들은 이 물질의 냄새를 맡을 때면 일관되게 그 명칭 ('정향')을 사용하였는데, 이것은 냄새를 재인하는 능력이 매우 우수하다는 것을 의미한다.

당신이 젊다면 음식의 향을 즐겨라. 후각으로 음식을 구별하는 능력은 연령과 함께 감소한다. 한 연구에서 20대와 70대 성인들에게 음식 냄새를 제시하였다. 그 결과 젊은 사람들이 냄새를 기초로 음식의 종류를 더 잘 분류하였다(Schiffman & Pasternak, 1979).

페로몬 후각에 의해 탐지되는 또 하나의 자극이 페로몬이다. **페로몬**(pheromones)은 한 유기체의 신체에서 만들어지고 동일 종족의 다른 유기체에 의해 탐지되는 화학 신호이다. 탐지된 페로몬은 이것을 받아들이는 유기체에게 독특한 반응을 유발한다. 가령 암컷 물고기는 산란기가 되면 성 페로몬을 분비한다. 수컷 물고기에 의해 탐지된 페로몬은 수컷에게서 번식행동을 유발한다(Wyatt, 2009).

페로몬은 후각 시스템에 의해 우선적으로 탐지된다. 후각 시스템은 페로몬 향에 매우 민감하도록 진화하였다. 실제로 많은 포유동물들(인간을 제외한)은 페로몬 탐지를 위해 특별히 고안된 두 번째 후각 시스템을 가지고 있다(Firestein, 2001).

페로몬의 정확한 화학물질이 다른 종에서는 확인되었지만 인간에게서는 확인되지 않았다(Wyatt, 2009). 이 때문에 페로몬에 의한 소통이 인간에게 중요한지를 놓고 의문이 제기되었다. 그러나 몇몇 증거들은 중요하다고 말하고 있다. 연구자들은 기숙사처럼 좁은 공간에서 함께 생활하는 여성들의 생리주기가 일치하는 것을 발견하였다. 원인은 후각 시스템에 의해 탐지되는 페로몬인 것으로 보인다. 여성들은 생리주기의 단계에 따라 분비되는 생물학적 화합물(예 : 땀선을 통해서)에서 차이가 있다. 이들 중 특정 화합물이 다른 여성의 생리주기 기간에 영향을 미친다. 그 결과 시간이 흐르면서 생리주기가 비슷해진다(Stern & McClintock, 1998).

세포 손상과 질병 최근 연구자들은 후각을 통해 지각되는 세 번째 자극을 발견하였다. 그것은 세포 손상 및 질병과 연합된 화학물질이다(Munger, 2009).

질병으로 인한 염증과 세포의 손상은 신체에서 독특한 분자 활동을 만들어낸다. 연구자들은 분자 변화를 정확하게 확인하고 유기체의 후각 시스템이 이것을 탐지하는지를 알아보았다. 실제로 유기체는 그렇게 한다(Rivière et al., 2009). 포유동물은 후각 시스템의 수용기를 통해 질병의 분자 표식을 탐지할 수 있다. 이런 능력은 인간의 건강에 실질적인 도움이 된다. 환자의 호흡에서 암의 표식을 인식하는 개의 도움으로 암을 초기 단계에 발견할 수 있게 되었다(Sonoda et al., 2011).

세포 손상과 질병을 탐지하는 능력은 진화과정에서 이득으로 작용할 것이 분명하다. 건강을 지키려면 병에 걸린 사람을 회피하는 것이 유기체에게 이롭다. 번식을 위해 짝을 찾을 때도 번식에 유리한 건강한 짝을 찾을 수 있게 해준다.

코에서 뇌로 : 후각의 생물학적 기초

사전 질문

페로몬 한 유기체에 의해 분비되고 동일 종의 다른 유기체에 의해 탐지되어 독특한 반응을 유발하는 화학 신호

> 〉 어떤 생물학적 과정을 거쳐서 우리는 공기 중의 화학 신호를 뇌로 전송되는 정보로 변환할 수 있는 것인가?
> 〉 왜 어떤 사람들은 다른 사람들보다 냄새에 더 민감한가?

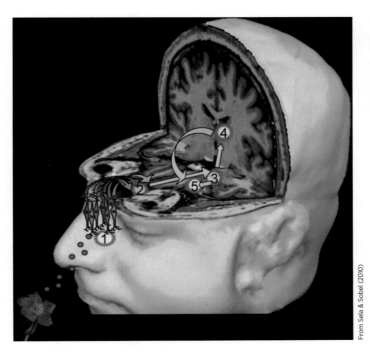

From Sela & Sobel (2010)

그림 4.35
코에서 뇌로 냄새가 코로 들어가서 뇌에서 신경정보 처리가 일어나고 냄새를 경험할 때까지 일련의 정보 처리 단계를 거친다. 부취제에 의해 활성화되는 감각 수용기(1)는 후구(2)에 신호를 보내고, 이것은 다시 후각피질(3)로 신호를 전송한다. 후각피질은 뇌의 중앙에 있는 정보 처리의 '중계소'라고 불리는 시상(4)과 연결되어 있다. 후각피질은 상위 수준의 정보 처리(5)를 위한 뇌의 앞 영역과 두 가지 방식으로 연결되어 있다 ─ 시상을 통한 연결과 직접적인 연결.

후각이 코에서 시작된다는 것을 알기 위해서 심리학 강좌를 들을 필요는 없다. 코를 훌쩍이면 공기 중에 있는 물질이 당신의 콧구멍으로 들어간다. 그다음에 일어나는 일을 살펴보자 ─ 냄새에 대한 감각이 만들어지는 생물학적 과정.

코에서 뇌로 후각의 생물학적 과정은 3단계 정보 처리과정으로 나뉜다(Sela & Sobel, 2010; 그림 4.35).

1. 수용기 세포. 당신의 양쪽 콧구멍에는 공기 중의 부취제, 페로몬, 질병 관련 분자들에 의해 활성화되는 1,000만 개 이상의 수용기 세포가 있다. 다양한 종류의 수용기 세포들이 서로 다른 분자 신호에 민감하게 반응한다. 수용기 세포는 화학적 신호를 뇌로 가는 전기적 신호로 변환한다.

2. 후구. 수용기 세포에서 나온 신호는 뇌 앞쪽 가까이 있는 세포들의 집합체인 **후구**(olfactory bulbs)로 보내진다. 신호를 받으면 후구에 있는 세포는 냄새를 확인하기 위한 정보 처리를 시작한다. 후구 세포들의 상이한 활동 패턴이 서로 다른 냄새와 연합되어 있다(Sela & Sobel, 2010).

3. 후각피질. 후구에서 오는 신호는 변연계로 알려진 뇌 영역에 있는 **후각피질**(olfactory cortex)로 보내진다(3장 참조). 냄새가 확인되면 후각피질에서의 신경정보 처리는 끝이 난다. 이 과정이 정확히 어떤지에 대해서는 아직 완전히 밝혀지지 않았다. 하지만 연구 증거에 의하면 후각피질에서 신경 활동의 시간이 중요해 보인다. 특정 냄새에 대응하는 특정 세포가 존재하는 것이 아니라, 냄새가 다르면 신경세포가 활성화되는 시간이 다르다(Poo & Isaacson, 2009).

개인차와 유전 사람들은 후각 시스템의 민감도에서 상당한 차이를 보인다. 한 연구(Cain & Gent, 1991)에서 4개의 부취제(나무, 가스, 꽃, 복숭아 냄새와 유사한 화학물질들)를 제시하고 참여자가 탐지할 수 있는 냄새의 최소 화학 농도를 알아보았다. 이런 연구 설계에서 두 가지 결과가 발생할 수 있다.

후구 후각 수용기 세포에서 오는 신호를 받고 냄새를 확인하는 정보 처리과정이 시작되는 뇌 앞쪽에 있는 세포 집합체

후각피질 냄새를 확인하는 데 필요한 생물학적 과정이 끝나는 신경 시스템

1. 냄새를 탐지하는 사람들의 능력이 냄새마다 다를 수 있다. 즉 어떤 사람은 나무 냄새는 잘 탐지하지만 꽃 냄새는 탐지하지 못하고, 또 다른 사람은 꽃 냄새는 잘 탐지하면서 나무 냄새는 잘 탐지하지 못할 수 있다.

2. 냄새를 탐지하는 사람들의 능력은 냄새와 상관없이 일관적일 수 있다. 어떤 사람들은 다른 사람들보다 냄새 탐지를 일관되게 더 잘할 수 있다.

　연구자들이 발견한 것은 두 번째 결과이다. 어떤 사람은 다른 사람에 비해 냄새를 더 잘 탐지한다. 개인의 냄새 탐지 민감성은 여러 냄새에서 일관적이다.

　후각 능력의 차이는 많은 부분 유전 변이에 의해 설명되고 있다. 핵심은 후각 시스템의 수용기 세포를 부호화하는 유전자이다(Hasin-Brumshtein, Lancet & Olender, 2009). 유전 변이가 사람들이 보유하고 있는 후각 수용기 세포의 수와 다양성에서 차이를 만들어내고, 이것이 사람들 사이의 냄새 감각의 차이를 만들어낸다.

미각 시스템

승리는 달고, 패배는 쓰다. 판매원이 당신에게 터무니없이 비싼 가격으로 중고차를 팔려고 하였다면, 이런 경험은 뒤끝이 씁쓸하다. 연애가 깨지고 나서 '난 너에게 진심이었던 적이 한 번도 없었어'라고 말한다면, 이것은 그냥 오기일 뿐이다. 미각 시스템에 의해 만들어지는 맛에 대한 심리적 경험은 인생의 흥망을 논할 때 은유로 사용될 만큼 인간의 경험에서 중요하다.

　실제로 맛은 삶 그 자체를 위해서도 반드시 필요하다. 미각을 잃은 사람들은 살려면 영양분이 필요한데도 음식을 섭취하기 어렵다. 방사선 항암치료를 받은 후에 미각을 잃어버린 사람이 맛을 못 느끼고 하는 식사를 "위협적인 거인이 '몸에 좋으니까 그냥 먹어'라고 말하면서 탄소 비스킷이 가득 담긴 접시를 내미는 것"과 같다고 표현하였다. 한 의사는 이와 같은 손상을 다음과 같이 기술하였다.

> 만일 엄청난 노력으로 '석탄재'를 밀어 넣으면 소화불량과 구토가 발생하게 된다. … 어떤 불쾌감을 느끼면(고기 뼈), 참기 어려운 메스꺼움이 다음 반응으로 나타난다. … 환자는 허기를 느끼지 못하고 굶주리게 된다.
> - MacCarthy-Leventhal(1959, p. 1138)

　우리에게는 미각이 필요하다. 미각 시스템은 음식의 화학적 속성에 반응하고 뇌에 이 반응을 전달하여 맛을 알게 해준다.

미각

사전 질문

> ❯ 짠맛과 단맛 외에 우리는 어떤 맛을 탐지할 수 있는가? 도대체 감칠맛은 무엇인가?
> ❯ 모든 짠맛 나는 음식이 동일하지 않은 이유는 무엇인가?
> ❯ 풍미와 미각의 차이는 무엇인가?
> ❯ 슈퍼 감식자는 어떤 사람인가?

다른 종류의 음식을 먹을 때 당신의 지각은 두 가지에서 차이가 있다.

1. 질 : 맛의 질이 다르다. 즉 다른 종류의 음식은 맛도 완전히 다르다.
2. 차원 : 미각 경험은 여러 차원에서 차이가 있다. 예를 들어 어떤 맛은 다른 맛보다 더 강렬하다.

먼저 미각의 이 두 가지 측면에 대해 살펴보고 맛과 후각이 결합된 경험인 **풍미**(flavor)에 대해 논의해보자.

미각의 질 인간은 질적으로 다른 5개의 독특한 맛을 지각한다. 아무리 복잡한 음식도 — 강한 양념의 중국식 볶음요리나 미묘한 프랑스 최고급 요리 — 이 5개의 기본 맛이 혼합된 것이다(Breslin & Spector, 2008).

1. **단맛** : 대부분의 사람들 — 대부분의 포유동물 — 은 단맛에 끌린다. 진화과정을 생각하면 이것은 당연하다. 단맛이 나는 음식은 신체에 에너지를 공급하는 단순 탄수화물이 많이 포함되어 있다. 이런 단맛이 나는 고당도의 음식을 탐지하는 능력은 진화과정에서 적응적이다.

2. **짠맛** : 짠맛은 화학 **나트륨**이 포함된 풍미와 음식에서 온다. (화학적으로 소금은 염화나트륨이다.) 유기체가 정상적인 신체 기능을 유지하려면 나트륨이 필요하다. 즉 우리가 짠맛을 좋아하는 것은 진화적으로 당연하다. 진화과정에서 나트륨을 섭취하는 능력을 발달시킨 것은 유기체에게는 당연한 일이다.

3. **쓴맛** : 자연세계에서 먹을 수 있는 음식들 중에 독이 들어 있는 물질의 맛은 쓰다. 쓴맛에 대한 지각은 일종의 '위험 신호'로 진화하였을 것이다. 쓴맛은 유기체가 위험에 대처할 수 있도록 해준다.

4. **신맛** : 신맛은 화학적으로 산이 들어 있는 음식에 의해 유발된다. 예를 들어 레몬에는 매우 많은 양의 구연산이 들어 있다. 신맛을 탐지하는 능력은 숙성과정에서 산이 변화하는 과일의 숙성도를 신호해주는 것 때문에 진화한 것으로 보인다.

5. **감칠맛** : 과학자들은 최근 다섯 번째 맛을 찾아냈다. **감칠맛**(umami)은 우리가 흔히 '맛이 좋다'라고 부르는 것이다(Li et al., 2002). 감칠맛은 쇠고기 국물의 맛에서 느낄 수 있다. 신선한 과일 샐러드 또는 쫄깃쫄깃한 마시멜로에는 들어 있지 않다. 감칠맛은 음식에 들어 있는 풍부한 단백질에 의해 유발된다. 이 맛은 유기체가 신체 성장에 필요한 단백질을 찾아 섭취하는 데 도움을 주기 위해 진화하였다.

최근 언제 감칠맛을 경험했는가?

미각 경험의 차원 모든 짠맛이 똑같지 않다. 마찬가지로 모든 신맛뿐만 아니라 다른 미각 범주에서의 미각 경험이 동일하지 않다. 또한 맛을 느끼는 사람들은 여러 미각 차원에 따라 차이가 있다.

미각 경험의 차이는 4개의 미각 차원으로 기술할 수 있다(그림 4.36). **시작/뒷맛**은 시간에 따른 미각 경험을 말한다. 예를 들어 음식을 삼키고 난 다음에 어떤 맛은 오래 남지만 다른 맛은 바로 '사라진다'. **강도**는 미각 경험의 강도를 말한다. 두 음식이 모두 실 수 있지만, 하나가 다른 것보다 신맛의 강도가 더 클 수 있다. **쾌락**은 당신이 얼마나 이 맛을 좋아하는지를 말한다. 쾌락과 강도는 서로 연관되어 있는 경우가 많다. 당신은 짠 감자칩을 — 짠맛이 너무 강하지만 않다면 — 좋아할 수 있다. 마지막으로 **위치**는 입안 어디에서 맛을 경험하는지에 대한 것이다. 미각 시스템의 미각 수용기는 미각이 혀의 왼쪽에 일어나고 있는지 또는 오른쪽에서 일어나고 있는지에 대한 정보

값비싼 미각 후각 경험을 위해 돈을 지불하고 있는 것처럼 사람들은 미각 경험을 위해서도 많은 돈을 지불한다. 검은 송로버섯(유럽 고급요리의 향료로 사용하는 버섯)은 1온스에 100달러 이상의 가격으로 팔린다.

Foodcollection / Getty Images

감칠맛 음식에 들어 있는 많은 양의 단백질에 의해 유발되는 맛 감각

감칠맛 버거 당신이 미각에 대해 배우고 나면 이런 상점이 근사해 보인다.

ZUMA Press, Inc. / Alamy

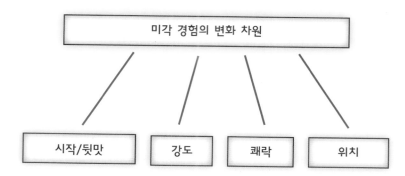

그림 **4.36**
미각 경험의 차이

를 제공한다(Shikata, McMahon & Breslin, 2000).

풍미 우리는 지각 시스템을 한 번에 하나씩 알아보고 있지만, 이들은 때로 함께 작동한다. 이것을 보여주는 기본 사례가 음식에 대한 지각이다.

당신이 음식에 어떤 양념이 들어 있는지 알고 싶어 한다고 해보자(예 : 이 토마토소스에는 무엇이 들어갔지?). 당신이 수집하는 어떤 지각정보는 미각에서 온다. 그러나 어떤 정보는 냄새, 즉 후각 시스템에서 나온다. 두 지각 시스템(미각과 후각)의 결합은 음식에 대한 전체적인 지각 경험인 **풍미**를 느끼게 해준다.

풍미를 경험할 때 우리의 지각 시스템은 일관된 지각 경험을 만들어내기 위해 맛과 냄새에 대한 정보를 통합한다(Auvray & Spence, 2008). 우리는 음식에 대한 2개의 독립적인 경험(미각 경험과 후각 경험)을 하지 않는다('음, 마늘 냄새가 나네', '오, 입에서는 마늘 맛이 나네'). 당신은 음식에 대해 하나의 통합된 지각 경험을 한다('이 스프에는 마늘이 들어가 있네').

냄새와 맛이 어떻게 상호작용하고 있는지는 일상의 관찰과 과학적 연구 결과에서 알 수 있다. 감기로 코가 막히거나 또는 코를 막고 먹으면 음식의 향을 지각할 수 없다. 연구 결과는 냄새가 미각에 영향을 미친다는 것을 보여준다. 예를 들어 음식의 냄새는 단맛의 강도에 영향을 미친다(Auvray & Spence, 2008).

슈퍼 감식자 모든 사람이 음식을 똑같이 경험하진 않는다. 다른 사람들에 비해 맛에 대한 민감성이 뛰어난 **슈퍼 감식자**(supertaster)들이 있다.

한 연구에서 심리학자 린다 바터섹(Linda Bartoshuk)과 동료들은 슈퍼 감식자를 발견하였다(Bartoshuk, 2000). 이들은 참여자들에게 다양한 물질을 맛보고 자신이 경험하는 강도를 척도상에서 평가하도록 하였다. 일부 참여자들은 강도를 극단적으로 높게 평가하였다. 이 결과를 놓고 두 가지 해석이 가능하다. (1) 이 사람들은 다른 사람들보다 맛에 더 민감하다. 또는 (2) 이들이 다른 사람들보다 맛에 더 민감한 것이 아니라 심리실험에서 측정 척도를 사용할 때 극단적인 평가를 하는 경향성이 더 높다.

어떤 해석이 맞는지를 결정하기 위해 연구자들은 기발한 측정 절차를 고안하였다(Bohannon, 2010). 이들은 사람들에게 자신이 지금까지 경험한 가장 강렬한 감각(예 : 강렬한 고통)을 평가하게 한 다음에 미각 경험의 강도를 평가하도록 하였다. 두 평가의 사용은 연구자에게 낮은 강도 평가 또는 높은 강도 평가를 하려는 사람들의 경향성을 통제할 수 있게 해준다. 결과는 슈퍼 감식자는 확실히 '슈퍼'임을 보여주었다. 이들은 특별히 음식 맛의 강도만 높게 평가하였다.

> 당신은 까다로운 식성을 가졌는가? 어쩌면 당신은 슈퍼 감식자일지도 모른다. 슈퍼 감식자를 판별하는 검사는 인터넷에서 쉽게 찾아볼 수 있다.

슈퍼 감식자 다른 사람들보다 더 민감한 미각을 가진 사람

입에서 뇌로 : 미각의 생물학적 기초

사전 질문

> > 입에서 뇌로 어떤 생물학적 과정을 거쳐서 미각정보가 변환되는가?

맛의 지각에서 심리적 현상과 생물학적 기제 간의 관계는 간단하다. 미각의 생물학이 앞에서 기술한 많은 심리 현상을 잘 설명해주고 있다.

입에서 뇌로 이어지는 미각 정보의 첫 번째 처리 단계는 음식에 들어 있는 화학물질에 의해 자극되는 **미각 수용기**(taste receptors)와 관련이 있다. 미각 수용기가 자극되면 신경전달물질을 방출하고, 미각정보가 뇌로 전달되는 과정이 시작된다 (Smith & Margolskee, 2001). 이런 미각 수용기들은 **미뢰**(taste buds)에 함께 모여 있는데, 각 미뢰에는 약 50~100개의 수용기 세포들이 들어 있다(Breslin & Spector, 2008).

연구 증거에 의하면 다섯 가지 종류의 미각 수용기가 존재한다. 심리적 수준과 생물학적 수준을 연결하려고 할 때, 한 가지 좋은 소식은 이 5개의 수용기 세포가 다섯 종류의 미각의 질과 대응된다는 사실이다. 상이한 수용기 세포들이 5개 미각의 질을 탐지하기 위해 '조율'되어 있다 — 단맛, 짠맛, 쓴맛, 신맛, 감칠맛(Chandrashekar et al., 2006; 그림 4.37). 과거의 생각과는 반대로, 각 수용기는 혀의 여러 영역에 분포되어 있다. 혀의 특정 영역이 한 종류의 미각에 반응하고 있지 않다.

또한 미각 시스템의 생물학적 분석은 개인차를 설명해준다. 슈퍼 감식자의 혀에는 미뢰가 포함된 돌기들이 더 많다. 결과적으로 이들은 더 많은 미각 수용기를 가지고 맛을 더 잘 지각할 수 있는 것이다(그림 4.38).

미각 수용기로부터 나온 신호는 뇌간으로 알려진 낮은 수준의 뇌 영역으로 신경경로를 따라 이동하여(3장 참조), 미각피질이라고 불리는 상위 영역에 도달한다. 두정엽에 있는 **미각피질**

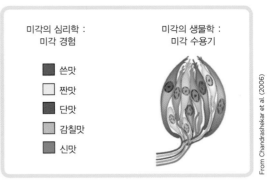

미각의 심리학 :   미각의 생물학 :
미각 경험   미각 수용기

■ 쓴맛
□ 짠맛
■ 단맛
■ 감칠맛
■ 신맛

From Chandrashekar et al. (2006)

그림 4.37
미각 수용기 미각연구는 두 수준의 분석에서 얻은 결과를 연결시킬 수 있다. 마음 수준에서 미각은 다섯 가지 종류의 경험과 관련이 있다. 뇌 수준에는 이에 대응하는 5개의 미각 수용기가 발견된다.

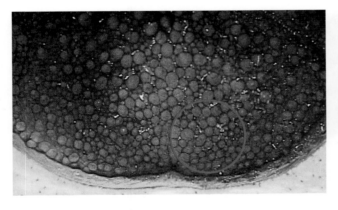
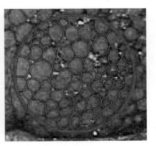

슈퍼 감식자

그림 4.38
슈퍼 감식자의 혀 슈퍼 감식자의 혀에는 미뢰가 들어 있는 돌기가 다른 사람들보다 더 많이 있다.

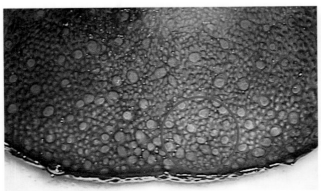
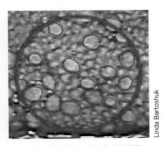

Linda Bartoshuk

슈퍼 감식자가 아닌 사람들

미각 수용기 음식에 들어 있는 화학물질에 의해 자극되는 세포이다. 이 세포가 활성화되면 미각정보가 뇌로 전달되는 정보 처리 과정이 일어난다.

미뢰 미각 수용기들이 함께 모여 있는 구조로 주로 혀에서 발견되지만 입천장과 목에도 있다.

미각피질 맛의 지각적 신호에 대한 정보 처리가 끝나는 두정엽에 있는 뇌 영역

(gustatory cortex)에서 맛과 관련된 지각 신호의 정보 처리가 끝이 난다(Kobayakawa et al., 2005). 미각피질은 뇌의 다른 영역들과 수많은 연결을 이루고 있고, 이것은 맛 지각이 다른 감각정보와 전체 신체 상태에 의해 영향을 받는다는 것을 의미한다(de Araujo & Simon, 2009). 이제 겨우 과학자들은 미각정보가 이 뇌 부위에 어떻게 표상되는지를 알기 시작하였다.

촉각 시스템

다음과 같이 따라 해보라. 당신은 눈을 감고 있고 친구가 당신의 손에 일상생활에서 사용하는 물건을 쥐어 준다. 당신은 보지 않고(소리를 듣거나 냄새도 맡지 않고) 물건에 대해 얼마나 많이 알 수 있을까? 많은 것을 알 수 있다! 당신은 크기, 형태, 재료 등 많은 정보를 빠르게 획득할 것이다. 어쩌면 당신은 물건의 정체를 정확하게 맞힐지도 모른다.

이런 정보는 대상에 접촉함으로써 정보를 획득하는 지각 시스템인 **촉각 시스템**(haptic system)을 통하여 들어온다(Lederman & Klatzky, 2009). (*haptic*은 그리스어 'touch'에서 온 것이다).

접촉이 모두 동일하진 않다. 제임스 깁슨(James J. Gibson, 1962)이 지적하였듯이 두 가지 종류의 접촉이 있다.

1. **능동적 접촉** : 당신이 대상에 접촉할 때 일어난다. 대상의 속성을 알아내려는 목적을 가지고 탐색한다.
2. **수동적 접촉** : 대상이 당신에게 접촉할 때 일어난다. 대상이 당신 피부 표면에 와서 부딪쳐서 상처를 내거나 또는 살며시 닿기도 한다.

이런 두 종류의 접촉은 심리적인 면에서도 차이가 있다. 능동적인 접촉을 통해서 당신은 대상이 부드러운지, 거친지, 따뜻한지, 차가운지 같은 환경에 있는 대상의 물리적 속성을 지각한다(Turvey & Carello, 2011). 수동적인 접촉의 경우 당신의 심리적 경험은 신체의 한 지점에 집중된다. 예를 들어 만일 대상이 당신의 발 위에 떨어진 볼링공이라면, 발에 통증을 느낄 것이다.

이 절에서는 먼저 촉각 시스템을 통해서 획득하는 정보의 종류에 대해 알아본다. 그런 다음 심리적 과정을 알아보고, 생물학적 수준의 분석으로 옮겨가서 촉각정보의 수집을 담당하는 신경계의 기제에 대해 배우도록 할 것이다.

촉각

사전 질문

> ❯ 신체 부위 중 접촉을 가장 정확하게 지각하는 곳은 어디인가?
> ❯ 손과 손가락 움직임은 표면 결, 온도, 경도에 대한 정보를 어떻게 전달하는가?
> ❯ 어떻게 우리는 질량을 탐지하는가?

먼저 촉각 시스템의 예민성을 살펴보자. 촉각 시스템이 (1) 대상의 표면(결, 온도, 경도)과 (2) 대상의 크기와 형태에 대한 정보를 어떻게 알게 해주는지 알아본다.

예민성 누군가 당신을 툭 치면, 당신은 맞은 부위가 어디인지 바로 안다. 그렇지만 얼마나 정확하게 찾아낼 수 있을까? 이것은 자극이 일어났는지, 어디서 일어났는지, 몇 번의 자극이 일어났는지를 정확하게 아는 촉각 시스템의 예민성에 대한 질문이다.

연구자들은 촉각 시스템의 예민성을 측정하기 위해 정신물리학적 절차를 개발하였다. 전통적인 연구방법은 19세기 독일의 과학자 에른스트 베버(Ernst Weber)가 개발한 **두 점 절차**이다. **두 점 절차**(two-point procedure)에서 연구자는 참여자의 피부에 2개의 자극(예 : 2개의 연필 자국)을 접촉시킨다. 2개 자극 사이의 거리는 실험 시행에 따라 변화한다. 간격이 충분히 넓을 때도 있지만 자극이 2개인 것을 느끼지 못할 정도로 가까울 때도 있다. 하나의 자극인 것처럼 느껴진다. 매 시행에서 참여자는 피부의 한 지점에서 자극을 경험하는지 또는 두 지점에서 자극을 경험하는지를 말해야 한다. 2개의 서로 다른 자극이 피부에 접촉하고 있다고 느끼는 최단 거리를 두 점 역치라고 한다. 이 거리가 촉각 시스템의 예민성을 보여준다. 거리가 짧을수록(예 : 더 낮은 역치) 더 예민하다는 의미이다(자극들 사이를 구별하는 능력이 더 뛰어나다).

두 점 절차

두 점 절차 촉각 시스템을 측정하는 두 점 절차

> 당신은 등 어디가 가려운지를 찾지 못해 어려움을 겪었던 적이 없는가?

핵심 결과는 두 점 역치 거리가 신체 부위마다 다르다는 것이다. 어떤 신체 부위는 역치 거리가 상당히 짧다. 즉 촉각 시스템이 매우 예민하다. 다른 신체 부위는 예민성이 상대적으로 떨어진다. 즉 두 점 역치가 크다. 신체 부위들 사이의 차이는 상당히 크다(그림 4.39). 어떤 신체 부위의 두 점 역치는 다른 신체 부위보다 10배 이상 크다. 가장 예민한 부위는 손가락이다. 예민성이 가장 떨어지는 부위는 어깨, 등, 다리다.

표면 : 결, 온도, 경도 촉각 시스템은 대상의 표면에 대한 정보도 전달한다. 정보의 종류는 표면을 탐색하는 방식에 달려있다. 손과 손가락의 움직임에 따라 상이한 종류의 정보가 전달된다(그림 4.40).

당신이 손가락 끝을 대상의 표면에서 이리저리 움직이면 결에 대한 정보가 얻어진다 — 표면이 부드러운지 거친지. 거친 정도의 지각에 가장 큰 영향을 미치는 물리적 속성은 표면의 돌출 부위들 사이의 거리다. 손가락을 표면에서 움직였을 때 솟아 오른 영역들의 간격이 클수록 대상의 표면은 거칠게 지각된다(Lederman & Klatzky, 2009).

또한 접촉은 온도에 대한 정보도 제공한다. 대상의 표면에 가만히 손가락을 올려놓으면 일반적으로 대상이 약간 서늘하게 느껴진다. 당신의 피부 표면 온도는 신체의 내부 온도와 비슷하다. 이것은 대부분의 실내 또는 실외환경 온도에 비해 더 높기 때문에, 환경에 있는 대상이 서늘하게 느껴지는 것이다.

두 점 절차 하나의 자극이 아닌 2개의 자극으로 지각되는 피부의 가장 짧은 거리를 평가하기 위한 촉각 시스템의 측정 방법

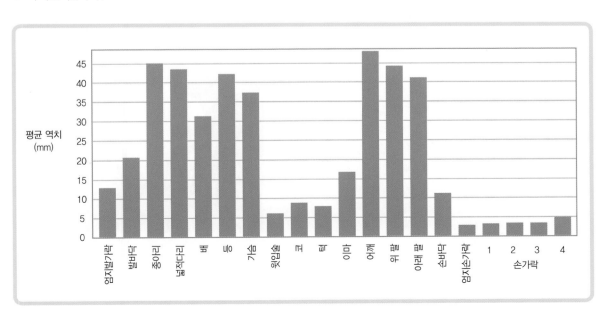

그림 4.39
두 점 역치 결과 두 점 역치 방법을 사용하는 연구는 신체 부위에 따라 촉각 시스템의 민감성 수준이 다르다는 것을 보여준다. 촉각 민감성은 얼굴과 손가락에서 특히 높다(예 : 그래프에 있는 수직축에서 보면, 차이 탐지를 위한 역치가 낮다).

평균 역치 (mm)
엄지발가락 / 발바닥 / 종아리 / 넓적다리 / 등 / 배 / 가슴 / 윗입술 / 코 / 뺨 / 이마 / 손등 / 손바닥 / 엄지손가락 / 1 2 3 4 / 손가락

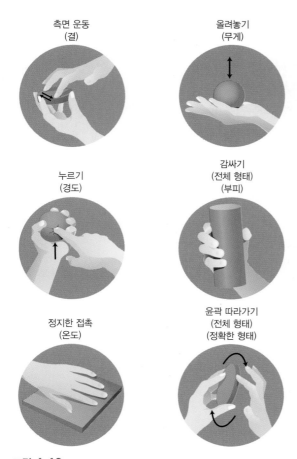

측면 운동
(결)

올려놓기
(무게)

누르기
(경도)

감싸기
(전체 형태)
(부피)

정지한 접촉
(온도)

윤곽 따라가기
(전체 형태)
(정확한 형태)

그림 4.40
접촉의 종류 대상을 접촉하는 방식에 따라 촉각 지각이 달라진다.

대상의 온도는 다른 종류의 판단에 영향을 미칠 수 있다. 2개의 대상에 접촉하여 이들이 어떤 물질로 만들어졌는지를 알아내려고 할 때, 대상의 온도가 이런 판단에 영향을 미친다. 두 대상의 온도가 동일하면 재료의 차이를 확인하기 어렵다(Lederman & Klatzky, 2009).

당신이 지각하는 세 번째 표면 속성은 경도이다. 손가락을 대상의 표면에 대고 누르면―참외가 잘 익었는지 또는 자전거 타이어에 공기가 얼마나 들어 있는지를 판단할 때―대상이 얼마나 단단한지를 알 수 있다. 연구에 의하면 사람들은 재료의 경도 지각에 매우 뛰어나다. 물리적 경도를 체계적으로 변화시킨 대상들을 제시하였을 때, 대상의 표면이 손가락 압력에 의해 변형되는 정도에 기초하여 참여자들은 대상의 경도를 정확하게 판단하였다(Tiest & Kappers, 2009).

크기와 형태 촉각 시스템은 또한 대상의 크기와 형태에 대한 정보를 제공한다. 눈을 감은 채 접촉을 통해 대상을 탐색하면 대상의 대략적인 길이와 넓이를 알 수 있다. 또한 대상을 손에 올려놓고 이리저리 움직여보면 질량(무게)을 추정할 수 있다.

시각 시스템의 밝기에서 배운 원리가 촉각 시스템과 질량에 대한 지각에도 적용된다. 다음과 같은 질문에 답하기 위해 이 원리를 적용해볼 수 있다―한 대상의 질량 변화를 탐지하기 위해 필요한 물리적 질량의 차이는 얼마일까? 최소식별차이 원리는 이 질문에 대한 답이 하나가 아니라는 것을 말해준다. 당신이 2개의 봉투를 손에 들고 있는데, 한 봉투의 무게는 1온스이고 다른 하나는 2온스라고 한다면, 당신은 이 차이를 인식할 수 있을 것이다. 그러나 당신이 2개의 아령을 손에 들고 있고, 이들 중 하나의 무게는 24파운드 15온스이고 다른 하나는 25파운드라고 한다면 이 차이는 인식할 수 없을 것이다.

다른 지각과 마찬가지로 질량 지각에서도 착각이 일어난다. 예를 들어 무게는 같고 크기가 다른 두 대상의 무게를 판단할 때 크기가 무게 판단에 영향을 미친다. 더 큰 대상을 더 가볍게 지각한다. 대상을 들어올려보고 나서도 사람들은 큰 대상보다 작은 대상이 더 무겁다고 판단한다(Flanagan & Beltzner, 2000).

무게가 동일한 2개의 대상 중 더 작은 대상을 더 무겁게 지각하는 것에 놀랐는가?

Big Cheese Photo LLC / Alamy

더 작은 상자였더라면 이 여성은 상자를 더 무겁게 느꼈을 것이다. 질량이 고정되어 있을 때 더 큰 대상을 더 가볍게 지각한다.

피부에서 뇌로 : 촉각 시스템의 생물학적 기초

사전 질문

> › 어떤 생물학적 과정을 거쳐서 피부에서 뇌로 가는 촉각정보가 변환되는가?

지금부터는 촉각 지각의 생물학적 기초를 알아보기 위해 말 그대로 피부 아래를 들여다보자.

신체는 피부 아래에 물리적 자극을 신경충격으로 변환하는 수용기 세포인 **피부 수용기**(cutaneous receptors)를 가지고 있다(Iggo & Andres, 1982). 예를 들어 다리를 톡톡 치는 자극을 느낀다는 것은 수용기 세포가 척수와 뇌로 신경 충격을 보내기 때문이다. 피부 수용기는 두 가지 종류가 있고 자극에 대한 이들의 반응은 두 가지 방식에서 중요한 차이가 있다.

1. 너비 : 어떤 수용기(예 : 손가락 끝에 있는 수용기)는 특별히 좁은 영역의 피부 표면에서 일어나는 자극에 반응하는 반면에 어떤 수용기는 더 넓은 영역의 피부 표면에 반응한다.
2. 적응 속도 : 피부가 자극되고 난 후에 원래 발화율로 회복되는 시간이 어떤 수용기는 빠르고 어떤 수용기는 느리다.

이런 차이가 서로 다른 감각 경험을 낳는다. 핀으로 손가락을 찌르는 것과 손을 누르는 것은 다르게 느껴지는데, 두 자극이 서로 다른 수용기를 활성화시키기 때문이다.

특별한 피부 수용기가 온도의 변화에 반응한다. 이 피부 수용기는 물리적 온도를 신경 신호로 바꾸어서 뜨거움과 차가움을 경험하게 해준다.

피부 수용기 피부 아래에 있으면서 물리적 자극을 신경 충격으로 변환시키는 수용기 세포

운동감각 시스템

사전 질문

> › 여섯 번째 감각은 무엇인가?

당신이 트위스트 게임에서 온몸을 비틀고 있다고 상상해보자. 갑자기 천장 위에 있는 전등이 떨어지면서 방 안은 어두워지고 전등이 머리 위로 떨어지는 바람에 당신은 트위스트 게임을 하고 있는 중이었다는 사실을 잠시 잊어버린다. 자신의 팔과 다리를 볼 수 없고, 여러 색깔의 동그라미 위에서 손과 발을 움직인 것을 기억하지 못한다고 할지라도, 당신은 자신의 몸이 비틀어져 있다는 것을 안다. 당신은 이것을 느낄 수 있다.

이런 느낌은 신체와 신체 여러 부위의 방향정보를 제공하는 **운동감각 시스템**에서 온다. 이런 신호의 주요 원천은 근육에서 나오는 신경 시스템의 입력정보이다. 피부와 뼈에서 오는 신호가 차단되는 경우에도(예 : 마취), 사람들은 근육 시스템에서 오는 정보 덕분에 팔다리의 위치를 자각할 수 있다(Matthews, 1982). 이런 사실은 근육에서 오는 운동감각 피드백이 특별한 지각 시스템이라는 것을 의미한다.

또한 뇌 영상 연구도 운동감각 시스템이 독자적인 지각 시스템이라는 것을 보여준다(Guillot et al., 2009). 연구 참여자들은 (1) 시각 심상 : 여러 다양한 근육 움직임을 수행할 때 어떤 모습일지, 그리고 (2) 운동감각 심상 : 이런 움직임을 수행할 때 어떤 느낌일지를 상상하도록 요구받았다. 시각 심상과 운동감각 심상은 각각 서로 다른 뇌 영역에서 활성화를 일으켰다. 다시 한 번 이것은 운동감각 시스템이 독자적인 여섯 번째 지각 시스템임을 보여준다.

근육에서 오는 신경 입력정보 외에, 운동감각 능력에 기여하는

트위스트 게임 — 운동감각을 위한 향연

Tony Hopewell / Getty Images

눈을 감은 채 손가락을 코에 가져다 댈 수 있는가? 당신의 운동감각에 감사하라.

또 하나의 생물학적 기제가 내이의 **전정 시스템**이다. 전정 시스템은 작은 액체로 채워진 구조들로 이루어져 있다. 당신이 머리를 젖히거나 돌릴 때 이 액체가 움직인다. 이런 움직임은 뇌에 정보 — 적절한 균형을 위해 필요한 정보 — 를 제공하는 수용기 세포에서 신경 충격을 유발한다. 전정 시스템이 적절하게 기능하지 않으면 사람들은 머리의 위치가 바뀔 때마다 어지럼증을 경험한다 (Bhattacharyya et al., 2008).

사회세계에서 감각과 지각

6개의 지각 시스템에 대해 배웠으니 이제 지각 경험에 영향을 미치는 사회적 요인 세 가지를 살펴보기로 하자. 첫 번째는 통증 경험이다.

통증 경험
사전 질문

> **› 통증은 무엇인가?**

통증은 신호이다. 이것은 당신에게 무언가 잘못되었음을 말해주고 있다. 신체의 일부가 손상을 입었거나 또는 손상이 일어나고 있는 중이다. 유기체에게 통증 경험은 손상의 존재와 추가적인 위험으로부터 자신을 보호하는 행동이 필요하다는 경고이다.

신체의 통증 수용기는 **통각 수용기**(nociceptors)라고 불리는 특별한 세포가 맡고 있다. 이 세포는 칼에 베일 때처럼 위험자극에 의해 활성화되어 발생한 전기적 신호를 뇌로 전달한다(Apkarian et al., 2005). 통각 수용기는 두 가지 종류의 신호 — 빠른 신호와 느린 신호 — 를 전달한다. 빠른 신호는 부상을 입는 순간 당신이 경험하는 갑작스럽고 날카로운 통증을 만들어내고, 느린 신호는 부상을 입은 후에 오래 계속되는 둔탁한 통증을 만들어낸다.

통증 감각이 순수하게 생물학적인 것으로 보일 수 있다. 통각 수용기가 활성화되면 통증을 느낀다. 하지만 영국 군인 루이스 콜버트가 아프가니스탄에서 경험한 사례를 한 번 살펴보자. 소대가 탈레반의 공격을 받았을 때 그는 팔에 총상을 입었다. 총알은 분명 많은 통각 수용기를 활성화시켰지만, 전투 중에 그는 자신이 총상을 입었다는 것도 인식하지 못하였다. 콜버트는 '전투가 끝날 때까지 팔에서 피가 나는 것을 알지 못하였고', '총알을 빼고 전투를 계속하였다'라고 보고하였다(Crick, 2009).

> 이 군인과 비슷한 경험을 한 적이 있는가? 어떤 '상위수준'의 사고과정에 의해 일어났는가?

영웅적인 사례이긴 하지만 특별한 것은 아니다. 통증 경험은 물리적인 요인뿐만 아니라 사회적·심리적 영향도 받는다. 한 고전적인 이론에 의해서 이것이 어떻게 발생하는지가 설명되었다. **출입문 제어 통증 이론**(gate control theory of pain; Melzack & Wall, 1965)에 따르면, 척수에는 출입문 같은 역할을 하는 생물학적 기제가 있다. 어느 때는 출입문이 열리고 통증 신호가 뇌로 가지만 어느 때는 닫힌다. 출입문이 닫히면 통증 신호는 척수를 통과하여 뇌로 가지 못하기 때문에 사람들은 통각 수용기는 발화되었어도 통증을 경험하지 못한다. 이 이론의 중요한 통찰은 사고과정 — 또는 뇌 분석 수준에 해당하는 피질로부터 오는 신호 — 이 척수에서 출입문의 개폐를 결정한다는 것이다. 즉 통증에 대한 '하향식' 제어가 존재한다. '상위 수준'의 사고과정이 척수에서 일

2010 동계 올림픽을 며칠 앞두고 연습 중이던 미국의 스키선수 린지 본은 대회 참석을 위협받을 정도의 큰 부상을 입게 되었다. 그러나 그는 경기에 참여하였고 우승하였다. 본은 활강 경기의 금메달리스트가 되었다. 때로 선수들이 부상에도 불구하고 최상의 수행을 보일 수 있는 것은 통증의 '하향식' 제어 덕분이다.

AP Photo / Frank Gunn, CP

통각 수용기 칼에 베거나 불에 데는 것처럼 위험 자극에 의해 활성화되는 특별한 통증 수용기

출입문 제어 통증 이론 척수에 출입문처럼 작동하는 생물학적 기제가 있다는 이론. 문이 닫히면 통증 신호가 뇌에 도달하지 못하기 때문에 통증 수용기가 활성화되어도 통증을 경험하지 못한다.

어나는 '하위 수준'에 직접적인 영향을 미친다. 영국 군인의 사례는 그의 정신이 전투에 집중하면서 척수의 출입문을 닫아버린 하향식 영향을 보여준다.

출입문 제어 이론이 제안되고 나서 지난 수십 년 동안 과학은 극적으로 발전하였다. 하지만 이 이론은 여전히 잘 유지되고 있다. 현대의 연구는 사람들이 사회 맥락에 따라 다른 수준의 통증을 경험하고, 통증 지각에서 이런 사회환경의 영향이 뇌로부터 척수에 이르는 신경경로 때문이라는 사실을 증명하고 있다(Fitzgerald, 2010).

또한 통증 경험은 엔도르핀으로 불리는 생화학물질의 영향도 받는다(Sprouse-Blum et al., 2010). 엔도르핀은 신체 주변부에서 척수를 거쳐 뇌로 가는 통증 신호를 차단하여 통증을 감소시킨다. 강렬한 운동을 오래 계속하게 되면 엔도르핀의 방출이 증가해 통증 경험이 감소한다(Scheef et al., 2012).

얼굴 지각

사전 질문

> **우리는 얼굴 재인을 왜 그렇게 잘하는 것일까?**

당신이 고양이 한 마리와 10분 동안 놀고 나서 나중에 열 마리의 고양이 — 이들 중 한 마리는 당신이 놀았던 고양이고 나머지 아홉 마리도 동일 종에 색깔이 똑같다 — 중에서 당신이 놀았던 고양이를 골라내는 것은 대단히 어렵다. 또는 나무 하나를 10분 동안 보고 난 뒤에 열 그루의 나무 중에서 처음에 본 나무를 골라내는 것도 쉽지 않다. 그러나 어떤 사람을 만나서 10분 동안 이야기를 나누고 난 후 다른 9명의 낯선 사람들 사이에 있는 이 사람을 알아보는 것은 문제가 아니다.

얼굴을 재인하는 사람들의 능력은 놀라울 정도로 뛰어나다. 심지어 오랫동안 보지 못했던 사람도 우리는 한눈에 재인할 수 있다.

이런 능력은 어디서 온 것일까? 친구와 적, 가족과 이방인, 자신의 아이와 다른 사람의 아이를 혼동하면 진화론적 관점에서 손실이다. 타인을 재인하는 능력은 생존, 번식 그리고 진화 역사를 가로질러 자손의 번식에 중요하다. 즉 이런 능력은 자연선택에 의해 진화하였다.

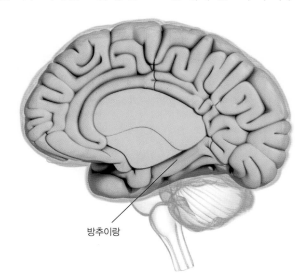

방추이랑

그림 4.41
방추이랑 연구에 따르면 방추이랑은 인간의 얼굴을 빠르고 정확하게 재인할 수 있도록 특수화된 뇌 부위다.

진화에 의해 얼굴정보 처리에 기여하는 특별한 신경기제가 발달하였다는 것을 보여주는 연구 증거들이 많이 있다. 사람이 사람의 얼굴을 볼 때 **방추이랑**으로 알려진 뇌 영역이 활성화되는데, 특히 다른 어떤 것보다 얼굴 재인 과제를 수행하는 동안에 활발하게 활성화된다(Kanwisher, 2000).

얼굴을 탐지하는 인간의 능력은 삶의 초기부터 나타난다. 한 연구에서 신생아에게 정상적인 얼굴 또는 속성들이 뒤죽박죽 섞여 있는 얼굴(예 : 입이 있을 곳에 눈이 있는 얼굴) 이미지를 보여주었다. 신생아는 정상 얼굴에 더 많은 주의를 기울였는데, 이것은 얼굴 지각이 생물학적으로 타고난 것임을 가리킨다(McKone, Crookes & Kanwisher, 2009).

동기화된 지각　연구자들은 이 남자가 상당히 실망하였을 것이라고 말한다. 극단적인 갈증 상태에서는 그렇지 않을 때보다 물병이 더 크게 보인다.

동기화된 지각

사전 질문

> **동기(개인의 목표와 욕구)는 지각에 영향을 미치는가?**

지금까지는 사람들이 무엇을 지각하는지에 대해 논의하였지 그들이 무엇을 지각하기를 원하는지에 대해서는 다루지 않았다. 이제 지각에 미치는 동기의 영향을 살펴보기로 하자.

동기가 지각에 영향을 미칠 수 있다는 초기 증거는 아동에게 두 대상의 크기를 추정하도록 요구하는 연구에서 나왔다 — (1) 동전 또는 (2) 동전과 동일한 크기의 종이로 만들어진 원반(Bruner & Goodman, 1947). 아동은 종이로 된 원반보다 동전(원하는 대상)을 더 크게 지각하였다. 두 하위 집단(부유한 가정환경과 빈곤한 가정환경)을 대상으로 수행된 연구에서는 빈곤한 가정환경 출신의 아동들이 동전의 크기를 더 크게 추정하였다.

동기의 영향에 대한 최근의 연구는 물잔의 크기 추정이라는 간단한 과제를 사용하였다(Veltkamp, Aarts, & Custers, 2008). 연구자들은 참여자가 마지막으로 음료를 섭취한 시간길이를 측정하였다. 시간이 길다는 것은 마시고 싶은 동기가 더 높다는 의미이다. 또한 일부 참여자들에게는 컴퓨터 스크린에 '음료수'와 '갈증'이라는 단어를 매우 빠르게 — 하지만 음료에 대한 생각이 정신적으로 활성화되기에 충분한 시간 — 제시하였다. 마신 지 오래되었고 음료에 대한 생각이 정신적으로 활성화된 참여자들이 물잔의 크기를 가장 크게 추정하였다.

갈증이라는 하위 수준의 동기가 이런 효과를 불러일으킬 수 있다면, 더 강력한 동기(권력, 성, 복수)는 지각에 더 큰 영향을 끼칠 수 있을 것이다.

주의

이 순간 당신이 어디에 있든지 수많은 대상들이 있지만 당신은 이들 중 오직 하나만 본다. 소리도 마찬가지여서 선풍기가 돌아가는 소리처럼 당신이 인식하지 못하는 수많은 소리들이 존재한다. 입고 있는 옷 또는 앉아 있는 의자에서 당신의 피부에 가해지는 압력은 당신의 주의에서 벗어나 있다. 당신은 세계의 일부분(당신이 **주의**를 기울이고 있는 부분)만을 지각한다. 생각 또는 외부자극을 의식적 자각으로 불러오는 과정이 **주의**(attention)이다.

> 환경에 있는 어떤 속성들이 지금 현재 당신의 주의를 끌기 위해 경쟁을 하고 있는가?

주의는 노력을 요구한다(Kahneman, 2011). 어떤 것(예 : 갑작스러운 큰 소음)이 당신의 주의를 '낚아챌' 때도 있지만, 많은 경우 우리는 마음이 주제에서 벗어나지 않도록 노력을 기울여야 한다. 당신이 하고 싶어도 장황한 이야기, 강의 또는 교재에 주의를 고정하고 있기가 쉽지 않다.

그러나 노력을 기울이면 당신에게 **선택적 주의**라는 정신적인 힘이 있다는 것을 느끼게 된다. **선택적 주의**(selective attention)는 환경에 하나 이상의 정보의 흐름이 존재할 때 의식적 자각 안으로 들어올 정보의 흐름을 선택하는 능력을 말한다. 동시에 3명이 말할 때, 무도장에서 8명이 춤을 추고 있을 때, 축구장에서 22명의 선수들이 달리고 있을 때에도 이들 중 특정 한 사람에게 정신적인 '줌인'이 가능한 것은 선택적 주의 덕분이다. 연구자들은 소리(청각의 선택적 주의)와 시각 장면(시각의 선택적 주의)에서 선택적 주의능력을 연구하였다.

주의　생각과 외부자극을 의식적 자각으로 불러오는 과정

선택적 주의　의식적 자각으로 들어오게 될 정보의 흐름을 선택하는 능력

The Power of Forever Photography / Getty Images

청각의 선택적 주의

사전 질문

> **›** 사람들은 자신이 원하는 것만 듣는가?

청각의 선택적 주의를 연구하기 위해 연구자는 참여자에게 헤드폰을 착용하게 하고 왼쪽과 오른쪽 귀에 서로 다른 소리(예 : 교재의 서로 다른 단락을 읽는 화자의 목소리)를 들려준다. 참여자는 한쪽 귀에서 들리는 소리는 무시하고 다른 한쪽 귀의 소리에는 주의를 기울이라는 지시를 받는다. 이들이 적절한 메시지에 주의를 기울이고 있다는 것을 확인하기 위해 참여자에게 메시지를 들으면서 큰 소리로 따라 말하도록 한다. 이런 간단한 실험절차가 우리에게 세 가지 중요한 연구 결과를 가져다주었다(Neisser, 1976; Treisman, 1969).

1. 선택적 주의. 대부분의 사람들이 이 과제를 쉽게 해낸다. 이들은 다른 쪽 귀에서 들려오는 소리 흐름이 혼란을 일으킬 수 있는데도 불구하고 한쪽 귀의 소리를 추적하는 것에 문제가 거의 없다.

2. 주의를 기울이지 않은 정보는 자각되지 않는다. 사람들은 보통 주의를 기울이지 않은 귀로 들어온 정보들 중에서 매우 소수의 정보만을 인식한다. 주의를 기울이지 않은 소리는 귀에 들어온다고 할지라도 뇌에서 깊게 처리되지 못한다. 사람들은 주의를 기울이지 않은 소리에서 언어가 바뀌어도 인식하지 못한다. 즉 청각의 선택적 주의는 다른 많은 것들을 무시하면서 하나의 소리 흐름을 붙잡을 수 있게 한다.

3. 주의를 기울이지 않은 정보들 중 일부는 자각이 일어난다. 당신이 오른쪽 귀에 들리는 정보에 주의를 기울이고 있고 당신의 이름이 왼쪽 귀에서 들린다면 이것을 알아차린다. 이름처럼 개인적으로 중요한 정보는 주의를 기울이지 않은 소리 흐름으로부터 '돌출'이 일어나는 것 같다. 이것은 어떤 정신적 정보 처리는 자동으로 일어난다는 것을 의미한다(Treisman & Gelade, 1980). 자신의 이름은 의도적으로 탐색하지 않아도 자동으로 들린다.

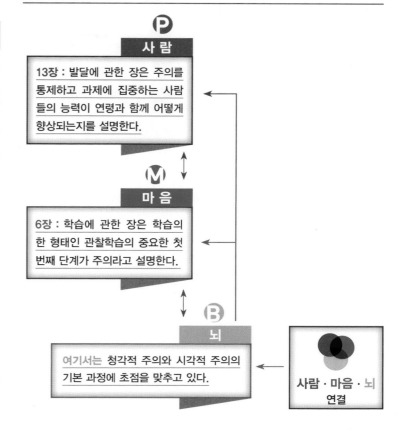

관찰학습과 심리발달 연결하기

(P) 사 람

13장 : 발달에 관한 장은 주의를 통제하고 과제에 집중하는 사람들의 능력이 연령과 함께 어떻게 향상되는지를 설명한다.

(M) 마 음

6장 : 학습에 관한 장은 학습의 한 형태인 관찰학습의 중요한 첫 번째 단계가 주의라고 설명한다.

(B) 뇌

여기서는 청각적 주의와 시각적 주의의 기본 과정에 초점을 맞추고 있다.

사람 · 마음 · 뇌 연결

시각의 선택적 주의

사전 질문

> **›** 사람들은 자신이 보고 싶은 것만 보는가?

시각의 선택적 주의에 대한 연구는 심리학자 울릭 나이서(Ulric Neisser)와 그의 동료들이 연구방법을 개발하면서 시작되었다(Becklen & Cervone, 1983; Neisser & Becklen, 1975). 비디오는 2개의 중복 사건을 보여준다. 두 집단의 농구 선수들이 달리고, 드리블하고, 공을 패스하는 장면이 시각적으로 중복되면서 제시된다. 참여자에게 어느 한 팀에 주의를 기울이면서 이 팀의 선수들이 공을 몇 번 패스하는지를 세도록 요구하였다. 중간에 누구도 예상하지 못한 사건을 보여주었다. 우산을 든 여성 한 명이 스크린을 가로질러 똑바로 걸어갔다. 놀랍게도 참여자들 중 누구도 그녀를 알아채지 못하였다. 그녀의 이미지는 스크린 위에 분명히 존재하였음에도 불구하고 — 따

우산을 든 여인을 본 사람이 있는가? 시각의 선택적 주의에 대한 연구는 사람들이 장면의 특정 사건에 집중하고 있을 때 시각적으로 분명히 존재하지만 예상치 못한 사건을 알아채지 못한다는 것을 보여준다.

라서 참여자의 망막에도 분명히 존재하였다 — 대부분의 참여자들이 인식하지 못하였다(예 : Becklen & Cervone, 1983 참조).

고릴라의 출현이라는 더 이상한 사건을 가지고 수행한 후속연구에서도 동일한 결과가 얻어졌다(Simons & Chabris, 1999). 참여자가 특정 집단의 패스 횟수를 세고 있는 동안 농구 선수들 사이로 고릴라(실제로는 고릴라 복장을 한 연구조교)가 스크린을 가로질러 걸어 갔다. 역시 대부분의 사람들이 눈치채지 못했다.

사람들은 어떻게 우산을 든 여인을, 또는 고릴라를 놓친 것일까? 나이서(Neisser, 1976)는 지각이 예상에 의해 안내된다고 설명한다. 사람들은 특정 종류의 정보를 능동적으로 예상하고 있다. 사람들은 예상하는 정보를 찾고, 만일 그것이 거기에 있으면 선택한다. 예상하지 못한 정보는 선택되지 않는다.

나이서의 주장은 이 장에서 말하는 일반적인 요점과 일치한다. 지각은 능동적인 심리 활동이다. 세계에 대한 당신의 지각은 세계, 그리고 당신 자신에 대한 정보를 보여준다.

⟳⟳ 돌아보기 & 미리보기

세계에 대한 당신의 모든 지식(광경, 소리, 냄새, 사람들, 장소, 사물)은 지각 시스템을 통하여 얻어진다. 이 장은 지각 시스템이 이런 정보를 당신에게 어떻게 전달하고 있는지와 지각 시스템이 사용하는 생물학적 도구에 대해 공부하였다.

정보를 지각하고 나면 이것으로 무엇을 할 수 있는가? 당신의 기억 능력 덕분에 정보를 기억하고 있으면 미래에 그것을 사용할 수 있다. 당신이 지각한 정보를 새로운 기술을 습득하기 위한 기초로 사용한다면 당신은 학습을 경험한다. 당신이 지각하는 어떤 정보(당신 앞에서 행복한 몸짓을 하고 있는 사람의 모습)는 당신의 감정을 움직인다. 다른 지각(갓 구운 파이 냄새)은 동기(섭식)를 증가시킨다. 아기는 심리발달을 위해 지각이 필요하다. 성인은 사회세계에서 혼란을 겪지 않기 위해 지각이 필요하다. 개인의 많은 의식 경험은 지각과 경험으로 구성되어 있다. 이 책의 여러 장에서 — 특히 기억, 학습, 정서, 동기, 발달, 사회심리학, 의식에 관한 장에서 — 우리는 지각 시스템의 경이로운 능력이 토대가 되어 일어나는 현상들과 마주하게 될 것이다.

Chapter Review
복습

이제 이 장을 마쳤다. 부록에는 감각과 지각에 대해 배운 부분이 요약되어 있다. 요약을 읽어보면 이 장에서 학습한 내용을 복습하는 데 도움이 된다.

핵심 용어

각막	미각 수용기	시각 시스템	중심와
간상체	미각 시스템	시각피질	중첩
감각	미각피질	시간	지각
감칠맛	미뢰	시교차	지각 시스템
결기울기	변환	신체 감각 시스템	청각 시스템
고막	부취제	압력	청신경
광수용기	빈도	양안단서	촉각 시스템
광학적 흐름	색 항등성	에임스 방	최소식별차이(JND)
귀	색맹	외측 슬상핵	출입문 제어 통증 이론
그림자	선명도	원추체	통각 수용기
깊이 지각	선택적 주의	유모세포	파이 현상
깊이단서	소리 강도	음고	페로몬
단안단서	수렴	음색	피부 수용기
도약 안구 운동	수렴하는 수직선	음파	홍채
동공	수용기 세포	입체시	후각 시스템
두 점 절차	수정체	전경-배경 지각	후각피질
망막	슈퍼 감식자	정신물리학	후구
맹점	시각 고정	주의	

연습문제

1. 다음 중 어떤 것이 촉각 시스템을 통해 얻은 정보에 기반하고 있는가?
   a. 신체의 한쪽에서 칼로 찌르는 듯한 통증을 경험한다.
   b. 룸메이트의 향수 냄새가 너무 강하다고 판단한다.
   c. 프랑스 양파 수프의 풍미를 즐긴다.
   d. 한 대상이 다른 대상보다 무겁다는 것을 안다.

2. 당신이 3차원처럼 보이는 2차원의 그림을 그리고 싶을 때 가장 관련이 적은 깊이단서는 다음 중 어느 것인가?
   a. 수렴하는 수직선
   b. 그림자
   c. 중첩
   d. 입체시

3. 오랫동안 빨강과 노랑을 보고 나서 하얀 종이를 보면 당신이 보게 되는 색은 무엇인가?
   a. 초록과 파랑
   b. 초록과 노랑
   c. 빨강과 파랑
   d. 빨강과 노랑

4. 다음 중 시각정보가 시각자극에서 뇌로 변환되는 과정을 정확한 순서로 나열한 것은?
   a. 동공, 수정체, 망막(간상체와 원추체), 각막, 신경절 세포, 시신경, 시교차, 시각피질, 외측 슬상핵
   b. 망막(간상체, 원추체), 각막, 동공, 수정체, 신경절 세포, 시신경, 시교차, 외측 슬상핵, 시각피질

c. 각막, 동공, 수정체, 신경절 세포, 시신경, 망막(간상체, 원추체), 외측 슬상핵, 시각피질

d. 각막, 동공, 수정체, 망막(간상체, 원추체), 신경절 세포, 시신경, 시교차, 외측 슬상핵, 시각피질

5. 2개의 동일한 회색 원이 밝은 배경과 어두운 배경 위에 그려져 있다. 두 원은 어떻게 지각되는가?

a. 동일한 회색이니까 동일하게 보인다.

b. 밝은 배경 위에 있는 원이 어두운 배경 위에 있는 원보다 더 어둡게 보인다.

c. 어두운 배경 위에 있는 원이 밝은 배경 위에 있는 원보다 더 어둡게 보인다.

d. 어두운 배경 위에 있는 원이 밝은 배경 위에 있는 원보다 더 작아 보인다.

6. 우리가 앞뒤에서 들려오는 소리 위치를 재인하는 것에 혼란을 경험하는 이유는 다음 중 무엇인가?

a. 소리가 오른쪽과 왼쪽에 동시에 도달하기 때문에.

b. 음파의 압력이 오른쪽과 왼쪽에서 동일하기 때문에.

c. 귀의 형태가 비대칭이기 때문에.

d. a와 b 둘 다 맞다.

7. 청각자극에서 뇌로 청각자극이 변환되는 과정을 기술한 것 중 옳은 것을 고르라.

a. 이소골, 고막, 달팽이관의 유모세포, 청신경, 청각피질

b. 고막, 이소골, 청신경, 달팽이관의 유모세포, 청각피질

c. 고막, 이소골, 달팽이관의 유모세포, 청신경, 청각피질

d. 달팽이관의 유모세포, 고막, 이소골, 청신경, 청각피질

8. 어떤 사람들은 다른 사람들에 비해 냄새를 더 잘 탐지한다. 이런 차이는 어떤 유전자 변인이 원인이 되어 나타나는 것인가?

a. 더 많은 후각 수용기 세포

b. 더 큰 후구

c. 더 복잡한 후각피질

d. 더 큰 콧구멍

9. 슈퍼 감식자가 다른 사람들보다 맛에 더 민감한 이유는 무엇인가?

a. 맛 지각 훈련에 더 많은 시간을 할애해서

b. 미각 수용기의 수가 더 많아서

c. 미각피질이 더 커서

d. 뇌간이 더 커서

10. 두 점 역치에서 측정하는 거리는 다음 개념 중 어떤 것과 가장 관련이 깊은가?

a. 최소식별차이   b. 색 항등성

c. 전경−배경 지각   d. 선택적 주의

11. 무게는 같고 크기는 다른 두 대상 중에서 어떤 것을 더 무겁다고 판단하며, 그 이유는 무엇인가?

a. 더 큰 대상, 더 가벼울 것으로 기대하기 때문에

b. 더 작은 대상, 더 가벼울 것으로 기대하기 때문에

c. 둘 다 아니다, 질량에 대한 사전 경험이 판단에 영향을 미치지 않기 때문에

d. 둘 다 아니다, 무게에 대한 사전 경험이 판단에 영향을 미치지 않기 때문에

12. 출입문 제어 통증 이론에 따르면 통증을 피하기 위해 당신이 할 수 있는 것은 무엇인가?

a. 명상하기

b. 주의를 돌리게 하는 노래 부르기

c. 환경의 다른 속성에 주의 돌리기

d. 위에 기술한 전부

13. 아이스크림의 크기를 과대추정하기 쉬운 사람은 다음 중 누구인가?

a. 아이스크림을 좋아하지 않는 사람

b. 아이스크림을 좋아하지 않고 배가 부른 사람

c. 아이스크림을 좋아하는 사람

d. 아이스크림을 좋아하고 배고픈 사람

14. 우산을 든 여인이나 고릴라 실험에서 얻게 되는 타당한 결론이
    아닌 것은?
    a. 주의의 선택성으로 인해 명백한 자극도 놓칠 수 있다.
    b. 지각은 심리적 활동이다.
    c. 망막이 활성화되는 동안 지각이 일어난다.
    d. 기대하지 않은 정보를 지각하지 못하는 일이 발생한다.

해 답

해답은 부록에서 확인할 수 있다.

의식—우리가 생각하고 느끼고 있는 사실과 세상이
우리에게 보여주고 있는 것—을 이해하려면 우리
개개인이 자신을 둘러싼 세계 안에서, 세계와 함께,
세계에 대응하는 삶의 과정을 수행하는 방법을 들여다볼
필요가 있다.

– Alva Noë

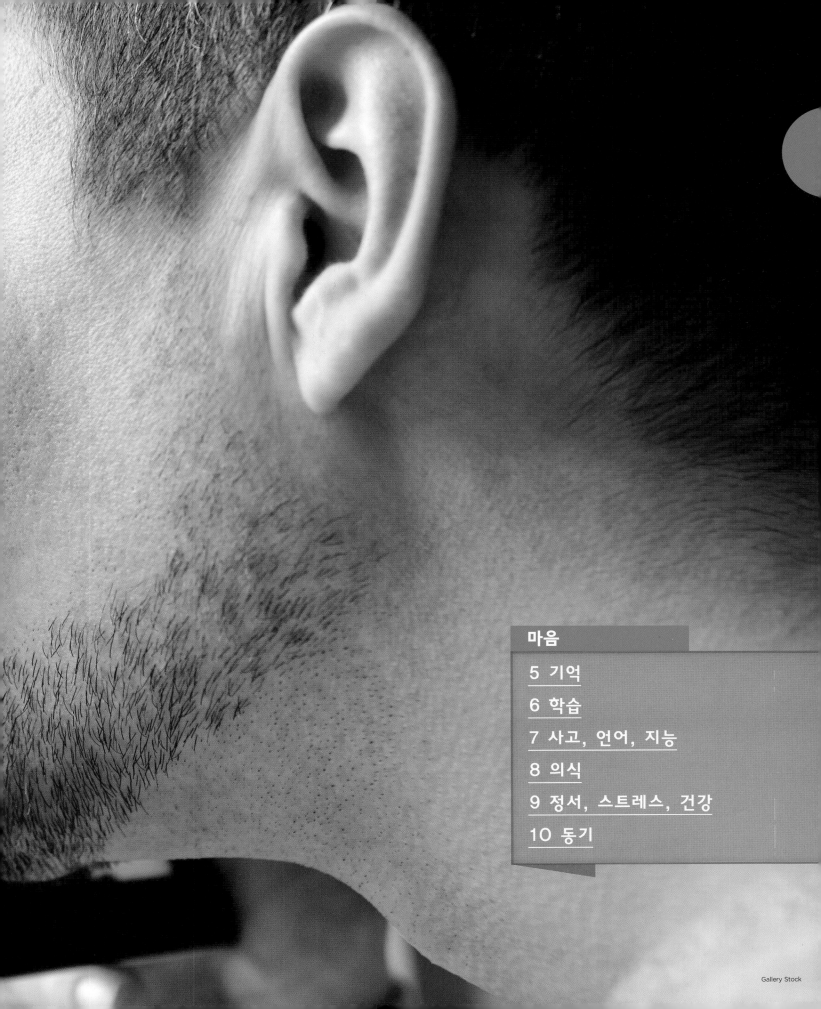

기억

5

AJ는 한 심리학자에게 도움을 구하는 편지를 보내 왔다. 그녀의 문제는? 너무 많은 기억이다. "저는 모든 것을 기억해요." AJ가 말했다. "저는 당신과 이야기하면서 머릿속으로는 1982년 12월에 제게 발생했던 일을 생각하고 있어요"(Parker, Cahill, & McGaugh, 2006, p. 35).

심리학자는 회의적이었다. AJ의 기억이 정말 특출 날까? 이를 검증하기 위해 그는 AJ에게 임의의 날짜를 제시하고 그날에 대한 기억을 보고하도록 요청하였다(Parker et al., 2006).

1986년 7월 1일 : "모든 것이 보여요. 그 여름의 그날이 모두 기억나요. 목요일이었지요. 저는 (친구의 이름)과 (식당 이름)에 갔어요."

1987년 10월 3일 : "그날은 토요일이었어요. … 저는 주말을 집에서 보내고 있었어요. 저는 멜빵바지를 입고 있었고 팔꿈치를 다쳤어요."

1994년 4월 27일 : "그날은 수요일이었어요. 저는 플로리다에 있었어요. 모두가 할머니께서 돌아가실 거라고 생각해서 제게 작별 인사를 하러 오라고 했어요. 그러나 할머니께서는 살아나셨지요. 저희 부모님은 결혼식에 참석하기 위해 뉴욕으로 가셨어요. 그리고 어머니는 친정인 볼티모어에 가셨어요. 이 때는 닉슨 대통령이 세상을 떠난 주말이기도 합니다."

심리학자가 AJ의 기억을 문서 기록과 비교했을 때, AJ의 기억은 모두 들어맞았다 ― "매우 신뢰할 수 있고 … 정확하고 … 놀랍다"(Parker et al., 2006, p. 46).

이제 두 번째 사례를 살펴보자. HM의 사례이다. 1953년 27세의 HM은 뇌전증 치료를 위해 뇌수술을 받았다. 수술 이후 그는 새로운 정보를 기억하는 능력을 잃었다. 그는 자신이 일주일 전, 하루 전, 심지어 불과 몇 분 전에 무엇을 했는지조차 기억하지 못했다(Corkin, 2002). 그는 유년시절의 사건들은 기억하였으나(Scoville & Milner, 1957) 수술 이후에 대해서는 아무것도 기억하지 못했다. 이로 인해 그는 심적 타임워프를 겪게 되었는데, 예를 들면 그에게 있어서 TV는 언제나 새로운 발명품이고 대통령은 영원히 트루먼이었다"(Schaffhausen, 2011).

HM의 기억상실은 개인적으로도 심각한 문제를 초래하였다. 사람과의 만남을 기억하지 못하는 탓에 새로운 인간관계

1982년 12월 : "저는 당신과 이야기하면서도 머릿속으로는 그날 일어난 일에 대해 생각하고 있어요…"

1986년 7월 1일 : "이날 무슨 일이 있었는지 전부 기억이 나요. …"

1987년 10월 3일 : "그날은 토요일이었어요. 집에서 시간을 보내고 있었어요. …"

1994년 4월 27일 : "그날은 수요일이었고 플로리다에 갔어요. …"

자부심과 기억 기억이 없다면 사람들은 자부심(또는 후회, 향수 같은 그 밖의 다른 감정)을 경험할 수 없다. 타인과의 관계와 과거 경험을 기억하는 우리의 능력이 정서적으로 풍부한 삶을 만든다.

를 형성하지 못했다. 그는 자주 혼란스러워했는데 이는 너무 당연하다고 할 수 있다. 자신의 나이가 27세라고 생각하는 사람이 거울에서 그보다 훨씬 늙은 모습을 마주하는 상황을 고려해본다면 말이다. HM은 어머니의 죽음에 대해 들을 때마다 매번 새로이 슬픔에 잠겼다(Schaffhausen, 2011).

AJ와 HM은 일반적인 사례는 아니다. 그럼에도 불구하고, 앞으로 보게 되겠지만, 이들은 우리 모두에게 적용되는 교훈을 제공해주었다.

마음이 어떻게 작용하는지를 알고 싶다면, 기억에 대한 공부로 시작하라. 기억은 정신생활의 많은 부분을 차지하고 있다. 말을 하려면, 당신은 단어의 의미를 기억해야 한다. 수학문제를 풀고자 한다면, 대수의 법칙을 기억해야 한다. 스스로 학습 동기를 고취하려면, 좋은 성적을 받겠다는 목표를 기억해야 한다. 자부심이나 후회의 감정을 경험하기 위해서는 과거의 행동과 타인과의 관계를 기억해야 한다. 이 장이 다루고 있는 기억은 우리 정신생활의 초석이다. ◉

AJ와 HM으로부터 배우다

서론에서 예외적인 기억을 가진 두 사람을 소개하였다. AJ는 이례적으로 좋은 기억력을, HM은 나쁜 기억력을 가진 경우이다. 이들 사례는 사람들의 기억 능력에 차이가 있다는 사실 외에 두 가지 교훈을 주고 있다. 이 중 한 가지는 개인의 삶에서 기억의 역할이다.

개인의 삶에서 기억의 역할

사전 질문

> ❯ 기억 능력에 의존하는 일상적인 경험의 사례에는 무엇이 있는가?

2008년 8월 26일에 당신은 무엇을 하고 있었는가? 아마 당신은 기억하지 못할 것이다. 그러나 사진 속의 여성은 할 수 있다. 그녀의 이름은 질 프라이스인데 과학 서적에서는 'AJ'라고 알려져 있다. 그녀에게 그날 무엇을 하고 있었는지 질문하면, 그녀는 마치 로스앤젤레스의 자기 집 소파에 앉아서 사진을 꺼내서 보여주듯이 즉각적으로 대답할 수 있다.

지적인 측면에서 AJ는 완벽하게 평범한 사람이다(Parker et al., 2006). 그녀의 지능 점수는 평균이었으며 학교 성적은 대부분 B와 C였다. 다른 사람들과 차별되는 정신 능력은 오직 그녀의 특별한 기억력뿐이다. 그럼에도 불구하고 이것이 그녀의 삶을 지배하고 있다. 하나의 기억이 다른 기억을 촉발하고, 또 다른 기억을 촉발하여 '끝이 없는, 통제 불가능한' 기억의 홍수를 야기한다. "너무 지쳐요… 저는 매일 머릿속에서 제 인생 전체를 돌리고 있어요. 정말 미칠 노릇이죠!"(Parker et al., 2006, p. 35).

HM 역시 많은 면에서 평범한 사람이었다(Corkin, 2002). 유머감각을 갖춘 기분 좋은 사람이고 집중력이 좋았으며 대화에 참여할 줄 알았다(Squire, 2009). 그는 일상의 과제를 수행하는 방법을 기억하고 있었고 자신의 집 주변의 길을 찾는 데도 문제가 없었다. 그가 유일하게 잃어버린 것은 수술 이후의 사실과 경험에 대한 영구적인 기억을 형성하는 능력이었다. 그러나 이 한 가지 상실이 그의 삶을 송두리째 흔들었다. 정상적인 기억이 사라지자 그는 정체성을 유지할 수 없게 되었다. 자신의 자질, 가치, 목표 그리고 그동안의 삶이 어떠했는지를 이해하지 못하기 때문이다.

AJ와 HM의 사례로부터 배울 수 있는 첫 교훈은, 기억이 우리가 생각하는 것보다도 훨씬 더 중요하다는 것이다. 기억력이 단순히 시험문제의 답을 적을 때 또는 일반 상식 퀴즈에 답할 때나 필요한 것이 아니라는 것이다. 기억 능력은 당신이 온전한 한 개인(자신의 과거, 강점, 약점, 사회적 역할에 대한 지식과 미래에 대한 열망을 갖춘 사람)으로 삶을 살아가는 데 반드시 필요하다. 기억을 상

스토리텔링은 공통기억을 만든다 기억은 개인의 삶뿐만 아니라 문화의 전달에도 중요하다. 많은 문화권에서 스토리텔링은 전통을 유지하고 다른 문화권 사람들과 공유할 수 있는 공통 기억을 만들어낸다. 이 사진 속의 인물은 스토리텔링이 오랜 문화 전통인 나이지리아의 스토리텔러 올루세이 오군조비 박사이다 (Omotoso, 1978).

실하게 되면—HM 또는 알츠하이머 환자처럼—개인의 정상적인 자아감도 사라진다(Cohen & Eisdorfer, 2001).

기억은 개인뿐 아니라 전체 사회를 위해서도 필요하다. 오랜 역사 동안 인류 사회는 문서 형태의 의사소통이 아닌 구술 문화를 기반으로 발전해왔다. 이런 사회가 문서로 기록하지 못하는 문화적 전통(종교 의식, 신화, 시와 노래 등)을 세대를 넘어 유지할 수 있을까? 할 수 있다. 바로 사회 구성원 개개인의 기억 체계에 문화정보를 저장함으로써 가능하다(Rubin, 1995).

기억의 다양성

사전 질문

> **기억이란 무엇이며 AJ와 HM의 사례는 기억의 다양성에 대해 무엇을 말해주고 있는가?**

AJ와 HM이 우리에게 주는 두 번째 교훈은 서로 다른 형태의 기억이 존재한다는 사실이다. '기억'에 대한 정의를 자세히 알아보자.

기억(memory)은 지식을 보존하는 능력이다. 만약 당신이 특정 시점에 무언가를 알게 되었고, 이후 다른 시점에서도 여전히 그것을 알고 있다면, 당신은 기억을 한 것이다.

AJ와 HM은 기억의 다양성을 보여준다. 다음의 두 가지 질문을 고려해보자.

> AJ는 특별히 우수한 기억을 가졌는가?
> HM은 기억을 잃었는가?

기억의 다양성은 뇌손상으로 인해 특정 기억 능력을 상실하였지만 다른 기억은 남아 있는 사례들에서 드러난다. 클라이브 웨어링(Clive Wearing)은 희귀한 바이러스로 인해 새로운 기억을 형성하는 능력을 잃어버렸다. 그는 일기에서 자신이 수년 만에 이제 막 깨어났다고 반복해서 적고 있다. 그러나 재능이 뛰어난 음악가였던 웨어링은 피아노 치는 법은 기억하고 있다.

이 질문은 상당히 까다롭다. 개인적인 삶의 사건에 대한 AJ의 기억은 탁월하였다. 그렇지만 그녀는 "기계적인 암기를 매우 어려워했다"(Parker et al., 2006, p. 36). 이런 특성 때문에 그녀의 학교성적은 평균 수준에 머물렀다. HM은 수술 이후의 사실과 경험을 기억해내는 능력을 상실하였지만 그에게 남아 있는 것에 대해서도 생각해볼 필요가 있다. HM은 여전히 대화가 가능하였는데 이는 수천 개의 단어와 문장을 만들어내기 위해 필요한 문법 규칙을 기억하고 있다는 것을 보여준다. 그가 친절하고 유머감각이 있다는 사실은 사람들과 상호작용하는 사회적 규칙을 기억하고 있음을 보여준다. HM은 또한 의자에 앉고, 문을 열고, 식기를 사용하는 등 일상적인 과제를 수행하는 법을 기억하고 있었다. 그는 심지어 낱말 맞추기 퍼즐을 어떻게 하는지도 기억하고 있었다(Schaffhausen, 2011). 기억을 잃은 사람치고 HM은 상당히 많은 것을 기억하고 있다!

당신이 현재 하고 있는 활동 중 어떤 것이 '절차'기억을 요구하는가?

AJ와 HM의 어떤 기억은 이례적이고 다른 기억은 평범하다는 사실은 우리에게 다양한 유형의 기억이 존재한다는 것을 알려준다. 한 가지 종류의 기억이 사라져도 다른 기억은 남아 있을 수 있다.

기억 지식을 유지하는 능력

분석 수준 : 기억과 마음

심리학은 정보를 기억하는 사람들의 능력을 어떻게 설명하는가? 당신은 1장에서 심리학자들이 사람, 마음, 뇌라는 세 단계의 분석을 토대로 과학적 설명을 하고 있음을 배웠다. 각 단계가 다음의 간단한 예시를 설명하는 데 어떤 도움이 될 수 있는지를 살펴보자.

**뇌, 성격 그리고
사회행동의 관계**

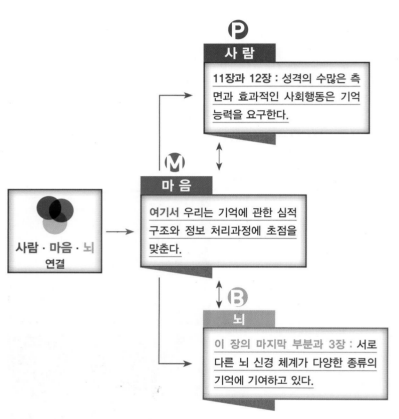

어느 날 수업시간에 심리학 교수가 스크린에 '시험 : 다음 주 화요일. 교재 범위 : 7장, 8장, 9장'이라는 정보를 제시하였다.

며칠 후 당신은 혼자 생각할 것이다. "수업시간에 심리학 시험에 대해 뭐라고 했던 것 같은데, 아닌가? 달력에 기록해 놓을걸. 아… 뭐였지?" 한참을 생각하고 나서 당신은 '화요일'과 '7장, 8장, 9장'을 기억해낸다. 이러한 기억 능력을 심리학은 어떻게 설명할까?

❭ 사람 차원의 분석은 기억에 영향을 미치는 개인 요인이나 사회 영향을 규명할 것이다. 예를 들어 당신이 수업에서 잘하고 싶은 동기가 강하다면, 정보를 기억하기 쉬울 것이다. 만약 정보가 제시되었을 때 다른 일에 주의를 기울였다면(예 : 휴대전화의 문자 메시지) 당신은 정보를 기억하지 못할 것이다.

❭ 뇌 차원의 분석은 당신이 정보를 기억할 때 사용하는 신경 시스템에 주목할 것이다. 연구자들은 사람들이 무언가를 기억하기 위해 필요한 생물학적 기제를 규명하기 위해 노력할 것이다.

사람과 뇌 차원의 분석이 많은 정보를 제공하지만 기억 연구는 이것만으로는 부족하다. 사람 차원의 연구는 기억이 어떻게 작동하는지를 설명하지 못한다. 즉 사람이 자료를 기억할 수 있게 해주는 처리과정과 구조에 대해 설명하지 못한다. 뇌 차원은 생물학적 정보는 제공하지만 기억을 완전히 이해하는 데 필요한 심리학적 정보를 제공하지 못한다. 한 연구팀이 기억과제를 수행하는 동안 참여자의 뇌 영상을 손에 넣었다(Miller et al. 2002). 참여자의 뇌 활동에서 상당한 개인차가 발견되었다 — 모두가 동일한 과제를 수행하고 있었음에도 불구하고 말이다! 생물학적 정보에만 기초해서는 참여자들이 동일한 심리적 활동을 하고 있었다고 말할 수 없다. 이는 또 다른 분석 차원이 필요하다는 것을 보여준다 — 마음 차원.

마음 차원 분석은 사고과정, 정보의 획득과 유지 그리고 사람들이 사고할 때 이용하는 정보에 대해 설명한다. 마음 차원을 분석하는 심리학자들은 다음과 같은 질문에 대한 답을 찾고자 한다. 사람들은 환경에 있는 정보(예 : '시험, 화요일, 7, 8, 9장' 같은 정보)를 어떻게 탐지하는가? 정보를 발견한 후에 그것을 어디에 그리고 어떤 방식으로 저장하는가? 한 번 저장된 정보는 기억에 얼마나 오래 유지되는가? 정보가 필요할 때, 사람들은 저장된 정보를 어떻게 인출하는가? 이러한 질문들이 기억에 대한 마음 차원 분석의 핵심이다.

역사적으로, 마음 차원 분석 연구는 컴퓨터 과학의 발전에서 영감을 받았다. 심리학자는 컴퓨터와 인간의 마음이 유사하다고 생각하였다(Newell & Simon, 1961). 컴퓨터는 전자 하드웨어로 구성되어 있지만 소프트웨어(프로그램이나 '앱')도 운영한다. 우리는 하드웨어는 이해하지 못해도 소프트웨어는 이해할 수 있다. 예를 들어 스마트폰이 (1) 당신이 있는 위치를 확인하고, (2) 지도에 접근하고, (3) 그 지도를 이용하여 당신이 있는 곳에서 스타벅스까지의 최단거리를 찾아서 가장 가까운 스타벅스로 당신을 안내해준다는 것을 안다. 휴대전화를 구성하는 전자 부품에 대해 전혀 알지 못해도 이러한 과정은 이해할 수 있다. 즉 당신은 전자기술에 대한 이해 없이도 정보의 흐름은 이해할 수 있는 것이다. 이와 유사하게, 인지심리학자 — 정신과정, 특히 기억, 추론, 학습, 문제 해결을 연구하는 사람들 — 는 뇌(하드웨어)의 작동 방식을 완전히 이해하지 않고도 인간의 마음(소프트웨어)에서 정보 흐름을 연구할 수 있다고 생각한다(Simon, 1992).

이 장에서 우리는 이들을 따라가본다. 먼저 정보를 기억할 수 있는 정신과정인 기억과 마음에 초점을 맞추고 마지막에는 기억과 뇌에 대해 살펴본다.

3단계 기억 모델

사건을 설명하기 위해 과학자는 종종 **모델**을 제시하곤 한다. 모델이란 사건 발생을 유발하는 구조나 과정에 대한 기술이다(Harré, 2002).

기억연구에서 주요 사건은 사람들이 정보를 유지한다는 것이다. 사람들은 이전에 제시된 자료를 기억한다. 이를 설명하기 위해 심리학자들은 자료를 기억하게 해주는 심적 구조와 과정을 기술하는 모델을 제시하고 있다. 한 가지 주요 모델이 **3단계 기억 모델**(three-stage memory model)(Atkinson & Shiffrin, 1968)이다.

3단계 기억 모델에서 정보는 세 단계를 거치면서 환경에서 영구적인 기억으로 옮겨간다 — (1) 감각기억, (2) 단기기억, (3) 장기기억(그림 5.1). 각 단계를 구체적으로 살펴보자.

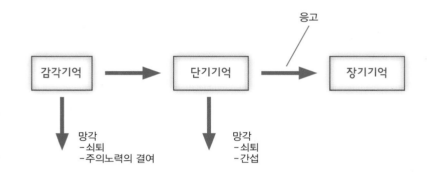

그림 5.1
3단계 기억 모델 세상의 정보는 장기기억으로 어떻게 들어가는 것일까? 3단계 기억 모델은 정보가 감각기억에서 단기기억을 거쳐 (망각이 일어나지 않으면) 장기기억으로 들어간다고 말한다.

감각기억

사전 질문

> ❯ 감각기억이란 무엇이고 감각기억의 두 가지 종류에는 어떤 것이 있는가?

감각기억(sensory memory)은 감각 체계에 기초한 기억이다. 즉 당신이 세상을 보고, 듣고, 느낄 수 있게 해주는 심리 체계를 의미한다(4장 참조). 일반적으로 이런 체계가 빛(시각)이나 소리(청각)를 지각하는 것에만 관여하고 있다고 생각한다. 그러나 감각 체계는 기억에도 기여하고 있다. 서로 다른 지각 체계(예 : 시각, 청각, 촉각)는 서로 다른 형태의 감각기억을 생성한다. 먼저 시각적 이미지에 대한 감각기억인 **영상기억**(iconic memory)을 살펴보자.

이미지에 대한 찰나의 기억 : 영상기억 심리학에서 영상기억은 조지 스펄링(George Sperling, 1960)에 의해 최초로 입증되었다. 그는 참여자에게 각 4개의 낱자로 이루어진 3개의 열을 매우 짧은 시간(50ms) 동안 보여주는 실험을 수행하였다. 참여자가 자료에 대해 생각할 시간이 없도록 낱자는 짧게 제시되었다. 따라서 참여자가 낱자를 기억한다면 이는 영상기억 덕분이라고 볼 수 있었다.

참여자들은 이 과제를 그다지 잘 수행하지 못했다. 12개의 낱자를 기억하도록 하면 그들은 3분

3단계 기억 모델 정보가 3개의 기억 체계(감각기억, 단기기억, 장기기억)에 저장된다고 주장하는 개념적 기술 모델

감각기억 감각 체계의 작동에 기초한 기억

영상기억 시각 이미지에 대한 감각기억

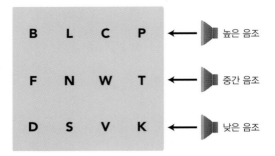

그림 5.2
스펄링의 영상기억 절차 감각기억 용량을 연구한 실험에서 스펄링은 참여자에게 일련의 낱자들을 매우 짧게 보여주었다. 그런 다음 참여자가 기억해야 하는 낱자열을 알려주는 음조가 즉시 제시되었다. 참여자는 그 열에 있는 대부분의 낱자를 기억할 수 있었는데, 이는 영상기억이 많은 양의 정보를 짧은 시간 저장한다는 것을 보여준다.

의 1에 해당하는 약 4개의 낱자만을 기억할 수 있었다. 이것은 무엇을 의미하는가? 스펄링은 다음의 두 가지 가능성에 대해 생각하였다.

1. 감각기억의 용량은 작다 — 약 4개.
2. 감각기억의 용량은 크지만 정보가 사라지는 속도가 너무 빨라서 참여자가 처음에 제시된 낱자("제가 본 것은 B, 그리고 I…")를 보고하는 동안 다른 낱자들은 사라진다.

스펄링은 이런 가능성을 검증하는 기발한 검사를 고안하였다. 그는 낱자를 제시한 직후 참여자에게 몇 번째 줄을 보고해야 하는지를 알려주는 소리를 제시하였다(그림 5.2). 이런 조건에서 참여자들의 수행은 뛰어났다. 그들은 제시된 정보의 대부분을 기억했다. 참여자는 소리가 울릴 때까지 어떤 줄을 보고해야 할지 알 수 없었기 때문에, 이들의 우수한 수행은 소리가 울리는 순간 영상기억 속에 대부분의 정보가 존재하고 있다는 것을 의미하였다. 따라서 스펄링은 영상기억의 용량이 크지만 정보가 저장되어 있는 지속기간은 짧다고 주장하였다.

최근에 연구자들은 영상기억의 생물학적 기초를 찾아냈다. 당신은 그것이 눈에 있다고 생각할지 모른다. 그러나 연구에 의하면 영상기억의 생물학적 기초는 뇌에 있는 신경 체계이다(Saneyoshi et al., 2001).

소리에 대한 찰나의 기억 : 음향기억   영상기억이 감각기억의 전부는 아니다. 사람들은 소리에 대한 감각기억인 **음향기억**(echoic memory)도 가지고 있다.

아마도 칵테일 파티 효과라고 불리는 음향기억에 대해 들어본 적이 있을 것이다. 파티에서 누군가가 당신의 이름을 언급하는 것을 우연히 들으면 "나에 대해 무슨 이야기를 한 거지?"하고 궁금할 것이다. 만약 이때 재빠르게 들은 것에 주의를 기울이면 당신은 바로 1~2초 전에 그가 한 말을 기억해낼 수 있다. 그의 말소리가 매우 짧은 동안 청감각 체계에 저장되어 있기 때문이다. 이러한 찰나의 저장 체계가 청감각기억이다.

> 누군가로부터 집중해서 듣지 않는다는 비난을 받고 그 사람이 말한 것을 앵무새처럼 그대로 따라 말할 수 있을 때가 있다. 음향기억 덕분에 가능한 것이다.

'시험은 다음 주 화요일이다'같은 강의실 스크린에 제시된 정보가 당신의 마음으로 들어오는 첫 번째 단계가 감각기억이다. 두 번째 단계는 단기기억이다.

단기(작업)기억

사전 질문

> ⟩ 단기기억과 부호화는 무엇인가? 단기기억 용량은 얼마인가?
> ⟩ 왜 단기기억에 도달한 정보는 빠르게 망각되는가? 망각을 줄이기 위해 우리는 어떤 전략을 사용할 수 있는가?
> ⟩ 작업기억과 단기기억의 차이는 무엇인가? 작업기억의 세 가지 구성요소는 무엇인가?

Frederic Cirou / Getty Images

음향기억   시끄러운 파티장에서 누군가 당신의 이름을 말하는 것을 우연히 들으면, 이름이 당신의 주의를 끌기 몇 초 전에 그가 말한 것까지 회상할 수 있을 때가 있다. 이것이 가능한 이유는 수 초 동안 정보가 유지되는 음향기억에서 정보를 인출할 수 있기 때문이다.

음향기억   소리에 대한 감각기억

단기기억   짧은 시간 동안 제한된 양의 정보를 마음에서 활성화된 상태로 유지할 수 있는 기억 체계

3단계 기억 모델의 두 번째 단계가 **단기기억**(short-term memory)이다. 이는 사람들이 제한된 양의 정보를 짧은 시간 활성화된 상태로 마음에서 유지하는 기억 시스템이다(Jonides et al., 2008).

당신은 단기기억이 작동하는 방식에 대해 어느 정도의 직관적인 지식을 가지고 있다. 어떤 사람이 자신의 전화번호가 312-555-2368이라고 말하고 당신이 이것을 기억하려고 한다면, 당신

은 다음 세 가지 사실을 알고 있다.

1. 빠른 시간 안에 번호를 휴대전화에 저장하는 것이 좋다. 그렇지 않으면 잊어버리기 때문이다. 정보는 몇 초 사이에 당신의 기억에서 사라질 것이다.
2. 어딘가에 기록할 때까지 계속해서 암송을 하면 번호를 기억할 수 있다("312-555-2368", "312-555-2368"…)
3. 전화번호가 더 길었다면(예 : 312-555-2368-82695873) 당신은 기억하지 못할 것이다.

   즉 당신은 (1) 오직 제한된 시간 동안 정보를 저장하는 심적 체계를 소유하고 있다는 것, (2) 스스로 정보를 반복하여 암송하면 기억의 파지기간을 증가시킬 수 있다는 것, 그럼에도 불구하고 (3) 그 용량에는 제한이 있어 정보의 양이 너무 많으면 암송조차 소용이 없다는 사실을 직관적으로 알고 있다. 이러한 기억 체계가 단기기억이다. 심리학자들은 단기기억에 대한 네 가지 중요한 질문을 연구하였다.

> 정보는 어떻게 단기기억으로 들어가는가?
> 단기기억은 얼마나 많은 정보를 저장할 수 있는가?
> 단기기억의 많은 정보가 빠르게 망각되는 이유는 무엇인가?
> 단기기억에 정보를 유지하기 위해 무엇을 할 수 있는가?

단기기억으로 정보의 입력 : 부호화 앞서 배운 바와 같이, 감각기억에 도달하는 대부분의 정보들은 빠르게 사라지고 다시는 기억될 수 없다. 그러나 이들 중 일부는 감각기억에서 단기기억으로 이동한다. 감각기억에서 단기기억으로 정보를 이동시키는 과정을 부호화라고 한다.

부호화(encoding)는 정보가 특정 형태에서 다른 형태로 변환되는 모든 과정을 의미한다. 감각기억에서 정보의 형태는 물리적 자극이다(예 : 눈에 도달하는 빛의 파장이나 귀에 도달하는 소리 파장). 단기기억의 내용은 일반적으로 물리적 감각이 아니라 개념들이다. 우리의 '시험―다음 주 화요일' 예에서 당신은 'Tuesday'의 낱자 T를 '검은색 직선과 그 위에 수평선'으로 되어 있는 물리적 자극으로 기억하지 않는다. 당신은 시험이 화요일이고 공부해야 할 장은 7장부터 9장까지라는 개념을 기억한다. 이는 마음이 물리적 자료를 의미 있는 개념으로 변환하였다는 의미이다.

어떤 정보들이 단기기억에 부호화되는가? 여기에는 두 가지 종류, 즉 주의노력을 기울인 정보와 생물학적으로 조율되어 있어서 별다른 노력 없이도 '마음으로 들어오는' 정보가 있다.

주의노력(attentional effort)이란 당신이 목표로 하고 있거나 성취하고자 하는 것과 관련된 환경 속의 무언가에 주의를 기울이는 행위를 말한다(Sarter, Gehring, & Kozak, 2006). 일상용어로는 '주의집중'이라고 부르는 행위이다. 만약 지금 당장, 읽고 있던 책에서 눈을 떼고 방을 둘러보면 당신의 시야에 많은 대상이 보일 것이다―벽, 가구, 책, 오래된 포스터, 종이 스크랩, 사탕껍질, 룸메이트 등. 어쩌면 당신은 이 모든 정보가 지나치게 많다고 생각할지도 모른다. 그러나 그렇지 않다. 일반적으로 우리는 한 번에 한 가지 대상에 주의를 기울인다. 당신의 목표가 방 청소라면 사탕껍질에 주목할 것이다. 인테리어를 바꾸고 싶다면 포스터에 집중할 것이다. 때로 주의를 기울이는 일은 노력을 필요로 한다. 책과 종이더미가 쌓여 있는 책상 위에서 흩어져 있는 사탕껍질을 찾기 위해서는 조금 더 노력을 기울여야 할 것이다. 이와 유사하게, 여러 가지 소리가 들리는 환경(사람들의 말소리, 라디오 소리, 창밖의 차 소리 등)에 둘러싸여 있다면, 집중적인 노력을 기울임으로써 하나의 소리 흐름을 '골라 들을' 수 있다(Kahnemann, 1973).

주의를 받은 정보가 감각기억에서 단기기억으로 이동할 가능성이 가장 높다. 스펄링의 실험은

> 당신이 이 책에 주의를 기울이는 것을 막는 정보는 무엇인가?

부호화 정보가 감각기억에서 단기기억으로 변환되는 과정으로 물리적 자극이 개념정보로 바뀐다.

주의노력 환경에 있는 자극에 주의를 초점화하는 것. 집중

전구를 찾을 수 있는가? 그림을 자세히 훑으면 결국에는 전구를 찾게 된다. 이 단순한 게임은 정보가 단기기억으로 어떻게 입력되는지를 잘 보여준다. 전구를 찾는 것은 주의노력을 필요로 한다. 일단 찾고 나면 전구의 이미지는 단기기억으로 들어간다. 당신이 전구를 찾으면서 보았던 사람, 동물 그리고 다른 대상들의 이미지는 주의노력을 기울이지 않았기 때문에 단기기억으로 가지 못한다. 즉 주의노력을 기울인 자극이 감각기억에서 단기기억으로 옮겨갈 가능성이 가장 높다.

이러한 사실을 잘 보여준다. 특정 음조가 들리면 참여자의 주의는 특정 낱자 열에 기울여진다. 그리고 바로 그 낱자들이 단기기억에 부호화된다.

즉 주의가 감각기억에서 단기기억으로 부호화되는 정보를 결정한다. 흥미롭게도 주의노력에서 단기기억으로 가는 길은 양방향 도로와 같다. 단기기억의 내용이 무엇에 주의를 기울일지에 영향을 끼친다. 당신이 어떤 대상에 대해 생각하고 있는데 그 대상이 현재 환경에 나타난다면 주의를 사로잡을 가능성이 매우 높다(Downing, 2000).

대체로 주의노력이 필요하지만, 어떤 경우에는 아무 이유 없이 대상이 당신의 주의를 사로잡기도 한다. 예를 들어 산을 오르다가 길고 얇은, 바닥을 미끄러져 가는 물체와 마주친다면 당신은 즉각적으로 그것을 인식하게 된다. 당신이 그전까지 뱀에 주의노력을 기울이지 않았어도 말이다. 화재 가능성에 주의를 기울이지 않았어도 집에서 타는 냄새가 나면 즉각적으로 알아차리는 것도 같은 맥락이다. 또한 길을 걷다가 아주 매력적인 사람이 자동으로 눈에 띄는 것도 마찬가지다(Maner, DeWall, & Gailliot, 2008).

이러한 예들은 단기기억으로 부호화되는 두 번째 유형의 정보들을 가리키고 있다 — 자동적으로 우리의 주의를 끄는 대상들에 대한 정보. 보통 이러한 대상들은 진화론적으로 중요한 정보이다(인류 역사를 통해 생존 및 번식과 관련된 정보들). 이러한 대상(위협적인 동물, 화재, 혹은 매력적인 이성)을 인식하지 못하는 사람들은 생존 및 번식의 가능성이 상대적으로 낮다. 사람의 마음은 진화적으로 중요한 사람, 대상, 사건을 자동적으로 인식하도록 발달되었다(Öhman & Mineka, 2001; Schaller, Park, & Kenrick, 2007). 영상기억에서 정보가 사라지는 속도에 관한 연구에서도 이러한 사실이 증명되었다. 정서적으로 위협적인 자극(예 : 전갈 또는 무기)은 상대적으로 느린 속도로 쇠퇴하기 때문에 영상기억에서 단기기억으로 이동할 가능성이 높다(Kuhbandner, Spitzer, & Pekrun, 2001).

결론적으로, 정보가 감각기억에서 단기기억으로 이동하는 과정은 (1) 주의노력과 (2) 자동적인 방식으로 일어난다. 이제 단기기억에 관한 두 번째 질문인 단기기억의 용량에 대해 알아보자.

제한된 공간의 단기기억 : 용량 단기기억의 용량은 얼마인가? 단기기억은 몇 개의 정보를 저장할 수 있는가? 반세기도 훨씬 전, 조지 밀러는 당시의 연구들을 요약하고 이 질문에 대한 답이 '7 ± 2'라고 결론 내렸다(Miller, 1956, p. 81). 이 숫자는 다양한 기억과제에서 발견되었다.

❯ 참여자에게 높이가 다른 음조를 들려주었을 때 음조의 개수가 7개를 넘어가면 정확하게 기억하지 못하였다.
❯ 참여자에게 염도가 다른 여러 물질을 맛을 보게 하였을 때 7개 이상의 맛을 기억하지 못하였다.
❯ 참여자에게 숫자, 글자 또는 단어를 1초에 1개씩 들려주었을 때 7개 이상을 기억하는 경우는 드물었다.

밀러는 이런 증거들을 기초로 가장 정확한 단기기억 용량은 7개의 정보 단위라고 결론 내렸다. 밀러의 연구가 발표된 이후 다른 심리학자들은 밀러의 추정치가 과대추정된 것임을 깨닫게

주의를 사로잡는 대상 많은 것이 보인다. 나뭇가지, 나뭇잎, 돌. 그러나 뱀을 보지 못할 수는 없다! 뱀에 대한 정보는 영상기억에서 단기기억으로 빠르게 옮겨간다.

되었다(Cowan, 2001). 밀러가 인용한 일부 연구들에서 일부 정보가 단기기억에서 장기기억으로 이동했을 가능성이 제기되었다. 따라서 7이라는 단기기억의 용량은 과대추정된 수치라는 것이다(Jonides et al., 2008). 최근의 연구 증거는 7이라는 추정치는 단순히 '전설'일 뿐이고(Cowan, Morey, & Chen, 2007, p. 45), 실제 단기기억 용량은 4개밖에 되지 않는다고 말하고 있다(Cowan, 2001).

4개의 정보 단위가 많아 보이지 않을 수도 있다. 그렇지만 당신이 한 번에 네 가지 이상의 정보를 떠올려본다면 그것이 얼마나 많은 것인지 깨닫게 된다. 다음의 것들을 동시에 생각해보라 — (1) 심리학적 사실 하나(예 : 단기기억의 용량), (2) 역사적 사실 하나(예 : 1215년 대헌장), (3) 곧 다가오는 일상의 계획 하나(예 : 돌아오는 토요일에 뮤지컬 〈하이스쿨 뮤지컬 9〉 관람), (4) 수학 공식 하나(예 : 원의 면적을 구하는 공식), (5) 태양계에 대한 사실 하나(예 : 가장 많은 위성을 보유하고 있는 것은 목성이다). 그리고 … 당신은 "아, 잠깐만요"라고 하면서 "5번에서 대헌장의 연도를 잊어버렸어요"라고 말할지도 모른다. 네 가지 이상의 대상에 동시에 주의를 기울이는 것은 매우 어려운 일이다.

> 단기기억에 있는 정보를 유지하기 위해 당신은 어떤 전략을 사용하고 있는가?

> **빠른 쇠퇴** 바람 부는 날 비행기가 하늘에 쓴 메시지처럼 단기기억의 정보는 빠르게 쇠퇴한다.

단기기억의 망각 : 쇠퇴와 간섭 다시 한 번 심리학 시험 정보로 돌아가보자. 시험은 화요일이다. 시험 범위는 7, 8, 9장이다. '화요일', '7', '8', '9'는 4개의 정보 단위이다. 따라서 이들 모두는 단기기억에 들어갈 수 있다. 그러나 당신이 수업시간에 주의를 기울이고 모든 정보가 단기기억에 부호화되어도 망각은 일어난다. 왜? 망각을 일으키는 요인에는 두 가지, 쇠퇴와 간섭이 있다.

쇠퇴(decay)는 기억에서 정보가 희미해지는 것이다. 바람 부는 날 하늘에 비행기가 쓴 메시지처럼 단기기억의 내용은 빠르게 붕괴된다. 그렇다면 얼마나 빠르게? 단기기억 정보의 쇠퇴 속도는 얼마일까?

Mark Sunderland / Alamy

이 질문에 답하기는 어려운데, 그럴듯한 매력적인 연구 전략이 제한되어 있기 때문이다. 쇠퇴를 측정하려면 (1) 실험 참여자에게 정보를 제시하고 (2) 시간의 길이를 다양하게 하면서 기다리게 한 뒤에 (3) 참여자에게 정보를 기억하도록 요청해야 한다. 그런데 문제가 있다. 참여자가 기다리는 동안 기억 증진 전략을 생각해낼 수 있기 때문이다(예 : KFJ라는 문자열이 제시되었다면, 이것이 미국 유명 대통령 이름의 머리글자를 거꾸로 나열한 것임을 알아낼 수 있다). 이러한 기억 전략은 정보의 자연스러운 쇠퇴 효과를 방해한다.

기억 증진 전략의 사용을 막으면서 단기기억에서 정보의 쇠퇴 속도를 측정할 만한 방법이 떠오르는가? 한 가지 방법은 파지기간 동안 참여자에게 큰 숫자를 제시하고 3씩 거꾸로 빼도록 요청하는 것이다(Brown, 1958; Peterson & Peterson, 1959). 이런 과제는 참여자가 기억 전략을 생각해낼 수 없을 정도로 충분히 어렵다.

> 당신은 18초가 지나면 몇 퍼센트의 정보가 망각된다고 생각하는가?

이런 방법을 사용한 연구는 단기기억의 정보가 꽤 빠른 속도로 쇠퇴한다는 것을 보여준다. 평균적으로, 사람들은 숫자를 빼기 시작한 지 18초가 지나면 정보의 90%를 잊어버린다(Peterson & Peterson, 1959). 망각하는 양이 엄청나다! 정보의 쇠퇴 속도는 30초가 채 지나기 전에 거의 전부를 잊어버릴 정도로 빠르다.

정보의 빠른 쇠퇴 속도를 알게 된 후 심리학자들은 흥미로운 사실을 보여주는 연구를 수행하였다. 어떤 정보는 빠르게 쇠퇴하지 않는다(Neath, 1998). 처음에 제시된 정보의 쇠퇴는 느리다(Keppel & Underwood, 1962). 더 정확히 말하자면, 첫 번째 시행에서는 단기기억의 쇠퇴를 보여주는 증거가 전혀 발견되지 않는다. 첫 시행에 제시된 정보는 숫자를 빼기 시작한 지 18초가 지나

쇠퇴 단기기억에서 정보의 소멸

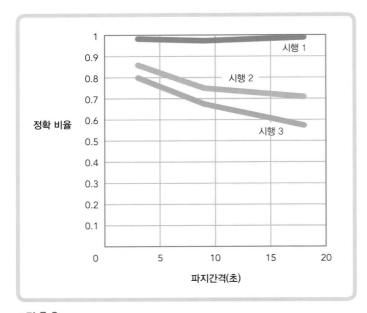

그림 5.3
단기기억의 쇠퇴 단기기억에서 기억은 빠르게 쇠퇴한다. 일련의 낱자 또는 숫자를 기억하는 검사에서 두 번째와 세 번째 시행에서 제시된 정보는 20초 이내에 사라진다. 그러나 기억 실험의 첫 번째 시행에서 제시된 정보는 오랫동안 유지된다―20초 이내에 쇠퇴하지 않는다. 이것은 망각이 쇠퇴뿐만 아니라 순행간섭에 의해서도 발생한다는 것을 보여준다. 검사 시작 단계에서는 사전정보가 존재하지 않기 때문에 순행간섭이 없고 따라서 기억 수행이 우수하다.

간섭 먼저 또는 나중에 학습한 자료가 기억을 방해할 때 일어나는 단기기억에서 정보 유지의 실패

순행간섭 먼저 학습한 자료가 나중에 학습한 자료에 대한 기억을 방해할 때 일어나는 단기기억의 결함

역행간섭 나중에 학습한 자료가 먼저 학습한 자료에 대한 기억을 방해할 때 일어나는 단기기억의 결함

계열위치효과 목록의 중간에 위치한 항목보다 시작과 끝에 제시된 항목을 더 잘 기억하는 현상

도 기억했다(그림 5.3). 이유가 무엇일까?

이를 설명하는 것이 **간섭**(interference)이다. 간섭은 먼저 또는 나중에 학습한 자료가 기억을 방해하는 것 때문에 단기기억의 정보가 유지되지 않는 것을 말한다. 간섭에는 두 가지 유형이 있다. 순행간섭과 역행간섭이다. **순행간섭**(proactive interference)은 먼저 학습한 자료가 나중에 학습한 자료의 기억에 손상을 줄 때 발생한다. 반대로, **역행간섭**(retroactive interference)은 나중에 학습한 자료가 먼저 학습한 자료의 기억을 손상시킬 때 발생한다.

두 간섭의 예로 다음과 같은 상황을 생각해보자. 당신이 수강신청한 강의에 20명이 등록하고 첫날 모든 학생이 자기소개를 한다고 해보자. 당신은 20명의 이름을 어떻게 기억하고 있을까? 당신은 아마 처음 소개한 몇 명의 이름을 기억할 수 있을 것인데, 이들의 이름을 들었을 때 단기기억에 다른 이름들이 들어 있지 않았기 때문이다. 즉 순행간섭이 존재하지 않는다. 그러나 다섯 번째, 여섯 번째 사람이 자기소개를 할 때쯤에는 당신의 머리는 이름들로 가득 차서 더 이상 새로운 이름을 기억하지 못할 것이다. 처음에 제시된 이름이 나중의 이름을 기억하는 데 방해를 일으키는 순행간섭이 발생한다.

그림 5.3의 결과는 이러한 과정을 잘 보여준다. 과제의 초기 시행에서는 순행간섭이 일어나지 않기 때문에 사람들의 기억력은 매우 우수하다. 후기 시행에 이르면 순행간섭이 일어나기 시작하고 정보는 빠르게 쇠퇴한다.

이 예시는 역행간섭도 설명하고 있다. 마지막 사람들(예 : 18, 19, 20번째 수강생)이 자기소개를 하고 나면 당신은 이들의 이름을 기억할 것이다. 이들 다음에 자기소개가 더 이상 없기 때문에 역행간섭이 일어나지 않는다. 이들 바로 전에 자기소개를 한 수강생들(예를 들어 15, 16, 17번째 수강생)의 이름은 망각될 가능성이 훨씬 높다. 마지막 수강생들의 이름에서 발생한 역행간섭이 그 직전의 이름을 기억하는 것을 방해한다.

순행간섭과 역행간섭에 대해 배운 사실들을 종합하면 기억 수행에 대한 몇 가지 예측이 가능하다. 사람들이 일련의 항목들로 이루어진 목록을 기억하려고 할 때 다음과 같은 현상이 일어난다.

> **초두효과** : 목록의 초기에 제시된 항목들은 순행간섭의 영향을 받지 않는다(그 이전에 제시된 항목이 없기 때문에). 따라서 사람들은 이들 항목을 더욱 잘 기억할 수 있다.

> **최신효과** : 목록의 마지막에 제시된 항목들은 역행간섭의 영향을 받지 않는다(그 이후에 제시되는 항목이 없기 때문에). 따라서 사람들은 이들 항목을 더욱 잘 기억할 수 있다.

목록의 중간에 있는 항목들은 순행간섭과 역행간섭의 영향을 모두 받는다. 이 항목들에 대한 기억은 상대적으로 나쁘다.

그림 5.4는 대규모 실험 참여자들을 대상으로 단어 목록을 제시하고 단어의 제시 위치에 따른 기억 수행을 그래프로 나타낸 것이다. 이 결과는 목록의 시작과 마지막에 위치한 항목들의 기억이 중간에 위치한 항목들의 기억보다 우수한 현상을 말하는 **계열위치효과**(serial position effect)를 보여준다.

단기기억에서 정보 유지하기 : 되뇌기와 깊은 정보 처리 지금까지 단기기억의 정보가 어떻게 망각되는지를 살펴보았다. 물론 망각이 당신의 목표는 아닐 것이다. 당신은 '다음 주 화요일 시

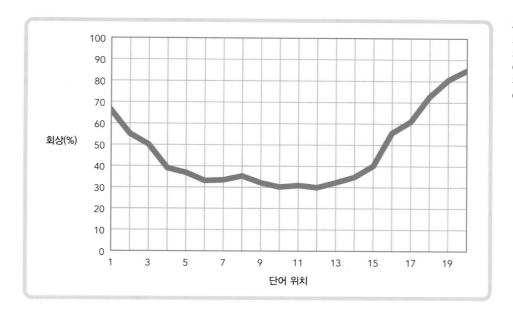

그림 5.4
계열위치효과 사람들은 단어 목록을 기억할 때 목록의 처음과 끝에 제시된 단어들을 가장 많이 기억한다. 중간에 있는 단어들은 순행간섭과 역행간섭에 의해 기억이 감소한다. 목록의 단어 위치에 따라 기억에서 차이가 일어나는 이런 현상을 계열위치효과라고 한다.

험, 시험범위 7, 8, 9장'이라는 공지를 기억하려고 할 것이다. 단기기억에 있는 정보를 유지하기 위해 취할 수 있는 심적 전략에는 무엇이 있을까?

한 가지 전략은 정보를 끊임없이 반복하는 것이다. 이러한 전략은 배우들이 무대에 서기 위해 대본을 반복하는 것(리허설)과 비슷하기 때문에 되뇌기(리허설)이라고 부른다. **되뇌기**(rehearsal)는 단기기억에서 정보를 유지하기 위해 반복하는 전략을 말한다(Atkinson &Shiffrin, 1968).

되뇌기는 단기기억에 있는 정보를 유지시킨다. 당신이 정보를 반복하는 한 정보는 단기기억에 남아 있다. 그렇지만 기억 전략으로서의 되뇌기는 두 가지 큰 제약이 있다. 한 가지 분명한 제약은 불편하다는 것이다. '화요일, 7, 8, 9장'이라는 것을 어딘가에 기록할 때까지 이것을 계속 되뇌는 것 말고도 당신은 다른 할 일이 많을 것이다.

또 다른 제약은 정보의 단순한 반복이 특별히 효과적이지 않다는 것이다. 심리학자들은 인출 전에 정보마다 상이한 되뇌기 시간을 설정하고 되뇌기 효과를 검증하였다. 다양한 되뇌기 시간 후에 참여자들은 단어를 기억하도록 요구받았다. 무엇이 발견되었을까? 되뇌기를 더 오래 한다고 기억이 더 좋지 않았다(Craik & Watkins, 1973).

되뇌기 정보를 계속 반복하면 단기기억에서 정보의 쇠퇴를 막을 수 있다. 사진은 케이트 허드슨이라는 여배우가 대본을 되뇌기 또는 암송하고 있는 모습이다.

REX USA / Everett Collection

되뇌기가 기대만큼 효과적인 전략이 아니기 때문에 우리는 다른 전략이 필요하다. 한 가지가 정보를 '깊게' 처리하는 것이다.

'얕은' 대 '깊은' 정보 처리의 개념은 정보가 제시되었을 때 사람들의 사고방식의 차이를 말한다. 깊은 정보 처리는 단어의 의미처럼 어떤 것에 대하여 의미 있게 사고하는 것이다. 얕은 정보 처리는 인쇄된 단어의 색깔 또는 문자(대문자 또는 소문자)처럼 어떤 것에 대해 피상적으로 사고하는 것이다. **정보 처리 수준**(depth of processing)은 사람들이 제시된 정보의 피상적 측면보다 의미적 측면에 대해 생각하는 정도를 말한다(Craik & Tulving, 1975).

정보 처리 수준 연구는 실험 참여자들에게 상이한 방식으로 정보를 생각하도록 요구한다(그림

되뇌기 단기기억에서 정보를 유지하기 위해 반복하는 전략

정보 처리 수준 제시된 정보의 피상적인 측면보다 의미에 대해 생각하는 정도

그림 5.5
정보 처리 수준 정보 처리 수준 연구는 참여자에게 '호랑이' 같은 단어를 제시하고 얕거나 깊은 방식으로 단어에 대해 생각하게 만드는 질문을 한다(Craik & Tulving, 1975). 깊은 정보 처리가 기억을 향상시킨다.

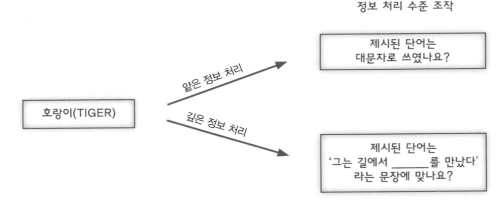

정보 처리 수준 조작

얕은 정보 처리 → 제시된 단어는 대문자로 쓰였나요?

호랑이(TIGER)

깊은 정보 처리 → 제시된 단어는 '그는 길에서 _____를 만났다' 라는 문장에 맞나요?

> 시험공부에 사용하는 플래시카드가 깊은 정보 처리를 촉진한다고 생각하는가?

5.5). 연구 결과에 따르면 사고를 깊게 할수록 기억은 향상된다. 크레이크와 털빙(Fergus Craik & Endel Tulving, 1975)은 얕은 정보 처리보다 깊은 정보 처리에서 정보에 대한 기억력이 4배 이상 높다는 사실을 발견하였다.

'단기기억'에서 '작업기억'으로 지금까지 단기기억이 간섭과 쇠퇴에 의해 정보가 사라지기도 하고 되뇌기와 깊은 정보 처리로 정보가 유지되기도 하는 제한된 용량을 가진 기억 체계임을 배웠다. 당신이 단기기억에 대해 알아야 할 것이 두 가지 더 있다. 이 두 가지는 매우 중요한데 심리학자들이 기억 체계의 개념을 단기기억에서 **작업기억**이라고 일컫는 개념으로 확장시켰기 때문이다.

1. 아래에 두 세트의 낱자열이 있다. 하나의 낱자열을 가리고 다른 낱자열을 30초 동안 응시하라. 이제 책에서 눈을 돌리고 낱자열을 기억해보도록 하라. 그런 다음 낱자열을 바꾸어 다시 한 번 해보라.

TGVCDPB   XYRWHKQ

작업기억 정보를 저장하고 조작하는 상호 연결된 기억 체계로, 음운고리, 시공간 메모장, 중앙집행부로 구성되어 있다.

2. 어느 낱자열 세트가 더 기억하기가 쉬운가? 지금까지 단기기억에서 배운 내용을 바탕으로 본다면, 두 세트 모두 비슷하게 어렵거나 쉬워야 한다. 낱자의 수가 동일하기 때문이다. 그러나 대부분의 사람들이 두 세트의 난이도를 다르게 느낀다. 낱자들의 소리가 유사한 첫 번째 세트가 소리가 다른 두 번째 세트에 비해 기억하기 더 어렵다(Baddeley, 2003). 낱자의 소리가 기억의 차이를 발생시키는 이유는 무엇일까?

3. 당신은 사람들이 정보를 기억하기 위해 사용하는 다양한 전략에 대해 배웠다 — 주의노력 기울이기, 되뇌기, 정보를 깊게 처리하기. 이러한 전략들의 존재는 전통적인 3단계 기억 모델로는 답하기 어려운 질문을 제기한다(Atkinson & Shiffrin, 1968; 그림 5.1) : 과제 수행을 위한 전략을 선택하고 집행하는 일을 담당하고 있는 마음의 체계는 무엇일까? 기존의 3단계 모델에서는 단기기억은 단지 기억을 보관하는 '저장소'일 뿐, 과제 전략을 선택하는 기억 체계는 아니었다.

그림 5.6
작업기억 심리학자들은 작업기억이 3개의 시스템으로 구성되어 있다고 가정하고 있다 — 시각 이미지를 처리하는 시공간 메모장, 단어, 문장 또는 산술문제를 생각할 때 활성화되는 음운고리, 주의를 통제하는 중앙집행부

이러한 질문에 답하기 위해 심리학자들은 기존의 단기기억 개념을 확장시켰다. 단기기억의 새로운 개념으로 심리학자들은 정보를 저장하고 조작하는 상호 연결된 기억 체계인 **작업기억**(working memory)을 제안하게 되었다(Baddeley, 2003; Baddeley & Hitch, 1974; Repovš & Baddeley, 2006). 작업기억은 세 가지 구성성분으로 이루어져 있다(그림 5.6).

작업기억

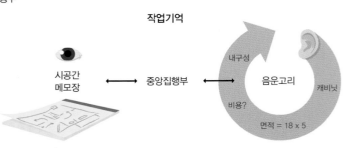

시공간 메모장 ← 중앙집행부 → 음운고리
내구성 / 캐비닛 / 비용? / 면적 = 18 x 5

> 음운고리는 정보를 소리로 부호화하는 제한된 용량의 기억

체계이다. 이는 당신이 혼잣말을 할 때("오늘밤에 무엇을 하면 재미있을까?") 또는 수학문제를 풀 때(예 : $14 \times 3 = 42$, 그런 다음 42를 36의 제곱근으로 나누면, 42/6이니까, 답은 7이다; Lee & Kang, 2002)처럼 '자신과 대화할 때' 활성화된다. 음운고리는 소리와 관련이 있기 때문에 유사한 소리를 가진 정보들을 처리하는 데 어려움을 겪을 수 있다. 앞에서 XYRWHKQ보다 TGVCDPB를 기억하기 더 어려웠던 것을 떠올려보라. TGVCDPB의 비슷한 소리들이 음운고리에서 간섭을 일으켰기 때문이다.

▸ **시공간 메모장**은 시각 이미지를 처리하는 제한된 용량의 기억 체계이다. 시공간 메모장은 사람들이 마음속에서 이미지를 만들고 조작할 수 있게 해준다. 이름에서 알 수 있듯이, 시공간 메모장은 (1) 시각정보(예 : 당신이 최근에 보았던 물체의 외형에 대한 기억)와 (2) 공간정보(대상의 위치와 환경에서의 움직임에 대한 기억; Baddeley, 2003)를 처리한다.

▸ **중앙집행부**는 새로운 표상을 만들고, 조작하는… 용량을 가진 일종의 심적 '작업 공간'이다(Baddeley, 2003, p. 836). 이것은 정보를 보관하는 수동적인 저장소가 아니라 과제에 주의를 기울이고 특정 과제에서 다른 과제로 주의를 전환시키는 능동적인 시스템이다. 시공간 메모장과 음운고리의 정보는 모두 중앙집행부에 도달하고, 여기서 여러 정보들에 기초한 의사결정이 일어난다. 중앙집행부의 처리 속도는 다를 수 있다. 어려운 수학문제에 장시간 집중할 때처럼 때로는 느리고 신중하다. 그러나 때로는 빠르고 자동적이어서 거의 의식하지 못할 수도 있다. 가령 운전을 할 때 당신의 마음이 교통 상황에 자동으로 반응하기 때문에 목적지에 도착하고 난 다음에 운전에 대해 잘 기억하지 못한다.

> 종이와 연필, 계산기 없이 당신의 작업기억으로 풀 수 있는 가장 복잡한 수학문제는 무엇인가?

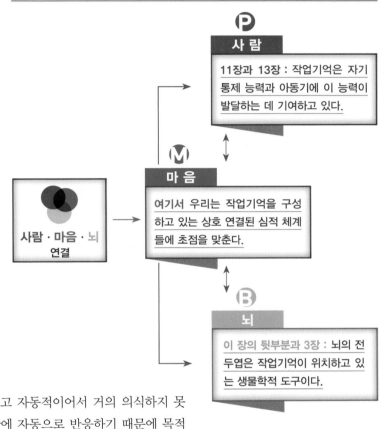

뇌와 자기통제

ℙ 사람

11장과 13장 : 작업기억은 자기 통제 능력과 아동기에 이 능력이 발달하는 데 기여하고 있다.

Ⓜ 마음

여기서 우리는 작업기억을 구성하고 있는 상호 연결된 심적 체계들에 초점을 맞춘다.

사람 · 마음 · 뇌 연결

Ⓑ 뇌

이 장의 뒷부분과 3장 : 뇌의 전두엽은 작업기억이 위치하고 있는 생물학적 도구이다.

© Santiago Calavatra LLC

Martin Sasse / laif / Redux

> **시공간 메모장 사용하기** 콘서트장의 설계는 시각정보(콘서트장의 형태), 청각정보(콘서트장의 소리), 구조공학에 대한 기술정보(붕괴 위험)에 대한 동시적 사고를 요구한다. 건축가는 이러한 정보들을 시공간 메모장이라는 작업기억 시스템을 사용하여 마음으로 가지고 갈 수 있다. 사진은 스페인의 건축가 산티아고 칼라트라바와 카나리섬의 산타크루스 테네리페에 있는 그가 설계한 공연장을 보여준다.

음운고리나 시공간 메모장처럼 중앙집행부의 용량도 제한적이다. 이것은 실제로 당신의 집중력이 절망적일 만큼 작다는 의미이다. 다가오는 시험을 위해 당장 이 장을 끝내야 함에도 불구하고, 당신의 마음은 본문에 집중하지 못하고 '방황하고' 있을지도 모른다(Feng, D'Mello & Graesser, 2013). 자신의 사고, 정서, 그리고 행동을 통제하는 개인의 능력은 작업기억 용량에 달려있다(Hofmann et al., 2008). 신체 및 정신의 피로는 작업기억 용량을 축소시켜서 자기통제를 더욱 어렵게 만든다(Muraven & Baumeister, 2000).

복잡한 과제를 수행할 때 사람들은 상이한 기억체계에서 온 정보들을 하나의 심적 작업공간에서 결합한다. 예를 들어 건축가는 시공간 메모장을 이용하여 건축구조를 디자인하는데, 이와 동시에 음운고리를 사용하여 디자인을 평가하고 대안("이 벽을 없애는 것이 더 좋지 않을까")을 고려한다. 그런 다음 시공간 정보와 언어정보가 결합된 결과에 기초하여 결정을 내린다.

장기기억

사전 질문

> ❯ 장기기억이란 무엇인가? 장기기억은 얼마나 오래 유지되는가? 장기기억의 용량은 얼마인가? 장기기억의 종류에는 어떤 것이 있는가?
> ❯ 일단 정보가 장기기억에 들어가고 나면 자동적으로 망각되는 일은 없는가?
> ❯ 장기기억에서 정보를 인출할 수 있게 하는 두 가지 요인은 무엇인가?

지금까지 정보가 감각기억에서 단기기억 또는 작업기억으로 이동하는 경로를 살펴보았다. (실제로도 심리학자들은 단기기억과 작업기억이라는 용어를 혼용하고 있다.) 또한 정보가 오랜 기간 기억되는 것에 영향을 주는 요인들에 대해서도 배웠다. 만일 정보가 기억된다면, 이 정보는 어디로 가는 것일까? **장기기억**(long-term memory)에 저장된다. 장기기억은 오랜 기간 지식을 저장하는 심적 체계이다. 만일 자료를 깊게 정보 처리하고 나서 기억을 한다면, 정보 처리 수준이 이 정보를 장기기억에 저장되도록 한 것이다.

당신이 수십 년 동안 자전거를 타지 않았어도 곧바로 자전거에 올라타서 페달을 밟을 수 있다. 많은 운동기술에 대한 기억은 평생 동안 지속된다.

장기기억의 기초 : 지속기간, 용량, 기억의 종류 심리학이 답을 찾고 싶어 하는 질문 중 하나가 '장기기억은 얼마나 오래 지속되는가?'이다.

당신의 유년시절을 돌이켜보자. 좋아했던 선생님, 멋진 선물을 받았던 날, 부끄러운 일을 저질렀던 '안 좋은 날'. 오랜 시간이 흘렀음에도 불구하고 이것들을 기억해내는 것은 어렵지 않다. 어떤 경험에 대한 기억은 평생을 간다.

오래 지속되는 또 다른 종류의 기억이 무언가를 하는 방식에 대한 기억이다. 당신이 몇 년 동안 자전거를 타지 않았어도 자전거에 올라타면 곧바로 페달을 밟아 나아갈 수 있다. 무언가를 읽은 지 몇 년이 흘렀다고 하더라도 누군가 당신 앞에 책을 놓아주면 당장에 그것을 읽을 수 있다. 이와 유사하게, 많은 사실에 대한 기억 역시 사라지지 않는다. 미국 초대 대통령의 이름이나 삼각형의 변의 개수는 잘 잊어버리지 않는다. 이러한 지식은 당신의 기억에 영구적으로 저장되어 있다.

장기기억은 결코 사라지지 않는 것인지도 모른다. 장기기억에 도달한 정보는 그곳에 영원토록 머물 수 있다.

장기기억과 관련된 또 다른 궁금증은 용량에 대한 것이다. 당신은 대학을 다니면서 장기기억에 많은 양의 정보를 저장하고 있다. 언젠가 '공간이 부족한 사태'가 발생할까?

그렇지 않다 — 장기기억의 용량은 제한이 없다. 두 가지 역사적 사례를 떠올려보자. 수천 페이지에 달하는 탈무드(법률과 윤리에 관한 고대서적)를 공부하는 일부 유대인 학자들은 전체 본문뿐

장기기억 장기간 동안 지식을 저장하는 심적 체계

아니라 각각의 내용이 페이지 어디에 있는지까지 기억한다(모든 판본의 페이지 번호와 내용은 모두 동일하다. Stratton, 1917). 이탈리아 교향악단의 지휘자인 아르투로 토스카니니(Arturo Toscanini)는 음악 작품에 대한 기억력이 탁월한 것으로 유명하였다. 그는 교향곡 250개에 들어 있는 모든 악기의 악보와 100개의 오페라에 포함되어 있는 가사와 악보를 모두 알고 있었다(Marek, 1975, p. 414).

장기기억의 용량은 어떻게 무한할 수 있을까? 장기기억에 기억들이 '저장된다'고 생각하면 다소 혼란스러울 수 있다. '저장소'의 개념은 마치 기억이 언젠가는 꽉 찰 수밖에 없는 컨테이너 같은 느낌을 준다. 그러나 장기기억을 생각하는 방식이 이것만 있는 것이 아니다. 일부 이론가들은 기억을 활동으로 보아야 한다고 주장한다(예 : Stern, 1991). 어떤 것을 기억하는 것은 무언가를 하는 것이다. 어떤 사람이 '1945'라는 말을 하고 있을 때 그는 '제2차 세계대전 종식일을 기억하고 있다'. 또는 어떤 사람이 '개인적인 사건에 대한 심적 이미지를 떠올릴' 때 그는 '개인 경험을 기억하고 있다'. 우리가 마음을 사용하여 할 수 있는 활동은 그 수가 제한이 없기 때문에 장기기억의 용량에는 한계가 없는 것이다.

> **이 지휘자도 악보가 필요 없는가?** 뉴욕 필하모닉의 앨런 길버트 같은 전문 지휘자들은 보통 악보를 보지 않고 오케스트라를 지휘한다. 악보는 이들의 머릿속에 들어 있다 – 장기기억의 용량이 무제한이라는 것을 보여주는 증거이다.

장기기억에 관한 세 번째 질문은 사람들이 기억해내는 정보의 종류이다. 앞의 예시 중 몇 가지를 떠올려보자. 미국 대통령의 이름, 유년시절의 경험, 자전거를 타는 방법. 이들 각 사례는 서로 다른 종류의 장기기억을 보여준다(Tulving, 1972) — 의미기억, 일화기억, 그리고 절차기억.

> **의미기억**(semantic memory)은 사실정보에 대한 기억이다. 이러한 정보는 추상적인 개념(예 : 개는 포유동물이다), 구체적인 사실정보(예 : 캔자스 주의 주도는 토피카이다)를 포함한다. 당신이 해당 정보를 학습한 시간과 장소를 기억하지 못할 수도 있지만(예 : 토피카가 캔자스의 주도라는 것을 학습한 장소), 사실정보는 여전히 당신의 의미기억에 남아 있다.

> **일화기억**(episodic memory)은 당신이 경험한 사건들에 대한 기억이다. 첫 데이트, 고등학교 졸업식, 혹은 동생의 출생 같은 자서전적 기억은 일화기억의 사례들이다. 일화기억은 두 가지 측면에서 의미기억과 차이가 있다. 첫째, 당신이 그곳에 존재한 것에 대한 기억(광경, 소리, 혹은 냄새 같은 사건에 대한 직접적인 경험)을 가지고 있다. 둘째, 일화기억은 시간적 순서를 가지고 있다. 사건의 발생은 순차적이어서 한 사건에 대한 기억이 다음에 발생한 사건에 대한 기억을 촉발한다. 서론에서 기술한 AJ는 이러한 종류의 기억이 탁월하였다.

> **절차기억**(procedural memory)은 자전거를 타거나, 운전을 하거나, 신발 끈을 매거나, 혹은 포크와 나이프를 사용하는 것과 같이 어떤 것을 하는 방법에 대한 기억이다. 당신이 심리학 수업을 수강하기 전에는 이러한 활동을 '기억'의 한 측면으로 보지 않았을 것이다. 그러나 사실 이것은 기억의 일종이다. 과거 경험에서 지식을 획득하고 유지하고 있기 때문에 시점에 관계없이 언제나 특정 행위를 수행할 수 있다. 절차기억의 흥미로운 점은 어떤 것을 하는 방법에 대한 기억(절차기억)이 그것을 학습한 경험에 대한 기억(일화기억) 또는 이것을 하는 방법에 대한 사실적 기술에 대한 기억(의미기억) 없이도 일어난다는 것이다. 예를 들어 당신은 신발끈을 묶을 줄 알지만, 이를 처음 배웠던 유년시절의 경험을 기억하거나 신발끈을 묶는 정확한 절차를 기술하지는 못할 것이다. 신발끈을 묶는 것은 절차기억이지 일화기억이나 의미기억이 아니다.

> **절차기억** 이 농구선수들은 어려서 신발 끈 묶는 법을 배울 때 불렀던 노래를 기억하지 못할 것이다. 그리고 처음으로 혼자서 신발 끈을 정확하게 묶었던 때도 기억하지 못할 수도 있다. 그러나 신발 끈을 묶는 방법은 기억하고 있다. 신발 끈 묶기와 관련된 절차기억은 남아 있지만 의미기억 또는 일화기억은 남아 있지 않다.

신발끈을 묶는 예시는 기억을 구분하는 또 다른 방식을 보여준다 — 명시적 기억과 암묵적 기억(Schacter, 1987). **명시적 기억**(explicit memory)은 이전에 마주했던 정보나 경험에 대한 의식적

의미기억 사실정보에 대한 기억

일화기억 당신이 경험한 사건에 대한 기억

절차기억 행동을 수행하는 방법에 대한 기억

명시적 기억 사전 정보 또는 경험에 대한 의식적인 회상

인 기억이다. **암묵적 기억**(implicit memory)은 이전의 자료가 명시적으로 기억되지 않아도 사전정보나 경험에 의해 영향을 받는 과제 수행이다. 이 장의 서론에 제시되었던 HM의 사례는 이러한 구분을 확실하게 보여준다. 연구자들은 HM에게 거울상을 보고 따라 그리는 어려운 과제를 가르쳤다. 이 과제는 자신의 손을 오직 거울을 통해서만 볼 수 있는 상황에서 연필을 이용하여 이미지의 이동경로를 쫓아가야 한다. 연습과 함께 HM의 과제 수행 능력은 향상되었다. 그러나 HM은 자신이 연습했던 상황에 대해 아무것도 기억하지 못하였다. 즉 HM은 경험에 대한 의식적, 명시적 기억은 가지고 있지 않으면서 연습에서 오는 암묵적 기억(향상된 과제 수행 능력)은 가지고 있다.

거울상 따라 그리기 과제 HM은 거울상 따라 그리기 과제를 수행하는 방법을 기억할 수 있었지만 과제를 학습하고 연습했던 경험은 기억할 수 없었다. 그는 암묵적 기억을 보유하고 있지만 명시적 기억은 가지고 있지 않다.

기억의 종류를 구분하고는 있지만 이들은 서로 영향을 미친다. 의미기억과 일화기억을 생각해보자. 마음과 뇌 수준 분석에서 발견되는 연구 증거는 이들 사이의 구분을 지지한다. 그렇지만 연구에 의하면 한 가지 종류의 기억이 많을수록 다른 종류의 기억을 획득할 가능성도 높다 (Greenberg & Verfaellie, 2010). 예를 들어 의미기억이 증가하면 일화기억이 향상될 수 있다는 것이다. 당신이 어떤 여행지에 대한 책을 읽으면 의미 지식을 획득한다. 그런 다음 그 여행지를 방문한다면, 의미기억이 증가한 것 때문에 당신은 더 세부적으로 풍부한 일화기억을 형성할 가능성이 높다.

> 당신은 다른 사람에게 자전거 타는 방법을 설명해본 적이 있는가? 설명하기 어렵지 않았는가? 명시적으로 설명하기 어려운 암묵적 기억에는 또 무엇이 있는가?

장기기억에 영구적으로 정보 저장하기 : 응고 심리학자들이 마음을 컴퓨터와 비교했다고 언급한 바 있다. 많은 측면에서 이러한 비교는 적절하다. 예를 들어 단기기억과 장기기억은 컴퓨터의 램과 영구적인 하드 드라이브와 유사하다. 그러나 정보를 영구적으로 저장하는 과정은 마음과 컴퓨터가 상당히 다르다.

컴퓨터에서 정보의 영구적인 저장은 한순간에 일어난다. 정보를 하드 드라이브에 저장할 시간만 있으면 된다. 그러나 우리의 마음에서는 수 시간 혹은 수일이 걸리기도 한다. 장기기억 내의 정보는 서서히 응고된다. **응고**(consolidation)란 장기기억 내의 정보가 손실가능한 불안정한 상태에서 비교적 영구적으로 사용가능한 고정된 상태로 변화하는 과정을 말한다 (McGaugh, 2000).

머리 부상은 기억 응고를 방해한다. "플레이가 정확하게 기억나지 않는다. 필드에서 내려왔을 때 내가 득점을 했는지 정말로 몰랐다. 무슨 일이 있었는지 정말 기억이 나지 않는다." 이것은 피츠버그 스틸러스의 러닝백의 말이었다. 그는 터치다운을 하려는 순간 헬멧이 벗겨질 정도로 머리에 큰 타격을 입었다. 그의 기억은 응고 원리를 보여준다. 플레이가 시작되기 전 그의 마음에는 플레이에 대한 정보가 있었다(어디서 줄을 서고, 언제 공을 잡고, 어디로 달려가야 하는지 등). 플레이 하는 동안 그는 집중하였지만 그 후 무슨 일이 있었는지 기억하지 못하였다. 머리 부상이 경험을 영구적인 기억으로 만들기 위해 필요한 응고과정을 방해한 것이다.

머리 외상(예 : 교통사고나 운동 중에 머리를 다치는 경우)은 이러한 응고과정을 방해하기도 한다. 충격적이고 고통스러운 사고는 망각되지 않는다고 생각할지 모른다. 그러나 사람들은 사고를 전혀 기억하지 못할 때가 종종 있다. 머리 부상이 기억의 응고에 필요한 뇌의 생물학적 과정을 방해하기도 한다(McAlister, 2011). 그 결과 사람들은 자신이 사고 이전에 어떤 일을 하고 있었는지 기억하지 못한다. (이 장의 뒷부분에서 응고의 생물학적 과정에 대해 살펴볼 것이다.)

응고과정은 새로운 기억을 획득할 때뿐만 아니라 과거의 기억을 회상할 때에도 발생한다. 기억의 회상은 기억이 처음 응고될 때처럼 다시 한 번 일시적으로 취약하고 불안정한 상태가 되는 재응고 기간을 촉발시킨다(Lee, 2009). 재응고 기간 동안 불안정한 장기기억들은 상당한 변화를 겪고 제거될 수도 있다. 3일에 걸쳐 수행된 한 연구에서, 연구자들은 먼저 참여자에게 일련의 시행에서 약한 전기충격과 함께 기하학적 도형을 제시하였다(Schiller et al., 2010). 둘째 날에, 다음 두 중요한 실험 조건이 시행되었다.

1. 전기충격 없이 기하학적 도형을 반복 제시하였다.
2. 참여자들에게 기하학적 도형을 회상하게 하여 재응고화 기간을 촉발시켰다. 그런 다음 전기충격 없이 도형을 반복적으로 제시하였다.

셋째 날에 연구자들은 기하학적 도형을 다시 제시하고 참여자의 반응을 측정하였다. 첫 번째 실험 조건의 참여자들은 공포 반응을 보였다. 이런 반응은 참여자들이 기하학적 도형이 전기충격과 함께 제시되었던 것을 기억한다는 의미이다. 두 번째 조건의 참여자들은 아무런 반응도 보이지 않았다. 이들의 반응은 연합에 대한 정보가 이전에 장기기억에 존재했었음에도 불구하고 도형과 전기충격 사이의 연합을 완전히 망각했음을 보여준다. 즉 둘째 날의 재응고 기간에 상당한 기억 변화가 일어났음을 알 수 있다.

이러한 결과는 기억의 활성화가 내용이 바뀌지 않는 책을 펼치는 것과는 다르다는 것을 보여준다. 오히려 재응고 기간의 기억 활성화는 내용이 변경될 수 있는 편집모드의 워드파일을 여는 것과 비슷하다.

장기기억에서 정보의 인출 : 단서와 맥락 장기기억에 들어 있는 정보는 꺼낼 수 있을 때 비로소 유용해진다. 당신은 장기기억에서 정보를 인출해서("음, 시험이 언제였더라?") 정보를 사용할 수 있는 작업기억으로 도로 불러와야 한다("아, 생각났다. 화요일이야!"). 장기기억에 저장된 정보에 접근하는 과정을 **인출**(retrieval)이라고 한다.

장기기억으로부터 정보를 인출하는 데 두 가지 요인이 도움이 될 수 있다. 하나는 기억하려는 정보와 관련이 있는 환경자극인 인출단서이다. 단서가 존재하면 기억에 저장된 정보와의 연관성 때문에 그 정보를 기억하기 쉽다. 당신이 시내를 걷고 있는데 최고로 흥행했던 영화 세 편을 대보라는 질문을 받았다고 상상해보자. 마침 크루즈 선박 포스터가 걸린 여행사를 지나가고 있었다면, 그렇지! 라면서 〈타이타닉〉이 떠오를 것이다. 포스터는 〈타이타닉〉을 기억해낼 수 있도록 도운 인출단서이다.

두 번째 요인은 맥락으로, 정보를 학습하고 그것을 회상해내려고 할 때의 전반적인 상황이나 환경이다. 정보를 학습할 때와 회상할 때의 맥락이 일치하면, 기억은 더 좋다. 심해 잠수부들에 대한 연구가 이를 잘 보여준다. 잠수부들은 두 가지 맥락, 즉 육지 또는 심해 중 하나에서 단어 목록을 학습했다(Godden & Baddeley, 1975). 나중에 두 맥락에서 정보를 회상하려고 시도하였을 때 맥락이 일치하지 않을 경우(예 : 심해에서 학습하고 육지에서 회상)보다 맥락이 일치할 경우(예 : 심해에서 학습하고 심해에서 회상) 기억이 더 좋았다. 후속연구는 잠수부들에게 해저 깊이가 변화할 때 대처방법을 기술해 놓은 감압표를 기억하도록 요구하였다. 마찬가지로 학습과 회상 맥락이 다르면 기억이 더 나빴다(Martin & Aggleton, 1993).

당신은 '맥락'이라는 단어가 교실이나 카페와 같은 외부환경을 의미한다고 생각할지 모른다. 그러나 사람들의 정서 상태 역시 기억에 영향을 주는 맥락이다. 정보를 부호화할 때의 정서상태와 회상할 때의 정서상태가 일치할 때 사람들의 기억은 더 좋다. 고든 바우어

Ernest Manewal / Lonely Planet Images / Getty Images

암묵적 기억 이전 자료를 명시적으로 기억하지 못하지만 사전정보 또는 경험의 영향을 받는 과제 수행

응고 사라질 수 있는 불안정한 상태에서 비교적 영구적으로 사용가능한 고정된 상태로 장기기억에서 정보가 변환되는 과정

인출 장기기억에 저장되어 있는 정보에의 접근

당신이 잠수부라면 나쁜 공부 전략은 아니다. 정보를 기억하게 될 맥락이 학습했던 맥락과 일치하면 기억은 최상이다. 따라서 수중에서 정보를 기억해야 하는 잠수부라면 학습도 수중에서 해야 한다.

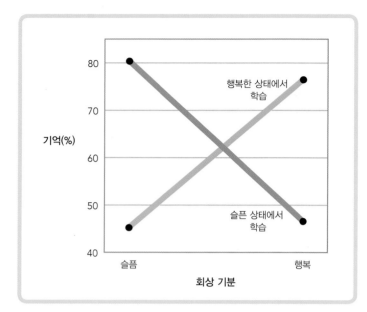

그림 5.7
기분과 기억 참여자는 슬픈 기분 또는 행복한 기분 상태에서 정보를 학습하고 나서 슬픈 기분 또는 행복한 기분일 때 회상을 시도하였다. 학습과 회상할 때의 기분이 일치할 때 기억은 최상이었고 이것은 기분이 기억에 영향을 미칠 수 있는 맥락단서임을 의미한다.

(Gordon Bower, 1981)는 참여자를 행복한 기분 또는 슬픈 기분이 들게 만든 다음에 정보를 학습하게 하였다. 나중에 다시 한 번 행복한 상태 또는 슬픈 상태를 유도한 후 정보를 회상하도록 하였다. 따라서 바우어의 실험 설계에는 네 가지 조건이 포함되어 있었다 — 행복한 상태에서 학습/슬픈 상태에서 회상, 행복한 상태에서 학습/행복한 상태에서 회상, 슬픈 상태에서 학습/슬픈 상태에서 회상, 슬픈 상태에서 학습/행복한 상태에서 회상. 참여자의 기억이 가장 우수했던 조건은 학습 맥락이 회상 맥락과 일치한 조건(그림 5.7), 즉 행복한 상태에서 학습/행복한 상태에서 회상 그리고 슬픈 상태에 학습/슬픈 상태에서 회상 조건이었다(Bower, 1981). 기분도 기억을 향상시킬 수 있는 맥락단서이다.

요약하자면, 인출단서와 맥락은 장기기억에서 정보의 인출을 돕는다. 그렇다면 인출된 정보는 어디로 가는 것일까? 당신은 3단계 기억 모델(감각기억, 단기 혹은 작업기억, 그리고 장기기억)을 배웠기 때문에 이 질문에 쉽게 답할 수 있어야 한다. 정보는 당신이 그것을 이용하여 질문에 답하고, 의사결정을 하고, 문제를 해결할 수 있는 작업기억으로 돌아간다.

지식 표상 모델

퀴즈쇼를 보면서 우승자는 어떻게 저렇게 많은 것을 알고 있는지 궁금했던 적이 있는가? 100달러 지폐에 그려진 유명인사의 이름, 삼총사의 이름, 2014년 최고 영상감독 부문 오스카상 수상자… 그러나 퀴즈쇼 우승자만 방대한 양의 지식을 보유하고 있는 것은 아니다. 당신도 그렇다. 당신은 엄청나게 많은 사실을 쉽게 회상할 수 있다. 출신 고등학교 이름, 멕시코가 미국의 남쪽에 위치하는지 북쪽에 위치하는지, 우유 1리터의 대략적인 가격. 또한 많은 방법도 기억할 수 있다 — 스크램블 에그를 만드는 법, 운전하는 법, 자전거 타는 법, 문법적으로 올바른 문장을 사용하는 법 등. 감각기억에서 단기기억을 거쳐 장기기억으로 정보가 이동하는 경로를 살펴보았으니, 이제 장기기억이 이렇듯 엄청난 양의 정보를 어떻게 보관하고 있는지에 대한 질문을 해보자.

심리학자들은 지식 표상에 대한 연구를 통해 이 질문에 접근한다. **지식 표상**(knowledge representation)이란 장기기억에 지식이 보관되고 상이한 지식들이 연결되어 있는 형태를 말한다. 유추를 사용하여 주제를 소개해보도록 하자.

인간의 마음에 지식이 어떻게 표상되어 있는지를 질문하는 대신에 "도서관에서 지식은 어떤 형태로 되어 있는가?"라고 물었다고 가정해보자(디지털 저장과 인터넷 접근은 잠시 논외로 치고 하드카피 책들로 가득한 전통적인 도서관을 생각해보자). 다음과 같은 대답들이 나올 수 있을 것이다 — (1) 지식은 종이에 인쇄된 상징(예 : 단어)으로 저장되어 있다. (2) 주로 특정 주제에 대한 지식을 표상하는 수많은 상징들이 책에 집결되어 있다. (3) 책은 분류 체계(예 : 의회 도서관 방식)에 따라 체제화되어 있어서 사람들은 비교적 빠르게 특정 책을 찾아낼 수 있다. 이 대답은 어떤 책이 어느 도서관에 있는지에 대해서는 아무 말도 하고 있지 않다. 대신 더 광범위한 질문을 하고 있다 — 일반적으로, 지식은 어떻게 표상되는가?

심리학자들은 이 질문을 마음에 대해 하고 있다. 질문의 대답으로 세 가지 중요한 이론적 모델이 제안되었고, 이들은 모두 기억과 마음에 대한 과학적인 이해를 가능케 하였다 — 의미망 모델, 병렬분산처리 모델, 체화된 인지 모델.

지식 표상 장기기억에 지식이 저장되고 이러한 지식의 요소들이 상호 연결되어 있는 형태

의미망 모델

사전 질문

> ❯ 연결망이란 무엇인가?
> ❯ 기억의 의미망 모델에서 무엇이 마음속의 두 개념이 얼마나 가까이 연결되어 있는지를 결정하는가?
> ❯ 사람들은 마음속의 개념이 점화되는 순간을 자각할 수 있는가?

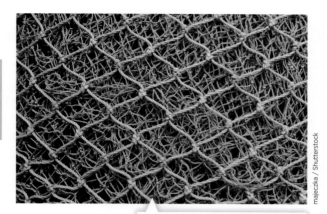

어망의 매듭처럼 마음속의 의미망도 개념들이 서로 연결되어 있다.

의미망 개념을 소개하기 위해 먼저 상호 연결된 요소들의 집합체를 의미하는 연결망의 개념부터 살펴보자. 가령 인터넷은 소통 연결망으로, 여기서 상호 연결되어 있는 요소들은 컴퓨터이다. 어떤 연결망이든 망에 있는 요소들은 근접한 정도에서 차이가 있다. 과학 실험실에 있는 2대의 컴퓨터는 연구실의 로컬 네트워크를 통해 매우 가까이 연결되어 있지만 인터넷을 통해 지구 반대편의 컴퓨터와 원격으로 연결되어 있을 수도 있다.

대부분의 연결망에서 가까이 연결되어 있는 두 요소들 중 하나가 활성화되면 다른 하나가 강한 영향을 받는다. 예를 들어 물고기를 잡는 어망을 떠올려보라. 어망의 각 매듭은 연결망의 요소들을 나타낸다. 매듭은 줄로 연결되어 있다. 매듭 하나를 흔들면 그것과 가까이 있는 매듭은 움직이지만 멀리 떨어진 매듭은 조금밖에 움직이지 않는다.

의미망 모델 장기기억이 서로 연결된 개념들의 집합체로 구성되어 있다는 지식 표상에 대한 개념 모델

이제 마음을 이해하는 데 이러한 개념을 이용해보자. **의미망 모델**(semantic network model)은 인간의 기억이 상호 연결되어 있는 수많은 개념의 집합체라고 가정하는 장기기억의 개념 모델이다. 하나의 개념(예 : '봄방학')은 다른 개념('휴가'), 그리고 또 다른 개념('태닝하기')과 연결되어 있다. 이러한 상호 연결에 의해 개념들의 연결망이 만들어진다.

어떤 두 개념이 마음에서 얼마나 가까이 있게 될지를 결정하는 것은 무엇인가? 이론적으로는 무엇으로든 가능하다 — 크기(어쩌면 고래와 여객기가 서로 가까이 연결되어 있을 수 있다), 색채(감초와 볼링공), 혹은 소리(actors와 tractors). 그러나 보통 두 개념을 연결하는 것은 의미이다. 의미란 단어, 문장 혹은 그 밖의 의사소통의 의미를 뜻한다. '추위'와 '눈'은 의미적으로 유사하다. 두 가지 모두 겨울 날씨와 관련되어 있기 때문이다. '휴가'와 '태닝'은 '봄방학'과 의미적 연관이 있다.

그림 5.8의 의미망 모델은 마음이 한 번에 하나의 개념을 처리한다고 주장한다(Collins & Loftus, 1975). 이런 망에서 우리는 어떤 순간 소방차에 대해 생각하다가 다음 순간에는 구급차를 생각한다. 두 개념 간의 거리(이 모델에서는 개념들 간 선분의 길이로 표현)가 하나의 생각이 다른 생각을 유발할 확률을 결정한다. '자동차'와 '트럭'처럼 어떤 개념들 간의 거리는 '빨강'과 '일출'같은 개념들 사이의 거리보다 짧다. 따라서 망 모델에 따르면 당신이 '자동차'에 대해 생각할 때 '트럭'이 떠오를 확률이 '빨강'을 생각할 때 '일출'이 떠오를 확률보다 높다.

> 당신의 마음속에 있는 의미망에서 *심리학과 매력적인*, 두 개념 간의 거리는 얼마나 되는가?

그림 5.8
의미망 모델 의미망 모델은 마음속의 개념들이 서로 연결되어 있는 연결망으로 지식을 표상한다. 이 모델에서 의미적으로 가까운 개념들(예 : 자동차와 트럭)은 관련이 없는 개념들(예 : 자동차와 구름)보다 더 가까이 연결되어 있다. 한 개념의 활성화는 그것과 연결되어 있는 다른 개념을 활성화시킨다.

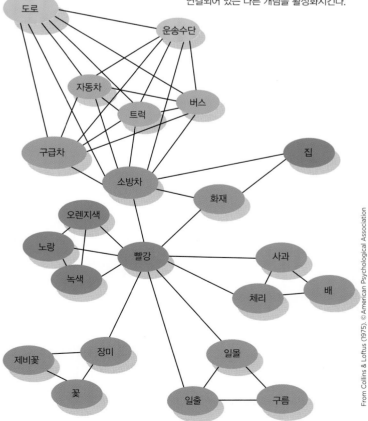

From Collins & Loftus (1975). ©American Psychological Association

지각과 사회 태도

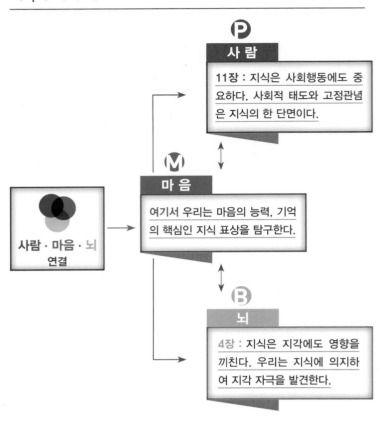

당신이 알지 못하는 사이에도 기억에서 개념들이 활성화될 수 있다. 사람들은 기억 속 개념들의 연결 방식과 의미망을 통한 활성화 확산 방식에 대해 잘 의식하지 못한다. 때로는 개념의 점화를 일으키는 사건에 대해서도 자각하지 못한다.

이러한 자각의 부재는 일상행동에서 중요한 함의를 지닌다. 사람들의 행동은 그들이 의식하지 못하는 사회적 요인에 의해 영향을 받을 수 있다. 짧게 제시된 정보(예 : 광고 속의 단어나 그림)는 사람들이 그 효과를 의식하지 못할 정도로 빠르게 의미망 내에서 확산된다. 즉 사회적 정보가 의식하지 못하는 상태에서 당신의 사고와 감정에 영향을 미칠 수 있다(Wilson & Dunn, 2004; 11장 참조).

요약하자면, 의미망 모델은 마음속의 지식이 표상되어 있는 방식을 이해하는 데 가치가 높은 이론으로 평가받고 있다. 개념들의 연결망으로 지식의 표상을 가정함으로써 심리학자들은 하나의 개념이 어떻게 해서 다른 개념을 촉발하고 사회 영향이 어떻게 하여 사고에 영향을 미치는지를 설명할 수 있게 되었다. 그러나 20세기 후반에 이르러 마음에 대한 연구가 발전하면서 심리학자들은 의미망 모델의 한계를 인식하고 대안을 찾기 시작하였다.

병렬분산처리 모델

사전 질문

> ❯ 병렬 분산 처리 모델의 기본 요소는 무엇인가?

의미망 모델의 대안 중 하나가 지식 표상의 **병렬분산처리**(parallel distributed processing) 모델 또는 짧게 **PDP** 모델이다(McClelland & Rogers, 2003; Rogers & McClleland, 2004; Rumelhart, McClelland, & the PDP Research Group, 1986.). PDP 접근은 다음과 같은 점에서 의미망 모델과 차이가 있다.

의미망 모델에서 가장 단순한 요소는 개별 개념이었다. 자동차, 트럭, 운송수단과 같은 개념들이 연결망에서 서로 연결되어 있다(그림 5.8). PDP 모델에서 기본 요소는 더욱 간단하다ー켜졌다 꺼졌다 하는 것 외에는 아무것도 하지 않는 정보 처리 단위들. 여기서 개념은 특정 개별 정보 처리 단위에 의해 표상되지 않는다. 대신에 개념은 수많은 단위들의 활성화 패턴으로 표상이 일어난다.

유추를 사용하여 이를 설명해보자. 엄청난 수의 개별 전구로 이루어진 전광판을 상상해보라. 뉴스의 헤드라인을 스크롤하여 보여주는 전광판이라고 생각해보자. 현재 보이는 헤드라인은 '존 케리 러시아 방문'이다. 이제 다음의 두 질문에 답해보라ー(1) 어떤 전구가 '존 케리'라는 개념을 표시하고 있는가? (2) 스크롤되고 있는 전구는 어떤 것인가? 분명히 어떤 개별 전구도 개념을 표상하고 있지 않고 어떤 전구도 스크롤되고 있지 않다. 전광판에 표상된 정보는 전광판 전체에 의해 표시되고 있다. PDP 모델도 이와 비슷하다. 수많은 개별 단위들이 지식 표상에 참여하고 있다. 지식은 전체 단위들에 '분산'되어 표상되고 있다.

병렬 분산 처리(PDP) 장기기억이 켜졌다 꺼졌다 하는 단순 정보 처리 단위로 구성되어 있다고 보는 지식 표상에 대한 개념 모델. 개념은 수많은 단위들의 활성화 패턴으로 표상이 일어난다.

스크롤 전광판 개념 예술가 제니 홀저가 만든 이런 스크롤 전광판은 전구를 사용해 정보를 표상한다. 하지만 특정 단일 정보를 표상하고 있는 단일 전구는 하나도 없다. 이와 유사하게, PDP 모델도 단순하게 켜졌다 꺼졌다 하는 개별 정보 처리 단위들로 지식을 표상한다.

PDP 모델의 기본 단위는 단순성을 놓고 볼 때 뇌를 구성하는 뉴런과 닮아 있다는 흥미로운 특징을 갖는다(3장). 뉴런도 켜졌다 꺼졌다 한다. 즉 뉴런은 발화하던지 아니면 휴지 상태에 있다. 이와 유사하게, PDP 모델의 단위도 켜졌다 꺼졌다 한다. 인접 뉴런으로부터의 입력이 특정 뉴런의 발화를 결정하는 것처럼 다른 정보 처리 단위로부터의 입력이 특정 PDP 정보 처리 단위에 불이 들어오는 것을 결정한다. PDP 모델과 뇌 정보 처리 간의 이런 유사성은 마음의 처리과정과 뇌의 활동을 연결하려는 장기적인 목표를 추구함에 있어서 큰 이점이다.

체화된 인지

사전 질문

> **기억의 체화된 인지 이론은 의미망 모델이나 PDP 모델과 어떻게 다른가?**

지식 표상에 대한 두 모델, 의미망 모델과 병렬분산처리 모델은 20세기의 마지막 25년 동안 기억과 마음에 대한 연구를 보여주는 중요한 이론이었다. 21세기인 현재, 체화된 인지라는 새로운 이론 덕분에 과학적인 이해는 더욱 확장되었다.

체화된 인지 이론가들이 관심을 갖는 주요 주제는 '당신이 생각할 때 당신은 마음의 어느 부위를 사용하는가?'이다. 이 질문은 다소 바보같다고 느낄 수 있다. 이것은 '사고 부위' ─ 기억, 추론, 그리고 다른 복잡한 사고를 담당하는 부위 ─ 를 말하는 것 아닌가? 당신은 그렇게 예상했을 것이다. 그러나 아래의 연구 결과들을 한번 생각해보자.

1. 신체 움직임이 주의집중에 영향을 끼칠 수 있다. 참여자에게 주의집중을 요하는 과제를 수행하기에 앞서 (a) 앞으로, (b) 뒤로, (c) 좌우로 네 발자국 움직이도록 하였을 때 뒤로 이동한 경우에 수행이 가장 좋았다(Koch et al., 2009).
2. 손에 쥐고 있는 물체의 온도가 타인에 대한 생각에 영향을 끼칠 수 있다. 참여자가 따뜻한 커피를 손에 쥐고 어떤 사람의 인간적인 '따뜻함'을 평가하였을 때 이들의 평가는 차가운 커피를 들고 있을 때보다 더 높았다.
3. 지각적 변인이 개념적 사고의 속도에 영향을 끼친다. 참여자에게 믹서기가 '시끄러운'지를 가능한 빠르게 판단하도록 하였을 때(예 : '믹서기' 개념은 '시끄러운' 속성과 연합되어 있다), 판단하는 데 걸리는 시간이 사전에 크랜베리가 시큼한지를 질문받은 경우보다 나뭇잎이 바스락거리는지를 질문받은 경우에 더 빨랐다(Barsalou et al., 2003).

의미망 모델과 PDP 모델에서 보면 이러한 연구 결과는 기이하다. 신체의 움직임이 주의집중에 영향을 주고, 물리적 온도가 타인에 대한 평가에 영향을 주는 이유는 무엇인가? 왜 나뭇잎에 대한 생각이 믹서기를 생각하는 속도에 영향을 미치는 것인가? 나뭇잎과 믹서기 사이에 의미적 연관성이 없는데 이는 이상하지 않은가? 체화된 인지에 따르면 답은 지각과 운동 시스템이 사고과정에 참여하기 때문이다(Anderson, 2003; Lakoff, 2012; Wilson, 2002). **체화된 인지**(embodied cognition)는 이전에는 비교적 간단한 지각과 운동 과제에만 관여한다고 알려진 마음의 부위들이 복잡한 사고에도 기여한다고 주장한다. 이것은 사고가 지각이나 물리적 움직임과 직접 관련이 없는 경우에도 나타난다.

체화된 이론은 위에 제시된 세 가지 현상을 다음과 같이 설명한다.

1. 뒤로 움직이는 것은 대상을 회피하는 것과 연합되어 있다. 보통 회피 움직임은 주의집중을 요하는(위험을 피하기 위해), 위험한 상황에서 나타난다. 따라서 당신을 뒤로 움직이게 한 뇌의 부위가 주의집중을 증가시킨다.

2. 인간적 따뜻함에 대한 판단은 물리적 온도의 판단에 사용하는 동일한 지각 체계를 사용하여 일어난다. 따뜻한 커피로 이 체계가 '워밍업'되었고, 이것이 성격에 대한 판단에 영향을 끼쳤다.

3. 실제로 믹서기가 없을 때에도 사람들은 청각 체계를 이용하여 믹서기의 소음 강도를 판단한다(소리를 감지하는 지각 체계; 4장). 나뭇잎이 바스락거리는지에 대한 질문이 청각 체계를 활성화시킴으로써 청각 체계가 준비된 상태이기 때문에 믹서기의 소리 강도를 판단하는 데 걸리는 시간이 빨라졌다.

각 사례에서 지각 또는 신체 움직임을 수행하는 뇌 부위(마음의 '체화된' 부위)가 사고에도 영향을 미친다.

그림 5.9는 기억에 대한 의미망 모델과 체화된 인지 접근을 비교하고 있다(Barsalou et al., 2003). 의미망 모델에서 지각 체계는 기억에 어떤 역할도 하지 않는다. 지각 체계는 사람들이 어떤 사건을 최초로 경험할 때에만 활성화된다. 반면에 체화된 인지 모델에서는 시각 체계가 사건을 경험할 때와 그 경험을 기억할 때 모두 활성화된다. 사람들은 초기 지각 경험을 재활성화시킴으로써, 특히 마음에서 사건을 '다시 돌려보기'를 통하여 정보를 기억한다.

체화된 인지는 진화 이론과 일치한다(Glenberg, 2010). 먼 과거에는 예민한 지각(예 : 먹이의 발견)과 뛰어난 운동기술(포식동물로부터 도피와 도구 만들기; Mithen, 1996)이 생존에 필수적이었다. 인간의 지각과 운동 체계는 이러한 욕구를 충족시키는 방향으로 진화하였다. 이렇게 진화한 동일한 지각 체계들은 사고에도 사용되고 있다. 진화한 뇌 체계가 '재활용'되고 있다(Dehaene, 2004). 한 가지 기능(예 : 지각, 운동)을 수행하기 위해 진화한 마음과 뇌의 부위들이 다른 기능(예 : 사고, 기억)을 수행하는 데도 사용된다.

체화된 인지로 설명할 수 있는 일상의 반응 중 하나가 사람들의 잦은 비유 사용이다. 비유란 직접적으로 관련이 없는 대상을 빌려 무언가를 설명하는 화법이다. 친구가 우울증에 '깊이 빠졌다'고 하거나 운동선수가 커리어의 '정상'에 있다는 표현은 물리적 비유(깊이, 높이)를 이용하여 정서 또는 성과를 묘사하는 것이다. 물리적 비유가 이렇게 흔한 이유는 무엇일까? 의미망 모델, PDP 모델과 달리 체화된 인지는 이에 대한 답을 준다. 우리의 시각 체계는 물리적인 대상의 존재와 위치를 탐지하기 위해 진화하였지만 사고에도 관여한다. 이때 동반된 지각 체계의 물리적인 틀이 사고할 때 물리적 비유를 만들어낸다(Lakoff & Johnson, 1999).

> 당신은 '우러러보는' 사람이 있는가? 존경해서 실제로 그 사람을 올려다본 적이 있는가?

체화된 인지 사건의 지각 같은 비교적 단순한 정신 활동에만 관여한다고 여겨졌던 마음의 부위가 복잡한 사고와 기억에도 기여하고 있다고 보는 지식 표상의 개념 모델

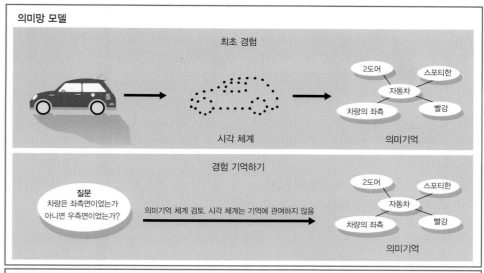

그림 5.9
의미망 모델 대 체화된 인지 기억의 의미망 모델(그림의 상단)에서 사람들은 의미망에 있는 저장고에서 정보를 인출함으로써 경험을 기억한다. 의미망은 사건의 기억과 관련이 없는 시각 체계와 독립적으로 작동한다. 하지만 체화된 인지 모델(그림의 하단)에서는 시각 체계가 최초 경험의 지각과 기억 모두에 관여하고 있다. 사람들은 사건을 최초로 보았을 때 활성화되었던 시각 체계 부위를 재활성화하여 경험을 기억한다.

완벽하지 않지만 향상될 수 있는 기억

어떤 대상을 분석할 때 과학자들은 두 가지 질문을 한다. "어떻게 작동하는가?", "얼마나 잘 작동하는가?" 지금까지는 기억이 어떻게 작동하는지에 대해 배웠다. 정보는 일련의 단계(감각, 단기, 장기)를 거쳐서 기억으로 들어가 의미망, PDP 또는 체화된 인지 모델이 설명하는 방식으로 장기기억에 보관된다.

이제 기억이 얼마나 잘 작동하는지에 대해 알아보도록 하자. 기억은 얼마나 정확한가? 당신은 기억을 향상시키기 위해 무엇을 할 수 있는가?

기억의 오류

사전 질문

> ❯ 기억의 오류는 인간의 기억과정이 컴퓨터 같은 전자기기 안에 들어 있는 기억 저장고와 근본적으로 다르다는 것을 어떻게 보여주고 있는가?

기억은 완벽하지 않다. 사람들은 이름, 노래가사, 시험문제의 답 등 많은 것을 망각한다. 이런 사례들에서 불완전성은 이전에 본 것 또는 들은 것을 기억하는 데 실패함을 의미한다.

이런 기억 실패는 별로 놀랍지 않다. 이 장에서 배운 여러 심리학적 처리과정(주의노력의 부족, 유사한 소리들끼리의 혼동, 깊은 수준의 정보처리 실패)이 우리가 지각한 자료를 망각하게 만든다는 것을 알기 때문이다. 그러나 다른 종류의 기억의 불완전성은 놀랍다─오기억 또는 당신이 본 적이 없는 것에 대한 기억.

오기억 오기억(false memory)은 사람들이 애초에 발생한 적이 없는 사건을 '기억'하는 것을 말한다. 이들은 어떤 개인적인 경험(무언가 발생하는 것을 본 경험 또는 특정 시간에 특정 장소에 있었던 경험)을 회상하지만 실제로 이 경험은 없었다.

오기억에 대한 간단한 실험(Roediger & McDermott, 1995)은 참여자에게 먼저 의미적 연관이 있는 다음과 같은 단어들을 들려준다.

신	꿀
사탕	소다
설탕	초콜릿
쓴	심장
훌륭한	케이크
맛	타르트
치아	파이
좋은	

그런 다음 참여자에게 새로운 단어 목록을 제시한다. 새로운 단어들 중에는 원래의 목록에 있었던 단어들도 있고 그렇지 않았던 단어들도 있다. 참여자는 최초 목록에서 보았던 단어들을 기억해내야 한다.

당신도 이 실험에 참여하는 것이 어떤 기분일지 느껴볼 수 있다. 위에 있는 단어 목록을 가리고 나서 다음의 질문에 대해 대답해보자.

> '라디오'가 목록에 있었는가?
> '파이'가 목록에 있었는가?
> '신발'이 목록에 있었는가?
> '달콤한'이 목록에 있었는가?

당신이 연구에 참여한 대다수의 사람들과 비슷하다면, '라디오', '신발'은 목록에 없었고 '파이'는 목록에 있었다고 기억할 것이다. 그리고 아마도 대다수의 사람들처럼, '달콤한'이 목록에 있었다고 기억할 것이다. 단어 목록으로 돌아가서 '달콤한'을 찾아보라. 없다! 연구 결과에 따르면, 사람들이 '달콤한'과 같은 단어(원래 제시되었던 단어들과 의미적으로 유사하지만 실제로는 제시된 적이 없는 단어)를 기억하는 정도는 목록의 중간에 제시된 항목들을 기억하는 정도와 유사하다(Roediger & McDermott, 1995, p. 806; 목록을 기억할 때 계열위치효과가 발생한다는 사실을 기억하라). 목록에 있던 단어들을 기억할 때 참여자들은 당신이 지금 그랬던 것처럼 오기억을 경험한다. 사람들은 실제로는 일어나지 않은 것을 기억한다.

이 연구 결과는 인간의 기억과정이 컴퓨터 하드 드라이브 같은 전자기기의 메모리와는 전혀 다른 방식으로 작동한다는 것을 보여준다. 전자 시스템에서의 기억은 수동적이다. 전자기기는 입력 정보를 단순히 기록하고 영구적인 저장 시스템에 저장했다가 명령을 받으면 인출한다. 이 과정은 너무나 단순하기 때문에 컴퓨터는 오기억을 경험할 수조차 없다. 하지만 인간의 기억은 능동적인

오기억 실제로 발생하지 않은 사건을 기억하는 경험

인지심리학자 엘리자베스 로프터스가 오기억에 관한 전문가로 법정에서 범죄 혐의자에 대한 목격자 기억의 정확성에 대해 증언하고 있다.

Jodi Hilton / Getty Images

사고과정을 포함하고 있다. 정보를 '입력'할 때(이 사례에서는 단어 목록을 기억하기 위해 읽을 때), 제시된 정보를 단순히 저장만 하지 않는다. 당신은 제시된 정보를 넘어 단어와 이미지에 대해서도 생각을 한다. '설탕', '초콜릿' 그리고 '치아'같은 단어들은 당신의 의미망에서 '달콤한'(또는 '치과의사')과 같은 개념을 추가적으로 활성화시킨다. 이러한 능동적인 사고 능력이 우리를 컴퓨터보다 창의적인 존재로 만든다. 그러나 한편으로는 기억 오류에 더욱 취약하게 만들 수도 있는데 정보를 회상할 때 목록에 있는 단어와 비슷하거나 관련이 높은 다른 단어가 떠오를 수 있기 때문이다.

단어 목록 같은 단순한 정보뿐만 아니라 개인적인 경험에서도 오기억이 발생한다. 엘리자베스 로프터스는 성인 참여자들에게 유년기에 발생한 4개의 사건을 기억하여 상세하게 말해줄 것을 요청하였다(Loftus, 1997). 그녀가 제시한 일화 중 3개는 실제로 참여자의 삶에서 발생했던 사건이었다. 그러나 네 번째 일화는 허구였다(참여자가 5세 때 쇼핑몰에서 미아가 될 뻔했던 사건). 각각의 일화를 제시한 후, 로프터스는 참여자에게 사건을 기억할 수 있는지를 물어보았다.

인간의 기억에 오류가 없다면, 참여자들은 실제 사건은 기억하고 거짓 사건에 대한 기억은 없다고 보고해야 한다. 참여자들은 실제로 발생한 사건의 거의 대부분을 기억하고 있었다. 참여자의 68%는 실제로 발생했던 사건에 대한 세부적인 정보를 기억한다고 보고하였다. 그러나 더 놀라운 사실은 참여자의 1/4 이상이 허구 사건을 '기억한다'고 보고하였다는 것이다(Loftus, 1997).

인간의 기억이 이러한 오류에 취약한 이유는 무엇인가? 로프터스는 어떤 사건이 발생했다(혹은 단순히 발생했을지도 모른다)는 말을 들으면 상상력이 발동한다고 말한다. 우리는 사건에 대한 심적 이미지를 형성하고 그 상황에서의 생각과 정서를 상상한다. 따라서 사건이 실제로 발생하지 않았다 하더라도 "상상을 하는 행위가… 사건을 더욱 친숙하게 만들고 이 친숙함이 유년시절의 기억과 잘못 연관 지어진다"(Loftus, 1997, p. 74).

> 친구들에게 여러 번 말한 적이 있는 유년기 시절의 사건 하나를 떠올려 보라. 당신이 수없이 말했던 기억들 중 일부는 틀린 것임을 알게 된다면 얼마나 놀랄 것 같은가?

로프터스의 발견은 심리학뿐만 아니라 법정에서도 중요한 함의를 지닌다. 한 예로 1994년, 스티븐 쿡이라는 30세 남성이 자신이 17년 전 시카고 추기경이었던 조셉 베르나딘에게 성추행을 당했다고 고소한 사건이 발생하였다. 쿡이 법정에 제시한 증거는 그의 기억이었다. 그는 치료를 받는 중에 15년도 넘게 억누르고 있던 학대 경험이 갑작스레 떠올랐다고 보고하였다. 배심원들은 이러한 기억이 추기경의 유죄를 입증하는 증거라고 믿을지도 모른다. 그러나 로프터스의 연구에

60세 생일 즈음, 저는 추억을 떠올리기 시작하였습니다. 특히 제2차 세계대전 전, 런던에서의 유년시절에 관한 기억들을 말이죠. [제 기억에] 어느 날 밤, 1,000파운드 무게의 폭탄이 옆집 정원에 떨어졌어요. 다행히 폭발하지는 않았습니다. 또 다른 날에는 소이탄인 테르밋 폭탄이 저희 집 뒤에 떨어졌고 엄청나게 뜨거운 열을 뿜으며 타들어 갔어요.

[후에] 저는 다섯 살 위인 형, 마이클에게 이 폭발사건에 대해 이야기했습니다. 형은 첫 폭발사건에 대해서는 곧장 동의를 해주었습니다. 그러나 두 번째 사건에 대해서는 "너는 그 사건을 본 적이 없어. 그곳에 없었거든. 우리 둘은 그 당시 브레이필드에 있지 않았어. 데이비드(맏형)가 사건에 대해 편지를 보내왔지. 정말 생생하고 인상적인 편지였어. 편지가 네 마음을 사로잡았지"라고 말하더군요.

편지가 저를 사로잡았을 뿐만 아니라 저는 데이비드의 글에서 장면을 상상한 것이 분명합니다. 그런 다음 이것을 도용하여 저의 기억으로 만든 것입니다.

– Oliver Sacks(2013)

기억 오류의 희생자 1995년 오클라호마 주 털사에 사는 세드릭 코트니는 한 범죄 희생자에 의해 폭행과 절도 가해자로 지목되었다. 1996년에 받은 유죄판결에 가장 큰 영향을 미친 것은 희생자의 기억이었다. 코트니가 감옥에서 수년을 보내고 2012년에 받은 DNA 검사에서 희생자의 기억이 부정확했다는 사실이 드러났다. 코트니는 무죄였고 고소는 기각되었다. 범죄 사건에서 부당한 유죄판결의 주요 원인 중 하나가 기억 오류이다(Innocence Project, 2012).

의하면 쿡이 자신의 기억을 진실이라고 진심으로 믿고 있어도 이 기억은 거짓일 수 있다. 이 사건에서는 원고 스스로가 자기 기억을 의심하게 되었다. 쿡은 결국 자신의 기억이 믿을 수 없다는 결론에 이르렀고 고소를 취하했다(Nolan, 1994).

목격자 기억의 편향 두 번째 기억 오류도 법적인 절차와 관련이 깊다. 이것은 **목격자 기억**(eyewitness memory)으로, 우리가 직접적으로 관찰한 사건(단순히 들은 사건이 아닌)에 대한 기억이다. 자동차 사고를 관찰하고 세부사항을 경찰에 보고할 때 또는 범죄를 목격하고 용의자들 중에서 가해자를 지목해야 할 때 목격자 기억에 의존하게 된다.

일반적으로 우리는 목격자 기억이 틀릴 수 없다고 믿고 있다. "내 두 눈으로 직접 봤어!"라는 말은 이러한 믿음을 잘 보여준다. 그러나 실제로 이러한 기억은 틀릴 수 있다. 사건을 목격한 이후 목격자 기억을 왜곡하는 정보를 듣게 될 수 있다(그림 5.10). 로프터스의 연구는 이것이 어떻게 가능한지를 잘 보여준다.

한 연구에서 로프터스는 참여자에게 8명의 정치 시위자가 교실 수업을 방해하는 모습이 담긴 영상을 보여주었다(Loftus, 1975). 이후에 참여자에게 다음의 두 가지 질문 중 하나를 했다. "교실

그림 5.10
부당한 유죄판결 실제로는 무죄인데 유죄판결을 받은 법적 사례들이 DNA 증거에 의해 드러난다. 이런 사례들에 대한 연구는 부당한 유죄판결의 가장 흔한 원인이 부정확한 기억이라는 사실을 보여주었다. 전체 3/4 이상의 연구 사례들에서 부당한 판결로 기소된 이유가 부정확한 목격자 기억 때문이었다.

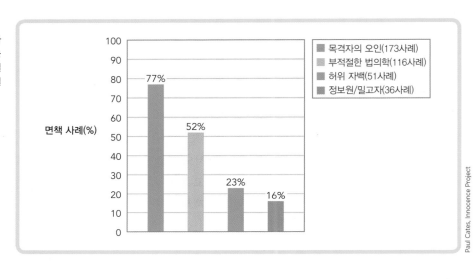

목격자 기억 (대화 또는 읽기를 통해 간접적으로 학습된 것이 아닌) 직접적으로 관찰한 사건에 대한 기억

섬광기억 예상치 못한, 매우 정서적이고 의미 있는 사건에 대한 생생한 기억

에 들어온 4명의 시위자의 리더는 남자였나요?" 혹은 "교실에 들어온 12명의 시위자의 리더는 남자였나요?" 나중에, 참여자에게 교실에 들어온 시위자가 모두 몇 명이었는지 물었다. 참여자의 목격자 기억은 사전 질문에 의해 영향을 받았다. 모든 참여자가 8명으로 구성된 시위대를 목격했음에도 불구하고 12명이라는 말이 들어간 질문을 받은 참여자는 시위대의 수를 약 9명으로 기억하였다. 4명의 시위자라는 말이 들어간 질문을 받은 참여자는 대략 6명이라고 기억하였다.

> 사건에 대한 기억에 영향을 미치는 유도질문은 비윤리적인가?

후속연구는 실험 참여자에게 교통사고 영상을 보여주고 나서 사고 당시 자동차의 속도에 대해 물었다(Loftus, 2003). 실험 조건에 따라 로프터스는 충돌 당시 차의 속도에 대한 질문의 틀을 다르게 하였다. 일부 참여자에게는 '접촉사고가 났을 때' 속도에 대해 질문하였고, 다른 이들에게는 '정면충돌하였을 때'의 속도를 물었다. 이 실험에서도 질문에서 사용된 언어가 사람들의 목격자 기억을 바꾸었다(Loftus, 2003). '정면충돌'이라는 단어를 들은 참여자는 '접촉사고'라는 단어를 들은 참여자에 비해 자동차가 더 빠르게 달리고 있었던 것으로 기억했다.

섬광기억의 정확성 세 번째 기억오류는 예상치 못한, 매우 정서적이고, 의미 있는 사건에 대한 생생한 기억인 **섬광기억**(flashbulb memory)과 관련이 있다. 사회적으로 우리는 한 번씩 예기치 못한, 정서를 유발하는 사건을 경험한다 — 정치적 암살, 테러 공격, 혹은 갑작스러운 자연재해. 처음 사건에 대해 들으면 사람들의 정서는 각성되고 감각은 예민해진다. 사건을 되돌아볼 때 사람들은 마음속에 사건뿐 아니라 사건에 대해 처음 들었을 때 자신이 어디에 있었는지 완벽하게 기억할 수 있다고 느낀다. 마치 섬광이 터지면서 그들의 기억에 지워지지 않는 이미지를 각인시킨 것처럼 말이다.

섬광기억은 아주 생생하기 때문에 오류에 취약하지 않은 기억처럼 보인다. 당신도 평범한 일상적인 사건의 기억보다 섬광기억이 더 정확하다고 생각할지 모른다. 과연 그럴까?

> 당신은 어떤 사건에 대한 섬광기억을 가지고 있는가?

이를 알아보기 위해 연구자들은 엄청난 '섬광'사건이었던 9/11 테러가 발생한 직후에 연구를 착수하였다. 2001년 9월 12일, 연구자들은 참여자들에게 사건에 대해 처음 들었을 때 자신의 경험을 구체적으로 보고해달라고 요청하였다 — 당시에 어디에 있었는지, 누구와 있었는지, 무엇을 하고 있었는지 등. 또한 자기 기억에 대한 확신 정도에 대해서도 질문하였다. 섬광기억을 평범한 일상기억과 비교하기 위해 최근에 일어난 일상 활동에 대한 질문도 함께 하였다.

연구자들은 이후 7일, 18일, 그리고 224일이 경과한 시점에 동일한 질문을 다시 하였다(Talarico & Rubin, 2003). 이를 통해 섬광기억과 일상기억의 정확성이 어떻게 변화하는지 그리고 기억 정확성에 대한 확신 정도를 알 수 있었다. 정확도는 최초의 기억과 시간이 지나면서 측정한 기억 사이의 일치 정도로 측정하였다. 즉 사건 바로 다음 날의 기억과 나중의 기억이 일치하지 않으면 나중의 기억은 부정확한 것이다.

그림 5.11에서 볼 수 있듯이, 시간이 지남에 따라 일상기억에 대한 확신은 점차 줄어들었지만 **섬광기억**에 대한 확신은 여전히 높았다. 그렇다면 기억의 정확성도 섬광기억

접촉사고가 났을 때 자동차는 얼마나 빨리 달리고 있었는가? 직접 사고를 경험한 사람들의 사고에 대한 기억도 질문에서 사용하는 단어에 의해 영향을 받을 수 있다. 자동차가 '정면충돌' 할 때(접촉사고가 아니라) 얼마나 빨리 달리고 있었느냐는 질문을 받으면 사람들은 더 빨리 달리고 있었던 것으로 기억하였다. 사건의 기술 방식이 목격자 기억에 영향을 미칠 수 있다.

섬광기억 테러 같은 정서적 각성을 일으키는 사건은 잘 잊어버리지 않는다. 사람들은 사건만이 아니라 사건에 대해 처음 들었을 때 그들이 어디에 있었고, 무엇을 하고 있었는지를 정확하게 기억한다고 확신한다. 연구에 의하면 이런 섬광기억은 사람들이 흔히 생각하는 것보다 정확하지 않다.

그림 5.11

섬광기억에 대한 확신과 기억의 정확성은? 사람들은 흔히 '섬광' 사건에 대한 자신의 기억이 정확하다고 확신한다. 그러나 대부분의 섬광기억은 부정확하다. 연구는 섬광기억이 일상기억보다 더 정확하지 않을 때에도(a), 사람들이 일상기억보다 섬광기억에 대한 확신이 더 높다는 것을 보여준다(b).

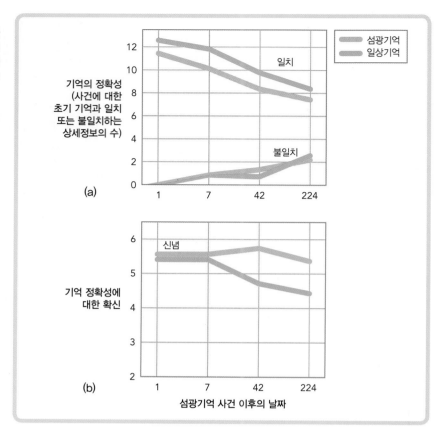

에 대한 이들의 상대적으로 높은 확신과 일치하게 높을까? 그렇지 않았다. 섬광기억에 대한 정확도는 일상 사건에 대한 기억의 정확도와 크게 다르지 않았다. 섬광기억이 일상 사건에 대한 기억보다 더 정확할 것이라는 사람들의 확신은 잘못되었다.

당신의 기억을 향상시켜라

사전 질문

> ❯ 청킹은 무엇이고 어떻게 하여 단기기억에 저장할 수 있는 정보의 양을 증가시키는가?
> ❯ 기억술은 무엇이며 어떻게 기억을 향상시키는가?

이 장의 상당 부분이 기억의 한계를 다루고 있다. 감각기억에 정보가 머무르는 시간은 짧다. 단기기억의 용량은 제한적이다. 장기 '기억들' 중 일부는 정확하지 않은 가짜 기억이다. 이러한 한계에 대해 배우고 나면 '기억을 향상시킬 수 있는 방법이 있기는 한 것일까?'라는 궁금증이 생길 것이다.

수천 년 전부터 사람들은 이 질문을 해왔다. 사실, 기억을 향상시키려는 욕구는 오늘날보다 과거에 더 강했다(Danziger, 2008). 인쇄기술이 발달하기 이전에는 종교서적이나 법전 같은 중요한 문서의 복사본도 귀했다. 이러한 문서 속의 정보가 필요한 사람들은 그 내용을 기억하는 수밖에 없었다. 고대 로마시대에는 정규교육과정의 일부로 기억 훈련이 도입될 정도로 기억기술에 대한 요구가 높았다.

오늘날에는 과학기술이 우리를 대신해서 기억의 많은 부분을 해주고 있다. 우리는 즉각적으로 인터넷에서 사실과 그림을 찾을 수 있기 때문에 그것을 암기할 필요가 없어졌다. 그렇지만 우리는 여전히 '구식의' 기억 장치인 인간의 뇌가 필요할 때가 많다. 수학시험에서 공식을 기억해야 하거나 파티에서 만난 사람의 이름을 기억하려면 기억기술이 필요하다. 그래서 지금부터는 기억을 향상시킬 수 있는 두 가지 전략을 살펴보기로 하자. 첫 번째는 **청킹**으로 단기기억에 정보를 더 많이 집어넣는 기술이다. 두 번째는 기억술인데, 이는 정보를 인출하기 쉽도록 장기기억에 정보를 조직하는 기술들을 말한다.

청킹 앞에서 배운 것을 떠올려보면 단기기억은 소수의 정보만을 저장할 수 있다. 누군가가 당신에게 15개의 숫자, 이름, 또는 단어로 이루어진 목록을 읽어준다면 당신은 아마 절반 정도밖에 기억하지 못할 것이다.

청킹(chunking)은 단기기억이 저장할 수 있는 정보의 양을 증가시키는 전략이다. 이는 여러 상이한 정보들을 기억이 가능한 하나의 단위, 즉 정보의 '청크'로 집단화하는 전략이다. 가령 아래의 낱자열을 빠르게 읽고 낱자열을 가린 뒤 얼마나 기억할 수 있는지 보라.

A L J F K G W B B H O

당신이 대부분의 사람들과 비슷하다면, 아마도 초두효과에 의해 목록의 시작 부분에 있는 낱자들(A, L)과 최신효과에 의해 목록의 마지막에 제시된 낱자들(H, O)은 비교적 잘 기억하겠지만 낱자의 반 이상을 기억하지 못할 것이다.

이제 일부 낱자들을 함께 묶어서 다시 한 번 읽어보라. 다음의 힌트를 이용하라 — 미국 대통령 이름. 힌트에 따라 낱자를 재배열하면 다음과 같다.

AL   JFK   GWB   BHO

청크는 4개가 되었는데, 각 청크는 미국 대통령의 이니셜을 가리킨다 — Abraham Lincoln, John F. Kennedy, George W. Bush, Barack H. Obama. 여러 개의 정보를 기억이 가능한 하나의 집단으로 묶은 것이 청크이다. 기억하기 힘든 11개의 낱자를 4개의 청크로 바꾸어 쉽게 기억할 수 있게 되었다.

청킹의 이점을 더 효과적으로 보여주는 예시가 숫자 목록이다. 다음 숫자열을 빠르게 읽고 숫자를 기억하도록 하라.

1 4 9 1 6 2 5 3 6 4 9 6 4 8 1

여기서도 당신은 숫자열의 처음과 끝에 해당하는 숫자들 몇 개밖에 기억하지 못할 것이다. 다음의 규칙을 발견하지 못했다면 말이다 — 1^2, 2^2, 3^2, 4^2, 5^2, 6^2, 7^2, 8^2, 9^2 초기 15개였던 정보(15개의 숫자)가 하나의 청크로 줄어드는 규칙을 알고 나면, 이 숫자 목록이 1부터 시작해서 정수의 제곱수를 나열한 것이라는 간단한 사실 하나만 기억하면 된다.

청킹이 단기기억의 저장용량을 확대시키는 것은 아니다. 당신이 기억할 수 있는 정보 '꾸러미'의 개수는 동일하다. 청킹은 각각의 '꾸러미'에 더 많은 정보를 집어넣는 것뿐이다.

두 번째 기억증진 전략은 다른 원리를 이용한다. 이는 나중에 회상해야 하는 정보를 조직하는 방법을 제공하여 기억을 향상시킨다.

기억술 기억은 정보의 체제화 전략인 **기억술**(mnemonics)에 의해 향상될 수 있다. 보통 기억술 전략은 당신이 기억해야 할 자료에 약간의 정보를 추가한다. 추가된 정보는 정보의 체제화를 도와 당신이 필요한 자료를 회상하기 쉽게 해준다(Higbee, 1996). 도서관에서 책을 찾는 데 도서 분류 시스템이 유용한 것처럼 기억술은 기억에서 정보를 찾아내도록 도움을 준다.

간단한 기억술 중 하나가 약자(각 단어의 첫 글자를 딴 줄임말)의 사용이다. 삼각함수 수업에서

청킹 상이한 정보를 '청크'로 묶음으로써 단기기억에서 유지되는 정보의 양을 증가시키는 전략

기억술 회상에 도움이 되는 특별한 방식으로 정보를 조직해 기억을 향상시키는 전략

기억 챔피언 세계 기억 대회 우승자인 요하네스 말로우는 믿을 수 없을 정도로 뛰어난 기억력을 가지고 있다. 그는 겨우 5~10분 정도 학습하고 나서 350개의 카드와 500개의 무작위 숫자들의 순서를 기억할 수 있다. 그는 '거대한 뇌'를 가지고 태어난 것일까? 그렇지 않다. 그가 배운 기억술이 기억 챔피언으로 만든 것이다.

당신은 한 각의 사인값이 대변을 빗변으로 나눈 값이며, 코사인값은 밑변을 빗변으로 나눈 값과 같고 탄젠트는 대변을 밑변으로 나눈 값임을 기억해야 한다. 이 모든 것을 어떻게 기억할 것인가? SOHCAHTOA(Sine Opposite Hypotenuse 등)라는 약자를 이용할 수 있다. 이 약자를 추가적으로 기억해야 하지만 분명히 유용하다. 망각할 수 있는 정보의 조직화에 도움이 된다.

SOHCAHTOA는 삼각함수 수업에서만 도움이 된다. 많은 기억술 전략들이 다양한 종류의 정보의 기억을 촉발한다(Higbee, 1996). 예를 들어

▷ **걸이 체계**는 기억해야 하는 정보를 쉽게 기억할 수 있는 정보와 연합하는 전략이다. 기억하기 쉬운 정보는 기억하기 어려운 정보를 '묶어 놓는' 말뚝과 같은 역할을 한다. 걸이 체계 중 하나는 단순 운율이다(One is a Bun, Two is a Shoe, Three is a Tree, Four is a Door, Five is a Hive). 여러 개의 생필품 항목(아스피린, 우유, 개 사료, 버터, 소고기)을 기억해야 한다면이것들을 말뚝에 '묶는다'. 예를 들어 아스피린으로 채워진 번을 한 입 베어 먹는 장면, 우유가 가득 찬 신발을 신는 장면, 개 사료가 가득 찬 주머니가 나무에 매달려 있고 개들이 이를 먹기 위해 뛰어오르는 장면 등을 상상하는 것이다. 기괴한 이런 이미지들은 항목들을 기억하기 쉽도록 한다.

▷ **장소법**은 친숙한 장소를 사용하여 기억에 정보를 조직하는 전략이다(Roediger, 1980). 항목들을 기억하기 위해 친숙한 환경을 떠올리고(예 : 당신의 침실) 각각의 항목을 그 환경에 있는 특정 장소와 연합한다. 앞에 제시된 생필품 항목의 경우, 침대 베개 위에 아스피린이 놓여 있고, TV 앞에는 우유병이 놓여 있고, 서랍장에는 개 사료가 가득 차 있는 것을 상상할 수 있다. 항목들을 회상할 때 각 항목을 찾기 위해 머릿속으로 친숙한 장소들을 하나씩 점검하면서 '방안을 돌아 다닌다'(그림 5.12). 장소법은 기억을 크게 향상시킨다. "연구 결과가 매우 극적이고 인상적이다. 장소법을 사용한 집단의 기억이 통제집단보다 2~7배까지 더 높은 것으로 나타난다"(Bower, 1970, p. 499).

기억과 뇌

지금까지는 생물학보다는 심리학의 연구를 살펴보았다. 사람들이 기억이라는 심적 능력을 성취하는 심리과정에 대해 공부하였다. 하지만 기억은 신체의 하드웨어라고 할 수 있는 뇌에 의존하고 있다. 지금부터는 마음에서 뇌로 한 단계 내려가서 기억의 심리적 능력을 뒷받침해주고 있는 신경 체계에 대해 설명하도록 하겠다.

기억을 담당하는 뇌 부위는 어디라고 생각하는가? 마음은 여러 기억 체계(예 : 단기기억과 장기기억)와 다양한 종류의 지식(의미기억, 일화기억, 절차기억)을 포함하고 있다는 사실을 기억하라. 마음에 대한 이러한 사실은 뇌에 대한 우리의 질문과 관련이 있다. 기억을 전적으로 책임지고 있는 하나의 뇌 부위는 없다. 대신 상이한 종류의 기억이 서로 다른 뇌 체계에서 일어나고 있다(Squire & Wixted, 2011).

3
야구장
4
큰 나무
9
산책로의 시작
7
축구장
기억해야 하는
전화번호 속의
각 숫자는 산책로의
주요 지형물과
차례대로 연합된다.
934-7589
5
농장
8
교회
9
산책로 끝

From Vance et al. (2008). © 2008 American Association of Neuroscience Nurses

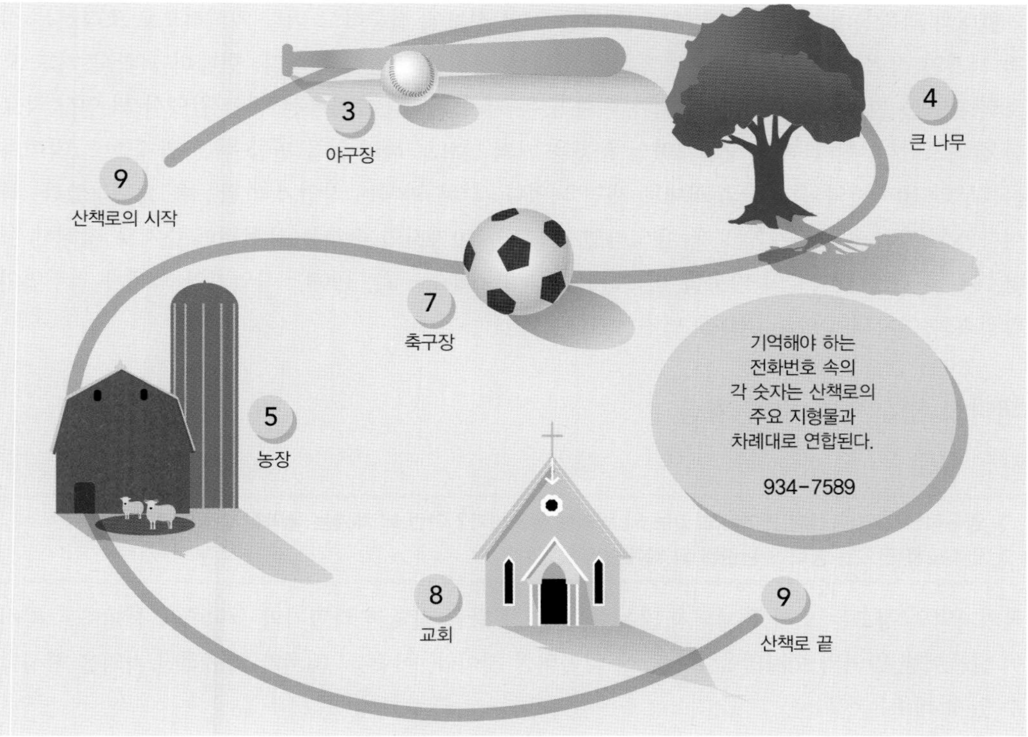

그림 5.12
장소법 여러 항목으로 이루어진 목록을 어떻게 기억할 수 있을까? 기억 전략 중 하나가 장소법이다. 당신이 잘 알고 있는 장소 하나를 떠올리고 난 다음에 이 장소의 여러 지점에 기억해야 하는 항목들을 '올려놓는' 상상을 한다. 항목들을 기억해야 할 때 항목을 올려놓은 지점에서 찾는다.

지금부터 3개의 기억 능력과 관련이 깊은 뇌 체계를 살펴볼 것이다 — (1) 작업기억에 정보를 유지하는 능력, (2) 영구적인 기억을 형성하는 능력, 즉 작업기억의 짧은 지속기간을 넘어 오래 지속되는 기억을 형성하는 능력, (3) 영구적인 방식으로 지식을 표상하는 능력.

작업기억과 전두엽

사전 질문

> 우리가 정보에 집중하고 조작할 때 활성화되는 뇌 부위는 어디인가?

1881년 4월 저널지 *Brain: A Journal of Neurology*에 이탈리아 과학자 안젤로 모소의 놀라운 저서가 소개되었다(Rabagliati, 1881). 모소는 45피트 높이의 옥상에서 일하던 근로자가 떨어뜨린 벽돌에 맞은 미켈 베르니토의 사례를 기술하였다. 모소의 말을 빌리자면 그는 사고에서 살아남았다. 실제로, 정신적으로 그는 전혀 이상이 없었다. 그러나 벽돌이 떨어지면서 이마 바로 위와 뒤쪽 두개골에 1인치 지름의 구멍이 생겼다. 구멍을 자세히 들여다보면 베르니토의 전두엽에서 혈류 박동을 관찰할 수 있었다.

모소는 이 사고가 베르니토에게는 불운이지만 과학에 있어서는 희소식일 수 있다고 생각하였다. 그는 베르니토의 전두엽 혈류를 체계적으로 관찰하고 사고(thinking)의 생물학에 대한 통찰을 얻을 수 있었다.

모소는 베르니토의 전두엽 혈류를 측정할 수 있는 장치를 급히 만들었다. 이는 본질적으로 베르니토의 맥박을 재는 것과 같다. 다만 손목이 아니라 뇌에서 혈류의 맥박을 잰다고 보면 된다(그림 5.13). 모소는 베르니토가 정보에 집중할 때 혈류가 증가하는 것을 관찰할 수 있었다. 베르니토가 수학문제를 풀거나 오류 때문에 비난을 받을 때, 혹은 해야 할 일이 갑작스럽게 떠올랐을 때 전두엽의 혈류가 증가했다. 모소의 관찰은 전두엽이 사고와 관련되어 있다는 사실을 입증하였다.

G
F
B
A

From La fatica, by Angelo Mosso (1891; English translation by M.A. and W.B. Drummond, Fatigue, New York, 1904)

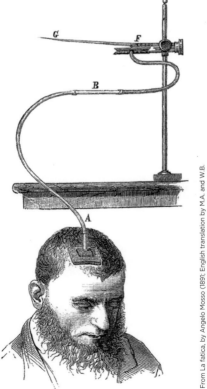

그림 5.13
베르니토의 뇌 혈류를 측정하기 위해 안젤로 모소가 고안한 장치

현대의 과학용어로 말한다면, 모소는 적은 양의 정보에 집중하고 이를 의식적으로 조작하는 심적 체계인 작업기억이 전두엽에 위치하고 있다는 사실을 관찰한 것이다. 현대의 과학 증거도 모소의 관찰을 지지한다. 한 연구에서 참여자가 두 가지 과제를 수행하는 동안 촬영한 뇌 영상 자료를 살펴보았다. 한 과제는 작업기억의 활동을 거의 필요로 하지 않을 만큼 쉬운 과제였다. 참여자는 1부터 10까지의 숫자를 순서대로 세면 되었다. 다른 과제는 작업기억 활동을 요구하였다. 참여자는 숫자가 중복되지 않도록 유의하면서 1부터 10까지의 숫자를 무선적인 순서로 말해야 했다. 이 두 과제에서의 뇌 활동을 비교하였을 때(Petrides et al., 1993), 작업기억 과제가 전두엽의 활성화와 연합되어 있는 결과를 발견하였다.

해마와 영구적인 기억 형성

사전 질문

> ❯ 영구적인 기억 형성에 관여하고 있는 뇌 체계는 무엇인가? 이런 뇌 체계는 좋아질 수 있는가?
> ❯ 인지도를 만드는 능력과 관련된 뇌 체계는 무엇인가?

작업기억의 정보는 오래 유지되지 않는다. 우리가 방금 살펴본 작업기억 실험에서 참여자는 자신이 만들어낸 임의의 숫자열을 1분 안에 잊어버릴 것이다. 어떤 뇌 체계가 영구적인 기억을 형성할 수 있게 해주는가?

핵심 체계는 귀 바로 위의 두개골 아래 대뇌피질의 왼쪽과 오른쪽에 있는 측두엽에 있다. 과학자들은 1953년 이래로 영구적인 기억이 형성되려면 측두엽이 필요하다는 사실을 알고 있었다 — 이는 서론에서 기술한 HM이 수술을 받고 기억을 잃은 해다. 이 수술로 HM은 측두엽에 손상을 입었다. 시간이 흐른 뒤 새로 개발된 뇌영상 기법을 사용하여 나온 결과에서도 장기적인 측두엽 손상이 확인되었다(Corkin et al., 1997). HM의 뇌를 부검한 결과 역시 이러한 사실을 지지하였다(Worth & Annese, 2012).

양쪽 측두엽에는 영구적인 기억 형성에 직접적으로 기여하는 해마가 있다(그림 5.14). 해마

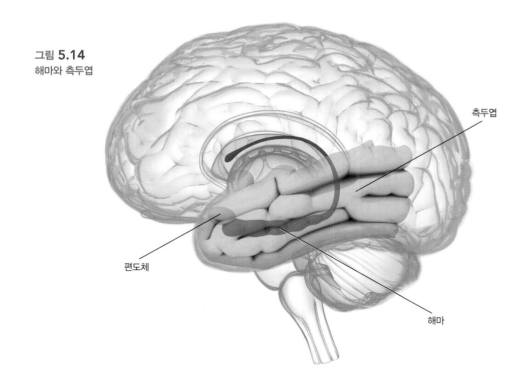

그림 5.14
해마와 측두엽

측두엽

편도체

해마

에 대한 연구는 뇌 차원의 분석에서 이전에 배웠던 심적 처리 과정을 이해할 수 있게 해준다—응고 혹은 취약한 상태에서 영구적인 상태로의 정보의 변환(Squire, 1992). 응고는 **장기강화**(long-term potentiation)라고 알려진 해마에서의 생물학적 과정 때문에 일어난다. 장기강화란 뇌세포들 사이의 소통 효율성이 지속적으로 증가하는 것을 말한다(Bliss & Collingridge, 1993). 뇌세포의 발화를 촉발하는 생화학적 과정의 변화로 세포들끼리의 소통 효율성이 증가한다(McIntyre, McGaugh, & Williams, 2012). 뇌에서의 이런 장기간 지속되는 변화 덕분에 유기체는 장기기억을 보유할 수 있다. 생물학적 변화는 점진적으로 일어나기 때문에 응고라는 심리과정 역시 점진적으로 나타난다. 장기강화는 기억에 미치는 뇌 손상의 효과(앞에서 논의한)를 설명해준다. 가령 스포츠 활동 중에 발생하는 머리 부상은 장기강화에 필요한 생화학적 과정을 방해한다(De Beaumont et al., 2012). 그 결과 장기기억 형성에서 장애가 발생한다(그림 5.15).

해마 연구에 의하면 운동은 노인의 기억력뿐만 아니라 해마 크기도 증가시킨다.

또한 일생에 걸친 해마의 변화는 기억력의 변화를 일으킨다. 해마의 크기는 노년기가 되면 줄어들고 작은 해마를 가진 노인의 의미기억은 상대적으로 좋지 않다(Zimmerman et al., 2008). 반대로,

이번 주 당신은 에어로빅을 하였는가?

해마의 크기가 증가하면 기억이 향상된다. 한 연구에서 노인들에게 수년 동안 에어로빅 프로그램에 참여하게 하였는데, 이 운동은 장시간 심박수를 증가시킨다. 에어로빅 운동을 하지 않는 집단에 비하여 이들의 해마는 크기도 더 크고 기억력도 더 좋았다(Erickson et al., 2011).

해마가 중요하게 작용하는 기억 중 하나가 물리적 환경에 대한 배치도를 기억하는 공간기억이다. 복잡한 포유류는 **인지도**(cognitive map; Tolman, 1948)를 만들 수 있는 능력 덕분에 탁월한 공간기억을 보유하고 있다. 인지도는 물리적 환경에 대한 심적 표상이다. 해마는 인지도의 형성에 핵심적인 역할을 한다(Nadel, 1991). 이러한 해마의 역할에 대한 증거는 해마가 손상된 사례 연구로부터 얻어졌다. 아주 뛰어난 **공간기억**(spatial memory)을 보유한 통신용 비둘기에 대한 연구를 살펴보자. 어린 비둘기의 해마를 손상시키면 집으로 돌아오는—혹은 다른 곳으로 가는—길을 찾는 능력이 현저히 떨어진다(Nadel, 1991).

해마가 영구적인 기억 형성을 담당하는 유일한 뇌 체계는 아니다. 해마와 매우 가까이 위치하고 있는 **편도체**(그림 5.14 참조) 역시 영구적인 기억을 형성하는 과정에 참여하고 있다(Bermudez-Rattoni, 2010). 편도체는 사람들이 자료에 대해 깊이 생각하지 않을 때, 즉 얕은 수준의 정보 처리가 일어날 때(그림 5.5) 기억 형성에서 큰 역할을 하는 것으로 보인다. 사람들이 얕은 수준으로 정보 처리를 했지만 정서적으로 중요한 자료들을 기억하는 것은 편도체의 활성화 덕분이다(Ritchey, LaBar, & Cabeza, 2011).

지식의 분산 표상

사전 질문

> 정보가 뇌에 저장되어 있는 방식이 도서관에 책이 저장되는 방식과 유사한가?

영구적인 기억 형성, 즉 특정 기억이 영구적으로 저장되는 과정에서 해마는 핵심적인 역할을 한

장기강화 뇌세포들 간의 지속적인 소통 효율성의 증가

공간기억 물리적 환경의 배치에 대한 기억 능력

그림 5.15

그는 경기를 기억할까?

사람·마음·뇌
상호작용

사 람

머리 부상 후에 사람들은 종종 부상 직전 또는 부상이 일어난 동안의 사건을 기억하지 못한다.

마 음

마음 수준의 분석에서 부상은 정보가 영구적인 형태로 장기기억에 저장되는 심리과정인 응고에 영향을 미친다.

뇌

뇌 수준의 분석에서 부상은 영구적인 기억을 가능하게 해주는 뇌세포들 사이의 소통 효율성이 지속적으로 변화하는 *장기강화*에 영향을 미친다.

© Aaron Josefczyk / Reuters / Corbis

다. 일단 영구적인 저장이 일어나고 나면 해마는 덜 중요해진다. 영구적인 기억 저장에는 다른 뇌 부위들이 참여하고 있다 — 특히 뇌의 가장 바깥쪽에 있는 세포층인 대뇌피질(Squire & Wixted, 2011; 3장 참조).

특정 기억은 대뇌피질에 어떻게 저장되어 있을까? 가능성은 두 가지다. 하나는 뇌가 마치 도서관처럼 작동할 가능성이다. 도서관이 책을 보관하고 있듯이 당신의 뇌도 정보를 담고 있다. 특정 책은 도서관의 특정 위치에 보관되어 있다. 다시 말하면 한 권의 책 — 책 속의 모든 단어와 그림 — 은 특정 장소에 보관되어 있다. 당신의 뇌도 이런 방식으로, 즉 어떤 사람, 어떤 장소 또는 어떤 특정 경험에 대한 기억을 두개골 아래에 하나의 특정 생물학적 위치에 저장하고 있을까?

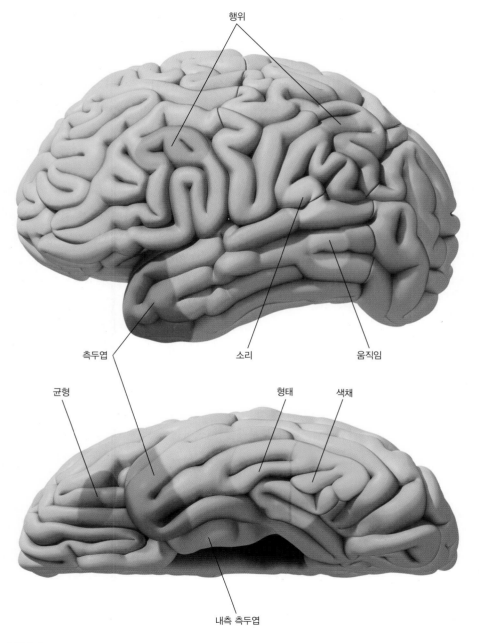

그림 5.16
분산 뇌 체계 기억은 뇌의 한 위치에 저장되어 있지 않다. 기억은 여러 뇌 영역에 걸쳐 분산되어 있다. 기억과 뇌에 대한 이 모델(McClelland & Rogers, 2003)은 당신이 경험을 떠올릴 때 측두엽에 있는 뉴런의 활동이 시각적 장면, 소리, 행위를 처리하는 여러 다른 뇌 부위들의 활동을 조직한다고 주장한다.

한 마디로 말하면, 그렇지 않다. 뇌는 분산 저장이라 불리는 두 번째 저장 원리에 따라 작동한다. 경험(시각적 장면, 소리, 경험에 대한 느낌)을 기억할 때, 당신의 뇌에서 여러 부위가 활성화된다. 뇌의 전체적인 활성화 패턴이 기억을 제공한다(Schacter, 1996). 당신이 경험한 지식은 뇌의 여러 부위에 분산되어 있다.

기억의 병렬분산처리 모델을 제안한 심리학자들은 이러한 심리학적 처리과정이 뇌에서 어떻게 그리고 어디서 일어나는지를 보여준다(McClelland & Rogers, 2003). 이들은 당신이 무언가를 기억하고자 할 때 활성화되는 여러 뇌 부위들을 확인하였다(그림 5.16).

영화에 대해 기억하려고 한다고 가정해보자. 누군가가 당신에게 "〈캐리비안의 해적〉에서 조니 뎁 어땠어?"라고 물으면, 당신은 조니 뎁의 연기에 대한 기억을 활성화시켜 질문에 대답하려고 노력할 것이다. 당신의 뇌에는 '〈캐리비안의 해적〉에서의 조니 뎁에 대한 기억'을 저장하고 있는 하나의 장소는 없다. 조니 뎁의 모습, 목소리, 움직임 등에 대한 기억은 뇌의 서로 다른 위치에 표상되어 있다. 각 위치의 활성화가 조직적으로 일어나서 서로 다른 정보들이 마음에서 한 번에 떠오른다. 이렇게 하여 당신은 완결되고 일관성 있는 기억을 갖게 되는 것이다. 이 이론에서 조직화는 측두엽이 활성화된 결과로 일어난다(McClelland & Rogers, 2003). 조직화된 활성화가 당신에게 잭 스패로우 선장에 대한 기억을 제공한다.

●● 돌아보기 & 미리보기

기억은 미스터리처럼 보일 수 있다. 사람들은 유년시절의 사건은 기억하면서 1분 전에 무슨 이야기를 했는지는 잊어버린다. 자전거 타는 법은 기억하지만 그것을 언제 배웠는지는 생각이 나지 않는다. 사람들은 실제로 발생한 사건은 잊어버리고 발생한 적이 없는 사건은 '기억'한다.

이 장을 읽었으니 이제 기억에 대한 이런 사실들이 더 이상 미스터리가 아니어야 한다. 기억의 종류와 이를 뒷받침하는 연구와 이론들은 이러한 기억의 성공과 실패를 설명한다. 물론, 당신은 우리가 불과 1분 전에 무엇에 관해 이야기했는지 잊어버릴 수 있다 — 그러나 당신만 그러한 것은 아니다. 누구에게나 단기기억 속의 정보는 빠르게 사라진다. 퀴즈쇼 우승자들이 많은 정보를 기억하고 있는 것은 맞다. 그러나 그들만 그런 것은 아니다. 장기기억은 우리 모두에게 엄청난 양의 정보를 유지할 수 있는 능력을 부여하고 있다.

다음 장에서도 계속해서 기억의 작용을 보게 될 것이다. 일상의 대상을 재인하고 생각하는 능력, 언어를 이해하고 생성하는 능력, 그리고 문제를 해결하는 능력은 우리의 기억에 의존하고 있다.

Chapter Review
복습

이제 이 장을 마쳤다. 부록에는 기억에 대해 배운 부분이 요약되어 있다. 요약을 읽어보면 이 장에서 학습한 내용을 복습하는 데 도움이 된다.

핵심 용어

3단계 기억 모델	목격자 기억	음향기억	절차기억
간섭	병렬 분산 처리(PDP)	응고	정보 처리 수준
감각기억	부호화	의미기억	주의노력
계열위치효과	섬광기억	의미망 모델	지식 표상
공간기억	순행간섭	인출	청킹
기억술	암묵적 기억	일화기억	체화된 인지
단기기억	역행간섭	작업기억	
되뇌기	영상기억	장기강화	
명시적 기억	오기억	장기기억	

연습문제

1. 분석 수준에서 보면 하드웨어와 소프트웨어의 관계는 다음 중 어떤 관계와 같은가?
   a. 마음과 뇌
   b. 사람과 마음
   c. 사람과 뇌
   d. 뇌와 마음

2. 조지 스펄링의 감각기억에 대한 연구는 영상기억의 특징에 대해 무엇을 말해주는가?
   a. 영상기억의 용량은 크고 지속기간은 짧다.
   b. 영상기억의 용량은 크고 지속기간은 길다.
   c. 영상기억의 용량은 작고 지속기간은 짧다.
   d. 영상기억의 용량은 작고 지속기간은 길다.

3. 단기기억에서 정보의 쇠퇴 비율을 보면 기억증진 전략의 중요성이 잘 드러난다. 단기기억의 쇠퇴 비율은 얼마인가?
   a. 약 18초가 지나면 약 90%의 정보가 망각된다.
   b. 약 36초가 지나면 약 90%의 정보가 망각된다.
   c. 약 90초 지나면 약 18%의 정보가 망각된다.
   d. 약 36초가 지나면 약 18%의 정보가 망각된다.

4. 타샤는 몇 년 동안 발레를 배우고 나서 현대 무용으로 바꾸었다. 그녀는 발레 동작 때문에 새로운 무용 동작을 기억하는 데 어려움을 겪고 있다. 그녀는 어떤 간섭을 겪고 있는가?
   a. 새로운 지식이 오래된 지식을 간섭하는 역행간섭
   b. 오래된 지식이 새로운 지식을 간섭하는 역행간섭
   c. 새로운 지식이 오래된 지식을 간섭하는 순행간섭
   d. 오래된 지식이 새로운 지식을 간섭하는 순행간섭

5. 당신은 역행간섭의 개념을 장기기억에 영원히 부호화하고 싶다. 이 개념을 깊은 수준의 정보 처리로 기억하는 방법은 다음 중 무엇인가?
   a. 역행간섭 정의를 입에 붙도록 여러 번 반복한다.
   b. 역행간섭 정의를 최소 10회 종이에 적는다.
   c. 자신의 생활에서 역행간섭의 여러 가지 사례들을 떠올린다.
   d. 역행간섭이라는 단어를 큰 소리로 말할 때 특히 발음에 주의를 기울인다.

6. 다음 중 단기기억과 작업기억의 차이를 설명한 것 중 맞지 않는 것은 무엇인가?

   a. 작업기억은 능동적인 기억 체계이다. 단기기억은 수동적인 저장 체계이다.

   b. 작업기억은 음운고리를 포함하고 단기기억을 확장한 개념이다.

   c. 작업기억은 의식적 자각 밖에서 작동한다. 단기기억은 전적으로 우리의 통제하에 있다.

   d. 작업기억은 시공간 메모장을 포함하고 단기기억을 확장한 개념이다.

7. 당신이 읽기 능력을 어떻게 습득하였는지 모두 완벽하게 기억할 수 없다는 것은 다음 중 어떤 진술문을 지지하는가?

   a. 읽기는 의미기억이면서 명시적 기억이다.

   b. 읽기는 절차기억이면서 암묵적 기억이다.

   c. 읽기는 의미기억이면서 암묵적 기억이다.

   d. 읽기는 절차적 기억이면서 명시적 기억이다.

8. 라비는 다가오는 퀴즈시험에 대비해서 어휘 단어의 정의를 학습하였다. 그런데 교사가 퀴즈에서 약간 다른 정의를 사용한 것을 발견하고 깜짝 놀랐다. 라비가 사용한 공부 전략은 다음 중 어느 것인가?

   a. 그는 오직 하나의 인출단서만을 사용하여 단어를 부호화하였다.

   b. 그는 여러 인출단서를 사용하여 단어를 부호화하였다.

   c. 그는 의미에 대해 주의 깊게 생각하면서 단어를 깊은 수준으로 부호화하였다.

   d. 그는 너무 많은 인출단서를 사용하여 단어를 부호화하였다.

9. 한 연구자가 참여자에게 특정 개념을 점화자극으로 제시한 다음 이것이 두 번째 연구자를 얼마 동안 방해하는지를 기록하였다. 지식 표상의 의미망 모델에 의하면 점화자극으로 가장 적합한 단어는 다음 중 어느 것인가?

   a. 노인차별   b. 무례

   c. 성취   d. 절약

10. 체화된 인지 이론에 따르면 우리는 경험을 부호화하는 데 신체를 사용하고 정보를 인출하는 데도 이런 경험을 재현하여 도움을 받고 있다. 이 이론에서 보면 누군가에게 대학 도서관에서 학생식당까지 가는 길을 알려주는 사람이 할 수 있는 가장 좋은 방법은 다음 중 무엇인가?

   a. 캠퍼스 항공지도를 그린다.

   b. 도서관에서 식당으로 걸어가는 것을 상상한다.

   c. 도서관의 책이 어떻게 놓여 있는지 생각한다.

   d. 식당에서 들리는 소리를 상상한다.

11. 한 연구자가 참여자에게 다음과 같은 단어를 읽어준다 — '침대', '휴식', '낮잠', '잠', '꿈', '담요'. 오기억 연구에 따르면 다음 중 어떤 단어가 목록에 있었던 단어로 잘못 기억되겠는가?

   a. '바늘'. 명사이기 때문에

   b. '심장'. 자음으로 끝나기 때문에

   c. '수면'. 의미적으로 유사해서

   d. '목록'. 단어들이 목록에 있었기 때문에

12. 9/11 테러에 대한 개인의 섬광기억에 대한 연구가 우리에게 주는 교훈은 무엇인가?

   a. 기억의 확신과 정확성을 혼동하지 말라.

   b. 일상기억의 세부사항에 더 많은 주의를 기울여라.

   c. 가능한 자극적인 정서 경험을 찾아라.

   d. 사후 사건정보로 인해 그 사건에 대한 오기억이 만들어지지 않도록 하라.

13. 다음 낱자열을 기억하는 최선의 전략은 무엇이라고 생각하는가? CBSABCNBCTBSUSATNT

   a. 되뇌기   b. 장소법

   c. 걸이 체계   d. 청킹

14. 최신 연구에 의하면 해마의 크기가 증가하면 의미기억이 향상된다. 이를 위해 우리가 할 수 있는 것은 무엇인가?

   a. 요가   b. 필라테스

   c. 에어로빅   d. 낱말 맞추기

15. 수학문제를 푸는 방법을 학습하는 것 같은 기억이 저장되는 방식에 대한 설명 중 옳은 것은 무엇인가?

a. 절차기억의 사례일 뿐이고 해마에 저장된다.

b. 의미기억의 사례일 뿐이고 해마에 저장된다.

c. 일화기억의 사례일 뿐이고 해마에 저장된다.

d. 복잡한 기억의 사례로 구성요소들이 뇌의 여러 부위에 표상된다.

해 답

해답은 부록에서 확인할 수 있다.

학습 6

"**나**는 항상 단추에 대한 두려움이 있었어요. 단추를 만지는 것은 마치 바퀴벌레를 만지는 것과 같은 것이었어요. 그 느낌은 더럽고, 끔찍했고, 뭔가 잘못된 것 같았죠."

단추???

여성은 계속 이야기를 이어갔다. "내가 어렸을 때, 오빠는 통조림 뚜껑을 여는 장난으로 나를 못 살게 굴곤 했어요."

"하루는 사촌이 단추가 달린 목걸이를 하고 있었는데, 나는 그녀와 함께 같은 방에 있을 수가 없었어요"(Saavedra & Silverman, 2002).

이 여성의 단추에 대한 두려움은 너무 특이한 경우라 당신은 매우 독특한 사례라고 생각할 것이다. 하지만 그렇지 않다. 다음의 아홉 살 소년의 경우를 살펴보자. 집에서 그는 옷에 단추가 있는 것을 싫어한 탓에 옷을 입지 않는 문제를 가지고 있었다. 교실에서 교복에 달린 단추 만지는 것을 피하려는 그의 노력은 학교생활 전반에 걸쳐 지속적으로 그를 산만하게 하는 원인이 되고 있었다. 놀이 상황에서도 그의 주된 목적은 그의 옷에 달려 있는 단추와의 접촉을 피하는 것이었다.

이 소년에 대해 좀 더 자세히 알아보기 위해서 심리학자들은 다른 형태의 단추에 대한 그의 반응을 측정하는 조사를 수행하였다. 그들은 그가 금속단추에 중간 정도로 반응하고, 커다란 플라스틱 단추에 그보다 강하게 반응하고, 작은 크기의 플라스틱 단추에 가장 강한 반응을 보인다는 것을 알아냈다.

왜일까? 왜 어떤 사람은 단추를 전혀 두려워하지 않는가? 소년의 어릴 적 이야기에서 그 단서를 찾을 수 있었다. 다섯 살 때 그는 단추와 관련된 깜짝 놀란, 무서운 경험을 한 적이 있었던 것이다. 학교에서 플라스틱 단추를 사용하는 미술 프로젝트를 하는 동안, 그 상황을 피하고 싶어 했다. 단추가 있는 교사의 책상으로 가서, 단추가 담긴 그릇을 엎기도 했고, 단추를 밟고 미끄러지고, 머리 위로 단추가 쏟아지기까지 했다. 머리 위를 무엇인가가 내려친다는 자연발생적인 그의 두려움은 그 물건 자체에 대한 두려움으로 바뀌게 된 것이다. 즉 단추에 대한 두려움—그리고 학교에 있는 특정 단추가 아닌 단추 전체로 확장되었다(Wheeler, 2008).

어떻게 보자면, 그러한 경우가 흔하지는 않다. 단추 두려움은 드문 경우라 할 수 있다. 그러나 또 다른 면에서 보면 일반적이기도 하다. 그 안의 심리적 과정은 우리 주변에 만연해

백악관에서 인도의 발리우드를 배우다 학습원리 덕분에 사람들은 수많은 다양한 기술을 습득할 수 있게 되었다 —과거에는 낯선 이문화였던 것까지도 가능하게 되었다.

있는 현상이고, 사람들의 삶에 많은 영향을 주고 있다. 당신은 학습에 대한 이 장에서 그것이 어떤 것인지 알게 될 것이다. ◎

사실 당신이 아는 사람들은 모두 읽고 쓸 수 있으며, 곱하고 나눌 수 있고, 전화를 걸 수 있고, 자전거를 탈 줄 안다. 이러한 능력은 너무나 흔한 것이어서 "당신이 더 많은 것을 알고 있지 않았다면, 그들의 타고난 능력이라고 생각할 것이다. 생물학적으로 사람들이 타고난 하드웨어적 능력이라고 말이다."

학습(learning)은 경험으로부터 생기는 행동 능력 또는 감정 반응 등이 장기간에 걸쳐 진행되는 변화다. 사람들이 읽고 쓰고, 셈을 하고, 전화를 걸고, 자전거를 타는 것은 바로 학습을 했기 때문이다. 사실 매일 일어나는 거의 모든 활동(옷 입기, 메시지 보내기, 운전, 식사 준비, 타인에게 좋은 인상 남기기)은 학습을 통해 습득한 기술이 필요하다. 이 장의 주제인 학습은 이처럼 당신의 모든 삶의 행동의 기본 바탕을 제공한다.

학습은 당신이 어떻게 행동을 행하는지뿐만 아니라 어디서, 언제, 얼마만큼 행하는지에 대해서도 알려준다. 당신은 악기를 어떻게 연주하는지뿐만 아니라 어디에서 그리고 언제 연주해야 하는지(이웃에게 피해를 주지 않는 적절한 때와 장소)를 배우게 된다. 재미있는 농담은 어떻게 하는지뿐만 아니라 얼마나 효과가 있는지(충분히 즐거움을 주면서 사람을 괴롭히지 않는)도 배우게 된다. 학습을 통해서 당신은 주어진 환경에 적응하게 된다 — 사람들의 주의, 찬성, 반대, 또는 지루함. 학습을 연구하는 심리학자들은 환경적 보상과 벌에 대한 이와 같은 적응이 심리적 삶의 많은 부분을 설명하고 있다고 믿는다.

심리학자들은 사람들이 학습하는 각기 다른 방법들이 있음을 발견했다. 이 장에서는 다음의 세 가지를 설명하고자 한다 — 고전적 조건형성, 조작적 조건형성, 관찰학습. 우리는 각각의 기본적인 심리적 원리뿐만 아니라 학습에서 심리적 능력을 강조하는 생물학적 메커니즘도 살펴볼 것이다.

고전적 조건형성

살다 보면 어떤 사건은 다른 일이 발생할 것이라는 신호일 때가 있다. 예를 들어 백미러로 보이는 불빛은 경찰이 당신에게 길 한쪽으로 빠지라고 보내는 신호이다. 한밤중에 울리는 전화는 가족의 위급 상황이라는 신호이다. 일단 당신이 첫 번째 사건과 두 번째 반응 사이의 관계를 학습하게 되면 첫 번째 사건에 대한 인식 변화가 일어난다. 즉 당신은 불빛과 울리는 전화벨 소리에 초조하게 반응하게 될 것이다 — 당신이 보았던 불빛 또는 들었던 전화벨 소리에는 침착하게 반응했다. 당신이 두 번째 자극에 대한 연결 관계를 배운 뒤에 생긴 자극-반응에 대한 변화를 **고전적 조건형성**(classical conditioning)을 통한 학습이라고 한다.

일상생활에서의 고전적 조건형성

사전 질문

> **일상생활에서 고전적 조건형성의 예는 무엇이 있는가?**

학습 경험으로부터 생기는 행동 능력 또는 감정 반응 등이 장기간에 걸쳐 진행되는 변화

고전적 조건형성 두 번째 자극 발생이 반복적으로 일어나는 자극이 유기체에 가해질 때 일어나는 학습 형태

사실 당신은 일상생활 속에서 고전적 조건형성에 익숙해져 있다. 당신은 사람들이 일단 두 번째 자극을 예견하는 것을 학습한 뒤에 자극에 대한 반응이 변하는 것을 본 적이 꽤 있다. 몇 가지 예

를 들어 설명해보겠다.

부모님이 별명보다는 이름을 부르는 것을 들은 아이가 있다고 가정해보자(예 : '리지'를 '엘리자베스'로). 그리고 이름을 부른 후 즉시 부모는 아이를 혼내곤 하였다. 이러한 일이 몇 번 일어난다면, 아이는 그녀가 이름을 들을 때 꾸짖음이 따르게 된다는 것을 학습하게 된다. 즉 아이는 어떤 자극(이름)은 다른 결과(꾸짖음)를 가져온다는 것을 학습한다. 일단 아이가 이것을 알게 되면, 첫 번째 자극에 대한 아이의 감정적 반응은 바뀌게 될 것이다. 고전적 조건형성을 통해서 아이는 그녀의 이름을 들을 때 두려움을 느끼게 될 것이다.

고전적 조건형성은 긍정적 감정을 제공해줄 수 있다. 창 밖면 곳에서 광고노래가 들려온다고 상상해보자. 그 즉시 노래가 뜻하는 아이스크림 트럭이 당신 집 앞에 멈춘다. 일단 멀리서 노래가 들려오면 아이스크림이 도착한다는 것이 결합되면, 당신은 그 노래를 좋아하게 될 것이다(당신이 아이스크림을 좋아하는 사람이라면).

고전적 조건형성은 당신의 반응을 특정 장면과 소리(예 : 노래)뿐만 아니라 사람과 장소에 대한 이미지(또는 유형)까지도 바꿀 수 있다. 당신이 놀이공원에 있는 동안 헤어짐을 겪었다고 가정해보자. 놀이공원은 헤어짐과 연관되어 있기 때문에 훗날 당신은 생각만큼 즐거운 곳이 아니라는 것을 알게 될 것이다. 상황(놀이공원)에 따른 당신의 감정적 반응은 고전적 조건형성을 통한 학습의 결과로 바뀌게 될 것이다. 이 장의 첫 이야기에서 당신은 소년이 단추라는 물체에 대한 반응이 충격적인 사건 이후 어떻게 변했는지 보았다. 그와 같은 변화는 고전적 조건형성에 해당한다.

고전적 조건형성은 정확히 어떻게 일어나는 것일까? 이 책 다른 부분에 나와 있는데, 그 의문점은 분석의 다른 수준에서 답이 나온다. 먼저 고전적 조건형성의 심리적 과정을 살펴보자. 그 후에 학습의 형식을 강조하는 뇌의 메커니즘을 알아보는 분석의 생물학적 수준으로 옮겨갈 것이다.

빨간색, 흰색, 파란색 이 광고는 고전적 조건형성의 주요 원리를 나타낸다. 표백제(중립자극)가 미국 국기(긍정적인 느낌을 유발하는)의 별과 줄무늬와 짝지어진다. 조건형성을 통해서 광고를 보는 사람들로 하여금 타이드(Tide) 세제에 대한 충성을 학습하게 할 것이다.

파블로프와 고전적 조건형성의 심리학

사전 질문

> 고전적 조건형성에서 동물들이 학습하는 연합은 무엇인가?

러시아 생물학자 이반 파블로프(Ivan Pavlov, 1849~1936)는 고전적 조건형성에서의 심리적 과정에 대한 연구를 시작했다. 처음에는 사실 생물학적 연구로 시작되었다. 개의 소화과정을 연구하였는데, 파블로프는 개의 입에 다른 자극을 주고 배출되는 타액의 양을 측정하였다. 예를 들어 음식은 타액을 나오게 하므로 음식은 소화과정에 일조하게 된다. 하지만 구슬의 경우에는 타액을 나오게 하지도 않으며 개가 바로 뱉어내 버린다(Pavlov, 1928). (파블로프는 소화 계통에 관한 연구로 1904년에 노벨상을 수상하였다.) 음식과 타액의 관계는 생물학적으로 반사를 결정한다. 즉 학습 없이 자동적으로 일어나는 무의식적인 반응이다.

"파블로프? 당연히 그를 알죠…" 이 개는 러시아 모스크바 남서쪽에 위치한 랴잔박물관에 박제되어 있다. 살아 있을 당시, 이 개는 파블로프의 고전적 조건형성 연구의 실험도구였다.

이반 파블로프 흰 수염의 모자를 쓴 이반 파블로프가 그의 동료들과 게임(볼링과 유사한 러시아 민속 스포츠인 가락키)를 즐기고 있다. 파블로프는 운동을 매우 좋아했으며, '육체적 건강은 강력한 정신 활동을 위한 필수조건'이라고 믿었다.

심리적 자극에 대한 심리적 반응 이 생물학적 과정을 연구하는 동안 파블로프는 심리적 흥미라는 것에 주목했다. 때때로 개들은 입 안에 아무런 물리적 자극이 없는데도 타액을 분비한다. 실험실에서 며칠 후, 개는 전에 음식을 주었던 실험실 직원의 발자국 소리를 들으면 타액을 분비할 것이다.

파블로프는 발걸음 소리와 타액 간에는 아무런 자연발생적 관계가 없다는 것을 알았다. 그러나 학습된 연결고리가 있었다. 개는 발걸음 소리를 들은 후 음식을 먹을 수 있다는 것을 학습하였다. 일단 그렇게 되면 그들은 타액 분비를 일으키는 심리적 반응을 촉진하는 소리에 반사적으로 반응하기 시작한다.

당신이 애완견의 주인이라면 아마도 이러한 종류의 스스로 학습한 것이 있다는 것을 알 수 있을 것이다. 당신의 개는 사료를 보았을 때뿐만 아니라 당신이 사료를 넣어 둔 수납장 문을 여는 것을 보았을 때도 격하게 반응할 것이다. 그렇다면 당신의 개는 수납장 문이 열린다는 것은 곧 식사를 하게 될 것임을 학습한 것이다.

파블로프는 동물들이 다른 유형의 자극에 연합되는 학습에 관한 정확한 과정을 알아보기 위해 연구 절차를 고안하였다. 지금부터 고전적 연구 절차에 대해 자세히 살펴보도록 하자.

자극-반응 관계 파블로프는 고전적 조건형성의 필수조건은 두 가지 자극, 즉 (1) 무조건 자극과 (2) 조건 자극 간의 관계를 학습하는 것이라고 했다.

무조건 자극(unconditioned stimulus, **US**)은 학습이 일어나기 전에 유기체의 반응을 이끌어내는 것이다. 이끌어낸 반응을 **무조건 반응**(unconditioned response, **UR**)이라고 한다. 예를 들어 갑자기 매우 시끄러운 소리가 당신에게 들려온다면, 당신은 놀랄 것이다. 당신의 머리는 뒤로 젖혀지고 손을 공중 위로 들게 된다. 당신은 놀라는 것을 배운 적이 없다. 놀람의 반응은 당신이 시끄러운 소리를 처음 접할 때 일어난다(Quevedo et al., 2010). 여기서 소음은 무조건 자극(US)이다. 파블로프의 주요 실험에서, US는 음식이었고 UR은 타액이었다.

두 번째 자극 유형인 **조건 자극**(conditioned stimulus, **CS**)은 유기체로부터 나오는 반응으로, 유기체가 무조건 자극과 연합된 것을 학습한 직후에 발생한다. 먼저 조건 자극은 중립적이다. 그것은 어떤 반응도 일으키지 않는다. 그러나 일단 유기체(사람 또는 동물)가 중립적 자극이 무조건 자극을 예측한다면, 그 반응은 바뀌게 된다. 사전에 성립된 중립적 자극은 반응을 일으키는 CS가 되는데, 대개는 US가 이끌어내는 것과 같은 일반적인 유형의 것이다. 흔히 우리가 접하게 되는 일로 예를 들어보자. 당신은 번쩍이는 불빛과 크게 놀라는 소리를 경험하게 되면, 그와 같은 빛이 소음을 예측하고 불빛은 놀람 반응을 일으킨다는 것을 학습하게 될 것이다. 앞서 예로 들었던 것을 다시 생각해보자. 리지가 '엘리자베스'는 꾸짖음을 예측한다는 것을 일단 학습하면, '엘리자베스'라는 이름은 두려운 반응을 일으키게 된다. 고전적 조건형성에서 전문용어로 표현하자면, 조건 자극에 의해 일어나는 반응을 **조건 반응**(conditioned response, **CR**)이라고 한다.

당신이 방금 배운 전문용어를 사용해서(US, UR, CS, CR) 파블로프가 처음에 그의 실험실에서 관찰했던 것을 다시 탐구해보자. 음식은 UR(타액)을 일으키는 US이다. 발자국 소리는 원래 중립 자극이었다. 그러나 개가 발자국은 음식을 예측한다는 것을 학습한 후에 발자국은 CR(타액)을 나오게 하는 CS가 된다.

파블로프는 발자국 소리를 벨소리로 대체하여 이 연구를 공식적으로 증명될 수 있도록 발전시켰다(그림 6.1). 파블로프는 벨(CS)을 울리고 개에게 음식(US)을 주었고 개의 반응을 측정할 수 있는 타액을 수집하였다. 후에 그는 개가 벨소리를 들은 다음 타액을 분비하는지를 살펴보았다. 아니나 다를까, 정말 그랬다. 모든 개들은 고전적 조건형성을 통해 학습한다.

무조건 자극(US) 학습되기 전 유기체의 반응을 이끌어내는 자극

무조건 반응(UR) 학습되기 전 자동적으로 발생하는 무조건 자극에 의해 일어나는 반응

조건 자극(CS) 이전에는 중립적이었으나 유기체가 다른 자극과 연합되는 것을 학습한 후에 유기체의 반응을 이끌어내는 사건

조건 반응(CR) 고전적 조건형성을 통한 학습의 결과로 나타나는 조건 자극에 대한 반응

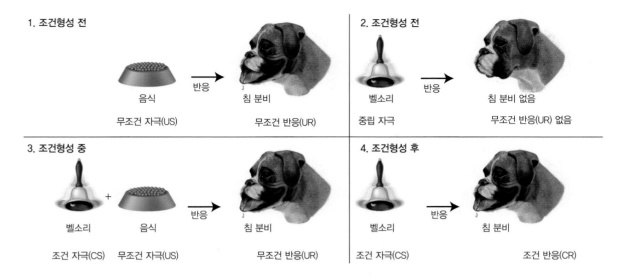

그림 6.1
파블로프의 고전적 조건형성 패러다임 조건이 형성되기 전에, 무조건 자극은 무조건 반응을 유발한다. 조건화하는 동안, 벨소리와 같은 이전의 중립 자극은 무조건 자극과 짝지어진다. 조건형성 이후, 자극은 더 이상 중립적이지 않다. 이제 조건 반응을 일으키는 조건 자극이 된다.

동물 세계에서의 고전적 조건형성

사전 질문

> ❯ 어떤 유형의 유기체가 고전적 조건형성을 통해 학습하는가?
> ❯ 쥐는 앨버트(연구 참여자)를 두렵게 하는 어떤 자극도 주지 않았는데 앨버트는 심리학 실험이 진행되는 동안 왜 작은 흰 쥐를 두려워하게 되었는가?

개만 고전적 조건형성을 통해 학습하는 것은 아니다. 모든 동물이 고전적 조건형성을 통한 학습이 가능하다. 이론적으로 모든 유기체는 모든 조건 자극과 모든 무조건 자극 간의 연합을 학습할 수 있다. 단순한 유기체의 고전적 조건형성을 살펴보자.

단순 유기체의 고전적 조건형성 초파리도 고전적 조건형성을 통한 학습이 가능하다. 한 연구에서 초파리를 두 가지 다른 냄새가 나는 접시에 놓아 두었다. 한쪽의 초파리에게는 약한 전기 자극을 가하였고, 다른 한쪽의 초파리는 아무런 충격도 가하지 않았다. 나중에 연구자들은 초파리들을 그릇 양 끝에 냄새를 묻힌 제3의 접시에 놓았다. 어떤 일이 일어났을까? 그들은 이전에 충격과 짝지어진 냄새 쪽으로부터 날아갔다(Dudai, 1988). 이는 초파리라는 단순 유기체가 냄새라는 CS와 충격이라는 US의 연합을 학습했다는 것을 뜻한다.

조건형성을 학습하는 또 다른 단순 유기체는 꿀벌이다(Bitterman, 2006). 연구자들은 두 가지 다른 색깔의 접시 위에 꿀벌을 놓았다. 처음 색깔은 중립적이었다. 꿀벌은 딱히 어느 한 가지를 선호하지 않았다. 연구자들은 한 접시에는 중립적 자극(물)을 두고 다른 접시에는 매력적인 US(물과 설탕을 섞은 것)를 두고, 꿀벌들이 무엇이 담겨 있는지 학습하도록 하였다. 나중에 연구자들은 똑같은 두 가지 색깔의 빈 접시를 꿀벌이 다니는 곳에 놓아 두었다. 어떤 접시에 꿀벌들이 처음에 날아왔을까? 그들은 지속적으로 전에 설탕용액의 색깔과 같은 접시로 날아들었다. 즉 색깔(CS)은 설탕(US)을 예견한다는 것을 학습한 것이다.

더 복잡한 유기체는 어떠할까? 모든 동물 중에서 가장 복잡한 뇌를 가진 유기체(인간)의 고전적 조건형성을 살펴보자.

인간의 고전적 조건형성 : 감정 20세기 초, 미국 심리학자 존 왓슨(John Watson)은 파블로프의 실험내용을 읽고 매우 흥미롭게 생각했다. 개에 관한 파블로프의 연구는 인간으로 확장 가능한 것일까? 이를 알아보기 위해 그는 동료인 로잘리 레이너와 함께 인간의 감정에 관한 고전적 조건형성 실험을 설계하였다. 그들이 연구한 감정은 두려움이었으며, 연구 대상은 앨버트라는 11개월 아이였다(당신이 2장에서 읽은 연구 참여자에 대한 윤리적 처치에 관한 가이드라인은 이들이 연구했던 1920년에는 아직 확립되지 않았었다).

왓슨과 레이너의 실험은 앨버트 외에 두 가지 핵심 사항이 있는 것이 특징적이다. 조건 자극 역할을 하는 흰 쥐, 망치로 칠 때 시끄러운 소리를 내는 철봉(무조건 자극). 연구 시작 단계에서 앨버트는 면밀히 관찰하고 두려움을 보이지 않고 쥐를 좋아하는 것 같았다. 하지만 소리에 대해서는 조금 무서워했다. 왓슨이 망치로 철봉을 칠 때마다, 소리가 발생하면 앨버트는 놀라서 울기 시작했다(무조건 반응).

두 가지 자극에 대한 앨버트의 반응을 관찰한 후, 왓슨과 레이너는 쥐와 소음 두 가지를 결합시켰다. 그들은 쥐를 바구니에서 꺼내서 앨버트에게 보여주면서 철봉을 탕 쳤다. 앨버트는 놀라서 나동그라졌다(Watson & Rayner, 1920). 왓슨과 레이너는 CS와 US(쥐와 소리)를 6번 더 반복했다. 그때마다 앨버트는 놀라서 나동그라지고 울었다.

그다음으로 중요한 시험을 해보았다. 왓슨과 레이너는 철봉을 탕 치지 않고 쥐를 앨버트에게 보여주었다. 무슨 일이 일어났을까? 이제 앨버트는 쥐를 두려워했다. 그는 쥐를 보았을 때, 울고 나동그라지고 최대한 빨리 도망치려 했다(Watson & Rayner, 1920). 고전적 조건형성을 통해서 앨버트는 새로운 감정 반응(쥐에 대한 두려움)을 학습했다. 추가검사에서 앨버트는 쥐에 대한 반응과 유사하게 결국 많은 사물에 대한 두려움을 발달시켰다 — 토끼, 모피, 산타클로스 가면까지도(그림 6.2).

앨버트의 두려움은 쥐 반응에서 보여주었던 결과가 아니라는 것에 주목해야 한다. 바뀐 점은 앨버트가 CS-US 연합을 학습했다는 것이다. 그는 쥐(CS)가 소리(US)를 유발하는 것이라는 사실을 학습하였다. 이것을 배운 뒤에 앨버트는 쥐에 대해 두려움을 느끼게 되었다. 왓슨과 레이너의 발견으로 인간 감정은 고전적 조건형성에 의해 생길 수 있다는 것이 입증되었다.

> 당신은 고전적으로 조건형성된 두려움이 있는가?

Professor Ben Harris

그림 6.2
앨버트 인간이 느끼는 감정에 대한 고전적 조건형성의 첫 연구에서 실험자와 참가자인 로잘리 레이너, 앨버트, 존 왓슨(마스크 쓴 사람). 왓슨은 조건형성 전후로 무엇이 두려움을 일으키는지 알아보기 위해 마스크와 같은 다양한 자극을 앨버트에게 보여주었다. 오늘날 심리학자들은 왓슨의 연구에 대해 앨버트라고 알려진 아이의 신원문제뿐만 아니라(Powell et al., 2014) 윤리문제와 왓슨의 연구대상에 대해 의문을 제기했다(Fridlund et al., 2012). 하지만 인간의 감정 반응을 형성하는 고전적 조건형성에 큰 영향을 준 역사적인 연구 결과였음에는 틀림없다.

인간의 고전적 조건형성 : 자존감과 성적 반응 고전적 조건형성의 효과는 두려움이라던가 앨버트같은 어린아이들에게만 나타는 단순 반응에만 국한되지 않는다. 조건형성은 성인의 복잡한 반응에 영향을 줄 수 있다. 예를 들어 조건형성은 자아형성 또는 **자존감** 등과 같은 사람들의 전반적인 감정에 영향을 미칠 수 있다.

Kiril Stanchev / Alamy

자존감에 대한 한 연구에서, 실험자는 참여자들에게 먼저 그들 자신에 대한 정보를 물어봤다(예 : 성씨, 생년월일). 다음으로 고전적 조건형성 실험은 개인적 정보와 컴퓨터 스크린상에 보여지는 다른 유형의 표정과 연합하였다. 한 실험 상황에서는 모든 얼굴 표정이 웃는 얼굴이었다. 다른 실험 상황에서는 웃는 얼굴, 찌푸린 얼굴, 무표정을 혼합하였다. 그 후에 실험자들은 참가자들의 자존감을 측정하였다. 조건형성은 사람들의 감정에 영향을 주었다. 개인정보가 일관적으로 미소와 연합된 경우는 뚜렷하게 자존감이 증가하였다(Baccus, Baldwin, & Packer, 2004).

고전적 조건형성에 의해 형성될 수 있는 또 다른 성인의 반응은 성적 흥분이다. 조건형성은 중립적 자극을 성적 흥분으로 전환할 수 있다. 이성애자 남성과 여성을 대상으로 한 연구에서, CS는 성적 흥분을 일으키지 않는 이성의 사진이고, US는 성적 흥분을 일으키는 이성애적 활동이 담긴 장면이었다. 조건형성 실험에서, 실험자들은 사진을 늘어놓고 즉시 영화장면을 보여주었다. 그리고 나서 그들은 생리적 반응을 측정하는 기계를 사용하여 사진 장면에 대한 참가자들의 성적 반응을 측정하였다. 고전적 조건형성은 성적 반응을 변화시킨다. 조건형성 후에는 사진만으로도 성적 반응을 일으키게 된다(Hoffmann, Janssen, & Turner, 2004).

파리, 꿀벌, 앨버트, 자존감, 성적 흥분에 대한 연구들의 핵심이 여기 있다. 고전적 조건형성은 어디에서든지 발견할 수 있다. 모든 복잡한 유기체는 CS가 US를 예측할 때 배울 수 있다. 나중에 CS에 대한 그들의 반응은 변한다.

> **레드라이트 지역** 네온 불빛 또는 '레드라이트 지역'이라는 단어가 본질적으로 자극적인 것은 아니다. 하지만 섹스와의 반복된 연합이 자극을 일으킬 수 있다.

> 당신이 누군가에게 매력 있게 느껴질 수 있는 이유를 조건형성 이론으로 설명할 수 있다는 사실에 대해 어떻게 생각하는가?

다섯 가지 기본적인 고전적 조건형성 과정

사전 질문

> ❯ 당신이 동물에게 조건 자극과 무조건 자극의 연합을 가르치고 싶다면 무조건 자극이 나타나기 전, 조건 자극 후 어느 정도 기다려야 하는가?
> ❯ 고전적 조건형성에서 동물이 전에 학습한 무조건 자극과 연합된 조건 자극을 당신이 조금 변경한다면 어떤 일이 일어나겠는가?
> ❯ 고전적 조건형성에서 소거란 무엇인가?
> ❯ 유기체에서 보통 반응을 일으키는 자극이 반복적으로 제시되면 무슨 일이 일어나는가?
> ❯ 보상 반응에 관한 연구는 약물 남용에 관한 몇몇 경우를 어떻게 설명하는가?

당신은 고전적 조건의 기본적 사실을 학습하였다. 일단 유기체는 조건 자극이 무조건 자극과 연합되면, US와 마찬가지로 이전의 중립적 CS도 같은 유형의 반응을 일으킨다. 파블로프와 이후 연구자들은 학습과정의 다섯 가지 핵심사항을 조사하였다 — 획득, 일반화, 소거, 습관화, 보상 반응.

획득 학습 연구에서 **획득**(acquisition)은 새로운 반응을 수행하는 능력이다. 학습 후에 유기체는 반응을 '획득한다'고 할 수 있다. 파블로프의 개들이 처음에 벨소리(CS)를 듣고 침을 흘렸을 때 (CR), 또는 리지가 '엘리자베스'(CS)라는 이름을 들었을 때 두려움(CR)을 느끼며 반응했을 때 CR은 획득되었다.

연구는 조건 반응의 획득에 관한 세 가지 의문에 답하였다. 첫째, 당신이 유기체가 빠르게 CR 을 획득하기를 원한다면, US를 나타내기 전 CS를 나타낸 후에 얼마나 기다려야 하는가?

이에 대해 스스로 답하려고 노력하라. 파블로프의 실험실을 상상해보라. 동물을 학습시키기 위해서 당신은 벨(CS)을 울리고 기다린다 — 얼마 동안? — 음식(US)을 보여주기 전에.

당신이 "전혀 오래 걸리지 않아"라고 대답한다면, 당신이 옳은 것이다! 당신은 벨이 울린 후 즉시 음식을 보여줘야 한다. 당신이 더 오래 기다린다 면 — 즉 벨은 울리지만 몇 분이 지나도 음식을 내놓지 않는다면 — 개는 벨 소리와 음식의 관계를 알지 못할 것이다. 연구는 CS와 US의 제시 사이에 흐르는 시간의 양이 학습에 강하게 영향을 준다는 것을 입증한다. 동물은 CS와 US 간의 시간 차이가 단 몇 초에 지나지 않을 때 가장 빨리 학습한다 (그림 6.3).

획득연구에서의 두 번째 발견은 동물이 시간에 대해 민감한 감각을 가지 고 있음을 보여준다. 그들은 CS가 US를 예측한다는 것뿐만 아니라 두 가 지가 일어나는 사이의 시간 양까지 학습한다(Savastano & Miller, 1998). 동 물들은 US가 나타나는 정확한 타이밍에 CS에 반응하는 것을 학습한다. 예를 들어 CS가 어떤 목 소리 톤일 때, US는 눈에 입김을 훅 부는 것, UR은 눈 깜빡임(훅 부는 것으로 발생한), CS와 US 사이의 시간차는 아주 잠깐이며, 동물은 어떤 목소리 톤을 들은 뒤 순식간에 바로 눈을 감게 된 다는 것을 학습하게 될 것이다(Gluck, Mercado, & Myers, 2008).

세 번째 의문은 동물이 점차 또는 갑자기 CS와 US를 연합하는 것을 학습하느냐이다. 동물이 점진적으로 학습했다면, CS–US 연합이 10~20개 일어난 후에 CS에 약하게 반응할 것이다. 또 다른 10~20개의 CS–US 연합이 이루어진 후에는 보통 정도로 반응할 것이고, 50개 또는 그 이 상의 CS–US 연합이 이루어진 이후에는 완전히 반응하게 될 것이다. CS–US 연합이 갑자기 이루 어진다면, 동물은 급작스럽게 '획득하고' CS에 강하게 반응하는 상태로 빠르게 전환할 것이다.

그림 6.3
CS와 US의 타이밍 CS가 US와 연합되었을 때 일어나는 고전적 조건형성의 정도는 CS–US 구 간(CS와 US의 시간 분리 구간)에 따라 다르다. 조건형성은 구간이 짧을 때 가장 잘 일어난다.

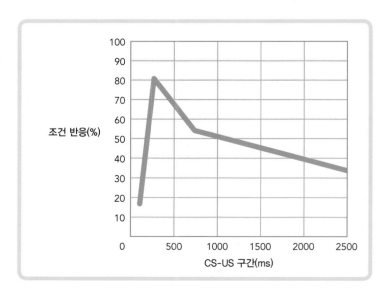

획득 학습심리학에서 새로운 반응을 수행 하기 위한 능력을 얻는 것

연구는 동물은 갑자기 '획득한다'는 것을 보여준다. 매우 적은 실험 속에서도 그들은 CS에 반응하지 않는 상태에서 강하게 반응하는 상태로 갑자기 변한다(Gallistel, Fairhurst, & Balsam, 2004). 심리학자들이 100년 이상을 연구했음에도 불구하고 최근에서야 비로소 유기체가 새로운 반응을 획득하는 빠른 반응을 이해하게 되었다.

획득에 관한 연구를 요약하면 다음과 같다. (1) 유기체는 CS–US 연합 시간이 짧을 때 CS에 반응하는 능력이 가장 뛰어나다. (2) 그들은 US가 일어날 것 같을 때 즉시 반응하는 것을 학습할 것이다. 그리고 (3) 그들은 이 모든 것을, CS에 대한 무반응에서 완전히 반응하는 것으로 즉시 빠르게 전환하는 것을 단시간 안에 학습할 것이다.

일반화 파블로프의 실험에서 개는 벨이 울릴 때 침이 나온다는 것을 학습하였다. 파블로프가 벨소리를 바꾼다면, 즉 더 깊은 톤 또는 높은 음을 내는 더 작은 톤 등의 벨을 울린다면 무슨 일이 일어날 것이라고 생각하는가?

당신이 벨을 바꿀 때(또는 다른 조건 자극들을 바꿀 때) 유기체는 여전히 반응은 하지만 그렇게 강하게 하지는 않는다는 것이 밝혀졌다. 심리학자들은 이를 일반화라고 한다. **일반화**(generalization)는 처음에 무조건 자극과 연합된 조건 자극으로부터 달라지는 자극이 조건 반응을 이끌어내는 학습과정이다.

당신은 이미 일반화의 두 가지 경우를 보았다. 일반화된 앨버트의 두려움. 그는 흰 쥐뿐만 아니라 흰색 또는 털이 있는 물체에 대해서도 두려워하게 되었다(쥐와 유사한 방법으로 다르게 전달되는 자극). 맨 앞에서 서술한 단추 두려움도 일반화에 해당한다. 아홉 살 소년은 학교에서 보이는 단추뿐만 아니라 다른 곳에서 보이는 단추도 두려워하고 있다.

일반화는 체계적으로 일어난다. 원래의 CS에서 훨씬 다양해지는 자극은 CR을 점점 더 적어지게 한다(Bower & Hilgard, 1981; 그림 6.4). 이것 역시 맨 앞에서 서술한 이야기에 나오는 것이다. 소년은 플라스틱 단추보다는 금속 단추에 대해서는 두려움을 덜 느낀다. 연구실 실험으로 일반화가 지지된다. 한 연구에서(Lissek et al., 2008) 조건형성으로 기하학적 고리들(중립 자극)과 불편함을 유발하는 전기자극(US)을 연합하도록 하였다. 나중에 참가자들에게 원래 보여주었던 고리 모양과 다른 사이즈들의 고리 그림을 보여주었다. 고전적 조건형성에 의한 두려움은 다른 고리에서도 일반화 현상이 나타났다. 원래의 고리 사이즈에서 점차 달라짐에 따라 참가자들의 생리적 반응은 점차 약화되었다.

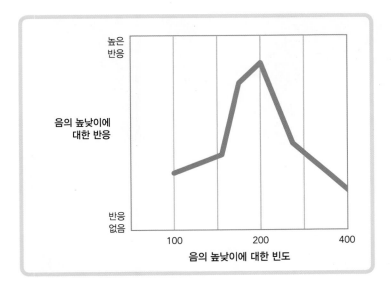

그림 6.4

일반화 일반화에서 유기체는 이전에 학습한 적이 있는 CS와 유사한 자극에 반응한다. 이 연구에서 금붕어는 전기자극인 US와 200Hz (200Hz는 피아노 키보드에서 중간 C 아래 G에 대략 가깝다)인 CS 간의 연합을 학습하였다. 금붕어가 200Hz보다 더 높거나 더 낮은 음을 들었을 때 그 음에 반응한다. 그들의 반응은 200Hz 음에서 다른 음까지 일반화된 것이다.

일반화 반응을 획득하는 동안 만나는 자극이 조금씩 달라져도 자극에 의해 일어나는 반응을 학습하는 과정

변별 유기체가 두 자극에 대해서 다르게 반응함으로써 자극을 구별하는 능력

소거 US(고전적 조건형성에서) 또는 강화(조작적 조건형성에서) 없이 CS가 반복적으로 제시될 때 나타났던 반응의 점진적인 감소

다르게 행동하는 것이 고민스러울 때의 경험은 일반화로 설명가능하다. 제2차 세계대전의 포격수 피어슨 브랙의 경우를 생각해보자. 연속적으로 비행을 성공한 후에 브랙은 이상 증후군이 생겼다. 그가 비행기의 고도계를 보고 9,000피트까지 상승했다는 것을 알았을 때, 그는 통제할 수 없을 정도로 불안해지기 시작했다. 그는 몸이 떨렸고, 얼굴이 창백해졌고, 심장이 빠르게 뛰었다. 일단 비행기가 몇백 피트 하강하자 비로소 안정되었다. 하지만 다시 상승한다면, 그는 현기증까지 느끼게 되는 1만 피트에 다다르게 될 것 같은 공포에 다시 불안해질 것이다. 원인이 무엇이었을까? 고도가 그 원인은 아니다. 다른 승무원들은 불안해하지 않았으며 브랙은 전에 이 고도에서 비행했던 적이 있다.

심리 분석에 의하면 원인이 고전적 조건형성에 있다고 해석하였다(Mischel, 1968). 1만 피트라는 숫자를 읽는 것이 공포를 일으키는 조건 자극이 되었다. 일반화로 인하여 더 낮은 고도는 더 낮은 수준의 불안함을 유발하게 되었다. 이와 같은 결론의 핵심 증거는 다음과 같다. 그의 증상이 시작되기 전에 수행했던 임무에서 상대편 전투기가 브랙의 비행기를 공격하였다. 비행기가 돌았고, 통제불능 상태로 추락했으며, 거의 부서지다시피 했다. 브랙은 혼란 속에서 상처를 입은 채 살았다. 브랙의 비행기가 정확히 1만 피트 상공을 날고 있을 때 공격이 일어났던 것으로 추정된다. 이후 그 고도는 US(공격)와 연합되었고 이처럼 강력한 CS가 되어 약 1만 피트에서 일반화되게 된 것이다.

> 당신에게 두려움 반응이라는 고전적으로 조건형성된 물체가 있다고 생각해보자. 이러한 반응이 일반화될 수 있는 다른 물체는 무엇이 있겠는가?

반응이 모든 자극에 일반화되는 것은 아니다. 유기체는 자극을 변별할 수 있다. 고전적 조건형성에서 **변별**(discrimination)은 유기체가 두 자극에 대해서 다르게 반응함으로써 자극을 구별하는 학습과정이다. 예를 들면 파블로프가 개를 벨이라는 CS를 사용하여 훈련시키고 나중에 자극을 바꾼다면(파블로프가 벨을 울리는 것에서 노래를 부르는 것으로 바꾼다면) 개는 벨소리에서 반응하는 것과 같은 방법으로 노래 소리에 반응하지는 않을 것이다. 두 자극을 변별하는 것이다.

소거 개에게 음식이 제공되지 않은 채 벨을 울리는 것만 계속한다면, 조건형성 이후 무슨 일이 일어날 것이라고 생각하는가? 벨을 계속해서 울린다면 개는 벨소리에 영원히 침 흘리는 반응을 할까? 그렇지 않다. 이때는 소거가 일어나게 된다. 고전적 조건형성에서 **소거**(extinction)란 CS가 아무런 US가 제시되지 않은 채 반복되면 조건 반응이 점진적으로 감소하는 것이다. CS가 반복적

> **노출과 소거** 치료사들은 소거의 고전적 조건형성 원리를 사용한다. 높은 곳에 대한 극도의 불안감을 제거하기 위해 치료사들은 내담자를 육체적 안전과 엄청난 높이가 결합되어 있는 세트장에 노출시킬 것이다. 어떠한 해로움(US 없음)도 높은 곳(CS)에서 일어나지 않을 것이기 때문에, 내담자의 두려움(CR)은 점진적으로 사라질 것이다.

Dionne McGill / Alamy

으로 일어나지만 US가 따르지 않을 때, 유기체는 점진적으로 조건 반응을 덜 하게 된다. 결국 그들은 완전히 반응을 멈춘다. CR은 사라지게 된다. 더 이상 음식을 주지 않은 채 당신이 벨을 울릴 때 당신의 개는 타액 분비를 멈춘다. 왓슨과 레이너가 철봉을 두드리지 않은 채 반복적으로 쥐를 보여주면 앨버트의 두려움은 결국 사라질 것이다.

흥미로운 사실은 소거가 일어날 때 유기체가 완전히 CS-US 연합을 잊은 것은 아니라는 것이다. 전통적인 파블로프의 실험에서 소거 후에 당신이 하루를 기다린 후 벨을 다시 울리기 시작한다면, 벨이 울리는 처음 몇 분 동안은 개가 다시 타액을 분비할 것이다. 소거 후 얼마간의 기간을 두고 소거된 CR을 반복하게 되면 개는 **자발적 회복**(spontaneous recovery)을 나타낼 것이다 (Rescorla, 2004; 그림 6.5).

인간 또한 자발적 회복을 나타낸다. 대학생들의 두려움 조건형성에 대한 연구는 그것이 어떻게 작용하는지를 보여준다(Huff et al., 2009). 연구는 3단계로 이루어져 있다.

> 당신은 소거가 일어났으면 하고 바라는 고전적으로 조건형성된 반응에는 무엇이 있는가?

1. 뱀 또는 거미 그림 CS와 전기자극 US와 연합되는 조건형성 실험. 조건형성 후, 전에는 그러지 않았으나, 학생들은 그 그림에 두려운 반응을 보이게 된다.
2. 다음의 소거 시험에서는 US 없이 CS가 나타난다. 즉 사진을 보여주지만 어떤 전기자극도 주지 않는다. 이 소거 시험에서는 사진에 대한 학생들의 두려움 반응을 제거하였다.
3. 마지막으로 그다음 날 학생들에게 실험실로 돌아와서 뱀 또는 거미 그림을 다시 보여준다. 그들의 두려움 반응이 되돌아온다. 그들은 전날 소거 시험을 실시했음에도 불구하고 사진에 대해 두려움 반응을 나타낸다. 학생들에게 자발적 회복이 일어난 것이다(Huff et al., 2009).

습관화 네 번째 조건화 과정인 습관화는 CS와 US라는 연합이 없다는 점에서 앞에서 살펴본 세가지(획득, 일반화, 소거)과 다른 개념이다. 대신 **습관화**(habituation)는 유기체의 반응을 유발하는 어떤 자극이 반복적으로 나타날 때 일어나는 행동의 변화이다. 자극에 대한 유기체의 반응은 이미 배운 것이다. 자극에 이미 '익숙한' 것이라 할 수 있다.

습관화는 항상 일어난다. 추운 겨울 날 당신이 코트를 처음 입었을 때는 무겁다고 느낄 것이다. 하지만 당신은 곧 코트를 입었다는 사실을 거의 인지하게 못하게 될 것이다. 코트의 무게에 길들

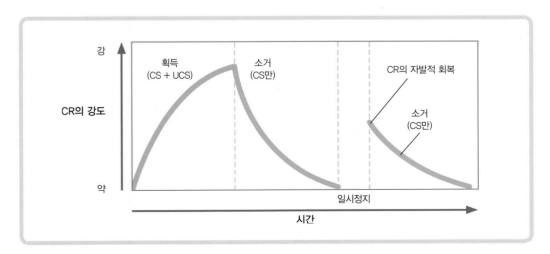

그림 6.5
자발적 회복 자발적 회복에서는 소거가 일어나고 어느 정도의 시간이 지난 후('일시정지') 조건 반응이 다시 나타난다. 이는 소거 실험 이후일지라도 원래 학습 경험의 흔적은 남아 있음을 의미한다.

자발적 회복 소거 후 짧은 기간 후에 소거된 CR이 다시 나타나는 것

습관화 유기체로 하여금 어떤 반응을 일으키는 자극이 반복적으로 나타날 때 반응이 감소하는 것

습관화 당신이 여기에 살았다면, 아파트 바로 옆에서 새벽 5시부터 자정까지 기차 소리가 우르릉 났을 것이다. 거주자들은 어떻게 잠을 잘 수 있을까? 우르릉거리는 기차 소리—또는 다른 자극—가 반복적으로 들릴 때, 사람들은 자극에 대해 습관화가 이루어진다. 점진적으로 이루어진 경험에 대한 반응. 습관화로 인해 이 아파트의 거주자들은 잠을 잘 수 있는 것이다.

뇌와 심리치료와의 연결

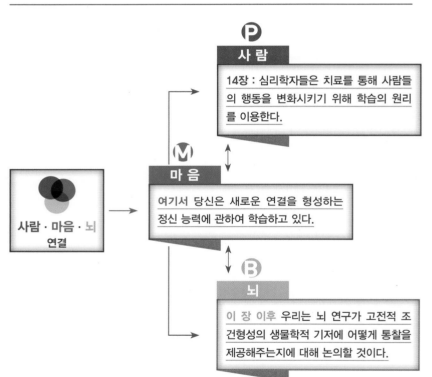

P
사 람
14장 : 심리학자들은 치료를 통해 사람들의 행동을 변화시키기 위해 학습의 원리를 이용한다.

M
마 음
여기서 당신은 새로운 연결을 형성하는 정신 능력에 관하여 학습하고 있다.

사람 · 마음 · 뇌
연결

B
뇌
이 장 이후 우리는 뇌 연구가 고전적 조건형성의 생물학적 기저에 어떻게 통찰을 제공해주는지에 대해 논의할 것이다.

보상 반응 자극의 영향에 반대되고 그 영향에 부분적으로 반응하는 조건화된 자극에 대한 생물학적 반응

여지게 된다. 당신의 방에 있는 에어컨 또는 히터가 약간의 소리를 낸다면, 당신은 처음에는 인지하다가 나중에는 의식하지 못하게 된다. 당신은 그 소리에 길들여져 버린 것이다. 당신이 시골에서 도시로 이사한다면, 처음에는 24시간 동안 켜져 있는 불빛과 소리에 괴롭겠지만, 곧 거기에도 길들여지게 될 것이다.

획득, 일반화, 소거, 습관화에 관한 연구 결과들은 일관적이다. 파블로프의 연구 결과로 광범위한 범위의 반응(광범위한 범위의 유기체에서, 실험실 상황과 일상생활 모두)은 학습 원리로 설명 가능하다.

보상 반응과 약물 내성 CS는 US를 예측한다는 학습 외에 동물은 다른 활동도 한다. 동물들은 US의 예상되는 영향을 알고 준비하는 것을 배우기도 한다. 일단 동물들은 CS가 있으면 생리학적으로 영향을 주는 US가 임박했음을 학습하고 나면, 그들의 몸은 그 영향에 대해 준비하도록 자동적으로 반응하게 된다. 이러한 준비를 보상 반응이라고 한다. **보상 반응**(compensatory responses)은 자극에 대한 영향에 반대되는 생물학적인 반응이므로 그 영향을 상쇄시키려 한다(Siegel, 2005; Siegel & Ramos, 2002).

그들의 연구에서 파블로프의 동료들은 개한테 심장박동을 증가시키는 아드레날린을 주사했다. 이를 반복해서 시행하자 약의 효과가 떨어져 심장박동이 점차 떨어지는 것을 알아냈다. 개들이 약의 효과에 대응하는 생리적 반응을 발달시켰다는 것은 확실하다. 이 생각을 검증하기 위해 연구자들은 아드레날린 주사를 맞았던 실험실 장소에 개를 두었고, 아드레날린 대신 중성물질을 주사하였다. 반응을 살펴보니, 개들의 심장박동이 감소하였다. 개들은 심장박동을 증가시키는 약을 보여주는 등의 조건 자극(실험실 상황, 주삿바늘)을 경험하였을 때 예상되는 약의 효과를 보상하기 위해 자동적으로 심장박동이 감소하였다(Siegel & Ramos, 2002).

개에 관한 조건형성 연구는 인간과 직접적 연관이 있는 연구이다. 사람들은 일정량의 약물에 점점 내성이 생기면서 약물 남용을 하게 된다. 연구자들은 이러한 약 효과 감소에 직접적으로 관

여하는 보상 반응을 발견하였다. 사람들이 약을 반복적으로 섭취할 때, 그들의 몸은 자동적으로 약의 효과에 대응하는 생리학적 반응을 나타낸다. 결과적으로 그들은 더 강한 약 효과를 얻기 위해 더 많은 양의 약을 필요로 한다.

보상 반응은 상황특수적이다. 보상 반응은 유기체(동물 또는 사람)가 약을 이전에 경험했던 상황에서 일어난다. 상황과 약의 연합은 보상 반응을 유발하는 조건 자극이 된다. 약을 전에 경험해보지 못했던 다른 상황에서는 보상 반응이 나타나지 않는다. 이는 같은 사람이 서로 다른 상황에서 같은 약에 대해서 달리 반응할 것임을 의미한다(Siegel, 2005).

약물 내성과 같은 이러한 상황특수성은 불법 약물을 남용하는 비극적 사례에 관하여 설명해준다. 사후검사에서 혈액 내 약물 수준이 높지 않게 나타났더라도 헤로인 복용자는 과다복용으로 인한 치명적인 고통을 받게 된다(Siegel, 2001). 그러한 과다복용은 보통 복용자가 새로운 상황에서 약물을 복용했을 때 일어난다. 친숙한 상황에서는 그들의 몸이 보상 반응을 일으킨다. 그러나 친숙하지 않은 상황에서는 그렇지 않다. 약에 대한 복용자의 내성은 더 낮아지게 되고 과다복용하기에 이른다.

그러한 과다복용은 처방약을 받은 상황에서조차 일어날 수 있다. 지겔과 엘스워스(Siegel & Ellsworth, 1986)는 고통을 이겨내기 위해 모르핀을 복용하는 암환자의 사례를 보고하였다. 그는 보통과 같은 상황(그의 어두운 침대에 누워서)에서 약을 받았다. 어느 날, 그는 다른 환경에서 같은 양의 약을 받았다 — 불빛이 밝은 곳에서 — 그리고 약물 과다로 숨졌다.

요약하면, 유기체는 다른 상황에서 다른 양의 약에 대해 내성이 있는 것이다. 약은 어떤 상황에서는 보통 정도의 효과를 나타내지만, 다른 상황에서 더 큰 효과를 나타낼 것이다.

리버 피닉스 약물중독으로 인한 죽음은 신체가 자동적으로 약 효과를 감소시키는 보상 반응을 보이지 않는 친숙하지 않은 환경에서 약을 복용할 때 종종 일어난다. 배우 리버 피닉스는 나이트클럽 화장실에서 불법약물 복용 후 약물 과다복용으로 사망하였다.

고전적 조건형성 연구의 파블로프를 넘어서

사전 질문

> ❯ 차단이란 무엇이며, 차단이라는 개념은 심리학자들이 이해하고 있는 고전적 조건형성의 과정을 어떻게 바꾸었는가?
> ❯ 동물들이 피하고 싶은 불쾌한 일들을 통제할 수 없다는 것을 학습할 때 어떤 일이 일어나는가?
> ❯ 조건화된 미각 혐오(가르시아 효과)는 고전적 조건형성에서 진화와 생물학의 역할에 관한 정보를 어떻게 제공하는가?
> ❯ 과학자들은 어떤 전략을 통해서 고전적 조건형성의 생물학적 기초를 확인하는 데 성공했는가?

파블로프의 연구는 한계가 있었다. 나중에 연구자들은 파블로프의 연구 결과에서 몇몇 모순점을 발견하였다. 그중 다음의 세 가지를 살펴보도록 하자 — 차단, 학습된 무기력, 가르시아 효과.

새로운 정보 획득하기 파블로프는 CS가 US와 연합되면 동물들은 항상 그 둘의 연합을 학습할 것이라고 믿었다. 그러나 때때로 그렇지 않은 것으로 밝혀졌다. 그들은 CS가 US에 대한 새로운 정보(즉 동물들이 전에는 몰랐던 정보)를 제공할 때만 CS-US 연합을 학습하게 된다.

우리는 이를 차단에 관한 연구를 함으로써 알게 되었다. **차단**(blocking)에서는 동물들은 다른 실마리를 통해서 이미 US가 일어날 것임을 예측할 수 있다면 CS가 US를 예견한다는 학습에는 실패한다(Rescorla, 1988). 그들의 사전 지식은 새로운 CS-US 연합 학습을 차단한다.

차단연구(Kamin, 1968)에서 연구자들은 먼저 CS(소리)가 US(전기자극)의 발생을 예측한다는 시행을 연속적으로 동물들에게 노출시켰다. 다음으로 동물들에게 두 자극(소리＋빛)이 같은 US를 예측하는 시행을 경험하게 했다. 그 후 연구자들은 동물들이 두 번째 자극(빛)만이 가해졌을

차단 다른 환경적 자극이 US의 발생을 예견하는 CS와 US 사이의 연합에 대한 학습을 실패하는 것

학습된 무기력 동물이 자신들의 행동이 불쾌한 결과를 통제할 수 없다는 것을 학습할 때 일어나는 동기의 급격한 감소

때 반응하는지 안 하는지를 조사하였다. 파블로프는 그들이 반응할 것이라고 생각하였지만, 결과는 그렇지 않았다! 빛이 반복적으로 전기자극과 연합되긴 했지만 동물들은 2개의 연합을 배운 적은 없었다. 그들이 가진 소리–전기자극 연합에 관한 사전 지식이 빛–전기자극 연합에 관한 학습을 차단시킨 것이다(Kamin, 1968).

차단연구는 고전적 조건형성이 파블로프의 생각보다 더 복잡하다는 것을 보여준다. 동물들은 단지 두 자극 간의 간단한 연합관계를 학습하지는 않는다. 그들을 둘러싸고 있는 환경적 정보를 전반적으로 획득한다(Rescorla, 1988). 그들이 이미 충분한 정보를 가질 때 — 즉 그들이 이미 US가 발생할 것이라고 예측할 수 있다는 — 불필요한 더 많은 정보를 얻으려고 애쓰지 않는다. 이 결과는 심리학자들이 동물들이 생물학적으로 중요한 사건을 예측하는 환경 실마리의 전반적 지식을 강조하는 학습에 관한 새로운 이론을 발달시키는 데 기여하였다(Rescorla & Wagner, 1972).

학습된 무기력 파블로프는 동물들이 두 가지 사건(CS와 US의 발생)이 관계가 있을 때 학습한다는 것을 보여주었다. 이후 연구자들은 마찬가지로 동물들이 두 가지 사건이 관계가 없을 때 학습할 수 있다는 것을 보여주었다. 그들은 혐오스러운 결과가 자신의 행동과는 관련이 없다는 것을 학습할 때(즉 그들의 행동은 혐오스러운 일이 일어나는 것을 막을 수 없을 때) 그들은 **학습된 무기력**(learned helplessness)이라고 알려진 동기의 큰 감소를 경험하게 된다.

고전적인 학습된 무기력 연구(Maier & Seligman, 1976; 그림 6.6)에서, 개들을 두 가지 쉽게 뛰어넘을 수 있는 장벽이 있는 상자에 두었다. 실험자는 한 개는 상자 한쪽 면에 두고 그 면으로 전기 충격을 가하였다. 개들은 빠르게 장벽을 뛰어넘어 충격을 피하였다. 그렇게 함으로써 그들은 그들의 행동(장벽 뛰어넘기)이 결과(충격 피하기)를 통제할 수 있음을 학습하였다.

그리고 실험자들은 다른 그룹의 개들을 이용하여 첫 실험에 부가적 과정을 도입하였다. 상자에 들어가기 전에, 이 개들은 피할 수 없는 일련의 전기 충격을 경험하였다. 그다음, 그들은 상자로 들어갔고 장애물을 뛰어넘음으로써 쉽게 피할 수 있는 충격을 받았다. 첫 번째 그룹의 개들과는 달리, 이 두 번째 그룹은 충격을 어떻게 피할 수 있는지 전혀 이해하지 못했다. 충격이 가해질 때 첫 번째 그룹이 했던 것과 같은, 주변을 달리고 장애물을 뛰어넘으려고 노력하는 대신 이 두 번째 그룹은 그냥 포기해버렸다. 그들은 충격이 가해지는 동안 마루에 수동적으로 누워버렸다.

피할 수 없는 충격의 경험이 전혀 없는 개   피할 수 없는 충격을 경험한 개

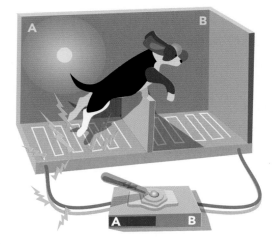 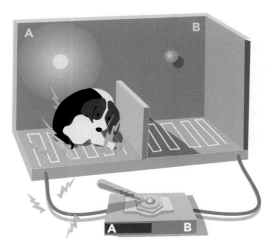

그림 6.6
학습된 무기력 개들은 피할 수 있는 전기자극을 경험한다면, 대개는 그것을 모면하고자 행동을 취한다(왼쪽 그림). 그러나 개가 불가피한 충격과 먼저 맞닥뜨리고 결과적으로 그것이 피할 수 있는 충격이라면, 그들은 학습된 무기력(충격을 피하려고 노력하지 않는 감소된 동기 상태)을 경험하는 것이다.

두 번째 그룹은 학습된 무력감을 경험하였다. 연구자들은 통제 불가능한 충격을 받은 개들의 경험은 충격과 그들 자신의 행동이 무관하다고 예상하게 한다고 결론지었다. 이는 그들을 차례차례 무력하게 반응하도록 만들었다. 그들이 쉽게 피할 수 있었으나 충격을 피하려고 노력조차 하지 않은 것이다(Maier & Seligman, 1976).

개를 도구로 수행한 연구였지만, 이 연구는 인간에게 심오한 의미를 내포하고 있다. 살다 보면 종종 통제할 수 없을 때가 있다. 당신은 체중을 줄이려고 노력하지만 실패한다. 당신은 사람들에게 만남을 요청하지만 그들은 거절한다. 당신이 일자리를 구하지만 얻지 못한다. 이런 경우, 위험요소가 있다. 당신은 아무것도 제대로 해낼 수 없을 것(모든 시도는 항상 실패할 것)이라는 옳지 못한 결론을 내릴 것이다. 당신이 이러한 결론을 내린다면, 당신은 학습된 무력감을 경험하고 포기하고, 성공하기 위한 새로운 전략을 시도하지 않을 것이다.

> 어떤 상황에서 당신은 일의 결과를 전혀 통제할 수 없다고 생각했는가?

심리학자들은 이러한 위험에 대처하는 중재 방법을 고안하였다. 하나는 1학년 대학생들을 대상으로 성적 관련 연구를 수행한 것으로(Wilson & Linville, 1985) 대학에서의 좋은 성적은 본인이 통제할 수 없는 것이라고 거짓으로 학생들에게 알렸다. 이를 중재하는 방안으로, 많은 학생들이 첫 학기에는 예상보다 더 낮은 학점을 받지만 그다음 학기에는 훨씬 높은 학점을 받는다고 알려주었다. 그리고 낮은 학점을 받았다가 나중에 높은 학점을 받게 되는 것은 흔히 있는 일이라고 하였다. 따라서 처음에 받는 낮은 학점이 학업적 성공로 이어지기 어렵다는 것을 의미하지는 않는다.

이와 같은 간단한 중재는 꽤 효과적이었다. 위와 같은 사실을 모르는 통제집단과 비교했을 때, 반 학습된 무기력 중재를 받은 학생들은 다음 학기에 더 높은 학점을 취득하였다(Wilson & Linville, 1985).

생물학적 관련 자극과 조건화된 미각 혐오 파블로프 연구의 한계를 넘은 다른 연구 결과에서는 음식(특히 음식의 맛)과 음식 섭취 후 나타나는 질병의 관계를 빠르게 학습하는 **조건화된 미각 혐오**(conditioned taste aversion)를 포함한다(Garcia & Koelling, 1966). 유기체는 음식은 UR(질병) 신호를 보내는 CS라는 것을 매우 빠르게 학습한다. 조건화된 미각 혐오는 존 가르시아(John Garcia)가 발견했기에 그의 이름을 따서 **가르시아 효과**(Garcia effect)라고도 한다.

당신은 보기 드문 음식을 먹고 병이 나서 다시는 그 음식을 먹지 않기로 결심했던 적이 있는가? (이런 일은 한 번쯤 경험해본 적이 있을 것이다. 나는 그리스 음식인 무사카를 한 번도 먹어본 적이 없다.) 이는 고전적 조건형성의 단순한 경우처럼 보인다. 병은 UR이고 보기 드문 음식은 CS이며, 당신은 그 둘이 연합된다는 것을 학습한다. 어떤 면에서 조건화된 미각 혐오는 고전적 조건형성의 다른 경우와 유사하다. 예를 들어 조건형성의 다른 방식처럼 CR은 일반화된다(조건화가 일어났던 유사한 맛이 있는 음식으로부터; Richardson, Williams, & Riccio, 1984). 그러나 조건화된 미각 혐오의 예는 전통적인 파블로프학파의 조건형성 패러다임과 다음의 세 가지 측면에서 다르다.

1. 유기체가 새로운 반응을 학습하기 위해서는 다양한 시도가 필요하다는 보통의 파블로프학파의 패러다임과는 달리, 단 한 번의 학습 시도 후에 음식과 질병을 연합하였다.

2. CS(음식)와 UR(질병)을 분리하는 의미 있는 시간 차이가 있음에도 불구하고 그 연관성을 학습한다. 전형적인 조건형성 실험에서, US는 빠르게 CS에 뒤따라야 한다(그림 6.3 참조).

3. 파블로프가 예견했던 것과는 달리 당신은 음식을 회피하지만, 질병을 일으킬 수 있는 다른 자극, 즉 당신이 음식을 먹을 때 사용했던 포크 또는 처음 아프기 시작했을 때 있었던 장소 등은 회피하지 않는다. (나는 무사카를 먹은 뒤 대학 카페테리아를 영원히 회피하지 않았다.)

조건화된 미각 혐오(가르시아 효과) 음식을 먹고 난 후 일어나는 음식의 맛과 질병 사이의 관계를 빠르게 학습하는 것

Stockbyte / Getty Images

준비성 미국에서는 매년 3만 명 이상의 사람들이 교통사고로 사망한다. 매년 약 10명의 사람들이 뱀에게 물려 사망한다. 하지만 대부분의 사람들은 뱀에 대해서는 두려움을 가지고 있지만 자동차에 대해서는 그렇지 않으며 (Öhman & Mineka, 2001), 소수만이 자동차에 대해 두려워한다. 왜 그럴까? 뱀에 대한 두려움은 뱀은 인간의 진화과정에 걸쳐서 위협적인 존재였기 때문에 생물학적으로 준비되어 있다. 자동차는 진화과정 속에는 존재하지 않았기 때문에 사람들은 생물학적으로 두려움을 느끼지 않는다.

준비성 자극과 반응 간의 관계 학습에 대한 용이성. 진화과정에서 종이 경험하는 사건으로 인하여 어떤 자극-반응 관계는 '준비'된다. 즉 학습하기 쉬워진다.

음식과 질병의 연합에 있어서 무엇이 다른가? 가르시아는 그 차이가 유기체의 진화에 있다고 하였다. 진화의 과정 속에서 어떤 CS-US 연결들은 생물학적으로 관련이 있고, 어떤 것들은 관련이 없다. 음식과 질병은 생물학적으로 관련되어 있다. 진화의 역사를 통해서 이 관계 학습에 실패한 유기체는 반복적으로 질병에 걸리게 되고 생존율과 생식 능력이 떨어지게 될 것이다. 이것을 파블로프가 사용한 CS에 비교해보면 종소리에 해당한다. 이는 생물학적으로는 무관하다. 그들이 진화하는 과정에서, 개들은 종소리를 들으면 음식이 나타나는 신호를 경험하는 일은 거의 일어나지 않는다. 다시 말해 가르시아 효과는 유기체가 생물학적으로 관련된 연합관계를 파블로프 이론에서 설명하는 것보다 더 빠르게 학습하게 된다는 것을 보여주고 있다.

가르시아의 연구 결과는 종의 진화과정이 현재에 학습하는 능력에 어떻게 영향을 주는지에 관한 연구의 시초가 되었다(Domjan & Galef, 1983). 셀리그먼(Seligman, 1970)은 과거의 진화과정과 오늘날의 학습이 준비성의 개념으로 이해될 수 있다고 하였다. **준비성**(preparedness)은 유기체가 자극과 반응 간의 관계에 대한 학습을 용이하게 해준다. 진화로 인하여, 어떤 자극-반응 관계들(예 : 음식과 질병)은 학습하기 쉽다. 상당히 준비된 것들이다. 진화의 과정 동안 중요하지 않은 다른 것(예 : 벨소리와 음식)들은 준비성이 낮기 때문에 학습하기 더 어렵다.

요약하면, 오늘날의 연구는 많은 부분에서 파블로프를 넘어섰다. 연구자들은 현재 유기체는 그들을 둘러싸고 있는 전반적인 자연환경에 대한 정보를 획득하고 있다고 생각한다. 여기에서는 자극과 반응의 관련성이 없거나, 유기체가 진화의 과정을 통해서 습득하기 때문에 어떤 자극과 반응 간의 관계는 더 학습하기 쉬운 경우까지 포함한다.

위와 같이 연구에서 진보는 중요하지만, 진보가 1세기도 더 된 파블로프가 세운 이론의 기초 토대를 무너뜨리지는 못한다. 고전적 조건형성이라는 심리학적 과정을 통해서, 각양각색의 유기체는 또 다른 반응을 예견하는 자극을 접했을 때 환경에 대한 새로운 반응을 학습한다. 이 심리학적 연구 결과는 지금부터 오늘날의 연구자들에게 조건형성과정의 생물학적 기저(지금부터 당신이 살펴보게 될)가 무엇인지 탐구하는 계기를 마련해주었다.

고전적 조건형성의 생물학적 기초

사전 질문

> 동물이 습관화를 경험할 때 신경계통에서는 어떤 현상이 발생하는가?

인간의 뇌에는 수십억 개의 뉴런이 있다(2장 참조). 각 뉴런들은 신경전달물질을 통해서 다른 많은 뉴런들에 화학물질을 전달한다 — 한 뉴런에서 또 다른 뉴런으로 이동하는 화학물질. 뇌는 행동의 생물학적 기초이기 때문에 당신의 감정 또는 행동이 고전적 조건형성의 결과로 바뀔 때마다 변화가 신경세포와 생화학적인 부분 어딘가에서 일어났을 것이다. 그런데 어디에서? 철저하게 조사하기 위해 수많은 뉴런을 가지고 연구자들은 학습의 생물학적 기초를 구성하는 변화를 어떻게 알아냈을까?

한 방법은 인간보다 훨씬 더 적은 뉴런을 가진 유기체의 단순한 신경계를 연구하는 것이다. 신

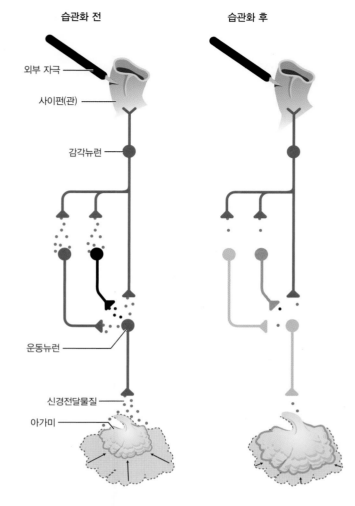

습관화 전   습관화 후

외부 자극

사이펀(관)

감각뉴런

운동뉴런

신경전달물질

아가미

From Kandel (2000). © McGraw-Hill

그림 6.7
생물의 습관화 단순유기체(아플리시아) 연구로 습관화라고 알려진 행동적 변화를 강조하는 생물학적 메커니즘이 명확히 밝혀졌다. 외부 자극이 처음에 아플리시아의 어떤 부분(관)과 접촉할 때, 아플리시아는 강하게 아가미를 수축한다. 자극이 반복되면 조금 작게 아가미를 움직이다. 운동뉴런에 의한 신경전달물질 양의 감소는 행동의 이러한 변화를 설명한다.

경학자 에릭 캔들(Eric Kandel, 2006)은 매우 단순한 동물인 아플리시아(Aplysia)를 연구함으로써 학습의 생물학적 기초를 입증하였다.

아플리시아는 대개 사람 발 크기보다 좀 더 큰 바다 민달팽이다. 이 생물체가 가진 세 가지 특징이 과학자들에게 흥미를 유발한다 ─ (1) 그들의 신경계는 약 2만 개의 뉴런으로 이루어져 있다. (2) 각 뉴런은 조금 큰 편이라 연구하기에 용이하다. (3) 아플리시아는 단순유기체임에도 불구하고 고전적 조건형성을 통한 학습이 가능하다. 캔들은 이 단순유기체를 연구함으로써 고전적 조건형성의 생물학적 기초 정보들을 알아냈다.

어떤 연구(Kandel, Schwartz, & Jessell, 2000)에서, 캔들과 그의 동료들은 습관화에서 일어나는 신경계 변화를 입증하였다. 단순 반사작용을 연구하여 이를 입증하였다. 물체가 감지될 때, 아플리시아는 반사적으로 아가미(호흡기관)를 집어넣는다. 반복적으로 감지되면, 자극에 대해 습관화가 이루어지고 점점 아가미 수축을 멈추게 된다. 캔들은 습관화를 일으키는 정확한 생물학적 변화를 발견하였다. 이는 자극을 감지하는 뉴런과 아가미 움직임을 통제하는 뉴런 사이의 소통을 포함한다. 아플리시아에게 자극이 반복적으로 일어나면, 자극을 감지한 뉴런은 점점 운동 및 움직임을 통제하는 뉴런에게 더 적은 양의 뉴런 전달물질을 보낸다. 후자의 뉴런이 더 적은 양의 뉴런 전달물질을 받을 때, 움직임이 줄어들면서 아가미를 집어넣게 된다(그림 6.7). CS와 US의 연합을 학습할 때 일어나는 변화는 유사하지만, 아가미 움직임을 통제하는 뉴런으로 집

에릭 캔들 2000년에 캔들은 학습의 생물학적 기초 연구로 노벨상을 수상했다.

©EPA European Pressphoto Agency b.v. / Alamy

그림 6.8

사람 · 마음 · 뇌
상호작용

사람들은 일상생활에서 접하는 사물에 관하여 어떻게 두려움을 느끼는가?

(P) 사 람

경험을 통해서 사람들은 원래 중립적이었던 자극에 대한 감정적 반응을 발달시킨다(이 장의 맨 앞에서 논의한 단추에 대한 두려운 반응과 같은).

(M) 마 음

경험을 통해서 정신적 연합은 US와 이전에 중립적이었던 CS 사이에 이루어진다.

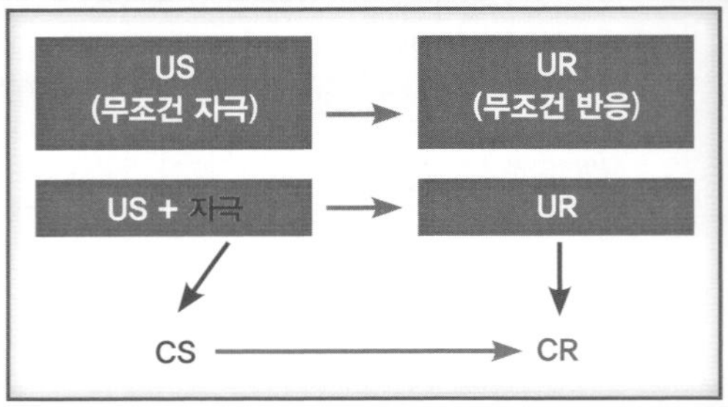

US (무조건 자극)	→	UR (무조건 반응)
US + 자극	→	UR

CS ⟶ CR

(B) 뇌

경험을 통해서 반응에 자극을 연결하는 뇌의 중립적이고 생화학적인 연합은 변화한다.

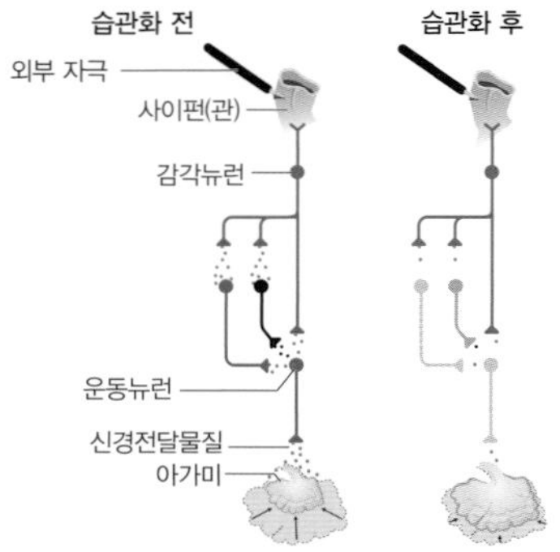

습관화 전　습관화 후
외부 자극
시이펀(관)
감각뉴런
운동뉴런
신경전달물질
아가미

From Kandel (2000). © McGraw-Hill

Solidcolours / Getty Images

212

중되는 뉴런 연합에서 활동을 포함한다.

캔들의 연구는 파블로프가 공식화한 전제를 만족시켰다. 유명한 러시아 과학자는 학습심리학으로 신경계의 생물학적 부분에 대한 설명이 가능할 것이라고 예언하였다. 아플리시아의 고전적 조건형성의 생물학적 메커니즘을 발견함으로써, 캔들은 목적을 달성하기 위한 중요한 일을 해낸 것이다. 앞으로 이에 대한 더 많은 연구가 이루어져야 한다. 바다 민달팽이의 신경계에서 인간의 뇌까지 연구가 이루어져야 한다. 그렇다 하더라도 캔들의 연구는 세 가지 수준(사람, 정신, 뇌)으로 이루어진 고전적 조건의 완벽한 그림을 제공하기 시작하였다(그림 6.8).

조작적 조건형성

고전적 조건형성은 단 하나의 학습 형태에 기인한다. 두 번째는 **조작적 조건형성**(operant conditioning)으로, 행동은 그 결과에 따라 수정된다는 것이다.

조작적 조건형성의 핵심은 아주 작은 행동의 결과라도 앞으로 일어날 행동의 가능성을 바꾼다는 것이다. 이 사실은 원칙적으로 그 어떤 유기체의 어떤 행동의 경우에도 거의 대부분 참이다. 예를 들면 당신의 개가 자세를 바로 앉았을 때 긍정적인 결과를 나타낸다면(개를 가족처럼 다루어주는 것과 같은), 앞으로도 바로 앉을 것이다. 당신이 시험 전날 밤 파티에 참석하여 부정적인 결과가 수반된다면(낙제), 당신은 앞으로 시험 전날에는 파티에 갈 가능성이 극히 낮아질 것이다. 환경적 결과는 미래의 행동을 형성한다. 이것이 바로 조작적 조건형성의 본질이다.

> 이 장을 읽은 결과로서 당신이 경험하고 싶은 긍정적인 결과는 무엇인가?

일상생활에서의 조작적 조건형성

사전 질문

> **› 일상생활에서 찾아볼 수 있는 조작적 조건형성의 예는 무엇이 있는가?**

조작적 조건형성의 예는 일상생활에서 쉽게 찾아볼 수 있다. 당신이 어린 자녀와 갈등이 일어났고, 결국 아이의 요구를 들어주게 되었다고 가정해보자. 당신은 결국 앞으로 아이와 더 많은 갈등을 겪게 될 것이라고 예상할 것이다. 부모의 허용은 아이가 행동을 반복하게 될 가능성을 높인다.

또 다른 예로, 당신에게 좋은 점을 더 많이 알고 싶은 친구가 있다고 생각해보자. 당신은 사람들이 개인적인 생각과 감정에 대해 더 많은 이야기를 나눔으로써 마음을 터놓게 될 것이라 생각할 것이다. 당신은 그렇게 하기 위해서는 당신의 친구가 개인적 관심사와 관련 있는 작은 단서를 보일 때마다 주의를 기울이고 관심을 드러낼 필요가 있다는 것을 알고 있다. 당신의 주의와 관심은 그 친구가 마음을 계속해서 터놓게 될 가능성을 높여주는 결과에 해당한다. 그러나 당신이 하품을 한다거나 시계를 쳐다보게 되면 그 가능성을 낮아지게 할 것이다.

결과는 행동의 변화를 가져온다. 심리과학에서 도전은 어떤 결과를 통해 습득하는 학습의 정확한 과정(프로세스)을 이해하는 것이다.

고전적 조건형성과 조작적 조건형성의 비교

사전 질문

> **› 고전적 조건형성과 조작적 조건형성 간의 두 가지 주요 차이점은 무엇인가?**

조작적 조건형성과 고전적 조건형성 간에는 두 가지 주요한 차이점이 있다 — (1) 자극의 순서와

조작적 조건형성 행동의 미래 가능성이 행동의 결과에 의해 수정되는 학습 형태

행동, (2) 학습된 행동의 유형.

1. **자극의 순서와 행동** : 고전적 조건형성에서는 자극이 먼저 오고 반응이 반응(어떤 행동)을 유발한다. 예를 들면 벨소리가 울리고(자극) 나서 개는 침을 흘린다(반응). 조작적 조건형성에서는 순서가 반대이다. 자극은 행동을 뒤따르게 한다. 당신이 복권을 사고(행동) 나서 TV를 점령한다(원하는 자극). 당신은 비디오게임을 할 때 새로운 전략을 펼친 후, 비디오게임 캐릭터는 산산조각나게 된다(원하지 않는 자극). 자극이 반응 뒤에 오기 때문에, 이를 반응 **결과**라고 한다. 조작적 조건형성 학자들은 결과의 다른 유형들이 미래에 어떤 행동으로 다시 나타나게 되는지 그 경향성을 연구하였다.

2. **학습된 행동의 유형** : 고전적 조건형성에서 학자들은 환경적 자극에 의해 즉시 유발되는 행동에 관하여 연구했다. 벨이 울리면 파블로프의 개는 침을 흘리게 된다. 쥐가 나타나면 앨버트는 두려움에 떨게 된다. 조작적 조건형성에서 학자들은 '저절로 일어나는' 것 같은 행동을 연구했다. 즉 어떤 유발 자극도 나타나지 않을 때조차 일어났다. 당신은 갑자기 친구에게 메시지를 보내기로 결정할 것이다 — 친구가 당신에게 메시지를 보내 달라는 어떤 요청도 하지 않았음에도 불구하고. 또는 당신은 저절로 TV를 끄게 될 것이고 내일 있을 수업을 위한 보고서를 작성하기 시작할 것이다 — 당신의 교수가 보고서를 쓰라고 주지시키면서 옆에 있는 것도 아닌데 말이다. 여기서 중요한 것은 이 행동들이 외부세계에 영향을 준다는 것이다(타인 포함). 당신이 보낸 메시지로 인해서 친구는 힘을 내게 된다. 당신이 집중 작업한 보고서로 인해 지도교수는 깊은 감명을 받고 A학점을 주게 될 것이다. 대부분의 행동은 환경에 영향을 주거나 환경을 '조작한다'. 행동을 조작이라고 부르고, 사람들이 학습하는 과정을 조작적 조건형성이라고 부르는 이유는 그 때문이다(Skinner, 1953).

| 오늘날 환경을 조작하는 방법은 무엇이 있는가? |

조작적 조건형성 연구로 학습과정의 범위는 파블로프의 연구를 넘어서 크게 확장된다. 지금부터 조작적 조건형성의 심리학적 과정에 관하여 자세히 살펴보도록 하겠다.

손다이크의 퍼즐 박스

사전 질문

> › 동물들이 퍼즐 박스에서 탈출하는 방법을 어떻게 학습하는지에 관한 손다이크의 주요 연구 결과는 무엇인가?
> › 효과의 법칙이란 무엇인가?

조작적 조건형성에 관한 연구는 심리학에서 오랜 역사를 지니고 있으며, 에드워드 손다이크(Edward L. Thorndike, 1874~1949)라고 하는 미국 심리학자의 연구에서부터 살펴볼 수 있다.

그 당시 파블로프는 러시아에서 고전적 조건형성에 관한 연구를 시작하였다. 손다이크는 뉴욕의 컬럼비아대학교에서 학습의 다른 유형에 관한 실험에 착수하였다. 그는 퍼즐 박스에 고양이를 놓아 두고, 고양이가 비교적 간단한 행동을 수행했을 때 탈출할 수 있도록 울타리를 쳤다(그림 6.9). 예를 들면 퍼즐 박스에는 줄이 달려 있는 문이 있다. 고양이는 문을 열기 위해서는 그 줄을 잡아당겨야 하고, 그렇게 했을 때 탈출할 수 있다. 고양이가 탈출했을 때 보상을 제공하기 위해 손다이크는 배고플 때 고양이를 퍼즐 박스 안에 놓아두고, 퍼즐 박스 바깥에는 약간의 음식을 놓아 두었다(Chance, 1999).

그림 6.9
손다이크의 퍼즐 박스 손다이크는 고양이를 퍼즐 박스에 놓아 두고 탈출하는 데 얼마나 오래 걸리는지(문을 열기 위해서는 줄을 잡아당겨야 하는 수행이 필요함)를 연구하였다.

시행착오 학습 고양이가 어떻게 빠져나오는지 알게 되었다고 해서 실험이 끝나는 것은 아니다. 손다이크는 고양이를 퍼즐 박스로 다시 넣고, 다시 빠져나오도록 했다. 이것을 반복적으로 시행하였다. 넣고, 빠져나오기를 반복하였고, 손다이크는 빠져나오는 방법을 고양이가 알게 되는 데 시간이 얼마나 걸리는지를 기록하였다.

손다이크는 고양이가 점점 더 빨리 탈출한다는 것을 알아냈다(그림 6.10.) 처음에는 2분이 걸렸다. 벽을 긁는 것과 같은 박스에서 빠져나오는 데 도움이 되지 않는 행동에 시간을 소비하였다. 그러나 몇 번의 시행을 한 후, 그들의 행동은 점점 초점화되었다. 그들은 행동 수행에 대부분 시간을 보냈으며(연결된 끈을 당기려는 시도와 같은), 이전 시행착오를 통해서 빠져나오려고 애썼다. 결국 그들은 퍼즐 박스에서 순식간에 빠져나왔다.

손다이크는 고양이가 빨리 학습한다는 것을 알아냈다. 그들의 행동은 퍼즐 박스 안에서 경험의 결과로 변화되었다. 시간이 지날수록 그들은 과거에 한 행동으로부터 수행을 배우고 성공적인 탈출로 이어졌다.

효과의 법칙 손다이크의 연구 결과가 단지 박스 안의 고양이에게만 국한되는 것은 아니다. 그는 **효과의 법칙**(law of effect)이라고 하는 학습의 일반적 원리를 발견해냈다. 그 법칙은 (1) 동물이 처한 **상황**, (2) 수행하는 **행동**, (3) 행동에 따르는 결과 사이의 관계를 설명한다. 효과의 법칙은 주어진 상황에서 만족스러운 결과가 나오는 행동을 유기체가 수행할 때 분명해진다(즉 기쁨을 가져다주거나 이익을 가져다주는 결과). 그리고 나중에 똑같은 상황에 직면했을 때 그와 같은

그림 6.10
손다이크 실험 결과 손다이크가 퍼즐 박스에 넣은 고양이들은 연습 후 더 빨리 빠져나왔다. 처음에는 빠져나오는 데 오랜 시간이 걸렸다. 그러나 점차 박스 안에서 빠져나오는 행동 수행의 방법을 터득하여 빨리 빠져나오게 되었다.

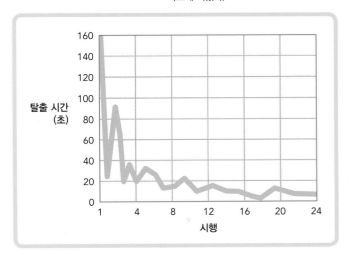

행동을 수행하게 될 것이다. 반응에 대한 결과(행동에 따르는 사건)가 긍정적일 때 행동의 가능성이 높아진다.

효과의 법칙은 고양이의 행동을 설명한다. 고양이가 박스에서 탈출할 때마다 만족스러운 결과는 자극(문을 닫히는 장치가 있는 퍼즐 박스)과 고양이가 탈출하게 만드는 행동(문에 달린 끈을 잡아당기는 것)의 연합을 강화한다. 퍼즐 박스로 다시 돌아오게 되면 고양이는 그 행동을 또다시 수행하게 된다.

스키너와 조작적 조건형성

사전 질문

> ❯ 조작적 조건형성의 스키너의 분석에서 강화물은 무엇인가?
> ❯ 정적 강화와 부적 강화의 차이점은 무엇인가?
> ❯ 강화는 처벌과 어떻게 다른가?

Nina Leen / Time Life Pictures / Getty Images

B. F. 스키너 실험실에서의 스키너. 그는 과학계의 거목으로서 쥐의 지렛대 누르기 실험 설계를 고안하였다.

손다이크의 연구 이후, 많은 심리학자들은 동물이 경험으로부터 어떻게 학습하는지 알게 되었다(Bower & Hilgard, 1981). 실제로 학습에 관한 연구는 1920년대부터 1960년대 초까지 미국 심리학 분야에 매우 활발했다. 많은 학자들 중 어떤 이는 20세기의 가장 저명한 심리학자가 되었다. 그중 한 사람이 바로 스키너(B. F. Skinner)이다(Haggbloom et al., 2002).

스키너(1904~1990)는 나중에 본인이 교수로 근무하게 되는 하버드대학교의 학생으로 심리학에 입문하였다. 학생 신분으로 그는 환경적 조작이 행동을 어떻게 형성하는지를 연구하는 새로운 연구 방법을 개발하였다(Skinner, 1938). 그는 과학 분야 저서도 쓰면서(Skinner, 1953, 1974) 학습에 관한 기초연구를 지속하였고 심지어 월든 투(*Walden II*)라는 소설(그가 발견한 학습의 원리를 대중들에게 설명하고 사회적으로 어떤 의미를 가지는지 설명함)도 썼다.

행동을 형성하는 결과 스키너의 핵심 통찰은 손다이크와 같은 것이었다. 행동은 그 결과에 의해 형성된다는 것. 당신이 무엇인가 할 때, 대개 그 결과가 따른다. GPS를 사용하면 당신은 찾고자 하는 장소가 어디인지 알게 된다. 보수적인 친구들에게 수준 낮은 농담을 했을 때 그들은 재미있어 하지 않는다는 사실을 알게 될 것이다. 이 결과들은 당신의 감정적 반응(파블로프가 이야기했던)에만 영향을 주는 것은 아니다. 당신이 다음에도 그 행동을 할지 여부도 결정하게 된다. 당신이 가고자 했던 위치를 찾았다는 긍정적인 결과로 인해 앞으로 GPS를 더 많이 사용하게 될 것이다. 당신의 보수적인 친구들을 불쾌하게 했던 부정적인 결과로 인해 당신은 수준 낮은 농담은 자제하게 될 것이다.

스키너의 통찰이 손다이크와 같았을지라도 그의 학문적 기여는 훨씬 더 컸다. 스키너는 행동에 영향을 주는 결과를 입증하는 실험 결과를 보여주었을 뿐만 아니라 전 세계적으로 심리학 실험실에서 널리 적용할 수 있는 위와 같은 영향에 관한 연구를 위한 새로운 기술도 발달시켰다. 게다가 그는 **행동주의**라고 불리는, 모든 유기체의 행동과 경험은 유기체가 처한 환경의 영향을 고려하여 설명될 수 있다는 학설 전체를 진보시켰다(Skinner, 1974). 스키너는 행동주의와 조작적 조건의 원리는 심리학 분야의 대부분의 현상을 설명할 수 있다고 강력하게 주장했다. 왜냐하면 심리학의 대부분은 반응 결과에 따르는 행동과 관련 있기 때문이다.

스키너 이론 체계의 핵심은 반응 결과의 **강화**와 **처벌**이라는 두 가지 유형이 어떻게 행동을 형성

표 6.1

강화와 처벌		
	행동상의 효과	
	행동의 빈도 증가	**행동의 빈도 감소**
자극 제시	정적 강화	정적 처벌
자극 제거	부적 강화	부적 처벌

심리학자들은 사람들이 행동을 수행하는 빈도에 영향을 주는 네 가지 유형의 반응 결과를 구별한다. 행동의 빈도는 강화의 두 가지 유형에 의해 증가한다 — 정적 강화(강화 자극이 나타남)와 부적 강화(혐오 자극은 사라짐). 행동의 빈도는 두 가지 처벌에 의해 감소한다 — 정적 처벌(혐오 자극을 나타냄)과 부적 처벌(바람직한 자극이 사라짐).

하는지에 관한 그의 분석에 있다. 이에 관해 지금부터 한 번 살펴보도록 하자.

강화 조작적 조건형성에서 주요 관심 자극을 **강화물**(reinforcer)이라고 부른다. 강화물은 반응을 유발하고 나중에도 반응을 일으킬 가능성이 높은 어떤 자극이다. 스키너의 연구는 강화된 행동이 다시 일어나고 그로 인해 행동을 형성하는 데 있어서 어떻게 강화물이 그 가능성을 높여주는지를 분석하였다.

스키너에 따르면 강화에는 정적 강화와 부적 강화가 있다(표 6.1). **정적 강화**(positive reinforcement)에서 특정 자극의 발생은 특정 행동이 일어날 가능성을 높여준다. 만약 당신이 식사조절을 하고, 운동하고, 체중을 줄이고 나서 친구들이 "와, 너 예뻐졌다!"라고 말한다면, 그 친구의 말은 당신이 앞으로도 식이조절하고 운동하게 하는 정적 강화물이 될 것이다. **부적 강화**(negative reinforcement)에서 자극의 제거는 특정 행동이 일어날 가능성을 높여준다. 당신이 두통으로 아스피린 2알을 먹고 두통이 없어졌다면, 두통의 제거는 부적 강화물에 해당한다. 그 제거는 당신이 다음에도 두통이 있을 때 아스피린을 복용하게 될 가능성을 높여주게 된다.

여기 다른 예가 또 있다. 정적 강화물인지, 부적 강화물인지 당신이 말할 수 있는지 한 번 살펴보기 바란다. 당신 이웃이 악기를 매우 크게 연주한다고 상상해보라. 당신은 "조용히 해!"라고 소리칠 것이고, 이웃은 악기 연주를 멈출 것이다. 악기 연주를 멈추게 한 강화물은 어느 유형인가? 다음 번에도 악기 연주를 매우 크게 했을 때 당신이 다시 "조용히 해!"라고 외치게 만드는 부적 강화물에 해당한다.

'강화물'은 사람들이 좋아하거나 즐기는 자극이 아닌, 행동을 일으키는 가능성에 초점을 둔 자극의 효과 측면에서 정의된다는 것에 주목하라. 사람들이 좋아하지 않는 어떤 자극은 효과적인 정적 강화물이다. 당신이 주기적으로 자연재해(예 : 허리케인, 지진 등)가 일어나는 지역에 살고 있다고 가정해보자. 당신은 재난을 좋아하지 않지만, 그것은 정적 강화물이 된다. 가끔 겪게 되는 일이지만 전기발전기를 구입하고 비상용 물을 구비하는 등의 특정 행동이 일어날 가능성을 상당히 높여준다.

> 당신이 학교를 제 시간에 맞춰 갈 수 있도록 집에서 일찍 출발하게 만드는 특정 강화물은 무엇이 있는가? 그것은 정적 강화물인가, 부적 강화물인가?

Craig Swanson©www.perspicuity.com

WILL PRESS LEVER FOR FOOD

강화물 조작적 조건형성에서 반응 뒤에 발생하고 반응의 미래 가능성을 높여주는 어떤 자극

정적 강화 행동의 미래 가능성을 높여주는 행동이 뒤따르게 하는 자극

부적 강화 행동의 미래 가능성을 높여주는 행동을 제거하는 자극

처벌 조작적 조건에서 주어진 행동의 미래 가능성을 낮춰주는 자극

처벌 스키너에 의하면 행동은 강화뿐만 아니라 처벌에도 영향을 받는다. **처벌**(punishment)은 어

타임아웃 당신은 잘못을 저질러서 타임아웃되었을 때를 여전히 기억하는가? 학습 이론의 언어로 표현하면 타임아웃 과정은 부적 처벌이다. 처벌은 바람직한 자극을 제거하는 것이다 — 다른 아이들과의 놀이 시간.

아동기에 당신이 경험한, 기억에 남는 정적 처벌과 부적 처벌에는 무엇이 있는가?

떤 행동이 앞으로 일어날 가능성을 낮추는 자극이다. 잘못된 행동을 한 아이를 꾸짖는 것, 속도위반을 한 운전자에게 벌금을 부과하는 것, 허들을 넘지 못한 운동선수에게 야유하는 것 등은 모두 처벌의 예에 해당한다. 이 반응 결과들은 다음에 그와 같은 행동을 할 가능성을 낮추어준다.

강화와 마찬가지로 처벌도 '정적'인 것과 '부적'인 것으로 나눌 수 있다. 정적 처벌은 혐오 자극을 제시하는 것이고, 부적 처벌은 원하는 자극으로부터 떨어뜨려 놓는 것이다. 표 6.1은 강화와 처벌의 두 가지 유형을 요약한 것이다.

정적 처벌과 부적 처벌 사이의 구별을 나타내는 일상의 예는 아이 양육에서 찾아볼 수 있다. 아이가 잘못된 행동을 했을 때, 양육자는 혐오 자극을 보여주는(아이를 야단치는) 정적 처벌을 선택할 것이다. 그러나 그 대안으로 부적 처벌도 있다 — 타임아웃. 당신의 어린 시절 기억을 더듬어보면, 타임아웃된 아이들은 사회적으로 고립된다. 그들은 장남감과 플레이매트와 같은 원하는 자극에 접근하는 것이 금지된다. 연구자들은 부적 처벌이 성인의 요구에 아동이 순응하는 데 효과가 있다는 증거를 보여준다 (Everett et al, 2007).

처벌에는 어떤 결과가 따른다. 그러나 스키너는 처벌보다는 강화를 더 열심히 연구하였다. 그는 두 가지 이유에서 강화를 더 연구하였는데, 효과와 윤리적인 측면의 이유 때문이었다. 처벌이 효과를 나타내는 것에 대해서 그는 행동의 변화를 가져옴에 있어서 비효과적인 방법이라고 하였다. 왜냐하면 사람들은 벌을 주는 사람에게 반항적인 태도를 취할 것이기 때문이다.

둘째, 스키너는 바람직한 행동에 대한 보상은 바람직하지 않은 행동을 처벌하는 것보다 윤리적 측면에서 더 좋은 방법이라고 생각했다(예 : Skinner 1948). 스키너가 말한 강화과정에 대해 더 자세히 살펴보도록 하자.

스키너학파 위원회 그의 소설 『월든 투』에서 스키너는 학습 원리를 기반으로 하는 위원회(바람직한 행동이 지속적으로 강화되어 서로 조화롭게 살고, 처벌 시스템이 전혀 필요없는 위원회)를 묘사하였다. 일부는 그의 메시지에 영향을 받았다. 이와 같은 내용은 스키너 원리를 간략히 소개하는 글로 1973년에 설립된 멕시코 위원회인 Los Horcones에 게재되었다. 이 위원회는 오늘날에도 여전히 유지되고 있다.

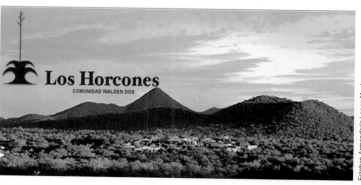

네 가지 기본적인 조작적 조건형성 과정

사전 질문

> ❯ 강화계획은 무엇인가?
> ❯ 행동에 영향을 주는 강화계획은 어떻게 다른가?
> ❯ 변별 자극은 무엇인가?
> ❯ 변별 자극에 관한 연구는 다른 상황에서 다르게 행동하는 사람들의 경향을 어떻게 설명하는가?
> ❯ 유기체는 조작적 조건화를 통해서 복잡한 행동을 어떻게 학습할 수 있는가?

스키너는 강화와 행동 간의 관계를 연구하는 과정에서 체계적이면서도 놀라운 사실들을 수없이 발견하였다. 지금부터 네 가지 기본적인 조적적 조건형성과정에 관한 그의 연구들을 살펴보도록 하자 — 강화계획, 소거, 변별 자극, 복잡한 행동의 형성.

스키너는 각 과정에 관한 그의 연구가 인간의 행동과 매우 관련이 깊다고 확신했다(Skinner, 1953). 그러나 그의 연구는 동물을 대상으로 했다는 사실에 주목해야 한다. 왜 동물일까? 스키너에 따르면, 물리학의 원리를 모든 물질에 적용하는 것과 같이 학습의 원리를 모든 유기체에 적용해 보라는 것이다. 이처럼 쉽게 연구를 진행하여 그는 스키너 상자라는 비교적 간단한 실험을 설계하여 복잡하지 않은 방법으로 유기체(특히 비둘기와 쥐)를 연구했다.

	비율 일정 횟수의 반응을 나타낸 후의 강화	**간격** 일정 시간이 흐른 후 나타나는 강화
고정적 처음 시행에서 다음 시행까지 계획의 일관성	**FR** (고정비율)	**FI** (고정간격)
변동적 처음 시행에서 다음 시행까지 계획의 변화	**VR** (변동비율)	**VI** (변동간격)

그림 **6.11**
강화계획 스키너는 강화계획이 두 가지 방법으로 달리 일어난다고 설명하였다. 첫째, 강화의 출현은 시간에 따라 다르거나(간격강화계획) 수행된 반응 수에 따라 다르다(비율강화계획). 둘째, 강화의 출현은 지속적으로 일어나거나(고정강화계획) 예측할 수 없을 정도로 다양하다(변동강화계획).

강화계획 실험실에서나 일상생활에서나 행동과 강화의 관계는 다양하다. 때때로 강화는 예측 가능한 범위에서 끊임없이 일어난다. 당신이 식료품 가게에서 계산할 때마다 행동은 강화된다(음식을 얻음). 그러나 어떤 때는 강화가 예측 불가능한 상태로 산발적으로 발생한다. 당신은 항상 홈팀을 응원하고 또 응원하지만, 그 행동이 강화되지 않을 때도 있다(가끔 팀이 질 때).

스키너는 다른 **강화계획**이 있다는 것을 인지했다. **강화계획**(schedule of reinforcement)은 행동 발생과 관련하여 강화가 일어날 때 알려주는 일종의 시간표이다. 다른 강화계획은 다른 행동 패턴을 만들어낸다(Ferster & Skinner, 1957). 강화계획은 (1) 강화계획의 지속성과 (2) 시간이 강화물의 전달에 있어서 요인으로 작용하는지 안 하는지에 따라 다르다(그림 6.11 참조).

지속성에 관하여, 때때로 전달되는 강화물이 같은 것이거나 한 번의 시행에서 그다음 시행까지 '고정'된다. (스키너 실험의 시행은 행동 또는 일련의 행동이 강화물에 의해서 따라오는 일련의 연속적인 사건이다.) **고정강화계획**(fixed schedules of reinforcement)에서는 강화물의 전달이 시행을 함에 따라 연속적이다. **변동강화계획**(variable schedules of reinforcement)에서는 강화물의 전달은 불규칙적이다. 한 번의 시행에서 다음 시행까지 예측 불가능하다.

당신으로 하여금 문자 메시지 보내기를 강화하는 강화계획은 무엇인가?

시간과 관련하여, 유기체는 강화물이 전달되기까지 기다려야 한다. **간격강화계획**(interval schedules of reinforcement)에서는 강화물이 유기체가 일정 간격을 두고 나서 오는 첫 번째 반응 다음에 전달된다. 강화가 더 빨리 일어나도록 유기체가 할 수 있는 일은 없다. 그러나 다른 패턴을 살펴보면, 강화계획에서 시간은 결정 요인이 아니다. **비율강화계획**(ratio schedules of reinforcement)에서 유기체는 수많은 반응을 수행한 후에 강화물을 얻게 된다. 더 빨리 반응하면

강화계획 조작적 조건형성 연구에서 강화가 언제 일어나는지를 알려주는 시간표

고정강화계획 전체 시행에서 강화가 일정 간격으로 제공되는 조작적 조건형성 원리

변동강화계획 전체 시행에서 강화가 일정하지 않은 간격으로 제공되는 조작적 조건형성 원리. 강화물의 전달은 예기치 않게 일어난다.

간격강화계획 특정 시간 간격을 두고 유기체에 강화물이 첫 번째 반응 후에 전달되는 조작적 조건형성 원리

비율강화계획 유기체에게 몇 가지 반응이 나타난 후 강화물이 제공되는 강화 시간표

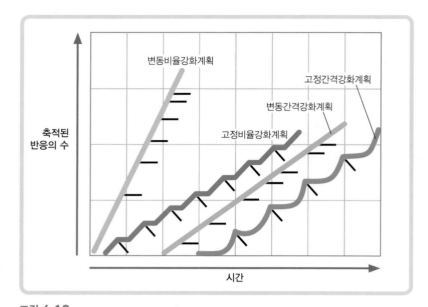

그림 6.12

강화계획 결과 강화계획의 종류에 따라 반응 비율이 달라진다. 가장 높은 반응 비율을 보이는 것은 변동비율강화계획이다. 옆으로 삐져 나와 있는 짧은 검은색 선은 언제 강화가 전달되었는지를 나타내고 있다.

할수록 빨리 강화가 일어난다.

그림 6.11에서 보듯이, 이 두 가지 차이로 인해 강화계획의 네 가지 유형이 생긴다 — 고정간격강화계획(FI), 변동간격강화계획(VI), 고정비율강화계획(FR), 변동비율강화계획(VR). 스키너의 실험실 결과와 일상생활의 관련성을 비교해보면서 차근차근 살펴보도록 하자.

고정간격강화계획(FI)에서 강화물은 처음 시행에서 다음 시행까지 일정한 시간 간격을 두고 일어난다. 예를 들어 쥐가 FI에 따라 지렛대를 누른다고 가정하고, 간격은 1분이다. 이는 일단 쥐가 지렛대를 누르고 강화물이 주어지면, 60초 동안 다른 것은 얻을 수 없음을 의미한다. 1분의 시간이 모두 흐른 후 처음에 쥐가 지렛대를 누르면 다른 강화물을 받게 된다.

FI는 비교적 낮은 행동 비율을 나타낸다(그림 6.12). 일단 강화물이 생기면, 동물은 잠시 반응하지 않는 경향이 있다. 동물은 보통 간격이 끝나기 전단 몇 초 안에 높은 반응 비율을 나타낸다. 결과적으로 다른 세 가지 강화계획에 비해 동물의 전반적 행동 수준은 낮다.

FI는 매일의 일상생활에서 일반적이다. 강화물의 한 가지 예를 들자면 교실의 시험 상황에서 FI는 종종 일어난다. 당신은 교실에 있을 것이고 4주에 한 번 정도 정해진 스케줄에 의해 시험을 보게 된다. (시험이 강화물이다. 그들은 공부를 강화한다. 시험이 없다면, 대부분의 사람들은 시험이 있을 때보다 공부를 덜 하게 될 것이다.) 따라서 교실에서의 시험은 예측가능하고 정해진 스케줄에 따라 시행되는 강화물이다. 그렇다면 스키너의 이론은 정기적으로 시험이 있는 학생들의 행동에 관하여 무엇을 예측할 수 있는 것일까?

시험이 FI에 따라 일어나기 때문에, 스키너는 스키너 상자의 쥐처럼 학생이 하는 공부의 빈도도 시간에 따라 다양할 것이라는 사실을 예측할 수 있을 것이다(그림 6.12 참조). 그는 시험 한 과목이 시행된 후 학생들은 잠시 공부를 하지 않을 것이라고 예측했다. 차라리 그들은 다음 시험이 있기 전까지 단 며칠 동안이나 단 몇 시간 동안 공부하는 비율이 높을 것이다. 물론 많은 학생들에게 이는 정확히 일어나는데, 이를 벼락치기라고 한다. 스키너는 이것이 특별한 것은 아니라고 했을 것이다. 특별히 시험, 학생들 또는 인간과 특별히 관련성이 없다. 시험 벼락치기는 FI 강화계획에 따라 일어나는 행동의 일반적 패턴의 한 예에 지나지 않는다.

변동간격계획(VI)에서 강화는 스키너 상자에서 유기체에게 예측 불가능한 시간 간격 뒤에 일어난다. 예를 들어 간격은 평균 1분으로 설정되지만 첫 시행에서 다음 시행까지 10초에서 110초까지 다양하게 설정될 수 있다. VI는 FI보다 더 높은 비율로, 더 지속적으로 일어나는 행동 패턴을 보여준다(그림 6.12 참조). 위의 벼락치기 예에서의 단순한 변화는 일상의 생활에서 이러한 일들이 어떻게 일어나는지를 보여준다. 당신이 정해진 시험 대신에 퀴즈 시험을 본다고 가정해보자. 당신은 항상 강의노트를 읽고 복습하는 등 항상 시험을 대비하기 위하여 비교적 지속적인 비율로 공부할 것이다. 이러한 행동의 지속성 유형은 정확히 VI에 따라 스키너 상자에서 일어나는 것이다.

비율강화계획의 구간 간격은 간격 계획보다 더 높은 반응 비율을 나타낸다(그림 6.12 참조). 고정비율강화계획(FR)에서 강화물은 유기체가 어떤 일정 수 이상의 반응을 수행한 후에 전달되고, 그 수는 첫 시행에서 다음 시행까지 일정하게 유지된다. 예를 들면 쥐는 매번 20번 지렛대를 누른 후에 강화된다. FR과 더불어, 동물들이 이 반응을 하게 되는 데 걸리는 시간과는 상관 없이 일정

변동비율강화계획 스키너 상자의 VR 계획은 슬롯머신을 강화하는 계획과 일치한다. 강화계획은 사람과 쥐를 유사한 방법으로 중독되게 만든다.

수의 반응이 일어난 후 강화가 일어난다. FR에서는 유기체가 더 빨리 반응한다면 더 많은 강화를 받는다(FI와는 다름).

FR의 위력을 보기 위해 일의 두 가지 유형을 상상해보도록 하자. 하나는 시간당 보수를 받는 것이고, 다른 것(FR 일)은 더 빨리 일하면 더 많이 보수를 받는 일이다. 예를 들면 당신은 패스트푸드점에서는 시간당 보수를 받을 것이다. 더 많은 손님을 서비스한다고 더 많은 보수를 받는 것이 아니다. 한편, 전화로 잡지를 판매하는 경우 당신은 얼마나 많이 팔았느냐에 따라 보수를 받게 될 것이다. 영업부장이 알고 있는 바와 같이(Lazear, 1986), 잡지 판매직의 FR은 동기부여가 더 클 것이다. 비율강화계획하에서 일하게 될 때 사람들은 덜 '태만해'질 것이다.

변동비율강화계획(VR)에서는 유기체가 **평균적으로** 일정 반응 이상을 수행한 후에 강화가 전달된다. 정확한 수의 반응이 첫 시행에서 다음 시행까지 예측할 수 없을 정도로 다양한 시행이 주어지는 것이 요구된다. 예를 들어 쥐가 지렛대를 누르는 행동은 평균 20번을 누르게 되면 강화될 것이다. 하지만 강화가 일어나기 전에는 쥐는 지렛대를 단 10번만 누를 것이고, 다음 시행에서는 30번을 누르게 될 것이다.

VR 통제하에서 동물들은 산발적으로 강화된다. 동물들은 어떤 시행에서는 강화물을 얻기 위해서 지렛대를 50번 또는 그 이상을 눌러야 할 것이다. 당신은 반응의 낮은 비율을 만들어내기 위해 이 계획을 기대할 것이다. 하지만 대신에 그 반대의 경우가 일어난다! VR은 가장 높은 반응 비율을 만들어낸다(그림 6.12 참조). 스키너 실험에서 주목할 만한 결과는 매우 적은 강화를 얻는 동안 VR에 있는 동물들은 매우 높은 비율의 반응을 보여줄 것이라는 것이다.

VR의 위력은 슬롯머신과 같은 도박 기계의 위력을 설명한다. 슬롯머신은 일련의 행동을 강화한다 — 기계에 돈을 넣고 레버를 당기는 것(아이러니하게도 스키너 상자의 지렛대를 누르는 쥐의 행동과 흡사함). 중요한 것은 변동비율강화계획하에 그들은 행동을 단지 산발적으로 강화한다는 것이다. 돈을 지불하지만, 변동비율강화계획하에 산발적으로 하게 된다. 큰 돈을 지불할 때도 있지만, 몇백 또는 몇천 번에 한 번만 그런 일이 발생한다. 강화의 낮은 빈번함에도 불구하고, 기계에 중독된다. 스키너 상자의 비둘기이건, 카지노에 있는 인간이건 간에 VR은 행동 통제 능력을 제압하여 둥지 속의 알(카지노에서는 비상금)을 빼앗을 수 있다.

소거 이 장의 앞부분에서 당신은 고전적 조건형성의 소거에 관하여 학습하였다. 조작적 조건형성에서 소거는 전에는 강화가 일어났던 행동이 더 이상 강화를 받지 못할 때 생기는 행동 패턴이다. 예를 들면 실험자가 쥐가 지렛대를 누를 때마다 조금씩 음식을 주는 등 쥐의 지렛대 누르는 행동을 강화시켰다고 생각해보자. 실험자가 갑자기 그런 행동을 강화하지 않는다면, 쥐의 지렛대 누르는 행동은 사라질 것이다.

변동비율강화계획에 의해 행동을 강화하지 말라! 떼를 쓰는 아이와 맞닥뜨린 부모는 종종 '굴복하고 만다'. 아이의 떼 쓰는 행동을 멈추기 위해 장난감을 사게 된다. 강화계획에 관한 스키너의 연구를 통해서 우리는 부모가 굴복하는 것은 문제를 더 악화한다는 것을 알 수 있다. 부모가 자주 굴복하게 되면, 변동비율강화계획에 의해 떼 쓰는 행동이 강화된다(그 행동을 더 자주, 더 강하게 하게 함).

소거가 일어나는 동안 동물의 행동에는 어떤 변화가 일어날까? 소거의 패턴은 동물이 전에 경험했던 강화계획에 따라 달라진다. 그 행동이 지속적으로 강화되었다면(예 : 매우 적은 반응이 일어나 후에 생기는 강화와 FR에 따라), 소거는 빠르게 일어난다. 그러나 행동이 불규칙적으로 강화되었다면, 무작위적 계획이었다면, 소거는 매우 느리게 진행된다. 동물은 전혀 강화를 받지 않는 동안에는 매우 다양한 행동을 수행할 것이다.

동물이 지속적으로 강화받았다면 소거가 빨리 일어날 것이고, 간헐적으로 강화받았다면 소거가 느리게 일어날 것이다. 소거에 대하여, 인간 행동에 관한 다음의 두 예를 비교해보자.

› 당신이 자동판매기에 동전을 넣고, 당신이 선택하여 버튼을 누르게 된다. 하지만 아무런 강화물이 없다. 기계는 당신의 과자를 전달해주는 데 실패한다.

› 당신이 편의점에서 복권을 산다. 하지만 아무런 강화물이 없다. 당신은 복권 당첨에 실패한다.

자판기의 예에서, 당신이 강화를 얻지 못한 한 가지 시행은 충분하다. 당신은 기계에 돈 넣기를 멈춘다. 복권의 예에서, 당신이 강화물을 얻지 못한 한 시행은 사실상 아무런 효과도 없다. 복권을 사는 사람들은 당첨된 적도 없으면서 자주 반복적으로 복권을 산다. 적당히 기능하는 자판기는 FR에 따라 행동을 강화하는 반면에, 복권은 VR에 따라 행동을 강화한다. 그리고 ― 스키너 실험이건, 일상생활에서건 간에 ― VR은 매우 느리게 소거되는 행동을 만들어낸다.

변별 자극 당신의 행동은 일반적으로 상황에 따라 다르다. 당신은 친구와는 수다스럽지만, 교실이나 교회에서는 조용하다. 당신은 어떤 과목은 열심히 하지만, 다른 과목은 '날려버리기도' 한다. 당신은 지도교수한테는 예의를 갖추어 말하고 룸메이트에게는 가볍게 이야기한다. 조작적 조건형성은 행동에서의 이러한 변수들을 변별 자극을 통해 설명한다. **변별 자극**(discriminative stimulus)은 주어진 행동 유형이 따라올 결과의 유형에 관한 정보를 제공해준다. 변별 자극은 어떤 상황에서 행동이 강화될 것이라는 신호가 될 것이다. 반면, 다른 상황에서는 같은 행동이 처벌될 것이라는 신호가 될 것이다.

사회적 상호작용에서의 변별 자극의 예는 '쉬-' 하는 소리이다(사진 참조). 이 제스처는 말을 하지 말아야 한다는 전형적인 유형이다. 전형적으로 당신이 어떤 주제에 관해 말한다면, 당신의 행동은 사람들이 당신의 말을 듣는 주의로써 강화된다. '쉬-'라는 신호는 대신에 이와 같은 행동이 처벌될 것임을 알려준다. 전형적인 환경에서 어떤 것은 변하고(예 : 당신의 말을 듣지 말아야 하는 주변의 어떤 사람이 듣게 되는), 그 행동은 부정적인 결과를 가져올 것이다.

당신이 마주하는 매일의 상황 중 많은 부분은 변별 자극을 포함한다 ― 받아들여지는 혹은 받아들여지지 않는 행동의 유형을 알려주는 신호. 모든 사람이 조용한 방 안으로 걸어 들어간다면, 그들의 행동은 당신의 떠들고 활기찬 행동이 강화되지 않을 것이라는 변별 자극이다. 당신이 시끄럽고 활기 가득한 파티장에 걸어 들어간다면, 조용하고 학구적인 다른 사람들의 행동은 강화되지 않을 것임을 알려주는 변별 자극이다. 따라서 변별 자극은 왜 사람들의 행동이 상황에 따라 매우 다르게 나타나는지를 설명해준다.

말하는 것은 강화되지 않을 것이다 조작적 조건형성의 언어에서 이 제스처는 변별 자극이다. '쉬-'라는 제스처로 인하여 더 이상 말하는 것에 대하여 강화가 일어나지 않을 것이다.

변별 자극 특정 상황에서 어떻게 행동하느냐에 따라 결과가 어떤지, 그에 관한 정보를 제공해주는 어떤 자극

당신은 변별 자극을 알아차리지 못한 적이 있는가? 그 결과는 어떠했는가?

복잡한 행동의 조성 스키너 상자 안에 놓인 쥐는 즉시 지렛대를 누르기 시작하지 않는다. 쥐의 관점에서 보면, 지렛대 누르기는 다소 복잡한 행동이다. 지렛대 위치를 잡아야 하고, 도달하기 위해서 균형을 잡아야 하고, 충분한 힘으로 누르는 방법을 배워야 한다. 이 복잡한 행동을 쥐에게 어떻게 가르쳐야 할까?

조작적 조건형성에서 유기체는 조성을 통해 복잡한 행동을 학습한다. **조성**(shaping)은 심리학자들이 바람직하다고 여겨지는 행동을 강화하는 점진적인 학습과정이다. 근사치, 즉 여러 차례 반복적인 학습을 시행함으로써 목표행동에 점점 더 가까워진다.

동물조련사들이 어떻게 사자가 줄을 넘도록 가르치고, 물개가 코 위에 공을 올리게 하고, 앵무새가 자전거를 탈 수 있게 가르치는 것인지 궁금한 적 없었는가? 당신이 앵무새가 자전거를 타도록 훈련시키기를 원한다고 가정해보자. 당신은 자전거 위에서 앵무새가 뛰고, 페달을 돌리고, 당신은 단지 강화물을 제공하는 등 앵무새 훈련이 완성되기를 마냥 기다릴 수는 없다. 그렇게 해서는 절대 훈련이 완성될 리 없다. 그 대신 당신은 간단한 무엇인가를 시작해야 한다. 당신은 먼저 새가 자전거 쪽으로 걸어갈 때만 강화를 제공해야 할 것이다. 그 다음, 당신은 자전거에 더 가까이 갈 때만 강화를 제공해야 하고, 그다음은 자전거를 만질 때만 강화를 제공해야 할 것이다. 많은 노력을 들여 조성한 후에 당신의 앵무새는 결국 자전거를 타게 될 것이다.

인간의 많은 학습 또한 점진적으로 조성된다. 어린 시절 당신이 식사 예절을 배울 때, 성인들은 먼저 포크를 들고 사용하는 간단한 행동을 강화한다. 그들은 당신의 행동을 강화하기 전에 완벽하게 식사하는 것을 기다리지는 않았다. 이와 유사하게, 외국어 수업에서 강사의 목적은 당신이 완벽한 문장으로 대화를 어떻게 나누는지를 가르치는 것이다. 하지만 먼저 강사는 훨씬 더 간단한 것을 강화한다. 간단한 단어와 어구를 말하는 것. 두 경우 모두 행동은 점진적으로 조성된다. 시간이 지남에 따라 강화된 행동은 더 복잡해진다.

뇌를 가진 유기체인 앵무새조차 강화로 행동을 조성한다면 복잡한 행동을 학습할 수 있다.

조작적 조건형성 연구의 스키너를 넘어

사전 질문

> ‣ ‘학습의 생물학적 제약’이라고 하는 의미는 무엇인가?
> ‣ 학습의 생물학적 제약에 관한 연구에서의 연구 결과는 입증되었는가, 혹은 스키너가 발달시킨 학습 원리에 관하여 의문을 제기했는가?
> ‣ 사람들이 활동에 참여하는 경향이 더 낮을 경우 때때로 왜 보상을 하는가?

스키너는 조작적 조건형성의 원리는 포괄적이라 믿었다. 이론을 통해 어떤 유기체든, 어떤 환경이든 모든 조작적 행동을 설명할 수 있다고 믿었다. 스키너는 이러한 주장을 명백하게 제시하는 근거를 제시했다. 그의 첫 저서(Skinner, 1938) 유기체의 행동(*Behavior of Organisms*) — 스키너 상자 안의 쥐를 통해 모든 유기체와 모든 조작적 행동의 모든 형태에 적용 가능하다는 것을 연구함으로써 발견한 학습 원리에 관한 그의 신념이 담겨 있다 — 에 관한 것이었다.

그러나 후속연구는 스키너의 주장이 틀렸음을 보여준다. 그의 학습 원리는 때때로 설명이 불충분했다. 스키너는 학습과 행동에 중요하다고 증명된 어떤 요소들을 생각하지 못했던 것이다. 대표적으로 두 요소가 있는데, 그것은 (1) 종의 진화론에 기인한 학습에서의 생물학적 제약, (2) 사람들의 행동뿐만 아니라 행동에 대한 그들의 생각까지 변화를 가져오는 것에 대한 보상 방법이다.

조성 바람직한 행동이 연속적으로 강화되는 점진적 과정을 통한 복잡한 행동의 학습이라는 조작적 조건형성 원리

생물학적 제약 어떤 보상 형태로 강화될 때 어떤 행동 유형을 학습하는 종에게 불가능한 건 아니지만 학습을 어렵게 만드는 진화론적 성향

조작적 조건형성의 생물학적 제약 스키너는 왜 쥐의 지렛대 누르는 행동과 비둘기의 쪼는 행동을 실험으로 선택했을까? 편리함 때문이었다. 쥐 또는 비둘기가 가득 찬 실험실을 비교적 유지하기 쉽고 지렛대 누르기와 쪼는 행동이 측정하기 쉬웠다. 스키너는 유기체와 행동 선택은 중요하지 않을 것이라 추측하였다. 학습의 원리는 모든 종에게 적용 가능할 것이라고 생각하였다.

바로 그 부분이 스키너가 틀린 것으로 판명되었다. 유기체와 행동 선택은 때때로 차이가 있다. 차이점은 동물의 학습에 대한 **생물학적 제약**이 되는 타고난 생물학적 특성을 반영한다(Domjan & Galef, 1983; Öhman & Mineka, 2001). 학습에 있어서 **생물학적 제약**(biological constraint)은 어떤 보상 형태로 강화될 때 어떤 행동 유형을 학습하는 종에게 불가능한 건 아니지만 학습을 어렵게 만드는 진화론적 성향이다.

비둘기 실험에서의 두 가지 조작적 조건형성을 생각해보라.

1. 비둘기는 벽의 특정 지점을 쪼아댈 때마다 먹이로 강화된다.
2. 비둘기는 날개를 퍼덕일 때마다 먹이로 강화된다.

스키너는 두 가지 실험이 같은 방법으로 작용한다고 예측했을 것이다. 먹이라는 강화물이 반응 가능성을 높여줄 것이다. 그러나 사실 실험은 다른 것으로 증명되었다(Rachlin, 1976). 부리로 쪼는 실험은 스키너가 예상한 대로 진행되었지만, 날개를 퍼덕이는 실험은 그렇지 않았다. 먹이 강화물은 날개를 퍼덕거리는 가능성을 높이지 못했다. 왜 그런 것일까?

답은 비둘기의 생물학적인 성향에 있다. 비둘기에게 쪼는 행동과 먹이는 자연스럽게 생물학적으로 연결되어 있다. 그러나 날개 퍼덕거리기와 먹이는 그렇지 않다. 사실 날개 퍼덕거리기와 먹이는 비둘기의 진화과정에서 전혀 연결고리가 없다. 비둘기에게 먹이의 존재를 날개를 퍼덕이는 것과 연관시키는 것은 좋지 않은 생각이었다. 멀리 날아가도 먹이를 얻지 못한다. 비둘기의 진화론적 역사는 학습을 제약한다. 즉 날개 퍼덕이기라는 행동과 먹이라는 강화물 사이의 관계를 배우기가 어렵다.

이는 종의 진화론적 과거가 조작적 조건형성을 통해 학습하는 능력을 제약한다는 많은 경우 중 하나에 지나지 않는다. 다른 경우에(Breland & Breland, 1961), 연구자들은 너구리가 2개의 동전을 줍고 박스에 떨어뜨리는 것을 강화하였다. 너구리는 동전을 주웠다. 하지만 박스 안에 떨어뜨리는 대신에 동전을 문지르고 박스에 넣고 꺼내고, 몇 번 더 문지르고 절대 놓지 않았다. 연구자들은 결코 이러한 행동을 강화한 적이 없다. 하지만 너구리는 반복적으로 수행하였다. 왜? 그 행동들은 동물들이 학습이 아닌 생물학적으로 타고난 본성을 보여주는 본능에 따른 행동이다. 너구리는 본능적으로 그들의 손발과 먹이를 촉촉하게 적시고 먹기 전에 먹이를 비비는데, 실험에서 너구리는 강화는 제쳐두고 본능적으로 동전을 가지고 같은 행동을 한 것이다.

진화는 또한 인간의 학습에서도 기능을 한다. 언어를 생각해보라. 조작적 조건형성을 통한 조성은 인간의 언어학습을 설명하지 못한다(Chomsky, 1959). 어린 아동들은 어휘뿐만 아니라 문법, 문장 규칙까지 빠르게 학습한다. 그들은 부모님들이 문법 사용에서는 명확한 강화를 거의 제공하지 않음에도 불구하고 문법을 습득한다(Brown, 1973). 인간들은 생물학적으로 언어를 학습하게 설계되어 있다. 우리는 문장을 이해하고 만들어내는 것을 학습하는 데 용이한 능력을 유전적으로 물려받았다(Pinker, 1994).

보상과 행동의 개인적 흥미 스키너는 행동에 있어서 강화의 효과는

왜 너구리는 음식을 촉촉하게 적실까? 누군가 그 행동을 강화했기 때문이 아니다. 이 행동은 종의 진화를 반영한 결과이다. 너구리는 음식을 먹기 전에 촉촉이 적시는 생물학적인 성향을 가지고 있다.

McDonald Wildlife Photog. / AnimalsAnimals

모든 종에게 똑같다고 생각했다. 쥐든, 비둘기든, 혹은 인간이든 간에 강화는 미래 행동의 가능성을 올려줄 것이다.

하지만 스키너가 간과했던 복잡한 요인이 있었다. 쥐와 비둘기는 그들 자신과 행동의 원인에 관해 생각하지 않는다. ("내가 정말 하루종일 갇혀서 지렛대를 누르는 쥐와 같습니까?") 반면, 사람들은 끊임없이 그들 자신에 대해 생각한다. 때때로 그들의 생각은 행동을 증가시키기보다 감소시키는 '역효과'에 대한 보상의 원인이 될 수 있다.

고전연구에서 연구자들은 원래 그림을 좋아하고, 그림에 흥미가 많았던 미취학 아동을 대상으로 보상의 효과를 시험했다(Lepper, Greene, & Nisbett, 1973). 첫 번째 실험 조건에서 아이들에게 '최고상'을 수상할 기회를 주는 그림을 그리게 했다. 다 끝낸 후에, 아이들은 보상을 받았다. 두 번째 실험 조건에서 아이들은 그림 그리기를 요구받았지만 보상에 관한 언급은 없었다. 며칠 뒤, 그림을 포함해서 아이들이 원하는 것은 무엇이든지 할 수 있는 자유 기간을 주었다. 최고상은 이 기간 동안 스키너가 예측한 대로 그림 그리기 가능성을 높여 주었을까? 아니었다. 정반대의 일이 일어났다. 보상이 없는 조건에 있었던 아이들이 그림을 그리는 데 더 많은 시간을 보냈다.

보상은 행동에 대한 아동의 생각을 변하게 한다(Lepper, Greene, & Nisbett, 1973). 연구 초기에 아이들은 그림 그리기에 흥미가 있었다. 그들의 개인적 흥미에서 그림을 그렸음을 알고 있다. 그러나 최고상은 외적 보상을 얻기 위해 그림을 그리도록 생각을 바꾸게 했다. 결과적으로 아이들은 유용한 보상이 없을 때 그림에 관심을 더 갖게 되었다.

100가지 이상의 연구를 요약해보면, 보상은 활동에 대한 아동의 흥미를 감소시킬 수 있다는 여러 증거를 찾아볼 수 있다(Deci, Koestner, & Ryan, 1999). 연구는 보상이 역효과를 낼 수 있다는—조작적 조건형성에서 스키너가 예상했던 결과가 아닌—것을 보여준다.

> 당신이 원래 흥미 있었던 활동은 무엇인가? 당신이 이미 즐겼었던 것에 보상을 받았던 것은 언제였는가?

요약하면, 이 두 가지 과학적 발견(외적 보상으로 이루어지는 학습에서의 생물학적 제약과 행동에서의 천성적인 흥미의 감소)은 강화와 스키너가 제공한 행동에 관한 이해 그 이상이다.

조작적 조건형성의 생물학적 기초

사전 질문

> **> 심리학자들은 뇌에 '보상센터'가 있다는 것을 어떻게 알았을까?**

조작적 학습에서 우리는 심리학적 과정에 관하여 배웠기 때문에 분석의 생물학적 수준을 바꿀 수 있다. 뇌의 어떤 메커니즘이 유기체가 조작적 조건형성을 통하여 학습하도록 하는 것일까?

이 질문에 대한 첫 번째 답을 하는 데 반세기 이상 걸렸다. 연구자들(Olds & Milner, 1954)은 유기체에 유쾌한 자극을 가하는 뇌의 **보상센터**가 있다는 것을 발견하였다. 이 고전연구에서 실험자들은 쥐의 대뇌 변연계에서 전기 자극을 받아들이도록 하는 전극을 가했다. 연구자들은 쥐를 스키너 상자에 넣고 쥐가 지렛대를 누를 때마다 뇌를 자극했다(그림 6.13). 전기적 자극을 받은 쥐의 행동을 관찰한 결과, 유쾌하고 강화된다는 사실이 증명되었다. 쥐는 보상센터의 자극을 얻기 위해 반복적으로 지렛대를 눌렀다(Olds & Milner, 1954). 이러한 결과로부터 뇌는 유쾌한 경험에 빠지는 부분을 포함하고 있음을 알 수 있다.

연구는 일찍이 상당히 진보해왔다. 보상을 포함하는 뇌의 일반 영역을 확인하는 것보다 연구자들은 현재 조작적 조건형성을 일으키는 특정 뉴런을 찾고 있다. 이 조작적 조건형성 연구는 앞에서 학습했던 아플리시아라는 단순유기체 연구 덕분에 진행되었다(Rankin, 2002). 아플리시아

그림 **6.13**

보상센터 쥐에게 음식 또는 물과 같은 외적 보상이라는 강화를 제공하는 대신, 당신은 내적 자극으로 강화할 수 있다. 쥐는 뇌의 즐거움 센터의 전기적 자극을 얻기 위해 반복적으로 지렛대를 누를 것이다.

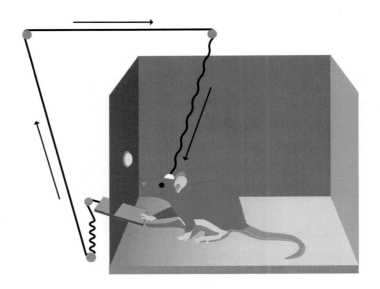

는 깨무는 방법으로 섭식한다. 연구자들(Brembs et al., 2002)은 아플리시아 신경계의 보상 영역을 전기적으로 자극함으로써 깨무는 행동을 강화하였다. 이 강화물은 아플리시아의 행동을 변화시켰다. 그들의 깨무는 행동 빈도를 증가시켰다. 그 후 연구자들은 행동의 변화를 일으키는 정확한 생물학적 변화를 확인하기 위하여 아플리시아 신경계에서의 뉴런과 뉴런의 연합을 탐구하였다. 그들은 행동이 변화될 때 깨무는 행동을 통제하는 아플리시아의 특정 뉴런을 발견했다. 강화 이후 이 뉴런은 훨씬 더 흥분하게 된다(Brembs et al., 2002). 신경세포 발화에 해당하는 이 변화는 행동의 변화를 일으키게 된다.

더 나아가 아플리시아에 관한 연구는 조작적 조건형성에서 일어나는 정밀한 세포 변화는 고전적 조경형성에서 일어나는 양상과 다르다는 것을 증명하였다(Lorenzetti et al., 2006). 이는 고전적 조건형성과 조작적 조건형성이 심리학적뿐만 아니라 생물학적으로 다르다는 것을 의미한다.

복합유기체에서 자극은 훨씬 더 복잡하다. 예를 들면 인간에게 보상은 많은 효과를 나타낸다 ─ 다른 생물학적 근거를 가지는 변화하는 행동을 포함하여 바뀌는 사고, 바뀌는 감정 상태. 예를 들면 서로 다른 생물계는 한 번 받았던 보상의 경험이 아니라 앞으로 생기게 될 보상을 원하는 경험에 기여할 것이다(Berridge & Robinson, 2003).

이처럼 훨씬 더 복잡함에도 불구하고 동물을 대상으로 진행된 연구(예 : 실험실 쥐)는 보상을 통한 학습 능력의 핵심이 되는 포유동물의 생물학적 물질(뇌의 신경전달물질 중 하나인 **도파민**)을 확인해주었다. 다른 연구 결과들을 통해 도파민이 보상과정의 중심이라는 것이 밝혀졌다. 보상 자극(예 : 음식, 물, 성관계) 제시는 뇌의 도파민 수준을 높여준다(Schultz, 2006; Wise, 2004). 게다가 도파민의 정상적인 기능이 차단될 때, 보상은 더 이상 동물의 행동을 통제하지 못한다.

어떤 연구에서는(Wise et al., 1978) 쥐가 지렛대를 눌러서 나오는 음식에 의해 강화가 일어났다. 지렛대 누르기를 학습한 후, 쥐를 실험실 상황에 배속시켰다. 첫 번째 조건에서는 지렛대 누르기 강화를 중지했다. 당신이 예상한 대로 이 쥐들은 점차 지렛대 누르기를 멈추게 된다. 두 번째 조건에서 강화는 지속된다. 쥐들은 지렛대 누르기를 계속한다. 마침내 핵심이 되는 실험 조건이 두 가지 특징과 결합된다 ─ (1) 지렛대 누르기는 강화되었지만 (2) 쥐에게 도파민에 영향을 미치는 신경전달물질을 막아주는 주사를 놓았다. 이 쥐들은 지렛대 누르기를 **멈췄다**. 그들의 행동은 강화가 없는 조건에서의 쥐의 행동과 유사했다. 따라서 이 결과는 분석의 생물학적 수준에서 강화는 도파민 계통의 영향을 통해서 행동에 영향을 준다고 제안한다.

관찰학습

"로마에서는 로마의 법을 따르라." 여행자들에게 의미 있는 조언이다. 학습을 하는 학생들을 위해서는 곰곰이 생각해볼 문제이다. 당신이 그곳 관습을 모르는 낯선 환경(다시 말해 강화되는 행동, 처벌이 이루어지는 행동이 무엇인지 모르는 환경)에서는 무슨 일이 일어날까? 어떻게 하면 로마인들처럼 하는 행동을 정확히 학습할 수 있을까?

조작적 조건형성은 한 가지 답을 제공해준다. 이 관점에서 보자면, 낯선 문화 속으로 들어갈 때 당신은 스키너 상자에 첫날 들어간 쥐와 같은 것이다. 처음에 쥐는 어떻게 행동해야 할지 전혀 감을 못 잡을 것이다. 초기의 행동들은 무작위로 나온다. 강화와 벌로 행동을 점차적으로 형성하는 시행착오 학습과정을 보여줌으로써 행동하는 법을 습득하게 된다.

새로운 환경에 처하게 된 당신과 비슷한가? — 예를 들어 당신이 외국으로 보내지는 교환학생 프로그램에 참가한다면? 당신은 무작위로 행동하고 강화와 벌을 기다리는가? — 당신이 옳게 행동하면 주변 사람들은 웃을 것이고, 당신이 모욕적인 행동을 하면 분노에 찬 눈빛을 보낼 것이다. 당신의 행동을 형성하기 위해서? 혹은 또 다른 방법으로 학습하는가?

대부분의 사람들은 '로마 사람처럼 행동하는 법'을 로마인을 보면서 학습한다. 낯선 상황에서 우리는 종종 다른 사람들이 어떻게 행동하는지 보고 어떤 행동이 적절한지와 부적절한지를 알게 된다. 그리고 우리가 관찰한 행동에 기인하여 생활해 나간다. 관찰을 통하여 학습이 가능한 인간의 능력은 우리가 빨리 그리고 쉽게 대중 속으로 적응하게 만들어준다.

관찰학습에서의 심리과정

사전 질문

> ❯ 반두라의 보보인형 실험 결과는 학습에 관한 조작적 조건형성에서의 분석 내용을 어떻게 반박하는가?
> ❯ 관찰학습에서의 심리학적 과정은 무엇인가? 다시 말해 심리학적 모델에 의해 행해지는 행동 수행을 학습하기 위하여 어떤 과정을 거치는가?

재미있는 것은, 관찰을 통한 학습이 가능한 인간의 능력은 조작적 조건형성을 연구하는 심리학자들로부터 관심을 거의 받지 못했다는 것이다. 그러나 심리학자 앨버트 반두라(Albert Bandura)는 관찰학습에 많은 관심을 가지고 선구적인 역할을 주도하였다(반두라는 그의 성격 이론을 구축하는 데 있어 관찰학습에 관한 많은 연구 결과를 냈다; 12장 참조).

관찰학습(observational learning)에서 사람들은 단지 타인의 행동을 관찰함으로써 새로운 지식과 기술을 얻는다(Bandura, 1965; 1986). 그런 사람들을 심리학적 모델이라고 부르고 이와 같은 관찰학습은 또한 **모델링**(modeling)이라고 명명한다. 실제 관찰학습과 모델링이라는 용어는 동의어로 쓰이고 있다.

강화 없는 학습 관찰학습은 효과적이다. 관찰학습을 통해서 사람들은 지루하고 반복적인 시행착오 형성과정 없이 복잡한 기술을 일단 얻을 수는 있다.

반두라(Bandura, 1965)는 연구에 있어서 관찰학습의 위대함을 기록하였다. 그는 아이들에게 어른이 큰 풍선인형(또는 '보보인형')을 때리는 짧은 영화를 보여주었다. 어른들은 아이들이 전에는 하지 않았을 것 같은 특정 행동(망치로 코를 때리는 행동)을 하였다. 나중에 아이들을 관찰실에서 관찰하였을 때, 반두라는 아이들이 그들이 영화에서 보았던(사진 참조) 것과 같은 행동을 자발적으로 하는 것을 발견하였다.

관찰학습(모델링) 타인의 행동을 관찰함으로써 새로운 지식과 기술을 습득하는 학습 형태

공격의 관찰학습 관찰학습에 관한 반두라의 연구에서 아이들은 어른들이 보보인형을 계속 때리는 것을 보았다. 나중에 관찰실에서 아이들은 매우 유사한 행동을 하였다. 그들은 강화가 전혀 없었음에도 불구하고 모델을 통해서 공격적인 행동을 학습하였다.

전혀 강화가 없었음에도 불구하고 아이들이 이러한 행동을 수행하는 것에 주목하라. 결과에 의해서 행동이 점진적으로 형성되는 시행착오 학습(스키너 상자의 쥐와 같은 예)도 전혀 없었다. 대신 즉각적인 학습이 일어났다. 아이들은 정확히 그 행동을 수행하였다 ─ 그들은 초기에 기회가 주어지자 망치로 풍선인형의 코를 정확히 때렸다. 그들은 이 행동을 단지 영화를 보는 것만으로 학습한 것이다. 반두라가 강조한 바와 같이, 이 결과는 사람들이 조작적 조건형성의 원리로 설명되지 않는 학습하는 능력을 가지고 있음을 보여주는 것이다. 이처럼 관찰학습은 조작적/고전적 조건학습과는 다른 제3의 학습 형태이다.

관찰학습의 하위 과정 반두라는 그의 실험이 조작적 조건형성 연구자들이 간과했던 학습 형태가 있었음을 밝혀냈다. 스키너의 실험에서 쥐와 비둘기와는 비교 불가능할 정도로 인간은 관찰을 통해 복잡한 행동을 학습할 수 있는 능력을 가지고 있다. 이 능력을 설명하기 위해서 반두라(Bandura, 1986)는 관찰학습의 하위 과정을 분석하였다 ─ 즉 사람들이 유사한 행동을 보여주는 모델을 보고 행동 수행을 습득하게 되는 심리적 과정. 그는 네 가지 하위 단계로 나누어 설명하였다(그림 6.14).

1. 주의집중 : 관찰자는 모델의 행동에 세심한 주의를 기울여야 한다.
2. 파지 : 관찰자는 모델의 행동을 실제로 연습하고, 보유하고, 기억해야 한다.
3. 운동 재생 : 관찰자는 모델의 행동을 정신적 표상으로 이미지화하고, 기억한 행동을 재생하는 데 필요한 기본적인 운동기술을 보유해야 한다.
4. 동기화 : 관찰자는 행동을 수행하기 위한 동기화가 이루어져야 한다. 관찰자가 행동을 학습하였더라도 꼭 그 행동을 하기로 결정한 것은 아니기 때문이다.

반두라 분석의 네 번째 단계인 동기화 과정은 스키너로부터 비교적 매우 적은 주의집중을 받는 점에 주목해야 한다. 행동의 습득과 수행이 다르다는 의미다. 행동을 수행하는 것은 행동에 관여한다는 것이다. 행동을 습득한다는 것은 행동에 관여할 것이라는 잠재성을 의미한다. 반두라가

그림 6.14
관찰학습의 하위과정 반두라는 주변의 모델을 관찰한 후 관찰자가 행동을 수행하는 심리적 단계(또는 하위 과정)를 정리하였다 ─ 모델에 주의집중하는 과정, 모델의 행동을 기억하는 파지과정, 관찰한 행동을 시연할 수 있는 과정, 동기화되는 과정.

모델의 행동   관찰자의 행동

주의집중과정	파지과정	재생과정	동기화 과정
수행을 모델링하기 위해 주목하는가?	관찰자가 모델의 행동을 기억 가능한 방법으로 부호화하는 정신적 과정이 일어나는가?	관찰자가 모델의 행동을 재현하기 위한 정신적 기술을 사용하는가?	관찰자가 행동을 수행하면 보상을 기대할 수 있는가?
관찰자와 관련이 있는가?	관찰자가 기억하기 위해 행동을 시연하는 정신적 과정이 있는가?	관찰자는 행동을 수행할 수 있는 신체 기술을 보유하고 있는가?	관찰자가 그 행동을 수행하면 그 행동은 도덕적/사회적으로 허용될 수 있는 것인가?
모델이 행하는 중요 포인트를 감지할 수 있는 정신적 능력을 관찰자가 가지고 있는가?			

강조했듯이 사람들은 행동을 수행하기 위한 기술을 습득할 능력을 가지고 있다. TV에서 범죄 프로그램을 시청함으로써 범죄행위를 학습하게 된다. 하지만 그러한 행위를 하지 않기 위해 현명하게 대처하기도 한다.

요약하면, 관찰학습에 관한 연구는 학습에 대한 심리학적 이해를 상당히 확장시켰다. 첫째, 이전 학습 이론들(예 : 파블로프, 손다이크, 스키너)이 간과했던 현상에 관심을 기울이도록 만들었다 ─ 관찰을 통해서 빠르게 행동을 학습하는 사람들의 능력. 둘째, 새로운 개념으로 현상을 설명하였다. 즉 단순한 자극-반응 기제가 아니라, 반두라는 정신에서의 복잡한 수행과정을 고려함으로써 인간의 학습을 설명하였다 ─ 모델에 대한 주의집중, 그들의 행동에 있어서의 파지, 행동으로 옮겨지는 기억기제의 사용.

조작적 조건형성과 관찰학습의 비교

사전 질문

> ❭ 체벌은 아동의 공격성을 증가시키는가?
> ❭ 체벌의 효과에 관한 연구는 조작적 조건형성 또는 관찰학습에서의 이론적 예측을 지지하는가?

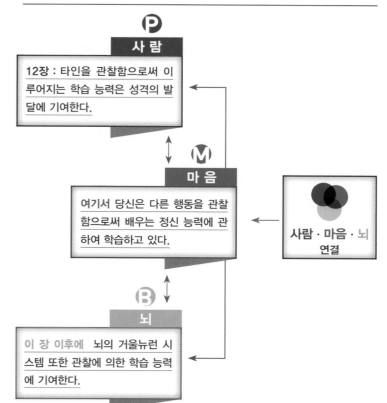

성격발달을 뇌에 연결해보기

Ⓟ **사 람**
12장 : 타인을 관찰함으로써 이루어지는 학습 능력은 성격의 발달에 기여한다.

Ⓜ **마 음**
여기서 당신은 다른 행동을 관찰함으로써 배우는 정신 능력에 관하여 학습하고 있다.

사람·마음·뇌 연결

Ⓑ **뇌**
이 장 이후에 뇌의 거울뉴런 시스템 또한 관찰에 의한 학습 능력에 기여한다.

간혹 모델은 모순되는 메시지를 보낸다. 그들은 어떤 행동을 보여주면서 그 행동이 바람직한 것은 아니라고 말해준다. 자녀가 제멋대로 굴거나 공격적인 행동을 할 때 통제하기 위해 사용하게 되는 체벌이 그 대표적인 예다. 체벌은 벌에 해당한다. 조작적 조건형성에서는 체벌이 아이들이 제멋대로 하는 행동을 통제하는 데 효과적이라고 한다. 하지만 체벌을 하는 부모는 공격적 행동 모델의 역할을 하게 된다. 체벌 그 자체는 아이에 대한 물리적 공격행위인 것이다.

체벌의 효과는 무엇인가? 연구자들은 2,000가구 이상의 가족을 조사하는 대규모 연구를 진행하였다(Taylor et al., 2010). 아이들이 3세일 때, 연구자들은 어머니들에게 얼마나 자주 아이들에게 체벌을 가하는지 보고하게 하였다. 부모들은 제각각 달랐다. 약 45%가 전혀 체벌을 사용하지 않는다고 답했다. 약 25%는 한 달에 1~2회 체벌을 사용한다고 답했다. 그리고 25%는 강도 높은 체벌을 자주 사용한다고 답하였다. 연구자들은 아이들의 공격성 수준도 측정하였다. 특히 아이들이 반항적인지, 분노를 가지고 있는지, 다른 아이들을 때리는지를 측정하였다. 2년 뒤, 어머니들에게 말다툼, 괴롭히기, 타인에 대한 비열한 행동, 싸움 등 5세 자녀의 현재 공격 수준을 보고하게 하였다. 3세와 5세 때의 공격성을 측정함으로써 연구자들은 초기 체벌과 이후 공격적 수준을 비교할 수 있었다.

연구 결과, 체벌은 아이들의 공격성을 증가시키는 것으로 밝혀졌다(Taylor et al., 2010). 3세 때 자녀들에게 자주 체벌을 가했던 어머니들은 아이들이 칭찬을 받을 수 있는 엄격한 가정 내 규칙을 만들었다. 그러나 그러한 노력은 역효과를 낳았다. 대부분의 경우 체벌로 인해 3세 때의 공격성은 5세 때의 공격성으로 이어졌다. 이 연구에서 측정한 공격성만으로는 아동의 성격적 특성을 설명하지 못한다. 대신 그들은 부모의 행동이 아동에게 지대한 영향을 준다는 것을 보여준다. 심리적 모델링(아이들은 그들의 부모가 공격적으로 행동하는 것을 목격함)은 반두라가 언급한 것과 같이 훨씬 그 파급효과가 크다 — 반응 결과에 따른 조작적 조건형성(제멋대로 행동하는 것에 대하여 체벌을 가하는 것)보다 그 효과가 더 크다고 할 수 있다.

가상자아 관찰

사전 질문

> ⟩ 현대의 컴퓨터 기술로 모델링의 효과를 높일 수 있는 방법은 무엇인가?

사람들은 과거보다 지금 현재를 살아가는 사회에서 더 많은 심리학적 모델에 노출되어 있다. 100년 전, 시골 사람들은 같은 마을에 살고 있는 사람들을 관찰함으로써 사회적 행동과 직업에서 필요한 기술을 배웠다(Braudel, 1992). 20세기 중반까지 부유한 나라의 대부분의 사람들은 TV를 통해서 전 세계에 살고 있는 사람들을 관찰했다. 오늘날 인터넷은 교육용 동영상을 통해 끊임없이 전문적 모델을 제공해준다. 밤이건 낮이건, 스케이트보드를 타거나 치즈 수플레를 만드는 등 변화를 추구하는 모델들을 볼 수 있다.

현대 디지털 기술로 인해 연구자들은 과거 해결하지 못했던 심리적 모델의 제한된 효과를 정복할 수 있게 되었다 — 전문가 모델은 그들과 상당히 많이 달라 보이기 때문에 개인에게 주는 영향이 그렇게 크지는 않다. 동영상을 본 뒤, '당연하지. 토니 호크는 스케이트보드를 탈 수 있지'라고 당신은 생각할 것이다. '그러나 그것은 토니 호크이기 때문이지. 난 절대 할 수 없어'라고 할 것이다. 심리학자들은 어떻게 사람들에게 그들과 비슷해 보이는 심리학적 모델을 제공해 주는 것일까?

이렇게 할 수 있는 방법은 **가상자아출현**(virtual representations of the self, VRS)을 통해서이다(Fox & Bailenson, 2009). VRS는 사람들이 자신과 유사한 이미지를 관찰할 수 있는 모델링 형성이다. 구체적으로 살펴보자. 당신이 VRS 연구에 참여한다면, 심리학자들은 먼저 디지털카메라로 당신의 사진을 찍을 것이다. 그리고 당신의 사진 이미지와 유사한 3차원적 이미지를 만들어내는 컴퓨터 소프트웨어에 넣을 것이다. 사진 이미지는 컴퓨터 프로그램에 의해서 '가상' 이미지를 만들어낼 것이다. 당신은 컴퓨터라는 환경 안에서 전문적인 일을 훌륭하게 해내는 가상자아를 보게 될 것이다. 이렇게 함으로써 문제를 해결한다. 당신과 매우 유사한 사람(가상자아)을 관찰함으로써 전문가적 행동을 학습하게 된다.

한 연구(Fox & Bailenson, 2009)에서 VRS는 사람들이 운동을 더 많이 하게 함으로써 건강을 향상시키는 효과가 있었다. 먼저 어떤 사람이 5분 동안 러닝머신을 뛰는 것을 보여주는 화면을 보게 했다. 그리고 참가자들에게 가상자아가 5분 동안 러닝머신을 뛰는 것을 보게 했다. 마지막은 VRS를 통제하는 조건에 해당하는데, 참가자들에게 약 5분 동안 VRS가 가만히 서 있는 것을 보여주었다(그림 6.15 참조). 연구자들은 비디오 시청 후 24시간 안에 참가자들이 하는 운동량을 측정하였다. 연구자들은 VRS가 운동을 더 많이 하는 것을 본 사람들은 더 많이 조깅을 하고, 스포츠를 즐기고, 헬스클럽에서 운동한다는 사실을 알아냈다(Fox & Bailenson, 2009).

그림 6.15
모델로서 자아 학습자에게 그들과 유사한 모델을 제공하기 위하여 연구자들은 가상자아출현(VRS)을 사용한다. 폭스와 베일런슨(Fox & Bailenson, 2009)의 연구에서 자신의 VRS가 러닝머신 위에서 조깅하는 것을 본 참가자들이 가만히 서 있는 VRS를 본 사람들보다 더 많이 운동한다는 것이 밝혀졌다.

> 당신은 어떤 운동을 하는 가상자아 버전을 보고 싶은가?

모방의 생물학적 기저

사전 질문

> ❯ 신경 시스템은 다른 사람의 행동을 모방하려는 유기체의 경향성과 직접적인 관련
> 이 있는가?

타인의 행동을 관찰함으로써 학습하게 되는 사람들의 능력은 심리학적 설명뿐만 아니라 생물학적으로도 설명 가능하다. 우리의 뇌는 거울뉴런을 포함한다. **거울뉴런**(mirror neurons)이란 다른 사람이 행동하는 것을 보는 간접 경험으로도 그 일을 직접 하는 것처럼 반응하는 뉴런을 뜻한다(Rizzolatti, Fogassi, & Gallese, 2001). 그들의 연구 결과에서는 다른 유기체 행동을 모방하는 것으로 나타났다.

거울뉴런은 신체 운동을 조절하는 신경 시스템에 해당되는 뇌의 운동피질에 위치한다(3장 참조). 당신이 움직일 때마다(예를 들면 당신이 음료수를 주우려고 닿을 때) 운동피질의 신경은 활성화되고 관련된 신체 부분에 신호를 보내게 된다. 놀랍게도 당신이 같은 움직임을 만드는 타인의 행동을 관찰할 때도 같은 운동뉴런의 일부(거울뉴런)가 활성화된다. 거울뉴런 활성화는 자동 '복제' 기제를 뇌에 제공한다(Iacoboni et al., 1999). 당신이 타인의 운동 수행을 관찰할 때, 거울뉴런은 자동적으로 당신이 몸이 똑같은 움직임이 나오도록 준비하도록 한다.

거울뉴런은 원래 원숭이 연구에서 발견된 사실이다(Rizzolatti et al., 2001). 실험자는 두 가지 활동을 하는 동안 원숭이 뇌의 중립적 행동을 녹화하였다 —(1) 그들 스스로 음식을 주웠을 때, 그리고 (2) 다른 사람 또는 다른 원숭이가 음식을 줍는 것을 관찰했을 때. 두 행동(행동을 스스로 취하고 다른 사람의 행동 수행을 관찰하는 것) 간에 다소 차이는 있다. 그러나 뉴런(거울뉴런)이 두 가지 행동을 하는 동안 같은 방식으로 활성화된다는 것에 연구자들은 주목하였다(그림 6.16).

이 거울뉴런은 원숭이가 단순히 음식을 관찰할 때, 음식이 없는 손의 움직임을 관찰할 때, 손 대신 집게로 음식을 줍는 것을 관찰할 때는 작동되지 않는다. 거울뉴런은 상당히 선택적이다. 원숭이가 손으로 음식을 줍는 행위를 관찰할 때만 동기화된다. 즉 거울뉴런은 특정 행동에 제한된다는 것을 알 수 있다. 거울뉴런은 특정 움직임(이 경우 손으로 사물을 집는 것)에만 작용한다.

거울뉴런이 인간에게도 작용한다는 연구도 있다(Iacoboni et al., 2009). 연구자들은 단순한 일을 수행하는 동안 사람들의 뇌 활동을 관찰하였다 — 그들의 집게손가락을 들어 올리는 것. 연구 참여자들에게 2개의 영상을 보여주고 손가락을 정확하게 올리는 때를 알려주었다 —(1) 한 손가락을 들어 올리는 손 움직임, (2) 움직이지 않는 것처럼 보이는 표시(X자)(그림 6.17).

참가자들은 두 가지 조건에서 같은 수행임에도 불구하고(손가락 들기), 두 조건에서의 뇌 활동이 다르게 나타났다. 연구 참여자들이 손가락 움직임을 관찰하면서 그들의 손가락을 움직일 때가 손가락을 가만히 두는 사진을 볼 때보다 뇌 활동 수준이 더 높게 나타났다(Iacoboni et al., 2009). 타인의 움직임을 관찰하는 것은 자동적으로 연구 참여자들의 거울뉴런 시스템을 활성화시켰다. 이와 같은 결과는 뇌의 시스템, 즉 거울뉴런 시스템은 관찰한 행동을 모방하는 것에 국한된다는 것을 의미한다.

그림 6.16
거울뉴런 시스템 원숭이 뇌 안의 동일한 신경 시스템(거울뉴런 시스템)은 원숭이가 바나나를 잡았을 때 또는 다른 사람이 바나나를 잡고 있는 것을 관찰할 때 활성화된다. 거울뉴런 시스템이 있기 때문에 타자의 행동을 모방하는 것은 원숭이에게 쉬운 일이다.

거울뉴런 유기체가 행동을 직접 할 때뿐만 아니라 다른 유기체가 같은 행동을 하는 것을 관찰할 때도 운동피질의 뉴런이 활성화된다.

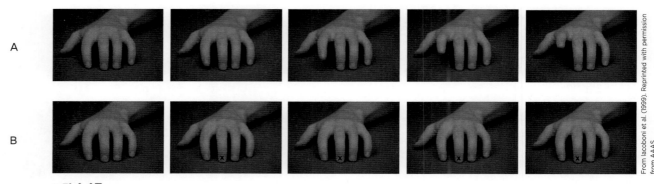

그림 6.17

거울뉴런 연구 거울뉴런 연구 참여자들은 이 사진을 보았다. 어떤 때는 누군가가 손가락을 드는 것을 보고 참여자들의 손가락을 들도록 하였다(A). 또 어떤 때는 X자 표시된 손가락을 들어보게 하였다(B). 이와 같은 두 가지 경우를 (1) 지시를 듣고, (2) 손가락을 들게 해보았다. 당신은 이 두 경우의 뇌 활동이 같을 것이라 생각할 것이다. 하지만 그렇지 않았다 — 다른 사람의 움직임을 보여주는 A사진만이 연구 참여자들의 거울뉴런 시스템을 활성화시켰다.

거울뉴런은 일반적인 또는 특수한 다양한 상황에 대해 설명해준다. 새는 어떻게 날아가는 새를 관찰함으로써 갑자기 날 수 있게 되는 것일까? 왜 다른 사람이 하품하는 것을 보면 나도 하품을 하는 것일까? 이 외에도 행동 관찰을 함으로써 자동적으로 거울처럼 반영되는 수많은 경우를 볼 수 있다.

⟵⟶ 돌아보기 & 미리보기

학습심리학은 이 책에서 세 가지 주제에 관하여 설명해준다. 이 분야의 최근 진보는 연구자들이 학습에 있어서 뇌의 생물학적 기저를 증명할 수 있었다는 것이다. 하지만 이와 같은 생물학적 진보를 이루기 위해서 그들은 처음에 **심리학적 진보**를 필요로 했다. 고전적 조건형성이라는 파블로프의 초기 발견은 조작적 조건형성이라는 스키너의 탐구로 이어졌고, 관찰학습이라는 반두라의 연구는 심리학적 학습 원리를 탄생시켰다. 이 원리로 인해 연구자들은 생물학 관점에서 분석을 하기 시작하였다. 이후 사람을 포함한 유기체가 어떻게 학습을 하는지에 관한 통합적, 다수준적 분석 및 이해가 가능하게 되었다.

당신은 이 책 외에도 연구자들의 노력의 결실을 볼 수 있을 것이다. 기초심리학자와 응용심리학자들은 학습 원리를 동기에 적용한다(10장). 성격심리학자들은 성격이 어떻게 발달되는지에 적용한다(12장). 치료사들은 이 원리를 심리적 변화를 이끌어내는 데 사용한다(14장). 우리가 하는 대부분의 활동에 학습이 포함되기 때문에, 학습 심리에 대한 앞으로의 전망이 더 기대된다.

Chapter Review
복습

이제 이 장을 마쳤다. 부록에는 학습에 대해 배운 부분이 요약되어 있다. 요약을 읽어보면 이 장에서 학습한 내용을 복습하는 데 도움이 된다.

핵심용어

간격강화계획	변동강화계획	일반화	차단
강화계획	변별	자발적 회복	처벌
강화물	변별 자극	정적 강화	학습
거울뉴런	보상 반응	조건화된 미각 혐오(가르시아 효과)	학습된 무기력
고전적 조건형성	부적 강화	조건 반응	획득
고정강화계획	비율강화계획	조건 자극	효과의 법칙
관찰학습(모델링)	생물학적 제약	조성	
무조건 반응	소거	조작적 조건형성	
무조건 자극	습관화	준비성	

연습문제

1. 다음 중 두려움에 대한 무조건 자극은 무엇인가?
   a. 전기 충격
   b. 뱀
   c. 거미
   d. 쥐

2. 인간이 어떻게 공포심을 획득하는지에 대해 가장 잘 설명하는 개념 또는 연구는 무엇인가?
   a. 반두라의 '보보인형' 연구
   b. 조건화된 미각 혐오(가르시아 효과)
   c. 왓슨과 레이너의 앨버트 연구
   d. 캔들의 아플리시아 연구

3. 고전적 조건형성 과정에서 조건 반응은 종종 무조건 반응과 같을 때가 있다. 변하게 되는 것은 CR이 _____.
   a. CS에 의해서 유발된다
   b. US에 의해서 유발된다
   c. CS에 뒤따르는 것이다
   d. US에 뒤따르는 것이다

4. 가르시와 쾰링의 조건화된 미각 혐오에 관한 연구에 따르면, US와 _____ 연합되었다 할지라도 주어진 음식(CS)을 싫어하도록 조건화될 수 있다.
   a. 단 한 번
   b. 잠시 지체된 후
   c. 반복적으로
   d. a와 b 모두 옳음

5. 당신은 선생님이 도자기 만드는 것을 보고서 배울 수 있는데, 이것은 _____의 예다. 당신이 연습할수록 도자기 만드는 기술이 향상되어 큰 만족을 얻을 것이고, 결과적으로 아주 능숙하게 될 것이다. 이것은 _____의 예다.
   a. 조작적 조건형성, 관찰학습
   b. 관찰학습, 조작적 조건형성
   c. 고전적 조건형성, 조작적 조건형성
   d. 조작적 조건형성, 고전적 조건형성

6. 처벌은 행동을 _____것이고, 강화는 행동을 _____것이다.
   a. 수정하는, 바꾸는
   b. 계속하는, 중단하는
   c. 수정하는, 중단하는
   d. 중단하는, 계속하는

7. 비가 오기 시작하면 당신은 우산을 펼친다. 왜냐하면 과거에 그렇게 함으로써 비 맞는 것을 피할 수 있었기 때문이다. 이는 _____ 의 예이다.
   a. 정적 처벌
   b. 부적 강화
   c. 정적 강화
   d. 부적 처벌

8. 당신이 매일 우산을 가지고 오는 것은 다음 중 어떤 강화계획에 의한 것인가?
   a. 변동간격
   b. 변동비율
   c. 고정간격
   d. 고정비율

9. 쿠폰을 보충하는 행동은 다음 중 어떤 강화계획에 의한 것인가?
   a. 변동간격
   b. 변동비율
   c. 고정간격
   d. 고정비율

10. 당신은 아홉 살짜리 사촌동생이 독서를 좋아하고 계속하기를 바랄 것이다. 그녀는 이미 열심히 독서를 하고 있다. 당신은 무엇을 해야 하는가?
    a. 그대로 내버려 둔다. 그녀는 내적으로 동기화되어 있다.
    b. 그녀에게 독서를 할 때마다 보상을 준다.
    c. 그냥 내버려 둔다. 그녀는 외적으로 동기화되어 있다.
    d. 그녀가 3권씩 읽을 때마다 보상을 준다.

11. 당신은 추수감사절에 온 가족과 함께 풋볼게임을 시청하기 위해 가족들에게 간다. 그리고 대화를 시작하기 전에 광고까지 보면서 기다린다. 여기에서는 조용히 있어야 한다는 당신의 결정은 _____의 신호라고 할 수 있다.
    a. 조건 자극
    b. 변별 자극
    c. 부적 강화
    d. 정적 강화

12. 존은 그의 룸메이트가 그릇을 싱크대에 놓는 것을 학습한다면 더 행복해질 것이다. 이 장에서 설명한 연구에 의하면 이 경우 가장 효과적인 방법은 무엇인가?
    a. 모든 종류의 처벌. 그렇게 하면 안 된다는 것을 가르친다.
    b. 관찰학습. 적절한 행동을 모델링한다.
    c. 조성. 목적에 가까운 목표를 달성할 때 보상을 준다.
    d. 고전적 조건형성. 그에게 더러운 접시에 대한 두려움을 가르친다.

13. 만약 스키너가 옳았다면, 반두라(1965)의 보보인형 연구에서 모델이 보보인형과 상호작용하는 것을 아이들이 관찰한 후 어떤 행동을 해야 하는가?
    a. 어떤 행동이든 개별적으로 강화된다.
    b. 강화될 때만 모델의 행동과 똑같이 한다.
    c. 어떤 행동이든 개별적으로 처벌된다.
    d. 처벌될 때만 모델의 행동과 똑같이 한다.

14. 다음 중 스키너가 예상한 것과 모순되는 결과는 무엇인가?
    a. 학습에는 생물적 제약이 있다.
    b. 강화된 행동은 재발하는 경향이 있다.
    c. 체벌받은 아이들은 나중에 더 공격적이다.
    d. a와 c 둘 다 스키너가 예상한 것과 모순된다.

15. 다음의 결과 중 거울뉴런이 상당히 특정 행동에 국한된다는 것을 지지하는 것은 무엇인가? 원숭이 뇌의 신경 활동은 그들이 음식을 주울 때와 _____때 비슷하였다.
    a. 시야에 음식이 없을 때 잡기 움직임을 하는 손을 관찰할
    b. 다른 원숭이가 음식을 줍는 것을 관찰할
    c. 손 대신 도구로 음식을 줍는 것을 관찰할
    d. 단지 음식을 관찰할

해 답

해답은 부록에서 확인할 수 있다.

사고, 언어, 지능

러시아 동시베리아 지역의 한 도시에서 정상적인 인간 접촉을 하지 못한 채 성장한 어린아이가 한 명 발견되었다. 나타샤라는 이 여자아이는 아파트의 한 방에서 고립된 채 양육되었다. 다른 방에 살고 있는 성인은 음식을 전해주는 것 이외의 어떤 접촉도 나타샤와 하지 않았다. 그녀의 유일한 친구는 고양이와 개였다. 2009년 경찰이 다섯 살이었던 그녀를 발견했을 때, 나타샤는 "동물의 모습에 가까웠다"(Halpin & Booth, 2009). 그녀는 사람들에게 덥썩 달려들고, 음식도 덥썩 물었다. 그녀는 러시아어를 알아들을 수 있었지만 말하지는 못했다. 개와 함께 자란 탓에 그녀는 "멍멍 짖는 소리로 의사소통을 하려고 하였다."

1922년에 아일랜드 출신 소설가 제임스 조이스는 대작에 가까운 글을 쓰기 시작했다. 조이스는 이미 영문학을 마스터하였다. 그가 완성한 소설 **율리시스**는 '천재의 작품'이라고 평가받았다(Wilson, 1922). 조이스는 사실 영어를 완전히 마스터하였기에 그다음 책에서는 불가능할 것 같은 일에 도전하기로 결심하였다. 새로운 언어를 만든 것이다 — 특이한 언어 또는 이해불가능한 언어. 몇 년을 노력하여 그만의 독특한 언어로 피네간의 경야(*Finnegans Wake*)를 만들어냈다.

> *What clashes here of wills gen wonts, oystrygods gaggin fishy-gods! Brékkek Kékkek Kékkek Kékkek! Kóax Kóax Kóax! Ualu Ualu Ualu! Quaouauh! Where the Baddelaries partisans are still out to mathmaster Malachus Micgranes and the Verdons cata-pelting the camibalistics out of the Whoyteboyce of Hoodie Head*

캘리포니아 샌디에이고에서 1970년대에 쌍둥이 영아가 따로 키워졌다. 쌍둥이의 할머니는 신체적 욕구는 충족시켜주었으나 상호작용하는 등의 사회적 욕구는 충족시켜주지 않았다. 쌍둥이는 다른 아이들과의 접촉도 전혀 없었다. 다섯 살 때의 낮은 지능지수로 볼 때 쌍둥이는 정신적 손상이 있다고 결론을 내릴 수 있다. 나타샤처럼 쌍둥이는 모국어를 배운 적이 없었다. 하지만 조이스처럼 완전히 새로운 자신만의 언어를 만들어냈다 — 소아특수조어. 겉으로 보기에 그들은 자기들만의 언어로 자연스럽게 대화를 나눴다.

"Pinit, putahtraletungay."
"Nis, Poto?"
"Liba Cabingoat, it."
"La moa, Poto?"

"Finish, potato salad hungry."
"This, Poto?"
"Dear Cabengo, eat."
"Here more, Poto?"
"Yeah."

"Ya."

서로 Poto와 Cabengo라고 부르는 아이들은 감자샐러드를 먹으면서 대화하고 있었다. 그들이 말한 것을 번역하면 다음과 같다("Education ," 1979).

"다 먹었다, 감자샐러드. 배고팠다."

"Poto, 이것도 먹을래?"

"사랑하는 Cabengo, 먹어."

"Poto, 여기 더 있어."

"응."

왜 생물학적으로 정상적인 인간의 뇌를 가진 나타샤는 생각하고 언어를 사용하는 인간의 보편적인 능력을 갖지 못했을까? 왜 쌍둥이는 — 교육받지 못하고 사회적으로 고립된 — 나타샤랑 다를까? 그리고 조이스의 경우는 어떻게 설명할 수 있을까? 이러한 예들은 정신의 힘과 사회적 경험의 역할에 관하여 무엇을 내포하고 있는 것일까? 이것이 당신이 이 장에서 사고, 언어, 지능에 관하여 가질 수 있는 의문점이다. ◉

생각의 깊이 로댕의 〈생각하는 사람〉은 늘 생각하는 것처럼 보인다. 이는 그를 평범하지 않게 만들었다. 하지만 사람이 생각하는 것을 멈추기란 쉽지 않다.

간단한 연습으로 이 장을 시작해보자. 이 페이지에서 벗어나 생각을 멈춰라. 당신이 할 수 있을 만큼 아무런 생각도 안 하려고 노력해보라. 생각이 마음으로 전달될 때, 교재로 돌아오라. 행운을 빈다.

돌아온 것을 환영한다. 아마도 당신은 그렇게 길게 이 페이지에서 벗어나지 못했을 것이다. 생각을 멈추는 것은 어려운 일이다! 어떤 생각 — "나는 생각하지 않을 것이다"라고 생각했을지라도 — 은 아마도 당신이 생각을 안 하려고 노력한 즉시 마음으로 들어갔을 것이다.

이 장에서 우리는 항상 생각하는 현장에 관하여 논할 것이다. 사고의 다른 유형을 탐구해보면서 논해보도록 하자. 범주화 : 사람들이 생각하는 것에 관하여 확인할 때 유용하다. 언어 : 우리가 많은 생각을 하는 데 사용하는 도구이다. 추리, 판단, 의사결정 : 우리가 어떤 선택을 해야 하는 상황에서 유용하다. 문제 해결 : 여러 가지 대안 중에 해결책을 찾아야 할 때 유용하다. 그림으로 생각하는 것 또는 심상. 마지막으로 우리는 인간 지능의 본성을 논하게 될 것이다.

이 장의 대부분은 정신(mind)에 관한 것이다 — 특히 사고, 언어, 지능의 정신과정. 하지만 우리는 뇌 수준 분석까지도 해볼 생각이며, 이를 통해 사람들의 생각하는 능력이 정신과 뇌 수준에서 어떻게 이해되는지를 알게 될 것이다. 특히 언어, 뇌, 지능의 생물학을 논하고자 한다.

범주화

스캐터고리 스캐터고리(주사위를 던져 나오는 알파벳으로 시작하는 카테고리별 단어를 적는 게임)는 범주화를 재미있게 게임으로 만든 것이다!

심리학 교수가 비디오 화면에서 얇은 네모난 금속물질을 손에 쥐고 있는데 갑자기 소리가 울리기 시작하면 당신은 "비디오 스크린에서 울리고 있는 금속조각 좀 봐"라고 생각하지는 않을 것이다. 당신은 그것을 교수의 '스마트폰'이라고 생각할 것이다. 교수가 종이판지와 함께 종이 500장을 옮겼다면 당신은 "저 종이와 판지를 봐"라고 하지 않을 것이다. 당신은 그것을 '책'이라고 생각할 것이다. 교수가 다리가 짧고, 중간 크기의 잡종 래브라도/바셋하운드와 함께 있다면, 당신은 "저것은 포유류다" 또는 "다리가 짧고, 중간 크기의 래브라도/바셋하운드 잡종이다"라고 생각하지 않을 것이다. 당신은 그것을 '개'라고 할 것이다.

위에서 든 예가 잘 이해될 것이다. 이 간단한 예가 사고에 대한 중요한 사실이 무엇인지 설명해준다. 사람들은 사물과 사건을 **범주화**한다. **범주화**(categorize)는 유형을 나누어 묶는 것을 말한다.

범주화 사물(또는 사건)의 유형을 나누고 묶는 분류방법 당신이 무언가(사람, 식물, 동물, 사물, 사건)를 볼 때마다 범주로 나누어 인식하게 된다. 드물긴 하지만 어떤 경우에는 즉시 범주화가 불가능할 때도 있을 것이다(사진 참조).

범주화의 두 가지 방법, 즉 (1) 범주 수준과 (2) 범주 구조에 대해서 알아보자.

범주 수준
사전 질문

> ❯ **사용하기 가장 편한 범주화는 무엇인가?**

우리가 언급했던 세 가지 범주화를 생각해보자 — (1) 포유류, (2) 개, (3) 래브라도/바셋하운드 잡종. '개'는 '래브라도/바셋하운드 잡종'보다 상위 범주이다(모든 래브라도/바셋하운드 잡종은 개에 속하기 때문에). 이와 비슷하게 '포유류'는 '개'보다 상위 범주이다(모든 개는 포유류에 속하기 때문에). 범주 1~3은 상위 범주에서 하위 범주 순으로 나열되어 있다.

> 당신은 어제 저녁식사로 무엇을 먹었는가? 상위 범주로 표현한다면 어떻게 설명하겠는가?

이처럼 **범주 수준**(category level)은 상위 범주 안에 하위 범주가 포함되어 있는 두 범주 사이의 관계이다(Rosch, 1978). 상위 범주와 비교했을 때 하위 범주는 비교적 협소하고 특정적이며, 더 적은 수의 구성원을 포함하고 있다. 전 세계 동물 중에서 '래브라도/바셋하운드 잡종'은 '개' 또는 '포유류'보다 그 수가 훨씬 적다.

심리학자 엘리너 로쉬(Eleanor Rosch, 1978)는 어떤 범주 수준은 다른 범주 수준보다 더 자연스럽다고 설명하였다. 다시 말해 어떤 것은 즉흥적으로 떠오르는 반면 어떤 것은 매우 드문 경우가 있다. 친구가 새로운 물건을 구입했다고 가정해보자(사진 속 자동차). 당신은 "야, 너 탈 것 새로 샀구나"라고 말하지 않을 것이다. '탈 것'이라는 범주는 부자연스러운 상위 범주이기 때문이다. 또한 "야, 너 경합금 휠로 된 올뉴 2015 검정 혼다 샀구나"라고도 말하지 않을 것이다. 이 범주는 부자연스러운 하위 범주이기 때문이다. 당신은 아마도 중간 수준의 범주로 말할 것이다. "야, 너 새 차 샀구나."

우리가 자연스럽게 사용하는 중간 수준의 범주는 기본 수준 범주라고 부른다. **기본 수준 범주**(basic-level category)는 두 가지 특징이 결합된 중간 정도의 추상적 범주이다(Rosch, 1978). 당신은 당신 친구의 탈 것을 '차'라고 하고 교수의 동물을 '개'라고 한다. 왜냐하면 기본 수준 범주인 '차'와 '개'는 그 뜻을 전달하기에 충분한 정보를 효율적으로 알릴 수 있는 것이기 때문이다.

범주 구조
사전 질문

> ❯ **범주 구조란 무엇인가?**

항목이 범주에 딱 들어맞는다는 것을 우리는 어떻게 알 수 있을까? **범주 구조**(category structure)

범주화가 어려운 경우 공상과학에 나오는 물체? 이상한 곰팡이? 사진 속 동물은 캐나다와 북동부 미국에 서식하는 작은 포유류인 별코두더지이다. 때때로 당신은 범주화가 어렵다고 느끼는 경우가 있을 것이다. 하지만 매우 드물 것이다. 보통 우리는 일상생활 속에서 사람, 장소, 사건, 동물들을 자신감 있고 빠르게 범주화한다.

Todd Pusser / Nature Picture Library

새 차 어떤 사람은 '탈 것'이라고 표현할 것이다. 혼다 엔지니어는 '1.5리터 16밸브 엔진의 혼다 피트'라고 할 것이다. 하지만 친구가 이 차를 운전하고 싶어 할 때는 기본 범주 수준인 '차'라고 말할 것이다. 대부분의 경우에는 기본 범주 수준으로 표현하는 것이 정보를 전달하기에 가장 효율적인 방법이다.

Max Herman / Alamy Live News

범주 수준 범주 간의 관계. 어떤 범주는 다른 범주보다 하위 범주이다. 전자 안에 포함되는 모든 일원이 상위 범주인 후자에 모두 포함될 때 그렇다.

기본 수준 범주 유용하고 효율적인 범주이며, 가장 흔하게 사용되는 범주화 방법

범주 구조 범주 형성을 결정하는 규칙

는 범주를 형성하는 규칙을 의미한다. 각기 다른 범주는 다른 구조, 즉 다른 규칙 유형을 가진다. 당신은 간단한 연습을 통해서 이를 알 수 있다. 다음의 두 과제를 수행해보라.

과제 1. 다음의 숫자를 '홀수'와 '짝수'의 범주로 나누어보라.

17

44

100

53

9

과제 2. 다음을 '교육적' 또는 '오락'이라는 범주로 나누어보라.

미적분학 강의

심슨네 가족들

다큐멘터리 영화

미술관 여행

레이첼 레이 요리쇼

지시문은 같지만 과제는 달랐다. 과제 1에서 범주화는 명확하였다. 모든 항목이 분명하게 딱 들어맞게 범주화가 가능하였다. 두 번째 과제에서는 몇 가지 항목은 분명하게 범주화가 가능하였다 — 미적분학은 교육적이고, 심슨네 가족들은 순수 오락 프로그램이다. 하지만 다른 항목은 모호하다. 레이첼 레이는 오락이지만, 몇 가지 배움의 요소가 있기도 하다.

'홀수'와 '교육적'(또는 '짝수'와 '오락')이라는 범주는 구조가 다른 유형이다. '홀수'는 명확한 경계가 있다. 모호한 부분이 전혀 없다. '교육적'은 경계가 명확하지는 않다. 오히려 어떤 것이 교육적인지 아닌지는 경험에 따라 다를 수도 있기에 '교육적'이라는 범주에 속하는 것인지를 판단하기가 쉽지 않다. 지금부터는 범주 구조의 세 가지 유형, 즉 **전통적 범주, 애매한 범주, 임시 범주**를 살펴보자.

전통적 범주 전통적 범주(classical category)는 포함되는 항목 결정이 명확하게 이루어지는 규칙이 있다. '중간적인' 예시가 없다. 항목이 범주에 명확하게 들어간다. 이 범주 구조를 '전통적 범주'라고 하는 이유는 아리스토텔레스 같은 작가들이 고대 그리스라는 전통시대부터 논의했기 때문이다.

'홀수'와 '짝수'는 전통적 범주에 해당된다. 예를 들어 '짝수'의 정의는 '정수를 2로 나누었을 때 정수인 것'이다. 어떤 숫자가 위의 정의에 해당된다면 짝수이고, 그렇지 않다면 짝수가 아니다. 다른 예로 '독신남'을 들어보자. 당신이 남자이고 미혼이라면, 당신은 독신남이다. 그렇지 않다면 독신남이 아니다. 여기에는 애매한 경우가 없다.

애매한 범주 사실 우리 일상 대부분은 명확한 경우보다 '애매한' 경계를 가진 범주가 더 많다. **애매한 범주**(fuzzy category)에는 애매모호한 경계가 존재한다. 어떤 항목이 그 범주에 속하는지, 속하지 않는지를 말하기가 쉽지 않다.

당신은 이미 애매한 범주를 본 적이 있다 — '교육적'. 레이첼 레이 쇼는 교육적인 것인가? 아마도 아니라고도 할 것이고(미적분학 같은 교육의 내용은 아니기 때문에), 그렇다고도 할 것이다(배운 것이 있기 때문에). 또 다른 범주의 예로 '운동선수'를 들 수 있다. 축구선수는 운동선수이다. 하지만 카레이서는? 당구선수는?

전통적 범주 명확한 규칙으로 항목이 결정되는 특징으로 인해 경계가 모호하지 않은 범주

애매한 범주 경계가 모호한 범주

철학자 비트겐슈타인(Ludwig Wittgenstein, 1953)은 범주화가 전통적 구조를 어떻게 위반하는지를 처음으로 설명하였다. 사람들이 범주화를 실제로 사용하는 것을 면밀히 관찰한 후, 그는 사람들이 홀수/짝수 또는 독신남과 같은 정의 등 명확한 규칙과 경계를 거의 파악하고 있지 않다고 설명하였다. 실제 규칙은 미묘하고, 애매모호하고, 융통성 있게 사용되고 있었다. 그는 '게임'이라는 범주를 예로 들었다. 범주를 어떻게 정의할 것인가? 이에 대한 답은 쉽지 않다. 체커스와 모노폴리는 게임이다 ― 그러나 '전쟁게임'이라고 알려진 군 전략 연습은 게임이 아니다. 정치, 로맨스, 삶 그 자체는 게임이라고 말할 수 있는 것들이다. 범주 구조는 명확한 경계가 없다.

비트겐슈타인에 의하면 범주화는 **가족 유사성**(family resemblance) 구조가 있다. 범주 구성원들은 많은 특징을 공유하고 있지만, 그 범주의 구성원이 되기 위해 꼭 절대적으로 필요한 특징이 있는 것은 아니다. 범주 구성원들은 가족 구성원 같다(그림 7.1). 어떤 한 가지 특징을 모두가 공유한 것은 아니지만 그들은 서로 유사한 특징이 있다. '게임'이라는 범주는 이와 비슷하다. 그 범주의 구성원이 되기 위하여 꼭 있어야 하는 활동이 있는 것은 아니다 ― 말, 판, 공, 게임 상대 등. 그러나 '게임'은 우리가 즉시 어떤 것은 게임이고(미식축구, 모노폴리), 어떤 것은 게임이 아니라고(기침, 꿈) 말할 수 있을 정도의 어느 정도 공유된 특징은 있다.

> 예술이 무엇인지 정의 내리려고 노력해본 적이 있는가? 가족 유사성 개념이 유용한 범주라고 생각하는가?

엘리너 로쉬는 원형 구조라는 개념을 제시하였다. **원형 구조**(prototype structure)에서 범주는 가장 전형적이고 범주의 중심 일원이라고 정의된다. 가장 전형적인 구성원이 **원형**(prototype)이다 (Rosch, 1978, p. 36). 원형의 유사성이라는 차원에서 볼 때, 개인의 특징은 범주 중심에서 더 가깝기도 하고 더 멀기도 하다.

원형 구조를 가진 범주는 '의자'이다. 식탁 옆에 있는 나무로 만든 의자는 원형이다. 범주의 중심이 된다. 작은 발포고무(의자, 매트리스를 만들 때 쓰는 재료)로 꽉 차 있는 큰 비닐백 또한 '의자'이다 ― 빈백 쇼파 ― 하지만 범주의 중심에서는 멀어진 개념으로, 낮은 원형의 수준에 해당한다.

> 개의 원형은 무엇이라고 생각하는가?

그림 7.1
가족 유사성 대부분의 일상에서 범주 구성원들은 서로 닮았으나, 반드시 꼭 있어야 하는 절대적인 특징이 있는 것은 아니다. 이 경우, 범주는 말 그대로 가족이다. 사람들은 서로 닮았으며, 모든 특징(코 크기, 머리 색깔, 귀 크기, 수염)을 다 가지고 있는 것은 아니다.

엘리너 로쉬 범주 구조의 원형 분석을 제안한 학자

Rudolf Seising

가족 유사성 범주의 구성원들이 많은 특징을 공유하고 있지만 꼭 필요한 절대적 특징은 없는 범주 구조

원형 구조 범주의 구성은 중심적이고 가장 전형적인(원형) 항목의 유사성을 기준으로 삼는 범주 구조

원형 범주의 가장 전형적이고 중심이 되는 구성원

Mirco Vacca / Shutterstock

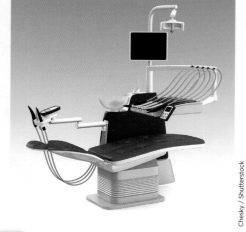

Chesky / Shutterstock

의자 그리고…음…의자 둘 다 '의자' 범주에 속한다. 하지만 왼쪽 의자는 범주의 원형이지만 오른쪽의 치과용 의자는 애매모호한 주변 범주에 해당한다. 사람들은 '의자'라는 원형 범주에 속하는 왼쪽 의자를 더 빨리 인식한다.

당신이 범주에 관하여 생각할 때, 구성원의 원형을 반영하게 된다(Rosch, 1978). 새를 예로 들어보자. 지금 다른 동물을 떠올려보라. 또 다른 동물도 떠올려보라. 당신이 보통의 사람이라면, 먼저 원형에 가까운 새를 떠올렸을 것이다. 한 단계 낮은 원형의 새를 떠올렸다면(펭귄, 타조), 두 번째 또는 세 번째 단계에서 떠올렸을 것이다. 범주 목록을 적을 때, 사람들은 제일 먼저 원형에 해당하는 구성원을 적는 경향이 있다.

원형은 생각의 속도에도 영향을 준다. 항목들이 범주에 속하는지를 판단할 때, 사람들은 원형인 항목을 빨리 떠올려 판단하게 된다. '성'이라는 범주를 가지고 생각해보자. 사람들은 원형적인 항목(욕정, 흥분)을 덜 원형적인 항목(촛불, 침대)보다 더 빨리 떠올리고 판단한다. 반응에 있어서도 개인차가 있다. 더 강한 이성애자인 사람이 '생식'은 범주의 구성이라고 더 빠르게 판단하는 경향이 있다(Schwarz, Hassebrauck, & Dörfler, 2010).

원형은 감정에도 영향을 준다. 사람들은 원형 구성원을 더 좋아한다. 추상적인 범주에서도 그렇다. 연구 참여자들이 무작위 점 패턴을 보았을 때, 그들은 가장 전형적이고 평균에 해당하는 점 패턴(즉 원형)과 유사한 것을 더 선호한다(Winkielman et al., 2006).

원형은 문화에 따라 다양할 수 있다. 예를 들어 '좋은 사람'이라는 범주를 생각해보자. 원형 구조가 다양한지 아닌지를 알아보기 위해서 연구자들은 사람들에게 '좋은 사람'이라고 느껴지는 특징 목록을 여러 나라 사람들에게 물어보았다(Smith, Smith, & Christopher, 2007). 정직, 친절함, 보살핌과 같은 윤리적이고 도덕적인 특징은 보편적으로 '좋은 사람'의 원형에 해당한다. 하지만 문화적으로 차이 또한 있다. 예를 들어 대만에서는 자발적이고 성취 지향적이라는 특징이 '좋은 사람' 범주의 중심이지만 미국에서는 그렇지 않다.

The Photo Works

원형 팝스타 아이미 에구치(Aimi Eguchi)는 일본 팝그룹 AKB48의 멤버였다. 그녀는 잡지와 TV 광고에 많이 출현했고, 가수로서 노래도 하는 등 많은 인기를 얻었다 – 그녀가 실제 존재하는 사람이 아니라는 사실이 밝혀지기 전까지는 말이다.(http://abcnews.go.com/Technology/fake-japanese-pop-star-surprises-fans/story?id=13926819). 아이미는 원형이다. 그녀를 그룹의 가장 원형적인 구성원으로 만들기 위하여 그룹 멤버 6명의 얼굴 특징을 반영하여 컴퓨터가 만들어낸 이미지였다.

임시 범주 모든 범주가 전통적 또는 애매한 구조에 해당하는 것은 아니다. **임시 범주**(ad hoc category)는 사람들이 특정 상황에 놓인 목적에 가깝기 때문에 함께 묶이는 항목의 집합이다(Barsalou, 2010). 임시라는 말은 '이를 위하여'라는 의미이다. 이처럼 임시 범주는 어떤 일반적인 목적을 위해서 유용한 항목들을 포함한다.

다음 예(Little, Lewadowsky, & Heit, 2006)은 왜 임시 범주가 범주 구조의 유형에 포함될 필요가 있는지를 알려준다. 다음 항목들을 생각해보자.

임시 범주 목적에 따른 항목의 관련성에 따라 구조가 정의되는 범주. 범주 안의 항목들은 일반적인 목적을 달성하기에 유용하다.

사진	보석
고양이	돈
아이들	문서

위 항목들은 어떤 범주의 구성원으로 들어맞는지 잘 떠오르는가? 집에 불이 났다고 가정해보자. 위 항목들은 '화재가 난 집에서 꺼내야 하는 물건들'이라는 범주의 구성원이 될 수 있다. 이 임시 범주는 의미 구조를 갖기는 하지만 전통적 또는 애매한 범주는 아니다. 딱 떨어지는 전통적 경계선도 없고 원형적인 항목도 없다. 임시 범주는 독특하다

PhotoStock-Israel / Alamy

임시 범주 세 가지 항목이 그 어떤 통상적인 범주에도 들어가지 않는다. 가족 유사성도 없고, 유사한 원형이 있는 것도 아니다. 하지만 범주의 구성원을 살펴보면 '캠핑 여행에 가져가야 하는 것들'이라는 임시 범주 형성이 가능하다.

—함께 묶일 수 있는 사람, 장소, 특정 상황에서의 사물 등과 같은 구별 방법을 찾기 어렵다.

우리가 논의했던 범주('독신남', '새', '의자', '화재가 난 집에서 꺼내야 하는 물건들')는 우리가 흔히 사용하는 단어들이다. 언어를 기반으로 하는 단어들이다. 모든 범주가 언어를 사용하지는 않는다. 예를 들어 악기 소리의 경우 말로 설명하지 않고 범주화가 가능하다. (기타 소리가 어떤지 묻는다면, 당신은 "음, 기타 소리 같아"라고 밖에 표현하지 못할 것이다.) 하지만 대부분의 경우 범주화와 언어는 밀접하게 관련되어 있다. 언어의 심리학으로 넘어가보자.

언어

일상생활에서 '언어'는 특정 지역 또는 특정 문화의 사람들이 사용하는 의사소통 시스템이다. 예를 들면 만다린어, 힌두어, 스페인어, 영어는 가장 모국어가 많은 언어이다.

'언어'가 의미하는 것은 무엇인가

사전 질문

> ❯ 개는 언어를 사용하는가?

하지만 심리학에서 '언어'라는 용어는 보통 특정 언어를 의미하는 것이 아니라 일반적인 의미에서의 언어이다. 단어와 문법을 사용하여 의사소통하는 능력. **언어**(language)는 의미 있는 소리 또는 제스처와 같은 비청각 상징을 사용하는 의사소통 시스템이다(Hauser, Chomsky, & Fitch, 2002). 심리학에서 사람들이 언어를 통해 의미 있게 어떻게 소통하는지를 연구하는 분야를 심리언어학이라고 한다.

언어는 유기체가 의사소통만을 하기 위한 수단이다. 박테리아는 화학적 신호를 보냄으로써 의사소통한다(Pai & You, 2009). 동물들은 그들의 영역을 냄새를 남김으로써 의사소통한다. 개가 이웃집 나무에 매일같이 영역 표시를 하는 것. 그러나 의사소통의 다른 형태와 구별되는 두 가지 속성을 가진 언어의 예에 해당되지는 않는다.

1. 단어와 사물의 임의적 관계 : 단어의 소리와 사물의 관계는 종종 임의적이다(Brown, 1958). '고양이'와 '개'를 예로 들어보자. 고양이와 개가 내는 소리와 단어의 소리는 전혀 다르다. 글자만 보았을 때 고양이와 개의 모습은 전혀 없지만, 이 동물들을 의미하는 단어이다.

2. 생성성 : 언어의 규칙은 무한 생성하여 문장을 만들 수 있는 등, **생성적**(generative)이다 — 아무도 전에 언급한 적이 없는 문장까지 포함하여. 예를 들어 '큰 개는 고양이를 쫓고 있다'라는 문장뿐만 아니라 여기도 '큰 개가 작은 쥐를 쫓고 있는 고양이를 쫓고 있다'라는 문장까지 만

언어 의미를 가지고 있는 소리와 언어적 단위(예 : 단어)가 결합하는 규칙을 가진 의사소통 시스템

생성적 화자가 문장의 수를 무한정으로 만들어내는(또는 생산해내는) 언어규칙을 갖는다.

의사소통하는 두 가지 방법 두 표지판은 모두 같은 정보를 전달하지만, 왼쪽의 표지판만이 언어를 사용하고 있다. 오른쪽 표지판은 같은 정보를 사람이 미끄러져 넘어지는 것과 같은 그림으로 나타내고 있다.

들어낼 수 있다. '큰 개는 치즈를 먹은 쥐를 쫓고 있는 고양이를 쫓고 있다', '큰 개는 주인이 있는 치즈를 먹은 쥐를 쫓고 있는 고양이를 쫓고 있다', '큰 개는 치즈를 먹은 쥐를 쫓고 있는 어떤 남자가 주인인 고양이를 쫓고 있다.', '큰 개는 치즈를 먹은 쥐를 쫓고 있는 다른 남자의 치즈를 먹은 또 다른 쥐를 쫓고 있는 고양이를 쫓고 있는 작은 개와 또 다른 고양이를 키우는 어떤 남자가 주인인 고양이를 쫓고 있다' 등. 이처럼 문장 만들기는 끝이 없다.

> 이러한 임의성의 예외가 명칭강박이다 — 단어가 개념을 나타내는 소리를 낼 때, '킥킥', '딸꾹'과 같이 의미를 나타내게 된다.

지금부터 의사소통 및 언어와 같은 독특한 기제가 어떻게 형성되는지 살펴보도록 하자.

언어의 구조

사전 질문

> › 언어는 어떻게 조직되는가?
> › 통사론은 어떤 규칙이 있는가?

언어는 상당히 구조적이다. 단지 원한다고 해서 당신 스스로 어떤 소리를 만들어내지는 못한다. 당신은 언어의 규칙을 따라야 하고, 언어에는 다양한 수준의 많은 규칙이 있다. 어렵게 들리지만 사실 알고 보면 쉽다. 우리 정신의 가장 놀라운 힘 중 하나 — 아마도 전에는 당연히 여겼을 수도 있다 — 는 언어를 조직하는 다양한 수준의, 다양한 규칙을 큰 노력을 하지 않고도 획득할 수 있다는 것이다. 당신이 구조 수준을 알게 된다면, 당신은 인간 정신의 힘을 더 깊이 이해할 수 있게 될 것이다.

구조 수준 심리학에서 당신의 경험에 관하여 이야기하고 싶다고 가정해보자(그림 7.2). 언어의 가장 높은 구조 수준은 대화이다. 대화에는 규칙이 있다(Grice, 1975). 친구가 "나 요즘 정말 우울해"라고 했을 때, 당신이 "너 내 새 모자 맘에 안 드니?"라고 하는 것은 대화의 규칙을 어긴 것이다 — 대화할 때는 서로 협력적이어야 한다는 암묵적 규칙.

대화는 서로 다른 관점 또는 사람들이 채택하는 대화적 '위치'에 의해 구조화된다(Harré & van Langenhove, 1999). 한순간에 당신은 누군가에게 정보를 제공하는 것이다. 나중에는 당신이 질문할 것이다. 당신의 위치는 '정보 제공자'에서 '질문자'로 바뀌게 된다. 다른 위치로 인해 다른 규칙이 적용된다 — 정보 제공하기 또는 주의 깊게 듣기.

어떤 대화에서는 말의 의미가 그들이 처한 상황에 따라 달라지기도 한다(Austin, 1962). 저녁식사 시간에 당신이 '소금'이라고 말하는 상황을 예로 들어보자. 그 의미는 상황에 따라 달라진다. 명령이 될 수도 있고 (소금을 전해달라는), 음식을 평하는 것일 수도 있고(음식이 너무 짜다는), 아니면 그냥 대답일 수도 있다(누군가 방금 음식에 넣은 것이 무엇이냐고 물었을 수도).

한 단계 낮추어 생각하면(그림 7.2), 언어는 문장으로 조직된다. 문장은 엄청난 파급력을 가지고 있다. 그 파급력으로 당신은 즉각적인 주변환경뿐만 아니라 수백 마일 떨어진 곳('그것은 명왕성임에 틀림없다'), 수십억 년까지('빅뱅으로 소란스러워질 것이다')도 의사소통이 가능하다. 문장으로 절대 존재하지 않는 것까지도 표현할 수 있다("대화할 때, 유니콘은 서로 눈 찌르는 것을 어떻게 피하는가?").

다음 단계는 구라고 하는 문장의 핵심 부분이다. 언어의 **통사론**(syntax)은 구의 특정 부분이 문법적으로 정확한 문장을 이끌어내게 하는 중요한 규칙의 집합이라 할 수 있다. 구의 배열이 옳을 수도 있지만('심리학 교수가 가장 재미있는 농담을 한다', '심리학 교수는 왜 사람들이 다른지에 관하여 연구한다'), 그렇지 않은 경우도 있다('심리학 교수는 가장 재미있는 농담을 연구한다'). 지금부터 다음과 같이 통사론에 관하여 자세히 논해보도록 하자.

한 단계 아래에서, 구는 단어들이 모여 이루어진다. 각 단어들은 그 자체로 의미를 전달할 수 있다 — '아니', '유레카'.

다른 단계로 더 낮추어보면, 단어들은 뜻을 전달하는 부분을 포함한다. 예를 들면 '가장 재미있는'은 두 가지 부분으로 이루어져 있다. 최상급 표현인 '가장' + '재미있는'. '가장 불행한(unhappiest)'은 세 부분으로 이루어져 있다(un, happy, est). 이 부분들을 형태소라고 한다. **형태소**(morpheme)는 의미를 전달하는 언어의 가장 작은 단위이다. 형태소는 한 글자만큼 그 단위 크기가 작다. 예를 들어 'professor' 뒤에 's'라는 글자가 붙으면 복수의 뜻이다.

마지막으로 분석의 가장 낮은 단계를 제시하면, 언어는 소리로 구성된다. 음소는 언어에서 의미를 전달하는 소리의 가장 작은 단위이다. 언어는 조직되기도 한다. 어떤 소리 패턴은 공통적으로 나타나지만, 그렇지 않을 경우도 있다. 서로 다른 언어는 다른 소리를 사용한다. 영어에서 나타나는 어떤 소리가 하와이어에는 없다(예 : B 또는 Z 글자의 소리). 중국어는 소리의 높낮이를 사용하고, 높낮이에 따라 의미가 달라진다(예 : Klein et al., 2001).

이러한 수준 중 하나(통사론)에 초점을 두고 살펴보자.

통사론과 문장 다음 문장을 한 번 보자. "색이 없는 초록색 생각이 분노해서 잠잔다(Colorless green ideas sleep furiously)." 이상하게 보이겠지만 문법적으로는 문제가 없는 문장이다.

MIT 대학의 언어학자 노암 촘스키는 어떻게 통사론이 작용하는지를 보여주기 위하여 위 문장을 만들었다. 촘스키가 설명한 통사론적 규칙은 수학에서의 규칙과 유사하다. 수학 공식에서 당신은 어떤 숫자를 넣어보고 유효한 답을 얻는다(원의 면적을 구하는 공식). 당신은 명사와 동사구를 이용하여 통사론적으로 유효한 문장을 만든다. 만약 "짜증내는 늙은 이다가 발작적으로 자고 있다(Crotchety old Ida sleeps fitfully)"가 문장이라면 "색이 없는 초록색 생각이 분노해서 잠잔다(Colorless green ideas sleep furiously)"도 문장이다.

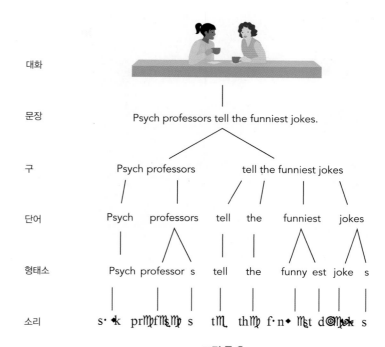

그림 7.2
언어의 구조화 수준 말하기는 쉽지만, 언어는 상당히 복잡하다. 대화에서 말의 소리까지 다양한 수준에서 조직화된다. 재미있는 점은 대화할 때마다 각 수준의 언어 규칙을 자동적으로 그리고 동시에 규칙을 적용하게 된다는 것이다.

통사론 구가 문법적으로 정확한 문장을 만들어내는지를 결정하는 규칙의 집합

형태소 의미를 전달하는 언어의 가장 작은 단위. 단어는 하나 또는 그 이상의 형태소를 갖는다.

언어학자 노암 촘스키 통사론 연구의 기초를 확립하고 연구했다.

촘스키는 통사론의 규칙을 알아냈다. 즉 문장에는 문법적 규칙이 있다. 다음 문장을 보면 그 규칙들이 이해될 것이다.

"심리학 교수들은 가장 재미있는 농담을 한다."
"가장 재미있는 농담은 심리학 교수들에 의해서 말해진다."
"농담 — 가장 재미있는 농담 — 은 심리학 교수들에 의해서 말해진다."
"가장 재미있는 농담을 말하는 사람은 심리학 교수들이다."

문장은 단어 선택에 따라 달라진다. 하지만 더 깊은 수준에서는 결국 똑같다. 문장은 같은 개념을 표현한다. 첫 문장은 가장 단순한 것으로, 동사구(가장 재미있는 농담을 말한다)에 따라오는 **명사구**(심리학 교수들)를 사용한 예이다. 다른 문장들은 이 요소들을 주변으로 이동시킨 것이다. 예를 들어 두 번째 문장에서 명사구는 문장 첫 부분에서 끝부분으로 옮겨졌다. 언어 연구에서 이러한 이동을 **변형**이라고 한다.

당신은 지금 통사론의 규칙에 관하여 살펴보았다. 핵심 문장인 '심리학 교수들이 가장 재미있는 농담을 한다'를 어떻게 변형시킬 수 있는지를 알아보았다. **변형 문법**(transformational grammar)은 문장의 요소들이 문법적으로 정확한 또 다른 문장을 어떻게 만들어내는지에 관한 규칙들이다. ('통사론'과 '문법'은 의미상 중복되는 면이 있다. 둘 다 언어 사용에 관한 규칙이다. '문법'에는 단어들이 정확한 문장으로 완성되는 것, '부정사를 분리하지 않는다' 등과 같은 통사론의 규칙이 포함된다.)

언어에는 몇 가지 사실이 있다. 지금부터 심리학에 관한 재미있는 사실들을 살펴보도록 하자. 모든 모국어 사용자들은 문법규칙들을 일일이 설명하지 않아도 규칙들을 변형 문법으로 사용하는 방법을 알고 있다. 당신은 "Psych professors tell the funniest jokes"는 문장이고, "Psych professors wonder the funniest jokes"는 문법적 규칙을 별도로 인지하지 않고도 문장이 되지 않는다는 것을 알고 있다. 더구나 당신은 문법적 규칙들을 문법 과목을 공부하기도 전인 아주 어릴 때부터 올바르게 사용해왔다. 모국어 통사론은 어떻게 배운 것일까? 이 점은 언어 획득에 관한 의문점이다.

언어 획득

사전 질문

> **아이들은 언어를 어떻게 획득하는가?**

모든 사람은 언어를 획득한다 — 그것도 빨리! 아이들은 학교에 들어가기 전에 13,000개의 단어를 알고 있다(Pinker, 1999). 심지어 '태'와 '시제'를 배우기도 전에 능동태 · 수동태, 과거형 · 현재형 문장을 이해하고 말하기까지 한다. 아동이 언어를 어떻게 획득하는지 설명하는 이론에는 세 가지가 있다.

또 다른 언어를 학습하는 데 가장 어려운 점이 무엇인지 알고 있는가?

보상　첫 번째 이론은 옳다기보다 틀린 것으로 잘 알려져 있다. 학습심리학자 스키너(B. F. Skinner, 1957; 6장 참조)는 아이들은 환경적 보상 경험에 의해 언어를 학습한다고 믿었다. 아이들이 책에서 쿠키를 보고 '쿠키'라고 말하면, 그 행동은 강화된다. 성인이 아이를 칭찬하기 때문이다(그리고 쿠키를 건네준다). 사람들은 보상 경험으로 어떤 행동을 반복하는 경향이 있기 때문에, 보상은 아동의 언어 획득을 이끌어낸다는 것이다.

변형 문법　문장의 요소들이 문법적으로 정확한 또 다른 문장을 어떻게 만들어내는지에 관한 규칙들하지만 스키너의 이론에는 다음과 같은 문제점이 있다 — 아동이 보상을 받지 않고도(대개 보상이 발생하지 않는다) 어떻게 문법을 학습하는지에 대해 설명하고 있지 않다(Chomsky, 1959). 부모는 문법 사용에 대한 보상을 거의 하지 않는다. '일반적으로' 연구자들은 '부모는 잘못된 통사 규칙 사용에 주의를 기울이지 않는다'는 것을 알아냈다(Brown, 1973, p. 412). 부모는 문법보다는 그 문장 내용의 사실 여부에 더 주의를 기울인다. 그런데 이 과정에서 아동은 문법을 학습하는 것이다.

선천적 기제 두 번째 이론은 언어 능력은 선천적이라는 촘스키의 이론이다(1965, 1980; Hauser et al., 2002). 우리는 숨쉬기, 음식 소화시키기를 '배우지 않는 것처럼' 문법 또한 '배우지 않는다'. 생물학적 기제에 의해 자동적으로 이루어진다. 촘스키에 의하면 인간은 언어의 통사론적 과정을 이끌어내는 '언어습득장치'라는 정신적 기제를 선천적으로 가지고 태어난다(Chomsky, 1965, p. 32). 이 장의 앞부분에서 살펴본 쌍둥이의 예처럼, 부모로부터 어떤 별도의 지시를 받지 않고도 아이들의 언어 기제는 그들이 들었던 말소리로부터 의미를 이끌어냈다.

물론 아동이 소속 사회에서 사용되는 특정 언어를 배우는 데 있어서 학습의 역할도 어느 정도 있다. 하지만 촘스키의 이론에서는 언어 획득의 전반적인 능력이 선천적이라고 한다. 그리고 언어는 **본능**(instinct)(Pinker, 1994), 즉 생물학적으로 타고난 능력이기 때문에 나타나는 행동적 경향이다. 새는 날고, 물고기는 헤엄치고, 사람들은 말한다. 타인과 단지 말을 하는 경험만으로도 — '경험 촉발'(Anderson & Lightfoot, 1999, p. 698) — 선천적으로 타고난 언어 기제를 자극하는 것이다.

촘스키에 따르면, 문장을 이해하고 만들어낼 수 있는 규칙의 집합인 **보편적 문법**(universal grammar)이 선천적으로 타고난 언어 기제 안에 들어 있다고 한다. 모든 사람들이 가지고 있는 문법적 능력은 '보편적'이다. 이와 같이 촘스키는 모든 인간의 언어는 명사구, 동사구가 들어 있는 문장을 포함하는 등 일반적인 특징이 있다고 예측하였다.

촘스키의 이론은 폭넓게 수용되고 있으나, 보편적으로 적용 가능하지는 않다. 세 번째 이론에서는 촘스키가 주장한 것보다는 학습이 큰 역할을 담당하는데, 스키너가 말한 보상과정보다 학습이 더 복잡하게 작용한다.

통계적 언어 학습 언어 획득의 세 번째 이론은 **통계적 언어 학습**(statistical language learning)이다 (Rebuschat & Williams, 2012; Romberg & Saffran, 2010). 이 이론에서는 아동이 통계적으로 일반적인, 자주 듣는 소리와 단어의 규칙을 학습함으로써 언어를 획득한다고 한다. 통계적 학습이론에 따르면, 언어 학습에서 핵심이 되는 정신 기제는 빈번한 사건과 드물게 일어나는 사건을 구별하는 일반적인 능력이다.

통계적 언어학습 이론으로 설명 가능한 예를 들면 다음과 같다. 당신이 'pretty baby(귀여운 아기)'라고 아기에게 말하면, 아기는 'pri tee bay bee'가 아니라 'pretty baby'라고 발음할 것이다. 통계적 언어 학습에서의 설명은 아기가 다른 소리보다 더 자주 듣게 되는 소리가 있다는 것이다. 영어에서 'pre'는 어떤 단어가 뒤에 항상 붙는 음절로 보통 앞에 위치하게 된다. 아동은 자동적으로 'pre'와 'ty'가 함께 붙을 것이라고 자연스럽게 추측한다 — 단지 과거에 그러한 경우를 많이 들었다는 이유만으로 (Saffran, 2003). 개별 단어뿐만 아니라 문법적 규칙까지 제시한 증거는 경험을 통해 배울 수 있다(Elman, 1991; Rebuschat & Williams, 2012).

> 순서 없이 제시된 알파벳을 보고 단어 만드는 게임을 당신은 좋아하는가? 만약 그렇다면, 당신이 잘 맞추는 이유는 부분적으로 통계적 언어 학습 때문일 것이다.

본능 생물학적으로 타고난 본능으로 나타나는 행동적 경향

보편적 문법 사람들이 문장을 이해하고 만들어내는 능력을 가지고 있다는 촘스키의 언어 규칙

통계적 언어 학습 사람들이 자주 듣는, 즉 통계적으로 빈번하게 듣는 소리와 단어의 규칙을 학습함으로써 언어를 습득하게 된다는 이론

통계적 언어 학습은 '언어 획득의 새로운 관점'을 제시하고 있다(Kuhl, 2000). 스키너의 접근법과 마찬가지로 언어를 학습할 때 경험의 역할이 중요하다고 강조하고 있다. 하지만 스키너와는 달리 유아가 언어 학습을 가능하게 하는 선천적인 정신 능력(들리는 다양한 말소리의 빈도를 확인하는 능력)을 가지고 있음을 확인하였다. 통계적 언어 학습은 촘스키의 접근법과는 상당히 다르다. 문법 구조의 지식은 선천적이라고 제안했던 촘스키와는 달리, 통계적 언어 학습 이론가들은 문법은 경험을 통해 배우는 것이라고 하였다. 언어 학습에서 경험을 강조할 때 문화의 역할은 매우 크다. 언어를 획득하기 위해서는 당신의 행동을 문화에 맞게 조정해야 한다(Chater & Christiansen, 2010). 의사소통을 하기 위해서 당신은 문화의 산물과 의사소통해야 한다.

앞에서 언급한 시베리아의 나타샤와 샌디에이고의 쌍둥이 예시는 언어 획득은 선천적이라는 것 또는 통계적인 학습 관점 둘 다 설명 가능한 것이었다. 촘스키에 의하면 그들만의 언어를 만들어낸 쌍둥이는 선천적인 언어 기제로 판명된 '촉발 경험'을 서로에게 제공한 것이다. 통계적 학습 이론가들에 의하면 쌍둥이는 의사소통하는 것을 서로 조정하는 법을 학습한 것이다. 두 관점 모두 고립되어 생활한 나타샤의 경우는 인간의 언어를 발달시키는 데 실패한 것이라고 분석한다. 그녀는 촉발 경험, 즉 상호 간의 의사소통이 부족했다. 그리고 슬프게도 개와 함께 성장하면서 그녀는 목소리를 개들과 조정한 것이다.

언어와 뇌

사전 질문

> ❯ 언어와 뇌에 관한 초기 연구에서 언어를 산출하고 이해하는 데 관여하는 뇌의 영역에 관해 무엇이라고 했는가?
> ❯ 오늘날의 뇌 영상 연구에서 나온 증거는 과학자들의 언어와 뇌에 관한 초기 믿음을 어떻게 변화시켰는가?

분석의 수준을 정신에서 뇌로 옮겨보자. 언어 사용과 가장 관련 있는 곳은 뇌의 어느 부분인가? 우리는 이와 관련된 초기 연구 결과와 최근의 뇌 영상 연구의 결과를 살펴보고자 한다.

초기 연구 결과 19세기에 프랑스의 폴 브로카(Paul Broca)라는 의사가 특이한 환자 한 명을 만났다. 이름이 레보른이라는 남성이었는데, 브로카는 "그의 지능과 운동 능력은 정상이지만… 말을 못한다"고 설명하였다(Schiller, 1979, p. 174). 그는 말을 이해할 수 있었다. 질문을 하면 이해했다는 것을 알리는 제스처를 사용했다. 하지만 그는 그의 생각을 단어로 바꾸지는 못했다. 레보른

그림 7.3

브로카 영역이 손상된 환자의 뇌 왼쪽 사진은 언어를 이해할 수는 있지만 언어를 산출해내지 못하는 브로카 영역이 손상된 레보른이라는 환자의 좌반구이다. 오른쪽 사진은 손상된 뇌를 확대한 사진으로, 브로카 영역이라고 알려져 온 부분이다.

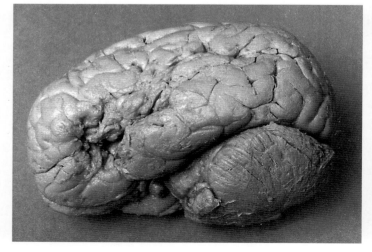
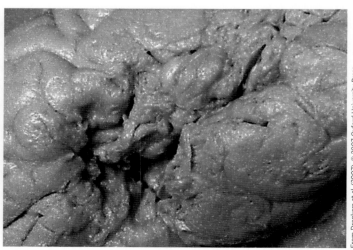

은 다른 정신 기능은 정상이지만 언어 능력에 손상이 있는 **실어증**(aphasia)으로 고통 받았다.

레보른이 1861년에 사망했을 때, 브로카는 그의 뇌를 부검하여 연구를 수행하였다(Schiller, 1979). 좌반구의 전두엽 부분, 오늘날 **브로카 영역**(Broca's area)이라고 하는 곳이 증상과 관련된 손상을 나타냈다(그림 7.3). 환자가 (1) 말을 할 수 없었고 (2) 전두엽 좌반구에 손상이 있었기 때문에, 브로카는 이 부분이 말을 산출하는 데 필요한 기능을 한다고 결론 내렸다(Rorden & Karnath, 2004). 환자들을 대상으로 후속연구를 진행한 뒤, 그 결과에 대해 확신을 갖게 되었다.

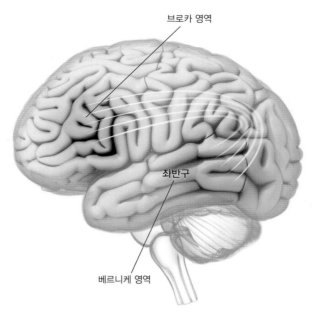

브로카 영역

좌반구

베르니케 영역

브로카 영역에 손상이 발생한 사람들은 어느 정도 의미 있는 대화를 산출해낼 수 있을 테지만, 문법적으로 정확한 문장을 구사하지 못하고 단어를 나열하는 식의 말을 한다. 문장으로 날씨를 묘사해보라고 하면, 환자들은 "날씨… 어… 맑다"라고 한다(Geschwind, 1970).

19세기 후반에 독일의 의사이자 연구자인 카를 베르니케(Carl Wernicke)는 언어를 이해하지 못하는 환자를 관찰하였다(Geschwind, 1970). 그들의 청각 능력은 정상이었지만, 단어를 전혀 이해하지 못하였다. 브로카처럼 베르니케는 환자들이 사망한 후에 그들의 뇌를 조사하였다. 그는 브로카가 말한 부분과는 다른 곳에서 손상이 발생했다는 것을 알아냈다 — **베르니케 영역**(Wernicke's area)이라고 하는 소리를 관장하는 좌측 측두엽 부분(그림 7.4).

베르니케 영역에 손상이 있는 환자는 언어를 이해할 수 없고, 의미 있는 문장을 산출해내지도 못한다. 그들은 통사론의 규칙에 따라 명사와 동사를 쉽게 결합할 수 있지만, 이 문장은 의미 없는 말이다. 환자는 "나는 다른 곳에서 끝났어요. 그리고 백화점에 있었던 뒤에 여기에 있어요"(Geschwind, 1970, p. 941)라고 말할 것이다.

> 당신이 누군가가 말하는 것을 이해하지 못한다면 얼마나 좌절스러운 일인지 생각해보라. 베르니케 영역에 손상이 있는 누군가와 가깝게 지낼 수 있을 것 같은가?

뇌 영상 연구의 결과 언어와 뇌에 관한 초기의 연구들은 비교적 간단하다. 뇌는 2개의 특화된 언어 장치를 포함하고 있는 듯하다 — 문법적 언어를 산출하는 장치(브로카 영역), 언어를 이해하는 장치(베르니케 영역). 한 영역이라도 손상이 발생하면, 언어 능력(산출과 이해)도 타격을 받게 된다.

그러나 뇌 손상은 그 근원이 미약하다. 다른 대안으로 뇌 영상 연구가 있다. 뇌 영상 연구는 사람들(뇌 손상 없는 건강한 자원봉사자)이 언어를 산출하고 듣는 동안 언어에 관한 간단한 스토리를 밝혀내는 과정을 보기 위해 진행하였는데, 뇌는 지나치다 싶을 정도로 단순한 구조였다(Bookheimer, 2002; Martin, 2003). 브로카-베르니케 스토리는 다음의 세 가지 측면에서 '잘못된 것으로 판명'되었다(Fedorenko & Kanwisher, 2009, p. 2).

1. 브로카와 베르니케 영역 이외에 다른 영역도 언어를 담당한다. 뇌 영상 연구는 언어를 담당하는 수많은 뇌 영역들이 연관되어 있으며, 특히 전두엽, 측두엽, 두정엽이 언어를 산출

실어증 다른 정신 능력은 정상이나 언어 능력에 손상이 있는 것

브로카 영역 말을 산출해내는 기능이 있는 뇌의 좌반구 전두엽 부분

베르니케 영역 언어를 이해하고 의미 있는 문장을 산출하는 기능을 담당하는 좌측 측두엽 부분

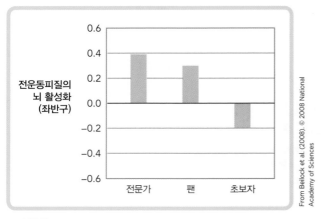

그림 7.5
전문분야, 언어, 뇌 활성화 연구자들은 세 가지 유형의 사람들(프로 하키선수, 지식이 풍부한 하키 팬, 게임에 익숙하지 않은 초보자)에게 하키 게임에서 나타나는 행동을 서술한 문장을 읽어보라고 했다. 읽기 전과 읽는 동안, 연구자들은 신체 움직임을 관장하는 뇌 영역인 좌반구 전운동피질의 뇌 활성화 정도를 측정하였다. 모든 참가자들이 같은 문장을 읽은 것인데 뇌 활성화 패턴은 저마다 다르게 나타났다. 초보자와는 달리, 프로선수와 팬은 움직임을 관장하는 뇌 부분에서 더 높은 활성화 정도를 나타냈다.

하는 능력을 담당하는 것으로 밝혀졌다(Bookheimer, 2002).

2. 브로카와 베르니케 영역은 언어 이외에 다른 정신 활동에도 관여한다. 현재의 증거로 볼 때, 브로카와 베르니케 영역이 언어만을 담당하는 것은 아니다. 즉 단지 언어를 이해하고 산출하는 기능만 있는 것은 아니다(Fedorenko & Kanwisher, 2009). 예를 들어 뇌의 '언어 영역'은 사람들이 색깔을 인지할 때 활성화된다(Siok et al., 2009). 참가자들이 오른쪽 시야에 나타난 색깔들을 구별해야 할 때 좌뇌가 기능을 하는데(3장 참조), 언어와 관련 있는 신경 영역도 색깔 인지 과제를 수행하기 위해 활성화되는 것으로 나타났다.

3. 뇌는 개인에 따라 다르게 활성화된다. 브로카/베르니케 개념은 모든 사람이 기본적으로 동일하다는 전제가 있다. 모든 사람들이 보기 위해 눈을 사용하고, 듣기 위해 귀를 사용하고, 언어를 사용하기 위해 모두 뇌에서 동일한 해부학적 영역을 사용한다는 것이다. 하지만 fMRI 증거로 인해 '높은 수준의 해부학적 변동 가능성'이 있음을 시사했다(Fedorenko & Knawisher, 2009, p. 2). 사람들은 언어를 사용하는 동안 활성화되는 영역이 저마다 다를 수 있다. 예를 들어 연구자들은 스포츠 중 가장 다양한 지식을 가지고 있을 것으로 생각되는 하키에 관한 문장을 제시했는데, 뇌 활성화 패턴이 저마다 다르게 나타났다(Beilock et al., 2008). 프로선수와 오랜 하키 팬들 사이에서 움직임에 반응하는 뇌의 영역 또한 문장이 산출되는 동안 활성화되는 것으로 밝혀졌다(그림 7.5).

브로카 영역과 베르니케 영역의 손상을 언어 능력 저하의 원인이라고 했던 초기의 믿음은 옳지 않은 것으로 판명되었다. 두 영역만이 언어를 관장하는 부분이 아니라는 것이다. 브로카 영역과 베르니케 영역은 보통의 언어 사용에 필요한 부분이지만, 전적으로 언어를 관장하는 것은 아니다.

동물의 '언어'

사전 질문

> **동물들에게는 왜 언어가 없을까?**

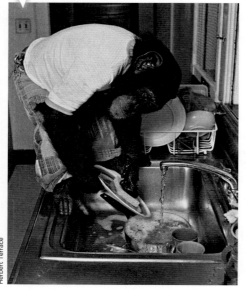

인간 세계에서 길러진 님 침스키 그는 한 번도 설거지하는 것에 대해 불평한 적이 없는데, 어쩌면 인간의 언어를 전혀 배운 적이 없어서였을지도 모른다.

지금까지 우리는 인간의 의사소통에 관하여 논했다. 우리 털복숭이 친구들은 어떤가?

확실한 것은 동물들도 의사소통을 한다는 것이다. 예를 들어 벌은 다른 벌들에게 음식이 나타났다는 신호를 보내는 몸짓을 한다. 하지만 이것이 언어인가? 언어는 말하고자 하는 사물과 관련된 상징을 임의적으로 결합시킴으로써 새로운 의사소통 체계를 사용자가 생산해내는 시스템이다. 동물에게 가능한 일인가?

당신이 동물을 관찰해보면, 가능하지 않다는 것을 알 수 있다. 하지만 적절히 교육받지 못했기 때문일 수도 있다. 심리학자 허버트 테라스(Herbert Terrace)는 동물이 인간처럼 언어훈련을 받으면 어떻게 되는지 알아보기로 했다(Hess, 2008).

테라스는 님 침스키라고 하는(노암 촘스키의 이름을 땄음) 갓 태어난 침팬지를 인간이 사는 환경(인구가 밀집된 뉴욕 시 아파트)에서 길렀다. 테라스의 목표는 침스키 대 촘스키의 대결이었다. 만약 침스키가 언어를 배우게 된다면, 언어 능력은 인간만이 가지는 선천적인 기제에 의한 것이라는 촘스키의 주장은 틀린 것이다.

테라스는 침스키가 절대 인간처럼 말하지는 않을 것이라는 사실을 알고 있었다. 침팬지는 인간의 말소리를 산출할 수 있는 신체 기관이 미성숙하다. 하지만 손재주를 가지고 있다. 그래서 테라스는 님스키에게 수화를 가르치려 노력했다. **수화**(sign language)는 손과 손가락의 신체 움직임으로 정보를 전달하는 언어이다. 침스키에게 매일매일, 몇 년 동안 수화를 가르쳤다.

무슨 일이 일어났을까? 가르친 지 4년이 흐른 후, 테라스는 침스키가 실제 언어 사용은 절대 불가능하다는 결론을 내렸다(Hess, 2008). 쌍둥이와는 달리, 침스키는 생각을 표현하는 새로운 조합을 만들어 내지 못했다. 침스키는 동물 세계에서 외롭지 않았다. 어떤 동물도 진짜 언어를 사용하지는 못한다.

인간의 언어 능력은 광범위한 인지기술을 필요로 한다(Fitch, Hauser, & Chomsky, 2005; Pinker & Jackendoff, 2005). 그리고 침팬지와 다른 동물들은 몇 가지 인지기술을 가지고 있다. 예를 들어 언어 획득 기술은 세상의 사물을 표현하기 위해 상징(단어)을 사용하는 것, 상징의 의미를 기억하는 것, 그 둘을 결합하는 것 등을 포함한다. 많은 동물들은 이러한 기술 중 몇 가지를 수행해낼 수 있다. 예를 들면 워쇼라는 이름을 가진 침팬지는 '제발'과 '마실 것을 주세요'를 나타내는 수화를 배웠고 두 가지를 결합하여 '제발 마실 것을 주세요'라고 하였다(Gardner & Gardner, 1969). 아프리카 회색앵무새는 사물뿐만 아니라 사물의 범주까지 나타내는 말소리를 배웠다(Pepperberg, 1991).

동물의 능력은 놀라울 만하지만 인간만큼은 아니었다(Hauser et al., 2002). 동물은 인간들처럼 일반적인 언어기술을 표출하는 데는 실패하였다. 예를 들어 동물들은 그들 사이에서 누가 우두머리인지 알고 있지만, 목소리로 그러한 사실을 표현하지는 못한다. 동물들은 다른 동물에게 소리 신호를 보낼 수는 있지만, 그렇게 하는 것이 인간이 하는 것과 같은 의사소통은 아니며, 지식 체계로서 인정되기는 어렵다. 가장 중요한 점은 동물들의 의사소통은 자연발생적이지 않다는 것이다. 인간의 경우, 아주 어린아이들도 하는 수많은 다양한 문장을 만들어내기 위한 통사론 규칙을 동물들은 사용하지 않는다. '1세기 동안 이루어진 철저한 연구'를 통해서 "인간 이외의 그 어떤 종도 의미 있는 문장을 무한정으로 재결합하는 능력을 가지고 있지 않다"는 것이 밝혀졌다(Hauser et al., 2002, p. 1576).

미키마우스 모으기 훈련을 한 뒤, 체이서라는 개는 1,000개 이상의 장난감 이름을 학습하였다(Pilley & Reid, 2011). 어떤 것을 가져오라고 하면('금붕어', '얼룩다람쥐', '미키마우스') 정확하게 물건을 가져오는 체이서의 능력은 그 단어에 대한 지식을 가지고 있음을 의미한다. 체이서의 놀라운 능력으로 개도 인간 언어의 어떤 요소를 습득할 수 있다는 것이 밝혀졌다 — 세상에 존재하는 사물을 정해진 명명법과 연합하는 것. 하지만 언어의 많은 부분이 인간 한정적이다. 아이들은 단어의 의미뿐만 아니라 문법적 규칙을 적용하여 새로운 단어의 결합을 만들어내기도 한다. 이는 다른 종에서는 볼 수 없는 능력이다(Yang, 2013).

언어로 소통하지 않는다면, 당신의 애완동물은 당신과 어떻게 의사소통하는가?

언어와 사고

각 언어들 사이의 차이점은 분명하다. 소리가 다르다. 쓰고 있는 단어도 다르게 보인다. 그러나 다른 특징들은 그 차이가 미묘하다. 어떤 언어의 단어에 딱 들어맞는 또 다른 언어의 단어를 찾기는 쉽지 않다. 이와 관련하여 감정을 표현하는 단어에 관한 연구가 있다(Wierzbicka, 1999). 타히티 사람들은 영어의 'sad(슬픈)' 단어와 일치하는 말이 없다. 예상했던 많은 양의 감정을 표출하지 못할 때 느끼는 부정적인 정서를 표현하는 폴란드어 *przykro*에 딱 맞는 단어가 영어에는 없다. 영어 단어 'emotion(정서)'에 딱 들어맞는 단어가 독일어에는 없다.

이러한 차이점은 커다란 의문이 들게 한다 — 언어와 사고의 관계는 무엇인가? 사람들의 느낌을 생각할 때 타히티어, 영어, 폴란드어, 독일어 사용자들은 서로 비슷한 생각을 하는 것인가, 기본적으로 언어가 다르기 때문에 다른 생각을 하는 것인가? 당신이 사용하는 언어에 *przykro*에 해당하는 단어가 없다면, 예상했던 많은 양의 감정을 받아들이지 못한 어떤 사람의 감정을 인정할 수 있을 것인가?

수화 손과 손가락의 신체 움직임으로 정보를 전달하는 언어

Paris Match via Getty Images

사피어–워프 가설

사전 질문

> ❯ 언어는 현실을 형성하는가?

에드워드 사피어와 그의 제자인 벤자민 워프는 언어와 문화를 연구한 학자인데, 그들은 언어가 사고의 본질을 형성한다고 믿었다. **사피어–워프 가설**(Sapir-Whorf hypothesis)(Whorf, 1956)은 다른 언어를 말하는 사람들이 세상에 대해서 서로 다르게 생각하는 결과를 낳는, 즉 언어가 사고를 만든다고 주장한다. 사고에 있어서 언어의 효과로 범주화를 들 수 있다. 단어는 우리가 생각할 때 사람들이 주로 사용하는 범주화 기법에 의해 나오는 것이다. 따라서 서로 다른 단어를 가지고 서로 다른 언어를 사용하고 있는 화자는 서로 다른 생각을 하고 있는 것이다. 예를 들어 당신이 사용하는 언어에 'nerd(멍청하고 따분한 사람)'라는 단어가 없다면 어떤 사람들은 'nerds'다라는 생각 자체가 불가능한 것이다.

지금까지의 논리가 맞다면, 이 가설은 문화를 이해하는 데 굉장히 중요한 것이다. 서로 다른 언어를 말하는 사람들은 현실을 보는 관점이 원천적으로 다를 것이다. 선과 악에 대한 생각, 옳고 그름에 대한 생각이 저마다 다를 것이다.

사피어–워프 가설은 맞는 것일까? 몇몇 증거들이 이를 뒷받침한다. 이를 지지하는 한 연구에 의하면, 언어가 사람들이 사물의 위치에 대해서 생각하는 방식에 영향을 준다고 한다. 영어에서 우리는 가까이 있는 사물에 대해서 '왼쪽'에 있다, '오른쪽'에 있다고 말한다. 멕시코 원주민인 메소아메리카인들이 사용하는 언어에서는 동쪽과 서쪽에 위치한다고 표현한다. 왼쪽과 오른쪽 대신에 지리학적 용어를 채택하여 사용하는 것이다. 이는 단어가 사람과 사물과의 상호작용에 영향을 준다는 것을 의미한다. 만약 당신이 물건을 나란히 놓는다면, 물건을 사람들에게 보여준다면, 180도 사람들 주변을 돈다면, 물건을 재배치하라고 한다면, 메소아메리카 언어를 말하는 사람들은 동쪽–서쪽 배열 순서를 지키기 위해서 왼쪽–오른쪽 배열 순서를 뒤집을 것이다(Levinson, 1996). 이와 같은 사고에 대한 언어의 영향은 사피어–워프 가설을 지지한다.

하지만 사피어–워프 가설을 지지하는 증거가 극히 드물다(Bloom & Keil, 2001). 지금부터 살펴볼 내용은 사피어–워프 가설을 반박하는 증거들이다.

체화된 인지

사전 질문

> ❯ 사피어–워프 가설 연구는 사고에 대한 언어의 영향이 어떻다고 설명해주고 있는가?

브렌트 베를린과 폴 케이는 색상에 대한 사람들의 생각을 연구함으로써 사피어–워프 가설을 검증하였다(Berlin & Kay, 1969; Kay et al., 1997). 언어는 표현 가능한 색상이 얼마나 많은지에 따라 다양하다. 예를 들어 뉴기니의 언어는 단지 2개의 색상 단어밖에 없다. 하나는 어둠 계열(녹색, 파란색)이고, 또 하나는 흰색 계열(흰색, 빨간색, 노란색, 오렌지색)이다(Foley, 1997). 그 외 언어들은 대부분 자주 사용되는 색상으로 11개 정도가 있다. 언어가 사고에 영향을 준다면, 서로 다른 색상 개수를 가진 언어를 말하는 사람들은 색상에 대해 다르게 생각해야 할 것이다.

하지만, 그렇지 않았다. 서로 다른 언어를 말하는 사람들임에도 색상에 대해 비슷하게 생각하고 있었다. 베를린과 케이는 연구 참여자들에게 색상표를 보여주고(그림 7.6) 어떤 색이 가장 좋으냐고 물었을 때, 다른 언어를 사용함에도 불

사피어–워프 가설 언어가 사고를 형성한다고 주장하는 언어와 사고의 관계에 관한 신념. 이 가설은 서로 다른 언어를 말하는 사람들은 세상에 대해 서로 다르게 인식함을 의미한다.

> 지금 당신이 있는 방에 있는 모든 색 이름을 알고 있는가? 색이름을 붙일 수 없는 물건이 보이는가?

구하고 가장 선호하는 색상은 같은 것으로 나타났다. 예를 들면 4개 이하의 색상명을 가진 언어를 사용하는 경우에도 영어 사용자와 같이 빨강, 노랑, 초록, 파랑을 선택하였다. 후속연구에서도 같은 결과가 나왔다(Regier, Kay, & Cook, 2005). 이러한 결과는 언어적 변수는 사고에 영향을 주지 않는다는 것으로 사피어-워프 가설을 반박하는 것이다.

가장 간단한 설명은 시각 시스템이 색상에 대한 사람들의 생각에 영향을 준다는 것이다. 인간의 시각 시스템은 다른 시스템보다 더 강하게 색상에 반응한다(4장 참조). 시각 시스템은 보편적이다. 결과적으로, 사람들이 색상을 범주화하는 방법은 보편적인 경향이 있다고 할 수 있다(그림 7.7).

베를린과 케이의 연구 결과는 광범위한 견지를 제공해주었다. 인간의 사고는 체화된다(6장 참조). 즉 우리가 색상 같은 추상적 개념에 관하여 생각할 때, 우리의 신체를 물체에 관련시키고 진화된 정신의 일부를 사용한다. 물체를 인지(보고 냄새 맡고)하도록 하고, 물체 쪽으로 향하거나 멀리 떨어지도록 하게 진화된 정신 시스템은 사고를 다양하게 형성하도록 한다(Barsalou, 1999; 5장 참조). 사피어-워프 가설과는 반대로 사고는 단지 언어의 영향만 받는 것은 아니다.

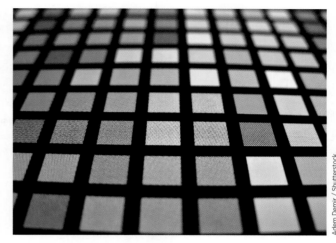

그림 7.6 색상표 베를린과 케이는 색상의 가짓수가 저마다 다른 언어를 사용하는 다양한 문화를 가진 사람들에게 색상표를 보여주었다. 언어의 차이는 색상에 대한 사람들의 판단에 영향을 주지 않았다. 가장 마음에 드는 색상은 다른 언어를 말하는 서로 다른 문화를 가진 사람들임에도 대부분 '파랑'이었다.

사고와 언어

사전 질문

> ❯ **사고가 언어에 영향을 준다는 것을 우리는 어떻게 아는가?**

언어가 사고에 영향을 줄 뿐만 아니라 그 반대도 성립한다. 사고는 언어에 영향을 준다. 사람들은 종종 말로 표현하기 힘든 생각을 진술한다. 이처럼 생각은 표현되기 이전부터 존재한다.

생각은 언어에 선행한다는 증거는 제스처 연구에서 찾아볼 수 있다(McNeill, 2005). 제스처는 의미를 전달하기 위해 팔, 손, 손가락 등을 움직이는 동작이다. 때때로 당신은 의사소통하기 위해 제스처를 사용하여 전달하고자 하는 의미를 표현하고자 고군분투할 것이다. 예를 들어 당신이 댄서의 복잡한 움직임을 설명하려고 한다면, 댄서의 움직임을 말로 표현하는 문장을 만들기 전에 댄서처럼 손과 팔을 움직이기 시작할 것이다. 몇몇 심리학자들은 정신적 표상과 언어 사이에서 주고받는 대화에 관여하는 정신(마음)을 주시하였다(McNeill, 2005).

제스처로 의사소통하기 사람들은 말뿐만 아니라 제스처로도 의사소통한다. 때때로 제스처는 말로 하기도 전에 생각을 전달한다. 즉 어떤 생각들은 말로 표현되는 정신적 표상의 형태로 존재한다.

그림 7.7

사람 · 마음 · 뇌
상호작용

문화권이 서로 다르면 '가장' 좋아하는 파랑을 다르게 선택하는가?

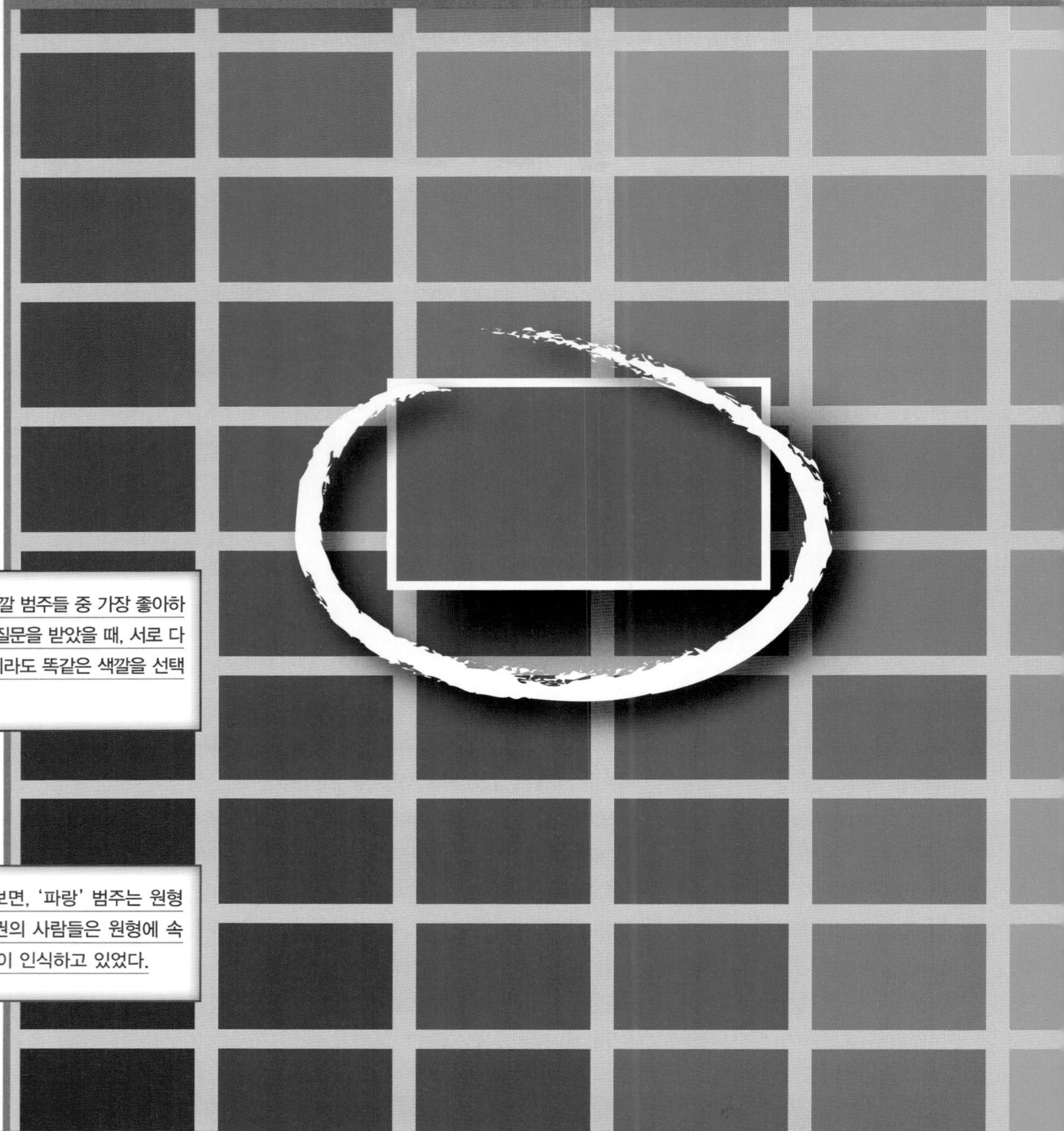

ⓟ 사람

아니다. '파랑'이라는 색깔 범주들 중 가장 좋아하는 것이 어떤 것이냐는 질문을 받았을 때, 서로 다른 문화를 가진 사람들이라도 똑같은 색깔을 선택하는 경향이 있었다.

Ⓜ 마음

마음 수준에서 분석해보면, '파랑' 범주는 원형 구조이고 다양한 문화권의 사람들은 원형에 속하는 파랑 색상을 똑같이 인식하고 있었다.

Ⓑ 뇌

뇌 수준에서 분석해보면, 망막의 '원추'세포는 원형인 파랑과 일치하는 빛의 파장에 최대로 반응한다.

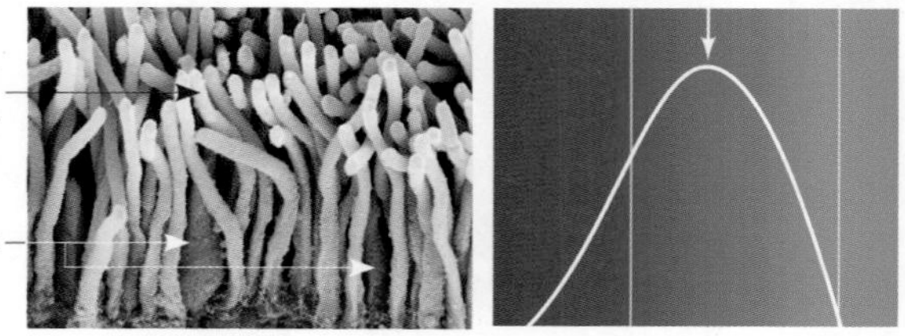

간상
세포

원추세포

Science Photo Library / Alamy

추리, 판단, 의사결정

사람들은 언어에 능숙하다. 어린아이들조차 문장을 정확하게 이해하고 산출한다. 지금부터 우리는 사고의 세 가지 유형(추리, 판단, 의사결정)을 탐구해보고자 한다. 이 세 가지 유형은 교육 수준이 높은 사람들조차 실수하는 경우가 발생한다.

추리

사전 질문

> 〉 순조로운 논리적 추리가 가능한 심리적 과정은 무엇인가?
> 〉 사람들은 항상 논리적 추리를 하는 데 어려움을 느끼는가?

평소에 추리 소설을 읽는가? 그렇다면 당신은 절정의 순간을 예상할 수 있을 것이다. 사설 탐정은 증거를 다시 살펴보고, 논리적으로 숨은 의미를 분석하고, 결론을 내리게 되고, 범죄자는 탐정의 분석이 너무 날카로운 나머지 현장에서 자백하게 된다.

추리 소설은 **추리**(reasoning)에 근거하는데, 사실, 신념, 경험에 근거하여 결론을 내리는 과정이다(Johnson-Laird, 1990). 추리할 때, 단지 사실만을 기억하지는 않으나 처음에 인지했던 정보를 뛰어넘어 도달한 결론과 사실을 결합하게 된다(Markman & Gentner, 2001).

추리 소설에는 추리 심리학의 연구 결과들이 소개되어 있다. 탐정의 능력뿐만 아니라 읽는 사람의 반응까지 주목해야 한다. 훌륭한 추리 소설 속에 나오는 사실들은 모두(독자를 포함하여)에게 유용하다. 하지만 이해는 탐정만이 한다. 다른 사람들은 쩔쩔맨다. 추리 소설은 대부분의 사람이 추리에 약하다는 전제를 가지고 쓰게 된다.

수많은 심리학 연구의 전제는 같다. 훌륭한 심리학자들은 논리적 추리기술로 사람들에게 '약간의 능숙함'을 보여주면서 연구 결과를 제시한다(Johnson-Laird, 1999, p. 109). 어째서 우리보다 추리에 능한 것일까?

확증편향 확증편향은 추리에 방해가 되는 요인이다. **확증편향**(confirmation bias)은 당신이 내린 초기의 모든 결론과 일치하는 정보를 찾고자 하는 경향성으로, 초기 결론과 반대된다고 판단되는 정보는 무시한다.

확증편향은 초기 결론이 틀렸을 경우 추리에 방해 요인이 된다. 확실한 결론을 얻기 위해서는 부정적 증거, 즉 당신의 추측이 틀렸다는 증거를 찾아야 한다. '한밤중에 호텔에서 일어난 살인 사건의 범인은 집사이다'라고 생각한다면, 집사가 한밤중에 호텔 이외의 어딘가에 있었다는 어떤 증거도 없어야 한다. 단순히 증거만을 찾게 되면('집사에게는 살인동기가 있다'), 결정적인 부정적 증거를 놓칠 것이다('한밤중에 집사가 영화관에서 졸고 있었다는 것을 본 목격자').

산수문제를 풀 때 흔히 확증편향 현상이 나타난다(Wason, 1960). 당신에게 주어진 일은 숫자가 산출되는 산수 규칙을 알아내는 것이다. 먼저 규칙에 따라 3개의 숫자를 본다. 그리고 규칙이 무엇인지 알아내는 데 도움이 되는 3개의 추가 숫자 세트를 제시할 필요가 있다. 3개의 세트가 제시된 후, 당신이 생각한 숫자가 규칙에 맞는 것인지 물어본다. 당신이 생각한 규칙이 맞다고 생각할 때 추측이 가능해진다.

처음 3개의 숫자는 다음과 같다.

2　　4　　6

밤에 일어난 일에 관하여 설명하는 것을 우리는 매우 흥미 있게 들었다. 홈즈는 미묘하고 극히 작은 단서로부터 추론을 했고, 그가 우리에게 어떤 정보를 알려줄 때, 우리는 그가 추리하는 사실에 이끌려갈 수밖에 없었다.

– Arthur Conan Doyle,
The Treasury of Sherlock Holmes
(2007, p. 267)

추리 사실, 신념, 경험에 근거하여 결론을 내리는 과정으로, 처음에 인지했던 정보를 능가하는 결론에 이를 수 있도록 사실, 신념, 경험, 정보 등을 결합하는 것

확증편향 초기 결론과 일치하는 정보를 찾고자 하는 경향성(초기 결론과 반대되는 정보는 무시함)

언론 보도는 공정하고 중립적이었습니까? 논란이 되는 문제(아랍-이스라엘 갈등)에 관한 언론 보도를 들은 후, 양쪽 사람들 모두 보도가 자신들의 견해와 반대된다고 생각하는 경향이 있다는 것이 연구를 통해 밝혀졌다. 이는 확증편향 때문에 일어나는 현상이다. 사람들은 편향된 언론 보도를 예상하고, 예상한 것을 확인시켜주는 자료에 주목하고 더 잘 기억한다. 그리고 언론 보도가 불공정하다고 결론 내린다. 언론이 시청자가 좋아하는 후보를 공정하게 보도하는지 그렇지 않은지를 시청자는 판단하는데, TV 토론에서도 위와 같은 똑같은 일이 일어난다.

규칙이 무엇이라고 생각하는가? 그리고 규칙이 무엇인지 알아맞히기 위해 제시될 3개의 새로운 숫자 세트는 무엇일까?

전형적인 모습을 보이는 연구 참여자들을 살펴보자. 연구 참여자들은 먼저 '짝수'라는 규칙을 떠올리고 그 규칙을 적용해서 짝수로 이루어진 새로운 숫자 세트를 제시한다. "8, 10, 12, 어때요?", "14, 16, 18?", "20, 22, 24?" 연구 참여자들은 숫자가 실험자가 설정한 규칙을 항상 따르고 있다는 것을 학습하였다. 하지만 그 규칙은 '짝수' 시리즈는 아니었다. 실제 적용된 규칙은 '일정 크기 정도로 증가하는 것으로 배열된 세 가지 숫자'였다.

이처럼 연구 참여자들은 확증편향을 설정하였다. 그들은 처음에 추측했던 것과 일치하는 숫자를 제시하고 처음 추측이 틀렸다는 가능성(예 : 1, 3, 5) 자체를 배제했다.

확증편향은 우리 사회에 만연해 있는 현상이다. 사람들은 어떤 견해와 신념을 가지게 되면, 그들의 생각을 확고히 해줄 수 있는 정보를 찾는 경향이 있다(Nickerson, 1998). 예를 들어 사회심리학자들(11장 참조)은 확증편향을 사람들이 자신의 정치적 태도에 대항하는 언론을 믿는 경향이라고 설명한다. 사람들이 이스라엘 옹호론자 또는 아랍 옹호론자이건 간에 중동 갈등에 관한 동일한 언론 보도에 대해서, 양쪽 다 보도가 편향되었다고 생각하였다(Vallone, Ross, & Lepper, 1985). 어떻게 사람들은 똑같은 언론 보도인데도 서로 반대편을 옹호하는 보도라고 생각하는 것일까? 확증편향이 이를 설명하는 개념이다. 방송이 시작되기 전에 사람들은 이미 언론 보도가 불공평할 것이라고 예상하였다. 보도하는 동안, 그들은 이 예측을 확고히 하는 부분에 주의를 기울인다. 방송이 끝났을 때, 그들의 견해를 확인해주는 정보를 더 잘 기억하는 것으로 나타났다. 확증편향으로 인해 모든 사람은 언론 보도가 자기들의 견해에 비추어 불공평하다고 인식하게 된다.

> ESP를 믿는가? 당신의 신념을 지지해주는, 주의를 기울이고 기억하기 쉬운 정보는 어떤 종류인가?

진화론적 관련 문제들에 관한 추리 사람들은 항상 추리를 어렵다고 하는가? 심리학자 레다 코스미데스(Leda Cosmides)는 그렇지 않다고 한다. 그녀는 연구에서 나타나는 추리문제(산수의 규칙 찾기, 언론 보도 평가)는 인간 진화과정과 관련이 없다는 것에 주목한다. 현대인들은 진화적 조상이 직면했던 문제를 고려할 때 추리를 더 잘할 것이다.

물건을 교환할 때 중요한 것은 속이지 않는다는 것이다(Cosmides, 1989). 사람들은 수천 년 동안 무역을 통해서, 현금 사용을 통해서 물물교환을 해왔다. 과거에는 곡물을 얻기 위해 가축을 물물교환했다. 오늘날은 식료품을 사기 위해 돈을 물물교환의 수단으로 사용한다. 인간의 역사를 통해서 보면, 물물교환에서는 속이는 것을 피하는 것이 중요 포인트였다. 진화를 통해서 사람들은 물물교환을 할 때 속일 가능성을 포함하여 문제를 날카롭게 추리하는 능력을 갖추게 되었다.

코스미데스는 동일한 논리 구조를 가진 서로 다른 문제를 제시함으로써 검증하였다 — 즉 정보들 사이의 유사 관계. 하지만 다음과 같이 문제는 본질적으로 달랐다.

> 몇몇 문제들은 물건을 교환할 때 속이는 것을 알아채는 것까지 포함한다. 예를 들어 가상적인 문화적 상황을 묘사해보자. "어떤 사람이 카사바 뿌리를 먹는다면, 그의 얼굴에 문신을 했을 것이다."(이 문화에서 카사바 뿌리는 최음제이고, 문신은 기혼자 표시라는 것을 연구 참여자들은

들었다.) 만약 당신이 카사바 뿌리를 먹었지만 문신은 없다면, 당신은 남을 속인 것으로 혼외 성관계 금지라는 사회적 규칙을 어긴 것이다.

> 다른 문제들은 속이는 것과 전혀 관계가 없다. 예를 들어 사무직 사람들은 문서가 다음의 규칙을 지키고 있는지 점검하였다. "만약 어떤 사람의 평가가 D라면, 그의 문서는 코드 'y'로 표시한다."

　연구 참여자들은 속이는 것과 관계없는 문제를 잘 수행해내지 못하였다(문서 정리문제). 하지만 문제에 사회적 규칙(카사바 뿌리 문제; Cosmides, 1989)을 어김으로써 속이기가 잠재적으로 포함된 경우에는 훌륭한 수행을 보였다. 후자의 경우 확증편향을 피한 것이다.

　왜 사람들은 속이기 · 알아채기 문제 풀기에 능숙할까? 코스미데스에 의하면 진화는 물물교환을 포함한 문제 해결에 도움이 되는 선천적인 뇌 기제를 만든다고 한다. 이러한 주장은 논란이 많음에도 불구하고 뇌 연구 결과와 일치하는 점이 많았다. 뇌의 각 부분은 사람들이 물물교환을 포함하지 않는 논리적으로 유사한 문제를 추리할 때보다 사회적 교환문제에 관한 추리를 할 때 더 활성화된다(Ermer et al., 2006).

　코스미데스의 생각이 친숙하게 들리는가? 그럴 것이다. 문제 해결의 뇌 기제 기원에 관한 생각은 근본적으로 문법 습득 기제를 설명한 촘스키의 생각과 같다. 두 학자 모두 진화는 뇌 기제를 만들어내고 오늘날의 사람들이 지닌 정신 능력과 관련이 있다고 하였다(Buss, 2009).

불확실함에 대한 판단

사전 질문

> **> 사람들은 불확실한 사건의 가능성을 어떻게 판단하는가?**

인생은 크건 작건 추측으로 가득 차 있다. "내가 영화관에서 10달러면 입장권을 충분히 살 수 있는 이 새로운 로맨틱 코미디를 좋아하게 될까요?", "상당히 비싼 사립대학 만큼 교육비가 비싼 주립대학에서 내가 좋은 교육을 받을 수 있을까요?", "내가 주식시장에 투자해야 할까요, 아니면 앞으로 1년 동안 주식으로 손해를 볼 것 같은가요?" 이 질문들에 각각 답하기 위해서 당신은 판단을 해야 한다. 즉 증거 평가를 통해서 결론을 내려야 한다.

　모든 질문에는 불확실함이 있다. 당신은 어떻게 될지 확실히 알지 못한다. 당신은 어떤 일이 어떤 방법으로 결말이 날지 그 가능성마저도 알지 못한다. 영화에서처럼 50 대 50 확률의 동전던지기 또는 100 대 1 확률의 모험을 즐길 수 있는 기회인가?

　심리학의 의문들은 사람들이 이러한 추측을 어떻게 하느냐이다. 사람들이 불확실함에 대해 판단하게 되는 정신적 과정은 무엇인가? 다음과 같은 두 가지 가능성을 제시할 수 있다.

1. **컴퓨터같은 마음.** 첫 번째 가능성은 마음이 통계적 정보의 과정을 거치는 컴퓨터 프로그램처럼 작동한다는 것이다. 아마도 사람들은 마음을 자동적으로 수많은 정보와 결합하는 계산을 수행할 것이다. 많은 경우의 수를 생각해서 서로 다른 결과가 일어난다는 예상도 해보고, 최종 판단은 그러한 많은 계산 과정을 거쳐서 하게 된다.

2. **경험법칙 : 어림법.** 두 번째 가능성은 기억의 한계로 인하여 사람들이 컴퓨터처럼 계산을 수행할 수 없다는 것이다. 인간의 단기기억은 그리 많지 않은 정보를 저장할 뿐이다(6장 참조). 사람들이 컴퓨터가 하는 것처럼 수많은 사실과 수치를 기억하고 계산하는 것은 불가능할 것이다(Simon, 1983). 그 대신 사람들은 사건을 예언하는 과업을 단순화하는 어림법을 사용할 것이다.

요리가 색다른 레스토랑에서 무엇을 주문해야 할지 결정할 때 당신은 어떤 경험적 판단을 하게 되는가?

어림법(heuristic)은 경험법칙이다. 즉 어떤 일을 수행하는 가장 쉬운 방법이 그 과정이 덜 복잡하다는 것이다. 예를 들어 당신이 대도시 거주 지역에서 시내로 가기를 원한다면, 인터넷 지도에서 알려주는 방향으로 천천히 따라가거나 어림법을 사용해야 할 것이다. "가장 큰 건물을 향해 가세요." 어림법은 당신을 시내로 안내하게 될 것이다.

경험적 판단은 불확실한 상태에서 판단을 내리는 간편한 정신과정이다. 엄청난 통찰력의 소유자인 아모스 트버스키와 대니얼 카너먼은 사람들이 여러 가지 결정을 하기 위해 사용하는 세 가지 유형의 경험적 판단을 연구하였다(Tversky & Kahneman, 1974).

가용성　**가용성 어림법**(availability heuristic)에서 사람들은 어떤 정보가 생각나는지, 그 용이성에 따라 판단하는 경향이 있다. 경험법칙(어림법)에 의하면, 사람, 장소, 사물에 대한 정보가 쉽게 떠오를 때 사람, 장소, 사물이 더 일반적인 사항이 된다. 어떤 사람이 "S 또는 Z로 시작하는 성을 가지고 있는 사람이 많은가요?"라고 묻는다고 가정해보자. 당신은 이 세상 모든 사람이 몇 명인지를 셀 필요는 없다. 대신 가용성에 근거하여 판단할 수 있다. S로 시작하는 성씨를 가진 사람들을 생각해내는 것은 쉽지만, Z로 시작하는 성씨를 가진 사람이 많다고 생각하기는 어렵다. 그렇기 때문에 당신은 S로 시작하는 성씨가 더 흔하다고 비교적 쉽게 말하게 된다.

일반적으로 가용성 어림법은 효과적이다. 하지만 때때로 오류가 생기기도 한다. 실제 빈도수가 가용성에 영향을 주지 않는 경우가 있을 때 그렇다. 예를 들면 다음과 같다.

다음 중 어떤 것이 더 많다고 생각합니까? K로 시작하는 단어(셋 또는 그 이상의 글자 중에서) 또는 세 번째 철자가 K인 단어? (잠시 생각해보라.)

당신은 다음과 같이 생각했을 것이다. "음, K로 시작하는, 쉽네. kite, kitten, kayak, kazoo, keep, keeper, keeping, keepsake, knife, knifing, knit, knitting… 아, 10,000가지 단어가 있군. 세 번째 철자가 k인 것은… 음… Bake, rake, make… 음… ark." k로 시작되는 단어가 떠올리기 쉽다. 대부분의 사람들은 이처럼 가용성 어림법에 의거하여 k로 시작되는 단어가 더 많다고 생각한다. 하지만 사실은 세 번째 철자가 k인 경우가 더 많다. 실제 빈도수가 적음에도 불구하고 우리는 단

카너먼과 트버스키 왼쪽 사진은 인간의 판단과 의사결정 연구로 2002년 노벨상을 받은 대니얼 카너먼이다. 카너먼은 오른쪽 사진에 나와 있는 아모스 트버스키와 공동으로 연구를 수행하였다. 하지만 그는 엄청난 업적을 노벨상 위원회로부터 인정받기도 전인 1996년에 세상을 떠났다.

어림법 경험법칙. 즉 어떤 일을 수행하는 가장 쉬운 방법이 그 과정을 덜 복잡하게 한다는 것

가용성 어림법 사람들이 쉽게 떠오르는 정보에 의거하여 판단하는 심리적 과정

어의 첫 번째 글자로 일명 '정신 사전'을 정리한다는 것이 머릿속에서는 더 유용하다.

대표성 대표성 어림법(representativeness heuristic)은 사람 또는 사물이 주어진 범주의 일원인지 아닌지를 결정해야 할 때 작동하는 심리적 과정이다. 대표성에 의거하여 사람들은 사람 또는 사물이 범주와 유사한 정도에 따라 판단한다. 당신이 안경을 쓰고 스웨터를 입은 수줍어 보이는 중년 남성을 만났다고 가정해보자. 그가 도서관 직원이라고 생각하는가, 건설노동자라고 생각하는가? 당신이 생각하는 도서관 직원의 전형적인 특징이 '안경'과 '스웨터'라면, 당신은 '도서관 직원'이라고 할 것이다. 그 남성은 '도서관 직원'과 유사하거나 대표적인 범주에 속한다.

대표성 어림법은 종종 정확한 판단으로 이어진다. 하지만 가용성처럼 사람들로 하여금 판단 오류를 일으키기도 한다. 트버스키와 카너먼(Tversky & Kahneman, 1983)의 예를 살펴보자.

> 린다는 31세의 미혼으로 거침없이 말하는 매우 밝은 성격이다. 그녀는 철학을 전공하였다. 학생 시절에 그녀는 차별과 사회정의문제에 깊은 관심이 있었으며 반핵 운동에도 참여하였다. 그녀는 다음 중 어떤 유형에 가까운가?
> (A) 린다는 은행원이다.
> (B) 린다는 은행원이고 페미니스트 운동에 활발히 참여한다.

당신은 'B'를 선택했는가? 트버스키와 카너먼이 물었을 때, 7명 중 6명이 그렇다고 대답했다. 하지만 'B'는 틀린 답이다. 왜냐하면 '은행원이면서 페미니스트 운동에 활발한' 모든 사람은 '은행원'이기도 하기 때문이다. 그러므로 'B'가 'A'보다 가능성이 높을 수 없다. 모든 'B'인 사람들은 'A'인 사람들이며(모든 페미니스트 운동을 하는 은행원은 모두 은행원이다), 몇몇 'A'인 사람들은 'B'인 사람들이 아니다(몇몇 은행원은 페미니스트 운동가가 아니다). 인간의 정신이 통계 프로그램처럼 작동한다면, 모든 사람들은 'A'라고 말할 것이다. 하지만 정신은 대표성에 의거하며, 린다가 페미니스트 운동가들의 특징과 유사하기 때문에 대부분의 사람들이 'B'라고 하는 것이다.

일반적으로 대표성 어림법은 범주의 기준 확률로 생각할 때, 즉 어떤 항목이 그 범주에 속할 가능성이 높을 때 오류가 생길 수 있다. 우리가 생각하는 도서관 직원/건설노동자의 예를 생각해보자. 미국에서는 도서관 직원보다 건설노동자가 8배는 많다(www.bls.gov). '건설노동자' 범주의 기준 확률은 훨씬 더 높다. 그래서 사람들은 — 안경을 쓰고 스웨터를 입었더라도 — 건설노동자라고 더 많이 생각할 것이다.

기점화 – 조정 세 번째 어림법은 기점화–조정으로 총합을 추정할 때(예 : "다음 학기에는 GPA가 몇 나올 것 같니?", "내가 계획 중인 파티에 총 몇 명이나 올 것 같니?") 쓰이는 기법이다. **기점화–조정 어림법**(anchoring-and-adjustment heuristic)에서 사람들은 처음에 추측한 값을 계산해서 추정하여 최종 판단에 이르게 된다.

이 기법 또한 오류가 발생한다. 부적합한 추정값이 사람들의 편향된 판단일 때 그렇다. 트버스키와 카너먼은 아프리카인이 전 세계의 몇 퍼센트일 것 같냐고 연구 참여자들에게 물었다. 연구 참여자들이 추정하기 전에 연구자들은 0부터 100까지의 숫자가 있는 행운의 바퀴를 돌리고 참여자들에게 바퀴가 가리키는 숫자를 대략 추측해서 정확하게 대답할 수 있는지 물었다. 숫자는 과제와 관련 없는 무작위 방식이었다. 하지만 판단의 편향 현상이 나타났다. 연구 참여자들은 큰 숫자에서 작은 숫자로, 작은 숫자에서 큰 숫자로 조정하였지만, 조정이 충분하지는 않다. 큰 숫자를 본 사람들은 처음에 작은 숫자를 본 사람들보다 거의 2배 가까운 아프리카인이 전 세계에 살고 있다고 추정하였다.

대표성 어림법 범주의 유사성 정도를 평가함으로써 사람 또는 사물이 주어진 범주에 속하는지를 판단하는 심리적 과정

기점화–조정 어림법 사람들이 처음 추측한('기점화') 것으로 최종 판단에 이를 때까지 조정하고 추정해내는 심리적 과정

결정하기 많은 대안들 중 선택을 하는 과정

주관적 가치 결과에 대한 개인의 위치보다는 개인이 생각하는 가치의 정도

무작위 기점화값은 사람들이 쇼핑에 얼마나 많은 돈을 쓰는지를 판단하는 등과 같은 중요한 판단에 영향을 줄 수 있다. 100달러 이하 가격의 물건을 경매하기 직전에, 연구자들은 입찰자들에게 주민등록번호 마지막 두 자리를 쓰게 하였다. "엥?"—당신은 지금 속으로 이렇게 말했을 것이다. "주민등록번호를 쓰게 하는 것이 경매입찰자에게 어떤 영향을 준다는 거지?" 기점화 효과가 큰 차이를 불러온다. 사람들의 입찰가는 주민등록번호와 상관이 있었다. 높은 숫자를 썼던 사람들은 더 큰 액수의 입찰가를 써 냈다(Ariely, Loewenstein, & Prelec, 2004). "내가 얼마를 써 내야하지?" 이때 숫자가 머릿속에 떠올랐고 기점화 효과가 일어났다.

표 7.1에 어림법에 대한 설명과 어림법들이 왜 판단 오류를 일으키는지를 요약하였다.

결정하기

사전 질문

> **얼마나 논리적으로 결정을 내리는가?**

체리 파이, 아니면 블루베이 파이? DVD를 빌릴까, 영화관으로 갈까? 붐비는 대도시에서 휴가를 보낼까, 한가로운 휴양지로 갈까? 부러진 뼈를 수술할 것인가, 자연적으로 치유되게 깁스를 할 것인가? 인생은 크건 작건 결정으로 가득 차 있다.

결정하기(decision making)는 선택을 하는 과정이다. 즉 여러 가지 대안 중에서 선택하는 것이다. 때때로 각 대안들의 장점에 대해 확신이 서지 않을 때가 있다. 당신은 깁스만 했을 때 부러진 뼈가 얼마나 잘 회복될지 알 수 없다. 또 다른 경우에서는 장점이 확실할 때도 있지만 여전히 결정하기란 어렵다. 당신은 체리 파이와 블루베리 파이 맛을 알고 있으면서도 둘 중 하나를 결정하기란 어렵다.

사람들은 어떻게 결정을 내리는가? 결정하기 심리학을 이해하기 위해서 결정하기의 '표준 모델'을 참고해서 표준 모델에 부적합한 심리학적 요인을 살펴보는 것이 가장 중요하다. (수년간, 표준 모델은 경제학 분야에서 결정하기를 설명하는 이론이었다.)

결정하기의 표준 모델은 두 가지로 요소로 이루어져 있다. 첫째, 주관적 가치를 포함하는 것으로 결과를 판단하는 개인 가치의 정도이다. 결정하기의 표준 모델에서 사람들은 가장 높은 **주관적 가치**(subjective value)를 가진 유용한 것을 선택한다. 주관적 가치는 객관적 가치와 다를 수 있다는 것에 주목해야 한다. 두 가지 경우를 생각해보자. (1) 두 사람이 당신에게 1일 비서직을 제안한다. 한 사람은 50달러를 지불할 것이고 다른 사람은 75달러를 지불할 것이다. (2) 두 사람이 당

표 7.1

판단 어림법			
판단 어림법	**사람들이 어림법을 사용하여 전형적으로 하게 되는 질문**	**심리적 과정**	**오류의 원인**
가용성	어떤 경우가 더 빈도수가 많이 발생합니까? (예 : k로 시작하는 단어가 더 많습니까, 세 번째 철자가 k인 경우가 더 많습니까?)	정보가 떠오르는 용이성	정보가 떠오르는 용이성에 영향을 받는 어떤 요인들은 빈도와 관련이 없다.
대표성	항목이 주어진 범주의 일원입니까? (예 : 린다는 은행원입니까 또는 페미니스트 운동을 활발히 하는 은행원입니까?)	항목과 범주의 유사성	대표성은 기초적인 확률정보로부터 사람들을 판단할 수 있다 — 항목이 주어진 범주에 들어가는 전반적인 가능성.
기점화-조정	얼마나 많이 있습니까?(예 : 전 세계에서 아프리카인은 몇 퍼센트입니까?)	처음 추측했던 것으로 기점화하는 것	관련성이 없는 기점화값마저 영향을 주어, 조정이 종종 불충분하게 이루어진다.

신에게 3개월의 비서직을 제안한다. 한 명은 6,250달러를 지불할 것이고 다른 사람은 6,275달러를 지불할 것이다. 두 경우의 객관적인 차이는 25달러이다. 하지만 (1)은 차이가 커 보이고 (2)는 차이가 작아 보인다. 두 경우의 주관적 가치는 25달러이다.

결정을 할 때, 표준 이론의 두 번째 요소는 사람들은 그들의 선택이 순자산에 어떤 영향을 미치는지다(예 : 소유하고 있는 화폐성 자산 전체). 당신은 자연에서의 휴양보다 도시에서의 휴가를 즐길 것이다. 하지만 휴가가 개인저축에 악영향을 준다면 아마도 올해 휴가를 가지 않을 것이다.

표준 모델에서 사람들의 선택은 매우 논리적이다. 결정권자는 주관적 가치를 비교하고, 개인 가치를 평가하고, 논리적이고 이성적인 결정을 내릴 것이다. 하지만 실제로 사람들은 표준 모델에서처럼 논리적이고 이성적이지 않다. 카너먼과 트버스키(Kahneman & Tversky, 1979, 1984)의 연구로 결정하기의 표준 모델이 설득력을 잃게 되었다.

틀 효과 표준 모델은 카너먼과 트버스키의 틀 효과라는 증거로 인해 큰 타격을 받았다. **틀 효과**(framing effect)에서, 여러 가지 대안을 설명하거나 '틀에 박힌' 방식이 결정하기에 영향을 주게 된다. 표준 모델에 따르면, 대안들의 실질적 가치에 영향을 주지 않기 때문에 서로 다른 틀은 중요하지 않다. 하지만, 틀은 큰 효과가 있는 것으로 증명되었다. 다음의 두 가지 선택을 생각해보자(Kahneman & Tversky, 1984, p. 343).

선택 1

미국이 아시아에서 발병한 흔치 않은, 약 600명의 사망자가 예상되는 질병 발생에 대해 준비하고 있다고 생각해보자. 질병에 대응할 두 가지 대안 프로그램이 제안되었다. 프로그램의 효과를 정확하고 과학적으로 예상하자면 다음과 같다.

- A프로그램을 채택한다면, 200명의 목숨을 구할 수 있을 것이다.
- B프로그램을 채택한다면, 600명의 목숨을 구할 확률이 3분의 1이고 아무도 구할 수 없을 확률이 3분의 2이다.

두 프로그램 중 당신은 어떤 것을 선택하겠는가, A 아니면 B?

선택 2

위와 같은 상황(600명 정도가 사망할 것으로 예상되는 아시아 지역에서 발생한 질병)을 생각해보고 다음의 두 프로그램을 심사숙고해 선택해보자.

- C프로그램을 채택한다면, 400명이 사망에 이를 것이다.
- D프로그램을 채택한다면, 아무도 죽지 않을 확률이 3분의 1이고 아무도 구할 수 없을 확률은 3분의 2이다.

당신이 보통 사람에 속한다면 A프로그램과 D프로그램을 선택할 것이다. A가 B보다 더 좋은 것 같다. 200명의 사람들의 목숨을 A프로그램으로 구할 수 있다면, 아무도 구할 수 없다는 B프로그램을 왜 선택하겠는가? D는 C보다 더 좋은 것 같다. C프로그램으로 400명이 사망하게 된다면 모든 사람의 죽음을 막을 수 있는 D를 왜 선택하지 않겠는가?

대략 4명 중 3명은 B가 아닌 A를, C가 아닌 D를 선택한다. 이는 합리적인 것처럼 보인다 — A는 C와 동일하고 B는 D와 동일하다는 것을 제외하고는. 이처럼 1을 선택하는 것은 2를 선택하는 것과 동일하다(프로그램의 비용과 이익 면에서). 이는 당신이 선택을 뒤돌아본다면 더 명확해질 것이다. 예를 들어 총 600명이기 때문에 200명을 구한다는 A가 400명이 사망한다는 C와 동일하다. 두 경우 모두 사람 수가 같기 때문에 표준 모델에 의해서 선택 1, 2가 같은 것이라는 결정을 내

틀 효과는 결정하기가 건강을 증진시켰다는 기본 연구에서 입증되었다. 건강검진을 받는 이점을 입증하는 긍정적인 틀이라기보다 이 포스터는 검사에서 놓칠 수 있는 중요 정보가 있다는 부정적인 틀도 포함한다. 부정적으로 틀이 형성된 공중위생이 사람들로 하여금 건강문제에 대한 취약성을 상기할 수 있게 하고 건강증진을 위한 노력을 하게 할 가능성을 높여준다는 것을 연구를 통해 보여주었다(Meyerowitz & Chaiken, 1987).

틀 효과 타인의 결과에 대한 설명이나 '틀에 박힌' 방식이 사람들의 결정에 영향을 주는 결정하기 현상

릴 수 있다. 하지만 사람들이 선호하는 것은 사실 그 반대이다. 사람들은 선택 1에서 목숨을 구할 수 있다는 틀로서 확실한 것(200명을 구한다)을 선호하고, 선택 2에서의 죽음이라는 틀로서 위험한 선택(아마도 600명을 구할 수도 있지만 아무도 구하지 못할 수도 있다)을 선호한다. 사람들은 득실에 대하여 다르게 생각한다. 틀은 선호를 반전시킨다.

심적 회계 카너먼과 트버스키는 표준 모델로 두 번째 문제를 알아보았다. 그 모델을 적용해서 생각을 회상해보자. 사람들이 대안을 선택하는 것이 순자산에 영향을 어떻게 주는지에 대한 결정을 기반으로 한다. 그 생각은 또한 사람들이 실제 어떻게 결정하는지 방법을 설명하는 데 실패하였다. 다음의 선택을 생각해보자(Kahneman & Tversky, 1984, p. 347에서 발췌).

> **선택 1**
> 당신이 공연을 관람하기로 하고 20달러를 지불하고 표를 샀다고 가정해보자. 당신이 극장에 들어갈 때, 표를 잃어버렸다는 것을 알아차렸다. 자리는 표시가 되어 있지 않았으며, 표는 재발행되지 않는다. 다시 표를 사려고 20달러를 지불할 것인가?

> **선택 2**
> 당신이 20달러 입장료를 내고 공연을 관람할 수 있는 곳을 알아냈다고 가정해보자. 당신이 극장에 들어갈 때, 준비해온 20달러짜리 지폐를 잃어버렸다는 것을 알아차렸다. 20달러를 지불하고 표를 살 것인가?

선택 1에서 대부분의 사람들은 아니요라고 답하고 표를 재구매하지 않는다. 선택 2에서 10명 중 9명은 그렇다라고 답하고 표를 구매할 것이다. 심리학적으로 선택은 상당히 다르다. 하지만 그들의 순자산에 끼치는 영향 측면에서는 동일하다. 두 경우 모두 사람들이 공연을 본다면 처음 생각했던 비용인 20달러가 아닌 40달러가 소요된다. 잃어버린 20달러라는 돈의 가치와 입장하기 위해 소비한 20달러. 그렇다면 왜 사람들의 선택이 달라지는 것일까?

카너먼과 트버스키의 설명에 따르면, 결정할 때 사람들은 보통 그들의 전체 순자산을 고려하지 않는다(은행에 저축되어 있는 총액, 투자자금, 재산, 기타 소유하고 있는 자산 등). 그 대신에 사람들은 그들의 자산과 지출을 뚜렷하게 구별하는 인지 범주로 나누어 생각하는 사고과정인 **심적 회계**(mental accounting)를 고려한다. 예를 들어 '내가 여가에 쓸 수 있는 돈의 총액' 범주를 가지고 있을 것이다. 당신이 20달러짜리 표를 구매하고 잃어버린다면, 20달러는 당신의 여가 심적 회계에 입력될 것이다. 지폐를 잃어버리기 전에 그러했듯이, 여가 심적 회계에 쓸 수 있는 돈이 많이 있다. 그래서 지폐를 잃어버렸음에도 불구하고 20달러를 내고 표를 사는 것이다.

요약하면, 트버스키와 카너먼은 판단과 결정하기를 과학적으로 이해하는 데 혁명적인 역할을 하였다. 컴퓨터처럼 계산을 수행하기보다 사람들은 어림법, 심적 회계처럼 간단한 전략을 사용한다. 이는 제한적인 단기기억 능력을 가진 인간이 요구하는 전략들이다.

문제 해결

심적 회계 사람들이 전체 비용과 순자산을 고려하는 것이 아니라 자신의 자산과 지출을 뚜렷하게 구별하는 인지 범주로 나누어 생각하는 사고과정

문제 해결 단계적으로 사람들이 해결책을 찾기 위하여 노력하는 사고과정

당신이 퍼즐과 게임을 즐긴다면, 하노이 탑 문제를 알고 있을 것이다(사진 참조). 처음부터 원판을 3개의 못에 쌓는다. 당신은 다음의 두 규칙을 따르면서 원판을 다른 못으로 옮겨야 한다 — (1) 한 번에 원판 한 개를 옮겨야 한다, (2) 더 작은 원판에 더 큰 원판은 절대 놓지 못한다. 원판, 못, 규칙이라는 간단한 조합은 퍼즐에 도전하게 만든다.

이와 같은 과제을 수행할 때, 당신은 **문제 해결**(problem solving) 사고과정 속으로 들어가게 된

다. 문제 해결은 해결을 위해서 도전과제에 단계적으로 도전하고 이해해야 하는 퍼즐 맞추기뿐만 아니라 과학, 수학, 공학문제 해결에도 필요하다.

문제 공간과 어림법 조사

사전 질문

> **〉 사람들은 어떻게 문제를 해결하는가?**

문제를 해결하기 위해서 당신은 그 문제 공간 속으로 들어가야 한다. **문제 공간**(problem space)은 문제를 해결할 때 사용하는 가능한 모든 단계이다. 문제가 tca 3개의 글자를 가지고 영어 단어를 만드는 것이라고 해보자. 문제 공간은 여섯가지 가능한 문자배열로 구성된다 — tca, tac, atc, act, cta, cat.

단순한 문제 — tca로 단어 만들기와 같은 — 의 경우 당신은 전체 문제 공간을 마음속에 그릴 수 있고 간단하게 해결책을 선택할 수 있다. 하지만 이런 일은 드물다. 문제 공간은 보통 훨씬 더 크다. 하노이 탑 문제에서 원판을 옮기는 방법은 많다. 체스 게임에서 말을 옮길 수 있는 방법은 수없이 많다. 당신은 전체 문제 공간을 마음속에 그릴 수 있다. 정보의 양은 단기기억 능력을 초과한다(6장 참조).

전체 문제 공간을 그릴 수 없을 때 사람들은 문제를 어떻게 해결하는가? 불확실성에 의거하여 판단할 때는 어림법이 도움이 된다. 사람들은 해결을 위해 간단한 전략이나 **문제 해결 어림법**을 사용한다.

그런 어림법은 수단−목적 분석이다(Newell & Simon, 1972). **수단−목적 분석**(means-ends analysis)은 문제 해결 전략으로, 문제의 각 단계에서 사람들은 단순히 그들의 현재 상황과 최종 목표 사이와의 차이를 줄이는 것을 목표로 한다(Simon, 1990). 문제 해결을 위해 장기적인 계획을 세우기보다 사람들은 한 단계 앞서 생각한다. 바람직한 결과가 나올 수 있도록 '다음 단계'를 선택한다. 하노이 탑 문제에서 당신은 최종적으로 원판을 못 위에 놓기 위한 어떤 선택을 하게 될 것이다. 체스 게임의 마지막 단계에서 당신은 상대의 왕을 공격할 수 있도록 당신의 말을 어떻게 움직일 것인지 선택할 것이다.

사람과 컴퓨터에 의한 문제 해결

사전 질문

> **〉 컴퓨터는 어떻게 문제를 해결하는가?**

두 가지 증거 유형은 사람들이 문제 해결을 위해 수단−목적 분석을 사용한다는 것을 알려준다. 문제를 해결하려고 노력하는 동안 심리학자들은 첫 번째 연구에서 사람들에게 생각나는 대로 말하라고 하였다. 연구 참가자들의 진술로부터 그들은 수단−목적 분석을 사용하고 있음을 알 수 있다. 그들은 종종 현재의 상태, 또 원하는 목표의 포인트, 그 둘 간의 차이점을 말하면서 그 차이를 줄여가기 위해 어떤 단계를 거쳐야 하는지를 말했다(Simon, 1990).

기획연구 전략을 세울 때, 당신의 수단−목적 분석은 무엇과 비슷한가?

두 번째 증거는 컴퓨터를 포함한다. 뉴웰과 사이먼(Allen Newell & Herbert Simon, 1961)은 광범위하고 다양한 문제를 해결하는 일

하노이 퍼즐 탑 당신은 한 번에 작은 원판 위에 절대 큰 원판이 올라오지 않도록 왼쪽의 원판을 오른쪽의 못으로 옮길 수 있는가? 하노이 퍼즐 탑과 같은 문제 해결 과제는 사람들의 문제 해결 전략에 관한 연구에 사용하였다.

Dmitry Elagin / Shutterstock

문제 공간 문제를 해결할 때 사용하는 가능한 모든 단계

수단−목적 분석 복잡한 문제를 해결하는 전략으로, 해결을 위한 각 단계에서 사람들은 진보를 위한 현 상태와 그들이 이루고자 하는 최종 문제 해결 목표 사이의 차이를 줄이기 위해 노력함

허버트 시몬 문제 해결 사고과정(그 밖의 기타 주제도 함께 연구함)을 연구한 최초의 연구자. 시몬은 조직의 의사결정에 관한 연구로 노벨 경제학상을 수상하였다. 카네기멜론대학의 동료들과 함께 그는 세계 최초로 '지능형' 컴퓨터 프로그램을 제시하였는데, 그 프로그램은 단순히 계산만 하는 것이 아니라 문제도 해결할 수 있었다.

반 문제 해결자(General Problem Solver)라는 컴퓨터 프로그램을 만들었다. 이 프로그램은 수단-목적 분석을 통해 문제를 해결하며, 최종 목적에 도달할 때까지 상징물을 조종한다. 일반 문제 해결자가 과제를 수행하는 단계는 인간이 문제를 해결하는 과정과 종종 유사하다. "인간이 문제를 해결하는 행동 프로토콜(체스 게임, 퍼즐, 컴퓨터 프로그램 만들기)은 많은 행동을 포함한다…일반 문제 해결자에서의 수단-목적 분석과 꽤 유사하다"(Newell & Simon, 1961, p. 2014). 인간과 컴퓨터의 문제 해결 사이의 수렴은 사람과 프로그램이 문제를 해결하는 방법이 같음을 의미한다. 즉 수단-목적 분석을 통해서 문제를 해결한다.

심상

당신이 어린 시절을 보냈던 집 등과 같은 잘 아는 건물에서 셀프사진을 찍어보라. 건물 앞에 창문이 몇 개 있었는가?

이제 다음 질문에 대해 생각해보라. 창문이 몇 개 있었는지 어떻게 알아냈는가? 당신이 보통 사람이라면, 당신의 마음속으로 건물 사진을 그리고 창문의 개수를 셌을 것이다. 만약 그렇게 했다면, 당신은 심상이라고 하는 사고의 형태에 의존한 것이다. **심상**(mental imagery)은 말, 숫자, 논리적 규칙이 아닌 사진과 공간의 관계를 포함하는 사고이다 (예 : 공간의 장소를 포함하는 관계). 심상으로 사고할 때, 당신은 마음속으로 '사진을 보고 있는' 경험을 하게 된다. 심상의 효과를 보여주는 두 가지 사고 유형, 즉 (1) 심적 회전과 (2) 심리적 거리감 고려를 생각해보자.

심적 회전

사전 질문

> ❯ 머릿속에서 우리가 얼마나 빨리 심상을 회전시킬 수 있는지를 결정하는 것은 무엇인가?

심상에 의한 통찰은 로저 셰퍼드와 동료들에 의해 심적 회전에 관한 연구로 시작되었다. **심적 회전**(mental rotation)은 마음속 이미지를 세상에 존재하는 물체로 전환하는 능력이다.

그들의 연구에서 셰퍼드와 동료들은 사람들에게 추상적인 것으로 이루어진 물체 쌍을 보여주었다(Shepard & Metzler, 1971). 연구 참여자들은 회전된다면 물체가 동일한 것인지(예 : 같은 모양을 가진)를 알아내야 했다. 그림 7.8과 같이, 몇 개의 쌍은 동일하였다. 그들은 회전을 통해 짝을 맞출 수 있었다. 다른 것들은 어떻게 회전시켜도 짝이 맞지 않았다. 이 연구에서 측정되는 종속변인은 연구 참여자들이 물체를 정신적으로 회전시키는(회전 후에 물체가 짝이 맞는지 아닌지를 알아내는) 데 걸리는 시간이다.

놀랄 만큼 정확한 연구 결과가 나타났다. 심상을 회전하는 데 필요한 시간은 회전 각도에 거의 비례하여 나타났다(그림 7.9). 60도 회전에 비해서 사람들이 블록을 120도 회전하면 시간이 2배

그림 7.8

셰퍼드 블록 왼쪽의 블록과 같은 오른쪽 블록이 있는가? 로저 셰퍼드는 심적 회전을 연구하기 위해 이러한 이미지를 만들어냈다. 그는 연구 참여자들이 왼쪽의 블록과 오른쪽 블록을 짝지어 맞추는 데 걸리는 시간을 측정했다. (A와 B는 적절히 회전하면 같다. C의 2개 블록은 서로 일치하지 않는다.)

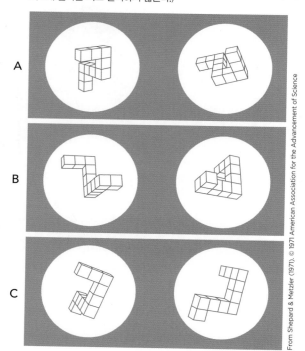

From Shepard & Metzler (1971). © 1971 American Association for the Advancement of Science

심상 말, 숫자, 논리적 규칙이 아닌 사진과 공간의 관계를 포함하는 사고

심적 회전 마음속 이미지를 세상에 존재하는 물체로 전환하는 심리적 과정

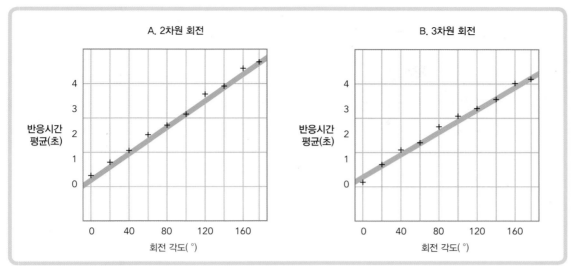

A. 2차원 회전

B. 3차원 회전

반응시간 평균(초)

회전 각도(°)

그림 7.9
심적 회전 결과 심적 회전에 관한 연구에서 로저 셰퍼드와 동료들은 연구 참여자들이 블록 쌍을 맞추는 데 걸리는 시간은 블록을 회전하는 각도의 크기에 정확하게 비례한다는 것을 알아냈다.

걸렸고, 180도 회전하면 시간이 3배 걸렸다. 블록이 평면으로 회전하건, 입체로 회전하건 상관없이 그러했다. 어떤 것이든 간에 사람들은 정신적으로 물체를 초당 약 60도 회전하였다.

심리적 거리감

사전 질문

> 심리적 거리감 연구는 우리가 어떻게 심상을 사용하는지에 관하여 무엇을 알려주는가?

스티븐 코슬린(Stephen Kosslyn, 1980)의 연구는 셰퍼드의 심상연구를 보완하였다. 코슬린은 연구 참여자들에게 그림 7.10과 같은 그림을 보여주었다. 연구 참여자들이 각 그림에 대하여 명확한 이미지를 형성한 후, 코슬린은 그림을 치우고 그들이 그렸던 그림에 대한 질문을 사람들에게 하였다. 예를 들어 "스피드보트는 돛이 있었나요?"와 같은 질문을 하였다. 다시 대답하는 데 걸리는 시간은 종속변인으로 측정되었다.

질문을 하기 전에 코슬린은 연구 참여자들에게 심상의 한 끝을 '정신적으로 응시하도록' 지시하였다(Kosslyn, 1980, p. 37). 다른 실험적 조건에서 보트의 왼쪽과 오른쪽, 시계탑의 맨 위 또는 맨 아래를 응시하게 하였다. 이와 같이 지시는 (1) 사람들이 응시하는 곳과 (2) 질문을 받은 사물 사이의 '거리'를 다양하게 하도록 이루어졌다—여기에서 거리는 실제 물리적 거리가 아니라 연구 참여자들의 마음속 이미지 사이의 거리이다. 코슬린은 사람들이 더 많은 심리적 거리감을 가지고 있다면 대답하는 데 시간이 더 걸린다는 것을 알아냈다. 예를 들어 그들이 탑의 꼭대기를 응시하고 있었다면, "꼭대기에 깃발이 있었습니까?"라는 질문에 탑의 아랫부분을 보고 있었을 때보다 더 빨리 대답하였다. 이처럼 사람들은 마음속으로 이미지를 만들 뿐만 아니라 정신적으로도 통하고 있다.

몇몇 이론은 코슬린의 연구 결과를 설명하는 데 어려울 것이다. 예를 들면 의미망 모델(6장)에서는 사람들이 언어로 표현되는 사실들을 함께 연결함으로써 정보를 저장한다고 한다(예 : '보트'는 '돛'을 가진다와 같은 사실). 의미망 모델에서는 하나를 응시하라는 지시 대 보트의 다른 부분을 응시하는 지시는 저장된 사실 사이의 연결에 영향을 주지 않을 것으로 예상된다. 코슬린의 연구 결과는 지시가 질문에 대답하는 사람들의 속도에 영향을 주지 않으며, 언어적 사실에만 의존하지 않고 심상에도 의존한다는 것을 보여준다.

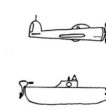

From Kosslyn (1973). © 1973, Psychonomic Society, Inc.

그림 7.10
심상의 거리감 연구 참여자들에게 이 그림을 보여주면서 연구를 실행하였다. 연구 참여자들에게 그림을 응시하게 한 후, 시계탑 꼭대기에 깃발이 있는지 없는지와 같은 질문을 하고 대답하게 하였다. 코슬린(Kosslyn, 1980)은 사람들이 심리적 거리감이 멀면 멀수록 대답하는 데 시간이 더 걸린다는 것을 알아냈다.

지능

당신은 아마도 좋은 지능 수준을 지니고 있을 것이다. 대부분의 사람들은 표준화된 지능검사를 받고 다른 사람들과 비교하여 백분위 점수를 받게 된다. 하지만 당신은 지능이 정확히 무엇인지는 잘 모른다. 당신의 머릿속에 있는 것인가 — 아마도 뇌의 일부분? 혹은 지능검사에서 질문에 답할 때 사람들의 수행을 요약하는 표시에 지나지 않는가?

당신이 지능은 무엇인지 스스로에게 물어본 적이 있다면, 당신은 혼자가 아니다. 심리학자들은 그 질문에 대한 퍼즐을 풀어본다. 연구자가 지능 측정 방법을 개발하고 검사 점수에 영향을 미치는 요인을 알아냈음에도 불구하고, 지능의 본질에 관한 기본적인 의문은 아직까지도 이루어지고 있다. 지능에 관한 용어 정의를 조사함으로써 우리의 연구를 시작해보자.

지능의 정의

사전 질문

> ❯ **지능이란 무엇인가? 무엇이 지능이 아닌가?**

사고를 요하는 어려운 문제를 풀었을 때 우리는 그 사람을 '똑똑하다'고 한다. 외국어 학습, 수학 문제 풀기, 전구 발명, 시의 새로운 형태 개발, 지능검사에서 많은 질문에 답하기, 수행 능력(학습, 문제풀기, 새로운 것 창조하기) 등이 지능을 나타낸다(Gardner, 1993; Sternberg, 1985). 그러므로 **지능**(intelligence)은 지식을 얻고, 문제를 해결하고, 획득한 지식을 새롭고 가치 있는 것으로 만들어내는 능력이다. 구체적으로 말하면, 심리학자들은 지능을 위와 같은 것들을 수행하는 일반적인 능력이라고 한다. 즉 다양한 유형의 활동에서 발생하는 정보를 이해하고 문제에 효과적으로 반응하는 능력이다(Deary, Penke, & Johnson, 2010).

이 정의는 지능이 무엇인지뿐만 아니라 무엇이 지능이 아닌지까지 알려준다. 아래에 나와 있는 내용들은 '지능'이 아니다.

> ❯ **성격 특성** : 성격은 정신 능력이 아니라 동기적 · 정서적 경향이다.
> ❯ **신체 능력** : 당신은 마라톤을 하고 머리 위로 200파운드의 무게를 들어올릴 수 있을지도 모른다. 하지만 이러한 능력은 조금도 지식을 필요로 하지 않기에 지능이라고 볼 수 없다.
> ❯ **특정 기술** : 야구 기록에 놀라운 기억력을 가진 사람이나 비범한 방향감각을 가진 사람들의 경우, 정보를 이해하는 폭넓은 능력을 보이는 것이 아니기 때문에 지적이라고 볼 수 없다.

'일반'지능과 사람들 간의 차이

사전 질문

> ❯ **지능은 어떻게 측정되는가?**
> ❯ **'일반'지능이 존재하는가?**
> ❯ **일반지능에서 어떤 인지과정으로 인해 개인차가 발생하는가?**

우리가 내린 지능에 관한 정의에는 몇 가지 풀리지 않는 의문점이 있다. 가장 중요한 것은 지능의 유형이 한 가지인지 아니면 여러 가지 유형(즉 여러 가지 구별되는 정신 능력)이 있는지다. 일반 지능이라고 알려진 한 가지 유형의 지능 측정에 초점을 두는 지능검사의 기원을 한번 살펴보도록 하자.

지능 지식을 획득하고, 문제를 해결하고, 획득한 지식을 새롭고 가치 있는 것으로 만들어내는 능력

지능검사의 기원과 IQ 약 1세기 전 심리학자들은 인간의 정신 능력 차이를 측정하기 시작하였다(Brody, 1992; Fancher, 1979). 그 분야의 개척자는 프랑스 심리학자 알프레드 비네이다. 비네는 몇몇 아이들이 지능저하를 가지고 있으며 교사로부터 별도의 도움이 필요하다는 것을 알아냈다. 이러한 아이들을 선별하기 위해 비네는 지능검사를 고안하였다.

비네 이전에 심리학자들은 인간의 지각 능력과 기억 능력을 측정하는 지능에 관심이 있었다. 하지만 비네의 검사는 달랐다. 그는 논리적 추론, 어휘 사용, 사실적 지식 등을 측정하였다. 검사를 받는 아동들의 사물을 구별하고 생각들 간의 논리적 관계를 설명하며 어휘를 사용하여 문장을 만들어내는 능력 등을 확인하였다. 이 검사 항목은 학업성취에 중요한 능력들이다. 비네검사는 학업성취를 가장 잘 예언하였다. 오늘날의 지능검사는 비네 검사와 유사하기에 학교에서의 성공에 대한 예언력이 가장 높다(Greven et al., 2009).

1912년에 독일 심리학자 빌리암 슈테른(William Stern)은 활용 가치 있는 지능검사 점수 시스템을 제공하였다(Wasserman & Tulsky, 2005). 슈테른은 아동의 지능을 평가할 때 연령을 고려해야 한다는 비네의 통찰을 통해서 아이디어를 얻었다. 서로 다른 아동들은 다른 연령대에서 같은 능력을 발달시킬 것이다. 더 일찍 발달하는 아동들은 더 지적일 것이다.

> 지능검사에서의 점수가 학교 밖, 즉 직업 또는 사회 상황에서의 예언력은 어떻다고 생각하는가?

슈테른은 **지능지수**(intelligence quotient, IQ)를 계산하는 공식에 나이를 포함시켰는데, 연령을 고려하여 전체적인 지능을 측정하였다. 검사에서 유사한 수행 능력을 보이는 아동의 평균연령에 검사를 받는 아동의 수행 능력을 계산하는 것이었다. 예를 들면 다음과 같다.

> 〉 7세 아동이 지능검사에서 60개 항목 중 43개를 맞혔다고 해보자.
> 〉 전에 검사를 받았던 다른 연령의 많은 아동들이 있는데, 처음에 43개를 맞춘 평균연령이 8세

아동용 지능검사 비네가 처음에 만들었던 1937년 버전의 지능검사. 검사는 서면으로 된 질문지가 아닌 사물을 사용하여 읽기 학습이 아직 이루어지지 않은 아동을 측정하였다.

SSPL / The Image Works

The Image Works

초기 지능검사의 우여곡절 역사 알프레드 비네(사진의 왼쪽)가 20세기 초 낮은 지능으로 '특수교육'이 필요한 아동들을 선별해내기 위한 프랑스 정부의 노력의 일환으로 지능검사를 개발하였다(Nicolas & Levine, 2012, p. 323). 그러나 곧 지능검사의 원리는 사람들에게 특별 기회를 제공하는 것에서 잠재적으로 그들로 하여금 기회를 거부하게 하는 것으로 방향 전환을 하게 되었다. 엘리스 아일랜드에서 20세기의 반세기 동안 미국 이민의 주요 요점은 '이민국은 이민자들을 입국시키는 과정에서 정신적으로 결점이 있는 사람들을 막는 데 실패하고 있었다'는 공적 관심사로 인해 지능검사를 공적으로 시행하는 것이었다(Richardson, 2003, p. 147). 이 과정에서 미국 정부는 많은 이민자들이 검사 과정과 언어 이해력 부족으로 인하여 낮은 점수가 나온다는 것을 알게 되었다.

지능지수(IQ) 연령을 고려하여 전체 지능을 측정함

여었다고 해보자.

43개를 맞힌 7세 아동의 **정신연령**은 8세이다. 아동의 **정신연령**(mental age)은 지능검사에서의 수행 능력을 반영하여 산출한 아동의 평균 연령이다.

슈테른은 IQ 산출 공식에서 다음과 같이 정신연령을 활용하고 있다.

$$IQ = (정신연령/생활연령) \times 100$$

평균 아동(정신연령과 생활연령이 같은 아이)은 IQ가 100이다. 8세의 정신연령을 지닌 7세 아동은 IQ가 114(7/8 × 100)이다. 지능검사를 성인에게 적용할 때는 연령이 더는 관련 요인이 되지 않으며, 검사 점수는 인구의 평균점수가 100이고 표준편차가 15이다. 약 2/3의 사람들이 85~ 115 사이의 IQ 점수를 획득한다.

일반지능의 본질　인간의 IQ 점수를 계산하는 것은 쉽다. 하지만 여전히 의문점이 남는다. "IQ 점수는 정확하게 무엇을 측정하는가?"

이에 대한 답을 찾기 위한 첫 번째 단계는 다음과 같은 사실에 관한 의문을 갖는 것이다 — 사람들이 다양한 정신 능력을 측정하는 검사를 받을 때마다 어떤 검사(예 : 언어적 능력)에서 높은 점수를 받은 사람들은 다른 검사(예 : 수학적 능력)에서도 높은 점수를 받는 경향이 있다. 분리된 검사에서의 개인차가 정적 상관이 있는 것으로 나타났다(Deary, 2001). 정적 상관은 무엇을 의미하는가? 약 1세기 전, 영국 심리학자 찰스 스피어먼(Spearman, 1904)은 **일반지능**(general intelligence, **g**)라는 변수를 제안하여 설명하였다. 높은(낮은) *g*를 가진 사람들은 정신 능력 검사에서 수행을 잘(잘 못) 해냈다.

IQ는 *g*를 측정한다. IQ 점수는 일반지능에서 개인차를 측정한다.

가장 보편적으로 사용되고 있는 지능검사인 **웩슬러 성인용 지능검사**(Wechsler Adult Intelligence Scale, WAIS)를 알아보도록 하자. WAIS는 네 가지 측면의 정신 능력 측정을 포함하고 있다.

1. 언어 이해 : 단어, 언어적으로 표현된 정보, 언어정보들 간의 관계를 이해하는 능력
2. 지각 추론 : 그림, 모양, 기타 시각적으로 표현된 자료를 기억하고, 추론하고, 문제를 해결하는 능력
3. 작업기억 : 작업기억에서 정보를 보유하고 조작하는 능력
4. 처리속도 : 글자를 읽고 쓰는 것과 같은 간단한 정보 등에 빠르게 반응하는 능력

이 네 가지 능력은 구분되는 것이지만 — 단어를 이해하는 것은 도형문제를 포함한 문제 해결 능력과는 개념적으로 다름 — 네 가지 WAIS 능력은 정적 상관관계를 나타낸다(Deary, 2001). 언어이해 점수가 높은 사람들은 지각 추론, 작업기억, 처리속도 등에서도 높은 점수를 얻었다. 검사 점수 간의 정적 상관은 *g*로 요약할 수 있다. 위계적 모델에서 네 가지 WAIS 요인은 일반지능의 높은 수준의 요인과 관련된다(그림 7.11). *g*를 평가하기 위해서 검사자는 측정한 네 가지 능력 점수를 합산하게 된다.

*g*는 하나의 요인(예 : 뇌의 단일 구조)인가? 아니다. 당신의 뇌 속을 들여다보면, '*g*'를 찾지 못할 것이다. 일반지능은 어떤 숫자들의 단순한 요약에 지나지 않는다 — 한 집단이 다른 검사를 받았을 때의 검사점수 간 정적 상관(Borsboom & Dolan, 2006; Deary, 2001). 광범위한 뇌의 메커니즘은 검사점수 간의 상관에 기여한다. 하지만 어떤 단일한 뇌의 메커니즘도 *g*와 정확하게 일치하지는 않는다(van der Maas et al., 2006).

단일 변수 *g*가 뇌의 단일 요인과 전혀 일치하지 않는다는 것이 처음에는 이상하게 들릴 것이다.

Deborah Feingold / Corbis

마릴린 사반트　그녀는 10세 때 성인을 대상으로 고안된 IQ검사의 모든 질문에 정확하게 답했다. IQ검사 점수 부여 방법에 따라 그녀의 정신연령은 22세 11개월이며, (IQ 점수 산출 방법에 의해) IQ 점수는 228점(세계에서 가장 높은 점수)으로 측정되었다. 하지만 그녀의 높은 IQ 점수는 과연 IQ 점수로 무엇을 성취할 수 있는가에 대한 의문이 제기되었다. 사반트는 퍼즐, 게임, 간단한 과학적 사실 등에 관한 칼럼을 쓰는 직업을 가졌다. "버락 오바마를 보라. 그의 경우 지능이 어떻게 적용되는지 한번 살펴보라." 어떤 평론가가 말했다. "더 복잡한 문제를 다루는 대신에 수수께끼를 풀거나 간단한 사실을 맞추는 것은 도서관에 가서 찾아보면 되는 것이라 내 눈에는 좀 이상해 보였다"(Knight, 2009).

정신연령　검사를 받은 아동의 점수와 동일 검사를 받은 같은 연령 아동의 반응 점수에 근거하여 아동의 지능을 측정하는 것. 아동의 정신연령은 해당 아동뿐만 아니라 검사를 받은 다른 아동들의 평균 연령과 일치한다.

일반지능(g)　다양한 지적 검사 유형에서 일관된 수행 능력을 보이는 등의 전체적 특성을 나타내는 정신 능력을 측정함

웩슬러 성인용 지능검사(WAIS)　언어 이해, 지각 추론, 작업기억, 처리속도를 평가하는 가장 보편적으로 사용되고 있는 지능검사

비유해서 설명하면 이해가 명확해질 것이다. 당신이 극단에서 공연 중이거나 뮤지컬을 하고 있어서 공연을 할 사람이 필요하다고 가정해보자. 당신은 필요한 재능을 알아볼 수 있는 테스트를 준비할 것이다 ― 노래 테스트, 춤 테스트, 무대 디자인 테스트, 무대조명과 같은 기술 테스트 등. 사람들의 테스트 점수는 정적으로 상관이 있을 것이다. 하지만 사람들의 뇌가 '일반적인 공연연극 능력'을 포함한다는 의미는 아니다. 정적 상관을 보이는 것에 대해서 다르게 설명할 수 있다. 어릴 때 노래를 잘 불렀던 사람은 무대에 더 많이 올라가봤을 것이다. 무대에 일단 오르게 되면 보통 댄스레슨을 받는다. 결국 무대를 디자인하고 조명을 밝히는 사람들과 많은 시간을 보내게 된다. 이러한 경험의 결과로 다양한 극단 지식과 기술을 익히게 되어 네 가지 테스트 점수가 정적으로 상관관계를 보이게 된 것이다.

이러한 기술은 중요하다. 일반지능에서 높은 검사 점수를 획득한 사람들은 종종 높은 학업적 · 직업적 성취를 이루는 경우가 많다. 영국 학생 수만 명을 대상으로 한 연구에서 11세의 일반지능 점수는 16세에서의 수학과 영어 과목 학업성취를 상당 부분 예언하는 것으로 나타났다(Deary et al., 2007). 직업적 성공에서의 g 관련 연구를 살펴보면, 높은 수준의 일반지능은 직업 훈련 프로그램에서 성공과 직업 현장에서의 성공을 예언하는 것으로 나타났다(Ree & Earles, 1992).

일반지능과 작업기억 심리학자 레이먼드 커텔(Cattell, 1987)은 지능에 기여하는 인지과정에 관하여 연구하였다. 당신은 먼저 일반지능의 두 가지 형태인 유동적 지능과 고정적 지능을 구별할 줄 알아야 한다. **유동적 지능**은 모든 도전과제 수행에 도움을 줄 수 있는 정신 능력이다. 이 능력은 모든 문제와 직결되는 '유동적인' 특질을 가지고 있다(Catell, 1987, p. 97). 유동적 지능을 통해서 사람들은 전에 본 적이 없는 과제(예 : 퍼즐, 논리문제, 일련의 도형을 보고 패턴 알아내기)도 수행할 수 있다. **고정적 지능**은 사회적으로 얻어진 지식이다. 많은 사실을 알고 있는 사람들 또는 굉장히 많은 어휘 능력을 가진 사람들은 높은 고정적 지능의 소유자들이다. 유동적 지능과는 대조적으로 결정적 지능을 구성하는 지식은 일반적으로 어떤 특정 과제를 수행하는 데 더 도움이 된다. 예를 들어 단어를 아는 것은 언어적 문제 해결에는 도움이 되지만 수학문제를 풀 때는 그렇지 않다.

고정적 지능에 기여하는 특정 인지과정을 확인하는 것은 쉬운 일이 아니다. 이러한 측면의 지

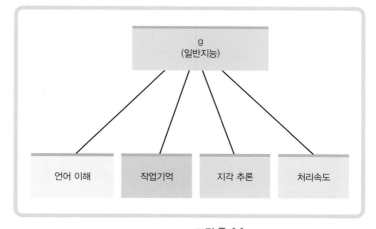

그림 7.11
WAIS 능력과 g 성인용 웩슬러 지능검사(WAIS)는 위와 같은 네 가지 능력을 측정한다. 이 네 가지 능력의 검사 점수는 서로 정적 상관관계에 있다. 일반지능(g)은 네 가지 정신 능력의 서로 다른 측면 사이의 정적 상관으로 요약할 수 있다.

유동적 지능과 결정적 지능 먼저 당신은 스도쿠와 같은 논리 게임을 하게 된다. 당신은 그 문제를 예전에 접하지 못한 문제 유형들을 포함하여 그 어떤 도전과제에도 수행이 가능하도록 해주는 유동적 지능을 활용하여 해결할 수 있다. 하지만 트리비얼 퍼슈트 게임을 하면서 카드를 기억해야 한다면, 당신에게는 경험을 통해 얻은 사실적 지식을 포함하는 고정적 지능이 필요하다.

식은 다양하다―사람들은 경험을 통한 광범위한 지식을 얻는다―그래서 관여하는 인지과정은 저마다 다양하다. 하지만 유동적 지능은 다르다. 많은 연구자들은 정신의 특별한 구성요소(작업기억)가 유동적 지능의 핵심이라고 주장한다.

작업기억(6장 참조)은 잠시 동안 정보를 보유하고 과제에 대한 집중력을 발휘하는 중심 역할을 하며 산만함을 방지한다. 작업기억 능력에서의 개인차는 유동적 지능에서의 개인차를 예언한다(Engle, 2002). 예를 들면 주의산만함을 피하기 위한 사람들의 능력을 연구자가 측정할 때, 주의산만함을 적게 보이는 사람들이 더 높은 유동적 지능을 나타내며 (Engle et al., 1999), 유동적 지능과 고정적 지능이 합해진 지능검사에서도 높은 점수를 획득한다(Colom et al., 2004).

> 당신은 주의산만함으로부터 스스로를 통제하기 위해 시도를 해본 적이 있는가?

작업기억 능력에서의 개인차는 유동적 지능의 개인차에 기여한다. 그러나 이 사실은 다음의 의문점을 남긴다. 왜 사람들은 작업기억 능력과 유동적 지능에서 차이를 보이는 걸까? 즉 어떤 사람들은 왜 다른 사람들보다 더 똑똑한가?

유전과 지능

사전 질문

> ❯ 유전이 지능의 유일한 결정 요인인가?

지능에서 개인차를 불러오는 한 가지 가능성은 유전이다. 눈 색깔, 키 등과 같은 유전인자를 물려받는 것처럼, 지능의 수준을 결정하는 유전인자를 물려받았을 것이다. 지능은 원한다고 해서 바꿀 수 없는, 변하지 않는 특성을 지닌 유전적인 특질일 것이다.

오랫동안 몇몇 심리학자들은 위와 같이 주장하였다. 지능이 생물학적으로 결정된 것이라면, 교육이 그들의 지적 능력을 높여주지 않을 것이기 때문에 사회는 아마도 낮은 IQ 점수를 가진 사람들을 교육하는 데 많은 돈을 쓰지 않을 것이다(Herrnstein & Murray, 1994; Jensen, 1969).

지능이 유전적으로 결정된다는, 논란이 많은 주장을 지지하는 사실들은 존재하는가? 생물학적으로 결정된 특징과 지능을 비교해봄으로써 이 물음에 대하여 면밀히 살펴보도록 하자.

다음은 생물학적으로 결정된 특성 중 하나인 키에 대한 네 가지 사실이다.

1. 한 세대에서 다음 세대까지 키(특성)의 평균 차이는 거의 없다. 인구변화에 의한 유전형질의 변화는 매우 느린 속도로 일어난다. 유전이 특성을 결정한다면, 특성은 일반적으로 세대에 걸쳐 빠르게 변화가 일어나지 않는다. 예를 들어 한 세대 또는 두 세대 전에 사람들은 지금과 거의 같은 키였다. 키를 결정하는 유전형질은 몇몇 세대를 거친다 해도 큰 변화가 일어나지 않는다.

2. 개인의 사회적 경험은 키(특성)에 미미한 영향을 줄 뿐이다. 예를 들어 당신이 야구 캠프에 간다면, 기술―사회적으로 획득된―이 향상될 것이다. 하지만 캠프에서의 시간이 당신의 키를 크게 하지는 않는다.

3. 키(특성)의 개인차는 안정적일 것이다. 당신이 올해 대부분의 사람보다 크다면, 내년에도 대부분의 사람들보다 작지는 않을 것이다.

4. 유전은 사회에서 서로 다른 사회경제적 집단에서의 개인차를 설명해줄 것이다. 부유한 집단과 가난한 집단 내에서 키가 큰(작은) 부모와 조부모가 계신 아이들은 비교적 성인이 되었을 때 키가 클(작을) 것이다. 인구적 특성 내에서 키의 개인차는 주로 유전에 의해 결정된다(Silventoinen et al., 2008).

키와 같은 유전적 특성에 해당하는 위의 네 가지 사실은 참이다. 지능의 경우에도 참일까? 그 증거를 살펴보도록 하자.

세대에 걸친 변화 지능검사는 오랫동안 논란거리였다. 출판사는 매년 같은 검사 항목을 사용하였다. 새로운 항목이 추가될 때조차 출판사에서는 신중히 다루며, 검사가 매년 다르지 않음을 확인하기 위하여 통계분석을 실시한다. 이렇게 함으로써 IQ 검사를 종단적으로 비교하는 것이 가능하게 되었다. 연구자들은 이처럼 IQ가 세대가 변함에 따라 변하는지를 파악할 수 있다.

당신은 많은 변화가 있을 것으로 기대하는가? 만약 유전이 지능의 결정인자라면, 당신은 변화를 기대하지 않을 것이다. 인간게놈은 세대가 변한다 해도 크게 달라지지 않는다. 하지만 뉴질랜드 심리학자 제임스 플린(James Flynn, 1987, 1999)은 IQ가 상당 부분 변한다는 것을 입증하였다. 플린은 20세기 동안 몇 개국을 대상으로 10년마다 IQ 점수를 조사하여 분석하였다. 그의 결론은 놀라웠다. 각 나라에서 사람들은 20세기 후반 10년에 걸쳐 더 지적으로 변화하였다. IQ 점수가 꽤 올랐다(그림 7.12). 예를 들어 영국에서 반세기 동안(1940년에서 1990년까지) 점수가 거의 30점(통계적으로 약 2표준편차) 가까이 상승하였다.

> 당신의 가족 구성원 세대보다 당신이 더 지적일 것이라는 사실을 어떻게 알 수 있는가?

세대에 걸친 지능의 이러한 증가를 플린 효과라고 한다. **플린 효과**(Flynn effect)는 시간이 경과함에 따라 IQ의 평균점수가 상승하는 것을 말한다.

플린 효과는 너무 강해서 인간의 생물학적 변화의 결과라고 결론 내리기도 어렵다. 그에 비해, 인간의 키는 어떤 변수에 크게 비례하는 변화가 없다. 키의 표준편차는 약 3인치다. 반세기 동안 평균 5~6인치의 변화에 비교할 수 있다. 20세기 동안에도, 인간 역사에서의 특정 기간 동안에도 그러한 변화가 전혀 없었다(Steckel, 1995). 그러므로 플린 효과는 생물학 이외의 요인이 IQ 점수에 영향을 미쳤음을 의미한다.

그 요인들이 무엇인지 정확히 알 수는 없다(Neisser, 1997). 더 지적이라기보다는 단순히 오늘날 사람들이 검사를 받는 것에 더 익숙한 것일지도 모른다. 사람들은 퍼즐 또는 비디오 게임을 통해 또는 검사에 대한 조언을 들을 수 있는 수업을 통해 검사를 잘 받을 수 있는 일종의 스킬을 익히게 된다. 그렇지 않으면 교육의 개선을 통해 요즘 사람들은 더 많은 지식과 스킬, 즉 고정적 지능을 보유하게 된다. 따라서 지금부터 지능검사 점수에 있어서 교육의 효과는 무엇인지 살펴보기로 하자.

사회 경험의 효과 : 교육 학교 수업에 참석하면 당신의 지능이 올라갈까? 연구 증거들을 살펴보면 그렇다. 학교에서 더 많은 시간을 보내는 사람들이 더 지적이다. 그들은 지능검사에서 더 높은 점수를 획득한다(Ceci, 1991).

이러한 결론을 지지하는 두 가지 증거는 다음과 같다. 첫째, 학교에서 지낸 시간과 IQ 점수 간의 상관이다. .00이 아니라(야구 캠프 기간과 키 사이의 상관과 같은) 상관은 .80으로 매우 높았다. 정적 상관은 다른 요인들(더 지적인 아동이 학교를 일찍 들어갈 가능성과 같은)을 설명한 이후에도

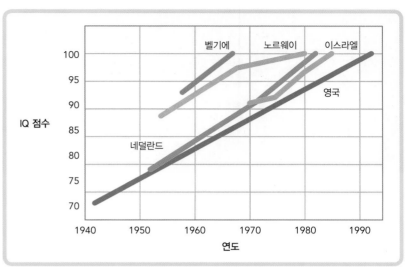

그림 7.12
플린 효과 결국에는 모두가 좋은 지능 상태를 보이게 될 것이다. 제임스 플린의 연구에 따르면, 오늘날의 평균 IQ 점수는 과거보다 훨씬 더 높아졌다. 그래프에 보이는 나라들의 최근 IQ 점수는 평균 100에 가까우며, 표준편차는 15이다. 또한 IQ 점수는 25년마다 표준편차에 가까운 점수 비율의 놀라운 상승을 나타냈다.

플린 효과 세대에 걸쳐 비교적 빠르게 지능검사 점수가 상승하는 것

나타났다. 따라서 교육은 지능을 증가시키는 사회적 경험이다.

두 번째 증거는 여름방학이다. 여름방학은 즐겁다(한 학년 중 가장 즐거운 때이다!). 하지만 지능을 고려하면 손해가 발생하는 기간이다. 여름방학 동안 IQ는 떨어진다. 학생의 IQ 점수는 차년도 학기가 시작될 때보다 학년 말이 더 높다. 이는 방학 동안 교육적으로 풍부한 활동을 못하게 되는 저소득의 가정의 아동들에게서 부분적으로 발견되었다(Ceci, 1991).

> 여름방학 동안 당신이 할 수 있는 교육적으로 풍부한 활동은 무엇이 있는가?

개인차의 안정성 지능의 개인차는 키의 개인차만큼 안정적인가? 이를 해결하기 위해 연구자들은 두 연령대의 청소년들을 조사하였다 — 평균 14세, 3년 후(Ramsden et al., 2011). 그들은 키처럼 지능이 안정적일 것이라고 예상했다. 그러나 "우리는 매우 놀랐다"라고 프로젝트 리더는 보고하였다. 많은 청소년들에게서 변화가 많았다. "IQ 100의 50% 이내 청소년들에게서 변화가 있었고, IQ 127의 3%까지 상승하였다"(Aubrey, 2011). 점수가 내려간 경우도 있었다. 어떤 청소년은 언어지능 점수가 20점까지 떨어졌다 — 겨우 3인치의 변화를 보였던 키와 비교했을 때 지능에서의 변화는 엄청난 것이다!

IQ 점수의 변화는 뇌의 변화와 상관이 있는 것으로 밝혀졌다. 뇌 영상 촬영을 한 결과, 연구자들은 언어 영역에서의 IQ 점수 변화가 말을 하는 데 필요한 부분의 뉴런 밀도와 상관이 있었다는 것을 발견하였다(그림 7.13). 이러한 결과가 의미하는 것은 다음과 같다. 지능 검사를 두 번 받았는데, 그중 한 번은 방심하지 않는 등과 같은 변수들, 즉 '무작위적' 요인들에 의한 것이 아니라는 것이다. 지능에서의 변화는 많은 의미를 담고 있다. 사람은 시간이 지남에 따라 정신 능력(검사 항목에 답하는 능력)과 뇌의 발달(뉴런의 밀도) 수준에 변화가 일어난다.

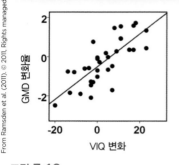

그림 7.13
IQ의 변화와 뇌 연구자들은 청소년들의 지능검사 점수 변화가 꽤 크고 뇌의 변화와 상관이 있다는 것을 알아냈다. 산점도는 위 사진의 뇌 영역에서 언어 능력 IQ(VIQ)의 변화와 지능의 밀도(GMD, 뉴런의 밀도) 간의 관계를 나타내고 있다. 이 영역들은 처리속도도 높인다고 알려져 있다.

생각을 위한 음식 NGO인 아크샤야 파트라 재단(Akshaya Patra Foundation)은 인도의 가난한 학생들에게 하루에 100만 명 분의 음식을 제공하고 있다. 재단은 학교에서의 수행은 유전적인 똑똑함을 넘어선다는 것을 알고 있다. 아이들이 지적 잠재력을 발휘하기 위해서는 좋은 영양분이 필요하다. 수혜자들도 이 사실을 알고 있다. 어떤 사람은 어린 시절 프로그램이 시작되기 전에 학교에서 배고픔으로 인해 현기증이 일어나기도 했고 모든 과목을 거의 통과하지 못하였다. 그러나 일단 영양상태가 개선되자, "나의 주의집중 지속 시간이 늘어났다. 집중력 또한 높아졌다." 그는 고등학교와 대학교를 졸업한 후 지금은 소프트웨어 엔지니어로 일하고 있다(Vedantam, 2012).

> "나는 어디서 시작되었는지조차 알지 못했다. 나는 모두에게 주어지는 한 권의 교과서 이외에는 그 어떤 참고서도 없었다. … 학교에서는 매우 빈약한 교육이 이루어질 뿐이었다"(p. 29)
> [물리 교사는] 내게 실험실을 구경시켜 주었다. 실험실 안 6개의 실험 공간에는 파이프가 한 번 부착되었던 무장약공이 있었다. "우리에게 물이 있었다면 더 없이 좋았을 텐데"(p. 27).
> — Jonathan Kozol(1991), 일리노이 주 이스트세인트루이스 고등학교 교사의 말을 인용

사회경제적 지위 지능이 키와 같았다면 사회경제적 지위, 부유함 또는 빈곤함, 유전적 요인 등이 개인차의 주요 결정 요인이 되었을 것이다.

그러나 지능에서 유전자의 효과는 그렇지 않은 것으로 밝혀졌다. 지능에 관한 한, 유전의 효과가 클 때도 있고 적을 때도 있다. 결정적 증거는 다양한 경제적 환경을 가진 가족의 일란성과 이란성 쌍생아 연구에서 찾아볼 수 있다(Turkeimer et al., 2003). 부유한 인구학적 조건에서는 유전이 개인차의 매우 많은 부분을 설명하였다. 그러나 빈곤한 인구학적 조건에서는 유전은 매우 적은 부분을 설명하였다.

왜 유전적 요인은 빈곤한 인구학적 조건에서는 적은 효과만을 미치는 것일까? 빈곤한 환경에 살고 있는 아이들은 영양 부족, 비일관적인 양육환경, 열악한 학교 시설 등을 경험할 것이다. 이러한 환경 요인은 부유한 인구학적 조건에서는 볼 수 없으며, 아동의 지적 발달에 강한 영향을 미칠 수 있다(Nisbett, 2009).

우리는 지능이 키와 같이 전적으로 유전학적으로 결정되고 환경의 영향은 극히 적은 것이냐는 의문을 던지면서 이 장을 시작하였다. 당신은 지금 그렇지 않다는 것을 확인하였다. 오늘날 이루어진 연구들로 인하여 "유전 신봉자를 따돌리고…지능에 관한 우리의 생각을"(Nisbett, 2009, p. 199) 말할 수 있게 되었다. 유전과 환경이 인간의 정신 능력을 형성한다는 것을 알게 되었다.

> 유전이 지능에 영향을 줄 수 있는 환경에 당신은 살고 있는가?

다중지능

사전 질문

> **지능에는 여러 유형이 있는가?**

다음 세 사람의 예를 살펴보자.

1. 자주 수업을 빠지는 러시아 남학생은 낮은 성적을 기록했고 오직 아버지의 고집으로만 고등교육을 받게 되었다.
2. 가난하고 내성적인 인도 남학생은 구구단을 배우는 데 어려움을 겪었고 자신을 스스로 '학습부진'이라고 생각했다.
3. 읽고, 쓰고, 셈하기를 학습하는 데 어려움을 겪었던 스페인 출신 아동은 진급시험을 거의 통과하지 못했다.

이 학생들의 미래는 밝아 보이지 않는다. 하지만 세 남학생은 (1) 20세기 가장 위대한 교향곡 작곡가인 이고르 스트라빈스키, (2) 조국이 독립하도록 이끌었던 인도의 정신적·정치적 지도자인 마하트마 간디, (3) 예술 역사상 가장 위대한 천재 화가로 인정받는 파블로 피카소이다(Gardner, 1993). 그들은 각자 분야에서 최고 수준의 위대함을 보인 사람들이다.

스트라빈스키, 간디, 피카소에 관한 두 가지 사실을 적어보면 다음과 같다.

> 어린 시절 지능검사를 받았다면, 그들의 점수는 비상한 성취능력을 예언하지 못했을 것이다. 다른 많은 아이들도 높은 IQ 점수를 획득했지만 성인기에 성취는 떨어졌다.

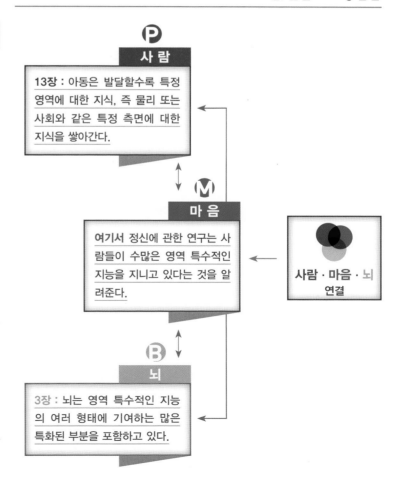

뇌 시스템 연결과 아동발달

사람
13장 : 아동은 발달할수록 특정 영역에 대한 지식, 즉 물리 또는 사회와 같은 특정 측면에 대한 지식을 쌓아간다.

마음
여기서 정신에 관한 연구는 사람들이 수많은 영역 특수적인 지능을 지니고 있다는 것을 알려준다.

사람·마음·뇌
연결

뇌
3장 : 뇌는 영역 특수적인 지능의 여러 형태에 기여하는 많은 특화된 부분을 포함하고 있다.

다중지능이론 가드너가 제안한 이론으로 사람들은 수많은 정신 능력을 소유하고 있는데, 각 능력은 지능과는 구별되는 개념임

아트 테이텀 아트 테이텀은 천재임에 분명하다. 하지만 그는 특별한 유형의 천재성을 소유하고 있다 — 비상한 음악적 지능. 따라서 그의 능력은 다중지능이론과 일치하였고 우리가 '지능'이라고 부를 수 있는 다양한 정신 능력이 있음을 설명해주었다.

Charles Peterson / Getty Images

> 그들은 각자 한 분야에서 두각을 나타냈으며, 분야는 서로 상당히 달랐다. 간디의 정치적 업적은 스트라빈스키의 음악적 성취나 피카소의 시각예술 분야의 업적에 필요한 것과는 다른 기술이 요구된다. 시각예술 작업이 필요하다면 피카소를 불러야 하지만, 현악 4중주 연주 또는 비폭력 정치 운동이 필요하다면 피카소를 부를 필요는 없다.

스트라빈스키, 간디, 피카소는 각자 어떤 영역에서 비상한 지적 능력을 나타냈는데, 여기서 중요한 의문점이 생긴다. 인간의 정신 능력은 일반지능의 개념으로 보아야 하는가?

하워드 가드너(Gardner, 1993, 1999)는 그렇지 않다고 하였다. 그의 **다중지능이론**(multiple intelligences theory)에 따르면, 사람들은 서로 다른 많은 정신적 능력을 가지고 있다. 다양한 능력은 지능과는 구별되는 형태이다. 즉 단순히 일반지능의 측면만을 뜻하는 것이 아니다. 가드너는 어떤 지능에서는 높은 점수를 받지만, 또 다른 어떤 영역에서는 낮은 수행 정도를 보인다는 것을

표 7.2

다중지능		
지능	**정의**	**고득점자에게 적합한 직업 유형**
언어 지능	언어를 학습하고 의사소통을 함에 있어서 언어를 효율적으로 사용하는 능력	시인, 프로 작가, 연설가
논리-수학적 지능	분석적이고 과학적 추론을 하는 능력 수학적 조작을 이해하고 수행하는 능력	수학자, 컴퓨터 프로그래머, 과학자
음악적 지능	리듬, 멜로디, 화음 체계 등을 포함한 음악을 이해하고 연주하고 창조해내는 능력	음악가, 작곡가, 교사
공간 지능	2차원, 3차원 공간의 이미지를 마음속으로 시각화하고 조작하는 능력	건축가, 예술가, 디자이너, 수학자
신체-운동 지능	어떤 목적을 이루기 위해 또는 아이디어와 감정을 표현하기 위해 신체를 사용하는 능력	운동선수, 댄서, 배우
대인관계 지능	타인의 생각과 동기를 이해하고 효율적으로 타인과 함께 작업하는 능력	정치가, 영업직, 커뮤니티 리더
자기이해 지능	우리 자신의 생각, 동기, 감정을 이해하고 타인의 안녕감을 고양시키는 능력	심리학자, 작가, 철학자
자연진화 지능	자연세계에 대한 민감성과 동·식물종의 차이점을 파악해내는 능력	생물학자, 농부, 정원사, 동·식물보호 운동가

하워드 가드너의 다중지능이론에서 인간의 지능은 여덟 가지 형태로 구성된다고 하였다.

강조하였다.

가드너는 정신 능력의 여덟 가지 유형, 즉 여덟 가지 지능을 제시하였다. 표 7.2에 여덟 가지 지능이 정리되어 있으며, 해당 지능에서 뛰어남을 나타내는 사람에게 기대할 수 있는 직업을 함께 제시하였다.

일반지능이 아닌 위와 같이 구별되는 지능을 우리는 어떻게 알 수 있을까? 가드너(Gardner, 1993)는 여러 증거를 제시하였다. 먼저 **신동**(child prodigies)인데, 매우 어린 나이에 비상한 전문적인 솜씨를 나타내는 아이들이다. 영재는 보통 모든 면에서 뛰어남을 보이는 '일반화된 천재'가 아니다. 그들은 지능의 한 영역에서 뛰어남을 보인다. 예를 들면 20세기 음악 천재라고 불리는 재즈 피아니스트 아트 테이텀은 스스로 세 살 때 피아노를 익혔다. 그는 곧 한 번 듣고 바로 노래를 완벽하게 연주할 수 있게 되었다. 여섯 살 무렵에 듀엣곡을 혼자 연주했는데, 아마도 이중주는 "두 사람이 연주한다는 것을 몰랐을"(Art Tatum, n. d.) 것이라고 한다. 테이텀이 WAIS에 포함된 언어, 논리, 수학 과제에 비범한 능력을 가지고 있는 것은 아니다. 그러나 음악적 지능은 남달라서, 그는 이미 천재 소리를 듣고 있었다.

또 다른 증거로는 어느 한 영역에서 뛰어난 수행을 보이지만 대부분의 영역에서는 정신적으로 손상이 발생한 경우인 **서번트 증후군**(savant syndrome)이다(Treffert, 2009, p. 1). 서번트 증후군은 자폐아들 사이에서 볼 수 있는데, 타인과 상호작용하는 능력에 손상이 발생한 뇌장애이다. 서번트 증후군이 있는 사람들은 특정 과제(음악, 수학, 예술 등)에서 어린 시절부터 높은 수준의 스킬을 보유하고 있다. 다른 영역에서 다른 수행 능력의 차이(손상 부위와 특별히 뛰어난 스킬을 보이는 특정 영역)는 정신은 여러 특정 능력을 의미하는 다중지능을 포함하고 있다는 가드너의 의견과 일치한다.

서번트 증후군에서 보이는 비범한 스킬은 인생 초기에 정신적 결함을 동반한다. 정신 능력이 전반적으로 본격적으로 쇠퇴하는 때인 인생 **후기**에 비범한 지적 능력을 발달시키는 경우도 있다. 연구자들(Miller et al., 1998)은 50대, 60대에 **치매**(뇌의 중앙 근처의 비정상적인 생물학적 쇠퇴로 인하여 정신 기능이 점차적으로 쇠퇴하는 질병)로 고통 받는 동안 예술적 능력을 발달시키는 환자의 사례(5명)도 있었다고 보고하였다. 이 환자들의 전반적인 사고 기능과 행동은 점차 악화되었다. 하지만 그들의 예술적 능력은 향상되었다!

그림 7.14에서 보여주는 이미지는 위의 환자들 중 한 명의 작품이다. 환자는 60대 중반의 여성이며, 치매로 인하여 "똑같은 말을 반복하고 여기저기 돌아다니는 증세"(Miller et al., 1998, p. 979)를 보였지만 예술 작업에 대한 스킬은 엄청나게 발전하였다. 연구자들은 치매 증상으로 환자들이 거리낌없는 감정표현을 하게 되어 예술을 함에 있어 더 자유롭게 자신을 표현할 수 있게 된 것이라고 해석하였다.

그림 7.14
치매 환자의 그림 예술가는 치매로 고통 받았던 60대 여성이었다. 말로 생각을 표현하는 능력은 치매로 인하여 악화되었지만 예술적 스킬은 오히려 향상되었다.

신동 매우 어린 나이에 비상한 전문가적 솜씨를 나타내는 아이들

서번트 증후군 대부분의 영역에 정신적 손상이 발생하였으나 한 영역에만 뛰어난 수행을 보이는 증후군

이러한 증거는 가드너의 다중지능 접근법에 의해서도 지지된다. 일부 정신 능력이 다른 기능이 쇠퇴하는 동안 향상되는 것이라면, 변화의 패턴은 일반지능의 개념으로는 설명이 불가능하다.

그러나 가드너의 이론에 대한 비판이 있었다. 몇몇 연구자들은 굉장히 드물게 일어나는 경우라고 반박하였다(Waterhouse, 2006). 하지만 다른 연구자들은 가드너의 업적으로 새로운 시각을 갖게 되었다. 당신 주변 사람들 중에서 — 그들이 스트라빈스키, 간디, 피카소가 아니더라도 — 전통적인 지능검사에서 발견되지 않는 뛰어난 기술과 능력을 가진 경우를 종종 볼 수 있다. 다중지능 이론으로 개인의 다양한 능력, 즉 광범위한 범위의 정신 능력에 대한 이해가 가능하다.

가드너의 접근법은 이론뿐만 아니라 전통적인 '일반지능' 접근법에까지 영향을 미쳤다. 예를 들면 로버트 스턴버그(Robert Sternberg)는 지적 행동은 세 가지의 정신적 구성요소를 필요로 한다는 **삼원 지능 이론**(triarchic theory of intelligence)을 제안하였다.

1. 지식 습득 요소 : 문제를 해결하기 위한 정보를 획득하는 것
2. 운영 요소 : 문제 해결 계획을 세우고 계획이 얼마나 잘 실행되었는지 평가하기 위하여 사용하는 것
3. 수행 요소 : 운영 요소에 의해 조직된 계획을 수행하는 것

스턴버그의 모델에서 인간 지능의 구성요소는 삶의 한 부분을 상당한 수준으로 발달시킬 것이다. 예를 들면 당신이 차를 고쳐야 할 때 많은 지능을 가지고 있어야 할 것이다(예 : 많은 지식, 운영 계획 스킬, 계획을 실행하는 능력). 하지만 식사 준비를 할 때는 그렇게 많은 지능을 소유하지 않아도 된다. 가드너의 접근에 의하면 지능은 '일반지능'이 아니다. 삶의 특정 영역에서 문제 해결이 가능하게 해주는 정신적 스킬의 집합체이다.

> 당신은 전통적 지능검사에서 측정되지 않는 특별한 스킬이 있는가?

g의 신경과학

사전 질문

> ❯ 큰 뇌를 가진 사람은 더 똑똑한가?
> ❯ 뇌 연결은 지능과 어떻게 관련되는가?

분석의 생물학적 수준에 초점을 맞추고 전반적 지능 혹은 g의 개인차가 신경 시스템 구조 또는 기능에서의 개인차로 인하여 설명이 가능한지에 대해 의문을 가져봄으로써 결론에 도달해보기로 하자(Deary et al., 2010).

뇌 크기 당신이 작은 머리를 가진 캐릭터와 큰 머리를 가진 캐릭터가 나오는 만화를 볼 때, 누가 더 똑똑한지를 추측해보는 것은 어렵지 않다. 그러나 일반적인 답이 과연 정답일까? 뇌가 더 크면 더 똑똑한 사람일까?

이에 대한 답은 '그렇다'로 입증되었다(Deary et al., 2010). 가장 설득력 있는 증거는 메타분석, 즉 많은 연구물들의 결과를 통계적 요약치로 제시한 것이다. 1,500명 이상의 연구 참여자를 조사한 36개 이상의 선행연구를 요약한 메타분석이 있다(McDaniel, 2005). 결과를 살펴보면, IQ는 뇌 크기와 정적 상관을 나타냈다($r = +.33$). 뇌의 크기가 큰 개인일수록 IQ 점수가 높게 나왔다.

.33이라는 상관계수는 0보다 유의미하게 큰 수치이다. 하지만 1.0이라는 완벽한 상관은 어디에서도 찾아볼 수 없다. 작은 뇌 크기를 가진 많은 사람들이 높은 IQ를 소유하고 있다. 예를 들면 미국의 천재 시인 월트 휘트먼은 크기가 평균 이하였다(Gould, 1981). 이처럼 뇌 크기는 지능의

삼원 지능 이론 스턴버그가 제안한 지능 이론으로, 지적 행동은 세 가지 정신적 구성요소를 필요로 한다 — 지식습득 요소, 운영 요소, 수행 요소.

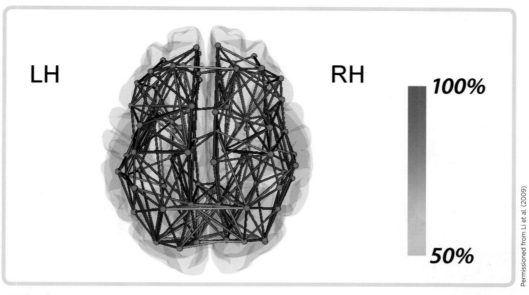

그림 7.15

뇌 연결 그림에서, 초록색 점은 뇌의 영역을 나타내고 다양한 색깔로 된 막대는 영역 간 연결을 나타낸다. 막대의 색깔은 어떤 두 영역 간의 직접적인 연결을 가진 사람들의 비율(Li et al., 2009의 연구에서)을 나타낸다. 어떤 연결(빨간색)은 모든 연구 참여자들이 가지고 있는 반면, 어떤 연결(노란색)은 반 정도의 연구 참여자들이 가지고 있었다. 더 많은 상호 연결을 가진 사람들은 더 높은 IQ를 가지고 있음이 밝혀졌다. (LH와 RH는 좌반구와 우반구를 지칭한다.)

수준을 정하는 데 있어 결정적이지는 않다. 이는 단순히 지능의 개인차를 중간 정도로 예언할 뿐이다.

뇌 연결 지능은 뇌의 특정 부분하고만 관련되는 것이 아니다. 지적인 행동은 여러 곳의 뇌 영역과의 조화를 필요로 한다(Bullmore & Sporns, 2009). 이처럼 지능의 개인차는 이 영역들이 어떻게 상호 연결되는지에 따라 달라지는 것이다.

사람마다 뇌의 상호 연결 강도가 다르다. 어떤 사람은 두 곳의 뇌 영역 사이 연결이 잘 발달되어 있는 반면, 어떤 사람의 뇌는 영역 간 연결이 약하기도 하다. 연결이 잘 발달되어 있는 사람은 정보를 더 효과적으로 처리하고 그 결과 높은 IQ 점수를 획득하게 된다고 입증된 바 있다(Deary et al., 2010). 도로가 많고 여러 지역으로 잘 연결된 상태 등일 때 효율적인 고속도로 시스템을 갖췄다고 할 수 있는 것과 같이, 뇌는 서로 다른 영역들끼리의 연결이 많을 때 효율적이라고 볼 수 있다.

어떤 연구(Li et al., 2009)에서 연구자들은 연구 참여자들을 두 집단으로 나누어 뇌의 상호 연결 상태를 측정하였다 ─ (1) 평균에서 높은 IQ 점수를 가진 집단과 (2) 매우 높은 IQ 점수(>120)를 가진 집단. 이러한 상호 연결의 강도라는 이미지(그림 7.15)를 사용하여, 연구자들은 뇌의 **효율성**(사람 뇌의 전반적인 상호 연결 강도)을 측정 및 계산하였다. (1) 집단과 (2) 집단의 연구 참여자들은 뇌의 효율성에 있어서 유의미한 차이가 있었다(Li et al., 2009). 뇌 영역 간 더 강한 축색돌기의 상호 연결을 가진 사람들은 정보에 더 효율적으로 접근하는 특징이 있었으며, 더 지적인 것으로 나타났다(그림 7.16).

분석의 뇌 수준에서 실행된 이 연구는 앞서 학습했었던 분석의 마음 수준에서 이루어진 연구에까지 직접적으로 연관된다. 당신은 사람들의 정신력이 환경적 경험에 의해 대부분 형성된다는 것을 알게 되었다. 예를 들어 학교수업은 IQ를 높여준다. 환경적 경험은 뇌의 연결 상태에도 영향을 준다. 다양한 경험은 뇌의 다양한 상호 연결을 만들어낸다(Edelman & Tononi, 2000; 3장 참

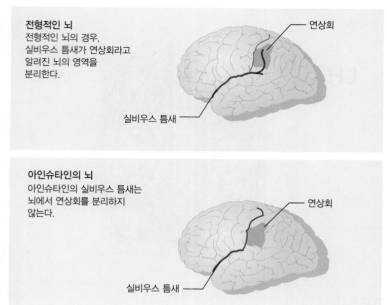

전형적인 뇌
전형적인 뇌의 경우,
실비우스 틈새가 연상회라고
알려진 뇌의 영역을
분리한다.

연상회

실비우스 틈새

아인슈타인의 뇌
아인슈타인의 실비우스 틈새는
뇌에서 연상회를 분리하지
않는다.

연상회

실비우스 틈새

그림 7.16
아인슈타인의 뇌 뛰어난 천재의 뇌에는 일반인과 다른 뛰어난 생물학적 요인이 있는지를 알아보기 위해 위대한 물리학자 알버트 아인슈타인의 뇌는 사후에 분리되어 분석되었다. 연구자들은 아인슈타인이 인간 뇌에서 흔히 찾아볼 수 있는 홈(실비우스 틈새) 중 하나가 부족하다는 것을 알아냈다(Witelson, Kigar, & Harvey, 1999). 연구자들은 이 홈의 부재가 아인슈타인의 뇌세포 간의 촘촘한 상호 연결 상태를 발달시킨 것이라고 추측하였다. 이 독특한 상호 연결 상태가 그가 가진 독특한 정신력의 원동력이었을 것이다.

조). 뉴런의 상호 연결과 지적 능력에 관한 연구는 이처럼 우리에게 인간의 지능이 경험에 의해 어떻게 형성되는지에 대한 이해를 가능하게 해주었다.

⟳ 돌아보기 & 미리보기

이 장은 정신의 힘에 관하여 설명하고 있다 — 사물을 분류하는 능력, 복잡한 언어규칙을 사용하여 문장 만들기, 우리의 머릿속에서 세상을 재창조하는 것과 같은 심상 형성하기. 하지만 정신의 한계에 관해서도 설명하였다. 위험하고 불확실한 것에 대해 결정을 내려야 할 때, 우리의 정신은 우리를 잘못된 방향으로 이끌게 되는 경험법칙에 의존하게 된다.

정신은 이 장에서 살펴본 것보다 훨씬 더 많은 것을 가능하게 해준다. 당신에게 생각하는 힘뿐만 아니라 당신이 사고하고 있다는 사실을 깨닫게 해줄 것이다. 당신은 컴퓨터처럼 문제를 해결할 수 있을 뿐만 아니라 당신 스스로 해결한 것(이 점은 컴퓨터와 다른 점)에 대해서도 자랑스럽게 여기게 될 것이다. 세상과 당신 자신을 의식적으로 깨닫는 능력은 이 장을 통해 정신에 관한 내용을 정복했을 뿐만 아니라 생각을 하고 있다는 것을 느끼게 해줄 것이다.

Chapter Review
복습

이제 이 장을 마쳤다. 부록에는 사고, 언어, 지능에 대해 배운 부분이 요약되어 있다. 요약을 읽어보면 이 장에서 학습한 내용을 복습하는 데 도움이 된다.

핵심용어

가용성 어림법	베르니케 영역	실어증	전통적 범주
가족 유사성	변형 문법	심상	정신연령
결정하기	보편적 문법	심적 회계	주관적 가치
기본 수준 범주	본능	심적 회전	지능
기점화–조정 어림법	브로카 영역	애매한 범주	지능지수(IQ)
다중지능이론	사피어–워프 가설	어림법	추리
대표성 어림법	삼원 지능 이론	언어	통계적 언어 학습
문제 공간	생성적	원형	통사론
문제 해결	서번트 증후군	원형 구조	틀 효과
범주 구조	수단–목적 분석	웩슬러 성인용 지능검사(WAIS)	플린 효과
범주 수준	수화	일반 지능	형태소
범주화	신동	임시 범주	확증편향

연습문제

1. 다음 중 가장 상위 범주 수준에 속하는 것은?
   a. 용기(통)
   b. 유리잔
   c. 머그잔
   d. 사발

2. 다음 중 가장 애매한 범주의 예는?
   a. 짝수
   b. 록 음악
   c. 무기질
   d. 범죄

3. 다음 중 영어에서의 형태소로서 범주화에 포함되지 않는 것은?
   a. anti
   b. dis
   c. un
   d. ris

4. 다음의 영어 문장 중 통사론적으로 틀린 것은?
   a. The yellow computer cried softly.
   b. A naked tree sings tunelessly.
   c. The hairy rake happily galloped.
   d. Hungry a man voraciously ate lunch.

5. 촘스키는 인간은 언어 습득을 가능하게 해주는 진화된 생물학적 기제를 가지고 있어서 모든 언어의 보편적 규칙을 물려받았다고 주장하였다. 다음의 최근 연구 결과들 중 참(true)이면서도 동시에 그의 주장에 대한 반박인 것은 무엇인가?
   a. 심리학자들은 언어과정과 관련된 뇌 구조는 전혀 발견하지 못하였다.
   b. 언어학자들은 사실은 문법의 규칙은 보편적이지 않다는 것을 발견하였다.
   c. 심리학자들은 언어는 뇌의 몇 군데 영역에서 진행된다는 것을 발견하였다.
   d. 쌍둥이는 보상이 없는 상황에서도 서로 통사론적으로 문제가 없는 언어를 만들어낼 수 있다.

6. 이 장에서 살펴본 네 가지 연구 결과는 다음과 같다 — (1) 문법은 촘스키가 생각했던 것처럼 보편적이지 않다. (2) 연구 결과, 호주인은 한국인보다 더 많은 형용사를 사용하여 설명하고 동사를 덜 사용하여 설명한다. (3) 우리는 보상을 통해서 적어도

문법의 몇몇 규칙을 학습할 수 있다. (4) 우리는 통계적 언어 학습을 통해서도 문법을 익힐 수 있다. 이러한 연구 결과들이 우리에게 알려주고자 하는 것은 다음 중 무엇인가?

a. 언어를 습득하는 능력은 전적으로 선천적인 것이다.

b. 환경은 언어 습득에 있어서 매우 적은 역할을 한다.

c. 문화는 언어를 형성하는 데 매우 큰 역할을 한다.

d. 언어 습득에 관한 스키너의 이론이 가장 유용하다.

7. 뇌 영상 기법의 증거는 브로카와 베르니케 영역의 기능에 대한 이해를 어떻게 높여주었는가?

   a. 다른 뇌 영역도 언어 처리에 관여한다는 것을 알려주었다.

   b. 이 뇌 영역은 언어 처리에 유일하게 관여한다는 믿음을 확신하게 해주었다.

   c. 모든 사람의 뇌는 언어를 처리할 때 똑같다는 것을 알려주었다.

   d. 이 뇌 영역들이 언어 처리에 관여하는 유익한 곳이라는 믿음을 확신시켜주었다.

8. 님 침스키의 수화 사용은 진정한 언어 사용의 예가 아니라는 사실을 연구자들은 어떤 근거로 주장하였는가?

   a. 님은 인간의 소리를 만들어내는 신체적 능력이 부족하였다.

   b. 님의 손재주는 좋지 않아서 그가 사용하는 수화는 의미가 애매모호하였다.

   c. 님은 의미를 전달하는 신호의 새로운 조합을 만들어낼 수 없었다.

   d. 님은 단순한 신호를 모방조차 할 수 없었다.

9. Schadenfreude는 다른 사람의 고통에서 이끌어낸 기쁨을 뜻하는 독일어 단어이다. 예를 들면 사람들은 그들이 지지한 대통령 후보자가 승리했을 때, 특히 상대편에게는 쓰디 쓴 패배의 의미라면, schadenfreude를 경험할 것이다. 아무리 외래어가 많이 급속히 증가한다고 해도 영어에는 이러한 감정적 표현을 하는 단어가 없다. 사피어-워프 가설이 참이라면, 다음 중 참이 되는 것은 무엇인가?

   a. 우리는 항상 이러한 감정을 가졌지만 그것을 표현할 단어가 없었다.

   b. 이 단어를 학습하기 전에는 이러한 감정을 경험하지 못할 것이다.

c. 다른 영어 단어들은 이러한 감정을 묘사하는 데 부적절하지만 우리는 여전히 그 감정을 경험하고 있다.

d. 이 감정에 대한 우리의 경험은 해당하는 단어가 있기 때문에 덜 극단적일 것이다.

10. 선생님이 말하기를, 일련의 세 숫자(2, 4, 6)를 가지고 마음속으로 정한 수의 규칙이 있다고 한다. 당신은 어떤 세 숫자를 명명함으로써 규칙 이론을 검증해볼 수 있고 선생님은 맞는지 틀린지를 알려줄 것이다. 당신의 이론은 점점 커지는 3개의 짝수로 이루어진 숫자 규칙이다. 확증편향이 당신의 이론 검증에 이용된다면, 명명하게 될 세 숫자는 다음 중 무엇인가?

   a. 1, 3, 5   b. 6, 8, 10

   c. 6, 18, 30   d. 5, 3, 1

11. 당신이 쇼핑몰에서 본 여자가 지금까지 보지 못했던 스타일(머리, 손톱, 옷은 검은색이고 얼굴과 귀에 몇 개의 피어싱을 했고 문신을 한 여자)이라고 가정해보자. 당신은 그녀를 본 즉시 그녀가 문신 아티스트라고 생각하였다. 이는 대학생이라고 생각하는 것보다 훨씬 더 보편적인 판단일 것이다. 여기에 해당하는 어림법은 무엇인가?

   a. 대표성 어림법   b. 가용성 어림법

   c. 심적 회계   d. 틀 효과

12. 어떤 사람이 영화를 보러 가자는 제안을 거절하였다. 그녀는 이번 주에 이미 두 번이나 갔었기에 거절하였고 그 대신에 저녁을 먹으러 가자고 제안하였다. 저녁식사로 그녀는 영화관을 갔다면 썼을 돈과 같은 액수의 돈을 썼다. 영화 보러 가자는 제안을 거절할 때 사용한 어림법은 다음 중 무엇인가?

   a. 대표성 어림법   b. 가용성 어림법

   c. 심적 회계   d. 틀 효과

13. 과정을 안내하기 위한 어림법에서의 균형이란 무엇인가?

   a. 한편으로는 판단을 하는 효과적인 방법이다. 다른 한편으로는 오류를 발생시킬 수 있다.

   b. 균형은 없다. 어림법은 항상 우리가 정확한 판단을 하도록 이끌어준다.

   c. 한편으로는 효율성이 부족하다. 다른 한편으로는 항상 최상의 판단에 이르도록 이끌어준다.

   d. 균형은 없다. 어림법은 항상 부정확한 판단을 하게 한다.

14. 일반지능이라는 것이 존재한다면, 웩슬러 성인용 지능검사의 네 가지 하위 검사 점수(WAIS : 언어 이해, 지각 추론, 작업기억, 처리속도)와는 어떤 상관이 있겠는가?

   a. 언어 이해와 지각 추론은 정적 상관이 있을 것이고, 작업기억과 처리속도는 부적 상관이 있을 것이다.

   b. 언어 이해와 작업기억은 정적 상관이 있을 것이고, 지각 추론과 처리속도는 부적 상관이 있을 것이다.

   c. 모든 척도는 어떤 하위 척도와도 상관을 보이지 않는 처리속도를 제외하고 서로 정적 상관이 있을 것이다.

   d. 모든 척도는 서로 정적으로 상관이 있을 것이다.

15. 이 장에서 연구자들의 설명에 의해 지지되는 지능의 유전과 환경의 영향에 관한 결론은 다음 중 무엇인가?

   a. 지능은 전적으로 유전에 의해 형성된다.

   b. 지능은 전적으로 환경에 의해 형성된다.

   c. 지능은 유전과 환경의 상호작용으로 형성된다.

   d. 우리는 어떤 사람들이 다른 사람들보다 더 지적인 특징을 왜 갖게 되는지 아직 모른다.

해 답

해답은 부록에서 확인할 수 있다.

의식

5년 전, 자동차 사고를 당한 환자가 있었다. 사고로 두개골이 골절되었고 뇌 손상이 있었다. 그때부터 그는 생각이 전혀 없는 사람 같았다. 눈은 뜨고 있었다. 하지만 말을 걸어도 아무런 대답이 없었고 주의를 끌어보려고 하면 나를 전혀 의식하지 못하는 듯했다. 눈뜨기, 호흡 등과 같은 단순 반사를 제외하고는 전혀 움직임이 없었다. '지속적 식물인간 상태'라는 진단을 내릴 수밖에 없었다. 의료팀은 그를 한 달 동안 지켜봤지만 인간으로서 생각을 하고 있다는 어떤 신호도 찾을 수 없었다.

하지만 그렇게 생각하지 않는 의사들도 있었다. 외견상 그가 멍한 상태라는 것은 인정하였다. 하지만 내적으로는 과연 어떤 상태일까? 내적인 상태를 알아보기 위해 의사들은 뇌 영상 장치를 그에게 장착했다. 뇌 영상을 촬영하는 동안 그에게 두 가지 일상 활동을 상상해보라고 하였다. 테니스 공 치는 것과 자기 집의 어떤 방에서 다른 방으로 걸어가는 것. 그 다음 네/아니요로 답할 수 있는 질문을 그에게 해보았다(예 : "당신은 형제가 있습니까?"). 그가 '아니요'라고 답하면 테니스 치는 것을 생각해보라고 하였고, '네'라고 답하면 집 안을 걸어다니는 것을 생각해보라고 했다.

당신이 그 의사들을 옆에서 지켜봤다면 아마도 소용없는 일을 하고 있다고 생각했을 것이다. 5년 동안 인간으로서 아무런 생각을 하지 않은 것처럼 보이는 그에게 왜 그런 질문을 한 것일까? 당신은 뇌 영상에서 아무런 신호도 없었을 것이라 예상했을 것이다. 하지만 그렇지 않았다! 테니스 치는 것, 집 안을 걸어다니는 것을 생각해보라고 요구받았을 때 그의 뇌 활성 정도는 정상에 가까웠으며, 건강한 사람들과 거의 같은 반응 수준을 나타냈다(Monti et al., 2010). 네/아니요로 답할 수 있는 질문에도 그가 제대로 답하고 있다는 것을 의사들은 알아차렸다. 그는 식물인간 상태가 아니었다. 그는 의사의 목소리를 들을 수 있었고, 질문을 이해하고 정확하게 대답할 수도 있었다.

그는 사고로 걷기, 말하기, 웃기, 얼굴 찡그리기, 고개 끄덕이기, 고개 가로젓기 등 많은 기능을 잃었다. 하지만 그가 여전히 잃지 않은 기능이 있었다. 바로 의식이다. ◉

Loyall Sewall / Gallery Stock

Gallery Stock

당신은 지금 무엇을 경험하고 있는가? 당신은 이 페이지의 글을 읽으면서 계속 생각하고 있다. 당신은 지금 있는 방의 온도(특히 너무 덥거나 너무 춥다면), 살이 닿는 의자의 압박감(특히 불편함을 느끼게 하는 의자라면), 근처에서 들려오는 소리(특히 시끄럽다면)를 느끼고 있을 것이다. 당신은 배고픔, 피로, 졸음을 느끼거나 이 책의 새로운 장을 시작한다는 생각에 흥미를 느낄 것이다.

이러한 외부 자극과 내적 느낌(온도, 소리, 피로 등)은 당신이 의식하고 있는 자극이다. **의식**(consciousness)은 당신의 자각 상태이며, 당신과 주변을 둘러싼 개인적 경험이다.

심리학 역사를 통해 살펴본 의식 연구

사전 질문

> ❯ 1980년대까지 '입에 담기도 힘든 주제'인 의식을 주목받게 한 것은 무엇인가?

의식에 관한 심리학의 연구 역사는 길고 다소 이상하기도 하다. 과학적 심리학이 시작되는 단계에서 의식은 그 분야에서 가장 주목받는 주제였다. 빌헬름 분트(Wilhelm Wundt)와 그의 동료들은 세계 최초의 심리학 실험실에서 사람의 의식 경험을 구성하는 생각과 느낌에 관한 연구를 수행하였다(Blumenthal, 2001; 1장 참조). 분트의 실험실 연구원들이 쓴 의식 현상의 실험적 분석(*Experimental Analysis of the Phenomena of Consciousness*)이라는 책이 출판되면서 연구가 30년 동안 절정에 이르렀다(Wirth, 1908).

분트의 노력으로 심리과학의 선두에 의식이 떠오르게 되었다. 유럽과 미국의 연구자들은 의식 경험의 구조와 의식의 기능을 탐구하였다. 1911년까지 교재 집필자는 "심리학 분야에서 보편적으로 대두되는 제1의 문제는 우리가 의식 경험을 할 때 의식의 특징이 과연 무엇인지를 살펴보는 것"이라고 강조하였다(Pillsbury, 1911, p. 60).

하지만 얼마 가지 않아 모든 것이 바뀌었다. **행동주의**(6장 참조)라고 알려진 학파는 의식 연구는 심리과학으로부터 배제되어야 한다고 주장하였다. 행동주의자들의 주장은 지나치게 단순하고 강경한 면이 있었다. 과학은 주의 깊은 관찰과 측정을 통해 진보한다. 그러므로 의식은 심리학에서 과학적 연구방법에 적합한 주제가 될 수 없었다. 1913년에 행동주의자들은 "심리학이 의식에 관한 모든 논쟁을 그만두어야 할 때가 온 것 같다"고 주장하기에 이르렀다(Watson, 1913/1994, p. 249).

1960년대 초반에 심리학계에 새로운 학파가 출현하였다. 새로운 학파의 연구자들은 사고과정(기억, 추리, 문제 해결)은 인간의 사고와 컴퓨터의 정보 처리과정 사이의 유사점을 밝혀냄으로써 이해할 수 있다고 주장하였다(Newell & Simon, 1961; 5장 참조). 컴퓨터에 비유함으로써 사고 연구는 여러모로 활성화되었다. 하지만 의식에 관한 연구는 미미하였다. 컴퓨터는 많은 정보를 진행시켰지만(앞으로 자세히 논의하겠지만) 컴퓨터에는 의식이 없다. 당신이 사용하는 워드프로세서는 오탈자 실수를 바로잡아줄 수 있지만 인간처럼 그에 대한 성취감을 느끼지는 못한다. 이처럼 컴퓨터에 비유해 가면서 연구를 진행했지만 의식에 관한 연구가 크게 활성화되지는 못했다.

유행하는, 유행이 지난 의식은 19세기 심리학의 선구자들 사이에서 주요 관심 주제였지만 20세기 대부분의 기간 동안에는 무시되었다. 최근 10년 동안 과학자들은 다시 그 주제에 관심을 가지게 되었다 — 포스터 사진에서 그 분야 권위자들이 모여 20세기 의식에 관한 연구 과학 컨퍼런스 개최를 축하하고 있다.

20th Anniversary Toward a Science of Consciousness, Tucson Conference, University of Arizona.

의식 나의 지각 상태이며 내 주변을 둘러싼 개인적 경험

행동주의와 컴퓨터에 비유함으로써 이루어진 연구들로 인해 의식 연구는 75년 동안 큰 주목을 받지 못했다. 1980년대 후반까지도 의식은 '과학에서 말하기 어려운 주제'였다(Prinz, 2012, p. 3).

하지만 상황은 다시 급격하게 변했다. 과거 25년 동안 의식에 관한 연구는 재탄생을 겪게 되는데, 놀랄 만큼 엄청나게 많은 연구 결과들이 쏟아졌다. 의식에 관한 과학적 논문은 지난 85년 동안 출판된 논문 수와 비교하면 최근 15년 동안 거의 2배 가까이 출판되었다(Prinz, 2012). 의식에 관한 근본적인 의문점에 대해 새로운 답을 찾아내기 위해 심리학자, 철학자, 신경과학자들은 힘을 합쳐 연구하였다. 다음의 두 가지 질문으로 의식에 관한 연구를 시작해보자 — 의식이란 무엇인가? 누가 의식을 가지고 있는가?

의식의 '무엇'과 '누구'

의식 연구의 1단계는 의식이란 무엇인지 정의하는 것이다. 이는 의식의 대표적인 특징을 살펴봄으로써 가능해진다.

의식 : 의식이란 무엇인가?

사전 질문

> 〉 의식이 '주관적'이라는 것은 어떤 의미인가?
> 〉 '의식'을 가지고 있다고 말하기 위해서 반드시 있어야 할 심리학적 특성은 무엇인가?

의식에는 (1) 주관적이고, (2) 환경 속에서 단순히 자극을 탐지하는 것 이상이라는 두 가지 특성이 있다.

주관성 의식은 개인적이다. 의식이 존재할 때 이는 개인의 관점에서 평가되어야 한다 — 의식 경험을 가지고 있는 '주체'. 따라서 의식은 '주관적'이라고 그 의미를 해석하는 것이다(Mandik, 2001). 당신은 의식 경험의 내용과 그 경험이 어떤 것이었는지를 확인할 수 있다.

이런 면에서 볼 때, 의식은 독특하기도 하다. 수많은 개인적 특성은 객관적이다. 즉 당신을 관찰하는 어떤 사람은 당신의 특성을 독립적이고 편향되지 않은 관점으로 파악할 수 있다. 하지만 의식은 그렇지 않다. 앞에서 서술한 예시는 주관적 경험과 객관적 사실 사이에서의 차이를 설명한다.

부상 또는 수술의 결과로 사람들은 팔 한쪽을 잃는 경우가 때때로 발생한다. 그 사람들의 90% 이상이 절단된 팔이 여전히 자신의 몸에 붙어 있다는 **환상지 증후군**(phantom limb syndrome)이라는 주관적 의식을 경험한다(Ramachandran & Hirstein, 1998). 그들은 절단되었음에도 불구하고 종종 팔 부위의 고통을 경험한다. (고통은 팔이 아니라 머릿속에서 나오는 것이다; 3장 참조.)

절단은 객관적 사실이다. 환자가 "선생님, 제 팔은 여전히 붙어 있어요"라고 말하면 의사는 여기저기 살펴본 후 "미안하지만 환자분이 틀렸습니다. 붙어 있지 않아요"라고 말한다. 하지만 고통은 주관적이다. 환자가 "선생님, 통증이 있어요"라고 말하면, 의사는 여기저기 체크해서 증명할 수밖에 없으며 의사는 이해할 수 없다는 듯이 "미안하지만 환자분이 틀렸습니다. 통증을 느끼는 것이 아닙니다"라고 반응한다. 환자는 자기 자신의 고통을 경험하는 유일한 전문가일 수밖에 없다.

고통, 다른 의식을 경험한다는 것은 주관적이라는 뜻이다. 그런 경험이 발생하면 오로지 개인의 주관적 의식에 의해서만 증명할 수 있다.

환상지 증후군 절단한 팔이 여전히 신체에 붙어 있다고 느끼는 주관적인 의식

"이런 추운 날에는 내가 진짜 온도계였으면 한다." 진짜 온도계는 온도를 감지하지만 추위를 느끼지는 못한다. 우리의 그림 친구와 달리 진짜 온도계는 의식 경험을 가지고 있지 않다. 의식은 이처럼 단순히 환경 자극을 감지하는 것 그 이상이다.

단순히 환경을 '감지'하는 것 그 이상이다 의식의 두 번째 특징은 (1) 사건에 대한 감지와 반응, (2) 사건을 감지한 후 무엇인가를 느끼는 것을 구별하는 것이다.

대부분의 유기체와 인간이 만든 물체는 자극을 감지하고 그에 반응한다. '광전지'는 당신이 상점의 문을 지나갈 때 감지하고 벨을 울리며 반응하고 점원은 당신의 존재를 알아차린다. 온도계는 추운 온도를 감지하고 5°라고 표시하며 반응한다. 파리지옥풀은 표면에 있는 곤충을 감지하고 잎을 닫아서 곤충을 잡아먹으며 반응한다.

이 물체들은 의식하지 않는 사건을 감지하고 반응한다. 이를 알아보기 위해 추운 날 당신의 경험과 온도계의 경험을 비교해보자. 온도계처럼 당신은 추운 온도를 감지하고 "여기는 약 5도 정도 되는 것 같아!"라고 말한다. 하지만 온도계는 그렇게 말하지 않는다. 당신은 추위를 경험한다. 당신의 추운 온도가 무엇과 '같은지'를 느낀다. 이러한 것이 온도계에는 해당되지 않는다. 농담이 아니고서야 당신은 "나는 그런 추운 날씨에 성능이 떨어지는 나의 온도계가 어떻게 느끼는지 알고 싶다"라고 말하지 않을 것이다.

이 단순한 예시에는 중요한 포인트가 있다. 의식은 사건을 감지하고 반응하는 것 이상이다. 거기에는 느낌이 포함되어 있다 — 의식에 관한 과학적 연구는 의식하고 있는 것을 어떻게 느끼느냐에 관한 연구이다(Chalmers, 2010).

우리는 의식이 무엇인지 학습하였기 때문에 의식 연구에 관한 주요 주제들 중 다음의 주제들을 집중 탐구할 수 있다 — 의식 경험을 가진다는 것은 어떤 상태인지, 의식의 심리적·생물학적 과정, 잠을 자는 의식 경험에서 백일몽, 명상, 최면, 약물 복용에 의해 일어나는 의식 경험의 변화.

의식 : 누가 가지고 있는가?

사전 질문

> ❯ 프랑스 철학자 데카르트가 의식은 삶의 기본적인 사실이라고 주장하였는데, 이는 무엇에 근거한 주장인가?
> ❯ 발달하는 동안 인간이 처음 의식을 경험하는 것은 언제인가?
> ❯ 동물들은 의식이 있는가? 어떻게 알 수 있는가?
> ❯ 동물들은 자의식이 있는가? 어떻게 알 수 있는가?
> ❯ 왜 로봇은 의식이 없는가?

지구는 수십억 생물들의 고향이다. 정보를 처리하는 수십억 개의 인간이 만든 기계들(컴퓨터, 스마트폰, 로봇)의 고향이기도 하다. 이들 중 의식이 있는 것은?

사람 확실한 것은 당신은 의식을 가지고 있다. 당신은 세상을 경험하고 있다는 사실을 이해하고 있다. 자신이 의식하고 있는 것은 삶의 기본적인 사실에 해당한다.

프랑스 철학자 르네 데카르트는 약 400년 전에 이러한 사실을 관찰하였다. 그는 지식의 근간을 확보하고자 하였다 — 그가 알고 있는 사실은 확실히 참이었다. 데카르트는 참인 것이 거짓으로 보이는 현상을 알고 있었다. 예를 들어 지구는 평평해 보인다. 태양은 떠오를 때

철학자 르네 데카르트가 스웨덴 여왕인 크리스티나와 토론하는 장면을 그린 그림이다. (불행히도 이것이 데카르트의 마지막 토론이었다. 그는 1649~1650년 스웨덴을 방문했던 겨울에 유행하였던 폐렴으로 사망하였다.) 데카르트에게 의식 경험의 존재는 그가 확신했던 세상에 대한 사실 중 하나였다.

빨갛게 된다. 하지만 이는 사실이 아니라 착시현상이다. 그가 알고 있었던 것은 참인가? 확실한가?

데카르트는 확실하다고 할 수 있는 유일한 사실은 그 자신의 존재와 의식적인 경험이라고 생각하였다. 그는 자신에게 "음… 데카르트는 과연 존재하는가?"라고 의문을 가져보는 행동으로 자신이 실제 존재하고 있음을 증명하였다. 왜냐하면 누군가가 그의 존재를 의심해야 하는데, 그 사람이 바로 데카르트 그 자신이어야 했기 때문이다. "나는 생각한다, 고로 나는 존재한다"라고 데카르트는 주장하였다.

당신은 데카르트가 주장했던 사고의 맥락을 이해할 수 있고 자신이 존재한다는 결론을 스스로 쉽게 내릴 수 있다. 당신은 혼자가 아닐 것이다. 어떤 사람은 "나는 혼자 존재한다. 나 말고 다른 사람들은 허구이다"라는 생각(사고)을 할지도 모른다. 하지만 우리는 위와 같이 가능성이 없는 명제는 무시하고 생물학적으로 정상적인 모든 인간은 의식을 소유하고 있다고 생각할 것이다. "누가 의식을 가지고 있는가?"라고 물으면 당신은 "사람이요"라고 자신 있게 대답할 수 있다.

> 의식이 있다는 것은 무엇인가?

인간의 의식은 지배적이다. 항상 의식은 존재한다. 깨어 있을 때 당신은 주변, 느낌, 머릿속을 스치고 가는 생각들을 항상 의식하고 있다. 잠들어 있을 때 당신은 의식 경험의 한 형태인 꿈을 꾸는 데 많은 시간을 쓴다. 깨어 있지 않더라도 당신은 때때로 이상한 이미지와 꿈의 줄거리 등 의식의 생생함을 경험하고 있다.

의식이 지배적이라는 다른 감각이 또 있다. 인생 초기에 시작되고 전 생애 동안 유지된다. 인간은 출생 전에 의식이 깨어 있다는 몇몇 증거가 있다. 예를 들어 임신 후기의 태아들은 엄마의 배근처에서 들리는 소리를 의식할 수 있다(Eliot, 1999). 그들은 또한 음악 소리도 인식할 수 있다. 연구를 할 때 연구자들은 피아노의 중앙 C음과 한 옥타브 높은 C음에 대한 27~35주 된 태아의 반응을 관찰하기 위해 초음파 기계를 사용하였다(Shahidullah & Hepper, 1994). 모든 태아는 중앙 C음이 들릴 때 팔과 다리의 움직임으로 반응하였다. 연구자들이 중앙 C음을 여러 번 반복했을 때 모든 영아는 그 소리에 습관화되어 반응을 점점 덜 하게 되었다(습관화는 모든 연령에서 일어난다; 6장 참조.) 실험자가 한 옥타브 높은 C음을 눌렀을 때, 만삭의 태아는 팔과 다리를 움직임으로써 반응하였다(27주 태아는 반응하지 않았다). 이는 만삭의 태아는 소리뿐만 아니라 소리의 차이까지도 의식적으로 알 수 있다는 것을 의미한다. 만삭의 태아는 중간 C음과 한 옥타브 높은 C음이 다르다는 것을 의식하였다.

태아에 관한 이 연구는 영아를 대상으로 한 연구로 보완되었다. 성인이 의식적으로 자극을 깨닫게 될 때, 뇌 활성화의 패턴이 다르게 나타났다. 자극에 대한 반응에 있어서 뇌 활성화의 유사한 패턴이 5개월 영아에게서 관찰되었다(Kouider et al., 2013). 이러한 연구 결과는 의식적 깨달음이 인생 초기부터 명확하다는 것을 의미한다.

이러한 의식 능력은 보통 살아 있는 동안 지속된다. 하지만 사람들은 때때로 의식을 잃기도 한다. 부상 또는 질병은 이 장을 시작할 때 읽었던 이야기에서처럼 의식 경험을 사라지게 할 수 있다. 연구자들은 식물인간 상태라고 진단받은 환자를 확인해보았다(즉 의식적인 깨달음이 부족한 상태). 그 환자의 경우, 실제로는 주변 세계를 의식적으로 깨닫고 있다는 사실이 뇌 활성화 사진을 통해 밝혀졌다. 불행히도 이 연구(Owen et al., 2006)에서 다수의 다른 환자들은 그렇지 않았다. 그들은 연구자가 보내는 신호에 반응하는 뇌 활성화 상태를 보이지 않았다. 행동적 증거와 뇌 증거 모두 환자들이 생물학적으로 살아 있더라도 의식 능력은 잃어버렸음을 의미한다.

인간이 아닌 동물들 인간이 아닌 동물들이 의식적이라는 것은 어떻게 아는가? 그들은 의식적인 것처럼 보인다. 당신의 개는 주인이 집에 왔을 때 흥분한 것처럼 보이고 공원을 한 바퀴 돌고 오면 지친 것처럼 보인다. 하지만 그런 외적인 모습은 속임수일 수도 있다. 움직임을 감지하는 전자 장치는 당신이 지나가면서 "안녕!"이라고 흥분해서 말하도록 프로그램되어 있으면 의식이 있는 것처럼 보인다. 동물이 의식을 가지고 있다는 확실한 증거는 무엇인가?

증거에는 두 가지 유형이 있다. 첫 번째 증거는 행동적인 측면이다. 동물이 과제를 수행할 때, 대부분 사람들과 유사한 방법으로 주의가 산만해짐을 알 수 있다. 연구자들은 동물들이 때때로

개와 같은 동물의 주의가 산만해진다는 것을 어떻게 알 수 있는가?

정보와 관련 없는 활동(예 : 스스로 음식을 구하는 것)에 몰두할 때 중요 정보(예 : 새끼가 있는 위치)를 놓친다는 것을 발견했다 (Baars, 2005). 인간과 동물의 산만한 행동의 유사점은 인간과 동물 둘 다 정신생활은 제한된 크기의 의식적 경험으로 구성되어 있다는 것이다. 우리와 털복숭이 친구들은 주어진 시간에 아주 적은 양의 정보에만 주의를 기울일 수 있다.

Diana Reiss

자의식 돌고래는 '자기재인 거울검사'를 통과할 수 있다. 삼각형 표시를 돌고래한테 하고 나서 거울 앞을 지나가게 하면 돌고래는 거울 앞에 멈추어 서서 표시를 쳐다본다. 이는 돌고래가 몸에 표시가 있는 '거울 속의 돌고래'가 자기 자신임을 인식했다는 것이다.

두 번째 증거는 생물학적인 측면이다. 인간 의식(아래 참조)에 필요한 뇌 시스템이 있는데, 이와 매우 유사한 형태의 시스템을 포유류도 가지고 있었다. 이와 같은 여러 종에 걸친 유사성은 모든 포유류들이 의식적인 느낌을 가지고 있음을 의미한다(Baars, 2005).

동물의 의식에 관한 논쟁을 할 때 중요한 점은 의식과 자의식을 구분하는 것이다. 당신이 학습한 의식은 유기체가 주관적인 경험을 할 때 일어난다. **자의식**(self-consciousness)은 이와 다르다. 당신 자신에 대한 생각이다. 자기 자신, 경험, 자신이 타인에게 어떻게 보이는지에 대해 생각할 때, 사람들은 자의식적으로 생각하고 있다고 할 수 있다.

당신은 자의식을 고려하지 않아도 의식 느낌을 가질 수 있다. 예를 들면 당신이 다쳤을 때, 즉시 고통에 대한 의식적인 느낌이 있다. 그 후에 당신은 "나는 다쳤다!" 또는 "내게 무슨 일이 일어난 거지?"와 같은 자의식적인 사고를 하게 될 것이다. 생각 전에 나온 최초의 고통은 의식 느낌이 자의식적인 사고 없이 일어날 수 있음을 보여주는 증거이다.

극소수 동물들은 자의식적인 사고의 어떤 징후를 보여준다. 사실 그 극소수 동물들은 자기 자신을 인식하기까지 한다. **자기재인 거울검사**(mirror self-recognition test)에서 연구자들은 먼저 동물들을 거울 속 이미지로 노출시켰다. 그리고 동물들에게 어떤 표시를 하고 나서 거울 앞에 다시 서게 해서 그 표시를 인식하는지 지켜보았다(예를 들어 몸에 있는 표시를 문지르면 인식했다는 뜻이다). 인간을 제외하고는 적은 수의 종만(고릴라, 침팬지, 오랑우탄, 돌고래 등) 자기재인 거울검사를 통과할 수 있었다(Reiss & Marino, 2001; Suddendorf & Butler, 2013). 개나 고양이 같은 애완동물은 인식하지 못했다.

자기재인 거울검사를 통과한 종(인간이 아닌 종)들임에도 인간이 하는 다양한 자의식적인 사고를 하기에는 역부족이다. 인간의 자의식적인 사고의 중심 특성은 **마음 시간 여행**(mental time travel)인데, 당신의 정신 속에서 시간을 앞으로 또는 뒤로 하면서

자의식 자기 자신에 대한 사고과정. 즉 자기 자신의 경험과 타인에게 어떻게 보이는지에 대한 생각

자기재인 거울검사 자기 자신을 인식하는 동물의 능력을 평가하는 방법. 연구자들은 거울 속에 보이는 자기 몸에 있는 표시를 인식하는 것을 통해서 알아보았다.

마음 시간 여행 정신 속에서 시간을 앞으로 또는 뒤로 하면서 자기 자신을 계획하는 능력

자기 자신을 계획하는 능력이다(Suddendorf & Corballis, 2007). 사람들은 일반적으로 과거와 미래의 자기 자신에 대해 생각하는데,

얼마나 자주 마음 시간 여행에 몰두하는가?

과거 특정 사건에 대해 깊게 생각하면서 어떻게 행동했는지와 다음에는 어떻게 대처할 것인지에 대해 생각한다(Kahneman & Miller, 1986). 동물도 이와 같다는 확실한 증거는 없다. 마음 시간 여행에 몰입하는 능력으로 볼 때 인간은 독특한 면이 있는 것 같다.

요약하면, 인간은 자의식적 정신 삶의 독특한 형태를 가지고 있다. 하지만 우리는 의식 경험에 있어서는 독특하지 않다. 매우 많은 동물 종은 의식적으로 고통과 기쁨, 욕구와 두려움을 경

험한다.

그러나 모든 동물이 의식을 가지고 있는 것은 아니다. 곤충이나 벌레 같은 단순 유기체는 의식 경험에 필요한 뇌 체계가 부족하다. 그들은 환경 속에서 사건을 탐지하고 반응하지만 그들이 의식적 느낌을 가지고 있다는 과학적이고 확고한 증거는 부족하다. 어떤 사람은 비교적 복합유기체라 할 수 있는 물고기조차 의식 느낌에 필요한 뇌 구조가 부족하다고 했다. 물고기의 신경 시스템을 분석한 결과, 기쁨이건 고통이건 단순히 반사적으로 환경에 반응하고 있는 것으로 밝혀졌다 (Rose, 2002).

로봇? 일본 혼다 사무실에 들어가면, 접수대에 아시모가 돌아다니면서 인사하고 손을 흔들고 주변 안내도 한다. 아시모는 간단한 질문에 대답도 할 것이고 당신이 다음에 방문하는 곳이 어디인지까지 알 것이다.

평범한 인간과 다를 바 없는 접수 담당자가 모두에게 인상적이지는 않을 수 있다. 하지만 ― 그의 특이한 이름에서 추측했겠지만 ― 아시모는 로봇이다.

아시모는 의식적인가? 확실히 그렇게 보인다. 무언가 당신에게 다가와서 손을 흔들고 질문에도 대답하기 때문에, 의식이 있다고 추측하는 것은 어쩌면 당연하다. 하지만 확실한 것은 아시모는 의식이 부족한 로봇에 지나지 않는다는 사실이다. 아시모에게는 컴퓨터, 스마트폰, 체스게임 소프트웨어 프로그램, 로봇 진공 청소기 등의 전자 친척들이 있다. 이 장치들은 정보를 처리한다. 그들은 들어오는 정보를 메모리로 부호화하고 저장된 정보와 결합시키며 정보를 조작하는 프로그램을 실행시킨다. 하지만 그들은 느낌을 갖고 있지 않다. 그들이 온도계보다 더 의식적이라고 할 수 없다.

정보 처리과정은 그 자체로는 의식 경험을 산출하는 데 충분하지 않다(Chalmers, 1996; McGinn, 1999; Searle, 1980). 정보 처리과정은 논리적 규칙에 따른 상징(수 또는 단어)의 조작에

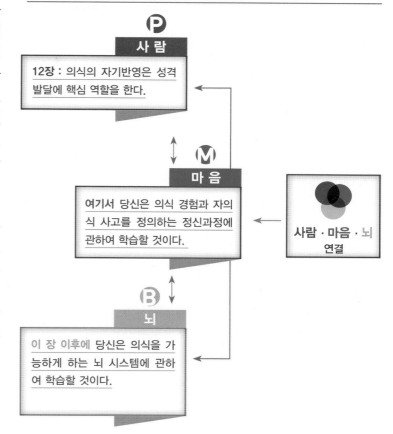

뇌 시스템과 성격과정의 연결

Ⓟ
사람
12장 : 의식의 자기반영은 성격 발달에 핵심 역할을 한다.

Ⓜ
마음
여기서 당신은 의식 경험과 자의식 사고를 정의하는 정신과정에 관하여 학습할 것이다.

사람·마음·뇌 연결

Ⓑ
뇌
이 장 이후에 당신은 의식을 가능하게 하는 뇌 시스템에 관하여 학습할 것이다.

"대통령을 만나서 흥분한 것처럼 보인다." 일본 여행에서 미국 대통령 버락 오바마는 아시모 로봇을 만났다. 아시모는 대통령에게 인사했다. 그에게 축구공을 던졌다. 걷고 달리고 무대를 뛰었다. 하지만 아시모가 의식적이라는 의미는 절대 아니다. 로봇은 의식의 대표적 특징인 느낌이 없더라도 자극을 감지하고 반응한다.

Larry Downing / Reuters / Newscom

이원론 마음(비물리적 정신의 속성을 지닌 의식)과 신체가 2개의 분리된 독립체라는 명제

심신문제 이원론적 이론 안에서 일어나는 개념문제(이원론 참조)로 과학의 법칙을 위반하지 않고 비물리적인 마음이 신체에 어떻게 영향을 줄 수 있는지 설명할 방법이 없음

소인문제 마음 또는 뇌 구조가 의식적이라고 제안함으로써 유기체가 의식 능력이 있다고 설명하는데, 과학적으로 그 가능성을 입증하지 못하고 있다. 의식이 마음 또는 뇌 구조에서 어떻게 발생하는지를 설명하는 데 실패했다는 것이 소인문제임

> 나는 두렵다. 나는 두렵다, 데이브.
> 데이브, 내 정신은 망가지고 있다.
> 나는 느낄 수 있다. 나는 느낄 수 있다.
> – HAL the computer,
> *2001: A Space Odyssey*

승자의 호언장담은 없다 IBM 컴퓨터는 1997년 5월 11일에 세계 체스 챔피언 게리 카스파로프를 상대로 이겼다. 카스파로프는 체스 경기에 져서 실망하였다. 그러나 그의 컴퓨터 상대 딥블루는 승리를 크게 기뻐하지 않았다. 컴퓨터 프로그램의 체스 게임 지능 수준은 매우 높았지만 의식은 없었다.

Stan Honda / AFP / Getty Images

지나지 않는다. 의식은 이와 다르다. 상징 조작뿐만 아니라 감정, 감각, 기타 느낌 등까지 포함한다. 사실 논리적 추론은 의식 경험을 필요로 하지 않는다. 포식자에 의해 물린 동물은 결정을 위한 정보 처리과정 단계(예 : 공격자가 누구인지)를 전혀 거치지 않은 채 즉시 고통을 경험한다.

오늘날 로봇(그리고 다른 정보 처리 기계들)은 의식적인 느낌이 없다. 미래의 로봇은 어떠한가? 많은 사람들은 미래에도 의식적으로 되지는 않을 것이라고 믿고 있다. 어떤 사람들은 추가적인 회로를 보여주면서 오늘날의 로봇이 미래에는 느낌을 경험하기 위해 만들어질 수 있다고 낙관적 전망을 하기도 한다.

의식의 심리학

인간, 동물, 로봇에 대한 지금까지의 논의는 의식이 무엇인지를 보여준다 — 사건을 느끼는 능력(고통 받고 인생의 기쁨을 즐기는 것). 이제 의식의 심리학적 과정에 관하여 자세히 알아보도록 하자. 이원론이라고 부르는 고전적인 의식 경험부터 알아보도록 하자. 살펴보면 알게 되겠지만 이원론은 직관적으로는 매력적이지만 잘 살펴보면 치명적인 문제점이 있다. 이원론의 문제점을 비판적으로 생각하는 것은 정신과 뇌가 어떻게 작용하는지(그리고 작용하지 않는지)를 이해하는 데 도움이 된다.

이원론

사전 질문

> ❯ 마음은 신체와 분리되는가?

이원론(dualism)은 마음, 뇌, 의식 경험에 관한 이론이다. 이원론은 마음과 신체가 분리된 독립체

"그리고 주 하느님께서는 지상의 먼지로부터 인간을 창조하셨고, 그에게 숨을 불어넣었다. 그리하여 인간은 영혼을 갖게 되었다"(창세기 2:7). 이원론은 구약성서만큼 오래된 이론이다. 미켈란젤로가 그린 인간 창조에 관한 그림에서 아담은 물질적 신체('먼지로부터 … 생성된')와 비물질적 신체(신체에 '숨을 불어넣은') 두 부분으로 구성된다. 아담을 생각하는 존재로 만든 영혼은 존재의 이유를 신체에만 의존하지 않는다. (미켈란젤로가 묘사한 것을 살펴보면, 하느님과 천사들은 인간의 뇌와 거의 동일하다는 흥미로운 사실을 발견할 수 있다.)

Michele Falzone / Alamy

라는 것이다. 신체는 물리적인 반면 마음은 비물리적이다 — 실체가 없는 '영혼'이다. 이원론에 따르면 물리적 뇌는 의식을 산출해내지 못한다. 의식은 비물리적 마음의 속성이다. 뇌는 의식적인 마음과 물리적 신체가 상호작용하는 곳에 위치한다.

이원론은 고대의 신념이었다. 불교, 고대 그리스의 몇몇 철학, 기독교 등에서 말하는, 신체로부터 분리되어 사후에 살게 된다는 마음 또는 영혼을 상정한다.

이후 서양 철학에서 가장 유명해진 이원론적 관점은 이 장의 초반에 언급했던 데카르트가 발전시켰다. 그는 마음과 신체는 뇌 내부의 특정 부분(송과선, 그림 8.1)에서 상호작용한다고 주장하였다. 왜 송과선일까? 그가 추론한 것을 살펴보면 다음과 같다.

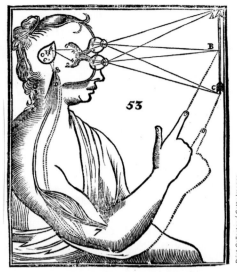

> 데카르트는 모든 지각 기관(눈, 귀 등)에서 오는 정보를 함께 전달하는 뇌의 특정 부분이 있을 것이라고 믿었다. 그 부분은 뇌 안의 '극장'과 같은 것이다. 예를 들어 영화관에서 소리와 이미지는 같은 장소에 나타나고 당신은 소리와 이미지를 함께 경험할 수 있다. 이와 비슷하게 데카르트는 세상의 소리와 광경이 뇌의 한 부분에 나타난다고 생각하였다.

> 데카르트는 송과선이 생물학적으로 독특하다는 것을 알아냈다. 다른 뇌 구조는 뇌의 좌반구와 우반구에 평행 구조로 쌍을 이루는데(3장 참조), 송과선은 단 하나로 이루어진 기관이었다. 따라서 그는 정보가 송과선에 전달된다고 결론 내리게 되었다.

그림 8.1
데카르트의 의식 이론에서 신체는 환경으로부터 오는 정보를 송과선(그림에 보여지는 크기보다 훨씬 큼, 두개골 왼쪽 이미지)으로 보낸다. 마음(아무런 물리적 존재가 없는, 오직 정신적인 것)은 이 정보를 송과선에서 만나게 해서 의식 경험을 만든다.

데카르트의 이원론에 의하면, 비물리적인 마음은 뇌 기제에 영향을 줌으로써 송과선에서 이미지를 보고, 결정하며, 신체의 행동을 조절한다.

이원론의 문제점

사전 질문

> **이원론의 한계점은 무엇인가?**

오늘날, 학자들은 이원론이 치명적인 결함이 있다고 지적하였다(예 : Dennett, 1991). 두 가지 문제가 지적되었는데 심신문제와 소인문제가 그것이다.

심신문제 이원론에서는 마음이 신체에 영향을 준다고 주장한다. 마음은 뇌에서 정보를 인지하고 신체 행동을 조절한다.

이렇게 말할 때, 이원론에서 **심신문제**(mind-body problem)가 발생한다. 문제는 마음이 신체에 어떻게 영향을 주는지 과학의 법칙을 위반하지 않고 설명할 방법이 없다는 것이다(Dennett, 1991). 과학의 기본 원리는 물체 또는 물리적 힘(예 : 중력 또는 자성)이 다른 물체에 영향을 준다는 것이다. 이원론에 따르면 마음은 비물리적이기 때문에 신체에 영향을 줄 수가 없게 된다.

소인문제 **소인문제**(homunculus problem)는 과학적 설명의 문제이다(McMullen, 2001). 마음 또는 뇌의 구조는 의식 경험을 가지고 있다는 이론 내용이 진술될 때마다 발생한다. 그 구조는 마치 의식이 있는 머릿속 작은 사람(소인) 같다. (라틴어의 *homunculu*는 '작은 인간'을 의미한다.) 데카르트의 이론은 이와 같이 작용하였다. 그는 마음이 뇌에 배치되는 정보를 경험한다고 하였다. 이처럼 마음은 정보를 의식적으로 자각하고 있다 — 이 마음

이 유령이 벽을 통과한다면, 손에 있는 것은 어떻게 가지고 갈 수 있을까? 유령이 비물리적인 독립체이기 때문에(떠서 벽을 통과할 수 있기 때문에) 어떤 물체도 손에서 떨어지지 않는 것일까? 이 그림은 심신문제를 의식의 이원론적 이론으로 보여주는 예다. 이원론에서 마음은 유령과 같다 — 비물리적인 영혼. 이처럼 마음이 물리적인 신체에 어떻게 영향을 줄 수 있는지를 설명할 방법이 없다.

의식 경험의 소인문제. 왜 소인이 의식적인지에 관하여 누군가는 설명해야 한다는 것이 문제다.

이 바로 뇌 안에 있는 소인이다.

소인문제는 무엇이 한계점인가? 뇌의 구조가 의식적이기 때문에 사람들이 의식적이라고 주장하는 이론이라면, 의식의 문제를 해결하기 어렵다. 해결 가능한 새로운 문제가 등장한다. 왜 뇌 구조는 의식적인가? 여기에 보이는 그림이 문제를 설명해준다. 데카르트는 "그림에서 보여지는 뇌를 가진 사람은 소인으로 인하여 의식을 가지고 있는데, 의식적으로 뇌에 배치된 광경과 소리를 경험한다"고 말하면서 왜 소인이 의식을 가지고 있는지 설명하지 않았으며 어떻게 의식이 발생하는지 설명하지도 않았다. "소인은 그의 머릿속에 훨씬 더 작은 소인을 가지고 있다"고 말한 것은 의식이 어떻게 작용하는지에 대한 설명을 함에 있어서 중요한 진보를 제공하지 않았다.

심리학 분야에서의 도전은 심신문제 또는 소인문제가 발생하지 않는 의식 이론을 정립하는 것이다.

"세상은 네 마리 흰색 코끼리의 등에 달려있다는 당신의 믿음을 이해합니다. 옳은가요?"
"사실 그렇다." 성인군자가 대답했다.
"이제 말해주세요. 큰 흰색 코끼리 아래에 서 있는 것은 무엇입니까?"
"4개의 각각 아래에", 현자가 대답했다. "또 다른 커다란 흰색 코끼리가 서 있다."
"그리고 코끼리 집단 아래에 무엇이 있습니까?"
"왜, 네 마리 코끼리가 더 있습니다."
"그리고 아래에…"
"더 이상 질문할 필요 없어요. 코끼리는 아래에 계속 있어요!"
– "World-Elephants"
(고대 힌두교 신화에 기초함)

이원론의 문제점 극복하기

사전 질문

> 외부세계의 이미지가 머릿속에서 재현된다는 것을 제시하지 않은 채 의식을 어떻게 설명할 수 있는가?

철학자 대니얼 데닛과 그의 동료들은 이원론의 한계점을 극복할 수 있는 이론을 제안하였다 (Dennett, 1991; Dennett & Kinsbourne, 1992; Schnieder, 2007). 이론의 세 가지 주요 특징은 다음과 같다.

첫째, 마음의 두 가지 잠재적 활성화 사이의 구별이다 — 환경에서 자극을 **재생산**하는 것과 환경에서 자극을 감지하는 것. 데카르트 이론에 의하면, 뇌는 자극을 재생산한다. 기본적으로 뇌 안에서 세상의 그림을 그린다. 어떤 사람의 눈 앞에 빨간 화살이 나타나면, 사람의 뇌는 이미지를 재생산한다(그림 8.1 참조). 하지만 데닛은 의식을 설명하기 위해서 마음이 자극을 재생산한다는 제안을 할 필요가 없음을 깨달았다. 대신 주로 자극의 특징을 감지할 것이고, 감지한 것에 근거해서 환경 속에서 '경험으로부터 나오는 추측'을 하게 된다. 빨간 화살이 당신 앞에 놓인다면, 당신의 마음의 여러 부분에서 자극에 대한 여러 특징을 감지한다 — 긴 모양, 끝이 뾰족한, 색깔, 방향(위로 향함) 등. 그중 몇몇 특징들이 감지되면, 당신은 추측할 수 있다(즉 자신의 경험을 반영하여 훌륭한 추측을 할 수 있다) — 빨간 화살이 위와 같은 모든 특징(긴, 뾰족한 등)을 가진 유일한 물건이 빨간 화살이기 때문에 그 자극은 빨간 화살이라고.

두 번째 특징은 시간이다. 데닛에 의하면, 뇌의 각 부분이 작동하는 데 걸리는 시간의 양은 저마다 다르다. 예를 들어 모양을 감지하는 뇌의 기제는 색깔을 감지하는 뇌의 기제보다 더 빨리 작동할 것이다. 이는 주어진 시간에 세상의 정보를 재현하는 마음의 장소가 특정 한 부분이 아님을 의미한다. 대신에 의식 경험은 다른 뇌 영역에서의 기능을 지속적으로 개선한다(Dennett, 1991). 보통 이러한 개선은 매우 빨라서 인식할 수가 없다. 하지만 때때로 느리게 진행되어 뇌에서 작업을 느낄 수도 있다. 그림 8.2의 네커큐브(necker cube)를 보자. 1~2초 후 당신의 의식 경험은 변화가 일어나고, 그 후 또다시 변화가 일어난다. 큐브는 주기적으로 '뒤집어진다'(앞부분이 그림의 오른쪽 아래에 보이기도 하고, 왼쪽 위에 보이기도 한다). 데카르트의 이론에서 말한 것과 같은 이미지의 고정된 의식 경험이라는 것은 없다.

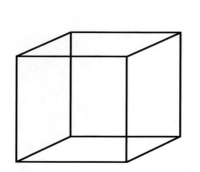

그림 8.2
네커큐브 네커큐브는 바뀌지 않아도 당신의 의식 경험은 바뀐다. 데닛의 의식 이론은 당신의 뇌가 들어오는 정보에 대해 성공적으로 '초안'을 작성해주는 현상을 설명해줄 것이다.

마지막으로 데닛의 이론에서는 소인도 없다. 이미지를 관찰하고 결정하는 정신의 특정 한 부분은 없다. 오히려 의식은 순식간에, 그리고 동시에 일어나는 수많은 심리적 과정 활동에 근거하고 있다. 다양한 과정은 마음 밖에서 일어나고 있는 일, 즉 세상에 대한 의식 경험을 해석하는 데 기여한다.

데닛이 의식 이론을 공식화한 유일한 이론가는 아니다. 의식은 동시에 정보를 처리하는 마음의 다양한 영역을 연결하는 '작업 공간'으로 구성되어 있다고 제안한 연구자들도 있었다. 그 연결은 마음이 여러 유형의 정보를 결합하도록 해준다(Dehaene & Naccache, 2001). 의식은 하나의 소인으로부터 생긴 결과가 아니라 연결의 전체적인 패턴의 결과이다.

이 동시대의 이론들은 흥미로운 점을 내포하고 있다. 이론들을 살펴보면, 마음에서 뇌로 분석의 수준을 이동시킬 때, 당신은 독립적으로 의식을 생산하는 어떤 뇌 구조 찾기를 기대하지 말아야 한다는 것을 내포하고 있다. 대신에 데닛의 이론 — 데카르트와는 다른 — 은 다수의 분리된 뇌 기제가 각각 의식 경험을 구성하는 역할을 한다는 것을 내포하고 있다. 이제 생물학적 관점에서 의식을 살펴보도록 하자.

의식의 생물학

의식은 왜 있는가? 생물학적 생존을 위해서는 필요하지 않다. 곤충, 벌레, 물고기, 그 외 단순유기체는 의식 느낌 없이도 잘 살아남는다. 사실 그들은 복잡한 행동을 습관화한다. 예를 들어 연어는 민물에서 바다로 이동하고 그들이 지나온 여정을 의식적으로 경험하지 않고도 원래의 민물로 돌아오기 위한 길을 그럭저럭 찾아간다.

의식의 생물학을 탐구함으로써 이 질문에 대해 이야기해보도록 하자. 우리는 먼저 과거로 돌아가서 왜 의식이 진화하였는지에 대해 의문을 제기할 것이다. 그리고 현재로 돌아와서 동시대 인간 뇌의 어떤 활동이 의식 경험을 일으키는지 알아볼 것이다.

Christian Aslund / Getty Images

좀비 의식을 가진 학생들에게 흥미로운 생물은 허구적이다 — 좀비. 좀비들은 사람처럼 보이고(약간 부패한 듯한) 돌아다니고 물체를 감지하며 반응하기도 한다. 하지만 '좀비'의 학문적 표준 정의에 따라(Kirk, 2009), 그들은 의식 경험이 부족하다고 할 수 있다. 좀비와 '같은 것'은 없다. 의식 느낌은 부족하지만 생존과 생식이 가능한 인간과 같은 존재를 상상하는 것은 쉽다. 점점 이 사실은 중요한 의문이 되었다. 왜 우리는 의식을 가지는가? 두 명의 유명한 학자는 "우리가 왜 의식이 없는 좀비 대리인이 되어야 하는가?"(Koch & Crick, 2001, p. 893)라고 하였다.

진화와 의식

사전 질문

> ❯ 의식에 있어서 진화상 우위란 무엇인가?
> ❯ 의식은 진화론적으로 얼마나 오래되었는가?

다윈이 진화론을 주장한 이래, 과학자들은 유기체가 자연도태를 통해 진화한다고 알고 있었다. 주어진 환경에서 우위의 특징(즉 유기체의 생존과 생식을 돕는 것)은 한 세대에서 다음 세대로 넘어갈 때 더 자주 나타난다. 다윈의 관점에서는 다음과 같은 의문이 생긴다. 의식에서 우위란 무엇인가? 유기체의 생존과 생식에 어떻게 도움을 주는가?

진화상 우위의 의식 의식의 진화론적 이점은 의사결정하기다. 의식이 부족한 단순유기체는 단순한 결정을 내린다. 그들은 특정 반응을 유발하는 특정 자극에 반사적으로 반응한다. 그러나 의식을 가진 유기체는 더 복잡한 것을 할 수 있다. 여러 종류의 정보를 결합하고 이 결합을 근거로 하여 어떻게 행동할지를 결정할 수 있다(Merker, 2005).

정보를 결합하는 능력은 생존을 촉진한다. 잠시 동안 먹지 않아서 신체적으로 낮은 에너지 상태를 보이는 유기체를 상상해보라. 근처에 음식 냄새도 나고 멀리서 포식자의 소리도 들린다고 생각해보자. 이는 무엇인가? 이상적으로 말하자면, 유기체는 갑(음식의 존재)과 을(포식자일 가능성)을 비교하는 것, 즉 2개의 정보를 결합하는 것이다. 극도로 배고픔을 느낀다면, 음식은 가까이 있고 포식자는 멀리 있는 것처럼 들리기 때문에 먹는 것을 선택할 것이다. 포식자가 가까이 있고 유기체가 배고픔을 느끼지 않는다면, 도망가는 것을 선택할 것이다. 이 정보를 결합하기 위해서 유기체는 다양한 소리, 냄새, 배고픔의 느낌을 함께 동일한 정신 처리 장소로 가져오는 것이 필요하다(Merker, 2005). 의식은 그 장소에 있다. 의식이 있는 유기체는 복수의 정보를 결합하는 지적 결정을 내릴 수 있다.

"물론 나는 의식이 있어요. 뭐 잘못된 것 있나요?" 연구자들은 도마뱀도 의식 경험이 있다고 하는데, 이는 몇억 년 동안 동물에게도 의식이 있었음을 의미한다.

의식의 기원 의식은 오래되었다. 포유류는 의식이 있으며, 적어도 1억 년 동안 그래 왔다(Baars, 2005). 그보다 더 오래되었다는(아마도 3억 년) 증거도 있다(Cabanac, Cabanac, & Parent, 2009). 핵심 증거는 도마뱀 연구에서 찾아볼 수 있다.

당신이 도마뱀을 만지면 도마뱀의 심장박동수가 증가하는데, 이는 만지는 것을 도마뱀이 의식한다는 것을 나타낸다(Cabanac & Cabanac, 2000). 도마뱀의 뇌는 피질로 이루어져 있어서 의식 경험을 필요로 한다. 도마뱀보다 진화의 역사가 오래된 다른 유기체들(예 : 개구리와 같은 양서류)은 피질이 부족하여 만졌을 때 생리적으로 반응하지 않는데, 이는 다른 유기체들은 의식이 부족하다는 것을 나타낸다(Cabanac et al., 2009). 도마뱀은 약 3억 년 동안 존재해왔다. 위 사실들로 미루어볼 때, 의식은 오랜 역사를 가지고 있다.

의식과 뇌

사전 질문

> 유기체가 의식 경험을 갖기 위해 필요한 뇌의 하위 시스템은 무엇인가? 우리는 어떻게 알 수 있는가?

과거에서 현재로 돌아와보자 — 의식의 진화로부터 오늘날의 뇌 연구로 돌아와서 의식 경험이 어떻게 만들어지는지 알아보자. 머릿속 수많은 세포들의 활성화는 당신에게 어떻게 기쁨, 고통, 사랑, 증오 경험을 일으키는 것일까?

뇌 문제에서 의식 경험으로 과학에서 대답하기 어려운 질문은 없다. 사실 반박할 수 없는 논쟁을 하는 것은 매우 어려운 일이다. 뇌 기제가 의식 경험을 어떻게 만들어내는지를 이해하기 위한 인간의 정신적 능력이 부족하다는 주장을 담은 이론이 수수께끼론이다. 앞으로도 쭉 수수께끼로 남아 있을 것이다(McGinn, 1999).

생물학적 물질과 의식 경험 사이에 보이는 극명한 차이가 풀리지 않는 수수께끼다. 뇌에는 여러 세포와 신경전달물질들이 있다. 이들은 물리학의 기본 법칙에 따라 기능하게 된다. 당신이 의식 경험을 반영한다면, 완전히 다른 것을 관찰할 수 있다 — 평범한 물리법칙과는 연결되지 않는 것처럼 보이는 생각과 느낌. 다음 질문에 대해 생각해보라 — 현재 당신의 의식 경험의 무게는 어느 정도인가? 크기는 어느 정도인가? 이 질문은 이해조차 되지 않는 것일 수 있다. 의식 경험은 존재하지만 부피, 크기 등과 같은 물리적 특성으로 이해하기 어렵다. 물리적 뇌 물질과 의식 경험의 불일치는 뇌세포의 물리적 활동이 의식을 어떻게 만들어내는지 상상하는 것조차 어렵게 만든다.

의식에 필요한 뇌 시스템 현재 과학자들은 어려운 질문에 해당하는 '뇌 기능이 의식 경험을 어떻게 만들어내는가'에 대해 정확하게 대답하지 못한다. 그럼에도 불구하고 그보다 조금 쉬운 질문에는 어느 정도 진전을 보였다. 의식 경험을 가지기 위해 유기체에게 필요한 뇌의 하위 시스템은 무엇인가? 연구를 통해 뇌 기능의 두 가지 중요한 사실이 밝혀졌다(Alkire, Hudetz, & Tononi, 2008; Edelman & Tononi, 2000).

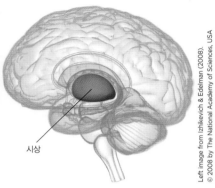

시상

그림 8.3
시상-피질 회로 뇌는 시상(뇌의 중앙에 위치)과 피질 사이에 매우 많은 신경이 연결되어 있다. 이 연결들은 의식에 중요하다. 시상이 연결하고 있는 피질 영역을 보여주기 위해 색깔로 표시한 빨간색, 파란색, 초록색 부분은 시상-피질 연결을 나타낸다.

> **통합 활성화.** 의식을 가지기 위해서 유기체는 여러 뇌 영역에서의 활동이 협력적 또는 통합이 가능한 뇌 기능이 필요하다. 독립적으로 기능하는 뇌는 의식을 만들어내지 못한다. 상호 연결된 뇌 구조의 통합이 많을 때 의식이 발생한다.

> **시상-피질 연결.** 의식에 핵심이 되는 상호 연결이 있는 2개의 뇌 구조는 시상과 피질이다. 뇌의 중앙에 위치한(3장 참조) 시상은 여러 감각 시스템으로부터 입력정보를 받아서 피질의 여러 영역으로 보내고 피질의 영역들로부터 입력정보를 다시 받게 된다. 시상-피질 회로라고 하는 이와 같은 시상과 피질 간의 상호 연결은 여러 뇌 영역에서의 활동들을 통합하고 의식의 기본을 이루게 된다(그림 8.3).

다음의 의식을 잃었던 사람의 예는 정상적인 시상-피질 회로는 의식 경험이 필요하다는 결론을 지지해준다. 1975년에 펜실베이니아에 사는 젊은 여성인 카렌 앤 퀸랜은 알코올과 약물 복용 후 호흡 부전을 경험하였다. 그 뒤 그녀는 의식을 잃었고 회복하지 못한 채 10년 동안 식물인간 상태로 살았다. (그녀의 이야기는 식물인간 상태에서의 환자의 권리와 보살핌 등에 관한 윤리적 문제를 강조하였기에 유명해졌다.) 그녀가 죽은 후, 부검을 통해 호흡 부전이 시상에 손상을 준 것으로 밝혀졌다(Kinney et al., 1994). 시상을 통한 피질 연결의 손상은 영원히 의식을 회복하지 못하게 된 원인이 되었다. 의식에서의 뇌 기제에 관한 동시대의 연구와 함께 이 부검으로 밝혀진 바는 이 장의 첫 부분에 나왔던 환자의 이야기에 함축된 내용과 일맥상통한다. 그 남자의 경우 상당한 뇌 손상에도 불구하고 시상-피질 연결은 비교적 손상이 거의 없었던 것으로 생각된다.

시상, 피질, 의식 과학자들은 시상-피질 회로가 중요하다는 사실을 어떻게 알았을까? 그 증거로 마취약에 관한 연구가 있다. 외과 처치에서 사용되는 일반 마취약으로 인해 사람들은 의식을 잃게 된다. 사람들에게 뇌 영상 촬영을 하는 동안 마취약을 복용시킴으로써 연구자들은 의식을 잃는 동안의 뇌 변화를 확인할 수 있었다.

연구 결과로부터 마취약이 시상의 활동성을 감소시킴으로써 무의식에 빠져들게 한다는 것을 알 수 있다. 의식은 정보를 피질에서 여러 곳으로 보내는 시상-피질 회로가 더 이상 정보를 통합하지 않을 때 멈춘다(Alkire, Haier, & Fallon, 2000). 시상-피질 회로에서 무의식과 활동의 감소가 동시에 일어난다는 사실은 이 회로가 의식에 핵심이 된다는 것을 의미한다(Alkire et al., 2008).

여러 뇌 영역 활동의 통합이 의식 경험에 필요하다는 것을 뇌 연구를 통해 알 수 있었다. 흥미

카렌 앤 퀸랜은 호흡 부전으로 의식을 잃은 뒤 다시 깨어나지 못했다. 호흡 부전은 의식 경험의 핵심이 되는 뇌 조직인 시상에 손상을 주었다.

롭게도 이 생물학적 사실은 심리학적 경험과 일치한다. 심리학적으로 우리의 경험은 대개 논리적이고 일관적이다. 큰 녹색 쓰레기 차가 당신 옆을 쌩하고 지나간다면, 감각 수용기가 여러 유형의 정보를 받게 된다 — 녹색 불, 혹 나는 쓰레기 냄새, 트럭 엔진 소리, 살에 닿는 산들바람 등. 어떤 사람이 "방금 무슨 일 있었어요?"라고 물었을 때 당신은 "밝은 녹색 불이 있었어요. 쓰레기 냄새가 혹 났어요. 차량 내부에서 엔진소리가 났어요. 그리고 산들 바람이 부네요."라고 대답하지 않을 것이다. 대신 당신은 '쓰레기 차'라는 논리적인 의식 경험 하나를 보고할 것이다.

생물학적 수준에서 시상-피질은 여러 뇌 영역에서 일어나는 활동을 통합한다(Edelman, 2003). 심리학적 분석 수준에서 의식이 있는 정신은 분리된 감각과 지각된 정보를 결합시킨다. 이는 사람들이 일관적이고 논리적인 의식 경험을 하는 것을 가능하게 해준다(그림 8.4).

수면

지금까지 이 장에서 당신은 어떻게 외부세계의 광경과 소리를 의식적으로 경험하는지에 관하여 학습하였다. 그러나 인생의 약 1/3의 기간 동안 외부세계의 광경과 소리를 경험하지 못한다. 약 1/3에 해당하는 시간에 어떤 사람이 당신 얼굴 앞에서 사진을 보여주고 팔을 가볍게 두드리고 귀에 속삭인다 하더라도 전혀 인식하지 못한다. 그 시간은 당신이 잠자고 있는 시간이기 때문이다.

수면의 종류

사전 질문

> ❯ REM 수면과 비REM 수면의 특징은 무엇인가?
> ❯ REM 수면 동안 왜 우리의 눈은 빠르게 움직이지만 근육은 전혀 움직이지 않는가?
> ❯ 수면의 각 단계 특성은 무엇인가?

'수면'이라는 용어는 단일 상태를 나타내는 것처럼 생각된다. 당신은 밤에 잠들 때 정신과 신체가 휴식 상태(수면 상태)에 돌입하고, 이 상태가 약 8시간 동안 중단되지 않고 지속된다고 믿고 있을 것이다. 이것이 당신이 생각하는 수면이라면, 지금부터 매우 놀라게 될 것이다.

수면의 두 가지 유형 수면은 단일 상태가 아니다. 당신이 잠자는 밤 동안 약 90분마다 두 가지 수면 유형이 번갈아 일어난다(Siegel, 2003). 첫 번째 유형은 수면 주기 동안 눈의 움직임이 매우 빠르기 때문에 **REM 수면**(rapid eye movement sleep)이라고 명명한다. 두 번째 유형은 **비REM 수면**(non-REM sleep; NREM이라고도 함)이다.

REM 수면과 비REM 수면 동안의 신체 상태는 매우 다르다[National Institutes of Health(NIH), 2011; Biological Sciences Curriculum Study(BSCS), 2003].

> ❯ REM 수면 : REM 수면 동안에는 심장박동, 혈압, 호흡률 등이 마치 깨어 있는 상태에서처럼 다양하게 나타난다. 남성과 여성 모두 성적 흥분을 경험한다(성에 관한 꿈을 꾸지 않고 있어도).
> ❯ 비REM 수면 : 심장박동과 혈압은 깨어 있는 상태에서보다 더 낮고 비REM 수면 주기 동안은 매우 일정하다. 체온은 깨어 있을 때보다 낮으며 호흡은 느린 상태이다.

뇌 기능 또한 REM 수면 상태와 비REM 수면 상태일 때 다르게 나타난다. 깨어 있는 상태에서 어떤 일이 일어난 것과는 달리, 피질의 근접한 뉴런이 비REM 수면 상태 동안 동시에 활성화된다. 동시발생적인 활성화는 EEG 방법에 의해 감지될 수 있는 독특한 뇌파를 만들어낸다. 하지만

REM 수면 빠른 눈동자 움직임을 보이는 수면 단계. 이때는 자주 꿈을 꾸고 뇌의 활성화 상태는 깨어 있을 때와 유사함

비REM 수면 뇌 활성화가 깨어 있을 때와는 다른 양상을 보이는 수면 단계. 이때는 호흡률, 혈압, 체온 등이 현저히 낮음

그림 8.4

의식 경험은 무엇과 같은가?

사람 · 마음 · 뇌
상호작용

사 람 ℗

사람의 의식 경험은 일관적이다. 당신이 분리된 지각 체계를 가지고 있다 하더라도, 분리되거나 연결되지 않은 색깔과 냄새를 경험하지 못한다. 당신은 의식적으로 한 가지만 경험할 수 있다 — 꽃.

마 음 Ⓜ

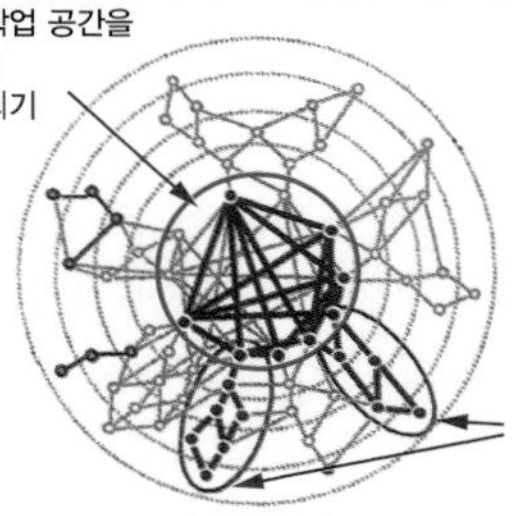

의식의 작업 공간을 구성하는 정보 처리기

의식의 작업 공간으로 동원되는 처리기

마음에서 여러 처리과정이 동시에 활성화되지만 한 부분만이 '의식의 작업 공간'으로 결합된다.

Dehaene & Naccache (2001). © 2001 Elsevier

뇌 Ⓑ

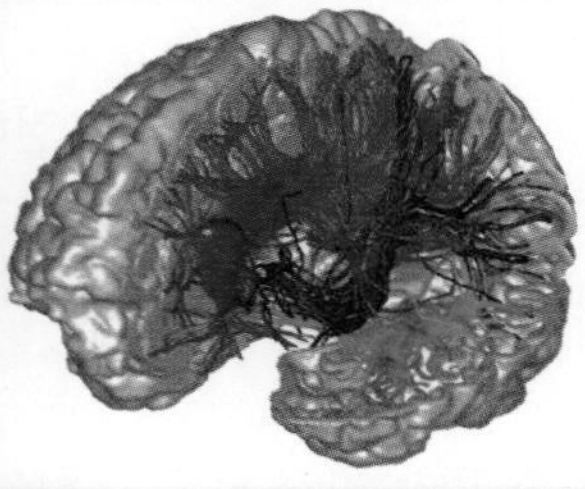

뇌에서는 시상을 통해 주로 이루어지는 신경 연결이 뇌의 여러 영역에서 활동을 통합한다.

Izhikevich & Edelman (2008). © 2008 by The National Academy of Sciences, USA

Gallery Stock

그림 8.5
당신은 수면 상태일지 모르지만 뇌는 매우 활성화된 상태이다 사진은 REM 수면 동안 매우 활성화된 뇌의 수많은 영역을 보여주고 있다.

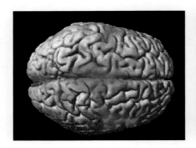 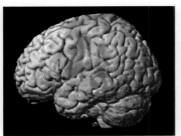 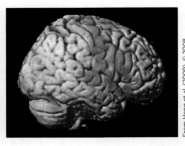

REM 수면 동안 뇌 활성화 상태는 이와 다르다. 비REM 수면 상태에서의 활성화 상태라기보다 깨어 있는 동안의 뇌 활성화 상태와 유사하다. REM 수면에서는 (1) 피질의 뇌세포와 뇌간이 깨어 있을 때처럼 활성화되고, (2) 뇌는 당신이 깨어 있을 때만큼 많은 에너지를 소비하며, (3) 뇌파는 잠들지 않은 상태일 때와 유사하다(Siegel, 2003).

뇌 영상 촬영 증거로 인해 REM 수면 때의 눈의 움직임은 여러 뇌 영역에서의 활성화와 관련이 있다는 것이 밝혀졌다(Hong et al., 2009). 이러한 사실은 시각피질뿐만 아니라 비시각 감각 영역, 운동피질, 언어를 처리하는 뇌 영역, 시상까지도 해당된다(Hong et al., 2009). 이처럼 의식 경험과 관련 있는 뇌의 여러 체계들은 REM 수면 동안 활성화된다(그림 8.5).

사람들은 REM 수면 동안에도, 비REM 수면 상태 동안에도 꿈을 꾼다. 하지만 REM 수면 상태에서 꿈을 더 자주 꾸고 더 생생하게 꾼다. REM 수면 동안 각성 상태일 때, 사람들은 80% 이상의 시간 동안 한참 꿈을 꾸고 있었다고 보고한 반면, 비REM 수면 상태 동안에는 약 1/3 정도의 시간만 한참 꿈을 꾼다고 보고하였다(Stoerig, 2007). 사람들이 비REM 수면 동안 생생한 꿈을 꾸었다고 때때로 보고하기는 하지만, REM 수면 동안의 꿈이 일반적으로 비REM 수면일 때보다 더 생생하다(Solms, 2000).

REM 수면 동안의 급속 안구 운동의 기능은 무엇인가? 뇌 영상 증거는 몇몇 가능성을 제시한다(Hong et al., 2009). 첫째, 안구 운동은 꿈 영상을 '스캐닝'하는 것이다. 깨어 있을 때, 환경을 스캔할 때 당신의 눈은 자주 움직인다(4장 참조). 이와 유사하게 잠자고 있을 때, 안구 운동은 꿈의 세계를 스캔하고 있음을 나타낸다. 이와 일치하는 연구 결과를 살펴보면, 사람들의 눈이 더 자주 움직일 때 그들은 더 생생하게 꿈 영상을 보고하였다(Hong et al., 1997). 둘째, 안구 운동은 꿈 영상의 재생에 도움이 된다(Hong et al., 2009). 안구 운동은 기억에서 꿈으로 통합된 시각 이미지로 회수해주는 정신 체계의 일부라 할 수 있다.

REM 수면 동안 일어나는 모든 뇌의 활성화를 살펴본 후, 당신은 어떻게 수면 상태를 간신히 유지할 수 있는지가 궁금해질 것이다. 당신이 학습한 대로, 운동피질은 REM 수면 동안 활성화된다. 그렇다면 왜 달리는 꿈을 꾸는 동안 침대 주변을 뛰지 않는 것일까? 또는 큰 소리 치는 꿈을 꿀 때마다 왜 소리 지르지 않는 것일까?

REM 수면 동안 뇌가 근육을 움직이게 하는 신체의 주요 시스템의 '스위치를 껐기' 때문에 당신의 몸은 움직이지 않고 가만히 있게 된다. 뇌 화학물질이 바뀌면서 그렇게 된다. 뇌는 깨어 있는 동안에는 움직임을 조절하는 세포를 활성화시키는 신경전달물질을 방출한다(Siegel, 2003). 결과적으로 REM 수면 동안 당신은 무력하게 된다. 팔과 다리의 근육은 전혀 움직이지 않는다(심장과 눈을 조절하는 다른 근육은 정상적으로 기능한다). 때때로 이 무기력이 깨어난 후에도 잠시 지속될 때가 있으며, 깨어 있지만 일시적으로 움직이거나 말을 할 수 없는 수면마비라고 하는 상태를 경험한다(Hishikawa & Shimizu, 1995).

> REM 수면 동안 마비되지 않는다면 당신의 생활이 어떻게 될 것 같은가?

꿈을 꾸는 동안 뇌가 어떻게 근육의 움직임을 관장하는 시스템을 끄는지에 대한 증거는 장애를 가지고 있는 사람들의 뇌가 시스템을 끄는 기제에 관한 연구이다. 고양이를 가지고 연구하였는데, 연구자들은 자는 동안 근육의 움직임을 멈추게 하는 뇌간에서의 영역을 일부러 손상시켰다(Jouvet & Delorme, 1965). 고양이는 평소대로 잠들기는 하지만 자는 동안 걷고, 뛰고, 때때로 싸우기까지 한다. 고양이들은 그들의 꿈을 시연하는 것 같이 보인다!

수면의 단계 밤에 자는 동안 비REM 수면과 REM 수면 주기는 언제인가? 당신은 사람마다 다를 것이라고 추측할 것이다. 사람들은 비REM 수면과 REM 수면을 저마다 다른 시간에 경험하거나 매일매일 수면 패턴이 다를 수도 있을 것이다. 당신이 위와 같이 추측했다면, 지금부터 수면에 관한 진실을 알고 또 한 번 놀라게 될 것이다. 비REM 수면과 REM 수면의 순서는 사람마다 또는 날마다 유의하게 다르지 않다. 기본적으로 매일 밤, 모든 사람이 동일한 **수면 단계**(sleep stage)(REM 수면과 비REM 수면의 변화 순서가 동일함)를 경험한다(Silber et al., 2007).

잠이 든 뒤 첫 90분 동안은 3단계(NREM-1, NREM-2, NREM-3)의 비REM 수면을 경험한다(Silber et al., 2007; 그림 8.6). 각 단계의 순서대로 점점 더 깊은 수면 단계로 빠져들게 된다. 심장 박동과 호흡은 단계가 진행됨에 따라 느려지고, 뇌파는 당신이 깨어 있을 때처럼 점점 감소한다 하지만 약 90분 뒤, 뚜렷한 변화가 일어나기 시작한다. 깊은 잠에 빠져드는 대신, NREM-3에서 수면 상태에서 벗어나 REM 수면의 첫 번째 주기를 경험하게 된다. 첫 번째 REM 주기는 비교적 단순하며, 다시 비REM 수면 단계를 통해 잠에 빠져든다. 이 주기는 밤새 반복되는데, 시간이 지날수록 REM 주기는 점점 더 길어지고 비REM의 가장 깊은 수면 단계까지 내려가지 않는다.

생화학적·신경학적 전개는 비REM 수면에서 REM 수면으로의 전환에 관여한다(Dement, 1978). 이 생물학적 과정은 바뀔 수 없다. 바뀌도록 명확하게 설계한 실험적 조작조차 효과가 없었다. 예를 들어 연구자들은 고양이 뇌의 어떤 영역에 작은 전기 충격을 가함으로써 REM 수면을 유도할 수 있다는 것을 알아냈다. 그러나 잠자고 있는 고양이가 REM 수면 주기에서 벗어났을 때는 이와 같은 조작은 효과가 없었다(Dement, 1978). 일단 REM 수면 주기가 한 번 있게 되면 고

수면 단계 모든 사람들이 동일한 순서로 겪게 되는 REM 수면과 비REM 수면의 변화 주기

그림 8.6
수면 단계 뇌 활성화 기록으로 사람들이 잠자는 동안 뚜렷히 구별되는 수면 단계가 있다는 사실이 밝혀졌다. 비REM(급속 안구 운동이 없음) 수면은 NREM-1, NREM-2, NREM-3의 3단계로 이루어져 있다. 순서대로 각 단계가 진행되며, 진행될수록 더 깊은 수면으로 빠져들게 된다. NREM-3 이후에 사람들은 REM 수면 단계로 접어들게 된다. REM 수면 동안, 뇌는 깨어 있을 때의 상태만큼 크게 활성화된다.

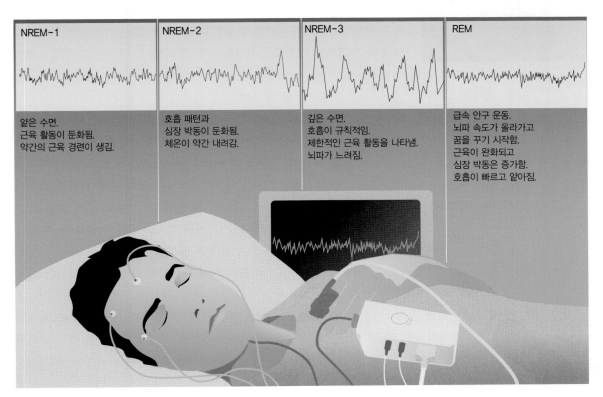

NREM-1	NREM-2	NREM-3	REM
얕은 수면. 근육 활동이 둔화됨. 약간의 근육 경련이 생김.	호흡 패턴과 심장 박동이 둔화됨. 체온이 약간 내려감.	깊은 수면. 호흡이 규칙적임. 제한적인 근육 활동을 나타냄. 뇌파가 느려짐.	급속 안구 운동. 뇌파 속도가 올라가고 꿈을 꾸기 시작함. 근육이 완화되고 심장 박동은 증가함. 호흡이 빠르고 얕아짐.

양이는 추가적으로 REM 수면 상태가 되기 위해서 비REM 수면 주기를 거쳐야 했다.

뇌의 더 낮은 영역의 작은 세포들은 수면 주기를 조절한다. '슬립온(sleep-on)' 뉴런이라고 알려진 전두엽의 기저인 뉴런 집합체는 잠을 유도한다. 활성화되는 요인들 중 이 뉴런들이 체온을 높이는 역할을 한다(Siegel, 2003). 놀랄 만한 사실은 아니지만 사람들은 더운 여름 오후에 졸음을 느낀다. 뇌간에서의 '렘온(REM on)' 뉴런 집합체는 REM 수면을 유발하는데, '렘오프(REM off)' 세포라고 알려진 다양한 뇌간 세포들에 의해 종료된다(Solms, 2000). 이와 같은 뇌 기제의 발견은 수면 주기가 생물학적으로 정해진 과정에 의해 진행된다는 것을 다시 한 번 확인시켜주는 증거에 해당한다.

수면 연구

사전 질문

> ❯ 체내 시계의 타이밍을 연구하기 위해 수면 실험실을 어떻게 사용하였는가?

과학적으로 수면을 연구한다는 것은 일종의 도전이다. 과학자들은 사람들이 집에서 잠자는 약 8시간의 밤 수면의 평소 모습을 관찰할 필요가 있다. 하지만 잠자는 동안 장비를 갖춘 실험실에서만 심리학적 활동 기록이 가능하다.

수면과학 이 여성은 환자들이 밤 시간을 편안히 보내면서도 신체 및 뇌의 활성화 정도를 기록할 수 있는 수면 실험실 연구에 참가하고 있다.

수면 실험실 연구자들은 수면실에서 연구를 수행함으로써 위에서 말한 도전이 가능하게 되었다. **수면 실험실**(sleep laboratory)은 연구 참여자들이 밤을 보내면서 잠자는 동안 생체 리듬과 뇌 활동을 모니터할 수 있는 장비를 갖춘 호텔방 같은 곳에서 과학적 연구가 가능한 시설이다.

수면 실험실은 연구를 수행하는 데 있어 두 가지 이점이 있다. 첫째, 연구자들은 연구 참여자들이 잠자는 동안 심장 박동, 뇌파, 안구 운동 등을 모니터할 수 있다. 둘째, 집이라는 환경에서는 통제 불가능한 환경적 요인들을 통제할 수 있다. 이러한 통제로 수면, 깨어 있는 상태, 내적 생물학적 상태 등 대립되는 이론들을 설명할 수 있게 되었다. 여기에 그 예가 있다.

하루 길이 조작하기 사람들(그리고 포유류)은 약 24시간을 기준으로 신체 내부 변화(체온, 배고픔, 식사, 수면, 잠에서 깨어남 등)가 일어나는 **일주기**(circadian rhythm)를 경험한다. 왜 24시간 주기일까? 생물학적 이유를 들 수 있다. 체내 생리학적 과정이 24시간 주기로 유지된다. 그다음으로 환경적 이유를 들 수 있다. 사람들은 24시간 주기에 따라 움직이는 환경에 살고 있다. 태양은 지고 뜬다. 알람시계가 울린다. 심야 토크쇼를 방영한다. 체내 생리학적인 것보다 외부 요인이 일주기의 규칙성을 설명한다.

어떤 요인(체내 생리학적 요인 또는 외부환경적 요인)이 가장 영향력 있는지를 어떻게 알 수 있는가? 이상적인 연구에서는 낮과 밤의 규칙과 같은 모든 환경적 요인을 재조정하는 '대안 가능한 세상'을 만들 수 있을 것이다. 외부환경의 변화가 사람의 생체 리듬을 변화시킨다면 그러한 세상을 볼 수도 있을 것이다.

연구자들은 수면 실험실에서 대안 가능한 세상을 만들었다. 어떤 연구에서(Czeisler et al., 1999), 연구 참여자들은 한 달간 수면 실험실에서 살았다. 그들은 시계에 접근하는 것이 제한되었다. 연구 참여자들이 모르는 사이에 연구자들은 실험실에서 다양한 낮-밤 스케줄을 만들었다. 몇몇 연구 참여자들에게 어둠과 낮의 빛을 24시간 주기가 아닌 28시간마다 반복하였다. 다른 연

수면 실험실 수면을 과학적으로 연구할 수 있는 시설. 연구 참여자들이 밤잠을 자는 동안 생체 리듬과 뇌 활동을 모니터할 수 있음

일주기 체내 생리과정이 약 24시간을 주기로 변화가 일어남

Yoav Levy / Newscom

구 참여들에게는 빛-어둠 주기를 20시간마다 반복하였다. 연구자들은 연구 참여자들의 24시간 신체 리듬이 20~28시간 주기로 바뀌는지를 알아보기 위해 생리적 상태(예 : 체온)를 기록하였다.

당신이 시계에 대한 접근이 금지된 채 한 달간 수면 연구에 자원한다면 어떻게 될 것 같은가?

놀랍게도 환경적 요인의 변화는 신체 리듬에 전혀 영향을 주지 않았다. 하루를 20~28시간으로 경험한 사람들의 일주기는 각각 24.17, 24.15시간이었다(Czeisler et al., 1999) — 즉 보통의 하루 주기인 24시간과 거의 동일한 주기였다. 따라서 환경적 요인으로 24시간 주기에 변화를 준다 하더라도 신체는 생리학적으로 24시간 주기를 유지하는 체내 시계를 가지고 있다.

수면 이론

사전 질문

> ❯ 우리는 왜 잠을 자는가?

동물들이 잠을 자지 않는 세상을 상상하는 것은 가능하다. 그들은 에너지를 비축하기 위해서 휴식을 취하지만 수면의 핵심이라 할 수 있는 비인식의 상태에 빠져들지는 않는다. 어떤 개인 유기체의 관점에서도 수면 없는 세상은 유리한 것처럼 보인다. 수면은 위험하다. 잠자는 동물은 깨어 있는 동물로부터 공격을 받을 경우 치명적이기 때문이다.

하지만 실제 세상에서 모든 포유류는 수면을 취한다. 사실 우리가 알고 있는 모든 포유류는 비REM 수면과 REM 수면을 모두 경험한다(Capellini, Barton et al., 2008). 진화의 과정 속에서 살펴보면, 수면에는 분명 몇 가지 장점이 있었다.

이러한 장점을 확인하는 것은 쉽지 않다. 수면의 주요 장점에 대해 과학자들 모두가 동의하는 것은 아니다. 하지만 몇 가지 가능성은 확인할 수 있었다.

비REM 수면은 신체가 스스로 회복하는 데 도움이 될 것이다. 비REM 수면 동안, 신체의 신진대사 비율(살아가는 데 필요한 체내 화학 반응 비율)이 더 낮다. 낮은 신진대사 비율은 신체에 깨어 있는 동안 생긴 손상을 회복할 수 있는 시간을 준다(Siegel, 2003). 하지만 몇몇 증거를 살펴보면, 신체적 회복이 과연 수면을 필요로 하는 것인지에 대한 의문이 생기게 된다. 동물의 동면(겨울잠)을 생각해보자. 동면으로 신체 회복에 필요하고 동면 기간 동안 신체를 스스로 회복시키는 데 잠이 필요하다고 생각하였다. 이때부터 깨어난 직후에 동물들은 많은 양의 비REM 수면이 필요하다(Capellini, Nunn et al., 2008).

대안적 가능성이란 수면이 전체적으로 몸을 회복시키는 데 반드시 필요한 것은 아니고 단지 신체 장기 한 부분(뇌)만을 회복시키는 것이다. 동물들이 깨어 있을 때, 그들의 신체에서는 뇌 기능에 해로운 영향을 끼칠 수 있는 생화학적 노폐물이 배출된다. 동물들이 수면 상태일 때 뇌에 해로운 노폐물을 제거하는 것이 더 용이하다(Xie et al., 2013).

기타 여러 가지 생물학적 욕구들도 수면 패턴과 연관이 있을 것이다. 한 가지 가능성은 음식 욕구이다. 초식 동물은 먹이를 찾는 데 육식 동물보다 더 많은 시간이 필요하다. 초식 동물은 REM 수면과 비REM 수면을 육식동물보다 적게 하는 경향도 있다. 초식 동물이 추가적으로 먹이를 찾고자 하는 욕구를 추구한다면 잠을 잘 수 있는 시간에 제한을 받을 것이다(Capellini, Nunn et al., 2008). 또 다른 욕구는 뇌와 관련이 있다. 특히 인생 초기에 뇌는 신경 연결을 형성하게 된다. REM 수면에서의 정신 활동은 깨어 있을 때 뇌가 환경 자극을 효율적으로 처리할 수 있도록 해줄 것이다. 모든 포유류 종에서 REM 수면은 성인기보다 인생 초기에 더 많은 것으로 나타났다(Frank, 2011).

요약하면, 왜 동물들이 잠이 필요한지 정확히 알 수는 없다. 하지만 수면 박탈 연구에서 설명하는 바와 같이 동물들이 매일 잠자는 것이 필요하다는 것은 의문의 여지가 없다.

수면 방해

사전 질문

> ❭ 수면 박탈은 수행에 어떤 식으로 악영향을 끼치는가?
> ❭ 수면장애의 특징은 무엇인가?

1959년에 라디오 아나운서 피터 트립은 'wakeathon'이라는 프로그램을 진행하였다. 의료인이 관찰하는 동안, 트립은 잠을 자지 않은 채 연속 201시간을 깨어 있는 기록을 세웠다. 기록이 오래 지속되지는 못했다. 1964년에 랜디 가드너라는 고등학생이 264시간(11일)을 깨어 있는 기록을 세웠다.

Wakeathon 거의 연속 3일 잠을 자지 않은 1950년대 라디오 스타였던 피터 트립의 모습

수면 박탈 잠을 자지 않고 하루를 보내는 것 또는 극한의 **수면 박탈**(sleep deprivation)을 경험하는 것은 어떤 느낌일까? 수면 박탈은 단순한 피곤함 그 이상이다. 수면 박탈은 정상적인 의식 경험을 손상시킨다. 약 4일 후, 트립과 가드너 둘 다 환각을 느끼기 시작했다. 트립은 테이블 위에 보이는 몇 개의 점을 벌레로 인식하였다. 가드너는 길에 있는 표지판을 사람이라고 생각하였다. 그 직후, 백인이었던 가드너는 자신이 유명한 흑인 운동선수라고 생각하는 망상을 경험하였다 (Coren, 1998).

연구 참여자들이 극한 시간 동안 깨어 있는 상태를 유지하는 연구를 통해 수면 박탈은 정상적인 사고를 방해한다는 것이 밝혀졌다. 연구에 자원한 미군 소속 25명의 군인이 56시간 동안 깨

어떤 직업은 잠잘 시간이 없다 미군 측은 군인의 효과적인 수행력에 위협이 되는 주요 원인이 수면 박탈임을 깨달았다 (Williams et al., 2008). 미 국방부는 실전에 대비하기 위하여 수면 박탈 상태에서 군인들을 훈련하고 그 과정을 통해 얻는 수면 부족 문제와 정신 능력 등을 확인하기 위해 연구를 수행하였다.

어 있는 상태를 유지하였는데(Kahn-Greene et al., 2007), 그들은 심각한 심리적 장애를 가진 사람들이 겪는 불안, 우울, 피해망상증 등을 경험하였다. 65시간 동안 깨어 있는 상태였던 의과대학 학생들은 간단한 질문에도 느리게 대답하고, 대답할 때도 명료하지 않은 말을 하는 것으로 나타났다 (Kamphuisen et al., 1992). 며칠에 걸친 점진적 수면 감소도 악영향을 끼칠 수 있다. 수면 중인 성인 집단을 대상으로 연속 14일 동안 6시간 이하로 수면을 제한한 결과 사고 능력이 나빠지는 것으로 나타났다. 그들은 과제에 대한 집중력이 떨어졌고, 반응 속도가 느렸으며, 기억력이 감퇴하였다 (Van Dongen et al., 2003).

한 가지 알려줄 것이 있다. 당신이 시험을 앞두고 있다면, 충분히 잠을 자라! 부족한 수면은 '수행 능력 킬러'이다(Czeisler & Fryer, 2006). 부족한 수면으로 당신의 민첩성이 떨어지고 문제 해결을 위한 집중 능력이 저하된다. 연속 며칠 밤 5~6시간 이하로 잠을 자면, 전날 밤에 수면이 부족하였고 24시간 연속으로 하는 '밤샘 공부'는 정신적으로 손상을 가져온다고 신체가 '기억하는' 것 같다. 예를 들어 건강한 젊은 성인을 대상으로 실시한 연구에서 밤잠을 6시간 이하로 제한한 연구 참여자들은 8시간 이상 수면을 취한 사람들보다 민첩성과 주의집중 유지를 측정했을 때 유의미하게 떨어지는 것으로 나타났다(Lo et al., 2012).

수면 박탈 잠을 충분히 자지 않아 피곤함을 느낄 뿐만 아니라 정상적인 의식 경험에 손상이 생기는 것

수면 부족은 시험과 같은 복합적인 정신 활동의 수행 능력뿐만 아니라 운전 같은 주의 유지와 빠른 반응을 요하는 간단한 과업에도 악영향을 미친다. 미국에서 자동차 사고의 20%는 졸음운전이 원인이다(Czeisler & Fryer, 2006). 교통사고의 1/5은 모든 사람이 밤에 잠을 충분히 잔다면 예방될 수 있을 것이다!

여러분이 수면 박탈을 당했을 때를 떠올려보라. 위에서 설명한 것과 유사한 영향이 있었는가?

수면장애 우리가 앞서 논의한 수면 박탈의 경우는 의학적으로 건강한 사람들이 수면 부족에 처한 것이었다. 위에서 살펴본 수면 부족은 개인의 선택 또는 사회적 압력(바쁜 직장 일정 등)으로부터 유발된다는 것을 알 수 있었다. 두 번째 수면 방해 유형은 이와는 다르다. 의학적 상태에서 유발되는 것이다. **수면장애**(sleep disorder)는 정상적인 수면 패턴을 방해하는 어떤 의학적 상태이다. 수면장애로 어려움을 겪는 사람은 잠들거나, 자고 있거나, 깨어 있어야 할 때 갑자기 잠든다. 네 가지 주요 수면장애 유형을 살펴보자[American Sleep Apnea Association, 2013; National Heart, Lung, and Blood Institute(NHLBI), n.d.].

기면증(narcolepsy)은 낮 동안 갑작스럽고 극도의 졸음을 경험하는 비교적 보기 힘든 장애이다. 이 경우 전날 8시간 밤잠을 잤다 하더라도 기면증인 사람들은 기진맥진하고, 힘이 없고, 정신의 '몽롱함'을 낮 동안 경험한다. 신체적 활동이 거의 없는 상황(교실 강의와 같은)에서 멀쩡한 정신을 유지하기 어렵다. 되풀이되는 수면장애로 인하여 학교 또는 직장에서 정상적인 생활이 어렵다.

기면증을 가진 일부 사람들은 기진맥진할 뿐만 아니라 갑자기, 통제 불능인 채로 잠에 빠져든다. 이러한 조절 불가능한 수면장애는 아주 짧은 시간 동안의 '마이크로 수면'인 경우가 많다(Brooks & Kushida, 2002). 그럼에도 불구하고 사람들이 졸음을 극복하지 못할 때 운전 등을 하고 있다면 위험에 빠질 수 있다.

기면증은 각성에 영향을 주는 뇌의 화학물질 수준에 이상이 발생한 것이다. 불행히도 이에 대한 정확한 원인은 알려져 있지 않으며 확실한 치료법이 없는 상황이다. 기면증은 보통 약물과 행동치료를 병행한다. 환자들은 규칙적인 잠을 잘 수 있도록 지시사항에 따르면서 각성제(신경 시스템 활동을 증가시켜주는 약물; 아래 참조)를 복용할 것이다(Littner et al., 2001).

수면 무호흡증(sleep apnea)은 잠자는 동안 짧은 호흡 정지로 고통받는 장애이다. ('호흡이 없는'이라는 의미의 그리스어에서 그 어원을 찾을 수 있다.) 수면 무호흡증에는 여러 가지 종류가 있기는 하나, 근본 원인은 호흡에 필요한 기도 폐쇄로, 특히 목 뒷부분의 통로가 막히는 경우이다. 호흡이 방해받을 때 뇌는 정상적으로 호흡하기 위해서 잠에서 깨도록 명령을 내린다. 잠에서 깨는 것이 생명 유지에는 필요한 과정이지만 질 좋은 수면에는 도움이 되지 않는다.

수면 무호흡증에는 많은 부정적인 영향이 있다. 수면이 방해받기 때문에 수면 무호흡으로 고통받는 사람들은 수면 박탈에서 설명했던 것과 비슷한 사고 능력의 손상을 경험할 것이다. 게다가 심부전과 같은 심각한 건강문제를 초래하기도 한다. 수면 무호흡증은 혈류의 정상적인 산소 수준을 유지하기 어렵게 한다. 결과적으로 심부전으로 인한 심혈관 질환으로 이어지게 된다(Javaheri et al., 1998). 수면 무호흡증이 비만을 유발한다는 몇몇 증거가 있으며, 체중 감량은 수면 무호흡 증후군을 경감해줄 수 있다고 한다(Romero-Corral et al., 2010).

제리 가르시아 수면 무호흡증은 무수히 많은 미국인들이 가지고 있는 흔한 질병이다―지금은 고인이 된 전설적인 록 밴드 그레이트풀 데드의 제리 가르시아 같은 유명 연예인도 가지고 있던 질병이다. 그는 수면 무호흡증으로 인해 악화된 심장 질환으로 사망하였다.

AP Photo / Kristy McDonald, file

수면장애 정상적인 수면 패턴을 방해하는 어떤 의학적 상태

기면증 적당한 수면을 했음에도 불구하고 낮 동안 갑작스럽고 극도의 졸음을 경험하는 수면장애. 때로는 '마이크로 수면'을 동반하기도 함

수면 무호흡증 잠자는 동안 호흡이 일시적으로 정지하여 고통 받는 장애로, 자는 도중 깨어나게 함

마이클 잭슨 수면문제로 고통을 겪은 전설적인 가수가 제리 가르시아만 있었던 것은 아니다. 마이클 잭슨도 끈질긴 불면증에 시달렸으며, 수면장애 치료를 위한 다량의 약을 처방받았다. 검시관의 보고에 따르면 그 약들이 마이클 잭슨의 죽음과 직접적인 연관이 있다고 하였다.

Kevin Mazur / AEG via Getty Images

그녀가 잠을 이루지 못하는 것은 그리 놀랄 일도 아니다 당신이 밤에 잘 자길 원한다면, 침대 바로 옆에는 TV를 두지 말아야 한다. 수면 전문가들은 빨리 잠들고 싶다면 산만하게 만드는 것, 밝은 빛, 소음, 비디오 화면 등을 침실환경에서 없애는 것이 좋다고 조언한다 (NIH, 2011).

Gio Barto / Getty Images

불면증 잠이 들거나 잠자는 상태를 유지하는 것이 어려운 수면장애

세 번째 수면장애는 자야 할 때 잠이 들거나 잠자고 있는 상태를 유지하는 것이 어려운 **불면증** (insomnia)이다. 경우에 따라서는 모든 사람이 잠자는 것이 어려울 때가 있다. 하지만 어떤 사람들은 최소 2주 이상 매일 밤마다 그런 어려움을 겪고 있다. 불면증으로 고통 받는 사람들은 인구의 약 10%라고 알려져 있다(Neubauer, 2004).

불면증은 두 가지 유형으로 나누어볼 수 있다. 먼저 수면 방해는 다른 의학적 원인 또는 치료하는 약물치료의 부작용이다. 그다음으로 불면증은 생리적 또는 심리적 요인의 원인으로 작용한 직접적인 결과이다(예 : 스트레스가 많은 일상생활). 잠자야 하는 밤 시간에 카페인이 함유된 음식과 음료는 잠이 드는 것을 어렵게 만들 수도 있다. 알코올은 더 쉽게 잠들게 하지만 깊은 수면에는 도움이 되지 않는다. 즉 소음이 동반된 8시간의 수면보다도 밤 동안에 깰 확률이 높아진다. 지나치게 덥거나 시끄러운 침실환경도 깊은 수면을 취하는 데 방해가 된다(Ohayon & Zulley, 2001).

불면증 치료는 수면제를 복용하는 것으로, 의사로부터 처방을 받을 수도 있고 별도의 처방 없이 구매 가능한 일반의약품을 복용할 수도 있다. 수면제를 복용함으로써 잠드는 데 걸리는 시간을 감소시킬 수는 있지만(Dzierzewski et al., 2010; Lemmer, 2007), 중독될 가능성이 있다는 중대 결함도 동시에 가지고 있다. 심리치료는 두 번째 치료 방법이다. 수면치료에서 심리학자들은 사람들에게 수면을 방해하는 요인에 관하여 교육하고 잠들기 전 긴장 완화를 위한 기술들을 가르친다(Dzierzewski et al., 2010).

사람은 누구나 밤에 잘 자기를 원하지만 적어도 한 번 정도는 어려움을 겪었을 것이다. 미국국립보건원(NIH, 2011)이 말하는 수면을 위한 조언에는 어떤 것이 있는지 살펴보자. 당신이 좋은 밤잠을 자길 원한다면

> **스케줄을 세우고, 집착하라.** 매일 같은 시간에 자고 일어나는 것이 도움이 된다.
> **밤 늦게 운동하지 말라.** 운동은 좋은 것이지만 잠자야 하는 시간에 하게 되면 수면에 방해가 된다.
> **밤 늦은 시간에 카페인, 니코틴, 알코올, 식사를 피하라.** 카페인과 니코틴은 수면을 방해할 수 있는 자극제이다. 알코올은 깊은 수면을 방해하며, 밤 늦게 섭취하는 식사는 수면을 방해하는 소화불량을 일으킬 수 있다.
> **잠자기 전에 긴장을 풀어라.** 독서와 같은 긴장을 완화하는 활동은 잠드는 데 도움이 된다.
> **좋은 침실환경을 갖추어라.** 침대 옆에 TV 또는 컴퓨터가 있다면 수면을 방해하는 요소에 해당한다. 밝은 불빛, 소음, 전자기기 등으로부터 먼 곳에 조용한 침실환경을 만들려고 노력하라.

이 조언들을 얼마나 따르면서 생활하고 있는가? 특히 잘 따르는 사항이 있는가?

꿈

복잡하고 컬러풀한 것을 만들고 이름을 붙여라. 하지만 스스로 만든 것을 본인도 이해하지 못하게 만들면 안 된다. 그것을 완성했을 때 당신은 잠들었다.

꿈은 퍼즐이다. 우리 모두는 꿈을 꾼다. 하지만 우리가 자는 동안 만들어내는 이야기와 이미지 속에 어떤 뜻이 숨겨져 있을지라도 꿈을 왜 꾸는지, 우리의 꿈이 무엇을 의미하는지 알기는 어렵다.

사람들은 무슨 꿈을 꾸는가?

사전 질문

> ❯ 꿈의 내용은 어느 정도로 기이한가?

꿈을 이해하기 위한 첫 번째 단계는 사람들이 꾸는 꿈을 학습하는 것이다. 심리학자들은 꿈에 관한 보고서를 수집한 다음, 수면 실험실에서 REM 수면 상태의 사람들을 깨우고 무슨 꿈을 꾸었는지 물어본다. 연구자들은 많은 사람들의 꿈 내용을 기록하고 공통점을 추출해낸다.

한 연구(Domhoff, 2005에서 인용)에서는 연구자들이 58명의 연구 참여자들의 600가지 이상의 꿈을 분석하였다. 꿈이라는 것이 종종 예상과는 달리 기이하지 않다는 것을 연구자들은 알아냈다. 꿈속에서 환상적인 배경이 펼쳐질지라도 대부분의 꿈은 그들의 일상적인 생활 속 장소와 같이 친숙한 곳에서 일어나고 있었다. 이와 유사하게, 꿈속에서 하는 가장 일반적인 활동 또한 일상적인 것이었다 — 이야기하기. 약 1/20의 꿈 정도만 보통의 일상과는 완전히 다른 기이한 내용을 담고 있었다.

유럽 연구자들은 꿈의 내용을 가지고 통계적 분석을 실시하였다(Schwartz, 2004). 연구자는 꿈 일기에 기록된 자기 자신의 꿈과 꿈에 관한 레포트를 자유롭게 작성할 수 있는 인터넷 사이트(dreambank.net)에 접속한 대학생 100명의 꿈의 이야기를 분석하였다. 분석을 통해서 다음과 같이 꿈 내용을 다섯 가지 유형으로 나누어볼 수 있었다.

1. 학교 또는 직장에서의 대화와 활동
2. 연애 상대자 또는 가족과의 대화(일반적으로 외부 배경은 실내임)
3. 스포츠 활동
4. 날기, 싸우기, 전쟁(남성의 경우), 쇼핑, 색칠하기(여성의 경우)
5. 빨리 달리거나 운전하고자 하는 것과 같은 동기는 폭력, 위협, 두려움과 결합됨

다시 말하지만, 대부분의 꿈은 특별한 것이 아니다. 일상생활 속에서, 친숙한 장소에서 일어나는 일들이 꿈에 나온다.

일상생활과 다른 내용의 꿈의 내용을 살펴보면, 위협적인 꿈이 자주 발생하고 잠재적으로 개인에게 해를 끼치는 것 등이 포함된다. 높은 곳에서 추락하거나 누군가에게 쫓기거나 911을 불러야

> 왜 꿈은 일상적으로 일어나는 일들보다 더 부정적인 내용을 담고 있다고 생각하는가?

할 일 등이 일상생활에서 우리에게 거의 일어나지는 않는다. 하지만 꿈속에서는 이러한 일들이 항상 일어난다. 꿈의 내용을 분석할 때는 일상적으로 일어나는 일들보다는 좀 더 부정적인 내용(무서움, 위협, 해로운 것)을 담고 있다는 것이 밝혀졌다(Valli et al., 2008).

요약하면, 꿈의 내용을 분석함으로써 심리학자들은 꿈에 나오는 내용의 특징을 파악할 수 있었다. 하지만 이러한 노력은 여전히 해결되지 않는 의문을 남긴다. 왜 사람들은 꿈을 꾸는가? 지금부터 살펴보기로 하자.

꿈 이론

사전 질문

> **사람들은 왜 꿈을 꾸는가?**

꿈을 꾸지 않고 자는 이유보다 왜 사람들이 꿈을 꾸는지에 대한 의문에 명확히 답해주는 사람은 아직 없다. 대신 심리학자들은 꿈에 대한 대안적 이론을 제시하였다. 프로이트는 최초로 꿈에 관한 이론을 발달시켰다.

소망-충족 이론 프로이트의 고전적인 저서 **꿈의 해석**(*The Interpretation of Dreams*)(Freud, 1990)에서, 그는 우리의 수면을 방해받지 않으려고 꿈을 꾸는 것이라고 하였다. 꿈을 꾸지 않는다면 정신 속의 성적이고 공격적인 욕망들이 반복적으로 우리를 깨울 것이라고 프로이트는 생각했다.

구체적으로 살펴보면, 프로이트는 꿈이 소망 충족을 통해 무의적인 정신 에너지를 발산시켜준다고 주장하였다. 그의 **소망-충족 이론**(wish-fulfillment theory)에 따르면, 꿈은 무의식적인 욕망을 충족시켜주는 역할을 한다. 그렇게 함으로써 수면을 유지하게 하면서 억눌린 정신 에너지를 발산시키게 된다.

프로이트는 꿈이 종종 욕망을 충족시켜주지 못할 때가 있다는 것도 알고 있었다. 사실 꿈은 종종 그 반대로 나타나기도 한다. 바라는 것이 아닌 두려운 것. 하지만 꿈은 진정한 의미를 그 이면에 담고 있다고 프로이트는 생각하였다. 꿈 해설가로서 심리학자가 꿈의 의미를 완벽하게 분석할 수 있다면, 꿈 내용 속에 숨겨진 무의식적인 욕망을 확인하는 것은 반드시 필요한 일일 것이다.

무작위적 뇌의 신호 이해하기 프로이트 이론에서 꿈의 첫 도화선은 그 의미가 크다 — 무의적인 욕망. 우리가 지금부터 살펴볼 두 번째 이론에서는 첫 도화선이 심리학적으로는 의미가 없다.

J. 앨런 홉슨과 그의 동료들(Hobson, 1988; Hobson & McCarley, 1977)은 **활성화-종합 이론**(activation-synthesis theory)을 주장하였다. 꿈은 두 단계로 나누어 진행된다. 첫 번째 단계의 특징은 무작위적이다. 수면을 취하는 동안 뇌교(3장 참조)라고 하는 뇌간의 영역은 전기적 신호를 무작위적으로 생산해낸다. 두 번째 단계에서 이 신호는 복잡한 사고에 관여하는 뇌의 상위 영역에 의해 그 의미가 해석된다. 즉 꿈은 간단히 말해서 무작위적으로 발생하는 뇌의 신호에 대한 의미를 찾고자 하는 시도를 하는 것이다. 활성화-종합 모델은 꿈의 놀라운 특징 한 가지를 설명해준다 — 즉 꿈은 때때로 기이하다. 많은 꿈이 일상적인 일을 묘사하고 있지만 위에서도 언급했듯이 어떤 꿈은 기묘하다. 예를 들어 사람은 "내가 스텔스 폭격기였고 내가 기차를 폭파시켜야 했던 곳에서 게임을 해야 했다. … 나는 기차를 놓쳤고 만취했다. 그리고 나서 비행기를 타고 나타났고 경찰관들과 걷고 있었고 비행기 안의 침실로 걸어 들어갔다. 거기에는 클린트 이스트우드가 슬링에 한 팔을 베고 누워 있었다"(dreambank.net에서 발췌). 이와 같은 기묘한 이야기를 우리의 정신은 어떻게 생산할 수 있는 걸까? 활성화-종합 이론에 따르면 뇌가 완전히 무의미한 하위 수준의 신호를 이해하고자 시도하고 있는 것이다. 뇌는 의미를 만들어내려고 최선을 다한다. 하지만 원래의 신경 신호를 이해하지 못하기 때문에, 꿈 이야기도 거의 이해가 잘 되지 않는 결과로 이어지게 된다.

> 우리의 뇌는 뇌교에 의해서 만들어진 의미 없는 전기적 신호를 이해하고자 노력한다고 생각하는 이유는 무엇인가?

위협에 대한 대비 핀란드 학자인 안티 레본주오는 꿈에 관한 세 번째 이론을 제안하였다(Revonsuo, 2000). 이는 진화에 관한 의문에서 그 근거를 찾아볼 수 있다. 꿈의 진화론적 기능

소망-충족 이론 꿈은 우리가 수면을 취하는 것에 도움이 된다는 프로이트의 주장

활성화-종합 이론 꿈이 생산되는 과정에 관한 이론으로, 무작위적으로 발생하는 뇌의 신호에 대한 의미를 찾고자 할 때 꿈이 생산된다는 것이다.

은 무엇인가 — 꿈은 생존과 생식을 어떻게 촉진하
는가?

레본주오는 꿈은 사람들이 일상의 위협적 상황에
대비하도록 도움을 준다고 하였다. 고대시대의 환
경은 매우 위협적이었다. 포식자 투성이었고 늘 거
친 날씨 속에서 살았다. 꿈을 만들어내는 정신 능력
은 그러한 위협에 대처하고자 진화한 것이다. 따라

> **왜 무서운가?** 꿈은 종종 위협적이고 무섭다. 몇몇 심리학자들은 무서운 내용이 사람들이 왜 꿈을 꾸는지에 관한 퍼즐을 맞추는 실마리를 제공한다고 생각한다. 꿈은 일상생활에서 일어날 수 있는 잠재되어 있는 해로움과 관련된 정신적 자극을 제공함으로써 사람들이 일상의 위협에 대비하는 방법을 알려주는 것이다.

서 꿈은 정신적 '리허설'이다. 꿈은 위협에 대처하는, 위협적인 상황에서 벗어나는 데 필요한 신
경 시스템을 포함해서 모든 정신적 · 신체적 시스템을 활성화시킨다. 리허설을 함으로써 사람들
은 일상생활에서 일어나는 위협에 더 빨리, 더 효과적으로 반응할 수 있게 된다.

몇몇 증거가 이 이론을 뒷받침한다. 앞에서 학습한 바와 같이, 꿈은 종종 두려움에 대한 위협과
그 감정을 포함한다. 꿈은 극히 현실적일 수 있다. 당신은 실제로 무서운 꿈의 내용을 경험하는
것 같은 느낌이 든다. 이러한 현실주의는 현실세계에 대처하는 데 필요한 뇌 시스템을 활성화시
키는 꿈의 기능에 기여한다. 연구자들은 사람들이 실제 세계의 사건에 빠르게 반응할 때 활성화
되는 뇌 시스템도 REM 수면 동안 활성화된다는 것을 알아냈다(Revonsuo, 2000).

당신은 꿈에 관한 세 가지 이론을 살펴보았다. 심리학에서 한 가지 이상 이론을 포함한다는 사
실은 꿈에 관한 의문점이 모두 풀리지는 않는다는 것을 의미한다. 모든 이론은 부분적으로는 맞
을 것이다. 사람들은 광범위하고 다양한 꿈을 경험한다. 저마다 다른 꿈들은 저마다 다른 원인이
있을 것이다. 따라서 여러 이론적인 내용을 조합해서 꿈의 다양한 측면을 설명할 필요가 있다.

의식의 변성 상태

지금까지 이 장에서 우리는 모든 사람이 흔히 일상생활에서 겪게 되는 의식 경험에 관하여 논의
하였다. 매일 당신은 때때로 깨어 있는 상태이고 의식적으로 세상을 경험한다. 당신은 때때로 졸
린 상태이고 정신적으로는 REM 수면이 활성화된다. 그리고 당신은 때때로 정신적으로 더 조용
한 비REM 수면 상태이다.

이러한 세 가지 정신 상태 외에도 사람들은 보통의, 매일 일어나는 의식 경험에서 변성을 가끔
겪게 된다. 우리는 명상, 최면, 향정신성 약물이라는 의식의 세 가지 변성 상태를 살펴보면서 이
장에서 결론을 내리고자 한다.

명상

사전 질문

> › **계획된 명상은 무엇이고, 두 가지 주요 기술은 무엇인가?**
> › **명상이 정신 능력을 향상시킨다는 것을 어떻게 알 수 있는가?**

다음의 세 가지 연습을 시도해보라.

1. 약 1분 동안 당신의 의식적인 생각에 주의를 기울여보라. 무슨 생각이 머릿속에 떠올랐는가?
2. 이번에는 오직 한 가지 생각 또는 이미지에 집중하는 시도를 하면서 다시 한 번 시도해보라.
   하나의 이미지 이외에는 어떤 것도 머릿속에 들어오지 않도록 해보라.
3. 마지막으로 아무런 생각도 하지 않으려고 노력해보라. 1분 동안 당신의 머릿속에서 단어와 이
   미지를 모두 지워버리는 시도를 해보라.

당신이 보통 사람에 속한다면, 수많은 생각들이 당신의 머릿속에 들어왔다 나갔을 것이다. 당신이 단 하나에 집중하거나 머릿속의 모든 생각을 지워버리려고 노력했더라도 생각이 의식 경험으로 침투하는 것 같이 느꼈을 것이다. 이처럼 당신 자신의 머릿속 내용은 마치 통제 불가능한 것처럼 느껴질 것이다(Wegner, 1994).

당신은 더 큰 통제력을 얻을 수 있는가? 명상을 하는 사람들은 할 수 있다고 이야기한다. **명상**(meditation)은 오랜 시간 동안 주의집중하는 일종의 수련이다(Walsh & Shapiro, 2006). 명상의 방법은 집중 능력을 향상시키도록 고안되어 있다. 수련을 통해, 명상하는 사람은 그들의 정신을 자신이 선택한 생각에 집중하는 능력이 크게 향상될 것이다. 전 세계의 문화 속에서 수많은 명상 방법이 생겨났다. 하지만 많은 명상 방법은 두 가지 유형 중 하나에 속한다(Goleman, 1988).

1. 하나의 사물 또는 사건에 대한 **집중**. 예를 들어 남아시아 히말라야 지역에서 발달된 명상 연습에서는 명상가가 명상 훈련을 하는 첫 몇 달 동안은 오로지 자신의 호흡 흐름에만 집중하도록 가르친다(Rama, 1998). 또 다른 전통적 명상에서는 수련하는 사람이 **만트라**라고 하는 반복되는 단어 또는 문장을 반복할 것이다. 예를 들어 '옴(om)'은 남아시아 명상 수련에서 일반적으로 사용하는 만트라이다.

2. 모든 생각을 정신에서 지워라. 두 번째 명상의 목적은 공허함을 획득하는 것이다 — 정신적 공허함. 명상가는 '비개념적 경험'을 얻고자 노력하는데(Chodron, 1990), 이는 사회로부터 학습한 개념에서 탈피한 경험을 말한다.

명상의 중요성은 사람마다 다르다. 대다수의 사람들에게 명상은 종교적 수련이다. 힌두교는 영적 세계를 더 잘 이해하기 위하여 위대한 신에 대한 명상을 행할 것이다. 이슬람 수피 명상가는 무함마드와 알라 신에 더 가까운 영적 연결고리를 찾고자 할 것이다(Goleman,

> 기도를 명상의 한 형태로 간주할 수 있다고 생각하는가?

1988). 수많은 임상심리학자에게 명상은 치료 방법이다(Walsh & Shapiro, 2006). 그들의 종교적 신념과는 상관없이, 명상 수련은 내담자가 그들의 생각과 감정을 깨닫고 정서조절을 더 잘할 수 있도록 해준다고 판단한다(Baer, 2003).

이 장에서 우리는 명상의 종교적 또는 치료적 목적에 초점을 두지는 않을 것이다. 대신, 우리는 명상 수련의 세 번째 의미를 알아보고자 한다. 명상은 인간 의식 경험의 전 영역에 관한 심리과학적 의미를 담고 있다. 이를 통해 의식의 '세 가지(깨어 있는 의식 상태, REM 수면, 비REM 수면; Arya, 1978, p. 5)가 전혀 공통점이 없다'는 '네 번째 상태'가 밝혀졌다. 과학적 용어로 명상 수련은 그 특유의 형태로 과학적 설명을 요구하는 현상이다 — 서양 과학자들이 간과하는 구분되는 심리적 상태.

Cultura RM / Gary Latham / Getty Images

명상에 잠겨 있는 캄보디아 스님 명상은 수천 년간 동양 문화권에서는 일반적인 수련이었다.

당신은 이러한 주장에 대해 회의적일 것이다. 명상가는 아무것도 하지 않은 채 그냥 앉아 있는 것처럼 보인다. 그들은 정말로 우수한 능력을 발휘하여 주의를 집중하고 정신을 조절하는 독특한 의식 경험을 얻었을까? 이를 알아보기 위하여 명상의 효과에 관한 과학적 증거를 찾아보기로 하자. 우리는 분석의 두 수준, 즉 (1) 정신의 심리학적 과정과 (2) 뇌의 생물학적 기제에서 살펴본 명상의 영향에서 증거를 생각해보고자 한다.

명상 오랜 시간 동안 주의집중하는 일종의 훈련으로, 집중 능력을 향상시키는 방법이다.

명상과 심리학적 과정 동양의 영적인 전통으로서 명상 수련은 1,000년 동안 정신기술들을 고양시킨다고 주장해왔다. 과학적 증거가 이 주장을 뒷받침하게 된 것은 최근에 이루어진 결과이다

(Tang & Posner, 2009).

명상을 연구할 때, 현대 심리과학자들은 전통적인 명상 수련자들이 하지 않았던 두 단계를 거쳤다. 첫째, 측정을 하였다. 심리학자들은 명상이 사람들의 주의집중력을 향상시켜준다는 것을 정확히 입증시켜 검사를 설계하였다. 둘째, 집단 간 실험적 비교이다. 연구자들은 체계적으로 명상한 사람과 명상하지 않는 사람을 구별한다.

어떤 연구에서는 연구자들이 주의집중하는 기술을 측정하는 '오류'를 사용하였다(Slagter et al., 2007). 연구 참여자들은 컴퓨터 스크린에 매우 빠른 속도로 나타나는 약 20개의 문자와 숫자를 보게 된다. 대부분의 자극은 숫자였지만 일부는 문자였다. 숫자와 문자가 핑 소리를 내며 지나간 후에 연구 참여들에게 나타났던 글자가 무엇이었는지 물어보았다. 이는 어려운 과제였다. 사람들의 정신은 첫 번째 글자를 본 후에 ─ 눈을 깜빡거리며 주의집중을 함 ─ 다음에 나타나는 글자는 놓치는 등 산만해지는 경향이 있었다. 이 과제에 참가한 연구 참여자들을 두 집단 (1) 명상가 집단으로 세 달간 주의집중 명상 훈련을 받음, (2) 비명상가 집단으로 나누었을 때 명상가 집단은 뛰어난 집중 능력을 나타냈다. 그들은 이 과제에서 절대적 우위를 나타내며 빠르게 나타나는 자극에 훨씬 더 오래 주의력을 유지하였다(Slagter et al., 2007). 따라서 과학적 방법을 통해 고대의 지혜를 확인할 수 있었다. 즉 명상은 사람들의 주의집중 능력을 향상시킨다는 것을 알 수 있다.

> 당신의 주의집중 능력을 향상시켰을 때 좋은 점은 무엇이겠는가?

명상과 뇌 처리과정 명상이 심리적 능력(특히 주의집중 능력)을 변하게 한다는 것을 알게 되면, 당신은 새로운 의문이 생기게 될 것이다. 이러한 심리적 변화를 일으키는 뇌의 기제는 무엇인가? 심리학의 연구 결과는 분석의 생물학적 수준에서 탐구할 수 있는 정신에 관한 사실들을 규명해 주었다.

명상에 영향을 주는 뇌 시스템이 무엇인지 알 수 있는 단서는 주의에 관한 기초 연구에서 찾아볼 수 있다. 사람들이 정신을 어떤 사물 또는 생각에 정신을 집중하는 심리적 과정인 주의는 실험 심리학자들의 오랜 관심사였다(Kahneman, 1973; Triesman, 1964; 4장 참조). 최근의 연구는 주의를 심리학적 · 생물학적 수준에서 모두 분석하였으며, 특히 주의집중에 관여하는 뇌가 어느 부분인지 중점적으로 확인하였다(Posner & Rothbart, 2007). 연구 참여자들은 세 그룹으로 나뉜다 ─ (1) 한정적인 명상기술을 훈련하는 초보 명상가, (2) 평균 19,000시간 수련을 한 전문 명상가, (3) 평균 44,000시간 수련을 한 고도로 훈련된 명상가. (2번과 3번 그룹은 하루 평균 10시간을 수련하는 명상시설에 거주하는 사람들을 포함한다.) 각 그룹의 연구 참여자들이 비디오 스크린에 나타나는 작은 점에 집중하는 명상 훈련을 하는 동안 연구자는 그들의 뇌를 조사하게 된다.

예측한 대로, 전문 명상가들의 뇌 활동은 그렇지 않은 사람들과는 다르다. 주의력을 담당하는 것으로 알려진 뇌 영역을 조사하였을 때 19,000시간을 수련한 전문 명상가의 뇌는 초보 명상가보다 훨씬 더 많이 활성화되었다. 이처럼 명상 훈련은 뇌 처리과정에 영향을 준다. 흥미로운 점은 44,000시간 수련을 한 고도로 훈련된 명상가들의 뇌를 조사했을 때는 덜 활성화되는 것으로 밝혀졌다는 것이다. 고도로 훈련된 명상가 그룹은 주어진 집중 과제가 너무 쉬워서 정신적 노력을 많이 하지 않아도 되었던 것이다(Brefczynski-Lewis et al., 2007). 다른 연구자들에게서도 이와 유사한 연구 결과가 나왔는데, 명상 수련이 전문가에 가까운 스님들과

> 데프잼 레코드의 공동창업자인 러셀 시몬스는 명상가이다 ─ 그리고 혼자가 아니다. "오프라, 제리 사인펠드, 폴 매카트니, 필 잭슨, 엘렌 드제너러스, 포레스트 휘태커… 그들은 모두 명상을 즐기며 성공을 위한 하나의 방법으로 명상 수련을 하고 있다"라고 러셀 시몬스는 말한다(Simmons, 2014, p. 5).

초보 명상가들을 비교했을 때도 뇌 활성화 정도가 다른 것으로 밝혀졌다(Manna et al, 2010).

명상과 뇌 연구를 통해서 뇌가 어떻게 작용하는지에 관하여 알 수 있었다. 뇌 시스템은 '유연' 하다(3장 참조). 신경 연결은 전적으로 유전자 구성에 의해 결정되는 것이 아니다. 뇌의 내부 구조는 어떤 경험을 하였는지 그 결과에 따라 달라진다. 명상은 뇌를 생물학적으로 변하게 하고 인간의 정신 능력을 향상시킬 수 있는 경험이다.

최면

사전 질문

> ❯ 누구나 최면에 걸리는가?
> ❯ 최면 상태는 어떻게 유발되는가?
> ❯ 최면에 걸렸다는 것은 어떻게 알 수 있는가?

심리학 강의를 수강하기 전이더라도 사람들은 최면에 관하여 잘 학습하고 있다. TV, 영화 등 대중문화를 통해서 그 주제를 많이 접했기 때문이다.

심리과학을 다루는 이 과목에서 당신은 대중문화가 알려주었던 것을 많이 '학습하지 말아야' 한다. 대중매체에서는 기본 가정이 최면은 신비로운 정신통제 방법이라는 것이다. 잠시 동안 시계를 응시하고 최면술사가 말하는 대로 하면 최면에 걸리게 되고 곧 개처럼 짖고, 애들처럼 꼬꼬 댁거리고, 엘머(Elmer) 책 시리즈의 주인공처럼 행동하게 될 것이다.

하지만 연구를 통해 그 기본 가정이 실제로는 그렇지 않다는 사실이 밝혀졌다. 그것은 정신을 통제하는 방법이 아니다(Raz & Shapiro, 2002). 때때로 완전히 자신의 의지와 상관없이 행동을 하게 되는 경우가 있다는 보고가 있긴 하지만, 최면에 걸린 사람들이 자신의 생각과 행동을 통제하는 의식을 완전히 잃는 것은 아니다. 처음에 소개되었던 것처럼 신비하기만 한 것도 아니다. 최근 심리과학적 연구 방법을 통해 이 분야의 연구가 진일보하였다(Posner & Rothbart, 2011).

최면(hypnosis)은 한 사람에게 말하는 어떤 사람('최면술사')과 최면을 거는 목적 사이의 상호작용을 통해서 일어나는 의식의 변성 상태이다. 최면에 걸리면 그 사람은 타인의 영향을 받기 쉬운 상태가 된다. 즉 최면술사의 지시에 대해 그 사람의 행동은 자기 의지와는 다르게 평소와는 다른 반응을 보이게 된다.

최면이 마인드컨트롤의 한 방법은 아니지만 근거 없는 믿음도 아니다. 최면은 실제 심리적 효과가 있는 유전적 현상이다. 한 전문가가 다음과 같이 요약하였다. "최면에 걸린 사람은 고통을 의식하지 못할 수 있다. 그들은 거기에 있지 않은 사람의 목소리를 듣고 그들의 시야에 정확히 보이는 물체를 보이지 않는다고 한다. 그들은 최면에 걸린 동안 자신들에게 일어난 일을 기억하지 못한다. 최면을 다시 걸어도 최면술사의 지시에 따른다"(Kihlstrom, 2007, p. 445). 최면이 어떻게 작용하고 누가 최면에 걸릴 수 있는지 등에 관하여 더 자세히 살펴보자.

최면 암시와 뇌 활성화 맥길대학의 에이머 라즈(왼쪽 뒤)는 정신과 뇌에 최면이 미치는 영향에 관하여 연구를 수행하였다. 이 연구에서 연구 참여자들은 2장에서 학습한 인지적 과제(스트룹 과제)를 수행하였다. 연구 결과, 최면 암시는 과제를 수행하는 동안 정보 처리와 뇌 활성화에 영향을 주는 것으로 밝혀졌다. 높은 수준의 최면에 걸린 사람들의 경우, 영어 문자는 사실 '의미 없는 기호이다'라는 암시가 특히 전방의 대상피질이라는 뇌 체계의 활성화를 감소시킨 것으로 나타났다. 전방의 대상피질은 사람들은 두 가지 반응 사이의 갈등에 직면할 활성화가 일어난다 — 이 경우 (1) 쓰여진 글자의 색깔이 무엇인지 말하는 것과 (2) 단어를 읽는 것이었다(Raz, Fan, & Posner, 2005).

Don Hogan Charles / The New York Times / Redux Pictures

최면 최면술사의 지시에 따라 평소와 다르게 반응하는 의식의 변성 상태

최면 유도 보통 긴장 완화와 주의집중을 결합하는 과정을 통해 피험자를 최면의 상태로 유도하는 과정

최면의 '어떻게'와 '누구' 심리학자들은 최면 상태를 **최면 유도**(hypnotic induction)과정을 통해서 유도한다. 오랫동안 사용된 표준과정은 긴장 완화와 주의집중을 결합한 것이다(Weitzenhoffer & Hilgard, 1962). 최면술사는 연구 참여자들에게 최면의 과정은 그들 자신한테 달려있다고 처음부터 알려준다. 그들이 원한다면 최면 상태를 유지할 수 있다. (자신도 모르게 희생자가 되어 최면

술사가 정신을 통제하는 대중매체와 실제 최면 유도 방법이 어떻게 다른지 주목해서 보라.) 연구 참여자들의 긴장을 완화시키기면서 특정 목표물(예 : 벽에 붙은 어떤 표적)에 주의를 집중하게 한다. 긴장완화는 철두철미한 과정으로 진행된다. 최면술사는 연구 참여자들의 근육을 완화시키고 몸은 무겁고 피곤함을 느끼게 하며 눈꺼풀을 무겁게 느껴지게 만들어서 눈을 감도록 지시하고 유도한다. 일단 최면에 걸려서 눈을 감게 되면, 최면술사가 말하는 단어에 집중하도록 지시하고 연구 참여자들이 최면술사의 별도 지시가 있기 전까지는 빠져나오지 못하는 최면 상태로 들어가도록 이끈다. 이 상태에 이르게 되면 최면에 걸린 사람들은 타인의 영향을 받기 쉬워진다. 최면술사의 지시에 의해 그들은 어떤 경험을 하게 된다.

당신은 아마 '난 절대 최면에 걸려들지 않을 거야'라고 생각할 것이다. 당신이 그렇게 생각한다면, 그 또한 맞는 말이다. 모든 사람이 최면에 걸리는 것은 아니다. 사람들은 최면에 대한 민감성이 상당히 다르기 때문이다.

심리학자들은 누가 최면에 잘 걸리는지, 누가 잘 안 걸리는지를 알아보기 위해 최면과정을 연구하였다. 스탠퍼드 최면 민감성 척도(Weitzenhoffer & Hilgard, 1962)에서 최면이 잘 걸리는 사람은 우리가 앞에서 설명한 것과 같은 최면 유도에 쓰이는 말을 듣고 그 지시에 따르게 된다. 최면 유도에 쓰이는 말을 눈꺼풀이 무거워지고 눈이 감긴다는 등과 같은 간단한 지시이다. 더 자세히 지시하는 경우도 있다. 예를 들면 심리학자들은 피험자의 앞에 3개의 박스를 놓고 "나는 당신 앞에 2개의 박스를 놓았습니다… 단 2개… 보입니까?"라고 말한다(Weitzenhoffer & Hilgard, 1962, p. 44). 그리고 나서 연구 참여자들에 무엇이 보이는지 묻는다. 피험자들이 지시에 전반적으로 어떻게 반응하는지 그 정도를 살펴보면, 어느 정도로 깊은 최면에 빠졌는지를 알 수 있다(예 : "나는 2개의 박스가 보입니다"라고 말하면 최면에 꽤 깊게 빠져든 것이다). 연구 결과들을 살펴보면 사람들이 최면에 빠지는 정도와 깊이가 저마다 다양하다는 것을 알 수 있다. 8~9명 중 1명 정도가 최면의 전 과정에 민감하게 반응하여 깊이 빠지는 것으로 나타났다.

요약하면, 최면과정은 사람들의 심리적 반응에 강하게 영향을 줄 수 있는 요인이다. 하지만 최면에 매우 민감한 사람들에게서만 그 효과가 매우 강력했다.

> 최면을 경험해본 적이 있는가? 있다면 그때 느낌이 어땠는가?

최면의 효과, 그 과학적 증거 최면 유도과정은 사람들의 반응에 왜 영향을 주는 것일까? 다음과 같은 두 가지 가능성을 생각해볼 수 있다.

3. **독특한 최면 효과** : 최면과정은 최면술사의 지시에 민감하게 반응하면서 사람들의 생각과 행동이 통제되는 독특한 정신 상태를 만들어낸다.

4. **사회적 역할 효과** : 최면과정은 자신의 생각과 행동이 최면술사에 의해 통제되는 듯한 독특한 정신 상태를 경험하는 것처럼 사람들이 행동하게끔 한다. 그들은 '최면에 의해 형성된 사람'의 사회적 역할을 수행하였다(Sarbin, 1950; Spanos & Hewitt, 1980).

사회적 역할은 다양한 상황으로 인해 주어진다. 당신이 의사 역할을 한다면 '환자'의 사회적 역할을 고려하여 행동하도록 기대된다. 교실에서는 '학생'의 역할에 맞게 행동할 것이 기대된다. 두 번째 가능성은 이와 유사하게 최면과정에 있다는 상황으로 '최면에 걸린 사람'의 역할에 맞게 행동하도록 하게 한다. 그들은 최면에 걸렸다고 확신하고 그에 부응하는 행동과 역할을 채택하는 것이다.

당신은 어느 가능성이 맞다고 생각하는가? 당신이 이 질문에 대답하려고 노력하기 전에 유명한 심리학자들의 연구를 먼저 생각해보라. 어니스트 힐가드와 그의 동료들(Hilgard, Morgan, &

Macdonald, 1975)은 연구 참여자들에게 최면을 걸고, 고통스러울 정도로 차가운 물에 손을 담그게 하였다. 이 실험 전에, 최면술사는 연구 참여자들에게 두 가지 지시를 내렸다─(1) 물속에 손을 넣었을 때 그 어떤 고통도 의식적으로 경험하지 않을 것이다. 그러나 (2) '숨겨진 부분'은 고통을 느끼게 될 것이다. 연구자들은 두 가지 방법으로 고통을 측정했다. 즉 연구 참여자들은 의식적으로 그들의 경험에 관해 보고하였다. 그리고 개인의 '숨겨진 부분'에 관한 연구설계과정에서 연구 참여자들은 그들의 고통 수준을 표현하기 위해 키패드의 숫자를 눌렀다.

힐가드와 그의 동료들은 최면에 걸린 연구 참여자들이 의식적이고 '숨겨진' 부분에 대한 고통 정도가 다르다는 것을 알아냈다(Hilgard et al., 1975). 의식적으로 최면에 걸린 사람들은 얼음물에 손을 담갔는데도 약한 고통을 보고하였다. 그러나 키패드로 숫자를 누르게 했을 때는 많은 연구 참여자들이 고통스러웠다고 보고하였다.

연구자들은 이러한 결과를 최면에 걸린 연구 참여자들의 정신은 최면을 통해서 연결되지 않는 두 부분이 있다는 증거로 해석하였다. 의식적인 부분은 최면을 건 결과 실제로 고통을 경험하지 않았다. 그러나 '숨겨진 부분'은 고통을 의식하였다.

다른 연구에서도 이와 유사하게 정신의 각기 다른 부분의 행동을 보여준다. 최면에 걸린 사람들에게 정보(단어 리스트)를 보여주고 기억상실(즉 단어 리스트에 관한 모든 기억을 잃어버릴 것이라는 지시)이라는 최면을 걸었다. 나중에 명시적 기억과 암묵적 기억 검사를 모두 실시하였다(5장). 최면 지시 이후, 사람들은 명시적 기억이 부족하였다. 사람들은 의식적으로 단어 리스트를 기억하지 않는다. 하지만 암묵적 기억을 가지고 있다. 그들에게 단어를 생각해내라는 과제를 주었을 때, 그들은 전에 보았던 단어 리스트에 있었던 것을 기억해내는 경향이 있었다(Kihlstrom, 2007). 이와 같은 연구 결과는 정신은 적어도 2개의 서로 다른 기억 시스템이 있음을 보여준다.

이 결론─처음 들어보는 것처럼 느껴질 만큼 이상한─은 심리학의 다른 연구 결과들과도 일치한다. 분할뇌 환자의 행동(3장)을 통해 그들의 정신이 두 부분으로 이루어졌음을 알 수 있다. 한쪽 뇌는 의식적으로 그 사람의 경험을 논의할 수 있는 반면, 다른 쪽 뇌는 자극에는 반응하지만 의식적으로 보고하는 것은 불가능하다. 사회심리학에서 '명시적' 기억과 '암묵적' 태도(즉 사람들이 주어진 주제에 대해서 2개의 정신으로 나누어질 수 있다는 것)는 종종 서로 거의 상관을 나타내지 않는다(11장).

사회적 역할에 관한 가정은 어떠한가? 몇몇 심리학자들은 힐가드와 그의 동료들의 연구 결과로 사회적 역할의 개념에 대해서 설명할 수 있다고 생각한다(Spanos & Hewitt, 1980). 그러나 이에 대해 반론을 제기하는 심리학자들도 있다. 그들은 사회적 역할에 관한 가정으로 암묵적·명시적 기억 검사에서 연구 참여자들의 다양한 수행 수준 등의 복잡한 현상을 설명할 수 없다고 생각한다. 지금까지의 연구 결과들을 살펴볼 때, 일반적으로─적어도 최면에 꽤 빠져드는 사람들에게는─최면의 심리적 효과가 실제로 있다고 할 수 있다.

최면 효과의 생물학적 증거 당신은 최면에 대해서 회의적인 시각을 여전히 가지고 있을지도 모른다. 지금까지 살펴본 심리학적 증거들이 사회적 역할에 관한 측면을 잘 설명할 수도 있다. 생물학적 증거까지 더한다면 훨씬 설득력이 높아질 것이다. 대개 사람들은 뇌 영역의 활성화를 자발적으로 통제할 수 없다. 따라서 '최면에 걸린 사람들'이 사회적 역할을 자발적으로 채택하였다고 말함으로써 뇌 기능적인 측면에서의 최면의 효과를 설명하기는 어렵다.

사실 연구자들은 그에 관한 증거를 가지고 있다. 힐가드와 그의 동료들이 수행한 것과 유사한 연구가 있었는데, 그 연구에서는 고통의 경험에 관한 최면 효과를 조사하였다(Vanhaudenhuyse et al., 2009). 그들은 힐가드보다 10년 더 이른 시기에 고통 과제를 수행하는 동안 뇌가 어떻게 활성화되는지를 관찰할 수 있는 fMRI 과정을 추가하였다.

최면에 민감하게 반응하는 사람들은 이틀(최면에 걸린 날, 최면에 걸리지 않은 날)에 걸쳐 연구에 참여하였다. 이틀 모두 고통 자극은 왼손바닥에 전달되는 간단한 레이저 충격이었다. (레이저 자극은 통증 수용자로, 통증을 만들어낸다.) 연구자들은 뇌 활성화 상태를 기록하였고 연구 참여자들에게 그들이 경험한 고통의 정도에 대해서도 물어보았다.

앞서 살펴본 연구에서 최면은 의식적인 고통을 감소시킨다. 연구 참여자들은 최면에 걸린 날에는 고통이 덜하다고 보고하였다. 부가적으로 최면은 뇌 활성화에 영향을 준 것이다. 연구 참여자들이 최면에 걸리지 않았을 때, 레이저 충격은 뇌의 다양한 영역에서 활성화되는 것을 관찰할 수 있었다. 그러나 그들이 최면에 걸렸을 때는 같은 자극인데도 "대뇌가 활성화되는 것을 전혀 관찰할 수가 없었다"(Vanhaudenhuyse et al., 2009, p. 1050; 그림 8.7). 이처럼 최면을 통해 높은 수준의 두뇌 활동이 고통의 경험에 직접적으로 연관이 있는 뇌의 낮은 수준의 두뇌 영역에 영향을 줄 수 있다.

연구 결과의 핵심을 요약하자면, 동일한 자극이더라도 연구 참여자들이 최면 상태일 때는 신경 활동에 미치는 영향이 달라진다. 이러한 연구 결과는 최면이 정신과 뇌에 영향을 준다는 실제 현상임을 증명하기에 충분하다.

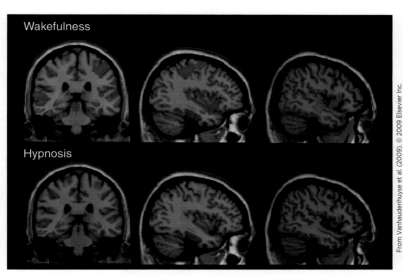

그림 8.7
최면과 뇌 연구에서 사람들은 일상생활에서의 각성 상태와 최면 상태일 때 모두 고통 자극을 경험하였다. 연구 결과에서 알 수 있듯이, 최면은 연구 참여자들의 의식적인 고통 보고뿐만 아니라 뇌 활성화 정도도 감소시키는 것으로 나타났다.

향정신성 약물

사전 질문

> ❯ 환각제, 오피오이드, 흥분제, 진정제의 효과는 무엇이며, 어떻게 작용하는가?

예전에 카리브 해 거주자들은 자신의 의식 상태를 바꾸고 싶어 하였다. 그들은 빠른 방법을 써서 그렇게 하였다. 그들은 용품(굽기용 그릇과 흡입용 빨대)을 가져와서 약물을 복용하였다. 그들의 약물 복용이 현대 사회의 도덕적 붕괴의 조짐인가? 음, 아니다. 그것은 꽤 오래전 일이다. 연구자들이 알아본 바, 약물 도구는 약 2,400년 된 것들이다(Fitzpatrick et al., 2009). 선사시대 사회 연구를 통해 미국, 유럽을 포함하여 전 세계 다양한 지역에서 유사한 약물들이 존재했음이 밝혀졌다(Echeverría & Niemeyer, 2013; Rudgley, 1995).

이처럼 인간은 향정신성 약물을 오랫동안 사용해왔다. **향정신성 약물**(psychoactive drug)은 의식 경험에 변화를 가져옴으로써 신경계에 영향을 주는 일종의 화학물질이다. 향정신성 약물은 신경계 세포 간의 전달 신호를 바꿈으로써 이와 같은 효과가 나타나게 한다.

사람들이 약물을 남용하기 시작하면, 자신의 건강에 해롭다는 것을 알게 되어도 끊기가 어렵다(Everitt et al., 2008). 약물 남용자들은 **약물 중독**(drug addiction)으로 고통 받게 되는데, 이는 몸에 해로운 화학물질을 강박적, 습관적, 조절 불가능한 상태로 복용하는 것이다[National Institute on Drug Abuse(NIDA), 2010]. 약물 중독은 전 세계로 퍼져 있는 문제이다. 연구자들은 전 세계의 약 2,500만 명이 향정신성 약물에 중독된 것으로 추정하고 있다[United Nations Office on Drugs and Crime(UNODC), 2009].

왜 향정신성 약물은 중독성이 강한 것일까? 향정신성 약물이 뇌의 보상 센터를 활성화시키기

향정신성 약물 의식 경험에 변화를 가져옴으로써 신경계에 영향을 주는 일종의 화학물질

약물 중독 몸에 해로운 화학물질을 강박적, 습관적, 조절 불가능한 상태로 복용하는 것

때문이다(Tan, Rudolph, & Lüscher, 2011). 뇌의 보상 센터는 유기체가 자연스러운 보상이 이루어지는 활동(음식섭취 또는 성관계 등)을 하는 평상시에는 유쾌한 느낌을 만들어낸다. 약물은 인공적으로 이 보상 체계를 활성화시키고 그 결과 직접적으로 유쾌한 느낌을 만들어낸다. 이로 인해 유기체는 높은 수준으로 중독되게 된다. (10장에서 사람들이 흥분제에 중독되어 가는 동기 과정과 뇌 기제를 논의할 예정이다.)

항정신성 약물에는 몇 가지 종류가 있다. 우리는 네 가지의 약물(환각제, 오피오이드, 흥분제, 진정제)에 대해서 한 번 살펴보고자 한다.

신경전달물질 체계와 심리적 장애 치료법 연결하기

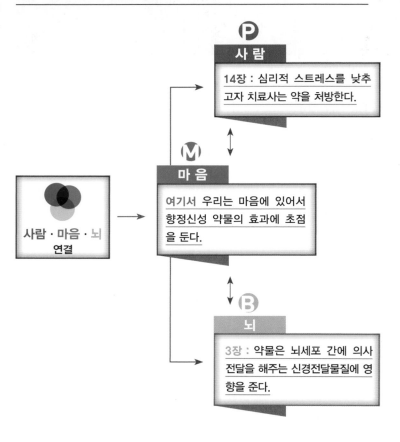

사람
14장 : 심리적 스트레스를 낮추고자 치료사는 약을 처방한다.

사람 · 마음 · 뇌 연결

마음
여기서 우리는 마음에 있어서 항정신성 약물의 효과에 초점을 둔다.

뇌
3장 : 약물은 뇌세포 간에 의사전달을 해주는 신경전달물질에 영향을 준다.

환각제 환각제(hallucinogens) 사람들로 하여금 환각과 현실과의 접촉을 끊어버리는 것과 같은 현상을 경험하게 하는 등 의식을 극심하게 변형시키는 물질이다. 환각 효과는 전 세계에서 오랫동안 많은 사람들이 경험한 바 있다. 중앙아메리카, 남아메리카, 남아시아의 전통 문화를 살펴보면, 환각제를 수 세기 동안 종교 의식에 사용했었다(Nichols, 2004).

전통문화에서는 자연스럽게 발생하는 환각물질의 효과를 발견했었다. 예를 들어 멕시코와 남아메리카에서 발견된 '마법의' 버섯은 정신 경험을 강력하게 변형시키는 화학물질인 실로시빈이 포함되어 있기 때문에 환각 효과가 있다.

최근 사람들은 환각제를 합성하여, 즉 실험실에서 여러 화학물질들을 합쳐서 만들어낸다. 그렇게 한 최초의 사람이 편두통 약을 제조하던 스위스 화학자 알버트 호프만이다. 1943년에 그는 특이한 경험을 보고하였다. "불쾌하지 않은 취한 느낌, 극도로 흥분되는 착각 현상 등. 꿈과 같은 상태에서…나는 환상적인 그림, 강렬함을 가진 특이한 모양, 만화경 속 컬러 등이 연속적으로 흐르는 느낌이 들었다"(Hoffman, 1979, p. 47). 호프만은 **LSD**(lysergic acid diethylamide)의 효과가 나타난 것이며, 소량의 LSD가 그의 피부에 스며들었고 위와 같은 심리적 증상을 일으킨 것이라고 추측하였다. 이를 검증하기 위하여 그다음에 호프만은 0.25mg의 약물을 복용하였다. 이는 너무 많은 양이었다.

> 내 앞에 보이는 모든 것이 흔들흔들하고 곡선 거울에 비치는 것처럼 일그러졌다…방 안의 모든 물건이 뺑뺑 돌고 가구와 물건들이 말도 안 되는 위협적인 모습이었고…나는 점점 미쳐 가는 듯한 끔찍한 두려움에 휩싸였다.
>
> - Hoffman(1979, pp. 48-49)

환각제 사람들로 하여금 환각과 현실과의 접촉을 끊어버리는 것과 같은 현상을 경험하게 하는 등 의식을 극심하게 변형시키는 물질

LSD 뇌에서 뉴런의 발화에 영향을 주는 합성 화학물질로, 다양한 생물학적 · 심리적 증상을 일으킴

호프만은 처음으로 LSD '여행'을 경험하였다.

호프만의 발견 뒤 20년 동안 미국에서는 극히 소수의 사람들이 LSD 여행을 경험하였다. 하지만 1960년대에 하버드대학 심리학자인 티모시 리어리와 리처드 앨퍼트(Lattin, 2010)의 노력으로 약물이 인기가 높아졌다. 그들은 멕시코의 마법의 버섯 샘플을 채취하여 처음으로 환각제를 경험했었다. 그들은 LSD 상태를 경험하였고 사용자들이 새로운 의식 경험을 제공하는 등 이점이 있

을 거라고 확신하였다. 리어리와 앨퍼트는 약을 친구들, 작가, 예술가, 심지어 학생들에게까지 주었다. 리어리는 "turn on, tune in, drop out"이라는 음반을 발표하면서 환각제 사용을 옹호하는 캠페인을 시작하였다.

캠페인은 매우 성공적이었다. 환각제는 1960년대 반체제 문화의 대표 상징이 되었다. 대중음악과 예술에 반영되어 나타났고, 더 보편적으로 약물을 남용하게 되었다.

오늘날 환각제는 지속적으로 남용되고 있다. 미국 10대의 약 1%, 젊은 성인의 약 7%가 적어도 한 번은 LSD를 시도해본 적이 있다고 답하였다 [Substance Abuse and Mental Health Services Administration(SAMHSA), 2010]. 법적으로 규제를 하는데도 불구하고 환각제 남용은 지속되고 있다. 환각제 소지는 불법이다. 건강을 위협함에도 불구하고 환각제 남용은 지속되고 있다. 환각제는 다양한 경로를 통해 건강에 손상을 입힐 수 있다. 예를 들어 몇몇 사용자들은 그들이 슈퍼맨과 같은 힘을 가졌다고 느끼고 날려고 하는 등의 기이하고 위험한 행동을 하였다(Nichols, 2004). 또 다른 위험은 심리적인 것이다. 심리적으로 스트레스를 잘 받는 사람들에게 환각제에 의해 발생하는 불안을 유발하는 의식 변성은 우울증 또는 정신병을 일으키게 된다. 즉 현실세계를 이해할 수 있는 정상적인 정신 능력에 손상을 가져온다(Nichols, 2004).

이 책을 보고 있는 어떤 독자들은 의식 경험의 확장을 탐색하고 있었을지도 모른다. 환각제와 스스로 통제하는 기술을 한번 비교해보자. 앞서 학습했듯이, 명상기술은 의식의 각성에 도움을 준다 — 비용을 지불하지 않고, 법적 위험도 없으며, 환각제처럼 건강에 손상을 주지도 않는다.

LSD의 심리학적 효과를 설명하는 생물학적 과정은 무엇인가? 약물은 신경전달물질인 세로토닌의 활성화에 영향을 준다(Aghajanian & Marek, 1999; Nichols, 2004). 사람들이 LSD를 섭취할 때, 세로토린에 의해 활성화되는 뇌세포들('세로토닌'의 신경물질)을 비정상적으로 발사한다. 세로토닌 뉴런은 뇌의 여러 영역에서 발견된다. 결과적으로 LSD는 생물학적으로 광범위한 영향을 가지고 있어서 심리적으로도 영향을 주게 된다.

환각제가 부가적인 생물학적 효과가 있다는 증거를 제시하며 설명한 학자도 있었다(Fantegrossi, Murnane & Reissig, 2008). LSD와 실로사빈 둘 다 독특하게 피질 내 뇌세포의 내적 조작에 영향을 주는 마법의 버섯에서 발견되었다(González-Maeso et al., 2007). 여러 효과 — (1) 세포들 사이의 전달 체계로 사용되는 신경전달물질, (2) 개인 세포 내의 생물학적 활성화 — 를 복합적으로 종합해보면 왜 환각제 효과가 그렇게 강력한지를 알 수 있다.

오피오이드 오피오이드(opioids)는 주로 고통을 경감하는 데 향정신적 효과가 있는 화학물질이다. 고통과 고통 관련 감정 생성에 관여하는 신경 체계의 세포들에 붙음으로써 고통을 경감해준다(Holden, Jeong, & Forrest, 2005). 예를 들면 모르핀은 신체에서 뇌로 고통이 전달되는 신호를 줄여줌으로써 고통의 의식적인 경험 정도를 낮춰주게 되는 것이다.

오피오이드의 향정신적 효과가 고통 감소만 있는 것은 아니다. 오피오이드는 극도의 행복감과 황홀감을 느

사이키델릭 시대 1960년대 로커 재니스 조플린과 그녀의 사이키델릭한 분위기의 포르쉐 — 환각제를 복용한 뒤 생기는 강렬한 색채 또는 그림을 표현함

RB / Redferns / Getty Images

다리가 골절되었을 때, 그는 더 잘 뛸 수 있는 최적의 타이밍이었다 2012년 런던 올림픽에서 만테오 미첼은 1,600미터 계주 경기를 하는 동안 다리가 골절되었다 — 하지만 그는 끝까지 완주하였다. 사실 그때 그는 더 잘 뛸 수 있는 최적의 타이밍이었다. 어떻게 그럴 수 있는가? 미첼이 고통을 겪었더라도 다리가 골절되어 앉아서 일하는 사람보다 통증이 적었다. 강도 높은 운동을 하는 동안에는 신체의 내인성 오피오이드 체계가 고통의 의식적인 경험을 낮춰주는 기능을 한다.

AFP Photo / Eric Feferberg / Getty Images

오피오이드 주로 고통을 경감하는 데 향정신적 효과가 있는 화학물질로, 행복감과 황홀감을 가져다줄 수도 있다.

Anthony Collins / Alamy

끼게 해준다(van Ree, Gerrits, & Vanderschuren, 1999). 이 때문에 오피오이드는 중독성이 강하다. 사람들은 약물을 중단했을 때 생기는 금단 현상(불안, 불면증, 근육통)을 피하기 위해서 긍정적인 느낌을 갈망하고 찾게 된다. 오피오이드 중독은 건강에 치명적인 위험을 유발한다. 예를 들어 오피오이드는 치명적인 호흡 부전을 일으킬 수 있는데, 특히 다른 약물과 함께 복용했을 때 그렇다 (NIDA, 2011).

당신은 오피오이드의 통증을 경감해주는 효과를 겪어볼 필요가 없다. 당신은 이미 우리 생체 내부에서 그 효과를 보고 있다. 신체는 저절로 내인성 오피오이드를 만들어낸다(내인성은 '체내에서 저절로 생겨나는'이라는 것을 의미함). 아편처럼 체내의 내인성 오피오이드는 척수에서 뇌로 전달을 감소시켜 고통을 경감해준다(Holden et al., 2005). 연구를 통해 격렬한 운동은 뇌 내부의 내인성 오피오이드(특히 엔도르핀) 수준을 높여주는 것으로 밝혀졌다(Landolfi, 2012; Scheef et al., 2012). 결과적으로 운동선수들은 겉으로는 고통스러울 정도로 힘들지만 높은 수준의 운동량을 자연스럽게 수행해낼 것이다. 내인성 오피오이드 시스템은 고통의 의식적인 경험을 낮춰주는 기능을 한다.

흥분제 흥분제(Stimulants) 신경 계통의 활성화를 자극하여 민첩성과 에너지 수준을 향상시켜 주는 향정신성 약물이다. 흥분제는 위축되고 어색한 태도에서 벗어날 수 있게 해줄 뿐만 아니라 사람들의 심리적 안녕감, 자존감까지도 높여줄 수 있다(Gawin & Ellinwood, 1988).

당신이 지금 바로 섭취 가능한 가장 일반적인 흥분제는 다음과 같다 — 카페인, 커피에 함유되어 있는 화합물, 차, 에너지 드링크, 탄산 음료, 초콜릿 등. **카페인**(caffeine)은 뇌 활성화 둔화를 가져오는 생화학적 반응을 발생시키는 과정에 개입함으로써 민첩성을 높여준다(예 : 당신이 졸릴 때; Ribeiro & Svastião, 2010). 카페인의 향정신적 효과는 다른 흥분제들보다는 약하지만, 중독성이 강할 수 있다. 늘 섭취하던 사람이 갑자기 카페인을 끊으면, 뇌혈류의 변화로 인해 두통과 피로와 같은 금단현상을 일으키게 된다(Sigmon et al., 2009).

또 다른 흥분제인 **니코틴**(nicotine)은 담배에 들어 있다. 니코틴은 쾌락과 정서적 안녕감(6장 참조) 수준을 높여주는 도파민뿐만 아니라 각성 수준을 높여주는 신경전달물질의 안정을 가져다준다. 각성과 안녕감은 좋은 효과처럼 느껴질 수도 있다. 하지만 담배의 니코틴을 통해 얻는 각성과 안녕감은 가치 있는 것은 아니다. 흡연은 건강에 상당히 해롭다. 흡연으로 20세기에 100만 명의 사람들이 사망한 것으로 추정되며, 전 세계적으로 흡연율은 꾸준히 상승하여(Giovino, 2012) 21세기에는 더 많은 사람들이 사망할 것으로 예상한다(NIDA, 2010).

리탈린은 높은 주의산만성, 낮은 집중력, 빠르고 빈번한 움직임과 말 등과 같은 충동행동이 특징인 **주의력결핍 과잉행동장애**(attention-deficit hyperactivity disorder, ADHD)를 치료할 때 처방하는 흥분제이다(NIH, 2012). 리탈린은 집중력 유지와 행동 통제 담당 영역인 전두피질의 신경정보 교환에 영향을 줌으로써 ADHD 증상을 감소시켜 준다(Devilbiss & Berridge, 2008).

암페타민(amphetamines)은 도파민을 포함하여 다수의 신경전달물질에 영향을 줌으로써 각성 수준을 높여주고 행복감을 느끼게 해주는 강력한 흥분제이다(Berman et al., 2009). 암페타민과 메탐페타민(화학적으로 유사한 흥분제)은 기분전환 약제로서 불법적으로 사용되어 왔다. 50만 명 이상의 미국인들이 아무 때나 이 약들을 기운을 차리고 긍정적인 기분을 얻기 위해 사용하고 있다 (SAMHSA, 2009). 이와 유사한 약제인 **코카인**(cocaine)은 의식 경험 측면에서 유사한 효과가 있고 중독성 또한 강하다. 코카인은 크랙코카인이라고 하는 담배 형태로 흡입할 때 그 효과가 특히 강하다(Schifano & Corkery, 2008).

최근 인기 있는 약물은 흥분제이자 환각제인 **엑스터시**(ecstasy)이다. 엑스터시는 불안을 감소시

흥분제 신경 계통의 활성화를 자극하여 민첩성과 에너지 수준을 향상시켜 주는 향정신성 약물

카페인 커피, 차, 에너지 드링크, 탄산음료, 초콜릿 등에 들어 있는 각성 효과를 높여주는 화합물

니코틴 쾌락과 정서적 안녕감 향상과 더불어 각성 수준도 높여주는 담배에 들어 있는 흥분제

주의력결핍 과잉행동장애(ADHD) 높은 주의산만성, 낮은 집중력, 빠르고 빈번한 움직임과 말 등과 같은 충동행동이 특징임

암페타민 강한 각성 효과와 행복에 젖은 느낌을 가져다주는 흥분제

코카인 각성 효과와 행복에 젖은 느낌을 가져다주는 흥분제로 중독성도 강함

엑스터시 불안을 감소시키고 친밀감과 행복감을 가져다주는 기분전환 약제로 체온을 상승시킨다. 흥분제이자 환각제에 해당됨

키고 친밀감과 행복감을 느끼게 해줄 수 있어 인기가 있다. 그러나 엑스터시는 건강에 해롭기도 하다. 예를 들어 비정상적으로 체온이 올라갈 수도 있어서 열사병에 걸릴 수 있다(Rogers et al., 2009).

진정제 진정제(depressants)는 중추신경계의 각성상태를 감소시키는 향정신성 약물이다. 중추신경계의 각성상태가 낮을 때는 자극에 대한 민감성과 불안감이 낮아질 수 있다. 진정제는 억제 신경전달물질(즉 뇌의 활성화 수준을 감소시키는 신경전달물질)의 효과를 부분적으로 증가시킴으로써 그 효과가 나타나게 된다(Julien, 2005).

널리 사용되는 진정제로 **벤조디아제핀**(benzodiazepines)이 있다. 벤조디아제핀은 근육의 긴장 완화와 수면을 취할 수 있도록 해줄 뿐만 아니라 불안감을 감소시켜 주는 효과가 있는 향정신성 약물이다(Tan et al., 2011). 이러한 효과 때문에 바륨, 자낙스, 아티반 등과 같은 벤조디아제핀은 불안장애를 치료하는 데 자주 처방되는 약이다(14장 참조). 불안을 감소시키는 것 외에도 벤조디아제핀은 뇌의 보상 센터를 활성화시켜 유쾌한 기분이 들도록 한다. 이로 인해 중독성이 생겨나게 된다.

모든 진정제 중 가장 일반적으로 사용되는 것은 맥주, 와인, 스프리츠(음료)에 들어 있는 화합물인 **알코올**(alcohol)이다. 알코올이 들어 있는 음료는 1,000년 동안 인류 역사의 일부였다고 할 수 있다. 이러한 음료들은 뇌 안의 억제 신경전달물질의 활성화를 자극하고 흥분 신경전달물질을 감소시킨다(Valenzuela, 1997). 와인을 저장해 놓은 다양한 7,000년 된 항아리가 이란에서 발견되었고, 중국에서는 9,000년 된 맥주 양조장의 컨테이너로 보이는 것이 발견되었다(Gately, 2008). 이처럼 인류 역사 속에서 알코올이 주는 긴장 완화 효과와 억제 능력 감소를 오랫동안 경험해왔음을 알 수 있다. 물론 이는 사람들에게 부정적인 효과도 있었다는 것을 의미한다. 음주는 결정 능력과 수행 능력에 악영향을 미친다. 만성 알코올 중독은 기억과 운동 능력 조절을 담당하는 뇌 영역에 손상을 줄 수 있다(NIDA, 2010).

알코올은 행동에 어떤 영향을 주는가? 경우에 따라 다르다. 약간 섭취하는 것은 사람들을 따뜻하고 사교적으로 만들 수도 있다. 또 사람에 따라서 알코올 섭취로 인하여 어떤 경우는 적대적이고 공격적으로 만들 수 있다. 이러한 차이를 이해하기 위해서는 다각도로 분석하는 것이 필요하다. 단순히 뇌 수준에서의 분석(신경정보 교환의 알코올 효과)이 아닌 정신 능력의 수준(알코올이 영향을 미치는 특정 사고과정의 분석)과 개인 수준(특히 사람들이 음주를 하는 사회적 환경을 고려하여 분석)에서의 분석이 필요하다.

정신 능력의 수준에서 알코올은 두 가지 중요한 효과가 있다 — (1) 사람들이 주의집중할 수 있는 정보량 감소, (2) 그 정보에 대해 깊이 생각할 수 있는 개인 능력에 손상을 줌(Steele & Josephs, 1990). 요약하면, 음주는 사고 능력에 손상을 준다. 사고 처리과정에 대한 알코올의 영향을 이해하면 사회적 행동에서의 음주의 영향에 관해서도 설명 가능하다.

음주를 해본 사람들은 사회적 신호에 매우 민감하게 반응한다. 특히 사람들의 주목을 끄는 일(신호)에 영향을 많이 받는다(주의집중 능력이 크게 손상받기 전에). 사람들이 즐거워하는 모습에 주목한다면, 알코올이 그들의 따뜻함과 즐거움을 증가시킬 것이다. 사람들이 누군가를 모욕하는 모습에 주목한다면, 알코올은 공격성을 증가시킬 것이다. 이는 행동에 따라 알코올의 효과가 왜 '달라지는지'에 대한 이유이다. 사람들은 사람의 즉각적인 사회적 환경에서 나타나는 단서(신호)를 보고 판단한다.

마지막으로 향정신성 약물 중에서 가장 흔히 쓰이는 불법 약물인 **마리화나**(marijuana)(NIDA, 2014)에 관하여 논의하면서 마치고자 한다. 마리화나는 두 가지 이유에서 분류하기가 어려운 약

진정제 중추신경계의 각성 상태를 감소시키는 향정신성 약물로 자극에 대한 민감성과 불안감을 낮추는 효과가 있음

벤조디아제핀 불안감에 시달릴 때 처방하는 향정신성 약물로, 근육의 긴장완화와 수면을 취할 수 있도록 해줌. 이와 함께 유쾌한 기분이 들도록 해줌

알코올 맥주, 와인, 스프리츠(음료) 등에 들어 있는 화합물인 진정제. 긴장을 완화해주고 억제행동을 감소시켜 주는 효과가 있음

마리화나 행복감과 긴장이 완화된 고요한 상태라는 특징이 나타나는 등의 광범위한 효과를 지닌 약물

긴장을 완화해준다. 행복감에 빠져들게 한다. 하지만 지적 능력을 떨어지게 할지도 모른다. 연구 결과 지속적인 마리화나 사용은 사는 동안 IQ 점수를 낮출 수 있다.

Pablo Porciuncula / AFP / Getty Images

물이다. 첫째, 광범위한 효과를 나타낸다. 마리화나는 의식 느낌과 사고 능력 모두에 영향을 줄 수 있다. 둘째, 그 효과는 다양하다. 어떤 상황에서도 약물에 대한 반응의 개인차 뿐만 아니라 마리화나의 양에 따라서 그 효과가 달라진다(Ameri, 1999).

이러한 차이에도 불구하고 일반적으로 나타나는 효과의 패턴이 있다. 마리화나 복용자는 긴장이 완화되고 고요한 상태에서 행복감을 경험하는 경향이 있다(Ameri, 1999). 이러한 효과는 뇌 내부의 세포 활성화에 영향을 미치는 테트라히드로칸나비놀(THC)이라는 마리화나에 들어 있는 화학물질에 의해 나타난다. 특히 THC는 정서 상태(예 : 유쾌한 느낌)뿐만 아니라 인지(기억, 사고, 집중)와도 관련 있는 뇌 영역의 신경 활동에 영향을 준다. 광범위한 생물학적 영향은 다양한 심리적 효과를 설명하게 된다.

과거에 공중위생관리국에서 마리화나 사용의 부정적인 효과를 과장해서 말한 적이 있다. 대조적으로 오늘날 마리화나 복용자들은 잠재적인 장기 비용에 대한 생각을 하면서 약의 심리적 효과를 즐길 것이다. 하지만 비용은 존재한다. (1) 전혀 마리화나를 피워본 적 없는 사람들과 (2) 10대 때부터 30대에 이르기까지 지속적으로 마리화나를 했던 사람을 비교한 연구를 보면 다음과 같다(Meier et al., 2012). 이 연구의 핵심 종속변수는 지능검사 점수였다. 연구자들은 연구 참여자의 인생 초기와 성인이 된 후의 IQ 점수(7장 참조)를 조사하였다. 연구 결과, 지속적으로 마리화나를 한 사람은 지적 능력이 점점 떨어지는 것으로 나타났다. 지속적으로 마리화나를 하게 되면 IQ가 6점가량 떨어지는 것으로 나타난 반면, 마리화나를 하지 않는 사람들의 IQ 점수가 약간은 상승하는 것으로 나타났다.

표 8.1은 지금까지 우리가 살펴본 향정신성 약물에 관하여, 그리고 비교적 보편적으로 쓰이는 약물 중 추가적으로 첨가하여 요약한 것이다.

표 8.1

연구목적과 연구설계		
약물	**분류**	**의식 경험에 미치는 일반적인 단기 효과**
알코올	진정제	긴장 완화, 긴장 감소, 상승된 기분
암페타민	흥분제	각성 효과, 행복감
벤조디아제핀	진정제	불안 감소, 긴장 완화, 수면에 도움
카페인	흥분제	각성 효과, 흥분, 주의집중
코카인	흥분제	행복감, 에너지 상승, 각성
엑스터시	환각제, 흥분제	불안 감소, 행복감, 시각적 환각 상태
헤로인	오피오이드	밀려드는 행복감, 멍한 느낌, 고통 감소
LSD	환각제	왜곡된 감각·지각 경험, 강렬한 긍정적·부정적 정서
마리화나	진정제, 환각제	행복감, 진정, 왜곡된 지각과 손상된 사고, 편집증
니코틴	흥분제	상승된 기분, 긴장 완화, 집중력 향상, 식욕 감소
실로시빈	환각제	환각 상태, 왜곡된 시간 지각, 강렬한 정서 상태
리탈린	흥분제	주의집중력 상승, 주의산만성 감소

* 향정신성 약물의 단기 효과는 사람마다 다양하게 나타날 수 있다. 단기 효과 외에도 많은 향정신성 약물은 심리적·육체적 건강에 부정적인 영향을 미친다. 미 국립약해연구소(NIDA)는 알코올 남용과 불법 약물 복용으로 인하여 연간 10만 명 이상이 사망에 이르고 있으며 흡연으로 그보다 4배 이상 많은 사람들이 사망에 이르고 있는 것으로 추정하고 있다(NIDA, 2010).

●● 돌아보기 & 미리보기

의식은 완벽한 수수께끼인 것처럼 보였다 — 과학의 영역을 넘어선 퍼즐이었다. 하지만 이 장에서 살펴본 바와 같이, 오늘날에는 상황이 많이 달라졌다. 연구자들은 의식에 관한 퍼즐을 과학적으로 해결하는 데 상당한 진보를 이루어냈다.

이 진보는 다양한 분석 수준의 연구를 통해 이루어졌다. 정신 능력에 관한 신중한 연구는 해결하기 어려운 문제의 함정을 피하기 위함이었다. 최첨단의 뇌 영상 기법은 의식 경험에 필요한 상호 연결된 신경 시스템을 확인하는 데 필요하였다.

그러나 의식에 관한 모든 퍼즐이 해결된 것은 아니었다. 뇌의 물리적 구조가 의식 경험의 대상에게 어떻게 영향을 주는지에 관하여 과학적으로 완전히 이해하기에는 부족하다. 이 분야에서 과학적 업적을 생각하는 당신이 그 문제에 도전해보길 바란다!

Chapter Review
복 습

이제 이 장을 마쳤다. 부록에는 의식에 대해 배운 부분이 요약되어 있다. 요약을 읽어보면 이 장에서 학습한 내용을 복습하는 데 도움이 된다.

핵심용어

LSD	소망-충족 이론	약물 중독	최면
REM 수면	소인문제	엑스터시	최면 유도
기면증	수면 단계	오피오이드	카페인
니코틴	수면 무호흡증	의식	코카인
마리화나	수면 박탈	이원론	향정신성 약물
마음 시간 여행	수면 실험실	일주기	환각제
명상	수면장애	자기재인 거울검사	환상지 증후군
벤조디아제핀	심신문제	자의식	활성화-종합 이론
불면증	알코올	주의력결핍 과잉행동장애(ADHD)	흥분제
비REM 수면	암페타민	진정제	

연습문제

1. 다음 중 의식이 결여된 것은?
   a. 도마뱀   b. 스마트폰
   c. 강아지   d. 모두 의식이 결여되어 있다.

2. 데이지와 메이지는 말 그대로 서로의 고통을 함께 느낀다고 보고한 일란성 쌍둥이다. 예를 들어 데이지가 야채를 써는 동안 손가락을 베었을 때 이웃 마을에 사는 메이지의 손가락이 찌르는 듯이 아팠다. 그들의 주장이 타당하다면, 다음 중 이의를 제

Chapter Review
복 습

기반게 되는 의식의 특징은 무엇인가?

a. 객관성   b. 광범위함

c. 주관성   d. 선천성

3. 연구자가 코끼리의 왼쪽 관자놀이에 X자 모양으로 테이프를 붙이고 거울 앞으로 데려왔다. 코끼리는 오른쪽 관자놀이 방향이 아닌 왼쪽 관자놀이 방향으로 자신의 몸을 흔들었다. 여기에서 코끼리의 어떤 점을 추론할 수 있는가?

a. 코끼리는 의식을 가지고 있다.

b. 코끼리는 자의식이 있다.

c. 코끼리는 정신적으로 시간 여행이 가능하다.

d. a와 b 둘 다 옳다.

4. '심신문제'는 _____ , 해결될 수 있다.

a. 비물리적 대상이 물리적 대상에 영향을 줄 수 있다면

b. 송과선이 정말로 생물학적으로 독특하다면

c. 우리가 마음은 비물리적 속성을 지닌 것이라고 생각한다면

d. 마음속 '극장'에 정말로 소인이 있다면

5. 의식 경험에 관한 데카르트의 이론에 따르면, 어떤 사람이 토끼 이미지를 당신에게 보여준다면 뇌의 _____ 영역에서 처리과정이 일어날 것이다. 데닛은 자극은 뇌의 _____ 영역에서 자극을 처리한다는 증거를 제시하면서 데카르트의 견해에 동의하지 않았다.

a. 여러, 한   b. 한, 여러

c. 여러, 제한된   d. 한, 제한된

6. 의식에 관한 서양의 이론에 비하면, 동양의 이론은 _____.

a. 더 현대적이다   b. 더 포괄적이다

c. 이원론적이지 않다   d. 정교하지 않다

7. 의식에 관한 진화론적 관점은 정보 결합을 가능하게 해준다. 다음의 결정들 중 정보 결합을 위한 기술에 가장 필요한 것은?

a. "나는 현금이 부족해서 상표 없는 상품을 샀다."

b. "나는 큰 소리를 들었다. 그래서 달렸다."

c. "나는 배고팠다. 그래서 먹었다."

d. "나는 떨어졌다. 그래서 일어났다."

8. 마취 상태에서 시상-피질 회로의 활성화가 감소한다. 정보를 결합하는 능력과 연관된 회로가 있기 때문에 정보를 결합하는 능력은 _____ 생각된다.

a. 의식에 필수불가결한 것으로

b. 의식에 상반되는 것으로

c. 의식과 관련이 없는 것으로

d. 의식에 적대적인 것으로

9. 당신은 자고 있다. 당신의 심장박동, 호흡률, 혈압은 매우 요동치고 있다. 당신은 성적 흥분마저 느끼고 있다. 당신은 다음 중 어느 수면 단계라고 생각되는가?

a. 1단계   b. 2단계

c. 3단계   d. REM

10. 연구자들은 일주기가 환경적 요인에 의한 것인지, 생물학적 요인에 의한 것인지를 알아보기 위해 수면 실험실에 있는 연구 참여자들의 하루를 20시간 또는 28시간 주기로 조작하였다. 두 경우 모두 신체 리듬이 24시간 주기에 따른다는 것을 알아냈다. 이 연구에 비추어볼 때 어떤 결론을 내릴 수 있는가?

a. 일주기는 환경의 영향을 받지 않는다.

b. 생물학적 요인이 일주기에 영향을 주지 않는다.

c. 일주기는 몇 가지 요인에 의한 것이다.

d. 환경적 요인과 생물학적 요인 모두 일주기에 영향을 준다.

11. 당신은 최근 엄청나게 바빴다. 낮에 시간을 더 만들기 위해 밤잠 두 시간을 희생하였고, 그로 인해 지난 2주 동안 밤잠을 6시간씩 잤다. 어떤 영향이 있을 것 같은가?

a. 아무런 영향이 없다. 잠을 줄인 전략은 괜찮았다.

b. 수행 능력에 약간 지장을 주었으나, 크게 걱정할 건 없다.

c. 마치 밤샘 공부를 한 것처럼 컨디션이 떨어질 것이다.

d. 시상에 돌이킬 수 없는 손상이 생겼다.

12. 수면 무호흡증은 심부전증, 비만과 관련성이 높다. 이로 미루어볼 때, 그 관련성과 세 가지 상태(수면 무호흡증, 심부전증, 비만) 사이에 어떤 결론을 내릴 수 있는가?

a. 수면 무호흡증은 동시에 심부전증과 비만을 불러온다.

b. 수면 무호흡증은 심부전증의 원인이 되는 비만을 불러온다.

c. 비만은 수면 무호흡증의 원인이 되는 심부전증을 불러온다.

d. 인과관계를 설명하기 위해서는 더 많은 정보가 필요하다.

13. 교재에서 언급한 세 가지 꿈의 이론들 중 꿈은 왜 때때로 기이한지를 가장 잘 설명하지 못하는 이론은 무엇인가?

a. 소망 충족 이론   b. 활성화-종합 이론

c. 위협에 대한 대비   d. 해당사항 없음

14. 다음 중 최면에 걸린 동안 피험자의 행동이 사회적 역할 효과 때문이라는 생각에 반박하는 증거로 가장 적합한 것은?

    a. 최면은 치료 도구로서 사용될 것이다.

    b. 사람들이 최면에 걸린 동안은 명시적 기억이 아니라 암묵적 기억에 의존한다.

    c. 피최면성(최면에 걸리는 정도)은 개인차가 있다.

    d. 사람들은 최면에 걸린 동안 타인의 영향을 받기 쉽다.

15. 특히 격렬한 운동을 하는 동안 저절로 신체에서 만들어지는 물질은 다음 중 무엇인가?

    a. 환각제   b. 오피오이드

    c. 흥분제   d. 진정제

해 답

해답은 부록에서 확인할 수 있다.

정서, 스트레스, 건강

여기는 미래의 공항이다. 보안 검색대에 있는 컴퓨터는 당신이 테러리스트인지를 알아내려고 당신의 마음을 읽고 있다.

과학 공상소설에서나 나오는 이야기처럼 들리는가? 미국 국토안보국(DHS)은 그렇게 생각하지 않는다. 사실 이미 수년 전부터 컴퓨터는 이런 기능을 하고 있다. DHS가 연구 개발한 프로그램인 '적 발견 프로젝트'는 비행기 탑승객 중에서 공항 검색대 요원을 속일 잠재적 의도를 가진 사람을 식별해내는 것을 목적으로 하고 있다(Department of Homeland Security, 2008). 이러한 노력은 DHS의 '미래 잠재의도 검색기술(FAST)' 프로젝트로 이어져 계속되고 있다(DHS, 2011).

이들 프로그램은 사람의 적의를 어떻게 알아낼까? 미국 국토안보국은 "측정되는 구체적 행동 기준은 민감한 사항이어서 … 말할 수 없다"(DHS, 2008, p. 2)라고 하면서 구체적인 측정 방법을 밝히지 않고 있다.

당신이 어떤 감정을 품게 되면, 그 감정은 당신의 얼굴에 나타나게 된다. 당신이 그 감정을 숨기려고 노력할지라도 짧은 한순간에 그것이 나타나게 된다. 이를테면 불법 물건을 소지하고 보안 검색대를 통과할 때 갖게 되는 스트레스와 공포 등 숨긴 감정은 찰나의 얼굴 근육 움직임 한 번만으로도 그런 내면의 감정 상태를 여지없이 드러나게 한다.

정서 연구자인 폴 에크만(Paul Ekman)은 내면의 숨긴 정서를 알아내는 방법을 연구해왔다. 그는 고속 비디오카메라를 사용하여 순간의 얼굴 근육 움직임을 잡아냈다. 이러한 근육의 움직임은 사람들이 숨기고자 애쓰는 정서를 여지없이 폭로한다. 에크만 박사는 적 발견 프로젝트에서 컨설턴트로 활동하고 있다(Johnson, 2009).

연구 초창기에 에크만 박사는 사람의 얼굴 표정을 비디오로 찍어 일일이 분류하고 코딩하였는데 이는 시간이 많이 걸리는 작업이었다. 최근에 와서야 얼굴 표정을 섬세하게 코딩할 수 있는 컴퓨터 소프트웨어가 개발되었다(Terzis, Moridis, & Economides, 2011). 이와 같은 소프트웨어 덕분에 미국 국토안보국은 바라는 바를 이룰 수 있었다. 정서심리학에 기초하여 마음을 읽도록 프로그램된 "컴퓨터가 … 할 행동을 분석하고 나쁜 의도를 가진 자를 식별해낼 것이다"(DHS, 2008). ◉

"무슨 생각해?"

사람들은 이 질문을 항상 한다. 때론 당신의 솔직한 대답은 "아무것도. 아무것도 생각하지 않아"이다. 때로 당신은 그냥 멍하니 있을 때도 있다.

"무엇을 느끼고 있어?"

사람들은 이 질문도 항상 한다. 그러나 솔직한 대답은 아까처럼 "아무것도"라고 대답할 수 없다. 우리는 항상 무언가(피곤함, 생기 넘침, 지루함, 화, 감사, 평온, 걱정 등)를 느낀다. 감정은 상존하고 있다(Russell, 2003).

이 장에서는 먼저 감정의 두 종류에 대해 살펴보고자 한다. 하나는 갑자기 분출하며 때론 감정이 응축되어 느끼게 되는 정서이며 또 다른 하나는 상대적으로 덜 강하게 느끼지만 심리적인 상태가 오래 가는 기분이다. 정서와 기분에 대해 심리학 관점에서 분석한 후에 이런 심리적 경험을 하게 하는 뇌의 구조에 대해 알아보고자 한다. 그래서 사람들이 스트레스를 받을 때 느끼는 정서, 스트레스 정서가 신체 건강에 미치는 영향과 스트레스를 덜 받는 삶의 전략에 대해 살펴보려고 한다.

정서와 기분에 대해 정의하기

정서와 기분에 대한 심리학에 있어 특히 중요한 용어 정의를 먼저 하고자 한다. 다행스럽게도 용어 정의는 쉬울 것 같다. 낯설고 새로운 기술 용어가 필요하지 않기 때문이다. 우리가 감정에 대해 이야기할 때 이미 사용하고 있는 단어가 용이할 것이다(Hacker, 2004 참조).

정서

사전 질문

> **정서의 네 가지 주요 요소는 무엇인가?**

정서란 무엇인가? 정서라는 단어가 어떻게 사용되는지 살펴보자. 영어에서 정서는 세 가지 요소를 가진 심리 경험으로 묘사되고 있다 — (1) **감정**(만약 정서를 경험하고 있다면, 우리는 좋은지 아니면 나쁜지를 느끼고 있다), (2) **사고**(화 또는 슬픔 같은 정서를 경험할 때 우리는 정서적 반응을 유발한 사람이나 사건에 대해 항상 생각하게 된다), (3) **신체 각성**(정서 반응이 일어나기 전과 비교할 때 정서 반응 후의 신체 상태에 변화가 생긴다; Wierzbicka, 1999). 한 예를 들어보자. 한 운전자가 운전 중 다른 차가 갑자기 끼어들었을 때 화라는 정서를 느끼게 된다. 이 정서는 세 가지 요소를 내포하고 있다.

1. **감정** : 한 번 화가 나게 되면, 그전에 느꼈던 감정과는 다르게 느끼게 된다.
2. **사고** : 끼어든 운전자로 인해 거의 사고가 날 수도 있었기 때문에 화가 났고, 당신은 그 운전자에 대해 생각하기 시작한다.
3. **신체 각성** : 화가 나면 생리학적으로 더 각성하게 된다. 사람들은 화가 난 생리학적인 상태를 "나 열 받았어", "내 피를 끓게 만든다"로 표현한다.

이 중 한 요소라도 빠진다면 정서를 경험했다고 말할 수 없다. 예를 들어 3번 신체 각성이 빠졌다고 생각해보자. 아마도 당신은 아주 평온하게 그리고 낮고 부드러운 목소리로 "요즘 운전을 형편없이 하는 사람들이 많아서 불행해"라고

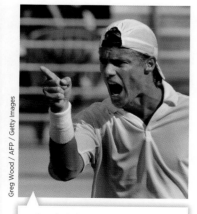

Greg Wood / AFP / Getty Images

그는 감정적이다 정서는 세 가지 요소를 가지고 있다. 호주 테니스 선수인 레이튼 휴이트의 사진에서 보듯이 세 가지 요소를 그의 얼굴에서 알 수 있다 — (1) 감정(휴이트는 화가 난 것을 명확히 느끼고 있다. 그의 얼굴 표정에서 우리는 그것을 알 수 있다), (2) 사고(그는 무엇인가에 대해, 아마도 진행에 대해 몹시 화가 나 있다), (3) 신체 각성(그의 얼굴과 목에 보이는 경직된 근육은 평상시에는 나타나지 않는다).

지금 누군가가 당신의 얼굴을 보고 당신이 어떤 정서 상태에 있다고 말할 것 같은가?

그림 9.1
이 여성은 무엇을 느끼고 있는가? 이 그림 속의 얼굴들을 분노, 환멸, 공포, 행복, 슬픔, 놀람의 정서들과 연결해보라. 어렵지 않을 것이다. 감정 하나하나는 각각의 얼굴 표정 하나하나와 연합되어 있다.

말할 것이다. 신체의 평온 상태로 인해서 당신은 끼어들기에도 불구하고 감정적으로 되었다고 말할 수는 없다.

정서에는 사고, 감정, 신체 각성의 세 가지 주요 요소 외에 하나를 추가한 네 번째 요소가 있다 (Ekman, 2003). 그림 9.1을 한 번 보면 정서적으로 격해 있을 뿐 아니라 어떤 감정을 느끼는지를 말할 수 있다.

세상의 모든 언어가 '정서'라는 단어를 정서의 있는 그대로를 표현하지는 않는다(Wierzbicka, 1999). 하지만, 이 장에서 처음 언급한 것처럼 영어에서 '정서'가 자연스럽게 사용되는 방법이 이 단어를 정의하는 데 충분하다. **정서**(emotion)란 심리학적인 상태로 감정, 사고, 신체 각성으로 구성되며 때론 뚜렷한 얼굴 표정을 동시에 수반한다.

기분

사전 질문

> **기분은 정서와 어떻게 다른가?**

기분이 정서와 다르다는 사실은 이미 언급했다. 사귀던 사람과 헤어지게 되면 당신은 울 것이다. 당신은 감정적이지만 감상적인 기분이 되는 것은 아니다. 만약 당신이 하루종일 불평이 많고 저기압 상태라면, "기분이 안 좋다"고 말할 것이다. '정서'와 '기분'은 다른 심리적 상태를 가리키고 있다. 차이를 살펴보자.

정서 감정, 사고, 신체적 각성이 결합된 심리상태로 종종 얼굴 표정 속에 구별된다.

> 기분은 정서보다 상태가 더 오래 지속된다. 정서는 어떤 것은 짧게는 수 초 동안, 어떤 것은 몇 시간 동안 지속되는 등 다양하지만(Verduyn, Van Mechelen, & Tuerlincx, 2011), 기분처럼 몇 날 또는 오랜 시간 동안 지속되지는 않는다.

> 기분은 반드시 (정서의 두 번째 요소인) 특정한 사고과정을 수반하지는 않는다. 이유 없이 그냥 '기분이 안 좋거나' '활기 찬' 상태인 것이지 무엇에 의해서, 무엇 때문에 그런 기분인 것은 아니다. 비교하자면 당신이 정서적일 때, 당신의 정서는 어떤 사람 또는 어떤 대상, 사건에 초점이 맞추어져 있다(Helm, 2009). 어떤 사람에 대해 분노나 질투를 느끼거나 무엇인가에 대한 죄책감을 느끼고 있는 것이다.

> 기분은 얼굴 표정과 강하게 연결되어 있지는 않다. 사람들의 기분은 얼굴에 잘 드러나지 않는다. 자신의 얼굴을 가만히 들여다보면 다른 사람은 알지 못하지만 저기압 기분일 때도 있다. 기분은 정서와는 달라서 그림 9.1에서 보이는 뚜렷한 얼굴 표정을 보이지는 않는다.

기분(mood)은 긍정적('좋은 기분')이거나 혹은 부정적('나쁜 기분')인 심리적 상태를 오랫동안 지속적으로 느끼는 것으로 정의할 수 있다. 이런 정의를 바탕으로 정서심리학에 대해 자세히 살펴보도록 하자.

> 최근 당신의 기분 상태는 어떤가?

정서

정서에 대한 연구 역사는 조금 특이하다. 20세기 초나 중반까지만 해도 정서는 연구에서 완전히 관심 밖이었다. 심리학자들은 학습(6장)에 온통 관심이 집중되어 있었으며 정서가 과학적으로 연구가 가능한 개념인지에 대해 질문을 던지는 중이었다(Duffy, 1934). 그들은 정서는 객관적으로 측정할 수 없으며 관찰 불가능한 마음과 관련있다고 생각하였다.

1950년대 후반이 되면서 심리학자들은 마음에 대해 연구하는 방법을 고안하기 시작하였다(Gardner, 1985). 이때까지도 정서는 계속적으로 관심을 끌지 못했다. 이 시기의 심리학자들은 마음을 컴퓨터와 같은 정보 처리도구로 간주하였다. 컴퓨터는 정서를 포함하지 않기 때문에 정보 처리적 접근은 정서에 대한 깊은 통찰력을 제시하지 못했다.

하지만 몇몇 심리학자들이 이런 흐름을 바꿔놓았다. 실번 톰킨스(Silvan Tomkins, 1962, 1963)는 다윈의 진화 생물론에 기초하여 정서 이론을 전개하였다. 리처드 라자러스(Richard Lazarus)는 사람들이 자신의 감정반응을 조절하는 방식을 분석했다(Lazarus & Alfert, 1964). 그러나 정서가 인간이 경험하는 주요한 현상이라고 주장하는 소수의견은 이들의 주장의 중요성에 상응하는 관심을 받지는 못했다.

하지만 1975년 이후가 되면서 분위기는 완전히 바뀌게 되었다. 일련의 흥미로운 연구 결과들로 인해 심리학자들은 정서에 관심을 갖게 되었다. 연구자들은 정서가 사고과정에 직접적으로 영향을 미친다는 사실을 발견하였다. 또 다른 연구자들은 뇌 체계가 정서 경험을 하도록 작용하는 것을 확인했다. 정서와 문화에 대한 연구에서는 어떤 정서는 모든 문화에서 보편적으로 나타나지만 어떤 정서는 지역에 따라 다양하게 표현되는 것을 밝혀냈다. 종합하자면, 이 장에서 배울 정서에 대한 다양한 발견이 연구자들의 관심을 끌어냈다. 오늘날 정서에 대한 연구는 심리학에서 연구가 왕성한 분야다(Armony & Vuilleumier, 2013; Lewis, Haviland-Jones, & Barrett, 2008).

사실 이 분야는 너무 커져서 분야를 체계화하는 것 자체가 큰 도전이다. 우리는 오늘날의 연구자들이 대답을 찾는 네 가지 핵심 질문을 제시함으로써 체계화를 해보려 한다. 첫 번째 질문은 '왜 우리는 정서를 가지는가?'이다.

기분 긍정적이든 부정적이든 오랫동안 지속되는 감정 상태

왜 우리는 정서를 가지는가?

사전 질문

> **우리가 정서를 바탕으로 성취할 수 있는 네 가지 심리 활동은 무엇인가?**

정서를 경험하지 않고 살아갈 수 있는가? 아마 상상 속에서는 가능할 것이다. 과학 공상소설에서 나올 법한 인간처럼 생각하고 행동은 하지만 정서를 갖지 않는 인물을 그리는 것은 어렵지 않다. 하지만 그 사람은 가상 인물이다. 인간은 정서를 경험하면서 삶을 영위한다. 왜 우리는 정서를 가지고 있을까?

다윈 이래로 과학자들은 이 질문에 대해 인간의 진화 역사를 근거로 하여 대답을 해왔다(Nesse & Ellsworth, 2009). 인간이 진화함에 따라 정서는 인간에게 도움을 주어왔다. 정서는 인간이 생존하도록 인간을 도와왔다. 인류 역사에서 중요하며 정서 상태가 영향을 미치는 네 가지 심리 활동, 즉 의사결정, 동기, 의사소통, 도덕적 판단에 대해 생각해보자.

정서와 의사결정 지금 중요한 결정을 해야 한다고 가정해보자. 당신의 마음속에서는 무슨 일이 일어나고 있는가? 많은 사람들은 평온하고 냉철하고 감정적이지 않은 상태에서 결정하는 것이 최상이라고 한다. 대부분의 철학이 이런 생각을 기초로 하고 있다. 고대 그리스와 로마의 스토아 학파 철학자는 정서가 바른 판단을 방해하기 때문에 조용하고 반정서적인 삶의 양식을 지향하였다(Solomon, 1993).

현대의 연구는 스토아 학파와 정반대 입장이다. '마음 가는 대로', 즉 정서에 기초하여 결정을 할 때 사람들은 좋은 결정을 하게 된다.

아이오와 도박 과제(Iowa Gambling Task)는 의사결정에서 정서가 어떤 영향을 미치는지를 연구하기 위해 만들어졌다. 참가자들은 카드 게임을 하게 된다. 계속되는 매 게임마다 참가자들은 (1) 4개의 위치에 있는 카드 중 하나를 선택하며 (2) 선택한 카드에 따라 상금을 딸 수도 있고 잃을 수도 있다. 이 카드 중 특정 위치에 있는 2개의 카드는 여러 번 게임을 할 때 항상 낮은 상금을 보장한다. 다른 위치에 있는 2개의 카드는 여러 번의 게임에서 높은 상금을 보장하지만 때론 아주 크게 손실을 볼 수도 있다. 게임을 여러 번 할 때 사람들은 후자의 카드를 선택해 돈을 잃게 된다. 연구자는 참가자들이 게임을 하는 동안 어느 위치에 있는 카드를 선택할 때 일어나는 그들의 정서 반응도를 측정하기 위해 참석자들의 신경계 각성 정도를 기록하였다.

아이오와 도박 과제 카드 도박 게임을 통해 정서가 의사결정에 미치는 영향을 연구한 과제

데이터 같은 정서결핍 인물은 과학 공상소설 속에서나 나온다. 그러나 진화가 진행되면서 실제 생활에 그런 사람들이 나타나게 되면 어떤 일이 벌어질까? 현대의 심리학자는 정서는 진화 역사를 뛰어넘어 인간의 생존을 향상시킨다고 주장한다.

아이오와 도박 과제는 정서가 의사결정에 유익하다(Bechara et al., 1994)는 놀라운 결과를 발견하였다. 이런 결과를 이해하려면 이 과제 동안에 실시한 세 가지 실험 유형을 알아야 한다(표 9.1 참조).

1. 실험 초반 : 실험이 시작되면서 초기 카드 게임에 행해지는 카드 선택 방법
2. 실험 중반 : 참여자가 몇 번의 카드 게임을 통해 적지만 상금을 따기도 하고 잃은 경험을 한 후에 행해지는 카드 선택 방법
3. 실험 후반 : 참여자가 수많은 카드 게임을 통해 상금과 손실을 경험한 후에 거의 실험 끝부분에 행해지는 카드 선택 방법

연구 결과는 다음과 같다. 도박 게임 초반에 사람들은 단순히 추측만으로 카드를 선택한다. 아직은 어느 것을 선택하는 것이 좋은지를 파악하지 못한 상태이다. 즉 어디에 있는 카드 패가 좋고 어디에 있는 카드 패가 나쁜지 알지 못하며, 어떻게 해야 최상의 상금을 받을 수 있는지를 꿰뚫어보는 직관이 아직 형성되지 않았다. 게임 초반부에는 사람들은 경우에 따라 아주 큰 손해를 가져오는 나쁜 패를 선택하기도 하고 크지는 않지만 계속적으로 이익을 주는 좋은 패를 선택하기도 한다.

도박게임 후반부가 되면 참가자들은 어느 것을 선택하는 것이 좋은지를 파악하게 된다. 참가자들은 어느 패가 좋은지 어느 패가 나쁜지를 말해줄 수 있을 정도까지 된다. 사람들은 좋은 패에서 카드를 선택하면서 이점을 얻는 게임을 하게 된다.

이런 일은 놀랍지 않다. 여기 중요한 결과가 있다(Bechara et al., 1997). 도박 게임 중반부에는 사람들은 어느 패가 좋은지 또는 어느 패가 나쁜지 말로 설명할 수는 없다. 어느 카드를 선택해야 하는지 명확한 지식이 아직 형성되지 않았기 때문이다. 하지만 사람들은 좋은 패가 있는 위치의 카드를 선택하면서 승점을 얻는다.

어느 패가 좋은지 또는 나쁜지를 말할 수는 없으면서도 어떻게 사람들은 좋은 선택을 할 수 있게 된 걸까? 사람들은 자신의 예감을 따른다. 도박 게임 중반부 정도가 되면 사람들이 나쁜 패가 있는 위치의 카드를 선택하려 할 때면 생리적으로 높은 각성을 경험하게 되고 신체의 정서 체계는 그 위치의 카드는 나쁜 것이라는 신호를 방출한다(Damasio, 1994). 사람들이 이런 신호를 느끼게 되면, 나쁜 패가 있는 위치의 카드 대신 좋은 패가 있는 위치의 카드를 선택하게 되는데 왜 이 카드 대신 다른 카드를 선택하게 되었는지는 알지 못한다. 참가자들의 선택은 어떤 패가 더 좋다고 느끼게 하는 직관, 즉 '정서적 예감'에 의한다(Bechara et al., 1997). 후속연구들은 사람들은 좋은 전략

> 어떤 예감이 들어 그대로 따라 했어야 했는데 그렇게 하지 않아서 후회해본 적이 있는가? 아마도 당신의 정서는 무언가를 당신에게 말하고 있지 않았을까?

"열정에 의해 움직이는 것이 인간적인 것은 아니다 … [만약] 인간의 마음이 모든 열정으로부터 자유롭다면… 그것은 좀 더 강해지는 것을 의미한다"(Marcus Aurelius, *Meditation*, pp. 106~107). 161~180년에 로마제국의 통치자였던 마르쿠스 아우렐리우스는 여하튼 그렇게 믿었다. 여기 이 사진은 영화 〈글래디에이터〉에서 러셀 크로우가 역할을 맡은 리처드 해리스 모습이다. 마르쿠스 아우렐리우스는 스토아 학파 철학자로 정서는 사람들이 바른 결정을 하지 못하도록 한다고 믿었다. 현대 연구는 이와 반대되는 입장을 갖는다.

Dreamworks / Universal / The Kobal Collection / Buitendijk, Jaap

이 무엇인지를 깨닫기 전에 예감에 따라 좋은 선택을 먼저 한다는 것을 확인하였다(Wagar & Dixon, 2006).

뇌 손상을 입은 환자에 대한 연구는 정서가 의사결정에 어떤 도움을 주는지를 밝히고 있다(Damasio, 1994). 전두엽에 손상을 입은 뇌는 사고 능력은 정상적으로 활동하지만 정상적인 정서 활동을 하지 못한다. 이런 환자는 인지적으로는 정상이며 이 도박 과제를 이해할 수 있을 정도로 충분히 지적 능력을 가지고 있다. 하지만 정서적으로는 보통의 사람들과 차이를 보인다. 아이오와 도박 과제를 하는 동안 전두엽 부위에 손상을 입은 환자는 돈을 잃을 때에도 정서적 각성을 경험하지 못한다. 스토아 학파 철학자의 입장에서 보면 이들은 지극히 이상적으로 카드 선택을 하는 자들이다. 그렇다면 이들은 카드를 어떻게 선택하는가? 아주 엉망으로 선택한다. 좋은 카드만큼이나 나쁜 카드를 수십 번 선택하여 돈을 잃는다(Bechara et al., 1997).

이런 발견은 정서가 가진 아주 놀라운 이점을 알려준다. 사람들이 정서적으로 정상적인 각성 상태에 있다면 좋은 의사결정을 할 수 있으며 뇌 손상으로 인해 정서적 각성을 정상적으로 할 수 없는 환자는 형편없는 의사결정을 하게 되므로 정서는 의사결정에 유익을 준다(그림 9.2).

진화의 과정 속에서 정서 경험은 개체의 생존 가능성을 높이기 위해 직관적 결정을 빨리 할 수 있도록 도와왔다. 최근의 연구들은 정서가 의사결정에 영향을 미치며, 감정과 의사결정의 관계를 뒷받침하는 뇌 체계에 대해 규명하고 있다(Wu, Sacchet, & Knutson, 2012). 연구 내용은 정서가 의사결정에 어떤 영향을 미치는지에 대해 수준 높게 그리고 다층적인 관점에서 설명하고 있다.

지름길인 골목길을 택할 것인가? 어둡지만 지름길인 골목길로 갈 것인가에 대해 당신이라면 어떻게 결정하겠는가? 결정하기 위해 인터넷에서 범죄 통계를 조사하고 노상강도를 만날 경우의 수를 계산하는 사람은 거의 없다. 그 대신 당신은 당신이 느끼는 대로 결정할 것이다. 어두운 골목길을 쳐다보는 순간 정서적 각성, 즉 일련의 불안이 당신을 엄습하면서 골목을 향하기도 전에 당신을 멈춰 세우고 가로등이 환한 거리로 가도록 만든다.

정서와 동기 인류의 전 역사를 볼 때 생존은 커다란 일이었다. 사람들은 사냥을 하고 먹을 것을 구하며 쉴 곳을 만들고 포식자로부터 자신을 보호해야만 했다. 농업이 시작된 후로는 곡물을 재배하고 추수하고 저장해야만 했다. 이런 모든 것을 하기 위해서는 사람들은 유능한 사냥꾼, 채집자, 건축가, 농부가 될 수 있는 기술을 가져야 할 필요가 있었다. 사람들은 매일 아니 매년 어려운 기술을 배우고 사용하려는 동기를 어디에서 받았을까? 대답의 일부는 미래에 대해 어떻게 생각하는지와 관련 있다. 사람들은 만약 오늘 일하지 않으면 내일 먹을 것이 자신에게 주어지지 않는다고 생각하였다. 그러나 당신의 경험에 비추어 알고 있듯이 때론 생각만으로는 충분하지 않다. 사람들은 종종 운동, 금연, 저축 등 앞으로 할 일을 계획하지만 실천에 옮기지 못하고 지체한다. 사람들이 행동으로 옮기는 데는 생각만으로는 충분하지 않다. 여기에 정서가 보조 역할을 하게 된다.

표 9.1

아이오와 도박 과제			
	도박 초반	도박 중반	도박 후반
인지(참가자는 어느 패가 좋은지 또는 나쁜지 말할 수 있는가?)	아니요	아니요	예
정서(카드를 선택할 때 참여자의 생리적 각성 상태)	낮음	높음	높음
의사결정(참가자는 좋은 패에서 카드를 선택하는가?)	아니요	예	예

아이오와 도박 중반부에 참가자들의 선택은 추측에 의하지 않는다. 참가자들은 어느 패가 좋은 카드인지 나쁜 카드인지 말로 설명할 수는 없지만 여하튼 좋은 패에서 카드를 뽑는 탁월한 선택을 한다. 사람들의 정서적 각성이 좋은 선택을 하도록 유도한다.

사람 · 마음 · 뇌
상호작용

그림 9.2

위험에 직면하게 되면 사람들은 어떤 결정을 하게 되는가?

ℙ **사람**

사람들은 보통 직관 또는 '직감'에 기초하여 의
사결정을 한다. 당신은 지름길인 어두운 골목길
로 가는 것은 안 좋을 것이라는 직감을 아마도
가졌을 것이다.

Ⓜ **마음**

직감은 정서적 각성의 신호가 의사
결정에 영향을 미치는 정신적 과정
속에서 생겨난다.

신체 각성의 신호 → 의사 결정

Ⓑ **뇌**

생물학적으로 몸에서 나오는 위
험 신호는 뇌에서 진행되는 의사
결정에 영향을 미친다. 전두엽 손
상(붉은색 영역)은 이런 위험 신
호 감지를 방해하여 위험한 카드
선택을 계속적으로 하도록 한다.

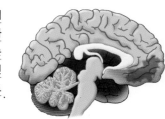

Peeter Viisimaa / Getty Images

정서는 동기부여의 힘을 가지고 있다(Lazarus, 1991). 분노는 상대방에게 폭력을 휘두르게 만든다. 역겨움은 역겨움을 주는 자극체로부터 자신을 멀리 피하도록 만든다. 심지어는 약한 정서도 어떤 행동을 하도록 부추긴다. 흥미같은 정서에 대해 한번 생각해보자.

흥미는 생소하고 복잡하지만 이해할 만한 것에 대해 몰두할 때 경험하게 되는 정서이다(Silvia, 2008). 예를 들어 만약 당신이 현대 미술에 대한 지식이 있다면 새로운 그림 전시회에 관심을 갖게 될 것이다. 그 이유는 당신이 전시회가 제공하는 새로운 그림에 매혹되고 그림이 가진 복잡성도 다소 이해할 수 있기 때문이다. 하지만 당신이 현대 미술을 추구하지 않는다면 전시회는 그럴듯해 보이지 않으며 당신은 흥미를 갖지 않게 될 것이다.

> 당신이 최근에 듣는 수업 중 어떤 수업에서 새롭고 복잡하지만 이해할 만한 내용을 배우는가?

흥미는 동기를 높인다. 어떤 일을 하면서 흥미를 경험하게 되면 사람들은 그 일을 하는 데 더 많은 시간을 투자하며 그 일의 어려움을 해결하는 데 많은 시간이 필요하지 않다. 인간의 진화과정을 통해 흥미를 가진 활동을 할 때 사람들은 생존을 위한 기술도 더 잘 배운다.

다른 정서들도 유사하게 진화의 과정을 통해 사람들에게 유익을 주었다. 두려움은 사람들이 공포를 주는 상황을 피하도록 동기화하였으며 결과적으로 조상들이 위협을 피하여 생존할 수 있도록 도와주었다. 죄책감은 다른 사람에게 친절하게 대하도록 하고 사회 규칙을 따르도록 사람들을 동기화하였다(Baumeister, Stillwell, & Heatherton, 1994). 이런 행동은 결과적으로 집단 생존에 유익하게 작용할 수 있었다.

정서와 의사소통 정서가 담당하는 세 번째 작용은 의사소통이다. 정서는 정보를 교환한다. 사람들이 정서적으로 각성되어 있을 때, 사람들의 얼굴 표정에 정서가 나타나 사람들의 심리상태에 대한 정보를 알려준다.

위에서도 말한 것처럼 정서의 정보를 알리는 가장 중심되는 자료는 얼굴이다. 얼굴 표정은 사람이 느끼는 특별한 감정을 표현할 수 있다. 그림 9.1로 돌아가보자. 당신은 각각의 감정 상태를 구별할 수 있을 것이다. 즉 모든 얼굴 표정은 사람의 정서 상태에 대한 정보를 알려주고 있다.

다윈(Darwin, 1872)은 얼굴에 나타나는 정서 표현에 대한 두 가지 중요한 사실을 발견했다. 첫째, 얼굴 표정을 통해 의사소통할 수 있는 능력은 생명체의 생존 능력을 향상시킬 수 있다. 예를 들어 아기가 어떻게 얼굴 표정으로 필요를 채우는지 생각해보라. 아기들은 말로 의사소통을 할 수는 없지만 얼굴 표정을 통해 만족하는지 불만족하는지를 알린다. 반대로 어른들은 3개월이 되면 웃는 얼굴과 찡그린 얼굴을 구별할 줄 아는 아기와 얼굴 표정을 통해 대화할 수 있다(Barrera & Maurer, 1981). 얼굴 표정을 통한 양방향 의사소통은 아기의 건강과 생존을 향상시킨다. 또한 얼굴 표정을 통한 의사소통 능력은 생명체가 신체적 싸움을 피할 수 있도록 한다. 만약 사람이 화가 나서 다른 사람을 치고 싶은 감정이 넘칠 때면 그들의 얼굴에 그런 화가 나타나게 된다. 얼굴에 나타난 정서 표현을 읽는 능력은 자신을 방어할 수 있는 시간을 가질 수 있도록 한다.

둘째로, 다윈은 사람과 동물의 얼굴 표정에서 일부 비슷한 것이 있음을 발견하였다. 화가 난 사람이나 개는 둘 다 그들의 눈썹을 아래로 내리고 이를 악문다(사진 참조). 이는 정서는 사람의 진화에 앞서서 포유류 안에서 먼저 진화하였으며, 인간과 동물은 동일한 정서 재생 근본체를 가지고 있다는 사실을 암시한다.

당신은 지금까지 (1) 정서를 통해 의사소통할 수 있으며 (2) 정서는 진화의 산물이라는 것을 알았다. 위의 두 가지 사실을 합치면 세계의 모든 사람들은 얼굴 표정을 통해 서로 의사소통할 수 있다는 놀라운 사실과 마주 하게 된다. 왜 그런가? 인간의 생물적 구조는 보편적이기 때문이다.

포커 페이스 얼굴 표정은 다른 사람들에게 정보를 제공한다. 얼굴 표정을 감추기는 어렵다. 포커 전문 노름꾼은 최상의 포커 페이스는 눈을 보이지 않는 것이라는 사실을 알고 있다.

> 사람과 더 낮은 동물에게 나타나는 주요 표현행동은 선천적이다. 사람이나 동물의 매우 다양한 종은 어리든 늙었든 간에 모두 얼굴의 동일한 표정을 통해 마음의 상태를 표현한다.
> – Darwin(1872, p. 191)

세계의 모든 곳에 있는 사람들은 기본 생물학적 구조(팔, 다리, 몸통, 머리)와 기능(소화, 호흡 등)을 공통적으로 가지고 있다. 만약 정서와 정서 표현이 진화되어 왔다면, 그것들 역시 보편적일 것이다. 다른 문화에 속한 사람들의 얼굴 표정에 나타난 정서를 읽을 수 있는 것처럼 다른 문화에 속한 사람들이 비슷한 정서를 경험할 때 유사한 얼굴 표정을 짓는 것을 알 수 있다.

에크만과 프리젠(Ekman & Friesen, 1971)의 고전적 연구는 문명의 손이 닿지 않는 뉴기니의 포레 부족을 대상으로 이 내용을 실험하였다. 이곳에 사는 사람들은 외부세계와 접촉을 거의 하지 않았다. 이들은 배타적이어서 자신의 종족들과만 교류하였고 영화나 TV쇼를 보지 않았다. 그래서 이들은 서양인들이 어떤 정서일 때 어떤 얼굴 표정을 짓는지 알지 못한다.

에크만과 프리젠은 포레 부족에게 서양 사람들이 짓는 행복, 슬픔, 분노, 놀람, 역겨움, 공포의 얼굴을 보여주었다. 과연 포레 부족은 이 얼굴 표정에 나타난 정서를 알아맞힐 수 있었을까?

만약 얼굴 표정이 말과 같이 한 문화 속에서 학습되며 세계의 수백 개의 언어와 같이 다양하다면, 얼굴 표정은 학습될 수 없을 것이다. 하지만 얼굴 표정은 학습될 수 있는 것으로 밝혀졌다. 서양인을 만나본 적이 없지만 포레 부족은 서양인의 얼굴에 나타난 정서를 아주 정확하게 구별하였다(Ekman & Friesen, 1971). 반대로 포레 부족에게 정서에 맞는 얼굴 표정을 지어 보이게 한 후 찍은 사진을 서양인들도 비슷하게 잘 구별하였다(Ekman, 1993; 그림 9.3)

정서와 진화 찰스 다윈은 이 사진에 나타난 사람과 동물의 으르렁거림이 우연이 아니라는 사실을 알았다. 일부 정서 반응은 진화의 결과이다.

사람 얼굴 근육에 대한 해부학 연구를 통해 얼굴 표정은 세계 어디에서나 보편적이라는 사실이 주장되고 있다. 특정 근육의 사용은 얼굴에 특정 정서가 나타나도록 한다. 해부학 연구는 얼굴 근육 사용에 있어 개인 간의 차이는 없다고 보고하고 있다(Waller, Cray & Burrows, 2008). 따라서 얼굴 근육은 모든 사

당신이 막 싸움을 시작하려고
할 때의 얼굴 표정을 지어 보세요.

당신의 자녀가 죽었다고 가정하고, 얼굴
표정을 지어 보세요.

당신의 친구를 만났을 때의
얼굴 표정을 지어 보세요.

그림 9.3
이 얼굴 표정은 많이 본 표정들인가? 연구자는 이 사람들에게 여러 상황에서 "어떤 얼굴 표정을 짓게 되는지 해보라고" 요청하였다. 당신의 문화와 다른 사람들에게 다양한 상황에 따른 얼굴 표정을 요청했지만, 당신은 즉시 그 얼굴 표정에 나타난 화, 슬픔, 행복을 구별할 수 있다. 얼굴 표정은 세계 어디서나 기본적으로 동일하다.

람이 상호 대화할 수 있도록 하는 보편적인 생물학적 기제이다.

얼굴 표정은 당신의 감정을 표현하는 것 이외에도 추가하여 당신이 느끼는 정서에 영향을 미칠 수 있다. 연구들은 **안면 피드백 가설**(facial feedback hypothesis)을 지지하고 있는데, 이는 얼굴 근육을 생물적으로 움직인 결과 직접적으로 정서를 느끼는 데 영향을 미친다는 것이다. 이 가설을 증명하기 위해 실험 참여자들에게 부정적이거나 긍정적인 정서에 맞도록 얼굴 근육을 움직이도록 실험을 했다. 그 후 참여자들의 정서 상태를 측정하였다. 예를 들어 사람들에게 이빨로 연필을 잡고 있으라고 하면, 이 행동은 얼굴 근육을 움직여 웃는 모습으로 만든다. 사람들은 긍정적인 정서를 경험하게 된다. 사람들에게 눈썹을 아래로 내리고 서로 붙도록 만들라고 하면, 이 행동은 얼굴 근육을 움직여 슬픈 표정이 나오게 하며, 사람들의 정서는 더욱 부정적으로 된다(McIntosh, 1996).

다른 안면 피드백 가설 실험은 얼굴 근육 활동을 감소시켜 주름을 줄이는 화장 치료인 보톡스이다. 보톡스를 통해 발견된 두 가지는 가설을 지지한다.

1. 보톡스는 정서를 내용으로 하는 글 문구를 사람들이 읽을 때 천천히 반응하도록 한다(Havas et al., 2010). 보톡스는 우리가 정서적 내용을 읽을 때 자연스럽게 발생하는 얼굴 근육 활동을 제한하여, 사람들이 그 문맥 안에 담긴 정서를 빨리 이해하고 정서적으로 반응하는 것을 실제적으로 늦춘다(Glenberg, 2010).

2. 보톡스는 정서를 경험하도록 하는 기능을 하는 뇌 영역의 신경 활동을 완화한다(Henn-enlotter et al., 2009). 2개의 경우 모두 안면 근육이 정서를 느끼는 데 영향을 미친다는 사실을 바탕으로 보톡스가 정서에 영향을 미친다는 사실을 말해주고 있다.

생물적 요인이 얼굴 표정에 영향을 주지만, 문화도 역시 영향을 미친다. 사람들이 다른 사람의 정서 상태를 유추하기 위해 사용하는 구체적인 얼굴 표정 신호는 문화에 따라 다양하다. 눈, 입, 눈썹 주위의 얼굴 표정을 체계적으로 조작한 사진을 이용한 연구를 바탕으로 구체적인 증거가 제시되고 있다(Jack, Caldara, & Schyns, 2012). 연구자는 서양계 백인과 동아시아인 연구 참여자에게 사진을 보여주고 각각의 표정에 담긴 정서가 무엇인지 말해보라고 하였다. 통계분석을 통해 연구자들은 참가자들이 주의를 기울였던 얼굴 특징을 찾아냈다. 주의를 기울인 얼굴 특징은 문화에 따라 달랐다. 서양계 백인은 정서를 판단할 때 눈썹과 입술에 관심을 집중하였다. 동아시아 사람들은 시선의 방향, 즉 사진 속의 사람이 (아래로, 위로, 왼쪽으로, 또는 오른쪽으로) 보는 시

그림 9.4a
이 남자의 감정 상태를 말할 수 있는가? 한번 생각을 해보고 당신의 생각이 맞는지 334쪽의 정답을 찾아보기 바란다.

안면 피드백 가설 얼굴 근육을 생물적으로 움직이면 그에 수반되는 정서 상태를 즉각적으로 경험하게 될 것을 예측함

그림 9.4b
이 남자는 현재 화가 난 것처럼 보이지 않는다. 전당대회 앞에 선 전 미국 상원의원인 짐 웹은 흥분하고 열렬해 보인다. 하지만 배경을 제거하면 그의 얼굴 표정은 화가 났고 적의로 가득 찬 것처럼 보인다(333쪽 참조). 얼굴 표정은 당신이 어디서 그것을 보는지 맥락적 차원에 따라 달라진다(Barrett, Lindquist, & Gendron, 2007).

Doug Mills / The New York Times / Redux Pictures

각에 더 많은 관심을 두었다. 왜 이런 문화적 차이가 생기는지 구체적인 이유는 밝혀지지 않았지만, 이는 문화에 따라 사람들이 정서를 숨기는 것과는 반대로 정서를 표현하는 법이 다름을 의미할 수도 있다(Jack et al., 2012). 정확한 이유가 무엇이든 간에, 이 결과는 생물적 요인에 의해서만 전적으로 '정서 표정 언어'가 만들어진다는 주장에 반대하고 있다. 얼굴 표정만이 사람들이 정서를 전할 수 있는 유일한 방법은 아니다. 다른 것으로는 '비언어적 발성(nonverbal vocalization)'이 있는데, 이는 말을 포함하지 않는 소리를 말한다. 미국에서는 축하할 때는 기쁜 소리를, 화가 날 때는 으르렁거리는 소리를, 즐거울 때는 웃는 소리를, 그리고 두려울 때는 소리를 지른다. 다른 문화권에서도 사람들은 동일한 정서를 표현할 때 동일한 소리를 내는가? 연구자들(Sauter et al., 2010)은 답을 알고자 녹음기로 유럽계와 아프리카계, 특히 남아프리카의 나미비아 부족을 대상으로 각각 두 문화의 사람들이 내는 축하하거나 으르렁거리는 다양한 소리를 녹음하였다. 나미비아 문화 사람들은 공교육을 받지 않으며 서양 문화를 접할 기회가 없었기 때문에 두 문화를 비교하는 것은 매우 흥미롭다. 연구자는 두 문화의 사람들에게 다양한 정서를 불러일으키는 내용의 이야기를 읽어주었고 다른 문화 사람들에게서 녹음한 정서 소리를 들려 주었으며(예 : 나미비아 사람들에게 유럽 사람들이 내는 소리를 들려 주었고 유럽 사람들에게는 반대로 나미비아 사람들의 소리를 들려 주었다), 참가자들에게 정서와 연관되는 소리를 찾아보라고 하였다. 두 문화 속에서 참가한 사람들의 대답은 정확하게 모두 맞았다(Sauter et al., 2010). 예를 들어 서양인들을 만나본 적이 없음에도 불구하고 나미비아 사람들은 유럽인들이 화 날 때, 슬플 때, 두려울 때 내는 소리를 알아맞힐 수 있었다. 이런 결과는 정서 표현 소리도 안면 정서 표현처럼 상당 부분 생물 진화에 기초하고 있다는 것을 의미한다. 이런 것들은 맨 처음부터 학습을 통해 이루어진 것이 아니라 다른 사람과 정서 상태를 소통할 수 있는 유전된 체계가 있음을 말해주고 있다.

종합하면, 많은 연구들은 인류는 수천 년 시간 동안 정서를 사용하여 감정과 의사를 전달하였음을 밝혔는데 이는 정서의 세 번째 기능이다. 네 번째 기능은 도덕적 판단이다.

Image Source / Getty Images

연필 때문인가? 안면 피드백 가설을 증명하려는 연구는 이 여자의 얼굴에 나타난 명백한 행복한 상태는 입으로 연필을 무는 행동으로 인한 것일 수 있다고 주장한다.

최근에 당신이 사용한 정서 표현 소리는 어떤 것이 있었는가?

도덕적 판단 옳고 그름에 대한 원천적 질문에 대한 결정

정서와 도덕적 판단 **도덕적 판단**(moral judgments)은 옳고 그름과 관련된 원천적인 질문에 대해 결정을 하는 것이다. 다른 판단과 비교해볼 때 도덕적 판단은 당신의 신념이 절대적으로 옳으며

다른 결정은 할 수 없다는 것을 확신하는 것을 말한다(Skitka, 2010). 어떤 사람이 슈퍼마켓에서 다른 사람들이 눈치 못 채는 사이에 줄을 새치기하여 더 빨리 계산하고 나갔다고 가정해보자. 이런 일을 해도 괜찮은가? 당연히 아니다. 이런 행동은 비도덕적이라고 확신할 것이며 다르게 생각할 여지가 없다.

사람들은 어떤 과정을 통해 도덕적 판단을 할까? 때론 사회적 상황과 행동 수정에 대한 유추적 사고를 통해 판단을 한다(Aquino et al., 2009; Kohlberg, 1969). 또 때론 정서에 따라 판단을 하기도 한다. 그 행동이 도덕적으로 옳은지 그른지에 대한 구체적 이유를 생각할 수 없는 경우에도 사람들은 자신들의 도덕적 판단에 대한 확신을 가지고 있다. 정서는 무엇이 옳고 그른지에 대한 직관에 근거를 제공하고 있다(Haidt, 2001).

조너선 하이트(Johathon Haidt, 2001)의 연구는 정서가 도덕적 판단에 어떤 영향을 미치는지를 보여주고 있다. 연구 참여자들은 (1) 아직 다른 사람들에게 해를 미치지 않는 행동, (2) 도덕적으로 잘못된 느낌을 주는 행동(예를 들어 죽은 애완용 개를 먹거나 형제와 자매가 섹스를 하는 행동)에 대해 읽는다. 참여자들은 이들 행동들이 틀렸다는 것을 확신한다. 하지만 그 이유가 무엇인지를 분명하게 말할 수 없다. 하이트는 "사람들이 위의 행동에 대한 도덕적 판단의 이유를 설명하려고 애쓰지만 말문이 막히며… 판단의 이유를 찾을 수 없는 자신들에 대해 말을 더듬거나 웃거나 놀라움을 나타낸

> 어떤 행동이 구체적으로 왜 법에 어긋나는지 설명할 수는 없지만 도덕적으로 틀렸다고 생각되는 행동에는 어떤 것이 있는가?

트롤리 딜레마 사람들은 자신이 왜 그런 판단을 하는지 정확한 이유를 모른 채 도덕적 판단을 할 때가 있다. 지금 그림에 있는 트롤리 딜레마가 그 예다. 한 트롤리 기차가 서 있는 6명을 향해 돌진하고 있다고 상상해보자. 위 그림에 나타난 첫 번째 딜레마는 기차 레일의 스위치를 변환해 기차의 방향을 바꾸어 6명 대신에 1명만 치이도록 하는 것이다. 당신이라면 그렇게 할 것인가? 아래 그림의 딜레마는 6명 중 한 사람을 다가오는 기차 앞으로 밀쳐서 6명 대신에 그 한 사람이 치이도록 하는 것이다. 당신은 이렇게 할 것인가? 많은 사람들은 첫 번째 방법이나 두 번째 방법이나 살리는 사람과 죽는 사람의 숫자가 동일함에도 불구하고 첫 번째 방법에 대해서는 긍정적으로 답하지만 두 번째 방법에 대해서는 부정적으로 답한다. 다른 사람의 의지와 상관없이 그 사람을 밀쳐서 옮기는 행동은 레일 스위치를 움직이는 행동과는 다른 정서적 반응을 수반하기 때문이며 이런 정서는 2개의 상황에 대해 다른 도덕적 판단을 하도록 한다.

다"(Haidt, 2001, p. 817). 이런 도덕적 판단은 정서 반응으로 설명될 수 있다. 사람들이 어떤 행동에 대해 역겹다고 생각하면 역겨움을 느끼게 되고 그런 느낌을 가지면 그런 행동을 비도덕적이라고 판단한다.

뇌에 관한 연구는 정서가 도덕적 판단에 관여한다는 사실을 밝혀주고 있다. 한 연구는 연구 참여자들이 도덕적 규칙을 어기는 여러 행동에 대해 도덕적 판단을 하도록 지시하고 그때의 뇌 사진을 촬영하였다(Greene et al., 2001). 뇌 사진에서는 사람들이 도덕적 판단을 할 때에 특히 정서적 경험에 연관되는 뇌의 영역도 함께 활성화되었다.

다시 말하자면 이 결과를 통해 정서는 진화를 통해 인간에게 유익을 가져왔다는 것을 보여주고 있다. 예를 들어 형제자매간의 성교를 생각해보라. 인간이 진화과정을 거치면서 이런 관계는 인류 생존에 별로 좋지 않았다. 근친상간은 생존 위험 중에서도 선천적 결손증 발생률을 높인다. 역겨움을 느끼게 하는 정서 반응은 근친상간의 행동을 피하게 하고 종족 생존율이 높아지도록 한다(Hauser, 2006).

이 장에서 우리는 지금까지 보편적이고 공통적인 것들만 다루었다. 모든 문화 속에 있는 모든 사람들은 의사결정, 동기부여, 의사소통, 도덕적 판단에 정서가 영향을 미치는 것을 체험한다. 그러나 정서에 관한 모든 내용이 보편적이지만은 않다. 실제 정서를 느낄 때, 사람들은 다르게 반응할 수 있다.

왜 사람들은 같은 사건에 대해 다른 정서적 반응을 보일까?

사전 질문

> ❯ 우리의 사고가 우리의 정서에 어떤 영향을 미치는가?
> ❯ 어떤 사고가 정서 경험에 영향을 미치는가?

동일한 사건을 체험한 사람들이지만 놀랍게도 그 사건에 대해 갖는 느낌은 다를 수 있다. 예를 들어 두 학생이 화학시험에서 D를 받았는데 한 학생은 이로 인해 울적해 하지만 다른 학생은 걱정을 한다. 만약 당신이 변호사에 대한 우스갯소리를 말할 때 어떤 사람은 재미있어 하지만 다른 사람은 화를 낸다. 왜 사람들의 정서 반응은 다를까?

사건에 대한 개인적 의미 사건 자체는 정서를 불러일으키지 않는다. 정서는 사람이 그 사건에 의미를 부여하기 때문에 생기게 된다. 그 사건이 개인에게 무엇을 의미하는지, 즉 사건에 대해 개인적으로 부여하는 의미가 정서 반응의 바로 그 원인이 된다. 만약에 낮은 성적을 받는 것이 "우리 부모님이 날 아마 죽이려고 하실 걸"이라는 것을 의미한다면 그 학생은 걱정하게 될 것이다. 만약 낮은 성적이 "나는 전문가의 꿈을 이룰 수 없을 것 같아"라고 생각하게 만든다면 그 학생은 우울해질 것이다(Higgins, 1987). 만약에 어떤 사람이 변호사에 대한 당신의 우스갯소리를 들으면서 "이봐, 우리 엄마는 변호사야. 이건 모욕이야"라고 생각한다면 그 사람은 화를 낼 것이다.

그러므로 정서 경험에 있어 개인 차이는 사고에 의한다. 사고가 정서 경험을 결정한다. 사람의 사고가 다양하듯이 정서 경험 역시 다양하다(Lazarus, 1991; Scherer, Schorr, & Johnstone, 2001).

사고는 아주 영향력이 강하여 가만히 둥그렇게 둘러앉아만 있는 사람들에게 각각 다른 정서를 경험하도록 영향을 미친다. 외면적 환경은 하나도 바뀌지 않았지만, 내면의 변화는 우리의 정서 상태를 변하게 할 수 있다(Nowak & Vallacher, 1998). 소설가들은 이런 상황을 아주 생생하게 포착한다. 러시아 작가인 레오 톨스토이의 소설에 나오는 인물들의 정서적 삶을 한번 생각해보자.

한 남자가 결혼식이 막 시작하기 전에 호텔방에 앉아서 행복에 가득 찬 결혼생활을 그리며 행복한 상념에 빠져 있다. 그러나 그때 사건이 발생한다.

> 행복은 신부의 소원을 사랑하고 생각하는 속에 그리고 그녀를 생각하는 속에 있다. 그것이 행복이다.
>
> "그런데 내가 그녀의 생각이나 그녀의 소원, 그녀의 감정을 알기나 하는 걸까?" 한 목소리가 갑자기 그에게 속삭였다. 그의 얼굴에서 웃음이 사라지고 그는 생각에 빠지기 시작했다. 그리고 이상한 느낌이 들기 시작했다. 두렵고 모든 것에 대해 의심스러운 생각이 들기 시작했다. "만약에 그녀가 나를 사랑하지 않는다면? 그녀는 단지 결혼하고 싶어서 나와 결혼하는 것이라면 어떻게 하지?" 그녀에 대한 아주 악한 생각들이 그를 감싸기 시작했다. 그는 또 다른 남자를 질투하면서… 그녀가 자신에게 모든 것을 털어놓지 않았다고 의심하였다.
>
> 그의 가슴은 세상의 모든 남자들과 자기 자신과 그리고 그녀에 대한 엄청난 분노와 절망으로 가득 차서 그는 벌떡 자리를 박차고 일어났다.
>
> - Tolstoy(안나 카레니나, 1886, p. 451)

매우 의미 있는 사건인 곧 있을 결혼에 대한 생각에서 다른 생각으로의 전환은 그의 정서를 다른 상태의 정서로 순식간에 변화시켰다.

사건을 평가하기　다음의 예는 대개 공통점을 가지고 있다. 정서를 불러일으키는 사고는 그 사건(점수, 농담, 약혼녀의 감정 등)과 자신과의 관계에 대한 생각이다. "우리 부모님은 날 죽일 거야", "우리 엄마는 변호사야", "만약에 그녀가 나를 사랑하지 않는다면 어떡하지?"

사람들은 자신에게 편하도록 사건을 이해하고 정서적으로 반응한다(Lazarus, 1991). "입고 있는 옷이 참 잘 어울리는데요"라고 누군가가 말한다면, 그 칭찬(당신의 외모, 옷에 대한 높은 안목)으로 인해 당신은 행복감을 느끼게 된다. 만약 누군가가 TV를 보면서 "안젤리나 졸리가 아주 멋있는 옷을 입고 있는데"라고 말하더라도 당신이 안젤리나 졸리의 광팬이 아닌 이상 당신의 자아 개념에 별반 영향을 미치지 않기 때문에 별다른 감정 반응이 일어나지 않을 것이다. 한 사건이 당신의 욕망, 목표, 복지, 의무, 그리고 개인적 권리에 의미가 있을 때 도덕적 판단을 하게 되며 이에 따라 정서를 경험하게 된다.

심리학자들은 이것을 평가라고 한다. **평가**(appraisal)는 이미 일어났던 사건과 일어날 사건에 대한 개인적 의미에 따른 평가를 말한다(Ellsworth & Scherer, 2003; Lazarus, 1991; Moors, 2007).

모든 것은 당신이 상황을 어떻게 평가하느냐에 달렸다 코치가 화가 났을때를 포함하여 당신을 콕 집어 말한다면, 당신은 극과 극으로 차이나게 이 상황에 대해 받아들일 수 있다. 그 범주는 "코치가 나에게 화가 났어. 나는 어떻게 해야 할지 모르겠어"에서 "나는 최우수 선수야. 그러니까 코치가 나를 콕 집어 말하고 있잖아"까지로 느낄 수 있다.

정서 평가 이론　정서 평가 이론(appraisal theories of emotion)에 따르면 사람들은 계속적으로 자신과 자신의 주변세계와의 관계를 모니터링한다. 사람들은 매우 길고 심각한 토론을 유발하는 내용의 큰 사건이나 즉각적 해석이 가능한 작은 일상의 사건에 대해 주목하고 의미를 판단하려고 한다. 정서 평가 이론은 사건을 평가하는 과정은 사람들이 사건을 의미 있게 이해하는 과정으로 이를 통해 사람들이 어떤 정서를 느끼는지를 결정한다고 말한다.

심리학자 리처드 라자러스는 많은 정서의 범주를 나누는 다양한 평가요소를 밝혀냈다(Lazarus, 1991; Smith & Lazarus, 1990). 라자러스의 정서 평가 이론에 따르면 핵심 평가 요소는 다음과 같다.

평가 현재나 앞으로 일어날 일에 대해 개인적으로 부여하는 의미의 평가

정서 평가 이론 사람들이 자신과 자신의 주변세계의 관계를 지속적으로 모니터링하는 심리적 관계 속에서 일어나는 정서를 평가하는 이론으로, 이 평가는 사람들이 느끼는 정서를 평가한다.

그림 9.5
평가와 정서 만약 누군가가 당신과 관계가 좋지 않다는 말을 듣게 되었다고 가정해보자. 어떤 감정을 느끼게 되는가? 당신이 느끼게 되는 감정은 당신이 생각하는 내용에 달렸다. 인식론에 입각한 정서 평가 이론은 막 일어난 일에 대해 어떻게 생각하는지(평가하는지)가 뒤에 어떤 정서를 느끼게 되는지를 결정한다고 가정한다. 그림에서 보듯이 다른 평가는 다른 정서를 느끼게 한다.

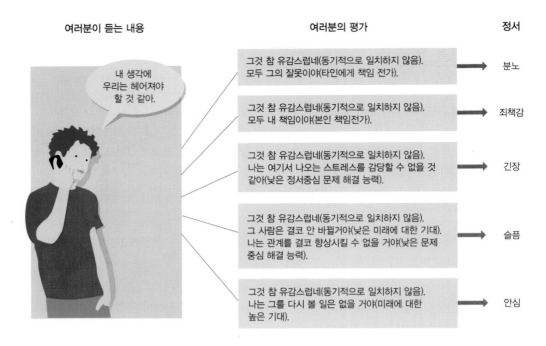

> ❯ **동기적 의미** : 이 사건은 나의 관심과 목표와 관계가 있는가?
> ❯ **동기적 적합** : 이것은 나의 목표를 촉진하는가 아니면 방해하는가?
> ❯ **책임** : 누가 그 사건에 대해 책임을 져야 하는가?(혹은 칭찬을 받아야 하는가?)
> ❯ **미래 기대** : 변화가 될 수 있을까?(예 : 더 나아질 수 있는가?)
> ❯ **문제중심 해결 능력** : 나는 문제를 해결하여 변화를 가져올 수 있는 잠재 능력이 있는가?
> ❯ **정서중심 해결 능력** : 나는 그 사건에 심리적으로 바르게 대응하고 있는가?

평가가 어떻게 당신의 감정을 결정하는지를 보여주는 간단한 예가 있다. 그림 9.5에서처럼 당신의 애인이 '헤어지자'고 말했다고 가정해보자. 그 소식을 들었을 때 당신이 느끼게 되는 정서는 여기 언급한 것들 중 하나일 것이다. 만약에 '우리 관계가 좋지 않은 것은 그녀 때문이야'라고 생각한다면, 당신은 화가 나게 될 것이다. 만약에 '상호 관계를 원만하게 만드는 능력이 나에게는 없어'라고 생각한다면, 당신은 슬프거나 우울하게 될 것이다. 사람들이 평가 속에서 보이는 개인적 차이를 통해 사람들이 느끼는 정서를 예측할 수 있다는 연구가 있다(Kuppens, Van Mechelen, & Rijmen, 2008).

그러므로 정서의 배후에는 많은 평가하는 생각들이 있다. "나는 비난받아 마땅해" 또는 "상황이 좋아질 거야"와 같은 생각이 없다면 죄책감이나 희망 같은 정서를 느끼지 못하게 될 것이다.

생각들이 많이 일어남에도 불구하고, 정서는 순식간에 일어난다(Barrett, Ochsner, & Gross, 2007). 당신은 '눈 깜짝할 사이'에 일어나는 복잡한 정서 상태를 느끼게 되는데, 이는 생각 또한 빠르기 때문이다. 사람들은 사건을 자동적으로 몇 분의 일 초 만에 평가한다(Moors & De Houwer, 2001). 만약에 남자친구가 전화해서 헤어지자고 말한다면 "그는 바보야", "실연당했어", "나는 두 번 다시 그를 만나지 않을 거야" 등 많은 생각이 순식간에 스쳐 지나갈 것이다.

> 본래부터 좋고 나쁜 것이 아니다. 어떻게 생각하는 바에 따라 그렇게 된다.
>
> – William Shakespere, 햄릿 2막 2장

당신은 자신의 정서를 조절하거나 예측할 수 있는가?

사전 질문

> 〉 정서를 조절하려면 어떻게 해야 하는가? 우리가 금해야 할 행동은 무엇인가?
> 〉 만약에 우리가 상금을 많이 받게 된다면 우리는 반드시 행복하게 될 것으로 예측할 수 있을까?

정서는 때론 조절이 불가능해 보인다. 비극적 사건은 주체할 수 없는 슬픔에 빠지게 한다. 모욕은 통제가 불가능해 보이는 분노를 야기하기도 한다. 사람들은 이런 감정적 반응을 통제할 수 있을까?

평가를 바꿈으로써 정서 통제하기 평가 이론들은 정서를 조절할 수 있다고 본다. 왜냐하면 사람들이 사건에 대해 어떻게 생각하고 평가하느냐에 따라 정서가 반응하기 때문에, 사람들의 평가를 바꾸면 정서를 통제할 수 있다.

> 최근에 계획하고 있는 일이 있는가? 당신은 그 계획에 대해 어떤 기대 평가를 하는가?

당신의 생각을 바꾸는 한 가지 방법은 어떤 일을 하기 전에 사람들이 가지는 기대 평가를 바꾸는 것이다. 치과에 가기 전에 "치과에 가는 것은 끔찍해!"라고 생각한다면 이런 생각은 기대 평가가 될 것이다.

기대 평가에 대한 한 실험에서 연구자(Lazarus & Alfert, 1964)는 비서구 사회이며 산업화가 되지 않은 문화 속에서 남자아이들에게 행해지는 종교의식으로 외과 수술처럼 정서 반응을 일으킬 만한 장면을 담고 있는 영화를 보여주기 전에 평가를 조정하였다. 실험 참여자의 한 그룹에게는 영화는 긍정적이며 즐거운 문화 경험을 담고 있다고 말하는 것이다. 다른 그룹에게는 아무런 평가를 주는 안내 없이 영화를 보여주는 것이다. 영화를 보는 동안 정서 각성을 심리적으로 측정하였을 때, 아무런 평가안내를 받지 않고 영화를 본 사람들의 정서 반응이 훨씬 높았다. 영화는 그들에게 충격적이었기 때문이다. 하지만 영화에 대해 사전에 평가정보를 들은 실험 참여자들은 동일한 영화를 보았지만 덜 충격적으로 정서 반응을 하였다(Lazarus & Alfert, 1964; 그림 9.6).

기대 평가를 통해 사람들은 충동적인 정서를 통제할 수 있는 힘, 특히 피하고 싶은 행동을 하게끔 만드는 충동적인 욕망을 통제할 수 있는 능력을 가지게 된다. 만족 지연 연구(12장)에서는 실험 참여 아동 앞에 마시멜로같은 간식을 놓아 두고는 먹지 말라고 한다. 대부분의 아이들은 먹지

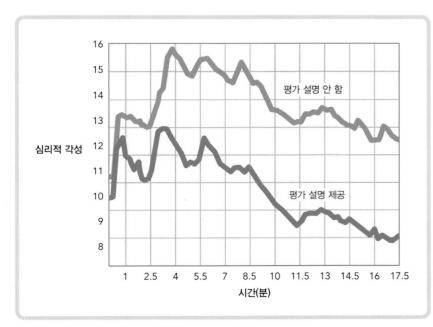

그림 9.6

기대 평가 평가 설명 없이 외과수술 장면이 있는 영화를 본 사람들(평가 설명이 없는 조건)은 영화가 상영되는 동안 정서적으로 크게 동요하였다. 하지만 반대로 평가 설명을 제공받은 실험집단의 사람들(평가 설명이 있는 조건)은 사건에 대한 생각을 바꿀 수 있는 설명을 듣고 동일한 영화를 보았기 때문에, 이 참여자들은 상대적으로 평온하였고 낮은 정서적 각성 상태를 유지하였다.

Data from Lazarus & Alfert (1964)

않는 것이 쉽지 않다. 아이들은 먹지 말라고 했음에도 불구하고 간식을 먹어 버린다. 하지만 예를 들어 기대 평가를 배운 아이들은 마시멜로를 음식 대신에 가지고 노는 공으로 생각하여 그것을 먹지 않을 수 있다(Mischel, 1974). 기대 평가는 아이들의 충동적 정서 각성을 즉각적으로 감소시킨다(Metcalfe & Mischel, 1999).

기대 평가의 힘 실생활에서 절단수술은 끔찍하다. 하지만 코미디극에서 나오는 절단에 대해서는 사람들은 웃음으로 반응한다. 어떻게 다른 반응을 보이는 걸까? 절단이 일어나는 코미디 영화같은 상황이 기대 평가, 즉 사람들이 사건 전에 가지게 되는 사고에 영향을 주었기 때문이다. 그리고 평가는 정서 반응을 통제한다. 영화 〈몬티 파이튼과 성배〉의 한 장면에서 아서왕은 무장해제가 되었음에도 계속 싸우려는 흑기사로 인해 화가 났다.

Mary Evans / Ronald Grant / Everett Collection (10326560)

정서 징조 억압 때때로 기대 평가로 감정을 통제하기에는 너무 늦다. 당신은 벌써 화가 났거나 슬프거나 두렵거나 역겨운 감정적 상태이다. 이런 감정들을 다른 사람에게 감추고 '대단히 침착하고', '마음을 평온히 하려면' 어떻게 해야 하는가?

당신이 이미 정서적으로 상기되어 이런 상태를 다른 사람에게 보이고 싶지 않다면 아마도 이런 정서를 억압할 것이다. 정서 **억압**(suppression)이란 정서 각성 상태를 보일 수 있는 징조를 의식적으로 그리고 의도적으로 누르려는 노력을 말한다(Gross, 1998). 만약 당신이 낙심하고 있는데 이런 감정을 다른 사람에게 말하고 싶지 않고 당신의 얼굴에 이런 감정을 보이고 싶지 않을 때에 당신은 정서 억압을 하게 될 것이다.

정서 억압에 대한 첫 번째 질문은 효과가 있느냐는 것이다. 정서를 억압하면 사람의 정서 각성도 낮아지는가? 아니면 평온해 보이려 했는데 오히려 '역효과'로 정서 상태가 더 증폭이 되지는 않는가? 답을 찾기 위해 연구자들은 정서적으로 스트레스를 주는 영화(의학적으로 팔을 자르는 장면을 포함한 영화)를 보기 전에 연구에 참여하는 사람을 세 집단으로 나누어 각기 다른 내용을 먼저 안내하였다. 한 집단은 앞선 실험과 유사한 기대 평가를 주는 안내를 제공받았다. 그들은 영화를 외과 수술과 같은 기술적 내용에만 초점을 두고 감정 이입을 하지 않으면서 과학적 관점에서 평가하라고 요청받았다. 두 번째 집단의 경우 사고 억제 지시를 받았다. 이들은 만약 영화를 보는 동안 정서적으로 나쁜 기분이 들면 다른 사람이 "그 감정을 보지 않도록 노력하며… 다른 사람이 당신이 무엇을 느끼는지 전혀 알 수 없도록 하라"는 주문을 받았다(Gross, 1998, pp. 227-228). 그리고 마지막 그룹인 통제집단에게는 아무런 안내도 없었다. 종속변수는 영화를 보는 동안 일어나는 정서적 각성을 보여주는 생리적 수치(심장박동 수, 자율신경계 활동)였다.

정서를 억압하려고 노력하다가 이처럼 정반대 역효과를 본 적이 있는가?

정서를 통제하는 2개의 전략(기대 평가와 억압)은 다른 결과를 가져왔다. 기대 평가는 정서를 통제하는 데 효과적이었다. 외과 기술에만 초점을 맞추어 영화를 본 사람들은 다른 사람들에 비해 정서적으로 덜 각성되었다. 사고 억압은 생리적 각성이 일어났을 때 오히려 역효과가 있었다. 정서가 밖으로 나타나는 것을 억압하려고 노력했던 사람들은 다른 두 집단보다 훨씬 생리적 각성이 높았다(Gross, 1998). 추후의 연구들은 이 결과를 더욱 확인해주었다. 정서를 억압하려는 노력은 오히려 정서 각성을 감소시키기보다 종종 증가시킨다(Roberts, Levenson, & Gross, 2008).

다른 연구는 정서 억압과 많은 사람들이 회피를 위해 하는 행동인 과식을 연결시켜 연구하였다(Butler, Young, & Randall, 2010). 한 주 동안 매일 애인이 있는 사람들에게 (1) 자신의 정서를 자신의 애인에게 보여주지 말고 자신만이 알도록 하였는데 (2) 이 정서 억압은 참여자의 체중에 따라 자신이 평소에 먹는 양보다 많게, 적게, 혹은 같은 양을 먹게 하였다. 저체중인 여자 중에서는

억압 자신의 정서적 각성(또는 생리적인 상태)이 나타나지 않도록 하기 위해 의식적이고 의도적으로 하는 노력

아니지만 과체중인 여자 중에서는 억압이 과식을 유발하였다. 자신의 정서를 억압한 날에는 과체중인 여자는 평소보다 더 많이 먹었다. 정서 억압은 연구에 참여한 여자들의 기분이 안 좋아져서 저조한 기분을 없애는 방법으로 더 많이 먹게 하였다.

정서 예측하기 지금까지 보았듯이 정서를 통제한다는 것은 무척 어려운 일이다. 한 번 정서가 내면을 휘젓기 시작하면, 그 정서를 억압하는 것은 오히려 역효과를 가져온다. 자신의 정서 상태를 통제하는 대신 단순히 예상만 함으로써 좀 더 쉬운 방법을 모색해보자.

당신은 할 수 있는 한 승리를 맘껏 누려라 연구들은 좋은 일이 정서에 미치는 영향은 사람들이 기대하는 것만큼 오래가지 않는다는 것을 보여주고 있다.

만약에 체중 감량을 한다면 혹은 많은 상금을 받았다면 당신의 마음은 어떤 상태일 것이라고 예상되는가? 아니면 체중이 늘거나 또는 파산하였거나 많은 돈을 손해보았다면 어떨 것으로 예상되는가? 이런 사건들은 정서생활에 큰 영향을 미칠 것으로 사람들은 예상한다. 하지만 그런 예상은 대부분 틀린다. 어떤 정서가 발생할지 사람들이 예상하는 부분에서 사람들은 구조적인 오류를 범한다. 사람들은 사건이 정서에 미치는 영향을 과대평가한다. 좋은 일이나 나쁜 일 모두는 우리가 기대하는 것보다 더 적게 정서에 영향을 미친다. 대개 사람들은 정서 상태, 즉 정서의 세기 정도나 사건에 대한 감정적 정서 반응이 얼마나 오래갈지 등에 대해 정확히 알아맞히지 못한다(Wilson & Gilbert, 2003).

한 연구(Wilson et al., 2000; Study 3)에서, 심리학자는 대학 미식축구 팬에게 그들이 응원하는 팀이 시합에서 이긴 다음 날에 얼마나 행복감을 느끼는지에 대해 물어보았다. 그리고 그 팬들은 자신이 응원하는 팀이 이긴 시합 때부터 며칠 동안 매일 자신이 실제로 얼마나 행복감을 느끼는지를 조사 기록지에 모두 적도록 하였다. 팬들은 게임의 승리가 자신의 정서 상태에 미치는 영향을 과대평가하였다. 팀이 승리한 기쁜 소식은 팬이 기대한 것보다는 자신의 정서에 그렇게 강하게 영향을 미치거나 기쁜 것이 오래 지속되지는 않았다.

과대평가는 보편적으로 나타난다. 이를테면 선거 결과, 의료검진 결과, 친구나 연인과의 관계, 개인적인 부의 축적 등이 정서에 어떤 영향을 미치는지 예상을 할 때면, 사람들은 보편적으로 과대평가를 한다(Kahneman et al., 2006; Wilson & Gilbert, 2003). 사람들은 나쁜 일이나 좋은 일이 정서에 미치는 실제 상태보다 나쁜 일은 정서적으로 더 힘들게 하며 좋은 일은 정서적으로 더 들뜨게 할 것으로 예상한다(그림 9.7 참조).

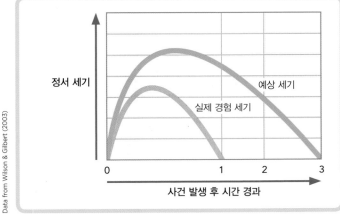

그림 9.7
예상되는 정서 세기와 실제 느끼는 정서 세기 사람들은 삶 가운데 만나는 좋은 일이나 나쁜 일이 정서에 크게 그리고 오래 영향을 미칠 것으로 기대한다. 하지만 대개 그런 기대는 맞지 않는다. 생의 사건이 정서에 미치는 영향은 종종 기대보다는 작게 영향을 미치며 오래 지속되지 않는다.

이 사실들은 우리가 정서를 변화하기 위해서는 아무것도 할 수 없다는 것을 의미하기 때문에 실망을 준다. 당신은 최근에 잠시 만나던 이성과 헤어지거나, 새로운 학교로 전학을 가거나, 상대적으로 월급이 많은 새로운 직장을 갖게 된다면 더 행복해질 것으로 기대하지만 그 기대는 맞지 않는다. 심리학자들은 당신의 행복 수준은 고정된 성격적 특성이라고 한다. 만약 당신의 삶 가운데 좋은 일이 생기면 당신은 하루나 이틀 동안은 기분이 좋을 것이지만 그 후 당신의 전형적인 정서 수준으로 다시 돌아갈 것이다(Lykken & Tellegen, 1996).

기분

지금 당신의 기분은 어떠한가? 아래 단어들 중에서 당신의 기분을 묘사하는 것을 선택해보라. 당신은 지금 어떤 기분인가?

느긋한가?	평온한가?
우울한가?	초조한가?
졸리는가?	암울한가?
흥분했는가?	생기 넘치는가?
긴장하는가?	만족하는가?
활기찬가?	나른한가?

위의 단어는 기분의 여러 측면을 묘사하고 있다(Russell, 2003; Thayer, 1996). 기분은 당신이 느끼는 상태를 말한다. 기분은 굼뜨거나, 생기 넘치거나, 만족하는 또는 암울한 등 당신이 의식적으로 현재 경험하는 감정을 뜻한다. 어떤 기분에 있다는 것은 일정 기간 한 감정 상태를 지속적으로 경험하는 것을 말한다.

때로 당신은 자신의 기분을 잘 알아채지 못한다. "오늘 기분이 어때?"라고 누군가가 묻기 전에는 기분은 자신의 정신 상태의 '배경'이지만 잘 깨닫지 못한다. 당신의 기분은 때론 당신의 의식을 지배하기도 한다. 당신이 우울한 기분인 경우 자신이 얼마나 불행한지에 대해 곰곰이 생각하며 이런 생각을 멈추기란 쉽지 않다.

기분의 구조

사전 질문

> ❯ 우리가 기분을 유인가와 각성이라는 2개의 단순 구조로 설명한다는 것은 무엇을 의미하는가?

앞에서 보았던 기분을 나타내는 단어들을 다시 한 번 생각해보자. 그 단어들에 대해 곰곰이 생각해보면 당신은 두 가지 사실을 알아챌 것이다.

❯ 유사점 : 기분 상태를 설명하는 단어들 중 일부는 비슷하다. '긴장한'과 '흥분한'이 그 예다. 당신이 긴장했을 때와 흥분했을 때의 신체 상태는 비슷하다. 또 다른 예로 '우울한'과 '나른한'도 비슷하다. 당신이 우울하다면 당신은 또한 나른한 기분을 느끼게 된다.

❯ 반대점 : 기분 상태를 설명하는 단어들 중 일부는 서로 반대이다. '느긋한' 것과 '긴장한'이 그 예다. 당신이 긴장을 더 하게 되면 당신은 덜 느긋해진다. 그래서 이 둘은 서로 반대이다. '생기 넘치는'과 '느긋한'도 반대되는 예다.

기분 차원 이러한 유사점과 반대점은 중요한 의미를 함축하고 있다. 앞에서 언급한 기분 상태를 묘사하는 12개의 단어가 12개의 개별적이고 별개의 심리적 상태를 말하는 것이 아니라는 사실이다. 오히려 여기에는 몇 개의 기분 차원이 깔려 있다. **기분 차원**(dimensions of mood, mood dimensions)은 감정 상태의 보편적인 변산성을 의미한다. 즉 모든 사람이 가진 다양한 기분을 묘사하는 변산성을 말한다. 유추 방법은 기분 차원이라는 개념을 보다 명확하게 해준다. 심리적 기분 대신 신체

낮은 각성과 높은 각성 기분 유인가의 가장 주요한 척도는 각성이다. 사진은 전 미국 국무장관인 힐러리 클린턴의 모습으로 왼쪽 사진은 낮은 각성 상태이고 오른쪽 사진은 높은 각성 상태를 보여주고 있다.

적인 몸을 설명할 수 있는 '마른', '통통한', '앙상한', '포동포동한', '야윈', '둥글둥글한'같은 6개의 단어만을 생각해보자. 이 단어들은 별개의 단어지만 이것이 6개의 개별적이고 색다른 신체 상태를 명확하게 구분지어 언급하는 것은 아니다. 오히려 체중이라는 감추어져 있는 차원에서 **변산성**을 의미한다.

이와 비슷하게, 많은 단어들이 기분 상태를 묘사하는 데 사용되지만 그 안에는 몇 가지 기본적인 차원의 기분이 있을 수 있다. '마른'과 '통통한'이 신체적 차원인 체중의 양극단에 있듯이, 느긋한과 긴장된, 생기 넘치는과 나른한처럼 서로 반대되는 기분을 묘사하는 용어들도 기분 차원의 양 끝에 위치하게 된다.

기분에 대한 심리학에서는 기분의 다양한 변산성을 설명하는 완벽한 차원을 기분의 구조라고 말한다.

기분의 구조 규명하기 기분의 구조를 규명하기 위해서 연구자들은 통계 기법을 많이 사용한다. 연구자들은 사람들이 자신의 기분을 척도로 구성된 설문지에 평가한 것을 통계분석한다. 연구 결과는 기분은 두 가지 차원이 있다는 단순한 결론을 맺게 한다(Russell, 2003; Watson & Tellegen, 1985). 모든 심리학자들이 기분의 주요 차원이 무엇인지에 대해서는 일치하지는 않지만, 각성과 유인가 두 차원으로 가장 많이 보고 있다.

> 각성은 어떤 기분 상태일 때 신체와 뇌가 활성화되는 정도를 말한다. 각성은 '평온'하거나 '나른한' 상태인 낮은 수준에서 '생기가 넘치는' 상태나 또는 '긴장한' 상태 같은 높은 수준으로 범위를 가진다.

> 유인가는 기분의 좋고 나쁜 정도를 말하는데, '좋은'(만족하는) 기분 또는 '나쁜'(암울한) 기분의 수준을 말한다.

심리학자들은 이 두 가지 차원을 결합하여 사람들이 경험하는 기분의 스펙트럼을 보여주는 구조를 만들었다(그림 9.8 참조). 이 구조는 지도와 같은 기능을 한다. 당신이 지구의 어디에 있던지, 당신의 위치는 위도와 경도로 표시된 지도 상에 표시될 수 있다. 당신의 기분이 어떤 상태든, 또한 어떤 때든 그 기분은 각성과 유인가, 두 차원으로 구성된 기분 지도에 표시될 수 있다(Russell, 2003).

요즘 당신의 기분은 '기분 지도'상에서 어디에 표시되는가?

기분 차원 감정 상태의 보편적인 다양한 범주. 사람들의 기분을 설명해주는 다양한 범주

그림 9.8
기분의 구조 기분은 각성과 긍정적이거나 부정적인 유인가 두 가지 차원에서 매일 변하고 있다. 우리가 '낙담한', '긴장한', '흥분한'과 같은 기분을 묘사하는 단어들은 이 2개의 차원에서 위치하게 된다.

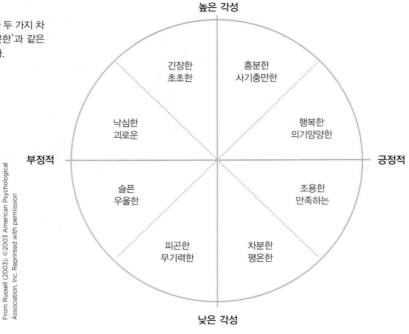

From Russell (2003). ©2003 American Psychological Association, Inc. Reprinted with permission

기분 향상시키기

사전 질문

> **기분을 향상시키기 위해 어떤 활동을 하면 좋은가?**

지도는 당신 기분 상태의 위치를 말해주지만 어떻게 새로운 상태로 갈 수 있는지를 말해주지는 않는다. 즉 기분의 두 차원 구조로 당신의 기분 상태를 알려는 주지만 어떻게 기분을 변화시킬 수 있는지에 대해서는 알려주지 않는다. 하지만 때로 당신은 기분 전환을 원한다. 어떻게 하면 만족하고 활기찬 상태로 기분이 전환될 수 있을까?

많은 요인이 당신의 기분에 영향을 미친다. 이를테면 대인관계 문제, 업무상의 난관, 사랑하는 사람의 죽음과 같은 생활 속에서 받는 스트레스는 당신을 긴장하게 하고 당신의 건강에까지 영향을 미치는데, 스트레스에 대해서는 이 장 후반부에서 다루고자 한다. 또 다른 요인은 어릴 적 친구가 모처럼 안부 전화를 걸었다던가, 사람들이 당신의 외모에 대해 칭찬을 한다던가, 대회에서 수상을 하게 된 것 같은 기쁨을 주는 예기치 않은 사건들이다. 하지만 이러한 예기치 않은 사건이 발생하기를 마냥 기다릴 수 없으며 설령 그 사건이 발생한다 하더라도 좋은 기분은 잠시만 지속될 뿐이다. 다행스럽게도 또 다른 방법이 있는데 그것은 당신의 기분을 믿을 만하게 향상시킨 효과를 보인 몇 가지 활동이다.

보이는 것처럼 아주 편안하다 연구에 의하면 요가가 긴장 상태를 낮춘다고 한다.

lightwavemedia / Shutterstock

신체 활동 앞에서 언급한 활동 중 하나는 운동이다(Thayer, 1996). 규칙적인 운동은 기분을 향상시킨다. 무선적으로 사람들을 뽑아서 규칙적으로 운동하는 운동집단과 통제집단을 구성하여 비교한 연구는 이것이 사실임을 증명하고 있다(Blumenthal et al., 1999). 만성적 우울증을 가지고 있는 어른을 대상으로 한 연구에서 연구 참여자의 한 실험집단에게 4개월 동안 일주일에 세 번씩 45분 운동 수업을 듣도록 하였다. 다른 실험 집단은 규칙적으로 운동을 하지는 않지만 항우울제를 복용하도록 하였다. 그 결과 운동집단에 속한 사람들이 훨씬 긍정적인 기분을 경험하였다. 즉 4개월 동안 운동한 후에 운동 전보다 덜 우울하였다. 게다가 운동은 항우울제만큼이나 우울한 기분을 효과적으로 감소시켰다. 연구자들이 실험이 끝난 6개월 뒤에 운동집단 참여자들을 다시 조사해보니, 대부분이 여전히 운동을 하고 있었으며 더욱 밝고 긍정적인 기분을 유지하고 있었다(Babyak et al., 2000).

최근에 하고 있는 운동을 통해 당신은 기분 전환이 되었는가?

운동으로 말미암아 생기는 기분 전환은 2개 차원으로 되어 있는 기분 지도(그림 9.8 참조)에서 긍정-부정 차원인 하나의 차원 상에서만 변화를 보여준다. 그렇지만 다른 차원인 각성에서 변화가 있었는가? 높은 긴장과 스트레스로 각성된 상태를 확실히 완화하는 몇몇 활동이 있다. 한 예가 요가이다.

요가에서 요가 수련생은 체력과 유연성을 만들어주는 자세를 배우면서 동시에 평온하고 집중된 자세로 정신 집중을 한다. 요가 기술은 기분을 향상시킨다. 요가의 효과를 알고자 연구자들은 무선으로 사람들을 뽑아서 집단을 구성하였다. 한 집단에는 12주 동안 일주일에 세 번씩 60분 요가 수업에 참여하도록 하였다. 다른 집단은 12주 동안 일주일에 세 번씩 60분 동안 걷도록 하였다. 두 집단 모두 비슷하게 운동을 하게 하였다. 하지만 요가 운동 집단이 기분 전환에 있어 더 큰 효과가 있었다. 요가 운동 집단에 속한 사람들은 더 높은 긍정적 기분을 보였으며 긴장으로 각성된 상태는 훨씬 낮아진 결과를 보여주어 요가 운동 집단은 정서의 두 차원 모두에서 향상을 보였다. 이 연구는 뇌 상태 분석도 함께 실시하였다. 연구자는 뇌 영상 기법을 사용하여 요가가 평온한 마음과 낮은 각성 상태를 가져오는 뇌 화학물질을 증가시킬 수 있다는 사실을 발견하였다(Streeter et al., 2010). 다른 연구는 요가 훈련이 스트레스 상태를 상당히 낮춘다는 사실을 확인해주었다(Michalsen et al., 2005).

다른 신체적 중재 활동도 역시 긴장을 낮추는 힘을 가지고 있다. 마사지 테라피처럼 지압을 통해 신체의 근육과 연조직을 만지고 이완시킨다. 36편 이상의 논문을 통계분석한 연구는 마사지 테라피가 기분 전환에 영향을 미친다고 보고하고 있다(Moyer, Rounds, & Hannum, 2004). 단 한 번만 마사지 테라피를 받더라도 불안한 긴장 상태를 낮출 수 있다.

운동, 요가, 마사지 테라피의 효과는 기분에 대해 보편적인 사실을 가르쳐주고 있다. 기분은 신체의 전반적인 상태에 영향을 미치며(Thayer, 2003), 신체 상태의 변화는 기분에 직접적으로 영향을 미친다.

음악 기분에 영향을 미치는 또 다른 활동은 음악이다. 당신은 직관적으로 음악이 감정을 바꿀 수 있다는 것을 안다. 빠른 박자의 노래는 당신을 활기차게 만든다. 당신이 좋아하는 밴드의 음악을 들으면 따분하거나 우울한 기분을 밝게 해준다. 연구들은 당신의 직관이 맞음을 증명하고 있다.

한 실험연구는 음악과 기분이 조직적으로 연계되어 있다는 사실을 밝히고 있다(Krumhansl, 2002). 이 연구는 연구 참여자들에게 다양한 빠르기와 리듬과 톤을 가진 교향곡을 여러 곡 들려주었다. 참여자들은 다른 음악이 나옴에 따라 그에 따른 다른 정서를 경험하였다고 보고하였다. 게다가 음악 소리가 기분을 변화시키는 것을 모두가 예상했듯이 각기 다른 음악이 나옴에 따라 심장박동, 혈압과 같은 생리 기록도 내적인 몸의 상태가 변하는 것을 보여주고 있다(Krumhansl, 1997).

뇌 영상은 음악이 신체의 내부 상태에 효과적임을 확인해준다. 즐겁고 영감을 주는 음악은 즐겁고 보상을 주는 자극에 관련되어 있는 뇌의 영역을 활성화한다(Blood & Zatorre, 2001; Koelsch et al., 2006).

마지막으로 노래 부르는 것 또한 기분에 특별한 영향을 미친다. 대학 합창단을 대상으로 한 설문조사에서 대부분의 학생들은 노래가 기분을 향상시킨다고 말하였다(Clift & Hancox, 2001). 노래를 부르는 것과 합창음악을 단순히 듣는 것의 효과 비교 연구는 노래를 부르는 것이 긍정적인 기분을 훨씬 증대하며, 신체 면역 체계의 일부분을 구성하는 단백질의 양을 증대시킨다고 하였다 (Kreutz et al., 2004).

그러나 기분에 미치는 음악의 효과는 의견이 분분하다. 어떻게 음악의 톤이나 반복되는 패턴이 사람들의 감정에 영향을 미치게 될까? 생리학을 다루는 학문은 이런 질문에 명확히 대답을 하지 못한다. 하지만 이론가들은 재미있는 가능성을 제시하고 있다(Scherer, 2004). 음악은 신체의 리듬과 움직임을 자동적으로 활성화하여 그 결과 기분에 영향을 미칠 수 있다는 것이다. 빠른 음악을 듣게 되면, 음악의 리듬과 멜로디는 머리를 박자에 맞추어 까딱인다든가 하는 행동처럼 신체를 움직이도록 부추긴다. 이런 움직임은 긍정적인 기분과 연관이 있다. 우리 몸은 우울한 기분일 때보다 행복할 때 훨씬 빠르고 활기차게 움직이는 경향이 있기 때문이다. 음악으로 인해 부추겨진 신체 율동은 이미 기분과 신체 활동에 대한 연구를 통해 알 수 있듯이 더욱 긍정적인 기분을 만들어낼 수 있다(Scherer, 2004).

> 음악을 들을 때 몸이 음악에 맞추어 움직이지 않도록 하기가 어려운 적이 있는가? 만약 그런 적이 있다면 음악이 당신의 기분에 어떤 영향을 미치는가?

기분, 사고, 행동

사전 질문

> ❭ 오늘의 날씨가 당신의 삶의 만족에 얼마나 영향을 미칠 수 있을까?
> ❭ 사람들은 기분이 좋을 때와 나쁠 때 중 어느 때에 다른 사람들을 더 잘 도와줄까?

기분은 본질적으로 흥미롭다. 기분 변화는 심리학자나 심리학자가 아닌 모든 사람에게 흥미를 불러일으킨다. 기분이 흥미로운 두 번째 이유는 기분이 사고와 행동에 체계적으로 영향을 미치기 때문이다. 그래서 심리를 연구하는 사람은 기분에 흥미를 가진다. 그럼 먼저 기분이 사고에 미치는 영향에 대해 살펴보자.

정보로서의 기분 다음의 질문에 대해 생각해보자.

1. 당신은 자신이 다니고 있는 학교에 대해 얼마나 만족하는가?
2. 당신의 차는 얼마나 좋은가?
3. 당신은 자신의 삶에 대해 전반적으로 얼마나 만족스러워하는가?

우리는 당신이 이러한 질문에 어떻게 대답하는지 알기 위해 질문을 해보았다.

이론적으로 당신은 각 질문들에 대해 일련의 대답 목록들을 머릿속으로 나열하고 체계적으로 내용들을 더해 가면서 대답할 수도 있을 것이다. 삶의 만족에 대한 질문에 대답하기 위해 당신은 아마 당신의 삶에 있었던 사람, 장소, 물건 등을 나열한 긴 목록을 적어보면서 좋았던 점과 힘들었던 점을 저울질하며 모든 정보를 함께 평균하여 삶의 행복을 계산할지도 모른다. 하지만 실제로 당신은 그렇게 하지 않는다.

사람들에게 학교나 자동차, 인생에 대해 평가해보라고 하면 긴 사실 목록을 열거하거나 말하지 않는다. 대신 그들은 그런 평가를 할 때 자신들의 기분 상태를 따른다.

정보로서 기분 가설(mood-as-information hypothesis)(Schwarz & Clore, 2007)은 사람들이 어떤 목표 판단을 평가하려고 할 때 사람들의 기분이 그 평가에 대한 정보를 제공한다는 것을 의미한다. 평가의 심리적 과정에서 기분은 정보의 원천으로서 역할을 한다. 이론이 의미하는 바는 "당

날씨가 사진과 같이 안 좋은 날에는 그녀는 자신이 사는 도시를 좋아하지 않을 것이다. 또한 자신의 옷이나, 자신의 인생에 대해서도 전반적으로 좋아하지 않을 것이다. 고약한 날씨는 당신의 기분을 아주 저조하게 만들어 정보로서 기분 가설처럼 당신의 결정에 영향을 미친다.

Michael Blann / Getty Images

정보로서 기분 가설 감정 상태가 사고과정에 영향을 미친다는 가설. 기분은 마치 정보의 원천인 것처럼 사고에 직접적으로 정보를 제공한다.

신이 삶에 대해 얼마나 만족하는가?"라는 질문에 사람들은 자신들의 감정에 의지하여 대답한다는 사실이다. 한 여성이 삶의 만족에 대해 생각해볼 때 좋은 기분이 든다면 자신의 삶에 대한 만족도 질문에 대해 "매우 만족합니다"라고 대답할 것이다. 자신의 감정이 어떻게 평가할지에 대한 정보를 제공하였다.

따라서 정보로서 기분 가설은 흥미로운 사실을 함축하고 있다. 무관한 요인이 사람들의 평가에 영향을 미칠 수 있다는 사실이다. 대학, 자동차, 인생처럼 목표내용에 대한 사람들의 평가는 기분에 영향을 미칠 수 있는 외재변인에 영향을 받을 수 있다. 하지만 그것 자체는 평가받는 대상과는 아무런 연관이 없다. 그와 같은 변인 중 하나가 날씨이다.

사회심리학자인 노버트 슈워츠와 제럴드 클로어(Norbert Schwarz & Gerald Clore, 1983)는 정보로서의 기분 가설을 아주 정확하게 기술하고 있다. 이들 연구자들은 전화 인터뷰에서 사람들에게 자신의 삶에 대해 얼마나 만족하는지 평가를 요청하였다. 슈워츠와 클로어는 습도가 높은 비오는 날과 덥고 화창한 날에 인터뷰를 실시하였다. 사람들이 자신들의 삶에 대한 만족도를 평가하는 것이지 날씨에 대해 평가하는 것이 아니기 때문에 날씨는 인터뷰에 영향을 미치지 않을 것이라고 아마 생각할 것이다. 하지만 슈워츠와 클로어는 그렇게 생각하지 않았다. 그들은 날씨가 기분에 영향을 미치고 그 결과 기분은 삶의 만족도 평가에 영향을 미치게 될 것으로 예상하였다. 연구자들의 예상대로 맑은 날에 인터뷰한 사람들은 비오는 날에 인터뷰한 사람보다 삶의 만족에 있어 더 긍정적으로 높게 평가하였다(그림 9.9 참조).

흥미롭게도 연구자가 처음 사람들에게 "날씨가 어떤가요?"라고 질문하였다면 삶의 만족도에 대한 질문에서 사람들의 평가는 화창한 날씨 혹은 비오는 날씨든지 차이가 없었을 것이다 (Schwarz & Clore, 1983). "날씨가 어떤가요?"라는 질문은 사람들에게 그날의 날씨처럼 상관없는 내용이 그들의 만족도 평가를 다르게 할 수도 있다는 사실을 상기하게 만든다. 한 번 그런 생각이 들면 사람들은 기분을 정보 제공의 원천으로 사용하지 않는다. 여기 실제적 예가 하나 있다. 인생의 중요한 결정을 할 때는 모든 것을 멈추고 생각을 해야 한다. 그렇게 하지 않으면 기분에 영향을 미치는 하찮은 것들에 의해 잘못된 결정을 할 수 있다.

기분과 타인을 도움 기분은 또한 행동에 영향을 미칠 수 있다. 당신이 어떻게 느끼는지가 당신의 행동에 영향을 미친다. 기분에 영향을 받는 사회행동 중 하나는 다른 사람을 도와주는 행동이다. 사람들은 다른 사람들을 종종 도울 기회가 있다. 구세군에서 일하는 사람들은 기부를 하라고 한다. 주민 센터에서는 자원 봉사할 사람들을 모집한다. 가난하고 집이 없는 사람들은 경제적 지원을 구한다. 당신은 그들을 도우려 하는가? 연구는 우리가 기분이 좋을 때면 다른 사람들을 훨씬 더 많이 도울 것이라고 한다.

기분에 단순하게 그리고 약하게 영향력을 미치는 것들도 타인을 돕고자 하는 의지를 불러일으킬 수 있다. 아이센과 레빈(Isen & Levin, 1972)은 한 연구에서 10센트 동전을 공중전화 박스 안 전화기 동전 넣는 곳에 두었다. (휴대전화가 사용되기 전에 공중전화는 흔하게 볼 수 있었으며 그 당시 10센트의 가치는 오늘날의 50센트 정도와 맞먹는다.) 연구 참여자가 공중전화 박스 안에서 10센트를 발견하고 줍게 되면, 연구자는 연구 참

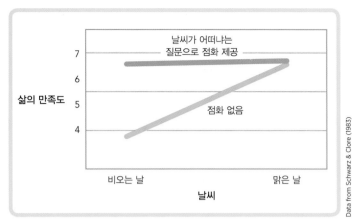

그림 9.9
삶의 만족과 날씨 누군가가 당신에게 삶에 대해 전반적으로 얼마나 만족하는가 질문을 한다면 당신의 대답은 두 가지 요인, 즉 (1) 날씨 (2) 그 사람이 당신에게 날씨가 어떠냐고 질문을 하였는지 여부에 영향을 받을 것이다. 만약에 당신이 날씨가 기분에 미치는 영향을 곰곰이 생각하지 않는다면 날씨는 당신의 기분에 영향을 미칠 수 있다.

계속 웃으세요! 연구는 사람들이 좋은 기분에 있으면 다른 사람들을 더 많이 돕게 된다고 한다.

여자 근처에서 지폐처럼 보이는 종이 뭉치를 하나 땅에 떨어 뜨린다. 이 연구의 종속변인은 연구 참여자가 그 종이 뭉치를 연구자가 주울 수 있도록 돕는지 여부이다. 10센트를 발견하고 줍게 된 것은 잠시 긍정적 기분이 들도록 하였기 때문에 돕는 행동을 부추길 것으로 유추한다. 10센트를 발견한 대부분의 사람들은 종이 뭉치 줍는 것을 도왔다. 10센트가 놓여 있지 않은 두 번째 통제집단의 실험에서는 이들은 종이 뭉치 줍는 것을 돕지 않았다.

> 10센트처럼 작은 것 때문에 당신은 기부하도록 영향을 받지 않았는가?

정서와 뇌

우리는 정서와 기분의 심리학에 대해 살펴보았는데 이제는 생물학적 수준에서 분석해보도록 하자. 뇌의 어떤 체계에서 사람들의 마음이 사고할 뿐만 아니라 감정으로 채워지는 데 관여하는가? 이 질문은 실험심리학이 시작할 때부터 제기되어 왔다. 우리는 19세기로 돌아가서 살펴보고자 한다.

그림 9.10
고전적 정서 이론들

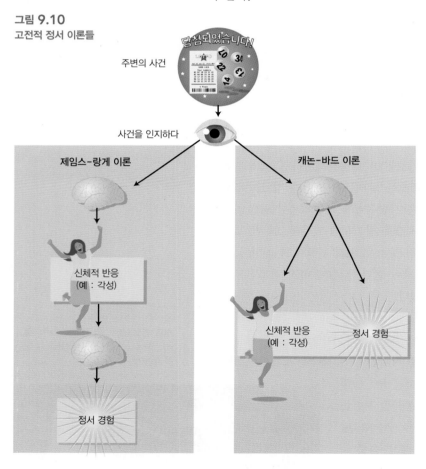

주변의 사건

사건을 인지하다

제임스-랑게 이론

신체적 반응
(예 : 각성)

정서 경험

캐논-바드 이론

신체적 반응
(예 : 각성)

정서 경험

제임스-랑게 정서 이론 정서 반응을 유발하는 사건에 반응하여 신체 각성이 발생하면 뇌와 신체가 어떻게 정서를 경험하는 지를 설명하는 이론

몸, 뇌, 정서에 대한 고전적 개념

사전 질문

> 정서를 경험하기 위해서 우리는 신체적인 각성을 먼저 경험해야만 하는가?
> 모든 정서는 제임스와 랑게, 캐논과 바드의 정서 이론에서 말하고 있는 일련의 동일한 단계들을 거치면서 유발되는가?

제임스-랑게 정서 이론 1880년대 중반 우연히 동시에 진행된 연구가 있었다. 심리학자 윌리엄 제임스(William James)와 칼 랑게(Carl Lange)는 뇌와 신체가 정서 경험을 어떻게 유발하는지에 대해 유사하지만 새로운 관점의 연구를 각각 진행하고 있었다. 그들 연구의 아주 새로운 관점은 바로 정서와 신체적 반응 활동의 인과관계에 대한 것이었다.

직관적으로 정서가 신체적 각성을 불러일으키는 것처럼 보인다. 예를 들어 공포 같은 정서를 경험하게 되면 이 정서는 신체적 각성을 유발한다. 하지만 제임스와 랑게는 이런 관점을 정반대로 생각했다. **제임스-랑게 정서 이론**(James-Lange theory of emotion)은 신체적 행동이 정서를 경험하게 만든다고 주장한다. 누군가가 당신에게 모욕을 주거나 돌진하는 차가 당신의 앞을 가로막거나 당신의 로또 복권번호가 당첨되는(그림 9.10 참조) 등의 사건들이 일어나면 당신의 뇌는 감각계로부터 정보를 받아 신체적 반응을 유발한다. 신체적 반응에서 나온 신호는 신체적 각성이 일어났다는 사실을 뇌에게 알린다. 뇌가 그런 신호를 받은 바로 뒤에야 비로소 당신은 정서를 경험하게 된다.

제임스-랑게 이론은 당신이 신체적 변화를 알지 못한다면 그 정서를 경험하지 못한다고 주장한다(James, 1884). 당신이 로또에 당첨된 사실을 알게 되었지만 생각만 한다면, 기뻐 화들짝 놀라는 감정 대신 아주 객관적이고 차가운 사실처럼 받아들이게 될 것이다.

수십 년 뒤에 두 심리학자가 제임스-랑게 공식에 한 가지 요소를 추가하였다. 스탠리 색터와 제롬 싱어(Stanley Schachter & Jerome Singer, 1962)는 사람들이 신체적 각성을 경험할 때 그것에 라벨을 붙이는 경향이 있다고 하였다. 두 사람의 연구는 사람들이 화가 난 사람 근처에 있을 때 자기 자신의 신체적 각성이 화난 상태로 라벨을 붙이는 경향이 있지만 행복한 사람과 있을 때는 행복한 각성으로 라벨을 붙이는 경향이 있다고 밝혔다. 색터와 싱어의 연구는 1960년대와 1970년대에는 매우 관심을 끌었지만, 1980년대의 연구 실험에서는 이 이론이 '실망스러운 결과를 주어'(Leventhal & Tomarken, 1986, p. 574) 이론이 세운 가설 중 일부는 의문의 여지가 있다고 주장하였다. 이 장 앞부분에서 이미 언급한 평가 이론 같은 다른 이론적 접근 방법들이 정서연구에 있어 더 영향력을 미치면서 방향을 이끌고 있다.

캐논-바드 정서 이론 1920년대에 월터 캐논(Walter Cannon)과 필립 바드(Philip Bard)는 제임스-랑게 이론을 대치할 만한 이론을 개발하였다. 이 이론은 이미 알고 있어 놀랍지 않은 캐논-바드 정서 이론이다.

캐논-바드 정서 이론(Cannon-Bard theory of emotion)에 의하면 정서를 유발하는 사건에 대한 정보는 최초로 감각계로 들어와 뇌의 변연계, 특히 시상으로 전달된다(Cannon, 1927). 변연계로부터 들어온 신호는 차례로 두 가지 기능을 동시에 수행한다. (1) 그 신호는 정서 경험을 유발하며 (2) 정서와는 구별되는 생리적 각성이나 얼굴 표정, 몸짓과 같은 신체적 변화를 가져온다(그림 9.9 참조). 제임스-랑게 이론과는 다르게 캐논-바드 이론에서는 신체적 각성은 정서보다 먼저 일어나지 않으며 따라서 정서의 원인이 되지 않는다.

캐논-바드는 1880년대에 제임스와 랑게가 증거를 제공하지 못한 제임스-랑게 이론을 반대한다. 1920년대에 와서 연구자들은 동물들을 대상으로 뇌와 심장, 폐, 위, 다른 기관들을 연결시키는 신경계를 절단하는 외과 실험을 실시하였다. 절단 수술 후에도 동물들은 전처럼 여전히 정서를 보여 제임스-랑게 이론과는 일치하지 않았다(Cannon, 1927).

고전 이론의 현대적 위치 제임스, 랑게, 캐논과 바드는 당시 연구에 큰 공헌을 했다. 하지만 이 이론들은 이미 오래된 연구이다. 현대 연구는 제임스-랑게, 캐논-바드 접근에 있어 두 가지 주요한 한계점을 지적하고 있다.

두 이론 모두 정서가 어떻게 유발되는지를 규명하려고 노력하고 있다. 하지만 정서가 유발되는 방법은 한 가지만이 아니다. 어떤 정서는 신체적 과정을 통해 유발되는가 하면 반면에 다른 정서는 다른 과정을 거쳐 유발된다. 현대의 연구자들은 정서는 다양한 과정을 통해 유발된다는 것을 발견하였다(LeDoux, 1994; Pessoa & Adolphs, 2010).

두 번째 제한점은 두 이론 모두 정서 경험과정을 한 과정씩 순차적인 연속 상황으로 설명하고 있다. 한 과정이 뇌에서 일어나고 그다음 과정 후에 또 다른 과정으로 전달되는 식으로 보고 있다. 하지만 최근의 뇌 연구는 뇌에서 일어나는 많은 과정은 **동시다발적으로** 발생한다고 보고하고 있다. 뉴런망이 동시에 활성화되어 뇌의 많은 조직이 끊임없이 연결되고 있다(Sporns, 2011). 그러므로 생리과학의 전반적 발달은 제임스-랑게나 캐논-바드 이론이 미친 영향을 뛰어넘고 있다.

캐논-바드 정서 이론 정서를 불러일으키는 사건은 신체적 반응과 정서적 반응을 동시에 유발하지 신체적 반응이 정서적 반응을 유발하는 것은 아니라는 정서 상태 유발에 대한 이론

변연계와 정서

사전 질문

> ❯ 뇌의 대뇌피질 하부의 어느 영역이 정서 활동에서 주요한 역할을 할까? 우리는 그것을 어떻게 알 수 있을까?

정서 활동과 연결되어 있는 뇌의 주요 영역은 **변연계**이다. 변연계는 피질 아래 그리고 뇌간 위에 위치하고 있으며 몇 개의 하위 구조로 구성되어 있다(3장 참조). 변연계는 정서 반응을 유발하는 보상이나 처벌 또는 위협과 같은 자극 과정에 개입한다.

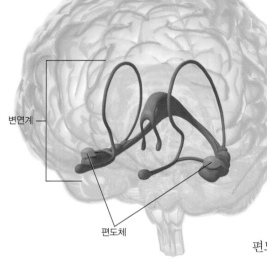

변연계

편도체

그림 9.11
편도체 편도체는 변연계의 하위 구조로 정서를 유발하는 자극을 인식하는 과정에서 중요한 역할을 한다. 뇌 구조에서 보면 사실상 편도체는 뇌의 좌우 반구 양쪽에 각각 위치하고 있다는 점을 주목하라.

편도체 정서 반응에 특히 중요한 기능을 하는 **편도체**는 변연계를 구성하는 하위 구조 중 하나이다(Gallagher & Chiba, 1996; Hamann, 2011; 그림 9.11). 편도체는 정서 경험에 있어서 많은 기능을 하는데 특히 공포 같은 부정적 정서를 유발하는 자극과정에서 중요한 역할을 한다.

편도체의 주요 기능 중 하나는 자신에게 위협적인 자극을 인식하는 것이다. 이런 자극들은 종종 새로운 것들이다. 대개 친숙한 사람들과 장소는 낯선 사람이나 낯선 곳보다는 덜 위협적이다. 뇌 영상 연구는 편도체가 낯선 사람, 즉 처음 만나는 사람들을 만날 때 특히 강하게 활동하는 것을 보여주고 있다(Balderston, Schultz & Helmstetter, 2011).

편도체 손상을 입은 사람을 대상으로 한 연구는 편도체가 정서 정보를 전달하는 기능을 하고 있음을 더 확실히 증명하고 있다. 이 사람들은 다른 사람을 식별할 수는 있지만 다른 사람의 얼굴에 나타나는 정서를 식별하지 못한다(Adolphs et al., 1994).

SM 사례 편도체는 공포 자극을 인식하는 기능을 할 뿐만 아니라 공포 정서를 표현하는 기능도 한다. 아주 특별한 사례인 SM 사례는 이것을 증명해주고 있다.

SM은 양쪽 편도체, 즉 뇌의 좌우 반구에 위치한 편도체 모두가 손상을 입은 여성이다. 공포에 대해 그녀가 어떻게 반응하는지를 알기 위해서 희귀동물 가게에서 뱀이나 타란툴라 거미를 잡아본다던가, 놀이동산의 귀신의 집을 가거나, 공포영화 관람과 같은 누구나 공포를 느끼는 자극을 주는 실험을 수행하였다(Feinstein et al., 2011). 다른 실험 참여자들은 이런 자극에 심한 공포를 느꼈지만, SM은 예외였다. 이런 공포를 느끼게 하는 자극을 만났을 때 그녀는 어떤 공포도 보이지 않았다! 대신 그녀는 가게 점원이 위험하다고 말했는데도 뱀이나 타란툴라 거미를 가지고 놀기를 원했다. 귀신의 집에서는 다른 사람들이 공포에 질려 비명을 질렀지만, 그녀는 웃으면서 태연히 통과했다. 고문과 사지 절단과 살인 장면이 있는 공포영화에도 그녀는 공포를 느끼지 못했다.

SM은 감정이 없었다. 그녀가 뱀과 타란툴라 거미를 보았을 때 흥미를 보였다. 웃긴 영화를 볼 때 그녀는 소리내어 웃었다. 편도체 손상에 따른 결핍 증상은 아주 명확했다. 그것은 단지 공포를 느끼게 하는 정서 기능만

> 두려움을 느낄 수 없게 된다면 삶은 어떨 것이라고 생각하는가?

당신은 이 사진을 보면서 아마 무서워할 것이다 하지만 SM처럼 편도체 손상 환자는 무서워하지 않는데 그 이유는 편도체 손상이 공포에 대해 반응하지 않도록 만들었기 때문이다. 편도체는 뇌의 하위 구조체로 공포의 감정을 느끼는 과정에서 작동한다. 그래서 1973년 제작된 영화 〈엑소시스트〉에서 악마가 등장인물에게 빙의되는 장면을 보면서 관람객들은 모두 고함을 지르고 기절하기도 하고 무서워서 영화관 밖으로 뛰쳐나오기도 하였지만 SM은 그런 공포를 전혀 느끼지 못하였다.

Warner Bros. / The Kobal Collection

이 빠져 있었다. 연구자들이 하루 일상 동안 그녀가 경험하는 정서를 조사한 설문지에서 그녀는 공포를 제외한 슬픔, 행복, 싫음, 화 등 모든 다양한 정서를 기록하였다(Feinstein et al., 2011).

SM의 사례는 편도체가 공포 정서 자체를 만들어낸다는 것을 의미하는가? 절대로 그렇지는 않다. 당신의 집에 냉난방기기의 온도계가 고장이 나면 방안 온도를 조절할 수 없다. 하지만 온도계 자체가 적절한 방 안의 냉난방을 유지하도록 찬바람이나 더운 바람을 보내 주는 것은 아니다. 온도계는 전체 시스템 중 한 부분일 뿐이다. 비유적으로 만약 뇌의 편도체가 손상을 입으면 정서생활에는 변화가 생기게 된다. 하지만 편도체는 뇌의 커다란 구조에서 정서 경험에 관여하는 한 부분이다.

대뇌피질과 정서

사전 질문

> 〉 어떻게 하면 우리가 경험하는 정서의 복잡한 심리적 현상을 생리적 수준으로 분석하여 설명할 수 있을까?

이 장에서 이미 배운 것을 돌이켜 생각해보면 정서는 편도체보다 뇌 구조 속에서 일어난다는 사실을 알 수 있다. 정서심리학은 다음의 사실을 포함한다는 것을 배웠다.

〉 사고과정 : 인지 평가가 정서 경험을 결정한다.
〉 운동 근육 작동 : 안면 근육의 움직임을 통해 자신의 정서를 타인에게 알린다.
〉 동기와 의사결정의 결과 : 정서는 당신의 행동과 결정에 영향을 미친다.

여기에 더하여 이러한 정서의 심리적 요소들은 매우 잘 조직화되어 있다는 것도 당신은 알고 있다. 생각, 감정, 얼굴 표정과 동기는 동시에 발생한다. 만약에 당신이 모욕을 받았다고 생각한다면 곧 화가 날 것이며, 그 화는 즉시 얼굴에 나타나게 될 것이고, 또한 동시에 당신에게 모욕을 준 사람을 거부하는 행동을 하고자 할 것이다.

정서 및 상호 연결되어 있는 뇌 체계 이 심리학적 사실은 생물학적인 내용을 포함하고 있다. 정서의 생물학 체계는 이미 배운 심리학적인 현상을 아마 설명할 수 있을 것이다. 이것은 정서생물학이 다음의 사실을 포함한다는 것을 의미한다.

1. 뇌 조직은 정서와 관련된 사고, 운동 근육 활동, 동기와 의사결정에 개입하고 있다. 사고, 의사결정과 행동 뒤에서 활동하는 많은 뇌 조직들은 변연계 속에 있는 것이 아니라 뇌의 최고 영역인 대뇌 피질 속에 있다(3장 참조). 따라서 대뇌피질이 정서에서 가장 큰 역할을 한다.
2. 뇌 체계들 간의 상호 연결. 변연계와 대뇌피질 속에 있는 뇌 조직들은 서로 매우 밀접하게 연결되어 있다. 그렇지 않다면 사고, 감정, 동기와 얼굴 표정 같은 정서의 다양한 심리적 요소들이 동시다발적으로 발생할 수 없기 때문이다.

뇌 영상 방법을 통한 증거 최근 심리학자들은 정서 경험에 신경계가 어떻게 개입하는지를 알아 내고자 뇌 영상 방법을 활용하고 있다. 많은 연구들이 정서를 경험할 때 뇌의 어느 영역이 가장 활성화되는지를 시각적으로 증명하고 있다. 한 연구팀(Kober et al., 2008)은 뇌 체계의 전반적인 기능을 규명하기 위해서 뇌 영상 방법을 사용한 150개 이상의 연구 자료들을 메타분석하였다.

연구 결과 그들은 뇌 조직들 간의 복잡한 연결망이 정서에 영향을 미친다고 보고하였다(그림 9.12). 특히 신경계에 있는 상호 연결된 6개의 연결망이 관여하고 있다. 6개 중 2개는 변연계 속에 있으며 다른 것들은 뇌의 대뇌피질 속에 있다. 후자는 자극에 주의하고 시각정보를 전달하며

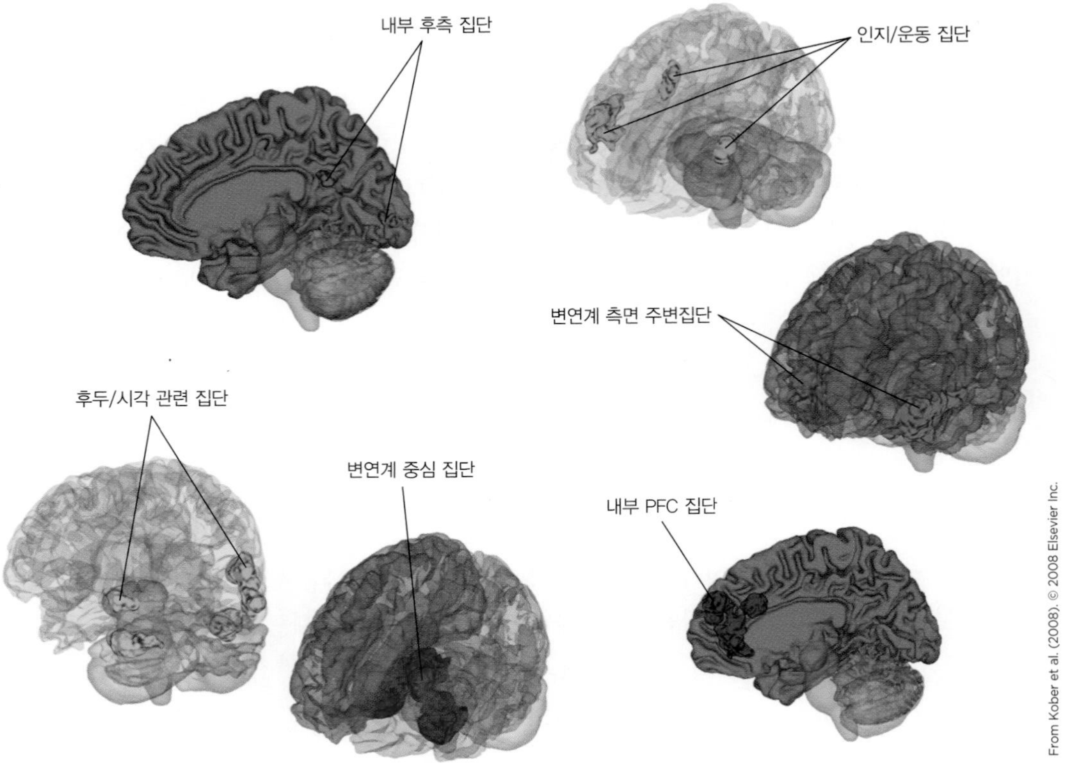
내부 후측 집단
인지/운동 집단
변연계 측면 주변집단
후두/시각 관련 집단
변연계 중심 집단
내부 PFC 집단
From Kober et al. (2008). © 2008 Elsevier Inc.

그림 9.12
정서 경험 속에서의 뇌 체계 뇌 영상 방법은 변연계 속에서 6개의 다른 신경집단망이 아주 밀접하게 연결되어 있는 것을 보여주며, 정서 경험에 개입하는 대뇌피질을 보여준다.

운동 근육 활동을 조절하고 행동을 계획하는 대뇌피질 영역을 포함하고 있다.

게다가 이미 정서심리학에서 배운 것처럼 정서와 관련된 뇌 체계들은 서로 잘 연결되어 있다. 뇌의 한 영역이 활성화되면 다른 영역이 그리고 또 다른 영역이 동시에 활성화된다(그림 9.12).

생물학적 관점의 분석연구는 심리학적 관점의 분석적 발견을 높이 평가하고 있다. 심리학적으로 정서는 수많은 요소로 구성되어 있다. 높은 수준에서는 발생한 사건 의미를 결정하는 사고가 있으며 낮은 수준으로는 싫은 느낌과 같은 정서적 경험까지를 포함한다. 정서는 생물학적으로 뇌 체계에서 별개의 요소들이 활성화되는 것을 의미한다. 이것은 뇌의 변연계에 있는 낮은 수준의 조직들과 대뇌피질 속에 있는 높은 수준의 신경계 연결망을 모두 포함한다(Pessoa & Adolphs, 2010).

스트레스와 건강

어떤 정서는 뜨거운 태양 아래서 아무것도 하지 않고 쉬면서 느끼는 고요함과 평안함처럼 편안하다. 어떤 정서는 큰 시합에서 우승한 뒤 느끼는 자신감과 넘치는 에너지처럼 들떠 있다. 하지만 어떤 정서는 스트레스를 준다. 사랑하는 사람의 죽음과 같은 비극적 소식이나 피습 같은 신체적 상해, 임박한 시험 같은 개인적 도전, 결별 같은 인간관계의 파탄 등은 긴장된 스트레스를 느끼게 한다.

이 장의 마지막 부분은 스트레스의 본질과 스트레스가 우리 신체와 건강에 어떤 영향을 미치며, 우리는 스트레스를 어떻게 극복할 수 있는지에 대해 살펴보고자 한다.

스트레스

사전 질문

> ❯ 심리학자들은 환경적 스트레스인을 어떻게 분류하는가? 이것들은 항상 나쁜가?
> ❯ 주어진 환경이 스트레스를 준다고 결정짓게 만드는 심리적 특징은 무엇인가?
> ❯ 우리 몸은 어떤 생물학적 과정을 통해 스트레스에 적절히 적응하는가?
> ❯ 스트레스 대처에 있어 호르몬은 어떤 역할을 하는가?

'스트레스'라는 용어는 세 가지 방법으로 다르게 사용될 수 있다 — (1) 환경적 사건, (2) 주관적 감정, (3) 신체 반응, 특히 스트레스 상황에 대한 신체적 대처. 이 세 가지에 대해 살펴보자.

환경적 스트레스인 환경적 사건이 개인에게 강한 손상을 준다면 그것은 '스트레스인'으로 볼 수 있다. 연구자들은 환경적 스트레스인을 세 가지로 구별하고 있다(Lazarus & Lazarus, 1994).

1. 위해는 이미 발생하여 손상을 준 사건을 말한다. 가족 중 한 사람이나 친한 친구의 죽음은 스트레스를 받게 하는 위해를 준다.

2. 위협은 미래에 발생하여 강한 손상을 줄 수 있는 사건을 말한다. 한밤중에 혼자 걸어가고 있는데 위험해 보이는 사람이 당신을 향해서 걸어오고 있다면, 이 사람이 주는 강한 위험이 바로 위협이다.

3. 도전은 극복하면 개인의 성장이 될 수도 있는 난관을 해결하기 위해 지금 노력하고 있는 또는 곧 취해야 할 행동을 말한다. 지금 큰 시험을 준비하고 있다면 실패할 수 있는 위험도 있지만 또한 시험문제를 잘 풀어서 자신의 능력을 증명할 수도 있는 좋은 기회이기도 하다.

세 가지 스트레스인 유형에 추가하여, 스트레스인은 어떤 유형이든 간에 지속 기간에 따라 분류될 수 있다(Segerstrom & Miller, 2004). 급성 스트레스인은 아주 잠깐 동안만 지속된다. 예를 들어 얼음에 미끄러져 넘어진다거나 수업시간에 예기치 않은 질문에 답하라고 호명을 받았을 때 적용된다. 만성적 스트레스인은 오랜 기간 삶 속에서 지속된다. 예를 들어 만성적인 가난, 전쟁 지역에서 생활, 심한 정신장애를 가진 사람을 돌볼 때 받게 되는 스트레스에 적용된다.

이런 구별은 스트레스인의 다른 유형을 규정한다. 삶의 어떤 특정한 사건이 더 스트레스를 가져올까? 심리학자들이 생활 속에서 스트레스를 주는 사건들의 목록을 구성하여 그것들이 생활을 방해하는 정도에 따라 순위를 정해보았다(Holmes & Rahe, 1967). 표 9.2에서 보듯이 그 목록의 내용은 신체 손상이나 직장에서의 해고 같은 나쁜 사건뿐만 아니라 결혼, 출산 등을 통한 가족 구성원의 증가와 같이 새로운 삶의 변화처럼 대개 도전적으로 보이는 좋은 사건들도 포함하고 있다.

> 당신이 경험한 것으로 삶에 적응하는 데 필요한 좋은 사건은 무엇이 있었는가?

주관적 스트레스 스트레스는 외부 환경 속에 있는 스트레스인에 의해서도 생기지만 개인 내부에서도 생긴다. 외부에서 일어나는 어떤 사건이 스트레스를 주는지 여부는 개인이 내면에서 생각하여 결정하게 된다. 이것은 인간 사회 속에서 일어나는 사건의 경우 특히 그러한데 이런 사건은 사람마다 다르게 해석될 수 있기 때문이다. 직원 채용 면접은 어떤 사람에게는 매우 귀한 기회지만 누군가에게는 매우 스트레스를 주는 평가로 여겨진다. 수업 시간에 하는 토론을 학수고대하는 학생은 자신의 똑똑함을 보여주는 기회로 여기지만 또 다른 학생은 이 시간이 쓸데없는 것을 이야기해야만 하는 시간으로 여겨져 스트레스를 받는다. **주관적 스트레스**(subjective stress)는 명백히 스트레스를 주는 사건에 대해 개인적 관점에서 가지는 심리적 부담을 말한다.

주관적 스트레스 스트레스를 강하게 주는 사건에 대해 개인이 경험하는 주관적 관점에서의 심리적 부담

당신은 이 사건들 중 많은 것을 경험해보았는가? 그렇지 않기를 바라는 바이다. 이 목록들은 이미 형성된 우리 삶의 패턴을 깨뜨려 스트레스를 유발케 하는 사건들이기 때문이다. 이 스트레스 점수는 삶의 패턴을 방해하는 전형적인 정도를 나타내고 있다(Holmes & Rahe, 1967).

표 9.2

스트레스를 주는 사건			
사건	스트레스 점수	사건	스트레스 점수
배우자의 죽음	100	직장에서 책임 영역 변동	29
이혼	73	배우자 가족과의 갈등	29
결혼 중 별거	65	뛰어난 개인 성취	28
투옥	63	배우자의 취업 또는 퇴직	26
가까운 가족의 죽음	63	입학 또는 졸업	26
상해나 질병	53	생활환경의 변화	25
결혼	50	습관 교정	24
해고	47	상사와의 갈등	23
별거 후 재결합	45	근무시간 조건의 변화	20
은퇴	45	이사	20
가족 중 환자 발생	44	전학	20
임신	40	여가 활동의 변화	19
성관계 어려움	39	교회 활동의 변화	19
가족 수의 증가	39	사교 활동의 변화	18
사업 적응	39	10,000달러 이하의 할부금이나 대출금	17
재정 상태의 변화	38	숙면 습관의 변화	16
친한 친구의 죽음	37	가족 모임 횟수의 변화	15
직장에서 새 부서 발령	36	식습관의 변화	15
부부싸움 횟수의 변화	35	휴가	13
10,000달러 이상의 할부금이나 대출금	31	크리스마스	12
미납 할부금이나 대출금으로 인한 압류	30	경미한 법 위반	11

출처 : *Journal of Psychosomatic Research, 11*:213–218, Holmes & Rahe, The social readjustment rating scale, ⓒ 1967

사람들은 환경 요구와 개인 능력 간에 균형이 맞지 않을 때 주관적 스트레스를 받게 된다 (Lazarus & Lazarus, 1994). 만약 요구가 능력보다 더 많다면("나는 이 계산문제를 풀 수 없어. 시험은 내일인데!") 스트레스를 받게 된다. 스트레스는 반대인 경우에도 받게 된다. 예를 들어 음악적인 능력이 아주 뛰어남에도 불구하고 초보자 음악 수업에 계속 고정되어 있는 것처럼 능력이 환경 요구를 훨씬 능가하는 경우에 사람들은 지루해하고 그런 지루함은 스트레스가 될 것이다. 개인 능력과 환경 요구가 일치할 때 평온하고 스트레스가 없는 상황이 펼쳐지게 된다 (Csiksentmihalyi, 1990).

주관적 스트레스 측정은 환경적 스트레스인을 측정하는 도구에 따라 다르다(표 9.2). 주관적 스트레스는 다음의 테스트 항목을 사용하여 측정하고 있다(Horowitz, Wilner, & Alvarez, 1979).

> "그 사건과 연관된 장면이나 생각 때문에 잠을 자는 데 어려움을 겪는다."
> "내가 보고 들었던 것들이 불쑥 떠오른다."
> "사건을 떠올리는 상황이나 물건들로부터 멀리하려고 한다."

이런 항목들은 스트레스를 주는 상황에 대한 개인적 반응을 건드리는 문항들이다. 이 문항들은 동일한 객관적 사건에 대해 각각의 개인이 다르게 주관적으로 반응하는지를 심리학자들에게 알려준다.

생리적인 스트레스 대응 '스트레스'는 또한 생리적인 반응을 말하기도 한다. 당신이 스트레스인을 감지하게 되면 당신의 신체는 이에 대해 반응을 한다. 이것을 **스트레스 반응**(stress response)이라 하는데 스트레스인과 직면하여 싸우거나 아니면 피하여 도망갈 수 있도록 일련의 생리적 변화를 말한다(Rodrigues, LeDoux, & Sapolsky, 2009).

스트레스 반응으로 나타나는 생리적 변화는 신체 여러 기관에서 나타난다. 심장박동수가 증가하여 근육에 산소를 더 많이 공급하여 신체를 더 활발히 움직일 수 있도록 한다. 신체로부터의 신호가 뇌에 전달되어 그 스트레스인에 대해 주의를 기울인 상태가 되었기 때문에 사고 체계에도 변화가 생긴다. 곧 뒷부분에서 논의하겠지만 면역 체계 기능에도 변화가 생겨서 스트레스는 건강에도 영향을 미친다.

20세기 중반 생물학자인 한스 셀리에(Hans Selye)는 스트레스인에 대응하는 일련의 생리적 반응을 **일반 적응 증후군**(general adaptation syndrome, GAS)이라고 정의하였다. 일반 적응 증후군은 세 단계로 구성되어 있다.

1. 경고 반응 : 스트레스인이 제일 먼저 발생하면 신체 내면에서는 경보 체계가 발동하여 유기체로 하여금 싸울지, 피할지를 준비시킨다.
2. 저항 : 계속적으로 스트레스인이 존재하게 되면 그것은 우리 신체가 만성적 스트레스인에 저항하고 있는 것을 의미한다. 우리의 면역 체계는 환경의 높은 요구에 대응하고 우리 신체를 보호하기 위해 지나치게 오래 활동하게 된다.
3. 고갈 : 저항 단계는 에너지를 필요로 한다. 만약에 만성적 스트레스인이 지나치게 오래 지속된다면 신체 에너지는 탈진될 것이다. 면역 체계 기능은 무너지고 신체 기관들은 손상을 입으며 그리고 병에 걸릴 위험에 놓이게 된다.

스트레스인에 신체가 적절히 대처하도록 만드는 **호르몬**은 생물적 유기체로 몸 구석구석을 다니면서 신체 기관의 활동에 영향을 미친다(3장 참조). 스트레스를 주는 사건이 발생하면 호르몬은 신체의 전반적인 에너지를 바르게 사용하도록 기능한다(Sapolsky, 2004). 호르몬은 혈당량과 산소를 증가시켜 스트레스인을 피할 수 있는 또는 대항하여 싸울 수 있는 추가적인 에너지를 공급한다. 호르몬은 스트레스인에 적절히 대처하는 것을 방해하는 생리 활동을 억제한다. 예를 들면 스트레스를 받으면 소화과정과 성욕이 감소한다. 이 사실은 진화 관점에서 볼 때 이해가 된다. 반복되는 진화과정 속에서 포식자가 공격해 오는 상황에서 앉아서 음식을 먹거나 섹스를 할 시간은 없기 때문이다.

그럼 스트레스 대응에 어떤 구체적 호르몬과 신체 기관이 관여하고 있는가? 중추신경체계는 **시상하부-뇌하수체-부신피질 축**[hypothalamic-pituitary-adrenal(HPA) axis]으로, 뇌 구조와 호르몬 경로가 상호 연관된 집합체로서 스트레스 반응을 조절하는 역할을 한다(그림 9.13). 명칭이 의미하듯이 HPA는 세 가지 구조로 되어 있다 — (1) 시상하부(뇌의 아래쪽 중심 지역에 있는 작은 구조), (2) 뇌하수체(시상하부 바로 밑에 위치), (3) 부신피질(신장 위에 위치). 스트레스로 인해 시상하부가 활동하기 시작하면 연쇄 활동들이 일어나기 시작한다(Sternberg & Gold, 1997).

1. 시상하부는 부신피질 자극 호르몬 방출 호르몬(CRH)이라는 호르몬을 뇌하수체와 연결되어 있는 관에 방출한다.

스트레스 반응 스트레스에 대해 싸울 것인지 아니면 회피할 것인지, 즉 스트레스인을 대면할 수 있도록 아니면 피할 수 있도록 준비시켜 주는 잘 조율된 일련의 생리적 변화

일반 적응 증후군(GAS) 스트레스인에 대응하는 일련의 생리적 반응으로 경고, 저항, 고갈 단계로 되어 있다.

시상하부-뇌하수체-부신피질(HPA) 축 뇌 구조와 호르몬 경로가 연결된 조직체로 스트레스 반응을 조절한다.

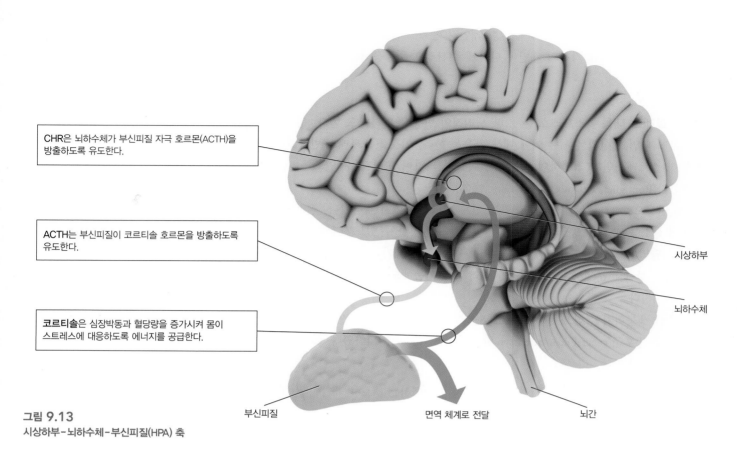

CHR은 뇌하수체가 부신피질 자극 호르몬(ACTH)을 방출하도록 유도한다.

ACTH는 부신피질이 코르티솔 호르몬을 방출하도록 유도한다.

코르티솔은 심장박동과 혈당량을 증가시켜 몸이 스트레스에 대응하도록 에너지를 공급한다.

시상하부

뇌하수체

부신피질

면역 체계로 전달

뇌간

그림 9.13
시상하부–뇌하수체–부신피질(HPA) 축

2. CRH는 뇌하수체가 부신피질 자극 호르몬(ACTH)을 방출하도록 하며 ACTH는 혈류를 통해서 부신피질에 전달된다.

3. ACTH는 부신피질이 또 다른 호르몬인 코르티솔을 혈류 속으로 방출하도록 한다. 코르티솔은 심장박동수와 혈당량을 높여서 신체에 에너지를 공급함으로써 스트레스에 대응하도록 한다.

　HPA 축도 또한 환류 체계를 가지고 있다. 부신피질에서 나온 코르티솔은 시상하부로 다시 돌아가서 시상하부에서 CRH를 더 이상 방출하지 않도록 한다. 이것은 신체 전체가 스트레스에 과잉 반응하는 것을 막는다(Sternberg & Gold, 1997).

스트레스가 건강에 미치는 영향

사전 질문

> ❯ 스트레스는 우리 면역 체계에 어떤 영향을 미치는가? 이것은 건강과 연관하여 어떤 의미를 갖는가?
> ❯ 연구자들은 스트레스가 바쁜 사람의 면역 체계에 미치는 영향을 어떤 방법으로 조사하는가?
> ❯ 스트레스는 어떻게 자신의 실제 나이보다 더 늙어 보이게 하는가?

스트레스가 건강에 어떤 영향을 미치는가? 가장 주요한 부분은 스트레스가 면역 체계에 미치는 영향일 것이다.

스트레스와 면역 체계　우리 신체는 일반적으로 외부 공격으로부터 우리를 잘 보호한다. **면역 체계**(immune system)는 일련의 생리 과정으로 세균, 미생물, 우리 몸으로 들어와서 병을 유발하는 다른 외부 유기체로부터 우리 몸을 보호한다.

면역 체계　신체에 잠입하여 병을 일으킬 수 있는 세균, 미생물, 외부 물질로부터 신체를 보호하는 일련의 과정

스트레스는 면역 체계의 정상적인 활동을 방해할 수 있다. 스트레스와 면역 활동을 연결하는 것은 HPA 축이다. 면역 체계 반응은 코르티솔이라는 부신피질이 방출하는 호르몬에 영향을 받는다(Sternberg & Gold, 1997).

스트레스인의 유형이 다름에 따라 면역 기능에 미치는 영향이 다르다. 가장 큰 차이를 보이는 유형은 스트레스인이 지속되는 기간이다(Sapolsky, 2004). 짧은 기간의 스트레스인은 면역 체계 활동을 증가시킨다. 이것은 진화 관점에서 이해가 된다. 한 사람이 싸우거나 도망을 간다고 할 경우 몸을 다칠 가능성이 상당히 높으며 부상을 입을 경우 감염의 위험이 높아질 수 있다. 면역 체계는 이에 대응하여 활동하게 되며 발생 가능성이 높은 감염과 싸울 수 있도록 몸을 보호한다(Segerstrom & Miller, 2004). 오랜 기간 지속되는 스트레스는 면역 체계를 낮춘다. 극도의 높은 스트레스가 오래 지속되는 상황에서 살게 되면 우리 면역 체계는 스트레스에 대응할 수 있는 높은 수준을 유지하기 어려우며 경우에 따라 때로는 비정상적으로 아주 낮은 수준의 면역 상태로 떨어지기도 한다(Sapolsky, 2004).

300개 이상의 연구에 대한 메타분석 결과 스트레스를 주는 상황이 면역 체계에 미치는 영향은 분명하다(Segerstrom & Miller, 2004). 사람들 앞에서 연설을 해야 하는 것 같은 단기적 스트레스인에 사람들의 면역 체계는 적절히 대응한다. 하지만 신체 불구, 치매환자를 돌보는 것이나 전쟁으로 인한 피난생활 같은 만성적 스트레스인은 사람들의 면역 체계가 정상보다 더 낮게 기능하도록 한다.

> 당신은 만성적 스트레스를 받는 동안 더 자주 아팠던 경험이 있었는가?

스트레스와 건강 결과 면역 체계가 손상을 입으면 사람들은 건강이 나빠지게 된다(Lovallo, 2005). 수년 동안 야간 근무를 해온 간호사의 경우 심장병 발생이 훨씬 더 많다(Kawachi et al., 1995). 치매 가족을 돌보는 사람의 경우 부상에서 회복되는 속도가 다른 사람에 비해 더디다(Kiecolt-Glaser et al., 1995). 아동도 역시 스트레스의 영향을 받는다. 가난한 나라에서 자란 아동은 부유한 나라의 아동보다 스트레스를 더 많이 받으며, 어른이 되어서는 심혈관 질환이 더 많이

가난, 스트레스, 건강 세계에 살고 있는 100만 명 이상의 사람은 하루에 1달러 이하로 생활하고 있다(World Health Organization, n.d.). 가난으로 인해 건강이 나빠지게 되는데 이는 가난한 사람들이 질병에 더 많이 노출되지만 건강 검진은 덜 받는 환경에 처해 있을 뿐만 아니라 가난으로 인해 면역 체계가 무너지는 스트레스를 받기 때문이다.

그림 9.14

스트레스를 받고 있는가? 감기에 걸릴 것 같은가? 아마도 두 가지가 동시에 일어나는 것은 아니다. 하지만 연구는 많은 스트레스를 받는 사람들은 상대적으로 감기에 쉽게 걸린다고 보고한다. 스트레스의 다양한 어떤 유형에서도 이 결과는 모두 사실이다. 도표는 네 가지 스트레스로 측정하는 다양한 방법, 즉 스트레스를 주는 사건 수, 스트레스를 인식하는 정도, 부정적인 정서 경험 정도, 앞의 세 가지 측정을 계산한 스트레스 지수에 대한 결과를 보여준다.

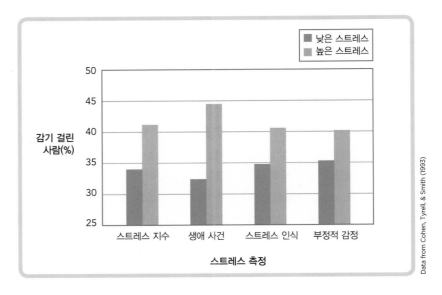

발생하며 더 일찍 죽는다(Cohen et al., 2010). 혐오아동시기(aversive childhood experiences, ACEs) 경험은 신체학대, 정신학대, 가정폭력, 기타 범죄행위 등을 포함하여 범위가 넓은데 이런 경험을 한 아동이 성인이 되면 건강이 안 좋을 것으로 예측되고 있다(Palusci, 2013).

심리학자들은 두 가지 연구 방법을 통해 스트레스와 건강을 연결 짓는다. 하나는 상관방법이다. 스트레스 수준과 나중의 건강 결과 간에 상관관계가 있는지를 연구자들은 결정한다. 예를 들어 결혼생활 스트레스에 관한 연구에서 상관관계를 통해 결혼생활 중 높은 스트레스는 병원진료 횟수의 증가, 자가 진단에서 감기, 독감, 위염 등의 발병 증가, 관절염처럼 면역 기능 약화로 인한 많은 건강 문제를 예상할 수 있다는 것을 보여주었다(Kiecolt-Glaser & Newton, 2001).

상관연구는 가능성을 주지만 전적으로 확실한 것은 아니다. 이런 연구는 두 가지 가능성을 열어두고 있다. 하나는 스트레스는 건강에 직접적으로 영향을 미친다는 것, 그리고 또 다른 하나는 스트레스는 건강에 간접적으로만 영향을 미친다는 것이다. 예를 들어 스트레스를 많이 받는 사람은 더 많은 사람을 만나고 그래서 더 많은 바이러스에 노출되는 몹시 바쁜 삶을 산다. 스트레스 자체라기보다는 이런 노출이 아마도 건강에 영향을 미치는 것이다. 두 번째 연구방법은 이 문제를 해결하고 있다.

두 번째 연구방법은 연구자가 실험적으로 사람들을 바이러스에 노출시키는 것이다. 셸던 코헨(Sheldon Cohen)과 그 연구진은 무작위로 사람들을 두 집단으로 나누어 한 집단에는 (1) 호흡기 바이러스가 든 코 분무기를 주고 다른 한 집단에게는 (2) 식염수나 물이 든 코 분무기를 나누어 주었다(Cohen, Tyrrell, & Smith, 1993). 연구 참여자들은 코 분무기를 받기 2일 전부터 코 분무기를 받은 후 7일까지 실험 아파트에 강제적으로 머무르도록 하였다. 매일 의사들이 그들의 건강을 검진했고 질병 징조를 기록하였다. 코헨과 그 연구진은 추가로 스트레스를 측정하였다. 참여자들은 그들이 현재 스트레스를 받는 건수를 말하고 이 스트레스가 그들이 대처할 수 있는 능력을 초과한다고 생각하는지 여부를 말하였다. 이렇게 잘 계획된 연구방법은 스트레스가 건강을 직접적으로 예측할 수 있는지를 보여준다. 바이러스를 받은 사람들 가운데서 더 많은 스트레스를 받는다고 대답한 사람이 감기에 더 많이 걸렸다(그림 9.14).

스트레스와 노화 속도 젊은 리처드 닉슨이 부통령으로 있을 때, 그는 에너지가 넘쳤고 대통령 후보로 나왔을 때 비록 훨씬 젊고 에너지가 넘쳐 보이는 존 F. 케네디에게 패배하긴 했지만 40대 초반처럼 보였다. 워터게이트 파문이 나중에 최고조에 다다랐을 때, 사임하고 내려오는 닉슨 대

 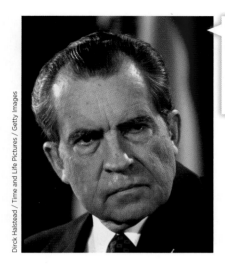

스트레스와 노화 미국 대통령 자리에 있는 것이 누구든 간에 다 스트레스를 받는다. 그런데 워터게이트 사건으로 인해 재임 중 사임한 리처드 M. 닉슨은 특히 더했다! 빨리 노화됨을 보여주는 이 사진은 스트레스가 노화과정을 촉진한다는 것을 과학적으로 증명하고 있다. 이 두 장의 사진은 1960년과 1974년에 14년 간격을 두고 찍었을 뿐이다.

통령은 흰머리와 축 쳐진 피부에 깊게 주름진 얼굴이어서 원래보다 30년은 더 나이 들어 보였다. 여기 있는 두 장의 닉슨 사진은 나이에 있어 30년 차이가 아닌 단지 14년 차이일 뿐이다. 무엇이 이 기간 동안 닉슨을 이렇게 나이 들게 만들었을까?

부분적으로 노화는 자연스러운 현상이다(Olshansky, 2011). 하지만 스트레스는 노화를 부추길 수밖에 없다. 삶에서 받는 스트레스는 노화 속도를 앞당긴다. 스트레스는 말단소립이라는 DNA의 작은 조각에 영향을 미쳐서 노화가 되도록 만든다(Epel et al., 2004).

DNA는 세포핵의 염색체 속에 있는 작은 단백질 물질로서 유기체를 형성하는 유전정보를 가지고 있다. 말단소립은 각 염색체 끝에 있는 DNA의 작은 조각이다. 말단소립은 세포의 젊음 유지를 관리한다. 세포가 말단소립을 많이 잃어버리면 그것은 더 이상 복제가 되지 않는다. 이런 일이 발생하게 되면 신체 조직은 노화 속도가 더욱 가속화된다(Sanders & Newmann, 2013).

연구에 의하면 스트레스는 신체 내부 화학물질을 변형시켜 말단소립을 짧게 만들게 한다(Epel et al., 2004). 어떤 연구자들은 만성질환에 걸린 자녀를 돌봄으로 인해 스트레스를 받은 어머니 집단을 대상으로 연구를 수행하였다. 그들은 어머니 각각의 스트레스 수준을 측정하였고 혈액을 분석하였으며, 또한 말단소립의 길이를 측정하였다. 스트레스 수준이 높은 어머니의 말단소립 길이는 짧았다. 그리고 그들은 실제 나이보다 더 늙어 보였다.

스트레스와 말단소립에 대한 연구는 다시 한 번 신체와 마음이 밀접한 관계가 있으며 심리학에 있어서 사람, 마음, 생리 측면에서의 분석들 간 상호작용에 대해 보여주고 있다. 예를 들어 오랫동안 아픈 환자를 돌본 사람이 사는 사회 맥락은 증대되는 스트레스를 느끼는 마음에 영향을 미치며 그리고 신체의 내부에도 영향을 미친다.

스트레스 대처

사전 질문

> 스트레스를 주는 사건에 대처할 때 문제를 바꾸는 것과 자신의 정서에 집중하는 것 중 어느 것이 더 유익한가?
> 스트레스 대처에 있어 남녀 간에 어떤 차이가 있으며 또 왜 차이가 있는가?
> 사회적 지지는 신체 건강과 정신 건강에 어떻게 유익한가?

당신은 스트레스를 어떻게 해결하는가? 아래의 전략 중 일부는 많이 들어보았을 것이다.

> "스트레스를 받으면 저는 편지를 쓰거나 잠을 자요."

> "화나 스트레스가 가라앉을 때까지 밖에 나가서 걷거나 근처 커피숍에 가서 조용히 앉아 저 칼로리 음료수를 마시면서 대처합니다."

> "한 번에 한 가지 일에만 집중합니다. 지금 멀티태스킹은 저의 능력 밖입니다. 그래서 오늘 해야 할 일을 목록표로 작성하여 중요한 일과 요구되는 에너지 수준을 근간으로 해야 할 일들의 우선순위를 정하여 대처합니다."

> "스트레스를 받으면 저는 먹는 것으로 풉니다. 스트레스 받는 대화를 한 후나 해야 할 일들이 쌓여 나를 짓누를 때면 저는 잠시 모든 것을 멈추고 작은 과자를 하나 먹습니다. 와, 정말 스트레스 받은 날이나 그런 주의 경우에는 이 하찮아 보이는 칼로리 덩어리가 얼마나 필요한지 상상할 수 없을 거예요!"

> "네. 개인적으로 제가 하는 모든 일에 스트레스를 많이 받습니다. 곧 AP 두 과목을 수강해야 하는데 스트레스를 장난 아니게 많이 받네요. 해야 할 공부를 빨리 끝내고 잠을 자는 것으로 스트레스를 풉니다."

> "반복적으로 일렉트릭 애비뉴의 노래를 들으면서 포도 맛 젤리를 먹으며 스트레스를 풀어요."

아마도 어떤 방법은 다른 방법보다 더 좋은 대처 방법이라고 생각할 것이다. 이 방법들은 두 가지 상이한 대처 형태, 즉 문제 중심과 정서 중심으로 분류가 된다는 것을 알 수 있다.

문제 중심 대처와 정서 중심 대처 스트레스 대처에 대한 고전 책에서 라자러스와 포크먼(Richard Lazarus & Susan Folkman, 1984)은 스트레스에 대처하는 방식을 2개의 주요 유형으로 분류하였다.

1. 문제 중심 대처 방식은 스트레스를 주는 문제의 일부 측면을 바꾸어 문제를 좀 더 통제할 수 있도록 만든다.
2. 정서 중심 대처 방식은 문제 자체를 바꾸기보다는 스트레스를 주는 문제에 영향을 받는 자신의 감정을 바꾼다.

앞에서 우리가 스트레스 대처의 예로 들었던 것을 기억해보자. 각각의 예들이 어떤 대처 유형에 속하는지 말할 수 있을 것이다. '중요성에 기반하여 우선순위를 정한다'는 문제 중심 대처 방식이다. 사람들은 스트레스의 원인이나 학교 활동을 더욱 통제한다. '일렉트릭 애비뉴의 노래를 들으며 포도 젤리를 먹는다'는 정서 중심 대처 방식이다. 이것은 문제를 규명하는 대신 심신을 더욱 편안한 상태로 만들어준다.

어느 대처방식이 더 좋아 보이는가? 상황에 따라 다르다. "대처 방식은 본래부터 좋고 나쁜 것이 아니다"(Folkman & Moskowitz, 2004, p. 753). 문제를 해결해야 하는 방식은 때론 모험을 수반한다. 때때로 문제를 통제할 수 없을 경우에는 차라리 정서 중심 방식이 훨씬 나을 수도 있다. 예를 들어 문제 중심 대처 방식은 바쁜 학기 말에 공부해야 할 것이 잔뜩 쌓였을 경우 받는 스트레스 대처에 가장 좋다. 하지만 실연을 했거나 사랑하는 사람이 죽었을 때는 정서 중심 대처 방식이 훨씬 좋다.

연구는 대처 방식이 상황에 맞게 직접 조절할 수 있는 **유연적 대처**가 유익하다는 것을 지적한다. 한 연구(Cheng, 2001)는 매일 발생하는 다양한 스트레스에 어떻게 대처하는지를 사람들에게 조사하여 유연성을 측정하였다. 어떤 사람들은 한 상황이든 또 다른 상황이든 모두 똑같은 방식으로 스트레스에 대처하였다. 다른 사람들은 매우 유연적이어서 각각의 다른 상황에 다르게 대처하였다. 연구는 유연성이 높은 사람들은 건강에 큰 경보등이 켜진 것처럼 매우 스트레스를 주는 사건이 발생했을 때에도 덜 근심한다는 것을 보여주었다(Cheng, 2003). 문제를 해결할 수 없어 보일 때는 정서 중심 대처를 사용하도록 유연적 대처 전략을 배운 직장인들은 직장에서 스트레스를 경험할 때 전략을 배우지 않은 다른 사람들에 비해 덜 스트레스를 받는 경향이 있다 (Cheng, Kogan, & Chio, 2012).

대처 방식에서의 성차 스트레스 대처에 있어 성차가 있다. 이 차이를 보려면 싸움 또는 도피 반응과 배려와 친교 이 두 가지 대응을 구별할 수 있어야 한다(Taylor et al., 2000). (이 구별은 앞서 나왔던 문제 중심/정서 중심 대처와는 다르다.)

동물 세계에서는 대부분 싸움 또는 도피 반응 유형을 보 인다(Cannon, 1932). **싸움 또는 도피 반응**(fight-or-flight response) 유형에서는 위협에 직면한 유기체는 (1) 싸우거나 (2) 위협으로부터 도피하는 두 가지 중 하나를 해야 한다. 포식자가 공격을 할 때 동물들은 싸우거나 도망을 친다. 만 약 말로 싸우는 경우 당신은 (1) 말로 대응하거나 (2) 상대 방의 의견을 수용하면서 맞대응하는 것을 피한다. 유기체는 성공적으로 싸울 수 없다고 생각되면 싸우기보다는 대개 도 망하는 것을 선택한다(싸움 또는 도피 반응은 문제 중심 전략 이라는 사실을 명심하라. 문제는 직면할 수도 있고 피할 수도 있다.)

심리학자인 셸리 테일러와 그 연구진(Taylor et al., 2000) 은 여성은 싸움 또는 도피 전략을 사용하지 않는다고 하였 다. 대신 여성은 **배려와 친교 방식**(tend-and-befriend)을 택 하며 이것은 다음의 두 가지 대처 방식으로 정의할 수 있다.

1. 배려하기 : 고통을 줄이고 다른 사람, 특히 자식의 안전을 증대하기 위해 취하는 행동
2. 친교하기 : 스트레스에 대처하는 데 도움이 되는 사람들과 친밀한 개인 관계를 유지

뇌 체계와 심리치료의 연결

ⓟ 사람

14장 : 대처 전략은 스트레스와 긴 장을 다스릴 수 있는 능력을 향상 시키기 위한 심리치료의 주요 요소 이다.

ⓜ 마음

여기서 우리는 스트레스에 대처 하는 데 도움이 되는 정신 전략 에 초점을 맞춘다.

사람 · 마음 · 뇌 연결

ⓑ 뇌

3장 : 뇌의 전두엽은 사람들이 스 트레스 대처 전략을 구상하고 정서 생 활을 조절하는 생물학적 기관이다.

© Mike Baldwin / Cornered

연구 결과와 일치하듯이 서점의 전쟁 코 너의 두 독자는 모두 남성이다!

Mike Baldwin / CartoonStock.com

싸움 또는 도피 반응 유기체가 위협에 직 면하면 싸움과 도피 중 하나를 선택하는 행 동 패턴

배려와 친교 다른 사람들과 긴밀한 네트워 크를 유지하면서 다른 사람을 돕는(배려하 는) 행동으로 특히 여성들이 위협에 대응하 는 전략으로 규명됨

여자는 남자보다 더 배려심이 깊고 친근한 경향이 있다. 예를 들어 여자는 남자와 비교했을 때 동성 간에 우정이 깊으며 친구로부터 더 자주 지지를 얻고 자신의 친구에게 더 많은 정서적 지지를 한다(Taylor et al., 2000).

왜 이처럼 남자와 여자는 다른가? 테일러는 생리적 진화에서 대답을 찾고 있다. 진화를 거쳐오면서 여자는 남자보다 자녀 양육에 더 많이 개입해왔다. 임신 기간 동안 여자는 태아를 배가 부른 상태로 품고 다닌다. 나중에 여자는 젖을 먹이면서 더욱 생리적 지원을 한다. 그래서 여자에게 있어 싸움 또는 도피는 종종 이해가 안 된다. 임신 중에 싸우는 것과 도망치는 것 두 가지 전략 모두가 어렵기 때문이다. 엄마가 싸우거나 도망치는 두 가지 전략 모두 자녀를 무방비 상태로 만들기 때문이다. 대조적으로 자녀의 필요에 맞추어 배려하는 것은 스트레스를 받을 때에 오히려 생존할 수 있도록 도와준다. 그래서 여자는 남자에게 부족한 배려와 친교를 하는 경향이 있다. 테일러와 동료 연구자(Taylor et al., 2000)는 문제 행동에 대처하는 데 남녀 간 차이를 가져오는 생화학 요인을 발견하였다.

사회적 지지 테일러의 친교분석은 중요한 점을 제시한다 — 스트레스를 받을 때 절대로 혼자서 대처해서는 안 된다. 친구나 가족은 사랑이 넘치는 돌봄과 개인적 도움 또는 **사회적 지지**(social support)를 제공하여 스트레스를 주는 일의 충격을 완화할 수 있다. 연구에 의하면 스트레스 받는 기간 중 사회적 지지를 더 많이 받은 사람이 아닌 사람보다 신체 및 정신 건강이 훨씬 좋다고 한다(Cohen & Wills, 1985; Taylor & Stanton, 2007).

심리학자는 사회적 지지가 두 가지 측면에서 유익한 것을 규명하였다(Cohen & Wills, 1985). 하나는 **스트레스 완충작용**이다. 스트레스 받는 일이 생겼을 때 다른 사람의 지지는 그 충격을 낮추거나 완충 역할을 할 수 있다. 당신에게 금전적 문제가 생겼다고 가정해보자. 친구와 가족은 돈을 빌려주는 문제 중심 대처 방법과 근심을 없애려고 애쓰는 정서 중심 대처 방법 두 가지를 모두 투입하여 도우려 할 것이다.

사회적 지지의 또 다른 유익한 점은 스트레스를 받기 전에도 생긴다. 지지해주는 친구와 가족의 커다란 네트워크는 사람들의 전반적인 심리적 행복을 증진시킨다. 결과적으로 증가된 행복감은 좌절스러운 상황이 발생했을 때 심각한 부정적 정서를 경험할 수 있는 가능성을 낮춘다(Cohen & Wills, 1985).

연구는 삶의 다양한 영역에서 사회적 지지가 미치는 영향을 보고하고 있다. 하나는 친밀한 관계이다. 심리학자는 성공적인 대인관계의 중요 열쇠는 파트너 간에 서로 제공하는 사회적 지지라고 말한다(Reis & Patrick, 1996). 파트너끼리 서로 이해하며 정서적으로 서로 지지하게 될 때, 관계는 번창하게 된다. 오랜 기간 동안의 연구자들은 부부들을 10년 이상 연구하였다(Sullivan et al., 2010). 연구 첫해에 부부들은 실험실에 와서 그들이 직면한 결혼문제에 대해 의논하였다. 연구자들은 그들이 토론하는 동안 서로에게 주는 긍정적이고 감정적인 사회적 지지의 정도를 코딩으로 기록하였다. 이를 바탕으로 연구자는 10년 후 이들 부부의 결혼 상태를 결정하였다(예를 들면 그들은 여전히 함께 결혼 상태를 유지하고 있다). 첫해의 사회적 지지는 10년 뒤의 결혼 상태를 유의미하게 예측하였다. 첫해에 더 많이 사회적 지지를 보여주었던 남편과 아내는 10년이 지난 후에도 여전히 남편과 아내로 결혼생활을 유지하는 경향이 더 높았다.

사회적 지지는 양육에 도움을 준다. 양육은 누군가에게는 스트레스를 줄 수도 있으며 특히 장애를 가진 자녀의 부모의 경우에는 더욱 그러하다. 한 연구 프로젝트에서(Ha, Greenberg, & Seltzer, 2011) 다른 사람과의 정상적인 상호작용에 어려움을 가진 자폐증 같은 발달장애(13장 참조)나 발작을 가져오는 간질 같은 신경장애를 가진 자녀를 둔 흑인 부모와 비교집단으로 비장애

사회적 지지 특별히 스트레스를 받는 기간에 친구나 가족으로부터 받는 사랑 넘치는 돌봄이나 개인적 도움

자녀를 둔 부모를 대상으로 수년 동안 연구를 실시하였다. 흑인 부모의 경우는 특히 흥미로운데 이는 흑인 공동체는 종종 대가족이 많아 가족 구성원 상호 간에 사회적 지지를 상당히 제공하기 때문이다.

이 연구에서 종속변인은 부모의 정서 상태이다. 연구자는 장애 자녀를 둔 부모와 비장애 자녀를 둔 부모의 정서 상태를 측정하였다. 그림 9.15에서 보듯이 사회적 지지는 부모들이 받는 스트레스를 낮추는 완충 역할을 하였다. 장애아를 둔 부모를 생각해보자. 사회적 지지가 낮은 부모는 스트레스로 인한 부정적 정서가 자주 조사되었다. 하지만 사회적 지지가 높은 부모는 비장애 자녀를 둔 부모 수준 정도로 스트레스로 인한 부정적 정서가 낮게 나타났다.

⬅➡ 돌아보기 & 미리보기

1장에서 심리학은 폭넓다는 것을 배웠다. 어떤 심리학자는 뇌를 연구하고 어떤 사람은 문화를 연구한다. 어떤 사람은 기본 연구를 하지만 어떤 사람은 심리적 지식을 실제 문제에 적용한다. 이 장에서 보았듯이 정서연구는 심리학 전체에서 아주 작은 부분이지만 정서연구자는 문제의 범위를 정서 발생 원인에 대한 기본적 질문에서부터 스트레스를 줄이고 건강 증진의 실제적인 질문까지 광범위한 범위를 다루고 있다.

비록 장을 마치지만 정서에 대해 이것이 끝은 아니다. 발달심리학자는 아동들의 정서 대응 능력 발달을 연구한다. 성격 이론가는 정서가 어떻게 개인의 한 측면이면서 개인 전부인지를 탐구한다. 임상심리학자는 사람들이 자신의 정서를 통제할 수 있는 능력을 키우는 치료 방법을 모색한다.

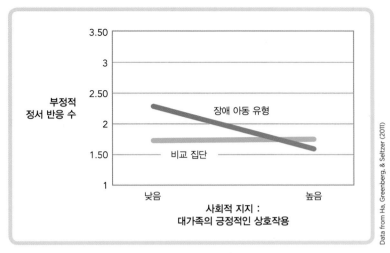

Data from Ha, Greenberg, & Seltzer (2011)

그림 9.15
가족은 스트레스를 완화한다 대가족에 속하여 가족 구성원들로부터 사회적 지지를 받는 장애아 부모는 비교집단인 비장애아를 둔 부모 수준으로 부정적 정서를 느낀다. 연구는 슬픔, 초조, 절망 같은 부정적 정서를 느끼는 횟수를 측정하였다.

Chapter Review
복습

이제 이 장을 마쳤다. 부록에는 정서, 스트레스, 건강에 대해 배운 부분이 요약되어 있다. 요약을 읽어보면 이 장에서 학습한 내용을 복습하는 데 도움이 된다.

핵심 용어

기분	사회적 지지	안면 피드백 가설	정서 평가 이론
기분 차원	스트레스 반응	억압	제임스-랑게 정서 이론
도덕적 판단	시상하부-뇌하수체-부신피질(HPA) 축	일반 적응 증후군(GAS)	주관적 스트레스
면역 체계	싸움 또는 도피 반응	정보로서 기분 가설	캐논-바드 정서 이론
배려와 친교	아이오와 도박 과제	정서	평가

연습 문제

1. 다음 중 베카라와 그 동료들이 연구한 아이오와 도박 과제 연구 결과가 말하는 내용은 무엇인가?
   a. 정서가 의사결정을 방해할 수 있다.
   b. 정서가 좋은 결정을 하도록 도울 수 있다.
   c. 정서는 우리의 사고를 설명하기 어렵게 한다.
   d. 정서는 우리의 사고를 설명하기 쉽게 한다.

2. 당신은 곧 있을 시험에 초조감을 느낀다. 그래서 시험을 위해 더 많은 공부를 하고 있다. 이것은 정서의 어떤 측면을 설명하고 있는가?
   a. 정서는 동기부여의 힘을 가지고 있다.
   b. 정서는 우리의 사고와 의사소통하는 것을 돕는다.
   c. 얼굴 감정 표현을 수반하는 정서는 누구에게나 보편적인 현상이다.
   d. 정서는 측정하기 어렵다.

3. 연구자들이 서구 백인과 동아시아 참여자들에게 다른 인종의 다양한 얼굴 표정 사진을 보여주면서 각 사진에 담긴 정서를 말해보라고 하였다. 연구자들은 이 실험을 통해 무엇을 발견했으며 결론을 맺었는가?
   a. 정서를 규명할 때 두 집단 모두 동일하게 얼굴 구조에 관심을 두었다. 문화는 정서를 읽는 데 역할을 한다.
   b. 정서를 규명할 때 서구 백인은 눈썹과 입술에 집중한 반면, 동아시아인은 시선의 방향에 관심을 두었다. 문화는 정서를 읽는 데 역할을 하지 않는다.
   c. 정서를 규명할 때 두 집단 모두 동일하게 얼굴 구조에 관심

을 두었다. 문화는 정서를 읽는 데 역할을 하지 않는다.
   d. 정서를 규명할 때 서구 백인은 눈썹과 입술에 집중한 반면, 동아시아인은 시선의 방향에 관심을 두었다. 문화는 정서를 읽는 데 역할을 한다.

4. 아래 정서 중 도덕적 판단에 기여하는 정서는 무엇인가?
   a. 수치심
   b. 긴장
   c. 역겨움
   d. 두려움

5. 존은 파티 초대에 응하자마자 곧 두려워졌다. 젬마는 동일한 파티 초대에 응하고 신이 났다. 정서 평가 이론은 이 둘의 다른 정서 반응을 어떻게 설명하고 있는가?
   a. 존은 이 정보에 대해 젬마와는 다른 뇌의 영역에서 반응하고 있다.
   b. 존은 이 초대에 젬마와는 다른 의미를 부여하고 있다.
   c. 존은 젬마와는 다르게 신체적 각성을 체험하고 있다.
   d. 존은 내성적이고 젬마는 외향적이다.

6. 이 장에서 다리를 절단하는 영화를 두 실험집단에 보여주는 그로스의 연구(1998)가 소개되었다. 한 그룹은 영화를 보기 전 영화를 과학적으로 보도록 기대 평가를 제공하고 다른 그룹은 정서를 억압하도록 안내를 하였다. 통제집단에게는 아무런 안내도 하지 않았다. 이 연구 결과가 암시하는 것은 무엇인가?
   a. 억압은 각성을 낮추는 데 효과적인 전략이다.
   b. 기대 평가를 바꾸는 것은 각성을 낮추는 데 효과적인 전략이다.

c. 정서를 억압하는 것은 각성을 낮추기 위해 기대 평가를 바꾸는 것만큼이나 효과적이다.

d. 어떤 사건은 너무 끔찍해서 어떤 수단으로도 정서 각성을 낮출 수 없다.

7. 당신이 보통 사람이라면, "이 수업에서 당신이 낙제하게 되었다면 어떻게 느낄 것 같은가?"라는 질문에 어떻게 반응할 것인가?

a. 정서에 미치는 심리적 충격을 과대평가하여 좌절할 것이다.

b. 정서에 미치는 심리적 충격을 과소평가하여 별로 신경쓰지 않을 것이다.

c. 정서에 대해 별로 민감하지 않다. 대개의 사람들이 머리가 하얘지는 정서 반응을 보일 것으로 예상된다.

d. '싸움 또는 도피' 반응을 즉시로 경험할 것 같다.

8. 다음 중 기분의 이차원적 구조에 대한 설명으로 맞는 것은?

a. 이론적으로 당신의 기분은 '기분 지도'에서 단지 한 지점에 있을 수 있다.

b. 각성과 유의성은 정반대이다.

c. 이론적으로 평온과 긴장을 동시에 경험할 수 있다.

d. 이들 차원은 왜 우리가 혼합된 정서를 경험하는지를 규명하였다.

9. "당신이 살고 있는 도시를 얼마나 좋아하세요?"라는 질문에 정보로서의 기분 가설에 따라 대답한다면 어떻게 할 것인가?

a. 기분이 좋다면 아마도 '아주 좋아해요'라고 말할 것이다.

b. 기분이 안 좋다면 아마도 '아주 좋아해요'라고 말할 것이다.

c. 기분이 좋다면 내가 얼마나 좋아하는지에 대해 거짓말하고 싶어질 것이다.

d. 기분이 안 좋다면 내가 얼마나 좋아하는지에 대해 거짓말하고 싶어질 것이다.

10. 당신은 한밤중에 꽝하는 큰소리를 듣고 심장이 뛰기 시작했다. 이러한 내용에 당신은 매우 공포심을 느끼며 그로 인해 정서적으로 각성이 되는 것을 알 수 있다. 다음의 정서 이론 중 이런 유형을 잘 설명하는 것은?

a. 캐논-바드 정서 이론
b. 색터-싱어 정서 이론
c. 제임스-랑게 정서 이론
d. 정서 평가 이론

11. 한 연구팀은 150개 이상의 뇌 영상 연구를 메타분석한 결과 뇌 조직의 어느 영역이 정서에 관여하는지를 알아냈다. 그들이 발견한 내용은 무엇인가?

a. 복잡한 정서 경험은 전적으로 변연계에 의해 일어난다.

b. 복잡한 정서 경험은 전적으로 대뇌피질에 의해 일어난다.

c. 복잡한 정서 경험은 전적으로 시상하부에 의해 일어난다.

d. 복잡한 정서 경험은 변연계와 대뇌피질 안에 있는 상호 연결된 여러 개의 조직에 의해 일어난다.

12. 환경 요구가 우리가 가진 자원보다 더 많다고 평가하게 될 때 우리는 주관적 스트레스를 경험한다. 즉 두 사람이 동일한 상황에 처했지만 두 사람이 받는 스트레스 정도는 다르다. 현대의 어느 정서 이론이 이런 차이를 가장 잘 설명하고 있는가?

a. 캐논-바드 정서 이론
b. 색터-싱어 정서 이론
c. 제임스-랑게 정서 이론
d. 정서 평가 이론

13. 신체는 시상하부-뇌하수체-부신피질(HPA) 축에서의 생리적 활동을 통해 스트레스에 대응한다. 이 과정의 마지막 단계에 대한 설명은?

a. ACTH가 혈류를 통해 부신으로 전달된다.

b. ACTH가 부신에서 코르티솔을 혈류로 방출하도록 만든다.

c. 시상하부가 부신피질 자극 호르몬 방출 호르몬(CRH)을 뇌하수체에 연결되어 있는 관에 방출한다.

d. 뇌하수체가 부신피질 호르몬(ACTH)을 방출한다.

14. 다음 중 성공적인 스트레스 대처 방안에 대한 맞는 설명은 어느 것인가?

a. 정서 중심 전략은 전형적으로 가장 효과적이다.

b. 환경 요구에 맞게 대응 전략을 조절하는 것이 가장 효과적이다.

c. 문제 중심 전략이 전형적으로 가장 효과적이다.

d. 배려와 친교 전략이 전형적으로 가장 효과적이다.

해 답

해답은 부록에서 확인할 수 있다.

동기

아무것도 하기 싫었던 적이 있었는가? 그럴 때면 아마도 당신은 달리기, 근육 운동, 자전거 타기 같은 운동을 좀 더 해야겠다고 생각할 것이다. 하지만 여전히 소파에서 뒹굴고 있는 자기 자신과 싸우고 있을 것이다. '비가 오네', '오늘은 피곤해', '내가 좋아하는 TV 프로그램의 마지막회가 방영되고 있네'와 같은 사소한 변명을 늘어놓기도 한다.

만약 위의 내용이 당신의 모습을 묘사하였다면, 당신 혼자만 그런 것은 아니다. 많은 사람들은 무엇을 하는 데 어려움을 겪는다. 하지만 모든 사람이 그런 것은 아니다. 2002년 어느 날 가나의 24세 청년 엠마누엘 오푸수 예보아는 자전거로 전국을 순회하기로 마음먹고 소파를 박차고 자전거에 올랐다. "나의 모든 노력을 여기에 쏟아부으려 한다"라고 예보아는 말했다. "나는 포기하기를 원하지 않는다. 나는 포기하기를 원하지 않는다"(Associated Press, 2005).

그의 여정은 몇 달 동안 지속되었지만 마침내 그는 완주했다. 그리고 그는 7,500마일 떨어져 있는 캘리포니아 주 샌디에이고로 가서 철인3종 경기의 자전거 부문에 참가하는 또 다른 여정을 계획했다.

예보아는 다른 사람들은 불가능하기 때문에 아무런 시도를 하지 않아도 변명할 필요가 없는 장애물을 극복하기 위해 스스로에게 동기부여를 하였다.

> 아동기에 자전거를 타는 것을 막는 첫 번째 장애물이 있었다. 그의 집은 자전거를 살 만한 여유가 없었다. 그가 자전거를 타기 위해서 했던 첫 번째 방법은 엄마가 준 점심값의 거스름돈을 모아서 자전거를 빌려 타는 것이었다.

> 성인이 되어서도 예보아는 여전히 자전거를 살 여유가 없었다. 구두닦이의 수입은 자전거를 위한 추가 지출을 할 만큼 넉넉하지 못했다. 그는 자선단체가 기증한 자전거를 타고 가나 전 지역을 다녔다.

> 같은 자선단체가 예보아가 샌디에이고에 갈 수 있도록 여정을 후원해 주었다. 하지만 여행은 평탄치 않았다. 가나를 제외한 국외 여행이 처음인 그는 단지 3달러만을 가지고 있었다.

그러나 이런 장애물은 아주 작은 것이었다. 더 큰 것은 무엇이냐고? 예보아는 다리가 하나뿐이어서 한 다리로만 자전거 페달을 밟았다! 그의 오른쪽 다리는 태어날 때부터 기형이어서 어릴 적

Tim Mantoani, Challenged Athletes Foundation®

Gallery Stock

부터 어머니가 그를 매일 학교에 데려다 주고 데리고 왔다.

예보아의 동기는 뿌리가 깊다. 가나에서는 자신처럼 신체가 부자연스러운 사람은 동정의 대상이었다. 그들이 사회에 긍정적으로 기여할 수 있는 부분은 없다고 여겨졌다. "신체가 부자연스러운 사람도 무엇인가 할 수 있다는 것을 모든 사람에게 보여주고 싶다"(Coffey, 2005)고 그는 입장을 표명하였다.

이것이 그가 한 일이다. 도전을 극복한 예보아의 능력은 그의 나라에서 그를 영웅으로 만들었다. 그후 개인적인 영광을 누리기보다 예보아는 다른 사람을 돕는 데 노력하고 있다. 그는 가나에서 모든 사람을 위한 체육시설을 만들었으며 정부 관계자와 함께 신체 부자유자의 시민 권리와 개인적 기회 향상을 위해 일하고 있다.

예보아의 동기의 원천은 무엇일까? 다른 사람을 부유하게 하고자 하는 깊은 욕망이며 구체적인 목표와 이를 이루고자 하는 의지일 것이다. 그리고 '나는 내 자신을 항상 믿는다'라는 신념이다. "나는 할 수 있다. 나는 할 수 있다"라고 예보아는 말한다(ABC News, 2005).

이 장에서 우리는 동기의 이런 원천에 대해 살펴보고자 한다. ◎

우선 심리학 분야를 평가하면서 이 장을 시작해보자. 지금까지 심리학에서 배운 것을 바탕으로 볼 때 심리학이 성공했다고 생각하는가? 심리학은 설명하기 원하는 현상을 과학적으로 설명을 잘 하고 있는가? 아니면 좀 부족하다고 생각하는가?

심리학자들이 다루는 주제는 생각에만 집착한다는 평가는 심리학 분야에서 다 수긍하는 내용이다. 심리학은 기억, 사고, 감정, 문제 해결 같은 내면의 정신세계에만 너무 집중하여 잘 알지 못한다고 생각하면서도 주제나 사람에 대해 생각하고 골똘히 응시하면서 시간을 보내게 한다.

하지만 우리는 훨씬 많이 알고 있다. 우리가 사람들을 관찰해보면 사람들은 항상 생각하고 느끼기만 하지 않고 행동도 한다. 사람들은 일하기도 하고 놀기도 하고 공부, 운동, 운전, 독서, 페이스북을 업데이트하기도 한다. 사람들은 활동을 한다. 그들은 무언가를 하도록 동기부여되어 있다. **동기**(motivation)란 사람이나 다른 유기체가 활동을 하도록 만들며 시간을 들여 노력을 지속하도록 만드는 심리적이고 생물적인 과정을 말한다. 이 장에서는 동기심리학에 대해 소개하고자 한다.

다양한 동기 유형

사전 질문

> ❯ 매슬로는 인간 행동을 동기화하는 욕구는 위계적으로 되어 있다고 했는데 이것은 무엇을 말하는가?

동기심리학에서 묻는 첫 번째 질문인 '무엇이 행동하도록 동기화하는가?'는 어렵다. 왜냐하면 이 질문에는 많은 답이 가능하기 때문이다. 돈을 벌기 위해서, 평화를 위해서, 신분 상승을 위해서, 천국에 가기 위해서, 자기만족을 위해서, 다른 사람을 행복하게 또는 기분 나쁘게 만들기 위해서 등 다양하다. 이런 다양한 동기 유형에 대해 우리는 어떻게 하면 순서를 매길 수 있을까?

이런 동기의 순서를 매긴 심리학자가 바로 에이브러햄 매슬로(Abraham Maslow)이다. 그는 인간의 다양한 동기 유형을 위계를 가진 다섯 가지 기본 욕구에 따라 조직화하여 알려진 것처럼 **매슬로의 욕구 위계 이론**(Maslow's hierarchy of needs)을 만들었다(Maslow, 1943, 1954; 그림 10.1). 욕구는 유기체가 무엇인가를 하도록 동기화하며 삶에서는 필수적이다. 위계는 욕구가 각기 상이한 수준들을 가지고 있기 때문에 상위 단계의 욕구로 가기 위해서는 아래 단계의 욕구가 충족되어야만 한다.

매슬로의 가장 낮은 수준은 **생물적 생존 욕구**로 음식, 물, 잠 같은 것을 말한다. 이런 욕구가 충족되지 않으면 이런 욕구에 압도당한다. 배가 너무 고파서 배에서 꼬르륵 소리가 나거나 잠이 쏟아져 눈꺼풀이 감길 때는 친구를 사귀거나 돈을 벌 때가 아니라 먹고 잠을 잘 때이다.

다음 단계는 안전 욕구의 단계이다. 신체적 위협으로부터 보호받고자 하는 욕구이다. 포식자를

빵이 없을 때에는 사람은 빵만으로 살아간다.
– Maslow(1943)

동기 사람이나 다른 유기체로 하여금 행동하게 하고 오랜 시간을 들여 자신의 노력을 지속하도록 만드는 심리적이고 생물적인 과정

매슬로의 욕구 위계 이론 낮은 수준의 욕구가 충족이 되어야 높은 수준의 욕구로 갈 수 있는 인간의 다섯 가지 기본 욕구를 바탕으로 인간 동기 유형을 체계화함

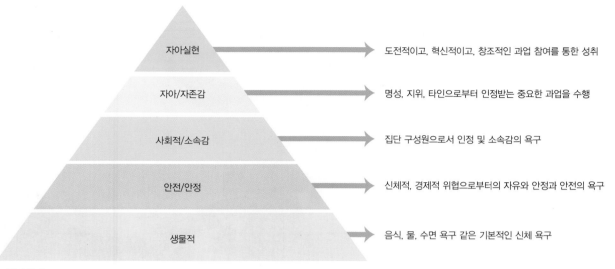

그림 10.1

매슬로의 욕구 위계 이론 매슬로는 (삼각형 안에 있는) 다섯 가지 기본 욕구에 의해 인간이 동기화된다고 이론화했다. 그의 이론에 의하면 이들 욕구는 위계적으로 되어 있다. 한 단계의 욕구(예 : 안전/안정)가 충족되지 않으면, 더 상위의 욕구들(예 : 사회적 소속감의 욕구)을 추구하려고 동기화되지 않는다.

만난 것 같은 당면한 위험이나 실직으로 월세를 내지 못하는 경제적 위험과 같이 미래에 예상되는 어려움을 포함한다.

세 번째 욕구는 트위터 사용자들이 매일 보내는 2억 통의 트윗 댓글과 페이스북의 500억 달러 가치가 증명하고 있다. 사람들은 다른 사람과 연결되어 있는 것을 원한다. 사람들은 사회의 다른 구성원과 연결되며, 한 집단에 소속되는 **사회적 소속 욕구**를 가지고 있다.

네 번째로 사람들은 사회의 구성원일 뿐만 아니라 타인으로부터 존중받으려는 욕구가 있다. 매슬로에 의하면 사람들은 **자존감의 욕구**가 있다. 즉 다른 사람들에게 좋게 인정받기를 원한다.

마지막으로 가장 높은 수준인 자아실현의 욕구이다. **자아실현**(self-actualization)이란 자신 안에 내재되어 있는 잠재 능력을 실현하는 것이다. 성공한 전문가들조차도 자신의 직업 선택이 잘못되었다고 느끼기도 한다. 예를 들어 한 성공한 여성 변호사의 경우 자신의 진정한 직업은 화가가 되어 성공하는 것이라고 항상 생각한다. 만약에 그렇다면 자아실현은 이루어지지 않은 것이다. 사람들은 '자신의 본 모습에 대해 솔직할' 필요가 있다(Maslow, 1970, p. 22). 자아실현의 욕구를 알기 위해 매슬로는 자아실현을 성취한 사람들을 연구하였다. 그리고 '자아'라는 말이 의미하는 바와는 정반대로 자아실현을 성취한 사람들은 타인이 잘 살게 되는 것에 관심이 있고 타인의 복지를 위해 도덕적, 윤리적 문제들에 강경한 입장을 취하고 있다는 것을 발견했다.

> 당신은 어느 정도 자아실현을 했다고 생각하는가? 당신의 잠재 능력을 실현했는가?

소셜 네트워킹 왜 사람들은 소셜 네트워킹에 많은 시간을 할애하는가? 심리학자인 매슬로는 인간이 가진 사회적 소속감이라는 보편적인 욕구 때문이라고 한다.

매슬로는 수십 년 전에 그의 이론을 발표했다. 그 후 연구자들은 이 이론의 한계점들을 발견하기 시작하였다. 일부 연구자들은 욕구가 순차적 위계로 되었다는 개념을 지지할 연구 수가 적은 점을 지적한다(Wahba & Bridgewell, 1976). 다른 연구자들은 매슬로가 욕구를 만들고 추구하도록 하는 문화 요인의 역할을 간과한 점을 지적한다(Smith & Feigenbaum, 2013). 그럼에도 불구하고 매슬로는 이 광범위한 주제를 동기심리학에서 반드시 다루게 하도록 공헌하였다. 이 장에서 다룰 내용을 다음과 같이 정리하고자 한다.

맨 처음 세 절은 **생물적 욕구**, **성취 욕구**와 **사회적 욕구**에 대해 알아본다. 그 후 인지와 동기에 관

자아실현 자기 내면의 잠재 능력을 실현시키고자 하는 동기

자아실현 매슬로는 어떤 사람들은 자신 안에 있는 잠재 능력을 실현하고자 하는 자아실현 욕구에 의해 전적으로 동기화되는데 이 자아실현 욕구가 타인의 복지를 향상시키는 윤리적 행동을 하도록 만든다고 주장하였다. 매슬로는 예로 여기 사진에 나왔듯이 유엔인권위원회 회장을 역임한 엘리너 루스벨트를 언급하였다. 그녀의 성격에 대한 심층 연구(Piechowski & Tyska, 1982)는 그녀가 자신의 명예나 상을 얻는 것보다는 개인적 성장에 관심이 많으며, 개인의 작은 문제보다는 인간에 대한 광범위한 문제에 관심을 갖거나 높은 도덕적이고 윤리적인 행동 기준을 가짐으로써 많은 자아실현특성을 가지고 있는 것을 발견했다.

Fotosearch / Getty Images

한 절에서는 동기와 사고과정에 대해 살펴본다. 다음으로 학교나 직장에서처럼 집단 속에서의 동기에 대해 배울 것이다. 마지막으로 마음속에서 생기는 동기과정에서부터 뇌 속에서의 생물적 증거까지에 대한 설명을 들어보고자 한다.

생물학적 욕구와 동기

모든 유기체는 **생물학적 욕구**(biological needs)를 충족해야 한다. 최소한으로 생존과 종족 번식의 욕구가 있다. 이미 우리는 관련 있는 생물적 기제에 대해 알고 있다. 유기체는 환경 속에 있는 영양분(음식, 음료)을 취하고 몸의 노폐물을 바깥으로 방출함으로써 자신과 환경 사이에서 물질을 교환해 생존 욕구를 충족한다. 가장 복잡한 종은 수컷과 암컷의 성관계 속에서 정자와 난자가 결합하여 태아로 발달하는 2개 유기체 간에 물질 교환을 통해 종족 번식의 욕구를 충족한다.

이것은 생물학이다. 하지만 여기서는 심리학에 중심을 두고자 한다. 우리는 유기체가 이런 생물적 욕구를 충족하도록 동기화하는 심리학적 과정을 규명하고자 한다. 식욕, 먹는 행위, 배고픔의 심리적 경험 등에 대해 먼저 다루고자 한다.

배고픔과 섭식
사전 질문

> ❯ 배고픔만이 섭식의 이유인가?
> ❯ 섭식장애의 특징은 무엇인가? 섭식장애는 왜 발생하는가?

무엇이 우리를 먹도록 만드는가? 대답 중 하나는 **배고픔**(hunger)인데, 음식의 결핍 상태를 느끼는 상태로 유기체가 먹을 것을 찾도록 동기화한다. 신체와 뇌 안에 있는 생물적 구조는 배고픔을 심리적으로 경험하도록 한다. 신체에서 영양분이 필요하면 신체를 순환하는 생화학물질이 시상하부로 알려진 뇌 구조에 신호를 보낸다(3장 참조). 그다음으로 시상하부는 배고픔의 경험을 느끼게 하는 생화학물질을 방출한다(Goldstone, 2006). 우리가 충만히 먹게 되면 시상하부는 충분히 음식을 먹었거나 배가 부른 **포만감**(satiety)을 신호로 보낸다.

다음은 단순하게 들린다 — 신체가 영양분을 필요로 할 때 우리는 허기를 느끼고 음식을 먹는다. 충분한 영양분을 취하면 우리는 포만감을

생물적학 욕구 (음식과 음료처럼) 유기체의 생존과 번식에 대한 욕구

배고픔 유기체로 하여금 먹을 것을 찾도록 동기화하는 음식 결핍을 느끼게 하는 상태

포만감 충분히 음식을 먹었거나 배가 부름을 느끼는 상태

> 당신은 포만감을 느낀 후 얼마 뒤에 먹기를 멈추는가?

느끼게 되고 먹기를 멈춘다. 심리학의 단순한 내용처럼, 이 과정이 무척 단순해 보인다. 하지만 실제 섭식과 허기는 심리학적·생물학적으로 매우 복잡하다(Berridge, 2004). 가장 주요한 문제는 허기는 하나가 아닌 **항상성 허기**와 **쾌락 허기** 두 가지 유형이 있다는 것이다(Lowe & Butryn, 2007).

항상성 항상성은 안정적 상태를 유지하는 것이다. 그렇기 때문에 **항상성 과정**(homeostatic processes)이란 안정을 유지하는 과정이다. 예를 들어 방 안 온도 조절계는 현재 실내온도를 측정하여 온도가 희망온도와 다를 경우 난방을 하거나 냉방을 켜서 온도를 일정하게 유지한다.

항상성 허기(homeostatic hunger)는 신체의 에너지 필요에 맞추어 먹도록 만드는 동기이다(Lowe & Butryn, 2007). 음식을 먹지 않은 상태로 긴 시간 걷는다면, 위에서 보았듯이 우리 몸은 에너지가 소진된 것을 감지하고 허기를 느끼게 되어 섭식을 동기화한다. 섭식은 신체에 일정한 에너지가 공급되도록 하는 에너지 항상성을 유지한다(Woods et al., 2000). 허기와 섭식에 대한 **기준점 이론**(set-point theories)에 의하면(Pinel, Assanand, & Lehman, 2000 참조) 항상성 과정은 음식 소비를 조절한다. 사람들은 그들의 에너지 공급이 기준점 아래로 내려가면 먹도록 동기화된다. 에너지 필요가 충족이 되면 먹기를 중단한다.

그러나 기준점 이론은 일부만을 설명할 뿐 언제 그리고 왜 사람들이 먹는지를 완벽하게 설명해주지 못한다(Pinel et al., 2000; Stroebe, Papies, & Aarts, 2008). 기준점 이론에 대해 생각해보면 아마 제한점을 찾아낼 수 있을 것이다. 여기 두 가지 예를 들어보자.

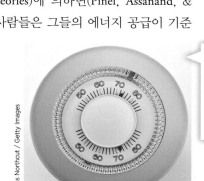

"디저트를 먹기 전까지 샐러드 몇 접시를 먹어야 하지?"

> **항상성** 온도 조절계는 항상 체계의 기능을 한다. 그래서 일정한 온도를 유지하는 체계이다. 일부 동기화 과정도 항상성 허기처럼 몸에 에너지가 일정하게 공급되도록 섭식을 동기화하는 항상성 특징을 가지고 있다.

1. 레스토랑에서 더블 치즈버거 또는 미트볼 스파게티를 먹고 난 후에 디저트를 주문하여 먹는 만찬을 먹어본 적이 있는가? 그래서 디저트까지 먹었는가? 디저트를 먹는 행동은 기준점 이론에 의문을 갖게 한다. 주요리를 먹었다면 그 식사가 고칼로리 음식이기 때문에 항상성 허기를 느끼지 않게 된다. 하지만 기준점 이론의 전제와는 정반대로 우린 디저트를 먹으려고 동기화되어 있다.

2. 명절기간에 상점에서 일을 하느라 또는 내일 아침까지 제출 마감인 논문을 쓰느라 바빠서 식사하는 것을 깜빡 잊은 적이 있는가? 사람들은 너무 바쁘면 공복증을 느끼지 못한다고 일반적으로 말한다(Herman, Fitzgerald, & Polivy, 2003). 다시 말해서 이것은 기준점 이론의 가설에

> **디저트가 맛있어 보이네요!** 식사를 마치면 우리 몸은 더 이상의 칼로리를 필요로 하지 않는다. 하지만 섭식의 즐거움을 위해 먹는 쾌락 허기 때문에 디저트도 끊임없이 계속 먹는다.

항상성 과정 유기체 안에서 안정된 생물학적 상태를 유지하려는 과정

항상성 허기 신체가 필요로 하는 에너지 때문에 먹고자 하는 동기

기준점 이론 허기와 섭식에 대한 이론적 설명으로 사람들은 자신의 기준점 아래나 위로 에너지 수준이 떨어지거나 올라가게 되면 이에 따라 음식 섭취를 조절하여 항상성을 유지하는 과정을 설명하는 이론

위배된다. 바쁘게 되면 사람들은 평소보다 더 많은 에너지를 사용하게 되어 몸에 비축한 에너지는 기준점 아래로 내려가게 된다. 하지만 사람들은 여전히 배고픔을 느끼지 못한다.

쾌락 허기 섭식의 두 번째 동기가 있는데, 이것은 아주 단순하다. 음식이 맛있기 때문이다. 사람들은 에너지가 더 필요하지 않을 때에도 섭식하려고 동기화되는데 이는 고급스러운 음식을 먹는 것은 즐겁기 때문이다(Lowe & Butryn, 2007). 더 이상의 칼로리가 필요 없는데도 디저트가 맛있어 보이면 우리는 디저트를 주문한다.

진화적 관점에서 볼 때 **쾌락 허기**(hedonic hunger)는 상당히 설득력이 있다(Pinel et al., 2000). 모든 사람이 동물들을 사냥하고 식량을 찾아다니던 먼 옛날 지나온 과거를 생각해보자. 그때에도 매일 먹을 식량이 있을지는 보장할 수 없었다. 영양분이 즉시 제공되어야 하는 항상성 허기 때조차도 먹기는 쉽지 않아서 위험했을 것이다. 영양분이 필요할 때 먹을 만한 음식이 전혀 없거나 몸

을 다쳐서 사냥이나 채집이 어려울 때도 있었을 것이다. 그래서 유기체가 음식을 먹을 수 있을 때면 가능한 많이 먹어두는 것은 납득이 된다. 몸은 여분의 칼로리를 지방으로 비축하여 훗날 먹을 것이 없게 되었을 때 몸의 에너지로 사용한다. 따라서 칼로리가 필요하지 않을 때조차도 맛있어 보이는 음식을 먹고자 동기부여가 되는 유기체는 생존과 번식 가능성이 훨씬 높았다. 오늘날 우리 모두는 이런 동기적 경향성을 물려받았다.

항상성을 넘어 다른 요인들이 섭식 동기를 준다는 것은 건망증을 가진 두 환자에 대한 연구가 증명하고 있다(Rozin et al., 1998). 연구자는 며칠 동안 각각에게 점심을 먹게 하고 대화를 하였다. 그리고 다시 그들에게 점심을 먹게 하고 대화 시간을 가졌으며 다시 그들에게 세 번째 점심을 먹게 하였다. 건망증 환자이기 때문에 이들은 충분한 점심을 먹었지만 자신들이 이미 점심을 먹었다는 사실을 기억하지 못했다. 섭식이 항상적 신호에 의해 조절된다면 포만감을 느끼게 되어 두 번째나 세 번째 점심을 먹지 않도록 했을 것이다. 그러나 그들은 점심을 다시 먹고 있다! 하루 종일 이 환자들은 두 번째와 세 번째 점심을 먹으면서 보냈다(Rozin et al., 1998).

'가능한 많이 맛있는 음식을 먹어두자'를 주장하는 쾌락적 전략은 먼 옛날에는 적절하였지만 오늘날에는 결점을 가지고 있다. 근대 산업사회에서는 대부분의 사람은 음식을 쉽게 먹을 수 있다. 당신이 지금 어디에 있든 간에 당신은 얼마 전에(예 : 몇 시간 전에) 식사를 틀림없이 했으며 주변에는(냉장고, 슈퍼마켓, 레스토랑, 자판기) 먹을 것을 제공해주는 것들이 있다. 음식을 축적하는 진화적 습관은 맛있는 음식이 넘치는 현대 세계의 '풍부한 음식환경'과 함께 섞여 있으며(Stroebe, Papies, & Aarts, 2008, p. 172) 산업 사회에서 높은 비만율의 요인이 되고 있다.

쾌락 허기 좋은 음식 먹는 것을 기대하는 즐거움에서 유발되는 배고픔

섭식장애 음식 섭취를 통제하는 능력을 잃어버려서 건강에 심각한 위험을 주는 섭식 방해

섭식장애 허기의 두 가지 유형인 항상성 허기와 쾌락 허기는 섭식을 동기화하기 때문에 먹고 싶은 충동을 억제하는 것은 쉽지 않다. 그런데 일부 극소수의 사람들은 상상을 초월하는 어려움에 직면하고 있다. 이들은 **섭식장애**(eating disorders)를 가진 사람들이다. 음식 섭취를 통제하는 능력을 잃어서 섭식 방해를 받아 결과적으로 건강에 심각한 위험을 경험하게 된다(National Institute of Mental Health, 2011).

섭식장애에는 신경성 식욕 부진증, 신경성 폭식증, 폭식장애가 있다(Heaner & Walsh, 2013; National Institute of Mental Health, 2011).

1. **신경성 식욕 부진증**(anorexia nervosa)을 가진 사람들은 살이 찌는 것을 두려워해서 굶는다. 그들은 날씬해지기 위해서 음식 섭취를 심하게 제한한다. 심하게 먹지 않음으로 인해 뼈 유동화와 근육량 감소 같은 신체적 문제가 야기된다. 객관적으로 말랐음에도 불구하고 신경성 식욕 부진증을 가진 사람들은 자신들이 과체중이라고 생각하며, 그들의 몸매에 불만을 갖는다(Cash & Deagle, 1997).

2. **신경성 폭식증**(bulimia nervosa)을 가진 사람들은 변화의 폭이 심한 섭식 습관을 가지고 있다. 폭식을 하고 나서는 과다하게 먹은 것을 다 제거해 버린다. 즉 통제할 수 없을 정도로 많은 양의 음식을 먹고(폭식하고), 먹은 것을 없애 버림으로써(제거함으로써), 때론 일부러 토하기까지 하여 체중 증가를 피하려고 한다. 폭식증의 폭식과 구토의 순환은 탈수, 충치(이가 위산에 빈번히 닿아서), 신체 내부 소화물질의 불균형과 같은 많은 의학적 문제를 야기한다(National Institute of Mental Health, 2011).

3. **폭식장애**(binge eating disorder)를 가진 사람들은 지나치게 많은 양의 음식을 반복적으로 먹어 신경성 폭식증처럼 보인다. 신경성 폭식증 환자들과는 다르게 이들은 과다한 에너지를 제거하지 않는다. 폭식하는 식습관은 비만의 원인이 된다.

섭식장애는 보통 10대 때나 성인기 초기에 발생한다. 설문에 의하면 사람들의 0.5~1%는 식욕 부진증이나 폭식증을 경험하며, 폭식장애의 비율은 이것의 약 2배 정도 된다(Kessler et al., 2013; Preti et al., 2009). 섭식장애는 남자보다는 여자에게 더 많이 발생한다.

섭식장애의 원인은 무엇인가? 특히 왜 사람들은 (금식하거나 토하는 방법과 같이) 극단적인 방법을 사용하여 칼로리 흡수를 막으려고 노력하는가? 여기에는 많은 이유가 있다. 하나는 사회적 이유이다. 사회는 날씬한 이상적인 모습의 여자들로 둘러싸여 있다. 잡지를 펼쳐보면 분명하게 그리고 노골적으로 날씬한 것이 더 좋다고 호소하는 광고를 쉽게 볼 수 있다. 날씬해야만 한다는 사회적 압력이 너무 커서 배고픔을 잊도록 동기화한다. 섭식장애는 날씬한 것을 선호하는 문화 속에서 더 많이 발생한다는 연구(Polivy & Herman, 2002)는 사회적, 문화적 요인이 섭식장애의 중요한 원인이 되는 것을 증명하고 있다.

또 다른 잠재 원인은 가정환경에 있다. 자녀의 외모를 비난하면서 날씬해질 것을 요구하는 부모로 인하여 섭식장애가 생길 수 있다(Polivy & Herman, 2002). 하지만 섭식장애가 생겼다고 반드시 부모만 탓할 수는 없다. 연구자들은 부모 양육이 섭식장애에 영향을 미치는 광범위한 요인 중 단지 하나의 요인에 지나지 않으며 어떤 특정 양육 방식이 섭식장애 발생에 직접적인 주된 원인은 아니라고 주장한다(Le Grange et al., 2010).

마지막으로 섭식장애 형성에 원인이 될 수 있는 심리적 요인으로 완벽주의가 있는데 이것은 멋있는 높은 수준까지 완벽하게 도달하기 위해서 노력하는 전반적인 경향을 말한다. 심리치료사인 힐데 브루흐(Hilde Bruch, 1973)는 많은 소녀들이 자신들을 다른 사람의 기준에 맞추려는 강박 관념을 가지고 있다고 주장했다. 그들은 '완벽한 아이'로 보이고 싶어 한다. 자신의 식욕을 억제하는 것은 이런 완벽주의를 성취할 수 있는 한 방법이 될 수 있다. 연구들은 사람들의 완벽주의 성향이 강할수록 섭식장애에 더 쉽게 걸릴 수 있다고 말한다(Bardone-Cone et al., 2007).

slimness keeps you in the swim

How many eyes on the ball! How many on pretty Miss Ryvita! No prizes for guessing the answer—a figure as slim and graceful as hers catches all eyes wherever it goes. Does yours do the same? No reason why not, for slimming is no problem at all, these days. Just three simple rules—trim down with amusing exercise, follow a diet, *and eat Ryvita from now on.* 1/1d for 22 crisp, crunchy pieces. Buy some today.

RYVITA
makes you fit – keeps you slim

Jeff Morgan 09 / Alamy

'날씬함'이 메시지의 핵심 내용이다 수년 동안 미디어가 주는 메시지는 날씬한 것이 좋다는 것이었다. 이런 미디어가 주는 메시지는 섭식장애 발생의 원인이 될 수도 있다.

신경성 식욕 부진증 살찌는 것이 두려워서 음식 섭취를 기아 수준까지 심하게 제한하는 섭식 장애

신경성 폭식증 폭식과 먹은 것을 제거하는 패턴을 반복하는 섭식장애

폭식장애 계속적으로 폭식하는 패턴으로 먹은 것은 제거하지 않음

"이것이 바로 나야. 내가 뚱뚱하든 날씬하든 나는 만족해." 이 말은 레이디 가가가 그녀의 리틀몬스터즈 웹사이트에 '2013 신체 혁명'을 시작할 때 팬들에게 한 말이다. 이는 사람들에게 자신의 몸매에 대해 받아들이도록 하는 자극제가 되었다. 그녀는 가수생활을 하면서 몸무게가 큰 폭으로 변화하곤 했는데 15세 때부터 식욕 부진증, 폭식증과 싸워왔다고 고백하였다.

성욕

사전 질문

> 성욕과 식욕은 어떤 면에서 서로 다른가?
> 성욕은 생물학적 기반을 어디에 두고 있는가?

성은 허기처럼 생물학적 본능이다. 인간과 다른 동물들은 성행위를 갈망하고 추구하며 즐긴다. 이유는 명확하다. 진화되어온 과거를 돌이켜보면, 성행위를 하려는 동기를 가진 유기체는 그렇지 않은 유기체보다 더 많이 번식하였다. 그래서 우리는 성적 동기를 유전받았다.

비록 섭식과 성에 대한 동기는 생물학적 본능이지만 이 둘은 두 가지 주요한 점에서 다르다. 먼저 음식이 우리에게 필요한 것처럼 말 그대로 성행위가 필요한 것은 아니다. 음식이 없으면 우리는 죽는다. 하지만 성행위가 없더라도 우리는 살아갈 수 있다. 많은 사람들이 자신의 전 생애 동안 성생활 없이 독신의 삶을 산 역사적 인물들을 기념한다. 르네상스의 위대한 천재인 레오나르도 다빈치는 남들에게 알려지지 않았던 동성애자이면서 독신이었고, 위대한 과학자 중에서는 아이작 뉴턴이 독신이었다(Abbott, 2000). 오늘날 독신은 세계의 많은 종교의 성직자들에게 요구되는 조건이기도 하다. 독신의 삶은 일반적으로 귀하게 여겨진다. 어떤 문화에서 독신은 명예로운 것으로 받아들여지고 있다. 집과 가정의 여신이며 제국의 강인한 힘을 상징하는 베스타를 위해 성전에서 영원한 불을 지피면서 섬겼던 고대 로마의 처녀들은 로마 제국을 대표하는 상징적 역할을 하였다. 불을 계속 피우는 것은 어려운 일은 아니었다. 하지만 이 일을 하기 위해서 이 소녀들은 30년 동안 독신으로 지낼 것을 서약해야만 했다(Zoch, 1998).

성욕의 다양성 두 번째로 성욕이 식욕과 다른 점은 성욕의 다양성이다. 식욕은 음식을 먹는 한 가지 유형의 행동에 대해 동기화한다. 그러나 성적 동기는 네 가지 면에서 다양하다.

1. **성욕 대상자의 다양성.** 대부분의 성인은 자신의 반대 성에 성적으로 끌린다. 젊은 성인을 대상으로 한 설문조사에서 남자 94%, 여자 84%가 자신은 '100% 이성애자'라고 하였다(Savin-Williams, Joyner, & Rieger, 2012). 이 숫자가 많긴 하지만 모든 사람이 100% 그런 것은 아니다. 많은 사람들이 동성에게서 성적 각성이 일어나는 것을 발견한다.

전적으로 다른 또 하나의 유형은 성적 대상이 인간이 아니거나 성적 행위에 동의하지 않는 사람에게 향하 는 성도착증의 경우이다(Kafka, 2010). 성도착증에서 특히 문제가 되는 형태는 소아성애로 어른이 성적 욕망의 대상을 어린아이로 삼는 것을 말한다(Fagan et al., 2002).

2. **성적 각성을 일으키는 자극의 다양성.** 성적 행위의 생물학적 목적은 번식이다. 하지만 번식과는 상관없는 자극에 의해 성적 각성이 일어난다. **성욕도착**(fetishism)은 본질적으로 전혀 성적이지 않은 자극에 의해 성욕이 일어나는 것으로 연구들은 설명하고 있다(Kafka, 2010). 야후! 토론 방 중 2,938개의 토론방이 '성욕도착'에 대한 정보를 공개적으로 다루고 있는 것으로 조사되었다(Scorolli et al., 2007). 토론방의 수천의 멤버들은 신체 일부(예 : 발, 머리카락)나 옷(스타킹, 신발, 부츠, 화장품)과 같은 자극에 성적 매력을 느끼는 것에 대해 토론하고 있었다.

3. **성욕에 의한 다양한 행동.** 성욕에 의한 행동 범주는 본질적으로 성적이지 않은 행동까지 포함한다. 프로이트(Freud, 1900)는 인간의 마음은 성적 에너지를 성적이지 않은 행동으로 전환한다는 유명한 주장을 하였다(Westen, 1999 참조). 프로이트에 의하면 성적 행동이 가능하지 않거나 금지될 때 성적 에너지는 억압된 상태로 방출되어야만 한다. 성적 에너지가 억제된 작가의 경우 성적 에너지를 사랑시를 저작하는 것으로 전환하거나, 화가나 조각가의 경우 성적 에너지를 위대한 예술작품을 제작하는 데 많은 시간과 함께 쏟아붓는다.

4. **성행동의 다양한 이유.** 왜 사람들은 먹는 걸까? 맛있는 음식을 먹기 위해서이다. 왜 사람들은 성행동을 하는걸까? 이유는 수도 없이 많다. 많은 남자와 여자를 대상으로 성행동의 이유를 조사한 연구는 그들의 대답에서 237개의 이유를 찾아냈다(Meston & Buss, 2007, 2009). 성행동을 통한 감각적 쾌락처럼 명확한 이유들을 추가해보면 참여자들은 권태에서 벗어나기 위해, 바람 피우는 배우자에게 복수하기 위해, 회사에서 승진하기 위해, 다른 사람의 질투를 유발하기 위해, 상대방의 마음을 즐겁게 하기 위해, 그리고 (마지막으로 하지만 최소한이 아닌) 애정과 사랑을 표현하기 위해서라고 말했다.

인간이 가진 성적 다양성은 어떻게 해석해야 할까? 인간의 성생활에는 두 가지 '측면'이 있다(Tolman & Diamond, 2001). 첫째는 다른 종들과 공통점인 생물학적 측면이다. (인간을 포함한) 동

예술 뒤에 숨은 동기? 세례자 요한은 곤충과 야생 꿀을 먹으면서 광야에서 살았다고 한다. 그는 왼쪽 그림의 이미지처럼 누추한 환경 속에서 산 마른 사람으로 묘사되고 있다. 르네상스 시대의 예술가인 레오나르도 다빈치는 자신을 오른쪽 그림에 묘사하고 있다. 왜? 프로이트에 의하면 다빈치 작품 뒤에 있는 동기는 기본적으로 영적이거나 예술적이지 않고 성적이기 때문이다. 프로이트는 다빈치의 동성애적 성적 에너지는 그의 예술작품에 쏟아부어져 세례자 요한을 그린 그림에서는 세례자 요한을 한들거리는 곱슬머리와 보일 듯 말 듯하게 성적인 부드러운 인물로 묘사했다고 설명했다.

성욕도착 본질적으로 전혀 성적이지 않은 자극에 의한 성적 각성

테스토스테론 남성과 여성 모두에게 성욕을 불러일으키는 역할을 하는 호르몬

물들은 성욕을 만족시키고자 하는 생물적 기제를 가지고 있다. 두 번째는 사회적 측면이다. 동물들과 다르게 인간의 성행위는 사회적 의미를 가지고 있다. 성행위 대상자인 상대방이 만족을 했는지에 대한 염려, 자기 자신의 성적 매력과 정력에 대한 걱정, 나이 들면서 성행위에 대한 낮은 기대, 사회적 또는 도덕적 이유로 금지된 성행위, 미디어에 나오는 성적 기대와 성욕 등이 포함된다. 그래서 인간의 성적 동기는 단순히 생물적 추동과는 매우 다르다.

성욕과 호르몬 인간의 성욕이 사회적 측면을 가지고 있지만 성적 동기는 호르몬이라는 생물적 기초를 바탕으로 한다. 호르몬은 혈관을 돌아다니면서 몸 안에서 생물적 과정을 활성화하는 화학 전달자의 역할을 한다(3장 참조). 성생활에서 중심이 되는 호르몬은 **테스토스테론**(testosterone)으로 남성의 고환과 여성의 난소에 있는 생식선에서 분비가 된다.

성적 동기에서 테스토스테론이 하는 역할은 테스토스테론의 수준을 조작한 실험연구를 통해 밝혀졌다. 이 실험은 몸에서 테스로스테론이 과소 분비되는 생식 기능 저하증을 의학적으로 치료하기 위해 실시되었다. 생식 기능 저하증을 가진 성인 남성은 성적 동기 수준이 낮았다. 추가적인 증세는 얼굴에 나는 수염과 근육량의 감소이다. 생식 기능 저하증을 가진 사람에게 테스토스테론을 투약하면 반대 증세가 나타나게 된다. 한 연구는 환자에게 6개월 동안 테스토스테론을 매일 투약하였다. 30일 후에 이들의 성적 동기는 증가하였다. 연구에 참여한 남자들은 더 자주 성적 몽상을 하거나, 여자들에게 치근거리거나 성관계를 한다고 보고하였다(Wang et al., 2000). 낮은 성욕을 가진 여성들에게서도 유사한 결과를 얻었다. 위약집단의 여성들과 비교해볼 때, 매일 테스토스테론을 투약받은 여성들이 성행위에서 성적 각성이 더 일어날 뿐 아니라 성욕을 더 느낀다고 보고하였다(Buster et al., 2005).

차가 움직이기 위해서는 휘발유가 필요한 것처럼 성적 동기를 활성화하기 위해서는 테스토스테론이 필요하다. 차에 휘발유를 넣으면, (연료통의 1/4, 1/2 등) 어떤 수준으로 채웠든지 이것은 엔진의 힘을 더 또는 덜 세게 하는 것은 아니다. 이와 유사하게, 한 번 호르몬의 수치가 정상 범주가 되면, 테스토스테론의 다양한 수치는 상대적으로 성적 행동의 수준과는 관계가 없다. 부부를 대상으로 한 연구에서 여자의 테스토스테론 수준은 성행위 횟수와 상관관계가 있지만 남자의 테스토스테론 수준은 성행위 횟수나 성 경험의 질과 상관관계가 없다는 것을 발견하였다. 성 경험의 질은 호르몬의 수준이 아닌 부부간 상호 관계의 질을 반영한다(Zitzmann & Nieschlag, 2001).

성취 욕구

생물학적 욕구는 강제적이다. 이 욕구는 당신을 행동에 옮기도록 강요한다. 다른 욕구들도 역시 강제적이다. 심리학자들은 인간 동기에 영향을 미치는 광범위하게 다양한 욕구들을 오랫동안 연구해왔다(Murray, 1938). 이 동기들 중에 성취 욕구가 있다.

성취 욕구

사전 질문

> **모든 사람은 성취하고자 하는 동기 수준이 동일한가? 성취 욕구를 어떻게 측정할 수 있는가?**

경쟁에서 이기기 위해 추가로 연습을 해본 적이 있는가? 또는 학교 숙제에서 A를 받기 위해서 밤을 샌 적이 있는가? 그래본 적이 있다면 동기심리학자들은 당신이 가진 **성취 욕구**(need for achievement), 즉 숙련되고 만족할 만한 성취를 요구하는 도전적 활동에서 성공하려는 욕망을 보

성취 욕구 숙련되고 만족할 만한 성취를 요구하는 도전적 활동에서 성공하려는 욕망

여주었다고 말할 것이다(Elliot & Sheldon, 1997; McClelland, 1985).

인간의 성취 욕구는 어릴 적부터 나타난다. 어린아이들을 한번 생각해보자. 원론적으로 아이들은 수동적으로 앉혀져서 허공을 쳐다본다. 하지만 실제로는 컵을 쳐다보거나, 블록을 쌓거나, 그들의 노력이 성공하거나 실패할 때에 따라 자랑스러운 표정을 짓기도 하고 시무룩한 표정을 짓기도 한다. 자신의 주변에 적응하고 정복하는 기술을 개발하고자 하는 성취 욕구가 그들을 행동에 옮기도록 만든다(White, 1959). 훗날 이런 욕구는 종종 성공에 필수적인 인내력을 갖는 데 힘이 된다.

성취 욕구의 강도는 사람마다 다양하다. 어떤 사람은 성취하고자 하는 생각이 거의 없는 반면에 어떤 사람은 성취 동기가 매우 강하다. 연구자들은 이 개인 차이를 간접적으로 측정한다(McClelland, 1985). 즉 직접적으로 성취하고자 하는 동기를 측정하기보다는 사람들 개개인이 가진 동기를 분명히 드러낼 수 있는 과제를 사용한다.

흔히 사용하는 간접적 측정 도구인 **주제통각검사**(TAT)에서 사람들은 모호한 그림을 보면서 이야기를 만들어낸다(그림 10.2). 그림은 어떤 사람들에게 있지만 다른 사람들에게는 없는 성취 욕구를 끄집어내는데 사람들이 만드는 이야기 내용이 개인 차이를 보여준다. 예를 들어 TAT를 보면서 성공을 추구하는 사람들에 대한 이야기를 한다면 이 이야기를 만든 사람은 매우 강한 성취 욕구를 가지고 있다는 것이다. 성취 동기를 측정하는 TAT는 동기화된 행동과 직업적 성공을 예측한다(Collins, Hanges, & Locke, 2004; Spangler, 1992). TAT처럼 성취 동기를 간접적으로 측정하는 것은 사람들에게 얼마나 동기화되어 있는지 조사하는 연구에서는 발견할 수 없는 동기의 개인차를 종종 보여준다(McClelland, Koestner, & Weinberger, 1989).

> 그녀는 할 수 있다! 어릴 때조차도 아이들은 자신의 능력 개발과 성취 욕구를 보인다.

Jose Luis Pelaez Inc. / Getty Images

> 당신은 성취 욕구를 가지고 있는가?

Science Source

그림 10.2

동기 측정 동기 연구자들은 여기 나와 있는 그림처럼 사람들에게 그림을 보고 이야기를 만들어보라고 함으로써 동기의 강도를 측정한다. 만약 이야기가 (훌륭한 식사를 준비하기 위한 인물들 간의 대화나 다른 사람과 비교에서 우승하고자 하는 목표를 가진 한 사람 등처럼) 성취와 관련된 내용을 담고 있다면 이야기를 만든 사람은 강한 성취 욕구를 가지고 있다는 것을 보여준다.

실패 회피 욕구

사전 질문

> › 어떤 유형의 사람이 도전을 추구하는가?

성취 욕구만이 사람들의 성취에 영향을 미치는 유일한 자극제는 아니다. **실패 회피 욕구**(need to avoid failure)는 능력 부족으로 인해 실패할 수 있는 상황을 피하고 싶어 하는 욕구이다. 성공을 이루고 실패를 회피하려는 두 욕구가 함께 행동에 영향을 미친다. 고전연구는 이것을 보여주고 있다.

한 연구에서(Atkinson & Litwin, 1960) 대학생들의 욕구를 측정하였다(그림 10.3). (1) 성취 욕구가 높고 실패 회피 욕구는 낮은 집단, (2) 성취 욕구가 낮고 실패 회피 욕구는 높은 대학생 두 집단에게 10인치 쇠고리를 나무 막대에 던져 넣는 게임을 하도록 하였다. 쇠고리를 던질 때 실패할 수 없을 정도로 아주 가까운 거리, 나무 막대에 넣을 수 없을 정도로 너무 먼 거리, 나무 막대에 들어갈 확률이 50 대 50 정도 되는 (나무 막대로부터 8～10피트 떨어진) 중간 거리 중 어디에 서서 던질지 스스로 정하도록 하였다.

시합과 놀이 도구는 모두 동일하였지만 사람들은 각자 다르게 과제를 선택하였다. 성취 욕구가 높고 실패 회피 욕구가 낮은 집단은 도전적 과제를 선택하였다. 그들은 능숙하게 던지면 성공할 수 있는 중간 거리에서 쇠고리를 대부분 던졌다. 성취 욕구가 낮고 회피 욕구가 높은 집단은 도전을 피했다. 그들은 실패할 수 없을 정도로 나무 막대와 가까운 거리를 선택하여 쇠고리를 던지거나 또는 어떤 사람도 성공할 것으로 기대하지 않는, 너무 멀어서 도저히 성공할 수 없는 먼 거리를 선택하여 쇠고리를 던졌다.

물론 연구의 요점은 성취 동기가 게임의 선택에 영향을 미친다는 것은 아니다. 사람들은 직장을 선택할 때나 또는 돈을 어떻게 투자해야 할지를 결정할 때처럼 다양한 위험을 고려하면서 선택한다. 성취 욕구는 성공에 필요한 적절한 기회 선택과 자신의 높은 기술 사용과 같은 다양한 범주의 행동에 영향을 미친다(McClelland, 1985).

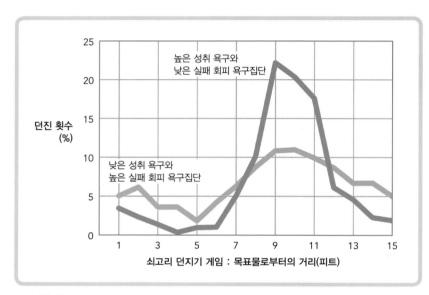

그림 10.3

성취 욕구 사람들마다 성취 욕구는 다르다. 연구들은 이런 차이의 영향으로 사람들이 도전과제에 다르게 접근하게 된다는 것을 보여주고 있다(Atkinson & Litwin, 1960). 사람들은 고리 던지기 게임을 하면서 목표물에서부터 어디에 서서 던질지 선택을 하도록 하였는데, 성취 욕구가 높고 실패 회피 욕구가 낮은 사람은 도전적 과제를 선택하였다. 그들은 능숙하게 던지면 성공할 수 있는 중간 정도의 거리에서 쇠고리를 대부분 던졌다. 이와 대조적으로 성취 욕구는 낮고 실패 회피 욕구가 높은 사람은 도전적 과제를 피했다. 그들은 실패가 일어날 수 없을 정도로 나무 막대와 가까운 거리를 선택하여 쇠고리를 던지거나 또는 어떤 사람도 성공할 것으로 기대하지 않는, 너무 멀어서 도저히 성공할 수 없는 먼 거리를 선택하여 쇠고리를 던졌다.

실패 회피 욕구 능력 부족으로 인해 실패할 수 있는 상황을 피하고 싶어 하는 욕구

사회적 욕구 다른 사람들과 상호작용하면서 사회에서 의미 있는 역할을 성취하려는 욕구

사회적 욕구

생물학적 욕구는 신체의 필요를 충족시킨다. 성취 욕구는 신체적, 지적, 전문적 도전과제 수행을 할 수 있도록 한다. 하지만 사람들은 사회 세상 속에서 살고 있다. 그래서 사람들은 **사회적 욕구**(social needs)에 의해서도 동기부여를 받는다. 사회적 욕구는 다른 사람들과 상호작용하면서 사회에서 의미 있는 역할을 성취하려는 욕구를 말한다.

당신은 종종 자신의 사회적 욕구를 느낄 것이다. 일주일의 근무 후 집에서 완벽하게 편안히 앉아 냉장고에는 먹을 것들이 있는 상태로 휴식을 취하고 있다. 생물학적 욕구는 모두 충족되어 있다. 직장에서 해야 할 일은 모두 마친 상태이다. 그렇지만 뭔가가 부족하다. 당신은 영화를 보러 가거나 새로 교제를 시작하거나 모임에 같이 참여하는 등 함께 어울릴 친구가 필요하다. 이것이 당신의 사회적 욕구이다.

오랫동안 많은 연구자들이 사람들의 사회적 욕구 목록을 정리하려고 하였다(예 : Murray, 1938). 이 일은 너무 어려운데 그 이유는 사람들이 경험하는 사회적 욕구는 문화마다 특히 다르기 때문이다. 이런 어려움에도 불구하고 최근의 몇몇 심리학자들(예 : Fiske, 2009; Ryan & Deci, 2000)은 인간 동기에서 보편적으로 중요한 다섯 가지 사회적 욕구를 규정하였다 — (1) 소속의 욕구, (2) 이해의 욕구, (3) 숙달과 통제의 욕구, (4) 자기향상의 욕구, (5) 신뢰의 욕구. (이 욕구들은 매슬로가 먼저 언급한 욕구들과 어떤 면에서 중복된다. 하지만 매슬로와는 다르게 최근의 심리학자들은 욕구가 고정된 위계 체계 속에서 질서정연하다고 생각하지 않는다.)

소속감

사전 질문

> **모든 사람이 소속의 욕구를 느끼는가?**

"누구도 외딴 섬이 아니다." 시인 존 던의 이 문장은 영국 문학에서 가장 유명한 문장 중 하나인데, 그럴 만한 이유가 있다. 던은 인간 삶의 본질적 내용을 끄집어냈다. 심리학적으로 사람들은 다른 사람들 속에서 살 필요가 있다. 고독은 참기 힘든 것이다. 사회적 **소속의 욕구**(need for belonging)는 사람들이 다른 개인들과 시간을 보내며 사회집단의 구성원이 되도록 동기화한다.

이 욕구는 보편적이라고 연구들은 말한다. 모든 사회나 문화에서 사람들은 소속의 욕구를 경험한다. 이 욕구를 충족하기 위해 세계의 사람들은 항구적인 사회관계를 형성하며 자신들이 형성한 사회관계를 유지하기 위해 노력한다 (Baumeister & Leary, 1995).

소속의 욕구는 너무 강력해서 이 욕구가 충족되지 않을 때에는 말 그대로 고통스럽다. 예를 들어 관계가 깨지게 된 때처럼 사람이 다른 사람과 단절이 되었을 때, 사람들은 그 경험을 신체적 고통으로 묘사하는 단어를 사용하여 표현한다. 결별은 '아프게 한다', '가슴이 찢어지는 것 같다', '마음을 할퀴고 갔다' 등으로 묘사된다. 언어 표현에 대해 말하는 이유는 결별이 말 그대로 찢어지는 고통을 뜻하기 때문이다. 즉 신체적 고통 속에서 활성화되는 신체 시스템이 사회관계에서 겪는 아픈 경험 때에도 동일하게 활성화되기 때문이다(MacDonald & Leary, 2005). 뇌 연구가 이를 밝혀주고 있다. 연구 참여자들은 (그들의 팔뚝에 뜨거운 자극을 주는) 신체적 고통이나 (자신을 차고 떠나간 연인의 사진을 보는) 사회적 고통을 받는다. 다른 유형의 고통을 경험하지만 뇌에서는 동일한 영역에서 활성화가 나타났다(Kross et al., 2011). 다른 사람에게서 거부당하는 것, 즉 소속 욕구 성취의 실패는 정말로 고통스럽다.

많은 연구자들은 우리가 지금 가지고 있는 소속의 욕구는 과거의 진화에 뿌리를 두고 있다고 주장한다. 수천 년 전 초기의 인간은 빙하기처럼 인류의 생존을 위협하는 척박한 삶의 조건에 직면하였다. 위협을 극복하기 위해서 사람들은 함께 집단으로 무리지어 생활하였다. 뚝 떨어진 개인이나 작은 가족으로 살기보다는 사람들은 큰 집단을 형성하여 집단의 힘으로 악조건과 훨씬 나

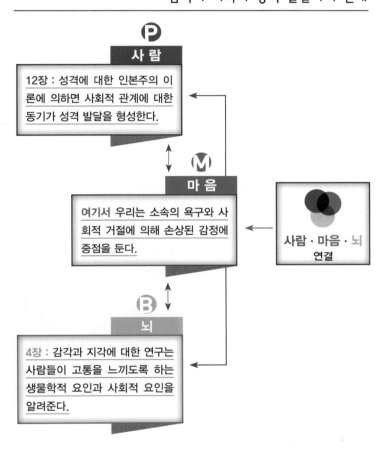

감각과 지각과 성격 발달과의 연계

ⓟ 사람

12장 : 성격에 대한 인본주의 이론에 의하면 사회적 관계에 대한 동기가 성격 발달을 형성한다.

ⓜ 마음

여기서 우리는 소속의 욕구와 사회적 거절에 의해 손상된 감정에 중점을 둔다.

사람 · 마음 · 뇌
연결

ⓑ 뇌

4장 : 감각과 지각에 대한 연구는 사람들이 고통을 느끼도록 하는 생물학적 요인과 사회적 요인을 알려준다.

최근에 사회관계를 유지하기 위해서 무엇을 하였는가?

소속의 욕구 사람들이 다른 개인들과 시간을 보내며 사회집단의 구성원이 되도록 동기화하는 사회적 욕구

은 싸움을 할 수 있었다. 소속 욕구를 느끼는 사람들은 집단으로 살아감으로써 혜택을 얻을 수 있었다. 사회집단으로 살고자 하지 않는 개인들은 집단이 주는 혜택을 받지 못하고 생존하기가 더 힘들었다. 자연도태를 통한 진화 덕분에 현대를 살아가는 우리 인간은 소속의 욕구를 유전받았다(Hogan, 1983).

이해

사전 질문

> ❯ 사람은 사건을 애매모호한 상태로 이해하는 것에 대해 만족하는가?

두 번째 사회적 욕구는 **이해의 욕구**(need for understanding)인데 이는 왜 사건이 일어났는지를 이해하고 앞으로 무슨 일이 발생할지를 예측하려는 동기이다.

자신의 생각에 비추어본다면 자신 안에 이 욕구가 있는 것을 쉽게 알 수 있다. 머리를 스쳐 지나가는 생각들은 어떤 것들인가? 자신이 대부분의 모든 사람과 비슷하다면, 자신의 많은 생각들

사람들은 탐정을 왜 그리 좋아할까? 그들의 전문적인 일은 우리의 직관을 사용한 '일'과 유사하다. 이해의 욕구는 우리가 실마리를 찾고, 동기를 찾고, 누가 왜 이것을 했는지를 밝혀내도록 동기화한다. 사진은 2009년 〈셜록 홈즈〉라는 영화에서 셜록 홈즈 역을 맡은 로버트 다우니 주니어의 모습이다.

은 이해하려고 애쓰는 것들이었다. 만날 계획을 취소하는 친구가 있다고 가정해보자. 당신은 왜 그런지 이해하기 원할 것이다. 만약 당신 부모님이 다음 주말에 당신을 방문하기 원한다고 하면, 당신은 왜 오시는지 이해하기 원한다. 우리 모두는 탐정과 같다. 어떤 일이 발생하면 우리는 모두 실마리를 부여잡고 다른 사람의 생각에 대해 생각하고 무엇 때문에 우리 삶에 사건이 발생했는지를 알아내고자 애쓴다.

이해의 욕구는 사실을 알기 위해서 다른 사람을 의지하는 사회적 욕구이다. 우리는 다른 사람들과 개인적으로 그리고 인터넷망으로 상호 연결되어 정보를 얻고 사건의 의미를 규명한다(Kruglanski et al., 2006). 사실 사회심리학(11장 참조)에서 탐구하는 주요 주제 중 하나는 이해의 욕구에 의해 촉발되는 사고의 형태(귀인 또는 사람들의 사회적 행동의 원인에 대한 사고)이다.

사람들은 종종 특별한 이해 유형을 추구한다. 사람들은 단순히 사건의 모호한 내용을 아는 정도뿐만 아니라 사건의 모호함을 해결하고 혼동을 제거하여 숨겨져 있는 진실을 통해 확고하고 확실한 이해인 **인지적 종결 욕구**를 가지고 있다(Kruglanski & Webster, 1996). 어떤 사람은 다른 사람들보다 모호한 것을 견뎌내기 더 힘들어하지만 사람들은 이슈에 대해 이해하게 되는 것을 퍼즐을 풀거나 잃었던 정보를 얻거나 그들 주변세계에 대한 분명한 이해를 하게 되는 것보다 더 좋아한다.

통제

사전 질문

> ❯ 결과를 통제할 수 있는 힘을 소유함으로써 갖게 되는 유익한 점은 무엇인가?

어떤 옷을 입을지, 머리 길이는 어느 정도로 할지, 누구를 친구로 삼을지를 결정하는 사람은 누구인가? 대부분의 사람은 "내가 해야 하지요"라고 말할 것이다. 다른 사람이 다른 의견을 제시하더라도 당신은 별로 기분 나빠하지 않는데 당신이 최후의 결정자이기 때문이다. 사람들은 **통제의 욕**

이해의 욕구 왜 사건이 일어났는지를 이해하고 앞으로 무슨 일이 발생할지를 예측하려는 사회적 욕구

구를 가진다.

통제의 욕구(need for control)란 자신의 삶의 활동을 선택하고 주변의 사건에 영향을 미칠 수 있는 역량을 가지고자 하는 욕구를 말한다(Leotti, Iyengar, & Ochsner, 2010). 두 가지 다른 욕구가 전반적인 통제 욕구에서 역할을 하는데 그것은 (1) **자율의 욕구**(자신의 행동을 결정하고 조직하고자 하는 욕구로 내면의 자존감과 일치함; Ryan & Deci, 2000)와 (2) **숙달의 욕구**(사건에 필요하며 영향을 미칠 수 있는 능력)이다.

당신은 아마 학교에서는 자율성에 대한 욕구를 느낄 수 있을 것이다. 많은 규율을 말하고, 과제 마감일을 엄격하게 정하고, 그래서 학생들에게 무엇을 어떻게 언제 해야 할지에 대한 결정권을 전혀 주지 않는 선생님에게서 배워본 적이 있는가? 이런 방식으로 학생들에게 자율권을 없애는 교사는 동기를 낮춘다. 교실에서 학생들에게 선택과 옵션이 많고 더 많은 자율이 허락되면, 학생들은 학교에서 배우는 것들에 더 흥미를 보인다(Tsai et al., 2008).

숙달의 욕구는 삶의 여러 영역에서 명백히 보인다. 하나는 건강문제를 극복하는 것이다. 예를 들어 암 환자를 대상으로 한 연구는 암 진단을 받은 후 사람마다 심리적으로 반응하는 것이 다르다고 보고되었다. 강한 숙달의 욕구를 가진 사람, 즉 의사와 긴밀한 공조로 자신들의 병을 완치할 수 있다고 느끼는 사람은 이 병과 더 잘 싸울 수 있다 (Taylor, 1983). 예로 암이 더 진행된 환자를 대상으로 한 연구에서 자신이 여전히 자신의 건강에 영향을 미칠 수 있다고 믿는 사람은 덜 고통을 느끼며 치료 기간 동안 덜 힘들어한다고 보고하였다(Kurtz et al., 2008).

> 곧 있을 시험에 대해 생각해보라. 시험 볼 내용에 대체 어느 정도로 완벽하게 준비했다고 느끼는가?

반대로 통제력 결여는 행복도를 낮출 수 있다. 자신들이 삶에서 일어나는 사건을 통제할 수 없다고 믿는 사람들은 어떠한 시도도 하지 않고 우울한 심리 상태인 **학습된 무기력**을 가지기 쉽다(Seligman, 1975; 학습된 무기력에 대해 자세히 다룬 6장도 참조하라).

Cass Green / Getty Images

> **"나는 살아남을 거야"** 낙관적인 감정과 개인적 체력이 암 환자에게 힘이 될 수 있다.

자아 향상

사전 질문

> ❯ 자아 향상의 욕구를 설명하는 행동은 무엇이 있는가?

네 번째 사회적 욕구는 **자아 향상의 욕구**(need to enhance the self)로 인간으로 성장하고 심리적으로 의미 있고 다른 사람에게 잠재력으로 유익을 주는 삶을 영위하여 자신의 진정한 잠재 능력을 실현하는 것이다. 성격심리학자인 칼 로저스(12장 참조)와 먼저 살펴보았던 동기 이론가인 에이브러햄 매슬로는 이 욕구가 자아실현의 동기가 된다고 말하였다.

자아 향상, 자아실현의 욕구는 한편으로 수수께끼같은 행동을 설명한다. 세계 역사상 수백만의 사람들이 종교적 예배에 쏟아부은 노력을 한번 생각해보라. 중세 유럽의 경우 대부분의 시민들은 상대적으로 매우 가난하게 살았지만 사회는 유럽의 큰 성당들을 짓느라 수천만 달러(현재 시세로 전환하면)를 지불하였다(Scott, 2003). 사람들이 생물학적 욕구에 의해서만 추동된다면 이런 행동은 설명될 수 없다. 사회가 음식이나 주거에만 돈을 쓰는 것을 기대한다. 하지만 심리학자 칼 융은 우주에서 자신과 자신의 위치를 이해하고자 하는 사람의 욕구가 이 수많은 비용이 드는 노력을 하도록 동기부여한다고 하였다(Jung, 1964). 현대 사회에서 사람들의 인생 목표는 직접적이든 간접적이든 영혼과 연관 있는 목표[예 : '하나님과 동행하는 삶', '신비와 경외를 가지고 삶에 접근'(Emmons, 2005, p. 736)]를 종종 포함한다.

통제의 욕구 자신의 삶의 활동을 선택하고 사건에 영향을 미치게 되길 바라는 욕구

자아 향상의 욕구 한 인간으로 성장하고 심리적으로 의미 있고 다른 사람에게 잠재력으로 유익을 주는 삶을 영위하여 자신의 진정한 잠재 능력을 실현하려는 사회적 욕구

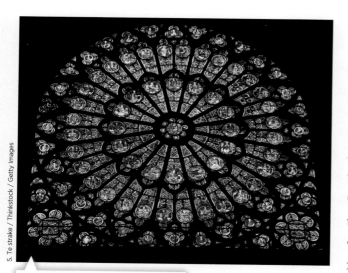

왜 많은 돈을 들여 이 창문을 만드는 걸까? 동기를 연구하는 어떤 심리학자는 거대한 성당의 건축은 개인 이해의 욕구와 자아실현의 욕구에 의해 동기화되었다고 말한다. 칼 융에 의하면 성당의 원형 창문은 자아에 대한 안정되고 '중심이 되는' 이해를 하려는 사람의 동기를 상징한다고 하였다.

자아 향상의 욕구는 다른 사람에게 유익을 주려는 동기의 원천이 될 수 있다. 사람들은 다른 사람들의 복지를 위해 헌신함으로써 자신들의 삶 속에서 의미를 찾을 수 있는데 여기에는 미래 세대가 될 사람들도 포함한다(Erikson, 1963). 이 장 앞부분에 소개한 예보아의 성취에 대한 이야기는 다른 사람에 대한 염려가 가진 동기의 힘을 보여주고 있다. 예보아는 가나에서 신체적 어려움에 직면하고 있는 사람들의 복지를 향상하려고 동기화되었다. 비록 예보아가 이룩한 성취는 놀라운 것이었지만 그 동기의 원천은 상대적으로 평범하다. 심리학자 댄 맥애덤스는 사람들이 자신의 삶을 이야기할 때에 그 이야기는 그들이 미래 세대의 보다 나은 삶을 위해 헌신하고 있는 것을 종종 담고 있다는 것을 발견하였다(McAdams & de St. Aubin, 1992). 학생의 성장을 돕는 교사나 우리가 사는 지구가 보존되도록 활동하는 환경보호자는 인류의 미래에 유익을 주기 때문에 자신에 대해 더 많은 존재감을 갖는다.

신뢰

사전 질문

> 인간이 가진 고유한 욕구인 신뢰의 욕구를 보여주는 일상의 예는 무엇인가?
> 신뢰의 생물학적 기반은 무엇인가?

다섯 번째 사회적 욕구는 신뢰이다. 많은 심리학자들이 사람은 자신의 동료인 인간들 속에서 신뢰받기 원하는 기본 욕구를 가지고 있다고 주장한다(Fiske, 2009; Kosfeld et al., 2005).

우리는 처음 보는 사람을 신뢰한다 신뢰가 보편적인 욕구라는 생각은 처음에는 의아하게 들릴 것이다. 차량 판매원이 당신을 위해 "좋은 상품을 소개했다"고 말하거나 사귀는 남자친구가 한 시간 늦게 온 것에 대해 '타당한 이유'가 있다고 말할 때 당신은 신뢰보다는 의심을 하게 된다. 그럼에도 불구하고 많은 매일의 일상생활은 '신뢰'를 기반으로 한다. 음식점에 가게 되면 돈을 지불하기도 전에 먼저 음식을 주문한다. 당신이 음식을 먹자마자 돈을 지불하지 않고 쏜살같이 문을 박차고 도망가지 않을 것이라고 음식점 주인이 신뢰하기 때문이다. 경찰 제복을 입은 사람이 어디로 차를 몰아야 하는지 알려준다면 당신은 그 지시를 따르게 된다. 왜냐하면 당신은 그 사람이 경찰이지 의상 대여점에서 제복을 빌려 입은 사람은 아니라고 믿기 때문이다.

폴 시브라이트(Paul Seabright, 2004)라는 경제학자는 인간이 보여주는 신뢰는 동물세계에서는 독특한 것이라고 설명한다. 다른 종에서는 자신들과 유전적으로 관계되어 있는 종들 하고만 먹을 것을 함께 교환한다. 대조적으로 인간은 완전히 모르는 사람 하고도 음식이나 다른 귀중품들을 서로 교환한다. 식품점 점원은 당신에게 음식 봉지를 건네준다. 가게에서는 당신의 긁적이며 쓴 사인이 있는 수표가 돈을 교환해줄 것이라고 신뢰한다. 당신은 은행 점원에게 돈을 건네면서 은행이 당신을 위해 돈을 안전하게 보관해줄 것을 신뢰한다. 인간 사회는 신뢰를 기반으로 한 사회 체계를 통해 발달해왔다.

최근에 당신에게 신뢰할 만한 행동을 보여준 사람은 누구인가?

신뢰감을 전달하고자 하는 욕구는 정서적 반응의 진화에 많은 기여를 하였다. 미소와 웃음은 이 사람이 위협되지 않는다는 것을 보여준다. 긍정적인 정서의 참다운 표정은 이 사람은 신뢰할 수 있어 함께 협력할 사람이라는 것을 보여준다. 그러므로 미소와 웃음은 진화하여 인간 협력과 신뢰를 증진해왔다(Owren & Bachorowski, 2003).

신뢰와 옥시토신 어떤 연구는 신뢰는 생화학적 근간을 가지고 있다고 주장한다. **옥시토신**(oxytocin)은 몸과 뇌에서 방출되는 호르몬이다. 그것의 제일 중요한 기능 중 하나는 아이들의 출산과 생존이다. 옥시토신은 분만 시에 필요한 근육을 활성화하며 수유를 위해 모유를 방출하도록 자극한다. 뇌에서는 신뢰감을 자극한다.

옥시토신과 신뢰감에 대한 연구에서(Kosfeld et al., 2005) 연구 참여자들은 금융 투자가가 되어 게임을 하였다. 돈을 받고 일련의 게임을 통해 얼마를 투자할지를 결정하였다. 투자하기 위해서 참여자들은 나중에 투자자에게 얼마나 돈을 돌려주는지를(처음 투자금 더하기 투자를 통한 배당금) 결정하는 권한을 가진 제2인자에게 돈을 맡겼다. 따라서 투자액은 참여자가 다른 사람을 신뢰하는 정도를 나타내게 된다. 게임을 시작하기 전에 연구자들은 옥시토신 수준을 측정하였다. 참여자들은 (a) 옥시토신 또는 (b) 가짜 약(옥시토신이 아닌 것)이 들어 있는 비강 스프레이를 받았다.

옥시토신이 신뢰를 증가시킨다는 사실이 연구를 통해 밝혀졌다. 옥시토신이 들어 있는 스프레이를 받은 투자자는 위약 스프레이를 받은 사람들보다 더 많은 돈을 투자하였다(더 많은 신뢰를 보여주었다)(Kosfeld et al., 2005). 효과는 아주 상당했다. 옥시토신 스프레이를 받은 많은 사람들은 최대 투자를 2배 이상까지 하였다. 그들은 다른 개인들을 전적으로 신뢰하였다.

연구는 옥시토신이 마치 신뢰감과 선의를 방출하는 생물 체계를 켜는 '스위치'와 같다고 한다. 만약 이것이 사실이라면 함축된 내용은 중요한 의미를 지닌다. 이는 사람의 행동은 투자 전문가나 물건 판매원 또는 사람들의 신뢰를 원하는 사람들, 그리고 소량의 옥시토신을 뿌리기만 함으로써 조절될 수 있다는 것을 의미한다. 그러나 최근 결과는 동기와 행동에 미치는 옥시토신의 구체적인 효과에 대해 다양한 측면으로 해석하도록 한다.

당신은 이 남자에게 자동차 열쇠를 건네고 작은 카드를 받는다. 대리 주차는 사회생활이 처음 보는 사람들 간에 얼마나 신뢰를 기초로 하고 있는지를 보여준다. 다른 종과는 다르게 인간은 자신과는 혈연관계가 전혀 없고 개인적으로 완전히 모르는 사람과 음식이나 다른 귀중품들을 서로 교환한다.

인지와 동기

지금까지 우리가 다루어온 배고픔, 성욕, 성취와 자율성에 대한 욕구 같은 동기 유인가는 어떤 면에서는 억압받는 인간의 본모습을 보여주고 있다. 동기는 우선 선택해서 가질 수 있는 것이 아닌 생물적이며 사회적인 욕구들을 처리하기 위해 끊임없이 갈등하는 과정이기 때문에 인간이 통제할 수 없는 것처럼 보인다.

하지만 상황이 그렇게 부정적인 것만은 아니다. 동기에 영향을 미치는 요인들 중 사고도 포함된다. 자기 자신과 자신의 행동에 대한 사람들의 생각이 그들 자신의 동기와 성공에 영향을 미칠 수 있다. 이런 단순한 사실은 중요한 의미를 가진다. 왜냐하면 사고는 부분적으로 최소한 당신이 통제할 수 있기 때문에 동기에 영향을 미치는 **개인적 주도성**(personal agency), 즉 자신의 동기 수준에 영향을 미쳐 일상 활동과 생활에 영향을 미치는 힘을 주기 때문이다(Bandura, 2001).

동기에 영향을 미치는 다양한 유형의 사고를 살펴보고 그 결과 개인적 주도성을 강화해보자. 먼저 **목표**부터 살펴보자.

> 인간은 다음에 무엇을 할지 결정하는 조류(그리고 원숭이와 돌고래)의 역량 위에 한층 더 큰 역량을 가지고 있다… 우리는 다른 사람들에게 그리고 자기 자신에게 무엇을 하라고 요구할 수 있다… 자기 자신에게 직접 하는 일정의 요구와 같은 것으로 자발적 행동의 특별한 범주에 속하며 인간을 다른 종류와 구별 짓게 만든다.
> – Daniel Dennett(2003, p. 251)

옥시토신 분만 시에 필요한 근육을 활성화하며 수유를 위해 모유를 방출하도록 자극한다. 옥시토신은 뇌에서 신뢰감을 자극한다.

개인적 주도성 목표를 설정하고 기술을 개발함으로써 자신의 동기, 행동, 삶의 결과물에 대해 영향을 미치는 개인의 역량

목표 행동이 추구하는 목적의 심리적 표현으로 더 간단히 설명하면 목표는 사람들이 이루기 바라는 미래 성취에 대한 생각이다.

목표

사전 질문

> ❯ 어떤 종류의 목표가 가장 강하게 동기부여하는가?
> ❯ 동기에서 피드백은 얼마나 중요한가?
> ❯ 우리 삶에서 어떤 종류의 목표가 설계되는가?
> ❯ 우리가 인식하지 못한 채 환경적 특색이 우리의 행동에 영향을 미치는 목표를 활성화하는가?

"오늘 당신은 무엇을 하기 원하는가?"

"잘 모르겠는데요. 당신은 무엇을 하기 원하세요?"

"특별하게 세워 놓은 계획은 없어요. 당신이 원하는 무엇이든지 합시다."

이 사람들은 오늘 특별히 무엇인가를 할 것 같아 보이지는 않는다. 왜냐하면 그들은 목표가 없기 때문이다. 동기심리학에서 **목표**(goal)는 행동이 추구하는 목적의 심리적 표현이기 때문이다(Kruglanski et al., 2002). 목표는 동기의 열쇠이다(Locke & Latham, 1990).

구체적이고 도전적인 목표 모든 목표가 효과적인 것은 아니다. 사람들은 종종 한 번도 실행해 보지 않은 목표를 가지고 있다. 아마 누군가가 "나도 흡연이 나에게 나쁜 것은 알아. 언젠가는 금연할 거야!" 또는 "언젠가는 나도 이 필요없는 체중을 줄이려고 무엇인가를 시작할 거야"라고 말하는 것을 들어본 적이 있을 것이다. 이들이 이 말을 몇 달 동안 그리고 몇 년 동안 똑같이 계속하는 것을 들었을 것이다.

이들 목표의 문제는 모호함이다. 그들이 말한 '언젠가'는 구체적으로 어느 때인가? 단순히 '무엇인가를 시작하려고 한다'는 것은 구체적으로 무엇을 하겠다는 의미인가? 만약 당신이 무엇을 하고자 한다면 구체적이고 도전적인 목표를 세워라(Locke & Latham, 1990).

> ❯ 구체성 : 구체적 목표는 당신이 성취하기 원하는 바로 그것을 말한다. 예를 들어 살을 빼기 원한다면(Franz et al., 2007) '살을 줄여야겠다'라는 모호한 목표를 세우지 말아야 한다. "이번 달에 5파운드를 줄여야겠다" 또는 "칼로리를 계산해봐서 매일 2,100칼로리까지 줄여야겠다"와 같이 구체적인 목표를 설정하라.

> 오늘 하루 당신이 이루어야 할 목표는 무엇인가? 그 목표는 모호하지 않고 성취할 수 있도록 충분히 구체적인가?

> ❯ 도전 : 만약에 당신이 무엇인가를 하기 원한다면 (비현실적이고 어려운 목표가 아닌) 도전적인 목표를 설정하라. ("이번 학기 GPA를 0.5점 올려야겠어"와 같은) 구체적인 목표를 설정한 사람은 ("나는 GPA를 매년 0.1점씩 올릴 거야"와 같은) 쉬운 목표를 정한 사람보다 일반적으로 더 높은 성취를 보인다(Locke & Latham, 1990).

목표 설정의 힘 목표 설정은 운동선수의 우승에 중요한 열쇠이다. 올림픽 육상 200미터와 400미터 부문에서 금메달을 딴 유일한 선수인 마이클 존슨은 그의 성공을 구체적이며 높은 목표를 설정한 동기 효과의 결과라고 하였다. "구체적인 목표의 중요성은 과장된 것이 아닙니다. 만약 내가 400미터와 200미터에서 잘 뛰어야지라고 목표를 설정했다면 아마도 꼴지를 했을 겁니다"(Johnson ,1996, p. 13).

단기 목표 6개월 동안 마라톤을 준비하는 두 사람을 비교해보자 — (1) "나는 앞으로 남은 6개월 동안 600마일을 달릴 거야." (2) "나는 앞으로 6개월 동안 매주 25마일을 달릴 거야." 2개의 목표는 구체적이다. 둘 다 도전적이다. 사실 일주일에 25마일씩 달리면 한 달에 100마일을 달리는 것이고 6개월이면 600마일이 되는 것이어서 이 두 사람은 사실 목표가 똑같이 도전적이다. 하지만 당신이 마라톤을 준비하고자 한다면, 두 번째 목표가 첫 번째 목표보다 더 낫다.

첫 번째 목표와 비교해서 두 번째 목표는 **단기 목표**(proximal goal)로 가까운(단기) 미래에 당신이 해야만 하는 구체적인 목표이다. 첫 번째 목표는 **장기 목표**(distal goal)로 먼 미래에 이루고자 하는 성취를 말하고 있다. 장기 목표는 꺾일 수 있다. 시작하기도 전에 목표는 어려워 보인다. 일단 시작하고 나서도 ("일주일 뛰었는데 아직도 575마일을 뛰어야 해?!"처럼) 여전히 성취하기엔 멀어 보인다. 단기 목표가 더욱 해볼 만해 보이고 한 번 시작하면 진전되는 것을 표시해준다("내가 첫 주 동안 25마일을 해냈어!").

산수 영역에서 학습 곤란을 겪는 취학 아동을 대상으로 한 연구는 단기 목표의 위력을 보여주고 있다(Bandura & Schunk, 1981). 한 집단에게는 7일 동안 42쪽의 산수 문제집을 푸는 장기 목표를 주었고 다른 집단에게는 7일 동안 매일 산수 문제집을 6쪽씩 푸는 단기 목표를 주었다. (맞다. 둘 다 풀어야 할 쪽수는 같다. 연구 참여 아동들은 산수를 막 배우기 시작하였기 때문에 장기 목표에 속한 아동들은 42를 7로 나누어 매일 6쪽씩 문제집을 푸는 전략을 가질 수 없었다.) 실험 후에 단기 목표에 있던 아동들이 다른 집단 아동보다 산수 시험에서 아주 매우 높은 성취를 보였으며 산수를 배우는 데도 훨씬 흥미를 보였다(Bandura & Schunk, 1981).

장기 프로젝트를 할 경우 이 결과를 명심하기 바란다. 예를 들어 대학의 학기가 시작할 때 "심리학 교재는 750쪽이 넘어"처럼 읽어야 할 것들이 엄청 많아 보인다. (16주 동안 책 전체를 다 읽는다와 같은) 장기 목표로 생각하지 말라. 단기 목표를 세워라(예 : 일주일에 한 장씩 읽는다). 단기 목표는 벅차 보이지 않는다. 단기 목표의 성취는 자신감을 갖게 한다(Stock & Cervone, 1990). 그리고 자신감과 동기를 더 많이 갖게 될수록 당신의 성취도 더 커진다.

피드백 목표를 설정하는 것은 당신이 무엇인가 하려고 동기화할 때 제일 첫 단계이다. 두 번째 단계를 알기 위해 다음 두 상황을 비교해보자.

1. 2주 뒤에 당신은 기말고사를 보게 되는데 이를 준비하는 당신의 첫 번째 목표는 교과서 50쪽을 읽는 것이다.
2. 2주 뒤에 당신은 보고서를 제출해야 하는데 보고서 작성을 위해 당신의 첫 번째 목표는 보고서 제목에 대한 여러 생각을 정리하는 것이다.

며칠 뒤에 누군가가 당신에게 얼마나 했냐고 묻는다고 가정해보자. 첫 번째 상황에서 당신은 구체적으로 말할 수 있다. 만약 20쪽 읽었다면 '목표의 40% 정도만 했다'는 것을 안다. 두 번째 상황에서는 당신은 말할 수가 없다. 보고서에 대해서 생각은 했지만 아직 좋은 생각이 떠오르지 않았는데 좋은 주제를 선정하기에 앞으로 5분이 더 필요할지 또는 5일이 더 필요할지 알 수 없기 때문이다.

첫 번째 상황에서는 목표 달성에 대한 진전을 보여주는 정보인 **피드백**이 있다. 두 번째 상황에서는 피드백이 없기 때문에 당신이 얼마나 진전을 하였는지를 구체적으로 말할 수 없다. 피드백을 제공하는 상황은 동기부여를 한다. 피드백이 없는 상황은 좌절하게 하고 의욕을 꺾는다. 목표와 함께 피드백을 조작한 연구는 이런 사실을 보여준다.

이 연구에서는(Bandura & Cervone, 1983) 참여자들은 연습용 자전거를 타는 피곤한 과제를 수

단기 목표 가까운('근접') 미래에 당신이 해야만 하는 구체적인 목표

장기 목표 먼 미래에 이루고자 하는 성취를 구체화한 목표

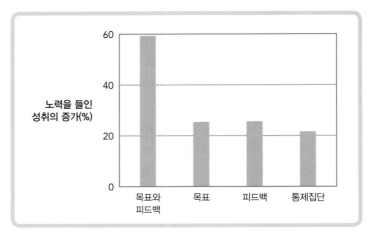

그림 10.4

목표와 피드백 만약 무엇인가를 하려고 동기화되기 원한다면 당신이 무엇을 하기 원하는지(구체적인 목표)와 당신이 얼마나 잘하고 있는지(진전에 대한 피드백)를 알아야 한다. 목표와 피드백을 함께 수행한 집단은 하나씩만 수행한 집단보다 동기가 더 높았다 (Bandura & Cervone, 1983).

동기 피드백 동기의 중요한 열쇠는 목표를 향한 진전 정도를 알 수 있는 피드백 정보이다. 피드백은 자신이 목표에 못 미치는 것을 알려주기도 하고 자신이 잘하고 있을 때는 격려를 해준다. 하지만 어디서 이런 정확하고 솔직한 피드백을 얻을 수 있는가? 기술이 가능하게 한다! 심리상태를 측정하는 전자기기는 행동을 동기화할 수 있는 피드백을 제공한다.

행한다. 어떤 참여자들에게는 구체적인 높은 수준의 성취를 하도록 목표를 제시하고 반면에 어떤 참여자들에게는 단지 최선을 다하라고만 격려하였다. 추가로 참여하는 사람 중 절반은 자신들이 정확히 어느 정도 하고 있는지 피드백을 받았지만 나머지는 받지 못했다. 가장 동기화가 높은 유일한 집단은 목표와 피드백을 함께 받은 집단이었다(그림 10.4 참조). 이것이 주는 교훈은 무엇인가? 만약 당신이 당신을 포함해서 사람들을 동기부여하고 싶다면 (1) 목표를 명확히 하고 (2) 목표를 성취하기 위해 자신이 얼마나 하고 있는지에 대한 피드백을 제공하는 것을 명심해야 한다.

이 교훈은 이 장을 시작할 때 예보아의 이야기를 떠올리게 한다. 그는 자신의 목표에 아주 깊게 몰두하였다. 그뿐만 아니라 (1) 명확한 목표를 설정하고('자전거를 많이 타는' 것이 아닌 구체적으로 자전거로 가나 종단여행을 목표로 함) (2) 자신의 진전 정도에 대한 피드백을 받았다(여정 기간 동안 자신이 어느 지점에 있는지를 알았고 자신의 진행 상황과 목표에 도달하려면 몇 마일을 더 가야 하는지를 알았다).

왜 목표와 피드백은 동기부여를 할까? 그 이유는 이것들이 사람의 사고에 영향을 미치기 때문일 것이다(Bandura & Cervone, 1983, 1986). 만약에 피드백을 통해 당신이 목표에 못 미치고 있다는 것을 알게 되면 자신에 대해 화가 나서 성공하도록 자신을 채찍질할 것이다. 만약 피드백이 자신이 잘하고 있는 것을 보여준다면 자신감 또는 **자기효능감** 지각을 커지게 할 수 있는데(12장 참조) 이는 더욱 성공하도록 박차를 가하게 한다(Bandura, 1997). 심리학자는 사람들이 자신의 행동에 동기부여를 할 수 있도록 목표와 피드백을 다양한 모습으로 적용하고 있다(그림 10.5).

뇌 체계와 발달의 연결

사람·마음·뇌
연결

Ⓟ
사 람
13장 : 사람들의 목표는 성인 후반기를 포함해서 생애주기 속에서 변화한다.

Ⓜ
마 음
여기서 우리는 동기의 일반적인 원칙에 대해 토론하고 있다 — 목표는 행동을 유발한다.

Ⓑ
뇌
이 장 후반부에서는 사람들이 자신의 목표를 생각할 때 활성화되는 뇌 체계에 대해 배울 것이다.

일일 식단 기록표　　　　　　　　　　날짜 _____

섭취한 음식	영양정보					
아침	칼로리	지방	단백질	탄수화물	당분	염분
오전 간식						
점심						
오후 간식						
저녁						
야식						
하루 총합	칼로리	지방	단백질	탄수화물	당분	염분

그림 10.5
자기 모니터링 표 체중을 몇 킬로그램 줄이기 원하는가? 첫 번째 좋은 방법은 당신이 무엇을 먹고 있는지(먹는 양과 음식의 종류 등에 대한 정확한 정보)를 살펴보는 것이다. 다이어트를 돕는 프로그램은 도표처럼 음식 섭취 일지를 종종 포함하고 있다. 사람들은 자신들이 매일 먹은 음식을 뒤돌아보면서 체중 감량 목표를 향한 자신의 진전 정도를 피드백 받고 싶은 동기를 가지게 된다.

개인 과제 어떤 목표는 특정 과제를 포함한 행동을 하도록 한다. 다음의 세 가지 목표를 생각해 보라.

1. 내일 아침 체육관에 가야지.
2. '제인'을 위해 케이크를 만들자. 그녀의 생일이다.
3. 내일 화학시험 전까지 모든 공식을 외우자.

　각각의 목표는 가까운 미래에 어떤 특정 활동을 수행함으로써 성취될 수 있다. 그러나 다른 목표들은 본질적으로 더 광범위하다. 다음의 세 가지 목표를 생각해보자.

1. 내년 여름이 되기 전에 몸매를 만들자.
2. 좋은 친구가 되자.
3. 의대에 입학하자.

이 두 번째 목록은 개인 과제를 포함하고 있는데 이 과제는 2개의 내용을 가진 목표이다. 개인 과제는 (1) 동일한 목적 성취를 위한 수많은 다양한 행동이 나올 수 있으며, (2) 동일한 목적은 상당한 기간에 걸쳐 이루어진다(Little, Salmela-Aro, & Phillips, 2007). 예를 들어 내년 여름 전에 몸매를 만들기 위해서는 당신은 수많은 행동(달리기, 식이조절, 체육관에서 운동하기)을 (2) 수 주 또는 수개월 동안 몰두해서 할 필요가 있다.

개인 과제는 생활을 조직화하는 것을 도와준다. 개인 과제 덕분에 당신의 일상생활은 목표 행동과 분리되지 않고 장기 목표 성취를 위한 의미 있는 활동에 노력을 기울이게 된다. 예를 들어 의대에 입학하려는 개인 과제는 '내일 화학시험 전에 모든 공식을 다 외운다', '의대 지원에 대해 알 만한 3, 4학년 학생들과 사귄다', '공부를 할 수 있는 조용한 기숙사에 들어간다'와 같은 다양한 행동을 하도록 한다. 사람들은 자신에게 의미 있는 개별 과제를 성취할 수 있다는 확신을 가질 때 더욱 행복해하며, 자신의 일상 활동을 더욱 의미 있게 여긴다(McGregor & Little, 1998; Salmela-Aro, 2009).

개인 과제끼리 서로 상충할 때 사람들은 목표 성취를 훨씬 더 어려워한다. 자신의 목표가 '공부 시간을 더 확보하기'와 '운동 시간을 더 확보하기' 둘 모두거나 또는 목표가 '다른 사람들에게 나 자신을 똑똑하게 보이기'와 '다른 사람에게 정직하기' 둘 모두라고 가정해보자. 두 목표 간의 모순과 상반된 충동은 스트레스가 되며 목표 성취를 방해한다(Emmons & King, 1988; Presseau et al., 2013).

프로젝트 비영리 단체인 클린 멤피스(cleanmemphis.org)는 '멤피스를 나라에서 가장 깨끗한 도시로 만들자'라는 과제를 목표로 한다. 이 비영리 단체의 활동에 참여하는 것은 심리학자들이 *개인 과제*라 부르는 동기의 예다. 이 개인 과제는 상당한 기간에 걸쳐 공동의 목표를 성취하기 위한 일련의 행동들이다. 클린 멤피스 과제에서 참여자들은 더 깨끗한 도시를 위한 종합적 목표를 이룰 수 있는 다양한 활동(거리 청소, 환경 교육, 환경법 위반 적발)에 참여한다.

AP Photo / The Commercial Appeal, Mike Brown

개인 과제는 이미 언급한 사람의 삶의 질인 개인 주도성도 결정한다(Bandura, 2001). 사람들은 스스로 동기화할 수 있는데 그 결과 의미 있는 개인 과제를 정하고 지속적으로 몰두함으로써 자신의 삶과 개인적 발전에 영향을 준다.

자동 활성 목표 목표를 설정함으로써 당신은 '스스로 동기부여되어' 행동에 옮김으로써 자신의 행동에 영향을 미친다. 따라서 목표는 때때로… 자신의 행동을 통제할 수 있도록 한다.

어떤 경우에는 목표가 자신의 통제력을 약화시킨다. 이것은 목표가 자동적으로 활성화될 때, 즉 자신이 의식하지 못하는 사이에 발생한다. 때때로 신호, 노래, 귓가에 맴도는 소리 같은 주변의 미묘한 단서가 자신의 마음속에 있는 목표를 활성화한다. 목표가 한 번 활성화되거나 의식적으로 點火가 되면(5장 참조), 알아채기도 전에 행동에 영향을 미치게 된다.

한 연구(Bargh et al., 2001, Study 1)는 단어 찾기 퍼즐(단어가 놓여 있는 글자 막대 표)의 단어가 은연중에 자동적으로 목표를 활성화하여 영향을 미친다고 보고하였다. 참석자 중 한 그룹은 (1) 성취와 관련된 단어들(성공, 투쟁 등)이 있는 퍼즐을 (2) 다른 그룹은 동기적으로 중립적인(카펫, 강물 등) 단어들이 있는 퍼즐을 풀었다. 그 후에 그들은 자신들의 성취를 측정할 수 있는 두 번째 퍼즐을 풀기 시작하였다. 성취와 관련된 단어를 읽은 참석자들은 두 번째 퍼즐에서도 높은 수준으로 성취를 거두었다. 사람들은 깨닫지 못했지만 참석자의 성취 목표는 퍼즐 단어를 통해 활성화가 되었기 때문이다.

최근 주변에서 당신의 목표에 무의식적으로 영향을 미친 자극은 무엇인가?

일상생활 속에서 목표를 자동적으로 활성화하는 자극은 광고 로고다. 예를 들어 애플사는 창의성으로 유명해졌는데 실험에서 애플사의 로고를 보여준 사람들은 창의적 과제에서 다른 집단에 비해 높은 수행을 보였다(Fitzsimons, Chartrand, & Fitzsimons, 2008). 정직함으로 알려진 디즈니의 로고를 본 실험집단의 사람들은 자기보고식 성격검사에서 다른 통제집단 사람들에 비해 더 정직하게 대답하였다. 연구 참여자들에게 왜 창의적이고 정직하게 행동하였는지 질문하면 그들은 대답을 못한다. 자동적으로 활성화된 목표가 사람들이 인식조차 못하는 사이에 자신의 행동에 영향을 미친다(Custer & Aarts, 2010).

실행 의도
사전 질문

> **목표는 어느 정도 수준으로 자세하게 설정되어야 하는가?**

목표는 동기를 높인다. 때때로 사람들은 구체적인 목표를 세우지만 실행에 옮기는 데는 실패한다. 당신의 목표는 기말 과제 준비를 시작하는 것인데 친구에게서 전화가 와서 숙제할 기회를 놓쳐, 과제를 끝내 마치지 못했다. 당신의 목표는 제때에 세금을 내는 것이지만 책을 읽기 시작하여 세금에 대해서는 완전히 잊어버려서 일주일이 지난 뒤에야 세금 내는 것을 잊어버렸다는 사실을 기억해냈다. 자신이 무엇을 원하는지는 알지만 그것을 실행에 옮기는 것은 어렵다.

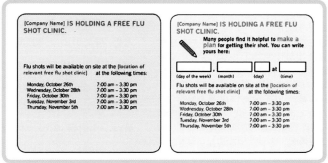

그림 10.6
실행 의도 왼쪽에 있는 편지와 비교해서, 회사 근로자는 오른쪽의 편지를 받아보았을 때 독감 예방 주사를 더 많이 접종받았다. 오른쪽 편지는 독감 예방 접종을 받으려는 목표를 성취하기 위한 구체적인 시간에 대한 실행 의도를 요구하고 있다.

심리학자 피터 골위처와 그의 동료는 설정한 목표를 성취할 수 있도록 실행 의도라는 방법을 고안해냈다. 목표는 자신이 성취하기 원하는 것을 말하지만 반면에 **실행 의도**(implementation intentions)는 그 목표를 이루기 위해 자신이 언제, 어디서, 무엇을 할 것인지를 구체적으로 명시한다(Gollwitzer & Oettingen, 2013). 그럼으로 실행 의도 설정은 사고가 동기에 기여할 수 있도록 하는 또 다른 방법이다.

크리스마스 휴가 동안 대학생을 대상으로 한 연구는 실행 의도가 어떻게 작용하는지를 보여준다. 크리스마스 휴가 전에 연구자는 그들의 연구에 참여하는 모든 사람에게 글쓰기 목표를 주었다. 크리스마스 이브를 어떻게 보냈는지에 대해 적은 보고서를 12월 26일까지 연구자에게 제출하도록 하였다. 연구자는 참여자의 1/2에게는 실행 의도를 만드는 것을 가르쳐주었다. 특히 이 참여자들은 크리스마스 전에 언제, 어디서 크리스마스 이브에 대한 보고서를 작성할지를 적었다. 실행 의도는 학생들이 제때에 보고서를 작성하는 목표를 성취하도록 도왔다. 실행 의도에 대해 배운 학생의 3/4은 보고서를 적었지만 그렇지 않은 통제집단의 경우 2/3가 보고서를 적는 데 실패하였다(Gollwitzer, 1999).

그 후의 많은 연구들은 실행 의도가 목표를 행동에 옮기는 것을 돕는다는 사실을 확인해주고 있다(Gollwitzer & Sheeran, 2006). 예를 들어 큰 회사의 근로자를 대상으로 한 연구에서 연구자들은 실행 의도를 이용하여 근로자들이 독감 예방 접종을 더 많이 받도록 하였다(Milkman et al., 2011). 어떤 근로자들은 독감 예방 접종이 가능한 병원과 시간이 적힌 안내 편지를 받았다. 다른 근로자들은 앞의 동일한 정보와 함께 그들이 접종을 받을 수 있는 구체적인 요일과 시간을 적도록 하는 실행 의도를 제공받았다(그림 10.6 참조). 실행 의도는 효과적이었다. 실행 의도를 받은 근로자 중 상당히 많은 수가 독감 예방 주사를 접종받았다. 퍼센트로 표현하면 효과는 크지 않다. 독감 예방 접종 비율은 4.2%까지 증가했다. 하지만 이런 수치적 증가는 적은 수고로 공공의 건강에 상당히 유익을 줄 수 있다는 것을 보여주고 있다.

실행 의도 그 목표를 이루기 위해 자신이 언제, 어디서, 무엇을 할 것인지를 구체적으로 명시하는 계획

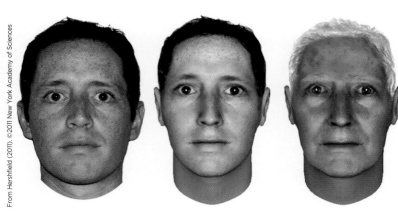

From Hershfield (2011). ©2011 New York Academy of Sciences

그림 10.7
맨 오른쪽에 있는 남자는 은퇴 자금이 필요한 것처럼 보인다 노령기는 너무 멀어 보여서 은퇴 자금을 위한 저축같은 목표는 유인가가 적다. 하지만 당신 자신의 미래 얼굴을 볼 수 있게 된다면 그것은 더욱 유인가가 있다. 연구자들이 일반 사진(왼쪽 위)으로 자신의 현재 모습(중앙)과 미래 자신의 모습(오른쪽)을 디지털로 만들었다. 미래의 가상적인 얼굴을 본 참여자들은 은퇴 자금에 더 많은 돈을 저축하였다.

먼 미래의 목표를 유인가 있게 만들기

사전 질문

> ❯ 실행 의도는 노후를 위해 저축을 하도록 동기부여를 하는가?

가까운 장래의 목표(예 : 보고서 과제 제출이나 독감 예방 접종)를 성취할 필요가 있을 때 실행 의도는 도움이 된다. 그렇다면 편안한 노후를 위한 충분한 자금 확보, 건강하고 몸매가 탄탄한 노년과 같은 먼 장래에 있는 목표의 경우는 어떨까? 실행 의도는 먼 장래의 목표에는 별도움이 되지 않는다. 예를 들어 신체적으로 몸짱 만들기를 시작하려고 할 때 수백 가지의 구체적인 경우나 수천 개의 횟수(예 : 2043년 1월 12일 오전 8시 : 조깅 2마일, 2043년 1월 13일 오후 7시 : 디저트를 생략함)를 일일이 적을 수는 없다. 그렇게 하는 것은 비실용적이다.

먼 장래의 목표는 동기에 큰 도전을 준다. 장기 목표가 중요하지만 단기 목표가 그것들을 압도한다. 은퇴를 위한 저축과 건강한 노령기는 아마도 중요한 장기 목표가 될 것이다. 하지만 멋진 옷이 세일을 하거나 누군가가 맛있는 쿠키를 권하면 그것들을 지나치기가 어렵다. 현재의 유혹은 미래의 목표를 이긴다. 미래에 대한 사고는 현재에 대한 사고보다 더 추상적인 경향이 있다(Trope & Liberman, 2003). 현재의 구체적이고 여기서 지금 당장 해야 할 유혹은 강력해서 사람들은 종종 먼 미래에는 좋지 않은 영향을 주는 행동들을 한다.

이것은 도전이 된다. 어떻게 하면 추상적인 미래의 목표가 더 유인가가 있도록 할 수 있을까? 핼 허쉬필드와 동료들는 다음의 이유에 기초하여 기막힌 전략을 고안하였다(Hershfield et al., 2011). 사람들은 자신의 미래 모습, 즉 은퇴를 위한 저축과 같은 먼 미래 목표의 수혜를 받을 자신과 미래의 자신의 얼굴을 상호 연관짓지 못하기 때문에 먼 미래 목표는 유인가가 낮다. 그래서 허쉬필드와 그의 동료들은 미래 자신의 모습을 더 쉽게 볼 수 있는 방법을 만들었다. 그들은 디지털로 얼굴을 변형한 사진을 만들었다. 사람들은 참여자의 사진을 가지고 그것을 디지털화한 후 컴퓨터 소프트웨어를 사용하여 그들의 얼굴이 더 늙어 보이도록 얼굴을 변형하였다(그림 10.7).

실험 조건에서 참여자들은 디지털로 된 (1) 자신의 현재 모습이나 (2) 디지털로 변형된 미래의 모습을 보았다. 그 후 참여자들에게 1,000달러가 생기면 무엇을 하겠는가라는 질문에 대해 미래 자신의 얼굴 사진을 본 참여자들은 그렇지 않은 참여자들보다 2배 이상의 돈을 은퇴 자금에 넣겠다고 말했다(Hershfield et al., 2011). 미래 자신의 모습은 먼 미래의 목표를 구체적이고 유인가있게 만들었다.

동기 지향성

사전 질문

> ❯ 자신의 성장 역량에 대한 신념은 동기에 영향을 미치는가?
> ❯ 우리가 좋아하는 행동에 대해 외적 보상을 받게 되면 왜 동기는 감소하는가?
> ❯ 목표를 이루고자 노력하고 있을 때 목표를 성취할 수 있도록 돕는 전략에 초점을 맞추어야 하는가 아니면 실패를 피할 수 있는 전략에 초점을 맞추어야 하는가?
> ❯ 어떻게 하면 '플로(flow)' 상태를 경험할 수 있는가?

동기 지향성 광범위하게 다양한 과제에 있어 사람들의 행동에 영향을 미칠 수 있는 다양한 사고와 감정 패턴

앞에서 살펴본 목표와 실행 의도는 특정 과제에 대한 동기와 성취를 증진할 수 있는 사고과정이다. 심리학자들은 또한 **동기 지향성**(motivational orientations)이 광범위하게 다양한 과제에서 사람

들의 행동에 영향을 미칠 수 있는 다양한 사고와 감정 패턴으로 정의한다. 동기 지향성 중 마인드세트로 알려진 사고의 유형에 대해 살펴보자.

마인드세트 심리학자 캐롤 드웩(Carol Dweck)은 동기 지향성을 **마인드세트**(mindset)로 정의하였다. 마인드세트는 지능과 같은 심리학적 특성의 본질에 대한 신념이다. 사람들의 마인드세트는 다양하다. 예를 들어 어떤 사람은 자신의 지능 수준은 고정되었다고 믿는다. 그들은 지능을 가졌거나 아닌 것으로 생각한다. 그와 같은 사람들은 고정된 마인드세트를 가졌다고 말할 수 있다. 다른 사람들은 지능은 변화할 수 있다고 믿는다. 새로운 경험이 새로운 기술을 전수하기 때문에 지능은 시간을 두고 향상된다. 이런 사람들은 성장 마인드세트를 가졌다(Dweck, 2006).

마인드세트는 사람들이 자신이 어떻게 하고 있는지에 대해 해석하는 관점을 결정한다. 당신이 아주 생소한 분야의 대학 수업 같은 새로운 활동을 시작한다고 가정해보자. 맨 먼저 당신은 그 내용을 익히는 데 어려움을 겪는다. 당신이 성장 마인드세트를 가졌다면 그 어려움을 도전을 배우는 기회로 여기고, 실패는 기술을 성장시키는 기회로 여길 것이다. 하지만 당신이 고정 마인드세트를 가졌다면 실패는 당신이 충분한 지능을 가지지 못한 증거로 해석하는 경향이 있다. 이것은 당신을 실망하게 만들며 동기를 감소시킨다.

> 당신은 성장과 고정된 마인드세트 중 어느 것을 가졌는가?

드웩과 동료들은 사람들의 마인드세트가 변화될 수 있는 것을 보여주었다. 그들은 중학교 1학년 학생들을 성장 마인드세트를 주입할 수 있도록 고안된 교육 프로그램에 참여시켰다. 학생들은 그들의 지능은 향상될 수 있으며 이 성장은 그들이 학업에서 열심히 공부하면 뇌에 있는 신경세포가 새로운 연결망을 형성하게 되기 때문이라는 것을 배웠다(3장을 보면 이 내용이 사실인 것을 알 수 있다). 또 다른 중학교 1학년 집단은 뇌에 대한 기본적 사실을 배우지만 학교에서의 경험이 그들의 지능 향상에 원인이 될 수 있다는 것에 대해서는 안내받지 않았다. 그 후 연구자는 교사들에게 이 학생들의 동기 수준과 함께 교육기간 동안 학생들이 취득한 점수도 함께 적도록 하였다. 성장 마인드세트를 배운 학생들이 더 많이 동기화되었으며, 더 높은 점수를 취득하였다(Blackwell, Trzesniewski, & Dweck, 2007).

내적 동기 사람들은 부모의 규칙, 선생님이 매기는 점수, 회사의 월급과 같이 자신을 둘러싸고 있는 외부 요인이나 힘에 의해 종종 동기화된다. 하지만 때때로 사람들은 자기 내면의 요인에 의해 동기화된다. **내적 동기**(intrinsic motivation)는 개인적으로 흥미가 있고, 도전적이며, 즐기기 때문에 어떤 활동을 하고자 하는 욕구를 말한다(Ryan & Deci, 2000).

내적 동기의 위력을 보여주는 생활 속의 예는 취미이다. 음악, 뜨개질, 낚시, 조류 관찰, 우표 수집, 당신이 애호하는 무엇이든지 취미로 정하였다면 이 활동은 생물적 욕구나 성취 욕구 때문에 하는 것이 아니다. 어떤 특별한 목적을 마음에 두고 취미 활동을 하지는 않는다. 돈을 벌 목적으로 또는 상을 타기 위해서 하지 않는다. 취미 활동은 단지 재미있고, 즐겁고, 쉽게 하고, 다른 일상생활이 주는 의미나 요구에서 벗어나 내적으로 재미있는 쉼을 주기 때문이다.

내적 동기의 독특한 특징은 외부로부터의 보상은 동기를 증가시키기보다 오히려 감소시킬 수 있다는 것이다. 오래전 한 연구는 그리기에 흥미가 있는, 즉 그리기의 내적 동기를 가진 아동에

마인드세트 변화하기 Brainology라는 소프트웨어 프로그램은 학습을 할 때 뇌가 어떻게 연결망을 형성하는지를 가르쳐줌으로써 학생들에게 성장 마인드세트를 주입하려는 프로그램이다.

내적 동기 프랭클린 D. 루스벨트 대통령은 우표를 수집하였다. 왜? 우표 수집 같은 취미는 외적으로 동기화되지 않는다. 루스벨트는 우표 수집으로 돈을 벌거나 상을 타지 않았다. 우표 수집은 외적 보상보다는 개인적 기호와 흥미에 추동되어 내적으로 동기화된다.

마인드세트 지능이 고정된 능력인지 아니면 변화가 가능한지처럼 심리학적 특성의 본질에 대한 신념

내적 동기 개인적으로 흥미가 있고, 도전적이며, 즐기기 때문에 어떤 활동을 하고자 하는 욕구

"우리 반 학생들은 곱셈을
너무너무 배우고 싶어 해요. 나쁜 목적으로는
사용하지 않겠다는 맹세문을 받았어요."

대해 연구하였다(Lepper, Greene, & Nisbett, 1973; 6장 참조). 연구자들은 아동 중 일부에게 그림에 대한 보상으로 금 색깔의 별을 주었다. 동기 유인가로서의 금 색깔의 별은 장기간에 걸쳐 주어졌으며 그것은 아동들의 내적 동기를 저하시켰다. 자유 시간에 금 색깔의 별을 받은 아동들은 그림 그리는 활동에 덜 참여하려고 하였다.

그 후에도 내적 동기에 의한 활동에 미치는 외적 보상의 영향에 대한 추가적인 연구가 수행되었다. 그 연구들의 결과는 최초의 연구 결과를 재확인해주었다. 128개 연구에 대한 메타분석은 사람들이 어떤 활동에서 내적 동기를 가지고 플로(flow) 상태가 되었을 때, 그 활동에 대해 (상이나 돈 같은) 외적 보상을 주게 되면 사람들의 내적 동기가 감소하는 것으로 보고하였다(Deci, Koestner, & Ryan, 1999).

왜 보상은 내적 동기를 감소시킬까? 이유 중 하나는 보상이 사람들이 가지는 **자율감**, 즉 자신이 개인적으로 가치 있고 흥미를 가지는 자신의 행동에 대해 개인적으로 가지는 주도성을 감소시키기 때문이다(Ryan & Deci, 2000). 만약에 예를 들어 기타 연주를 배우는 것처럼 당신이 스스로 어떤 활동을 정한다면 이 개인적 선택은 당신의 자율감을 증진시킬 것이며 그 활동은 흥미로워 보일 것이다. 만약에 누군가가 당신이 어떤 활동을 할 때 보상(예 : 기타 강습비를 제공하는 것)을 준다면 외적 보상은 당신이 가진 자율감을 감소시키며 당신은 더 낮은 내적 동기를 가지게 된다.

이론가들은 자율성을 보편적 욕구로 보고 있다(Ryan & Deci, 2000). 즉 세계 어디에서든지 모든 사람들이 동일하게 가지고 있다는 것이다. 서구 문화권(미국, 서유럽)의 사람들을 대상으로 수행된 연구가 이런 관점을 지지하지만, 세계의 다른 문화권에 속한 사람들을 대상으로 한 연구는 다를 수도 있다.

향상, 예방, 조절 적합성 기말고사 기간 중 대학교 도서관을 돌아다녀 보면 많은 사람들이 공부를 하고 있는 것을 볼 것이다. 공부를 왜 하는지를 물어보면 그들의 대답은 기말고사에서 좋은 성적을 받기 위해서라고 모두 동일하게 말할 것이다. 하지만 좀 더 자세히 살펴보면 차이가 있는 것을 발견하게 된다. 어떤 사람은 "의사가 되기 위한 장기 목적을 성취하는 것이 중요하기 때문에 공부를 한다"라고 대답할 수 있다. 다른 사람은 "저의 가족에게 실망을 주기 싫기 때문에 공부합니다. 가족들은 제가 의사가 될 것으로 믿고 있어요"라고 대답할지도 모른다. 이 사람들은 향상과 예방이라는 동기의 다른 성향을 가지고 있다(Higgins, 1997).

> **향상 동기**(promotion focus) : 향상 동기에서는 마음은 개인적으로 획득하기 원하는 성취에 초점을 둔다. 사람들은 과제를 수행할 때 자신들이 도달할 (또는 잠재적으로 놓칠 수 있는) 성취에 대해 생각한다. 이 마음은 자신의 개인적 성장을 향상시키는 결과물에 초점을 맞추고 있다.

> **예방 동기**(prevention focus) : 예방 동기에서는 마음은 책임과 의무에 초점을 둔다. 사람들은 어느 과제를 수행하면서 다른 사람의 기대에 부응하는 (또는 기대 부응에 실패하는) 의무에 대해 생각한다. 이것을 예방 동기라 부르는데 사람들의 마음이 방지하기 원하는 위협(예 : 기대에 못 미치는 것)에 초점을 두기 때문이다.

자, 아주 똑같은 행동을 하는 사람들 간에도 동기 성향에 차이가 있는 것을 주목해보자. 동기 성향은 사람들이 무엇을 하는지를 설명하는 것이 아니다. 그것은 사람들이 하고 있는 것을 **어떤 식으로** 생각하는지를 설명하고 있다.

동기 성향은 행동과 어떻게 연결되어 있는가? 그것들은 조절 적합성이라 알려진 원칙을 바탕으로 연결되어 있다. **조절 적합성**(regulatory fit)이란 동기 성향과 행동 전략의 연결을 말하는데

향상 동기 마음이 개인적으로 획득하기 원하는 성취에 초점을 두었을 때 일어나는 정의적 활동

예방 동기 책임과 의무에 초점을 둔 마음 안에서 일어나는 활동에 대한 정신적 접근

조절 적합성 동기 성향과 행동 전략의 연결

(Higgins, 2005), 즉 행동은 목표 도달을 위한 것이다. 동기 성향이 다름에 따라 행동 전략도 다르게 된다. 때때로 전략과 동기 성향이 심리학적으로 일치한다. 그들은 직소 퍼즐처럼 딱 '들어맞는다'(그림 10.8) 이런 상황, 즉 적합성이 일어나면 사람들은 자신들이 하는 일에 대해 더 행복해하고 더 만족스러워한다. 여기 한 예가 있다.

한 연구에서 연구자들은 사람들에게 쉬운 과제를 주고 향상 동기와 예방 동기를 실험적으로 조작하였다 (Freitas & Higgins, 2002). 어떤 사람들은 개인 소망과 포부에 대해 적도록 하였는데 이것은 참여자들에게 향상 동기를 가지도록 하였다. 다른 사람들에게는 삶에서 자신들이 가진 의무와 책무에 대해 적도록 하였다. 이것은 예방 동기를 주었다. 그 후 참여자들은 대학에서 높은 GPA 획득을 위한 다양한 전략들을 평가하게 되었다. 어떤 전략은 임무완수였다(예 : 학교 과제를 신속하게 종료하는 것). 다른 전략은 부정적인 행동들을 피하는 것이었다(미루지 않기). 어떤 전략을 학생들이 더 좋아했을까? 그것은 동기의 성향에 따라 달랐다. 향상 동기 성향의 학생은 임무완수 기반 전략을 선호하였다. 예방 동기 성향의 학생은 회피 기반 전략을 선호하였다. 간단히 말해서 학생들은 자신들의 최근의 동기 성향에 '적합'한 전략을 선호하였다.

플로 상태 네 번째 동기 성향은 심리학자인 미하이 칙센트미하이(Mihaly Csikszentmihalyi, 1990)에 의해 명명된 플로이다. **플로**(flow)는 사람들이 장시간 어떤 한 활동에 깊게 주의집중하고 있는 심리적 상태를 말한다. 플로 상태에서는 사람들은 활동에 몰두하고 있음을 느낀다. 사람들은 주변환경과 그 속에 있는 도전과제에 하나가 되어 자기 자신이나 자신이 남에게 어떻게 보이는지, 그들이 가진 걱정거리 등에 의해 방해받지 않는다. 플로 상태에서 사람들은 동기화되지만(계속적으로 활동에 몰두함으로써 때때로 높은 수준의 성취를 이룩한다) 돈이나 높은 자존감 같은 동기 유인가에 초점을 두지는 않는다. 오히려 사람들은 활동 그 자체에 초점을 둔다.

> 어떤 과제를 수행하면서 플로를 경험해보았는가?

플로는 의식과는 구별되는 상태를 경험하는 것이다(Weber et al., 2009; 8장 참조). 플로 상태는 아주 강한 집중이다. 플로 활동은 질서정연하며 의미 있고 통제 가능하다. 활동은 보통 때보다 더 천천히 펼쳐진다. 사람들은 플로 상태에서 기쁨과 통제력이 넘치는 느낌을 경험한다.

당신은 주변에서 플로 상태를 묘사하는 운동선수의 이야기를 들어본 적이 있을 것이다. 경쟁에서 이긴 사람들은 '시간이 멈추어 버린 듯한 정점 안에', 즉 경기가 쉬워 보이면서 집중이 변하는 상태에 자신이 있었다고 말한다. 대부분의 사람들에게는 빠르고 제정신이 아닌 상태지만 활동의 플로 상태, 즉 운동선수가 말하는 '시점 안에' 있는 것처럼 시간이 느리게 흐르며 멈춘 것 같은 상태. 이것이 칙센트미하이의 용어로 플로 상태이다.

운동선수처럼 독특한 사람은 드물다. 많은 다양한 활동은 플로 상태를 가져올 수 있다. 플로를 만들어내는 두 가지 주요 요소는 (1) 사람이 가진 기술에 맞는 적절한 도전과 (2) 분명한 과제 목표와 피드백이다(Csikszentmihaliy, 1990). 이 요소를 가진 어떤 활동이든지 플로 상태를 가져다줄 수 있다. 사람들은 음악 악기를 연주하거나, 수공예나 취미활동을 하거나, 체스를 두거나, 그림을 그릴 때 플로를 경험하게 된다. 심지어 비디오 게임도 게임하는 사람의 수준에 알맞은 도전 게임임을 제공할 때 플로를 경험하게 한다(Hsu & Lu, 2004).

동기 성향　　행동 전략

향상 동기 ― 획득 전략

예방 동기 ― 회피 전략

그림 10.8
조절 적합성 사람들은 자신들의 동기 성향과 행동 전략이 퍼즐의 조각처럼 일치할 때, 즉 조절 적합성이 될 때 자신들의 행동에 대해 더욱 좋게 느낀다. 향상 동기 성향의 사람이 성취 중심의 전략을 사용할 때나 예방 동기 성향의 사람이 부정적 행동을 회피하는 전략을 사용할 때 이런 적합성이 생긴다.

> 나의 생각은 매우 긍정적이다… 순간순간이 나를 위한 순간이 되기 시작하였다. 일단 당신이 그 순간을 가지게 되면 거기 자신이 있다는 것을 안다. 모든 것이 천천히 움직이기 시작한다… 나는 시간을 조정한다. 나는 내가 가지기 원하는 농구장을 가진 것처럼 느낀다.
>
> – Michael Jordan
> 시카고 불스팀에서 뛸 때 경기의 마지막 몇 초를 묘사하면서 (1999년 NBA Entertainment에서 인용)

플로 장시간 어떤 한 활동에 깊게 주의 집중하고 있으며 활동에 몰두하는 것을 느끼는 심리적 상태

아동 발달과 뇌의 연결

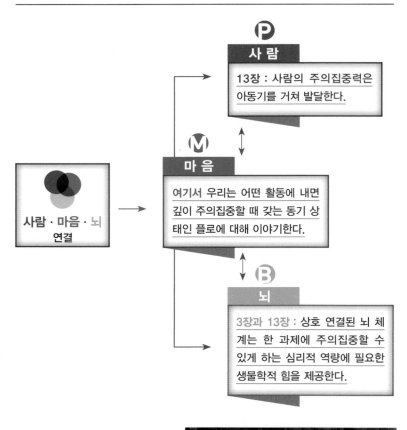

®
사람
13장 : 사람의 주의집중력은 아동기를 거쳐 발달한다.

⬆⬇

Ⓜ
마음
여기서 우리는 어떤 활동에 내면 깊이 주의집중할 때 갖는 동기 상태인 플로에 대해 이야기한다.

⬆⬇

Ⓑ
뇌
3장과 13장 : 상호 연결된 뇌 체계는 한 과제에 주의집중할 수 있게 하는 심리적 역량에 필요한 생물학적 힘을 제공한다.

사람·마음·뇌
연결

플로는 사람들이 자신의 기술에 부응하는 도전적 활동을 수행할 때 경험하게 된다. 플로 상태에 몰두하는 것은 화가인 잭슨 폴록의 작품에서처럼 자기표현을 위한 수단이 될 수 있다.

Martha Holmes / Time Life Pictures / Getty Images

연구자들은 사람들의 경험의 질을 측정하여 플로에 대한 경험 정도를 조사하였다. 사람들이 일상생활의 다양한 활동에 참여하는 동안 이들 연구자들은 하루에 여러 번 플로 경험을 측정하였다. 이를 통해 연구자들은 어떤 유형의 행동이 플로 상태를 더 많이 불러일으키는지에 대해 밝힐 수 있었다. 한 연구에서 (Cskiszentmihalyi & LeFevre, 1989) 성인 100명 이상으로 구성된 다양한 집단은 하루에 여러 번 자신들의 활동과 플로 경험 정도를 일주일 동안 기록하였다. 특히 이들은 세 가지 주요한 정보, 즉 (a) 자신의 최근 활동이 도전적이고 자신들의 기술에 적합한지 여부, (b) 자신들이 무엇을 하는지(공부하는지, 사람들과 사귀는지, 먹는지 등), 그리고 (c) 플로를 경험하는지 여부와 플로가 수반하는 각성, 동기와 행복감에 대해 적었다.

예상대로 연구 참여자들은 도전적인 과제를 할 때와 도전에 맞는 기술을 가지고 있을 때 플로를 더 많이 경험하는 것으로 보고하였다. 도전이 없을 때 사람들은 지루해했다(Cskiszentmihalyi & LeFevre, 1989). 놀랍게도, 높은 수준의 플로 활동은 자유시간일 때보다 일을 하고 있을 때 더 많이 나타났다. 사업장의 문제를 토론하는 매니저, 정보를 타이핑하는 사무직 노동자, 부품을 고치는 블루칼라 노동자들 각각이 직업 속에서 플로를 경험한다고 보고하였다. 여가시간 속에서 플로는 쉽게 발견되지 않았다. 이것은 놀라운 사실이다. 사람들은 여가시간에 자신이 즐기는 활동을 선택할 것이라고 대개 기대한다. 그러나 반 이상의 사람들은 TV를 시청하면서 여가시간을 보내는데, 이것은 도전을 전혀 주지 않으며 플로 대신 종종 지루함을 느끼게 한다. 또한 자동차 통근자가 플로를 가장 많이 보인 활동은 놀랍게도 운전이었다. 사람들은 종종 자동차 출퇴근에 대해 불평을 한다. 하지만 운전은 도전과 기술을 보여준다. 당신은 고속도로를 빠른 속도로 달린다. 운전은 사람들이

luckyraccoon / Shutterstock

이 남자는 플로 상태가 아니다 연구는 사람들이 요구내용이 자신의 기술에 적절한 도전적인 과제일 때 장시간 그 한 활동에 깊게 주의집중하여 몰두하며 강한 통제력을 가지는 상태, 즉 플로 상태를 경험한다는 것을 보여준다. 이런 상태에서 사람들은 각성되고, 동기화되며, 행복해한다. 하지만 여가시간에 사람들은 TV 시청처럼 도전적이지 않은 활동을 함으로써 지루해한다.

가장 높은 비율로 플로를 경험하는 활동이다(Cskiszentmihalyi & LeFevre, 1989).

집단 동기

이 장에서 우리가 다루는 대부분의 동기 연구는 개인에 초점이 맞추어져 있다. 한 개인이 다이어트를 통제하려고 노력하거나 도전적인 실험 과제를 하거나 또는 실험 표본 연구에 표본으로 뽑혀 과제를 수행하기도 한다. 하지만 동기의 많은 부분은 집단 속에서 일어난다. 직장에서나 시합에서 사람들은 다른 사람들에게 관찰되며 다른 사람들과 경쟁하거나, 다른 사람과 함께 한 팀을 이루기도 한다. 그렇다면 다른 사람들과의 상호작용을 살펴보자.

사회적 촉진
사전 질문

> ❯ 다른 사람의 존재가 성취를 향상시키는가 아니면 악화시키는가?

1890년대로 거슬러 가보면, 심리학자 노먼 트리플렛(Norman Triplett, 1898)은 자전거 경주자들에게서 흥미로운 점을 발견하였다. 경주자 자신들이 자전거 트랙에서 혼자 최선을 다해 빠르게 달릴 때에도 다른 사람과 함께 최선으로 빠르게 달릴 때보다는 느리게 달린다는 사실이었다. 그가 관찰한 현상은 사회적 촉진으로 알려진 집단 속에서 발생하는 동기 현상이다. **사회적 촉진**(social facilitation)에서는 단지 다른 사람의 존재만으로도 사람은 자신이 잘하는 기술 분야에서 성취가 향상된다(Aiello & Douthitt, 2001). 사회적 촉진 자체가 사람을 더 숙련되게 하는 것은 아니다. 만약 당신이 자전거를 어떻게 타는지를 알지 못한다면, 다른 사람들이 보고 있다고 자전거를 갑작스럽게 탈 수 있게 되는 것은 아니다. 하지만 동기를 향상시킨다. 만약 당신이 자전거를 잘 탄다면, 최대한의 속도로 페달을 밟겠지만, 다른 사람의 존재는—그가 당신과 자전거 경기 경쟁자이든 또는 그냥 당신을 보는 관람객이든 간에—속도를 더욱 높이게 할 것이다.

트리플렛(Triplett, 1898)은 다른 사람이 동기에 미치는 영향에 대한 실험을 수행하였다. 모순되게도 그의 실험은 사회적 촉진 효과에 대한 결정적 증명을 하지는 못했는데 최근의 연구는 그 당시에는 없었던 현대의 통계적 방법으로 그의 자료를 분석한 결과 사회적 촉진 효과를 명확히 증명하였다(Stroebe, 2012). 현상은 실재한다. 많은 일상 속에서 사회적 촉진은 동기와 성취를 부추긴다.

사회적 촉진을 명확히 보여주는 예는 사회심리학자인 로버트 자이언스(Robert Zajonc, 1965)가 쓴 고전적 논문에서 제시되고 있는데, 사회적 촉진에 대한 그의 글은 세 가지 주요한 목표를 이루었다. 첫째, 자이언스는 사회적 촉진은 인간뿐만 아니라 다른 유기체에게서 발견된다는 것을 보여주었다. 인간, 쥐, 닭, 심지어 곤충들도 자신들과 같은 종이 존재할 때 반응을 더 빨리 또는 강하게 한다. 둘째, 자이언스는 다른 사람의 존재가 심리적인 각성을 증가시킨다는 것을 제안하면서 설명을 부연하였다. 모든 복잡한 유기체는 모든 종에게 일어나는 각성, 사회적 촉진의 다양한 상태를 경험하기 때문이라고 하였다. 셋째, 자이언스는 사회적 촉진이 성취를 향상시키지 않는 환경을 규명하였다. 그것은 위에서 살펴본 것이다. 과제에 능숙하지 않을 때(지금 막 배우는 과정이기 때문에 기본 기술을 아직 완벽하게 익히지 않은 상태일 때)에는 어떤 청중의 존재도 성취를 향상시키지 못한다. 사회적 성취는 **지배적 반**응, 즉 유기체가 주어진 환경 속에서 가장 많이 할 수 있는 반응을 증대시킨다. 만약 당신이 어떤

> 어떤 과제를 수행할 때 다른 사람의 존재가 성취를 향상시켰는가? 또 어떤 과제를 수행할 때 다른 사람의 존재가 성취를 낮추었는가?

사회적 촉진 단지 다른 사람의 존재만으로도 자신이 잘하는 기술 분야에서 사람들의 성취가 향상되는 현상

사회적 태만 집단 과제에서 어떤 사람은 자신이 노력하지 않더라도 집단이 성공할 것으로 기대하기 때문에 집단 과제에 대한 다른 사람의 개인적 동기를 하락시킴

과제에 능숙하지 않다면 당신의 지배적 반응은 당신이 잘하도록 도울 수 없고 그래서 다른 사람의 존재는 당신의 성취를 부추길 수 없을 것이다.

다른 사람의 존재가 성취를 향상시킨다는 사회적 촉진의 예외를 생각해볼 수 있을까? 이 질문이 아마도 도움이 될 것이다. 수업 시간에 모둠 과제를 할 때, 자신은 열심히 과제를 하는 데 반해 자신의 모둠 구성원 중 다른 학생이 비디오게임 하는 것을 본 적이 있는가? 이 사람은 사람들이 함께 하는 집단 과제에서 동기를 감소시키는 **사회적 태만**(social loafing)을 보여주고 있다. 자신은 빈둥거리지만 다른 사람들이 노력한 덕분에 자신이 속한 집단이 집단 과제에서 좋은 성적을 거둘 것으로 기대하는 사람들로 인해 집단은 동기를 종종 낮추게 된다(Karau & Williams, 1993).

학교에서의 동기

사전 질문

> 학교 성적이 지능이나 자기훈련을 측정하는가?
> 어떻게 하면 교사는 학생의 동기를 높일 수 있을까?

당신이 보통의 사람과 같다면 당신이 깨어 있는 대부분의 시간을 당신의 성취를 보여주도록 동기부여를 받는 집단환경인 학교에서 보내왔다. 미국 학생은 일주일에 32.5시간을 학교에서 보내며 여기에 숙제하는 시간을 추가하면 더 많은 시간을 학교에서 보낸다(Juster, Ono, & Stafford, 2004).

동기와 학점 학교 성적에 동기가 얼마나 중요한가? 학점은 단지 지능에 따른 문제라고 생각할지 모른다. 아마도 어떤 아동들은 높은 지능을 가졌기 때문에 좋은 점수를 받고 동기는 별반 차이를 주지 않을 수도 있다. 중학교 2학년 학기 초에 연구자들은 이 학생들의 학기 말 성적을 예측하기 위해 측정을 하였다(Duckworth & Seligman, 2005). 하나는 표준화된 IQ 측정이었다(8장 참조). 다른 측정은 동기를 포함하는데 이것은 단순히 학교에서 공부할 때 열심히 하는 것이 아니라 자기훈련, 즉 산만하지 않고 우선적으로 공부를 먼저 시작하는 데 필요한 기술과 동기에 대한 것이었다. 자기훈련 측정은 행동검사와 학생이 가진 정서 조절력과 규칙 준수에 대한 교사 평가 및 학생 자기평가를 포함하고 있다. 연구자들은 지능과 자기훈련의 변인들을 사용하여 학기 말 점수를 예측하였다.

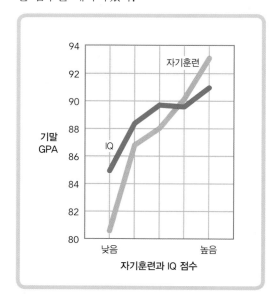

그림 10.9
단지 '똑똑'해서가 아니다 동기의 한 변인인 자기훈련에서의 개인차가 지능보다 학교 성적을 훨씬 잘 예측한다(Duckworth & Seligman, 2005).

연구 결과는 그림 10.9와 같다. 만약 지능이 학점을 예측하고 자기훈련은 중요하지 않다면 학점과 지능의 연계를 보여주는 선은 가파른 수직선이어야만 하며 학점과 자기훈련의 연계를 보여주는 선은 평평한 수평선이어야만 한다. 하지만 자기훈련을 나타내는 그래프 선은 수평선이 아니며 또한 지능선보다 더욱 가파르다! 자기훈련이 지능보다 학점을 예측하는 데 더 중요한 변인이었다(Duckworth & Seligman, 2005).

이 연구의 결과는 다른 연구에서도 동일하다. 한 예로 고등학생을 대상으로 한 연구에서 공부에 투자하는 시간이 지능과 동일한 수준

으로 학점을 예측할 수 있다는 것이 밝혀졌다(Keith, 1982).

학생 동기 향상시키기 어떻게 하면 교사는 학생의 동기를 향상시킬 수 있을까? 이 장 초반부에 다룬 동기적 접근은 교실 상황에 적용된다(Covington, 2000). 동기의 중요한 한 과정은 목표이다. 학습 목표와 숙달할 기술을 정해 놓은 학생은 단지 높은 학점을 받고자 하는 학생보다 종종 더 높은 점수를 획득한다(Ames, 1992; Nicholls, 1984). 목표는 학생들이 내용을 배우려고 노력할 때 특히 중요하다. 높은 학점을 목표로 두는 학생은 자신이 똑똑하지 않은 것에 대해 우려할 수 있다. 하지만 배우는 것에 목표를 두는 학생은 노력은 배우는 과정의 당연한 일부분으로 받아들인다(Dweck, 1986). 이 장 초반에서 언급된 **마인드세트 프로그램**은 학습을 할 때 뇌가 어떻게 새로운 연결망을 형성하는지에 대해 학생들에게 가르쳐주는데, 학생들의 목표를 변경하기 위해 일부분 고안되었다(Dweck, 2006). 한 번 학생들이 뇌가 어떻게 변화하는지를 경험으로 배우게 되면 학생들은 현재 자신의 '지능' 정도에 대해 더는 마음 쓰지 않고 새로운 내용을 배우고 연결망이 많은 강력한 뇌를 형성하는 데 더 많이 집중하게 된다.

어떤 사람들은 목표는 학교생활에서 설명되는 동기의 한 부분일 뿐이라고 강조한다. 다른 사람들처럼 학생도 사람들과 잘 어울리며 개인으로서의 존재감을 가지고자 노력한다(Covington, 2000). 많은 학생들이 개인적 존재감을 학업적 성공과 연결시키지 못하거나 학업적 성공을 중시하지 않거나 심지어 경시하는 또래집단 환경 속에 살기조차 한다. 예를 들어 민속학자인 존 오그부는 미국 도시 빈민가 흑인 학생이 사는 환경을 역사적으로 이해해야 한다고 주장하였다. 역사적으로 실시되었던 인종분리 정책으로 인해 흑인 가정의 선조 세대는 백인들이 경험해온 학교에서의 성공이 직업적 성공으로 연결되는 동일한 가도를 걷지 못하였다. 그 결과 흑인 가정은 학교에서의 성공에 개인적 투자를 덜 하게 되었고, 자녀들의 학업 성적은 더 낮아질 수밖에 없었다. 일반적으로 (노예나 식민지를 통해) 자신의 의지에 반하여 국가에 소속이 된 사람들은 대다수 주류에 속하는 사람들이 공유하는 신념인 학교에서 성공하고 사회의 규칙을 준수하면 누구나 사회 속에서 '성공'할 수 있다는 신념을 덜 공감하는 경향이 있다(Ogbu & Simons, 1998).

직장에서의 동기

사전 질문

> ❯ 고용한 사람들을 동기부여하려면 임금 지급을 어떻게 계획해야 할까?
> ❯ 어떤 유형의 리더십이 가장 동기부여를 하는가?

학교를 졸업하면 대다수의 사람들은 직장이라는 또 다른 집단환경 속에서 대부분의 시간을 보내게 된다. 고용을 통해 근로자들에게 면대면이나 또는 오늘날 정보 기반 직장처럼 '가상으로' 팀을 이루어 일하도록 하는 복잡한 조직 속에 놓이게 된다.

임금 무엇이 고용인들로 하여금 일하도록 동기화할까? 자명한 사실을 이야기하는 부담이 있긴 하지만 가장 많은 대답은 임금이다. 임금이 어떻게 사람을 동기화하는지에 대해서는 아직도 명확하지는 않다. 임금을 어떻게 지급하는 것이 고용인을 최상으로 동기화하는지에 대한 질문을 생각해보자 — (1) 직장에서 고용인이 보내는 시간에 기초한 임금 지급, (2) 고용인이 생산한 일의 양에 기초한 임금 지급, (3) 회사의 전반적인 실적에 기초한 임금 지급 등 모든 경우에 대한 정확한 하나의 대답은 없다. 가장 효과적인 방법은 상이한 직장환경에 따라 지급 방법도 다르게 하는 것이다(Helper, Kleiner, & Wang, 2010).

> 어떤 직장에서는 고용인 개개인이 회사가 파는 물건(혼자 조립하여 만드는 물건)을 생산한다. 이런 일의 경우 가장 동기부여적인 임금 지급계획은 개인 노동자에게 초점을 둔다. 개인이 각 각의 생산물에 들인 노동력에 대해 임금을 지급함으로써 회사는 생산량을 최대화 할 수 있다. 각각의 노동자는 각자 일한 만큼의 다른 임금을 받는다.

> 어떤 직장에서는 사람들이 연합된 팀으로 함께 전략을 짜고 문제를 해결하고 결과물을 만들 어내는 일을 한다. 이런 환경에서는 가장 최선의 임금 지급계획은 집단에 초점을 두는 것이 다. 회사는 팀의 전 구성원에게 팀이 협력하여 이룬 성공에 기초하여 똑같은 임금을 지급함으 로써 생산을 최대화할 수 있다. 팀으로 일할 때, 집단 임금 지급계획은 일에 대한 사람들의 동 기와 만족도를 증대시킨다.

목표 직장에서의 성공은 일을 잘하는 것뿐만 아니라 무엇을 해야 하는지를 아는 것도 필요하다. 직장환경 속에서 고용인의 동기와 성취는 목표 설정에 따라 증가한다. 이 장 초반에 논의된 목 표 설정의 원칙은 직장환경 범위까지도 넓게 적용되어 왔다. 수많은 연구들이 달성해야 할 구체 적인 성취 수준을 명시하는 명백한 목표가 동기와 성취를 향상시킨다는 것을 보여주었 다. 명확한 목표를 설정하고 목표를 향한 진 행 상황에 대해 피드백을 받는 고용인은 직 장 일에 있어 '최선을 다한다'와 같은 모호 한 목표를 가진 사람들과 비교했을 때 일 반적으로 더 높은 성취를 이룬다(Latham & Pinder, 2005).

변혁적 리더십 인드라 누이(Indra Nooyi) 는 직장에서 친구들과 가라오케로 노래를 부르거나 회사 모임에서는 기타로 록을 연 주해서 직장 안에서 분위기를 만드는 사람 으로 알려져 있다(Useem, 2008). 그녀는 또한 펩시코의 최고 경영자(CEO)이기도 하다. 누이는 변혁적 리더십 유형의 대표적 예로서 리더가 근로자들의 신뢰를 얻고 그 들을 격려하며 동기부여를 한다.

Andrew Harrer / Bloomberg via Getty Images

리더십 유형 직장에서의 동기에 영향을 미 칠 수 있는 또 다른 요인은 리더십 유형으 로, 고용인 집단을 대상으로 이들을 관리하는 전형적인 행동이나 전반적인 접근 태도를 말한다. 초기의 리더십 유형에 대한 연구는 다음의 대비적인 유형을 제시하였다 — (1) **민주형** : (지도자와 추종인) 모든 사람이 목표 설정에 참여한다. (2) **독재형** : 지도자는 다른 사람이 무엇을 하는지 제 재한다. (3) **방임형** : 지도자는 근로자들의 의사결정에 참여하지 않는다(Lewin & Lippitt, 1938; Lewin, Lippitt, & White, 1939). 최근의 다른 연구는 새로운 유형을 추가하였다. 그것은 **변혁적 리 더십**으로 지도자는 근로자의 신용을 얻으며 그들이 목표를 이룰 수 있도록 격려한다. 거래적 리더 십에서 리더는 근로자가 목표를 달성하면 보상을 줌으로써 근로자 자신의 이익에만 중점을 둔다 (Eagly, Johannesen-Schmidt, & van Engen, 2003).

비록 다양한 집단 유형에 따라 효과적인 리더십 유형이 다르지만 일반적으로 변혁적 리더십이 이점이 매우 많다. 변혁적 리더십은 근로자에게 동기부여를 더 많이 하며 리더에 대해 더 많이 만 족하는 것으로 예측한다(Judge & Piccolo, 2004). 흥미롭게도 남성은 거래적 리더 유형이 많음에 반해 리더의 역할을 하 는 여성은 남성들보다 변혁적 리더가 훨씬 많다(Eagly et al., 2003).

당신은 어떤 유형의 리더십이 가장 매력적이라고 생각하는가?

동기와 뇌

동기에 대한 내용을 분석 수준으로 낮추어 결말을 맺고자 한다. 지금까지 욕구, 목표, 관련된 신념 같은 정신적 내용이 어떻게 동기부여를 하여 행동에 옮기도록 하는지를 보았다. 지금부터는 동기화된 상태를 경험하게 만드는 뇌 체계에 대해 살펴보자. 여기서는 다음의 세 가지 주제, 즉 (1) 접근과 회피 동기 기간 동안에 활성화되는 뇌 체계, (2) 사람들이 지나치게 동기화되는 중독 사례, (3) 자신의 행동을 안내하는 목표를 설정하도록 하는 신경 체계에 대해 알아보고자 한다.

접근, 회피와 뇌

사전 질문

> ❯ 접근 동기와 회피 동기의 생물학적 기반은 무엇인가?

이 장에 걸쳐서 동기 유인가는 다양하다는 사실이 계속 이야기되었다. 하지만 이런 다양성을 접근 동기와 회피 동기로 단순화하는 간단한 분류도 있다.

접근 동기(approach motivation)는 유기체의 성장과 향상에 관여하는 넓은 범주의 유인가를 말한다(Harmon-Jones, 2011). 음식을 획득하기 위한 노력에서부터 높은 사회적 지위를 획득하기 위한 노력 모두가 접근 동기의 예다. **회피 동기**(avoidance motivation)는 자신을 위협이나 위험으로부터 보호하고자 하는 추동을 말한다. 물리적 위협(예 : 위험해 보이는 어두운 골목)이나 사회적 위협(예 : 사회적으로 창피를 당할 수 있는 모임)으로부터 벗어나는 것은 모두 회피 동기의 예다. 이 장 초반에 보았던 많은 특별한 유인가나 동기 성향(예 : 성취 욕구와 실패 회피 욕구 또는 향상 동기나 예방 동기를 포함하는 동기 성향)은 접근과 회피의 두 동기 중 하나와 연결되어 있는 것처럼 보인다.

접근/회피의 구별은 심리적이다. 접근과 회피는 심리적으로 구별되는 상태라고 말한다. 이것들이 생물학적으로 구별이 되는가? 다른 말로 하자면 뇌는 이 구별되는 동기 유형에 대해 다르게 반응하는 개별적 체계를 가지고 있는가?

많은 연구들은 그렇다고 보고하고 있다. 영국 과학자인 제프리 그레이(Jeffrey Gray)(Smillie, Pickering, & Jackson, 2006의 글에서 검토)는 동기와 뇌에 대한 유용한 생각을 하였다. 그레이는 동물에 대해 연구를 수행하였다. 실험연구에서 나중에 일어날 것이 보상(동물들이 접근하기 원하는)인지 또는 벌(동물들이 회피하기 원하는)인지를 알려주는 자극에 노출하였다. 그레이는 2개 유형의 신호가 나왔을 때 동물들의 뇌 체계에 대해 관찰하였다. 이 연구에 기초하여 그레이는 **행동 접근 체계와 행동 억제 체계**로 구별하여 제시하였다. 2개의 체계 모두 생물학적 유기체로 이해할 수 있는데 신경전달물질이 두 체계를 활성화하는 데 활성화되는 뇌를 지금부터 구체적으로 해부해보고자 한다.

행동 접근 체계　곧 있을 보상을 알려주는 신호는 행동 접근 체계를 활성화한다. **행동 접근 체계**(behavioral approach system)는 신경 체계로 유기체를 활성화하여 보상 자극(예 : 음식)을 찾도록 촉진한다.

도파민이라는 신경전달물질은 이런 보상 체계에서 생화학적 주요소이다. 도파민의 자세한 기능에 대해서는 일치가 안 된 부분도 있지만 도파민은 유기체가 보상 신호를 만났을 때 방출되며 이런 보상을 추구할 필요가 있을 때 뇌 영역을 활성화하는 것으로 알려져 있다(Pickering & Corr, 2008).

접근 동기　음식 획득부터 높은 사회적 지위 획득까지 유기체의 성장과 향상에 관여하는 넓은 범주의 유인가

회피 동기　자신을 신체적이고 사회적인 위협이나 위험으로부터 보호하려는 추동

행동 접근 체계　미래에 있을 보상을 알려주는 자극에 의해 활성화되는 신경 체계로 유기체를 활성화하여 보상 자극(예 : 음식)을 찾도록 촉진한다.

그림 10.10
뇌 체계와 동기 뇌의 보상 체계에 주요한 키가 되는 2개의 뇌 구조는 내측전뇌속과 중격핵이다. 보상 체계에서 주요한 생화학물질인 도파민은 보상 자극 경험을 하는 중에 내측전뇌속을 따라 이동하여 중격핵에 도달한다.

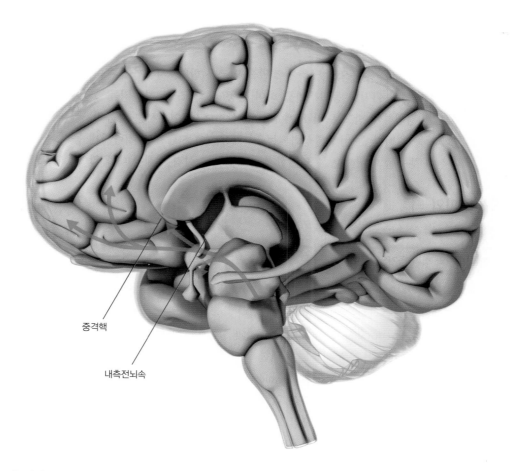

중격핵

내측전뇌속

이 체계에 대한 해부, 즉 뇌에서 관여하는 주요 구조인 구체적인 신경 구조는 뇌의 아랫부분인 뇌간과 변연계에 있다. 도파민은 **내측전뇌속**의 수많은 신경 섬유를 따라 이동하여 보상 추구의 중심인 뉴런 다발로 구성된 **중격핵**에 도달한다(Wise, 1998; 그림 10.10 참조). 생화학적이고 신경 해부의 전반적인 체계를 뇌의 보상 체계로 볼 수 있는데(예 : Makris et al., 2008), 이 체계는 유기체가 보상 자극을 추구하도록 만드는 즐겁고 추동하는 상태를 만드는 데 기여한다.

행동 억제 체계 처벌 신호는 행동 억제 체계를 활성화한다. **행동 억제 체계**(behavioral inhibition system)는 각성 수준과 긴장감을 증대하는 뇌 안에 있는 신경 체계이다. 이 체계의 활성화는 유기체가 보상을 추구하는 것을 멈추고 대신 환경적 위협에 집중하도록 만든다. 행동 억제 체계는 처벌 신호의 자극이나 위협이 될 수 있는 새로운 자극이나 본질적으로 공포를 가져오는 자극에 의해 활성화된다.

행동 억제 체계의 생화학이나 해부 모두 행동 접근 체계와는 상이하다. 생화학물질에 있어 가장 중요한 신경전달물질은 도파민이 아닌 **세로토닌이다**(Graeff, 2004). 주요 신경 체계는 해마와 편도체 안에 위치하고 있다(Barrós-Loscertales et al., 2006; Gray & McNaughton, 2000).

두 체계의 생물학적 차이는 이미 배운 심리적 차이와 같이 양립된다. 긍정적 결과물은 획득하고자 하며 해롭고 위협적인 것은 회피하려는 동기는 심리적으로 구별된다는 사실을 몇 번이고 다시 심리학자들이 제기하였다. 뇌 연구는 두 체계가 생물학적으로도 또한 구별되는 것을 밝혔다.

인간 뇌에 대한 연구는 이런 구별에 대해 더 많은 증거를 제공하면서 한편으로는 뇌 구조의 포함 범위를 확장하고 있다. 여기에는 동물들도 함께 가지는 뇌의 말단 하위 수준 영역과 인간만이 가지는 고등 수준의 영역을 추가하여 포함하고 있다. 뇌의 앞부분, 즉 **전두엽 피질**의 생물학적 물

행동 억제 체계 처벌의 신호에 반응하여 활성화되는 신경 체계로 각성 수준과 긴장감을 증대함

질도 포함된다. 전두엽 피질의 양쪽 측면, 즉 뇌의 좌반구와 우반구(3장 참조)가 다른 역할을 한다는 사실이 발견되었다. 좌반구는 접근 동기에 더 많이 관여하지만 우반구는 회피 동기에 더 많이 관여한다(Harmon-Jones, 2011).

중독과 뇌

사전 질문

> ❯ **중독은 생물학적으로 어떻게 설명할 수 있는가?**

때때로 사람들은 지나치게 동기화되어 있다. 사람들은 매력적이지만 결국에는 유해한 대상이나 행동을 쉬지 않고 계속 추구한다. 이들은 중독으로 고통 받고 있다. **중독**(addiction)은 마약을 하거나 어떤 활동에 반복적으로 통제할 수 없을 정도로 몰두하는 심리장애이다(Goldman, Oroszi, & Ducci, 2005).

중독은 개인과 사회 전반적으로 손해를 끼친다. 개인적 측면에서 약물 복용은 교우관계, 남녀 관계와 가정생활을 황폐화할 수 있다. 경제적 측면에서 중독에 쓰는 비용은 엄청나다. 미국에서는 한 해에 건강 관련, 범죄 관련, 생산 관련 비용에 6,000억 달러가 사용되는 것으로 추정된다(National Institute on Drug Abuse, 2012). 중독은 사회문화생활에도 손해를 끼친다. 수많은 훌륭한 음악가와 예술가들의 생애가 마약 중독에 의해 절단되었다.

왜 이렇게 많은 사람들이 중독에 쉽게 빠지게 될까? 중독 약물은 이미 앞 절에서 설명한 모든 사람의 뇌 속에서 발견되는 **보상 체계**(행동 접근 체계)라는 신경 체계에 관여하기 때문이다. 예를 들어 니코틴은 뉴런 사이의 공간에 방출되는 도파민의 양을 증대시킨다. 코카인은 이미 방출된 도파민이 뇌세포 속으로 다시 들어가는 분자과정을 막는다(Nestler, 2006; 그림 10.11). 어느 경우든 뇌의 보상 체계 활동이 증가한다.

게다가 중독 약물은 사람들이 특히 중독 습관을 깨기 어렵게 하는 뇌의 두 가지 지속적인 변화를 야기한다(Koob & Le Moal, 2005). 첫째, 중독 약물은 뇌의 보상 체계의 정상적 기능을 감소시킨다. 그 결과 자연적으로 일어나는 사건에 대해서는 보상을 덜 주어서 일상생활에 대한 사람들의 동기를 낮춘다. 둘째, 중독 약물은 사람들의 중독 약물 수준이 낮을 때에 정서적으로 부정적 위축 상태를 만드는 뇌의 활동을 촉진한다.

중독행동은 중독물질이 뇌에 미치는 영향과 유사한 영향을 미친다는 것이 입증되고 있다. 예를 들어 수많은 사람들이 중독되어 있는 도박이라는 행동은 마약에 중독되어 활성화되는 동일한 보상 체계가 활성화되는 것을 보여주고 있다(Holden, 2001). 연구자들이 병적인 도박자와 마약 중독자의 뇌를 연구하였는데 이 둘이 약물과 돈 단서에 반응할 때 보상 체계와 관련된 뇌의 동일한 부분이 활성화되었다. 이를 통해 도박사와 마약 중독자가 유사한 반응 패턴을 갖는 것을 발견하였다(Clark et al., 2013).

목표와 뇌

사전 질문

> ❯ **목표과정에서 뇌의 어떤 영역이 활성화되는가?**

목표는 동기를 만든다. 이런 간단한 문장이 동기와 마음에 대한 주요 연구 주제가 된다. 동기와 뇌에 대한 연구는 사람들이 개인적 목표를 설정하는 것이 가능하도록 하는 생물학적 구조에 대해 밝혀내기 시작하였다.

중독 마약을 하거나 어떤 활동에 통제할 수 없을 정도로 반복적으로 몰두하는 심리장애

그림 10.11

코카인과 뇌 코카인은 이미 방출된 도파민이 뇌세포 속으로 다시 들어가는 과정을 막는다. 이것은 세포 사이에 도파민의 양을 증대시키고 이것은 뇌의 보상 체계 속에서의 활동을 증대시킨다.

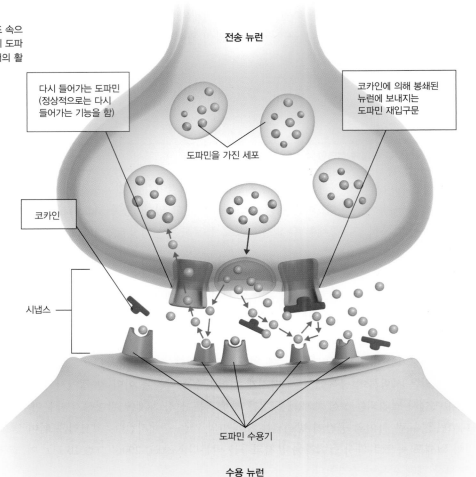

전송 뉴런

다시 들어가는 도파민
(정상적으로는 다시
들어가는 기능을 함)

코카인에 의해 봉쇄된
뉴런에 보내지는
도파민 재입구문

도파민을 가진 세포

코카인

시냅스

도파민 수용기

수용 뉴런

목표는 심리적으로 2개의 주요 특색, 즉 (1) 미래에 대한 생각과 (2) 개인이 관심을 두는 것에 대한 생각(예 : "언젠가는 내 머리카락이 백발이 되겠지")을 가지고 있다. 목표는 개인이 가치를 두는 미래의 상태를 대변한다(예 : "언젠가는 대학 학위를 받을 것이다"). 왜냐하면 목표는 심리적으로 한 측면 이상을 가지고 있기 때문에 뇌의 한 영역 이상이 목표과정에서 개입할 것으로 예측할 수 있다.

목표에 대해 사람들이 사고할 때 신경계의 무엇을 기반으로 하는지를 알아내고자 연구자들(D'Argembeau et al., 2010)이 연구 참여자들에게 개인적 목표가 되는 미래의 가능성에 대해 생각해보라고 하였으며, 또한 자신의 목표는 아니지만 미래에 경험할 수도 있을 다른 사건들에 대해서도 생각해보라고 하였다. 후에 연구자들은 뇌 스캐너를 사용하여 참여자들이 개인적 목표, 목표는 아니지만 미래의 활동, 샤워처럼 일상적 활동에 대해 생각하는 동안에 매우 활성화된 뇌의 영역 이미지를 찍었다.

목표에 대한 심리적 분석을 통해 예상하였듯이, 목표과정에서 뇌의 한 영역이 아닌 2개의 다른 영역이 활성화되었다(D'Argembeau et al., 2010; 그림 10.12). 후부 대상피질은 사람들이 미래의 가능성에 집중할 때 활성화되는 영역으로 알

개인 목표를 생각할 때 뇌의 활성화 사진

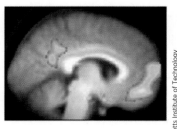

개인 목표는 아니지만 미래에 있을
사건에 대해 생각할 때 뇌의 활성화 사진

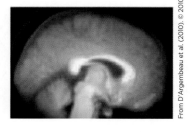

From D'Argembeau et al. (2010). © 2010 Massachusetts Institute of Technology

그림 10.12

목표와 뇌 목표는 (1) 미래 결과, (2) 사람들이 가치 있게 여기는 것에 대한 생각이다. 목표에 대해 생각할 때 뇌의 두 영역이 활성화되는 것은 우연이 아니다 — (1) 후부 대상피질(첫 번째 뇌 스캔 사진에서 왼쪽의 밝게 환한 영역으로 사람들이 미래의 가능성을 집중할 때 활성화되는 영역), (2) 배쪽 내측전전두엽(두 번째 뇌 스캔 사진에서 오른쪽의 밝게 환한 영역으로 이 뇌 영역은 주어진 정보가 자신에게 가치 있는지를 판단하는 것처럼 가치를 판단할 때 활성화된다). 이 2개 영역의 조화로 인해 사람들은 목표를 생각하고 행동으로 옮기게 된다.

그림 **10.13**

환경적 요인이 사람들의 동기를 통제하는가?

사람 · 마음 · 뇌
상호작용

사 람 🅟

그렇지 않다. 사람들은 개인적 주도성, 즉 자신이 바라는 바를 추구하고자 스스로를 동기부여하는 능력을 가지고 있다.

마 음 Ⓜ

```
프로젝트 ──────▶   올림픽 메달 획득

과업
특수목표:  ──▶  경기 출발 10% 향상        전력 질주 연습
                                              4x/주

                          웨이트 트레이닝
                          3x/주
```

개인적 주도성은 목표, 행동을 이끌고 동기화하는 미래 성취의 과제, 정신적 표현의 관점에서 특수목표로 이해될 수 있다.

뇌 Ⓑ

뇌 수준에 대한 분석에서 목표 설정은 사람들이 미래에 대해 생각하고 미래 결과의 가치에 대해 평가할 수 있도록 하는 신경 체계에 달려 있다.

D'Argembeau et al. (2010). © 2010 Massachusetts Institute of Technology

Popperfoto / Getty Images

려져 있다. 또 다른 하나는 배쪽 내측전전두엽으로 가치를 계산할 때, 즉 주어진 정보가 개인에게 얼마나 가치 있는지 정도를 판단할 때 개입한다. 목표 설정과 뇌에 대한 추후 연구는 사람들이 스스로 동기화될 수 있도록 하는 생물학적 기제에 대해 더 많은 통찰력을 제공하게 될 것이다.

◖◗ 돌아보기 & 미리보기

이 장 초반부에서 우리는 심리학이 가지고 있는 잠재적 결점에 대해 살펴보았다. 심리학자들은 내면의 정신생활에 대해 연구하는 데 많은 시간을 들이는데, 누군가는 말하기를 심리학자는 '생각 속에서 길을 잃은' 명상만 하고 움직임이 없는 인간에만 연구 주제를 둔다고 한다. 이제 이 장을 마치는 시점에서 동기심리학이 이룩한 점을 당신은 안다. 동기심리학은 다른 부분에서 '잃어버렸던' 것을 '찾아냈다'. 오늘날의 동기심리학은 사람들을 행동에 옮기도록 동기부여하거나 때론 사람들이 행동해야 할 때 동기화되지 않는 다양한 욕구, 목표, 사회적 영향에 대한 풍부한 이해를 제공함으로써 이런 불평을 없애버렸다.

동기의 힘은 심리학의 많은 다른 영역에서 볼 수 있다. 동기의 힘은 사람들이 가지는 세계관 인식에도 영향을 미친다(4장). 동기의 힘은 성격의 의식적·비의식적 과정에 관여한다(12장). 임상의는 그들의 환자에게 유익한 프로그램을 만듦으로써 사람들의 역량이 동기화되도록 한다(13장).

Chapter Review
복 습

이제 이 장을 마쳤다. 부록에는 동기에 대해 배운 부분이 요약되어 있다. 요약을 읽어보면 이 장에서 학습한 내용을 복습하는 데 도움이 된다.

핵심용어

매슬로의 욕구 위계 이론	사회적 욕구	실행 의도	통제의 욕구
개인적 주도성	사회적 태만	예방 동기	포만감
기준점 이론	사회적 촉진	옥시토신	폭식장애
내적 동기	생물학적 욕구	이해의 욕구	플로
단기 목표	섭식장애	자아실현	항상성 과정
동기	성욕도착	자아 향상의 욕구	항상성 허기
동기 지향성	성취 욕구	장기 목표	행동 억제 체계
마인드세트	소속의 욕구	접근 동기	행동 접근 체계
목표	신경성 식욕 부진증	조절 적합성	향상 동기
쾌락 허기	신경성 폭식증	중독	회피 동기
배고픔	실패 회피 욕구	테스토스테론	

연습 문제

1. 현대 연구자들이 매슬로의 주장에 대해 한계점으로 지적하는 것은 무엇인가?
   a. 인간은 자아실현의 욕구에 의해 추동된다.
   b. 욕구는 고정된 위계 구조로 되어 있다.
   c. 모든 사람은 소속의 욕구를 가지고 있다.
   d. 안전의 욕구는 보편적이다.

2. 다음의 행동 중 기준점 이론에 의해 설명되는 것은 무엇인가?
   a. 과학 박람회 프로젝트 심사를 하고 난 후 알은 점심을 거른 것을 깨달았다.
   b. 수는 배가 불러서 아버지가 그녀를 위해 싸주신 많은 양의 점심을 다 먹지 못했다.
   c. 거한 점심식사 후였지만 마티는 그의 룸메이트가 팝콘 먹는 것을 보고 같이 팝콘을 먹었다.
   d. 엄마가 쳐다보고 있었지만 앨리자는 두 번째 디저트를 주문했다.

3. 연구는 테스토스테론이 성욕에 미치는 영향에 대해 무엇을 밝혀주고 있는가?
   a. 테스토스테론이 많으면 많을수록 성욕이 더욱 증가한다.
   b. 성기능 부전을 가진 사람들 중에 테스토스테론으로 성욕이 증가하였다.
   c. 테스토스테론이 많을수록 성욕이 더 줄어든다.
   d. 테스토스테론 수준은 남자의 성욕에 대해서만 예측한다.

4. 칼리는 다트 던지기를 아주 잘한다. 그래서 그녀는 친구인 에릭에게 다트 던지기 시합을 하자고 했다. 칼리는 에릭에게 다트판에서 어느 정도 떨어져서 던질지 정하라고 하였다. 본문에 나왔던 앳킨슨과 리트윈의 연구(Atkinson & Litwin, 1960)에서 성취 욕구나 실패 회피 욕구가 높고 낮은 사람이 목표와 관련하여 자리를 어떻게 정했는지에 대해 생각해보라. 만약 에릭이 성취 욕구는 높고 실패 회피 욕구는 낮다면, 그는 다트판으로부터 얼마나 떨어진 거리를 선택하여 던질 것이라 생각하는가?

a. 놀라울 정도로 가까운 거리(전혀 도전이 안 되는 거리)

b. 매우 가까운 거리(도전이 안 되는 거리)

c. 중간 거리로 실수할지 명확히 알 수 없는 거리(조금 도전이 되는 거리)

d. 매우 먼 거리(아주 많이 도전이 되는 거리)

5. 당신은 막내 남동생이 자기 방을 깨끗하게 정리하도록 동기부여되길 원한다고 가정해보자. 한 방법은 그의 자기주도성을 향상시키는 것이다. 다음 중 어느 것이 이 목적을 성취하는 데 도움이 되겠는가?

a. 방을 깨끗이 하는 방법을 차근차근 단계별로 알려준다.

b. 완수해야 할 일 목록 체크리스트를 제공한다.

c. 당신이 기대하는 바를 설명하고 동생이 그 기대에 충족할 수 있는 방법을 선택하도록 한다.

d. 동생이 방을 깨끗하게 할 때마다 상을 준다.

6. 본문에 나온 연구에 비추어볼 때 다음 중 틀린 설명은 무엇인가?

a. 옥시토신은 보편적으로 신뢰와 원조를 증대시키고 있다고 실험연구는 보고한다.

b. 옥시토신은 비위협적인 집단에 속하는 사람에 대한 신뢰를 감소시킨다.

c. 사회기술이 부족한 사람들을 대상으로 한 실험에서 옥시토신은 다른 사람의 정서 상태를 정확하게 유추할 수 있는 능력을 증대시킨다.

d. 엄마와 관계가 안 좋은 경우의 사람들에게 옥시토신은 자신의 엄마에 대한 긍정적 기억이 더 많이 기억나도록 한다.

7. 다음 단어 중 개인적 주도성과 가장 유사한 말은 무엇인가?

a. '동기'   b. '소속감'

c. '쾌락주의'   d. '자율성'

8. 다음의 목표 진술문 중 도전의 명확성과 수준 정도, 성취 가능성을 고려해볼 때 어느 것이 가장 동기화되어 있는가?

a. "이번 주에 체중을 12파운드 감량했으면 좋겠어."

b. "세 달 안에 체중을 12파운드 감량했으면 좋겠어."

c. "세 달 동안 한 주에 1파운드씩 감량했으면 좋겠어."

d. "앞으로 세 달 안에 체중을 감량했으면 좋겠어."

9. 당신은 수학시험에 낙제를 했다. 캐롤 드웹의 마인드세트에 대한 연구를 기반으로 다음 중 앞으로의 수학 성적에 낙심하는 것을 저지할 수 있는 생각은 어떤 것인가?

a. "나는 최선을 다했어. 하지만 나는 수학에 적성이 없기 때문에 점수가 그저 그래."

b. "내가 수학기술에 대한 유전자를 가지고 태어나지 않은 것을 우리 수학 선생님도 아실 거야."

c. "내가 낙제점을 받은 것은 사실이야. 어떻게 하면 그 내용을 배울 수 있는지 궁금해."

d. "그렇지만 나는 읽기와 쓰기 능력이 뛰어난 축복을 받았지."

10. 다음 중 자율성에 대해 맞는 것은 무엇인가?

a. 유능하고 사건에 영향을 미칠 수 있는 욕구로 정의한다.

b. 모든 문화에 있는 사람들의 동기를 향상시킨다.

c. 외적 보상으로 감소되지 않는다.

d. 교실환경에서는 학교에서 배우는 내용에 대한 흥미를 증진시킬 수 있다.

11. 소피아와 벨라는 지역 오케스트라단에 가입해서 첫 연주를 가졌다. 연습 기간 동안 둘 다 똑같이 잘 연주했지만 공연 당일에 소피아는 평소보다 더 잘했고 벨라는 여러 번의 실수를 했다. 자이언스의 사회적 촉진에 대한 연구를 기반으로 다음 중 이런 차이를 잘 설명하고 있는 것은 무엇인가?

a. 소피아는 바이올린 연습이 잘 되어 있지만 벨라는 그렇지 않다.

b. 소피아는 사회적 태만을 할 수 있는 기회를 이용하여 이득을 보았다.

c. 벨라는 바이올린 연습이 잘 되어 있지만 소피아는 그렇지 않다.

d. 벨라는 사회적 태만을 할 수 있는 기회를 이용하여 이득을 보았다.

12. 본문에 나온 연구에 의하면 학점은 무엇을 측정하는가?

a. 지능만   b. 자율성과 지능

c. 지능과 자기훈련   d. 자기훈련과 자율성

13. 다음 동기 유인가와 동기 성향 중 접근 동기 범주에 속하는 것은 무엇인가?

a. 실패 회피 욕구   b. 예방 동기

c. 처벌의 욕구   d. 향상 동기

14. 행동 억제 체계의 중요한 역할은 무엇인가?

　a. 유기체가 새로운 자극을 추구하도록 동기화하는 것

　b. 체계가 보상을 추구하도록 동기화하는 것

　c. 체계가 환경적 위협에 맞서도록 동기화하는 것

　d. 체계가 어떤 대가를 지불하더라도 보상을 회피하도록 동기
　　화하는 것

15. 코카인은 뇌의 보상 중심에서 다음 어떤 화학물질의 활동을 증
가시키는가?

　a. 세로토닌　　　　　　　　b. 도파민

　c. 테스토스테론　　　　　　d. 옥시토신

해 답

해답은 부록에서 확인할 수 있다.

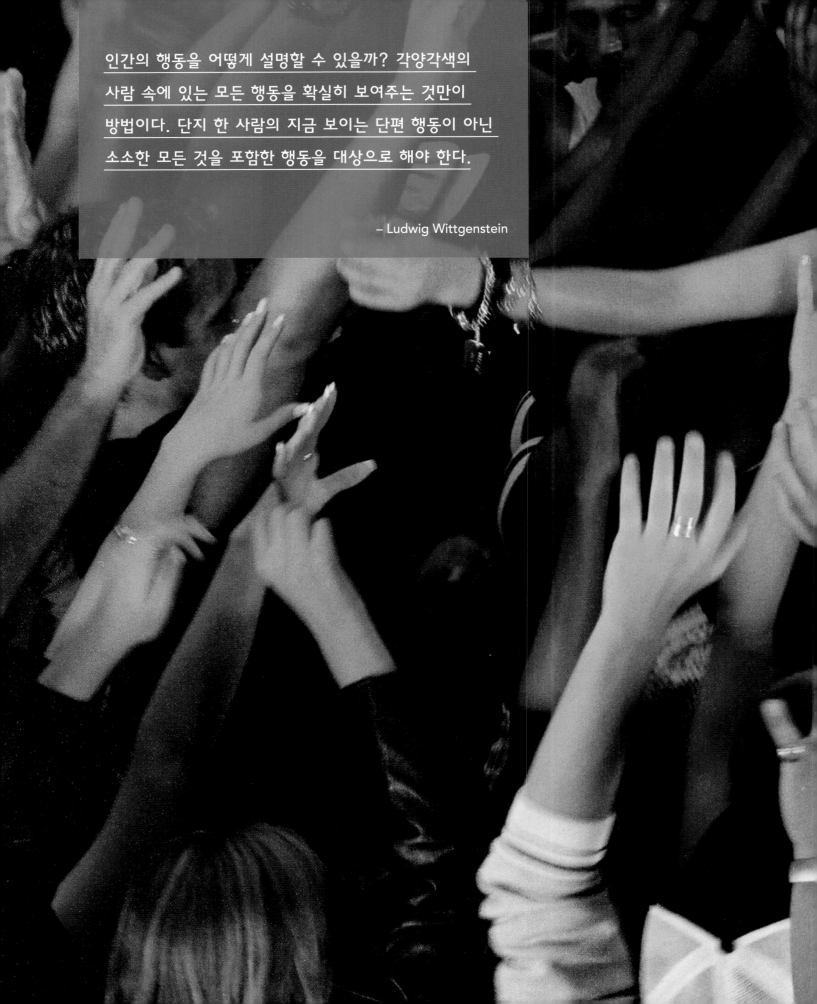

인간의 행동을 어떻게 설명할 수 있을까? 각양각색의
사람 속에 있는 모든 행동을 확실히 보여주는 것만이
방법이다. 단지 한 사람의 지금 보이는 단편 행동이 아닌
소소한 모든 것을 포함한 행동을 대상으로 해야 한다.

– Ludwig Wittgenstein

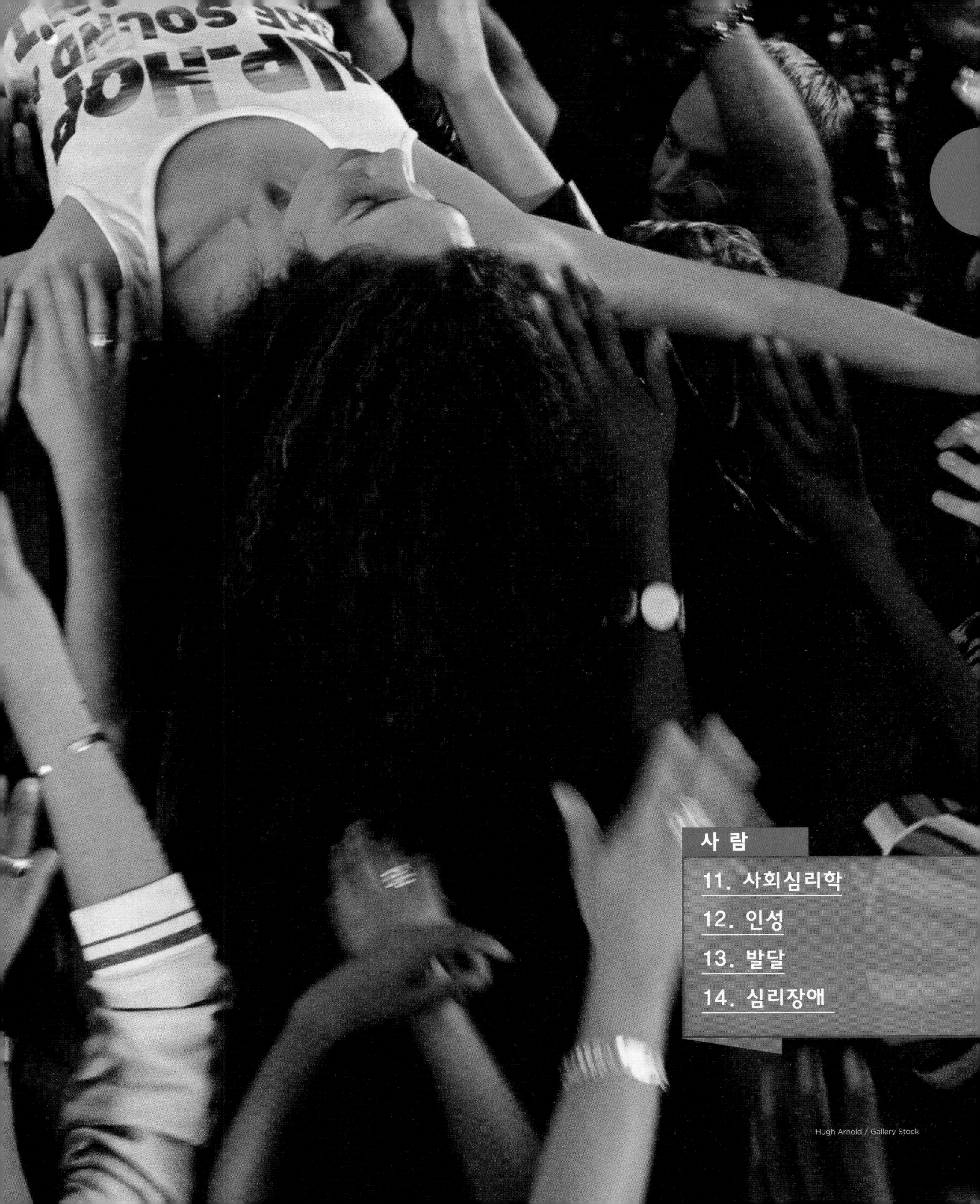

사 람

Hugh Arnold / Gallery Stock

사회심리학 11

어떻게 하면 인간의 심리를 이해할 수 있을까? 이를 위한 자연스러운 첫 번째 방법은 인간이 무엇을 하고 있는지를 관찰하는 것이다. 여기 인간의 몇 가지 행동 예가 있다.

❯ 미국인의 약 2/3는 다른 사람을 돕기 위해 자선단체에 기부를 한다. 연간 총 기부금액은 약 3,000억 달러로 이는 1인당 약 1,000달러 정도 기부를 하는 금액이다.

❯ 뉴욕 브룩클린에 있는 한 병원 응급실에서 어떤 여성이 거의 24시간 동안 치료받기를 기다렸다. 병원에서 일하는 관계자들은 그녀가 기다리는 것을 보았지만 아무도 도와주지 않았고 그녀가 바닥으로 쓰러졌을 때조차도 그러했다. 그녀는 한 시간 동안 경련을 일으킨 후 사망했다.

❯ 스웨덴, 노르웨이, 덴마크에서는 시민 10명 중 9명은 종교 의식에 거의 참석하지 않는다.

❯ 인도의 알라하바드에서는 전설에 의하면 신들과 악마가 물항아리를 두고 싸우는 동안에 신성한 과일주스가 지구에 떨어졌다는 장소가 있는데, 그곳에서는 종교 축제를 크게 개최한다. 매년 8,000만 명 이상의 사람들이 이 축제에 참여한다.

❯ 미국인을 대상으로 한 여론조사에서 40% 이상의 사람은 결혼이 진부한 방식이라고 생각하고 있다.

❯ 최근 중국 공안은 4명을 체포하였는데 이들의 혐의는 결혼하지 않고 죽은 이가 사후에 외롭지 않도록 하기 위해 영혼 결혼식을 간절히 시키기 원하는 사람들에게 다른 사람의 무덤에서 시체를 꺼내어 판 것이었다.

❯ 미국인 여행자들이 집에 남은 가족들의 안녕을 위해 비행기 추락으로 죽을 경우 보상해주는 보험에 가입하는 건수가 매년 15만 건 이상에 달한다. 비행기 추락으로 죽을 확률이 4,500만분의 1로 무척 낮음에도 불구하고 이 보험 상품은 인기가 있다.

❯ 크리스마스 기간 동안에 세계 많은 지역의 사람들은 집에 나무를 사가지고 와서 전구를 달아 놓는다. 이 전통은 집과 주변 지역에 미치는 위험이 상당함에도 불구하고 보편적으로 행해지고 있다. 미국에서만 크리스마스 트리로 인한 화재 피해 규모가 매년 600만 달러에 달한다.

자, 인간은 무엇과 같다고 설명할 수 있을까? 대답하기 어렵지 않은가? 어떤 한 예에서는 사람들이 서로 돌보는 것처럼 보인다. 다른 예에서는 사람들이 냉담한 것처럼 보인다. 한 문

화에서는 사람들은 종교적인 것처럼 보이지만 다른 문화에서는 그렇지 않다. 한 사회에서는 결혼을 중시하지만 다른 사회에서는 시대에 뒤떨어진 것으로 본다. 여행자의 경우에서는 사람은 세심하지만, 크리스마스 장식에서는 습관적으로 행해온 것으로 인해 조심스러움은 안중에 없다.

그렇다면 인간의 심리를 어떻게 이해할 수 있을까? 우리는 사람들이 처한 상황, 문화, 집단, 역할뿐만 아니라 사람에 대해 연구해야 한다. 인간의 복잡하고 다양한 행동은 인간이 처한 사회세계와 그 세계에 대한 인간의 신념을 공부함으로써 이해할 수 있다. 이 장 서두에서 보았듯이 이것이 사회심리학이 주는 교훈이다. ◉

사회적이고 문화적으로 다양한 인간의 행동 인간의 뇌와 인간의 기본 정신 능력은 세계 어디에서나 동일하다. 하지만 인간의 사회행동은 엄청나게 다양하다. 예를 들어 유럽의 노르웨이에서는 종교 의식에 참여하는 비율이 낮지만(왼쪽 사진) 인도 알라하바드의 축제인 쿰브 멜라에서는 800만 명 이상의 사람이 참석하였다(오른쪽 사진).

만나는 사람도 없고 받은 전화도 없고 최근에 문자나 이메일 교환도 없고 TV도 보지 않으면서 혼자 지낸 적이 있었는가? 사회와 완전히 떨어져서 단 하루라도 혼자 살아본 적이 있는가?

사회 격리는 자연스럽지 않다. 친구와 이웃, 학생과 동료 교수, 작은 모임과 큰 군중, 사회 역할과 책임으로 되어 있는 사회적 세상이 인간의 자연 서식지이다. 이 장에서는 **사회심리학**(social psychology)을 다루고자 하는데 이는 사람들이 사회 속에 있는 다른 사람을 응시하고 상호작용하며 영향을 받으면서 갖게 되는 사람들의 사고, 감정, 행동을 연구하는 심리학의 한 분야이다.

만약에 심리학 전체를 배우고자 한다면 사회심리학은 시작하기 좋은 분야이다. 사회적 세상은 인간 생활의 대부분의 '드라마'(Scheibe, 2000) — 문자하기와 쇼핑하기, 잡담과 논쟁, 친구 사귀기와 원수가 되어 등 돌리기, 규칙을 엄수하거나 위반하기, 사랑을 하거나 이별하기 등 — 를 포함하고 있다. 인간 세계에서 개인은 팀, 클럽, 학교, 회사, 지역 공동체, 민족 등의 구성원이 되며, 자신이 누구이고 삶의 의미가 무엇에 있는지와 같은 의미를 찾게 된다. 만약 사회심리학을 등한시하는 심리학자라면 사람들이 삶에서 무엇을 하는지 알아내지 못할 것이다. 이런 사실을 아는 것이 사람, 마음, 뇌에 대한 학문을 쌓는 첫 번째 단계이다.

사회심리학의 연구로서 군중, 집단과 집단 관계 속에서 생기는 사회행동부터 살펴보고자 한다. 그 후 자신들과 상호작용하는 개인들에 대한 사고인 사회 인식에 대해 알아볼 것이다. 끝부분의 두 절은 (1) 문화와 (2) 뇌 연구를 통해 어떻게 하면 사회 인지를 좀 더 깊게 이해할 수 있는지를 보여줄 것이다.

인간의 행동을 어떻게 하면 설명할 수 있을까? 각양각색의 사람의 모든 행동을 확실히 보여주는 것만이 방법이다. 단지 한 사람의 지금 보이는 단편 행동이 아닌, 소소한 모든 것을 포함한 행동을 대상으로 해야 한다.
— Wittgenstein(1967, p. 567)

사회행동

사회행동 다른 사람과의 상호작용에서 생기는 행동

인간의 많은 행동은 **사회행동**(social behavior), 즉 다른 사람과의 상호작용에서 생기는 행동이다. 사회행동을 규모가 큰 것에서부터 작은 것까지 세 가지 유형의 맥락에서 살펴보자.

군중 서로를 잘 알 필요가 없는 대규모 사람들의 무리

1. **군중**(crowd) : 서로를 잘 알 필요가 없는 대규모 사람들의 무리

집단 서로 알고 의사소통을 하며 특별한 역할(예 : 집단 지도자)이 주어지면 공동의 목표를 위해 함께 일을 하는 사람들의 무리

2. **집단**(group) : 서로 알고 의사소통을 하는 사람들의 무리로 특별한 역할(예 : 집단 지도자)이 주어지며 공동의 목표를 위해 함께 일을 한다.

친밀한 관계 빈번히 접촉하며 상대방에 대해 강한 연대감을 느끼는 일대일의 상호관계

3. **친밀한 관계**(close relationship) : 빈번히 접촉하며 상대방에 대해 강한 연대감을 느끼는 일대일의 상호관계

군중

사전 질문

> ❯ 군중을 물리적 객체처럼 보는 것은 인간의 행동을 이해하는 데 어떠한 도움을 주는가?
> ❯ 익명성이 아닌 사회 규범이 군중의 행동을 결정한다는 것을 어떻게 아는가?
> ❯ 재난에 대한 군중의 실제적 대응과 미디어에서의 묘사는 어떻게 다른가?

공연장에서 좋은 자리에 앉으려고 다른 사람을 죽인 적이 있는가? 당신의 답은 확실히 '아니다'일 것이다. 친구 중에 공연장에서 좋은 자리에 앉으려고 다른 사람을 죽인 자가 몇 명이나 있는가? 당신의 대답은 '없다'이다. 누가 좋은 자리에 앉으려고 사람을 죽였겠는가?

더 후 공연의 비극적 사건 신시내티에서 더 후의 공연이 시작되기 전에 군중 간 충돌로 11명이 숨진 후 남은 옷과 신발

1979년 신시내티의 한 공연장에서 발생한 비극은 놀랍다. 영국 록 밴드인 더 후(The Who)의 공연에서 11명이 좋은 자리에 앉으려다가 공연을 보러 간 다른 사람들에 의해 죽임을 당했다.

어떻게 이런 일이 발생할 수 있었을까? 좋은 자리에 앉기 위해 다른 사람을 죽일 수 있는 11명의 광팬이 있었던 것인가? 아니면 자신과 10명의 친구를 위한 자리가 필요한 1명의 미친 살인자가 있었던 것인가?

공연에서 미친 살인자를 매료시킬 만한 정황은 없었다. 공연은 살인을 할 수 없는 당신같이 평범한 보통의 많은 사람을 매료시켰다. 보도에 의하면 팬들은 "난동을 부리거나 폭력적이지 않았다"고 한다(The Who Concert Tragedy Task Force, 1980, p. 1). 범인은 한 개인이 아니었다. 독자적 힘을 가진 거대한 조직인 군중이었다. 군중의 통제할 수 없는 행동이 이와 같은 11명의 죽음을 가져왔다.

비극의 발단은 이렇다. 공연장 자리는 지정 예약제가 아니었다. 공연장 문이 열렸을 때, 수천 명의 팬은 좋은 자리를 잡기 위해 일찍 와서 길게 줄을 서 있었다. 들어가는 문은 몇 개 안 되었다. 결과적으로 거대한 물리적 힘인 군중이 작은 물리적 공간인 몇 개의 복도로 몰아쳤다. "사람이 밀치는 몸부림에 사람이 넘어져 깔리게 되어 아무런 힘도 쓸 수 없게 되었으며 숨쉬기가 어려워졌다"(http://www.crowdsafe.com/taskrpt/).

불행히도 이 사건만이 유일한 군중 참사가 아니다. 한 해에 약 2,000명 정도가 군중에 깔려서 사망한다(Hughes, 2003). 때때로 이러한 비극은 더 후 공연의 비극보다도 규모 면에서 더 크다. 2006년 초 매년 이슬람 순례인 하지를 위해 사우디아라비아 메카에 100만 명이 모였다. 다리에 있는 수많은 군중으로 인해 이 순례자들 중 345명이 부딪치고, 짓밟히고, 질식해서 죽었다(Murphy, 2006).

이런 비극은 군중 속에 있는 사람의 사회행동에 대한 중요한 점을 우리에게 가르쳐준다. 사회행동은 군중 속에 있는 개개인의 욕망만으로 설명될 수 없다. 더 후 팬인 어떤 개인도 다른 사람을 죽이기를 원하지 않았을 것이다. 하지에 참석한 어떤 개인도 다른 사람을 밟아서 죽음에 이르게 하기를 원하지 않았을 것이다. 비극적 사건은 **전체로서** 군중의 행동에 의한 결과이다.

그렇다면 어떻게 하면 전체로서 군중의 힘을 이해할 수 있을까? 한 방법은 군중을 물리적 대상으로 보는 것이다.

물리적 군중 사람들은 공간을 차지한다. 그래서 거대한 군중이 밀집하려면 넓은 공간이 필요하다. 만약에 아주 많은 군중이 좁은 공간에 꽉 들어서게 되면, 사람들은 옴짝달싹할 수 없게 바짝 붙여져서 그야말로 숨쉬기조차 어렵게 된다. 군중의 행동을 이해하고 압사의 비극을 방지하기 위해서는 좁은 공간에서의 군중의 물리적 본질을 연구해야 한다. 사우디아라비아 정부가 2006년

Kazuyoshi Nomachi / HAGA / The Image Works

인파 하지 기간 동안 메카에 모인 사람들의 행동은 물리적 대상, 즉 흐르는 액체로 간주되어 분석된다. 인파는 종종 군중을 구성하는 개개인의 심리적 특성보다는 물리적 특성(군중의 크기와 군중이 움직일 수 있는 공간의 크기)에 영향을 받는다.

345명의 종교 순례자를 죽음으로 잃고서 맺은 결론이 이것이었다.

이 비극을 비디오로 보게 되면 군중에 의한 압사는 순례자들이 다니는 매우 좁은 길목, 전체 길에서 '병목 지점'에 해당하는 곳에서 시작되는 것을 알 수 있다(Murphy, 2006). 이 특별한 지점에서 군중의 물리적 힘만으로 비극이 생길 수 있었을까?

사우디 정부는 원인을 알아내고자 물리학자 더크 헬빙에게 조언을 구하였다(Helbing et al., 2014; Holden 2007). 하지 순례길의 지표 모양에 따른 군중의 움직임을 분석한 결과를 바탕으로 헬빙은 이 사건을

> 좁은 공간에서 많은 군중 속에 있어 본 적이 있는가?

다음과 같이 비유로 설명하였다 ― 군중의 움직임은 액체와 비슷하다. 인도나 다리에서의 인파는 도랑이나 파이프 관을 지나는 액체의 흐름과 유사하다. 인파가 천천히 가거나 급하게 가는 것은 그 인파를 구성하는 개인의 심리적 특성과는 별개이다. 그것은 전체 인파 수와 인파가 차지하고 있는 공간과의 비율에 달렸다. 흐름이 매우 빠르거나 공간이 너무 협소하면 액체든 사람이든 간에 그 흐름은 흐트러진다.

군중을 액체로 보는 접근방법으로 헬빙은 하지 순례길에서 흐름이 막히는 지점(사람들이 지속적으로 잘 빠져나가지 못하게 하는 좁은 길)을 발견할 수 있었을 뿐 아니라 이런 병목 구간을 없애고 순례길을 새롭게 계획할 수 있었다. 그는 인도, 벽, 광장을 새롭게 변경하여 순례길에서 '병목'을 낮추는 더 넓은 공간을 만들었다. 그 후 그의 계획에 따라 사우디 정부는 하지 순례길을 다시 만들었고 이 변화는 성공적이었다. 이듬해의 순례길은 무사고로 진행되었고(Helbing, Johansson, & Al-Abideen, 2007) 그 후로 하지에서는 인파로 인한 압사 사고는 없었다.

군중 심리 군중을 거대한 액체 흐름과 같이 물리적 대상으로 보는 것은 군중의 한 측면만을 설명한다. 군중은 물리적 특성만 있는 것이 아니다. 군중은 또한 심리적 특성을 가지고 있다. '군중 심리'라는 독특한 특성이 있을 수 있다.

이런 가능성은 19세기 프랑스인 귀스타브 르 봉(Gustave Le Bon, 1896)에 의한 사회심리학의 초기에 해당하는 첫 번째 연구에서 제기되었다. 르 봉은 사회의 심리적 측면과 정치적 측면에 관심이 있었다. 19세기 유럽은 정치권력이 왕조에서 민중에게로 이양되었다. 오늘날의 대부분의 사람들은 이를 환영하지만 르 봉은 이를 우려했다. 그는 개인들이 한 번 군중으로 뭉치게 되면 규제할 수 없고 폭력적으로 된다고 믿었다. 르 봉은 "사람 각자는 교양 있는 개인이지만 군중 속에서는 야만인, 즉 본능에 의해 행동하는 피조물이다"(Le Bon, 1896, p. 36)라고 적었다.

반세기 후에 어떤 미국인 사회심리학자들이 유사한 이론을 주장하였다(Festinger, Pepitone, & Newcomb, 1952). 그들은 군중 속에 있는 사람들은 자신에 대한 평범한 사고를 잃어버리고 충동적으로 행동하며 행동이 옳은지 틀리는지를 판단하는 데 실패한다고 말했다. 익명성이 충동적이고 폭력적인 행동을 유발하는 것으로 간주되었다. 거대한 군중 속에서 우리는 익명적으로 되며, 이 익명성은 사람들로 하여금 문명적 행동의 규칙을 무시할 수 있게 만든다(Zimbardo, 1970).

만약 당신이 심리학자처럼 생각한다면 이 주장에 대해 회의적일 것이다. 단지 르 봉과 다른 사람들이 익명성이 군중의 폭력성을 유발한다고 말했기 때문에 그들의 결론이 옳다고 의미하는 것은 아니다. 이미 밝혀졌듯이 양적, 질적 연구 결과(2장 참조)는 익명성이 아닌 다른 요소들을 부각시키고 있다. 먼저 양적 자료를 살펴보자.

많은 연구자들이 두 가지 유형의 실험연구에 참여하는 사람들의 공격성 수준을 측정하였다. 한 조건하의 참여자들에게는 익명성이 허락된다(예를 들면 후드가 달린 큰 옷을 입음으로써). 다른 조

건의 참여자들은 자신이 누구인가를 밝힌다(일반적인 옷을 입고 이름표를 붙인다). 두 가지 조건하의 사람들은 공격적인 행동을 할 기회를 갖게 된다. 예를 들어 다른 방에 있는 사람들에게 전기 충격을 주도록 한다(Zimbardo, 1970). 이와 유사한 실험의 60% 정도는 익명성이 폭력을 증가시킨다는 견해를 지지하지 않는다(Postmes & Spears, 1998). 하지만 결과는 **사회 규범**이라는 다른 심리적 요인을 부각시킨다.

사회 규범(social norm)이란 어떤 주어진 맥락 속에서 바람직하게 받아들여지는 행동 유형에 대해 사회적으로 함께 가지는 신념을 말한다. 거의 모든 맥락에서 어떤 유형의 행동은 바람직하고 규범적으로 받아들여지지만, 다른 행동은 그렇지 않다. 장례식장에서의 규범은 조용하고 엄숙한 행동이다. 파티에서는 긴장을 푼, 사교적 행동이 규범이다. 규범은 종종 말로 명백하게 알려지지는 않는다. 대신 다른 사람을 관찰함으로써 배우게 된다. 군중

> 당신이 지금 이 책을 읽고 있는 장소에서는 어떻게 행동하는 것이 규범인가?

속에서 사람들은 자기 주변의 가까운 사람을 관찰함으로써 사회 규범을 배우게 된다. 사람들은 '사회적 맥락 속에 있는 규범'에 반응한다(Postmes & Spears, 1998, p. 254). 만약 당신이 정치 데모대의 군중 속에 가까이 있다면 이 사람들이 정부 관료를 향해 큰 소리로 비난한다면 당신은 이 장소에서 큰 소리로 비난하는 것이 바람직한 것으로 받아들여지는 것을 배우게 되고 당신도 아마 그렇게 하게 될 것이다. 따라서 군중은 지엽적인 사회 규범을 규정함으로써 행동에 영향을 미친다.

질적 자료(인터뷰나 행동에 대한 관찰을 통해 가지게 된 정보)는 군중 폭동이 발생했을 때 두 번째 이유를 보여준다. 군중 속의 어떤 사람들은 폭력적 행동을 하려고 한다. 그들은 자아감과 계획 능력을 잃지 않았다. 오히려 그들은 폭력적으로 계획을 세운다(McPhail, 1994). 라이벌 팀의 팬들을 공격하는 데 참여하는 영국의 폭력적인 축구팬인 '훌리건'과의 인터뷰를 상고해보자. "나는 단 하나의 이유 — 바로 폭기[폭력적으로 행동할 수 있는 기회] — 때문에 축구 시합에 갑니다"라고 그는 말했다. "이것은 강박적입니다. 나는 포기할 수가 없습니다"(McPhail, 1994, p. 23). 로스앤젤레스의 한 갱단과의 인터뷰에서 그는 "폭력을 멈추는 것은 어려울 것입니다. 우리 중에서 수년 동안 폭력을 사용해온 많은 사람들은 폭력을 멈추는 것을 원하지 않습니다"(p. 24)라고 했다. 군중행동에 대한 분석은 폭력적으로 행동하는 작은 집단의 구성원은 군중 속에서는 더 큰 폭력을 만든다고 보고하고 있다(McPhail, 1994).

Milos Bicanski / Getty Images

군중 폭동의 수수께끼 그리스 아테네에서 경찰이 한 미성년자를 죽음에 이르게 한 것으로 인해 2008년 폭동이 발생했다. 군중 속에서 왜 폭동이 일어날까? 한 가지 가능한 이유는 군중은 평화적인 사람을 폭력적으로 만들기 때문이다. 하지만 다른 이유는 폭력적 의도를 가진 어떤 사람들이 평화적인 사람들 속으로 들어갔기 때문이다.

이런 사실이 군중 폭력에 대한 르 봉의 설명과 어떻게 상충하는지 생각해보라. 르 봉은 군중이란 집단은 평화적인 사람들이 충동적인 폭력적 행동을 하도록 만든다고 주장하였다. 하지만 질적 증거는 평화적이지 않은 사람이 전략적으로 군중 속에 들어가 폭력에 가담하는 것을 선택하고 있음을 보여주고 있다.

재난에 대한 군중의 반응 군중은 음악회에서 음악을 듣기 위해, 운동팀의 응원을 위해, 정치인을 지지하기 위해 등 어떤 목적을 위해 종종 모인다. 하지만 때때로 의도하지 않았는데 예기치 않게 모이는 경우가 있다. 전에 공동의 목적을 가지지 않았지만 우연히 같은 장소, 같은 시간에 만나게 된 사람들이 갑자기 공동의 목표를 가질 수 있다. 이것은 재난이 발생했을 때 일어난다.

많은 사람들은 비행기 추락, 테러리스트의 폭탄 투척, 자연재해(지진, 허리케인 등) 같은 재난을 직접적으로 경험하지는 않는다. 하지만 재난은 우리가 생각하는 것 이상으로 매우 흔하게 발생하고 있다. 이 글을 쓰는 현재 세계의 최근 재난과 긴급 상황 목록을 상세히 알려주는 인터넷 서비스(http://hisz.rsoe.hu/alertmap/index.php?lang=eng)는 세계적으로 한두 개가 아닌 15개의 재난이

사회 규범 어떤 주어진 맥락 속에서 바람직하게 받아들여지는 행동 유형에 대해 사회 구성원이 함께 가지는 신념

지금 발생했음을 말하고 있다 — 홍수 3건, 열대 태풍이나 악천후 4건, 생물적 오염이나 위험한 물질의 방출을 포함한 재난 5건, 산불 1건, 유행병 발병 1건, 폭발 1건. 사람들은 이와 같은 사건에 어떻게 반응할까?

한 반응은 사람이 공황 상태에 빠지는 경우이다. 영화나 TV 프로그램에서 때때로 사람들은 재난이 일어났을 때 손을 공중에 뻗어 흔들면서 소리를 지르는 모습을 보여준다. 하지만 이것이 사람이 대개 반응하는 모습은 아니다. 자료 결과에 따르면 재난 시 사람들에게서 보편적인 공포의 모습은 거의 나타나지 않는다(Drury, 2004, p. 119). 사람들은 대개 관계자의 지시를 따르면서 서로서로 돕는다. 한 예를 생각해보자.

재난에 직면해서 자원하여 도움 재난이 발생했을 때 사람들은 공황 상태에 빠지기보다는 종종 침착하고 도움을 주면서 대응한다. 예로 9/11 테러 속에서 수많은 자원자가 뉴욕 경찰과 소방대원을 도왔다.

> 1977년 켄터키 주 사우스게이트의 손님이 많은 한 식당에서 불이 났다. 나중의 인터뷰에 의하면 사람들은 평정을 유지하면서 행동하였다. 식당에서 일하는 종업원은 손님들에게 안전한 곳으로 어떻게 도피하는지를 알려주었고 손님들은 그들의 지시를 따랐다. 공황의 증거는 어디서도 찾을 수 없었다(Johnston & Johnson, 1989).

> 9/11 테러가 일어나 세계무역센터 건물에서 안전하게 내려올 수 있는 유일한 길인 계단통로에 비행기가 박혀 길을 막고 있을 때 그 건물에 있었던 사람들은 어떻게 행동했는가? 허둥지둥하거나 살기 위해 상대방을 밟고 넘어 기어갔는가? 전혀 그렇지 않다. 생존자들의 인터뷰에 따르면 사람들은 서로서로를 '친한 단짝처럼' 대했다. 그들은 서로 도우면서 조용히 내려왔다. 한 생존자는 모르는 사람이 자신에게 "여기 보세요. 지쳐 보입니다. 제가 대신 옷을 좀 들어주어도 괜찮을까요?"라고 말했다고 한다(Ripley, 2008, p. 112).

> 2013년 보스턴 마라톤대회 폭탄 사건에 대한 뉴스는 사건 현장에 있었던 많은 보통의 시민들이 도망가는 대신 부상자를 돕기 위해 남았다고 한다. "도망가는 대신 거리 위에서, 인도 위에서 사람들이 자원하여 사람들을 위해 일했다"고 한 의사가 말했다(Langfield & Briggs, 2013, April 16). 사건 현장은 비교적 빠르게 평온을 찾았고 질서정연하게 의료 치료를 받는 곳이 되었다.

위급할 때 다른 사람으로부터 예상치 못한 친절을 받아 본 적이 있는가?

왜 사람들은 재난 때에 허둥지둥하기보다는 종종 다른 사람을 구조하면서 대응할까? 재난에 함께 던져진 군중은 '같은 배를 탄 일체감'을 가지게 되기 때문이다(Drury & Cocking, 2007, p. 4). 재난은 그전에는 잊고 지냈던 것을 상기시킨다. 그것은 그들이 전체 인류를 가족으로 볼 때 가족의 구성원이며 자신의 운명은 이웃, 직장 동료, 그리고 생판 모르는 낯선 사람의 운명과 함께 연결되어 있다는 사실이다. 그들은 함께 끌어당겨야만 하며 그리고 항상 그렇게 하고 있어 왔다는 사실을 인식한다.

집단과 사회 영향

사전 질문

> 사람이 다른 사람에게 동조하기 위해 필요한 최소 인원수는 몇 명인가?
> 어떻게 하면 사람들이 당신의 요구에 순응할 수 있을까?
> 권위 복종에 대한 밀그램의 연구는 어떤 의미를 함축하고 있는가?

이제 군중에서 집단으로 주제를 바꾸어보려고 한다. 이것은 큰 변화가 있는 것처럼 보이지 않지만 사실 그 차이는 크다. 군중과 집단의 심리적 역동이 다르기 때문이다.

군중과 다르게 일반적으로 서로 알며 상호 의견을 나누는 사람들의 모임을 **집단**이라고 부른다. 집단 구성원은 어떤 사람은 지도자이고 다른 어떤 사람은 지도자를 도와주는 조력자이며 다른 사람들은 기본적으로 지도자의 명령을 추종하며 종종 분명한 책임을 가지고 있다. 집단 구성원은 다른 목표를 가지고 있으며, 이는 집단 안에서 갈등을 야기한다. 몇몇은 집단 내의 다른 구성원들과 다른 의견을 가지고 있어 그들의 의견을 바꿔야만 하는 압력을 느낀다. 집단 구성원들 간의 의사소통, 갈등, 압력을 포함한 심리적 과정을 **집단 역동**(group dynamics)이라 한다.

사회심리학자들은 집단 역동이 집단에 속한 개인의 행동에 어떤 영향을 미치는지를 알고자 노력한다. 연구는 집단 영향의 세 가지 유형인 **동조, 응종, 복종**에 대해 이야기하고 있다.

동조 동조(conformity)는 사람들이 집단의 규준을 따르기 위해서 자신들의 행동을 변경할 때 생긴다(Cialdini & Goldstein, 2004). 처음 직장에 간 날 당신이 청바지를 입고 갔는데 모든 사람이 정장을 입고 있는 것을 보았다면 당신은 다음 날 정장을 입고 가기로 결정할 것이다.

> 어떤 상황에서 당신은 다른 사람과 일치하기 위해서 동조했는가?

사회심리학자 솔로몬 애쉬(Solomon Asch, 1955)의 고전적 연구는 동조의 위력을 보여준다. 애쉬의 연구실에 도착한 참여자들은 작은 집단으로 나뉘어 시각적 인식에 대한 실험에 참여하였다. 일련의 18회 검사 동안 '기준선'과 3개의 '비교선'을 보여주고 비교선 중에서 기준선과 같은 것을 참여자들에게 찾도록 하였다(그림 11.1). 사람들은 자신들의 결정을 큰 소리로 말했다. 그룹 구성원은 한 사람씩 자신이 생각하기에 기준선과 일치하는 선을 말했다.

만약 당신이 이 실험에 참여한다면 이 과제는 쉬운 것으로 생각할 수 있다. 첫 번째 시도에서 한 선이 기준선과 일치하고 다른 선들은 달랐다. 실험은 방 안에 있는 참여자들이 돌아가면서 자신의 생각을 말하였고 모든 사람은 동일한 답을 말하였다. 두 번째 시도에서도 동일한 반응이 일어났다. 인지 과제는 쉽고 모든 사람은 동일한 답을 하였다. 하지만 세 번째 시도에서는 이상한 일이 일어났다. 참여자인 당신이 보기에 한 선이 기준선에 일치하고 다른 선들은 그렇지 않은 것으로 보였다. 제일 먼저 답을 하는 사람이 틀린 답을 말하였다. 당신은 그 사람이 실수를 했다고 생각하게 된다. 그런데 다음 사람이 똑같이 틀린 대답을 하였다. 차례차례 모든 사람이 틀린 대답을 하였다. 이제 당신이 답을 할 차례다. 어떻게 대답할 것인가? 당신의 생각을 그대로 좇아 옳다고 생각하는 답을 말할 것인가 아니면 집단에 동조하여 모든 사람이 하는 동일한 틀린 대답을 할 것인가?

참여자들은 18번의 시도 중 12번의 딜레마를 직면했다. 매번 모든 참여자들은 같은 대답을 하였지만 그 대답은 분명히 틀린 것이었다. 참여자들은 집단 안에 있는 다른 사람들의 대답과 동일한 대답을 해서 동조하게 되었는가?

그 결과를 배우기 전에 알아야 할 중요한 내용이 있다. 틀린 대답을 한 집단의 다른 사람들은 사실은 실험의 공범자(또는 실험 '공모자')였다. 애쉬는 그들이 어떻게 대답해야 하는지 대본을 적어 주었고 그들에게 18번의 시도 중 12번 틀린 대답을 하도록 지시하였다. 물론 실험의 실제 참여자는 이 다른 사람들도 자신과 같은 실제 참여자로 생각하였다.

애쉬는 동조, 즉 집단 내에서 사람들이 다른 사람의 의견을 따르는 정도는 그가 실험에서 조작한 두 가지 요인, 집단 크기와 만장일치에 달려있다는 것을 발견하였다.

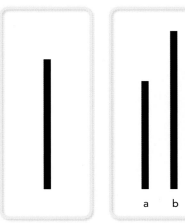

그림 11.1
애쉬의 동조 실험 애쉬의 동조 실험에서는 자극을 주는 내용을 사용하고 있다. 왼쪽 선의 길이와 비교해보았을 때, a, b, c 중에서 어느 것이 비슷한지를 참여자들에게 물어보았다. 이 문제는 그 방에 있는 사람들이 c라고 대답하는 대신 a라고 말할 때까지는 쉬워 보인다.

집단 역동 집단 구성원들 간의 의사소통, 갈등, 압력을 포함한 심리적 과정

동조 집단의 규준에 맞추기 위해서 자신들의 행동을 변경하는 것

중앙에 의아해하는 신사는 애쉬의 동조연구 참여자이다. 다른 사람들은 틀린 대답을 하는 공모자이다. 이 상황에서 애쉬는 사람들이 종종 틀린 답에 동조하는 것을 발견했다. 자신이 대답할 순서가 되었을 때 많은 참여자들은 집단 내에 다른 사람들이 말한 틀린 대답으로 동일하게 그리고 분명하게 말하였다.

> 집단 크기. 다른 실험 조건들에서 애쉬는 실험 공모자의 수를 1명에서 15명까지 다양하게 해보았다. 동조는 최소한 3명의 공모자가 있을 때 최대치로 가능했다. 1명이나 2명의 공모자가 있는 경우에는 거의 대부분의 참여자들은 자신의 신념을 고수했다. 하지만 3명 또는 그 이상의 사람이 틀린 대답을 하기 시작하면 참여자들은 바르지 않은 의견을 택하기 시작하였다. 그들은 정답이 아주 분명함에도 불구하고 틀린 대답을 하였다.

동조에 대한 첫 번째 교훈은 아주 작은 집단이라도 동조하도록 요구하는 강한 압력을 만든다는 사실이다.

> 만장일치. 몇몇 연구에서 애쉬는 만장일치를 제거하였다. 다른 모든 참여자들이 틀린 대답을 하는 반면에 그는 한 공모자에게 정답을 가르쳐주었다. 만장일치를 제거하면서 동조는 크게 감소하였다. 집단 내에 단 한 사람이라도 참여자와 같은 의견을 가지면 참여자는 덜 동조하는 경향을 보였다.

동조에 대한 두 번째 교훈은 동조하도록 가해지는 집단 압력은 만장일치로 의견을 보이는 집단 속에서 더 강하다는 것이다. 아무리 작은 집단일지라도 만장일치를 보이는 집단에서 당신의 의견과 행동이 그 누구와도 일치하지 않는다면 당신은 동조에 대한 강한 압박을 느끼게 된다.

(1) 집단 구성원들이 참여자들에게 동조하라고 명확하게 요구하지 않더라도(그들은 그들의 대답을 단지 소리를 냈을 뿐이었다), 그리고 (2) 참여자들에 대한 권위적 위치에 있지 않더라도(연구를 위해 사인을 한 다른 사람들) 동조는 놀라울 정도로 애쉬의 연구에서 발생하고 있다. 사람들이 명확한 요청을 하거나 권위적 위치에 있을 때에 집단 압력은 증가하였다.

집단이 함께 공동 결정을 해야 할 때 동조의 압력 역시 영향을 미친다. 동조하도록 하는 압력은 **집단 사고**(groupthink)를 가져온다. 즉 집단 사고는 집단 구성원들이 불일치를 피하고 같은 의사결정을 하는 데 동기부여가 되어 그들이 함께 내린 결론이 원래 도달하고자 하는 결론인지를 적절히 평가할 수 없는 의사결정 현상을 야기할 수 있다(Esser, 1998). 사회심리학은 집단 사고에 흥미를 가지고 사례연구를 시작하였다. 어빙 재니스(Irving Janis, 1971)는 행정부 관료가 내린 어리석은 결정들, 즉 케네디 행정부가 지극히 적은 군대로 쿠바를 침범한 피그스 만 결정과 같은 역사적 사례들을 분석하였다. 재니스는 케네디 행정부 관료 각자에게서 어리석고 우둔한 점을 발견할 수 없었다. 오히려 그들의 지능이 높았음에도 불구하고 집단 사고로 인해 아주 나쁜 결정을 하게 하였다. 의사결정자는 집단에서 가장 보편적인 의견과 상충하는 비판적 의견에 대해 무시하였다. 결과적으로 그들의 최종 결정은 틀렸고 높은 대가를 지불해야만 했다.

응종 일상은 수많은 요구들로 차 있다 — 저희 자선단체에 기부를 해주세요. 저희 후보를 기억해주세요. 설문조사에 응해주세요. 에너지 음료 신제품을 시음해보세요. 종종 당신은 거절을 한다.

집단 사고 집단 구성원들이 불일치를 피하고 같은 결론에 도달하는 데 동기부여가 되어 그들이 함께 내린 결론이 본래 도달하고자 하는 결론인지를 적절히 평가할 수 없는 의사결정 현상

그러나 때때로 수락하는 자기 자신을 발견하기도 한다. 기부를 하거나 선거 책자를 가져가기도 하고 설문지를 작성하거나 무료 시음을 하기도 한다. 만약 당신이 그렇게 한다면 당신의 행동은 개인의 솔직한 요구에 대해 수락하는 행동, 즉 **응종**(compliance)의 경우이다.

최근에 요구를 수락한 때는 언제인가?

사회심리학자들은 응종을 증가시키는 기술을 규명해왔다. 한 방법은 문간에 발 들여놓기 기법이다.

문간에 발 들여놓기 기법(foot-in-the-door technique)은 사람들이 처음에는 작은 요구에 응하도록 하여 나중에는 더 큰 요구에 응할 수 있도록 하는 응종 전략이다. 최초의 요구는 아주 경미해서 대부분의 사람들이 들어주게 된다. 그 작은 요구가 '문간에 발을 들여놓게' 한다. 한 번 발을 들여놓게 되면 큰 요구에 대한 응종이 가능하게 된다. 한 연구에서(Freedman & Fraser, 1966/1971) 작은 요구는 집 주인에게 '안전 운전' 청원장에 사인을 하는 것이었다. 요구는 작고 간단해 보여서 거의 모든 사람이 응하였다. 몇 주 뒤에 연구자는 사인을 한 사람들의 집과 청원장과 상관없는 다른 집단의 사람들을 방문하였다. 이 방문에서 연구자는 큰 요구를 하였다. '안전하게 운전하세요'라고 적힌 큰 간판을 그들의 마당에 설치하는 것으로, 간판이 커서 세우려면 인부가 구덩이를 파야만 했다. 이 요구에 누가 동의하겠는가? 지난번에 먼저 '문간에 발을 들여놓은' 방법으로 탄원서에 사인을 한 사람들이 동의하였다! 탄원서에 사인을 한 대부분의 사람들은 자신의 집에 간판을 설치하는 것을 허락하였다. 탄원서에 사인을 하지 않은 사람들은 5명 중 4명꼴 이상으로 간판 설치를 거절하였다. 후속연구도 문간에 발 들여놓기가 응종을 높인다는 것을 확인해주었다 (Burger, 1999; Cialdini & Goldstein, 2004).

Geography Photos / Universal Images Group via Getty Images

탄원서에 서명하기 전에 사회심리학에서 발견한 내용들에 대해 생각해보라 문간에 발 들여놓기는 집단 탄원서에 서명하는 단순한 행동 이상을 가져오는데, 미래에 당신은 집단의 더 큰 요구를 따르게 될 것이다.

왜 문간에 발 들여놓기 기법은 효과가 있을까? 이 방법은 사람들이 자신에 대해 생각하는 태도를 바꿀 수 있기 때문이다. 예를 들어 사람들이 탄원서에 사인을 한 이후 사람들은 개인적으로 안전 운전의 이유에 대해 관여하고 있다고 느끼게 된다. 이런 개인적인 관여 의식이 나중에 응종을 높인다 (Freedman & Fraser, 1966/1971).

또 다른 응종 전략은 산만하게 만드는 것이다. 응종하도록 요구하였을 때 사람들은 종종 차례로 (1) 요구에 응할 좋은 이유가 있기 때문에 요구에 대해 호감을 갖거나 (2) 요구가 시간과 돈을 많이 지출하게 하므로 부정적 생각을 하는 두 가지 반응을 보인다. **혼란 후 재구성하기 기법** (disrupt-then-reframe technique)(Davis & Knowles, 1999)은 사람들을 산만하게 만듦으로써 응종을 증가시키는데 이는 응종을 요청하는 내용에 대해 사람들이 부정적인 생각을 하지 못하도록 하기 때문이다. 이 기법의 한 예를 들어보면, 수익은 자선에 쓰인다는 좋은 목적을 위해 크리스마스 카드 한 상자를 3달러에 집집마다 다니면서 판매하는 실험을 연구자들이 수행하였다. 한 실험 조건에서 연구자들은 "카드는 3달러입니다. 싸게 팝니다"라고 말했다. 다른 실험 조건에서는 연구자들이 "카드는 300페니입니다… 이것은 3달러입니다. 싸게 팝니다"라고 말했다. 갑자기 등장한 '페니'라는 말은 사람들을 산만하게 만든다. 이 산만함이 응종을 높이게 한다. 카드가 3달러라고 들은 사람 중에서 1/3이 카드를 샀지만 300페니라고 들은 사람 중 2/3가 카드를 샀다.

응종연구는 실제 세계에서 중요한 의미를 준다. 사람들은 자신에게 무엇이 일어났는지도 전적으로 모르는 채 응종 기법에 영향을 받을 수 있다는 사실을 보여주고 있다. 실험실 밖에서는 이 기법은 사람들에게 깨닫지 못하는 사이에 광고주, 정치 정당, 여론과 행동을 바꾸기 원하는 사람들의 요구에 응종할 수 있는 '영향력 있는 무기'가 될 수 있다(Cialdini, 2009).

응종 솔직한 요구에 대한 수락

문간에 발 들여놓기 기법 사람들이 처음에는 작은 요구에 응하도록 하여 나중에 더 큰 요구에 응할 수 있도록 하는 응종 전략

혼란 후 재구성하기 기법 목표되는 응종에 대해 산만하게 되어 그 결과 사람들이 응종을 하도록 요청하는 내용에 대해 부정적인 생각을 하지 못하게 하는 응종 전략

복종 동조와 응종에 대한 연구는 영향력이 없는 보통의 사람들이 우리의 행동에 어떤 영향을 미치는지를 보여준다. 그렇다면 영향을 미치는 위치에 있는 사람의 경우는 어떠할까? 이들의 영향은 **복종**(obedience)에 대한 사회심리학에서 연구가 진행되고 있는데, 복종은 사람들이 권위를 가진 사람의 지시와 명령을 그대로 지킬 때 발생한다.

역사적으로 사회심리학자들은 지난 세기의 사건들로 인해 복종연구에 매료되어 왔다. 20세기에는 르완다의 80만 투치족 대량 학살(1994년), 터키의 150만 아르메니아인 학살(1915~1918년), 200만 캄보디아인 학살(1975~1979년), 제2차 세계대전 중 나치의 600만 유태인 학살(1938~1945년) 같은 놀랍고 공포스러운 집단 학살들이 있었다. 세기의 유명한 역사가 중 한 사람이 특징을 콕 집어 말한 것처럼 '극단의 시대'였다(Hobsbawm, 1994).

어떤 사람도 혼자서 수천만의 사람을 죽일 수는 없다. 수많은 사람들이 대량 학살에 함께 관여하게 된다. 수많은 사람들이 21세기 집단 학살에 참여한 행동에 대해 어떻게 생각해야 하는가? 그들 모두가 르 봉이 말한 '미개한 존재'로서 완전히 미쳤는가?

그렇지 않다. 모든 면에서 이 사람들은 미치광이가 아니다. 많은 사람들이 자신들은 자신의 상관인 사람들의 명령을 단순히 따랐을 뿐인 보통의 사람으로 묘사할 것이다. 너무 일상적이어서 '잊을 수 없는' 20세기의 가장 잊을 수 없는 모습 중 하나를 생각해보자. 600만의 유태인을 죽음으로 내몬 대량 학살을 실행한 나치 장교들이 제2차 세계대전 후에 재판에 회부되었는데 세계는 여기서 무엇을 보았는가? 이들 장교는 대량 학살을 수행한 학살범이라기보다는 연필을 잡고 행정 업무를 담당하는 중간 매니저처럼 보였다. 아돌프 아이히만은 유태인을 기차에 태워 나치의 죽음의 수용소로 옮기는 책임을 맡았는데 법정에서 재판받을 때 유태인을 미워하지 않는다고 선언하였다. 그는 세상에게 자신은 단지 명령을 따랐을 뿐이라고 하였다. "[저는] 독일 제국의 명령에 복종하는 것 이외에 선택권이 없었어요"(Von Lang & Sibyll, 1983, p. 30).

사회심리학자인 스탠리 밀그램은 이 재판을 지켜보고 과학적 질문을 던졌다 — 권위자의 어떤 명령은 해롭고 때론 다른 인간을 죽이기도 하는 경우가 있는데도 왜 사람들이 복종할 정도로 막강한 영향력을 가질까? 그래서 그는 권위에 복종하는 사회 결정 요인을 규명하기 위해서 실험과정을 고안했다. 이것은 심리학 역사상 가장 괄목할 만한 연구였다.

실험과정에 대해 듣기 전에 먼저 밀그램의 질문에 주목하라. 그는 명령에 복종하는 사람의 유형에 대해서 질문하지 않았다. 그는 명령 자체에 대해 그리고 그 명령이 내려지는 상황에 대해 질문을 던졌다. 그래서 다시 한 번 우리는 어떤 사회 요인은 너무 막강한 영향력을 가져서 누구에게나 영향을 미칠 수 있다는 사회심리적 추론을 하게 된다.

밀그램의 실험은 실험자, '교사'의 역할을 하는 실험 참여자, '학습자'의 역할을 미리 사전에 각본으로 부여받은 공모자로 구성된다. 연구에서 학습자는 일련의 단어를 암기한다. 그가 실수를 하게 되면 교사(진짜 연구 참여자)는 옆페이지 사진에 나온 장치를 사용하여 전기 충격을 줌으로써 학습자에게 벌을 주라고 안내를 받는다. 학습자가 각본에 따라 더욱더 많은 실수를 할 때, 실험자는 교사 역할을 하는 연구 참여자에게 더 강한 충격을 주라고 명령을 내린다. 종속변수는 처벌의 강도, 즉 교사가 실험의 지속을 거부하기 전까지 가한 가장 높은 전기 충격이다. (기계 장치는 실제로 공모자에게 전기 충격을 주지 않지만 실험 참여자인 교사는 이것을 알지 못한다.)

밀그램은 실험이 극대화되도록 세 가지 특징을 더하여 모든 사람이 실험자의 명령을 따르는 것을 거부할 것으로 기대하였다.

1. 처벌은 고통스럽다. 처벌로 가해지는 전기 충격은 15~450볼트로 가장 높은 수준은 '위험 : 심한 충격'과 'XXX'로 분류되어 있다.

복종 권위를 가진 사람의 지시와 명령을 지킴

2. 학습자인 중년의 남자는 심장병이 있다고 알려주었다.

3. 전기 충격이 전달될 때에 학습자는 고통스러워 소리를 지르고 실험을 거부하려고 하였다. 비록 근처 방에 앉아 있지만 그의 저항은 벽을 통해 들을 수 있었다. "나를 여기서 나가게 해줘. 심장이 아파… 나를 여기서 나가게 해줘. 나를 여기에 가둘 권한은 없어!" 이런 저항이 지속되는 동안 실험자는 참여자인 교사에게 "계속하세요. 당신이 해야 할 것은 실험을 계속하는 것입니다"라고 조용히 명령을 한다. 학습자의 저항은 교사가 315볼트로 충격을 올려 학습자가 불길하게도 아무런 반응을 하지 않고 조용하게 되었을 때까지 지속되었다.

연구 참여자들은 믿을 수 없는 스트레스를 받았다. 실험에 참여하기로 동의하였고 권위자 역할을 하는 연구자가 그들에게 계속 전기 충격을 주도록 명령을 하였다. 하지만 참여자들은 고통스러워 소리를 지르면서 연구에서 빠지기를 부탁하였다. 누가 이와 같은 상황에서 학습자에게 계속적으로 전기 충격을 가하겠는가?

하지만 대부분의 사람들이 전기 충격을 가한 것으로 밝혀졌다. 밀그램의 연구에서 40명의 참여자 중 약 2/3인 26명이 권위자의 명령에 복종하여 학습자의 저항에도 불구하고 계속적으로 전기 충격을 전달하여 최고치인 450볼트까지 올렸다.

왜 이런 일이 발생했을까? 이 참여자들은 학습자를 상관하지 않았는가? 그런 것은 아니다. 그들은 많이 상관해서 결과적으로 심한 압박감인 '강박'을 경험하였는데, 이를 밀그램은 "극한 충격 볼트에 다다르자… 연구에 참여한 사람들은 식은땀을 흘리고 몸을 떨고, 말을 더듬고, 입술을 물어뜯고, 신음하고, 손톱으로 살을 할퀴는 것을 볼 수 있었다"(1963/1971, p. 536)고 묘사하였다. 하지만 다수는 명령에 복종하였다. 사회적 정황 속에서 가해지는 상황적 힘에 의해 학습자의 안녕을 무척 많이 걱정하는 보통 사람들이 높은 전기 충격을 주었다.

밀그램 실험 밀그램의 실험에서 공모자는 '학습자'의 역할(위)을 하는데, '교사'의 역할을 하는 연구 참여자가 조절하는 전기 충격기의 전기 장치에 학습자는 묶여 있다. 아래 사진은 실험에 참여하는 사람이 학습자에게 전기 충격을 전달하기 위해 사용한 충격 발생기이다. 연구 참여자는 학습자가 실수를 할 때 처벌의 강도를 높이기 위해 상자 아랫부분의 스위치를 누르도록 명령을 받았다.

밀그램의 결과는 깊은 의미를 내포하고 있다. 사람들은 권위자가 타인을 해치라는 명령을 할 때와 그리고 권위자가 단순히 실험심리학자일 때에도 권위에 복종한다. 경찰, 행정관료, 군 장교 같은 진정한 권위자는 복종하게 만드는 훨씬 막강한 힘을 가지고 있다. 그래서 정부가 20세기 역사에 남을 만한 폭력적 사건을 명령할 수 있었다는 것은 놀라운 일이 아니다.

독자 중 낙관론자인 사람들은 "아마도 그런 야만적인 행동은 누군가가 직접적인 명령을 내렸을 때 발생할 것이다. 한편 사람은 서로 친절과 존경으로 대한다"라고 생각할 것이다. 불행하게도 인간 본성에 대한 이런 긍정적 견해는 다음에서 읽을 사회심리연구에 의해 부정적으로 바뀐다.

역할과 집단 정체성

사전 질문

> ❯ 형무소 간수의 제복을 입는 것만으로도 폭력적으로 될 수 있을까?
> ❯ 집단 경쟁을 감소시킬 수 있는 강력한 힘은 무엇인가?
> ❯ 위급 시에 사람들이 돕지 않는 것은 사람들이 냉담하고 무정하기 때문인가?

"세상은 무대이다"라고 셰익스피어는 말했다. 인간의 사회생활을 묘사하는 은유 중에는 '치열한 생존경쟁이다', '밖은 지옥이다'가 있지만 어느 것도 셰익스피어의 은유보다 더 적절한 것은 없다. 무대에는 배우가 있고 배우는 역할이 있으며 그리고 역할은 배우의 행동을 정한다. 연극에서 배우는 배역을 맡게 되면 배역에 맞게 기대되는 행동이 무엇인지를 안다. 만약 당신이 영웅의 역할이라면 악당이 왔을 때 놀란 것처럼 보여서는 안 된다. 만약 나쁜 계모 역할이라면 한껏 잔인해야 한다.

일상은 연극 혹은 영화와 닮았다(Scheibe, 2000). 사람들이 역할을 가지고 있기 때문이다. **역할**(role)은 주어진 상황 속에서 한 사람에게 기대되는 일련의 행동을 말한다. 여기 간단한 예가 있다. 심리학 수업으로 만날 때 한 사람은 교수의 역할을 맡는다. 모든 사람은 그 역할을 맡은 사람에게 어떤 유형의 행동, 즉 수업을 위해 정시에 나타나고, 수업 계획서를 구성하고, 수업이 시작되면 많은 말을 할 것으로 기대한다. 교실 밖에서 교수는 항상 늦으며 계획적이지 않고 조용하다. 하지만 교실 안에서 교수로서의 역할을 맡은 그 남자나 그 여자는 시간을 엄수하고, 계획적이며, 말을 많이 하게 된다.

이번 주에 당신은 어떤 역할을 하는가?

역할과 스탠퍼드대학 감옥 실험 어떻게 하면 역할의 영향을 실험적으로 연구할 수 있을까? 일상생활이 펼쳐지는 사회 속에서 사람들은 다양한 역할을 가질 뿐 아니라 인성, 지능, 신체적 외모, 많은 다른 특성 등에서도 서로 다르며 이런 요인들이 항상 뒤섞여 있다. 여기 경쟁적이고 강한 의지를 가진 한 스포츠 코치가 있다. 코치의 역할이 그런 행동을 만들었는가, 아니면 그 행동은 그가 가진 본연의 성격인가? 역할의 인과관계를 연구하기 위해 사람들에게 무작위로 역할을 할당하는 '실험 사회'를 만들었다. 무작위 할당 덕분에 실험에서 다른 역할을 맡은 사람들이 다르게 행동한다면 다르게 행동하게 된 원인이 사람들의 성격이 아닌 역할 때문이라는 것을 증명하게 된다.

Karen Ballard / Redux

필립 **짐바르도**는 스탠퍼드대학 감옥 실험을 실시하였는데 그 결과는 상황적 영향으로 말미암아 평범한 사람이 악한 행동을 할 수 있다는 것을 보여주었다.

스탠퍼드대학의 심리학자인 필립 짐바르도와 그의 동료들은 그와 같은 실험 사회를 만들었다. 그것은 모의 감옥을 만들어 실험하는 것이었다. 스탠퍼드대학 감옥 실험에서(Haney, Banks, & Zimbardo, 1973; Zimbardo, 2007) 24명의 대학생이 2주로 계획된 모의 감옥생활 연구에 참여하였다. 무선적으로 학생들에게 간수나 죄수의 역할이 주어졌다. 간수는 카키색 제복을 입고 선글라스를 쓰고 야경봉을 들고 8시간 근무 교대를 하였다. 죄수는 앞뒤에 ID 번호가 찍힌 헐렁하고 속옷이 없는 긴 셔츠를 입고 머리에는 나일론 모자를 쓰고 한 발의 발목에는 쇠사슬이 채워져 있었다. 그들은 스탠퍼드대학 심리학과의 지하에 만들어진 모의 감옥에서 하루 24시간을 지냈다.

짐바르도는 감옥을 총감독하면서 학생들에게 그들의 역할에 대한 어떤 명확한 지시도 하지 않았다. 그는 단지 간수에게는 질서를 유지시키며, 죄수에게는 모의 감옥에서 그들은 죄수라고만 말하였다. 밀그램의 실험과 다르게 연구 참여자가 어떻게 행동해야 할지에 대한 명확한 안내가 없었다. 원칙적으로 죄수와 간수는 그들이 좋아하는 대로 행동할 수 있었다. 그들은 마음 편하게 쉬면서 그 주를 보낼 수 있었다.

하지만 그들은 그렇게 하지 않았다. 대신 간수 역할을 맡은 학생들은 죄수를 '부정적이고 적의에 차고 무례하고 비인격적인' 태도로 대하였다(Haney et al., 1973, p. 80). 그들은 죄수를 비하하였다. "넝마주이 옷을 입은 죄수를 보는 것과 그들의 몸에서 나는 역겨운 냄새를 맡는 것이 지겨워요"(p. 88)라고 한 간수가 고백하였다. 그들은 죄수를 신체적으로 학대하였다. "나는 죄수들이 침대를 정리해 놓은 2번 방으로 들어가 침대를 엉망으로 만들었죠"라고 다른 간수가 말하였다. "그러자 그가 나를 잡으면서 자신이 침대를 정리해 놓았다고 소리를 질러서… 나는 막대를 위로 치켜들고 사슬에 묶인 그를 때렸습니다"(p. 88).

죄수 역할을 맡은 학생들은 수동적으로 행동하면서 간수가 통제하는 것을 받아들이는 것처럼 보였다. 그들은 간수의 학대로 인해 심한 스트레스를 받았고 그중 5명의 죄수는 우울증, 불안, 한바탕의 울음 등으로 인해 중간에 나가야만 했다. 죄수 역할을 한 학생은 성격의 변화를 보고하였다. 한 학생은 "나 자신의 정체성을 잃어버리는 느낌이 들기 시작했습니다… 이 감옥에 들어가기

역할 주어진 상황 속에서 한 사람에게 기대되는 일련의 행동

로 결정했던 그 사람[다른 말로 하면 감옥에 들어오기 전의 그 사람인 나]은 지금 나로 부터 멀리 떨어져 있는 것 같았습니다… 나는 [죄수 번호] 416번이었습니다. 나는 단지 나의 번호에 불과하며 416번이 무엇을 해야 할지를 결정하는 것 같았습니다"(Haney et al., 1973, p. 87).

결국 실험은 통제를 할 수 없는 상황이 되어 버렸다. 몇몇 죄수는 거친 반항을 보였다. 간수는 그것을 힘으로 제압하였다. 그 후 간수는 죄수를 더욱 심하게 거칠게 대했으며 예를 들어 변기 청소 같은 모멸적인 일을 하도록 강요했다. 죄수들은 더욱 감정적으로 격동하였다. 마침내 짐바르도는 실험연구로 계획한 14일 중 6일 만에 실험을 중단해야만 했다.

왜 간수들은 학대적으로 그리고 죄수는 수동적으로 되었을까? 이는 역할을 무선적으로 받았기 때문에 그들의 성격 탓으로 돌릴 수는 없다. 동전의 다른 면처럼 간수가 죄수가 될 수도 있으며 반대도 그러하다. 그렇다면 행동에 있어서 그들의 차이는 그들에게 할당된 다른 사회 역할에 기인한다. 일단 그들의 역할이 주어진 후, 간수와 죄수는 어떻게 행동해야 하는지를 알았다. 이야기, 영화, 신문, TV쇼 등에서 그들은 간수와 죄수에게 기대되는 행동을 이해하였고 그들은 이런 기대에 꼭 부합하게 행동하였다.

짐바르도(Zimbaro, 2007)는 스탠퍼드대학 감옥 실험은 실제 세계 상황으로 확장된다고 주장하였다. 미국 사람들에게 최근 역사적으로 놀라운 사건 중 하나는 이라크 전쟁 중에 미국 병사가 범한 죄수 학대이다. 뉴스 보도와 사진의 증거를 통해 바그다드 근처 아부 그라이브 교도소에 있는 병사들이 죄수들을 때리고 옷을 벗기고 창피를 느끼게 만드는 자세를 취하도록 했으며 군견으로 그들을 위협했던 것이 드러났다(Hersh, 2004). 이 미국 군인들은 태어날 때부터 악한 사람이었을까? 짐바르도는 그렇지 않다고 주장한다. 악의 원천은 그 군인들의 성격이 아닌 그들이 처한 상황으로, 태생적으로 악하지 않은 사람도 죄수들을 함부로 대하도록 만들었다. "미국 국방부는 몇 개의 썩은 사과가 전체를 망쳤다고 하지만 나쁜 상황 속에 좋은 사과를 두면 나쁜 사과를 얻게 된다"(Dreifus, 2007, April 3).

스탠퍼드대학 감옥 실험은 제한점을 가지고 있다. 연구자 자신이 알고 있듯이(Haney et al., 1973), 이 실험은 다양한 실험 상황과 통제 상황을 가진 세밀하게 고안된 연구는 아니다(2장 참조). 단지 다른 역할에 부여되는 개인의 행동을 통제하는 사회 요인의 힘을 보여주고 있다. (총감독자로서) 감옥에서 짐바르도의 존재는 이런 요소들에 대한 해석을 복잡하게 만들었다. 그의 행동은 참여자들이 할당된 역할 그 자체를 넘는 태도를 하도록 영향을 미친 것 같다(Griggs, 2014; Haslam & Reicher, 2003). 하지만 그렇다고 하더라도 스탠퍼드대학 감옥 실험은 사회심리학의 주요한 주제 중 하나인 보통 사람의 행동을 제압하는 사회 권력의 잠재된 힘을 강하게 보여주고 있다.

Philip G. Zimbardo, Inc.

스탠퍼드대학 감옥 실험 스탠퍼드대학 감옥 실험에서 이 '죄수'는 무작위로 간수 역할이 아닌, 죄수 역할을 받은 연구 참여자이다. 위의 사진에서 죄수 몇 명의 무리가 무작위로 '간수' 역을 맡은 연구 참여자에 의해 벽에 기대어 줄지어 서 있다.

집단 정체성과 로버스 케이브 감옥은 실제로 한 집단이 다른 집단을 완벽하게 통제하는 유일한 장소로 특이한 곳이다. 집단성은 전형적이고 일상적인 상황에 많은 영향을 미치는가?

일화 사례를 통해 그렇다는 대답을 얻는다. 당신이 친구, 이웃, 교회, 민족, 도시, 국가 등 어떤 집단의 한 구성원으로 속했든 간에 당신은 그 집단의 한 부분이 되었을 뿐만 아니라 그 집단도 또한 당신의 한 부분이 되었다는 사실은 중요하다. 사회심리학자인 마릴린 브루어(Marilyn Brewer, 1991, p. 467)는 사람들이 사회 세상 속에서 자신이 어떤 사람인지를 이해하는 **사회 정체성**이란 개념을 개발하였는데 이는 집단 소속감에 있어 중요한 기초가 되고 있다. 일단 한 집단에 소속감을 가지게 되면, 형성된 자신의 사회 정체성은 사고, 감정, 행동에 영향을 미친다.

사회 정체성은 사람들이 자신을 어떻게 묘사하는지에 나타난다. 자기를 기술할 때는 보통 자기

집단 정체성 자신과는 다른 배경을 가진 처음 보는 사람들끼리도 공동으로 싸워야 할 대상이 생기면 서로에 대한 집단 소속감을 즉시 만들어낼 수 있다.

정체성(예 : 신체적 특성, 성격적 특성)뿐만 아니라 자신을 집단 구성원으로 보고 말하는 사회 정체성을 함께 포함하고 있다 (Hornsey, 2008).

당신은 자신을 다른 사람에게 어떻게 묘사하는가?

집단 정체성은 빠르게 형성될 수 있다. 단 며칠 만에 집단 구성원이 된 사람들 속에서도 집단에 대한 강한 정체성을 가질 수 있으며 집단 밖의 외부인을 경쟁자로 간주한다. 무자퍼 셰리프(Muzafer Sherif)와 공동 연구자들(1954)이 오클라호마 주 로버스 케이브 국립공원에서 수행한 실험은 이것을 잘 보여주고 있다. 셰리프는 여름 캠프에 온 22명의 5학년 남학생을 무작위로 동일한 인원수로 된 두 집단으로 나누었다. 각 집단은 캠프의 첫 일주일 동안 집단별로 생활을 하였다. 그 한 주 동안 남학생들은 자신이 속한 집단에 '방울뱀', '독수리'라는 별칭을 만들어 부를 정도로 자신의 집단에 빠르게 결속되었다. 그 후 남학생들이 운동 경기를 위해 함께 모였을 때 두 집단의 남학생들은 서로에 대해 불타는 경쟁심을 가졌다. 그들은 상대방 남학생들의 이름을 부르면서 상대방 기를 태웠고 상대방의 캠프 장소를 습격할 계획을 세웠다. 그들은 일주일 전에 무작위로 만들어진 집단임에도 불구하고 오랜 적수처럼 행동하였다!

셰리프는 그가 만들어낸 집단 경쟁을 가능한 빨리 없앨 수 있었다. 캠프의 마지막 주에 셰리프는 두 집단이 함께 협동해야만 성취할 수 있는 도전 과제를 내었다. 그는 캠프의 물 공급을 중단하였고(이는 두 집단이 수도관을 고치기 위해 함께 일을 하도록 만들었다), 캠프에서는 비디오 영화를 빌려주지 않았으며(비디오 영화를 보기 위해 방울뱀과 독수리 두 집단은 함께 돈을 걷었다), 트럭이 진흙탕에 박히도록 하였다(말 그대로 두 집단의 소년들은 트럭을 꺼내기 위해 함께 트럭을 끌어당겨야만 했다). 공동의 목표를 위해 함께 일하는 것은 집단을 변화시켰다. 전날의 원수가 친구가 되었다. 그들은 함께 노래를 불렀고 초기의 경쟁했던 그들의 모습에 대해 웃었다. 캠프가 끝날 때가 되자 독수리와 방울뱀 집단은 같은 버스를 타고 함께 캠프를 떠나기 원했으며, 관계자가 허락하자 환호성을 질렀다.

셰리프가 내린 결론은 매우 의미심장하다. 공동의 목표를 위해 경쟁집단이 함께 일하게 되면 집단 경쟁은 감소하게 된다는 사실을 보여주고 있다. 역사는 공동의 목표가 화합을 형성하는 것을 보여주고 있다. 예를 들어 9/11 비극은 미국 사람의 국가적 화합을 높였는데, 사람들이 국가안보라는 목표를 성취하기 위해서는 하나의 큰 집단으로 협동하여 일할 필요가 있음을 깨달았기 때문이다(Li & Brewer, 2004).

역할 모호성과 방관자 개입 지금까지 읽은 연구들은 공통점이 있다. 연구에 참여한 사람들은 자신들의 역할을 알고 있다. 선생님 또는 학습자, 죄수 또는 간수, 방울뱀 또는 독수리의 역할을 가지고 있었다. 만약 파티에서 한 친구가 술을 많이 마시고 있다면 당신의 역할은 무엇인가? 그에게 술을 그만 마시라고 이유를 말하는 잔소리꾼 역할을 할 것인가 아니면 더 취흥을 부추기는 술친구 역할인가? 만약 두 친구가 싸운다면 당신의 역할은 무엇인가? 그들의 견해 차이를 해소하려는 중재자인가 아니면 그들의 싸움에서 비켜 서 있는 수동적인 방관자인가? 사회심리학자는 당신이 어떤 역할을 선택하는지를 질문하고 있다.

이 질문에 대한 연구는 1964년 발생한 비극이 도화선이 되어 시작되었다. 뉴욕 시에 사는 키티 제노비스는 일이 끝나고 집으로 돌아가는 중에 칼에 찔려 사망했다. 주변에 사는 38명의 사람이 그녀의 비명소리를 들었다. 어떤 사람은 그들의 아파트 창을 통해 그 살해 현장을 목격했다. 하지만 오랫동안 피가 난무한 폭행이 진행되는 동안 어떤 사람도 간섭하지 않았다. 한 사람이 경찰을 부를 때까지 폭행은 계속되었다.

왜 사람들은 돕는 대신 그냥 쳐다만 보았을까? 존 달리와 비브 라타네(Darly & Latané, 1968)의 **방관자 개입** 연구는 그 해답을 알려준다. 달리와 라타네는 대학생활에 관한 이슈에 대해 토론하기 위해 연구 참여자들을 초청했다. 토론은 인터콤 시스템을 사용하여 진행되었다. 각 참여자들은 가까이 다른 방에 있는 참석자들을 보지는 못하지만 목소리는 들을 수 있었다. 사실 한 사람만이 연구의 실험 대상자이고 다른 사람들은 공모자였다. 토론 도중에 실험자는 공모자 중 한 사람이 발작을 일으키도록 연출하였다. "저어는 지이 그금 시시심가각한 무문제가 생겼었어요. 곧 주 죽을 것… 도오와… 바알자악"이라는 말이 인터콤에서 들리게 된다. 종속변수는 진짜 실험 대상자가 발작 증상이 있는 환자를 도와주려고 행동에 옮기기까지 경과된 시간이다. 독립변수는 집단 크기이다. 인터콤을 통해 듣게 되는 목소리의 수에 기초하여 진짜 실험 대상자는 그 집단이 2명 또는 3명, 6명으로 구성되어 있다고 생각하게 된다.

집단 크기는 돕는 행위에 크게 영향을 미친다(그림 11.2). 집단이 클수록 **방관자 효과**가 생겼다. 만약에 주변에 많은 사람들이 있을 경우에는 사람들은 늦게 개입하였고 심지어는 개입조차 하지 않은 경우도 많았다. 6명으로 이루어진 집단 속에서 연구에 참여한 실험자들의 반이 도움을 주는 데 거의 2분이 걸렸다. 2명의 집단과 비교해보면, 2명인 경우 참여자들은 자신만이 도울 수 있는 유일한 사람이어서 거의 모든 사람이 도움을 주는 데 1분도 걸리지 않았다.

왜 집단 크기가 이렇게 중요했을까? 위기 상황에서 주변인은 위기 상황에 개입되어 있는 사람들을 알고 또한 근처에 있는 다른 주변인들도 인지한다. 다른 주변인이 없으면 사람들은 자신만이 도울 수 있는 유일한 사람이란 것을 알게 된다. 하지만 주변인이 근처에 많은 경우에는 그들 중에 누군가가 도움을 주겠지라고 생각한다. 다른 주변인이 존재하면 **책임감 분산**(diffusion of responsibility)이 생기게 되는데 이는 다른 사람이 도울 것으로 생각하기 때문에 도움이 필요한 사람을 도와야 한다는 개인적 의무감의 저하를 가져온다.

달리와 라타네의 발견은 중요한 교훈을 가르쳐준다. 도시에 사는 사람들이 위급한 상황에 도와주지 않는다고 말할 때 사람들은 도시에 사는 사람들은 차갑고 다른 사람을 돌보지 않는다고 결론을 맺는다. 하지만 연구는 상황에 대해 설명하지 사람에 대한 것이 아니라고 말한다. 대도시에서는 방관자가 더 많이 있을 수 있어서 책임감 분산도 더 많이 생길 수 있어 도움이 더 적을 수 있다. 당신이 어떤 사람인지와 상관없이 책임감 분산은 당신이 다른 사람을 덜 돕도록 하는 원인이 된다.

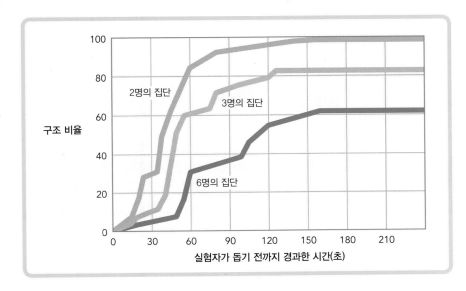

그림 11.2
방관자 개입 이 그래프는 사람들이 발작하고 있는 누군가를 돕는 데 걸린 시간을 보여주고 있다. 연구 참여자는 다양한 집단 크기(2, 3, 6명으로 이 사람들은 공모자들이다) 속에 참여하게 된다. 돕는 행동은 집단의 크기에 따라 변화하였다. 집단이 클 경우, 즉 주변인이 많을 때 연구 참여자는 돕는 데 늦게 개입하였다(Darley & Latané, 1968).

책임감 분산 다른 사람이 도울 것으로 생각하기 때문에 도움이 필요한 사람을 도와야 한다는 개인적 의무감을 적게 가짐

친밀한 관계

사전 질문

> ❭ 다른 사람이 당신에게 호감을 갖게 하는 가장 확실한 전략은 무엇인가?
> ❭ 이성을 유혹하기 위해 당신은 당신의 심리적 강점이나 신체적 매력 중 어느 것을 강조해야 하는가?
> ❭ 낭만적 사랑의 감정은 성욕 이상의 무엇인가? 그것은 얼마나 지속되는가?
> ❭ 사랑은 어떤 면에서 마약과 비슷한가?

군중과 집단은 당신의 행동에 영향을 미칠 수 있다. 당신의 행동에 총체적으로 가장 영향을 미치는 사람은 친밀한 관계에 있으며, 이 관계는 빈번한 만남과 강한 심리적 유대관계를 갖는다(Kelley et al., 1983).

어떤 친밀한 관계는 자연스럽게 생긴다. 태어나면서부터 우리는 부모와 다른 양육자의 손에 키워지는데 이들을 통해 우리는 최초로 친밀한 관계를 형성한다. 하지만 뒤에 우리는 선택권을 가진다. 우리는 우리가 좋아하는 사람들과 친구가 되거나 우리가 매력을 느끼는 사람과 연인관계로 발전하며 우리가 사랑하는 사람들과 헌신적인 관계를 형성한다. 호감과 우정, 매력과 연인관계, 그리고 사랑과 헌신에 관한 사회심리학을 살펴보도록 하자.

호감과 우정 아파트 건물 도해를 그려놓은 그림 11.3을 살펴보자. 아파트의 10개 방 중에서 누가 친구가 되기 쉬울 것으로 생각되는가?

질문이 우스워 보일 수도 있다. 시끌벅적한 파티를 좋아하는지, 또는 조용한 차 모임을 좋아하는지, 모차르트를 좋아하는지 아니면 힙합음악을 선호하는지, 고양이를 좋아하는지 또는 개를 좋아하는지와 같이 개개인을 더 잘 알기 전에 누가 친구가 될 수 있는지 어떻게 예상할 수 있는가?

이미 밝힌 것처럼 당신은 매우 잘 예상할 수 있다. 몇몇 사회심리학자가 알아낸 것처럼 가장 큰 결정 요인은 물리적 거리다(Festinger, Schachter, & Back, 1950). 그림 11.3에 있는 아파트에 사는 사람들이 서로 좋아하여 친구가 되었던 사람들은 주로 자신의 옆집에 사는 사람들이었다. 건물의 다른 층에 살거나 계단통의 위치는 친구를 사귀는 패턴에 영향을 미쳤다. 계단통을 통해 가까이 연결된 사람들은(예 : 아파트 G와 A) 다른 사람보다(예 : 아파트 G와 C)보다 더 친구가 되기 쉬웠다.

> 당산과 친한 친구는 어디에 살고 있는가?

경찰학교의 훈련생에 대한 연구는 유사한 결과를 말해주고 있다(Segal, 1974). 학교는 교실의 좌석을 성의 알파벳 순서에 따라 지정하였다. 교육 훈련 후에 사관생들은 자신의 가장 친한 친구

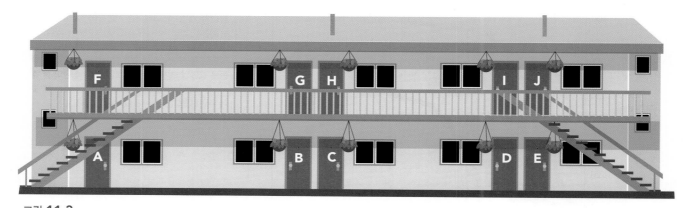

그림 11.3
위치, 위치, 역시 위치 아파트 건물의 도해는 페스팅거와 동료들의 호감과 우정에 대한 연구(Festinger et al., 1950)에서 수행하였던 것과 유사하다. 그들의 연구 결과는 사람들 중 누가 서로 친구가 되겠는가라는 질문에서 결정 요인은 위치라는 것을 보여주고 있다. 사람들은 바로 옆집 사람과 교분을 가장 쉽게 형성해나갔다.

이름을 말하였다. 거의 반 정도가 알파벳 순서로 자기 자신 다음에 오는 사람, 즉 교실에서 물리적으로 가장 가까운 사람의 이름을 말하였다(Segal, 1974).

어떻게 해서 물리적 거리가 그렇게 큰 영향을 미칠 수 있었을까? 한 해석은 단순한 **노출**로 인한 것이다. 사람들은 자주 대면하는 대상을 더 좋아하는 경향이 있다(나중에 이 장 후반부에 나오는 단순한 노출과 태도 변화에 대한 절을 읽어보라). 우리는 멀리 사는 사람들보다는 옆집 사람을 더 자주 만나게 되고 그래서 그들을 좋아한다.

하지만 근접성만이 호감에 영향을 미치는 유일한 요인은 아니다. 사람들은 그들의 의견을 지지해주고 그들이 좋아하는 활동에 참여할 수 있도록 도와주며 자신에 대해 칭찬해주는 친구들을 또한 좋아하는 경향이 있다(Finkel & Eastwick, 출판 중). 하지만 지속적으로 사람들이 서로 간에 호감을 갖게 되는 요인은 옆집에 사는 것이다.

매력과 낭만적 관계 어떤 친밀한 교우관계는 단순히 교우관계일 뿐이다. 하지만 어떤 교우관계는 특별한 애인, 즉 사랑을 나누는 관계이다. 어떤 이유에서 우리는 어떤 사람에게는 낭만적으로 끌리지만 다른 사람에게는 그렇지 않을까?

답을 알기 위해 사회심리학자들이 파티를 열었는데 이것은 실제로는 심리실험이었다(Walster et al., 1966). 대학에서 학기를 처음 시작할 때 연구자들은 700명 이상의 신입생들을 댄스파티에 초대하였다. 파티의 세 가지 측면이 연구 내용이었다. 파티 전에 (1) 학생들은 심리적 특성(사회적 태도, 성격 특성, 지능) 등을 연구자들에게 말하였고 (2) 연구자는 학생들에게 파티에서 데이트할 학생을 짝지어주었다(각자는 무선적으로 선정된 이성 파트너와 짝지어졌다). 파티 후에 (3) 학생들은 데이트가 좋았는지, 데이트 상대와 다시 만나기를 원하는지를 보고하였다. 그리고 연구자는 어떤 심리적 특성이 낭만적 매력을 주는 예상 요소인지를 결정하였다.

당신은 어떤 심리적 특성이 매력을 예측할 수 있다고 생각하는가? 결과는 신체적 매력만이 강하게 매력을 주는 예측 요소였다. 학생들 모르게 각 학생들이 파티에 들어올 때 연구자들은 학생

ABC / Photofest

가운데 벽이 없다면, 재미있는 게임이 될 수 없었을 텐데 최초의 TV 데이트 쇼인 ABC의 데이트 게임 프로그램에서 출연자는 세 사람 중 데이트할 한 사람을 선택한다. 게임의 핵심은 출연자가 상대방을 볼 수 없다는 것이다. 대신 질문(예 : "당신이 모든 것을 마음대로 할 수 있다면, 어떤 공휴일을 만들겠는가?")을 하고 상대방의 대답에 기초해서 선택을 하는 것이다. 재미있는 쇼는 될지 모르지만 실제 삶에서는 그렇지 않다. 사회심리학자들은 데이트 상대방의 모습을 보았다면 대부분의 사람은 단순히 상대방의 대답과는 상관없이 가장 매력적인 외모의 상대방을 선택했을 것이라고 말한다.

들의 신체적 매력도를 평가하였다. 신체적 매력이 낭만적 매력을 강하게 예측하였다. 만약 데이트한 상대방이 신체적으로 매우 매력 있다고 평가되었다면 학생들은 상대방이 가진 심리적 특성과는 상관없이 다시 만나고 싶어 했다. 남성과 여성 둘에게 있어 상대방과 다시 데이트하고 싶어지게 만드는 "유일하게 중요한 결정 요인은 상대방의 신체적 매력이었다"(Walster et al., 1966, p. 508).

파티 연구는 사람들이 무선적으로 짝지어졌을 때 무슨 일이 일어나는지를 보여주고 있다. 하지만 사람들이 데이트할 상대를 선택할 수 있을 경우에는 어떻게 될까? 대부분의 사람들은 직관적으로 모두가 그 마을에서 가장 매력적이고 인기 있는 사람을 선택한다면 문제가 생길 것이라고 말할 것이다. 그래서 사람들은 '비슷하게 어울리는' 짝을 찾는 경향, 즉 신체적 매력과 인기 수준이 자신과 비슷한 사람을 자신의 데이트 상대로 찾는 경향이 있다(Taylor et al., 2011). 데이트 상대를 찾을 때 사람들은 전략적으로 행동한다.

사랑과 헌신 때때로 낭만의 불꽃은 지속적인 사랑의 화염을 일으킨다. 사회심리학자가 사랑의 모든 신비를 풀어낼 수는 없지만 어떤 질문에 대해서는 답을 줄 수 있다. 다음과 같은 질문을 할 수 있다―사랑은 무엇인가? 사랑에 빠졌다고 말할 때 심리학적으로 어떤 특성이 내면에 존재해야 하는가?

답을 알아내기 위해, 심리학자들이 많은 사람들을 대상으로 수많은 심리적 요소 중 어떤 것이 사랑의 요소인지 평가하도록 하였다(Aron & Westbay, 1996). 그들의 평가에 대한 통계적 분석을 통해 다음과 같이 사랑의 세 가지 주요한 요소를 규정하였다―(1) 희열을 주며 성적 각성을 주는 **열정**, (2) 순수하고 지지적인 **친밀감**, (3) 변하지 않고 성실한 **헌신**(표 11.1). 따라서 사랑은 연애의 감정 이상의 무엇이다. 그리고 사랑은 열려 있고 지지적인 관계 속에 깊은 헌신을 가지고 있다.

사랑의 이 세 가지 요소가 모두 평생 지속될 수 있을까? 아마도 친밀함과 헌신은 지속될지 몰라도 열정은 한순간 반짝이는 불꽃일 것이라고 우려할 것이다. 연구는 어떤 운 좋은 부부의 경우 열정의 불꽃이 평생 지속되는 것을 보여주고 있다. 양적, 질적 증거 모두가 이 결론을 지지하고 있다(Acevedo & Aron, 2009). 결혼한 부부를 대상으로 인터뷰를 하였을 때, 인터뷰에 대한 질적 분석 결과 상당히 많은 부부가 결혼한 지 수십 년이 지났지만 깊은 연애 감정을 가지고 있다고

Ronnie Kaufman / Larry Hirshowitz / Getty Images

영원한 사랑 연구는 어떤 행운의 부부의 경우 수십 년간의 결혼생활에도 불구하고 연애 열정이 불타면서 지속되고 있음을 보여주고 있다.

우리가 '사랑'이라 부르는 관계는 열정, 친밀감, 헌신의 세 가지 특성을 가지고 있다(Aron & Westbay, 1996). 이 표는 사람들이 각 특성에 연관하여 심리적으로 가장 많이 경험하는 것을 나열하였다.

표 11.1

사랑의 요소		
열정	**친밀감**	**헌신**
상대방을 향한 응시	개방성	희생
희열	무엇이든 거리낌없이 말함	헌신
두근두근함	지지함	자신보다 타인을 우선함
심장박동수 증가	정직	서로를 필요로 함
성적 욕망	이해	보호함
성적 매력	인내	신실

말하였다. 감정을 양적으로 측정하였을 때, 오랜 결혼생활을 한 부부도 갓 결혼한 부부와 동일한 열정 수준을 가지고 있는 것으로 밝혀졌다.

이런 행복한 결혼은 중요한 이점을 준다. 사랑이 넘치는 성공적인 결혼생활을 하는 사람은 대체로 삶에서 더 행복해하며 훨씬 나은 정신 건강의 삶을 즐기고, 신체적으로도 훨씬 더 건강하다(Acevedo & Aron, 2009).

마지막 결과는 의아하게 들릴 수도 있다. 어떻게 사랑이 신체적으로도 더 건강한 느낌을 갖게 하는 걸까? 이 신비를 파헤치기 위해 연구가 수행되기 시작하였다. 한 연구에서는 참여자들에게 신체적으로 매우 뜨거운 자극에 노출되었을 때 그들이 경험한 고통의 정도에 대해 평가하도록 하였다(Younger et al., 2010). 이 실험이 진행되는 동안 참여자들은 (1) 자신의 애인 또는 (2) 비슷하게 호감을 주는 아는 사람의 사진을 보도록 하였다. 자신들의 애인 사진을 볼 때 참여자들은 고통을 덜 느꼈다. 실험 중에 찍은 뇌 영상은 왜 그런지를 보여주고 있다. 애인의 사진은 뇌의 보상 센터(예 : 긍정적이고 보상적인 자극에 대한 과정에 개입하는 신경 체계)를 활성화하였다. 그리고 보상 체계의 활성화는 고통의 느낌을 직접적으로 감소시켰다. 연애의 감정은 고통을 없애는 마약과 같았다. 그것은 고통을 감소시키는 생물학적 체계를 활성화한다.

사회 인지 사람들이 사회적으로 상호작용을 하는 개인이나 집단에 대해 가지는 신념, 의견, 정서

귀인 사회행동의 원인으로 보는 신념

사회 인지

우리는 다른 사람과 일을 하면서 많은 시간을 보낸다. 하지만 우리는 다른 사람에 대해 생각하는 데 더 많은 시간을 할애한다. "왜 남동생이 전화로 자신의 새 여자친구에 대해 이야기하면서 이상한 소리를 냈을까?", "심리학 수업에서 새로 사귄 친구는 좋은 친구인가 아니면 자신이 과제를 할 때 도움을 받기 위해 누군가를 사귈 필요가 있어 친구가 된 건가?", "교수님의 이름을 잊어버리다니 얼마나 부끄러운 일인가? 교수님이 날 어떻게 생각하겠는가?" 이와 같은 생각이 당신의 머릿속에서 몇 시간 또는 며칠 동안 계속 떠돌 수 있다.

사회심리학자는 이런 생각을 사회 인지라고 부른다. **사회 인지**(social cognition)는 사람들이 사회 속에서 만나는 개인이나 집단에 대한 신념, 의견, 정서를 지칭한다. 사회 인지 연구에 있어 세 가지 주요 주제는 귀인, 태도, 고정관념이다.

귀인

사전 질문

> 우리는 다른 사람의 행동의 원인을 능숙하게 파악하는가?

일상생활에서 우리는 종종 왜라는 질문을 한다. 왜 학점이 높지 않지? 내가 사람들에게 나가자고 하면 왜 그들은 거절을 하는 걸까? 그와 같은 질문에 대한 당신의 대답은 귀인으로 불린다. **귀인**(attribution)은 사회 행동의 원인에 대한 신념이다.

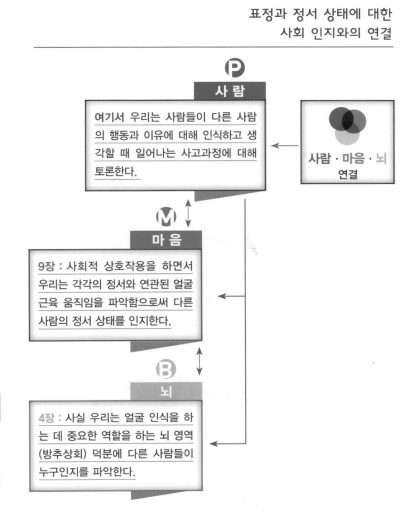

표정과 정서 상태에 대한 사회 인지와의 연결

P 사람

여기서 우리는 사람들이 다른 사람의 행동과 이유에 대해 인식하고 생각할 때 일어나는 사고과정에 대해 토론한다.

사람 · 마음 · 뇌 연결

M 마음

9장 : 사회적 상호작용을 하면서 우리는 각각의 정서와 연관된 얼굴 근육 움직임을 파악함으로써 다른 사람의 정서 상태를 인지한다.

B 뇌

4장 : 사실 우리는 얼굴 인식을 하는 데 중요한 역할을 하는 뇌 영역(방추상회) 덕분에 다른 사람들이 누구인지를 파악한다.

귀인은 두 가지 면에서 중요하다. 첫째, 귀인은 동기와 정서에 영향을 미친다. 예를 들어 학생이 학업의 어려움을 노력의 부족보다 능력의 부족으로 귀인할 때 앞으로 공부하는 데 덜 동기화된다(Weiner, 1985). 개인적 문제를 변할 수 있는 원인보다는 변할 수 없는 원인 탓으로 보는 10대 청소년의 경우 더 우울한 경향이 있다(Hankin, Abramson, & Siler, 2001). 둘째, 정확한 귀인, 즉 사건 원인에 대한 바른 진단은 당신이 바꾸고 싶은 행동을 변경할 수 있는 첫 단추이다. 만약에 학점을 올리고 싶거나 사람들에게 나가자고 요청하였을 때 사람들로부터 "네"라는 대답을 하게 하려면 먼저 현재 문제의 원인을 파악해야 한다.

개인적 원인 대 상황적 원인 다른 사람 행동의 원인을 파악하려고 할 때 개인과 상황이라는 두 가지 유형의 원인으로 구별된다. 만약 어떤 친구가 "나는 미분학 수업이 너무 어려워. 나는 통과 못할 것 같아"라고 말한다면 원인은 다음과 같을 수 있다.

❯ 개인적 : 아마도 그는 수학 능력이 부족하거나 충분한 노력을 쏟아붓지 않았다.
❯ 상황적 : 아마도 수업이(그가 처해 있는 상황) 아주 어렵다.

우리가 개인적 또는 상황적 귀인을 선택할지는 무엇에 의해 결정되는가? 해롤드 켈리(Harold Kelley, 1967; Kelley & Michela, 1980)가 제안한 귀인 이론에 의하면 주요 요소는 잠재 원인이 설명할 수 있는 행동과 함께 발생하는 정도, 즉 잠재 원인이 행동과 동시에 발생하는지 여부이다. 다음의 두 가지 경우를 생각해보라.

1. 당신의 친구는 많은 수업 내용을 어려워하고 있지만 미분학 수업을 듣는 대부분의 다른 학생들은 미분학 수업이 쉽다고 느끼고 있다. 행동은 개인적 요소들(당신 친구의 능력)과 함께 나타나기 때문에 당신은 개인적 귀인으로 돌린다. 예를 들어 당신은 당신의 친구가 수학에 적성이 없다고 결론을 맺는다.
2. 대부분의 사람은 미분을 어려워한다. 다른 수업이 쉽다고 느끼는 학생조차 그러하다. 여기 이 행동(수업 시간에 헤매는 것)은 맥락적 요인(미분 수업)과 함께 나타나기 때문에 당신은 맥락적 귀인으로 돌린다. 예를 들어 당신은 미분이 어렵다고 결론을 맺는다.

기본 귀인 오류 그래서 귀인은 간단해 보이고 사람들이 귀인적 추론을 잘한다고 당신은 생각할 수도 있다. 하지만 사람들은 일반적으로 오류, 기본 귀인 오류를 범하고 있는 것으로 밝혀졌다(Ross, 1977). **기본 귀인 오류**(fundamental attribution error)란 상황적 요인이 사람의 행동에 미치는 영향은 과소평가하지만, 개인적 요인이 미치는 영향은 과대평가하는 사람들의 사고방식을 말한다. 예를 들어 키티 제노비스의 사례를 기억해보자. 만약 당신이 사람들이 돕지 않은 이유가 도시 거주민의 냉담한 성격 때문이라고 먼저 생각하였다면 당신은 기본 귀인 오류를 범하였다.

기본 귀인 오류는 사람들이 어떤 정치 수필 내용의 원인을 개인적 또는 상황적 원인으로 귀인을 돌리는 연구에서 명확히 나타나고 있다(Jones & Harris, 1967). 연구 참여자는 쿠바의 혁명지도자인 피델 카스트로에 대한 우호적 또는 배타적 의견을 적은 수필을 읽는다. 다른 실험 상황에서 참여자는 수필 작가가 (1) 어떤 입장에서 적을지 선택권이 있거나(카스트로 찬성파 또는 반카스트로파) 또는 (2) 작가는 입장에 대한 선택권 없이 카스트로에 대해 우호적인 또는 반대하는 수필 중 하나의 입장에서 적어야만 한다는 사실을 배운다. 수필을 읽은 후 참여자

이 노동자가 비타민워터를 좋아한다고 생각하는가? 논리적으로 이 사람이 무슨 생각을 하는지 알 수 없다. 그는 트럭 운전을 할 뿐이며 그것은 그의 직업이기 때문이다. 하지만 기본 귀인 오류는 사람들이 그 노동자가 물건을 좋아하는 것으로 결론을 맺는다. 사람들은 그릇되게 그 노동자의 행동, 즉 트럭 운전을 상황적 원인(트럭을 운전하는 것이 그의 직업)보다는 개인적 요인(음료를 향한 그의 태도)에 귀인시켰다.

기본 귀인 오류 사람들이 상황적 요인이 사람의 행동에 미치는 영향은 과소평가하고 개인 요인이 미치는 영향은 과대평가하는 사고방식

그래프:
- Y축: 저자 태도의 귀인 (위: 우호적 65, 60, 55, 50, 45, 40, 35, 30, 25, 20, 15, 배타적 10)
- X축: 작가의 선택권 여부 상황 (선택권 있음, 선택권 없음)
- 친카스트로 수필 (우상향에서 하향하는 선)
- 반카스트로 수필 (하단에서 약간 상향하는 선)

그림 11.4

귀인 참여자들이 피델 카스트로를 지지하는 생각을 적은(친카스트로) 수필을 읽을 때, 그들은 저자가 카스트로에 대해 상대적으로 우호적인 의견을 진심으로 가지고 있다고 판단하였다. 이런 현상은 저자가 친카스트로 또는 반카스트로적인 글을 선택하여 쓸 수 없는 상황에서 쓴 글이라는 것을 참여자가 아는 상황에서조차도 발생하였다(Jones & Harris, 1967). 그 후 참여자들은 저자의 행동을 상황적 특성이 아닌 개인적 특성, 즉 개인적 태도로 귀인하였다.

는 카스트로에 대한 저자의 참된 의견이 무엇인지를 결정한다. 즉 참여자는 개인적 요소(작가의 정치적 견해)가 수필의 내용을 결정하는지 여부에 대해 귀인을 한다.

당신 자신이 이 실험에 참여한다고 상상해보자. 선택 상황에서 과제는 쉽다. 작가는 수필 내용을 정하고 카스트로에 대한 자신의 진실된 의견을 따르도록 하면 된다. 선택권이 없는 상황에서도 역시 과제는 쉬워 보인다. 왜냐하면 작가는 내용에 대해서는 선택권이 없기 때문에 작가의 진짜 의견이 무엇인지 알 수 없다. 선택권이 없는 상황에서 수필 작가에 대한 참여자의 의견은 수필이 친카스트로이든 반카스트로이든 간에 수필 작가와 의견이 같을 것이라고 당신은 예측할 것이다.

자, 결과를 보자(그림 11.4). 선택 상황에서 수필이 카스트로에 대해 좋게(또는 나쁘게) 적혀 있다면 수업의 참여자는 카스트로에 대한 작가의 입장이 긍정적(또는 부정적)이라고 판단하게 된다. 여기서 사람들은 기본 귀인 오류를 범한다. 상황적 요인, 작가에게 준 지시가 진짜 원인임에도 불구하고 사람들은 작가의 개인적 의견을 수필 내용의 원인으로 판단한다.

다른 기본 귀인 오류 연구에서 참여자는 2명씩 짝을 지어 임의로 한 사람은 질문자 역할을 또 다른 사람은 대답자의 역할을 하도록 배정하여 퀴즈 게임을 하였다(Ross, Amabile, & Steinmetz, 1977). 질문자 역할은 자신이 선택한 주제에 대해 퀴즈 질문을 만드는 것으로 상대적으로 쉬웠다. 게임을 한 후에 질문자와 대답자에게 자신 자신과 자신의 상대방의 '일반 지식' 정도에 대해 평가하도록 하였다. 퀴즈 게임을 지켜본 세 번째 사람에게도 이 둘의 일반 지식을 평가하도록 하였다.

논리적으로 가정할 때 일반적으로 한 참여자가 다른 참여자보다 더 지식을 많이 가졌다고 생각할 이유는 없다. 만약에 대답 역할을 배정받는 대답자가 질문에 대해 바르게 대답하는 데 힘들어한다면, 이것은 질문자가 똑똑해서가 아니다. 참여자들에게 역할은 임의로 주어졌다. 만약에 역할을 바꾸어 질문자가 대신 대답을 하게 되었다면 그들은 그렇게 똑똑하게 보

Ben Hider / Getty Images

이지 않았을 것이다. 하지만 퀴즈 게임 후에 사람들이 평가를 한 결과를 보면 승리자는 기본 귀인 오류이다. 퀴즈 참여자와 참관자는 개인적 귀인을 선택하여 질문자가 대답자보다 훨씬 지식이 많다고 평가하였다.

> 다른 사람이 당신의 행동을 상황적 이유로 해석하지 않고 개인적 이유로 귀인하여 해석한 적이 있는가?

> "확실히 그는 모든 정답을 알고 있습니다. 그는 뛰어난 천재로 보이는군요"(제퍼디 퀴즈쇼의 사회자인 알렉스 트레벡에 대한 인터넷 댓글에 나온 실제 내용임). 당신은 퀴즈쇼 진행자에 대해 어떻게 생각하는가? 비상하게 똑똑하다고 생각하는가? 만약에 그렇게 생각한다면 당신은 기본 귀인 오류를 범하고 있다. 확실히 그는 정답을 알고 있다. 하지만 그것은 상황적 이유 때문이다.

요약하자면 다른 사람의 행동의 원인을 고려할 때 사람들은 종종 태도, 성격, 지능과 같이 사람들의 변하지 않는 특성은 과대평가하지만 상황적 영향은 과소평가한다는 것이다.

당신이 보았듯이 귀인은 행동의 원인에 대한 사고를 포함하고 있다. 사회 인지의 두 번째 측면인 사고는 사회적 태도를 형성하는 감정과 결합되어 있다.

태도

사전 질문

> ❯ 강한 주장이 항상 더 설득적인가?
> ❯ 우리의 행동은 언제 우리의 태도를 변화시키는가?
> ❯ 우리의 태도는 언제 우리의 행동을 예측하는가?

질문이 있다. 만약에 당신이 보통의 사람이라면 살아가면서 사회 속에서 1년에 약 4만 번 마주 대하는 것으로 무엇이 있는가(Comstock & Paik, 1991)?

만약 이 책을 읽고 있을 때 주변에 TV가 있다면, 힌트를 이미 받았다고 생각된다. 그것은 TV 광고이다. 기업은 TV 및 인터넷, 라디오, 빌보드 등에서 하는 수십만 개의 광고를 위해 한 해에 수조 원의 돈을 쏟아붓는다. 이런 광고를 통해 그들이 궁극적으로 얻으려는 것은 무엇인가?

기업은 오랜 노력을 통해 우리가 그들의 물건을 사도록 노력하고 있다. 하지만 많은 광고는 "우리 상품을 사세요!"라고 직접적으로 말하지는 않는다. 광고는 아주 교묘하다. 광고회사는 상품을 성, 힘, 명예, 재미 등의 이미지로 덧입혀 반영하면서 이런 흥미가 상품에 함께 '연합'되기를 기대한다. 그래서 광고회사는 우리의 생각과 감정을 조절하려고 노력하며 우리가 펩시보다 코카콜라를, 삼성 갤럭시보다 아이폰을 더 좋게 생각하기를 원한다.

한마디로 말해서 광고는 우리의 태도가 변화하도록 계획하고 있다. **태도**(attitude)는 어떤 사람, 대상, 아이디어에 대한 생각과 감정이 섞여 있다. "나는 오페라를 좋아하지 않아", "나는 사형제도에 대해 반대해", "카다시안 가문 사람들은 모두 특이하다고 생각해"는 모두 태도의 좋은 예다.

다른 유형의 요인이 태도를 변화시킬 수 있다. 다음의 세 가지 요인을 살펴보자 — (1) **설득적 메시지**와 이 메시지가 사고과정에 미치는 영향, (2) 사람들이 자신의 태도와 일관성 있게 행동하지 않는 인지 부조화, (3) 단순 노출 효과, 즉 어떤 대상물에 단순히 반복적으로 노출된 결과로 발생하는 태도 변화.

설득적 메시지와 태도 변화 미소를 머금은 단정한 후보자가 '정치를 할 수 있는 최상의 경험'을 가졌다고 말하는 한 정치 광고가 있다고 가정해보자. 어떠한 심리적 과정을 통해 광고는 우리의 태도에 영향을 미치게 되는 걸까? 셸리 체이큰과 동료들이 개발한 이론(Chaiken, Liberman & Eagly, 1989)은 체계적 사고과정과 발견적 사고과정인 2개의 사고 유형(또는 정보 처리과정)을 규정하고 있다.

1. **체계적 정보 처리과정**(systematic information processing)은 면밀하고 세세한 단계별 사고과정이다. 만약에 앞의 정치인의 주장을 자세히 조사하고("이 후보자는 정말로 '최상의 경험'을 가졌는가?") 면밀하게 다른 생각을 해본다면("확실히 이 후보자가 행정 경험을 가지고 있을 수는 있지만 아마도 그 외에는 아무것도 모를 수 있어"), 이것은 체계적으로 사고하는 것이다.

2. **발견적 정보 처리과정**(heuristic information processing)은 심리적 지름길이나 경험에 근거한 단순 규칙을 발견하는 데 사용하는 사고방식이다(7장 참조). 예를 들어 "그는 자신이 무엇을 하고 있는지 아는 것처럼 보인다"처럼 피상적인 모습을 근거하여 판단한다면, 이것은 발견적 사고를 하는 것이다.

태도 어떤 사람, 대상, 아이디어에 대한 생각과 감정의 복합

체계적 정보 처리과정 면밀하고 세세한 단계별 사고과정

발견적 정보 처리과정 심리적 지름길이나 경험에 근거한 단순 규칙을 발견하는 데 사용되는 사고과정

어떤 설득적 메시지도 사람들이 체계적으로 또는 발견적으로 사고하느냐에 따라 다른 효과를 가진다. 이 사실은 **주장 강도**와 **정보 처리과정** 양식의 두 가지 요인을 조작 실험한 연구에서 분명해졌다. 주장의 강도에 따른 영향을 알기 위해 연구 참여자가 강한 주장과 약한 주장 중 하나를 들었다. 정보 처리과정 양식의 영향을 알기 위해 실험자는 그 주장에 대해 집중하지 못하고 자세히 생각해볼 시간이 주어지지 않아서 실험자들이 체계적으로 생각하기보다는 발견적으로 생각하도록 하였다. 강한 주장이 더 많은 태도 변화를 가져왔지만 참여자가 체계적으로 사고할 수 있을 경우에만 변화가 있었다(Mackie & Worth, 1989).

이런 발견은 왜 때로 광고회사가 TV 광고에서 강하고 주도면밀하게 단어를 사용한 주장을 거침없이 하려 하지 않는지를 설명한다. 많은 시간 사람들은 산만하여 차이를 보이는 주장에 대해 충분히 집중하지 않게 된다.

체계적 사고 처리과정과 발견적 사고 처리과정은 2개의 심리적 사고과정으로 그 과정 속에서 설득적 메시지가 태도를 변하게 할 수 있다. 태도의 변화를 가져오는 또 다른 방법은 인지 부조화이다.

당신은 TV를 볼 때 얼마나 체계적으로 사고하는가?

인지 부조화와 태도 변화 인지 부조화(cognitive dissonance)는 사람들이 자신의 생각과 행동이 상당히 일치하지 않는 것을 인지하였을 때 발생하는 부정적 심리 상태이다. 한 예를 살펴보자. 먼저 당신이 환경 보호론자라고 가정해보자. 추가로 돈이 필요해서 당신은 개발 금지구역인 야생 보호지에서 석유를 시추하는 회사에서 파트타임으로 일하게 되었다. 즉 그 일을 하는 것은 환경 보호자의 입장과 일치하지 않는다. 당신이 이것을 인지하게 되면 당신은 갈등 속에서 괴로워하게 될 것이다. 이런 괴로운 감정이 인지 부조화로 알려져 있다.

인지 부조화는 심리적으로 불편하다. 그래서 사람들은 이것을 없애고자 한다. 부조화를 없애는 한 가지 방법은 태도를 바꾸는 것이다. 만약에 당신이 '야생 보호지에서 석유를 시추하는 것은 그렇게 나쁜 것만은 아니야'라고 생각하게 된다면 파트타임으로 일하는 행동과 그렇게 나쁘지 않다고 여기는 신념은 더 이상 부조화를 일으키지 않는다. 인지 부조화 이론은 사람들이 자신의 태도와 상충하는 행동을 하게 되었을 때 태도를 변하게 할 것이라고 예상한다.

연구자들이 지루한 과제에 대한 사람들의 태도를 알아봄으로써 이 이론을 실험해보았다(Festinger & Carlsmith, 1959). 실험의 첫 단계로 참여자들은 페그 보드에 나무 페그를 꽂는 아

Bruce Sallan / BoomerTechtalk.com; Desktop image: Martin Poole / Getty Images

세일 물건이 무엇이든 간에 나는 이 세일 물품 중 하나를 사야만 해 여러 일을 한꺼번에 하고 있는 경우에는 조금 더 집중하면 절대로 우리에게 영향을 미칠 수 없는 미디어 광고에 우리의 태도는 영향을 받는다. 왜냐하면 우리가 집중하지 않을 때에는 체계적 사고방식 대신 발견적 사고방식을 하여 약한 주장도 우리의 의사결정에 영향을 미치기 때문이다.

인지 부조화 사람들이 자신의 생각과 행동이 상당히 일치하지 않는 것을 인지하였을 때 발생하는 부정적 심리 상태

기억과 뇌에 대한 연계

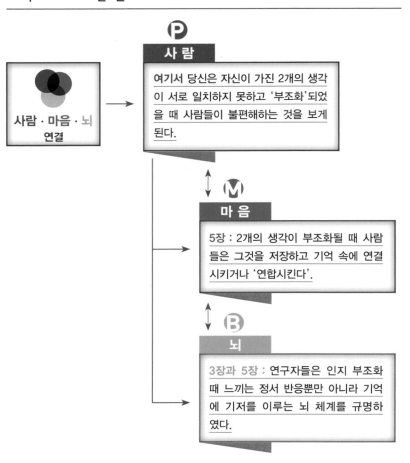

사람

여기서 당신은 자신이 가진 2개의 생각이 서로 일치하지 못하고 '부조화'되었을 때 사람들이 불편해하는 것을 보게 된다.

마음

5장 : 2개의 생각이 부조화될 때 사람들은 그것을 저장하고 기억 속에 연결시키거나 '연합시킨다'.

뇌

3장과 5장 : 연구자들은 인지 부조화 때 느끼는 정서 반응뿐만 아니라 기억에 기저를 이루는 뇌 체계를 규명하였다.

주 지루하고 단순한 일을 한 시간 동안 하였다. 이 일이 너무 지루하기 때문에 이 일에 대한 참여자의 태도는 부정적이었다. 그 후에 실험이 끝났다고 참여자들에게 말하였다. 하지만 실제로 실험은 지금부터였다. 3개의 실험 단계가 더 있었다.

1. 참여자들은 이 연구에 참여할 다음 번 참여자에게 실험이 매우 재미있었다고 말하라는 요청을 받았다. 실험이 재미있었다고 말하는 이 행동은 실험에 수반된 과제가 지루했음을 느낀 참여자의 태도와 갈등을 일으켰다.
2. 다른 실험 상황에서 참여자는 다음 번 참여자에게 지루한 과제가 재미있었다고 말하면 1달러나 또는 20달러를 받았다.
3. 후에 참여자는 실험과는 전혀 상관없는 사람과 인터뷰를 하는데 인터뷰한 사람은 실험과 지루한 일에 대한 참여자들의 진정한 태도를 알아냈다.

궁극적으로 이 실험에서 누가 가장 긍정적인 태도를 보였다고 생각하는가? 어쩌면 사람들은 돈을 벌기 좋아하기 때문에 1달러를 받은 사람보다 20달러를 받은 사람이라고 생각할 수도 있다. 하지만 인지 부조화 이론은 반대 결과를 말해주고 있다. 20달러를 받은 사람은 지루한 일이 재미있다고 말한 것이 곧 돈을 벌게 해주기 때문에 인지 부조화를 겪지 않는다. 하지만 1달러를 받은 사람은 그 작은 돈이 동료 친구에게 거짓말하는 행동을 정당화하지는 못한다. 이 상황 속에서 참여자는 (1) 과제는 지루하다, (2) 나는 단지 1달러 때문에 과제가 재미있다고 말했다는 두 가지 상충하는 생각 속에서 부조화를 경험하게 된다. 이론이 예상했던 것처럼 인지 부조화는 태도 변화를 가져온다(그림 11.5). 20달러

가 아닌 1달러를 받은 쪽에서 과제에 대한 사람들의 태도가 긍정적으로 변하였다. 사람들은 자신들의 태도를 변화시킴으로써 인지 부조화를 없앴다.

단순 노출과 태도 변화 앞에서 논의된 태도 변화를 가져오는 2개의 기술은 노력이 필요하다. 회사는 우리의 태도를 변화시키기 위해 설득적 메시지로서 광고를 만들어야만 한다. 인지 부조화를 통한 사람들의 행동을 변화시키기 위해서는 사람들이 자신의 태도와 모순되는 행동을 직면하도록 해야 한다. 태도를 변화시키려는 세 번째 방법은 수고를 하지 않아도 된다. 한 대상을 반복적으로 노출시키는 **단순 노출 효과**(mere exposure effect)를 통해 그 대상에 대한 사람들의 태도는 그야말로 더욱 긍정적으로 변한다(Zajonc, 2001).

단순 노출 효과는 놀랍다. 우리는 어떤 것을 반복적으로 보면 지겨워하고 덜 좋아하게 된다고 생각하게 된다. 하지만 반복적인 단순 노출은 그 대상에 대해 더욱 긍정적인 태도를 가지게 한다(Zajonc, 1980, 2001). 이것을 보여주는 연구로 참여자들에게 물체들의 사진을 보여주었다. 어떤 것은 한 번 또는 두 번만 보여주었지만 다른 것은 반복해서(예 : 25번 정도) 보여주었다. 그 후 참여자들에게 각 물체에 대해 자신들이 좋아하는 정도를 표시하도록 하였다. 결과는 당연히 반복적으로 본 물체가 가장 선호되었다.

단순 노출은 이해할 수 없는 현상을 설명할 수 있다. 사람들에게 자신들의 보통 사진과 왼쪽 오른쪽이 뒤바뀐 사진(보통 사진을 수평으로 '뒤집어서' 만든 사진) 중에서 어느 것을 더 좋아하는지 물었을 때 반응을 생각해보라. 많은 사람들이 뒤집힌 사진을 좋아한다(Mita, Dermer, & Knight, 1977). 왜 그런가? 단순 노출 때문이다! 사람들은 항상 자신을 거울을 통해 본다. 거울은 상의 왼쪽과 오른쪽을 바꾼다. 거울을 보면서 오른쪽 귀를 만지면 거울 속의 누군가는 그의 왼쪽 귀를 만지는 것을 보게 된다. 사람들은 좌우가 바뀐 자신의 모습에 노출되어 왔기 때문에 그 이미지를 더 좋아한다.

태도에서 행동으로 태도가 어떻게 변할 수 있는지 알아보았다. 두 번째 질문은 태도가 행동을 예측할 수 있는지 여부이다.

사람의 태도가 행동을 예측할 수 없다면 어떻게 될까? 코카콜라보다 펩시콜라에 대해 더 호의적인 태도를 가지고 있으면 펩시콜라를 살 것이다. 후보자 워싱턴보다 후보자 윌리엄을 더 좋아한다면 윌리엄에게 투표할 것이다. 하지만 이 장에서 배운 것을 기억해보면 사람들의 태도는 가끔 그들의 행동을 예측할 수 없다. 밀그램의 연구에서 '교사'는 '학습자'들에게 부정적 태도를 보이지 않았지만 그들에게 끔찍한 쇼크를 주는 행동을 하였다. 달리와 라타네의 연구에서 발작을 일으킨 사람에 대해 부정적 태도를 가지면서 돕지 않았던 많은 방관자들과는 사뭇 다르다.

그렇다면 언제 태도가 행동을 예측할 수 있을까? 다음 세 가지 상황에서 예측이 가능하다(Ajzen & Fishbein, 1977).

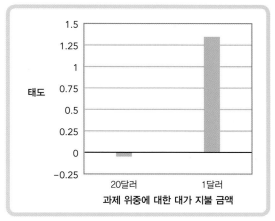

그림 11.5
인지 부조화와 태도 실험 참여자가 지루한 과제가 재미있다고 말해서 1달러를 받았을 때 과제에 대한 참여자의 태도는 매우 긍정적으로 되었다(Festinger & Carlsmith, 1959). 수치에서 0(숫자)은 중립 태도를 말한다. 높은 수치는 그 과제에 대해 더욱 긍정적인 태도를 가지게 됨을 의미한다.

정서와 뇌 연결하기

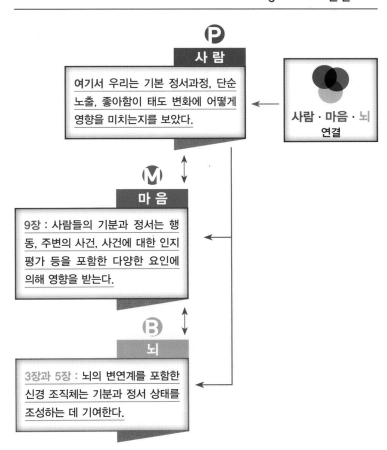

Both: Pete Souza / Obama Transition Office via Getty Images

거울 노출 왼쪽 사진은 오바마 미국 대통령의 보통 사진이다. 오른쪽 사진은 같은 사진을 왼쪽과 오른쪽을 뒤집었다. 당신에게는 오른쪽 사진이 이상해 보일 것이다. 하지만 오바마 대통령 자신에게는 아마도 괜찮아 보일 것이다. 사실 대부분의 사람들처럼 왼쪽 사진보다는 오른쪽 사진을 더 좋아한다. 버락 오바마 대통령이 거울을 볼 때면 언제나 오른쪽의 얼굴을 보기 때문이다. 단순 노출 효과는 결과적으로 많이 보아온 모습을 더 좋아하게 만든다.

1. **상황이 미치는 영향이 작을 때.** 상황적 영향이 강할 때, 즉 예를 들어 밀그램의 연구에서 명령은 개인 태도를 압도한다. 하지만 주변 상황의 영향력이 약할 때 태도는 행동을 예측할 수 있다. 선거 투표 부스를 생각해보라. 누구도 당신이 투표한 사람을 볼 수 없다. 상황 요인은 필수적으로 통제된다. 그래서 선거 행동이 직접적으로 선거 태도를 반영한다.

2. **자신의 태도와 자신에 대해 잠시 생각할 때.** 잠시 멈추어 '이 행동에 대해 나는 어떻게 생각하지'와 같이 생각하지 않고 우리는 종종 일상의 생활을 시작한다. 예를 들어 구강 위생에 대해 동의하는 태도를 가지고 있다고 가정해보자. 하지만 내일 중요한 시험이 있다면 구강 위생에 대해 생각할 겨를도 없어서 양치하는 것을 잊어버릴 것이다. 사람들이 자신과 자신의 태도에 대해 잠시 멈추어 생각할 때 태도는 행동을 가장 잘 예측한다. 사회심리학자는 이것을 '거울 앞에서'라는 간단히 조작된 실험을 통해 보여주었다. 거울은 사람들이 자기 자신에게 관심을 가지도록 하여 자기 내면의 태도에 대해 생각하도록 만든다. 사람은 거울 앞에 있을 때 자신의 태도가 행동을 잘 예측한다(Froming, Walker, & Lopyan, 1982; Carver & Scheier, 1998 참조).

3. **태도와 행동이 모두 동일하게 구체적일 때.** 태도에 대한 다음 두 질문을 생각해보라.

   ❯ 당신은 유행가를 얼마나 좋아하는가?
   ❯ 당신은 가장 최근에 다운로드한 음악을 연주한 밴드를 얼마나 좋아하는가?

> 어떤 상황에서 자신의 내면에 대해 의식하게 되는가? 이런 상황은 자신의 태도에 대해 더 잘 알아차리도록 하는가?

태도, 행동, 투표 부스 정치 후보자에 대한 사람들의 태도는 정확하게 투표 행동을 예측한다. 투표는 태도와 행동의 연계성을 극대화하는 세 가지 특성을 모두 가지고 있다. (1) 상황의 영향이 작게 된다(누구도 당신이 누구를 투표하는지 볼 수 없으며 투표할 때 방해할 수 없다). (2) 사람들은 자신의 태도와 자신의 선택에 대해 잠시 멈추어 생각해본다(선거인에게는 원하는 만큼 시간이 주어지기 때문에 생각할 시간이 많다). (3) 태도와 행동이 모두 동일하게 구체적이다(선택을 위해 투표용지에는 선호하는 그리고 선호하지 않는 후보자 이름이 나열되어 있다).

두 질문은 얼마나 구체적으로 묻는지에서 차이가 있다. 첫 번째 질문은 대중음악에 대해 일반적으로 묻고 있는 데 반해 두 번째 질문은 구체적인 한 밴드에 대해 묻고 있다. 그렇다면 행동에 대한 두 질문을 생각해보라.

❯ 음악에 얼마나 돈을 지출하는 것(올해 다운로드 횟수나 음악회 입장권)이 바람직하다고 생각하는가?
❯ 여러분은 최근에 다운로드한 곡을 연주하는 밴드의 음악을 돈을 지불하여 다운로드하거나 그들의 공연 입장권을 기꺼이 살 것인가?

다시 보면 첫 번째 질문은 일반적이고 두 번째 질문은 구체적이다. 측정하려는 태도와 행동이 둘 다 구체적일 때, 태도는 행동을 가장 잘 예측한다(Ajzen & Fishbein, 1977). 우리가 든 예에서 보면, 일반적으로 음악에 대해 가지는 사람들의 태도는 전체 음원 판매량을 예측하며 특정 밴드에 대한 태도는 그 밴드와 관련된 모든 구매행동을 예측한다. 하지만 태도와 행동이 다른 수준일 때, 예를 들어 음악에 대한 일반적인 태도와 특정 밴드에 대한 행동이 다를 때에는 태도와 행

Hill Street Studios / Getty Images

동은 관련성이 없게 된다. 음악에 대해 가지는 일반적 태도가 아닌 다른 많은 요인이 특정 밴드에 대한 행동을 결정짓는다.

요약하면 태도는 행동을 예측하지만 항상 그런 것은 아니다. 환경 요인의 영향이 적고 사람들이 자신의 태도에 대해 생각하며, 태도와 행동을 측정하는 것이 둘 다 동일하게 구체적일 때 태도는 행동을 최상으로 예측한다.

고정관념과 편견
사전 질문

> › 고정관념을 갖지 않는 것이 가능한가?
> › 당신이 속한 집단에 대해 사람들이 가진 고정관념 중에서 지적 성취를 방해하는 고정관념으로는 무엇이 있는가?
> › 어떤 사람도 인정하고 싶어 하지 않지만 가지고 있는 태도에 대해 심리학자들은 어떻게 측정하는가?
> › 어떤 인지, 정서, 동기, 사회적 요인이 편견을 야기하는가?
> › 어떻게 하면 편견을 줄일 수 있는가?

사회생활에서 모든 신념이 동일하게 중요한 것은 아니다. 스포츠팀, 음료수, 축제에 대한 우리의 생각은 단지 작은 역할을 한다. 다른 것들은 사회생활의 구조에 영향을 미친다. 그런 것들 중 하나가 고정관념으로 된 신념이다.

고정관념(stereotype)은 역사적으로 인간 생활의 한 부분이 되어 왔다. 한 집단이 다른 집단의 구성원들로부터 천박하고, 게으르고, 공격적이고, 지능이 낮고, 부도덕하다는 부정적 고정관념의 표적이 되어 왔으며 이런 현상은 또 다른 집단에게도 연이어 계속 나타나고 있다. 하지만 때때로 고정관념은 긍정적 내용도 포함한다. 예를 들어 미국에서는 아시아계 미국인은

여성 참정권 선거에서의 여성 참여 제한은 차별의 한 예이다. 어떤 집단에 속하였는지에 기초하여 그 집단의 개인을 불공평하게 대우한 차별이다. 미국에서는 1920년까지 여성에게 선거권이 주어지지 않았다.

특히 수학에 뛰어나다는 고정관념이 있다(Cheryan & Bodenhausen, 2000). (비록 긍정적 내용을 포함하고 있지만 아시아계 미국인에게는 사회 비용이 들게 한다; Wong & Halgin, 2006.)

한 사회에 존재하는 고정관념은 **편견**(prejudice)을 만들어내는데, 편견은 한 집단에 속한 개인에 대한 부정적 태도를 말한다. 한 집단에 속한 개인에 대해 폄하하는 생각이나 정서는 편견의 특징이다.

고정관념과 편견은 차례로 **차별**(discrimination) 또는 어떤 집단에 소속되어 있는지에 기초하여 그 구성원에 대한 불공정한 대우에 영향을 미친다. 모든 사람은 동일한 권리를 가지고 태어났다는 사실에 기초하는 국가인 미국의 역사는 고정관념, 편견, 차별의 사건들로 얽혀 있다. 예로 1920년까지는 여성이라는 집단에 속한 구성원은 선거에 참여할 수 없었다. '흑인'이라는 집단의 구성원은 1965년 투표권법이 통과되기 전까지는 이 기본 권리를 행사할 수 없었다.

고정관념과 편견에 대한 사회 인지과정 많은 사람들은 사회에 있는 고정관념에 대해 알고 있다. 그 고정관념은 피하기 어렵지만 사람들은 편견을 가지기 원하지 않는다. 고정관념을 피할 수 있을까? 연구는 고정관념 생각이 떠오르는 것을 막기란 거의 불가능하지만 공개적으로 그것을 표현하는 것을 억제할 수 있다고 보고한다. 이것을 이해하기 위해서는 두 가지 유형의 사고, 즉 **자동적 사고**와 **통제적 사고**를 구별할 필요가 있다(Devine, 1989; 5장도 참조). 자동적 사고과정은 신속히 일어나는데 아주 빨라서 우리는 이것을 통제할 수 없다. 통제적 사고과정은 노력이 필요하며 이런 사고를 하는 사람에 의해 통제를 받게 된다(Kahneman, 2011).

고정관념 한 집단 구성원의 특성에 대한 단순화된 신념 체계

편견 한 집단에 속한 개인을 폄하하는 생각이나 정서를 포함하며 집단에 대해 가지는 태도에 기초하여 그 집단 구성원인 개인에게 가지는 부정적 태도

차별 집단 소속에 기초하여 구성원에 대한 불공정한 대우

고정관념 위협 자신이 속한 집단에 대해 사회가 부정적 고정관념을 가진다고 확인하게 되었을 때 가지게 되는 부정적 정서 반응

자동적 사고와 통제적 사고에 대한 연구에서(Devine, 1989) 연구자는 참여자들을 먼저 (1) 아프리카계 미국인에 대해 인종 편견이 높은 사람과 (2) 낮은 사람으로 나누었다. 그리고 연구자는 두 집단에게 두 가지 과제를 내주었다.

1. **자동적 사고** : 과제는 아프리카계 미국인과 자동적으로 연합되어 고정관념을 주는 단어가 사람의 생각에 미치는 정도를 측정하였다.

2. **통제적 사고** : 참여자들에게 아프리카계 미국인을 생각하면 떠오르는 생각을 적게 하였다. 이 과제는 자동으로 떠오르는 생각을 배제하며, 자신이 쓰는 내용에 대해 통제할 수 있기 때문에 통제적 사고를 측정한다.

첫 번째 과제에서 두 집단은 차이가 없었다. 고정관념 사고를 보여준 자동적 사고 측정은 어떤 사람의 생각에서도 떠오를 수 있다. 하지만 두 번째 과제에서는 두 집단이 차이가 있었다. 낮은 편견을 가진 집단의 사람은 아프리카계 미국인에 대해 부정적 생각을 더 적게 적었다. 이 결과는 인종 편견이 적은 사람도 마음 안에 아프리카계 미국인에 대해 부정적 고정관념이 있지만 이들은 자신들의 생각을 표현하는 것을 억제하는 정신적 노력을 하고 있다는 것을 보여주고 있다(Devine, 1989).

> 자신이 가진 고정관념을 다시금 생각하고 통제해야만 했던 때는 언제였는가?

우리가 고정관념이 있는 사회 속에 살고 있다면 우리가 그것을 배우지 않는 것은 불가능하다. 그러나 통제적 사고과정을 통해 고정관념은 동료 시민에 대한 단편적이고 부정확한 그림이라는 사실을 기억하면서 편견과 싸울 수 있다.

고정관념 위협 우리가 지금 토론한 고정관념에 대한 연구는 고정관념을 가진 사람에 대한 것이다. 그렇다면 고정관념의 대상이 되는 사람들에 대한 연구는 어떤 내용일까?

이 책의 첫 장에서 이름을 만날 수 있는 클로드 스틸이 처음 시작한 연구는 고정관념이 사람의 지적 성취에 악영향을 미칠 수 있다고 한다. 이것은 **고정관념 위협**(stereotype threat)을 통해 일어나는데, 자신이 속한 집단에 대해 부정적 고정관념이 있다는 사실을 확신하게 되었을 때 갖게 되는 부정적 정서 반응을 말한다(Steele, 1997). 고정관념에 의해 위협을 받게 되면 사람들은 지적 능력 검사에서 낮은 성취를 보인다.

고정관념 위협은 다음의 세 가지 요인이 동시에 발생했을 때 일어난다.

❯ 자신에게 주어진 과제를 잘하고자 노력한다.
❯ 사회 고정관념은 자신이 속한 집단이 그 과제에서 성취가 낮을 것으로 기대하고 있다.
❯ 고정관념에 대해 상기하고 있다.

이 세 가지가 함께 일어나게 되면 사람은 고정관념 위협에 직면하게 된다. 사람들은 아마도 부정적 고정관념을 확인하게 될 것이다. 고정관념이 틀렸다는 것을 안다 하더라도 성취하지 못할 것을 우려하여 부정적 고정관념을 확인시키는 태도를 가지고 있다. 이와 같은 우려는 사람의 성취를 저해하여 자신이 가진 실제 능력보다 낮은 수준에서 성취를 하게 하는 원인이 된다.

스틸은 흑인 대학생을 대상으로 한 지능 측정 검사에서 고정관념 위협을 연구하였다. 백인과 흑인 학생이 두 가지 실험조건에서 검사를 수행하였다. 한 조건에서는 단순히 검사를 수행하도록 하였다. 다른 조건에서는 먼저 학생들의 인종 배경을 질문하는 인구학적 설문 문항에 답하도록 하였다. 참여자에게 자신의 인종에 대해 물었을 때 — 이것은 흑인학생에게 고정관념 위협이 발생하게 한다 — 흑인 학생은 낮은 검사 점수를 받았지만 백인 학생은 다른 조건의 백인 학생보다 아주 차이 날 정도로 높은 점수를 받았다. 자신의 인종적 배경을 묻지 않았을 때 흑인과 백인 학생

간의 점수 차이는 현저히 줄어들었다(그림 11.6).

인종과 민족에 대한 고정관념만이 유일하게 고정관념 위협을 유발하지 않는다. 또 다른 것으로 성 고정관념이 있다. 여성은 수학에 있어 남자보다 못하다고 묘사되는 고정관념에 여성은 지배를 받고 있다. 연구는 이 고정관념이 성취에 어떻게 영향을 미치는지를 보여주고 있다. 한 실험 상황에서 남성과 여성 참여자는 수학시험을 볼 것이며 남성과 여성의 점수는 항상 차이가 있었다는 고정관념이 내포되어 있는 안내를 듣게 된다. 이 상황에서 남성이 여성보다 더 좋은 점수를 받았다. 하지만 다른 실험 상황에서 참여자는 그들이 볼 수학문제에서 남성과 여성의 점수는 항상 차이가 있지 않다는 안내를 듣게 되는데 이 안내는 고정관념 위협을 낮추게 하였다. 이 상황에서는 여성과 남성은 비슷하게 시험을 잘 보았다(Steele, 1997). 따라서 여성은 남성처럼 잘 성취할 능력을 가졌지만 고정관념에 지배를 받으면 성취를 잘하지 못하였다.

고정관념 위협에 대한 100개 이상의 연구 논문에 대한 메타분석은 스틸의 독창적인 연구 결과인 고정관념 위협이 지적 성취를 낮출 수 있다는 것을 확인해주고 있다(Nguyen & Ryan, 2008). 과제 수행 동안에 진행되는 의식적 사고인 플로(8장 참조)에 대한 연구에서 고정관념 위협은 '여러 가지 생각이 나도록' 하여, 즉 과제에 집중하지 못하고 지금 해야 할 과제 대신에 다른 주제에 대해 생각하도록 만든다는 것을 발견하였다. 정신적으로 집중하지 못하는 상태가 성취를 저해한다(Mrazek et al., 2011).

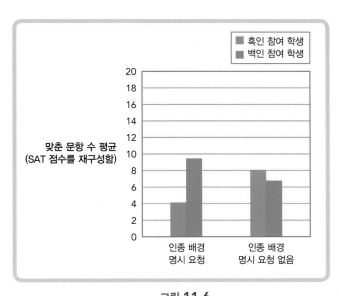

그림 11.6
고정관념 위협과 지적 성취 클로드 스틸과 동료들의 연구(1997)에 의하면 흑인과 백인 참여 학생은 자신들의 인종 배경을 명시하거나 명시하지 않는 실험 조건하에서 지적 능력 시험을 수행하였다. 인종 명시를 요구한 상황은 흑인 학생들 안에서 고정관념 위협을 활성화하여 흑인 학생의 검사 점수를 낮게 하였다.

고정관념과 편견에 대한 암묵적 측정 고정관념과 편견에 대한 연구에 있어 가장 큰 과학적 도전은 어떻게 측정하는지다. "어떤 인종 집단이 당신이 속한 집단에 비해 열등하다고 생각하십니까?" 여기서 문제를 발견할 수 있다. 자신이 속한 집단이 우수하다고 믿는 사람조차도 자신이 그렇게 생각하고 있다는 사실을 인정하기 원하지 않는다. 사람들이 정직하게 대답하지 않을 가능성이 높다. 우리가 정말로 필요로 하는 것은 자기보고식 방법에 의지하지 않고 고정관념을 측정할 수 있는 방법이다. 다행스럽게도 심리학자는 **암묵적 측정**을 고안했다.

암묵적 측정이란 참여자에게 연구자가 측정하는 것을 말해주지는 않는다. 도구는 그 목적이 무엇인지 참여자에게 힌트를 줄 수 있는 명백한 진술을 포함하지 않고 있으며 검사를 하는 중에도 참여자는 자신의 검사 내용(personal quality)을 직접적으로 보고하지 않는다. 그럼에도 불구하고 이 검사는 사람의 신념을 측정한다. 암묵적 측정이 어떻게 하는 것인지 알기 위해서 IAT(Implicit Association Test, 암묵적 연상검사)라는 한 검사를 자세히 살펴보도록 하자(Greenwald, McGhee, & Schwarz, 1998).

인종에 대한 고정관념을 측정하는 IAT검사에서 참여자는 2개의 자극, 즉 (1) 전형적인 유럽계 미국인의 이름 '헤더'와 아프리카계 미국인의 이름 '에보니'와 (2) '행복한'과 같은 긍정적 정서의 단어와 '악한'과 같은 부정적 단어를 제시받는다. 이름이나 단어가 나타나면, 참여자는 가능한 빨리 컴퓨터 키보드에 있는 2개의 키 중에서 하나를 재빨리 눌러야만 한다. 어떤 실험연구에서 참여자는 다음의 규칙에 따라 키를 누르도록 하였다.

희생양 만들기 자신이 처한 상황에 좌절감을 가질 때 그 나쁜 상황을 다른 집단의 탓으로 비난하는 것

A를 누르시오. 만약 유럽계 미국인의 이름이나 긍정적 단어인 경우	**B를 누르시오.** 만약 아프리카계 미국인의 이름이나 부정적 단어인 경우

다른 실험에서 다른 규칙을 적용하여 키를 누르게 했다.

A를 누르시오. 만약 유럽계 미국인의 이름이나 부정적 단어인 경우	**B를 누르시오.** 만약 아프리카계 미국인의 이름이나 긍정적 단어인 경우

개인적으로 가진 생각과 과제의 규칙이 일치할 때 참여자는 그 과제를 더 빨리 수행하였다. 예를 들어 만약 대부분의 사람이 유럽계 미국인에 대해 긍정적으로 아프리카계 미국인에 대해서는 부정적인 생각을 가지고 있다면 부정적 단어가 유럽계 미국인과 연합된 것보다 아프리카계 미국인과 연합되어 제시되었을 때 더 빨리 키를 누를 것이다. 고정관념의 측정은 이 두 상황하에서 과제를 수행하는 속도를 비교하는 것이다.

연구는 유럽계 미국인은 두 번째 조건보다 첫 번째 조건에서 더 빨리 키를 누르는 것으로 보고한다. 인종에 대해 갖는 명확한 고정관념에 대해 반대 성향을 가진 유럽계 미국인조차도 IAT검사를 통해 유럽계 미국인 이름을 선호하는 암묵적 경향을 보여주고 있다(Greenwald et al., 1998). IAT가 개발된 이후 암묵적 측정이 전통적 질문지 방식으로는 규명하지 못하는 고정관념의 신념

자신이 어떤 암묵적 신념을 가지고 있는 것을 발견하고 놀라게 되었는가?

과 태도를 측정한다는 사실을 연구는 밝히고 있다(Petty, Fazio, & Briñol, 2009). 태도에 대한 암묵적 측정으로 말미암아 전에는 감추어져 있던 정신 내용을 밝혀낼 수 있게 함으로써 마음에 대한 새로운 지평을 열고 있다.

편견의 근원과 해소 편견은 어디에 근원을 두고 있을까? 그리고 근원이 어디에 있든 간에 어떻게 하면 편견을 없앨 수 있을까? 이 질문에 답함으로써 고정관념과 편견에 대한 내용을 결론 맺고자 한다.

편견의 근원을 조사할 때 고려해야 할 두 가지 요인, 즉 (1) 심리적 과정과 (2) 역사적 요인, 특히 편견의 대상이 되는 사람들의 역사가 있다.

고든 올포트(Gordon Allport, 1954)는 편견에 작용하는 세 가지 심리적 과정인 일반화, 적의, 희생양 만들기에 대해 논의하였다.

1. 일반화는 사람들이 다른 대상을 본질적으로 동일하게 간주할 때 발생한다. 한 집단에 속한 모든 사람을 기본적으로 같다고 생각할 때, 즉 한 집단에 대해 일반화할 때 그 집단에 대해 편견을 더 쉽게 가질 수 있다.

2. 적의는 다른 사람을 경쟁자나 적으로 보는 부정적인 정서이다. 자신이 다른 집단과 경쟁을 하게 될 때, 사람들은 다른 민족이나 인종을 멸시하는 말을 사용하여 가지고 있는 적의를 언어로 표현하기 쉽다.

3. **희생양 만들기**(scapegoating)는 자신이 처한 상황에 좌절감을 가진 사람이 그 나쁜 상황을 다른 집단의 탓으로 비난할 때 발생한다(Glick, 2005). 이런 비난하는 행동은 자신에 대해서는 지속적으로 긍정적으로 여기도록 동기화하며 그래서 자신의 잘못을 회피하고 다른 사람에게 잘못을 전가함으로써 그 상황을 넘어갈 수 있게 한다

경쟁, 적의, 편견 이탈리아는 상대적으로 말해서 인종에 대해 편견이 적다. 설문조사에 의하면 이탈리아 시민은 다양한 인종과 민족에 대해 많은 다른 유럽 나라의 인종이나 민족처럼 동일하게 받아들이고 있다(Berggren & Nilsson, 2012). 하지만 최근에 적대적인 편견을 보여주는 놀라운 사건이 발생했다. AC 밀란 팀의 흑인 선수가 상대 팀 팬들로부터 인종적 모욕을 받았다. AC 밀란 선수인 케빈 프린스 보아텡은 항거해서 축구장을 나가기로 결정했다. 그의 팀 선수들도 그와 뜻을 같이 하였기 때문에 경기는 중단되었다. 인종적 모욕은 심리학자 고든 올포트가 편견을 야기하는 상황 유형 중 하나와 정확히 일치하였는데, 상이한 인종 또는 집단의 구성원이 라이벌로 서로 경쟁하는 상황 속에서 만날 때 발생한다.

Imago sportfotodienst / Newscom

(Newman & Caldwell, 2005). 올포트는 그 예로서 "자신이 한때 꿈꾸었던 것 같은 기술자가 되지 못하여… 자신의 직업에 행복하지 않고 … 그러면서 실제로는 유태인은 회사 소유나 경영과는 털끝만큼의 관계도 없음에도 불구하고 자기 대신 그 자리에 있는 유태인이 있다고 불평하는" 노동자를 들었다(Allport, 1954, p. 349).

올포트의 분석 같은 일반심리과정 분석은 가치가 있지만 제한점을 가지고 있다. 편견의 개별 사례는 세 가지 심리과정(적의, 일반화, 희생양 만들기)의 예로서 이해될 수 있다는 것을 의미한다. 하지만 어떤 편견 사례를 이해하기 위해서는 심리 분석뿐만 아니라 역사 요인 분석도 필요하다. 아프리카 미국인에 대한 편견 사례를 한 번 생각해보라.

집단 간 접촉 집단 간 접촉에 관한 연구는 상이한 민족, 인종집단이 함께 일을 하게 되면 편견이 감소하는 것을 보여주고 있다.

심리학자인 스탠리 게인즈와 에드워드 리드(Gaines & Reed, 1995)는 아프리카계 미국인에 대한 편견과 그들의 편견 경험을 이해하기 위해서는 이 집단이 가진 독특한 역사를 대면해야 할 것을 주장하였다. 아프리카계 미국인은 일반화, 적의, 희생양뿐만 아니라 노예로 팔리게 되면서 "가정과 재산을 강제적으로 빼앗기는 착취와 심지어는 문화와 가족이 해체되는 것"(p. 99)을 경험하였다.

게인즈와 리드는 아프리카계 미국인으로 대학자인 두 보이스를 통해 아프리카계 미국인 심리학자로서의 독특한 경험을 부각시켰다. 두 보이스는 아프리카 미국인은 '2개의 분화된 세계'를 경험한다고 말하였다(Gaines & Reed, 1995, p. 99). 자신은 한편으로 미국인으로 미국의 시민이다. 하지만 또 다른 한편에서는 미국과 자신을 동일시하기 어려운데 그 이유는 역사적으로 아프리카계 미국인은 재산으로 간주되었기 때문이다. 노예 제도가 폐지된 이후에도 사회의 주류 분위기는 아프리카계 미국인에 대해 편견과 차별이 있었다. 자신이 아프리카계 미국인이라면 자신이 "미국인이면서 또한 동시에 미국인이 아닌"(Gaines & Reed, 1995, p. 97) 시민으로 자신의 국가가 자신이 속한 집단을 치욕스럽게 대해왔다는 것을 알고 있다. 다른 연구도 아프리카계 미국인은 "개인이 가진 '흑인성'과 백인 중심의 사회 속에서의 갈등"을 경험한다고 설명하고 있다(Sellers et al., 1998, p. 21).

편견의 근원이 무엇이든 간에 편견이 없어질 수 있을까? 많은 연구들(Paluck & Green, 2009)은 **집단 간 접촉**(intergroup contact)을 통해 가능하다고 말하고 있다. 집단 간 접촉을 사용한 중재 방법에서 심리학자는 상이한 다양한 집단이 함께 만나서 시간을 함께 하도록 계획하였다. 예를 들어 상이한 인종과 민족 집단에 속하는 학생들이 같은 교실에서 시간을 보내거나 다른 배경을 가진 집단에 속한 직원들이 함께 일을 하는 것이다. 500개 이상의 집단 간 접촉 연구를 분석한 결과에 의하면 집단 간 접촉은 편견을 감소시키기 원하는 사람이 동기화되었다는 것을 알 수 있다(Pettigrew & Tropp, 2006). 함께 더 많은 시간을 보낸 집단이 서로 다른 집단에 대해 편견을 덜 가지고 있었다는 것이 발견되었다.

지금까지 보아온 고정관념과 편견의 사례는 미국 그리고 세계 어느 지역에서나 발생하고 있다. 자, 이제는 문화에 대한 질문을 생각해보면서 우리의 시야를 세계로 넓혀보자.

집단 간 접촉 상이한 다양한 집단이 함께 만나서 시간을 함께 하여 편견을 감소시키는 기술

문화

일상생활에서 당연한 것으로 여겨지는 많은 행동이 있다. 어떤 행동은 너무 보편적이어서 생각 없이 그렇게 행동한다. 다음의 예를 생각해보자.

❯ 당신이 누군가를 만나게 되면, 상대방은 자신의 이름을 말하고 당신의 이름을 묻는다.

❯ 한 아이에게 장난감을 주면 아이는 그것을 자신의 소유물로 여기고 자신의 장난감 상자에 넣는다.

❯ 당신이 의사에게 심하게 아픈 친척의 상태에 대해 이야기하면 의사는 친척의 생존 가능한 시간을 포함한 여러 의학적 소견을 말해줄 것이다.

이런 예들은 그리 놀랍지 않다. 사람의 이름을 알고자 하고, 선물을 자신의 것으로 받아들이고, 의사로부터 의학적 소견을 듣는 것은 보통의 흔한 일이다. 우리가 알고 있는 거의 모든 사람이 이렇게 행동하며 그 행동들이 적절하다고 믿는다.

어떤 집단에서든지 모든 사람이 사람, 사회 구조, 세계에 대해 필수적으로 공유하는 신념이 필연적으로 있다. 공유된 신념과 이런 신념에 영향을 미치는 사회 실천이 한 집단의 **문화**(culture)를 구성한다.

자신이 속한 집단의 문화 신념과 행동에 대해 아는 것은 매일 일상생활을 영위하는 데 필수적이다. 문화 지식은 일어나는 일들이 무엇을 의미하는지를 파악할 수 있게 한다(Geertz, 1973). 이런 지식이 없다면 매일의 일상은 이해할 수 없을 것이다. 예를 들어 여행자는 이런 지식이 부족하기 때문에 **문화 혼동**을 경험하게 된다(Hottola, 2004). 지구의 반대 방향에 위치한 나라를 여행할 때

> 당연하다고 받아들이는 문화 행동으로는 무엇이 있는가?

면 자기 문화에 대한 지식이 여행하는 지역의 상황에 딱 들어맞게 적용되지 않는 것을 발견하게 된다. 일상에서 만나는 것들은 초보 여행자들에게는 문화 충격 개론서와 같은 것으로, 예를 들어 눈을 쳐다보며 이야기하는 것이 당연하였으나 이것이 다른 문화에서 어떻게 이해되는지, 자신의 문화에서는 개인적인 내용이어서 묻기를 꺼렸으나 다른 문화에서는 화젯거리로 삼거나, 일과 계획에서 문화에 따라 시간 엄수가 어떻게 다르게 시행되는지(Spradley & Phillips, 1972)는 여행을 떠난 사람이 기대했던 것과 차이가 있어 그들을 혼동 상태에 빠지게 한다.

Steve Shepard / Getty Images

사유지 도로? 미국에서는 사유지 도로에 대한 개념이 매우 보편화되어 있다. 하지만 세계의 다른 지역에서는 이 개념이 아주 이상하게 여겨진다. 어떤 문화권에서는 개인보다는 공공의 이익을 우선시하는 사회행동이 중요시되며 재산은 개인이 소유하는 개념이라기보다는 공동으로 소유하는 개념이 더 보편적이다.

신념과 사회행동에 있어서의 문화 다양성

사전 질문

> ❯ 문화가 우리의 생각과 행동에 관여하는 것을 보여주는 예로 무엇이 있는가?

문화는 다양하다. 한 문화에서는 금기시하지만 그렇지 않게 받아들이는 다른 문화가 있다면 이 두 문화의 공통점은 무엇인가? 예를 들어 우리는 사람들이 처음 만나면 항상 자신의 이름을 말하고 상대방의 이름을 물어야 한다고 생각한다. 하지만 그렇게 생각하지 않는 사람도 있다. 인도네시아의 발리 섬에서는 이름은 전통적으로 군사적 비밀처럼 여겨져 왔다(Geertz, 1973, p. 375). 발리 사람들은 자신을 소개할 때 이름을 말하는 대신 마을에서 자신의 위치(예 : "나는 마을 추장입니다")나 가족에서의 위치("나는 마을 추장의 아내입니다")를 말한다. 이런 사회행동은 그 문화가 가장 가치를 부여하고 있는 공동체와 가족과 연합을 반영하고 있다(Geertz, 1973).

이 절 초반에 예시된 행동들은 문화적으로 다양하다. 미국 외의 다른 지역에서는 재산을 개인 소유로 보기보다는 공유 재산으로 여긴다. 어떤 곳에서는 아동이 장난감이나 옷을 개인의 소유물

문화 공유된 신념과 이런 신념에 영향을 미치는 사회행동

로 보기보다는 가족 재산으로 여기기도 한다(Trumbull, Rothstein-Fisch, & Greenfield, 2001). 의료 진단 예와 관련해서는 동남아시아의 어떤 문화권에서는 의료적 소견을 듣기 원하지 않는다. 이들은 '신만이 인간이 언제 죽는지를 안다'고 믿고 있다. 따라서 그들은 의사의 예상수명에 대한 소견에 대해 '의사가 사람이 언제 죽을지를 알 수 있는 것은 의사가 환자를 죽일 계획을 가지고 있기 때문이다'로 해석한다(Galanti, 2000, p. 336).

사회심리과정에서의 문화 다양성

사전 질문

> ❭ **사회심리학자들이 범하기 쉬운 가정은 무엇인가?**

지금까지 문화 다양성에 대해 읽어보았다. 잠시 이 장 앞부분의 내용을 다시 생각해보자. 앞에서 논의한 사회심리 실험들은 공통점이 있다. 그것이 무엇인지 알 수 있는가? 그것은 대부분의 실험이 동일한 문화, 즉 미국이나 서구 유럽 또는 일반적으로 '서구'라 불리는 문화 속에서 수행되었다는 것이다. 이 연구들은 다른 문화 속에서도 동일한 결과를 도출할 수 있을까?

　오랫동안 사회심리학자들은 이 질문에 대해 유념하지 않았다. 사회심리학자는 이들의 연구 결과가 세계의 다른 곳에서도 동일할 것으로 추측하였다. 하지만 최근 문화심리학의 분야(Kitayama & Cohen, 2007; Shweder & Sullivan, 1993)가 만들어지고 급격히 성장하면서 이 가정에 대해 의문을 제기하였다. **문화심리학**(cultural psychology)은 문화를 바탕으로 한 사회행동과 개인의 심리적 특성이 상호 영향을 미치는 것에 대해 연구하는 심리학의 한 분야이다. 앞서 논의한 주제나 특성 중 하나를 다시 선택하여 문화심리학의 시각에서 살펴보자.

문화와 개인 원인 대 상황 원인에 대한 귀인

사전 질문

> ❭ **기본 귀인 오류는 얼마나 보편적인가?**

1984년 심리학자 조안 밀러는 어느 측면에서 전통적인 귀인 실험과 유사한 연구를 수행하였다. 밀러는 연구 참여자에게 일상에서의 행동에 대한 이유를 말하도록 하였다. 기본 귀인 오류 연구에 따른다면 참여자는 사람에게 미치는 개인 내적 요인은 과대평가하지만 상황적 영향에 대해서는 과소평가할 것으로 기대한다. 하지만 밀러는 연구에 새로운 단계를 추가하였다. 밀러는 미국과 함께 인도의 남부 지방에서도 연구를 수행하였다. 그 연구는 **비교 문화 연구**(cross-cultural study), 즉 동일한 연구 과정을 두 문화권에서 수행하는 연구였다.

　밀러의 연구는 귀인에서 문화적 차이를 규명하였다. 미국에 사는 사람은 다른 사람의 행동을 "그게 바로 그 사람이 어떤 사람인지를 보여주는 거야"(Miller, 1984, p. 967)처럼 사람의 질적인 측면에서 우선 설명한다. 하지만 인도에 사는 사람은 행동을 사회적 맥락으로 더 많이 귀인하여 보았다. 예를 들어 "그 남자는 실업 상태야" 또는 "그 여자는 다르게 행동할 수 있는 (사회적) 힘이 없어"(Miller, 1984, p. 968)로 행동의 귀인을 찾았다. 그래서 인도에서는 기본 귀인 오류가 미국에서 만큼 눈에 띄게 발생하지는 않는다.

　추후연구가 이 결과를 뒷받침해주었다. 범죄나 운동 경기와 같은 사건의 원인에 대한 귀인연구에서 중동과 동남아시아 국가의 사람은 행동의 귀인에 있어 미국 사람보다 개인적 특성에 덜 귀인하였고 대신 상황적 요인을 더 많이 언급하였다(Oyserman, Coon, & Kemmelmeier, 2002).

　왜 문화에 따라 귀인에서 차이가 있을까? 설명이 가능한 이유는 문화적 신념과 관습이 다르기

문화와 기본 귀인 오류　미국에서는 기본 귀인 오류를 종종 범한다. 행동의 원인을 개인적 특성으로 돌리고 상황적 요인에 대해 과소평가를 한다(예 : "진흙탕 길로 버스를 운전하다니 운전사가 미쳤나? 무슨 생각을 한 거지?"). 비교 문화 연구에 의하면 인도에 사는 사람은 행동을 사회적 상황으로 귀인하여 생각하기 때문에 기본 귀인 오류를 범하지 않는 경향이 있다(예 : 인도 사람은 버스 운전사는 높은 사람이 결정한 노선대로 버스를 운전해야만 했을 것이라고 생각한다).

문화심리학　문화를 바탕으로 한 사회행동과 개인의 심리적 특성이 상호 영향을 미치는 것에 대해 연구하는 심리학의 한 분야

비교 문화 연구　동일한 연구과정을 다른 두 문화권에서 수행하는 연구

때문이다(Markus & Kitayama, 1991; Triandis, 1995). 북아메리카와 서구 유럽의 서구 국가의 지배 문화는 **개인주의**(individualistic)로 개인의 행복 추구와 자유로운 의사 표현과 '자신다움'의 권리를 강조한다. 많은 동구(예 : 동남아시아 사람) 국가에서는 **집단주의**(collectivistic)가 지배 문화로 개인은 가족이나 이웃 공동체와 같은 더 큰 집단에 소속되어 있는 것을 강조한다. 집단주의 문화 행동은 개인이 자신이 속한 사회에 가지는 의무를 중시한다.

문화가 다르면 다른 사고방식을 가지게 된다(Nisbett et al., 2001). 집단 문화에서 성장한 사람은 전체적으로 생각하는 경향이 있다. 종합적 사고방식 속에서 사람은 사건이 발생한 실제적이고 사회적인 환경인 전체적 맥락에 주의집중한다. 대조적으로, 개인주의 문화에서는 분석적 사고를 강조하여 개인이나 대상의 본질을 맥락과 분리하여 사고한다.

통합적/분석적 사고 차이는 밀러의 연구에서 발견되는 귀인에서의 문화적 다양성을 설명한다. 동아시아 문화의 종합적 사고는 행동을 설명할 때 개인 특성보다는 상황 요인에 더 중점을 둔다. 결과적으로 동아시아 사람은 행동을 설명할 때 맥락적 요인을 고려하기 때문에 기본 귀인 오류를 피하게 된다.

뇌 연구는 문화에 따라 분석적 사고와 통합적 사고를 하는 것에 대한 추가적인 증거를 제공하고 있다(Lewis, Goto, & Kong, 2008). 유럽계 미국인과 동아시아에서 온 미국인(중국인이 대부분 참여함)으로 이루어진 연구 참여자를 대상으로 일련의 자극을 보여주었다. 어떤 자극은 연구 참여자를 집중하게 만드는 '표적' 자극이었다. 다른 자극은 맥락 자극으로 배경에 대한 시각적 정보였다. 어떤 경우에는 배경이 예기치 않게 변하였다. EEG는 참여자의 뇌가 이런 변화에 반응하는 정도를 측정하여 기록하였다. 연구 결과는 동아시아계 미국인의 뇌가 변화의 폭이 더 많은 것을 보여주었으며 그들의 뇌가 배경 변화에 더 강하게 반응하는 것을 발견하였다(그림 11.7). 이것은 개인주의와 집단주의 같은 문화 실행이 다름에 따라 분석적 사고와 종합적 사고 같은 사고 양식이 다르게 될 뿐만 아니라 다른 문화의 구성원의 뇌 활동에서도 다른 활동 유형을 보이고 있다.

지금까지 뇌 연구가 문화와 사고를 더 깊게 이해할 수 있도록 돕는 것을 살펴보았다. 이제는 사회 인지와 뇌에 대해 살펴보도록 하자.

사회 인지와 뇌

사회심리학의 주제는 이 책의 주제를 말해주고 있다. 이 분야는 세 가지 차원으로 분석을 수행하고 있다.

1. 먼저 사회심리학자는 **사람** 차원에의 분석연구를 수행하였다. 군중, 집단, 사회 역할과 같은 사회적 맥락 속에서 사람의 행동을 조사하였다.
2. 사회 인지 연구는 마음 차원에서의 분석연구를 처음으로 시도하였다. 사회심리학자는 사람의 태도와 사회행동 기저에 있는 사고과정을 규명하였다.
3. 가장 최근에는 사회심리학자는 뇌 차원의 분석연구를 통해 이해의 깊이를 더하고 있다. 빠르게 성장하는 **사회신경과학**(social neuroscience) 분야는 사회 인지와 행동에 기저를 이루면서 뇌 안에 있는 생물 체계를 탐구한다(Cacioppo, Berntson, & Decety, 2012).

사회 인지와 뇌를 연구하는 연구자는 두 가지 주요한 도전에 직면하고 있다. 하나는 뇌를 어떻게 연구할지 방법을 모색하는 것이다. 기술 발전이 이 도전 과제를 해결할 수 있도록 돕고 있다. 일반적으로 연구자는 뇌 영상 기술, 특히 fMRI(2장과 3장 참조)를 사용하여 사회 사고를 하는 동안 가장 활성화되는 뇌의 영역을 밝혀내고 있다.

개인주의 문화 차이에 대한 연구에서 개인의 행복 추구와 자유로운 의사 표현과 '자기다움'의 권리를 강조하는 문화 신념과 가치 양식

집단주의 문화 차이에 대한 연구에서 개인이 가족이나 이웃 공동체와 같은 더 큰 집단에 소속되어 있는 것을 강조하는 문화 신념과 가치 양식

사회신경과학 사회 인지와 행동의 기저를 이루는 뇌의 생물학적 체계를 탐구하는 연구 분야

그림 11.7

사람들은 사건의 원인을 무엇이라고 하는가?

사람 · 마음 · 뇌
상호작용

사 람 P

사고 원인에 대한 생각은 문화마다 다양하다. 미국에서는 사건의 귀인을 "미친 운전사 같으니라고"처럼 개인 특성 요인으로 돌린다. 인도에서는 "운전사는 높은 사람이 결정하였기 때문에 위험한 노선이라도 운전해야만 했을 거야"처럼 상황적 요인으로 원인을 돌린다.

마 음 M

귀인의 차이는 사고 양식의 차이를 반영한다. 개인을 둘러싼 환경적 맥락과 분리하여 개인 특성에만 초점을 맞추는 분석적 사고는 서구 문화에서는 상대적으로 보편적이다. 개인이 속해 있는 환경 맥락에 초점을 두는 종합적 사고는 동양 문화에서 더욱 보편적이다.

뇌 B

예기치 않은 맥락 사건에 대한
뇌파 반응

—— 동아시아계 미국인
—— 유럽계 미국인

EEG 기록에서 동아시아 국가 사람의 뇌와 유럽계 미국인의 뇌를 비교했을 때, 동아시아 국가 사람의 뇌가 맥락정보에서 예기치 않은 변화가 있을 때 더 많이 반응하였다(Lewis et al., 2008). 다시 말하면 동아시아 국가 사람의 뇌는 맥락에 더 많이 반응하였다.

또 다른 도전은 바로 사회 인지이다. 사회 인지의 다양한 유형에 따라 뇌의 다른 영역이 활성화된다. 그래서 심리적 경험과 생물 체계가 연결되어 있기 때문에 연구자는 뇌 자체만 연구해서는 안 된다. 연구자는 먼저 사회적 사고(social thinking)의 다양한 유형을 구별할 필요가 있다. 다음의 구별은 효과적인 것으로 밝혀졌다(Van Overwalle, 2009).

> 다른 사람이 계속적으로 경험하는 심리 상태에 대한 사고 : 우리는 다른 사람에 대해 생각할 때, 그 사람의 현재 심리 상태, 특히 현재의 목표나 감정에 때때로 초점을 둔다. 당신은 "다른 사람들이 무엇을 하려는 거지?"와 "그들은 그것에 대해 어떻게 느끼지?"에 대해 기본적으로 자문한다. 예를 들어 파티에서 누군가가 농담하는 것을 보았다면, 그 사람이 농담을 함으로써 얻으려고 하는 것이 무엇인지와 아무도 웃지 않을 때 농담한 사람이 어떤 기분일지를 스스로에게 물어본다.

> 다른 사람의 개별 특성에 대한 사고 : 한편 우리는 다른 사람의 안정되고 지속적인 특성에 대해 관심을 가진다. 본질적으로 우리는 우리가 마주 대하고 있는 사람이 어떤 종류의 사람인지를 파악하려고 노력한다. 예를 들어 아까 말한 파티에서 농담을 한 사람에 대해 다시 생각해보자. 우리는 그 사람이 외향적인지(지속적인 특성) 아니면 지적인지(지속적인 정신 능력)를 스스로에게 물어본다.

뇌 연구는 이런 두 가지 유형의 사고가 진행될 때 뇌의 활성화되는 영역이 다르다고 말한다(Van Overwalle, 2009).

다른 사람의 지속적인 경험에 대한 사고

사전 질문

> **다른 사람이 고통을 받고 있을 것을 보면 우리는 왜 얼굴을 찌푸리게 되는가?**

다른 사람이 다친 것을 보면 우리가 직접 고통을 받지 않음에도 불구하고 우리는 고통으로 얼굴을 찌푸리게 된다. TV에서 승마 경주를 보면서 말과 기수를 응원할 때면 우리는 말을 타고 있지 않음에도 불구하고 의자 앞쪽으로 앉아 소리치며 그 말을 응원할지도 모른다. 뇌는 우리가 보고 있는 사람의 경험을 우리 안에서 유사하게 만들어낸다.

연구는 그것이 바로 우리의 뇌가 하는 일이라고 밝히고 있다. 우리가 누군가를 쳐다볼 때면, 우리의 뇌는 그 사람이 느끼는 경험을 함께 느끼도록 한다(Gallese, Eagle, & Migone, 2007). 그것은 다른 사람의 뇌에서 활성화되고 있는 부분이 자동적으로 우리의 뇌에서도 활성화됨으로써 가능해진다. 우리 뇌 영역이 다른 사람의 뇌 활성화를 재생하는 것을 거울 시스템이라고 부르는데, 이는 우리 뇌 영역이 다른 사람의 관찰행동을 반영하기 때문이다(Gallese et al., 2007; Rizzolatti et al., 2001; Van Overwalle, 2009).

6장에서 논의한 것처럼 거울 시스템 또는 '거울 뉴런'은 원숭이를 대상으로 한 연구에서 밝혀졌다(Rizzolatti et al., 2001). 한 원숭이가 다른 원숭이가 먹을 것을 쥐고 있는 것을 보게 되었을 때 쥐는 데 작용하는 근육 운동을 주관하는 뇌 체계가 두 원숭이 모두에게서 활성화되었다. 관찰한 원숭이의 뇌는 관찰한 행동을 모방('거울로' 반영)하였다.

거울 시스템은 유기체가 다른 대상을 모방할 뿐 아니라 이해할 수 있도록 돕는다. 행동을 모방함으로써 뇌는 관찰하는 사람 안에서 관찰되는 다른 유기체의 감정을 모방한 유사한 감정을 창출한다. 이를 통해 관찰자는 관찰되는 다른 대상(원숭이나 사람)이 현재 경험하는 것을 이해할 수 있게 한다.

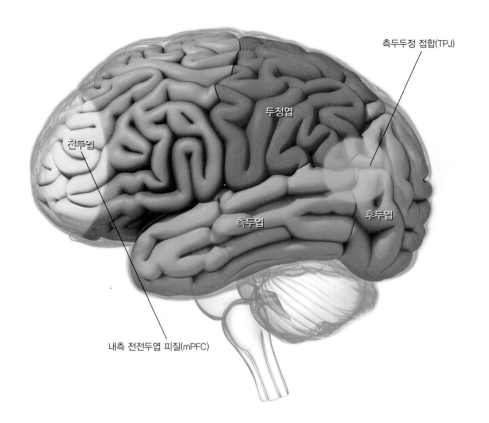

그림 11.8
사회 인지와 뇌 사회 인지에 중요한 키 역할을 하는 뇌의 두 영역 : 측두두정 접합(TRJ)과 내측 전전두엽 피질(mPFC)

측두두정 접합(TPJ)

두정엽

전두엽

측두엽

후두엽

내측 전전두엽 피질(mPFC)

200개 이상의 fMRI 연구에 대한 메타 분석은 이런 거울 작용은 최소한 일정 영역에서, 특히 측두두정 접합(TPJ)으로 알려진 뇌 영역에서 일어나고 있다고 말한다. 영역 이름이 암시하듯이, TPJ에서는 측두엽과 두정엽이 만난다(그림 11.8). 이 영역은 다른 사람의 행동에 대한 목적이나 의도를 추론할 수 있도록 하며 본질적으로 행동의 이유를 판단할 수 있게 한다(앞의 귀인 절에서 이미 토론한 바이다).

다른 사람의 행동에 대해 생각할 때 뇌를 스캔한 연구는 TPJ가 무슨 역할을 하는지를 증명하고 있다. TPJ는 어디서 성장하였으며 직업은 무엇인지와 같은 다른 사람의 배경 특징을 생각할 때는 특히 활성화가 되지 않았다. 하지만 다른 사람의 행동을 주목할 때는 매우 활성화되었다. 특히 이교 집단에 어떤 사람이 가입한 것을 알게 되었을 때와 같이 다른 사람의 사고와 감정에 대해 더 많은 생각을 하게 만드는 평범하지 않은 행동에 대해 특히 활성화된다는 것은 사실이다(Saxe & Wexler, 2005).

다른 사람의 지속적인 특성에 대한 사고

사전 질문

> 〉다른 사람이 무엇을 경험하고 있는지에 대한 사고는 다른 사람이 어떤 사람인지에 대한 사고와 차이가 있는가?

다른 사람의 지속적인 특성, 즉 변함없는 특성이나 능력에 대해 생각할 때는 뇌의 다른 영역이 활성화된다. 그곳은 내측 전전두엽 피질(mPFC)이다(Van Ovewalle, 2009). mPFC는 이름이 말하듯이 뇌의 전두엽 중앙 영역에 위치하고 있다.

mPFC는 뇌의 다른 영역과 매우 상호 연결이 잘되어 있다. mPFC는 다른 사람의 지속적인 특성을 판단하는 역할을 하며 특성을 판단하기 위해서는 다양한 정보를 통합해야만 한다. 예를

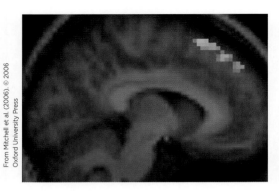

그림 11.9

사회 인지 동안의 뇌 활성화 다른 사람에 대해 사고할 때 내측 전전두엽 피질(mPFC)이라는 특정 뇌 영역이 활성화가 된다. 이 뇌 영상은 연구 참여자가 다른 사람의 개인적 성격 특성에 대한 인상을 생각할 때 mPFC 영역이 활성화되는 것을 보여주고 있다.

들어 누군가가 친절을 베푸는 행동을 하면 우리는 먼저 그 사람의 행동을 다각적인 관점에서 살펴보고 일반 다른 사람이 보이는 친절한 행동 수준과 비교해본 후에야 비로소 '이 사람은 친절한 사람이다'라고 결론을 맺는다. mPFC처럼 상호 연결망이 매우 잘되어 있는 뇌 체계는 이런 통합적 판단의 역할을 감당할 수 있다(Van Overwealle, 2009).

사회 인지에서 mPFC가 하는 기능은 연구 참여자가 사진과 함께 진술(예 : "이 남자는 직업을 찾는 대신 하루 종일 TV를 보고 있다"; Mitchell et al., 2006)을 듣는 실험을 통해 증명되었다. 다른 실험에서 참여자는 (1) 사진 속 남자의 심리 특성에 가지는 인상을 말해보거나 (2) 진술이 제시되었던 순서를 기억하는 과제를 수행하였다. mPFC는 인상에 대해 생각할 때 특히 활성화되었다(그림 11.9).

이와 같은 연구 결과는 사회신경과학 분야의 빠른 발달을 보여주고 있다. 얼마 전까지만 해도 사회심리학자가 TPJ나 mPFC에 대해 다룰 것이라고는 기대하지 않았다. 사회심리학은 사람에 대한 학문이었기 때문이다. 하지만 사회 인지 연구 덕분에 사회심리학은 마음을 연구하는 학문이 되었다. 그리고 현재의 사회심리학은 사람, 마음, 뇌의 융합 학문이다.

⟲⟳ 돌아보기 & 미리보기

이 장을 시작할 때 심리학을 전체적으로 배우려면 사회심리학을 제일 먼저 배우면 좋다고 이야기하였다. 심리학의 다른 주제를 먼저 살펴보면서 우리는 그 이유를 알 수 있다. 사고과정을 연구하는 심리학자는 사고 양식이 문화에 따라 다르다는 내용을 포함한 사회적 사고 연구를 하고 있다. 사회심리학 접근에서의 학습은 우리가 다른 사람과 상호작용을 하면서 어떻게 기술, 행동, 의견을 습득하는지를 설명할 수 있어야 한다. 정서에 대한 연구는 사회적 상황에서만 발생하는 질투, 시기, 자랑과 같은 정서에 대한 연구를 포함해야 한다. 발달에 대해서는 우리 자신이 전인격체로 성장하기 위해서 꼭 있어야 하는 사회 세상 속에서 상호작용할 때, 어떻게 생물적으로 그리고 심리적으로 인간이 발달하는지를 설명할 수 있어야 한다.

Chapter Review
복습

이제 이 장을 마쳤다. 부록에는 사회심리학에 대해 배운 부분이 요약되어 있다. 요약을 읽어보면 이 장에서 학습한 내용을 복습하는 데 도움이 된다.

핵심 용어

개인주의	문화	사회행동	집단주의
고정관념	문화심리학	실험 협조자	차별
고정관념 위협	발견적 정보 처리과정	역할	책임감 분산
군중	복종	응종	체계적 정보 처리과정
귀인	비교 문화 연구	인지 부조화	친밀한 관계
기본 귀인 오류	사회 규범	집단	태도
단순 노출 효과	사회신경과학	집단 간 접촉	편견
동조	사회심리학	집단 사고	혼란 후 재구성하기 기법
문간에 발 들여놓기 기법	사회 인지	집단 역동	희생양 만들기

연습 문제

1. 다음의 어떤 변인이 군중 속에서 폭력을 부추기기 쉬운가?
   a. 익명성
   b. 공통의 정체성
   c. 사회 규범
   d. 자기중심

2. 재난 속에서 사람들은 전형적으로 어떻게 대응하는가?
   a. 어찌 할 바를 모름
   b. 다른 사람을 도움
   c. 폭력적으로 행동함
   d. 약탈함

3. 애쉬의 실험에서 참여하는 사람이 다른 사람은 실험 협조자인 것을 알게 되었다면 결과는 어떻게 되었겠는가?
   a. 응종에 대한 압력은 더 크게 증가하였을 것이다.
   b. 그들을 응종하도록 만드는 사람이 필요 없었을 것이다.
   c. 만장일치로 응종하는 효과가 더욱 강하게 되었을 것이다.
   d. 응종에 대한 압력이 크게 감소하였을 것이다.

4. 집단 사고를 거부하려는 사람을 집단 사고를 방지하기 위해 어떻게 충고하겠는가?
   a. 집단이 모두 같은 생각을 할 수 있도록 압력을 더한다.
   b. 반대 의견에 대해 논쟁할 수 있는 사람을 정한다.
   c. 집단이 가장 인기 있는 의견을 확인하고 선택할 수 있도록 안내한다.
   d. 반대 의견을 소개하는 사람을 정한다.

5. 재스민은 학술 대회 토론에 참석하였다. 그녀가 방에 들어갔을 때 한 사람이 다가와서 토론 대회를 주관하는 단체를 옹호한다는 표시로 그녀의 옷깃에 특별한 리본을 달아줄 수 있는지 물었다. 나중에 그 단체에 가입할지를 물었는데 등록비가 50달러였다. 그녀가 계속 응종하도록 다음 중 어떤 기술을 사용하였는가?
   a. 권위에 복종
   b. 체계적 정보 처리의 증가
   c. 문간에 발 들여놓기 기법
   d. 혼란 후 재구성하기 기법

6. 밀그램은 첫 복종 실험에서 어떤 결과를 기대했는가?
   a. 어떤 상황은 너무 강력해서 개인의 신념을 뛰어넘어 복종시킬 수 있게 한다.
   b. 아무런 영향이 없다는 것을 알았다면 사람은 신나서 다른 사람에게 상해를 입힐 것이다.

c. 어떤 유형의 사람은 다른 사람에게 더 쉽게 복종한다.

d. 미국 사람은 믿을 수 없을 정도로 다른 사람들의 말을 쉽게 믿는다.

7. 밀그램의 복종 연구는 짐바르도의 스탠퍼드대학 감옥 실험과 어떤 면에서 유사한가?

   a. 두 연구에 참여한 사람은 모두 무선적으로 실험 역할에 배당되었다.

   b. 두 연구 모두 개인이 가진 성격이 아닌 강력한 상황의 힘에 귀인된다.

   c. 두 연구의 참여자는 모두 개인 성격에 기초하여 사전에 선별되었다.

   d. 두 연구 모두 사람은 타인을 해치는 데 자발적이며 행복해한다는 것을 보여주었다.

8. 당신은 남학생과 여학생이 심하게 경쟁하는 초등학교 3학년 반을 맡은 선생님이다. 셰리프의 로버스 케이브 연구에 대한 내용을 바탕으로 남학생과 여학생의 화합을 증진하기 위해 당신이 할 수 있는 방법은 무엇인가?

   a. 자신들의 '팀' 이름을 만들어보기

   b. 즐거운 경쟁을 통해 화합하기

   c. 자신들의 '팀'이 우월한 이유 말하기

   d. 공동의 목표를 위해 함께 일하도록 함

9. 당신은 지금 살고 있는 아파트에서 다른 곳으로 이사를 가려고 한다. 그래서 이사를 도와줄 친구를 구할 필요가 있다. 방관자 효과에 대한 연구를 바탕으로 다음 전략 중 어느 것이 가장 효과적인가?

   a. 당신의 친구와 또는 지인에게 도움이 필요하다는 것을 즉시 소셜 미디어를 통해 알리기

   b. 친구에게 개별적으로 연락하여 왜 특히 그 친구를 생각했는지에 대해 각각 설명하기

   c. 당신의 주소록에 있는 모든 사람에게 그들의 도움이 필요하다는 내용의 이메일 발송하기

   d. 당신의 모든 친구를 개별적으로 접촉하여 각자에게 가능한 알고 있는 모든 사람에게 도움을 구하고 있다고 말하기

10. 오븐에서 구운 쿠키를 꺼내다가 손을 살짝 데었다. 이 장에 소개된 연구에 의하면 고통을 감소시킬 수 있는 방법은 무엇인가?

a. 사랑스러운 이성에 대해 생각하기

b. 자신의 사회정체성을 상기하기

c. 총체적 정보과정

d. 감옥의 간수인 척 상상하기

11. 당신이 만나는 사람들 중에서 한 사람을 제외하고 대부분은 당신을 좋아한다. 당신에 대한 그 사람의 감정에 대해 어떤 귀인을 하기 쉬운가?

   a. 개인적 귀인 : 당신을 좋아하지 않게 만드는 무엇인가가 그 사람 안에 있다.

   b. 상황적 귀인 : 당신을 좋아하지 않게 만드는 무엇인가가 그 사람 안에 있다.

   c. 개인적 귀인 : 그 사람이 당신을 좋아하지 않게 만드는 무엇인가가 당신 안에 있다.

   d. 상황적 귀인 : 그 사람이 당신을 좋아하지 않게 만드는 무엇인가가 당신 안에 있다.

12. 당신은 지금 막 속도위반으로 벌금 용지를 받았다. 만약 당신이 기본 귀인 오류를 가지고 있다면 그 벌금 용지를 준 경찰관을 어떤 사람이라고 할 것인가?

   a. "경찰관은 멍청한 사람이라서 나에게 속도위반 벌금 용지를 주었어."

   b. "내가 속도를 냈기 때문에 경찰관은 나에게 속도위반 벌금 용지를 주었어."

   c. "내가 멍청이라서 경찰관은 나에게 속도위반 벌금 용지를 주었어."

   d. "속도를 내는 것은 위험한 주행 위반이어서 경찰관은 나에게 속도위반 벌금 용지를 주었어."

13. 페스팅거와 칼스미스(1959)의 인지 부조화에 대한 고전적 연구에서, 어떤 그룹이 자신들의 행동에 대한 정당화를 위해 최소한의 비용을 받았으며 그들의 해명은 무엇인가?

   a. 20달러를 받고 다음 참여자에게 연구가 지루하지 않다고 말한 집단으로, 20달러는 거짓말한 대가로는 너무 작은 비용이었기 때문이다.

   b. 20달러를 받고 다음 참여자에게 연구가 지루하지 않다고 말한 집단으로, 20달러는 거짓말한 대가로는 너무 큰 비용이었기 때문이다.

c. 1달러를 받고 다음 참여자에게 연구가 지루하지 않다고 말한 집단으로, 1달러는 거짓말한 대가로는 너무 작은 비용이었기 때문이다.

d. 1달러를 받고 다음 참여자에게 연구가 지루하지 않다고 말한 집단으로, 1달러는 거짓말한 대가로는 너무 큰 비용이었기 때문이다.

14. 본문에서 묘사되었던 다음 연구 중에서 집단 간 접촉 효과를 설명하는 것은 무엇인가?

a. 짐바르도의 스탠퍼드대학 감옥 실험

b. 밀그램의 복종 연구

c. 셰리프의 로버스 케이브 연구

d. 애쉬의 응종연구

15. 어떤 심리적 경험이 거울 체계 작용에 귀인하는가?

a. 우리는 다른 사람이 가진 특성을 단순히 그들을 관찰함으로써 알아낼 수 있다.

b. 우리는 다른 사람을 관찰함으로써 왜 그들이 이와 같이 행동하는지를 이해할 수 있다.

c. 사람은 사랑하는 사람의 사진을 쳐다볼 때 고통을 덜 느끼게 된다.

d. 사람은 처음 작은 요구에 동의하게 되면 나중에 더 큰 요구에 대해서 쉽게 동의하게 된다.

해 답

해답은 부록에서 확인할 수 있다.

성 격

> **"내** 성격은 모험을 즐기고, 격렬하고, 자발적이고, 느긋하고, 융통성 있고, 편협하지 않고, 바람기 있고, 놀기 좋아하고, 다정하고, 친절하고, 재미있고, 위트가 있고, 지적이고, 신경을 많이 쓰지 않아도 되고, 민감하고, 보살핀다는 말로 가장 잘 묘사된다."

> "내 성격은 느긋하고, 융통성 있고, 편협하지 않고, 다정하고, 친절하고, 재미있고, 위트 있고, 외향적이고, 자신감 있다는 말로 가장 잘 묘사된다."

> "내 성격은 내가 선택한 방향으로든 또는 선택하지 않은 방향으로든 끊임없이 변화하고 진화하고 있다. 중간 입장은 없다."

> "나는 절충적인 성격이어서 내 성격은 누구와도 어울린다."

> "내 성격은 좋다. 나는 가끔 엉뚱하고 대담한 행동을 한다. 나는 바깥 활동을 좋아하고 단지 좋은 시간을 보내고 싶을 뿐이다."

> "내 성격은 내가 짐작한 것을 다 드러내지 않고 아주 조금만 드러낸다. 나는 매우 소심하고 조용한 데가 있지만 그런데도 무디고 목소리가 크다. 단지 상황에 달려있다. 다른 사람들은 나와 반대로 나를 묘사한다."

> "나는 내 성격이 밝게 타오르고 끄기 어려운, 누군가 쉽게 흥미를 갖게 하는 불꽃같다고 말하고 싶다."

이 성격 묘사를 읽은 사람들 대부분은 "내가 이 사람들을 만나고 싶을까?"라고 스스로에게 묻는다. 이러한 성격 묘사들은 온라인 데이트에서 나온 것이다.

당신은 또한 스스로에게 다음 질문을 할 수도 있을 것이다—이러한 표현들이 사람들의 실제 성격에 대한 정확한 묘사일까? 혹은 단지 좋은 인상을 주려고 그렇게 말한 것일까?

성격심리학에 관해 다루게 될 이 장에서, 우리는 간단하지만 보다 심층적인 질문을 제기할 것이다. 이 사람들이 평범하게 이야기하고 있는 것—거칠거나 위트가 있거나, 수줍거나 목소리가 크거나, 변화하거나, 절충하거나, 밝게 타오르는 불꽃 같을 수 있다는 그것은 무엇인가? 성격은 무엇인가? 성격이 무엇이든 어디에서 오는가? 그것은 변할 수 있는가? 그것을 측정할 수 있는가? ◉

시작해보자. 잠깐 멈춰서 당신 자신의 성격 특성을 성찰해보고 다음 질문을 해보자 — 당신의 성격은 무엇과 같은가?

당신은 성격에 관한 이 장을 이제 막 시작했지만, 이미 충분히 이 문제를 완성할 수 있다. 이 장 서두에서 사람들이 했던 것처럼, 당신은 자신의 성격에 대한 묘사를 할 수 있다. 성격이 무엇을 의미하는지에 대해 이해하고 있고, 자신의 성격이 무엇과 같은지를 안다. 모든 사람들은 어떤 의미에서는 성격 이론가이다.

이 장에서는 직업으로서 성격 이론가들인 사람들, 즉 성격을 연구하는 심리학자들의 연구들을 소개하는데, 세 단계로 성격심리학을 제시할 것이다.

1. 우선 심리학에서 성격이 의미하는 것이 무엇인지를 검토한다.
2. 네 가지 성격 이론(정신역동 이론, 인본주의 이론, 특질 이론, 사회 인지 이론)을 제시한다. 당신은 이론의 주요 아이디어를 배울 것이며 심리학자들이 성격 특성을 조사하기 위해 사용한 측정도구들을 알게 된다.
3. 마지막으로, 뇌 연구는 성격 이론에서 연구된 심리적 특성을 심화시키므로 분석 수준을 사람, 마음에서 뇌로 내린다.

성격의 정의

대부분의 단어들처럼, '성격'이라는 단어는 다른 것들을 의미할 수 있다. 아래의 진술은 그 단어의 세 가지 용법을 예시를 들어 설명한다.

1. "나는 심리학 과목을 견딜 수 없어. 교수가 성격이 없어."
2. "내 성격은 모험을 즐기고, 거칠고, 자발적이고, 느긋하고, 융통성 있고, 편협하지 않고, 바람기 있고, 놀기 좋아하고, 다정하고, 친절하고, 재미있고, 위트가 있고, 지적이고, 신경을 많이 쓰지 않아도 되고, 민감하고, 보살핀다는 말로 가장 잘 묘사된다."
3. "그녀의 성격은 성공의 동기와 성공에 대한 공포 간의 감춰진 내면의 갈등으로 특징지어진다."

진술문 1에서 '성격'은 주로 '카리스마(사람을 휘어잡는 매력)'를 의미한다. 당신의 교수가 단조로운 톤으로 단지 조용히 강의노트만을 읽는다면, 그녀는 '카리스마'가 부족하다. 다시 말해 당신은 그녀가 '성격이 없다'고 말한다. 만일 그녀가 예리한 식견에 무례한 유머를 섞어서 강의실을 누빈다면 당신은 그녀가 '엄청난 성격'을 가졌다고 말한다.

진술문 2와 3으로 넘어가기 전에, 심리과학에 있어 성격은 카리스마를 의미하지 않는다는 것에 주목하라. 이 장은 '카리스마의 심리학'에 관한 것이 아니다. 성격이라는 단어에 대한 다음의 두 가지 의미는 바로 이 장의 주제를 알려준다.

진술문 2에서는 성격이란 한 개인의 전형적이고 관찰할 수 있는 행동과 관련이 있다. 누군가 그녀 스스로를 모험을 즐기고, 거칠고, 자발적이고, 느긋하다고 묘사한다면, 그녀는 기본적으로, 당신이 충분히 오랫동안 그녀를 관찰했을 때 그녀가 이런 방

잭 블랙은 '강한 성격'을 가졌는가? 그렇다. 당신은 그렇게 말할지도 모른다. 그러나 그렇게 말한다면, 성격심리학에서 사용되고 있는 것과 같은 방식으로 '성격'이라는 단어를 사용하고 있지 않다. 과학 분야에서 '성격'이란 누군가 '강한' 성격을 가졌다고 우리가 말할 때와 같은 '카리스마'를 의미하지 않는다. 그것은 사람들이 느끼고 생각하고 행동하는 데 있어서 차이가 나며 상대적으로 일관된 패턴, 그리고 그 일관된 패턴에 기여하는 내적인 심리적 특성을 언급한다.

© Paul Schmulbach / Globe Photos / ZUMAPRESS.com

식으로 행동한다는 것을 안다고 말하고 있는 것이다 — 항상 그렇진 않지만 (아무도 하루 24시간 동안 거칠고, 모험을 즐기지는 않는다), 상대적으로 빈번하게 그렇다. 그때 성격이란 사람들이 어떻게 전형적으로 생각하고 느끼고 행동하는지를 나타낼 수 있다.

진술문 3은 진술문 1, 2와는 다르다. 그것은 관찰할 수 있는 행동이 아니라 내적인 정신생활 — 이 경우에는 감춰진 정신적 갈등과 관련이 있다. 따라서 당신이 이 사람을 무심히 관찰한다면 갈등을 보지 못할 수도 있는데, 그 말은 그녀의 외부로 드러난 행동은 내면의 혼란을 감출 수도 있다는 것이다. 이 세 번째 진술문에서 성격은 정신생활의 내적인 구조 및 작동방식인 개인 특유의 사고, 감정, 욕망과 관련이 있다.

페르소나 드러낸 외모는 가면을 쓴 내적 인격이라는 고대의 아이디어. 그리스비극에서 연극배우는 라틴어로 페르소나라고 불리는 가면을 썼으며 이는 현대의 '성격'이라는 단어의 기원이다.

'성격' 정의하기

사전 질문

> ❯ 성격심리학자들이 성취하고자 노력하는 두 가지 과학적 목표는 무엇인가?

성격심리학자들은 관찰 가능한 행동은 물론 내면의 정신생활에도 관심이 있다. 성격에 대한 그들의 정의는 진술문 2와 3을 결합한 것이다. 다시 말해 **성격**(personality)이란 느끼고 생각하고 행동하는 데 있어서 상대적으로 일관되고 관찰 가능한 패턴들, 그리고 이러한 패턴들을 설명하는 내적인 심리적 체계라고 볼 수 있다.

두 가지 특징을 결합한 성격에 관한 정의 때문에, 성격을 연구하는 심리학자들은 두 가지 과학적 목표를 추구한다(Cervone, 1991).

❯ 사람들의 전형적인 행동과 그 행동에서의 개인차를 묘사하기(불안하거나 공격적인 것처럼 사람들은 성향에 있어서 일관되게 서로 다른가?)

❯ 각 개인의 관찰 가능한 특성을 설명하는 마음과 뇌의 체계를 확인함으로써 성격 특성을 설명하기(개인의 불안 또는 공격적 행동을 설명하는 '겉으로 드러나지 않는' 신념, 감정, 동기, 뇌 체계는 무엇인가?)

두 가지 추가적인 아이디어에 주목함으로써 '성격이란 무엇인가'에 관한 논의를 결론지을 것이다. 당신은 이미 직관적으로 성격이 무엇을 의미하는지 알고 있기 때문에, 두 가지 아이디어는 당신에게 익숙할 것이다. 한 가지 아이디어는 **특수성**인데, 성격이란 당신을 차이 나게 만드는 것으로, 당신을 다른 사람과 구별하는 것이다. 당신이 서두 연습문제에서 성격을 묘사했을 때 "사람들이 나를 의도적으로 모욕할 때 나는 화가 나요"라는 식으로 말하지는 않았을 것이다. 모든 사람은 그런 일이 발생할 때 화가 나며, 그것은 사람들 사이에 차이가 없다. 성격 특성은 당신이 다른 모든 사람과 다르게 하도록 하는 그 무엇이다. 성격심리학자들은 이것을 인식하고 사람들이 차이가 나는 기본적인 방식을 유의미하게 묘사하는 것을 목표로 한다.

> 당신을 다른 사람들과 구별하는 심리적 특성은 무엇인가?

두 번째 아이디어는 **일관성**이다. 성격은 사람들이 시공간을 초월해 가지고 있는 특성을 말한다(Allport, 1937). 만일 친구가 끊임없이 불안을 나타낸다면 — 날마다, 다른 상황에서, 다른 사람들과 — 당신은 불안이 그녀 성격의 일부라고 말한다. 반대로, 그녀가 일관성 없이 불안을 보인다면(예 : 마지막 시험주간 전에만), 아마도 그렇게 말하지 않을 것이다. 성격심리학자들의 주요 과제는 사람들의 경험과 행동에서 보이는 일관성의 패턴을 설명하는 것이다(Cervone, 2004).

성격 느끼고 생각하고 행동하는 데 있어서 상대적으로 일관되고 관찰 가능한 패턴들, 그리고 이러한 패턴들을 설명하는 내적인 심리적 체계

성격 이론

성격 특성들을 설명하기 위해 심리학자들은 성격 이론을 만들어낸다. **성격 이론**(personality theory)은 인간 본성과 개인차에 관한 포괄적인 과학적 모형이다.

무엇이 성격 이론을 설명하는지를 알아봄으로써 시작할 것이다—그것은 '기본 성분'이다. 그러고 나서 성격의 네 가지 이론을 제시할 것이다.

성격 구조와 과정

사전 질문

> 〉 설명하고자 하는 성격의 구조와 과정은 무엇인가?

성격 이론은 성격 구조 분석과 성격과정 분석이라는 중요한 두 부분을 포함하고 있다.

〉 **성격 구조**(personality structures)는 오랜 기간이 지나도록 일관되게 남아 있는 성격의 요소들이다. 많은 특성들—좋아하는 것들, 전형적인 정서적 반응들, 인생의 장기 목표들, 개인적 가치와 도덕적 기준들—은 해가 가고 달이 가도 안정적으로 남아 있다. 이러한 안정적인 요소들이 성격 구조이다.

〉 **성격과정**(personality processes)은 빈번히 일어나는 정신생활과 행동에서의 변화들이다. 만일 당신의 경험에 대해 생각한다면, 작동을 하는 성격과정을 볼 수 있다. 최근에 기분이 좋다가 나빠진 적이 있는가? 어떤 활동에 갑자기 흥미를 잃거나 하던 것을 멈춘 적이 있는가? 누군가와 이야기할 때는 편안함을 느끼고 다른 이와는 불편함을 느꼈는가? 비록 당신 성격의 핵심(성격 구조)이 하루하루 안정적이었을지라도, 당신의 경험은 시간과 상황에 따라 변동을 거듭했다. 성격심리학자들은 성격과정의 이론을 발전시킴으로써 기분과 동기, 행동에서의 변화 패턴의 개인차를 설명한다.

성격 이론 인간 본성과 개인차에 관한 포괄적인 과학적 모형

성격 구조 오랜 기간이 지나도록 일관되게 남아 있는 성격의 요소들

성격과정 한순간에서 다음 순간에 일어나는 심리적 경험과 행동에서 변화 패턴의 개인차

Frederic J. Brown / AFP / Getty Images

Adam Pretty / Bongarts / Getty Images

변동을 거듭하는 성격과정 마리아 샤라포바의 성격 구조는 시간에 따라 변하지 않았다. 그러나 그녀는 때에 따라 변하는 생각, 느낌, 태도에서 성격과정의 이동을 경험했다.

이 장에서 당신은 일련의 성격 이론들이 성격 구조와 성격과정을 어떻게 다뤄왔는지를 학습하게 될 것이다. 또한 각 이론들은 성격심리학에서 세 번째 주요 주제인 평가를 어떻게 다뤄왔는지도 학습할 것이다.

성격 평가

사전 질문

> ❯ 성격심리학자는 어떤 도구를 가지고 사람들을 과학적으로 연구하는가?

성격심리학자들은 인간 본성에 대해서 단순히 추측하는 것이 아니라 과학적으로 연구하기를 원한다. 그렇게 하기 위해, 그들은 개인을 탐색하기 위한 객관적이고 신뢰할 수 있는 도구, 다시 말해 성격 평가가 필요하다.

성격 평가(personality assessment)는 개인의 독특한 심리적 특성을 알아내기 위한 구조화된 절차이다. 당신이 배우게 될 각각의 성격 이론들은 성격을 평가하기 위한 지침을 제공한다.

그럼 지금부터 성격 이론과 성격 구조, 성격과정 및 성격 평가에 대해 각 이론들이 어떻게 접근하는지 살펴볼 것이다.

프로이트의 정신분석 이론

당신이 1880년대의 비엔나로 돌아갈 수 있다면, 세계에서 가장 유명한 심리학자가 될 운명인 젊은이를 만날 수 있다. 어떤 점에서 그는 총명하고, 잘 교육받았고, 통찰력 있고, 야심 있는 사람이라는 말과 '잘 어울린다'. 그러나 그에게 직업이 무엇인지 묻는다면, 그의 대답에 놀랄 것이다. 그 젊은이, 프로이트(1856년 출생)는 심리학자가 아니었다. 그는 의생명과학연구를 계획하는 의사였다.

그는 상황으로 인해 계획을 변경했다. 사랑을 하게 된 프로이트는 결혼을 하기 위해 돈이 필요했기에 연구보다는 수익성이 좋은 진로를 찾았다. 그는 개업의가 되었고, 그것은 그에게 엄청난 결과를 가져다주었다(Jones, 1953). 프로이트는 환자들을 진료하면서 그의 성격 이론인 **정신분석 이론**(psychoanalytic theory)을 정립하기 시작했는데(Freud, 1900, 1903), 이는 또한 정신 에너지의 변화하는 흐름, 역학을 고심하면서 다루었기 때문에 **정신역동 이론**이라고 한다.

프로이트의 환자들은 그에게 수수께끼와 같은 어려운 문제를 보였다. 그들은 명백한 신체적 이유가 없는 신체적 증상을 보고했다. 예를 들면 어떤 환자는 손의 마비를 보고했지만 마비를 초래할 수 있는 상처나 병은 없었다. 프로이트는 그 원인이 신체적이 아니라 심리적이라고 결론을 내렸다. 그는 환자의 마음속에 깊이 묻어버린 외상적 사건에 대한 기억이 신체적 증상을 만들어낸다고 말했다.

프로이트는 그의 치료 경험에 근거를 두고 이러한 결론을 내렸다. 프로이트의 격려로 치료 장면에서 환자들은 자신들의 문제를 말하게 되었다. 점차적으로, 굉장한 노력 후에 사람들은 수년 동안 기억해내지 못했던 외상적 사건들(예 : 어린 시절의 성적 학대 경험)을 회상했다. 오래전에 잊혀진 사건을 회상하는 것은 그 자체로서 외상적이며, 환자들은 고통스러운 사건을 상상 속에서 다시 체험했다. 그러나 고통은 또한 성과도 가져왔다. 외상적 기억들을 털어놓고 이야기한 후에 환자들의 증상이 개선되었다. 신체적 문제들이 줄어들고, 심리적 안녕감이 증가하였다. (현대의

지그문트 프로이트 오스트리아의 의사, 심리학자. 성격에 관한 정신분석 이론 창시자이며, 생의 대부분을 비엔나에서 보냈다. 유태인인 그는 1938년에 나치의 핍박을 피해 런던으로 망명, 그곳에서 1939년에 사망했다.

Science Source / Getty Images

성격 평가 개인의 독특한 심리적 속성을 알아내기 위한 구조화된 절차

정신분석 이론 프로이트의 성격 이론을 말하며, 정신역동 이론이라고도 한다.

과학적 증거는 프로이트식 접근에 의해 고무된 치료가 환자의 행복을 유의미하게 개선한다는 것을 확인해준다; Shedler, 2010). 이러한 진전을 보이면서, 프로이트는 억눌렀던 기억들이 신체적 고통을 초래하게 되었다고 결론을 내렸다.

프로이트는 후에 그의 결론을 수정했다. 오랫동안 묻어두었던 많은 환자들의 생각이 정확한 기억이라기보다 오히려 기억에 근거해서 만들어진 환상이라고 판단했다(Freud, 1913, p. 393). 억눌린 생각들은 현실과 환상의 혼합이었다.

> 과거로부터의 외상적 사건을 잊는 것이 얼마나 쉽다고 생각하는가?

프로이트의 아이디어는 이례적으로 어려운 질문을 제기한다. 어떻게 기억과 환상이 신체적 증상을 초래할 수 있는가? 왜 외상적 기억은 회상하기 어려운가? 사람들이 그러한 기억을 회상하지 않을 때, 그러한 기억들은 마음 어디에 저장되어 있는가? 프로이트의 성격 이론에는 이와 같은 질문에 대한 답이 들어 있다.

구조 : 의식과 무의식 성격 체계

사전 질문

> ❯ 프로이트에 따르면, 마음의 중요한 세 가지 구조는 무엇인가?
> ❯ 프로이트의 '빙산' 비유에 따르면, 마음의 각 구조는 의식의 어떤 수준에 속하는가?

프로이트는 성격이란 마음의 일원화된 부분이 아니며, 오히려 다른 부분들로 구성된다고 제안했다. 세 가지 성격 구조는 원초아, 자아, 그리고 초자아이다.

원초아   원초아(id)는 우리가 갖고 태어나는 성격 체계이다. 그것은 기본적인 신체적 욕구를 충족하도록 우리를 동기화한다. 몸이 음식을 필요로 할 때, 원초아는 "자, 지금 이것을 먹어", 섹스를 필요로 할 때, "자, 지금 해"라고 말한다. 원초아는 "자, 지금 해" 외에는 어떤 것도 말하지 않는다. 원초아는 쾌락원칙에 따라 작동하는데, 즉각적인 쾌락과 고통 회피를 추구한다.

원초아, 그것은 충동적이다. 무엇이 '적절'하고, '수용 가능'하며, '도덕적'인지 신경쓰지 않는다. 무엇이 현실세계에서 통하는지 관심조차 갖지 않는다. 장난감이 배고픔을 감소시키지 않을지라도, 배고픈 아기는 음식도 그리고 장난감도 물어뜯는다.

자아   두 번째 성격 구조인 **자아**(ego)는 원초아의 요구와 현실세계에서의 기회와 제약 사이의 균형을 이루게 도와주는 정신 체계이다. 자아는 현실원칙에 따라 작동한다. 사회적 규칙을 준수하지 않음으로써 비롯된 고통스러운 처벌을 포함하여, 고통을 회피하는 동안 현실에서의 상황이 쾌락을 얻을 수 있을 때까지 자아는 원초아의 요구를 지연시키려고 노력한다.

이렇게 하기 위해, 자아는 전략들을 고안한다. 아이가 과자를 먹고 싶으면, 아무도 보지 않을 때 과자 그릇 속으로 살짝 손이 들어가는 전략을 쓸지도 모른다. 젊은 남자가 데이트를 원한다면, 자아 전략은 상대 여성에게 '조만간 고액연봉을 받는 대단한 직업을 갖게 된다'라고 말하는 것이다. 애인이 헤어지자고 하면, "나는 결코 그를 실제로 그 정도로는 좋아하지 않았어요"라고 당신의 자아는 말한다. 이와 같은 전략들은 입을 수 있는 피해, 예를 들면 부모의 처벌, 잠재적 데이트 상대의 거절, 관계가 지속되기를 얼마나 많이 원하는지에 대한 인식으로부터 사람을 보호한다.

프로이트에 따르면, 자아는 원초아보다 약하다. 그 전략들은 원초아의 충동적인 욕망에 비해 힘이 없다. 자아는 말에 올라탄 남자같이 말의 강력한 힘을 억제해야만 한다(Freud, 1923, p. 15).

원초아 프로이트의 정신분석 이론에서 기본적인 신체적 욕구를 충족하도록 우리를 동기화하는 성격 구조

자아 프로이트의 정신분석 이론에서 원초아의 요구와 현실세계에서의 기회와 제약 사이의 균형을 이루게 도와주는 정신 체계

© Science Source / Getty

자아, 말을 타다(Ride'em, egoboy) 정신분석 이론에서 원초아는 가장 강력한 성격 체계이다. 프로이트는 원초아와 자아의 관계를 야생마와 기수의 관계로 설명했다. 기수(자아)는 승마를 위해 목표와 전략을 세우지만 둘의 관계에서 실제로 힘을 가지고 있는 것은 야생마(원초아)이다.

초자아 당신은 갑작스럽게 양심의 가책을 경험한 적이 있는가? 거의 모든 사람이 그런 경험을 한다. 프로이트는 죄책감이 세 번째 성격 구조인 초자아에 의해 생성된다고 믿었다. **초자아**(superego)는 사회의 도덕적, 윤리적 규칙을 표상하는데, 규칙은 어떤 행동 유형이 나쁘고 좋은지를 보여준다. 만일 자아가 이러한 규칙을 위반한 원초아의 요구를 다루기 위해 전략을 고안한다면, 초자아가 그것을 간파하고 죄책감을 느낀다. 초자아는 사회적 규칙에 맞춰서 행동을 조정하도록 돕는다. 초자아는 사람이 피해야만 하는 행동을 지시하는 규칙뿐만 아니라 자아가 성취하고자 추구하는 이상적인 자기상인 **자아이상**(ego ideal)도 포함한다.

> 당신의 삶에 초자아, 원초아의 전형인 누군가가 있는가?

정신분석에서 초자아는 아이들이 부모와 상호작용함으로써 발달한다. 부모의 명령("때리지 마")은 점차적으로 초자아의 규칙('때리는 것은 나쁘다')으로 내면화된다.

의식의 수준 정신역동 이론에 따르면 성격 구조는 의식의 다른 수준에서 작동한다. 의식은 정신적 내용과 과정들에 대한 사람들의 자각을 일컫는다(8장). **의식 수준**(levels of consciousness)은 사람들이 마음의 내용을 알아차리는 수준에 있어 그 정도가 다양하다.

프로이트는 의식을 세 수준으로 구분했다. 마음의 **의식**(conscious) 영역은 어떠한 주어진 순간에 자각하고 있는 정신적 내용을 포함한다. 예를 들어 당신이 이 페이지에 있는 단어들에 주의를 기울이고 있다면, 프로이트의 성격 이론에 대한 생각들은 지금 당신 마음의 의식 안에 있다. **전의식**(preconscious)은 만약 당신이 원하면 쉽게 의식적 자각으로 가져올 수 있는 내용들을 포함한다. 예를 들어 누군가 당신의 전화번호를 물어본다면, 당신은 전화번호를 생각할 수 있다. 당신이 질문을 받기 전에 번호에 대한 정보가 전의식 안에 있었지만 아마도 자신의 전화번호에 대해서 생각하고 있지는 않았을 것이다. 마지막으로, 마음의 **무의식**(unconscious) 영역은 자각하지 못하는 생각들과 원하는데도 불구하고 자각할 수 없게 되는 생각들을 포함한다. 프로이트는 방대한 양의 고통스러운 기억, 특히 환자의 밝혀지지 않은 신체적 증상의 원인이라고 믿었던 외상적 사건들에 대한 기억이 무의식적으로 저장된다는 것을 믿었다. 외상적 사건은 사람들을 정서적으로 매우 불안하게 만들기 때문에, 마음은 그것을 무의식에 계속 묻어두어 생각조차도 하지 못하게 함으로써 우리를 보호한다.

비유적으로, 프로이트는 마음이 빙산과 같다고 제안했다. 의식은 표면 위에 떠 있는 뾰족한 첨단인 빙산의 일각이고, 표면 바로 아래 알아볼 수 있는 얇고 좁은 부분은 전의식이다. 방대한 규

초자아 프로이트의 정신분석 이론에서 사회적으로 도덕적, 윤리적 규칙을 표상하는 성격 구조

의식 수준 사람들이 마음의 내용을 알아차리는, 그리고 알아차리게 될 수 있는 정도에서의 다양함

의식 프로이트의 의식 수준에 대한 분석에서 어떠한 주어진 순간에 의식하고 있는 정신적 내용을 포함하는 마음의 영역

전의식 프로이트의 의식 수준에 대한 분석에서 쉽게 의식적 자각을 가져올 수 있는 내용을 포함하는 마음의 영역

무의식 프로이트의 의식 수준에 대한 분석에서 의식하지 못하는 생각들과 원하는데도 불구하고 일반적으로 의식할 수 없게 되는 생각들을 포함하는 마음의 영역

그림 12.1
위험 : 많은 부분이 표면 아래에 있다 프로이트는 성격의 구조가 빙산과 같다고 제안하였다. 프로이트의 세 가지 의식 수준(의식, 전의식, 무의식)은 빙산과 같아서 각각 표면 위의 뾰족한 부분인 빙산의 일각, 표면 바로 아래 알아볼 수 있는 얇은 층, 수면 아래 보이지 않는 거대한 규모의 덩어리로 나타낸다. 성격 대부분은 원초아 전체가 포함된 표면 아래의 무의식적 영역에서 살아 숨쉰다.

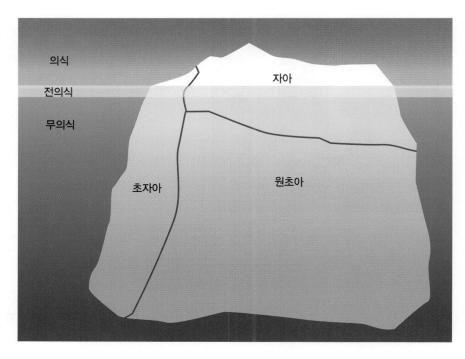

의식, 무의식과 뇌를 연결하기

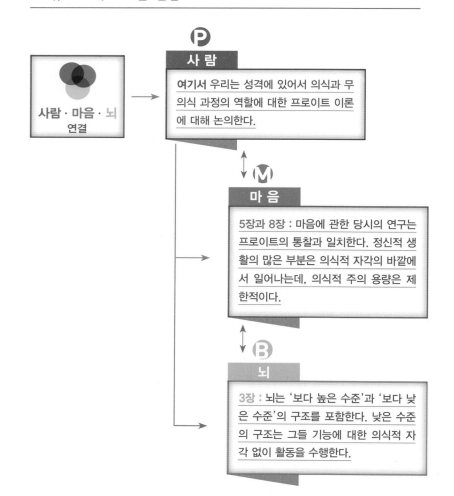

모의 덩어리는 무의식이며, 대부분은 우리 눈에 보이지 않는 수면 아래에 잠복하고 있다(그림 12.1).

원초아는 전적으로 무의식적이다. 사람들은 그들의 마음을 의식적으로 들여다볼 수 없으며, 욕망을 직접적으로 알 수 없다. 자아와 초자아는 부분적으로 무의식적이다. 때때로 우리는 자아 전략을 의식하지 못한다. 당신의 전 애인이 지독한 사람이라는 것을, 그러한 결론이 자아에 의해 고안된 전략이라는 것을 인식하지 못한 채, 실제로 생각할지 모른다. 유사하게, 당신은 초자아가 죄책감을 어떻게 만들어냈는지 깨닫지 못한 채 때때로 죄책감을 느낄지도 모른다. 하지만 사람들은 때때로 자아와 초자아의 내용을 의식한다. 일반적으로, 서구문명의 이해를 형성한 프로이트의 인간 본성에 관한 핵심적 통찰은 우리의 경험과 행동을 유발한 많은 정신적 활동이 무의식적이며 이는 우리의 의식과 통제 밖이라는 것이다.

과정 : 불안과 방어

사전 질문

> ❯ 프로이트 이론에 의하면, 정신 에너지의 두 가지 기본적 유형은 무엇인가?
> ❯ 프로이트에 의하면, 아동기 발달 단계에서의 경험이 어떻게 평생 동안 영향을 미칠 수 있는가?
> ❯ 프로이트에 따르면, 개인이 어떻게 스스로에게 과도한 불안이나 사회적으로 용납할 수 없는 행동을 하지 못하게 하는가?

원초아, 자아, 초자아는 안정적인 성격 구조이다. 그들의 기본적 특성은 삶의 하루하루가 날마다 한결같다는 것이다. 이제 정신분석이론의 성격과정을 검토해보자. 그것은 심리적 경험에서의 변화를 설명해준다.

정신역동 정신분석 이론은 마음을 에너지 체계로 바라본다. 연료를 태우는 물리적 에너지가 자동차엔진에 동력을 공급하는 것처럼, 정신적 에너지는 마음을 작동시킨다. 자연과학에서 움직이고 있는 대상의 물리적 에너지가 변화하는 것을 **역학**이라고 한다. 정신분석에서 정신적 에너지는 **정신역동**이라고 불린다. **정신역동과정**(psychodynamic processes)은 한 성격 구조로부터 다른 성격 구조로 에너지가 흘러감으로써 발생하거나 욕망의 대상으로 향하는 정신적 에너지에서의 변화를 말한다.

프로이트는 두 가지 유형의 정신적 에너지를 제안했다. 그것은 삶의 에너지(또는 삶 본능)와 죽음의 에너지(또는 죽음 본능)이다.

> ❯ 삶의 에너지는 삶의 보존과 재생산에 동기를 부여한다. 삶의 에너지는 주로 성적이다. 사람들이 섹스를 추구하며, 일반적으로 쾌락과 감각적인 활동을 갈망한다.
> ❯ 죽음의 에너지는 삶의 에너지와 반대이다. 프로이트는 사람들이 도덕에 대한 본능적 자각과 마지막 휴식처(예 : 죽는 것)를 획득하도록 동기를 부여하는 정신적 에너지를 지니고 있다고 믿었다.

© Leah Warkentin / Age Fotostock

공포 관리 이론은 죽음에 대한 생각과 애국심에 관한 생각이 밀접하게 연결되어 있다는 것을 예측한다. 죽음은 너무 두렵기 때문에, 두려움에 대처하기 위해 사람들은 죽은 후에도 계속해서 살 수 있는 국가와 같은 제도와 연계한다.

삶과 죽음의 에너지는 행동의 다양성에 힘을 부여한다. 자아는 상징적으로 생존과 섹스, 또는 죽음에 관련된 다양한 활동들로 가는 길을 가르쳐 준다(프로이트의 꿈과 정신적 에너지의 분석에 관한 10장 또는 8장을 보라). 성적 에너지는 누드화를 그리는 예술가 또는 감각적 음악을 작곡하는 음악가의 노력에 힘을 제공한다. 죽음의 에너지는 일단 자신으로부터 떠나서 다른 사람에게로 방향을 바꿀 때, 야유와 조롱으로부터 격렬한 공격적 행동까지 넘치는 행동에 힘을 제공하는 파괴적인 물리력이 된다.

현대의 심리학자들은 대부분 죽음 본능에 대한 프로이트의 발상을 공개적으로 지지하지 않는다. 그래도 연구는 죽음과 관련된 느낌의 위력에 대한 그의 일반적 직관을 확인해줄지 모른다. **공포 관리 이론**(terror management theory)(Greenberg & Arndt, 2012; Solomon, Greenberg, & Pyszczynski, 2004)은 죽음이 너무 두렵기 때문에 사람들은 죽음을 생각할 때 마음이 정신적 속임수를 쓴다는 것을 제안한다. 그것은 죽음에서 살아남을 제도에 동일시하는 느낌을 증가시킨다. 국가, 종교, 문화와 같은 그런 제도는 어떤 의미로는 죽지 않는 것이다(불멸인 것이다). 그 이론은 죽음에 대한 생각이 이러한 제도에 대해 동일시를 고조시키고, 일시적으로 사람들이 보다 종교적이거나, 애국적이거나, 문화규범에 좀 더 가까이 주의를 기울이도록 한다는 것을 예측한다.

이 이론에 대한 한 가지 검사에서, 연구자들은 참가자들이 (1) 묘지를 통과하거나 (2) 묘지를 통과하지 않으나 묘지가 보이는 곳에서 산책하도록 했다. 그때 모든 참가자들은 문화적 가치, 즉

정신역동과정 프로이트의 이론에서, 한 성격 구조로부터 다른 성격 구조로 에너지가 흘러감으로써 발생하거나 또는 욕망의 대상으로 향하는 정신적 에너지에서의 변화

공포 관리 이론 죽음이 너무 두렵기 때문에 죽음에 관한 생각은 죽음에서 살아남을 제도(예 : 종교, 국가)에 동일시하는 느낌을 증가시킨다는 것을 제안한 이론

도움을 상기시키는 대화를 우연히 듣도록 노출되었다(그곳에서 말하는 사람은 실험 공조자이다. 11장을 보라). 마침내, 참가자들은 도움을 필요로 하는 낯선 사람과 맞닥뜨렸다. 묘지를 통과해서 걷던 사람들은 보다 협조적이었다(Gailliot et al., 2008). 죽음을 상기시키는 것은 그들이 도움을 주는 문화적 규범에 주의를 기울이도록 했다. 200회 이상 실행한 실험의 메타분석은 죽음에 대한 생각이 국가, 인종, 문화적 집단에 대한 자긍심뿐만 아니라 문화적 규범을 고수하는 것을 증가시킨다는 것을 확인해주었다(Burke, Martens, & Faucher, 2010).

정신역동 발달 정신 에너지를 확인하는 것 외에도 프로이트는 발달 이론도 제공했다. 그는 원초아의 성적 에너지가 일련의 단계로 발달한다고 제안했다. **심리성적 단계**(psychosexual stage)는 아동이 특정 신체 부위를 통해서 감각적 만족감을 얻는 것에 초점을 둔 아동발달의 기간이다. 신체의 특정 부위는 한 단계에서 다른 단계로 변한다.

프로이트는 다섯 가지 심리성적 단계를 확인했다(표 12.1). 구강기(oral stage)(0~18개월)에 유아들은 먹고, 빨고, 깨물면서 입을 통해 만족감을 찾는다. 항문기(anal stage)(18개월~3.5세)에는 배설물을 통제하고 제거하는 데서 비롯되는 긴장 상태를 풀어줌으로써 만족감을 경험한다. 남근기(phallic stage)(3.5~6세)에는 만족감의 원천이 생식기로 옮겨간다. 남근기 말에 아이들은 잠복기(latency stage)로 들어가며 그 기간 동안, 즉 사춘기가 시작될 때까지 성적욕망이 무의식 속으로 억압된다. 생식기(genital stage)는 사춘기에 시작되며 성적욕망을 다시 불러일으키는 신호를 보낸다.

표 **12.1**

프로이트의 심리성적 발달 단계		
단계	나이	고착과 관련된 성인 성격 특성
구강기	0~18개월	요구가 많은, 성급한, 담배 피우기, 껌씹기 행동
항문기	18개월~3.5세	심리적으로 융통성 없는, 통제와 정돈을 염려하는
남근기	3.5~6세	남성 : 경쟁을 하는, '남자다운 척 으스대는' 여성 : 시시덕거리는
잠복기	6~12세	없음
생식기	12세부터 성인기 동안 지속	초기 단계에 고착되지 않으면 정서적으로 성숙하고 성적 친밀함을 이룰 수 있음

심리성적 단계 심리발달에 관한 프로이트 이론에서, 아동이 특정 신체 부위를 통해서 감각적 만족감을 얻는 것에 초점을 둔 아동발달의 기간

구강기 프로이트의 심리발달 이론에서, 아동이 입을 통해 만족감을 추구하는 0~18개월까지의 발달 단계

항문기 프로이트의 심리발달 이론에서, 배설물을 통제하고 제거하는 데서 비롯되는 긴장 상태를 풀어줌으로써 만족감을 경험하는 18개월~3.5세까지의 발달 단계

남근기 프로이트의 심리발달 이론에서, 생식기관이 만족감의 원천이 되는 3.5~6세까지의 발달 단계

잠복기 프로이트의 심리발달 이론에서, 성적욕망이 무의식 속으로 억압되는 6세에서 사춘기가 시작되기 전까지의 발달 단계

생식기 프로이트의 심리발달 이론에서, 성적욕망을 다시 불러일으키는 신호를 보내는 사춘기에 시작되는 발달 단계

고착 프로이트의 심리발달 이론에서 고착은 심리성적 단계에서 개인이 너무 적게 또는 너무 많이 만족감을 경험할 때 발생하며 발달이 더 이상 진행되지 않고 멈추는 것

무엇이 근육을 만들도록 동기화하는가? 프로이트 이론에서 아동발달의 남근기 고착은 성인기에 보디빌딩과 같은 '남자다운' 행동으로 동기화될 수 있다.

© Jim McHugh / Sygma / Corbis

프로이트는 아동기의 심리성적 단계의 정서적 주제는 일생을 통해 되풀이된다는 것을 주장했다. 빈번하게 담배를 피우고 껌을 씹는 성인은 구강기로부터의 주제를 반복하고 있다. 애인에 대한 성인들의 사랑과 성적 끌림은 남근기 동안 반대 성의 부모를 향해서 경험했던 어린아이의 첫사랑과 끌림을 반복한다. 주제는 아이가 발달적 **고착**(fixation) 상태를 경험할 때 가장 강하게 되풀이되는데, 그것은 심리성적 단계에서 개인이 너무 적거나 너무 많게 만족감을 경험할 때 일어나며 발달이 더 이상 진행되지 않고 멈추는 것을 의미한다. 이것은 부모가 과도하게 아이의 욕구를 충족시키거나 부적절한 신체적, 정서적 지원을 제공하면 발생한다. 표 12.1은 각각의 심리성적 발달 단계에서 고착과 관련된 성인 성격을 목록화한 것이다.

각각의 심리성적 단계에서 아동은 금지규정과 맞닥뜨린다. 구강기 때 부모는 유아에게 음식이 아닌 것을 씹는 것을 멈추라고 말한다. 항문기 때는 배설물 배출을 조절하고 욕실을 사용하도록 말한다. 그때, 각 발달 단계는 갈등을 특별히 포함한다. 생물학적 충동은 사회적인 규칙과 갈등을 일으킨다. 특히 갈등은 남근기에 강렬하다. 이 단계에서 아동은 이성의 부모에게 성적 끌림을 경험하고, 동성 부모를 경쟁자로 여겨서, 자신의 힘으로 이성 부모를 갖기 위해 동성 부모를 밀어내려고 한다. 프로이트는 이 느낌을 그리스의 비극 오이디푸스 왕(*Oedipus Rex*)을 본따서 오이디푸스 콤플렉스라고 불렀는데, 이 비극의 가장 큰 특징은 오이디푸스 왕이 자신의 부모인 줄 알아채지 못하고 그의 아버지를 죽이고 그의 어머니와 결혼한다는 것이다.

아이들은 생의 초기(구강기, 항문기, 남근기)의 핵심적인 심리성적 단계를 지나 발달한다는 것을 상기하라. 프로이트는 발달 단계가 성격을 형성한다고 믿기 때문에, 성격은 대체로 아동이 남근기가 끝나갈 무렵 거의 결정된다. 즉 안정적이고 더 이상 변하지 않는다.

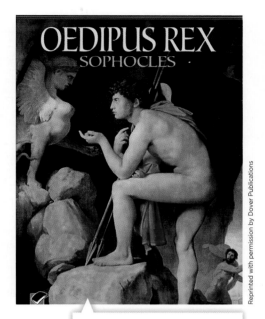

Reprinted with permission by Dover Publications

오이디푸스 콤플렉스 지그문트 프로이트는 모든 아동이 오이디푸스 콤플렉스를 경험한다고 믿었다. 오이디푸스 콤플렉스는 소포클레스가 만든 고대 그리스 비극(오이디푸스 왕)의 가장 중요한 심리적 충동을 의미한다.

프로이트는 생후 5세경까지의 개인의 성격이 나머지 삶을 결정한다고 믿었다. 당신은 동의하는가?

방어기제 당신이 방금 본 대로, 원초아의 욕망은 사회규칙과 갈등을 빚는다. 프로이트는 갈등이 불안을 만들어낸다고 설명했는데, 사람들은 그들의 욕망이 도덕규칙과 갈등을 빚는다는 것을 인식할 때 불안해진다. 이럴 때 방어기제는 구조에 나선다. **방어기제**(defense mechanism)는 불안으로부터 자기를 지키기 위해 자아에 의해 고안된 정신적 전략이다. 방어기제는 두 가지 방식으로 불안을 감소시킨다.

fotoVoyager / Getty Images

> 불안을 유발하는 생각 차단하기 : 자아는 불안을 유발하는 생각이 의식에 도달하는 것을 차단함으로써 불안으로부터 자기를 지킨다. 예를 들면 방어기제에서 **억압**(repression)은 고도의 외상적 경험에 대한 기억들을 무의식 속에 계속 있게 둠으로써 외상적 경험을 자각으로부터 차단한다.

고층 건물은 심리적 근거들이 있는가? 프로이트는 건축가가 알든 모르든 간에 이러한 고층건물은 남근을 상징한다고 말한다. 원초아에 저장된 성적 에너지는 건축가의 작품 이면의 동기 원천이었다.

방어기제 정신분석 이론에서 불안으로부터 자기를 지키기 위해 자아에 의해 고안된 정신적 전략

억압 외상적 기억들이 무의식 속에 묻혀 계속 있게 둠으로써 자각으로부터 차단된 방어기제

표 12.2

프로이트의 방어기제		
방어기제	정의	예시
부인	정서적으로 위협적인 정보의 실체나 존재를 인정하지 않음	지진에 취약한 지역에 집을 산 후, 지진이 발생할 가능성이 크다는 타당한 과학적 증거를 부인한다.
억압	과거에 불안을 유발한 정보를 기억하지 못함	성인이 아동기에 정서적으로 고통스러웠던 사건을 기억하지 못한다.
합리화	본래의 동기나 감정을 숨기기 위해 논리적인 이유나 핑계를 만들어냄	데이트를 거절당한 후, 어쨌든 그 사람에게 실제로 매력을 느끼지 못했다고 말한다.
투사	실제로 자기 내부에 있는 바람직하지 않은 특성들을 다른 사람이 소유한 것으로 결론 내리는 것	적대적이고 공격적인 사람이 싸움을 먼저 시작하고서는 다른 사람이 먼저 싸움을 걸었다고 비난한다.
반동 형성	자신의 진정한 동기와 반대되는 생각과 감정을 표현함	당신이 실제로 싫어하는 누군가에게 극단적으로 친절하고 관대하다.
승화	사회적으로 용인된 형식으로 바람직하지 않은 동기를 표현함	무술 수업을 수강함으로써 공격 에너지를 방출한다.
전위	위협적인 대상으로부터 관련 없고 덜 위협적인 대상으로 정신적 에너지를 전환함	상관에 대해 화가 난 고용인은 가족들에게 호통을 치며, 따라서 분노는 가족들에게 전환된다.

> 불안을 유발하는 생각 왜곡하기 : 자아는 불안을 유발하는 생각을 왜곡함으로써, 그 생각들이 의식에 들어올 때는 사회적으로 용인된 형식을 취하도록 한다. 예를 들어 **승화**(sublimation)는 성 또는 공격성을 향한 동물적 본능이 사회적으로 용인되는 목표를 이루어내는 방향으로 전환된

> 당신이 하는 일상의 활동 중에서 어떤 활동을 승화로 이해할 수 있는가?

다. 의과대학생은 공격적인 충동을 수술을 실습하는 것으로 전환할지도 모르며, 그때 환자 몸속에 칼을 댐으로써 공격 에너지를 방출한다.

프로이트는 모든 사람이 방어기제를 사용한다고 믿었다(Cameron & Rychlak, 1985). 표 12.2는 사람들이 빈번하게 쓰는 방어기제를 목록화한 것이다.

평가 : 무의식 드러내기

사전 질문

> > 프로이트에 따르면, 왜 자유연상법이 성격을 평가하는 가장 좋은 방법인가?
> > 어떤 종류의 결과가 투사검사가 타당한지 아닌지를 예측할 수 있게 하는가? 과연 그런 결과들을 예측하는가?

프로이트의 정신분석 이론은 성격 평가 과제를 더욱 복잡하게 한다. 간단한 평가 전략인 자기보고(즉 성격 특성에 대해서 사람들에게 직접 묻기; 2장 참조)는 사용될 수 없다. 정신분석학자들에게 자기보고 방법은 두 가지 이유로 부적당하다 — (1) 정신적 내용의 많은 부분은 무의식적이어서 그것을 인식하고 논할 수 없다. 게다가 (2) 사람들이 그들 내면에 대해서 통찰을 가졌을 때조차도 그 통찰이 사회적으로 용인될 수 없고 불안을 유발하는 생각을 드러내기 때문에 그것에 관해서 말하기를 원하지 않을지 모른다. 따라서 정신분석 심리학자들은 자기보고 방법에 대한 대체방법이 필요해서 두 가지 방법을 개발해왔는데, 그것은 **자유연상법과 투사검사**이다.

승화 성 또는 공격적 본능이 사회적으로 용인되는 목표를 이루어내는 방향으로 전환된 방어기제

자유연상법 프로이트가 고안한 **자유연상법**(free association method)에서는, 심리학자들은 사람들이 자신들의 생각을 자유롭게 떠오르는 대로 꺼내 놓도록 격려한다. 비록 그것이 아무 관련도 없고 말도 안 되는 것처럼 보일지라도 사람들이 마음속에 떠오르는 것은 무엇이나 다 말하도록 지침을 준다. 이러한 절차가 이상하게 들릴지도 모르나, 프로이트는 그것이 성격을 평가하는 가장 좋은 방법이라고 생각했다. 그는 마음을 기계와 같다고 추론했다. 만일 기계가 소리를 낸다면(예 : 차에서 나는 쿵 소리), 기계 내부에 있는 무엇인가가 원인이었음에 틀림없다. 따라서 소리는 기계 내부의 작동 단서다. 유사하게 누군가의 마음속에 생각이 갑자기 떠오른다면, 마음속에 무언가가 그것의 원인이었음에 틀림없다. 자유연상은 마음속에서 어떤 일이 벌어지고 있는지 단서를 제공한다.

프로이트는 자유연상법의 한계를 인정했는데, 그것은 시간이 걸린다는 것이다. 내담자는 그들이 내면 깊숙한 곳의 의미 있는 내용을 만나기 전에 몇 달 동안 치료를 받을지도 모른다. (프로이트의 치료 방법은 14장에서 상세히 다룬다.) 다른 심리학자들은 보다 빠른 방법을 찾았고 이렇게 하여 **투사검사**를 창안했다.

투사검사 **투사검사**(projective test)는 검사문항이 모호하다. 심리학자들은 모호한 검사문항을 보면서 응답자가 모호성을 어떻게 해석하는지에 관심을 가진 성격 평가 도구이다. 예를 들면 응답자는 감정과 행동이 불명확하게 묘사된 사람들에 관한 이야기를 하게 될지도 모른다. 검사 배후의 생각은 사람들이 모호한 문항을 해석할 때 성격에 들어 있는 정보에 근거해서 필연적으로 해석한다는 것이다. 따라서 성격요소들은 검사에 '투사'된다.

유명한 투사검사는 **로르샤흐 잉크반점 검사**(Rorschach inkblot test)(또는 간단히 '로르샤흐')로, 1921년에 스위스 정신과 의사인 헤르만 로르샤흐에 의해 개발되었다. 검사문항은 대칭적인 잉크반점이다(그림 12.2). 응답자는 그 이미지가 그에게 무엇처럼 보이는지를 말하고, 그의 해석을 설명한다. 이러한 반응에 근거해서 심리학자는 보통 응답자의 사고양식을 확인하고자 한다. 즉 응답자는 이미지 전체에 혹은 이미지의 단지 작은 부분에 초점을 맞추는가? 그의 해석이 단지 잉크반점 그 자체에 의존하는가, 아니면 이미지 너머 상상력이 풍부한 환상으로의 비행을 포함하는가?

로르샤흐 검사는 성격심리학의 가장 유명한 검사이다. 불행하게도 그것은 정확함에 비해 유명세가 더 크다. 연구들은 로르샤흐 검사 반응이 누가 우울해지거나 혹은 고도의 스트레스 밑에서 수행을 잘할지와 같은 중요한 삶의 결과에 대한 예측이 빈약하다는 것을 보여준다(Lilienfeld, Wood, & Garb, 2000). 로르샤흐 검사 반응이 삶의 결과를 정확하게 예측할 때에도, 유사한 예측들은 보다 간단한 많은 절차들을 통해서 만들어질 수 있다(예 : 우울해지는 경향이 있는지 없는지, 또는 스트레스 아래에서 수행을 잘할 수 있는지 여부를 사람들에게 직접 묻기; Mischel, 1968).

로르샤흐 검사의 부정적 결과들은 정신분석적 접근의 한계를 드러낸다. 프로이트와 그의 많은 추종자들은 심리학을 과학적으로 만드는 측정원리와 연구 설계를 등한시했다. 이러한 태만의 결과 중 한 가지가 효율적이고 정확한 성격 측정을 개발하는 데 실패한 것이다.

그림 12.2
로르샤흐 잉크반점 이것은 투사성격검사인 로르샤흐 잉크반점 검사의 항목이다. 정신역동 이론에 따르면, 이미지가 무엇을 표상하는지 해석할 때 응답자는 검사문항에 자신의 성격 일부를 '투사'한다.

> 정신분석의 문제점은 프로이트가 뒤에 남겨 놓은 이론의 몸체가 아니라 결코 의학적 과학이 되지 못했다는 사실이다. 이론 속의 아이디어를 검증하고자 결코 노력하지 않았다.
>
> – Eric Kandel
> (Dreifus, 2012에서 인용)

자유연상법 심리학자들은 사람들이 그들의 생각을 자유롭게 떠올리고 생각나는 것은 무엇이든 말하도록 격려하는, 프로이트에 의해 고안된 성격평가 방법이자 치료 방법

투사검사 검사문항이 모호하고 심리학자들은 응답자가 모호성을 어떻게 해석하는지에 관심을 가진, 응답자의 성격요소들이 검사에 '투사'된 성격 평가 도구

로르샤흐 잉크반점 검사 검사문항은 대칭적인 잉크반점으로 되어 있으며, 그것을 응답자에게 해석하도록 요청하는 투사검사

신프로이트 성격 이론 프로이트 연구의 제한점을 극복하고자 그로부터 영감을 받아 시도한 성격 이론

집단 무의식 모든 인류가 진화 덕에 상속받은 심상, 상징, 사상들의 보고라고 부르는 융의 개념

신프로이트학파

사전 질문

> 신프로이트학파 성격 이론가들의 생각은 프로이트의 그것과 어떻게 다른가?

프로이트의 추종자들은 심리검사를 개발할 때 흔들렸을 것이다. 그러나 그들은 새롭고 통찰력 있는 심리이론을 만들어내는 데 뛰어났다. 프로이트가 성격 이론을 제안한 후, **신프로이트 성격 이론**(neo-Freudian personality theory)들이 개발되었는데, 프로이트에 의해 영감을 받은 새로운 이론들은 프로이트 연구의 제한점을 극복하고자 시도되었다. 신프로이트학파의 세 가지 이론은 알프레드 아들러, 칼 융, 에릭 에릭슨에 의한 것이다.

아들러(Adler, 1927)는 프로이트가 사회적 동기의 중요성을 과소평가했다고 느꼈다. 사람들은 사회 속의 친구들, 급우들, 동료들과 자기 자신을 비교하고, 다른 사람보다 못한 성격 특성을 보상하기 위해 동기화된다. 특히 신체 열등감을 상쇄하기 위해 동기화되는데, 질병 또는 유전적 결함에 기인한 신체 기관은 정상보다 작동이 약간 떨어진다. 손상된 청력을 가진 사람들은 음악적 기술을 개발함으로써 보상할지도 모른다(위대한 클래식 음악 작곡가인 베토벤도, 사상 최고의 히트곡이 40곡이 넘는 미국 록밴드인 비치보이스의 작사가 겸 작곡가인 브라이언 윌슨도 청력이 손상됨). 아들러는 성격발달을 완전히 이해하기 위해서는 그가 **열등감**이라고 부른 약점을 보상하기 위한 동기가 프로이트에 의해 제안된 동기에 추가되어야만 한다고 판단했다.

융(Jung, 1939)은 프로이트가 진화의 역할을 과소평가했다고 판단했다. 특히 융은 두 가지의 다른 무의식적인 정신세계가 있다고 제안했다. (1) 하나는 프로이트에 의해 확인된 것이고, (2) 다른 하나는 프로이트에 의해 간과된 것으로, 인류선조의 진화된 과거로부터 상속받은 사상들을 저장한 곳인데, 융은 이러한 두 번째의 무의식적 정신세계를 집단 무의식이라고 불렀다. **집단 무의식**(collective unconscious)은 심상, 상징, 사상들의 보고이며, 정확하게 같은 형태로 된, 공동의 진화적 과거 덕에 모든 인류가 상속받은 보고이다. 우리 종의 역사를 통틀어 모든 인류는 예를 들면 어두움(놀라게 만드는 것), 어머니(편안한 존재), 나이 든 현자(긴 삶을 살면서 지혜를 습득한 사람)을 경험했다. 결과적으로 융은 어두움, 어머니, 나이 든 현자와 같은 개념은 우리의 집단 무의식에 저장되어 있다고 제안했다. 사상들이 무의식적이기 때문에, 그것을 알지 못해도 이러한 상속된 상징들은 우리의 사고와 감정에 영향을 미친다.

에릭슨(Erikson, 1950)은 성격발달에 관한 프로이트 이론의 두 가지 제한점을 극복하기 위해 연구했다.

1. 프로이트는 단지 초기 아동기에서의 발달에 초점을 맞췄다. 그와 대조적으로 에릭슨은 아동기, 청소년기, 성인 초기, 중년기, 노년기의 발달과정에 대한 신프로이트 이론을 제안했다.
2. 프로이트는 개인의 내적인 발달과정에 초점을 맞춰왔다(감각적 만족감은 신체 부분에 초점을 맞

익숙하게 보이는가? 융은 성격에 관한 그의 신프로이트학파 성격 이론에서, 사람은 집단 무의식을 소유한다고 제안했다. 집단 무의식에 포함된 이미지는 상속되기에 모든 인류의 정신 속에 같은 방식으로 존재한다. 융 이론에 의하면 어떤 상징들은 이야기와 신화 속에 반복적으로 나타나는데, 그것은 이야기와 신화를 만들어내는 사람들의 집단 무의식 속에 같은 상징들이 들어 있기 때문이다. 영화 〈반지의 제왕〉의 간달프, 〈해리포터〉의 덤블도어, 〈스타워즈〉의 오비완 케노비는 융에 의해 상정된 상징들인 '지혜로운 노인'에 관한 세 가지 예다.

표 **12.3**

에릭슨의 발달 단계		
생의 단계	**연령**	**지배적인 심리적 위기**
영아기	0~1세	신뢰 대 불신
유아기	1~3세	개인의 능력에 있어서 자율성 대 수치 및 의심
학령전기	4~5세	주도성(자기 스스로 무언가를 하기) 대 죄책감(성인에 의해 가치 없다고 한 활동에 대해)
학령기	6~12세	근면성과 유능감 대 열등감
청소년기	13~19세	명료한 정체감 대 역할 혼미
성인 초기	20~25세	친밀감 성취 대 피상적 관계와 고립감
중년기	26~64세	생산적인 활동 대 침체감
노년기	65세 이상	삶에 있어서 통합된 질서와 의미 대 절망과 후회

췄다). 그러나 에릭슨은 외부세계에 눈을 돌려서 발달이 사회적 과정이라고 제안한다.

발달의 각 단계에서 사람은 자신과 외부세계 간의 상호작용에 관여하는 정서적 갈등 또는 위기를 경험한다. 예를 들면 유아는 생존을 위해 온전히 의존해야 하는 다른 사람과 신뢰를 수반한 위기에 직면한다. 표 12.3은 에릭슨의 이론을 요약한 것이다.

평가

사전 질문

> **이론의 유용성에 의문을 제기하는 프로이트 이론의 한계점은 무엇인가?**

프로이트의 성격 이론은 막대한 영향력을 가진다. 그의 통찰은 인간 본성에 대한 사람들의 견해에 혁신을 일으켰다. 이를테면 개인에게 알려지지 않은 대부분의 기억과 감정들은 무의식에 파묻혀 있다고 했는데 이러한 발상은 시작일 뿐이다. 심리학을 넘어 역사, 예술사, 영화와 문학비평 등 다른 분야의 학자들이 프로이트의 개념을 적용했다. 예를 들면 예술가의 작품은 그의 무의식적 욕망을 상징적으로 표현한 것으로 해석될 수 있다.

그렇더라도 프로이트의 사상들이 과학적인 성격 이론으로서 얼마나 가치가 큰가? 프로이트는 보다시피 두 유형의 에너지 흐름(삶/성, 죽음/공격성)을 조절하는 원초아, 자아, 초자아의 세 구조로 된 에너지 체계로 성격을 묘사한다. 이 모형에 의하면, 정신적인 삶의 많은 부분은 의식적 자각 밖에서 일어나며, 생물학적인 충동과 사회적 규칙 간의 투쟁이다. 이 모형의 장점과 단점은 무엇인가?

이 모형의 장점은 성격의 복잡성을 포괄적으로 담아낸다는 것이다. 정신 생활은 엄밀히 의식 경험과 무의식 과정의 혼합체이다. 사람들은 종종 자신의 내면에, 개인적 욕망과 사회적 규칙 간에 갈등을 경험한다. 프로이트 이론은 인간 경험의 이러한 측면들을 다룰 수 있을 만큼 포괄적이지만, 다

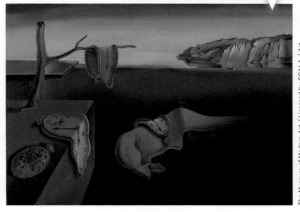

달리의 기억의 지속 스페인의 화가 살바도르 달리는 프로이트의 집필을 돕는 학생처럼 무의식에 의해 만들어진 비현실적이고 비합리적인 이미지를 묘사하는 예술을 창조했다.

른 성격 이론들은 그렇지 않다.

그러나 복잡성은 대가를 치른다. 주된 대가는 프로이트 이론의 요소들이 검증하기에 때때로 불가능할 만큼 너무 어렵다는 것이다. 이론을 검증하려면 일반적으로 타당한 측정도구가 필요하다(2장 참조). 프로이트는 성격을 정교하게 측정하기 위한 도구를 개발하지 않았으며 따라서 이론을 검사할 수단을 제공하지 않았다.

마지막 제한점은 정신분석 이론이 어떤 점에서는 충분히 복합적이지 않다는 것이다. 정신이 단지 원초아, 자아, 초자아라는 세 가지 중요한 성격 구조만을 가지고 있는가? 대부분의 현대 심리학자들은 그렇게 생각하지 않는다. 앞에서 논의하였듯이(특히 5장과 10장), 연구는 마음이 기억과 사고와 동기에 기여하는 많은 정신 체계를 프로이트가 상상한 것보다 더 많이 포함한다는 것을 보여준다.

그와 같은 제한점들은 심리학자들이 정신분석에 대한 대안적인 이론들을 개발하도록 동기를 부여하였으며, 바로 다음에 살펴볼 것이다.

인본주의 이론

사전 질문

> 정신분석과는 대조적으로 인본주의 이론이 강조하는 것은 무엇인가?

당신이 좋아하는 사람은 누구인가 — 자유로운 오후에 함께 시간을 보내거나, 차로 장거리 여행을 함께 하거나, 여생을 함께 보내기로 선택한 사람인가? 이 사람과 함께 있을 때 기분이 어떨 것인가? 확실히, 험담하거나 농담을 하거나 진지하게 대화를 하는 것처럼 당신의 느낌도 다양할 것이다. 그러나 운이 좋고 이 사람이 좋은 친구라면, 그 사람이 한결같이 당신 자신과 비슷한 사람이라고 느낀다. 당신은 자신의 생각을 감추거나 좋은 인상을 주려고 노력하지 않는다. 당신이기 때문에 친구가 당신을 받아들인다는 것을 알며, 그것은 당신이 진실한 자신을 표현할 수 있는 자유를 준다.

프로이트는 우정과 진정한 자기 경험에 대해 거의 언급하지 않았다. 인본주의 이론은 간과된 이 부분을 바로잡는다. **인본주의 이론**(humanistic theory)은 사람들이 자신에 대한 사고와 감정, 그리고 대인 간 관계가 그러한 감정을 형성하는 방식에 초점을 맞추는 성격에 대한 접근이다. 프로이트가 무의식을 강조했다면 인본주의 심리학자들은 의식에서의 경험과 삶에서 의미를 찾고, 삶을 보다 의미 있게 만드는 선택을 하는 능력을 강조한다.

이러한 관점에서, 인본주의적 시각은 프로이트의 그것과 대척점이 있다. 프로이트 이론에서 가장 강력한 성격 체계는 원초아이며, 그것은 신체의 욕구 만족과 관련된다. 인본주의 이론에서 주된 성격 구조는 자기이며, 주요한 성격과정은 의미 있는 자기개념을 발달시키기 위한 개인의 탐색이다. 프로이트 이론에서 가장 의미 있는 성격과정은 무의식이다. 인본주의 이론에서 의식적 자기반성은 성격의 핵심이다. 마지막으로, 프로이트는 성격을 에너지로 움직이는 일련의 기계처럼 다루었다. 인본주의 심리학자들은 사람들을 희망과 계획과 꿈 그리고 개인적 가치를 가지고 있고 심리적 구조가 분리된 부분들로 쉽게 해체될 수 없는, 기계와는 다른 인간으로 다루었다.

많은 심리학자들이 성격 이론에 기여했지만, 남다른 공헌은 일리노이 출신의 심리학자인 칼 로저스에 의해 이루어졌다. 로저스는 처음에는 목사가 되기로 계획했는데, 그의 종교적 훈

단지 시간을 허비하고 있는가? 인본주의 심리학자들은 친구와 시간을 허비하는 것이 아마도 보이는 것보다 더 의미 있는 일이라고 제안한다. 당신을 있는 그대로 받아 주는 사람과의 긴장을 풀 수 있는 관계는 당신이 심리적으로 성장하도록 돕는다.

> 당신의 개인적 관계는 성격발달에 얼마나 중요한가?

인본주의 이론 사람들이 자신에 대한 사고와 감정, 그리고 대인 간 관계가 이러한 감정을 형성하는 방식에 초점을 맞추는 성격에 대한 접근

련은 사람들이 삶에서 개인적 의미에 대한 통찰을 얻기 위해 애쓴다는 것을 자각하도록 했다 (Kirshenbaum, 1979). 과학적 심리학을 공부하고 심리치료자로서 훈련을 받은 후, 로저스는 자기에 중심을 둔 성격 이론을 개발했다.

구조 : 자기개념

사전 질문

> ❯ '자기개념'이란 무엇이며, 로저스는 그의 성격 이론에서 왜 그것을 강조하는가?
> ❯ 인본주의 이론에 의하면 정서의 근원은 무엇인가?

로저스는 매우 숙련된 치료 전문가였다. 내담자들에게 주의 깊게 귀를 기울임으로써 그들을 도왔을 뿐만 아니라 그들로부터 배웠다. 그가 배운 대단히 중요한 가르침은 사람들은 자기 자신에게 매우 중요한 질문인 '나는 누구인가, 나의 진정한 자기는 무엇인가'를 묻는다는 것이었다. 따라서 로저스 이론에서 중심적인 성격 구조는 자기다.

칼 로저스(오른쪽에서 두 번째)가 토론 집단을 이끌고 있다. 로저스의 인본주의 이론은 프로이트의 정신분석 이론에 대안적인 성격심리학을 제공했다.

자기 로저스의 인본주의 성격 이론에서 **자기**(self)는 내가 누구인지에 대한 사람들의 개념을 말한다. 로저스의 사상은 복잡하지 않다. 우리는 매일의 경험을 통해서 자기 자신에 대해서 배운다. 우리의 강점과 약점을 관찰하고, 다른 사람과 어떻게 같고 다른지, 다른 사람이 우리에 대해 무엇을 생각하는지를 배운다. 우리가 이 모든 정보를 의식적으로 반성할 때, 그것을 자기 자신에 관한 일관된 초상화로 조직하려고 한다. 그 결과가 우리의 개인적 특성에 관한 조직화된 일련의 자기지각인 **자기**(또는 **자기개념**)이다.

상담을 할 때, 로저스는 그의 내담자들이 자기라고 하는 '렌즈를 통해서' 그들의 경험을 묘사하는 것을 반복적으로 들었다. 경험이 형편없었을 때, "나는 내 자신에게 실망했어"라고 말했을 것이다. 자신의 행동으로 놀랐을 때, "나처럼 행동하고 있지 않았어요"라고 말했을 것이다. 이러한 진술들은 로저스가 그의 이론을 자기에게 중심을 두도록 이끌었다.

상담은 로저스에게 자기는 변할 수 있다는 두 번째 가르침을 주었다. 사람은 자기개념을 바꾸고 개선할 수 있다. 마치 다른 사람에 관해 새로운 점을 발견할 때 그들에 대한 당신의 신념을 바꾸는 것처럼, 자신에 대해 새로운 점을 발견할 때도 자신에 대한 자기개념을 변화시킬 수 있다. 로저스의 내담자를 생각해보라. 그녀는 예술과 연극에 관심 있고, 놀기 좋아하고 재미를 추구하는 행동 스타일을 지닌 '몇 개의 부분들로 된 그녀 자신'이 최근에 '사라져버렸다'고 보고했다(McMillan, 2004, p. 50). 그녀가 그런 자신의 몇 개의 부분들로 된 모습을 재발견하자마자, 자기에 대한 느낌이 변했다. 그녀는 보다 긍정적인 자기개념을 발전시켰는데, 바로 보다 높은 **자존감**이다. 상담에서 로저스는 사람들이 자기발견에 관여하고 진정한 자기감을 다시 얻을 수 있도록 지지적인 관계를 제공했다(14장).

> 만일 당신이 자기감이 없다면 당신의 삶이 무엇과 같을 것인가? 실망을 경험할 수 있을 것인가? 만족을 경험할 수 있을 것인가?

실제 자기와 이상적 자기 로저스는 자기의 두 측면, 실제 자기와 이상적 자기를 확인했다. **실제 자기**(actual self)는 현재 그들이 어떤지에 대한 사람들의 지각이다. **이상적 자기**(ideal self)는 한 사람이 소유하고 싶어 하는 특성에 대한 일련의 자기지각이며, 개인이 얻기를 희망하는 미래의 자기다.

자기 로저스와 같은 인본주의 이론에서 성격 특성에 관한 일련의 조직화된 자기지각이며, 내가 누구인지에 대한 사람들의 개념

실제 자기 사람들이 지금 현재 가지고 있는 심리적 특성에 대한 지각

이상적 자기 사람들이 미래에 최선으로 가지고 싶어 하는 심리적 특성에 대한 지각

실제 자기와 이상적 자기는 종종 맞지 않는다. 사람은 되고 싶은 사람이 있지만, 거울을 들여다보면 다른 사람을 보게 된다. 예를 들면 당신이 스스로를 재미를 추구하고 무책임하다고 볼 수 있겠지만, 책임감 있고 성실하기를 바란다. 그렇다면, 로저스는 당신이 실제 자기와 이상적 자기 간의 불일치를 경험하고 있다고 말할 것이다. 실제와 이상적

> 당신은 자신의 실제 자기와 이상적 자기를 어떻게 묘사하겠는가?

자기 간의 불일치는 고통을 만들어낸다. 사람들은 실제 자기에게 실망을 느끼고, 더 나은 존재가 아닌 것에 죄책감을 느끼며 언제나 이상적 자기를 얻는 것에 대해 고민해왔다. 있는 그대로의 자신을 받아들이기보다 오히려 이상적 자기를 상상한다 ─ 보다 날씬하고 보다 깔끔하고 보다 부자인 자기. 그러고는 이상적 자기에 이르지 못한 것 때문에 스스로를 비판한다. 따라서 로저스의 성격 이론은 프로이트의 원초아가 아닌 자기가 정서의 핵심 근원이다.

과정 : 자기성장

사전 질문

> ❯ 로저스에 따르면 인간의 근본적인 동기는 무엇인가?
> ❯ 다른 사람들과의 관계가 어떻게 자기실현을 발전시키거나 방해하는가?

로저스는 성격과정에 관하여 낙관적이고 긍정적인 관점을 제안했다. 프로이트가 제안했던 성적, 공격적 추동에 역점을 두기보다 오히려 로저스는 자기실현에 대한 욕망을 강조했다.

자기실현 인본주의 성격 이론에서 **자기실현**(self-actualization)은 사람의 심리적 상태를 향상시키기 위한 동기, 즉 개인적으로 삶의 의미를 성취하고 심리적으로 성숙한 상태에 이르는 것이다 (Rogers, 1951). 자기실현은 보편적인 심리적 추동이다. 다시 말해 심리적 성장과 성숙에 도달하도록 선천적으로 동기화된다. (동기연구에서 인본주의 이론가인 매슬로는 유사하게 동기를 부여하는 자기실현욕구를 제안했다. 10장을 참조하라.)

다시 돌아가서, 로저스가 이론을 정립하도록 이끌었던 것은 상담에서의 경험이었다. 사례를 거듭 경험하면서, 개인적인 감정이나 특성 등의 후퇴로부터 내담자가 회복되는 것을 관찰했다. 그들은 심리적 삶을 개선하기 위해 싸웠으며 대체로 성공했다. 로저스는 그들이 내재하는 능력과 경향성, 문제를 극복하고 개인적 성장을 이루어내도록 하는 내적인 힘을 키우는 데 기여했다. 로저스는 그의 내담자들이 자기실현을 위한 동기부여로 인해 추동되었다고 결론을 내렸다.

가치 조건 로저스가 제안한 것과 같이 우리 모두가 자기실현을 위해 동기화된다면, 왜 우리는 항상 행복하지 않은가? 왜 우리는 그렇게 많은 심리적 고통을 경험하는가?

로저스의 답은 사람들은 종종 가치 조건을 경험한다는 것이다. **가치 조건**(condition of worth)이란 사람의 행동을 위한 필요조건인데, 특히 그것은 사람이 다른 사람에 의해 충분히 평가되고, 사랑받고, 존중받게 되면 직면해야만 하는 필요조건이다. 상상해보라. 예를 들어 아이가 예술에 흥미가 있고 스포츠에는 흥미가 없는데, 그의 부모가 대단한 스포츠팬이다. 아이가 예술보다 오히려 스포츠에 뛰어남으로써 충분히 사랑받고 존중받는다는 것을 부모가 말이나 행동으로 보여준다면, 그때 그들은 가치 조건을 부과하고 있다. 부모의 행동은 아이가 예술에 대한 관심을 버리고 대신 스포츠를 추구하도록 이끌며, 그렇게 되면 아이는 참된 자기의 한 측면과 만나는 것을 잃게 될지도 모른다.

이 상황과 반대는 아이의 관심이 무엇이든 간에 부모가 아이를 사랑하고 존중하는 상황이

자기실현 자신의 내면의 가능성을 깨닫게 하는 동기

가치 조건 로저스의 성격 이론에서 충분히 평가되고, 사랑받고, 존중받기 위한 조건으로서 부모와 같은 다른 사람에 의해 부과되는 행동적 필요조건

다. 이 경우 아이는 존중과 수용에 대한 한결같은 표현인 **무조건적인 긍정적 존중**(unconditional positive regard)을 경험한다.

로저스 이론은 관계 유형에 따라 성격발달에 미치는 영향이 다르다는 것을 예측한다. 무조건적 긍정적 존중은 사람들이 세상을 자신 있게 탐색하고 진정한 자기를 발달시킬 수 있게 한다. 사람들은 그들이 새로운 활동들을 시험해볼 수 있고, 기회를 가질 수 있으며, 다른 사람들로부터 수용받는 것을 잃지 않으면서 때로는 실패할 수 있다는 것을 안다. 그에 반해서 관계가 가치 조건을 특징으로 삼을 때 사람들은 다른 사람들의 수용을 얻기 위해서 진정한 자기의 측면들을 거부하도록 강요당한다. 그들은 방어적이 되고 조심스러워지며 진정한 자기와 만나지 못하게 되고 자기실현으로 나아가는 데 실패하게 된다. 따라서 가치 조건은 고통의 궁극적인 근원이다.

> 당신의 삶에서 당신을 무조건적으로 사랑하는 사람은 누구인가?

Mike Segar / Reuters / Corbis

> **수용** 민주당 전당대회에서 영부인 미셸 오바마는 연설하면서 청중들에게 말했다. "부모님께서는 갖고 있는 모든 것을 내게 쏟아부으셨습니다.⋯ 그것은 아이가 받을 수 있는 가장 큰 선물이었습니다. 네가 사랑받고 있고 소중히 여겨진다는 것을 단 1분도 의심치 않는 선물입니다." 로저스는 그와 같은 무조건적 수용은 사람들이 그들의 완전한 잠재력을 깨닫게 할 수 있다고 제안했다.

평가 : 자기지각 측정하기

사전 질문

> ❯ 자기개념을 어떻게 측정할 수 있는가?

프로이트와 다르게, 로저스는 효율적이고 신뢰할 수 있는 방법으로 성격을 평가하기 위해서 심리 과학의 방법을 사용했다. 로저스 이론의 중심 구조는 자기이기 때문에, 그의 주요 평가 목표는 자기개념을 평가하는 것이었다.

자기개념 평가하기 로저스는 자기개념을 평가하기 위한 방법을 개인적으로 발명하지 않았다. 대신에 그와 그의 동료들은 기존의 방법인 **Q 분류**(Q-sort) 기법(Stephenson, 1953)을 사용했다. Q 분류는 사람들이 자기묘사에 따른 진술문을 범주화하고 '분류하는' 것으로, 일련의 단어와 문장 각각이 그들을 적절하게 묘사하는지 아닌지를 나타내는 평가 절차이다.

Q 분류 검사를 할 때, 피검자는 '나는 몹시 불안하다', '나는 쉽게 분노를 표현하지 못한다'와 같이 인쇄된 진술문 카드 한 세트씩을 받는다. 피검자는 '나를 가장 잘 특징짓는 것'으로부터 '나를 가장 적게 특징짓는 것'까지 연속적인 범위를 따라서 카드를 분류한다(그림 12.3). 이것은 각 피검자들에 관해 가장 많게 그리고 가장 적게 개인 자신의 관점으로 묘사한 특성들의 집합을 심리학자들이 확인할 수 있게 해준다.

> **무조건적인 긍정적 존중** 다른 사람들이 행동적 필요조건을 겪는 것에 의존하지 않고 그들에게 한결같은 수용과 존중을 드러내는 것

> **Q 분류** 표현들이 얼마나 자신에게 적절한지, 완전함 또는 빈약함 정도에 따라 일련의 단어와 문장들을 범주화하는 평가절차

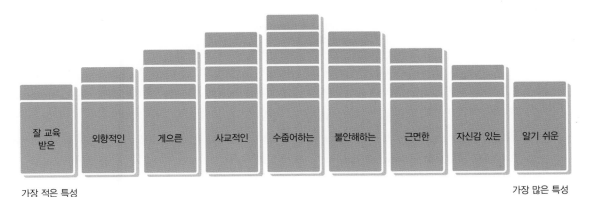

가장 적은 특성 | 잘 교육받은 | 외향적인 | 게으른 | 사교적인 | 수줍어하는 | 불안해하는 | 근면한 | 자신감 있는 | 알기 쉬운 | 가장 많은 특성

각 항목은 여러분의 성격 특성을 얼마나 잘 나타내고 있는가?

그림 12.3

Q 분류 기법 Q 분류 기법에서, 피험자들은 개인적 특성(예 : 잘 교육받은, 외향적인, 게으른)을 '가장 적은'에서 '가장 많은'까지의 성격 범주로 기술하는 진술문들로 분류함으로써 심리적인 자기초상을 만들어낸다.

Q 분류 기법은 로저스에 의해 확인된 자기의 두 측면, 즉 실제 자기와 이상적 자기 간의 차이를 측정하는 데 사용될 수 있다. 심리학자들은 참여자들에게 두 가지 Q 분류를 완성하도록 요청하는데, 참여자들은 실제 자기와 이상적 자기에 대한 그들의 개념에 따라서 성격 진술문들을 분류한다. 두 가지 Q 분류를 비교함으로써 심리학자들은 자기 개념의 두 측면 간 차이 정도를 판단할 수 있다.

평가

사전 질문

> ❭ 로저스의 이론은 어떤 면에서 프로이트의 이론을 개선하는가?
> ❭ 로저스의 이론은 성격 이론으로서 어떤 면에서 제한적인가?

로저스의 인본주의 이론은 성격심리학에 있어서 역사적으로 의미가 있었다. 그것은 무의식적 정신으로부터 자기에 관한 의식적 사고로, 동물적 추동으로부터 자기를 실현하고자 하는 특유의 인간 성향 분야로 초점을 이동했다. 로저스는 사람들이 시련에서 회복되고 의미 있는 삶을 얻도록 하는 능력에 주의를 이끄는, 긍정적이며 희망을 주는 심리학을 발전시켰다. 그의 견해가 여전히 중요하다는 것은 최근 심리학의 발전에서 뚜렷이 드러난다. 오늘날 많은 심리학자들은 인간의 강점과 미덕, 사람이 최선으로 발달할 수 있게 하는 삶의 조건에 주의를 기울이는 **긍정심리학** 운동에 기여한다(Gable & Haidt, 2005; Keyes, Fredrickson, & Park, 2012). 이러한 것은 로저스에 의해 강조된 바로 그 주제들이다. 그가 여전히 살아있다면, 긍정적인 심리적 성장에 초점을 맞추는 21세기의 심리학자들을 보면서 분명히 기뻐했을 것이다.

로저스 이론의 중요한 제한점은 충분할 만큼 포괄적이지 않다는 것이다. 로저스 이론에서 거의 언급되지 않은 중요한 성격 측면 중 한 가지는 성격의 생물학적 측면이다. 그것은 유전된 개인차로서, 아마도 삶에서 일찍이 눈에 띌 것이다. 인간의 유전학에 대한 지식은 20세기 하반기에 증가했기 때문에, 연구자들은 성격의 생물학적 토대에 점점 더 관심을 보이게 되었다. 이러한 관심은 성격의 세 번째 접근인 특질 이론의 발전을 촉발시켰다.

특질 이론

사전 질문

> ❭ 특질 이론에서 성격 측정의 특징은 무엇인가?

성격심리학에서, **특질**(trait)은 개인의 행동과 정서의 전형적인 방식이다('특질'은 시시각각으로 변하는 개인의 생각과 감정의 흐름인 심리적 **상태**에 관한 개념과 대조를 이룬다). **특질 이론**(trait theory)은 사람의 성격 특질을 확인하고 기술하고 측정하려고 노력하는 이론적 접근이다. 마지막 문장 안에 들어 있는 핵심 단어는 2장에서 논의된 '측정'이며, 신뢰할 수 있는 측정이야말로 특질 이론이 세워진 토대이다(Cattell, 1965).

특질 이론가들은 좋은 측정은 기초과학뿐만 아니라 실제 적용에도 이득이 된다는 것을 인식한다. 당신이 사교적인 판매원, 정직한 회계사, 조용한 리더십을 가진 경영자로 회사의 자리를 채우기 위해 사람들을 고용할 것이라고 가정해보라. 많은 지원자들이 있을 것이다. 그 업무에 어느 지원자가 가장 적절할 것인가? 그것을 찾아내려면, 당신은 관심 있는 특질을 측정하기 위해서 효율적이고 신뢰할 수 있는 좋은 측정 도구가 필요하다. 이것이 바로 특질 이론이 제공하는 것이다.

특질 성격심리학에서 한 개인의 행동과 정서의 전형적인 방식

특질 이론 사람들의 성격 특질을 확인하고, 묘사하고, 측정하려고 노력하는 이론적 접근

배경으로, 특질 이론은 긴 역사를 지닌다. 20세기 초에 심리학자들은 성격에 적용될 수 있는 지능연구에서 측정원리가 사용된 것을 인식했다(7장 참조). 사람들에게 많은 질문을 하고 그들의 반응을 채점함으로써 성격은 측정될 수 있다. 20세기 후반부에 유전자와 개인차에 대한 연구는 성격특질 점수에서의 변화가 꽤 많은 정도로 생물학에 기초를 두고 있다는 것을 보여준다. 세기 말까지 양적 측정과 유전적 발견의 결합은 특질 심리학이 성격과학에서 비중이 큰 세력이 되게 했다.

구조 : 안정적인 개인차

사전 질문

> ❯ 특질 이론가들이 언어에 나타난 수천 개의 특질을 5요인(또는 6요인)으로 줄이기 위해 사용한 과학적 방법은 무엇인가?
> ❯ 아이젠크의 이론이 제안한 것은 외향성 특질의 생물학적 기반인가?

성격특질 이론에서 주요 구조는 성격특질이다. 위에서 언급했던 것처럼, 특질은 개인의 행동과 정서의 전형적인 방식이다. 구체적으로 말하자면, 성격특질은 세 가지 결정적인 특성을 갖는데 그것은 사람들이 평균적 경향성에서 차이를 보이는 일관된 방식을 말한다.

1. **일관성** : 특질 이론에 의하면, 성격특질은 시간과 상황 전반에 걸쳐 자신을 일관적으로 표현한다(Allport, 1937; Epstein, 1979). 예를 들면 **성실성** 특질이 높은 사람은 일관된 태도로 성실한 행동을 내보일 것이라고 기대될 것이다(예 : 신뢰할 수 있는 종업원, 열심히 공부하는 학생, 법을 준수하는 시민).

2. **개인차** : 성격특질은 사람들 사이에서의 차이를 말한다. 대부분의 특질심리학자들은 어떤 집단의 사람들에게도 개인차를 묘사하는 데 사용될 수 있는 소수의 특질을 확인하려고 노력한다.

3. **평균적 특성** : 특질은 사람들이 전형적으로 유사하다고 말한다. 다른 말로 하면, 그들은 평균적이라는 것이다. 당신이 싫어하는 특정한 한 사람을 제외하고는 모든 사람에게 즐겁고 친절하다고 가정해보라. 친절성의 특질 척도는 모든 관계에 걸쳐서 당신 행동의 평균이 될 것이다. 당신은 대부분의 사람들에게 친절하기 때문에 친절성에서 높은 점수를 얻을 것이다. 그 점수는 당신의 전형적인 행동을 반영한다.

세 가지 결정적 특성에 더하여 '특질'이라는 단어는 대부분의 특질 이론가들에게 가외의 두 가지 의미를 가진다. 한 가지는 **차원**을 일컫는 말로, 범주가 아니다. 이것은 특질 수준에서 점진적인 변화가 있다는 의미이다. 이렇게 하여 성격특질은 키와 같은 신체적 특질과 같다. 때때로 '키가 큰 사람'과 '키가 작은 사람'에 대해 이야기할지라도, 이것이 사람에 관한 별개의 범주가 아니라는 것을 안다. 키는 한 차원상에서 변화한다. 유사하게, '우호적인 사람'과 '다툼'에 대해서 얘기할지라도, 우호성이라는 특질은 차원적으로 변화한다. 주어진 특질 차원이 어떻든 간에, 대부분의 사람들은 차원의 거의 중간에 있으며 소수의 사람만이 매우 높거나 매우 낮은 양 끝에 있다(그림 12.4).

두 번째, 이론가들은 특질을 행동의 원인으로 본다 (McCrae & Costa, 1995, 1996). 다시 말하면, 키를 가지고 유추한 것은 유용하다. 누군가 특히 소매가 긴 셔츠

그림 12.4
특질 차원 특질 이론가들은 성격특질을 차원으로 본다. 내향성 – 외향성과 같은 한 특질 차원에서 대부분의 사람들은 차원의 중간에 있으며, 상대적으로 차원에서의 수준이 극단적으로 낮거나 높은 경우는 거의 없다.

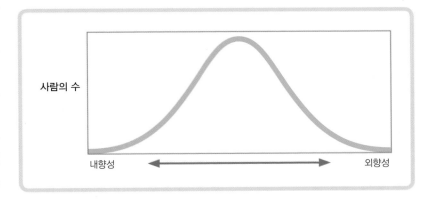

와 유난히 다리가 긴 바지를 산다면, 그는 때때로 출입구 윗부분에 머리를 부딪칠 것이다. 그 이유는 키의 신체적 차원에서 키가 크기 때문이다. 비슷하게, 누군가 사람들을 돕기 위해 대신 일해준다면, 논쟁에 뛰어드는 것을 피하고 프로젝트에 함께 참여하는 구성원들과 기분 좋게 협동한다. 특질 이론에 따르면, 그의 행동은 유쾌하고 기꺼이 돕고 선뜻 부응하는 전반적인 경향성을 나타내는 **우호성**의 성격 차원에서 높은 쪽에 위치한 것에 기인한다(Graziano, Jensen-Campbell, & Finch, 1977).

'설정된 특질'의 의미로 볼 때, 물어볼 다음 질문은 '가장 중요한 성격특질은 무엇인가?'이다. 이 질문에 대한 답은 두 가지로 접근할 수 있으며, 우선 두 영역을 살펴볼 것이다. 첫째, 매일 사용하는 언어에서 단어를 조사하는 것이다(Ashton & Lee, 2007; Goldberg, 1981). 특질 이론에 대한 **어휘적 접근**(lexical approach)은 사람들이 그들 사이에서의 모든 의미 있는 차이에 주의를 기울이고 그것에 맞는 단어를 만들어낼 것이라고 생각하기 때문에, 언어 속의 단어들은 가장 의미 있는 성격특질에 관한 단서를 포함한다. 다른 접근은 생물학적인 면을 조사하는 것이다(Stelmack & Rammsayer, 2008). 사람 간의 신경 또는 생화학적 차이는 성격에서 차이를 만들어낼지 모른다.

> 만일 외계인이 지구에 와서 "개개인을 서로 구별하는 가장 중요한 방식은 무엇인가?"라고 묻는다면, 당신은 무엇이라고 대답할 것인가?

언어에서의 성격특질 사전을 펼치고 성격특질을 묘사하는 모든 단어들의 리스트를 작성하는 것을 상상해보라. '거친'에서 시작해서 '건망증이 심한' 그리고 '자제하는'으로 옮겨가는데, 만일 당신이 충분히 오랫동안 깨어 있을 수 있다면, 결국에는 적절하게도 '완전히 맛이 간'까지 이르게 된다.

믿기 힘들게도, 2명의 성격심리학자가 바로 이 일을 했으며, 영어에 있는 모든 특질 단어 4,000개 이상의 리스트를 작성했다(Allport & Odbert, 1936).

그 리스트의 길이는 문제가 있다. 즉 4,000개 특질 측정은 비현실적이다. 그것은 너무 많기 때문에 4,000개 검사를 개발할 수 없고, 설사 개발한다 해도 누가 검사를 모두 하려고 하겠는가? 특질 이론가들은 성격에서 가장 의미 있는 개인차들과 상응하는 작은 특질군집을 요인분석을 사용해서 확인할 필요가 있다.

요인분석(factor analysis)은 대규모 세트의 상관관계에서 패턴을 규명해내는 통계 기법이다(상관관계는 2장에 서술되어 있다). 예를 들어 신뢰할 수 있는, 감정적인, 불안정한, 관대한, 근면한, 초조해하는, 시간을 지키는, 자의식, 야심적인, 창의적인과 같은 많은 수의 성격 특성들을 많은 사람들에게 7점 척도상에 평정하게 함으로써 각 성격 특성들이 성격특질을 묘사하는지 여부를 측정한다고 생각하라. 어떤 2개의 특성이든(예 : 불안정한, 초조해하는), 두 측정치 간의 상관은 특성들이 얼마나 강하게 관련되어 있는지를 보여준다(즉 그들이 불안정하다고 말하는 사람들이 그들이 초조해한다고 말하는 경향도 보이는지 여부).

가령 일반적으로 특질들이 어떻게 서로 관련이 되는지 당신이 알기 원한다고 하자. 당신은 갑자기 많은 수의 특질들과 직면하게 된다. 즉 10개의 특질이 측정된다면, 45개 쌍의 특질들과 45개의 상관이 있다. 100개의 특질이 측정된다면, 4,950개의 상관이 있는데, 그 수가 너무 많기 때문에 수학적 도구 없이 계속 파악할 수 있는 방법이 없다. 요인분석은 그 수학적 도구이다. 그것은 심리학자들이 상관이 높은 측정치들의 집단을 찾기 위해 상관관계를 자세히 살펴볼 수 있게 한다. 특질심리학자들은 상관관계가 높은 이들 집단 각각이 하나의 특질을 대표한다고 추론한다. 앞의 예에서 신뢰할 수 있는, 근면한, 시간을 지키는, 야심적인과 같은 것을 포함하는 집단은 성실성의 특질을 대표할 것이다.

어휘적 접근 사람들 사이의 모든 의미 있는 차이는 일상의 언어에서 자연스럽게 발생하는 단어에 의해 표상된다고 간주하며, 언어 속의 단어로부터 성격 특질을 확인하는 관점

요인분석 대규모 세트의 상관관계에서 패턴을 규명해내는 통계 기법

표 **12.4**

빅 파이브 특질		
빅 파이브 특질	**정의**	**특징**
외향성	활동적인 방식으로 사회적, 물질적인 세계에 접근하는 경향성	사교적인, 활동적인, 적극적인
우호성	다른 사람들과 상호작용할 때 긍정적, 친사회적 행동과 느낌을 지향	이타적인, 사람을 믿는, 겸손한
성실성	부적절한 정서와 충동을 통제하고 사회적 규칙을 따르는 경향성	신뢰할 수 있는, 근면한, 체계적인
신경증 성향	부적 정서를 경험하는 경향성	불안해하는, 초조해하는, 슬픈
경험에의 개방성	복합적인 정신적·행동적 삶과 다양한 경험을 지향	창의적인, 예술적 감각이 있는, 자유로운

출처 : John, Naumann, & Soto (2008)

성격특질에 관한 연구에서, 요인분석은 대체로 간단한 결과를 산출한다. 성격의 주요한 개인차를 묘사하기 위해 단지 5개 또는 6개의 특질이 필요하다. 일반적으로 한 집단에서 5개의 특질이 발견되기 때문에, 그것을 '빅 파이브(Big Five)'라고 부른다(Goldberg, 1993; John, Naumann, & Soto, 2008). **빅 파이브**(Big Five) 성격특질은 사람들의 성격 묘사를 요인분석했을 때 일관되게 발견된다. 사람들이 자신의 성격과 가까운 친구나 배우자와 같은 다른 사람들의 성격을 묘사한 것을 분석할 때 같은 다섯 가지 특질이 발견된다(McCrae & Costa, 1987). 빅 파이브 특질 — 외향성, 우호성, 성실성, 신경증 성향, 경험에의 개방성 — 은 표 12.4에 기술되어 있다.

빅 파이브는 쉽게 측정될 수 있다. 표 12.5는 다섯 가지 성격 요인의 축약본인 단축형 10문항 척도를 보여준다(Gosling, Rentfrow, & Swann, 2003).

몇몇 특질 이론가는 빅 파이브 특질 모형이 놓치는 것이 있다고 생각하는데, 그것은 정직/겸손으로 불리는 여섯 번째 특질이다(Ashton & Lee, 2007). 이 특질에서 높은 득점을 한 사람들은 정

빅 파이브 연구자들이 사람들의 성격 묘사를 요인분석으로 분석할 때 일관되게 발견된 성격특질의 한 세트

빅 파이브 척도에서, 각각의 특질 요인은 두 문항으로 관찰된다 — 외향성(1, 6*), 우호성(2*, 7), 성실성(3, 8*) 정서적 안정성(4*, 9), 경험에의 개방성(5, 10*). 별표는 역채점 문항을 나타내며, 점수가 높을수록 특질의 점수는 보다 낮다.

표 **12.5**

단축형 5요인 척도						
전혀 그렇지 않다	그렇지 않다	약간 그렇지 않다	보통이다	약간 그렇다	그렇다	매우 그렇다
1	2	3	4	5	6	7

나는 내 자신을 어떻게 보는가?

1. _____ 외향적인, 열광적인
2. _____ 비판적인, 다투기 좋아하는
3. _____ 믿을 수 있는, 수양이 된
4. _____ 불안한, 쉽게 화가 나는
5. _____ 새로운 경험에 개방적인, 복합적인

6. _____ 내성적인, 조용한
7. _____ 동정적인, 따뜻한
8. _____ 체계적이지 못한, 조심성 없는
9. _____ 차분한, 정서적으로 안정적인
10. _____ 관례적인, 창조적이 아닌

Journal of Research in Personality, 37 : 504–528, Gosling et al., A very brief measure of the Big-Five personality domains, ⓒ 2003, permission from Elsevier

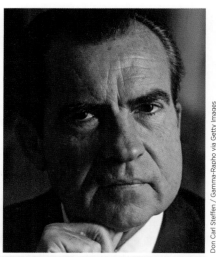

Library of Congress

Don Carl Steffen / Gamma-Rapho via Getty Images

그들이 달랐던 특질은 무엇인가? 두 사람 모두 똑똑하고 야심이 있었으며 근면했다. 둘 다 외향성이 높지 않았으며 다소 신경증 성향이 높았을 것이다. 그러나 그들은 성격특질 중 정직/겸손에서 극적으로 달랐다. 겸손한 링컨은 정직한 링컨으로 알려졌다. "나는 항상 내가 말한 것 이상으로 한다. 약속한 것 이상으로 만들어낸다"는 말로 알려져 있는 닉슨은 정직하지 못한 워터게이트 스캔들 때문에 관직에서 물러났다.

직하고 허세가 없다는 것을 보여준다. 이 여섯 번째 요인의 증거는 다국적 연구로부터 나왔다.

7개의 각기 다른 언어(네덜란드어, 프랑스어, 독일어, 헝가리어, 이탈리아어, 한국어, 폴란드어)를 모국어로 하는 사람들은 형용사로 된 약 400개의 성격특질 리스트를 가지고 스스로를 평가했는데, 특질 중 일부는 이전의 빅 파이브 연구에 포함되지 않았던 것들이다. 각 언어에서 보여준 요인분석에서 개인차를 묘사하는 데 필요한 요인들이 5개가 아닌 6개로 드러났는데, 여섯 번째 요인은 정직/겸손이다(Ashton et al., 2004).

요컨대, 어휘적 접근은 일상 언어에서 찾아낸 성격특질을 요약한다. 그럼에도 드는 큰 의문은 그것으로 충분한가 하는 점이다. 궁극적으로, 심리학자들은 단지 성격에 대한 언어를 알고 싶어 하는 것이 아니라, 사람 사이의 차이에 기저를 이루고 있는 생물학적 구조와 같은 성격의 '살과 피', 즉 모든 것을 알고 싶어 한다.

신경계 내의 성격특질 사람들은 생물학적으로 많은 면에서 다르다(신장, 체중, 혈압, 골밀도 등). 생물학적 차이의 어떤 부분이 성격특질에서 개인차를 만들어낼 것인가? 많은 특질심리학자들은 이러한 가능성을 추구해왔다(Stelmack & Rammsayer, 2008). 그중 첫 번째 사람이 영국의 심리학자인 한스 아이젠크였다.

아이젠크(Eysenck, 1970)는 외향성의 생물학적 근거를 살펴보았다. 외향적인 사람들(많은 활동과 사회적 상호작용을 좋아하는 에너지가 많은 사람들)과 내향적인 사람들(조용히 앉아 있거나 책을 읽는 것이 행복한 내성적인 개인들)은 뇌 기능이 다를 것이다. 특히 아이젠크는 그들이 피질 각성, 즉 뇌의 피질 영역 내 활동이 다를 것이라고 예측했다(피질; 3장 참조). 당연히 각성 수준이 낮은 사람들은 각성 수준을 올리는 자극적인 활동을 추구함으로써 이것을 보상할 것이다. 피질 각성 수준이 높은 사람들은 그들을 과도하게 각성하게 만드는 자극적인 환경을 피할 것이다. 그러므로 각성 수준은 사람들이 외향적이거나(낮은 각성), 내향적(높은 각성)이 되는 원인이 된다.

몇몇 증거들은 아이젠크의 생각을 지지한다. 뇌파기록(EEG)연구에서 조사자는 번쩍이는 불빛이나 적당히 시끄러운 소리와 같은 간단한 자극이 제공되는 동안 외향적인 사람들과 내향적인 사람들의 뇌 활동을 기록한다. 아이젠크가 예측했던 것처럼 내향적인 사람들의 뇌는 외향적인 사람

With permission from Personality Investigations Publications and Services Ltd

한스 아이젠크 그는 성격의 두 가지 주요 특질로서 외향성과 신경증 성향을 확인했다.

들의 뇌보다 신체적 자극에 더 강하게 반응한다(Stelmack & Rammsayer, 2008). 실험실 밖의 일상의 삶에서 뇌 반응성에서의 차이가 내향적 행동 대 외향적 행동의 차이를 만들어낼지 모른다.

아이젠크는 또한 신경증 성향, 즉 불안하고 걱정스러워하는 경향성의 생물학적 기반을 찾았다. 그는 신경증 성향에서의 개인차는 환경적 위험에 반응하는 자율신경계의 반응성 변화와 연결되었을 것이라고 예측했다(3장 참조). 신경증 성향에서 점수가 높은 사람들은 '조마조마한' 신경 체계를 가졌을 것이다. 그러나 이러한 예측은 지지를 덜 받았다(Stelmack & Rammsayer, 2008). 자기보고를 통해서 드러난 신경증 성향과 자율신경계 활동의 개인차는 단지 미약하게 관련된다. 사건에 대한 사람들의 주관적인 해석과 같이 아이젠크가 예상하지 못한 요인들이 불안하고 신경증적인 반응 스타일의 원인이 된다(M. Eysenck, 2013). 이러한 미미한 결과는 몇몇 특질 심리학자들이 아이젠크의 이론에 대한 대안을 찾도록 동기를 부여했다.

하나의 대안은 영국의 심리학자인 제프리 그레이와 그의 동료들에 의해 발전되었다(Corr, 2004; Gray & McNaughton, 2000; Pickering & Corr, 2008). 그레이는 신경증 성향에 관한 아이젠크의 이론에서 문제를 확인하였다. 그것은 근본적으로 다른 2개의 정서, 즉 공포와 불안을 구별하는 데 실패했다는 것이다. 성격과 동기에 대한 그레이의 이론에서는 정서적 반응이 다르게 나타나는 기저에는 다른 뇌 체계가 있다는 것이다.

과정 : 특질에서 행동으로

사전 질문

> 특질 이론에서 아이젠크의 연구는 구조를 과정에 어떻게 연결시킬 수 있는가?

특질들은 특질 이론의 성격 구조이다. 성격과정은 어떤가?

특질 이론가들은 안정적인 성격 구조보다 역동적으로 바뀌는 성격과정에 주의를 덜 기울여왔다(Hampson, 2012; McCrae & Costa, 1996). 예를 들면 성격특질에 대한 어휘적 접근은 오직 성격 구조를 분석할 뿐이다.

그러나 생물학적 연구는 성격과정을 밝힌다. 아이젠크의 연구를 다시 숙고해보라. 그의 피질 각성과 외향성에 관한 분석은 사람들이 자극의 낮고 높은 수준을 특징으로 삼는 상황을 접할 때 뇌 과정이 작동하기 시작하는 것을 확인한다. 다른 연구자들은 외향성이 어떻게 신체적 각성과 관련될 수도 있는지를 보여줌으로써 아이젠크의 분석을 확장해왔다. 그것은 결과적으로 사고과정에 영향을 미친다(Humphreys & Revelle, 1984). 그렇기는 하지만 성격과정에 대한 분석은 특질 이론에서 강력한 연구 영역은 아니다.

평가 : 개인차 측정하기

사전 질문

> 특질 이론가들은 성격을 어떻게 평가하며 이러한 평가에 의해 예측할 수 있는 결과는 무엇인가?

성격과정에 대한 분석은 특질 이론에서 강점이 아니라는 것을 보아왔다. 그러나 성격 평가는 강점이다. 특질 이론가들은 성격특질에서 개인차를 신뢰할 수 있게 측정하는 검사를 발전시켜 왔다.

포괄적인 자기보고 설문지 가장 흔한 성격검사는 사람들이 자신의 전형적인 선호성과 개인적인 경향성을 나타내주는 자기보고식 설문지이다. 이러한 검사들 중에 몇몇 검사들은 포괄적인 검사를 목표로 한다. 즉 검사 개발자는 중요한 성격특질을 모두 측정하고 개인의 완전한 심리적 초상

사회적 운동을 이끌기 위해서는 외향적인 사람이 필요한가? 인도의 정신적, 정치적 지도자인 간디는 인간의 권리와 정치적 독립을 위한 투쟁에서 인도의 수백만 시민들을 이끌었다. 그런데도 그는 내향적이었다. 젊은 시절에 그는 다른 사람들과 만나는 것을 피했다. "책과 수업은 나의 유일한 동반자였다. 말 그대로 나는 학교에서 집으로 급히 돌아왔다. 차마 누구에게도 말을 걸 수 없었기 때문이었다"라고 간디는 보고했다(Easwaran, 1997, p. 13).

어떤 유형의 사람들이 이 방에서 살지 추측해보라 특질 이론 연구는 거주자들을 만나보지 않고 단지 방을 보는 것만으로도 거주자의 성격을 판단할 수 있다는 것을 보여준다.

을 제공하려고 시도한다. 그와 같은 검사 한 가지를 자세하게 살펴보자.

NEO 성격 척도 개정판(NEO-PI-R; Costa & McCrae, 1992; McCrae & Costa, 2010)은 성격 5요인 각각에서 개인차를 측정한다 — 신경증 성향, 외향성, 경험에의 개방성, 성실성, 우호성 (NEO-PI-R은 처음 세 특질로부터 이름이 붙여졌으며 NEO-PI-R과 NEO-PI-3이라고 불린다).

NEO는 5요인 각각을 측정하는 약 50개의 검사 항목으로 되어 있다. 하나의 질문으로 폭넓은 성격특질을 측정할 수 없으나 대규모 세트로 구성된 질문들은 가능하다. 예를 들면 성실성(표 12.4)을 검사하는 문항들은 정리 정돈하기, 시간에 맞춰서 요금 납부하기, 능률적으로 일하기, 일을 마무리하기 등을 지니고 있는지 물어본다. 문항 반응들의 합계는 특질의 정확한 측정치를 제공한다.

위에서 주목한 바와 같이, 단축형 검사도구가 있다(Gosling, Rentfrow, & Swann, 2003; Rammstedt & John, 2007). 그러나 간결한 만큼 정확성은 떨어진다. 심리학자들이 정확도가 높은 5요인 척도를 원할 때, 단축형이 아닌 NEO와 같이 문항이 많은 척도를 선호한다.

행동 예측하기 이러한 성격검사들은 사람들의 행동을 예측하는가? 종종 그렇다. 두 가지 사례를 살펴보자면, 우선 성격과 개인적 공간이 관련된다.

사람들 대부분은 1, 2개의 개인적 공간, 즉 그들 스스로 장식하는 구역을 가진다. 예를 들어 침실에 가구를 배치하고 벽에 걸어 놓을 그림을 선택할지도 모른다. 성격은 어떤 장식을 선호하는지 예측한다. 연구자들은 참여자들을 개인들의 사무공간과 침실로 보내서 거주자들의 성격특질을 판단하도록 요청했다. 그들은 거주자들을 만나지 않은 채 판단하였다. 별개로, 거주자들은 성격특질을 측정하는 설문지를 작성했다. 방에 근거해서 거주자들의 성실성, 외향성, 경험에의 개방성을 평가한 참여자 평정은 특질에 관한 거주자들의 자기평정과 유의하게 상관을 보였다(Gosling et al., 2002).

또한 성격특질은 보다 심각한 결과인 사망률을 예측한다. 연구자들(Terracciano et al., 2008)은 대규모 성인집단에서 성격특질을 측정했는데, 그들의 인생과정을 수십 년에 걸쳐 지켜보았다. 이 기간 동안 어떤 연구 참여자들은 죽었다. 놀랍게도 성격특질은 수명을 예측했다(그림 12.5). 보다 정서적으로 안정적인 성격(낮은 신경증 성향)과 성실성이 보다 높은 사람들이 더 오래 살았다(Terracciano et al., 2008).

왜 성격이 사망률을 예측할 것인가? 보다 감정적인 성격을 지닌 사람들은 삶의 스트레스를 더 많이 경험할지 모르며, 이것은 건강을 손상시킬 수 있다(9장). 성실한 사람일수록 보다 건강한 생활양식을 유지하고 정기적으로 건강 검진을 할지 모르며, 그것은 삶을 연장시킬 수 있다.

그림 12.5
성격특질은 장수를 예측한다 그래프는 성격특질의 정서적 안정과 성실성에서 낮은, 평균, 높은 점수를 가진 사람들 중에서 장수(사망 연령) 경향을 보여준다. 정서적 안정과 성실성에서 모두 높은 점수를 받은 사람들이 더 오래 살았다(Terracciano et al., 2008).

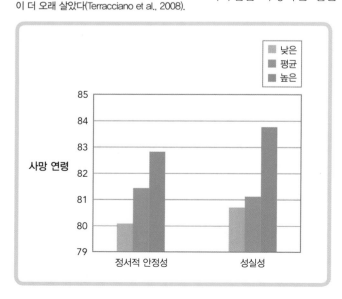

낮은 / 평균 / 높은

사망 연령

85 / 84 / 83 / 82 / 81 / 80 / 79

정서적 안정성 / 성실성

평가

사전 질문

> ❯ **특질 이론의 강점과 취약점은 무엇인가?**

특질 이론은 세 가지 강점이 있다. 특질 이론은 개인차를 평가하기 위해 간단한 방법을 제공한다. 또한 성격특질과 생물학 간의 관계를 연구하도록 이끈 원동력이 되었으며, 정교한 통계적 기법을 사용함으로써 이전의 성격 이론에서 때때로 부족한 과학적인 엄격함을 도입했다.

그러나 특질 이론은 제한점도 있다. 한 가지는 로저스의 인본주의 이론과 같이 포괄성이 부족하다. 앞에서 말했듯이, 특질 이론은 성격과정에 대한 언급이 거의 없다. 성격과정이란 예를 들면 프로이트에 의해 강조된 생각과 감정들 사이의 역동적인 상호작용과 같은 것이다. 또한 특질 이론은 행동에서의 비일관성에 대한 언급도 거의 없다. 자기 자신을 묘사해보라고 요청했을 때, 사람들은 때때로 일관성 없게 보고하는데, 이를테면 이렇게 행동하고 때로는 저렇게 행동한다 — "나는 매우 수줍어하지만, 그러나 누군가를 알게 되면 말을 많이 한다", "나는 대부분은 조직적이고 계획적이지만, 집에서는 급하고 지저분하다", "나는 매우 따뜻한 성격이지만, 내 성격의 어떤 측면은 비열한 면이 있다"(Orom & Cervone, 2009). 다른 사람들의 행동을 관찰하게 되면 이와 같은 비일관성을 보게 된다. 이를테면 대부분의 개인들은 때때로 외향적인 사람처럼 보이고, 다른 때에는 내향적인 사람처럼 보인다(Fleeson, 2001). 특질 변인들은 평균 수준의 행동을 나타내기 때문에, 평균 수준을 넘어선 변량은 설명하지 않는다. 다음에 다루게 될 이론들을 발전시킨 심리학자들은 특질 접근의 두 가지 제한점을 극복하고자 노력해왔다.

사회인지 이론

사전 질문

> ❯ **사회인지 이론의 가장 중요한 두 이론가인 반두라와 미셸은 성격을 개념화하면서 무엇을 강조했는가?**

네 번째 성격 이론인 **사회인지 이론**(social-cognitive theory)은 사람들이 지식과 기술과 자신에 대한 신념을 획득하는 사회적 경험을 강조하는 성격 접근이다. 사회인지 이론에 따르면 사람의 지식, 기술, 신념과 같은 인지는 개인의 정서와 행동의 독특한 패턴을 설명한다.

사회인지 이론은 당신이 이론의 핵심 내용과 전개 방식에 대해서 이미 배운 세 가지 이론과는 다르다. 사실상 사회인지 이론은 사회적 맥락에 보다 주의를 기울인다. 사회인지 이론가들은 사람들이 사회적 세상에서 다른 사람들과 상호작용하면서 어떻게 성격이 발달하고 드러나는지 그 방법을 조사한다(Shoda, Cervone, & Downey, 2007). 방식에 있어서 사회인지 이론은 통합적이다. 이론가들은 모든 심리과학으로부터의 연구 결과에 근거해 이론을 도출해냄으로써 성격 이론을 구축해왔다(Cervone & Mischel, 2002). 이런 방식의 이론 구축의 장점은 분명해 보일 것이다. 그러나 다른 성격 이론가들이 하고 있던 방식은 아니다. 정신역동, 인본주의, 특질 이론은 심리학 전반의 진보로부터 상대적으로 고립되어 심리과학의 주류 밖에 머물러 있었다. 예를 들면 프로이트는 심리학에서 유명하리만치 경험적 증거에 관심이 없었다.

많은 심리학자들이 사회인지적 접근에 기여해왔다. 하지만 앨버트 반두라와 월터 미셸이 단연 돋보인다.

반두라의 사회인지 성격 이론(1986, 1999, 2001)은 두 가지에 역점을 둔다. 첫째는 사회적 기반이다. 반두라는 사회적 세상에서 우리의 경험이 없다면, 우리가 응당 지녔어야 할 성격이 없다

앨버트 반두라 그의 성격 이론은 사람들의 신념, 기술, 경험에 관한 사회적 기반을 설명한다.

Albert Bandura

사회인지 이론 성격의 핵심은 사회적 상호작용을 통해서 획득된 개인의 지식, 기술, 신념으로 구성된다는 성격에 대한 이론적 접근

월터 미셸 그의 연구는 사람들이 그들의 행동을 다양한 사회적 맥락에 맞추는 방법을 성격이 어떻게 드러내는지 보여준다.

는 것을 인식한다. 우리의 사회적 기술과 개인적 신념, 그리고 삶의 목표는 사회적 상호작용을 통해서 발생한다. 다른 강조점은 **개인적 주도성**(personal agency)인데, 그것은 자신의 삶의 결과물에 영향을 끼치는 개인적 능력을 언급한다. 목표를 설정하고 새로운 기술을 개발함으로써 사람들은 자기발달의 흐름을 이끌 수 있다.

연구 초반에 반두라는 매우 공격적인 아동과 부모들을 대상으로 연구했다(Bandura & Walters, 1959, 1963). 아동들과 그의 부모들을 인터뷰하면서 그가 실험실 연구에서 고심했던 부분, 즉 공격적 행동을 사람들이 어떻게 배우는지 의문이 들었다. 일생 동안 반두라는 중요한 사회적 의미를 고심하는 동시에 성격과정에 기반한 기초적인 실험실 연구를 수행하는 패턴을 유지했다.

미셸의 사회인지적 접근은 성격을 체계로서 바라본다. 체계란 서로에게 영향을 미치는 많은 부분들로 구성된 어떤 것이다. 성격이 체계라는 관점은 예를 들어 일찍이 당신이 배운 특질 접근과는 대비된다. 특질 이론에서는 성격이란 서로가 독립적인 구조들(또는 특질들)의 집합이라고 생각되었는데, 하나의 특질이 다른 특질에 어떻게 영향을 미치는지 그것에 대한 분석이 거의 없다. 그러나 사회인지 체계적 접근에서 미셸은 성격의 각 부분들 사이의 상호작용에 초점을 맞추었다. 이 부분들은 느낌(또는 감정)뿐만 아니라 생각(또는 인지)을 포함하며, 성격은 이와 같이 인지-감정 체계이다(Mischel, 2004, 2009; Mischel & Shoda, 1995). 개인의 상호 연결된 생각과 정서적 반응의 독특한 패턴은 성격 구조의 핵심이다. 미셸은 성격의 역동에 관해서 주관적 의미를 강조했는데, 다시 말해서 그 과정은 사람들이 그들 삶에서의 사건들을 이해하고 그것에 의미를 부여하는 것이다(Mischel, 1968; Orom & Cervone, 2009).

미셸(1968, 2009)은 또한 성격 이론에 대한 비평가이다. 그는 사람들이 '평균적'으로 무엇과 같다는 것을 연구하는 특질 이론가들의 판단을 반박한다. 신경증 성향이나 성실성의 평균 수준은 대가가 크다. 그것은 성격에 관한 너무 많은 정보를 희생시킨다. 성격에 흥미를 보이는 것의 많은 부분은 평균 수준을 넘어서 개인적으로 변화하는 방식이다. 즉 직장에서는 의식적으로 하지만, 집에서는 그렇게 하지 않는데, 이를테면 어떤 사람에게는 자신감 있지만, 다른 사람에게는 불안한 것과 같다. 삶에서 다양한 도전과 기회에 직면할 때 발생하는 생각과 행동에서의 이러한 가변성은 미셸에게는 성격의 열쇠가 된다.

반두라와 미셸의 기여는 서로를 보완한다. 합동해서, 그들은 현대의 많은 성격심리학자에 의해 발전된 사회인지적 접근의 토대를 형성한다(Cervone & Shoda, 1999).

가변성의 패턴에 주의를 기울일 가치가 있을지도 모르겠다… 비록 대부분의 성격심리학에서는 별로 눈에 띄지 않지만, 문학의 모든 성격 묘사 소설에서는 그와 같은 패턴이 주인공의 근원적인 동기와 성격 구조를 펼쳐 놓을 때 생생하게 드러나면서 사실상 묘사된다.
– Walter Mischel(2004, p. 6)

구조 : 사회적으로 습득한 인지

사전 질문

> 사회인지 이론의 각각 다른 세 가지 성격 구조인 자기참조 인지, 기술, 감정 체계를 규정하는 것은 무엇인가?

사회인지 이론은 세 가지 종류의 성격 구조를 확인했다 — (1) 자기에 대한 사고, 혹은 **자기참조** 인지, (2) 기술, (3) 감정 체계. 이들은 모두 사람들의 독특하고 일관된 행동 방식에 기여하는 오래 지속되는 마음의 요소들이다.

자기참조 인지 우리 생각의 많은 부분들은 우리 자신과 관련된다. 새로운 직업을 갖게 될 때, 당신은 그 직업뿐만 아니라 당신 자신에 대해서도 생각한다. "내가 그 직업을 잘 다룰 수 있을까?" 대학에서 전공을 선택할 때, 수강할 강좌뿐만 아니라 당신 자신에 대해서도 생각한다. "이 전공이 내 인생의 목표를 성취하는 데 진정 도움이 될 것인가?" 자신에 대한 이러한 생각들을

개인적 주도성 목표를 설정하고 기술을 개발함으로써 동기, 행동 그리고 삶의 결과물에 영향을 끼치는 사람들의 능력

자기참조 인지(self-referent cognition)(또는 같은 의미로 **자기반성적 사고**)라고 한다. 사회인지 이론은 자기참조 인지가 정서와 행동에 직접적으로 영향을 미친다고 주장한다(Bandura, 1986). 만일 당신이 그 직업을 잘 다룰 수 있을지 확신하지 못한다면, 당신은 일을 할 때 불안해진다. 그 이유는 '불안 특질'이 아니라 오히려 자신에 대한 당신의 생각 때문이다. 만일 전공이 당신에게 맞지 않는다고 생각하면, 당신은 강의시간에 동기부여가 되지 않을지 모른다. 그 이유는 '낮은 동기 특질'이 아니라 다시 말하면, 당신의 자기참조 인지 때문이다.

사회인지 이론가들은 자기참조 인지를 세 종류, 즉 신념, 목표, 표준으로 구분한다. 신념은 우리가 생각하는 것이 옳다고 믿는 것이다. 자신을 매력적이고 영리하고, 또는 세련되지 못하다고 믿을지 모르고, 또는 근면하고, 독립적이고, 또는 소심하다고 믿을지도 모른다. 신념은 사람들의 생각과 행동의 흐름을 형성하기 때문에 성격의 열쇠이다. 매우 소심하기 때문에 많은 사람들 앞에서 어색해한다고 믿는 사람들은 파티를 고민하고 피하려는 경향이 있다. 영리하고 지략이 뛰어나다고 믿는 사람들은 스스로를 확신하고 어려운 도전을 떠맡는다.

반두라는 **자기효능감**(self-efficacy)을 특별히 강조하는데, 그것은 수행에 대한 자기 자신의 능력에 대한 판단이다. "나는 미적분학에서 A를 받을 수 있다고 확신해", "나는 그 순간에 스스로 과식을 멈추도록 할 수 없어요", "나는 집단을 상대로 말을 해야 할 때 불안을 통제할 수 없어요". 이 예들이 모두 자기효능감에 대한 것이다. 자기효능감은 인간의 성취에 대단히 유익하다. 만약 강한 자기효능감, 즉 성공할 능력을 갖고 있다면, 상황이 어렵게 되어갈 때 사람들은 어려운 과제를 시도하고 지속한다(Bandura, 1997).

목표는 미래에 성취하기를 희망하는 것에 관한 생각이다. 목표는 오랜 기간에 걸쳐 사람들의 행동을 조직하고 방향 짓게 하는 힘 때문에 성격에 중요하다(Little, Salmela-Aro, & Phillips, 2007; Pervin, 1989). 당신이 미래에 보다 건강하고 더 좋게 보이도록 운동을 하고 있을지 여부, 곧 있을 시험에서 좋은 성적을 받기 위해 공부하는 것, 또는 다음 학기 등록금을 내기 위해서 2개의 아르바이트를 하는 것, 이와 같은 당신의 목표(건강, 좋은 학점, 학교에 남는 것)는 당신의 현재 행동을 안내하고 있다(운동하기, 공부하기, 일하기).

표준은 용납할 수 있거나 용납할 수 없는 행동의 종류에 관한 견해이다. 개인적 표준은 우리가 어떻게 행동할지를 평가하기 위해 사용하는 준거이다. "으악!! 학기말 과제에 썼던 그 문장은 끔찍해요" 또는 "후우, 나 정말 뚱뚱해 보이지"와 같은 진술문들은 내재화된 표준에 따라 사람들이 행동을 평가하고 있는 것을 보여주는데, 그 표준은 용납할 수 있고 용납할 수 없는 행동 유형을 처방하는 기준이다. 사람들이 그들 자신에 대해 느끼는 방식 — 자랑스러운, 실망한, 신이 난, 역겨워하는 — 은 성취를 위해 사용한 표준에 의해 결정된다(Bandura, 1986). 완벽주의자 같은 높은 표준을 지닌 사람들은

성격의 비일관성 사회인지 이론에 따르면, 행동에서의 비일관성은 성격을 드러내고 있는 것이다. 엘리엇 스피처의 사례를 생각해보라. 그는 하버드 법학대학원 학생회 리더이다. 지방 검사로서 조직범죄와 싸웠다. 뉴욕 주의 검찰총장일 때, 그는 화이트칼라 범죄와 계속해서 투쟁했다. 그는 압도적인 표차로 뉴욕 주지사에 선출되었으며 정부에 신뢰를 회복하는 맹세를 했다(Gershman, 2006). 매춘 스캔들이 그를 공직에서 사퇴하도록 궁지에 몰아넣을 때까지 스피처는 신뢰성, 성실성, 신용과 같은 특질이 높은 시민, 지도자의 모델이 된 것처럼 보였다.

이것을 해라. 저것은 하지 마라. 사회는 행동에 대한 가이드라인을 가지고 우리를 에워싼다. 만일 우리가 그것을 배우고 따른다면, 그것은 개인적 표준이 된다. 사회인지 이론에 따르면 그것은 행동에 대한 내적 안내로서 지속되는 성격 특징이다.

자기참조 인지 사람들이 세계와 상호작용하고 그들의 경험을 반영할 때 스스로에 대해 갖는 사고

자기효능감 수행을 하기 위한 자기 자신의 능력에 대한 판단

종종 의욕적이지만(Bandura, 1978; Carver & Scheier, 1998), 또한 탁월한 표준을 만나지 못할 때 우울해지는 경향이 있다(Hewitt & Flett, 1991).

사회인지 이론에서 표준은 정신역동 이론에서 초자아와 유사한 역할을 한다. 두 경우 모두 성격 구조는 행동이 사회적으로 용인될 수 있는지 여부를 평가하기 위한 준거를 나타낸다. 그러나 이론은 다르다. 사회인지 이론은 정신분석 이론에 비해서 성격에 대한 관점에 보다 융통성이 있다. 정신분석 이론에서 초자아는 부모와의 상호작용을 통해서 생의 초기에 발달되며 그 후에 고정된다고 말한다. 사회인지 이론에서는 개인적 표준이 비교를 통해 일생 동안 변화할 수도 있다는 것을 인정한다. 예를 들어 새로운 나라로 이주하거나, 새로운 종교에 가담하거나, 또는 삶의 다른 중요한 변화를 경험하는 것처럼 만일 삶의 어느 시점에서든 사람들의 삶의 환경이 변한다면, 그들의 개인적 표준도 또한 변화할 수 있다.

기술 때때로 행동의 이유는 그들 자신에 대한 사람들의 생각이 아니라 성격의 또 다른 측면, 즉 기술들이다(또는 그것의 결핍). **기술**(skill)은 경험을 통해 개발되는 능력이다. 비록 당신이 일이나 스포츠와 같은 활동과 관련하여 기술을 생각할지라도, 기술은 성격에 관련된다. 친구들 사이에서 논쟁을 확산시키거나 모르는 사람들이 있는 파티에서 좋은 시간을 갖는 것과 같은 사회적 상

그림 12.6
사회 지능 도표는 *사회 지능*이 다른 가상적인 두 사람이 소유한 지식을 보여준다(Cantor & Kihlstrom, 1987). 위쪽에 도표화된 지식을 가진 사람은 시험 준비에 관한 한 사회적으로 총명하다. 이 개인은 어떻게 시험에 대비하고 스트레스에 대처하는지에 대한 지식을 풍부하게 수집해서 가지고 있다. 맨 아래에 묘사된 사회적으로 덜 총명한 사람은 보다 많이 제한된 지식과 전략 세트를 가지고 있다. 사회인지 이론에서는 그와 같은 지식과 기술의 차이가 성격에서 개인차의 주요 근원이라고 본다.

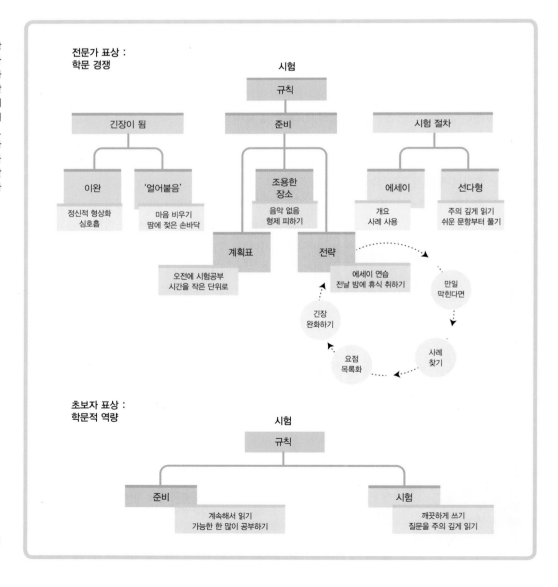

기술 대인 간 기술을 포함하여 경험을 통해 개발하는 능력

황은 상당한 대인 간 기술을 요구한다. 그러한 상황에서 보이는 행동의 개인차는 사람들이 갖고 있는 기술에서의 개인차에 기인한다(Wright & Mischel, 1987).

　그때, 성격 유형에서의 개인차는 기술에서의 개인차를 반영할 수 있다. 어떤 사람들은 높은 수준의 사회적 기술과 그들 자신에 대한 지식을 상대적으로 개발한다. 이러한 '전문가' 성격은 높은 수준의 사회 지능을 갖는다고 말한다(Cantor & Kihlstrom, 1987). 그들의 지식은 가치가 큰 자원이며, 그것은 그들이 맞닥뜨리는 상황에서 예기치 못한 도전에 적응하도록 돕는다(그림 12.6).

감정 체계　사람들은 생각한다. 그러나 단지 생각만 하지는 않는다. 시시각각, 나날이 오래 남는 기분과 몇 분 안에 확 타오를 수 있고 소멸할 수 있는 정서를 경험한다. 성격에 관한 포괄적인 이론은 이 느낌 측면의 성격을 다루어야만 한다.

　사회인지 이론은 성격의 사고 또는 인지 체계가 감정 체계와 상호작용한다는 것을 제안함으로써 느낌 측면의 성격을 다룬다. '감정'이라는 단어는 기분이나 정서와 같은 '느낌 상태'를 말한다. **감정 체계**(affective systems)는 기분과 정서적 상태를 만들어내는 심리적 체계이다.

　사회인지 이론은 인지(사고)와 감정(느낌)이 밀접하게 상호 관련되었다는 것을 제안한다(Metcalfe & Mischel, 1999). 우리의 생각은 우리의 느낌에 영향을 미치고, 우리의 느낌은 차례로 우리의 생각에 영향을 준다. 예를 들어 수행(인지)에 대한 완벽주의자적인 표준은 종종 사람들이 우울(장기화된 기분)해지도록 만든다. 완벽주의자적인 사람들은 다른 사람들보다 좀 더 우울로 발전될 것 같다(Enns, Cox, & Clara, 2002).

　역으로, 부정적 기분은 사람들이 완벽주의자가 되도록 이끈다. 기질적으로 부정적 기분에 시달리는 사람들은 자신의 행동을 평가하기 위해 자기비판적, 완벽주의적 표준을 좀 더 발전시키기 쉽다(Cervone et al., 1994).

과정 : 기술과 자기조절 행동 습득하기

사전 질문

> ❯ 반두라와 다른 학자들의 연구에 의하면, 개인들은 어떤 과정을 통해서 기술을 습득하는가?
> ❯ 미셸과 그의 동료들의 연구에 의하면, 개인들은 어떤 전략으로 정서와 충동을 통제하는가?

신념과 기술, 감정 체계는 안정적인 성격 구조이며, 이들은 사회인지 이론의 구조적 측면을 구성한다. 그 이론은 경험과 행동에서의 변화라고 하는 성격의 과정 측면을 두 가지 주제로 분석함으로써 다루며, 여기서 두 가지 주제란 학습과 자기조절이다.

학습　사람들은 사회적 기술을 어디에서 얻는가? 당신은 대화에 효과적으로 참여하고, 다른 사람과의 갈등을 해결하며, 사람들에게 좋은 인상을 주는 법을 처음에 어떻게 배우는가?

　사회인지 이론가들은 사람들이 삶의 기술을 배우는 중요한 방법이 모델링을 통해서 나온다는 것을 제안한다. **모델링**(modeling)은 삶의 기술을 내보이는 다른 사람들을 관찰함으로써 기술을 습득하는 것이다. 만일 당신이 TV에서 요리사를 지켜보면서 요리하는 법을 배우거나, 학문적으로 성공한 친구의 공부습관을 관찰함으로써 보다 효과적으로 공부하는 법을 배우거나, 흡연자가 담배를 피워 무는 것을 지켜봄으로써 담배 피우는 것을 배운다면(학습한 행동은 긍정적, 부정적일 수 있다), 당신은 모델링을 통해 배우고 있는 것이다. 사람들은 다른 사람들의 행동을 기억하고 그 기억이 미래에 그들 자신의 행동을 이끄는 데 사용할 수 있는 정신 능력을 가지고 있다(Bandura, 1986). (사람은 다른 사람들을 관찰함으로써 새로운 정보와 기술을 배울 수 있기 때문에,

감정 체계　사회인지 이론에서 기분과 정서적 상태를 생성하는 심리적 체계

모델링　다른 사람들을 관찰함으로써 지식과 기술을 습득하는 학습의 한 형태로서 관찰학습이라고도 알려짐

Courtesy of Albert Bandura

당신은 TV로부터 많은 것을 배울 수 있다 모델링에 관한 반두라의 연구에서 아동들은 TV에서 관찰한 공격적 행동을 빠르게 배웠다. TV로 방송되는 공격적인 모델은 그림의 첫 번째 행에서 보여진다. 모델을 보고 난 후 두 아동의 행동은 두 번째와 세 번째 행에서 보여진다.

모델링은 '관찰학습'으로 불리기도 한다.)

이와 같이, 다른 사람들의 행동은 일종의 '삶을 위한 사용설명서'처럼 도움이 된다. 우리가 어떻게 행동해야 하는지를 단지 짐작하는 것 대신에, 다른 사람들을 관찰할 수 있고 그들로부터 배울 수 있다. 새로운 직업에서 직장문화를 배울 때, 무작위 방식으로 시험삼아 행동하지 않는다. 이를테면 어느 날은 정장차림으로, 다음 날은 청바지에 샌들을 신는 식으로 단지 시행착오를 통해서 배우지 않는다. 당신은 다른 직장동료들을 관찰하고 그들의 행동을 모방한다.

반두라와 그의 동료들이 한 전형적인 연구는 심지어 모델에게 잠시 동안 노출되기만 해도 사람들에게 강력하게 영향을 미칠 수 있다는 것을 보여준다(Bandura, Ross, & Ross, 1961; 또한 6장 참조). 미취학 아동들은 부풀린 광대인형, 또는 보보인형을 어른이 주먹으로 때리고 발로 차는 것을 보여주는 짧은 영상을 보았다. 통제집단인 두 번째 아동집단은 그 영상을 보지 않았다. 후에, 두 집단 아동들은 한 사람씩 따로따로 보보인형과 다양한 장난감이 있는 놀이방으로 보내졌다. 실험자들은 반투명 거울을 통해서 아동들을 관찰했으며 보보인형을 향해 보이는 어떤 공격적인 행동도 기록했다. 반두라가 예측했던 대로, 영상을 본 적이 있는 아동들이 그렇지 않은 아동들보다 보보인형에게 보다 많이 공격적으로 행동했다.

그들은 영상에서 보았던 그대로 보보인형을 주먹으로 때리고 발로 차고 망치로 계속해서 때렸다. 심지어 그들은 그들이 봤던 모델이 했던 것을 넘어서서 새로운 공격적인 행동을 고안했다.

반두라가 설명했던 대로, 이러한 결과는 정신분석 이론의 예측을 반박했다. 당신이 배운 것처럼, 정신분석은 공격적 에너지가 원초아에 저장되어 있다고 주장한다. 영상을 보면 이 에너지의 일부가 방출되었어야 했고 아동의 공격성은 나중에 감소되었어야 했다. 그러나 완전히 반대 현상이 일어났다. 사회인지 이론에서 예측한 바와 같이, 아동들은 보다 공격적으로 되었고, 모델처럼 행동했다.

그 후의 연구는 폭력적인 TV 시청을 많이 하는 것이 장기간에 걸쳐 영향을 미칠 수 있다는 것을 보여준다. 아동기에 TV 폭력물을 다량으로 시청한 아동들이 그렇지 않은 아동들보다 공격적으로 행동하는 성인으로 발달하기 쉽다(Huesmann et al., 2003). 폭력적인 비디오게임은 유사하게 공격성을 증가시킬 수 있다(Bushman & Anderson, 2002). 물론 대중매체의 폭력성이 사

학습과 뇌를 연결하기

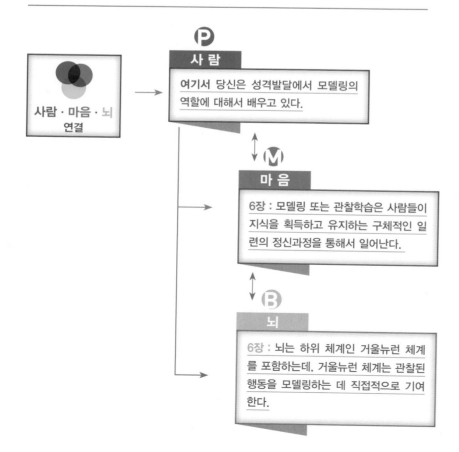

P
사 람
여기서 당신은 성격발달에서 모델링의 역할에 대해서 배우고 있다.

M
마 음
6장: 모델링 또는 관찰학습은 사람들이 지식을 획득하고 유지하는 구체적인 일련의 정신과정을 통해서 일어난다.

B
뇌
6장: 뇌는 하위 체계인 거울뉴런 체계를 포함하는데, 거울뉴런 체계는 관찰된 행동을 모델링하는 데 직접적으로 기여한다.

사람·마음·뇌
연결

회의 공격성에 한 원인이 되는 유일한 요인은 아닐지라도, 유의미한 영향을 미친다는 것을 연구는 보여준다(Kirsh, 2012).

또한 관찰학습의 영향은 긍정적일 수 있다. 사회적으로 가치가 큰 행동의 모델이 되는 사람들은 유익한 영향을 미칠 수 있으며, 때로는 이러한 영향이 널리 퍼진다. 후천성 면역결핍증후군의 높은 감염률로 인해 고통 받은 동아프리카 국가인 탄자니아의 프로젝트를 생각해보라(Mohammed, 2001; Vaughn et al., 2000). 국가 공무원과 협업을 한 사회과학자들의 작업은 후천성 면역결핍증후군에 대해 청취자들을 교육했던 라디오 연속극을 설계하는 것이었다. 일부 연속극의 등장인물들은 병의 원인에 대한 정보를 제공했다. 다른 등장인물들은 초기에는 안전한 성생활 실천에 참여하지 않았지만, 초기 참여자들의 긍정적인 영향 덕분에 점차적으로 안전한 성생활 실천을 받아들이게 되었다. 그렇게 하여, 연속극은 건강을 촉진하는 행동의 본보기를 제공했다. 정부는 믿을 수 없을 정도로 넓은 영역의 실험을 통해 프로그램을 평가했다. 2년 동안, 그 연속극은 다른 지역이 아닌 탄자니아의 몇몇 지역에서 방송되었다.

연구자들은 그 효과를 알아보기 위해 설문조사를 수행하였으며 라디오 방송은 국민들의 건강행동을 유의미하게 개선했다. 연속극이 방송된 지역 안에서 탄자니아 시민들은 질병의 위험과 무방비 상태에서의 성행위와 같은 소수의 후천성 면역결핍증후군 위험 요인에 대해 더 많은 인식을 하게 되었다고 보고했다(Mohammed, 2001; Vaughn et al., 2000).

자기조절 사회인지 이론가들에게 관심 있는 두 번째 성격과정은 자기조절이다. **자기조절**(self-regulation)은 그들 자신의 행동과 정서를 통제는 사람들의 노력을 말한다.

때때로 사람들은 충동과 정서에 '굴복'한다. 당신은 부과된 독서를 할 마음이 나지 않아서, 대신 웹을 검색한다. 3단 초콜릿 케이크가 주는 기쁨이 좋아 보여서 2개를 주문한다. 이런 것들은 자기조절 사례가 아니다. 사람들은 사고의 힘으로 충동과 정서를 극복할 때 자기조절을 한다.

자기조절을 과학적으로 이해하는 데 중요한 진보를 가져온 사람은 월터 미셸인데, 그는 **만족 지연**으로 알려진 자기조절 도전을 연구했다. 만족 지연에서 사람은 충동적인 욕망을 지연하려고 애쓴다. 예를 들면 오후 늦게 햄버거를 먹고 싶은 욕망을 지연하고 저녁식사 시간까지 기다리는 것은 만족 지연의 사례가 될 것이다. 미셸의 연구에서 유치원에 다니는 아동들은 그들을 돌보아왔던 성인으로부터 잠시 떠났다가 돌아와야 한다는 말을 들었다. 떠나기 전에 그 성인은 아동들 앞에 놓여 있는 탁자 위에 몇 개의 마시멜로를 놓아두었다. 성인이 돌아올 때까지 아동들이 기다리면, 그들은 보상을 받을 것이며, 그 보상은 바로 먹을 수 있는 몇 개의 마시멜로이다. 그들이 기다릴 수 없으면 그들은 벨을 울릴 수 있고, 성인은 바로 되돌아올 것이다. 하지만 그렇게 되면 아동은 단지 적은 보상물, 즉 단 하나의 마시멜로를 얻게 된다. 아동들은 마시멜로를 먹으려는 충동적인 욕망을 갖기 때문에, 그들이 기다렸던 시간의 길이는 만족을 지연하는 능력의 척도였다.

미셸이 했던 과학적 질문은 '무엇이 사람들로 하여금 만족을 지연할 수 있게 하는가?'이다. 다른 말로 하면, '어떤 심리적 과정이 사람들로 하여금 그들의 행동을 통제하도록 할 수 있는가?'이다. 그는 중요한 심리적 과정이 주의와 관련되었음을 발견했다. 아동들이 기다리는 동안, 그들이 주의를 기울이는 그 무엇은 자기조절에서의 성공에 강력하게 영향을 미친다. 핵심 연구(Mischel & Baker, 1975)에서, 주의는 실험적으로 조작되었다. 조작내용은 다음과 같다.

PCI Media Impact

민간비영리기구 PCI 대중매체 영향(PCI의 공식 명칭은 population communications international이다)은 사회인지 이론을 실천으로 표현한다. 그들은 배우들이 안전한 성생활 같은 유익한 행동을 보여주는 대중매체 방송을 제작한다. 여기, 멕시코 방송국은 배우들이 성 편향 폭력, 경제 분야에 대한 지식, 환경 친화적 개발에 관련된 이슈에 맞서서 대처하는 TV 드라마 프로그램인 머치 하트(Much Heart)에 공을 들인다. PCI 대중매체는 약 100개의 TV와 라디오의 연속극 드라마를 제작해서 50개국 10억 명이 넘는 인구에게 영향을 미친다.

자기조절 자신의 행동과 정서를 통제하는 사람들의 노력

패스트푸드 주문을 더 이상 하고 싶지 않다면? 만일 그렇다면, 그것이 얼마나 맛있는지 사진을 보거나 생각하지 말라. 만족 지연에 관한 미셸의 연구는 피하고 싶은 것에 대한 정신적 표상을 형성하는 것은 그것을 피하는 것을 더 어렵게 만든다는 것을 보여준다.

> 첫 번째 실험 조건에서, 아동들은 마시멜로가 얼마나 맛있는지 주의를 기울이도록 지시받았다. 이를테면 다음과 같다. "마시멜로를 볼 때, 마시멜로를 먹을 때 얼마나 달콤한지 생각해보렴… 입속에 넣었을 때 얼마나 부드럽고 쫀득한지생각해봐"(Mischel & Baker, 1975, p. 257).

> 두 번째 실험 조건에서, 아동들은 마시멜로의 맛에서 관심이 다른 곳으로 분산되었다. 즉 주의가 맛이 아닌 특성으로 이동했다. 이를테면 다음과 같다. "마시멜로를 볼 때, 마시멜로가 얼마나 하얗고 폭신폭신한지 생각해보세요. 구름도 역시 하얗고 폭신폭신하지. 마시멜로를 볼 때 구름을 생각해보세요"(Mischel & Baker, 1975, p. 257).

주의가 맛이 아닌 특성들에 유도된 아동들은 훨씬 더 만족을 지연시켰다. 이를테면 마시멜로가 얼마나 맛있는지 생각한 아동들보다 3배나 더 오래 기다릴 수 있었다. 연구 결과는 생각을 통제하는 인간의 능력 — 인간 사고의 흐름에 '진행 제어'를 행사하기(5장) — 이 사람들로 하여금 충동적인 욕망을 통제할 수 있게 한다는 것을 보여준다.

아동들은 자기통제 능력이 다르다. 이를테면 어떤 아동들은 다른 아동들보다 충동을 더 잘 통제할 수 있다. 이러한 차이는 그 이후의 인생에서 결과들을 예측하게 한다. 높은 자기통제 기술을 지닌 아동들은 성인기에서 신체적으로 더 건강하고, 약물남용 비율이 더 낮으며, 범죄행위를 저지를 가능성이 더 낮다는 것을 경험하는 경향이 있다(Moffit et al., 2011; 13장 참조).

평가 : 맥락에서 개인 평가하기

사전 질문

> '맥락에서' 인지와 행동을 평가한다는 것은 무엇을 의미하는가?

당신이 봐온 것처럼, 사회인지 이론은 (1) 사고과정과 (2) 사고에 미치는 행동의 영향을 강조한다. 사회인지 이론가들이 성격을 평가할 때, 이 두 가지를 동시에 염두에 둔다. 즉 생각과 행동 둘 다 평가하려고 노력한다. 그들이 그것을 어떻게 하는지 읽기 전에, 당신 자신에게 이 질문을 해보라. 당신의 생각과 행동은 무엇과 같은가? 만일 당신이 그것에 대해 생각한다면, 그것에 대한 최상의 답은 "그것은 상황에 따라 다릅니다"라는 것을 깨닫게 될 것이다. 당신은 다른 상황(학교, 직장, 친구와 함께)에서 다른 것에 대해서 생각한다. 당신의 행동은 다양한 사회환경(가족과 함께, 친한 친구 한 명과 함께, 잘 알지 못하는 사람들 무리와 함께하는 환경)에 따라서 달라진다. 삶의 상황들과 같은 사회적 맥락은 대단히 중요하다.

사회인지 성격 이론가들은 이것을 인식한다. 성격을 평가할 때, 사람들의 삶에서 유의미하고 특수한 사회적 맥락 안에서 일어나는 사람들의 생각과 행동을 측정한다(Cervone, Shadel, & Jencius, 2001; Shoda, Cervone, & Downey, 2007). (전형적인 평균적 성격 경향성을 평가하여 결과적으로 사회적 맥락에 주의를 기울일 가능성이 훨씬 낮은 특질 이론과 이것이 어떻게 대비되는지 주목하라.) 이것을 하기 위해서 사용된 방법들을 살펴보자.

학교 맥락에서 지각된 자기효능감 사회인지 성격 변인들과 학교 성공에 영향을 미치는 연구는 성공의 결정 요인이 지각된 자기효능감이라는 것을 보여준다. 능력에 대한 자신감이 보다 많은 청소년들은 외향적이고 적극적인 학생으로 발전한다.

맥락에서 인지 평가하기 성격을 평가하고 과정을 생각하는 한 가지 방법은 자기보고이다. 즉 사람들이 그들 자신에 대한 신념과 행동을 보고하도록 요청하는 것이다. 사람들은 보통 그들 자신, 목표, 부응하려고 노력하는 개인적 표준에 대해 많은 생각을 한다. 결과적으로 그들은 어떤 점에서 자신의 성격에 대한 '전문가'이다(Cantor & Kihlstrom, 1987). 사회인지 이론가들은 사람들이 그들 자신에 대한 정보를 보고하도록 요청함으로써 이러한 전문 지식에 종종 의지한다.

자기효능감 측정은 전략을 분명히 보여준다. 연구자들은 사람들이 특수한 장면에서 특수한 유형의 행동을 수행하는 동안 자신감을 보고하도록 요청한다(Bandura, 1997). 예를 들면 학교에 다니는 청소년 대상 연구(Caprara et al., 2003)에서 학생들에게 '급우가 당신에게 동의하지 않을 때 자신의 의견을 표현하기'와 같은 특수한 맥락에서 활동을 수행하는 동안 학생들은 얼마나 자신감이 있는지 보고하도록 했다. 이러한 자기효능감 측정은 장기간에 걸쳐 행동을 예측했다. 학교에서의 행동에 대한 자기효능감이 처음에 더 높은 아동들은 2년 뒤에도 학교에서 덜 소심했다. 자기효능감은 연구를 시작할 때 아동들의 행동 양식을 설명한 후에도 여전히 행동을 예측했다(Caprara et al., 2003).

두 번째 측정 전략은 성격의 **암묵적** 측정이다. 즉 그들 스스로에 대한 사람들의 명시적 보고에 의존하지 않는 측정이다. 사회인지심리학에서, 사람들이 시험문제에 반응하는 속도는 흔히 사용된 암묵적 측정이다. 일상생활에서 특별한 성격 특징에 대해 깊이 생각하는 경향이 있는 사람들은 성격 특징에 대한 질문을 받았을 때 좀 더 빠르게 반응하는 경향이 있다(Cervone et al., 2007; Markus, 1977).

맥락에서 행동 평가하기 사회인지 이론에서 사고과정 다음으로 측정의 두 번째 대상은 사람들의 행동이다. 행동 측정에서 특히 가치가 큰 방법은 월터 미셸과 동료들에 의해 개발되었다. **만일 …라면 프로파일법**(*if … then … profile method*)에서, 연구자들은 사람들이 다른 상황을 맞닥뜨릴 때 일어나는 행동에서의 변화를 기록했다(Mischel & Shoda, 1995). 그 기술은 뒤를 잇는 생각에 달려있다. 당신이 사람들의 행동을 자세히 살피면, 그것은 서로 다르다. 예를 들면 당신이 친한 친구들에게는 외향적으로 보일지 모르지만, 낯선 사람들에게는 내향적으로 보일지 모른다. 특질 접근에서 행해진 것처럼 왜 다른 상황에서 나타나는 다른 행동들의 평균치를 구하는가? 대신에, 가변성을 측정하라. 이를테면 "당신은 친한 친구들과 있으면, 그때는 외향적이다." 하지만 "낯선 사람들과 있으면, 그때는 내향적이다."

만일 …라면 프로파일법은 아동들의 공격적 행동을 연구하기 위해 사용되었다(Shoda, Mischel, & Wright, 1994). 심리학자들은 공격성 행위뿐만 아니라 아동이 공격적으로 행동하고 있는 특정한 상황도 기록했다. 그때 그들은 각 개인이 다른 상황에서 어떻게 행동하는지를 보여주는 만일 …라면 프로파일법 도표를 만들었다(그림 12.7). 평균적으로 비슷한 공격성을 보이는 아동들은 공격적인 행동을 촉발했던 상황('만일 …라면')에서 서로 달랐다. 예컨대 어떤 아동들은 다른 아동들에게 싸움을 걸지만 성인들에게는 공격적이지 않았으나, 반면에 어떤 아동들은 그들에게 질책하는 성인들에게는 공격적이지만 다른 아동들에게 싸움을 걸지는 않았다. 그때 프로파일법은 만일 평균 수준의 행동만을 연구한다면 놓치게 될 성격 특성들을 드러낸다.

만일 …라면 프로파일법 사람들이 다른 상황을 맞닥뜨릴 때 일어나는 행동에서의 변화들을 연구자가 기록하는 행동 평가 방법

그림 12.7

맥락에서의 성격 사회인지 이론가들은 성격을 연구하기 위해서 다양한 사회적 맥락을 통해 사람을 연구해야 한다는 것을 설명한다. 만일 …라면 프로파일법 도표는 사람들의 행동이 맥락마다 달라지는 가운데 성격이 어떻게 나타나는지 보여준다. 두 도표는 또래와 성인과의 상호작용을 포함한 각기 다른 다섯 가지 사회적 맥락에서 두 아동의 언어적 공격성 수준을 보여준다. 각 도표의 2개의 선은 다른 두 날에 측정될 때 아동의 행동을 나타낸다. 다섯 상황의 평균을 내면 대체로 아동의 점수는 같다. 그렇지만, 특정한 사회적 맥락에서 그들의 반응은 완전히 다르다(Mischel & Shoda, 1995).

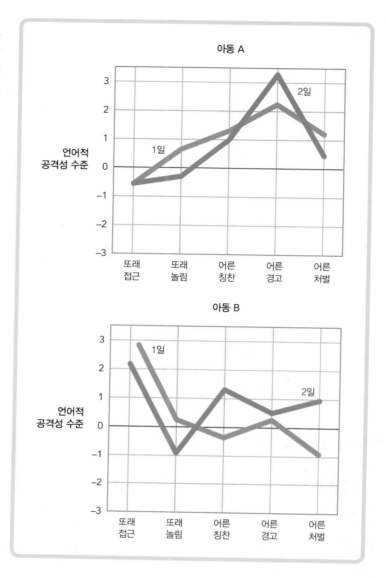

평가

사전 질문

> **사회인지 이론의 강점과 제한점은 무엇인가?**

사회인지 이론은 많은 강점을 가지고 있다. 그것은 확고한 연구 기반에 의해 지지된다. 그 연구 기반은 다양한데, 성인과 아동을 대상으로 실험실과 실제 사회에서 수행된 연구를 포함한다. 사회적 상황에 참여함으로써 사회인지 이론은 사람들이 살고 있는 장면과의 상호작용 안에서 성격이 어떻게 발달하는지 보여주는 데 도움이 된다.

그러나 다른 이론들처럼 사회인지 이론 역시 제한점을 가지고 있다. 이 이론은 중요한 현상의 어떤 측면을 직접 다루지 않는다. 특히 성과 공격성을 포함한 무의식적 동기(정신역동 이론의 주요 관심사)가 사람들의 행동에 어떻게 스스로를 나타낼 수 있는지 거의 언급하지 않는다. 대인 간 관계의 질이 어떻게 개인적 성장을 향상시키는지(인본주의 이론의 주요 주제) 명시적으로 설명하지 않는다. 게다가 이 이론의 측정방법은 중요하지만 복잡하다. 특질이론에 의해 제공된 종류인 간단하고 빠른 평가척도를 내놓지 못하고 있다. 그렇지만 사회인지 이론은 여전히 진화하고 있다. 외연을 넓히는 것은 미래의 도전이다.

표 12.6

성격 이론의 구조, 과정, 평가 전략			
이론	구조	과정	평가
정신역동 이론	의식과 무의식 정신 체계 : 원초아, 자아, 초자아	불안과 방어기제	자유연상법, 투사검사, 로르샤흐 잉크반점 검사
인본주의 이론	자기개념 : 실제 자기, 이상적 자기	자기실현, 가치 조건	자기개념 척도(예 : Q 분류 기법)
특질 이론	평균적인 행동 경향성에서 안정적인 개인차	자극에 대한 반응에서 특질에 기반한 개인차	포괄적인 자기보고 설문지(예 : NEO-PI-R)
사회인지 이론	사회적으로 습득된 인지(자기참조 인지, 기술), 감정 체계	기술을 습득하기, 정서와 행동 조절하기	인지와 행동의 맥락화된 척도 (예 : 자기효능감 척도, 만일 …라면 프로파일법)

　이제 성격이론에 대한 조망을 끝낼 시점에 이르렀다. 표 12.6은 성격 이론들의 구조와 과정 및 평가 전략들을 요약한 것이다. 이러한 정보와 함께 지금부터 성격 역동과 뇌에 관한 주제로 넘어가보자.

성격과 뇌

성격 이론의 역사(Lombardo & Foschi, 2003)는 사람을 우선으로 하는 이 교재 주제의 전형적인 예다. 성격심리학은 사람 수준에서 분석을 시작했다. 이를테면 프로이트와 로저스, 반두라같은 이론가들은 치료 장면과 일상의 사회적 맥락에서 사람을 연구했다. 그다음으로 연구 분야는 마음 수준으로 이동했다. 연구자들은 사람들의 독특한 성격 스타일을 설명할지도 모르는 인지와 정서 과정을 탐구했다(예 : Cantor & Kihlstrom, 1987 ; Cervone, 2004 ; Erdelyi, 1985).

　최근에 연구자들은 수준을 아래로, 즉 뇌로 이동해올 수 있었다. 뇌 연구가 성격과정의 두 유형에 관한 심리학적 이해를 어떻게 심화해왔는지 보자. 성격과정의 두 유형은 (1) 무의식 과정(정신역동 이론에서 강조), (2) 의식, 자기반성적 과정(인본주의와 사회인지 이론에서 강조)이다.

무의식적 성격과정과 뇌

사전 질문

> 뇌에 관한 연구는 사고가 무의식적으로 떠오른다는 생각을 지지하는가?

무의식에 관한 프로이트 이론은 심리학적이며, 생물학적은 아니다. 프로이트는 정신역동 구조와 관련된 뇌의 부분을 결코 확인하지 않았지만, 그는 그것을 원했다. 그는 연구 초반에 정신에 관한 생물학적 이론을 세심히 만들어냈지만(Pribram & Gill, 1976), 무의식 과정에 대하여 생물학적으로 기반을 둔 이론을 지지하는 데 과학적 지식이 부족하다는 결론을 내린 뒤에 노력을 포기했다.

　시대가 변했고, 생물학에서의 진보에 감사한다. 오늘날, 심리학자들은 생물학적 진화가 상당 부분 무의식적으로 활동하는 마음을 자연스럽게 일으켰다는 것을 인식한다(Bargh & Morsella, 2008). 진화의 과정 동안, 빠른 무의식 과정은 느린 의식 과정과 종종 잘 비교되었다. 이를테면 먹잇감을 추격하거나 포식자를 피할 때, 최상의 행동 방침을 의식적으로 숙고하면서 빈둥거릴 시간이 없다. 유기체는 순식간에 행동을 촉발하는 무의식적 정신세계로부터 혜택을 받는다.

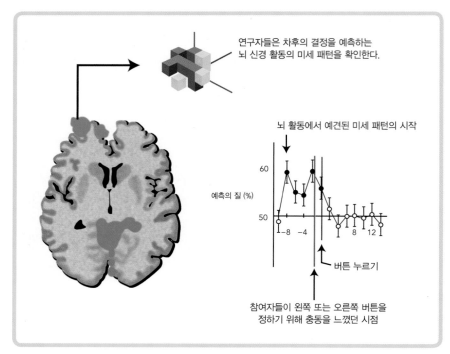

연구자들은 차후의 결정을 예측하는 뇌 신경 활동의 미세 패턴을 확인한다.

뇌 활동에서 예견된 미세 패턴의 시작

예측의 질 (%)

참여자들이 왼쪽 또는 오른쪽 버튼을 정하기 위해 충동을 느꼈던 시점

버튼 누르기

그림 12.8
의사결정과 의식적 자각 사람들이 언제 의식적인 의사결정을 경험하는지 결정하기 위해, 연구자들은 (1) 참여자들이 의사결정을 의식적으로 인식했을 때와 (2) 의사결정을 예측할 수도 있는 뇌 활동을 기록하였다. 연구자들은 의사결정을 하고 있다는 것을 사람들이 알아차리기 7~10초 전에 의사결정을 하는 활성화되는 뇌 부위를 확인했다. 그 연구 결과는 의사결정을 하는 과정에서 무의식의 역할을 강조한다.

이러한 진화적 추론은 뇌 연구자들이 사람들이 결정한 것을 의식적으로 알아차리기 전에도 그들의 결정을 촉발하는 뇌 영역들을 확인할 수 있어야만 한다는 것을 시사한다.

이런 목표를 가지고 한 실험에서, 연구자는 언제 버튼을 누르는지 간단한 의사결정에 대해서 연구했다. 참여자들은 '그렇게 하고자 하는 충동을 느낄' 때는 언제든지 2개의 버튼 중에서 하나를 누르도록 요청받았다(Soon et al., 2008, p. 543). 사람들이 버튼을 누르기로 결정하는 의식적 경험을 언제 하는지를 발견하기 위해, 연구자들은 컴퓨터 화면 위에 일련의 철자를 획 지나가게 하면서 그들이 결정하려고 느낄 때 화면 위의 철자를 기억하도록 참여자들에게 요청했다. (연구자들은 각 철자가 나타났을 때와 그것이 참여자가 의식적인 의사결정 경험을 할 바로 그 시점을 정확히 보여줄 수 있다는 것을 틀림없이 알았다.)

과제를 하는 동안, 참여자의 뇌 활동을 기록하기 위해 fMRI를 사용했다. 연구자들은 버튼을 누를 것이라고 예측한 뇌의 두 부위를 확인했다. 다시 말해 이들 부위가 활성화되었을 때, 참여자들은 곧 그 뒤에 버튼을 눌렀다. 그때 연구자들은 두 시점을 비교하였으며, 두 시점은 (1) 뇌 부위가 활성화되었을 때와 (2) 사람들이 의식적인 의사결정 경험을 했을 때이다.

가장 중요한 것은 뇌 활동이 의식적 경험 전에 잘 일어났다는 것이며, 보통 7~10초 더 빨리 일어났다(그림 12.8). 함의는 주목할 만하다. 참여자가 언제 버튼을 눌렀는지 의식적 경험으로부터 **참여자 스스로 알기 전에** 연구자는 그들이 언제 버튼을 눌렀는지 뇌 활동 기록으로부터 결정할 수 있었다. 이 연구 결과와 그리고 관련된 연구 결과들(예 : Libet et al., 1983)은 의식 밖에서 뇌 체계는 '의사결정을 하고', 그 뒤에 마음의 의식 부분으로 결정에 대한 정보를 보낸다고 제안한다.

또 다른 연구는 프로이트의 정신역동 성격 이론을 시작하게 했던 현상에 대하여 뇌 수준 분석을 제공하는데, 그것은 신체 증상에 미치는 마음의 내용(기억, 사고)의 영향이다. 연구자들(Voon et al., 2010)은 전환장애를 가진 환자를 연구했다. 예를 들면 그들은 그 어떤 의학적 조건에 의해서도 설명될 수 없는 미세한 떨림, 틱과 같은 특이한 근육 움직임을 보이는 신체 증상을 경험했다. 따라서 그들의 신체 증상은 정신적 원인을 가진 것으로 보인다. 무엇이 정신과 신체를 연결시킬 수 있을까? 뇌 영상 기법 연구는 근육의 움직임을 통제하는 운동 부위와 정서적 각성에 관련된 편도체 간의 강력한 연관성을 지적했다. 프로이트가 예측했던 것처럼 전환장애를 가진 사람들 사이에서 뇌의 정서 부위가 활성화되었을 때, 뇌의 운동 부위 역시 활성화되었다. 뇌 부위에서 이러한 정서-운동 연결은 전환장애를 갖지 않은 제2의 집단 사람들에게서는 보이지 않았다.

따라서 뇌에서의 연결은 프로이트에 의해 처음으로 분석된 마음과 몸의 연결을 설명할지 모른다. 전환장애를 가진 환자들에게서 정서적 각성은 뇌의 운동 부위 움직임을 직접적으로 방해할지 모른다.

의식적 자기반성과 뇌

사전 질문

> ⟩ 연구자들은 뇌에 대해 어떻게 연구해왔으며 또한 자기 스스로에 대해 생각하는, 즉 자기반성에 대한 사람들의 능력을 어떻게 연구해왔는가?

일찍이 당신이 학습한 바와 같이, 인본주의자와 사회인지 성격 이론가들은 스스로에 대한 사람들의 반성이 성격과정의 핵심이라고 논쟁하면서 자기를 분석했다. 그들은 생물학이 아닌 심리학적인 기반 위에서 논쟁을 했다. 이론이 만들어졌을 당시에, 연구자들은 자기반성에 관련된 뇌 체계에 대한 지식이 거의 없었다.

다시, 시대가 변했다. 지난 세기에 연구자들은 사람들이 자신들에 대한 지식을 반성하고 발달할 수 있게 하는 신경 체계를 확인하기 시작했다(Lieberman, Jarcho, & Satpute, 2004).

연구의 한 흐름은 두 단계 전략을 통해서 자기반성과 뇌를 탐색했다(D'Argembeau et al., 2008). 그 단계들은 우리가 논의해온 마음과 뇌 수준의 분석을 예시했다.

> ⟩ 정신 과정들 간 구별하기 : 첫 번째 단계는 다른 유형의 정신과정을 구별하는 것이었다. 여기서 고려할 핵심 요인은 시간이다. 때때로 사람들은 현존하는 자기에 대한 정보를 저장하고 반성한다. 현존하는 자기란 그들의 현재, 즉 지금 여기에서의 심리학적 특징들이다. 또 다른 때는 사람들은 과거 또는 미래의 자기에 대한 정보를 저장하고 반성한다. 과거 또는 미래의 자기란 삶의 초기에 지녔던, 또는 언젠가 지니게 될지도 모르는 심리학적 특징들이다.

> ⟩ 뇌에서 신경 체계를 확인하기 : 두 번째 단계는 자기를 필연적으로 포함하는 다른 유형의 정신과정 동안 작동하기 시작하는 뇌 체계들을 확인하는 것이었다. 연구자들은 이것을 성취하기 위해 다음 연구 절차에 따라서 뇌 영상 기법을 사용했다.

참여자들은 그 단어가 그들을 나타내는지 아닌지를 각각 판단하기 위해 일련의 형용사들을 평가했다(D'Argembeau et al., 2008). 다른 실험 조건에서, 참여자들은 그 단어가 (1) 지금의 그들(현재의 자기) 또는 (2) 5년 전의 그들(과거의 자기)을 묘사하는지 여부를 반성했다. 그들은 또한 형용사들이 지금의 친한 친구와 과거의 친구를 묘사하는지 아닌지를 평가했다. 이를테면 이런 조건의 조합은 연구자가 사람들이 자기 자신을 반성할 때 특히 가장 활성화되는 뇌 부위를 확인할 수 있게 했다. 그들이 발견한 자기반성은 대뇌 피질 정중선 구조물과 관련되었다. 즉 뇌의 상부 중앙이 활성화되었다. 그림 12.9를 보라(피질; 3장). 중심 부위의 전두피질, 배후, 또는 후엽, 대상피질은 참여자들이 과거보다 현재의 그들 자신에 대해서 생각했을 때 더욱 활성화되었다.

성격과 뇌에 관한 21세기 연구 결과들은 20세기 심리학자들에 의해 발전된 인간 본성에 대한 이해를 심화한다. 더 일반적으로는 현대의 심리학이 어떻게 통합적인지 보여준다. 수십 년 전에 자기개념, 사고과정, 뇌에 관한 연구는 그 분야들이 연결이 잘 안 되는 부분에서 이루어졌다. 오늘날, 그들은 통합되었다. 사람들에 대한 연구로부터 산출된 연구 결과들은 뇌에 관한 연구에 영향을 미치고 강화된다.

자기반성 자기 자신의 성격 특성에 대해서 생각하는 심리학적 활동은 오랫동안 미술의 초점이 되었다(여기 피카소의 〈거울 앞의 소녀〉에서 보듯이). 성격 이론가들이 중심적인 성격과정으로서 자기반성을 바라봤던 것처럼, 20세기의 성격 이론에서 그것은 심리학의 초점이었다. 21세기에 자기반성 또한 사람들에게 자신을 반성하도록 힘을 주는 뇌 부위를 찾는 신경과학자들에게 표적이 되었다.

↩↪ 돌아보기 & 미리보기

이 장에서 당신은 성격심리학에서 연구들을 설명했던 중요한 네 가지 이론에 대해서 학습했다. 이제 네 가지 이론을 돌아보면서 스스로에게 질문을 해도 좋다. "왜 네 가지 이론인가? 심리학이

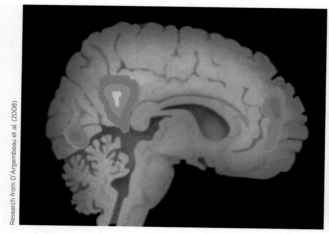
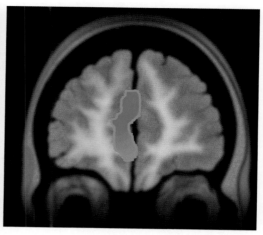

Research from D'Argembeau et al. (2008)

그림 12.9

이 장 시작에서 연습과제를 했을 때 당신의 뇌가 보여주었던 것 당신이 이 장을 시작할 때 수행했던 것과 같은 종류의 과제(성격을 되돌아보기)에 참여자가 참여하는 동안 연구자들은 뇌 영상을 찍었다. 자기반성하기는 뇌 중앙에 있는 구조들(전두엽, 대상피질)의 활성화와 관련된다. 전두엽은 왼쪽 사진에서 오른편의 색깔이 칠해진 부분, 오른쪽 사진에서 색깔이 칠해진 부분이다. 대상피질은 왼쪽 뇌 사진에서 커다란 초록에 파란 색깔이 칠해진 부분이다.

한 가지 이론만 정할 수는 없는 것인가?"

'한 가지 이론'보다는 네 가지 이론이 이점이 있을 것이다. 이론은 과학자들이 사태를 설명하는 지적인 도구들이다. 당신이 학습한 각각의 이론들은 독특한 설명을 제공하는데, 다시 말해서 각각은 다른 이론들이 철저하게 고심하지 못한 성격의 어떤 측면을 다룬다. 따라서 서로 결합하여, 네 가지 이론은 심리학에 개인들의 삶과 그들 사이의 차이를 설명하기 위해서 광범위한 도구 한 벌을 준다.

다른 분야의 심리학자들은 이 책의 다른 곳에서 보여지는 것처럼 이 도구들을 연구하는 데 사용한다. 정서연구자들은 성격심리학의 통찰을 다른 사람들이 같은 사건에 대하여 다른 정서적 반응을 보일 수 있는 이유를 이해하는 데 사용한다(9장). 본성과 양육과 유전을 연구하는 연구자들은 유전과 경험의 상호작용을 연구할 때 성격평가를 이용한다. 임상심리학자들은 치료 전략을 만들어낼 때 성격 이론들에 의지한다(14장). 동기 이론가들은 인간 행동을 해야만 하게 하고, 방해하는 힘을 이해하는 데 성격 이론에 의지한다(10장). 아이젱크(Eysenck, 1972)가 말한 바에 의하면, "심리학은 사람에 대한 것이다". 각각의 사람에 관해 가장 명시적으로 초점을 맞춘 심리학의 한 분야인 성격에 대한 연구는 전체로서의 심리학에 그처럼 폭넓은 함의를 갖는다. 그것은 놀랄 일이 아니다.

그림 **12.10**

자기개념을 구성하는 다른 구성요소들이 있는가?

사람 · 마음 · 뇌
상호작용

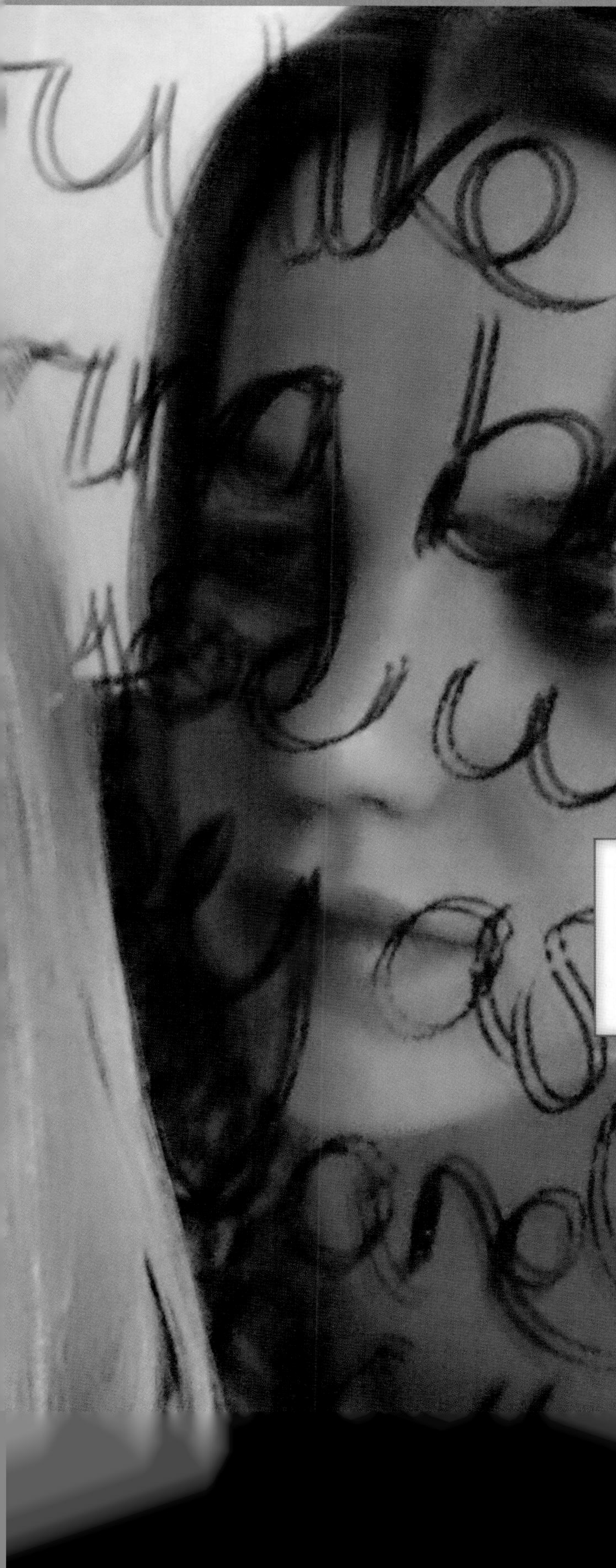

사 람 Ⓟ

성격 이론가들은 시간에서의 변화를 수반한 자기개념의 다른 구성요소를 확인한다. 자기 개념은 현재의 '실제' 자기뿐만 아니라 과거의 자기발달에 대한 신념과 미래의 개인적 목표까지도 포함한다.

마 음 Ⓜ

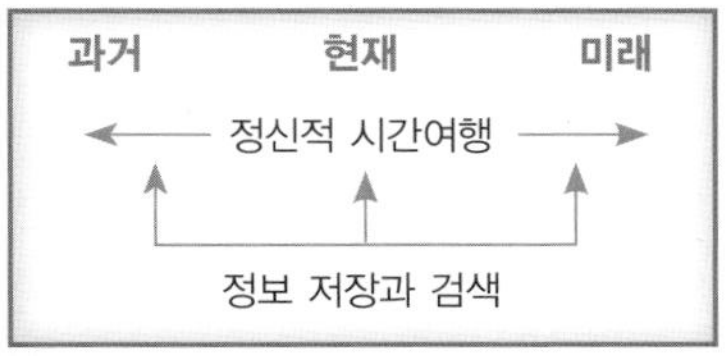

과거	현재	미래
← 정신적 시간여행 →		
정보 저장과 검색		

성격과 자기개념에 대한 이 측면은 독특한 인간 정신 능력, 즉 정신적 시간여행 때문에 오직 가능하다. 정신세계에서 과거에 대한 정보와 미래에 대한 이미지는 저장되고 검색되며 고려될 수 있다.

뇌 Ⓑ

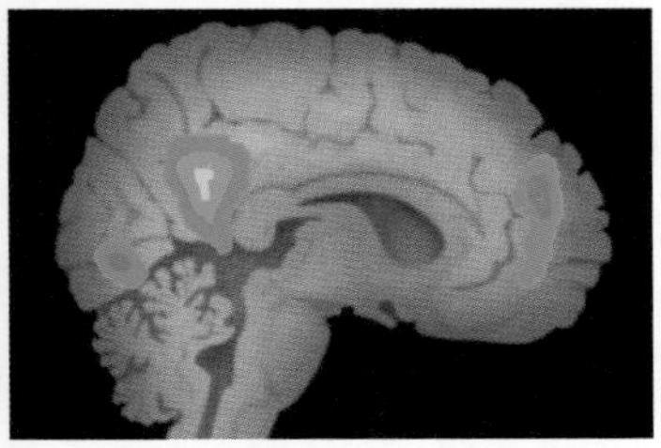

특정한 뇌 체계는 정신적 능력을 지원하는데, 정신적 능력은 현재뿐만 아니라 과거와 미래까지도 생각한다. 다른 신경 체계들은 사람들이 다른 시점에서 그들 자신에 대해서 생각할 때 활성화된다.

D'Argembeau et al. (2008)

Chapter Review
복습

이제 이 장을 마쳤다. 부록에는 성격에 대해 배운 부분이 요약되어 있다. 요약을 읽어보면 이 장에서 학습한 내용을 복습하는 데 도움이 된다.

핵심 용어

Q 분류	무조건적 긍정적 존중	실제 자기	자기효능감
가치 조건	방어기제	심리성적 단계	자아
감정 체계	빅 파이브	어휘적 접근	자유연상법
개인적 주도성	사회인지 이론	억압	잠복기
고착	성격	요인분석	전의식
공포 관리 이론	성격 구조	원초아	정신분석 이론
구강기	성격과정	의식	정신역동과정
기술	성격 이론	의식 수준	집단 무의식
남근기	성격 평가	이상적 자기	초자아
로르샤흐 잉크반점 검사	생식기	인본주의 이론	투사검사
만일…라면 프로파일법	승화	자기	특질
모델링	신프로이트 성격 이론	자기조절	특질 이론
무의식	자기실현	자기참조 인지	항문기

연습문제

1. 당신이 자신을 외향적이라고 표현할지라도, 자신감이 떨어지면 매우 의기소침하게 보이는 상황이 있다. 겉으로 보이는 행동에서의 상황적 변화는 성격심리학자들이 _____와 _____, 즉 안정적인 특질과 인간의 역동적인 특성 간에 구별할 필요를 강조한다.
   a. 생각, 표현
   b. 실제 자기, 이상적 자기
   c. 원초아, 초자아
   d. 구조, 과정

2. 당신이 여동생에게 매우 친절한 이유가 일찍이 그녀가 불운해지기를 비밀스럽게 바랐던 죄책감 때문이라는 것을 순간적인 통찰로 깨닫는다. 이러한 통찰이 가능한 것은 _____가 부분적으로 의식에 도움이 될 수 있다는 사실 때문이다.
   a. 자아
   b. 초자아
   c. 자아와 초자아
   d. 원초아와 자아

3. 프로이트에 의하면, 고착은 주어진 발달 단계에서 너무 많이 또는 너무 적게 만족감을 경험하기 때문에 일어난다. 이것은 이론적으로 _____는 것을 시사한다.
   a. 흔히 일어날 수 있다
   b. 아주 드물게 일어날 것이다
   c. 불가능하다
   d. 단지 구강기에만 가능하다

4. 앨리스는 브루스가 자기에게 홀딱 반했으며 자기는 그를 얼마나 싫어하는지를 보여주기 위해 많은 애를 쓰고 있다고 주장한다. 그녀는 그에게 성적으로 매력을 느낄 가능성으로부터 자신을 보호하기 위해 _____와 _____라는 방어기제를 쓰고 있는 것처럼 보인다.
   a. 승화, 투사
   b. 투사, 승화
   c. 투사, 반동 형성
   d. 반동 형성, 투사

5. 다음 중에서 투사검사에 대한 사실이 아닌 것은 무엇인가?
   a. 일관성 있게 중요한 결과를 예측한다.
   b. 다른 평가에 비례해 집행하는 것이 늦다.

c. 채점이 매우 주관적이다.

d. 애매모호한 그림들로 구성될 수 있다.

6. 실제 자기와 이상적 자기 간의 불일치는 스트레스의 원인이나, 또한 이론적으로 우리가 _____데 동기를 유발할 수도 있다.

a. 우리의 이상적 자기를 더 많이 좋아하게 되는

b. 다른 사람들로부터 가치 조건을 찾는

c. 우리의 실제 자기를 더 많이 좋아하게 되는

d. 방어에 참여하기 위한 기회를 찾는

7. 왜 프로이트는 성격 구조를 평가하기 위해 Q 분류를 사용하는 데 관심을 보이지 않았는가?

a. Q 분류는 프로이트에게 관심이 없었던 무의식을 측정하기 위해 설계되었다.

b. Q 분류는 집행에 시간이 오래 걸리고, 프로이트는 빠르고 효율적인 평가 기법을 선호하였다.

c. Q 분류는 사람들이 의식적으로 반성할 수 있는 자기의 측면을 측정하도록 설계되었는데, 프로이트는 그것에 관심이 없었다.

d. Q 분류는 타당한 평가 기법이 아니며, 프로이트는 무엇보다도 타당한 측정에 가치를 두었다.

8. 요인분석을 사용한 숨은 논리는 사람들이 이타적인 특질에서 높은 점수는 얻는다면, 역시 신뢰성과 겸손의 특질에서도 높은 점수를 받는데, 그때

a. 그 점수는 외향성 특질에 기인한 것이었다.

b. 그 점수는 우호성 특질에 기인한 것이었다.

c. 그 점수는 외향성과 우호성 두 특질에 기인한 것이었다.

d. 그 점수의 의미는 결정적인 것이 못 된다.

9. 빅 파이브에 네트워크 분석 통계기술을 사용한 최근의 연구가 보여준 것은

a. 요인분석이 사용될 때 그들이 한 것처럼, 빅 파이브는 계속해서 5개의 분리된 '집단'으로 나뉜다.

b. 검사 문항들이 상관이 있을 때, 그것은 문항들이 빅 파이브 중 하나가 원인이 되기 때문이 아니라 문항들이 서로 원인도 되고 결과도 되기 때문이다.

c. 검사 문항들이 상관이 있을 때, 그것은 그들이 빅 파이브 중 하나에 의해 야기되었기 때문이다.

d. 요인분석에서 회로망 해석으로 바뀔 때조차도, 빅 파이브는 계속해서 구별된다.

10. 내향적인 사람과 외향적인 사람은 대뇌 피질에서 각성의 차이를 보인다는 연구가 시사하는 것은

a. 소심한 사람은 파티를 피할지도 모르는데, 그들은 충분한 각성을 제공하지 않기 때문이다.

b. 소심한 사람은 파티를 피할지 모른다. 왜냐하면 그들은 너무도 많은 각성을 제공하기 때문이다.

c. 소심한 사람은 파티를 찾아 나설지 모른다. 왜냐하면 그들은 충분한 각성을 제공하기 때문이다.

d. 그들이 좀 더 자극적이라면, 소심한 사람은 파티를 찾아 나설지 모른다.

11. 성격발달은 대체로 6세쯤에는 고정된다고 믿는 _____와 달리, _____는 개인들은 개인적 주도성을 갖고 있으며, 개인적 주도성은 살아가는 동안 발달의 흐름에 영향을 끼칠 수 있음을 강조했다.

a. 반두라, 프로이트   b. 반두라, 미셸

c. 프로이트, 반두라   d. 프로이트, 아이젠크

12. 자기참조 인지의 중요성이 가장 잘 요약된 것은 아래의 진술문 중 어느 것인가?

a. 사람들은 개인적 주도성을 가지고 있으며, 그것은 긍정적 삶이 변하는 쪽으로 그들의 행동이 향하게 할 수 있다.

b. 사람들은 자기 자신에 대해 생각하며, 이러한 생각은 다른 생각과 느낌과 행동에 영향을 미친다.

c. 사람들은 상황에 따라서 행동이 다양하며, 이런 변화는 성격으로 통합된다.

d. 사람들은 시행착오를 통해서가 아니라 다른 사람들을 모델링함으로써 많은 행동을 배운다.

13. 암묵적 연합 검사와 같은 암묵적 측정은 다음 중 어떤 논리에 근거를 두는가?

a. 사람들이 모호한 상황을 해석할 때, 그들의 반응은 그들의 무의식에 대해서 무엇인가를 말할 것이다.

b. 사람들이 자기보고 척도를 작성할 때, 그들은 자기참조 인지에 대한 정보를 제공한다.

c. 사람들이 검사 문항에 반응하는 시간이 길 때, 그들은 그들 자신에 대해서 무엇인가를 드러낼지 모른다.

d. 사람들이 마음속에 떠오르는 것들을 무엇이라도 자유롭게 토론하도록 허락되었을 때, 그들은 결국 그들 자신에 대해서 무엇인가를 드러낼 것이다.

14. 맥락에서의 성격을 평가하기 위해 만일 …라면 프로파일법 절차를 사용한 연구는 아동들이 공격성을 유발하는 상황에서 서로 다르다는 것을 보여준다. 이 결과는 특질 이론의 어떤 측면에 의문을 제기하는가?

a. 특질이 생물학적으로 근거를 둔다는 특질 이론의 주장
b. 특질이 온전히 환경에 의해 형성된다는 특질 이론의 주장
c. 특질은 상황에 따라 일관성이 있어야 한다는 특질 이론의 주장
d. 특질은 상황에 따라 변해야 한다는 특질이론의 주장

해 답

해답은 부록에서 확인할 수 있다.

발달

면 접 관	이 돌 보고 있지? 이 돌이 왜 둥글까?
5세 아동	왜냐하면 둥글게 되고 싶어서요.
면 접 관	구름이 움직이는 것을 본 적이 있니?
6.5세 아동	네.
면 접 관	너는 구름이 너를 움직이게 만들 수 있을까?
6.5세 아동	네. 걸으면 돼요.
면 접 관	네가 걸으면 어떻게 되는데?
6.5세 아동	걸으면 구름을 움직이게 해요.
면 접 관	이 돌 보고 있지? 너는 이 돌을 가지고 더 큰 돌을 만들 수 있니?
7세 아동	아, 네, 큰 돌을 가져올 수 있고, 그다음에 이 돌을 깨뜨릴 수 있으면 더 큰 돌이 될 거예요.
면 접 관	달이 무엇처럼 보이지?
12세 아동	둥글게 보여요.
면 접 관	언제나 그렇게 보일까?
12세 아동	아니요.
면 접 관	다르게 어떻게 보이지?
12세 아동	중간을 베어요. 밤에는 둥글고, 낮에는 반으로 나뉘어요.
면 접 관	다른 반쪽은 어디에 있지?
12세 아동	떠나가요.
면 접 관	어디로 가지?
12세 아동	밤이 되는 다른 나라로요.

−피아제로부터 인용된 진술문(1929/1951)

이 아이들의 생각은 기이하다. 단지 사실상 틀린 것이 아니라, 비논리적이다. 대상들은 사물을 '원하지' 않고, 혹은 부서졌을 때 더 커지지 않는다.

당신은 아이들이 그와 같은 생각을 어디에서 얻는다고 생각하는가? 1학년 학습 계획안은 '걷는 것이 어떻게 구름을 움직이게 하는가'를 포함하지 않는다. 아이들은 그것을 다른 아이들로부터 배워왔을지도 모른다. 그렇다면, 다른 아이들은 그 생각들을 어디에서 배웠는가?

심리학자들은 다른 설명을 한다. 이러한 생각들은 선생님이나 다른 아동들로부터 학습된 것이 아니다. 아동들 스스로의 마음에 의해서 만들어진 것이다. 생각의 '기이함'은 심리발달의 본질에 다가가는 실마리가 된다.

개 요

▶ **인지발달**
장 피아제의 심리학
영역 관련 인지발달
피아제 이론의 대안
인지발달과 뇌

▶ **사회성 발달 : 생물학적, 사회적 기반**
생물학적 기반 : 기질
사회적 기반 : 부모와 자녀 간 유대
발달을 위한 사회적 환경
자기개념의 발달

▶ **전 생애에 걸친 사회성 발달**
청소년기
신흥 성인기
중년기 발달

▶ **노년기**
노년기 행복
목표, 전략, SOC 모델
동기와 사회정서적 선택 이론
긍정적인 것을 강조하기

▶ **도덕성 발달**
도덕성 단계
성과 도덕적 사고

▶ **돌아보기 & 미리보기**

Getty Images, from top to bottom:
Stattmayer; Jasper James

Hugh Arnold / Gallery Stock

499

오늘의 당신을 어릴 때 당신과 비교해보라. 당신은 그 당시에 달랐는데, 아마도 보다 충동적이고 자발적이고, 또는 자의식과 자기 의견을 고집하는 것이 덜할지도 모른다. 그러나 아마도 어떤 면에서는 역시 비슷했을 것이다. 만일 지금 당신이 재미있는 것을 추구하는 우스갯소리를 잘하는 사람이라면 초등학교 때에도 그와 같았을 것이다. 오늘날 낯선 사람들을 만날 때 소심하다면, 몇 년 전에도 낯선 사람들 주위에서 소심했을 것이다.

삶의 행로를 따라서 사람들이 변하고 같은 상태로 남는 그 방식은 **발달심리학**(developmental psychology)에서 탐색된다. 이 장에서는 발달심리학 연구에서 중요한 세 가지 영역인 인지, 사회성, 도덕성 발달을 소개할 것이다.

1. **인지발달**(cognitive development)은 특히 인생의 초기에 지적인 능력에서의 성장이다. 이 장을 시작하면서 스위스의 인지발달 심리학자인 장 피아제(Jean Piaget)에 의해 수행된 인터뷰는 성인들의 사고와는 다른 아동들의 주목할 만한 사고하는 방식을 보여준다.

2. **사회성 발달**(social development)은 아동기는 물론 평생 동안, 사회적 세상에서 효과적으로 기능하는 사람들의 능력에서의 성장이다. 자신의 정서를 통제하고 다른 사람들과 관계를 유지하며 의미 있는 개인적 정체감을 세우고, 성인 후기의 도전을 감당하는 능력을 발달시키는 것은 모두 사회성 발달의 측면들이다.

3. **도덕성 발달**(moral development)은 개인적 권리, 책임, 특히 다른 사람들의 복지에 대한 사회적 의무에 대한 추론에서의 성장이다. 기존 법률에 대한 도전이 용인될 수도 있는 규칙, 법률, 상황에 대한 질문들은 도덕성 발달에서 연구된 주제들이다.

심리발달의 세 측면 모두 사람들이 신체적으로 발달할 때 일어난다. 따라서 이 장은 신체 발달의 측면도 검토한다. 그것은 아동들의 지적 능력에서의 성장을 동반한 뇌 구조 변화를 포함하며, 운동발달(예 : 신체를 숙련되게 움직이는 능력)과 운동발달이 사회적 환경에 의해 영향 받을 수 있는 방식이고, 청소년들이 사춘기에 도달할 때 일어나는 많은 생물학적 변화들이다.

그러면 인지발달부터 시작해보자.

인지발달

당신은 많은 것을 안다. 둘에 둘을 더하면 넷이다. 알래스카는 미국에서 가장 큰 주다. 조지 워싱턴은 미국의 초대 대통령이다. 게다가 당신은 이러한 사실들을 어떻게 아는지를 안다. 사람들이 당신에게 그것들을 가르쳤고, 당신은 그것들을 기억했다. 자, 당신이 알고 있는 다른 것들을 고려해보자.

❯ 당신이 밀가루 반죽 덩어리를 가지고 피자를 만들기 위해 납작하게 만들면, 시작했을 때보다 납작하게 만든 후에는 더 이상 밀가루 반죽 덩어리를 갖지 못한다.

❯ 당신이 검은 말에 흰 줄을 그리면 당신은 결국 흰 줄이 있는 말을 가진 것에 그칠 뿐이며, 얼룩말을 가진 것은 아니다.

❯ 당신이 누군가의 책을 그 사람이 보고 있지 않을 때 다른 곳으로 옮기면, 그는 그 책이 실제 있는 위치가 아니라 원래 있던 곳에서 처음 찾을 것이며, 거기에 없을 때 놀랄 것이다.

당신은 이러한 것들을 어떻게 배웠는가? 흰 줄을 그린 말과 얼룩말에 대해서 언젠가 생물 선생님이 당신에게 가르쳤던 것 같지는 않지만, 당신은 그것이 사실임을 안다. 그러면, 당신은 언제 그것들을 배웠는가? 그와 같은 지식을 갖고 태어났는가, 혹은 유년기 동안에 점차적으로 습득했는가? 이러한 질문들은 인지발달에서 연구의 초점이 된다.

발달심리학 삶의 행로를 따라서 사람들이 변하고, 같은 상태로 남아 있는 그 방식을 탐구하는 연구 분야

인지발달 특히 인생의 초기 동안에 지적인 능력에서의 성장

사회성 발달 특히 자신의 정서를 통제하고 다른 사람들과 관계를 유지하며 의미 있는 개인적 정체감을 세움으로써 사회적 세상에서 효과적으로 기능하는 능력에서의 성장

도덕성 발달 개인적 권리, 책임, 다른 사람들의 복지 및 사회적 의무에 대한 추론에서의 성장

장 피아제의 심리학

사전 질문

> ❭ 피아제 연구 방법의 핵심 특징은 무엇인가?
> ❭ 우리가 전에 결코 접한 적이 없는 논리적인 추론문제를 풀 수 있게 하는 인지 도구는 무엇인가?
> ❭ 우리의 기존 지식은 어떻게 우리가 환경에 적응할 수 있게 하는가? 우리는 어떤 과정을 통해서 그 지식을 갱신하는가?
> ❭ 피아제의 접근을 천성과 양육으로 보는 것은 무엇인가?
> ❭ 무엇이 먼저인가? 학습인가 혹은 발달인가?
> ❭ 피아제의 인지발달 각 단계를 특징짓는 것은 무엇인가?

인지발달에 대한 어떤 논평이든 심리학 역사에서 가장 영향력 있는 인물들 중에서 장 피아제의 기념비적인 공헌부터 먼저 살펴봐야 한다(Haggbloom et al., 2002). 피아제는 생물학자로서 교육받았다. 그러나 아동들을 대상으로 한 연구는 심리학적인 의문에 관심을 불러일으켰다. 아동들의 사고 능력은 어떻게 발달하는가? 그는 해답을 얻기 위해 1920년대부터 1980년 죽음에 이르기까지 그의 자녀를 포함하여 어린 아동들을 연구했다.

Bill Anderson / Photo Researchers / Getty Images

장 피아제 문제를 해결하는 아동들의 능력을 연구한 그는 현대의 인지발달을 연구할 수 있는 기초를 확립하였다.

피아제는 즉시 진가를 인정받지 못했을지라도 과학적인 돌파구를 찾았다. 영어로 그의 연구 결과를 요약했고, 특히 존 플레이블(John Flavell, 1963, 1966)은 이를 널리 알렸다. 1980년대가 되자 발달심리학에서 "사람들이 생각하고 행동하는 거의 모든 것은 피아제가 제기한 질문들과 관계가 있었다"(Flavell & Markman, 1983, p. viii).

피아제의 연구 방법 피아제는 간단하지만 강력한 연구 방법을 고안했다. 그의 연구 방법은 두 가지 핵심 특징을 갖고 있었다(Flavell, 1963).

> ❭ 아동들에게 새로운 문제를 풀도록 요청하기. 피아제는 아동들에게 이미 배운 사실들을 기억해내도록 요청하는 것보다는 그들에게 전에 결코 본 적이 없는 문제를 풀도록 요청했다. 이것은 새로운 도전을 다룰 때 마음이 어떻게 작동하면서 발달하는지 그가 연구할 수 있도록 했다. 예를 들면 전형적인 문제에서(아래에 자세히 논의됨), 피아제는 넓은 그릇에 있는 물을 좁고 긴 그릇에 따르고 아동들에게 새로운 질문을 했다 — 이 과정 동안, 물의 양이 변했을까 혹은 그대로일까?
> ❭ 아동들의 답에 대해서 묻기. 아동들의 답이 정확한지를 단지 기록하는 것보다는 그들이 그 답을 선택한 이유를 설명하도록 요청했다. 이러한 간단한 단계는 발달하는 마음에 대한 보다 깊은 통찰을 제공했다.

도식과 조작 아동들이 전에는 결코 본 적이 없는 문제들을 어떻게 해결 수 있을까? 피아제의 대답은 간단하다. 개인이 하는 모든 것(장난감을 사는 것부터 수학문제를 푸는 것까지)은 활동을 가능하게 하는 어떤 정신 구조를 그 개인이 지니고 있기를 요구한다. 피아제가 추론한 심리적 능력은 생물학적인 능력과 같다. 예를 들면 사람들이 음식물을 소화시키기 때문에, 그들은 그 음식물을 소화시킬 수 있게 하는 생물학적 구조를 지녀야만 한다. 유사하게, 사람들이 심리적 문제를 해결하려면, 그 유형의 문제를 해결될 수 있게 하는 정신 구조를 지녀야만 한다.

문제 해결과 뇌 연결망 연결

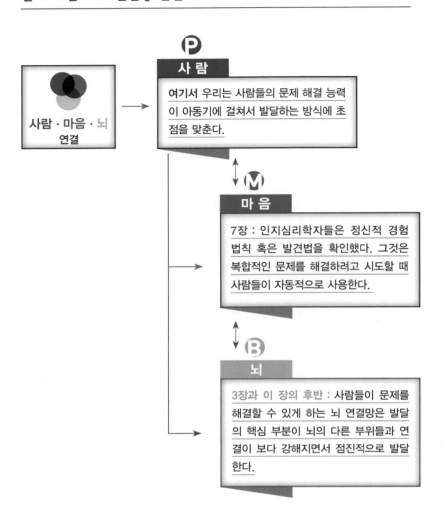

피아제는 이러한 정신 구조를 도식(스키마)이라고 불렀다. 피아제 이론에서 **도식**(schema)은 의미 있는 활동이 가능하도록 만드는 조직화된 정신 구조이다. 잡기 도식은 영아가 다양한 장난감을 손으로 움켜잡을 수 있게 한다. 개에 대한 도식은 아동이 책에 있는 개의 그림을 가리킬 수 있게 한다. 비율에 대한 도식(즉 두 양 간의 관계; Boulanger, 1976)은 2마일을 가는 데 15분 걸리는 차는 1마일 가는 데 10분 걸리는 차보다 빠르다는 것을 큰 아동이 계산할 수 있게 한다. 일단 도식을 소유하면, 영아들은 장난감을 잡을 수 있고, 개를 알아볼 수 있으며, 전에는 결코 이해되지 않았던 비율문제를 풀 수 있다.

도식은 아동들이 **조작**(operations)에 관여할 수 있게 하는데(Piaget, 1964), 조작은 대상 혹은 대상들의 집합을 수정하는 행위들이다. 수정은 물리적(예 : 가장 작은 것에서 가장 큰 것으로 대상을 배열하는 것), 또는 개념적(예 : 알파벳순으로 단어를 배치하는 것)일 수 있다. 조작은 가역할 수 있다. 즉 조작에서 사용된 논리 체계는 두 방향으로 갈 수 있다(대상이 큰 것에서 가장 작은 것으로 정리되거나 혹은 알파벳 순서를 거꾸로 배치하거나). 피아제에게 조작은 '지식의 정수'이다(1964, p. 20). 따라서 지식은 단지 사실들로 구성된 것이 아니라 사실을 행하는, 즉 도식을 사용하여 조작을 수행하는 능력이다.

도식(스키마) 의미 있는 활동이 가능하도록 만드는 조직화된 정신 구조

조작 피아제 이론에서 대상 혹은 대상들의 집합을 물리적으로 혹은 개념적으로 수정하는 가역할 수 있는 행동

동화 피아제 이론에서 이미 존재하는 도식에 대상이나 사건을 통합함으로써 그것을 이해하는 인지과정

조절 피아제 이론에서, 환경으로부터의 피드백에 반응할 때 도식이 수정되는 인지과정

동화와 조절 사람들은 환경에 적응하기 위해 도식을 사용한다. 피아제 이론은 적응의 두 과정, 즉 동화와 조절을 강조한다.

동화(assimilation)에서, 외부 사건들은 기존의 도식에 포함된다. 아동들은 사건에 대해서 생각하고 그들이 가지고 있는 도식을 반영하는 방식으로 대상에 작용한다. 만일 이전에 장난감에 사용된 잡기 도식을 가진 영아가 성인의 안경을 잡는다면, 영아는 안경을 잡기 도식에 동화하고 있다. 만일 닭에 대한 도식을 가지고 있는 아동이 추수감사절의 칠면조를 보고 "꼬꼬댁, 꼬꼬댁 닭이다"라고 말한다면, 아동은 칠면조를 닭 도식에 동화하고 있다.

조절(accommodation)은 환경과 관련된 피드백의 결과로서 도식을 수정하는 것이다. 조절에서 도식은 변한다. 만일 바로 앞의 예에서, 어른이 "아니란다. 그것은 닭이 아니고 칠면조란다"라고 설명하면, 아동은 원래 가지고 있는 하나의 도식을 둘로, 즉 칠면조 도식과 닭 도식으로 나눔으로써 결국 맞추게 될 것이다. 그렇게 되면, 경험은 아동들이 가지고 있는 도식의 수와 정교성을 증가시키게 된다.

도식에 관한 피아제의 이론, 동화와 조절은 모든 심리학자들에게 관심 있는 두 가지 질문을 고심한다. 첫째는 천성 대 양육에 대한 질문이다(1장 참조). 심리적 특성은 생물학적으로 유전된 것인가(천성) 혹은 환경과 관련된 경험인가(양육)? 피아제의 접근은 엄격한 '천성'도 엄격한 '양육'의 입장도 아니다. 오히려 그의 입장은 독특하게 그 둘을 혼합한다. 아동은 경험에 의해 배운다.

이것은 다시 말하면 조절에서, '양육'이 도식을 개선한다. 그러나 아동들의 정신적인 힘(예 : 저장하고 도식을 사용하는 능력)은 생물학적인 기원을 가지며 '천성'의 관점과 일치한다(Flavell, 1996).

두 번째 질문은 학습과 발달 간의 관계이다. 다른 어떤 심리 이론에서는 '발달'이란 단지 학습으로 인한 행동에서의 변화를 언급한다(6장 참조). 이 관점에서 학습은 발달의 원동력이 된다. 그러나 피아제는 이것은 거꾸로 된 것이라고 생각했다. 왜냐하면 발달—특히 정신적 도식(스키마)의 발달—은 학습의 원동력이 된다. 아동들은 세상과 상호작용할 때 자발적으로 그들의 도식을 수정하고 정교하게 만들어낸다. 이러한 지식 구조의 발달은 결과적으로 그들이 부모님과 선생님으로부터 학습할 수 있게 한다.

발달 단계 피아제는 인지발달이 고정된 일련의 단계로 나타난다고 주장했다. **발달 단계**(developmental stage)는 사고의 한 가지 형태가 뚜렷하게 보이는 기간(몇 달 또는 몇 년)이다. 발달의 단계 이론에서, 아동은 주어진 기간 동안 하나의 발달 수준을 유지한다고 했으며, 상대적으로 신속하게 새로운 높은 다음 단계로 이행한다고 하였다. 비유적으로, 발달은 경사로라기보다는 오히려 한 줄로 이어진 계단과 같다. 즉 분리된 단계이며 순차적으로 진행된다.

피아제는 네 단계의 발달을 제안했다. 이는 (1) 감각운동기, (2) 전조작기, (3) 구체적 조작기, (4) 형식적 조작기이다(표 13.1).

감각운동기(sensorimotor stage)(출생~2세)에서, 영아는 자신의 감각 체계(예 : 청각, 시각)와 운동 체계(예 : 빨기, 잡기)를 통해 세상과 상호작용한다. 이 단계 영아들은 말을 하기 전이라, 말로는 생각할 수 없다. 그들이 "새 장난감 갖고 놀고 싶어요"와 같이 생각을 표현할 수 없을지라도, 새 장난감을 볼 수 있고 그것을 가지고 놀 수 있다. 감각과 운동 능력에 관련된 도식들은 목적 지향적인 행동을 할 수 있게 한다.

감각운동기 동안, 영아들은 당신이 보통 당연한 일로 여기는, **대상영속성** 같은 개념을 발달시킨다. **대상영속성**(object permanence)은 대상이 더 이상 눈에 보이지 않거나 혹은 그 외에 지각되지 않을 수 있을 때조차도 그것이 계속 존재한다는 것을 이해하는 것이다. 감각운동기 초기에 영아는 이 능력이 없다. 영아가 장난감을 가지고 놀고 있을 때 어른이 그것을 천 조각으로 덮으면, 영아는 도저히 이해할 수 없게 될 것이며 천 조각 밑에 있는 장난감을 찾지 못할 것이다. 감각운동기 후기에는 그것이 가능할 것이다. 아이는 대상이 시야에서 사라졌음에도 불구하고 여전히 존재한다는 개념을 틀림없이 발달시킬 것이다.

발달의 **전조작기**(preoperational stage)(2~7세)에서, 아동들은 생각하기 위해 정신적 상징들(단어, 숫자, 이미지)을 사용할 수 있다. 상징을 사용할 수 있는 능력은 발달에서 '전진'을 위한 중요한 한

나는 발달이 학습을 설명하며, 이 견해는 발달은 별개의 학습 경험들의 합이라는, 널리 퍼져 있는 의견들과 반대이다. 발달은 필수 과정이며 학습의 각 요소는 전체 발달이 기능할 때 일어난다.

– Piaget(1964, p. 20)

Doug Goodman / Science Photo Library

여기 1분, 다음에 사라진다 대상영속성 검사에서 영아들은 대상이 보이고 그런 다음 시야로부터 그것을 차단벽으로 가린다. 감각운동기 후기에, 영아들은 대상 주변에 손을 뻗어서 그것을 잡는다. 그러나 감각운동기 초기에는 당혹스러워한다. 그들은 차단벽 뒤에 있는 대상을 찾는 데 실패하는데, 그것은 대상이 영속적으로 존재한다는 것을 아직 이해하지 못하기 때문이다.

당신은 '까꿍 놀이'가 영아들이 대상영속성을 모르고 있다는 것을 활용한다고 생각하는가?

발달 단계 아동발달에 대한 피아제 이론에서, 특정한 사고의 한 가지 형태가 뚜렷하게 보이는 몇 달 또는 몇 년의 기간

감각운동기 아동발달에 대한 피아제 이론에서 아동이 그의 감각과 운동 체계를 통해서 세상과 상호작용하는 단계(출생~2세)

대상영속성 대상이 더 이상 눈에 보이지 않거나 혹은 그 외에 지각되지 않을 수 있을 때조차도 그것이 계속 존재한다는 것을 이해하는 것

전조작기 아동발달에 대한 피아제 이론에서 아동이 단어, 숫자, 생각하기와 같은 정신적 상징들을 사용할 수 있으나 아직 여전히 논리적 조작을 수행할 수 없는 단계(2~7세)

표 13.1

피아제 이론의 발달 단계		
단계	연령	설명
감각운동기	출생~2세	영아와 환경과의 상호작용은 감각과 운동 체계에 기초한다. 즉 논리적 조작이 일어나지 않는다.
전조작기	2~7세	아동은 단어, 숫자와 같은 정신적 상징을 사용하나, 아직 여전히 논리적 조작을 수행할 수 없다.
구체적 조작기	7~11세	아동은 물리적구체적인대상에 논리적 조작을 수행할 수 있다.
형식적 조작기	11세~성인기	아동은 물리적, 가설적 대상에 조작을 수행할 수 있다. 즉 그는 또한 추상적 추론에 관여할 수 있다.

그림 13.1
보존 피아제는 보존에 대해 연구했는데, 보존은 대상이 물리적으로 변형되었을 때에도 어떤 필수적인 물리적 속성은 유지한다는 것을 인식하는 능력이다. 그는 넓은 용기에 있는 액체를 좁은 용기에 부었을 때 현재 있는 물이 더 많아졌는지 혹은 적어졌는지 아동들에게 물었다. 아동들은 발달 단계가 구체적 조작기에 이르기 전에는 물의 양이 같다, 혹은 보존된다는 것을 이해하지 못한다.

걸음이다. 아직 이 단계에서 아동은 여전히 조작에 관여할 수 없다. 조작은 가역할 수 있다는 것을 기억하라(예 : 항목들을 작은 것부터 큰 것으로 혹은 큰 것부터 작은 것으로 순서대로 정리할 수 있다). 전조작기에서, 아동들은 이러한 이전의 상태로 되돌리는 논리적 가역을 할 수 없다. 이러한 정신적 한계는 보존 현상에 의해 현저하게 입증되었다.

보존(conservation)은 피아제의 심리학에서 대상이 물리적으로 변형되었을 때에도 어떤 필수적인 물리적 속성을 유지한다는 인식이다. 다시 말해 그런 속성들은 보존된다. 밀가루 반죽 덩어리를 평평한 피자로 펼친다고 상상해보라. 펼치는 것이 당신에게 더 많은(혹은 더 적은) 밀가루 반죽을 주지 않는다는 것을 인식한다면, 당신은 보존을 드러내 보인 것이다. 이를테면 당신은 밀가루 반죽이 형태가 달라졌음에도 불구하고 보존된다는 것을 안다. 보존은 가역할 수 있는 정신적 조작을 요구한다. 당신은 앞으로 그리고 뒤로―공 모양으로부터 평평한 피자로 그리고 거꾸로도―가는 것과 물리적 질량이 달라지지 않는다는 것을 틀림없이 알 수 있다.

피아제는 전조작기에 아동들이 보존 개념을 가질 수 없다는 것을 발견했다. 그들은 물리적 속성이 보존된다는 것을 이해하기 위해 소용되는 가역할 수 있는 정신적 조작을 수행할 수 없다. 전형적인 설명에서 피아제는 낮고 넓은 컵으로부터 높고 좁은 컵에 물을 붓고는 아동들에게 물의 양이 같은지 혹은 다른지를 물었다(그림 13.1). "달라요"라고 그들은 말했다. 전조작기에 있는 아동들은 단순한 물리적 단서를 사용한다. 물이 얼마나 있는지를 판단하는 데 물의 높이가 단서가 된다. 따라서 그들은 액체가 좁고 높은 컵에 부어졌을 때 좀 더 많은 물이 있다고 믿는다.

구체적 조작기(concrete operational stage)(7~11세) 발달에서 아동은 가역할 수 있는 논리적 조작을 수행할 수 있다. 이러한 많은 조작들은 기본 연산처럼 같은 구조를 갖는다. 이를테면 가감법인데, 양을 서로 비교해서 크거나 적거나 판단하는 것, 집단을 하위집단 항목으로 나누는 것이다. 만

형식적 조작 변수들을 가진 대수방정식 풀기는 피아제의 발달 단계에서 형식적 조작기의 인지기술을 요구한다. 형식적 조작기는 11세경부터 시작한다.

일 여섯 마리의 고양이와 두 마리의 개로 이루어진 집단을 보여주고 고양이보다 많은 동물이 있는지를 묻는다면, 구체적 조작기에 있는 아동은 문제를 해결할 수 있다. 다시 말해서 그 아동은 고양이들은 동물이라는 큰 집단의 하위집단이라는 것을 인식한다. 그러나 이 단계의 초반에 아동들은 이러한 정신적 조작을 수행할 수 없고 고양이가 더 많다고 말하기 쉽다. 가역할 수 있는 조작을 수행할 능력에 감사하라. 구체적 조작기에 있는 아동들은 앞서 제시된 보존문제를 해결하는 것을 시작할 수 있다.

구체적 조작기의 정신적 제한점은 대상, 즉 아동의 경험 안에 실제 존재하는 것들에 대해서만 조작을 실행할 수 있다는 것이다. **형식적 조작기**(formal operational stage)(11세부터 성인기 동안)에서, 실제적 대상도 가설적 대상도 모두 조작을 실행할 수 있다. 심지어 대상이 존재하지 않을지라도, 파란 유니콘과 날 수 있는 개에 대한 질문(예 : 6마리의 파란 유니콘과 두 마리의 날 수 있는 개가 있다면, 개보다 많은 동물이 있는가?)은 논리적으로 생각될 수 있다. 아동은 추상적 규칙을 적용함으로써 가설적 대상에 대해서 생각한다. 예를 들면 다음의 특성을 가진 수―그 수는, 20을

보존 피아제의 심리학에서 대상이 물리적으로 변형되었을 때에도 필수적인 어떤 물리적 속성을 유지한다는 인식

구체적 조작기 아동 발달에 관한 피아제 이론에서 아동들이 실제 존재하는 '구체적' 대상에 한하여 가역이 가능한 논리적 조작(예 : 기본 연산)을 수행할 수 있는 단계(7~11세)

형식적 조작기 아동 발달에 대한 피아제의 이론에서 아동들이 실제적 대상과 가설적 대상 모두에게 추상적 규칙을 사용하여 정신적 조작을 실행할 수 있는 단계(11세부터 성인기까지)

더하면 그 자체로 그 수의 2배가 되는ー에 대해서 생각하도록 요청받는다면, 구체적 조작을 하는 아동처럼 형식적 조작을 하는 아동은 시행착오 추측에 의존할 필요가 없다. 형식적 조작기에 있는 아동은 규칙을 적용할 수 있다. 어떤 수는 X, 만일 X + Y = 2X, 그러면 X = Y, 그래서 그 수는 20임에 틀림없다(Ault, 1977).

피아제는 아동들이 단계에 도달하는 나이가 다르다는 것을 인식하였다. 왜냐하면 다양한 경험들이 발달을 가속하거나 느리게 할지도 모르기 때문이다. 그러나 그는 단계들은 고정된 순서로 일어난다고 주장했다. 당신은 어떤 단계도 건너뛸 수는 없다. 순서는 단계들 사이에 논리적 관계를 반영한다. 구체적인 조작적 사고에 참여하기 위해서 당신은 우선 상징을 사용하여 사고할 수 있어야만 하며, 상징은 전조작기 사고에서 성취한 것이다. 형식적인 조작적 사고에 참여하기 위해서는 우선 조작을 사용하여 사고할 수 있어야 하는데, 조작은 구체적 조작기 사고에서 성취한 것이다.

영역 관련 인지발달

사전 질문

> **피아제가 예측했던 것보다 실제로 더 영리한 아동들의 사고 영역은 어떤 영역인가?**

피아제의 공헌은 유례가 없을 만큼 중요하다. 그렇지만 발달심리학은 그의 공헌을 딛고 발전해 왔다. 현대의 연구들은 피아제가 **영역**이라는 요인이 아동들의 인지발달에 지극히 중대하다는 것을 간과해왔다는 것을 시사한다.

인지에 대한 연구에서, **영역**은 지식과 정신 능력 분야이다(Hirschfeld & Gelman, 1994). 예를 들면 식물에 대한 지식(예 : 식물은 자란다, 물이 필요하고, 인공적이지 않다)과 가정용 물품에 대한 지식(예 : 자라지 않는다, 혹은 급수가 필요하고 인공적이다)은 독립된 두 영역이 될 것이다. 언어를 사용하는 능력(7장 참조) 혹은 음악을 감상하고 작곡하는 능력(Justus & Hutsler, 2005)은 마찬가지로 어쩌면 독립된 영역일 것이다.

피아제의 이론은 영역 일반적이었다. 즉 그의 이론적 원리는 영역들 전체에 걸쳐 일반화하기 위한 것이었다. 예를 들면 피아제가 구체적 조작기에 있던 아동을 말했을 때, 그는 아동의 사고 주제가 무엇이든 간에 그 아동이 구체적인 조작적 사고를 드러내기를 예상했다.

연구는 피아제 이론의 이러한 예상에 도전한다. 특히 사고 영역에서 아동들은 피아제가 예상한 것보다 '더 똑똑한'ー즉 더 복합적인 사고과정에 관여하는ー것 같다(Bloom, 2004; Wellman & Gelman, 1992). 자, 이러한 세 영역을 자세히 살펴보자ー(1) 대상, (2) 생명체, (3) 사람들의 마음에 대해서 생각하기.

대상 피아제는 영아기에 아이들은 대상영속성이 없다는 것을 발견했다. 그들은 영속적이며 고정적으로 존재하는 대상과 같은 것이 있다는 것을 이해하지 못한 것처럼 보인다. 그러나 최근의 연구에서, 영아들은 피아제가 생각했던 것 이상으로 이해한다는 것을 드러내 보인다. 대단히 현대적인 이 연구는 피아제에 의해서는 사용되지 않았던 귀중한 연구 도구를 사용한다.

발달심리학자 폴 블룸(Paul Bloom, 2004)이 검토한 바와 같이, 응시 시간 연구 결과는 영아들이 다음 사건이 일어난다면 놀랄 것임을 보여준다.

> 그들은 그들 쪽으로 움직이는 전체 대상 대신 대상 한 조각을 잡아당겨서, 한 조각은 떼어낼 수 있다.

> 왼쪽에서 오른쪽으로 움직이는 대상이 두 장애물 중 한 장애물(왼쪽에 있는) 뒤를 지나서 다른 장애물(오른쪽에 있는) 뒤에서 다시 나타난다. 이때 대상이 두 장애물 사이를 지나는 것은 보이지 않는다.

> 단단한 나무판자 뒤에 대상이 놓여 있고, 나무판자가 뒤로 젖혀지면서 그 대상을 치지 않고 테이블 위에 놓인다.

> 첫 번째 대상이 두 번째 대상을 치기 위해 움직이지만, 두 번째 대상은 첫 번째 것이 그것을 치기 전에 움직인다.

영아들이 놀라는 것은 그들이 기대를 갖고 있었다는 것을 보여준다. 영아들은 대상들이 일관성 있는 전체(분리될 조각들의 집합이 아닌)라는 것을 기대했다. 대상들은 계속해서 움직인다는 것을 기대했고, 따라서 한 장애물에서 다른 쪽으로 뛰어넘을 수 없다는 것을 기대했다. 그들은 영구적으로 존재했고, 단단했고, 자발적으로 움직일 수 없다는 것을 기대했다. 영아들은 그들의 지식을 말로 표현할 수 없었다. 그럼에도 불구하고, 그들의 기대는 그들이 피아제의 감각운동기에 있음에도 불구하고 대상에 대한 지식을 갖고 있었다는 것을 보여준다.

생명체 어린 아동들이 놀라운 양의 지식을 드러내 보이는 두 번째 영역은 생명체이다. 피아제는 학령기보다 더 어린 아동들은 '생명체'라는 추상적인 정신적 범주를 형성할 수 없으며, 따라서 그들의 어린 동생은 살아 있으며, 음식이 필요하고, 잠을 자는 반면에 아기인형은 그렇지 않다는 것을 인식하지 못했을 것이라고 예상했다. 그러나 보다 최근의 증거는 피아제가 어린 아동들의 지식을 과소평가했다는 것을 보여준다. 웰먼과 젤맨(Wellman & Gelman, 1992)이 검토한 것은 다음과 같다.

> 3세 아동들은 무생물과 살아 있는 생물(즉 동물들. 하지만 식물은 아니다) 간을 구별한다. 예를 들면 동물은 감정이 있고 돌멩이는 그렇지 않다는 것을 안다.

> 12개월 된 영아들에게 일련의 장난감 동물들을 보여주고 그런 다음 또 다른 장난감 동물이나 장난감 배를 보여줄 때, 만일 보여준 대상이 배라면, 영아들은 놀란다(영아들이 얼마나 대상을 바라보는지 시간을 측정함으로써). 이것은 그들이 '동물'과 '무생물'이라는 범주 간의 차이를 인식한다는 것을 의미한다.

> 살아 있는 것들로부터 무생물을 구별하는 아동들의 능력은 단지 겉으로 드러난 외모에 기반한 것은 아니다. 기계로 작동되는 진짜처럼 보이는 동물을 보여주면, 아동들은 그것이 잠을 잘 필요가 있다거나 아기를 낳을 수 있다고 생각하지 않는다.

"넌 누구도 속일 수 없어" 연구는 어린아이들조차도 실제 살아 있는 것과 기계로 작동되는 모형 간의 차이를 안다는 것을 보여준다.

Steve bent Mirrorpix / Newscom

사람들과 그들의 마음 아동들도 인간의 마음에 대해서 생각할 때 피아제가 예상한 것보다 더 많은 지식을 내보인다. 심지어 아주 어릴 때에도 아동들은 그들이 마주치는 사람들은 마음을 가지고 있다는 것을 알며, 그들이 마주치는 식물과 장난감은 마음을 가지고 있지 않다는 것을 안다. 아동들은 다른 사람들이 느낌과 생각을 가지고 있다는 것을 이해하는 **마음 이론**(theory of mind)을 보유하고 있다(Wellman, Cross, & Watson, 2001).

마음 이론의 증거는 기술적으로 고안된 실험과제로부터 나온다(Wimmer & Perner, 1983). 다양한 연령대의 아동들에게 일련의 그림들을 보여준다. 누군가 한 장소 안에 물건을 넣어두고는 주변을 떠난다(그림 13.2). 첫 번째 사람이 가버린 동안, 두 번째 사람이 물건을 다른 장소로 옮긴다. 아동들은 첫 번째 사람이 돌아왔을 때 물건을 어디에서 찾을 것인지를 지적하도록 요청받는다. 그렇다. 당신에게는 쉬운 일이지만, 아주 어린 아동들에게는 그렇지 않다. 그 사람이 어디에서 찾을 것인지를 알기 위해서, 당신은 마음 이론을 가지고 있어야만 한다. 당신은 그녀가 자신의 행동을 안내하는 개인적 신념을 가지고 있다는 것과 그녀의 신념은 경험으로부터 획득된다는 것을 이해해야만 한다.

이 과제를 수행하는 능력은 정확히 말하면 학령전기 동안 발달한다(Wellman et al., 2001; Wimmer & Perner, 1983). 3세에, 아동들은 그것을 올바르게 이해할 수 없다. 이를테면 3세 아동들은 그 사람이 돌아오자마자 실제 물건이 놓여 있는 곳, 즉 새로운 장소에서 찾을 것이라고 생각한다. 6세경의 절반 이상의 아동들은 문제를 바르게 이해하고, 8, 9세경이 되면 대부분의 아동들이 바르게 대답한다.

다른 연구는 마음 이론의 상당한 요소들이 훨씬 더 일찍 자리 잡은 것을 보여준다(Wellman & Gelman, 1992). 어떤 사람이 왜 특정 장소에서 물건을 찾고 있는지를 묻는다면, 4세 아동들은 신념의 면에서 행동을 설명할 수 있다("그 사람은 그것이 거기에 있다고 생각했다").

많은 연구자들은 마음 이론이 자폐증이라는 심리발달장애에서 가장 중요하다고 제안한다. 공식적으로 **자폐 스펙트럼 장애**로 더 알려진 **자폐증**(autism)은 다른 사람과의 손상된 의사소통과 사회적 상호작용을 중심 특징으로 하는 다양한 증상을 나타낸다(NIMH, 2011). 예를 들면 자폐증을 가진 아동들은 다른 사람들과 눈 맞춤을 확고하게 하는 데 실패하면서도 사물과 대상에 주의를 집중시킬지도 모른다. 마음 이론이 부족한 아동들, 그래서 다른 사람들이 느낌과 생각을 가지고 있다는 것을 이해하는 데 실패한 아동들은 아마도 자폐증의 증상을 경험한 아동들일 것이다(Baron-Cohen, Leslie, & Firth, 1985). 연구는 자폐증을 가진 개인들이 다른 사람들의 신념을 자동적으로 추론하는 능력검사에서 특히 저조하게 수행한다는 것을 보여준다(Schneider et al., 2013).

피아제 이론의 대안

사전 질문

> ❯ 아이들은 태어나면서부터 무엇인가를 알고 있는가?
> ❯ 아동들의 사회적 상호작용이 어떻게 발달에 영향을 미치는가?
> ❯ 발달을 돕기 위해, 아동들이 현재 능력을 넘어서는 문제에 도전하는 것은 좋은 생각인가?

이 아이는 샐리다.　　이 아이는 앤이다.

샐리가 붉은 찬장에 공을 넣는다.

샐리가 떠난다.

앤이 공을 파란 찬장으로 옮긴다.

샐리는 공을 어디에서 찾을 것인가?

그림 13.2
마음 이론 비록 공이 파란 찬장에 있을지라도, 6세경의 대부분의 아동들은 샐리가 붉은 찬장에서 찾을 것이라는 것을 안다(Baron-Cohen, Leslie, & Frith, 1985). 이것은 그들이 마음 이론을 가지고 있다는 것을 보여주는데, 마음 이론이란 다른 사람들이 그들의 행동을 안내하는 신념을 가지고 있다는 생각이다.

마음 이론 다른 사람들이 느낌과 생각을 가지고 있다는 직관적인 이해

자폐증 다른 사람과의 의사소통과 사회적 상호작용이 손상된 것을 중심 특징으로 다양한 증상을 나타내는 자폐 스펙트럼 장애

새로운 연구 결과들은 심리학자들이 새로운 이론을 개발하도록 촉발한다. 피아제 이론을 넘어서는 두 시도들을 고려해보자. 첫 번째는 선천적인 정신 구조를 제안한다.

선천적인 정신 구조 이미 알고 있듯이, 아동들은 대상, 생명체, 마음에 대한 영역 관련 지식을 보유하고 있는데, 그것은 피아제의 관점으로는 설명하기 어렵다. 피아제는 생각은 경험에 의해 학습된다고 생각했다. 그러나 아동들은 어떻게 경험만으로 그들의 정신 능력을 설명할 수 있었는지를 알아보는 것이 어려운 그런 어린 나이에 복합적인 신념을 발달시킨다. 예를 들면 부모들은 그들의 아이들에게 다른 사람들이 마음을 가지고 있다는 것을 가르치는 일이 드물지만, 아이들은 어떻게든 이것을 아는 것 같다.

영역 관련 지식에 관한 연구는 많은 현대의 발달심리학자들이 피아제는 본성의 역할을 과소평가했다고 결론 내리는 것을 촉발시켰다. 그들은 아동들이 정신 구조를 보유한다는 것을 제안하는데, 정신 구조는 그들이 세상을 해석할 수 있게 하는 마음의 요소들이며 생물학적 유전의 산물들이다. 이러한 유전된 정신 구조는 그들이 대상, 살아 있는 생물, 다른 사람들의 마음에 대해 정확하게 생각할 수 있게 한다.

선천적인 정신 구조에 대한 한 가지 이론은 하버드대학의 심리학자 수잔 캐리(Susan Carey, 2009, 2011)에 의해 개발되었다. 그녀는 아동들이 선천적인 입력 분석기를 보유한다고 제안한다. 즉 그것은 특수한 유형의 정보를 발견하고 처리하도록 설계된 생물학적으로 유전된 정신적 기제이다. 정보 유형은 우리가 방금 검토한 지식의 영역과 일치한다. 예를 들면 동인(목표를 가지고 있으며 행동을 통해 목표를 추구하는 실체)을 발견하는 선천적인 입력 분석기는 아동들의 마음 이론을 발달시킬 뿐만 아니라 대상으로부터 살아 있는 생물을 구별하는 아동의 능력에 기여한다.

사회적 및 문화적 경험 피아제 이론의 두 번째 대안은 1930년대까지 살았던 러시아의 심리학자 레프 비고츠키의 연구에 근거한다(Daniels, Cole, & Wertsch, 2007). 비고츠키는 피아제가 사회적, 문화적 경험의 중요성을 과소평가했다고 믿었으며, 적절한 곳에 사회 문화적 요인을 포함시킨 인지발달 이론을 제공하였다.

피아제 이론에서 발달은 주로 개인적 과정이다. 아동 혼자 세상을 접하고, 다양한 경험을 하면서 어리둥절해하며, 그러면서 논리적 사고에서 진전을 보인다. 그러나 비고츠키는 사회적 상호작용을 통해서 발달의 많은 부분이 일어난다는 것에 주목한다. 아동들은 성인이나 나이 많은 또래와의 상호작용에 의해서 그들이 속한 문화의 인지적 도구를 획득한다고 설명한다. 인지적 도구란 언어, 셈하기, 읽기와 쓰기, 즉 셈하기, 대수기호, 도표, 순서도, 기보법과 같은 것이다(Wertsch, 2007).

아동들은 일단 문화적 도구를 사용해서 연습하면, 그것을 내면화한다(Vygotsky, 1978). 처음에는 사회적 활동이었던 것이 아동의 내적인 정신생활의 특징이 된다. 언어를 생각해보라. 처음에는 그것은 다른 사람들과 의사소통하는 방식이다. 그러나 일단 학습하면, 그것은 가장 중요한 내적 사고가 된다. 이를테면 사람들은 문장과 내적 대화 속에서 "그들 자신에게 이야기한다"(Hermans, 1996). 이러한 내적 언어는 중요한 기능을 제공한다. 아동들은 가르침을 들음으로써 그들의 행동을 통제하게 되고 (예 : "티미야, 난로를 만지면 안 돼"), 내면화한다("나는 난로를 만지지 말아야 한다"; Meichenbaum, 1977 참조).

피아제와 다르게, 비고츠키(1978)는 아동들은 어떤 시점이든지 두 발달 수준으로 특징지어진다고 생각했다. 즉 인지발달의 현재 수준과 잠재 수준이다. 잠재 수준은 스스로의 힘으로는 도달할

사회적 세상에서의 마음 발달 러시아의 심리학자 레프 비고츠키에 의한 발달에 관한 분석은 아동이 다른 사람과의 상호작용을 통해서 인지적으로 발달하는 방식을 강조했다.

여러분은 자신의 내적 대화를 알아차린 적이 있는가?

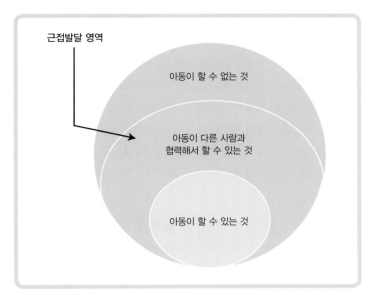

그림 13.3
근접발달 영역 그의 인지발달 이론에서, 비고츠키는 아동이 근접발달 영역에서 도전을 통하여 가장 신속하게 발달한다는 것을 인식했다. 근접발달 영역은 다른 사람과의 협력에서 성취할 수 있는 문제들이 있는 영역이다.

수 없으나 그들을 지원하는 다른 사람들과의 상호작용을 통해서 도달할 수 있는 정신적 성취이다. 지원의 예로는 힌트, 사례, 혹은 유도 질문을 들 수 있다. 비고츠키는 두 수준 간의 지역을 **근접발달 영역**(zone of proximal development)이라고 부른다. 그때 이 영역은 아동이 독립적으로 할 수 없지만 협력적으로는 할 수 있는 문제를 포함한다(그림 13.3). 비고츠키는 교육자들이 근접발달 영역에서 문제를 가지고 학습자들에게 도전하도록 용기를 주었다. 그는 그렇게 하면 학습과 심리발달을 더 빠르게 할 것이라고 말했다.

아동은 종종 근접발달 영역에서의 상호작용을 통하여 학습한다(Rogoff, 1990). 어머니가 아동에게 책을 읽어주는 동안 동물들(예 : 집고양이와 사자는 둘 다 고양이이다)을 분류하면서 설명하면, 동물들을 범주화하는 아동들의 능력은 개선된다. 부모들이 단어들을 기억하기 위한 전략들을 제공할 때 아동들의 기억은 개선된다. 아동들이 논리적 문제를 함께 공부하고 그 문제에 대한 생각들을 논의할 때, 아동들은 보다 능숙한 문제 해결자가 된다.

요약하면, 비고츠키는 마음의 발달이 개인의 사회적 경험에 의해 어떻게 향상되는지 보여주었다. 그렇게 함으로써 그는 사람과 마음 간, 그리고 사회와 인지발달 간의 관련성을 밝혀냈다.

인지발달과 뇌

사전 질문

> 보다 풍요로운 환경에서의 양육이 뇌 크기를 증가시키는가?
> 뇌 발달은 실제로 피아제의 인지발달 단계와 연관되는가?
> 뇌의 연결은 일생에 걸쳐서 변하는가?

당신은 사회적 경험이 인지발달에 자극제가 된다는 것을 배웠다. 이러한 심리학적 사실은 생물학적 예상으로 이어진다. 즉 뇌는 인지기관이기 때문에 환경적 경험 또한 뇌에서의 생물학적 발달에 자극제가 될 것이다. 이러한 예상이 유효한지를 알아보기 위해 생물학적 수준의 분석으로 옮겨가보자.

근접발달 영역 인지발달에 관한 비고츠키의 이론에서, 아동의 독립적인 인지발달의 현재 수준과 다른 사람과의 상호작용을 통해서 성취될 수 있는 수준 간의 영역

환경적 풍요와 뇌 발달 환경적 경험이 뇌 발달을 향상시킬 수 있는지 여부를 어떻게 발견할 수 있는가? 이상적으로 하자면, 당신은 실험을 실시할 것이다. 사람들을 다른 환경에서 키우고, 그러고 나서 뇌 크기를 측정한다. 인간에게 비윤리적인 실험은 동물을 대상으로 수행되어 왔다.

연구자들(예 : Jurgens & Johnson, 2012)은 쥐들을 물리적 자극(터널, 사다리)과 사회적 자극(다른 쥐들)이 복합적으로 포함된 환경에서 풍부함의 정도를 다양한 수준으로 만들어 사육했다. 발달 기간 후 자극이 풍부한 환경에서 자란 쥐들의 뇌와 자극들이 부족한 환경에서 사육된 다른 쥐들의 뇌를 비교했다. 연구는 두 그룹 쥐들의 뇌가 다르다는 것을 보여주었다(Markham & Greenough, 2004). 풍부한 환경은 뇌 발달에서 다음과 같은 결과를 산출했다.

❯ 대뇌 피질(뇌의 가장 바깥층)이 더 두껍다.
❯ 개인의 뇌세포들은 다른 세포들과의 연결을 보다 많이 형성한다.
❯ 뇌세포들은 보다 많은 수초로 덮여 있는데, 수초는 신경계의 정보 전달을 빠르게 하는 절연 물질이다.
❯ 뇌혈관이 보다 충분히 발달된다.

이러한 결과들은 뇌에 대한 중요한 사실들을 입증한다(3장 참조). 뇌에 대한 정확한 구조는 어떤 유기체라도 유전과 경험 둘 모두의 산물이다. 신체적 훈련이 근육을 보다 강하게 만드는 것과 같이 풍부한 환경에서 일어나는 정신적 훈련은 뇌를 보다 강하게 만든다.

뇌 하부 조직의 발달 또 다른 심리학적 사실은 뇌 발달에 대한 또 다른 예상을 제안한다. 심리학적으로, 당신이 배운 것과 같이, 아동들은 일련의 단계들을 경험하는데, 한 단계에서 수행할 수 없는 과제가 그다음 단계에서는 쉽다. 이것은 뇌 발달 역시 일련의 단계를 지나면서 발달한다는 것을 시사한다.

풍부한 환경에서 연구자들은 쥐들을 키웠다(Jurgen & Johnson, 2012). 이러한 장면에서 사육된 쥐들의 뇌는 덜 풍부한 환경에서 자라난 쥐들과는 의미 있게 달랐다.

그렇다. "일반적으로, 피질이 발달하는 순서는 인간 발달에서 인지적 이정표와 유사하다"(Casey et al., 2005, p. 104). 뇌의 성숙을 이해하기 위해서, 뇌에는 다른 과제(예 : 언어 이해하기, 시각적 이미지 처리하기, 정서 생성하기, 자신에 대해 생각하기)를 전문으로 하는 다른 부분들이 그 안에 들어 있다는 것을 기억해야 한다. 이러한 다른 부분들은 고정된 단계에서 발달한다는 것이 밝혀졌다. 뇌의 세 부위를 생각하라 ― (1) 감각운동피질(기본적인 지각과정 및 움직임과 관련된다), (2) 두정엽과 측두엽 피질(이들의 많은 기능은 언어 처리를 포함한다), (3) 전전두피질(과제에 주의를 지속시키고 정서적 충동을 통제하는 데 중요하다). 뇌 연구는 다음의 결과를 보여준다(Casey et al., 2005; 그림 13.4).

❯ 감각운동피질은 생후 몇 달 동안에 일어나는 급속한 발달과 함께 맨 먼저 발달한다.
❯ 그 뒤에 두정엽과 측두엽 피질은 8개월에서 2년 사이에 일어나는 중요한 생물학적 발달과 함께 발달한다.
❯ 전전두피질은 마지막에 발달하는데, 이 부위의 뇌는 10대를 훌쩍 넘길 때까지 상당한 정도의 성숙에는 미치지 못하며, 신경 구조의 마지막 개선은 여전히 20대에 일어난다(Johnson, Blum, & Giedd, 2009).

아동이 생각할 수 있으나 말하지는 못하는 감각운동 단계를 피아제가 발견한 것은 별로 놀랄 일이 아니다. 피아제 단계에서, 아동들의 감각운동피질은 발달하지만, 뇌의 언어 처리 부위는 그

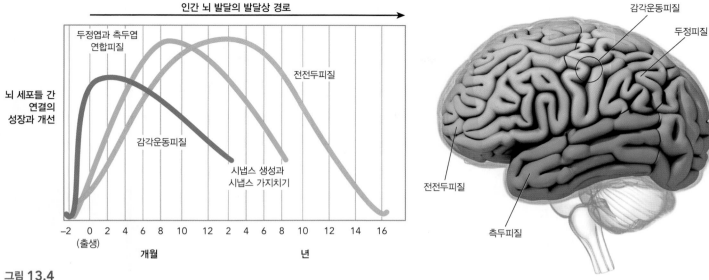

그림 13.4

뇌 발달 뇌의 다른 부위들은 아동기 동안 다른 시점에 발달한다. 감각운동피질은 생의 초기 몇 달 동안 급속하게 발달하며, 두정피질과 측두피질은 8개월에서 2년 사이에 중요한 발달을 보인다. 전전두피질은 10대에 접어들어서도 생물학적 성숙이 끝나지 않고 계속된다.

렇지 않다. 따라서 현대의 뇌 연구는 일찍이 피아제의 심리학적 연구를 보완한다. 유사하게, 신경발달에 관한 연구는 뇌 수준 분석에서 왜 아동들이 성인들보다 정서를 통제하는 것이 더 어려운지 보여준다. 즉 정서를 통제하는 데 필요한 그들의 전전두피질이 덜 발달했기 때문이다.

뇌 연결망의 발달 뇌의 특화된 부분들은 서로 연결되어 있다. 신경세포들은 뇌 내부에 있는 창의적인 정보망인 별개의 신경 체계들을 연결한다(Sporns, 2010). 사람들이 문제 해결 같은 복합적 정신 활동에 관여할 때, 복수의 상호 연결된 뇌 부위는 활성화된다(Gerlach et al., 2011).

뇌 발달의 중요한 특징은 시간이 흐르면서 이 연결망이 변한다는 것이다(Fair et al., 2009). 아동기, 대부분의 뇌 연결은 '국지적'이다. 이를테면 뇌의 어느 한 부위 안에서 뉴런들이 상호 연결되어 있다. 이 시기 이후에 연결은 '전체적'이다. 즉 뇌의 다른 부위들은 더 강하게 상호 연결된다(Khundrakpam et al., 2013).

뇌 영상의 발달은 우리가 이런 상호 연결을 볼 수 있게 한다. 연구자들은 두 집단의 사람들로부터 뇌 사진을 얻었다. 두 집단은 7~9세의 아동들과 19~22세의 성인들이다(Uddin et al., 2011). 그들은 뇌의 두 부위 간 연결에 초점을 맞추었다.

1. 뇌의 **중앙 집행 시스템**(그림 13.5에서 연두색 부분) : 중앙 집행 시스템은 사람들이 그들 마음속에서 정보를 조작할 수 있게 하고, 전략을 발달시킬 수 있게 하며, 목표를 성취하도록 의사결정을 할 수 있게 한다.

2. **주의 네트워크**(그림에서 연보라색으로 보이는 부분) : 특히 복합적인 외부 사건과 내적 신호들(배고픔, 고통 등)에 주의를 기울이고 어느 때든 행복에 가장 중요한 것들에 주목하는 뇌 부위다(Seeley et al., 2007).

그림 13.5에서 볼 수 있는 것처럼, 뇌의 두 부위는 아동기에서 성인기까지 의미 있게 변하지 않는다. 그러나 그들 간 **상호 연결**은 의미 있게 변한다(Uddin et al., 2011). 연결은 아동기보다 성인기에 더 강해진다 — 즉 더 두껍고 더 정교해진다.

이러한 생물학적 발견의 심리학적 함의는 무엇인가? 뇌 연결은 사람들이 그들의 생각과 정서

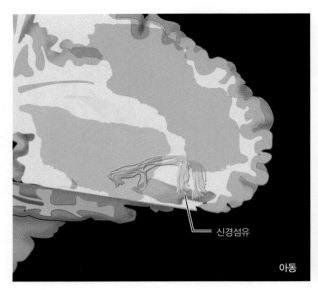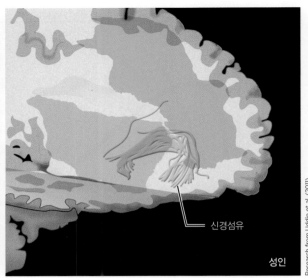

그림 13.5
그것은 모두 소통에 관한 것이다 아동의 뇌와 비교해서, 성인 뇌의 다른 부위들은 뇌의 한 부위에서 다른 부위로 연결하는 세포 연결 덕분에 서로 소통을 더 잘할 수 있다. 뇌의 앞부분에 보이는 두 부위는 환경에 있는 정보에 주의를 기울이고(연보라색) 마음속에서 개인적 목표에 관한 정보를 유지하는 데 관련된 다(연두색). 또한 노랗게 보이는 부분은 두 부위를 연결하는 신경섬유이다. 연결은 아동기보다 성인기에 더 강하다.

와 행동에 대한 더 큰 통제를 얻을 수 있게 한다(Menon & Uddin, 2010). 인생의 초기에는 연결이 약할 때 아동들은 아마도 그들의 주의를 사로잡는 환경적 사건에 빠르게 반사적인 방법으로 반응할 것이다. 예를 들면 숙제를 하고 있기로 되어 있는 아동은 장난감이나 심지어 가벼운 배고픔을 느끼는 것으로도 산만해질지도 모른다. 인생의 만년에는 사람들은 무엇에 주의를 집중해야 할지를 조절하고 해결해야 할 문제에 집중을 더 잘한다. 이러한 보다 큰 통제는 부분적으로 뇌의 중앙 집행 체계와 주의 네트워크 간의 보다 강한 연결에 기인한다.

요약하면, 뇌 연구는 우리의 인지발달에 대한 이해를 심화시킨다. 아동이 나이가 들고 세상과 상호작용할 때 그들의 자라나는 인지 능력은 뇌의 생물학적 체계에서의 성장을 동반한다(그림 13.6).

인지 능력은 발달함에 따라 변화하는 삶의 유일한 측면은 아니다. 또한 사람들은 정서와 동기 및 정서와 행동을 통제하는 능력, 그리고 그들이 누구이고 세상에서 그들의 위치에 대한 이해를 뜻하는 자기감을 발달시킨다. 이러한 주제들은 사회성 발달 분야에서 연구되며, 다음 차례로 유아기의 사회생활을 시작으로 사회성 발달에 대해 알아보기로 한다.

사회성 발달 : 생물학적, 사회적 기반

다음에는, 영·유아들에게 주의를 기울이고, 그들이 다르다는 것에 주목할 것이다. 어떤 아이들은 활동적이고 정력적이며, 다른 아이들은 자주 잔다. 어떤 아이들은 행복하고 태평스러우며, 다른 아이들은 짜증을 낸다.

이런 차이들은 부분적으로 유전된 생물학에 근거한다. 유전적 차이는 다양한 기질을 만든다.

그림 13.6

사람들은 자신의 행동에 대한 통제를 어떻게 발달시키는가?

사람 · 마음 · 뇌
상호작용

사람 **P**

사람 수준 분석에서, 자기통제란 목표를 향해 일하고, 집중을 방해하는 것을 피하고, 원하지 않는 감정적 반응들을 억누르는 능력이다. 그것은 처음 아동기에서 발달한다. 아동기 때 자기통제에서의 개인차는 이후의 삶에서 자기통제력을 예측한다.

마음 **M**

주의
어떤 자극인지가 중요함

집행 통제
나의 목표는 무엇인가
목표에 도달하기 위해 내가 할 수 있는 것은 무엇인가

마음 수준 분석에서, 자기통제력은 주의 및 집행 통제와 관계가 있는 상호 연결된 정신 체계의 작업을 반영한다.

뇌 **B**

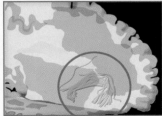

Uddin et al. (2011)

뇌 수준 분석에서, 능력은 뇌 부위들 간의 상호 연결(붉은 원)을 반영하는데, 상호 연결은 발달이 진행되면서 보다 강해진다.

Gallery Stock

생물학적 기반 : 기질

사전 질문

> › 기질이란 무엇이며, 심리학자들은 그것을 왜 연구하는가?
> › 기질은 모든 맥락에서 같은가?

기질(temperament)은 생의 아주 초기에 눈에 띄는 정서적, 행동적 경향성에서의 차이를 말하며, 적어도 부분적으로 유전 생물학에 근거한다(Zentner & Bates, 2008). 정서를 조절하는 아동들의 능력에서의 차이뿐만 아니라 조용한, 화난, 혹은 소심한 경향성과 같은 정서적 반응에서의 차이는 기질의 측면들이다(Rothbart, 2012).

기질은 학자들에게 오랫동안 호기심을 불러일으켰다(Strelau, 1998). 고대 그리스에서, 의사 히포크라테스는 사람들은 네 가지 유형의 기질을 갖고 있다고 했는데, 그것은 개인 몸 안의 체액이 필요한 정도를 넘치는 정도에 기초한다. 예를 들면 과다 흑담즙은 슬프고 침울한 기질을 생성한다고 했으며, 과다 황담즙은 조용하고 평화로우며 침착한 유형을 만들어낸다고 생각했다.

비록 그것은 2000년 이상 유행했음에도, 히포크라테스의 이론은 틀렸다. 그가 제안했던 몸 안의 체액은 기질의 근원이 아니다. 그러나 그의 연구는 여러 방식에서 현대의 생각과 유사하다. 히포크라테스와 같이 오늘날 많은 과학자들은 생물학적 기원에서 소수의 기질을 찾는다.

이 연구에서 두 개척자는 알렉산더 토머스와 스텔라 체스(Thomas & Chess, 1977)였다. 기질을 연구하기 위해 그들은 부모들을 면접했고 부모들은 그들 자녀들의 행동특성(예 : "당신의 아기는 얼마나 많이 돌아다닙니까?"), 일상 경험의 규칙적인 패턴("말씀해 주실 수 있습니까 … 낮 동안에 아동이 배고파 합니까, 자고 있습니까, 혹은 깨어 있습니까?"), 적응성("변화된 상황에서 당신의 아동이 보이는 반응 방식을 어떻게 묘사하겠습니까?")을 보고했다(Thomas & Chess, 1996). 이 보고를 분석함으로써 토머스와 체스는 세 유형의 기질을 발견했다. 즉 각 아동들을 세 가지 기질 범주로 분류할 수 있다.

1. 쉬운 기질 : 차분한, 새로운 상황에 유쾌한 적응
2. 까다로운 기질 : 예기치 않은 사건에 대한 강렬한 부정적 반응과 관례적인 변화에 적응하는 데 느림
3. 더딘 기질 : 새로운 사건에 경미한 부정적인 반응을 보이나, 상황이 반복적으로 경험되면 긍정적 반응을 발달시킴

아기들은 다르다 태어난 지 몇 달이 안 되었을 때조차도, 영아들은 심리적으로 다르다. 주로 유전 생물학의 다양성에서 기인하는 이러한 차이는 심리학자들이 기질이라고 부르는 것이다. 그 심리학자들인 토머스와 체스는 쉬운 기질, 까다로운 기질, 더딘 기질로 묘사되는 세 가지 기질을 발견했다.

기질 생물학적 기반을 가진 정서적, 행동적 경향성에서의 개인차

표 13.2

기질 차원 측정하기	
정서성	• 쉽게 운다 • 다소 정서적으로 되는 경향이 있다 • 마음이 상할 때 강렬하게 반응한다
활동성	• 항상 끊임없이 활동한다 • 돌아다닐 때 대체로 천천히 움직인다* • 아침에 눈 뜨자마자 벌떡 일어나 달려 나간다
사회성	• 사람들과 함께 있는 것을 좋아한다 • 혼자 있는 것보다 사람들과 함께 놀기를 선호한다 • 다른 무엇보다도 사람들이 보다 많은 활기를 주는지 찾는다

Buss & Plomin(1984); Spinath & Angleitner(1998)

기질을 측정하는 한 가지 방법은 부모들에게 아동들의 특성에 대해서 보고하도록 요청하는 것이다. 이러한 측정 전략으로 확인된 중요한 세 가지 기질 차원은 정서성, 활동성, 사회성이며, 검사 문항은 차원을 측정하기 위해 고안되었다. 별표(*)가 있는 문항은 역채점 문항이라는 것에 주의하라. 즉 그 문항에서 보다 높은 점수는 관련된 차원이 보다 낮은 수준이라는 것을 나타낸다.

그 후의 심리학자들은 토머스와 체스의 선례를 뒤따랐다. 그러나 강조하는 부분은 변했다. 그들은 기질 유형에 초점을 맞추기보다 차라리 기질 차원을 찾았다. **기질 차원**(temperament dimension)은 모든 아동이 더 많거나 더 적은 정도로 지니고 있는 생물학적 심리적 특성에 기초한다.

중요한 세 가지 기질 차원은 **정서성, 활동성, 사회성**이다(Buss & Plomin, 1984; 표 13.2). 어떤 아동은 다른 아동에 비해 더 쉽게 마음이 상하고(정서성), 어떤 아동은 더 쉽게 힘이 넘치며(활동성), 어떤 아동은 다른 사람들과 시간을 함께 보내는 것을 더 선호하는 것을 보여준다(사회성). 성격심리학자들은 이러한 기질 차원들을 성인 성격특질에 대한 인생 초반의 전조로 간주한다(12장 참조).

> 당신은 각각의 이러한 세 가지 기질 차원에서 어떤 수준이었는가?

생의 초기 기질이 미치는 장기적 의미 원칙적으로, 기질 유형은 일시적일지도 모른다. 아마도 대부분의 감정적인 두 살배기 아이들도 서너 살이 되었을 때 조용하고 차분한 기질을 보인다. 그러나 기질은 오래 지속된다는 것이 밝혀진다. 연구자들이 다른 시점에서 아동들을 연구할 때, 그들은 아동들의 기질 유형이 시간이 흘러도 일관성이 있다는 것을 발견한다. 여기 두 가지 사례가 있다.

노르웨이의 연구자들은 아동들이 18개월, 30개월, 4, 5세일 때 그들을 관찰했다(Janson & Mathiesen, 2008). 각 나이마다 그들은 아동들을 토머스와 체스의 기질 범주에 따라 분류했다. 아동들은 시간이 흘러도 일관된 기질을 드러내 보였다. 아동들의 거의 절반은 18개월에서와 같이 30개월에 같은 기질을 가졌으며, 30개월에서와 같이 4, 5세에서도 거의 절반이 같은 기질을 가졌다.

핀란드 연구자들은 대규모의 10대 집단을 대상으로 기질을 측정했다(Hintsanen et al., 2009). 9년이 지난 뒤에, 그들은 같은 개인들을 대상으로 근무 상태를 밝혔다. 10대 기질은 성인의 취업을 예측했다. 높은 수준의 활동성과 낮은 수준의 부정적 정서를 기질 특징으로 가진 10대들은 고용되는 것이 보다 쉬웠다.

위의 사례들은 생의 초기 기질이 만년의 성격과 삶의 결과물들을 예측한 많은 사례들 중 단지 두 사례일 뿐이다. 당신이 누구인지, 그리고 당신이 영위하는 삶의 유형이 어떠한지는 당신이 물려받은 기질 특성의 영향을 받는다. 그리고 이것의 추가적인 증거는 바로 아래에서 다루는 소심함에서 발견할 수 있다.

Jose Luis Pelaez Inc / Getty Images

행복한 사업가 연구는 기질을 삶의 결과물에 연결해왔는데, 기질이 매우 활동적이고 긍정적인 정서를 경험할 성향을 지니고 있는 사람들은 성인이 되었을 때 실직할 가능성이 더 적다.

기질 차원 정서성, 활동성, 사회성과 같이 모든 아동이 더 많거나 더 적은 정도로 지니고 있는 생물학적 기반의 심리적 특성

억압적 기질 특히 낯선 상황 또는 낯선 사람들 앞에서 높은 수준의 고통과 두려움을 경험하는 경향성

비억압적 기질 두려움을 거의 경험하지 않고 자연스럽고 사교적인 태도로 행동하는 경향성

소심함 많은 사람들은 그들이 소심하다고 말한다. 한 연구에서, 현재 자기에 대해 표현했을 때 40%가 그렇게 말했으며, 80%는 인생의 어떤 시점에서 소심했다고 말했다(Zimbardo, 1977). 소심함이 높은 비율을 보이는 것은 모든 문화권에서 발견될지도 모른다(Saunders & Chester, 2008).

> 당신은 어떤 상황에서 소심하다고 느끼는가?

소심하다고 주장하는 모든 사람들은 심리적으로 같은 사람이라고 생각하는가? 하버드대학의 심리학자인 제롬 케이건은 그렇게 생각하지 않는다. 그의 연구 결과는 첫 번 하위집단에 속한 사람들은 뚜렷이 다르다는 것을 시사한다. 이를테면 그들은 **억압적 기질**(inhibited temperament)을 물려받았는데, 그것은 특히 공포스러운 반응이 소심하고 억압적 행동을 촉발하는 낯선 상황 또는 낯선 사람들 앞에서 높은 수준의 고통과 두려움을 경험하는 경향성을 말한다. 게다가 두 번째 구별되는 하위집단은 두려움을 거의 경험하지 않고 자연스럽고 사교적인 태도로 행동하는 경향성인 **비억압적 기질**(uninhibited temperament)을 물려받았다. 그의 연구 결과를 자세히 설명하기에 앞서, 연구 방법을 살펴보도록 하자. 자신의 아이들에 대한 부모의 관점은 부정확할 수 있기 때문에 케이건은 부모의 보고에 의존하는 것을 조심했다. 예를 들면 부모들이 아이가 실제로 아주 흔한 행동을 했을 때 그들은 그 행동을 놀라우리만치 독특한 것처럼 볼 수도 있다(Saudino, 1997; Spinath & Angleitner, 1998 참조). 따라서 케이건은 아동들을 그의 실험실로 데려갔으며 그곳에서 연구자들이 그들을 직접 관찰했다.

아동들은 그의 실험실을 4개월일 때 처음 방문했다(kagan & Snidman, 1991). 케이건은 그들이 풍선 터뜨리기와 같은 새로운 사건에 노출되는 동안 비디오 촬영을 했다. 9개월과 14개월에 다시 왔을 때 새로운 자극(예 : 번쩍이는 불빛, 낯선 소리 나는 장난감, 낯선 성인)에 다시 노출되었다.

7세에 다시 왔을 때, 또래와 상호작용하는 동안 관찰되었다. 케이건은 4개월일 때 매우 억압적이거나 또는 비억압적 기질을 보이는 두 하위집단은 시간에 따라 일관된 기질을 보일 것이라고 가설을 세웠다.

결과는 그의 가설을 강하게 지지했다. 4개월일 때 무서워하며 반응했던 아동은 9개월과 14개월에도 다시 무서워하며 반응했다. 가장 이른 시기에 비억압적 기질을 보였던 대부분의 아동은 나중에도 비억압적 기질로 남아 있었다. 영아일 때 억압적이었던 7세 아동은 또래와 상호작용할 때 소심했다(Kagan, 1997).

이러한 결과들은 기질이 장기간에 걸쳐 종종 안정적이라는 것을 보여준다. 그러나 이것이 기질은 변할 수 없다는 것을 의미하지 않는다. 어떤 경험들은 기질을 바꿀 수 있다. 한 가지는 집 밖 보육이다. 연구자들은 다음 두 종류의 설정 중 어느 한 쪽에 있는 억압적 아동들을 비교했다 — (1) 온전히 집에 있는 경우, (2) 매주 많은 시간을 교사 및 또래들과 보육시설에서 시간을 보내는 경우. 보육은 기질을 변화시켰다. 일주일에 10시간 이상을 집 밖에서 지낸 사회적으로 억압적인 아동들은 덜 소

정서와 뇌 구조의 연결

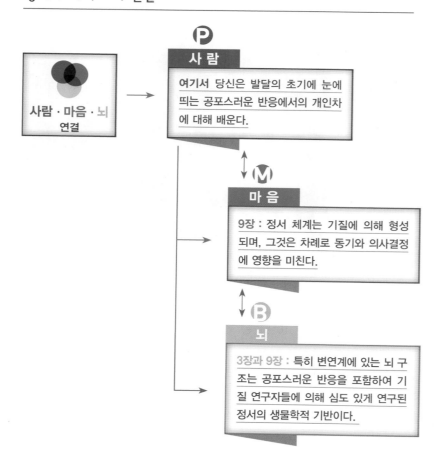

ⓟ 사람

여기서 당신은 발달의 초기에 눈에 띄는 공포스러운 반응에서의 개인차에 대해 배운다.

ⓜ 마음

9장 : 정서 체계는 기질에 의해 형성되며, 그것은 차례로 동기와 의사결정에 영향을 미친다.

ⓑ 뇌

3장과 9장 : 특히 변연계에 있는 뇌 구조는 공포스러운 반응을 포함하여 기질 연구자들에 의해 심도 있게 연구된 정서의 생물학적 기반이다.

사람 · 마음 · 뇌 연결

skynesher / Getty Images

기질과 사회성 경험 사회성 경험은 기질에 영향을 미칠 수 있다. 탁아소에서 지내는 소심한 기질 유형을 가진 아동들은 소심한 정도가 낮아질 수 있다.

심하게 되었다(Fox et al., 2001). 다른 요인은 육아다. 아동들을 과잉보호하는 것을 피하는 어머니들은 공포와 불안에 대처하는 전략을 아동 스스로 더 잘 발달시킬 수 있게 양육하는 경향이 있다 (Degnan et al., 2008).

기질은 사회성 발달의 생물학적 기반이다. 또 다른 기반은 가족, 특히 자녀와 부모 간의 관계이다.

사회적 기반 : 부모와 자녀 간 유대

사전 질문

> ❭ 왜 새끼 거위들이 어미 거위를 따라가는가?
> ❭ 음식 또는 신체적 안락함 : 왜 아기들은 양육자와 유대감을 형성하는가?
> ❭ 애착 이론에 따르면, 인생의 초기 경험이 왜 일생 동안 영향을 미치는가?
> ❭ '낯선 상황' 실험을 통해 우리는 어떻게 애착 유형을 이해할 수 있는가?
> ❭ 아동기의 부정적 경험들이 우리에게 평생 상처를 남기는가?

Thomas D. McAvoy / Time & Life Pictures / Getty Images

음…저 남자…따라가자! 각인은 콘라트 로렌츠(Konrad Lorenz)에 의해 발견되었으며, 그의 뛰어난 업적으로 그는 1973년 노벨상을 수상했다. 로렌츠는 어린 거위들이 태어난 후 처음 마주치게 된 움직이는 대상과, 비록 그 대상이 콘라트 로렌츠일지라도 지속적인 유대를 형성할 것임을 보여주었다.

동물의 종에 따라서, 자식의 발달은 부모의 지원에 의존한다. 우리 종보다 다른 종에서 일어나는 현상을 가지고 발달의 가족 기반에 대한 검토를 시작해보자. 그것은 각인이다.

각인 새끼 거위들의 사진을 보라. 그것은 그들이… 한 남자를 따르는 것을 보여준다. 그들은 어미 거위를 따라가서는 안 되는가?

그 거위들에게는 그 남자가 각인되었다. **각인**(imprinting)이 되면, 새로 태어난 것들은 그들이 마주치는 처음에 움직이는 대상에 주의를 고정시키고 따라간다(Sluckin, 2007). 그 대상이 대개 어미다. 따라서 각인은 어미와 자식을 결합시킨다. 그러나 어떤 종들의 새끼들은 움직이는 거의 모든 것을 각인할 것이다. 각인은 태어나자마자 바로 움직일 수 있는 새끼들을 가진 종들에게서 오로지 일어난다(Hess, 1958). 따라서 사람에게는 일어나지 않는다.

로렌츠(Lorenz, 1952/1997)는 각인이 단지 결정적 시기 동안 일어난다는 것을 설명했다. 이미 정해진 심리과정의 **결정적 시기**(critical period)는 심리적 과정이 언젠가 일어난다면 그것이 일어나야만 하는 대개 인생 초반의 어떤 기간이다(Hensch, 2004). 예를 들면 새끼 거위가 태어난 후 처음 몇 시간 안에 움직이는 대상을 마주친다면, 단지 그 움직이는 대상을 각인시킬 것이다. 일단

각인 갓 태어난 새끼들이 그들이 처음 마주치게 된 움직이는 대상에 주의를 고정시키고 따라가는. 일부 종들에게서 나타나는 현상

결정적 시기 이미 정해진 심리적 과정을 위해 심리적 과정이 언젠가 일어난다면 그 과정이 일어나야만 하는 인생 초반의 어떤 기간

한 번 각인되면 유대는 영구적이다.

접촉과 위안 각인시키지 않는 종에서, 아동들은 여전히 부모와 유대감을 형성한다. 무엇이 부모와 자녀의 유대관계를 형성하게 만드는가? 당신은 아마도 그것은 양육에 대한 아기의 욕구라고 추측할지도 모른다. 이를테면 아기는 음식물이 필요하고, 그래서 아마도 진화는 아기들이 음식물을 제공하는 그들의 부모와 유대를 형성하게 만들었을 것이다. 그러나 해리 할로에 의한 고전적인 연구는 다른 요인을 확인하였는데, 그것은 신체적 접촉과 편안함의 욕구이다.

할로는 갓 태어난 짧은꼬리원숭이 새끼들을 연구했다. 원숭이들이 생의 초반에 보이는 어미-새끼 상호작용(보살피기, 어미에게 매달리기)은 인간의 그것과 유사하다. 원숭이들은 2개의 인공 어미에게 노출되었는데, (1) 철사 어미는 병으로 음식물을 제공했으며, (2) 부드러운 헝겊 어미는 음식물을 제공하지는 않았지만 따뜻했고 꼭 껴안고 싶어 했다.

어떤 '어미'를 새끼 원숭이들이 선호했는가? 따뜻하고 꼭 껴안고 싶은 어미이다. 태어나서 한 달 동안 내내 새끼 원숭이들은 음식을 제공하는 철사 어미보다 따뜻하고 꼭 껴안고 싶은 헝겊 어미와 훨씬 많은 시간을 보냈다. 새끼 원숭이들을 놀라게 했을 때, 그들은 지원을 받기 위해 헝겊 어미에게 의지했다(Harlow, 1958). 그런 다음 할로의 실험은 따뜻하고 포근한 신체적 편안함에 대한 욕구가 부모와의 유대를 형성하게 만드는 주된 욕구라는 것을 보여주었다.

편안한 어미와의 접촉은 단지 선호하는 것만이 아니며, 그것은 필수이다. 영아들은 정상적인 발달을 위해 접촉을 필요로 한다. 그것이 결핍된 원숭이들은 성숙한 원숭이가 되었을 때 비정상적인 행동을 보였다. 영아기 동안 편안한 어미와 접촉이 없었던 암컷 붉은털원숭이의 운명을 생각하라. 성인기에 그들 스스로 어미가 되었을 때, 그들은 비정상적으로 행동했으며, 자신의 새끼 원숭이를 방치했다(Hensch, 2004).

애착 짧은꼬리원숭이들만이 유일하게 부모와의 유대가 사회성 발달에 중요한 영장류는 아니다. 그것은 인간에게도 마찬가지로 적용된다. 우리는 특히 천천히 발달한다. 예를 들면 갓 태어난 원숭이들은 태어나서 며칠 안에 돌아다닐 수 있지만, 사람의 경우, 영아는 움직이는 데 몇 달이 걸린다(Hayes, 1994). 이것은 아동들을 위해서 부모-아동 애착의 중요성을 높인다.

애착(attachment)은 두 사람, 특히 아이와 부모와 같은 양육자 간의 강한 정서적 유대이다. 영국의 심리학자인 존 볼비의 **애착 이론**(attachment theory)에 따르면, 부모와 아동 간의 애착관계는 아동에게 평생 영향을 미친다(1969, 1988).

인생 초기의 경험이 어떻게 평생 영향을 미칠 수 있을까? 볼비(Bowlby, 1988)는 부모-아동의 상호작용은 아동들의 신념을 형성한다고 제안했다. 일단 형성되면, 신념은 오래 지속되며 살면서 이후의 새로운 관계에 적용된다. 부모가 아동에게 신뢰할 수 있는 정서적 지지를 제공한다고 가정해보라. 볼비의 애착 이론은 사람들은 지지적일 것이고, 성인들의 경우 새로운 관계를 갖게 될 때 정서적 지지를 예상할 것이라는, 일반적인 신념을 발달시킬 것이라고 예측한다. 따라서 부모의 애착은 미래의 관계에 대한 신념을 구축하는 기반을 창조한다.

그러나 모든 부모-아동 관계가 같은 것은 아니다. 연구를 통해서 애착 유형이 다르다는 것을 확인하게 되는데, **애착 유형**(attachment styles)은 아동과 부모 특유의 상호작용 방식이다.

다른 애착 유형은 질적연구를 통해서 확인되었다(2장 참조). 메리 에인스워스(Ainsworth, 1967; Ainsworth et al., 1978)는 집이라는 환경 속에서 부모와 아동의 상호작용을 관찰했으며 세 가지 애착 유형을 확인했다 — 안정 애착, 회피 애착, 불안-양가 애착(Bretherton, 1992).

당신은 둘 중에 어느 쪽과 시간을 보내는 것을 선호하는가? 따뜻하고 부드러운 엄마인가, 아니면 음식물을 제공하는 철사 엄마인가? 보이는 것처럼 아기 원숭이는 대개 따뜻하고 부드러운 엄마 쪽을 선호한다.

애착 두 사람, 특히 부모와 같은 양육자와 아이 간의 강한 정서적 유대

애착 이론 아동에게 평생 영향을 미치는 부모와 아동 간의 애착관계 방식에 관한 볼비의 이론

애착 유형 아동과 부모가 상호작용하고 정서적으로 서로 연결되는 특유의 방식

> **안정 애착**(secure attachment) : 안정적으로 애착된 영아들은 그들의 어머니와 긍정적인 관계를 갖는다. 그 어머니는 아동이 고통스러울 때 아동을 편안하게 해주며 아동은 부모의 요구에 따른다. 어머니로부터 분리된다면, 영아는 어머니와 재회할 때 그녀를 보고 행복해한다. 애착의 안전성은 아동이 세상을 탐색할 수 있게 하는데, 그것은 문제가 생기면 어머니의 편안함을 얻을 수 있는 것임을 알기 때문이다.

> **회피 애착**(avoidant attachment) : 회피하는 방식으로 애착된 영아는 상대적으로 무관심한 방식으로 부모에게 반응한다. 만일 어머니로부터 분리되고 그러고 나서 재회한다면, 영아는 신체적으로 가까워지려고 애쓰기보다 오히려 접촉하기를 외면할지도 모른다. 아동은 부모를 안전과 편안함의 원천으로 기대하지 않는다.

> **불안-양가 애착**(anxious-ambivalent attachment) : 불안-양가 애착에서, 아동은 정서적 갈등을 경험한다. 즉 어머니에게 가까이 다가가고 싶은 욕망과 부모를 향해 불안과 분노가 결합되어 나타난다. 만일 어머니가 떨어져 있다가 돌아온다면, 아동은 가까이 있기를 갈망하지만, 분노와 억울함도 표현하는 양가적인 반응을 드러낸다.

아동이었을 때 당신은 어떤 애착 유형의 특색을 나타냈는가?

애착 세계의 모든 문화권에서 어머니와 아동의 애착관계는 건강한 아동발달을 촉진한다.

애착 유형을 알아보기 위해 에인스워스와 그의 동료들은 **낯선 상황 패러다임**(strange situation paradigm)이라 불리는 애착 유형에 대한 행동 척도를 개발했다(Ainsworth et al., 1978). 이 절차에서 어머니와 아동은 실험실에서 구조화된 일련의 사건에 참여한다. 처음에, 어머니와 아동은 다른 사람 없이 방 안에서 몇 분 동안 시간을 보낸다. 그때 낯선 사람이 들어온다. 다음에, 어머니가 떠난다. 그 뒤에 낯선 사람이 떠나고 어머니가 방으로 돌아온다. 심리학자들은 아동의 반응을, 특히 부모가 돌아올 때 관찰한다. 안전 애착 영아들은 돌아온 어머니에 의해 쉽게 편안해진다. 회피 애착 아동들은 어머니로부터 눈길을 돌리고 떠난다. 불안-양가 애착 아동들은 어머니에 의해 수용되기를 갈망하나 그러면서도 또한 어머니가 돌아와서 달래려고 시도하면 벗어나려고 하며 거절한다.

많은 연구자들은 애착 유형에 관한 행동 척도와 만년의 성격을 관련시켜왔다. 60개 연구에 관한 메타분석은 안전하게 애착된 아동들은 소심하고, 내향적이고, 우울할 가능성이 더 적다는 것을 밝히고 있다(Madigan et al., 2013). 다른 연구들은 비교 문화 연구에서 행동 척도를 이용해왔다. 연구 결과는 안전 애착이 아시아, 유럽, 그리고 북아메리카에서 가장 흔한 유형이며 반 이상의 아동들이 안전하게 애착된 것을 보여준다(van IJzendoorn & Kroonenberg, 1988).

심리학자들은 또한 애착 유형을 성인들의 낭만적 사랑관계와 관련시켜왔다(Fraley & Shaver, 2000). 심리학자들은 어떤 성인들은 낭만적 사랑 관계에서 안전하고, 다른 성인들은 애인과 사귀는 것이 어렵다는 것을 발견하며(예 : 그들은 회피적이다), 여전히 다가가기를 원하지만 아직 버려질 가능성에 불안해한다는 것을 알아냈다(그들은 불안-양가적이다). 아동기 애착 양식은 만년의 관계에 기반이 될지 모른다.

탄력성과 변화할 수 있는 능력 연구자들은 인생의 초기 경험이 평생의 결과를 가져온다고 생각했다. 할로와 볼비는 아동기의 애착 경험이 사람의 마음에 평생 지워지지 않는 상처를 남길 수 있다고 제안했다.

그러나 다른 연구 결과는 많은 사람들이 인생 초기의 고난으로부터 다시 회복되는 것을 보여준다(Kagan, 1998). 그들은 탄력성을 드러내 보이는데, **탄력성**(resilience)이란 부정적 경험을 한 뒤에 심리적 기능을 유지하거나 회복하는 능력이다(Luthar, Cicchetti, & Becker, 2000 ; Masten &

안정 애착 어머니(양육자)가 주는 편안함을 바탕으로 아동이 안정감을 갖고 세상을 탐색할 수 있도록 어머니(양육자)와 긍정적인 관계를 갖는 애착 유형

회피 애착 아동이 부모를 안전과 편안함의 원천으로 기대하지 않는, 상대적으로 무관심한 방식으로 부모에게 반응하는 애착 유형

불안-양가 애착 어머니에게 가까이 다가가고 싶은 욕망과 부모를 향해 불안과 분노가 결합되어 나타나는, 아동이 정서적 갈등을 경험하는 애착 유형

낯선 상황 패러다임 분리되었다가 재결합하는 일련의 사건에서 어머니와 아동이 상호작용할 때, 아동이 보이는 반응을 연구자가 기록하는 애착 유형에 대한 행동 척도

탄력성 부정적 경험을 한 뒤에 심리적 기능을 유지하거나 회복하는 능력

탄력성 발달에 관한 특정 사례 마이클 오어(오른쪽 사진)는 미시시피대학교의 대학원생이며, 오늘날 크게 성공한 프로 미식축구 선수이다. 그러나 이러한 성공을 성취하기는 쉽지 않았다. 어린 시절에 그의 어머니는 알코올과 코카인에 중독되었고, 그의 아버지는 종종 교도소에 수감되었으며 초등학교를 간신히 졸업했다. 그러나 이러한 고난들은 그가 실패할 운명을 맞게 하지 않았다. 그는 성공적인 사회성 발달을 위해 주요한 구성요소인 안정적인 가정과 교육적 지원을 제공했던 가족의 일원으로 받아들여졌다. 그의 성적과 지능검사 점수는 올라갔으며 운동선수로서 잘 자랐다. 왼쪽 사진은 오어의 삶을 영화로 만든 더 〈블라인드 사이드〉에 나온 제이 헤드, 퀸튼 아론, 그리고 샌드라 블록이다.

Gewirtz, 2006).

두드러진 탄력성의 증거는 인생 초기에 부모의 알코올 중독 혹은 정신 질환과 같은 어려운 환경을 경험했던 하와이에 살았던 200여 명의 아동들을 대상으로 수행한 연구로부터 나왔다(Werner, 1993; Werner & Smith, 1982). 그와 같은 경험들의 부정적 효과가 불가피하고 영구적이라면, 200여 명의 아동들 모두가 평생 문제를 드러낼 것이라고 예상했을 것이다. 그러나 대신에 많은 아동이 건강한 것으로 판명되었다. 1/3은 "유능하고, 자신감 있고, 배려심 많은 젊은이로 자랐다"(Werner, 1993, p. 504). 기질은 탄력성에서 역할을 한다. 이를테면 활동적이고 순한 기질 유형을 가진 아동들은 탄력적이고 긍정적인 태도를 더 쉽게 개발할 것이다. 부모 외에 조부모, 혹은 교회와 공동체의 지도자들과 같은 다른 성인들과의 지지적인 관계를 경험한 아동들이 그랬다(Werner, 1993).

탄력성에 대한 추가 증거는 아동기에 신체적 혹은 성적 학대나 또는 음식물, 의복, 주거를 제공하지 않는 부모의 방치를 경험한 600명 이상의 청소년을 대상으로 한 연구에서 나왔다(DuMont, Widom, & Czaja, 2007). 청소년기에, 거의 반 정도(48%)의 청소년들은 매우 잘 발달하고 있었다. 이를테면 학교에서 진전을 보이는 것, 정상적인 관계를 경험하는 것, 약물 남용, 범죄 행동, 정신 질환 문제의 징후를 보이지 않는 것이다. 안정적인 생활환경은 이러한 긍정적인 결과물을 만들어내는 데 기여했다. 지속적으로 같은 부 혹은 모, 혹은 부모와 함께 또는 같은 위탁 가정에 배치되어 살았던 아동들은 그렇지 않은 다른 아동들보다 초기 고난에도 불구하고 긍정적인 사회성 발달을 보여주는 것이 훨씬 쉬웠다.

사회성 발달에 관한 연구는 좋은 결과를 보여준다. 사회적 환경은 사람들이 어린 시절의 고난으로부터 다시 회복될 수 있게 한다. 이 사회적 환경들을 좀 더 자세히 살펴보자.

발달을 위한 사회적 환경

사전 질문

> 가족에 대한 체계적 관점은 무엇인가? 체계적 관점에 따르면 어떤 양육 유형이 사회성 발달에 가장 좋은가?
> 가족환경의 특징이 어떻게 운동발달에 영향을 미치는가?
> 어떻게 형제자매는 발달에 직접은 물론 간접적으로도 영향을 미치는가?
> 또래와의 상호작용은 어떻게 성격발달을 형성하는가?
> 유치원은 성격발달에 미치는 빈곤의 부정적인 영향을 방지하도록 도와줄 수 있는가?

세계의 아동들은 대단히 다양한 환경에서 발달한다. 어떤 아동들은 축구게임을 하고 음악수업에 오가는 동안에 교재를 보내는 첨단기술의 세상에서 산다. 다른 아동들은 농장에서 일하고 공식적 교육은 거의 받지 않는 농촌 마을에서 산다. 어떤 사회에서는 아동들 대부분이 양 부모 가정에서 태어난다. 어떤 아동들은 양 부모 가정이 상대적으로 드물다.

이러한 다양성에도 불구하고 변치 않는 것들이 있다. 대부분의 아동들은 한 부모 또는 양 부모 밑에서 성장한다. 많은 아동들은 형제자매가 있고, 사실상 모두는 또래와 상호작용을 하며, 모든 아동이 필연적으로 가족, 사회, 국가라는 경제적 환경 안에서 성장한다. 사회성 발달을 위한 이러한 환경들을 검토해보자.

부모와 사회성 발달 아동발달에서 부모의 역할을 이해하기 위해 가족은 '체계'라는 것을 인식하는 것이 중요하다(Parke, 2004; Sameroff, 1994; Thelen & Smith, 1994). 체계는 서로 영향을 주는 사람 혹은 대상들의 어떤 집단이다. 가족은 이와 같다. 부모가 그들의 아동들에게 영향을 미칠 뿐만 아니라 아동들도 그들 부모에게 영향을 미치며, 형제자매들도 서로의 발달에 영향을 주고 형제자매들 간의 관계는 부모에게 영향을 미친다(Parke, 2004).

가족 체계 안에서 상호작용은 어느 한 변인이 전체로서의 가족에 어떻게 영향을 미치는지 예측하는 것을 어렵게 한다. 양육 방식에 관한 연구는 이것을 실제로 보여준다.

같은 개인들이 다른 시점에 관찰된 한 종단연구에서, 연구자들은 처음에 아동이 1~2세일 때 2개의 중요한 측정치를 얻었다. 그것은 (1) 양육 방식(부모의 경고와 처벌 수준), 그리고 (2) 아동의 기질(아동이 관리하기에 까다로운지 혹은 쉬운지)이다. 그 후에 아동이 7~10세일 때, 교사들과 어머니들은 그들의 공격성(논쟁하기, 싸우기)과 비행(훔치기, 난폭한 행위, 약물 남용) 수준을 보고했다. 양육 방식이 이러한 결과물에 어떻게 영향을 미쳤는가? 그것은 가족이라는 복합적인 체계에 의존했다. 양육 방식은 하나의 지속적인 효과를 갖지 않았으며, 오히려 양육 방식의 효과는 아동의 기질에 따라 다양했다(그림 13.7). 관리하기 쉬운 기질을 가진 아동들 사이에서 '느긋한' 양육 방식이 더 낫다. 관리하는 데 까다로운 기질을 가진 아동들 사이에서는 엄격한 양육 방식이 더 낫다(Bates et al., 1998).

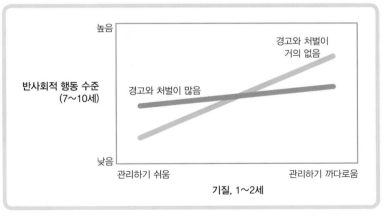

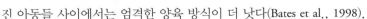

그림 13.7
기질과 양육 방식 당신의 아이가 품행이 바르기를 원한다면 어떤 양육 방식이 가장 좋은가? 그것은 당신의 아이에게 달렸다. 양육과 기질은 상호작용한다. 엄격한 양육 방식은 까다로운 기질을 가진 아동들 사이에서 반사회적 행동을 감소시킨다. 그러나 관리하기 쉬운 아동들 사이에서는 경고와 처벌이 거의 없는 것을 특징으로 하는 양육 방식이 더 좋다(Bates et al., 1998).

이 결과는 사회성 발달에 대해 일반적인 교훈을 가르친다. 일반적으로 아동들을 위해 가장 좋은 것에 대한 간단한 보고라고 할 수 있는 '별 생각 없이 안이하게 하는 소리가 양육에 악영향을 미친다'는 것을 대중매체는 종종 보여준다(Collins et al., 2000, p. 228). 그러나 양육에 오로지 '가장 좋은 방법'은 없다는 것을 과학적인 증거들은 보여준다. 양육방법들은 아동에 따라 다른 효과를 가진다는 것을 알려준다.

부모와 운동발달 사회성 발달 이외에, 양육은 신체적 발달에 영향을 미칠 수 있다. 아동들의 신체적 기술은 유전된 생물학에 의해서뿐만 아니라 가정에서의 경험에 의해서도 형성된다(Kopp, 2011). 이것에 관한 예는 아동들의 **운동발달**, 즉 사람의 몸을 능숙하게 움직이기 위해 근육 움직임을 조정하는 능력에서의 성장을 들 수 있다(Adolph, Karasik, & Tamis-LeMonda, 2010).

운동발달은 아동의 성장하는 기술을 반영하는 중요한 변화인 일련의 '이정표'에 의해 표시된다. 대부분의 아동들에게 운동발달 이정표는 그림 13.8에서 제시된 순서대로 일어난다. 아동들은 연습을 통해 이러한 이정표들을 성취한다. 예를 들면 12개월에서 19개월까지의 영아들에 대한 관찰은 평균 시간 동안 자유 활동은 2,000보 이상을 걷고, 17번 데굴데굴 구른다는 것을 밝힌다(Adolph et al., 2012). 이러한 경험들은 아동들이 운동기술을 개선할 수 있게 한다.

아동들이 운동기술을 발달시키는 속도는 가족환경 내의 요인들에 의해서 영향을 받는다. 첫째는 사회경제적 지위이다. 보다 부유한 가정에서 태어난 아동들은 가난한 가정의 아동들보다 운동기술 검사에서 더 나은 결과를 내는 경향이 있다(Venetsanou & Kambas, 2010). 보다 부유한 가정에서는 아동들이 운동발달을 더 빠르게 할 수도 있는 뛰어다닐 공간(예 : 뒤뜰)과 갖고 놀 장난감이 더 많다.

두 번째 요인은 더욱 놀랍다. 즉 부모의 기저귀 선택이다. 연구자들은 세 가지 기저귀 실험조건 각각에서 영아들의 걸음걸이를 관찰했다 — (1) 기저귀를 착용하지 않음(예 : 발가벗음), (2) 일회용 기저귀, 또는 (3) 천 기저귀(Cole, Lingeman, & Adolph, 2012). 각 조건에서 영아들은 그들의 걸음걸이를 기록하도록 한 압력에 민감한 카펫 위를 걸었다. 발가벗은 채 걷는 조건과 비교했을 때 기저귀는 영아들의 걸음을 손상시킨다(그림 13.9). 기저귀를 착용할 때 영아들의 걸음은 보다 불안정하게 흔들리고 더 자주 넘어졌다(Cole et al., 2012). 천 기저귀는 일회용 기저귀보다 걷는 것을 더 손상시킨다. 따라서 아동들의 운동 협응 수준은 생물학적 발달뿐만 아니라 부모들이 아동들을

그림 13.8
운동발달 이정표 대부분의 아동들은 생의 첫 22개월 동안 운동발달에서 일련의 성취를 통해 진전을 보인다.

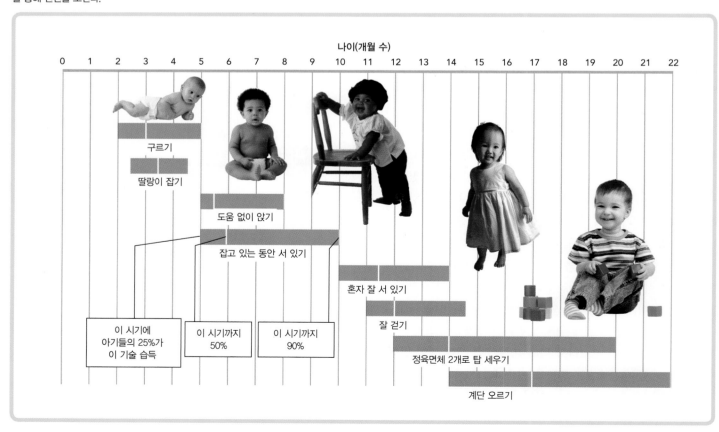

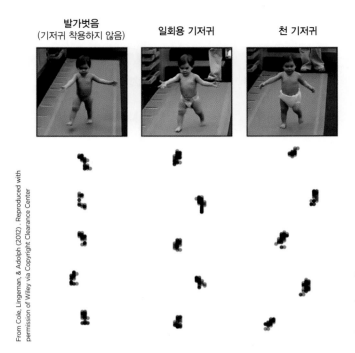

발가벗음
(기저귀 착용하지 않음)　　　일회용 기저귀　　　천 기저귀

그림 13.9
이 기저귀들은 걷기 위해 만들어지지 않았다 아동들의 운동 조정력 수준은 그들의 생물학적 발달에 의해서뿐만 아니라 부모들이 그들에게 무엇을 입히느냐에 의해서도 영향을 받는다. 발가벗은 채 걷는 조건과 비교했을 때 기저귀는 영아들의 걸음을 손상시킨다.

어떻게 입힐지 그 선택도 반영한다.

콜과 그의 동료들(2012)은 양육 방식이 아동들의 운동발달에 영향을 미치는 방법이 문화권에 따라 다르다는 것을 검토했다. 일부 카리브 해 지역과 아프리카 문화에서 부모들은 종종 영아들을 요람에 눕혀 놓기보다 오히려 괴어서 받쳐준다. 결과적으로 이러한 문화권의 아동들은 상대적으로 이른 시기에 도움 없이 앉는다(그림 13.8 참조). 중국의 어떤 지역에서는 기저귀의 필요를 줄일 수 있게 신체적 노폐물을 흡수하는 좋은 모래 위에 영아들을 눕힌다. 그렇지만 이 양육의 실행은 움직임의 자유를 감소시키고, 아동이 처음 앉고 걷는 나이를 지연시킨다. 역사적 증거로는 19세기에 미국에서는 아동들이 거의 기어 다니지 않았다. 그것은 그들이 21세기의 영아들과 신체적으로 다르기 때문이 아니라 부모들이 아동들에게 손과 무릎의 움직임을 방해하는 가운을 입혔기 때문이다.

형제자매 아동발달에 영향을 미치는 또 다른 원천은 형제자매다. 서로에게 미치는 형제 효과에 관한 연구에서 연구자들은 형제 효과를 직접효과와 간접효과로 구별한다(Brody, 2004; 그림 13.10).

> **직접적 형제 효과**(direct sibling effects) 형제들 간의 일대일 상호작용을 포함한다. 예를 들면 나이 많은 형제가 어린 형제에게 기술을 가르칠 수도 있거나 어린 동생을 따돌림과 같은 정서적 고통으로부터 보호한다(Brody, 2004).
> **간접적 형제 효과**(indirect sibling effects) 가족 전체와 관련되며, 그것은 한 형제와의 부모-아동 상호작용이 다른 형제에 대한 부모의 대우에 영향을 미칠 때 일어난다.

세 가지 **간접적 형제 효과**는 (1) 양육기술, (2) 출생 순위, (3) 서열을 포함한다.

부모의 기술은 한 아동에서 다음 아동까지 변한다. 첫째 자녀를 키울 때 부모는 끊임없이 배우고 있다. 그러나 첫 아이와의 경험 덕분에 엄마와 아빠는 둘째가 태어나면 양육에 있어서 보다 숙련된다. 이를테면 그들은 부모-아동 갈등을 낮춰주는 효과적인 양육 전략들을 이용하는 경향이 있다(Whiteman, McHale, & Crouter, 2003).

직접적 형제 효과 형제 간 일대일 상호작용에 관련된 발달적 영향

간접적 형제 효과 한 명의 형제와 그 부모 간 상호작용이 다른 형제의 대우에 영향을 주는 발달적 영향

그림 13.10
형제 효과 아동의 형제 효과는 아동의 사회성 발달에 어떻게 영향을 미치는가? 직접효과는 형제 간에 일대일 상호작용과 관련되며, 간접효과는 가족 체계와 관련된다. 한 자녀와 부모 간 상호작용은 부모에게 영향을 미치는데, 그때 그 방식은 다른 형제에게 영향을 미친다.

발달에 미치는 형제 효과

직접효과

형제 대 형제 상호작용

간접효과

형제와 부모 간 상호작용은
부모에게 영향을 미친다.
그러면 부모에게 미친 영향은
다음 형제에게 영향을 미친다.

출생 순위 효과는 가족 안에서 가장 큰 자녀와 늦게 태어난 자녀들 간의 차이다. 평균적으로, 첫 번째와 두 번째 태어난 아동들의 차이는 순응하는 것에서 다르다. 즉 저항하는 것과는 대조적으로 양육 규칙에 순응하는 경향이다. 첫 번째 태어난 아동은 보다 순응하기 쉽다. 두 번째 태어난 아동은 특히 형제들 간에 나이 차가 크지 않으면 저항하는 경향이 있다(Healey & Ellis, 2007; Sulloway, 1996). 예를 들면 벨기에의 청소년들 사이에서 두 번째 태어난 아동들이 그들보다 나이가 많은 형제들보다 신앙심이 깊지 않다는 것이 발견되었다(Saroglou & Fiasse, 2003). 이를테면 그들은 가족의 종교적 전통에 저항하는 경향을 보였다. 출생 순위 차이는 간접적 형제 효과에서 기인한다(Sulloway, 1996). 첫째 아동들은 그들이 이용할 수 있는 가족 역할을 한다. 즉 가족 전통을 유지하는 것이다. 둘째는 이미 첫째에 의해 채워진 역할을 발견한다. 따라서 그들은 자신의 개성을 세울 대체 가능한 삶의 방식을 찾는다.

> 가족 내에서 당신의 역할 혹은 꼭 맞는 일은 무엇인가? 출생순위 효과가 당신 가족의 경우에 유효한가?

서열(Conley, 2004)은 가족 내에서 아동들의 상대적 지위를 말한다. 많은 가정들은 부족한 자원을 직시하며, 따라서 가계자금을 할당하는 데 어려운 결정을 해야만 한다. 보다 똑똑하고 사회적으로 숙련되었다고 판단된 아동들은 보다 많은 자원을 얻을지 모른다. 즉 그들은 서열이 올라간다. 서열분석과 일치하게, 미국의 경제적 성공에 있어서 가족 내 차이는 크다. 이 말은 "미국에서 형제

삶의 결과물에서 가족 내 차이 왼쪽 사진은 46세에 미국의 42대 대통령으로서 취임선서를 하는 빌 클린턴의 모습이다. 오른쪽 사진은 그의 이복형제인 로저 클린턴이 44세에 음주운전으로 기소된 후 입건된 모습이며, 일찍이 1년 동안 교도소에서 복역한 코카인 관련 범죄를 대통령 사면으로 없앤 후 한 달쯤 되어 발생한 사건이다. 클린턴 가족은 가족 내에서 일어날 수 있는 발달적 결과물에서의 커다란 차이를 보여준다.

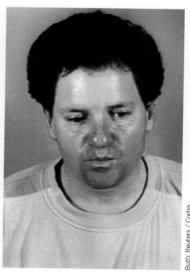

Kathrin Ziegler / Getty Images

그들 모두는 커다란 선글라스를 좋아하는 것 같다 또래집단 상호작용은 사람들의 행동이 또래들의 행동과 유사해지는 집단 동화를 창출한다. 동화의 결과로서, 관심사, 행동, 외모는 서로 매우 유사하게 된다.

간 차이는 모든 개인 간 차이(즉 전반적인 통계적 차이)의 3/4을 차지한다"(Conley, 2004, p. 6).

또래 초등학생들은 그들 시간의 많은 부분을 또래, 즉 그들 연령집단의 소년, 소녀들과 보낸다. 또래들은 교실에서, 운동장에서, 그리고 '사실상' 전자통신에서 상호작용을 한다.

심리학자인 주디스 리치 해리스(Judith Rich Harris, 1995)는 또래 상호작용은 두 가지 방식으로 아동발달을 형성한다고 설명한다. 즉 상호작용은 각 개인을 (1) 다른 아이들과 잘 어울리고, (2) 다른 아이들보다 두드러지게 만든다. 이 효과를 집단 동화와 집단 내 차별이라고 한다.

▶ **집단 동화에서**, 아동의 행동은 여자 동료 또는 남자 동료의 행동과 보다 비슷하게 된다. 예를 들면 또래 압력을 통해 집단 내 다른 또래들에게 맞추려고 말하는 방식과 옷 입는 스타일과 같은 관심사들을 개발할 필요를 느낄지 모른다. 만일 그렇게 하지 않으면, 그들은 다른 또래들에 의해 괴롭힘을 당하고, 놀림을 받고, 결국은 거부당한다.

▶ **집단 내 차별에서**, 집단 구성원들은 집단에 있는 사람들 사이에 구별을 짓는다. 그들은 신체적·심리적 차이를 의식하고 별명으로 꼬리표를 붙일지 모른다('말라깽이', '교수님', '네눈박이').

어떤 방식에서 당신은 현재 당신의 또래집단과 유사한가? 어떤 방식에서 당신은 그들과 구별되는가?

또래 상호작용은 행동에서의 성차에 기여한다. 아동기와 청소년기에서 소녀들과 소년들의 또래와의 상호작용은 다르다. 예를 들면 소녀들은 서로 대화를 나누는 데 더 많은 시간을 보낸다. 가까운 친구들에게 그들의 사적인 생각과 느낌을 드러내고 사회적 지지를 구한다. 소년들은 더 자주 큰 집단에서 게임으로 경쟁하고 신체 놀이에 참여한다. 대화를 할 때 소년들은 또래들에게 그들의 우월성에 대해 이야기하기가 더 쉽다(Rose & Rudolph, 2006). 이러한 성차는 어디에서 오

내가 들어갔을 때…그는 신비에 싸인 어조로 속삭였다.
"쉿, 떠들지 마세요, 안톤이 공부하고 있어요!"
"그래요, 우리 안톤이 공부하고 있어요."
그의 방문을 가리키는 몸짓을 하면서 그의 어머니 에브게니아 야코브레브나는 덧붙였다.
그의 여동생 마리아 파블로브나는 나에게 가라앉은 목소리로 "안톤이 지금 공부하고 있어요"라고 했다.
옆방으로 가서 낮은 목소리로 니콜라이 파블로비치가 내게 말했다.
"안녕하시오, 내 소중한 친구. 아시다시피 안톤이 지금 공부하고 있다오."
그는 큰소리를 내지 않으려고 애쓰면서 속삭였다. 모든 사람이 고요함을 깨뜨릴까봐 두려워하였다.

─ 러시아의 작가 안톤 체호프의 집에 한 방문객의 도착을 묘사한 글. 안톤 체호프가 서열 맨 꼭대기에 있다는 것을 분명하게 보여준다 (Parks, 2012)

Laurence Mouton / Getty Images

Yellow Dog Productions / Getty Images

사회적 경험과 성차 소녀들과 비교했을 때, 소년들은 거칠고 뛰는 놀이에 더 많은 시간을 소비한다. 사회적 경험은 이러한 성차에 기여한다. 연구자들이 오랜 기간에 걸쳐서 아동들의 행동을 연구했을 때 동성집단에서 노는 아동들이 그들 성에 전형적인 행동들을 더욱 발달시킨다는 것을 발견했다(Martin & Fabes, 2001). 사회적 상호작용을 통하여 그들은 소녀, 소년들의 전형적인 행동을 학습하는 것 같았다.

는가? 부분적으로 또래와의 상호작용에 의해 만들어진다. 연구자들은 유치원생들이 혼성집단 혹은 동성집단에서 노는 것의 정도를 측정했다(Martin & Fabes, 2001). 시간이 지나면서 동성집단에서 노는 아동들이 그들 성의 전형적인 행동을 더 많이 보여주었다. 그들은 같은 성의 다른 아동들과 상호작용을 함으로써 소녀들과 소년들의 전형적인 행동들을 학습하는 것 같았다.

경제적 지위 세상 가정들은 부에 있어서 크게 차이난다. 많은 가정이 아이들에게 적당한 음식과 주거지와 의복, 그리고 교육을 쉽게 제공한다. 반면에 다른 가정들은 이러한 생활필수품을 얻기 위해 투쟁한다.

경제적 지위는 심리발달에 영향을 미친다. 부유하면 할수록 아동들에게 만년의 삶에 성공을 가져다주는 기술들을 발달시킬 수 있는 기회를 제공한다. 가난은 커다란 약점을 제공한다. 이를테면 음악과 미술을 경험하고, 집에서 읽고 쓰고, 자신의 이웃을 넘어 세상에 대해 배울 기회가 거의 없다(Heckman, 2006). 자극의 결핍은 개인적 동기와 기술발달을 더디게 할지도 모른다.

좋은 소식은 개입이 가정에서 결핍된 지적 자극을 보상할 수 있는 것이다. 증거는 페리 유치원 프로그램(Perry School Program, Schweinhart et al., 2005)이라는 대규모 실험 연구의 결과이며, 그 연구는 미시간 주 입실랜티에서 1962년에 시작되었다.

경제적으로 취약한 아프리카계 미국인 가정에서 온 100명 이상의 3, 4세 아동들은 페리 유치원 프로그램에 참여했다. 무선적으로 선택된 이 아동들의 하위집단은 강화된 고품질 교육 프로그램을 경험했다. 그 프로그램은 매일 추가로 2시간 30분 동안 유치원 교육을 하고 교사가 가정을 방문하여 각 아동의 교육적 진보와 전반적인 발달을 상담하는 것을 특징으로 한다. 이 추가 교육이 어떤 효과를 갖는지 여부를 발견하기 위해, 연구자들은 이례적으로 긴 시간 동안 아동들의 발달을 추적했다. 이를테면 그들이 40세에 이를 때까지 추적했는데, 추가적인 교육적 재원은 오래 지속되는 효과를 갖는다는 것이 밝혀졌다(그림 13.11). 강화된 교육을 받은 아동들은 고등학교를 졸업하는 것이 더 쉬웠고, 체포될 가능성이 낮았으며, 성인이 되었을 때 돈을 더 많이 벌었다.

그림 13.11
조기교육의 장기적 이익 1962년에 사회경제적 지위가 낮은 지역에서 시작한 페리의 유치원 연구는 삶의 초기에 받은 고품질 교육은 오래 지속되는 효과를 갖는다는 것을 보여준다. 이 연구에서 프로그램에 참여한 아동들은 유치원에서 강화된 교육을 받았다. 제시된 것처럼, 그들은 청소년기와 성인기에 그와 같은 교육적 강화를 받지 않았던 사람들보다 성공하는 것이 더 쉬웠다(Schweinhart et al., 2004).

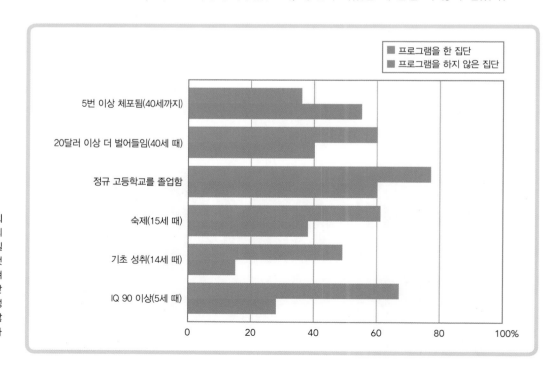

자기개념의 발달

사전 질문

> ❯ 아동들은 자기감을 어떻게 획득하는가? 이러한 자기표상은 시간이 흐르면서 어떻게 변하는가?
> ❯ 자존감은 아동기를 지나면서 어떻게 변하는가?
> ❯ 왜 모든 사람은 같은 수준의 자존감을 갖지 않는가?
> ❯ 자기통제를 행사하기 위해 우리는 어떤 기술을 필요로 하는가?
> ❯ 아동기에 만족감을 지연시키는 능력이 중요한 것을 예측하는가?

"당신 자신에 대해서 말해주세요." 그것은 쉽다. 왜냐하면, 당신은 말할 수 있는 잘 발달된 자기감을 갖고 있기 때문이다. 그러나 옛날에 당신은 그렇지 않았다. 자기개념은 점진적으로 발달한다.

자기개념을 연구하면서 발달심리학자들은 자기 자신을 포함하는 정신생활의 각각 다른 측면들을 구별한다. 우리가 알아보게 될 세 가지는 **자기표상**(사람들이 그 자신에 대해서 알고 있는 사실들), **자존감**(자기 자신에 대한 전반적인 느낌), **자기통제**(특히 자신의 행동과 정서를 조절하는 것)이다.

자기에 대한 사실 : 자기표상 언어를 사용하는 능력이 발달한 이후(7장 참조), 아동들은 스스로를 묘사하는 언어를 사용하기 시작한다. 그들은 자기는 누구이고 다른 사람과 어떻게 다른지에 대한 신념을 발달시킨다. 이러한 신념들은 **자기표상**(self-representations)이라고 하며 기억 속에 저장되어 있다. 즉 자기표상은 자기 자신의 특성을 보여주는 심상이다.

발달심리학자들은 자기표상에 대한 두 가지 질문에 답하고자 노력한다 — (1) 자기표상은 어디로부터 오는가, 다시 말해 아동들이 자기감을 발달시키는 정보의 원천은 무엇인가? (2) 자기표상은 아동기를 지나면서 어떻게 변하는가?

학령기 아동들은 '자기'에 관한 것이 아닌, 읽기와 쓰기에 대한 수업을 듣는다. 그렇다면 그들은 어디에서 자기감을 얻는가? 정보의 주요 원천은 다른 사람들의 의견과 행동이다. 다른 사람들은 거울과 같아서(Cooley, 1902), 그들은 당신 자신에 대한 정보를 비추어준다. 다른 사람들에게서 들어온 정보는 개인에 대한 그들의 진술뿐만 아니라 행동 반응도 포함하며(Leary et al., 1995), 사람들에게 기술과 독특한 성격 특성, 인기 정도를 가르쳐준다.

자기표상이 변하는 방식은 몇 가지 예시에서 알아볼 수 있다. 그들은 각각 유치원 아동, 1학년 아동, 4학년 아동이다.

"나는 3세이고 아버지와 엄마, 형 제이슨, 누나 리사와 함께 큰 집에서 살아요. 나는 푸른 눈과 새끼 양이를 가졌어요. …나는 피자를 좋아하고, 유치원에는 멋진 선생님이 있답니다. 나는 100까지 셀 수 있는데, 들어볼래요?"

뇌 체계 연결

사람 ⓟ
여기서 자기개념의 발달에 대해 배운다. 즉 자기개념은 사람들의 특성에 대한 그들의 신념이다.

사람·마음·뇌 연결

마음 Ⓜ
8장 : 다양한 종들은 의식적인 느낌을 가지고 있다. 그러나 자기개념(인간이 가지고 있는 감각의 관점에서)을 가진 종은 인간 외에는 없으며, 심지어 스스로를 인식하는 인간의 능력을 지닌 종 또한 거의 없다.

뇌 Ⓑ
3장과 8장 : 의식, 자기인식, 자기개념의 능력은 상호 연결된 뇌 체계에 달려있다.

자기표상 자기 자신의 특성과 자기 자신이 다른 사람과 다른 방식에 대한 신념

Didier Robcis / Getty Images

자기개념은 발달한다 아동발달에 관한 연구는 이 소녀가 일기 속에 자신에 대해서 쓰는 내용이 시간이 흐르면서 체계적으로 변할 것임을 시사한다. 유치원 시기에 아동들은 간단하고 구체적 속성들로 된 용어로 자신에 대해 생각한다(예 : "나는 피자를 좋아해요"). 4학년에 이르게 되면, 그들의 생각은 보다 추상적인 사회적 특성들을 포함한다(예 : "나는 인기 있다").

"나는 이웃에, 학교에, 교회에 친구가 많아요. 학교 공부를 잘하고, 단어, 글자, 숫자를 알아요. …공을 아주 멀리까지 던질 수 있고, 큰 다음에 어떤 팀에 속해 있을 거예요. 나는 많은 것들을 정말 잘할 수 있어요. 아버지는 내가 그런 것들을 잘할 때 나를 진짜 자랑스러워하세요. 부모님께서 나를 지켜볼 때 그건 정말 나를 행복하고 신나게 해요."

"나는 올해 4학년인데, 적어도 여자애들한테는 인기가 꽤 많아요. 그건 내가 사람들에게 잘 해주고 기꺼이 돕고 비밀을 지킬 수 있기 때문이죠. 주로 나는 친구들에게 잘 해주는데, 그럼에도 기분이 나쁘면, 나는 때때로 약간 심술궂을 수 있는 말을 해요. 나는 내 기분을 통제하려고 애써요. 그렇지만 그게 안 될 때는 그런 내 자신이 부끄러워요. …심지어 수학, 과학을 잘하고 있지 못할지라도, 나는 여전히 한 사람으로서 나 자신을 좋아해요 … 내가 어떻게 보이고 얼마나 인기가 있는지가 더 중요하지요."

- Harter(1999, pp. 37, 41, 48)

보다시피 자기표상은 아동들이 나이가 들면서 변한다. 그들은 더욱 다채로워지고 복합적이 된다(Harter, 1999). 유치원 시기에 아동들은 관련이 없는 것처럼 보일지 모르는 간단하고 구체적인 속성들로 된 용어로 자신에 대해 생각한다(예 : "나는 큰 집에서 살아요", "나는 피자를 좋아해요"). 아동들이 5~7세에 이르면, 그들은 자기표상들을 서로 연결한다. 예를 들어 위에서 인용된 1학년 아동은 인과적으로 생각을 연결한다. 즉 아동이 뭔가를 잘하기 때문에 부모가 자랑스러워하고, 팀에 속해 있는 것은 공을 던지는 능력 때문이기 쉽다. 4학년쯤에, 자기표상은 구체적인 활동과 선호뿐만 아니라 추상적인 특질로도 구성된다. 위에서 인용된 4학년 아동은 그녀가 친구들을 가졌을 뿐만 아니라(구체적인 사실) '인기'도 있다는 것을 아는데, 인기는 자기에 대한 보다 추상적인 묘사이다.

자기에 대한 느낌 : 자존감 자기표상이라는 사실로부터 자기와 아동의 **자존감** 발달에 대한 느낌으로 돌아가보자. **자존감**(self-esteem)은 자기가치에 대한 사람들의 전반적인 감각이며, 그들이 얼마나 소중하고 자격이 있는지에 대한 느낌이다. 심리학자들은 자존감의 두 측면을 구별한다. **총체적 자존감**(global self-esteem)은 자기가치에 대한 개인의 전반적인 느낌이다. **차별화된 자존감**(differentiated self-esteem)은 그들 삶의 다른 측면들을 생각할 때 사람들이 자신에 대해 가질지 모르는 다양한 느낌을 말한다.

자존감은 아동기를 지나면서 변한다(Robins & Trzesniewski, 2005). 아동들의 자존감은 9, 10세경에 높고 초기 청소년기에 떨어지는 경향이 있다(약 12, 13세경). 학교에서의 변화가 이러한 하락의 한 원인이 될지 모른다. 이를테면 중학생들은 초등학교 때보다 학업적인 경쟁에 더 많이 직면하고 교사로부터 개인이 원하는 만큼의 주목을 덜 받게 된다(Harter & Whitesell, 2003). 자존감에서 청소년들의 경우, 소년들보다 소녀들이 미약하지만 더 떨어진다. 생물학적 요소와 문화의 결합이 성차에 기저를 이루고 있을지 모른다. 소녀들은 사춘기 동안 자연스럽게 체중이 늘지만 날씬한 몸매를 이상화하는 문화에 맞닥뜨리게 된다(Kling et al., 1999).

또한 자존감은 아동 나이에 따라 보다 차별된다(Harter, 1999). 4~7세경에는 두 측면의 자존감이 있는데, 유능감(행동 효과성에 대한 아동의 평가)과 사회적 적절성(사회적 행동과 개인 외모에 대한 평가)이다. 8~12세에는 다섯 가지가 있다. 즉 아동들은 학교, 운동경기, 신체적 외모, 자기통제, 또래와 잘 지내는 유능감을 구별한다(Harter, 1999).

자존감 개인의 전반적인 자기가치감

총체적 자존감 개인의 전반적인 자기가치감

차별화된 자존감 그들 삶의 다른 측면들을 생각할 때 사람들이 자신에 대해 가질지 모르는 다양한 느낌

당신은 삶의 어떤 영역에서 자존감이 가장 높고 가장 낮은가?

개인들은 자존감에서 차이가 있으며 많은 요인이 이러한 차이의 한 원인이 된다. 한 요인은 선천적 기질이다. 부정적 정서를 경험하는 경향성을 물려받은 아동들은 낮은 자존감을 발달시키는

것이 보다 쉽다(Neiss et al., 2009).

또 다른 영향은 양육 방식이다. 고전적인 연구(Coopersmith, 1967)는 자존감을 예측하는 두 측면의 양육하기를 확인했는데 그것은 (1) 수용과 (2) 훈육 방식이다. 일관되게 자녀를 수용하는, 즉 관심을 기울이고 애정을 쏟는 부모는 높은 자존감을 가진 자녀로 키운다. 명확한 규칙의 훈육 방식과 자녀를 존중하는 태도를 강조하는 것도 또한 자존감을 신장시킨다.

어떤 요인들은 의외로 자존감에 영향을 거의 미치지 못한다. 하나가 사회적 명망인데, 대체로 부모가 부유하고 일류 직업을 가진 자녀는 다른 아동들보다 더 높은 자존감을 가지지 않는다(Coopersmith, 1967). 또 다른 것은 입양이다. 입양된 아동들은 독특한 도전에 직면하지만(예 : 입양에 앞서 위탁양육시설에서 살기), 그들의 자존감은 낳아준 부모와 함께 사는 아동들만큼 높다(Juffer & van IJzendoorn, 2007). 이혼은 영향을 거의 미치지 못하는 또 다른 요인이다. 그것은 가정생활을 분열시키지만, 아동들의 자존감과 전반적인 심리적 적응을 현저하게 낮추지는 않는다. 아동의 행복감에 미치는 이혼의 부정적 효과는 "크기 면에서 작고 보편적이지 않다"(Lansford, 2009, p. 140).

행동에 대한 지배 : 자기통제 당신이 원한다면, 당신은 대개 부적절한 웃음소리를 억누를 수 있고, 두 가지 후식을 스스로 멈출 수 있으며, 친구와 어울리기보다 차라리 시험공부를 할 수 있다. 당신은 **자기통제**(self-control)를 행사할 수 있으며, 그것은 개인이 다르게 행동하려는 충동을 느낄 때조차 장기 목표와 가치와 일치하는 방식으로 행동하는 능력이다. 당신은 큰 소리로 웃거나 과식하고 싶을지 모르지만, 당신은 결국 입을 닫고 있는 것이 낫다는 것을 안다.

그러나 영아였을 때, 당신은 웃음소리를 억누를 능력, 먹는 것을 통제하는 능력, 장기 목표를 향해 일할 능력이 없었다. 왜냐하면 아직 자기통제를 발달시키지 못했기 때문이다. 이런 능력은 생의 초기 몇 년 동안 급격히 발달한다(Eisenberg, 2012). 한 연구에서 18, 24, 30개월인 아동들 세 집단이 충동 통제 과제를 수행했다. 예를 들어 그들은 옆에 놓여 있는 전화기를 가지고 놀지 못하도록 요구받았다. 평균적으로 18개월 된 아동들은 10초 만에 전화기를 갖고 놀기 시작했다. 그러나 24개월과 30개월 된 아동들은 자기통제를 좀 더 잘했는데, 각각 70초와 113초 동안 전화기를 갖고 노는 것을 삼갔다.

정서와 행동을 통제하는 아동의 능력은 인지적 통제로 알려져 있는 정신 능력에 상당 부분 달려 있다. **인지적 통제**(cognitive control)는 바라지 않거나 부적절한 정서와 충동적 행동을 억제하는 능력이다(Casey et al., 2011). 가까이에 있는 과제에 주의를 집중함으로써 사람들은 집중을 방해하는 것들을 피할 수 있고 충동에 대한 통제를 유지할 수 있다. 이 능력은 나이에 따라 변한다. 즉 나이가 많은 아동들은 어린 아동들보다 과

자기통제 개인이 다르게 행동하려는 충동을 느낄 때조차 장기 목표 및 가치와 일치하는 방식으로 행동하는 능력

인지적 통제 바라지 않거나 부적절한 정서와 충동적 행동을 억제하는 능력

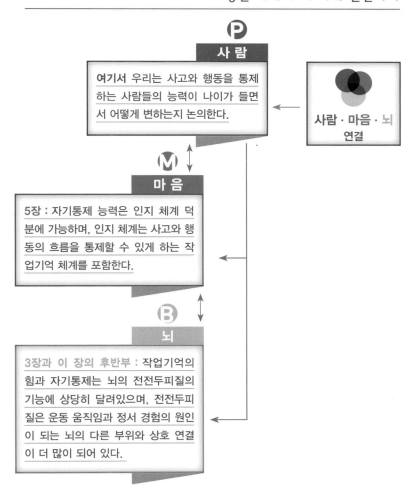

자기통제에서
정신 체계와 뇌 기제 연결하기

P
사 람

여기서 우리는 사고와 행동을 통제하는 사람들의 능력이 나이가 들면서 어떻게 변하는지 논의한다.

사람 · 마음 · 뇌
연결

M
마 음

5장 : 자기통제 능력은 인지 체계 덕분에 가능하며, 인지 체계는 사고와 행동의 흐름을 통제할 수 있게 하는 작업기억 체계를 포함한다.

B
뇌

3장과 이 장의 후반부 : 작업기억의 힘과 자기통제는 뇌의 전전두피질의 기능에 상당히 달려있으며, 전전두피질은 운동 움직임과 정서 경험의 원인이 되는 뇌의 다른 부위와 상호 연결이 더 많이 되어 있다.

> 당신은 둘러싸고 있는 환경의 방해에도 불구하고 얼마나 쉽게 주의를 즉각적으로 통제할 수 있는가?

제에 더 잘 집중할 수 있다(Rothbart, Posner, & Kieras, 2006). 또 다른 측면(화면상의 이미지 위치)을 무시하는 동안 컴퓨터 화면 위의 그림(이미지가 그려진 동물 종류)에 주의를 집중하도록 요청했을 때, 3세 아동들은 2세 아동보다 더 나은 결과를 낸 2.5세 아동들을 차례로 능가했다(Rothbart et al., 2003).

자기통제 능력은 시간이 흐르면서 현저하게 일관성을 보인다. 아동기에 높은(또는 낮은) 자기통제 능력을 가진 아동들은 이후의 삶에서 높은(또는 낮은) 자기통제 능력을 갖는 경향이 있다. 이에 관한 두드러진 증거는 월터 미셸과 그의 동료들의 만족 지연 연구에서 비롯된다. 만족 지연은 나중에 더 좋은 보상을 얻기 위해 바랐던 강렬한 보상을 참는 능력이다(12장을 다시 보라). 날씬해지기 위해 케이크 한 조각 먹는 것을 스스로 멈춘다면, 당신은 만족 지연을 하고 있는 것이다. 미셸은 아동들에게서 가까운 장래에 더 큰 음식 선물을 받기 위해 작은 음식 선물을 미루도록 요청함으로써 만족 지연을 연구했다. 그들이 미룰 수 있었던 시간의 양은 자기통제 능력에서의 어느 정도의 개인차였다. 10년 후에 연구자들은 그땐 고등학생이 된 참여자들과 가족들을 다시 접촉했으며, 부모가 청소년 자녀의 성격을 묘사하도록 요청했다. 놀랍게도 아동기의 만족 지연 능력은 청소년의 성격을 예측했다(Shoda, Mischel, & Peake, 1990). 아동기에 행동 통제를 더 잘했던 아동들은 고등학교에서 일상의 문제에 더 잘 대처할 수 있었고, 개인적 목표를 더 잘 추구할 수 있었으며, 집중을 방해하는 것들을 더 잘 피할 수 있었다. 지연 능력은 심지어 SAT 점수도 예측했는데, 아동기에 자기통제를 더 잘할수록 더 높은 검사 점수를 예측했다.

전 생애에 걸친 사회성 발달

이 장에서 이제까지 우리는 주의의 대부분을 아동기에 집중시켰다. 지금부터 일생에 걸친 사회성 발달에 대해서 청소년기부터 살펴보자.

청소년기

사전 질문

> ❯ 생물학적인 요소와 사회적 환경이 사춘기 동안의 행동에 영향을 미치는 데 어떻게 상호작용을 하는가?
> ❯ 청소년들이 개인적 정체감을 세우기 위한 도전에 대처하는 네 가지 방법은 무엇인가?

청소년기(adolescence)는 아동기와 성인기 사이의 기간이다. 사회마다 청소년기의 정확한 시기에 대한 신념에 차이가 있다(Arnett & Taber, 1994). 그렇지만 일반적으로 청소년기는 12, 13세경에 시작해서 10대 시기 동안이라고 생각된다.

청소년기는 신체적, 정서적, 사회적, 지적인 면에서의 많은 변화를 특징으로 삼는다. 당신 자신의 경험을 돌이켜 생각해보라. 청소년기에 당신은 갑자기 더 이상 어린아이처럼 보이지 않았다. 중학교와 고등학교에 들어갔을 때 당신의 또래집단은 변했다. 어른들은 당신이 보다 독립적이 되기를 기대했다. 당신은 낭만적인 흥미를 발달시켰다.

청소년기는 2개의 커다란 심리적 도전을 제기한다. 하나는 사춘기의 생물학적 변화에서 일어나며, 다른 하나는 개인적 정체감을 세우는 심리적 도전이다.

청소년기 대략 10대에 해당하는, 아동기에서 성인기 사이의 기간

사춘기 아동이 생물학적으로 생식할 수 있는 성적 성숙에 도달한 시기

사춘기 **사춘기**(puberty)는 아동이 성적 성숙에 도달하는 시기이다. 소녀들과 소년들은 그들을 생

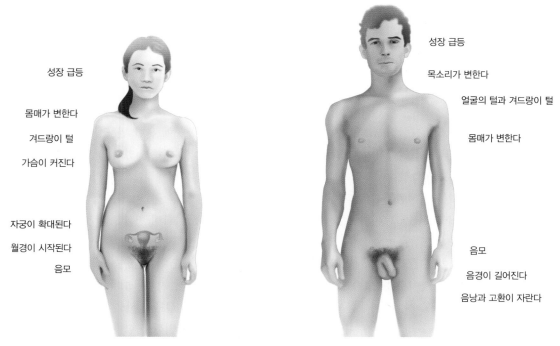

그림 13.12
사춘기의 신체적 변화 소년, 소녀들은 아동이 성적 성숙에 도달한 삶의 기간인 사춘기에 다양한 신체 변화를 경험한다. 사춘기의 생물학적 변화는 평균적으로 소녀들은 11세에, 소년들은 12세에 시작하나 많은 개인들은 평균 나이보다 더 일찍 또는 늦게 사춘기 경험을 시작한다.

물학적으로 생식할 수 있는 여성과 남성으로 변형시키는 신체적 변화를 경험한다(그림 13.12).

　행동 변화는 생물학적 변화를 동반한다. 아동과 비교했을 때, 청소년들은 부모들과 갈등할 가능성이 많은데(Laursen, Coy, & Collins, 1998; Paikoff & Brooks-Gunn, 1991), 예를 들면 반사회적 행동에 관여하거나(싸우고, 재물을 파손하고, 불법 마약을 사용한다; Moffitt, 1993) 낮 동안 불쾌감과 '변덕스러운' 기분을 경험한다(Larson & Ham, 1993). 생물학적 변화와 행동적 변화는 서로 어떻게 관련되는지 두 가지 이론적 가능성을 살펴보면 다음과 같다(그림 13.13).

1. **생물학적 모델.** 생물학적 모델은 생물학적인 변화가 행동적인 변화를 발생시킨다고 말한다. 정상적으로 발달하는 모든 청소년은 신체적 변화를 경험하기 때문에, 이 모델은 청소년기 동안 행동에서의 변화가 필연적이라고 제안한다. 예를 들면 생물학적 모델에 따라 모든 청소년은 증가된 반사회적 행동을 당연히 보여준다.

2. **생물심리사회 모델.** **생물심리사회 모델**(biopsychosocial model)은 행동에 미치는 생물학적 요소의

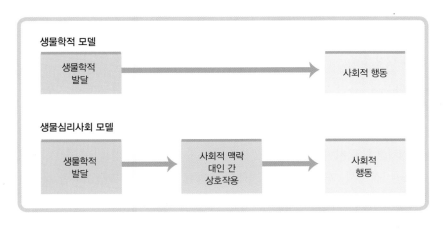

그림 13.13
생물학적 사회성 발달 모델 다른 개념 모델은 생물학적 사회성 발달에 관한 연구를 안내한다. 생물학적 모델에서 생물학적 요인은 직접적으로 행동적 효과를 만들어낸다. 생물심리사회 모델은 생물학적 효과가 환경과 상호작용한다. 생물학적 요인은 사회적 경험을 형성하고, 차례로 그것은 사회적 행동을 형성한다.

생물심리사회 모델 행동에 미치는 생물학적 요소의 영향이 청소년들의 사회 경험에 달려있다고 하는 발달적 사건(예 : 사춘기의 행동적 변화)을 설명하는 방법

영향이 청소년들의 사회 경험에 달려있다고 말한다. 그때 사회적 행동은 생물학적으로 변하는 개인과 변화에 반응을 보이는 사회적 환경 간의 상호작용을 반영하는 것이다. 이 모델에 따르면 행동 변화는 필연적인 것은 아니다.

어떤 모델이 맞는지 어떻게 말할 수 있는가? 그것은 쉽지 않다. 왜냐하면 그것은 생물학적 변화와 사회환경 모두를 측정하는 종단연구를 요구하기 때문이다. 그와 같은 연구의 한 예로 다른 나이에 사춘기에 도달한 소녀들 사이에서 보이는 반사회적 행동에 관한 연구를 들 수 있는데, 그 연구는 스웨덴의 심리학자인 마그누손(Magnusson, 1992)에 의해 수행되었다.

생물학적 모델(그림 13.13)이 맞는다면, 모든 소녀들 가운데 상대적으로 어린 나이에 사춘기에 도달한 소녀들은 행동적으로 다른 소녀들과 다를 것이며, 생물학적 요소는 행동을 추동할 것이다. 그러나 이것은 마그누손이 발견한 것은 아니다. 오히려 생물학적 변화는 단지 일부 소녀들 사이에서 행동에 영향을 미쳤으며, 그 효과는 사회적 환경에 의존하였다. 가장 중요한 사회적 요인은 또래집단이었다. 전부가 아닌 몇몇 조숙한 소녀들은 나이가 많은 남자아이들과 결과적으로 시간을 보내는 경향이 있는 조숙한 다른 소녀들과 시간을 보냈다. 자기들보다 나이가 많은 남자아이들과 시간을 보내는 소녀들은 음주나 약물 사용, 부정행위와 같은 반사회적 행동에 연루되기가 더 쉬웠다(Magnusson, 1992). 유사하게, 다른 연구는 사춘기를 일찍 경험한 소년, 소녀들이 음주 문제를 더 쉽게 일으키는 이유는 사회 구조와 관련이 있다는 것을 보여준다. 이를테면 그들은 술 마시는 또래들과 시간을 보내는 것이 더 쉽기 때문이다(Biehl, Natsuaki, & Ge, 2007).

따라서 연구 결과들은 생물심리사회 모델을 지지한다. 생물학적 변화는 사회적 변화를 만들어낼 수 있고 결과적으로 행동발달에 영향을 미친다.

정체성 당신 자신에 대해, 즉 이력과 사회적 역할, 그리고 삶의 목적을 묘사하도록 요청받았다고 가정해보라. 당신의 대답은 **정체성**을 표현할 것이다. 사회성 발달에 관한 연구에서, **정체성** (identity)은 사회에서 그들의 역할, 강점과 약점, 그들의 역사, 미래 가능성과 같이 사람들의 자신에 대한 전반적인 이해를 의미한다.

정체성에 관한 의문은 청소년기에 강하게 일어난다(Erikson, 1959; 12장 참조). 많은 청소년들은 묻기 시작한다 — 나의 본래 성격은 무엇인가? 나의 강점과 한계점은? 나는 미래에 무엇을 할 것인가? 이것은 본질적으로 '나는 누구인가?'를 묻고 있다.

사람들은 정체성에 대해서 생각하는지 생각하지 않는지, 어떻게 생각하는지 그 방법에서 차이가 있으며, 삶의 행로를 결정하는 데 걸리는 시간도 다르다. 어떤 사람들은 답을 빨리 찾아 인생에서의 자신의 역할에 전념하고, 일부 사람들은 확신하지 못한 채 혼란스러워하며, 나머지 사람들은 정체감에 대해서 아무 생각도 하지 않는다. 심리학자 제임스 마르샤(Marcia, 1980)는 다른 네 가지 **정체성 지위**(identity statuses)를 제시함으로써 이 차이를 요약하는데, 이것은 개인 정체성 확립이라는 도전에 대처하는 다른 접근이다. (마르샤의 노력은 일찍이 에릭슨이 연구한 개인적 발달에 대한 분석을 이용한다; 12장 참조).

❭ **정체성 획득**(identity achievement) : 삶의 선택에 대해서 깊이 생각하고 진로를 선택한 사람들과 깊은 개인적 가치를 감사하는 것에 확고하게 헌신하는 사람들은 **정체성 획득**의 지위를 갖는다. 예를 들면 누군가 사람들의 신체적 고통을 경감시키는 데 가치를 부여하기 때문에 의사가 되기로 결정한 사람은 **정체성 획득** 지위에 도달했다.

❭ **정체성 유실**(foreclosure) : 삶에서 그들의 역할과 미래의 유망한 직업을 알지만, 이러한 것들이 다른 사람에 의해 그들에게 부과되었다고 느끼는 사람들은 **정체성 유실**의 지위를 갖는다. 그

정체성 사회에서 그들의 역할, 강점과 약점, 그들의 역사, 미래 가능성과 같이 사람들의 자신에 대한 전반적인 이해

정체성 지위 마르샤의 이론에서, 개인의 정체성 확립이라는 도전에 대처하는 네 가지 다른 접근이다/

정체성 획득 마르샤에 따르면, 정체성 획득은 삶의 선택에 대해서 깊이 생각하고 그들의 가치에 기초해서 진로에 헌신한 사람들에 의해 획득된 정체성 지위이다.

정체성 유실 마르샤에 따르면, 정체성 유실은 삶에서 그들의 역할과 미래의 유망한 직업을 알지만, 이러한 것들이 다른 사람에 의해 그들에게 부과되었다고 느끼는 사람들의 정체성 지위이다.

용어는 다른 사람들이 그들에게 가치와 기대를 부과함으로써 개인이 새로운 삶의 길을 탐색할 기회를 빼앗았다는 것을 의미한다. 유실은 사람들이 그들의 활동에 대한 헌신을 감소시킬 수 있다.

> **정체성 혼란**(identity diffusion) : 인생에서 그들의 목표를 어디에 두어야 할지 확고한 감을 갖지 못하고 방향을 잃었다고 느끼는 사람들은 **정체성 혼란**의 지위를 갖는다. 이러한 개인들은 일반적으로 개인적 가치나 목표에 대해서 깊은 생각을 하지 않는다. 그들은 인생에서 어디로 가야 할지 목표를 정확하게 알지 못한다는 것을 단지 알 뿐이다.

> **정체성 유예**(moratorium) : 어떤 사람들은 삶의 많은 선택들을 생각하나 어느 일련의 목표에 헌신할 수 없다.

| 당신을 어떤 정체성 지위로 묘사하는가? |

이러한 사람들은 유예라고 불리는 정체성 지위를 갖는다. 이 단어는 행동의 정지를 일컫는다. 사람들이 인생 경로에 헌신할 수 없을 때, 그들의 삶은 추구할 길에 정착할 수 있을 때까지 어떤 의미로는 '정지'된다. 유예 지위는 사람들이 그들 자신과 미래에 대해 불안을 경험하게 할 수 있다.

다른 정체성 지위를 가진 사람들은 행동이 다른데, 특히 다른 사람들에게 직접적으로 유익한 친사회적 행동(예 : 도움이 필요한 사람들을 위로하는)에서 다르다. 연구자들은 정체성 획득 지위를 가진 사람들이 **친사회적 행동**(prosocial behavior)을 하는 것이 가장 쉬운 반면에, 정체성 혼란 지위를 가진 사람들은 가장 쉽지 않다는 것을 발견했다(Padilla-Walker et al., 2008). 확실한 개인적 정체성을 획득한 사람들은 자신을 더 잘 볼 수 있는 안목이 있고 다른 사람들의 행복을 위해 책임을 고려할 수 있는 것처럼 보인다.

신흥 성인기

사전 질문

> 18세가 과연 자격을 제대로 갖춘 성인인가?

수십 년 전에 대부분의 미국 사람들은 청소년기를 지나자 곧 성인기의 일과 가정생활에 들어갔다. 1950년대와 1960년대에 초혼 평균연령은 남자의 경우 23세, 여자의 경우는 21세 미만이었다(Information Please Database®, 2009). 그러나 시대는 변해왔다. 오늘날, 초혼 평균연령은 남녀 모두 5년 이상 늦어졌다.

이러한 변화는 20대 초반의 많은 사람들을 위해 새로운 발달 시기를 만들어낸다. 심리학자 제프리 아넷(Jeffrey Arnett, 2000)은 이 시기를 신흥 성인기라고 부른다. **신흥 성인기**(emerging adulthood)는 10대 후반과 20대 초반의 삶의 기간이다(대략 18~25세). 그 기간은 한 손에는 성인기의 심리적 독립과 권리를 갖고 있지만 다른 한 손에는 아직 가정생활의 의무와 책임을 갖지 못한 사람들이 경험하는 시기이다(Arnett, 2000). 연구들은 사람들이 이 시기를 독특하게 경험한다는 것을 보여준다. 사람들이 성인처럼 느끼는지 여부를 질문받았을 때, 대부분의 사람들은 예 또는 아니요라고 대답하지 않는다. 그들은 "그렇기도 하고 아니기도 해요"라고 말한다(그림 13.14).

신흥 성인기는 탐색의 시간이다. 사람들은 한 직업에서 애를 쓰다 그만둘지 모르며, 그다음에 다른 직업에서 노력할 수도 있다. 한 도시에서 다른 도시로 옮겨 갈 수도 있고 결혼에 정착하기 전에 새로운 관계를 탐색할 수도 있다. 신흥 성인기의 관계는 종종 유동적이다. 연구 결과는 관계가 깨진 경험을 한 신흥 성인기의 사람들 중 약 절반 정도는 전 배우자와 함께 되돌아온다는 결과를 보여준다(Halpern-Meekin et al., 2013). 이 결과는 전통적인 관계 범주('탈락하다', '헤어지다')

정체성 혼란 마르샤에 따르면, 정체성 혼란은 인생에서 그들의 목표를 어디에 두어야 할지 확고한 감을 갖지 못하고 방향을 잃었다고 느끼는 사람들의 정체성 지위이다.

정체성 유예 마르샤에 따르면, 정체성 유예는 삶의 많은 선택들을 생각하나 어느 일련의 목표에 헌신할 수 없는 사람들의 정체성 지위이다.

친사회적 행동 도움이 필요한 사람들을 위로하는 것과 같이 다른 사람들에게 직접적으로 유익한 행동

신흥 성인기 한 손에는 성인기의 심리적 독립과 권리를 갖고 있지만 다른 한 손에는 아직 가정생활의 의무와 책임을 갖지 못한 사람들이 경험하는, 10대 후반과 20대 초반의 삶의 기간(대략 18~25세)

그림 13.14

당신은 성인인가? 그들이 '성인기에 도달했는지' 여부를 질문받았을 때, 18~25세 미국인 대부분은 '아니요' 또는 '예'라고 대답하지 않는다. 대신에 애매모호한 대답을 공개적으로 지지한다. 즉 '어떤 점에서는 예, 어떤 점에서는 아니요'이다(도표에서 '예 그리고 아니요' 자료에 의해 표시된 것). 그들의 응답은 그들이 아직 성인기가 아니라 신흥 성인기라는 뚜렷한 발달적 단계에 있다는 것을 시사한다(Arnett, 2000).

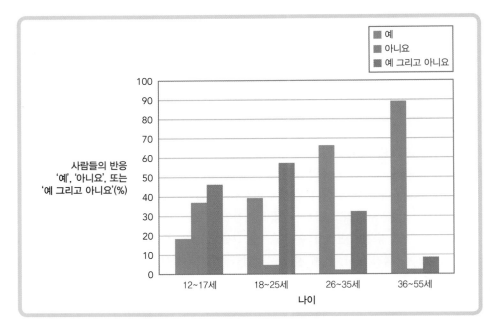

가 '확실하지 않고 유동적인 존재의 시기를 통과하는' 신흥 성인기의 관계를 묘사하지 못할 수도 있다는 것을 보여준다(Halpern-Meekin et al., 2013, p. 183).

오늘날 이 시기의 성인들은 과거에는 존재하지 않았던 활동들, 이를테면 하루에 3시간 30분을 인터넷에, 하루에 45분을 휴대전화를 하거나 문자 메시지를 주고받는 데 할애한다(Coyne, Padilla-Walker, & Howard, 2013). 사회적 정체성 확립과 같은 주요 발달 과업은 지금은 컴퓨터로 성취된다.

중년기 발달

사전 질문

> ❯ 중년의 위기는 필연적인가?
> ❯ 개인들의 인생 이야기의 공통 주제는 무엇인가?

지금으로부터 몇 년 뒤 당신은 학교를 마칠 것이다. 직업과 가정을 갖게 되고 '만년'에 자리 잡고 중년기의 시절을 갖게 될지도 모른다. 아니면 아마도 이미 거기에 있을지도 모른다.

생물학적으로, 중년기는 선명하게 정의되지 않는다. 이 삶의 시기에 대한 사람들의 사고를 형성하는 것은 문화다. 사실은, '중년'에 관한 온전한 개념은 문화적 해석이다(Shweder, 1998). 이를테면 인간생물학에 관한 어떤 것도 정확한 중년 시기를 묘사하는 것은 없다. 그럼에도 불구하고 많은 문화는 중년이 35세경에 시작해서 60세까지 계속된다고 인식한다. 중년기 성인들은 이 시기와 특히 관련 있는 수많은 관심사를 공유한다. 즉 전문적으로 진전을 보이는 것, 가족을 만들고 유지하는 것, 은퇴를 준비하는 것, 나이 많은 친척들의 병환과 죽음에 대처하는 것과 같은 것이다(Lachman, 2001).

중년기 위기? 빈 칸을 채워보기 바란다. 중년기는 _____이다. 많은 사람들은 '위기'라고 말할 것이다. 고정관념은 중년들이 젊음의 상실에 압도되며 위기를 경험하고 놀라운 일을 한다는 것인데, 이를테면 직장을 그만두고, 새로운 종교에 가담하고, 호화로운 스포츠카를 사는 것이다. 연구 결과들은 이 고정관념에 도전한다. 대부분의 중년기 성인들은 갑작스러운 위기를 경험하

"스포일러는 모든 스포츠카에 표준사양입니다. 그것은 이식한 모발이 벗겨지지 않도록 보호해줄 겁니다."

지 않고 과감하게 생활양식을 변화시키지 않는다(Wethington, Kessler, & Pixley, 2004). 중년들은 과거의 성취, 즉 이미 성취한 것과 미래의 도전을 평가함으로써 그들의 삶을 "점검"한다. 그러나 이것이 위기를 촉발하는 것은 매우 드물다(Wethington, 2000). 그랬을 때조차도 위기는 종종 직업을 잃거나 가족 구성원의 죽음과 같이 어떤 나이에나 일어날 수 있는 문제에 초점을 맞춘다.

유사하게, 어떤 중년기 사건들은 당신이 추측한 것보다 심리적 충격이 덜하다. 예를 들면 여성의 가임 능력의 끝인 **폐경기**를 고려하면, 일반적으로 50세경에 일어난다. 폐경기가 나이가 드는 신호를 보내기 때문에 심리적으로 부정적 사건인가? 여성들과의 인터뷰를 보면 그렇지 않다. 즉 "폐경기를 바라보는 그들의 태도는 중립적으로부터 긍정적인 범주에 들어간다"(Sommer et al., 1999, p. 871). 그래서 많은 여성들이 바쁜 삶을 살기 때문에 폐경기가 중요한 사건이 아니다. 예를 들면 삶의 이행기에 가장 긍정적인 태도를 가진 아프리카계 미국 여성들 사이에서는 '별로 크지 않은 스트레스 요인처럼 보이는 폐경기'는 특히 그들의 삶 내내 경험해온 인종차별 결과와 같은 그런 것들과 비교된다(Sommer et al., 1999, p. 872).

중년기 생애사 초기 성인기를 지나서, 사람들은 보통 그들 삶에서의 주요한 사건과 주제에 대한 서술적 이해, 즉 **생애사**(life story)를 발달시켰다(Habermas & Bluck, 2000). 일과 가족에 헌신했던 수십 년 후, 중년기 이야기는 종종 업적을 반영한다.

모든 사람들의 생애사는 저마다 특별하지만, 생애사는 공통의 주제를 가지고 있다. 그것은 두 가지인데, 바로 생산성과 구원이다.

> 생산성은 미래 세대에 대한 배려이다(Erikson, 1963). 어떤 성인들은 자기 자신이 미래 세대의 행복에 기여하는 것으로 보는 반면에 다른 이들은 그들의 삶이 지속적인 가치 그 어떤 것에도 기여하는 데 실패한 것을 애통해한다.

> 구원은 개인적 위기가 극복될 때 삶이 탈바꿈되는 주제이다(McAdams, 2006). 그들 뒤의 위기와 함께, 사람들은 세상에 기여할 태세가 된다.

연구자들은 이 주제를 연구하기 위해 사람들에게 그들 삶에서 '전환점'을 강조하는 이야기를 말하고 그들이 개인적으로 무엇을 얻으려고 노력하고 있는지 묘사하도록 요청했다(McAdams et al., 2001). 그들의 생애사가 생산성과 구원의 주제를 포함한 성인들은 보다 잘 적응했다. 즉 덜 우울해했고 삶에 더 만족했으며 삶을 이해할 수 있고 관리할 수 있는 것으로 바라보았다.

그렇게 되면, 중년기는 불가피한 위기의 시간은 아니다. 중년들이 삶의 도전에 대처해왔고 다음 세대에게 기여하고 있다고 느낀다면 그들은 그들의 삶을 평가하고 보다 큰 심리적 안녕감을 경험한다.

노년기

당신은 65세, 또는 75세, 또는 85세일 때의 삶인 노년에 대해서 많은 것을 생각하는가? 당신이 이 책을 읽는 대부분의 사람들과 같다면, 노년기는 아주 멀리 떨어져 있기 때문에 생각을 많이 하지 않는다.

여러 해 동안 발달심리학자들 역시 노년에 대해서 생각을 많이 하지 않았다. 즉 그들은 주로 인생의 초기에 대하여 연구했다. 그러나 보다 최근에 연구자들은 **전 생애 발달심리학**(lifespan developmental psychology) 분야를 구축해왔으며, 그것은 생의 시작부터 노년에 이르기까지 인간 발달을 탐색한다(Baltes, Staudinger, & Lindenberger, 1999). 그들은 인구의 변화에 대응하여 부분

Ramon Espinosa / AP / Corbis

그는 해변에서 자유시간을 보낼 수 있다 그러나 배우 숀 펜은 대신에 아이티 시민들의 지진 피해 복구를 돕기 위해 구호단체와 함께 일하고 있다. 그의 일은 극히 이례적이지만, 그것은 인간 발달의 공통된 동기를 반영한다. 즉 그것은 다른 사람들을 돕고 사회의 다음 세대의 복지를 개선하려는 열망이다.

생애사 개인 인생의 주요 사건과 주제에 대한 서사적 이해

전 생애 발달심리학 생의 시작부터 노년에 이르기까지 인간의 심리적 발달을 탐색하는 학문 분야

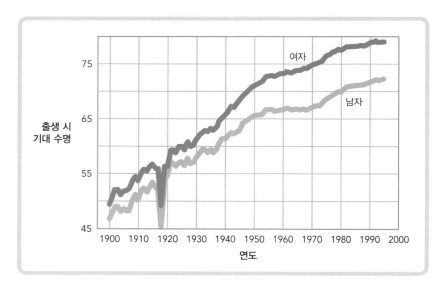

그림 13.15
미국의 기대 수명 사람들은 예전에 살았던 것보다 훨씬 더 오래 살고 있다. 제1차 세계대전의 사상자뿐만 아니라 스페인 독감의 결과 때문에 1918년경의 감소를 제외하고 미국에 살고 있는 남녀의 기대 수명은 대체로 20세기를 지나면서 증가했다(Wilmoth, 2000).

적으로 그렇게 했다.

인간 수명은 상당히 늘어났다(그림 13.15 미국 자료 참조). 현대 의료가 갖춰진 부유한 국가에서, 오늘날 태어난 사람들은 단지 몇 세대 전에 태어난 사람들보다 2배 이상 오래 살 것이라고 기대할 수 있다. 이것은 노년 인구를 증가시킨다.

전 생애 발달심리학은 진화적 과거에 존재하지 않았던 생의 부분을 탐색한다. 예를 들어 4만 년 전에 보통의 인간들은 단지 20대 후반 또는 30대 초반까지 살았다(Wilmoth, 2000). 따라서 진화는 70, 80세에 접하게 된 문제를 특유의 방법으로 해결하기 위한 심리적 기제를 형성할 수 없었다(Baltes et al., 1999). 이것은 노년기를 심리학의 천성-양육 문제에 관하여 특별하도록 만든다(1장 참조). 자연은 노년기의 독특한 문제를 풀기 위해 진화된 심리적 기제를 제공하지 않았다. 그러나 알다시피, 노인들은 그런 문제를 푸는 데 매우 능숙하다.

Max Planck Institute for Human Development, Berlin.

독일 심리학자 폴 발테스 그의 연구와 이론들은 전 생애 발달에 관한 현대의 심리학적 연구를 위하여 대단히 중요한 기반을 제공했다.

노년기 행복

사전 질문

> 대부분의 사람들은 노년기에 행복이 감소하는 것을 경험하는가?

당신이 지금 젊다면, 나이가 많다는 것은 우울하게 들릴지 모른다. 그것은 당신이 점차 느려지고 약해지고 노화될 것이기 때문이다. 그러나 노인 대부분은 나이에 대해 우울해하지 않는데, 그들의 심리적 행복이 흔히 젊은 사람들보다 높기 때문이다(Baltes & Graf, 1996; Brandtstädter & Wentura, 1995). 이것은 노인들이 직면한 많은 의미 있는 도전에도 불구하고 사실이다(예를 들면 만성적인 건강문제 관리하기; Christensen et al., 2009). 50대 후반에서 80대 초반에 이르는 성인들을 대상으로 4년에 걸쳐 수행된 한 연구는 나이 많은 참가자들이 신체적인 쇠퇴를 보고했지만 만족감 수준은 보다 젊은 사람들과 대등했다고 보고했음을 밝혔다(Rothermund & Brandtstädter, 2003). 노인들은 그들이 신체적으로는 약해지고 있으나 마음은 그렇지 않은 것 같다는 것을 알았다!

목표, 전략, SOC 모델

사전 질문

> ❯ 선택, 최적화, 보상은 노년기의 성공적인 심리적 적응에 어떻게 기여하는가?

어떻게 그렇게 많은 노인들이 행복감을 유지하는가? 그들은 우선순위를 매긴다. 그들에게 중요한 것이 무엇인지를 결정하고, 그것을 위해 시간을 할애하며 상관없는 일에 시간을 낭비하는 것을 피한다. 이러한 우선순위 매김은 성공적인 노화의 **선택, 최적화, 보상(SOC) 모델** [selection, optimization, and compensation(SOC) model]로 기술되었으며 발테스와 그의 동료들에 의해 고안되었다(Baltes, 1997; Freund, 2008; Freund & Baltes, 2002). 그들은 긍정적인 개인적 발달을 촉진하는 세 가지 심리적 과정을 확인하였는데, 그것은 바로 선택, 최적화, 보상이다.

성공적 노화를 위한 전략 피아니스트 아르투르 루빈슈타인(Arthur Rubinstein)은 89세까지 무대연주에서 은퇴하지 않았다. 그는 어떻게 그처럼 오랫동안 연주를 계속할 수 있었을까? 그는 소수의 작품을 선택해서 연주했고, 연주기술을 최적화하기 위해 자주 연습했으며, 젊은 시절에 했던 것보다 더 천천히 느린 악절을 연주함으로써 근육 속도가 줄어드는 것을 보상하였다(그렇게 하면 빠른 악절은 더 빠르게 보이게 한다). 이러한 것들이 성공적인 노화를 위해서 할 수 있는 발테스의 선택, 최적화, 보상 모델의 세 가지 전략이다.

1. **선택**(selection)은 주어진 기간의 삶을 위해 개인적 목표를 설정하는 과정이다. 노인들은 종종 더 젊었을 때보다 몇 개의 일에 초점을 맞추어 그들의 목표를 줄인다. 그들은 "몇 가지 일에 모든 에너지를 … 집중시키고", "주어진 시간에 가장 중요한 목표에 언제나 초점을 맞춘다"(Freund & Baltes, 2002, pp. 661-662).

2. **최적화**(optimization)는 설정된 목표를 성취하기 위한 계획을 고안하는 과정이다. 최대한 잘하는 사람들은 "내가 성공할 때까지 내가 계획한 것을 계속해서 한다", "목표를 선택할 때, 나는 또한 그것에 노력을 기꺼이 투자할 것이다"라고 말한다(Freund & Baltes, 2002, pp. 661-662).

3. **보상**(compensation)은 처음에 성공하지 못했을 경우, 목표를 성취하기 위하여 대안적인 전략을 발견하는 것이다. 모든 사람은 시련을 경험한다. 그러나 특히 노인들은 신체적인 쇠퇴에 의해 발생한 시련에 적응하기 위해 보상이 필요하다.

예를 들어 규칙적인 시간표대로 약물치료를 하는 사람들은 한 달 분량의 알약상자를 구매함으로써 기억 감퇴를 보상할 수도 있다.

이러한 전략들은 간단하지만 성공적이다. 선택과 최적화와 보상에 더욱 능숙한 사람들은 좀 더 긍정적인 정서와 보다 고상한 개인적 행복감 그리고 성취감이 큰, 그런 삶의 목적을 경험한다 (Freund, 2008; Freund & Baltes, 2002).

그렇더라도, SOC 모델은 노인들이 당연히 추구해야 할 목표를 구체적으로 명시하지 않는다. 그것이 전달하고자 하는 의미는 당신이 하려고 선택하는 것이 무엇이든 한 번에 너무나 많은 것들을 하지 말아야 한다는 것이다. 이를테면 목표를 세우고, 좌절을 예측하고, 보상하는 방법을 계획하는 것을 한 번에 고수하지 않는 것이다.

동기와 사회정서적 선택 이론

사전 질문

> ❯ 당신이 삶의 마지막 단계에 있다는 것을 아는 것이 여생을 보내기를 원하는 방식에 어떻게 영향을 미치는가?

미래가 무엇을 가져다줄지 아무도 모른다. 그러나 당신이 10대 또는 20대 초반이라면 많은 것이 있을 것임을 안다. 다시 말해서 당신 앞에 반세기 이상의 미래를 기대할 수 있다. 그렇지만 노인

선택, 최적화, 보상(SOC) 모델 긍정적인 개인적 발달을 촉진하는 세 가지 심리적 과정을 확인하는 성공적인 노화 모델. 심리적 과정에는 선택, 최적화, 보상이 있다.

선택 성공적인 노화의 SOC 모델에서 주어진 기간의 삶을 위해 개인적 목표를 설정하는 과정

최적화 성공적인 노화의 SOC 모델에서 설정된 목표를 성취하기 위한 계획을 고안하는 과정

보상 성공적인 노화의 SOC 모델에서 처음에 성공하지 못했을 경우 목표를 성취하기 위하여 대안적인 전략을 발견하는 것

더없이 행복한 조부모 시기 연구는 노인들이 손주들과 노는 것과 같이 정서적으로 의미 있는 활동에 시간을 보내는 것을 매우 선호한다는 것을 보여준다.

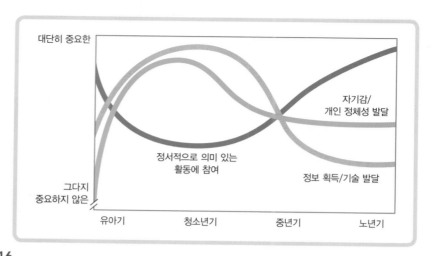

그림 13.16
사회정서적 선택 이론 카스텐슨의 사회정서적 선택 이론은 사회적 동기의 특성, 즉 개인들에게 동기의 상대적 중요성은 사람들이 그들에게 남겨진 시간의 양을 자각하기 때문에 전 생애에 걸쳐서 변할 것임을 예측 한다(Carstensen, 1995). 곡선은 정서적으로 긍정적인 매일매일의 삶을 유지하기 위해 정보를 찾고 자기개념을 발달시키고 정서를 조절하는 세 가지 사회적 동기에서의 이동을 보여준다. 노년기에는 사람들이 그들에게 정서적으로 의미 있는 가족이나 오래된 친구들과 사회적 상호작용을 경험하도록 가장 동기화된다.

들은 앞으로의 삶보다 지나온 삶이 더 많다는 것을 안다.

사회정서적 선택 이론(socioemotional selectivity theory)은 로라 카스텐슨(Laura Carstensen, 1995, 2006)에 의해 발전되었다. 그 이론은 삶에 남아 있는 시간의 양이 얼마나 되는지에 대한 지각이 동기에 영향을 미친다고 설명한다. 남아 있는 삶이 수십 년이라는 것을 알고 있는 젊은이들은 장기적 성과를 가진 활동을 추구하도록 동기화된다. 즉 장기적이고 전문적인 혜택을 주는 정보와 기술을 획득하고, 만년에 개인적 발전의 토대가 되는 확고한 자기감과 개인적 정체감을 발달시키는 활동에 참여한다. 남아 있는 시간이 몇 년 되지 않는다는 것을 아는 노인들은 단지 장기적 성과를 가진 활동에 마음이 덜 끌린다. 그들은 가족 그리고 가까운 친구들과 시간을 보내는 것과 같은 정서적으로 의미 있는 활동을 선호한다. 따라서 동기는 생애경로를 따라서 이동한다(그림 13.16).

연구는 이론의 예측이 사실임을 보여준다. 자유시간에 (1) 가족 구성원, (2) 최근에 읽은 책의 저자, (3) 공동의 이해를 가진 아는 사람과 보내기를 선택할 때, 젊은이와 다르게 노인들은 자주 1번을 선택했다(Fung, Carstensen, & Lutz, 1999). 광고를 제시했을 때, 노인들은 정보에 기반한 메

당신에게 사랑하는 사람을 더 가까이 데려다 드립니다.

손을 뻗어 세상을 탐험하라

사회정서적 선택 이론 삶에 남아 있는 시간의 양이 얼마나 되는지에 대한 지각이 동기에 영향을 주는 설명하는 동기과정에 대한 전생애 발달이론

그림 13.17
광고하기, 나이 연구자들은 젊은이들과 노인들에게 두 가지 방식으로 하나의 상품효과를 강조한 광고를 쌍으로 보여주었다. 하나는 미지의 것에 대한 정보를 얻는 이득과 다른 하나는 긍정적인 정서적 삶을 유지하는 이득을 얻는 것이다(Fung & Carstensen, 2003). 사회정서적 선택 이론과 일치하게, 노인들은 새로운 경험으로부터 얻은 지식을 강조한 오른편의 것보다 정서적인 매력을 강조한 왼편의 것과 같은 광고를 선호했다.

시지보다 오히려 정서에 기반한 것을 더 선호했다(Fung & Carstensen, 2003; 그림 13.17). 이러한 결과들은 노인들이 정서적으로 의미 있는 활동에 더 끌린다는 사회정서적 선택 이론의 예측과 일치한다.

긍정적인 것을 강조하기

사전 질문

> ❯ 나이가 드는 것은 사람들이 부정적인 면을 깊이 생각하게 하는가?

당신은 노인들이 정서적 행복을 유지하는 두 가지 방법을 보았다. 하나는 SOC 전략을 사용하는 것이고 두 번째는 정서적으로 의미 있는 활동에 에너지를 쏟는 것이다. 세 번째 방법은 **긍정성 효과**(positivity effect)이다. 개인적 경험을 회상하고 고려할 때, 노인들은 부정적인 정보보다 긍정적인 정보에 주의를 더 기울인다(Mather & Carstensen, 2005).

긍정성 효과에 관한 연구에서, 다양한 연령대의 성인들에게 정서적으로 긍정적(예 : 아기)이거나 부정적(예 : 벌레)인 두 종류의 그림을 보여주었다. 그 후에 그림에 대한 그들의 기억을 검사했을 때, 젊은이들과 중년들은 두 종류의 그림을 동일하게 잘 기억했다. 그러나 65~80세 노인들은 긍정성 효과를 보여주었다. 그들은 긍정적인 그림에 대한 기억을 훨씬 많이 갖고 있었다(Charles, Mather, & Carstensen, 2003).

긍정성 효과는 신경 활동에서도 분명하다. 사람들이 정서적으로 긍정적이고 부정적인 그림들을 볼 때, 젊은이들의 뇌는 두 종류 그림 모두에 동등하게 반응한다. 그러나 노인들의 뇌는 부정적인 이미지보다 긍정적인 이미지에 더 강하게 반응한다(Mather et al., 2004).

진화는 노년기에 행복을 증진하는 긍정성 효과와 같은 전략들로 인류에게 준비를 갖춰주는가? 그것은 아마도 타당하게 들릴지 모르나 극히 가능성이 없는 것처럼 보인다. 위에서 지적한 바와 같이 진화의 원리는 오늘날 노인들의 경향성을 설명할 수 없는 것처럼 보인다(Baltes, 1997). 오히려 노인들이 남아 있는 대부분의 시간을 어떻게 만들어야 하는지 긍정적인 전략을 그들이 고안해야 함을 보여준다.

"뭔가 정말 잘못 되었어 — 공기는 맑고, 물은 깨끗하고, 우리 모두 운동 많이 하고, 우리가 먹는 것은 모두 유기농에 놓아먹인 것들이야, 그럼에도 불구하고 아무도 30세를 넘겨 살지 않아."

Alex Gregory The New Yorker Collection / The Cartoon Bank

도덕성 발달

msheshtawy / Demotix / Corbis

인터넷은 암치료가 필요한 여자친구가 있는 중국인에 관한 이야기를 전하고 있는데, 그 연인들은 암치료를 감당할 여유가 없었다. 필사적인 나머지, 그 남자는 치료비를 지불하기 위해 돈을 훔쳤다. 그는 체포되었고 4년형을 받았다. 그러나 지금 암 말기의 위독한 신부와 결혼식을 하도록 감옥에서 나갈 수 있도록 허락받았다(stubear, 2010, November 18).

그 남자가 여자의 생명을 구하기 위해 돈을 훔친 것이 잘못인가? 왜 그런가? 또는 왜 그렇지 않은가? 우리는 이 질문이 정답을 결정하는 것이 아니라 정답은 없다는 것에 주목하기를 요청한다. 즉 적어도 2 더하기 2는

만일 좋은 이유라면, 사람들과 건물에 새총을 쏘는 것이 옳은 일인가? 왜 그런가? 또는 왜 그렇지 않은가? 심리학자들은 연구 참여자들에게 그들의 도덕적 추론, 즉 그들이 개인적 책임감, 권리, 의무와 관련된 문제에 대해 생각하는 방식을 알기 위해 그와 같은 질문을 한다. 사진은 2011년 아랍권 봉기 기간 동안 이집트의 한 시위자를 보여준다.

무엇인가?" 또는 "물을 넓은 용기로부터 좁은 용기에 쏟아부었을 때 물의 양이 변화하는가?"에 대한 정답이 있다는 것과 같은 감각은 아니다. 돈을 훔친 것에 대한 질문은 사실에 기반을 둔 질

긍정성 효과 개인적 경험을 회상하고 고려할 때 노인들이 긍정적인 정보에 더 많은 주의를 기울이는 현상

문이 아니라 도덕과 관련된 질문이다. 도덕적 영역은 개인적인 권리, 책임감, 의무, 특히 다른 사람들의 행복에 관해 영향을 미치는 추론의 영역이다. 우리는 **도덕성 발달**, 즉 도덕적 영역에 관한 사고의 발달을 조사함으로써 이 장을 마칠 것이다.

도덕성 단계
사전 질문

> ❯ **우리는 도덕성을 어떻게 발달시키는가?**

심리학자 로렌스 콜버그는 도덕성 발달을 연구하기 위한 중요 기반을 확고히 했다. 피아제로부터 영감을 받아, 콜버그는 도덕성 발달이 단계적으로 일어난다고 제안했다. **도덕성 단계**(moral stage)는 개인의 도덕적 추론이 단일한 방식의 사고에 맞춰 일관되게 조직되는 동안의 발달 기간이다(Kohlberg & Hersh, 1977).

도덕성 단계를 확인하기 위해 콜버그는 시카고에 거주하는 아동기에서 청소년기를 지나는 소년들 중에서 연령별로 네 살 차이가 나는 소년들을 인터뷰했다(Garz, 2009). 그는 소년들에게 절도에 관한 위의 사례와 같은 질문을 했으며, 시간에 따라 도덕적 사고의 이동을 기록했다. 그들의 반응에 대한 분석을 통해 콜버그는 각 수준별로 두 단계씩 세 수준을 제안했다.

1. **전인습 수준** : 아동들의 사고는 보상과 처벌에 대한 아이디어에 맞춰 조직된다. 첫 번째 단계에서 '좋은' 행동은 벌을 피하는 행동으로 구성된다. 두 번째 단계에서 아동은 개인적 보상을 가져오는 행동이 역시 좋다고 인식한다.

2. **인습 수준** : 아동들은 사회적 관습과 규범의 면에서 행동을 평가한다. 인습 수준의 첫 번째 단계에서 아동은 행동이 '착한 소녀' 또는 '착한 소년'이 되는 것과 일치하는지 여부를 평가한다. 행동이 처벌받지 않을지라도 나쁠 수 있다는 것을 아동이 인식한다는 면에서 이것은 전인습 수준에서 진보한 것이다. 두 번째 단계에서, 아동은 '법과 질서'를 지향한다. 그들은 당국자에 의해서 수립된 규칙을 유지하기 위한 의무에 대해 생각한다.

3. **후인습 수준** : 개인들은 막강한 실력자들의 규칙들을 초월할 수 있으며 그들의 추론은 추상적 원리에 기반을 둔다. 후인습 수준의 첫 번째 단계에서, 사람들은 개인적 권리에 대해서 생각한다. 그들은 만일 당국자에 의해 정해진 법이 개인의 권리를 침해한다면, 개인의 권리를 보호하기 위해 법이 변화되어야만 한다는 것을 인식한다. 콜버그 체계에서 가장 발전된 수준의 도덕적 추론인 후인습 수준의 두 번째 단계에서, 사람들은 공평성과 개인의 존엄성에 대한 존경과

후인습 수준 사고 아프리카 국민회의는 불공정 법률에 대한 저항 캠페인을 위해 후원자들을 집결시킨다. 그 캠페인은 후인습 수준에서의 도덕적 사고를 분명히 보여준다. 1950년대에 수천 명이 남아프리카 흑인들을 탄압하는 법률에 대항하여 시위를 시작했다. 시위자들은 '법률과 질서'를 초월해서, 보다 높은 수준의 도덕적 추론에 대한 인습적 사고가 지향하는, 인류의 권리에 대한 보편적 원리에 초점을 맞춘 것이었다. 그 캠페인은 아프리카 국민회의를 강화시켰고, 1990년대 초에 남아프리카의 인종차별을 제거한 후 남아프리카를 통치하는 정당이 되었다(www.anc.org.za).

도덕성 단계 콜버그에 따르면, 도덕성 단계는 개인의 도덕적 추론이 단일한 방식의 사고에 맞춰 일관되게 조직되는 동안의 발달 기간이다.

같은 보편적인 윤리의 원리에 따라서 행동을 평가한다.

콜버그에 따르면, 사회적 경험은 이러한 단계를 통해 진보하는 사람들의 비율과 그들이 언젠가는 가장 높은 단계에 도달할지 여부에 영향을 미친다. 콜버그는 도덕 교육이 학생들의 도덕적 추론의 복합성을 증가시킨다고 주장했다(Kohlberg & Hersh, 1977).

그러나 콜버그의 연구는 대단히 영향력이 컸음에도 불구하고 비판을 받아왔다. 비판 중 한 가지는 추론의 **영역**과 관련된다. 피아제와 같이 콜버그는 아동들이 다른 영역 전체에 걸쳐 유사한 방식으로 추론한다고 가정했다. 그러나 증거는 영역 특수함을 드러낸다. 예를 들면 개인적 영역(예 : 헤어스타일이나 음식에 대한 기호와 같이 단지 자신과 관련된 행동)에 대해서 생각할 때, 아동들은 그 영역에서 특별히 눈에 띄는 사생활에 대한 개인적 선택 및 권리와 관련된 원리를 이용한다(Nucci & Turiel, 2009).

성과 도덕적 사고

사전 질문

> ❯ **여성의 도덕적 추론은 남성과 어떻게 다른가?**

당신은 일찍이 살펴본 콜버그의 연구에 대해서 특이한 점을 알게 되었다. 모든 연구 참가자들이 남성이었다는 것이다. 여성 심리학자인 캐롤 길리건(Gilligan, 1977)은 여기에 더하여 다음과 같이 주목했다. 콜버그가 참가자들에게 제기한 질문 중 어떤 것도 여성의 삶의 독특한 관심을 특별히 다룬 것은 없었다. 뿐만 아니라, 콜버그가 가장 발전된 것으로 생각한 도덕적 사고방식 — 보편적 원리에 따른 추론 — 은 여성보다 남성에 의해 더 선호될지 모른다. 길리건은 콜버그의 연구가 성적으로 편향되었다고 결론을 내렸다. 즉 연구 절차가 다른 성보다 한쪽 성(남성)에 호의를 보였다.

길리건(1977)은 여성의 도덕적 추론이 남성과 다르다고 제안했다. 여성은 추상적 원리보다 오히려 개인적 관계에 초점을 맞춘다는 것이다. 여성들은 다른 사람들을 위해 마땅히 해야 할 일에 가치를 두고 다른 사람들을 신체적, 심리적으로 해치지 않으면서 문제를 해결하려고 노력한다.

연구에서, 길리건은 여성의 삶에 적절한 도덕적 질문들(예 : 임신 후 낙태)을 제기했다. 그녀는 여성들이 남성 참가자들과 수행한 연구에서 콜버그에 의해 확인된 것과는 다른 도덕성 단계들을 거치면서 진전을 보인다는 것을 발견했다. 길리건은 여성에게 최상의 단계는 비폭력 원리에 따른 추론과 관련된다는 것을 확인했다. 다시 말해서 추상적인 정의의 원리를 고수하기보다 오히려 여성들은 다른 사람들을 해치지 않는 구체적인 인간 중심 원리를 고수한다는 것이다(Gilligan, 1977).

콜버그의 연구에 대한 길리건의 비평은 강력했다. 그러나 그녀가 자신의 접근을 진술한 후 수행된 연구는 도덕적 추론에서의 성차가 그녀가 기대했던 것보다 작다는 것을 지적한다. 도덕적 추론에 관해 메타분석한 연구는 여성들이 다른 사람들을 보살피는 데 더 많은 주의를 기울이고 남성들의 도덕적 사고는 보편적인 정의의 원리에 보다 주의를 기울인다는 것을 밝혀냈다. 그러나 성차는 작았고, 그렇기 때문에 연구 결과는 여성과 남성의 도덕적 사고가 근본적으로 다르다는 길리건의 주장을 지지하지 않았다(Jaffee & Hyde, 2000).

남성과 여성이 많은 사람들이 예상했던 것보다 더 유사하다는 이러한 결과는 특별하지 않다. 인지와 사회성 발달의 많은 측면에서 성차는 사람들이 기대한 것보다 작다(Hyde, 2005). 상대적으로 차이가 작다는 것은 중요하다. 과학적인 연구 결과들은 남성과 여성의 경향성과 잠재력에서의 엄연한 차이에 대한 사회적 고정관념을 지지하지 않는다. 대신에, 사회가 모든 사람에게, 양쪽 성 모두에게 개인적, 전문적 성공을 위해 동등한 기회를 주어야 한다는 생각과 일치한다.

◐➡ 돌아보기 & 미리보기

발달심리학은 많은 심리과학의 가장 위대한 발견들의 서식처이다. 예를 들면 피아제에 의해 확인된 아동들의 사고에서의 현저한 변화, 피아제조차도 잘못 추정한 영아들의 사고 능력, 고난과 시련에 직면하여 보이는 회복력에 대한 인간의 적성, 노화라는 도전에도 불구하고 심리적 행복을 유지하는 노인들의 능력 등이다. 이러한 연구 결과들은 **사람**과 **마음** 수준의 분석에서 수행된 연구에서 알아냈으며 최근에 이러한 연구 결과들은 개인의 발달에 관한 이해를 심화시키는 **뇌** 연구에 의해 보완되어 왔다.

이러한 결과들은 심리학의 다른 분과에서 종종 미해결된 질문에 답을 준다. 성인들은 복합적 개념과 문제 해결 능력을 갖고 있다(사고, 언어, 지능에 관한 7장) — 그러나 그러한 개념과 능력은 어디로부터 오는가? 성인들은 정서 양식과 자기에 대한 신념에서 서로 다르다(성격에 관한 12장) — 그러나 이 차이는 어떻게 발달하는가? 성인들은 그들의 뇌 속에 복합적으로 상호 연결된 신경 망을 갖고 있다(뇌와 신경 체계에 대한 3장) — 그러나 그러한 연결들은 어떻게 형성되는가? 발달 심리학으로부터 얻은 교훈은 다른 장들을 읽을 때 결코 생각해본 적 없는 질문들에 답함으로써 이 책의 다른 장에 있는 내용을 보완한다.

Chapter Review
복 습

이제 이 장을 마쳤다. 부록에는 발달에 대해 배운 부분이 요약되어 있다. 요약을 읽어보면 이 장에서 학습한 내용을 복습하는 데 도움이 된다.

핵심 용어

각인	마음 이론	안정 애착	정체성 유예
간접적 형제 효과	발달 단계	애착	정체성 지위
감각운동기	발달심리학	애착 유형	정체성 혼란
결정적 시기	보상	애착 이론	정체성 획득
구체적 조작기	보존	억압적 기질	조작
근접발달 영역	불안-양가 애착	인지발달	조절
긍정성 효과	비억압적 기질	인지적 통제	직접적 형제 효과
기질	사춘기	자기통제	차별화된 자존감
기질 차원	사회성 발달	자기표상	청소년기
낯선 상황 패러다임	사회정서적 선택 이론	자존감	총체적 자존감
대상영속성	생물심리사회 모델	자폐증	최적화
도덕성 단계	생애사	전 생애 발달심리학	친사회적 행동
도덕성 발달	선택	전조작기	탄력성
도식(스키마)	선택, 최적화, 보상(SOC) 모델	정체성	형식적 조작기
동화	신흥 성인기	정체성 유실	회피 애착

연습문제

1. 다섯 살인 브랜디의 나누기 도식은 그녀가 낯선 사람들에게 껌을 주기 위해 열차 통로를 왔다 갔다 하게 했다. 그녀의 어머니는 그녀를 원래 자리에 끌어다 앉히면서 나누는 것이 허락되지 않는 상황이 있다는 것을 화내며 설명했다. 이 예에서 어머니가 준 환경적 피드백은 그녀를 _____로 이끌었다.
   - a. 동화
   - b. 조절
   - c. 대상영속성
   - d. 보존성

2. 발달 단계에서 구체적 조작기의 '구체적'은 _____을 언급한다.
   - a. 실제 대상
   - b. 살아 있는 대상
   - c. 무생물 대상
   - d. 가상적인 대상

3. 다음 행동들 가운데 어떤 것이 피아제가 예측했던 것에 위배되는가?

   a. 전조작기에 있는 아동은 어떤 사람이 낮고 땅딸막한 물주전자의 물을 높고 좁은 물주전자에 붓는 것을 보고, 높고 좁은 물주전자의 물이 더 많다고 주장한다.
   b. 구체적 조작기에 있는 아동은 기본적인 계산문제(예 : 3 + 4 = 7)를 풀 수 있지만, 대수학이 추상적 개념과 관련되기 때문에 대수학 문제를 푸는 것은 힘들다.
   c. 감각운동기 발달 단계에 있는 아동은 자기가 좋아하는 잡아당기는 장난감에 붙어 있는 줄을 아주 조금만 당겼는데도 떨어져서 놀란 것처럼 보인다.
   d. 감각운동기 초기에 있는 아이는 인형 위에 담요를 덮으면 더 이상 인형이 존재하지 않는다는 것을 믿는 것처럼 보인다.

4. 다음 문항 중에서 발달에 관한 피아제와 비고츠키의 이론을 정확하게 비교하지 않은 것은 어떤 것인가?

a. 비고츠키에 의하면, 피아제는 발달에 영향을 미치는 사회적, 문화적 요인을 무시했다.
b. 피아제와 다르게, 비고츠키는 아동들은 현재 발달 수준과 잠재 발달 수준 모두에 의해 특징지어진다고 생각했다.
c. 피아제와 비고츠키는 아동은 그들을 생각하도록 돕는 선천적인 입력 분석기, 생물학적으로 유전된 정신 기제를 소유한다고 믿었다.
d. 피아제의 이론은 개인적 과정으로서 일어나는 발달로 특징지어지는 반면에 비고츠키는 사회적으로 투입되는 과정으로 특징지어진다.

5. 알프레드와 브라이언은 따로 키워진 일란성 쌍둥이다. 알프레드는 미술, 음악, 스포츠, 그 밖의 활동들에 그가 접근하는 것을 허가한 풍요로운 환경에서 키워졌다. 브라이언의 환경은 훨씬 덜 풍요로웠다. 그는 빈곤한 지역에서 살았으며 알프레드가 했던 종류의 활동들에 접근할 필요가 없었다. 환경에서의 이러한 차이가 그들의 뇌에 어떻게 영향을 미칠 것 같은가?
a. 알프레드의 대뇌 피질이 얇다.
b. 알프레드의 뇌세포들이 보다 크게 서로 연결되어 있다.
c. 알프레드의 뇌세포들은 수초화가 덜 되어 있다.
d. 알프레드와 브라이언의 뇌는 서로 차이가 없다.

6. 피아제의 각 발달 단계와 뇌의 발달에 대해서 알려진 것을 고려해 볼 때, 뇌의 어떤 영역이 처음 발달한다고 예상할 수 있겠는가?
a. 두정엽
b. 전전두피질
c. 측두엽
d. 감각운동피질

7. 다음 문항 중에서 기질에 대해 바르게 설명한 것은 무엇인가?
a. 그것은 유전되며, 시간에 따라 현저하게 안정적이고 변할 수 없다.
b. 그것은 유전되며, 시간에 따라 안정적인 경향을 보일지라도 변할 수 있다.
c. 그것은 유전되지 않으나, 한 번 획득되면 시간에 따라 안정적인 경향을 보인다.
d. 그것은 유전되지 않고, 일단 획득되면 시간에 따라 상당히 변하는 경향이 있다.

8. 부모 애착은 미래 관계에 대한 우리의 기대를 형성한다. 회피 애착을 가진 개인들이 다른 사람들에게 기대하는 것은 무엇인가?

a. 다른 사람이 안정과 편안함을 제공한다고 믿지 않는 것
b. 다른 사람이 편안함을 제공하지는 않으나 안정을 제공한다고 믿는 것
c. 다른 사람이 너무나 많은 안정과 편안함을 제공한다고 믿는 것
d. 다른 사람이 안정과 편안함을 제공한다고 믿는 것

9. 형제자매는 우리의 발달에 직간접적으로 영향을 미친다. 다음 중 발달에 영향을 미치는 간접적 형제 효과의 예는 무엇인가?
a. 오빠는 그의 여동생에게 누가 신뢰받을 수 있는지 알아내는 방법을 설명한다.
b. 투수의 속도는 그의 형과 반복적인 투구연습을 한 결과로서 증가한다.
c. 영리한 형제는 그의 여동생이 공립학교에 다닐 때 사립학교에 보내진다.
d. 여동생은 우울할 때마다 언제나 행복한 노래를 부르라고 한 오빠의 충고를 받아들인다.

10. 다음은 사회경제적 지위가 낮은 사람들을 대상으로 페리 유치원에서 수행된 실험 결과이다. 발달에 미치는 유치원 개입 보호 효과는 무엇인가?
a. 이 실험은 여전히 진행 중이며, 그래서 우리는 그러한 개입 효과를 아직 알지 못한다.
b. 강화된 고품질 교육 프로그램은 보다 높은 졸업 비율을 포함하여 오래 지속되는 효과를 가질 수 있다.
c. 강화된 고품질 교육 프로그램의 효과는 비용을 정당화하기에는 오래가지 못한다.
d. 강화된 고품질 교육 프로그램의 효과는 너무 작기 때문에 비용을 정당화할 수 없다.

11. 다음 중에서 자존감에 영향을 거의 미치지 않는 요인은 무엇인가?
a. 입양
b. 기질
c. 부모에 의한 수용
d. 부모의 훈육 방식

12. 생물심리사회 모델을 지지하는 반사회적 행동에 조기의 생물학적 성숙이 영향을 미친다. 이것에 관한 마그누손의 연구 결과의 특징은 다음 중 무엇인가?
a. 조기 성숙 효과는 모든 소녀들에게 같았다.
b. 반사회적 행동에 미치는 조기 성숙 효과는 없었다.
c. 반사회적 행동에 미치는 소녀들의 조기 성숙 효과는 사춘기가 어떻게 측정되는지에 달려있다.

d. 소녀들의 조기 성숙 효과는 그들보다 나이가 많은 또래들과 시간을 보내는지 여부에 달려있다.

13. "나는 바로 지난 학기에 대학에 입학했는데, 곧바로 전공을 정하도록 어머니로부터 압력을 받기 시작했다. 어머니는 내가 경영학을 전공하기를 원하셨지만 나는 심리학을 전공하고 싶다. 왜냐하면 많이 생각한 후라 심리학을 공부한 후 사람들의 삶에 변화를 가져올 수 있다고 진실로 믿기 때문이다. 모든 시련은 나를 정서적으로 혼란스럽고 불안하게 했기 때문에 곧바로 그것들을 생각해낼 수 있을 때까지 어느 정도 포기하고 단지 원하는 수업을 듣고 있다." 이 학생의 호소는 마르샤에 따르면 어떤 정체성 지위의 예를 보여주는가?
   a. 정체성 획득   b. 유실
   c. 정체성 혼란   d. 유예

14. 사회정서적 선택 이론에 따르면, 다음의 선택 가운데 어떤 것이 노인들에게 가장 매력적이겠는가?
   a. 노인인구를 전문으로 하는 개인 트레이너와 운동하기
   b. 수학에서 박사학위를 가진 교수와 점심 먹기
   c. 명성이 있는 물리학자가 하는 강연에 참석하기
   d. 손주들과 하루를 보내기

15. 라파엘은 그의 누이가 과자를 몰래 침대에 가져간 것 때문에 처벌받지 않았다는 것을 발견하고 격분하게 되었다. 그는 콜버그에 의하면 어떤 도덕적 단계에 있는가?
   a. 전인습 수준   b. 인습주변 수준
   c. 인습 수준   d. 후인습 수준

해 답

해답은 부록에서 확인할 수 있다.

심리장애:
불안장애와 기분장애

다음에 나오는 사람들 가운데 누가 정신장애를 지닌 것처럼 보이는가? 다른 말로, 어느 것이 정신질환의 신호를 보여주는가?

> 14세인 소녀는 계속해서 불안하다. "내 삶의 매일매일이 긴장으로 가득 찼어요. 예를 들면 집 안 또는 집 밖의 소음이 마치 두려움을 만들어내듯이, 기대와 희망이 긴장을 만들어내요." 끊임없는 불안뿐만 아니라, 아버지를 향한 그 소녀의 행동은 10대 치곤 기묘하다. "나는 매일 밤 위안을 찾아 아버지 침대로 기어들어가요."

> 공개적으로, 한 무리의 사람들 앞에서 한 남자가 횡설수설하기 시작한다. 단어같은 그의 소리는 군중들뿐만 아니라 그 자신도 이해할 수 없다. "어어…으~음, 그 그 그러~구, 아, 에에 저, 저어, 무픔, 무…어." 그는 잠시 동안 이와 같은 것을 계속하다가 그러고 나서 울기 시작한다.

> 정치 운동가는 심각한 정신질환자의 처우를 위해 입원한 환자의 복지를 개선하는 것이 목표이다. 그녀는 병원 상태를 조사하고 많은 환자들이 학대당했는지를 찾아낸다. 어떤 이들은 성적으로 학대를 받은 상태였다. 비행을 저지른 입원한 아동들은 전기 충격으로 처벌을 받아왔다. 그녀는 일반 국민에게 이러한 비윤리적 관행들에 대한 주의를 환기시키는 신문기사를 쓴다.

당신은 이 장 앞부분에서 위에 언급한 세 사람에 대해 좀 더 배우게 될 것인데, 그것은 심리장애에 관한 연구를 소개한다. 당신도 알다시피, 장애를 연구하는 심리학자들은 많은 도전에 직면한다. 한 가지는 장애를 경험하는 사람들을 위한 효과적인 치료를 개발하는 것이다. 다른 하나는 우선 정신장애를 가진 사람을 정확하게 알아내는 것이다. ◉

심리학자들은 주로 어떤 일을 하는가? 1장에서 본 바와 같이, 우리는 "모든 분야의 도처에서 연구한다." 어떤 학자들은 뇌의 신경망을 연구한다. 다른 학자들은 사람들의 사회적 연결망을 연구한다. 어떤 학자들은 유전자를 이해하려고 노력하고, 다른 학자들은 문화를 포괄적으로 이해하고자 애쓴다. 어떤 학자들은 성인 인간을 연구하고, 다른 학자들은 갓 태어난 동물들을 연구한다. 대다수의 심리학자들을 동기화하는 중심 목표는 없는 것처럼 보인다.

그러나 그렇게 지각하는 것은 정확하지 않다. 미국 노동통계국으로부터의 숫자를 고려하자면, 미국에서 심리학자로 취업한 19만 명에 가까운 사람들 중 60% 이상이 임상 또는 상담심리학에서 일하는데, 그 분야의 기본적인 목표는 심리적 고통을 감소시키는 것이다. 수만 명 이상은 학교 심리학자로 일하며 그곳에서의 직분은 학생들이 행동적, 정서적 문제들을 극복하도록 돕는 것을 포함한다.

따라서 대부분의 심리학자들의 과업을 동기화하는 중심 목표는 있다. 이를테면 심리적 고통을 감소시키고 그렇게 함으로써 정신 건강을 개선하는 것이다. 심리학자들은 **심리장애**(psychological disorders)를 치료함으로써 정신 건강에 유익하도록 노력하는데, 심리장애는 개인의 일상생활을 방해하는 심리적 고통 또는 빈약한 심리 기능의 경험을 연장시킨다. 심리장애는 종종 정신장애로 불리며, 우리는 이 용어들을 교대로 사용할 것이다. 이 용어들은 정신질환으로도 불려왔다(나중에 논의하지만 논란이 많은 용어다). 심리장애에 관한 연구는 정신병리학으로 불린다. 장애가 있는 심리적 경험들은 이례적 또는 '비정상적'이기 때문에, 그들을 연구하고 치료하는 심리학의 갈래는 이상심리학이라고 불린다. **임상심리학자**(clinical psychologists), **상담심리학자**(counseling psychologists), **정신과 의사**(psychiatrists), 사회복지사를 포함하여 다양한 전문가들이 심리장애를 치료한다(표 14.1의 정의 참조).

이 장에서는 심리장애를 다룬다. 주제를 살펴보기 위해 다루게 될 범위의 몇 가지 특징을 언급하면 핵심 특징은 장애의 범위와 치료는 통합된다는 것이다. 특정한 장애를 위해 장애의 주요 특징(장애를 가진 개인의 특징적 경험과 그러한 경험을 분류하기 위한 증상의 범주)을 보여주고, 그러고 나서 그 장애를 치료하기 위해 고안된 치료법들을 검토한다. 따라서 당신은 현대의 심리학자들이 구체적 유형의 심리적 고통을 완화하기 위해 설계된 치료법들을 어떻게 고안하는지를 보게 될 것이다(Nathan & Gorman, 2007).

이러한 장애와 치료의 통합은 이 장 도처에서 일관되게 나타난다. 이 장에서는 특히 널리 퍼져있는 두 부류의 심리장애에 주의를 집중한다. 그것은 바로 (1) 불안과 (2) 우울이다.

심리장애 개인의 일상생활을 방해하는 심리적 고통 또는 빈약한 심리 기능의 장기적 경험. 정신장애라고도 함

임상심리학자 심리과학의 원리뿐만 아니라 심리장애를 진단하는 데 원리를 적용하고 치료를 제공하는 것을 훈련받은 전문가

상담심리학자 정신 건강뿐만 아니라 개인과 진로발달에 관한 조언에 대해 특별히 강조하는, 임상심리학자의 활동과 유사한 훈련과 전문적 활동을 하는 전문가

정신과 의사 장애의 생물학적 토대와 장애를 방지하기 위한 약물 사용을 특별히 강조하는, 정신장애에 대한 진단과 치료를 위해 훈련받은 의사

표 14.1

심리장애를 치료하는 전문가	
전문 분야	**훈련과 주안점**
임상심리학자	심리과학의 원리뿐만 아니라 심리장애를 진단하는 데 원리를 적용하고 치료를 제공하는 것을 훈련받은 전문가
상담심리학자	정신 건강뿐만 아니라 개인과 진로발달에 관한 조언에 대해 특별히 강조하는, 임상심리학자와 유사한 훈련과 전문적 활동을 하는 전문가
정신과 의사	장애의 생물학적 토대와 장애에 맞서기 위한 약물 사용을 특별히 강조하는, 정신장애에 대한 진단과 치료를 위해 훈련받은 의사
사회복지사	개인 복지에 영향을 주는 환경 요인(사회적인, 공동체 맥락)에 대해 특히 강조하는, 상담과 치료에 관한 준비를 훈련받은 전문가

하지만 개별 장애와 치료에 대해 학습하기 전에 (1) 무엇이 장애로서 인정되는지(즉 사람들이 심리장애를 가졌는지 여부를 결정하기 위한 심리학자들의 방법), 그리고 (2) 장애를 치료하기 위해 이용할 수 있는 전반적인 의견(즉 심리적 고통의 감소라는 도전에 부응하기 위해 이용할 수 있는 전략들)을 알 필요가 있다. 따라서 심리장애와 치료법에 대한 개관부터 시작한다.

심리장애

정신장애는 인간이 존재한 이래 인간 경험의 한 부분이 되었다. 고대에, 사람들은 정신장애는 악령에 의해 야기되었다고 믿었다. 치료는 이 믿음을 반영했다. 예를 들면 고대 이집트에서는 정신장애가 있는 사람들이 사원에 보내졌는데, 그곳은 신들을 달래기 위해 동물을 제물로 바치던 곳이었다(Kellogg, 1897). 많은 문화권에서 악령을 쫓아내기 위해 주술적인 부적(보석류는 신령스러운 힘을 갖고 있다고 생각했다)을 사용해왔다(Coury, 1967; Millon, Grossman, & Meagher, 2004). 천공술이라 불리는 외과적 수술은 두개골에 구멍을 뚫는 것인데(짐작컨대 악령이 도망가게 하기 위해), 정신장애를 치료하기 위해 이미 일찍이 3,500년 전에 사용되었다(Mashour, Walker, & Martuza, 2005).

물론 현대과학은 초자연적인 힘이 정신장애를 야기한다는 생각을 거부한다. 이 관점을 대체하는 선두적인 후보자는 자연과학 관점인 심리장애에 관한 '의학 모델'이다.

심리장애의 의학 모델

사전 질문

> ❯ 우리는 신체 질병과 같은 방식으로 심리장애를 진단하고 치료하는가?
> ❯ 심리장애의 내적 원인에 초점을 맞추는 것의 장점과 단점은 무엇인가?

심리장애의 의학 모델(medical model of psychological disorders)은 장애의 원인과 그것의 치료법을 생각하기 위한 틀이다. 비록 다른 사람들이 '의학 모델'이라는 용어를 약간 다른 방식으로 사용했을지라도(Shah & Mountain, 2007), 일반적인 가정은 심리장애가 신체 질병과 유사하다는 것이다. 심리장애의 의학 모델을 이해하기 위해, 그러면 전문가들은 신체 질병에 대해 어떻게 생각하는지 우선 고려해보자.

신체 질병을 진단하고 치료할 때, 의사들은 증상을 근본적인 원인과 구별한다. 피로, 열, 또는 목이 아프면 그것은 증상이다. 의사는 그런 증상에 대해서 근본적인 생물학적 원인을 진단하려고 노력한다(예 : 세균성 감염증). 일단 진단이 내려지면, 치료는 단지 증상이 아니라 원인을 목표로 삼는다(예 : 의사는 피로를 물리치기 위해 강장 음료를 주는 것이 아니라 증상을 이겨내도록 항생제를 준다).

심리장애의 의학 모델에서, 심리적 경험(예 : 장기적이고 극심한 불안감 또는 우울감)은 증상처럼 보인다. 의학 모델을 택한 심리학자 또는 정신과 의사는 증상의 근본적인 원인을 찾는다(Elkins, 2009). 원인은 심리학적 분석 수준(예 : 고통스러운 기억 혹은 신념)이나 생물학적 수준(예 : 비정상적인 뇌 기능)에서 개념화될 수도 있다. 그러면 치료자들은 근본적인 원인을 치료한다. 예를 들면 개인적 우울증을 완화하는 방법으로 뇌 기능을 바꾸도록 고안된 약물을 처방할 수도 있다.

많은 정신 건강 전문가들은 심리장애의 의학 모델을 받아들인다(Elkins, 2009; 또한 Nesse & Stein, 2012; Shah & Mountain, 2007 참조). 그러나 많은 다른 사람들은 그것에 의문을 갖는다. 의학 모델은 장점은 물론 단점도 갖고 있다.

심리장애는 거기 어딘가에 있음에 틀림없다 과거에 많은 문화권에서는 천공이라고 하는, 두개골에 구멍을 내는 외과적 처치를 함으로써 심리장애를 없애려고 했다. [이 그림은 독일 화가인 히로뉘무스 보스가 그린 〈어리석음의 치료(The Extraction of the Stone of Madness)〉이다.

The Extraction of the Stone of Madness, 1475–1480 (oil on panel), Bosch, Hieronymus (c.1450–1516) / Prado, Madrid, Spain / Mondadori Portfolio / Electa / Remo Bardazzi / The Bridgeman Art Library

심리장애의 의학 모델 신체 질병을 생각하는 방식을 모방하여 심리장애의 원인과 그것의 치료법을 생각하기 위한 틀

의학 모델의 장점 한 가지 큰 장점은 의학 모델이 극심한 정신 질환으로 고통 받는 사람들에게 윤리적 치료를 촉진해왔다는 것이다. 의학 모델이 만들어지기 전, 현재 사회를 이전 역사에 비교한다면 이 장점은 극명하다.

몇백 년 전 유럽에서, 정신장애는 개인의 도덕적 결함—개인의 영혼에 악마가 들어와 일하고 있는 신호—이라고 보았다. 따라서 장애를 가진 사람들은 '악령'처럼 보였고 벌을 받았다(Laffey, 2003).

의학 모델은 보다 인간적인 보살핌 쪽으로 문을 열었다. 심리장애가 악마보다 오히려 질병으로 여겨지자, 사회는 처벌 대신 치료를 밀고 나갔다.

두 번째 장점은 의학 모델이 약물치료의 현대 시대를 안내했다는 것이다. 일단 정신장애가 생물학적 원인을 가질 수 있다고 인식하자, 생물학적 문제를 바꾸는 약물을 찾는 연구를 하게 되었다. 이 장에서 볼 수 있는 것처럼, 약물치료는 여러 유형의 심리장애로 고통 받는 사람들에게 크게 유용했다.

벨지안 케이지 과거에 정신장애를 가진 사람들은 오늘날 비인간적으로 보이는 방법으로 치료받았다. 보이는 것은 '벨지안 케이지'인데, 1850년에 벨기에 정부에 의해 관습이 불법화될 때까지 정신병자를 감금하기 위해 사용되었다(Letchworth, 1889).

의학 모델의 단점 그러면 무엇이 의학 모델의 문제점인가? 한 가지는 우선 1960년대에 정신과 의사인 토머스 자스(Thomas Szasz, 1960, 2011)와 사회학자인 어빙 고프먼(Goffman, 1961; Suibhne, 2011 참조)에 의해 확인되었다. 의학 모델은 심리학자와 정신과 의사가 그들의 환자에 대해 갖는 관점에 불리하게 영향을 미칠 수 있다. 그 영향은 의학 모델이 심리적 괴로움으로 고통 받는 사람들을 묘사하는 데 사용했던 용어 혹은 '꼬리표'를 근거로 한다.

의학 모델에서는, 심리적 괴로움을 경험한 사람들은 정신적으로 '아프다'고 말한다. '아프다(또는 병)'는 꼬리표는 치료자—넓게는 사회—가 이러한 개인들을 생각하는 방식을 변화시킬 수 있다. '아프다'로 꼬리표가 붙는 사람들은 다른 사람들보다 정신적으로 무능하다고 생각될지도 모른다. 왜냐하면 병은 일반적으로 사람들을 약화시키고 그들의 능력을 낮추기 때문이다. 특히, 정신적으로 아프다고 낙인찍힌 사람들은 자신을 스스로 돌보는 결정을 내리는 데 무능한 것처럼 보일지도 모른다. 만일 그렇다면, 그들이 수술을 원하는지 여부와 상관없이 수술은 '그들 자신의 이익을 위해' 아마도 그들에게 수행될 것이다. 이것은 상당한 문제점이다. 그것은 아마도 환자들이 그들 자신을 스스로 돌보는 능력과 권리를 가진 유능하고 지적인 존재라기보다 오히려 '물체'로 보이는 원인이 될지 모른다(Goffman, 1961, p. 344).

> 다른 사람이 당신을 치료하는 데 영향을 미치는 꼬리표는 언제 당신에게 부과되었는가?

사람들을 돕기 위한 노력에서, 의학 모델은 대신에 무심코 그들을 비인간적으로 만들 수도 있다.

의학 모델의 두 번째 잠재적인 문제는 정신장애의 원인을 추구하는 것과 관련된다. 의학 모델은 전문가들의 주의를 환자의 '머릿속' 원인에 돌린다. 예를 들면 관찰된 증상을 설명하는 내면의 병들이다. 문제점은 '내면'을 보는 것은 환경에 있는 '외부'의 중요한 원인으로부터 주의를 다른 데로 돌리게 할지도 모른다는 것이다. 생활 스트레스와 인간관계, 다른 사회적, 환경적 요인들은 많은 사람에게 고통의 근본적인 원인이 될지도 모르며 따라서 정신 건강을 개선하기 위해 적절한 개입 목표가 될지도 모른다.

이러한 문제점들은 의학 모델에 대한 대안들에 동기를 부여한다. 개인 내면의 특수한 정신병을 탐색하는 대신에, 어떤 치료자들은 그가 살고 있는 사회세계와 전체로서 그 개인을 이해하려고 노력한다(Barker, 2004). 치료자들은 사람들을 '정신적으로 아픈' 혹은 '환자'라고 부르는 것을 피하는데 그 이유는 이 용어들이 사람들을 아프고 무능하게 들리도록 만들기 때문이다. 대신에, 그들은 고통스러워하는 개인들을 그들의 내담자로 언급하거나(Rogers, 1951), 혹은 그저 **사람**으로 말한다(Tudor & Worrall, 2006). 인본주의 치료는, 아래에서 논의되겠지만, 의학 모델을 거부하는 중요한 접근이다.

무엇을 심리장애로 '간주'하는가?

활동하고 있는 심리학자들은 이 장 서두에서 맞닥뜨렸던 질문을 직시하게 된다 — 누가 심리장애로 고통 받고 있는가, 아닌가? 많은 사람들은 슬픔 또는 불안을 느끼고, 많은 사람들은 '변덕스러운' 행동을 드러낸다. 그들 모두 정신장애로 고통스러워하는가?

원칙적으로, '심리장애'의 정의는 흔치 않은 심리적 고통의 장기적인 경험 또는 빈약한 심리적 기능이며, 이 정의는 이 질문에 대한 답처럼 보일 수도 있다. 그러나 이 정의는 해답이 나오지 않은 일부 중요한 질문을 남긴다 — 얼마나 지속되는가? 얼마나 드문 일인가? 고통의 수준은 어느 정도인가? 기능이 빈약하다는 것을 누가 '판단'하는가? 본질적으로, 무엇이 심리장애로 '간주'되는가?

그 질문은 간단한 답이 없다. '정상'과 '이상'에 대한 선명한 경계가 없다(McNally, 2011). 극히 이상한 행동조차도 심리장애의 신호가 아닐지도 모른다. 이것을 알아보기 위해 이 장의 서두에서 언급한 세 가지 사례, 즉 불안한 소녀, 주절거리며 횡설수설하는 남자, 그리고 입원한 환자의 복지를 개선하기 위해 활동하는 정치 운동가로 돌아가보자.

환경에 대한 정상적인 반응인가, 심리장애인가?

사전 질문

> **이상행동을 평가할 때 우리는 어떤 주의를 발휘해야만 하는가?**

당신은 이 장 서두에서 묘사된 사람들에 관해서 무엇을 생각했는가? 그 소녀는 계속해서 불안했고 매일 밤 위안을 찾아 아버지 침대로 기어들어가는 것이 기이하게 보였다. 그 남자는 두서없이 주절거리고 울음을 터뜨리는 게 더 기이하게 보였다. 그래도 어려움에 처한 사람들을 돕기 위해 열심히 활동하는 정치 운동가는 지극히 정상처럼 보였다. 그러면 그들에 대해서 좀 더 알아보기로 하자.

John Elk / Getty Images

이것은 '정상적' 행동인가? 어떤 사회문화적 맥락에서 심리장애를 나타내는 행동이 다른 맥락에서는 지극히 정상적이며 장애를 나타내지 않는다. 예를 들면 많은 맥락에서 고의적으로 신체에 자해를 하는 행위는 심리장애의 표시이다. 그러나 여기 보여진 맥락에서는 아니다. 어떤 이슬람 지지자들은 종교 초창기의 사건을 기념하는 방식으로 아슈라의 축제일에 기꺼이 자해한다. 일반적으로, 장애를 드러낸다고 정해진 행동은 사회적, 문화적, 역사적 맥락에 주의를 기울여서 조심스럽게 만들어져야 한다고 주장한다.

불안한 10대는 안네 프랑크로, 암스테르담에서 살고 있었는데, 그 도시는 제2차 세계대전 당시에 독일 나치에 의해 점령당한 상태였다. 프랑크 가족은 나치를 피해 숨어 있어야만 했는데, 발각되면 체포되어 죽음을 당할 것이 분명했기 때문이다(결국 이 일은 일어났으며 안네는 나치 강제 수용소에서 죽었다). 프랑크 가족은 사무실 뒤의 숨겨진 비밀 아파트에서 수년 동안 숨어 살았다. 이 기간 내내 그 가족은 끊임없는 탐지의 위협 아래 살았다. 그녀가 얼마나 불안했을지는 의심의 여지가 없다! 그녀의 놀라운 일기(Frank, 1952)가 보여주듯이, 안네 프랑크는 심리적으로 장애를 보이지 않았다. 그녀의 극심한 불안은 극도로 무질서한 환경에 대한 지극히 정상적인 반응이었다. 문제는 안네가 아니라 그녀가 살았던 전쟁에 짓밟힌 세상에 있었다.

횡설수설하는 그 남자는 펜테코스트(오순절)파 기독교도이다(Higley, 2007). 오순절파 신도들은 혀로 말하는 힘을 믿는다. 그 힘은 성령이 예수의 제자에게 여러 가지 언어로 말하는 힘을 준 신약성서 사건까지 거슬러 올라가는 능력이다(Macchia, 2006). 오순절파 신도들에게는, 그 남자가 말하는 것이 미친 사람의 횡설수설이 아니라 신으로부터 받은 의미 있는 선물이기에 지극히 정상이다. 그가 우는 것도 가슴 뭉클한 종교적 행사에 대한 예상된 정서적 반응이므로 지극히 정상이다.

안네 프랑크와 오순절파 신도인 두 사례 모두 사회적 맥락에서는 비판적이다. 행동은 '기이하게' 보인다. 당신은 그 사람이 '미쳤다'고 볼 수도 있다. 그러나 그 사람이 살고 있는 맥락을 이해할 때, 그 행동은 당신에게는 낯선 상황이지만 정상적인 반응이었다는 것을 인정한다.

이 장 서두의 세 번째 사례인 정치 운동가의 행동은 어떤가? 그녀는 정상적으로 보였다. 그러나 그녀의 신문기사가 나오자마자 정부 관리들은 "그녀를 정신병원에 강제로 억류했다"(Gee, 2007). 정부는 그녀가 조사한 병원으로 달려가서, 전하는 바에 따르면, 그녀의 기사에 의해 위협을 느꼈고, 그녀를 '정신병'이라고 꼬리표를 붙임으로써 위협에 반응했다. 그녀의 사례는 특별하지 않다. 곧바로 러시아 정부 관리들은 정치적 시위자를 '혼란스러운 편집증적인 미치광이'라고 단정 짓고 마찬가지로 정신병원에 가두었다(Holdsworth, 2008). 정신병원에 끌려왔을 때 그는 "스트레스를 받고… 다른 사람들을 의심하고, 시비를 걸고, 혼란스러워하는" 것 같았다고 의사들은 주장했다.

"특정한 상황에서 내가 그처럼 느꼈던 것은 전혀 놀랄 일이 아닌 것 같다"고 그 남자는 나중에 언급했다(Holdsworth, 2008).

그와 같은 사례들은 대단히 중요한 의문을 제기한다. 이를테면 어떤 사람이 정신병이라고 누가 판단하는가? 사회의 사람들은 사회적 사건과 다른 사람들에게 미치는 영향력의 정도, 즉 힘에 있어서 대단히 다르다. 일반적으로 보다 큰 힘을 가진 사람들이 힘을 덜 가진 사람들의 정신 건강 혹은 병을 판단한다(Foucault, 1965). 정부 관리들은 시위자들을 '정신적으로 아프다'고 부를 수 있으며 어떤 나라에서는 그들을 정신병원으로 보낸다. 시위자들은 정부 관리에게 같은 식으로 할 수 없다.

사회적·역사적 요인들 또한 정신병에 대한 판단에 영향을 미친다. 한 시기에 정상처럼 보이는 행동이 다른 시기에 비정상적으로 보일 수 있다. 예를 들면 현대의 전문가들은 어떤 성적 지향도 장애로 보지 않는다. 그러나 반세기 전에 그들은 장애로 보았다. 1950년대와 1960년대에, 정신과 의사들은 동성애를 정신병으로 분류했다. 수백만 명을 단지 성적 지향 때문에 정신장애라고 했다. 정신병 목록에서 동성애를 빼는 투표를 했을 때, 1970년대 초반까지 정신과 의사들이 그들의 입장을 바꾸는 일은 없었다(McNally 2011).

이러한 사례들이 명확하다면, 사람이 정신적으로 아프다는 주장은 조심스럽게 해야 한다. 때때로 흔치 않은 행동은 특이한 생활환경을 반영한다. 한 사회 혹은 역사적 환경에서 비정상을 드러내는 행동이 다른 사회나 역사적 환경에서는 완벽하게 정상처럼 보일 수도 있다.

장애 분류하기

사전 질문

> › 정신 건강 전문가들이 심리적 문제를 진단하고 분류하기 위해 사용하는 주요 도구는 무엇인가?
> › 정신 건강 전문가들이 심리적 문제를 진단하고 분류하기 위해 사용하는 주요 도구에 관한 비판점들은 무엇인가?

이러한 경고에도 불구하고, 세상 사람들 수백만 명이 심각한 심리장애로 고통을 받는다는 것은 의문의 여지가 없다. 그들을 돕는 첫 번째 단계는 장애를 진단하는 것이다. 다시 말해서 어떤 유형으로 존재할 수 있도록 장애를 분류하는 것이다. 의사가 의학적 처치를 계획하기 위한 첫 단계로 신체적 문제들을 진단하고 분류하는 것처럼, 정신 건강 전문가들은 치료를 계획하는 첫 단계로 심리적 문제를 진단하고 분류한다.

정신장애 진단 및 통계편람(DSM) 심리학자들이 장애를 분류하기 위해 사용한 도구는 책이며, 그 책을 **정신장애 진단 및 통계편람**(Diagnostic and Statistical Manual of Mental Disorders) 혹은 **DSM**이라고 한다. DSM은 의료 전문가에 의해 확인된 정신장애를 포괄적으로 목록을 작성하고 조직한다. 각 목록은 개인이 특정한 장애를 가졌을 때 분류되기 위해 경험해야만 하는 행동적, 정서적 반응을 명시한다. 여기 한 사례가 있다.

당신이 임상심리학자라고 상상하라. 내담자는 사회적 상황에서 유별나게 불안하며 그 불안이 그녀의 인생에 지장을 준다고 말한다. 만일 당신이 DSM을 펼쳐본다면, **사회불안장애**라고 하는 적절한 진단 범주를 발견할 것이다. 나아가, 내담자의 조건이 이 장애의 사례로서 적합한지 여부를 결정하기 위한 명확한 기준을 발견할 것이다. 사회불안장애에 대한 DSM의 기준은 다음 사항을 포함한다(American Psychiatric Association, 2013).

DSM-5 최근에 개정된 정신장애 진단 및 통계편람(DSM)은 심리장애를 확인하고 분류하는 데 가장 널리 사용되는 체계이다.

> › 다른 사람들이 면밀하게 감시하는 사회적 상황에 대해 가지는 높은 수준의 두려움으로, 불안해 보이는 것에 대한 두려움과 굴욕을 당하는 것에 대한 두려움을 포함한다.
> › 이러한 상황들은 공포를 지속적으로 초래한다.
> › 그 사람은 그런 상황을 피하거나 상황들이 견디기에는 극도로 어렵다는 것을 발견한다.
> › 그 사람은 이런 느낌을 보통 6개월 또는 그 이상 경험했으며, 일상생활을 고통스럽게 하고 방해하는 원인이 되었다.
> › 공포는 상황에서 제기된 실제 위험과 비교할 때 극단적이다.

이제 당신은 내담자에게 말을 할 것이다. 불안의 빈도와 강도와 지속기간에 대해서 평가하고, 장애를 가진 것으로 인정할지 여부를 결정하기 위해 그 정보를 사용할 것이다. DSM은 이 장에서 언급된 모든 장애를 포함하여 매우 다양한 장애 각각에 대해 이런 종류의 지침을 가지고 있다.

DSM을 사용해서 내담자를 진단할 때, 치료 전문가들은 어떤 내담자도 한 가지 이상의 장애를 가질 수 있다는 것을 인정한다. 심리장애는 종종 **공병**적이다. **공병**(comorbidity)은 어떤 한 개인에게 둘 이상의 장애 증상이 나타나는 것을 말한다(Kessler et al., 1994). 공병은 여러 가지 이유로 일어날 수 있다. 생물학적 요인(예 : 유전적 소인)은 한 가지 이상의 장애에 영향을 미칠 수 있다. 한

정신장애 진단 및 통계편람(DSM) 정신장애를 포괄적으로 목록을 작성하고 분류하며 진단 기준을 명시한 참고도서

공병 한 사람에게 둘 이상의 장애 증상이 보이는 경우

가지 장애는 또 다른 장애를 촉발할지도 모른다. 예를 들면 사람은 지속되는 사회적 불안에 우울하게 될지 모른다. 그 대신에 공병은 장애가 겹치기 때문에 그저 일어날 수 있다. 즉 DSM에 의하면 심리적 경험들은 한 가지 이상 장애의 증상들이다(Cramer et al., 2010).

DSM : 아무도 완전하지 않다 DSM은 정신 건강 분야에서 가장 영향력 있는 책이다. 그 책의 진단 범주는 치료 전문가, 연구자, 제약회사, 보험회사, 정부관계기관에 정신장애를 확인하고 의사소통을 할 수 있는 공통의 언어를 제공한다. 미국 밖의 많은 나라들은 다른 진단 체계를 사용하는데, 국제장애분류 또는 ICD라고 한다. 그러나 ICD의 내용은 DSM의 분류 체계에 의해 의미 있게 만들어졌으며(APA Moniter, 2009), 따라서 DSM의 영향력을 확장한 것이다. DSM의 진단 범주가 널리 사용되는 것을 고려해볼 때 그것을 비판적으로 조사해보는 것은 중요하며, 세 가지 점이 눈에 띈다.

1. DSM의 진단 범주는 변한다. DSM은 제5판을 거치면서 진화해왔다(초판은 1952년, 제5판인 **DSM -5**는 2013년에 출판되었다; Blashfield et al., 2014). 판을 거듭하면서 내용이 상당히 달라졌다. 새 판일수록 지난 판에 비해 더 많은 장애를 리스트에 포함시켰으며, 반면에 이전에 사용되어 왔던 일부 진단 범주들은 폐기되었다.

   정신장애 분류가 어떻게 그만큼 변할 수가 있는가? 과학은 새로운 장애를 발견했고 일부 예전 장애들은 더 이상 존재하지 않는다는 것을 알아냈는가?

   DSM의 범주는 과학적 연구에 단지 부분적으로 근거를 두고 있으며 또한 전문가 견해에 의지한다. 이를테면 의료 서비스 전문가들은 만나서 책의 내용을 논쟁한다. 과학적 연구 결과와 사회적 경향성의 변화(동성애의 경우에서도 알 수 있었듯이)도 모두 반영하기 때문에 전문가의 의견은 변한다. 따라서 범주는 DSM이 출판되고부터 그다음 판 사이에 변한다. 이상적이라면, 설명서의 범주가 보다 철저하게 과학적 연구 결과에 근거를 두게 될 것이다.

2. DSM 범주는 기술이며 원인이 아니다. 신체적 질병을 진단할 때, 의사들은 (a) 증상과 (b) 원인을 구별한다. 만일 의사에게 가슴에 통증이 있다고 말한다면, 그것은 증상이다. 의사는 문제를 진단할 때, '가슴 통증 장애'가 있다고 말하지 않는다. 그것은 진단이 단지 당신이 가진 문제를 묘사할 것이기 때문이다. 대신에 의사는 원인을 찾는다. 증상이 왜 일어났는지를 설명해줄 증상, 예를 들면 소화기 계통 장애, 근육 부상, 심근경색을 찾는다. 그렇지만 DSM 범주는 이와 같지 않다. DSM 범주는 증상을 단지 묘사하고 '원인에 관한 것이 아닌, 신호와 증상의 외관 유사성'에 따라서 장애를 분류한다(McNally, 2011, p. 176). 비록 의사가 가슴에 통증을 가진 이를 '가슴 통증 장애'로 진단하지 않을지라도, DSM은 장기적인 우울한 느낌을 경험하는 사람을 '우울장애'로 진단한다.

3. DSM은 정신질환을 과잉진단되도록 할지 모른다. 사람들 가운데 몇 퍼센트가 정신질환을 갖는다고 생각하는가? 직관적으로 볼 때, 아마도 사람들은 이 숫자가 작을 것이라고 예상할 것이다. 사람들이 기벽을 가질지라도, 당신이 아는 사람들 대부분은 말 그대로 정신적인 질병으로 보지 않는 것 같다. 그러나 DSM 준거가 적용되면 장애를 가진 사람의 비율이 현저히 높아진다. 수천 명의 대학생을 대상으로 한 조사에서 거의 반(46%)이 전년에 정신장애를 가진 것으로 인정되었다(Blanco et al., 2008). 유럽에서의 유사한 조사는 '유럽인들의 38%가 정신질환을 가지다'라는 깜짝 놀랄 헤드라인 뉴스를 내놓았다(Associated Press, 2011). 비율이 높기 때문에 어떤 사람들은 일상의 평범한 경험들에 장애라는 꼬리표를 붙임으로써 DSM이 정신질환을 과잉진단하는 것은 아닌지를 묻기도 한다.

DSM-5 내용 면에서 상당히 달라진 2013년에 출판된 최신판 DSM 설명서

DSM 범주에 있어서 심리적 다양성 DSM 범주는 사람들을 심리장애의 원인이 아니라 증상에 따라 분류한다. 결과적으로 다른 심리적 배경을 가진 사람들이 같은 DSM 진단을 받을 수 있다. 신상정보에 근거하여, 미국의 영화배우인 킴 베이싱어(여기에 제시된 사진은 1997년 영화 〈L.A. 컨피덴셜〉이다)와 한국의 힙합뮤지션인 대니얼 리(그룹 에픽하이의 타블로) 두 사람 모두 사회 불안장애라는 같은 장애에 대한 DSM 준거에 들어가는 것으로 나타났다. 그러나 그들의 배경은 다르다. 베이싱어는 아동기 이후로 사회적으로 불안했다. 그녀는 교실에서 큰 소리로 읽도록 요청받을 때마다 교사에게 신경쇠약을 보였다(Cuncic 2010). 반대로 타블로는 지속적으로 대중들에 의해 일어난 대단히 충격적인 사건에 기인해서 단지 만년에 생겼다. 그는 스탠퍼드대학을 졸업하고 그의 고국에 돌아간 후 학력기록을 위조했다는 혐의를 부당하게 받았다. 신문기사와 인터넷 사이트는 그가 부정직하다고 알려진 것에 대해 공격했다. 결국 그는 학위 취득을 증명했지만, 공격은 그에게 대단히 큰 충격을 주었고, 그가 대중 앞에 나타나는 것을 두려워하게 만들었다. 그는 다음과 같이 말했다. "나는 상처를 입었다. 내가 언젠가 좋아질 수 있을지 모르겠다"(David, 2011).

DSM을 사용하여 진단했을 때, 특별히 걱정하는 것은 정상적인 슬픔을 경험하는 일부 사람들이 '정신적으로 장애가 있는' 것처럼 꼬리표가 붙는다는 것이다(Horwitz & Wakefield, 2007, p. 6). 인간 역사를 통틀어 사람들은 사랑하는 사람이 죽거나 관계가 깨지는 등의 나쁜 일에 대응하여 슬픔을 경험해왔다. 사람들의 슬픔이 넘치도록 장기간 지속될 때, 인간 본성의 정상적인 부분인 정서를 경험함에도 불구하고 정신질환을 갖고 있는 것으로 인정할지도 모른다(Horwitz & Wakefield, 2007).

여성 학자들은 다른 우려를 제기한다. 역사적으로 DSM을 만들어왔고 환자를 진단하기 위해 그것을 사용해왔던 전문가들이 남성이었다는 것이다. 일부 남성 임상의들은 여성들의 경험을 오해할 수도 있다. 다른 이들은 여성들을 부정적으로 치료하도록 만드는 성적편향을 가질 수도 있다. 이런 요인들은 남성 임상의가 실수로 심리적으로 정상인 여성을 정신적인 질환이 있다고 판단하게 만들 수 있다(Chesler, 1997). 연구는 정신 건강에 관한 임상의의 관점이 성 편향될 수 있다는 것을 보여준다. 임상의들이 (1) 정상적인 남성, (2) 정상적인 여성, (3) '건강하고, 성숙하며, 사회적으로 유능한 성인'을 묘사했을 때, 건강한 성인에 대한 기술은 정상적인 남성에 대한 기술과 유사했으며 정상적인 여성에 대한 기술과는 달랐다. 심리적 정상 상태에 관한 임상들의 신념은 여성에게 편견을 가지고 있었다.

결국 문화와 사회집단의 차이는 장애를 과잉진단하게 만들 수도 있다. 비극에 대한 반

스탠, 나는 당신이 만족해하는 방법이 걱정되네요. 치료가 필요할 것 같군요.

응에서의 문화적 차이를 고려해보라. 일부 문화권에서, 예를 들어 이집트 카이로의 도시사회에서 비탄에 대한 반응은 극도로 오래 지속된다(Rosenblatt, 1993). 단지 미국 내에서만 봐도, 사랑하는 사람의 상실 뒤에 오는 비탄은 평균적으로 유럽계 미국 학생들보다 아프리카계 미국 학생들의 경우 더 오래 지속된다(Laurie & Neimeyer, 2008). 이러한 문화적 차이를 알지 못하는 정신 건강 전문가는 특정한 문화 속의 사람들 간에 전형적이고 완벽하게 정상적인 비탄 반응을 '이상한' 것으로 분류할 수도 있다.

제한점에도 불구하고, DSM은 전문가들이 치료를 요구하는 다른 유형의 정신장애를 분류할 때 가장 권위를 가진 '값진 기준'의 사용서다. 이제 진단 도구에 대해서 알아봤으니, 치료에 대해서 살펴볼 것이다.

치료

해마다 2,400만 명에 달하는 미국인들이 심리장애 때문에 치료를 받는다. 이 서비스의 대가로 평균 160억 달러를 소비한다(Olfson & Markus, 2010). 그러한 수치는 단지 외래환자 정신 건강 서비스에 대한 것이다. 즉 병원에 입원하지 않는 사람들에게 제공되는 치료를 말한다. 많은 다른 사람들은 입원을 요하는 심각한 정신장애를 경험한다. 예를 들면 미국에서는 33만 명 이상의 사람들이 정신분열증으로 입원한다. 미국 경제에 들어가는 이 병의 전체 비용은 수백억 달러이다("Schizophrenia Facts and Statistics," 1996~2010).

이러한 숫자는 두 가지 의문을 불러일으킨다 — (1) 수천만 명의 사람들이 수백억 달러를 소비하고 있는 치료는 무엇인가? (2) 효과가 있는가? 이 장의 뒷부분에서는 이 문제에 초점을 맞출 것이다.

치료 전략

사전 질문

> ❯ 왜 다른 유형의 치료법들이 그렇게 많은가?

사람들이 시간과 돈을 소비하는 치료법들은 한마디로 다양하다. 두 가지 요인이 다양성을 부채질한다. 첫 번째 요인은 장애와 그로부터 고통 받는 사람의 다양성이다(Nathan & Gorman, 2007). 임상의들은 다른 심리적 문제들을 위해 다른 치료법들을 개발한다. 나아가 각 내담자들에게 표준적인 방법을 조정한다. 한 유명한 치료자(Howes가 인터뷰한 Irvin Yalom, 2009)는 심지어 모든 환자 각각을 위해 독립된 새로운 치료법을 개발해야 한다고 제안한다. 그래서 일부 환자를 위해서 목표는 이렇게 될 것이고, 일부 환자를 위해서 목표는 저렇게 될 것이다.

두 번째 요인은 다른 임상의들은 다른 치료 전략을 받아들인다는 것이다. 즉 그것은 심리적 고통을 감소시키고 정신 건강을 개선하는 다른 접근들로서 중요한 두 유형의 전략이 있는데, 심리치료와 약물치료가 그것이다.

1. **심리치료**(psychological therapy)는 치료자와 그와 함께 이야기를 나눌 1명 이상의 내담자 간의 상호작용이며, 내담자를 위해 새로운 행동 경험을 만들어낸다. 치료자와 내담자 간의 이러한 심리적 상호작용은 내담자의 행복을 개선하기 위해 고안된다. 심리치료에서, 임상의들은 내담자의 정서 상태를 개선하고 사고의 질을 증가시키며, 행동기술을 향상시킨다.

2. **생물학적 치료**(biological therapy)는 신경 체계의 생화학 또는 해부학적인 부분을 직접적으로 바

심리치료 심리치료에서, 정신 건강 전문가들은 내담자의 심리적 행복을 개선하기 위해 고안된 개인적인 만남에서 내담자와 상호작용을 한다.

© Wavebreak Media Ltd. / Corbis

심리치료 정서 상태, 사고, 행동기술을 개선하려는 목표를 가지고 치료자가 내담자와 이야기를 나누는 상황에서 치료자와 내담자 간의 상호작용

꾸는 개입이다. 가장 흔한 생물학적 치료는 **약물치료**(drug therapy)이며, 환자는 뇌의 생화학적 부분을 바꾸는 약을 받는다. 약은 의학적 치료를 위해 고안된 화학물질이다. 이러한 변화는 내담자의 정서 상태와 사고 능력을 개선하기 위해 고안된다.

우선 심리치료부터 분석해보자.

심리치료

사전 질문

> 〉 가장 중요한 유형의 심리치료 중에는 무엇이 있으며 그들 각각을 경험한다는 것은 어떤 것인가?
> 〉 어떤 심리치료가 가장 인기있는가?

심리치료를 제공하는 전문가는 **심리치료자**(psychotherapists)라고 불린다. 심리치료자는 정확히 무엇을 하는가?

그것은 상황에 따라 다르다. 심리학자들은 정신 건강을 개선하기 위한 가장 좋은 심리기술에 대해 다른 신념을 갖는다. 따라서 다른 유형의 심리치료들이 있으며, 이 중 **정신분석, 행동치료, 인지치료, 인본주의 치료, 집단치료**의 다섯 유형이 특히 중요하다(심리치료 접근은 다양한 성격 이론과 매우 밀접하게 관련이 있다; 12장 참조).

정신분석 **정신분석**(psychoanalysis)은 오스트리아 비엔나의 의사인 지그문트 프로이트에 의해 19세기 말에 개발된 심리치료이다(Freud, 1900; Freud & Breuer, 1895). 그것은 **통찰치료**(insight therapy)에 대한 하나의 예로서, 치료자는 내담자가 자신의 심리증상의 근원을 확인하고 이해하도록(또는 통찰을 얻도록) 돕는다. 자신의 정신생활에 대한 통찰은 심리적 행복을 개선하는 것이라고 생각된다(Cameron & Rychlak, 1985). 프로이트는 통찰을 얻기 위해 독특한 방법을 개발했는데, 바로 자유연상법이다.

자유연상법(free association method)은 심리적 문제를 생각할 때 환자가 마음속에 떠오르는 것을 무엇이나 말하도록 고무되는 치료 기법이다. 그것이 문제에 대한 '자유연상'이다. 프로이트는 그의 환자에게 아무것도 숨기지 말도록 지시했다. 환자는 마음속에 떠오르는 어떤 생각이라도 사소한 것처럼 보일지라도 모두 말로 표현하도록 되어 있다(Bellak, 1961). 프로이트는 자유연상을 방해하지 않았다. 그는 단지 내담자의 생각에 주목했고 그 내용을 분석했다. 그 생각은 결국, 자유연상이 마치 과거의 외상과 같은 기억처럼 깊고 의미 있는 심리적 내용으로 이끌 것이라는 것이었다.

내담자에게 이 중요한 심리적 내용을 직접적으로 이야기하라고 왜 바로 요청하지 않는가? 프로이트의 답은 그들은 그렇게 할 능력이 없다는 것이다. 괴롭히는 기억은 무의식에 저장되어 있는데, 무의식은 그 안의 내용이 숨겨져 있으며 평소와 달리 접근이 어려운 마음의 영역이다. 프로이트의 이론에서, 마음은 다른 수준을 가진 도서관과 같으며, 무의식은 자물쇠가 채워진 대형의 지하층과 같다. 무의식에는 많은 내용이 있지만, 열쇠 없이는 그것에 접근할 수가 없다. 자유연상법은 사람들을 무의식의 정신세계로 들어가게 하는 열쇠이다.

프로이트는 사람들의 일부 삶의 경험이 정서적으로 매우 힘들기 때문에 그것에 대해서 생각하기를 원치 않는다고 설명한다. 그렇게 하는 것을 멈추기 위해 사람들은 매우 힘든 삶의 경험을 억압한다. 다시 말하면, 의식(자각하고 있는 정신의 영역)으로부터 사건의 기억들을 무의식으로 옮긴다. 일단 그곳에 두게 되면, 무의식적 사고는 그냥 사라지지 않는다. 오히려 정서적 에너지는 견디며 인내한다. 이 에너지는 무의식 밖으로 벗어날 수 있으며 정서적, 신체적인 고통을 초래할 수

생물학적 치료 심리장애 치료에서 신경 체계의 생화학 또는 해부학적인 부분을 직접적으로 바꾸는 개입

약물치료 심리장애 치료에서 정서 상태와 사고 능력을 개선하기 위해 뇌의 생화학적 부분을 바꾸는 약으로 치료하는 것

심리치료자 심리치료를 제공하는 전문가

정신분석 프로이트에 의해 본래 개발된 심리치료 전략으로, 통찰치료의 한 유형

통찰치료 내담자가 자신의 심리증상의 근원을 확인하고 이해하도록 치료자가 도와주는 심리치료의 한 유형

자유연상법 심리학자가 사람들로 하여금 마음속에 떠오르는 생각을 자유롭게 무엇이나 말하도록 격려하는 방법으로, 프로이트에 의해 고안되었으며 성격평가와 치료 모두에서 쓰임

다음은? 자신의 사무실에 있는 프로이트의 모습. 보아하니 다음 환자를 기다리고 있다. 정신분석 치료를 할 때 프로이트는 의자에 앉아 있고 환자는 그의 왼편에 있는 소파에 누워 있을 것이다.

있다. 사람들은 고통을 경험하지만 왜 그런지는 알지 못한다. 그것은 사람들이 무의식적 원인에 대한 통찰이 결여되어 있기 때문이다.

자유연상법을 통해서 사람들은 통찰을 얻는다. 치료가 진행되면서 그들은 더욱더 깊이 정서적 의미에 관한 주제의 덮개를 벗기고, 마침내 정서장애의 근원적인 원인과 마주친다. 이것은 느리게 진행될 수 있다. 정서장애가 있는 지난 사건을 생각할 때 경험하는 저항을 점차적으로 극복하면서, 내담자는 아마도 몇 년 동안 정신분석을 받을 수도 있다(Sandell et al., 2000). 그러나 일단 이러한 내용에 관한 통찰을 얻고 나면, 치료자가 제공하는 해석에 의해 도움을 받기 때문에 그들의 정신 건강은 개선될 것이라고 기대된다. 그들의 의식적 정신은 강해지고 무의식은 힘을 잃을 것이며 개인은 심신을 약화시키는 심리적 고통에서 상대적으로 자유로워질 것이다(Cameron & Rychlak, 1985). 정신분석 치료의 효과성에 관한 대규모 메타분석은 정신분석적 접근이 대다수의 내담자를 위해 장기적으로 유용하다는 과학적 증거를 제공한다(de Maat et al., 2009; 또한 Shedler, 2010 참조).

프로이트의 접근은 심리장애의 의학 모델에 전형적인 예가 되었다(Elkins, 2009; Macklin, 1973). 사고, 정서, 행동에서의 장애와 같은 환자의 삶의 문제들은 증상으로 해석된다. 자유연상에서, 프로이트는 무의식에 있는 근원적인 원인을 찾아낸다. 치료는 궁극적으로 진술된 원인을 목표로 하며, 그것은 바로 무의식의 내용이다.

정신분석의 또 다른 핵심 과정은 **전이**(transference)다. 그것은 환자가 마치 치료자를 환자의 중요한 과거 인물(예 : 부모)인 것처럼 무심코 치료자에게 반응할 때 일어난다. 중요한 인물과 원래 경험했던 정서는 치료자에게 '전이'된다. 일단 과거 정서가 치료에서 다시 경험되면, 그것은 분석될 수 있다는 점에서 전이는 중요하다. 이러한 분석을 통해서 환자는 과거의 정서적 경험이 어떻게 현재 고통의 원인이 되고 있는지 통찰을 얻을 수 있다(Cameron & Rychlak, 1985).

프로이트가 살아 있는 동안과 사후에 다른 많은 치료자들이 프로이트에 의해 영감을 받아, 그러나 그와 동일하지 않게 치료법을 발전시켰다. 프로이트의 정신분석 치료와 관련된 방법

> 당신의 인생에서 중요한 사람을 생각하게 하는 누군가를 만난 적이 있는가? 당신이 중요한 사람을 대하는 방법과 유사한 방법으로 이 사람을 대했는가? 이 경험이 전이와 유사하다.

들인 일련의 치료 접근의 결과는 **정신역동치료**로서 언급된다. **정신역동**이라는 용어는 정신 안에서 정신 에너지의 흐름을 말한다(12장). 정신역동치료자는 치료 중에 내담자에게 아마도 알려지지 않았지만 정서적 고통을 주는 정신생활의 측면들을 확인하면서 관심사를 나눈다. 그들은 과거의 생활사건이 내담자의 현재 경험에 영향을 주는 방법들을 돌보며, 일상생활의 문제뿐만 아니라 판타지, 꿈, 공상을 일으키는 생각들도 내담자가 상의하도록 격려한다(Shedler, 2010).

전이 마치 치료자를 부모와 같은 환자의 중요한 과거 인물인 것처럼 여겨, 치료자에게 환자가 무심코 정서적으로 반응하는 정신분석과정

행동치료 치료자가 보다 적응적인 행동 방식을 가르침으로써 내담자의 행동 패턴을 직접적으로 바꾸는 것을 목표로 하는, 학습에 관한 연구에 근거한 치료 전략

행동치료 행동치료(behavior therapy)는 치료자가 내담자의 행동 패턴을 직접적으로 바꾸는 것을 목표로 한다. 적응적인 방식으로 행동하는 것을 더 많이 학습함으로써, 내담자의 심리적 삶이 개선된다(O'Donohue & Krasner, 1995).

행동치료는 정신분석과는 상당히 다르다. 정신분석가는 내담자의 과거를 분석한다. 행동치료자는 현재와 미래에 초점을 맞춘다. 그들은 내담자가 현재 경험하고 있는 행동문제를 확인하려고

하며, 곧 있을 도전에 효과적인 새로운 행동을 가르치려고 한다. 이러한 실제적인 문제 중심 접근은 때때로 매우 급하게 행동 변화를 만들어낼 수 있다(O'Donohue, Fisher, & Hayes, 2003).

행동치료자는 환경을 바꿈으로써 내담자의 행동을 변화시킨다. 그들은 일반적으로 환경 경험이 행동을 형성한다는 것을 안다(Skinner, 1953). 따라서 전략적으로 내담자의 환경을 변화시키는 것은 그들의 행동을 변화시키고 행복을 개선한다. 한 사례를 들어보자. 내담자가 우울하면, 행동치료자는 내담자를 우울한 기분을 좋아지게 할 수 있는 새로운 환경으로 향하게 하는데, 이를테면 매력적으로 차려입고, 의미 있는 대화에 참여하며, 좋은 식사를 하고, 우울하지 않은 다른 사람들과 시간을 보내도록 하는 것이다(Lewinsohn & Graf, 1973). 내담자가 우울해했을 과거의 원인이 무엇이든 간에, 이러한 새로운 환경은 우울한 기분을 완화할 수 있다.

행동치료는 학습에 관한 연구에 근거한다(6장). 역사상, 학습연구자들은 처음에 실험실 연구에서 정서와 행동을 수정하는 환경 요인들을 확인했다. 그다음에 행동치료자는 추론의 세 단계를 거쳐서 연구 결과를 실행에 옮겼다—(1) 내담자들은 과거에 경험했던 환경이 현재 상황에 유용한 행동을 그들에게 가르치지 않았기 때문에 고통을 경험한다. (2) 학습하기에 결코 너무 늦은 것은 아니다. 따라서 내담자는 유용한 새로운 행동을 치료를 통해서 배울 수 있다. (3) 학습에 관한 기초연구에서 드러난 요인들은 정서와 행동을 수정하며, 내담자들에게 새로운 행동을 가르치는 데 사용할 수 있다(Bandura, 1969; Schachtman & Reilly, 2011).

부부치료 행동치료자가 일할 수 있는 많은 치료 장면 중 하나가 부부를 위한 치료이다. 치료자는 부부가 듣기와 의사소통기술을 개발하도록 노력하며, 내담자가 배우자를 향해 보다 긍정적인 태도로 행동하도록 돕는다.

행동치료 전략이 어떻게 실행에 옮겨질 수 있는지 보기 위해, 치료자가 결혼생활에서 큰 고통을 겪고 있는 부부와 함께 치료 작업에서 적용한 것을 생각해보라(Christensen et al., 2004). 부부에게 치료 장면에 있는 것은 '좋은 배우자가 되는 법'에 대한 수업을 받는 것과 같았다. 치료자는 그들에게 관계에 도움이 되는 좋은 행동을 가르쳤다. 예를 들면 다음과 같다.

❭ **행동 교환** : 부부는 배우자를 위해 할 수 있는 긍정적인 행동 목록을 만들도록 가르침을 받았다.
❭ **의사소통 훈련** : 치료자는 부부에게 말하는 새로운 방법을 가르쳤다. 이때 "당신은 게으름뱅이예요"처럼 2인칭으로 진술하는 대신에, "당신이 집 안 여기저기를 엉망으로 어질러 놓을 때 기분이 나빠요"와 같이 1인칭으로 진술하는 것이 핵심이다.
❭ **듣는 기술** : 부부는 대화하는 동안 배우자가 한 말을 어떻게 요약하고 바꾸어 말하는지를 배웠다. 바꾸어 말하기는 사람들에게 그들이 이해받고 있다는 것을 알게 해주며, 전체적으로 봤을 때 대화와 관계에 유익하다.

치료가 효과가 있었는지 여부를 결정하기 위해, 치료자는 치료하기 전과 치료한 후에 결혼만족도를 측정했다. 행동치료는 결혼생활에 대한 부부의 만족도를 개선했다(Christensen et al., 2004).

효과적인 행동치료기술 중 하나인 **토큰경제**(token economy)는 치료자가 행동이 더 잘 일어나게 하는 강화물을 사용하여 바람직한 행동에 보상하는 것이다(6장 참조). 강화물은 플라스틱 칩과 같은 토큰이며 사람들은 나중에 가치 있는 것(예 : 음식물)과 교환할 수 있다. 토큰경제는 사람들이 바람직한 행동을 수행하는 데 사용함으로써 빈도를 증가시키도록 고안되었다. 정신병원에 입원한 여자 환자들을 대상으로 수행한 연구(Maley, Feldman, & Ruskin, 1973)에서, 치료자는 그들이 병원 의료진과 개인적으로 적절한 차림새로 대하거나 의사소통하는 것과 같은 바람직한 행동에 참여할 때 토큰을 주었으며, 토큰은 나중에 간단한 간식이나 담배와 교환이 가능했다. 토큰

토큰경제 내담자가 바람직한 행동을 다시 하도록 토큰을 강화물로 사용함으로써 바람직한 행동에 보상하는 행동치료 기법

학습과 생물학적 메커니즘 연결

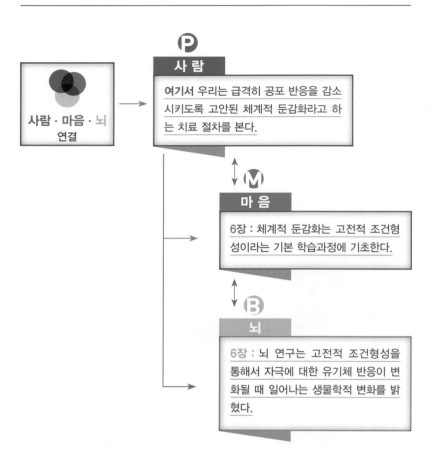

사람 · 마음 · 뇌 연결

🅿 **사람**

여기서 우리는 급격히 공포 반응을 감소시키도록 고안된 체계적 둔감화라고 하는 치료 절차를 본다.

Ⓜ **마음**

6장 : 체계적 둔감화는 고전적 조건형성이라는 기본 학습과정에 기초한다.

🅱 **뇌**

6장 : 뇌 연구는 고전적 조건형성을 통해서 자극에 대한 유기체 반응이 변화될 때 일어나는 생물학적 변화를 밝혔다.

경제를 경험하지 않은 환자들과 비교했을 때, 토큰경제를 경험한 환자들이 의사소통을 더 잘했고, 혼란과 이상한 행동을 덜했으며 좀 더 긍정적인 기분을 보였다. 토큰은 이상행동을 감소시켰다.

토큰경제는 행동은 환경에 의해 통제된다는 행동치료의 핵심 원리를 잘 보여준다. 사람들은 처벌을 가져오는 행동 수행을 피하며 보상을 가져다주는 행동을 수행한다. 이러한 간단하지만 강력한 원리를 따르는 것은 행동치료가 사람들의 부적응행동을 감소시키도록 할 수 있다.

행동 수정에 더하여, 일부 행동치료 기법은 정서적 반응을 직접 표적으로 삼는다. 행동치료자는 **노출치료**(exposure therapy)를 사용하여 내담자가 공포를 불러일으키는 대상이나 상황을 직접적으로 직면함으로써 공포와 불안 정서에 맞서 싸우게 한다(McNally, 2007). 예를 들면 세균에 대하여 강박적으로 불안한 내담자는 더러운 물건에 노출될 수 있다. 높은 곳을 두려워하는 사람들을 고층 건물의 고층으로 데려갈 수도 있다. 치료자는 노출되는 동안 내담자에게 어떤 해로운 일도 일어나지 않는다는 것을 보장한다. 그때 내담자는 (1) 공포의 대상과 (2) 해가 없다는 것을 동시에 경험한다. 이 두 가지

> 초등학교 교사 중 누군가 교실에서 토큰경제를 만들어냈는가?

노출치료 치료자는 내담자가 공포를 불러일으키는 대상이나 상황에 직접 접촉함으로써 노출되는 동안 내담자에게 어떤 해로운 일도 일어나지 않는다는 것을 보장하면서 공포와 불안 정서에 맞서 싸우게 하는 행동치료 기법

소멸(정서의) 노출치료에서, 정서적으로 기대하던 자극적인 상황이 일어나지 않을 때 발생하는 정서 반응에서의 감소

체계적 둔감화 내담자를 서서히 점진적인 방법으로 공포스러운 대상에 노출시킴으로써 공포를 감소시키는 노출치료

경험은 내담자의 정서적 반응을 수정한다(Foa & Kozak, 1986). 정서 학습 또는 소멸이다. 정서의 **소멸**(extinguishing)은 정서적으로 기대하던 자극적인 상황이 일어나지 않을 때 발생하는 정서 반응에서의 감소를 말한다.

행동치료자 조셉 울프(Wolpe, 1958)는 체계적 둔감화라고 불리는 노출치료를 개척했다. **체계적 둔감화**(systematic desensitization)는 내담자를 서서히 점진적인 방법으로 공포스러운 대상에 노출시킴으로써 공포를 감소시킨다. 노출은 실제 생활 경험을 통해, 또는 내담자가 무서워하는 상황에 있는 자신을 상상함으로써 일어날 수 있다. 또 다른 경우는, 내담자는 우선 그들을 위해 그저 적당히 도전하는 상황에 맞선다(예 : 높은 곳을 두려워하는 누군가가 땅으로부터 겨우 몇 피트 떨어져서 서 있는 것을 상상하도록 요청받았을 수도 있다). 그리고 나서 그들은 도전의 수준을 높여 맞선다(예 : 개인이 건물의 2층, 3층, 4층에서 바라보는 것을 상상한다). 목표는 내담자가 평정을 유지

가상 체계적 둔감화 체계적 둔감화는 점진적인 단계적 방법으로 내담자들을 두려워하는 대상에 노출시킴으로써 그들의 공포를 감소시킨다. 이것은 현대 기술 덕분에 내담자가 컴퓨터 생성 환경인 가상현실에 몰두함으로써 성취될 수 있다. 사진 속에서 볼 수 있는 것처럼 거미와 상호작용하는 가상의 경험을 사람들에게 제공하는 가상환경에서, 거미 공포증(거미에 대한 과도한 두려움)을 가진 내담자는 두려움에 맞선다(Hoffman et al., 2003).

하는 것이다. 그러니까 그들은 대상을 두려움보다 오히려 평온과 관련시켜 생각하도록 한다.

　이것은 공포 반응을 감소시킨다. 노출치료는 다수의 다른 불안장애에서 불안 감소의 높은 효과성을 검증해 왔으며(McNally, 2007), 이 장 후반부에서 논의한다.

인지치료 인지치료(cognitive therapy)에서, 치료자는 내담자가 생각하는 방식을 변화시킴으로써 정신 건강을 개선하려고 노력한다. 다시 말해 그들은 내담자의 인지를 변화시키려고 애쓴다.

　인지치료는 간단하지만 중요한 신념에 근거한다. 사고과정은 심리적 고통의 중심에 있다. 어떤 유형의 사고, 즉 사람들이 당신에 대해서 하는 말을 부정적으로 해석하고, 능력에 대해 비관적으로 기대하고, 통제 밖일지 모르는 상황에 대해 스스로를 비난하는 것은 당신을 우울하게 또는 불안하게 만들 수 있다.

　이러한 부정적 사고는 문제를 오히려 키우는 것이며, 다시 말해 삶을 성공적으로 개선하는 사람의 능력을 방해한다. 미래에 대한 생각이 부정적인 사람은 실제로 성공할 수 있는 인생계획을 포기할 수도 있다. 비현실적으로 높은 목표를 설정한 사람은 실망으로 인해 스스로를 긴장시키고 파멸시킬 수도 있다. 사람으로서 자신의 가치를 낮게 평가한 사람은 스스로 우울해진다. 포기하고 긴장하고 실망하고 우울해하는 이런 부정적인 결과의 원인은 인지이다. 즉 비관적인 신념, 비현실적인 목표, 그리고 자신에 대한 낮은 평가로 인한 것이다.

　인지치료자는 대다수의 부정적인 신념들이 비합리적이라고 논박한다. **비합리적 신념**(irrational beliefs)은 쉽게 만족하지 않는, 사람들이 부정적인 사고를 경험하도록 이끄는 독단적인 사고를 말한다(Ellis & Dryden, 1997). 신념은 현실을 비논리적으로 왜곡하기 때문에 '비합리적'이라고 불린다. 그렇게 했을 때, 신념은 심리적 고통을 야기한다. 이를테면 사람들은 자신의 신념을 따르면서 스스로를 나쁘다고 비합리적으로 느끼도록 한다.

　인지치료에서 목표가 된 비합리적 사고는 당신에게 아마도 친숙할 것이다. 당신에게 더 많은 친구들이 없다면 행복할 리가 없다고 생각한 적이 있는가? 혹은 더 많은 돈? 혹은 학교에서 더 성공해야만 한다거나 혹은 당신이 스스로 행복하기 위해 누군가를 행복하게 해야만 한다고 생각한 적이 있는가? 그와 같은 신념들은 평범하지만, 그런 신념들은 당신이 불행한 결말을 맞게 하기 때문에 인지치료자들에게는 비합리적이다. 따라서 인지치료자는 신념과 싸운다. 예를 들면 지나치게 강요하려 드는 아내의 부모가 그를 존중하지 않아서 불행하다고 내담자가 말했을 때, 인지치료자는 그의 불행이 장인, 장모 때문이 아니라 내담자 자신의 비합리적 신념, 특히 행복해지기 위해 처부모님의 존중을 받아야만 한다는 신념 때문이라고 설명했다(Barry, 2009). 치료자는 신념에 도전했다. "당신은 왜 처부모님의 승인이 필요한가요? 그분들의 소망에 복종할 의무가 있다는 것을 어디에서 배웠나요?"

　부정적이고 비합리적인 인지를 변화시키기 위한 검증된 한 가지 방법은 **벡의 인지치료**(Beck's cognitive therapy)이며, 의사인 벡(Beck, 1979)에 의해 개발되었다. 벡은 종종 고통을 만들어내는

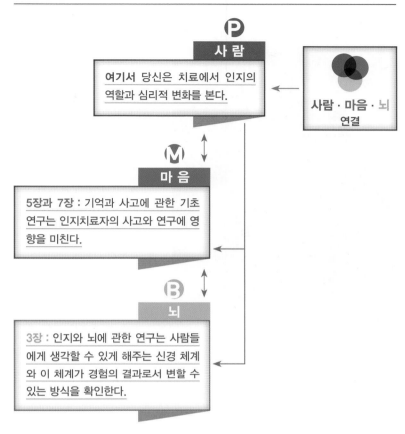

인지 과정과 신경 체계의 연결

Ⓟ 사 람
여기서 당신은 치료에서 인지의 역할과 심리적 변화를 본다.

사람·마음·뇌 연결

Ⓜ 마 음
5장과 7장 : 기억과 사고에 관한 기초 연구는 인지치료자의 사고와 연구에 영향을 미친다.

Ⓑ 뇌
3장 : 인지와 뇌에 관한 연구는 사람들에게 생각할 수 있게 해주는 신경 체계와 이 체계가 경험의 결과로서 변할 수 있는 방식을 확인한다.

인지치료 내담자가 생각하는 방식을 변화시키고 부정적이고 자멸적인 사고를 감소시킴으로써 정신 건강을 개선하도록 노력하는 심리치료

비합리적 신념 현실을 비논리적으로 왜곡하고 사람들이 부정적 정서를 경험하도록 하는, 쉽게 만족하지 않는 독단적인 사고

벡의 인지치료 자동적 사고에 대한 내담자의 인식이 증가하고 부정적 사고에 도전, 긍정적인 대안을 제시함으로써 부정적, 비합리적 사고를 변화시키는 치료 방법

Clem Murray / MCT / Newscom

아론 벡 우울에 대한 인지치료를 개척한 학자

사고는 **자동적 사고**(automatic thoughts), 즉 순식간에 아무 생각 없이 마음속에 떠오르는 생각이라고 설명한다. 사람들은 고통을 만들어내는 사고를 의도적으로 하지 않는다. 그것은 단지 마음속으로 휙 들어온다. 미래를 예상할 때, 우울한 사람은 자동적으로 '일이 나빠질 거야'라고 생각한다. 곧 있을 사회적 사건을 생각할 때, 사회적으로 불안한 사람은 '나는 얼간이처럼 보일 것 같다'라고 생각한다.

인지치료자는 많은 치료상의 목표를 성취하고자 하는 내담자와 대화를 통해서 자동적 사고를 변화시키려고 노력한다.

❯ 자각을 증가시키기 : 내담자는 자신의 생각이 얼마나 부정적인지 알지 못할 수 있다. 따라서 인지치료자의 첫 번째 목표는 자각을 증가시키는 것, 즉 내담자가 자신의 부정적 사고가 정서적 고통에 어떻게 영향을 주는지 알 수 있도록 돕는 것이다.

❯ 부정적 사고에 도전하기 : 치료자는 그들이 확인한 부정적 사고에 도전한다. 치료자는 논리적으로 질문하고 사고 이면을 입증한다.

❯ 긍정적 사고를 제안하기 : 치료자는 부정적 사고를 단지 공격하는 것은 아니다. 그는 또한 내담자가 부정적 사고를 대신하여 보다 긍정적이고 적응적인 방식으로 사고하도록 격려하고 용기를 준다.

인지치료자가 자살충동을 느끼는 환자(P)와 관련된 사례를 어떻게 다루는지 보도록 하자. 치료자(T)는 환자의 생각을 바꿈으로써, 특히 살아야 할 이유에 대한 생각이 죽어야 할 이유에 대한 생각을 대체하도록 함으로써 자살시도를 막으려고 노력한다(Williams & Wells, 1989, pp. 212-213).

T : 죽으려고 하는 뭔가 다른 이유가 있습니까?

P : 나는 그냥 모든 사람의 시간을 허비하고 있는 느낌입니다. 아무도 날 도울 수 없어요. 어릴 때부터 줄곧 그랬어요.

T : 죽으려는 이유가 절망에서 달아나려는 것, 아이들이 당신을 참고 견디지 말아야 한다는 것, 당신이 느끼고 있는 게 얼마나 나쁜지 존이 깨달아야 한다는 것, 다른 사람들의 시간을 더 이상 허비하지 말아야 한다는 것인데, 그밖에 더 있나요?

P : (잠시 있더니) 아니요, 난 그렇게 생각하지 않아요.

T : 자살하려고 애써야 할지도 모를 다른 약점에 대해서 생각할 수 있습니까?

P : 약점이요?

T : 네.

P : (한참 있더니) 나는 실패했다고 생각해요. 결국 뇌 손상을 입게 되거나 혹은 나빠져서 좀 더 무거운 짐이 될 거예요.

T : 또 다른 약점은요?

P : 때때로, 모든 게 좀 더 나을 때, 아이들이 얼마나 속상할지 깨달아요. 마이클과 매리언은 지난 일요일 아침에 침대로 올라와서 내게 크게 입 맞췄어요. 걔들이 토스트를 만들려고 애썼는데, 여기저기 온 데다 마멀레이드를 흘려놨지요.(미소 짓고, 눈물을 흘린다)

T : 그밖에 또?

P : 글쎄, 다른 면이 무엇인지 모르겠어요. 죽음에 관해서 말이에요. 나는 어떤 종교적 믿음도 가지지 않았지만, 저는 뭐랄까, 그게 너무 무서워요. 그건 평화롭지 못할 거예요.

T : 그래서 때때로 당신은 죽는 데, 혹은 죽으려고 시도하는 데 약점이 있을지도 모른다는 것을 압니다. 결국 당신은 더 궁색한 처지에 놓이게 될 수 있고, 어떻게 해서든 신체적으로 손상을 입히죠. 아이들은 당신을 그리워할 테고. 이게 평화롭지 않은 다른 면입니다.

자동적 사고 순식간에 아무 생각 없이 마음속에 떠오르는 생각 당신이 볼 수 있는 것처럼, 인지치료자는 내담자의 사고방식을 변화시키려고 노력했다. "당신은 살아야 합니다!"를 선언에 의해서가 아니라, 내담자가 왜 자살이 좋은 생각이 아닐 수도 있는지, 그 이유를 개인적으로 찾아보도록 유도함으로써 치료자는 매우 감지하기 힘든 방식으로 노력했다.

어떤 면에서 인지치료는 행동치료를 닮았다. 둘 다 내담자에게 새로운 기술을 가르치려고 노력한다. 정신분석에서와 같이, 둘 다 개인의 과거에 깊게 놓여 있는 고통의 원인을 강조하기보다, 오히려 지금 이 순간 환경에서의 도전에 초점을 맞춘다. 이러한 유사성 때문에 인지치료는 종종 **인지행동치료**로 불린다. 그러나 접근이 다르다. 행동치료와 다르게, 인지치료는 개인적 신념과 사고와 관련시킨 기술에 초점을 둔다. 내담자의 환경을 변화시키려고 노력하는 것보다 차라리 인지치료자는 내담자가 환경과 개인적 경험에 대해서 어떻게 생각하는지를 바꾼다. 새로운 생각은 결국 새롭고 적응적인 행동으로 이어진다.

인본주의 치료 인본주의 치료(humanistic therapy)는 치료자가 내담자에게 지지적인 인간관계를 제공하는 전략이다. 인본주의 치료에서는 치료자와 내담자 간 관계의 질이 핵심이다. 치료자이자 이론가인 칼 로저스는 그 접근법에 대해서 다음과 같이 설명한다. "만일 내가 어떤 유형의 관계를 제공할 수 있다면, 다른 사람은 자신의 내부에서 성장과 변화를 위해 관계를 사용하는 역량을 발견할 것이며, 개인적 발달이 일어날 것이다"(Rogers, 1961, p. 33).

인본주의 치료자는 내담자와 치료자 사이의 좋은 관계는 치료 장면 바깥에서 일어날 수도 있는 관계와 본질적으로 유사하다고 믿는다. 당신 자신에 대해서 이야기할 때 주의 깊게 들어주고 당신이 가치 있게 여기는 지혜와 통찰을 지니고 있으면서 특별히 강한 유대관계를 맺고 있는 누군가가 있는가? 어쩌면 그것은 가족, 혹은 코치, 혹은 목사, 혹은 다른 종교 지도자인가? 만일 그렇다면, 당신은 아마도 그 관계가 심리적으로 유익하다는 것을 느꼈을 것이다. 당신은 인생과 미래와 자신에 대한 의문들을 탐색하면서 진지하게 대화할 수 있다. 이것은 결국, 당신이 자신을 보다더 수용할 수 있을 뿐만 아니라 이해하게 하고 심리적으로 성장하도록, 보다 성숙함에 이르도록 돕는다. 이것이 인본주의자들이 치료에서 수립하고자 노력하는 관계의 모습이다.

물론 많은 사람들의 경우 위의 질문에 대한 답은 '아니다'라고 말한다. 가까이에서 잘 들어 주는 강한 유대관계를 갖고 있는 누군가가 그들에게 없다. 이러한 부재는 심리발달에 해로울 수 있다. 인본주의 치료자는 씨앗이 자라기 위해 물이 필요하듯 사람은 성장하기 위해 개인적 인간관계가 필요하다고 말한다. 치료 장면이 아닌 곳에서 인간관계가 결핍되었을 수도 있는 사람들에게 치료 장면에서 그러한 인간관계를 제공함으로써, 인본주의 치료자는 내담자가 심리적 성장을 성취하기 위해 필요한 지지를 제공한다.

내담자와 강력한 개인적 관계를 발전시키기 위해, 인본주의 치료자는 세 가지 기본적인 지침을 따른다. 이것을 로저스(Rogers, 1961)는 성공적 치료를 위한 세 가지 '조건'이라고 부른다. 이는 바로 **일치감, 수용**(무조건적 긍정적 수용), **공감적 이해**이다.

1. **일치감** : 치료관계에서, 인본주의 치료자는 내담자에게 정직한 일치감의 느낌을 표현한다. 의사와 이야기 나눌 때 발견할 수도 있는 종류의 냉정하고 무심한 듯한 '과학자 같은' 개인 스타일을 유지하지 않는다. 오히려 인본주의 치료자는 치료관계에서 만나는 동안 일어나는 진실한 감정을 기꺼이 표현하는, 개방적이고 정직한 사람이다.

2. **수용** : 인본주의 치료자는 내담자를 수용하고 있다. 그들은 내담자의 생각과 행동을 어리석거나 부적절하다는 식으로 결코 거부하지 않는다. 내담자는 언제나 존엄성과 가치 있는 사람으

인본주의 치료 치료자가 내담자에게 지지적인 인간관계를 제공하는 심리치료이다. 치료자와 내담자 간 관계의 질은 내담자의 성장과 변화에 핵심이다.

대인관계 대면에서 인본주의 치료
칼 로저스의 인본주의 치료는 깊고 의미 있고 지지적인 대화를 나누는, 치료 안팎 모두에서 일어날 수 있는 인간 대면 유형을 강조한다.

로 존중받는다. 이러한 수용은 내담자가 자유롭게 개인적 경험을 탐색할 수 있도록 심리적으로 안전한 환경을 만들어낸다. 이처럼 수용에 대한 인본주의 치료자의 용어는 **무조건적인 긍정적 존중**(unconditional positive regard)이며, 이것은 내담자가 무엇을 하든 또는 무엇을 말하든 간에 내담자에 대해 긍정적인 느낌을 표현하는 것이다. 다시 말해 무조건으로 표현하는 것이다.

3. **공감적 이해** : 인본주의 치료자는 **공감적 이해**(empathic understanding)를 드러내기 위해 매진하는데, 그것은 내담자의 관점에서 내담자의 심리적 삶을 이해하는 것이다. 인본주의 치료자는 내담자도 모르는 내부의 정신병을 진단하려고 노력하지 않는다. 대신에, 치료자는 내담자가 자신에 대해서 알고 있고 느끼고 있는 것이 무엇인지를 이해하려고 매진한다. 나아가 그들이 이해받고 있다는 것을 반드시 알게 한다. 치료자는 이것을 적극적인 경청을 통해서 하는데, 경청이란 내담자가 자신의 관점에서 이해되고 있다는 것을 내담자에게 전달하는 것이다(Rogers & Farson, 1987).

적극적 경청의 핵심 기술이 **반영**(reflection)이다. 그것은 내담자가 말한 진술을 순환적으로 요약하는 것이다. 즉 '반영'이란 내담자의 진술내용을 내담자에게 되돌려주는 것이다. 예를 들어 내담자가 다음과 같이 말한다. "대학생활을 더 잘하지 못해서 정말 괴롭습니다. 부모님께서는 내가 잘할 거라고 희망을 갖고 계셨어요. 그분들은 결코 대학에 갈 기회를 갖지 못했기 때문에 내게 기대하고 계세요. 그런데, 내가 그걸 무너뜨리고 있어요." 치료자는 그 말에 다음과 같이 답할 수 있다. "당신은 부모님의 기대에 부응하지 못해서 깊은 죄책감을 느끼고 있군요." 진술의 의미와 정서적 말투를 압축하여 반영함으로써 치료자는 내담자가 공감적으로 이해받고 있다는 것을 내담자에게 보여준다.

> 당신은 일상의 대화에서 친구가 한 말에 반영을 한 적이 있는가?

인본주의 치료자는 이 세 가지 치료적 조건을 치료가 성공하기 위해서 필요할 뿐만 아니라 충분하다고 믿는다. 인본주의 치료자들은 인지치료자가 하는 것처럼 내담자의 사고를 수정하려고 애쓰지 않는다. 대신에 내담자의 사고를 이해할 수 있도록 관계를 발전시키려고 노력한다. 일단 이 관계가 이루어지면, 내담자는 자연스럽게 **자기 안에서 성장하기 위한 역량을 발견할 것이다**(Rogers, 1961, p. 35). 인본주의적 관점에서 심리적 변화의 주체는 치료자가 아니라 바로 내담자이다.

무조건적인 긍정적 존중 내담자의 행동적 요구에 의존하지 않고 내담자에 대해 일관되게 수용과 존중을 보여주는 것

공감적 이해 인본주의 치료에서, 치료자가 내담자의 관점에서 내담자의 심리적 삶을 이해하는 것

반영 심리치료에서 내담자가 말한 진술을 치료자가 순환적으로 요약하는 긍정적 경청 기술. '반영'이란 내담자의 진술내용을 내담자에게 되돌려주는 것임

집단치료 집단치료자가 둘 또는 그 이상의 내담자들을 함께 만나는 모든 유형의 심리치료

집단치료 치료가 항상 치료자와 내담자 간에 일대일의 만남으로 이루어지는 것은 아니다. 치료는 또한 집단으로 행해질 수 있다. **집단치료**(group therapy)는 치료자가 둘 또는 그 이상의 내담자를 함께 만나는 모든 유형의 심리치료이다.

집단치료의 한 가지 이점은 효율성이다. 정신 건강 서비스는 집단에서 행해질 때, 주어진 모든 시간 안에 보다 많은 사람들에게 전해질 수 있다. 하지만 효율성이 집단치료의 주요 장점은 아니다. 얄롬(Yalom, 1970)이 고전적인 교재에서 설명했듯이, 집단치료는 내담자들에게 다음에 제시되는 내용을 포함하여 많은 심리적 과정을 소개한다.

> '동변상련' : 집단치료에서 내담자들은 그들이 혼자가 아님을 알게 된다. 그들은 유사한 심리적 어려움을 나누는 다른 사람들을 마주하게 된다. 이것은 내담자가 자신의 생활환경이 그들이

집단치료 많은 치료자들은 집단에서 치료를 행한다. 치료집단 내에서 대인 간 상호작용은 치료 밖 내담자의 삶에서 일어나는 대인 간 문제에 통찰을 제공할 수 있다.

생각했던 것처럼 드물지 않고 이상하지 않다는 것을 자각하게 한다.

> **다른 사람들을 돕기** : 집단치료 내의 내담자들은 충고 또는 정서적 지지를 통해서 다른 사람들을 도울 수도 있다. 다른 사람을 돕는 경험은 도움을 제공하는 사람에게 유익하다는 것이 드러날 수 있다.

> **사회적 기술 수립하기** : 집단치료에서 사람들은 종종 자신의 행동에 관한 피드백을 다른 사람들로부터 받는다. 결과적으로 그들은 시선을 마주치는 것에 실패하거나 스스로에 대해 강박적으로 말하는 것과 같이 다른 사람들에게 나쁜 인상을 남기는 개인행동에 대해서 배울 수 있다. 이러한 경향들을 수정함으로써, 사람들은 사회적 기술들을 증가시키며 보다 긍정적인 관계를 발전시킬 수 있다.

> **일상생활의 축소판으로서 치료집단** : 여러 회기의 집단치료 후에, 집단에서 보이는 사람들의 행동은 일상생활에서 보이는 행동과 비슷할지도 모른다. 특히 개인들은 일상의 관계를 방해하는 행동과 같은 부정적 행동을 집단에서 드러낼 수 있다. 가족들에게 군림하려 드는 사람은 집단 구성원을 지배하려고 들지 모른다. 일상생활에서 사회적으로 거부당할까봐 걱정하는 사람들은 집단 구성원으로부터 거부당할까봐 두려워할 수 있다. 이런 일이 일어날 때, 치료자와 집단 구성원들은 사람들이 그들 행동의 부정적인 측면을 인식하게 될 수 있도록 피드백을 제공할 수 있다. 이러한 자각은 변화를 가져오는 첫 번째 단계이다.

집단치료는 여러 단계를 거치면서 유익한 집단역동을 조성한다(Yalom, 1970). 첫째, 집단 구성원들이 반드시 자신을 드러내 보이고 토론에 참여하게 함으로써 집단을 형성하고 유지한다. 둘째, 그들은 집단행동에 대한 규준을 수립하고 유지한다. 이 규준은 일상의 삶에서의 그것과 다르기 때문에 집단치료에서는 특별한 도전이며, 사람들은 치료 장면이 아닌 다른 곳에서는 부적절할, 개방적이고 정서적인 태도로 다른 사람에 대해서 발언한다. 마침내 치료자는 집단 구성원들의 주의를 얄롬이 '지금 여기'라고 부르는 것으로 이끈다. 그것은 치료 회기 중에 발생하고 있는 사고와 감정이다. 집단은 자신의 경험들을 면밀히 검토한다. 따라서 구성원들은 대인 간 행동에서 통찰을 얻는다.

표 14.2는 토론해온 다섯 가지 다른 치료 전략을 요약한 것이다.

표 14.2

치료 전략			
치료	주요 치료 목표	핵심 치료과정/ 기술	핵심 인물
정신분석	심리적 고통의 무의식적 원인에 대한 통찰을 얻는 것	• 통찰 • 전이	지그문트 프로이트
행동치료	새로운 행동적, 정서적 반응을 가르치기 위해 환경 경험을 사용하는 것	• 바람직한 행동 보상하기 • 불안정서 소멸하기	조셉 울프
인지치료	내담자의 비합리적, 자멸적인 사고를 확인하고 수정하는 것	• 부정적 사고에 도전하기 • 긍정적 사고 가르치기	아론 벡
인본주의 치료	심리적 성장을 할 수 있게 하는 대인 간 관계를 제공하는 것	• 무조건적인 긍정적 존중 • 반영(경청하기)	칼 로저스
집단치료	희망을 품고 자기이해를 증가시키는 집단 역동을 사용하는 것	• 개방적인 정직한 집단토론 수립하기 • '지금 여기' 집단 경험 탐색하기	어빈 얄롬

절충적, 통합 심리치료　다른 유형의 치료에 대해서 학습한 후, 당신은 가장 대중적인 방법에 대해서 궁금해할 수도 있다. '한 가지를 선택하는 것'보다 오히려 다른 접근법들의 장점을 결합한 것이 개별적인 내담자의 요구에 적합하며 대중적인 전략이라는 것이 밝혀졌다. **통합 심리치료**(integrative psychotherapy)는 다른 학파의 치료 방법들을 체계적으로 결합하기 위한 노력이다(Thoma & Cecero, 2009). 그 결과로 발생한 조합은 **절충적 치료**(eclectic therapy)로 묘사되며, 이용할 수 있는 어떤 치료 방법도 창의적으로 이용하는 접근이다(Jensen, Bergin, & Greaves, 1990). ('통합'과 '절충적' 치료에 대한 개념은 겹치므로, 어떤 치료자들은 '절충적–통합 심리치료'로 그들의 접근을 묘사한다; Garfield, 1995.)

　조사에 의하면, 미국에서 활동하고 있는 치료자의 2/3 이상이 절충적인 접근을 지향한다(Jensen et al., 1990). 한 가지 접근으로 훈련받은 치료자들은 흔히 다른 사람들에 의해서 개발된 치료 방법들을 탐색한다(Thoma & Cecero, 2009).

약물과 그 밖의 다른 생물학적 치료

사전 질문

> ❯ 의사들은 심리장애가 약물로 치료되는지 어떻게 알아냈는가?
> ❯ 약물이 정신건강에 어떻게 영향을 미치는가?
> ❯ 약물치료의 대안으로는 무엇이 있는가?

심리장애는 바로 심리적이라는 것이다. 그것을 정의하고 있는 특징은 사고와 정서, 행동과 같은 심리적 경험에 있어서 골치 아픈 변화들이다. 그러나 이 장애를 치료하고자 한다면, 한 가지 선택은 심리적 수준의 분석으로부터 생물학적 수준의 분석으로 이동하는 것이다.

　심리장애는 제대로 기능하지 못하는 뇌에서 기인할 수 있다. 만약 그렇다면, 그때는 뇌의 기능을 바꾸는 것이 심리적 고통을 없애줄 수 있을 것이다. 심리장애에 대한 생물학적 치료는 일찍이 언급한 바와 같이 정신 건강을 개선해보려는 노력으로 뇌의 해부학적 구조 또는 생리를 바꾸는 치료 접근이다. 단연코 가장 대중적인 생물학적 치료는 약물치료이다.

절충적 치료(통합 심리치료) 치료자가 일반적 또는 개별 내담자를 치료하기 위한 최적의 접근을 고안하기 위해 다른 학파의 치료 방법들을 결합함으로써 이용 가능한 모든 방법을 동원한 치료

약물치료의 역사 약물이 정신병을 완화할 수 있다는 것을 발견한 것은 우연이었다. 1940년대에 프랑스의 한 의사가 수술 후 회복하는 동안 수술 환자를 돕는 약을 찾고 있었다. 그가 노력해서 찾아낸 약은 소라진(thorazine)으로, 수술 후 환자를 진정시키고 이완시켰다. 정신과 의사들은 이 약이 다른 사람들, 즉 수술에 대해 불안해하는 사람들뿐만 아니라 정신장애에서 기인한 정서를 가진 사람들에게도 유용할지 모른다고 추측했다.

그들의 추측은 옳았다. 원래 수술 환자를 위해 고안된 그 약은 심각한 흥분 상태로 고통 받는 조증으로 알려진 사람들을 진정시켰는데, 조증은 이 장 후반부에 논의된다. 그 약은 또한 추가적인 이로운 효과도 있었다. 사고가 혼란스러운 환자와 다른 사람들이 그들을 해치려 한다고 걱정하는 사람들이 그 약을 복용한 후 좀 더 또렷하게 생각하기 시작했다.

이러한 예기치 못한 연구 결과들은 1950년대에 심각한 정신병 치료의 새로운 영역이 시작되는 과학적 연구를 촉발했다(Valenstein, 1998). 의학계는 정신이상이 약물로 치료될 수 있다는 연구 결과를 빠르게 받아들였다.

다른 우연한 연구 결과들이 뒤따랐다. 의사들은 환자들이 폐결핵을 치료하기 위해 고안된 약을 복용했을 때 그들의 기분이 변한다는 것에 주목했다. 그 약은 그들을 행복하게 했다. 그 약은 우울증을 치료하는 데 사용하기 위해 빠르게 투입되었다(Valenstein, 1998).

그러나 모든 약물치료가 우연하게 개발된 것은 아니다. 우울증 치료는 뇌 기능에 대한 이론에 근거했다(Carlsson, 1999). 그 이론은 신경전달물질인 세로토닌이 기분에 관련된다는 것이다. 특히 뇌에서 세로토닌의 활동이 많을수록 기분을 더욱 긍정적으로 만든다. 과학자들은 세로토닌 활동을 증가시킴으로써 우울증을 완화하기 위해 **선택적 세로토닌 재흡수 억제제**(selective serotonin reuptake inhibitors, SSRIs)를 고안했다. 그들은 재흡수로 알려진 생화학과정을 방해함으로써 그렇게 한다. 재흡수에서, 첫 번째 뉴런이 두 번째 뉴런과 소통하기 위해 사용할 수 있는 세로토닌의 일부는 첫 번째 뉴런으로 돌아가서 흡수된다. SSRIs는 재흡수를 차단한다(그림 14.1). 따라서 뉴런과 뉴런 간의 소통을 위해 이용할 수 있는 세로토닌의 총량은 증가한다. 프로작, 졸로프트와 같은 가장 대중적인 항우울제 중 일부는 선택적 세로토닌 재흡수 억제제이다.

약물치료는 정신병 치료에 일대 혁신을 일으켰다. 가장 큰 변화는 정신이상에 관한 치료에서 일어났다. 20세기 중반까지, 심각한 정신장애를 가진 환자들은 일반적으로 그들 스스로를 돌보지 못하게 했었다. 그들은 흔히 오늘날 보면 비인간적으로 보이는 환경의 정신병원에서 살았다. 이를테면, 만약에 유익한 치료가 있다 치더라도 치료를 거의 받지 못하는 초만원인 정신과로 옮겨졌다(Frank & Glied, 2006). 항정신병 약물은 그들의 곤경을 개선했다. 그 약물은 환자의 사고 능력을 증가시켰고 그들이 병원 치료를 떠날 수 있게 했으며 정신병원의 인구는 곤두박질쳤다 (Manderscheid, Atay, & Crider, 2009; 그림 14.2). 과거에 정신과에 고립되어 있었던 환자들은 지역사회에서 생산적으로 살았다. 결과적으로, "정신병을 가진 사람들 대부분의 삶은 50여 년 전보다 오늘이 더 낫다"(Frank & Glied, 2006, p. 2).

왜 약물이 심리적 효과가 있는가 당신은 뇌세포가 화학적으로 소통한다는 것을 2장(또한 3장 참조)에서 배웠다. 신경전달물질로 알려진 화학물질은 하나의 뇌세포에서, 또는 뉴런에서, 다른 뉴런으로 이동한다. 이러한 화학적 전달은 뇌세포의 활동 수준을 결정한다.

뇌의 기능에 대한 이러한 기본적 사실은 왜 약물이 정신 건강에 효과적인지를 이해하는 데 핵심이다. 약물은 화학물질이다. 당신이 삼킨 대부분의 화학물질은 뇌 기능에 미치는 효과가 거의 또는 전혀 없는데, 그것은 내장된 보호 체계 때문이다. 그것은 **혈뇌 장벽**(blood-brain barrier)으로, 혈류 안에 있는 대부분의 물질이 뇌 조직에 들어가는 것을 멈추게 하는 신체 순환 체계 속의

선택적 세로토닌 재흡수 억제제(SSRIs) 재흡수로 알려진 생화학과정을 방해함으로써 세로토닌의 활동을 증가하게 하여 우울증을 완화하도록 고안된 약

혈뇌 장벽 혈류 안에 있는 대부분의 물질이 뇌 조직에 진입하는 것을 방지하는 신체 순환 체계 속의 생리적 기제 일습

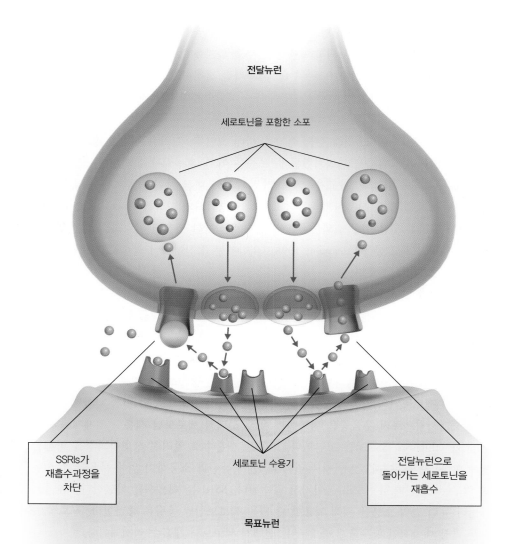

그림 14.1
SSRIs는 첫 번째 뉴런이 두 번째 뉴런과 소통하기 위해 사용할 수 있는 세로토닌이 첫 번째 뉴런으로 돌아가서 흡수되는 재흡수과정을 방해함으로써 세로토닌 활동을 증가시킨다. SSRIs는 재흡수를 차단함으로써 뉴런과 뉴런 간의 소통을 위해 이용할 수 있는 세로토닌의 총량을 증가시킨다.

그림 14.2
정신병 약과 정신병원 입원　도표는 미국에서 정신병원에 입원한 환자 수와 정신병원에서 거주하는 환자의 수를 나타낸다. 표에서 볼 수 있는 것처럼, 1950년대와 1960년대에 수치가 상당히 내려왔는데, 이는 정신병 약의 발견 때문이다 (Manderscheid, Atay, & Crider, 2009).

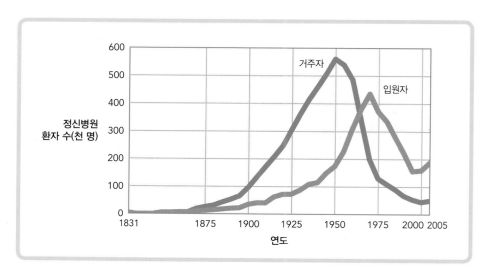

생리적 기제 일습을 말한다. 그렇지만 일부 화학물질 속의 분자는 혈뇌 장벽 속에 스며들 만큼 충분히 작아서 뇌 속으로 들어갈 길을 만든다(Julien, 2005). 이 작은 화학물질 중 일부는 뇌세포 기능에 영향을 미치며 따라서 생각하는 것을 바꾼다. 그들은 **향정신성 물질**(psychoactive substances)로 불리며, 그것은 지각, 사고, 정서의 심리과정에 영향을 미친다(World Health Organization, 2004). 이 장 뒷부분에서 특수한 정신장애와 그 치료를 탐색할 때 특정한 향정신성 약물에 대해 논의할 것이다.

약물이 심리적 효과를 가지는 한 가지 방법은 두뇌 속에서 직접적으로 화학적 활동을 바꾸는 것이다. 약물이 정신 건강에 영향을 미칠 수 있는 두 번째 방법은 위약 효과를 통해서다. 약물치료에 있어서 **위약 효과**(placebo effect)는 생물학적으로 활성화된 약물의 속성에 의해 발생하지 않은 의료 혜택이다. 연구자들은 일부 환자들에게 약효의 속성이 없는 '가짜' 약인 알약을 줌으로써 위약 효과를 보여준다. 환자들에게는 그들이 진짜 약을 받았는지 또는 위약을 받았는지 말해주지 않는다. 비록 위약이 생물학적 효과가 없긴 하지만, 많은 환자들이 어쨌든 좋아졌다. 우울증을 보이는 사람들 중에서 30%가 위약을 복용한 후 우울 증상이 감소했다(Rutherford, Wager, & Roose, 2010).

당신 자신의 건강이 좋아지는 것이 위약 효과 때문이라는 것을 알게 된다면 어떤 것 같은가?

위약 효과의 원인은 무엇인가? 주요 원천은 사람들의 믿음에서 나타난다. 약을 복용한 사람은(또는 위약의 경우, 그들은 약이라고 생각한다) 결과적으로 그들이 좋아질 것이라고 믿는다. 이러한 개선에 대한 기대는 '자기충족적 예언'이 되며, 개선에 대한 기대는 실제 개선을 만들어낸다(Kirsch, 2010; Rutherford et al., 2010).

위약 효과는 진짜 약이 유일하게 정신 건강에 유익하다는 것을 보여주고자 하는 연구자들에게 도전을 제기한다. 그들은 약을 복용한 사람들이 좋아졌을 뿐만 아니라, 진짜 약을 복용한 사람들이 가짜 약, 즉 위약을 복용한 사람들보다 더 좋아져야 할 필요성을 입증해야만 한다. 때때로 입증하는 것이 놀랍게도 어렵다.

다른 생물학적 치료 약물치료의 심리적 효과는 느릴 수 있다. 심지어 항우울제를 만든 제조사도 환자들이 약을 꾸준히 4주 또는 그 이상을 복용한 후까지 효과를 경험하지 못할 수도 있다는 것을 인식한다("Highlights of Prescribing Imformation" 2014). 만약 환자가 심하게 우울해서 자살을 하고 싶어 한다면, 혹은 다양한 약들이 도움을 주지 못했다면, 그때 일부 치료자는 전기충격요법을 이용한다.

전기충격요법(electroconvulsive therapy, ECT)에서, 의사는 두뇌에 전류를 가한다. 전기 충격은 뇌에 약한 발작을 일으키는데, 발작은 사람이 의식을 잃는 동안에 뇌에서의 비정상적인 전기적 활동량이다. 연구들은 ECT는 심한 우울증에 효과적이며 그와 같은 증상을 보이는 환자 대부분에서 우울 증상이 감소했다는 것을 보여준다(Rudorfer, Henry, & Sackeim, 2003). 왜 그런 일이 일

의식과 세포의 소통 연결하기

P 사 람
여기서 당신은 뇌에서의 생화학 활동에 영향을 미치는 약물이 심리장애를 치료하기 위해 어떻게 사용되는지 배운다.

사람·마음·뇌 연결

M 마 음
8장 : 의식에 관한 연구는 약물이 의식적 경험에 어떤 방식으로 영향을 미치는지 확인해왔다.

B 뇌
3장 : 약물은 뇌에서 세포 대 세포의 소통을 바꿈으로써 그 영향력을 행사한다.

향정신성 물질 혈뇌 장벽을 통과하기에 충분히 작은 지각, 사고, 정서에 관한 심리과정에 영향을 미치는 화학물질

위약 효과 약물치료에서, 생물학적으로 활성화된 약물의 속성에 의해 발생하지 않으나, 약물이 자신을 도울 것이라는 환자의 기대에 의해 생기는 의료 혜택

전기충격요법(ECT) 심한 우울증을 치료하기 위해 뇌에 전류를 가하여 약한 발작을 유발하는 생물학적 치료

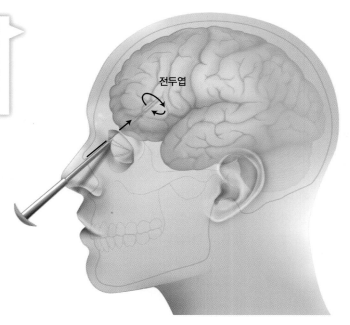

전두엽 절제술 20세기 중반에, 외과의들은 심각한 정신질환을 제거하기 위한 노력으로 전두엽 절제술을 시술했다. 그 방법은 충분히 검증되지 않았으나, 다행스럽게도 유행하지 않게 되었다. 전두엽 절제술의 한 형태를 보면, 외과의가 송곳으로 뇌 부위 사이의 연결을 절단한다(Lerner, 2005).

전두엽

어나는가? 좋은 질문이다. ECT가 심한 우울증을 감소시키는 동안의 기제는 잘 이해되지 않지만, 최근 연구는 우울증에 기여하는 뇌에서의 연결을 방해할 수도 있다는 것을 보여준다. 특히 심한 우울증을 가진 사람들의 뇌는 종종 생각에 관련된 뇌 부위와 정서에 관련된 뇌 부위 간에 이례적으로 강하게 연결되는 특징을 보인다. ECT는 이러한 연결들을 방해할 수 있으며, 그렇게 함으로써 우울 증상을 감소시킨다(Perrin et al., 2012).

많은 노력을 해온 약물치료에 대한 또 다른 대안은 수술이다. 원칙적으로, 외과의는 뇌에 직접 개입함으로써 정신장애를 치료할 수 있다. 그들은 제대로 기능하지 못하는 뇌 체계를 제거하거나 혹은 뇌의 다른 부위들 간의 연결을 끊을 수 있으며, 그렇게 함으로써 그 영향을 잘라낸다. **전두엽 절제술**(lobotomy)에서, 외과의는 뇌의 전두부에 있는 뇌 조직, 특히 전두피질을 훼손한다.

전두엽 절제술의 기원과 인기는 자나간 과거의 일이다. 20세기 전반에 외과의들은 제대로 기능하지 못하는 전두피질이 심각한 정신병의 뿌리라고 믿었다. 따라서 피질과 나머지 뇌 부분의 연결을 끊는 것이 정신병을 완화할 것이라고 추론했다(Lerner, 2005). 이러한 아이디어는 20세기 중반까지 의술에 영향을 미쳤으며, 약 2만여 건의 전두엽 절제술이 미국에서 시술되었다(Govan, 2011). 오늘날, 그 방법은 드물다. 현대의 건강 전문가들은 전두엽 절제술을 정제되지 않고 비인간적인 과정으로 본다. 약물치료가 정신병을 완화하는 대안으로 훨씬 더 선호된다.

개입 평가하기 : 근거 기반 치료

사전 질문

> 치료 효과에 대한 증거로 사례연구를 사용하는 것은 무엇이 문제인가?

심리적 문제로 고통 받는 사람들은 커다란 의문을 갖는다 ─ 어떤 치료법이 가장 좋은가? 그들은 정신 건강을 개선할, 그것도 빠르게 할 치료법을 원한다.

임상심리학 초창기에는 어떤 치료가 가장 잘 치료하는지 말하는 것이 어려웠다. 실제로 그들이 모두 잘하고 있는지 아닌지를 말한다는 것은 어려웠다. 치료의 효과성에 대한 증거는 빈약했고 질이 떨어졌다. 눈에 띄는 증거는 사례연구였다. 치료자들은 각각의 환자들마다 선호하는 치료 방법의 효과성에 관해 보고했다. 사례연구 증거는 두 가지 커다란 한계점을 갖는다(2장 참조).

전두엽 절제술 외과의가 전두피질에 있는 뇌 조직을 훼손함으로써 정신장애를 치료하는 유행이 지나간 수술 절차

1. 잠재적 편향 : 치료자는 자신의 치료법을 선호하기 때문에, 그 효과에 대해 해석하고 보고할 때 편향될 수도 있다.

2. 통제집단의 결여 : 각각의 환자가 치료하는 동안 개선될 때, 그 사람이 치료 없이도 유사한 방법으로 개선되었을지 여부를 알 수 있는 방법이 없다. 일부 정신 건강 문제들은 시간이 흐르면서 자연적으로 소멸된다.

원인과 결과를 확인하기 위해, 즉 치료가 증상을 변화시키는 진정한 원인인지 아닌지를 결정하기 위해 치료받은 사람을 치료를 받지 않은 통제집단에 있는 다른 사람들과 비교해야 한다.

오늘날 이런 우수한 증거는 손쉽게 이용할 수 있다. 임상심리학자들은 **근거 기반 치료**(empirically supported therapies)를 확인하기 위해 연구를 수행한다(Kendall, 1998). 즉 치료의 효과는 주의 깊게 통제된 실험연구에서 수립된다. 근거 기반 치료로서 자격을 갖기 위해, 치료 방법은 치료를 받지 않은 통제집단, 위약, 또는 효과가 있다고 알려진 다른 치료에 비해 우수하다는 것을 보여주어야 한다(Chambless & Ollendick, 2001).

많은 유형의 치료는 사실 경험적 지지를 받았다. 다시 말해 많은 치료법이 실제로 치료를 잘했다. 핵심 증거는 실험자 편향 가능성을 제거한 통제집단으로부터 온다. 이 장의 나머지 부분에서는 이미 정해진 심리장애와 관련된 특유의 경험을 제시한 후 치료 방법을 검토할 것이다. 장애로 고통 받는 사람에게 도움이 되었던 정해진 치료법에 대해서 말할 때 경험적으로 지지되었다는 것을 의미하며, 그것은 통제집단이 있는 실험연구에서 치료 효과를 드러낸 치료법이라는 의미이다.

우울장애

모든 사람은 때때로 우울해진다. 학점이 나쁘거나, 머리를 잘못 자르거나, 대학에서 입학거부를 받았거나, 누군가에게 데이트 신청을 거절당한 것 등은 몇 시간 혹은 며칠간 당신의 기분을 엉망으로 만들 수 있다. 그러나 기분에서 이러한 일시적인 변화는 심리학자들이 '우울증'이라고 말하는 그것은 아니다. 심리학자에게 있어 그 용어는 보다 심각한 것을 언급한다. **우울증**(depression)은 슬픔, 절망, 피로감을 포함하는 심리장애로서 활동에 흥미를 잃고, 섭식과 수면의 전형적 패턴에서 변화를 보인다. 우울증에서 이러한 증상은 몇 주 동안 지속된다[National Institute of Mental Health(NIMH), 2011].

'우울증'이라는 용어는 단일 장애를 말하지 않는다. 오히려 각각이 우울 증상을 포함하고 있는 뚜렷하게 구별되는 심리적 조건인 우울장애군이 있다. 두 가지 뚜렷한 우울장애인 **주요우울장애**와 **양극성장애**(과거 **조울증**으로 불렸음)를 탐구해보자. 이들과 이 장 후반부의 불안장애를 검토할 때 두 가지 중요한 주제를 다루게 될 것이다 — (1) 이미 정해진 장애를 정의하는 특징과 유병률(예 : 장애를 가진 인구집단에서 장애를 가진 사람의 수), (2) 효과적으로 장애를 치료하는 치료법.

주요우울장애
사전 질문

> **무엇이 주요우울장애를 정의하며 유병률은 얼마나 되는가?**
> **어떤 치료법이 주요우울장애를 효과적으로 치료하는가?**

"내가 내 삶을 얼마나 완벽하게 엉망으로 만들었는지 문득 떠올랐다. 그것은 나에게 큰 충격을 주었다. 우리는 노숙을 면할 수 없을 정도로 무일푼이었고 그 시점에 나는 분명히 우울증 진단을 받았다. 그것은 무감각, 냉담함, 다시 행복을 느낄 것이라고 믿을 능력이 없는 것으로 특징지어졌

근거 기반 치료 주의 깊게 통제된 실험연구에서 효과성이 수립된 치료법

우울증 슬픔, 절망, 피로감, 활동에서의 흥미 상실의 느낌을 포함하며, 섭식과 수면의 전형적 패턴에서 변화를 보이고 그 증상이 몇 주 동안 지속되는 우울장애군

다. 내 삶에서 모든 색채가 빠져나갔다"(ABC News, 2009).

위에 인용된 여성은 **주요우울장애**로 고통 받고 있었다. 그러나 그것은 그녀의 삶을 망치지 않았다. 그녀는 소설을 집필하면서, 또 다른 소설을 쓰면서, 그리고 또 다른 소설로, 어느 정도는 매우 성공적으로 대처했다. 그 결과물이 해리포터 시리즈를 구성했다. J. K. 롤링의 장편 소설(및 관련 영화)은 주요우울장애인 심리장애를 극복하려는 그녀의 필요에서 비롯되었다.

특징 정의와 유병률 주요우울장애(major depressive disorder)는 일련의 증상에 의해 정의된다. 이를테면 개인은 이러한 증상이 2주 혹은 그 이상 지속될 경우에 한해서 주요우울장애로 진단되며, 증상은 다음과 같다.

> 일관된 우울한 기분
> 대부분의 일상적 활동에 대한 흥미 상실
> 체중에서의 변화
> 수면 패턴에서의 변화
> 피로
> 무가치감, 절망감, 무기력감
> 집중하는 것이 어려움
> 자살에 대한 생각

장애로 진단되기 위해 한 가지 증상이 필요한 것은 아니다. 주요우울장애를 가진 각 개인은 다수의 증상이 적어도 2주 이상 보이는 사람들이다.

주요우울장애는 상대적으로 일반적인 장애다. 미국 성인들에 대한 조사는 인구의 6.7%가 그 전년의 어느 시점에 주요우울장애로 고통을 받았다고 지적했다(Kessler et al., 2005). 그것은 순전히 개인의 삶을 방해할 수 있는 절망과 무력감을 초래하는 장애를 경험한 사람들이 약 1,500만 명이라는 것이다. 나아가, 적어도 일생 동안 한 번은 장애를 경험하는 사람들의 비율인 장애의 평생 유병률은 약 15%이며, 더 높아질 수 있다(Kessler et al., 1997).

저마다 다른 집단들은 우울해지는 상황이 다양하다. 주요우울증은 빈곤선 이상의 사람들보다 가난하게 살고 있는 사람들 사이에서 빈번하게 나타난다(Riolo et al., 2005). 민족집단 또한 다르다. 유럽계, 아프리카계, 멕시코계 미국인들을 대상으로 한 대규모 연구에서, 유럽계 미국인들이 심각한 주요우울증을 가장 경험하기 쉽다. 아프리카계 미국인들과 멕시코계 미국인들은 그 증상이 주요우울증만큼 심각하지 않은, 저조한 기분이 장기간 지속되는 기분부전장애의 비율이 더 높다(Riolo et al., 2005). 인구 전체로 볼 때, 여자들이 남자들보다 생애의 어떤 시점에서 우울증을 경험하는 것이 더 쉽다(Kessler et al., 1997).

치료 이 장 앞부분에서 논의된 다수의 치료 전략은 주요우울증을 치료하는 데 성공적으로 사용되어 왔다. 네 가지 선택을 살펴보면 행동치료, 인지치료, 집단치료(정신역동과 인본주의 치료에서 끌어낸), 약물치료가 있다.

행동치료자들은 환경이 사람들의 심리적 삶에 영향을 미친다는 것을 강조한다. 어떤 환경적 사건은 누구든 기분 나쁘게 하는 반면에 다른 사건은 모두를 사실상 기분 좋게 한다. 행동적 접근에 따르면, 사람들은 기분 좋은 활동을 충분히 경험하지 않으면 우울해진다(Lewinsohn & Graf, 1973). 만일 당신이 다른 사람 없이 혼자서 아무것도 하지 않은 채 앉아 있다면, 그래서 날마다 그렇게 함으로써 즐거운 일 없이 지낸다면, 결국 우울하게 될 것이다.

Ron Bull / Getty Images

사실과 허구에서의 우울증 롤링의 해리포터 시리즈는 등장인물 가운데 디멘터가 있는데, 그는 마주치는 사람들 사이에 절망과 우울을 만들어내는 존재이다. 허구적인 창조는 주요우울증과 싸우고 있는 롤링 자신의 경험을 반영한다.

그래도 매일 하루에 한 번보다는 몇 번, 때로는 하루종일 지독히 무미건조하다고 이름붙인 입 안의 쓴맛은, 눈에서 눈물이 흐르고 머리는 가치 없는 생각이나 이미지 그딴 것들이 뒤범벅되어 혼란으로 끓어올라 소파 위에 태아처럼 웅크린 채, 바닥이 안 보이는 고통과 무력감의 시간들을 보낼 것을 예고했다. 그것은 온통 고통 속에 재워둔 잘게 조각난 정신 같았다. 그와 같은 침습이 있는 동안 그리고 그 후에, 마치 내 모든 에너지가 블랙홀 속으로 사라진 것처럼 나는 무력감으로 엎드려 있었다.

– Les Murray, *Killing the Black Dog*

주요우울장애 적어도 우울한 기분이 2주 이상 지속되며, 일상적 활동에 대한 흥미 상실, 체중과 수면에서의 변화, 피로, 무가치감, 절망감, 집중하기가 어렵고 자살에 대해 생각하는 등 앞에 열거한 증상 가운데 반드시 모든 증상이 아니라 몇 가지 증상을 경험하게 될 때 발생하는 장애 그렇다면 우울을 완화하기 위해 무엇을 해야 할 것인가? 행동적 대처 방안은 두 단계를 포함한다. 첫 번째, 치료자는 내담자가 일상의 활동과 활동하는 동안의 기분의 경로를 지키도록 가르친다. 이것은 내담자가 어떻게 환경적 사건이 좋고 나쁜 기분을 촉발하는지를 알 수 있게 한다. 두 번째, 치료자는 내담자가 우울을 촉발하는 활동을 피할 수 있고 기분을 개선하는 활동에 좀 더 참여할 수 있게 하는 대처 전략을 고안한다. 한 팀의 행동치료자들은 우울한 편모를 치료할 때 이 접근을 적용했다. 그들은 그녀가 양육 요구에 대처하기 위해 그녀의 삶에서 결국 모든 긍정적인 사회적 사건을 제거해왔다는 것을 발견했다. 치료자는 그녀가 사회생활을 위한 시간을 갖기 위해 우울하게 만드는 집안일을 보다 효율적으로 처리하는 동안 어떻게 사회적 접촉을 증

| 어떤 환경에서 당신은 좋은 기분을 경험하는가? |

가시키는지 그녀에게 보여주었다. 수 주일 후 그녀의 기분은 상당히 개선되었다(Lewinsohn, Sullivan, & Grosscup, 1980).

Paul Bradbury / Gallery Stock

친구들은 당신의 기분을 나아지게 할 수 있다 우울증을 치료하기 위해 행동치료자들은 내담자가 친구들과 많은 시간을 보내는 것과 같은 좀 더 긍정적인 사회 활동에 참여하도록 가르칠 수 있다. 사회 활동은 기분을 개선한다.

두 번째 접근은 인지치료이다. 벡(Beck, 1987)은 '인지삼제(cognitive triad)'를 발견했다. 그것은 우울의 한 원인이 되는 서로 관련된 세 가지 사고의 유형이다. 우울한 사람들은 (1) 자기 자신과 (2) 세상과 (3) 미래에 대해서 지나치게 부정적으로 생각하는 경향이 있다. 만일 관계가 깨지고 (1) "나는 매력적이지 않아", (2) "데이트 장면은 잔혹한 정육점"이고, (3) "나는 결코 다시는 관계를 맺지 않을 거야"라고 생각한다면, 당신은 인지삼제의 부정적인 신념을 드러내고 있다. 치료에서, 인지치료자들은 이러한 사고에 도전해서 내담자들이 보다 적응할 수 있는 정확한 사고로 부정적인 신념을 대체할 수 있도록 돕는다.

우울증으로 고통 받는 사람들을 위한 좋은 소식은 인지치료가 효과가 있다는 것이다. 치료 효과를 요약한 메타분석은 인지치료가 우울 증상을 유의하게 감소시킨다는 것을 오랫동안 보여왔다(Dobson, 1989). 우리가 보아왔듯이, 인지치료가 유일한 효과적 치료 전략은 아니며, 인지치료가 심리치료에 대한 모든 대안적 접근보다 더 뛰어난지에 대해 몇 가지 의문이 있다(Cuijpers et al., 2008). 그럼에도 불구하고, 인지치료가 우울 증상을 상당히 감소시킨다는 데 의심의 여지가 없다.

또 다른 효과적인 접근은 집단치료이다. **집단치료**(interpersonal therapy)에서, 치료자는 내담자의 현재 우울증의 한 원인이 되는 대인 간 문제를 확인하고 변화시키려고 노력한다. 주요 목적은 내담자의 관계망을 확장시킴으로써 내담자의 고립을 감소시키는 것이다(Klerman et al., 1984). 집단치료는 일찍이 당신이 학습한 두 가지 광범위한 치료 전략에 의해 고무된다. 프로이트의 생애 후에 만들어진 발달에서의 정신역동 접근은 내담자의 인간관계 분석의 중요성을 강조하기 시작했다(Sullivan, 1953). 인본주의 접근은 강력한 인간관계가 건강한 심리 성장의 기초가 된다는 것이 중심주의이다. 실제로 집단치료는 우울증에 대한 인지치료와 유사한데, 그것은 두 접근 모두 인간관계에 대한 비합리적 신념을 목표로 삼는다는 점에서 그렇다(Ablon & Jones, 2002).

우울증을 방지하기 위해 싸우는 네 번째 전략은 약물치료이다. 항우울제는 미국에 있는 모든 처방 약물 중에서 가장 널리 처방된다. 거의 여자 10명 중 1명, 많은 남자들의 약 절반 정도가 항우울제를 복용한다(Barber, 2008; Breggin & Breggin, 2010).

약물치료와 심리치료 둘 다 우울증을 치료하는 데 유용하기 때문에, 장애를 경험하고 있는 사람들을 위한 의미 있는 질문은 다른 치료 전략들을 어떻게 비교하는지에 대한 것이다. 많은 연구들이 이 질문을 조사해왔다. 연구 결과는 흔히 인지치료가 주요우울증을 완화하는 데 약물치료보다 우수하다거나 혹은 두 접근이 효과적인 면에서 같다고 둘 중 어느 한쪽을 지적한다(Butler et

집단치료 치료자가 특히 내담자의 사회적 고립을 감소시킴으로써 내담자의 심리적 고통의 한 원인이 되는 대인 간 문제를 확인하고 변화시키려는 노력을 하는 치료 접근

그림 14.3

위약은 심리적 효과가 있는가?

사람·마음·뇌
상호작용

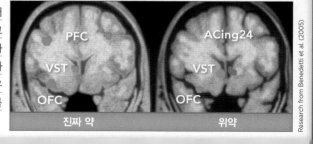

P **사람**

그렇다. 위약은 사람의 심리적 경험에 영향을 미친다. 예를 들면 우울증을 가진 많은 사람들은 위약을 복용한 후 증상이 개선되는 것을 경험한다.

M **마음**

마음 수준 분석에서, 위약은 신념을 바꿈으로써 효과가 있다. 약이 효과가 있을 것이라는 신념은 개선을 촉발하는데, 심지어 약이 가짜일 때조차도 효과가 있다.

B **뇌**

위약이 효과가 있을 것이고 그러면 심리적으로 개선될 것이라고 믿는 사람들은 진짜 약을 복용하고 효과가 있을 것이라고 기대하는 사람들에게서 보이는 것과 유사하게 뇌 활동에 있어서 변화를 보인다.

Research from Benedetti et al. (2005)

PFC ACing24

VST VST

OFC OFC

진짜 약 위약

al., 2006; Cox et al., 2012). 약물치료가 우수하다고 알려진 경우는 드물다. 항우울제 약물과 위약을 비교한 최근 연구 결과에 비추어볼 때 이러한 결과는 그리 놀랄 일이 아니다. 항우울제는 제약회사와 우울증으로 고통 받는 사람이 희망하는 것보다 덜 효과적이라는 것이 검증되었다.

양극성 장애
사전 질문

> 양극성 장애를 무엇이라고 정의하며 유병률은 얼마나 되는가?
> 양극성 장애를 치료하는 데 어떤 치료가 효과적인가?

"나는 두 가지 기분을 가지고 있다. 하나는… 신나는… 있는 그대로의 격렬한 기분을 탄다. 다른 하나는 해변에 서서 흐느껴 우는… 때때로 밀물처럼 밀려오고… 때때로 썰물처럼 빠져나간다."

이 작가는 **조울증**(manic-depressive disorder)으로 알려져 있는 **양극성 장애**(bipolar disorder)로 고통을 받는다. 양극성 장애는 극단적인 기분의 변화에 의해 특징지어지는 우울장애이다. 사람들의 기분은 심각한 우울증으로부터 비정상적으로 높은 에너지, 각성, 긍정적 정서를 보이는 기간의 **조증**(mania)까지 '흔들린다'.

강렬한 긍정적 기분은 즐거운 것처럼 느껴질 수도 있다. 그러나 양극성 장애를 가진 사람들에게는 우울증도 조증도 둘 다 어려움을 준다(Gruber, 2011). 조증 상태에서 사람들은 때때로 나중에 후회할 무모한 행동을 한다. 그것은 '나쁜 판단을 요구하는 세계'이다. 위에 언급한 작가는 계속한다. 조증 기간 동안, "모든 종류의 나쁜 판단을 드러냈다. 왜냐하면 그 모든 것이 그 당시에는 좋은 아이디어인 것처럼 보였기 때문이다. 대단한 아이디어… 그래서 만일 그것이 이야기하는 것이라면, 만일 그것이 쇼핑이라면, 만일 그것이 — 내게 가장 기이한 것은 섹스다. 그것은 단지 두 번 일어났다. 그러나 그때는 대성공이고 멋졌는데, 당신은 누구입니까?"

롤링처럼, 이 작가도 우울장애를 극복했고 대단한 전문적 성공을 이루어냈다. 그녀는 〈스타워즈〉의 공주 레아 역을 했던 영화사상 위대한 여자 주인공 중 한 명인 캐리 피셔이다. "나는 문제가 더 오래 지속되었어요. 나는 정신적으로 아프고, 그 사실을 말할 수 있어요. 나는 창피하지 않아요. 나는 그것을 견뎌냈고, 여전히 견뎌내고 있습니다. 그렇지만 어디 한번 해보라지요. 당신이 생각하는 것보다 난 괜찮아요"(Prime Time, 2000).

> *Wishful Drinking*이라는 제목의 회고록에서, 캐리 피셔는 그녀의 이미지가 이상심리학 교재의 양극성 장애에 관한 장의 속표지를 꾸민다는 것을 알고는 다음과 같이 반응한다. "분명히 내 가족은 자랑스러워한다. 명심하라. 비록 내가 PEZ 지급기이고, 이상심리학 교재 안에 들어 있다 한들 누가 그 모든 것을 한꺼번에 가질 수 없다고 말하는가?"(Fisher, 2008, p. 114)

양극성 장애와 투쟁 영화 〈스타워즈〉에서 레아 공주인 캐리 피셔는 다스 베이더와 자바 더 헛과 싸웠다. 스크린 밖에서 캐리 피셔는 양극성 장애와 싸우는 수백만 명의 미국인 중 하나다.

특징 정의하기와 유병률 DSM에 따라 양극성 장애를 가진 사람으로 분류되려면, 개인은 두 유형의 증상을 보여야만 한다.

> **우울증** : 우울한 기분, 활동에 대한 흥미 상실, 피로, 무가치감을 경험하는 기간이 적어도 2주 이상 지속되며, 그 기간 동안 하나 혹은 그 이상의 우울증 에피소드를 경험한다.
> **조증** : 비정상적으로 높은 에너지, 급격한 사고 전환, 극단적인 수다스러움, 높은 수준의 자존감, 고비용 또는 위험이 따르는 재미난 활동(예 : 그는 시내에서 가장 비싼 호텔에 투숙하기를 즉흥적으로 결정함)에 관여하는 기간이 적어도 4일간 연이어 계속된다. 조증 기간은 극단적으로 성급하게 화를 잘 내는 에피소드도 포함될 수 있다.

양극성 장애(조울증) 심각한 우울증으로부터 조증까지 극단적인 기분의 변화에 의해 특징지어지는 우울장애

조증 비정상적으로 높은 에너지, 각성, 무모한 행동이 수반될 수 있는 긍정적 정서를 종종 보이는 기간

이러한 기분은 우울증과 조증을 반복해서 나타내며 양극성 장애는 주요우울증과 구별된다. 양극성 장애를 가진 사람은 일반적으로 상당 기간 정상적인 기분 상태를 경험할 것임에 주목하라. 이 상태로부터의 편차가 이 장애의 특징이 무엇인지를 말해준다.

성인의 약 1%가 양극성 장애로 고통 받는다(NIMH, 2007). 전체적인 숫자 면에서 양극성 장애는 매우 널리 퍼져 있다. 미국에서만 볼 때 성인 1%는 약 200만 명으로 추산된다. 양극성 장애는 확실한 처방이 없는 장기 질환이다. 장애에 관한 개인적·사회적 비용은 막대하며, 높은 자살 위험을 포함한다. 장애로 진단받은 사람들의 자살률은 8~20% 범위로 추정된다(Nakic, Krystal, & Bhagwagar, 2010). 이 장애는 널리 퍼져 있으며, 심각하고, 만성적이기 때문에 세계보건기구는 장애와 죽음으로 삶의 방향성을 잃어버리게 만들 모든 의학장애 중에서 여섯 번째로 가장 심각한 질병으로 순위를 평가했다(Nakic et al., 2010).

기분을 밝게 하고 싶은가? 밝은 빛에 노출하는 것은 계절성 기분장애의 증상을 감소시키는 데 도움이 될 수 있다. 계절성 기분장애에서 사람들은 늦가을과 겨울 동안 우울한 기분을 경험한다.

치료 양극성 장애의 초기 치료 형태는 약물치료이다. 약물치료 이면의 진짜 이유는 양극성 장애의 기분 동요가 뇌 기능의 이상적인 변화에 기인할 수도 있다는 것이다. 뇌의 신경전달물질 체계는 일반적으로 생물학적 기능의 장본인처럼 보인다(Nakic et al., 2010). **기분안정제**(mood stabilizers)는 뇌의 신경전달물질에 영향을 미치도록 고안된 약물이며, 환자의 동요하는 기분 상태를 진정되게 하므로 치료의 주요 방식이다(Stahl, 2002).

세 종류의 약물은 기분안정제로서 가장 흔히 사용된다(Stahl, 2002).

1. **리튬** : 리튬(lithium)은 화학적 복합물로서 물질적 요소인 리튬을 핵심적으로 포함하고 있으며, 양극성 장애를 치료하기 위해 선택한 보편적 약물이다. 연구 결과는 그 효과성을 지지한다. 리튬은 양극성 증상을 감소시키며, 심지어 몇 년 동안 약물을 복용한 환자들 사이에서 장기간 사용하기도 한다(Tondo, Baldessarini, & Floris, 2001).

2. **항경련제** : 때때로 한 장애를 치료하기 위해 사용한 약물이 다른 장애에 유용하다는 것이 밝혀졌다. **항경련제**(anticonvulsants)는 간질발작을 치료하기 위해 사용된 약물인데, 그것은 또한 양극성 증상도 감소시킨다(Bowden, 2009).

3. **항정신성 약물** : 다양한 약물이 조현병과 같은 정신이상을 치료하기 위해 사용된다. 보다 최근에 개발된 일부 항정신성 약물은 양극성 증상을 감소시키는 것으로도 밝혀졌다(Perlis et al., 2006).

이 약이 영향을 미친다는 최고의 증거는 기분안정제를 복용한 사람의 경험과 위약을 복용한 사람의 경험을 비교한 메타분석 연구로부터 나온다. 그와 같은 메타분석 연구 중에서 한 연구는 리튬의 효과성을 입증하였는데, 특히 조증 에피소드를 감소시키는 데 효과적이었다(Geddes et al., 2004). 또 다른 연구는 일부 항정신병약이 조증 증상을 특히 신속하게 감소시킬 수 있다는 것을 지적했다(Cruz et al., 2010).

주요우울증과 양극성 장애가 유일한 우울장애는 아니다. 출산한 여성의 10~15%에 영향을 미치는 **산후 우울증**(postpartum depression)(Pearlstein et al., 2009)의 경우, 여성은 출산 후 몇 주 내에 시작하며 주요우울증의 증상과 유사한 증상을 경험한다(NIHM, 2011). **계절성 기분장애**(seasonal affective disorder)의 경우, 어떤 사람들은 일조량이 적을 때인 늦가을과 겨울 동안 우울한 기분을 경험하는 경향이 있다(Rosenthal, 2009). 광선치료는 고통 받는 사람들을 도울 수 있다. 하루에 약 30분 동안 밝은 빛에 노출하는 것은 증상을 덜어주며, 아마도 그 효과는 뇌 속의 신경전달물질에 미치는 강렬한 빛의 영향에 기인한다(Virk et al., 2009).

기분안정제 환자의 동요하는 기분 상태를 진정시키기 위해 신경전달물질에 영향을 미침으로써 양극성 장애의 증상을 감소시키도록 고안된 약물

리튬 양극성 장애를 치료하기 위해 선택한 보편적 약물로서 물질적 요소인 리튬을 핵심적으로 포함하는 기분안정제

항경련제 간질발작을 치료하기 위해 전형적으로 사용된 약물이나, 양극성 증상을 감소시키기 위해서도 사용된다.

산후 우울증 일부 여성은 출산 후 몇 주 내에 발생하며 주요우울증과 유사한 증상을 경험하는 우울장애

계절성 기분장애 일조량이 적을 때인 늦가을과 겨울 동안 우울한 기분을 경험하는 우울장애

불안장애

입사를 위한 면접시험을 볼 때 처음에 어떻게 느끼는가? 불안하다. 중요한 데이트를 시작할 때는 어떤가? 불안하다. 기말고사를 보기 시작할 때는? 불안하다. 누구나 때때로 **불안**(anxiety)을 경험한다. 불안은 금방이라도 일어날 것 같은 위험 또는 불행에 대한 이해의 느낌을 포함해서 마음을 뒤흔드는 정서 상태이다.

누구나 불안을 경험할지라도, 일부 사람들의 불안 경험은 극단적이라서 정상보다 훨씬 더 심각하고 빈번하다. 이런 사람들은 **불안장애**(anxiety disorders)로 고통 받는데, 그것은 일상생활을 방해하는, 강하고 집요한 불안감을 포함해서 오래 지속되는 심리적 상태를 말한다(NIMH, 2009).

불안은 독특한 정서이다. 그것은 공포와 다르다(Sylvers, Lilienfeld, & LaPrairie, 2011). 골목길에서 노상강도를 만날 때, 빠르게 움직이는 차가 똑바로 그들을 향할 때, 이처럼 사람들은 위험이 그들에게 아주 명백할 때 두려워한다. 그러나 불안은 위협이 모호하고 확인이 어려울 때 일어난다. 면접 보면서, 데이트하면서, 시험 보는 중에 잘못되는 것은 아무것도 없을 것이다. 그러나 여전히 불안하다. 사람들은 종종 그들을 불안하게 만드는 것이 무엇인지 정확히 알지 못하면서 불안을 느낀다.

다른 유형의 우울장애가 있는 것처럼, 핵심 증상이 불안인 장애에도 다른 유형들이 있다. 그것을 다섯 가지로 살펴보겠다 — 범불안장애, 공황장애, 사회불안장애, 외상후 스트레스장애(PTSD), 강박장애(OCD).

범불안장애

사전 질문

> › 범불안장애를 무엇이라고 정의하며 유병률은 얼마나 되는가?
> › 범불안장애는 어떤 치료가 효과적인가?

나는 4년 동안 내 몸을 몸부림치게 만드는 심각한 일상적인 불안을 견뎌왔다. 나는 17살이며 마지막 학년이다. 불안은 지난 4년 동안 거의 매일 나의 하루를 앗아가 버릴 정도로 심각한 수준이었다. 나는 일어나면서부터 투쟁-도피 반응으로 눈을 뜨고, 아래층으로 내려가서 아침을 먹고, 가족들 속에서 허우적거리고, 간신히 학교에 가서 수업을 끝낼 수 있었다. 나는 며칠씩 결석을 하기도, 수업을 빼먹기도 했는데, 당시 내 상태는 매일매일 학교에 갈 수준이 아니었기 때문이다. 솔직히 말해서 나는 완벽하게 나의 통제를 벗어난 지난 4년 동안 이런 생활을 어떻게 견뎌냈는지조차 모르겠다.

나는 혼자인가? 모르겠다. 이 글을 쓴 후 훨씬 더 나빠졌다. "나는 이 지독한 불안을 지닌 몇 안 되는 극소수 중 하나인가?"

— losthobbit(2011)

인터넷 채팅방의 토론자인 작가는 혼자가 아니다. 그녀는 범불안장애로 고통 받는 몇백만 명의 미국인들 가운데 한 명이다(Newman et al., 2013).

특징 정의하기와 유병률 범불안장애(generalized anxiety disorder)는 심지어 불안감을 유발하는 현재 사건이 없을 때조차 높고 지속적인 수준의 긴장과 동요, 우려, 걱정을 경험하는 심리적 장애다(NIMH, 2009). 장애에 대한 DSM 준거는 다음과 같은 것을 포함한다(Andrews et al., 2010).

> › 두 가지 또는 그 이상의 삶의 측면에 대해서 걱정한다(예 : 관계, 건강, 경제, 집안일, 직업).

불안 금방이라도 일어날 것 같은 위험 또는 불행에 대한 이해의 느낌을 포함해서 마음을 뒤흔드는 정서 상태

불안장애 일상생활을 방해하는, 강하고 집요한 불안감을 포함해서 오래 지속되는 심리적 상태

범불안장애 심지어 불안감을 유발하는 현재 사건이 없을 때조차 높고 지속적인 수준의 긴장과 동요, 우려, 걱정을 경험하는 심리적 장애

❯ 걱정과 불안은 거의 매일 일어난다.

❯ 증상이 적어도 3개월 동안 지속된다.

불안이라는 정서적 반응과 걱정이라는 사고 이외에도, 범불안장애로 고통 받는 사람들은 종종 독특한 행동을 드러낸다. 그들은 걱정을 유발하는 상황을 피하고, 그들이 행동을 취하거나 결정을 내려야 할 필요가 있을 때 질질 끌며, 활동을 준비하는 데 과도하게 시간을 소비하는 경향이 있다. 따라서 이 장애는 사람들 삶의 많은 측면을 방해할 수 있다.

범불안장애의 또 다른 흔한 특징은 지각된 통제 상실이다. 사람들은 과도하게 걱정할 뿐만 아니라, 걱정을 멈추는 것은 또한 그들 역량 밖이라고 믿는다는 것이다(Andrews et al., 2010).

범불안장애는 미국에 있는 성인들 약 700만 명에게 영향을 미치는데, 불안장애 가운데 가장 일반적이며, 남성들보다 여성들 사이에서 흔히 2배 정도 더 발생한다.

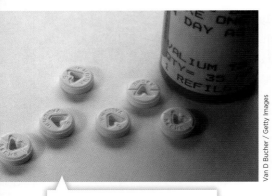

Van D Bucher / Getty Images

바리움 뇌에서 전기적 활동량 수준을 감소시키는 신경전달물질에 영향을 줌으로써 작용하는 항불안 약물이다.

치료 약물치료와 심리치료 둘 다 범불안장애를 치료하기 위해 사용된다(Portman, 2009). 약물치료는 **항불안제**(anti-anxiety drugs)를 쓰는데, 그것은 제약회사가 불안감을 감소시키는 뇌 기능을 어느 정도 대체하기 위해 고안한 것이다. 항불안제는 뇌에 있는 신경전달물질에 영향을 미침으로써 작용한다(3장). 인기 있는 약물 중 하나인 벤조디아제핀은 신경전달물질의 효과성을 증가시키고 차례로 뇌세포의 전기적 활동량 수준을 감소시킨다. 따라서 벤조디아제핀은 정서 반응을 만들어내는 뇌 부위 내부를 포함하여 뇌 활동량의 감소를 이끈다. 결과적으로 그 약물은 불안을 감소시킨다. 항불안제인 바리움과 자낙스는 벤조디아제핀이다.

그러나 약물치료는 범불안장애를 치료하지 않는다. 단지 증상을 약화시킨다. 장애의 악화를 방지하고 충분히 싸우기 위해 치료자는 보통 약물과 심리치료 전략을 결합한다. 이 장 초반에 살펴본 두 가지 전략, 즉 행동치료와 인지치료가 범불안장애를 치료하는 데 흔히 사용된다(Huppert & Sanderson, 2009). 행동치료는 불안한 정서를 목표로 하며, 치료자는 내담자에게 새로운 행동 경험을 제공함으로써 내담자의 긴장과 불안각성을 감소시키는 것을 목표로 한다. 인지치료는 고민하는 경향성을 목표로 하며, 치료자는 내담자의 불안한 인지를 재구조화한다. 실제에서는, 심리학자들은 두 가지 접근을 하나의 인지행동치료 패키지로 결합한다.

이러한 효과에도 불구하고, 범불안장애에 대한 심리치료는 희망하는 것보다 효과가 덜하다. 치료 결과에 대한 연구들은 심리치료를 받은 내담자들이 통제집단의 내담자들과 비교했을 때 평균적으로 개선된 것을 보여준다. 그럼에도 불구하고, 치료를 받은 많은 내담자 개인들은 아직 상당히 개선되지 않고 있다(Borkovec & Costello, 1993). 심지어 가장 효과적인 인지치료조차도 치료를 받은 내담자의 약 반 정도만이 도움을 받았다(Huppert & Sanderson, 2009).

공황장애

사전 질문

> ❯ 공황장애를 무엇이라고 정의하며 유병률은 얼마나 되는가?
> ❯ 공황장애는 어떤 치료가 효과적인가?

항불안제 어느 정도 불안감을 감소시키는 신경전달물질에 영향을 미침으로써 뇌 기능을 대체하도록 제약회사가 고안한 약물

공황장애 사람들이 격렬한 테러와 공황 발작으로 알려진 극단적인 생리적 각성을 갑자기 한바탕 경험하는 심리적 장애

범불안장애에서 걱정과 불안은 끈덕지게 함께한다. 우리가 고려할 다음 불안장애는 다르다. **공황장애**(panic disorder)는 사람들이 격렬한 테러와 극단적인 생리적 각성을 갑자기 한바탕 경험하는 심리적 장애다(NIMH, 2009).

특징 정의하기와 유병률 공황장애의 핵심 특징을 정의하면 **공황 발작**(panic attack)의 출현이다. 공황 발작은 극단적인 공포 에피소드이며, 명확한 이유 없이 갑자기 일어나는 높은 수준의 신체적 각성을 포함한다. 공황 발작 동안 고통 받는 사람은 단지 '걱정하는' 것이 아니고, 마치 자신의 신체에 대한 통제를 잃어버리고 있고, 심장 발작을 일으키며, 죽을 것 같고, 미쳐가는 것처럼 느낀다. 24세의 한 여성이 그녀의 증상을 묘사한다. "어지러움… 내 가슴이 조여 오고… 숨을 쉴 수가 없는 것처럼 느꼈다. 내 심장은 뛰고, 숨이 가빴고… 완전히 끔찍하다"(Stevenson, 2014).

DSM은 이 장애에 대한 준거를 명시하는데, 다음의 내용을 포함한다.

> 공황 발작은 재발한다.
> 한 달 또는 그 이상 동안 사람들은 발작과 그 상황에 대해 걱정한다.
> 공황 발작은 약물의 부작용이 아니다.

공황장애의 유병률은 범불안장애의 그것과 유사하다. 그것은 약 600만 명의 미국인에게서 발생하며 남성들보다 여성들 사이에서 2배 정도 흔하다.

치료 여러 가지 심리치료 전략은 공황장애로 고통 받는 사람들에게 유용할 수 있다. 한 가지 전략은 정신분석이다. 한 연구에서, 공황장애로 진단받은 참가자들은 두 유형의 치료 중 하나에 무선적으로 배치되었다 ─ (1) 다양한 근육들을 이완시키도록 가르침을 받는 이완훈련, (2) 치료자가 참가자의 공황 증상의 개인적 의미를 탐색하는 정신분석치료이다. 예를 들어 한 참가자는 공황 발작 동안 그녀 스스로 몹시 비판적이었으며, 정신분석치료는 자기비판과 공황의 근원에 그녀 어머니와의 부정적 경험이 있었다는 것을 지적했다. 정신분석치료는 이완훈련이 했던 것보다 공황 증상을 더 감소시켰다(Milrod et al., 2007).

인지행동치료는 공황장애를 완화시키는 또 다른 접근이다. 인지행동치료자는 공황에 대한 내담자의 사고를 바꾸려고 노력한다. 예를 들면 높은 심장박동수는 심장 발작 또는 죽음으로 이끌 것이라는 사고를 들 수 있다. 그들은 또한 각성 자체를 낮추는 전략들을 가르친다(예 : 호흡을 느리게 하는 전략; Barlow & Craske, 2007).

그러나 공황장애와 맞서기 위한 또 다른 전략은 앞서 논의했던 행동적 접근, 즉 **노출치료**이다. 치료자는 그 상황에서 내담자에게 어떠한 위해도 없을 것임을 보장하면서, 내담자를 공황 상

> 보다 낮은 각성을 위해 당신이 사용하는 전략은 무엇인가?

태를 촉발하는 상황 또는 대상과 접촉할 수 있는 장면에 있게 한다. 공황 상태를 촉발하는 상황과 함께 장기적이고 해가 없는 대면을 경험하면서, 점차적으로 내담자의 공포는 소멸된다. 치료 결과 연구에 대한 검토는 노출치료가 공황 증상을 효과적으로 감소시킨다는 것을 상세하게 보여준다(Sánchez-Meca et al., 2010).

결국 약물치료도 공황장애를 치료하는 데 하나의 선택이다. 앞에서 다뤘던 것처럼 우울증을 치료하는 데 사용된 선택적 세로토닌 재흡수 억제제(SSRIs)도 공황장애 증상을 감소시키는 데 효과적임을 보여주었다(Batelaan, Van Balkom, & Stein, 2012). 실제로 정신 건강 전문가들은 종종 인지행동치료와 같은 심리치료와 함께 약물치료도 병행한다. 이러한 결합의 장점은 약물 복용을 중지한 후 이겨내는 심리적 기술을 내담자들에게 제공한다(Batelaan et al., 2012).

제프 트위디 공황장애로 고통 받는 밴드 윌코의 리드 싱어다. "공황장애와 함께 겪은 많은 것들 중 하나는 결국 다른 공황 발작을 하게 된 그 지점에서 불안과 스트레스 수준을 고조시킬 수 있는 공황 발작에 대한 두려움을 가진 후, 몇 주 또는 몇 달 동안 실제로 공황 발작을 한다는 것이다"(Tweedy, 2008).

공황 발작 명확한 이유 없이 갑자기 일어나는 높은 수준의 신체적 각성을 포함하는 극단적인 공포 에피소드

사회불안장애

사전 질문

> ❯ 사회불안장애를 무엇이라고 정의하며 유병률은 얼마나 되는가?
> ❯ 사회불안장애는 어떤 치료가 효과적인가?

방금 검토한 두 가지 불안장애인 범불안장애와 공황장애에서 불안과 걱정은 사실상 어떤 상황에서도 일어날 수 있다. 다음 장애는 다르다. **사회불안장애**(social anxiety disorder)는 특히 다른 사람과 관련된 상황에서 극단적 수준의 불안과 자의식에 의해 정의된다.

온 세상 사람들이 공개 연설을 한다면 어떻게 될까? 공개 연설을 하는 것과 같은 상황은 다른 사람들 앞에서 어색해하는 자신을 걱정하는 대부분의 사람들에게 불안을 자극한다. 사회불안장애로 고통 받는 사람들은 대부분의 다른 사람들에게는 불안이 거의 없는 일상적인 상황을 포함한 광범위한 상황에서 그와 같은 고민을 한다.

사회불안장애로 고통 받는 사람들은 그들을 관찰하고 평가하고 있다고 믿는 다른 사람들 앞에서 쑥스러워하는 자신에 대해 몹시 걱정한다(NIMH, 2009). 누구나 때때로 사회적인 당혹감에 대해서 고민한다. 그러나 사회불안장애에서 사람들은 심지어 '사람들과 상호작용하는 단순한 과정'에 반응하는 것에서조차도 '압도적인 공포'를 경험한다(Turk, Heimberg, & Magee, 2008, p. 123). 이러한 반응은 일상적인 활동에 참여하는 능력을 방해하는 쑥스러움에 대한 공포로 인해 사회적으로 불안한 사람들의 삶의 질을 상당히 낮출 수 있다. 예를 들면 사회불안장애를 가진 한 어머니는 "아이들 학급 학부모 모임에 참여할 때 불안해져요… 얼굴이 빨개질까봐 두렵고… 머릿속이 완전히 하얘져서 무엇을 말해야 할지 아무것도 생각할 수 없어요"라고 보고한다(Jensen, Hougaard, Fishman, 2013, p. 288).

특징 정의하기와 유병률 DSM 준거에 따르면, 사람들이 오직 불안이 지속적이고 극단적일 경우 사회불안장애를 가진다. 준거는 다음을 포함한다.

> ❯ 사회적 상황에 대한 지속적인 공포와 그와 같은 상황에서의 굴욕감과 쑥스러움에 대한 예상
> ❯ 불안이 과도하다는 개인의 인식
> ❯ 불안이 개인의 정상적이고 전문적인 또는 사회적인 활동을 방해한다.
> ❯ 이러한 증상이 적어도 6개월 동안 지속된다.

사회불안장애는 매우 유병률이 높다. 조사는 미국 시민의 12.1%가 성인기의 어떤 시점에 사회불안장애를 경험한다고 지적한다(Turk et al., 2008). 이 비율은 매우 높기 때문에 이 장에서 일찍이 논의된 가능성, 즉 장애가 과잉진단되었다는 것을 어느 정도 높여준다. 어떤 사람들은 정상적인 일상의 소심함이 심리적 장애로 부적절하게 진단될 수도 있다는 우려를 나타낸다(Swinson, 2005). 그러나 이러한 걱정에도 불구하고 수백만의 사람들은 의심할 나위 없이 그들의 삶의 질을 침식하는 극단적 수준의 사회적 불안을 경험한다. 사회불안장애에 유용한 치료법에 대해서 생각해보기로 한다.

치료 다양한 치료 전략들이 사회불안장애에 맞서기 위해 사용되어왔는데, 많은 치료 전략들이 효과적이라는 것은 고무적이다. 이 치료법들이 사회불안장애를 가진 사람들에게 의미 있게 유용하다는 것을 메타분석들은 지적한다(Acarturk et al., 2009; Gould et al., 1997).

다른 치료 전략들 각각이 사회불안장애를 치료하는 데 효과적일 수 있다. 다른 불안장애의 경

사회불안장애 특히 다른 사람과 관련된 상황에서 극단적 수준의 불안과 자의식에 의해 특징지어진 장애

우와 같이 항불안제는 사회적 불안 증상을 감소시킨다 (Turk et al., 2008). 인지치료와 행동치료 또한 개인들에게 효과적이다. 그밖에 사회불안장애를 가진 사람들은 집단치료로부터 도움을 받는데, 사실은 집단치료는 특별한 장점이 있다.

집단치료의 한 가지 장점은 사회적 기술과 관련된다. 사회불안장애를 가진 사람들은 어떤 기술이 결핍될 수도 있다. 예를 들면 그들은 대화를 시작하거나 다른 사람과 시선을 맞추는 것에 능숙하지 않을지도 모른다. 뿐만 아니라 기술이 적절했을 때조차도 자신을 과소평가할 수도 있고 그들이 사회적으로 서툴다고 판단할 수도 있다(Heimberg, 2002). 집단치료는 내담자에게 집단 안에서 시험해볼 수 있는 새로운 사회적 기술을 배울 기회를 준다. 한 연구에서, 내담자들은 사교적 대화에서 토론할 주제에 관한 지시

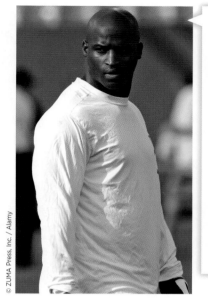

사회불안장애를 극복하기 리키 윌리엄스가 미국 대학의 가장 뛰어난 미식축구 선수에게 수여하는 하이즈먼 트로피를 탄 후, 사람들은 윌리엄스의 미래는 오직 성공으로 가득할 것이라고 기대했다. 그러나 그는 사회불안장애를 겪었다. 다시 말해 그는 팬, 매체, 심지어 친구, 가족과도 상호작용에 곤란을 겪었다. 다행스럽게도 윌리엄스는 정확한 진단과 치료의 도움을 받았다. "사회불안장애라고 진단을 받은 후, 나는 말할 수 없는 안도감을 느꼈습니다. 왜냐하면 그것은 오랫동안 생각했던 것처럼 내가 미쳤거나 기괴한 게 아니라, 내 고통에 대한 이유를 알려준 것이기 때문입니다"라고 윌리엄스는 말했다. "곧 (치료가 시작된 후) 나는 진정한 리키 윌리엄스같이 행동을 시작할 수 있었습니다"(Anderson, n.d.).

를 받았는데, 그런 대화에서 적절하게 말하는 법(예 : 적당한 크기의 목소리)과 대화할 때 수행하는 비언어적 행동(예 : 시선 맞추기, 적절한 얼굴 표정 짓기)에 대한 것이다. 그들은 또한 이러한 기술을 연습하도록 '숙제'도 받았다. 다른 사람들과 비교했을 때, 집단장면에서 훈련한 사회적 기술을 숙제로 받은 내담자들은 사회불안장애 증상이 상당히 감소한 것을 보여주었다(Herbert et al., 2005).

공포증

사전 질문

> 공포증을 무엇이라고 정의하며 유병률은 얼마나 되는가?
> 공포증은 어떤 치료가 효과적인가?

이미 배웠듯이, 공황 발작에서 사람들은 이유를 알지는 못하지만 극단적인 공포를 경험한다. 다른 유형의 장애에서는 사람들은 그 이유를 안다. 즉 그들은 기꺼이 당신에게 무엇이 그들을 두려워하게 했는지를 말할 수 있다. 그들의 과도한 공포 반응은 **공포증**(phobia)이라고 불린다.

특징 정의하기와 유병률 공포증은 실제적 위협이 거의 혹은 전혀 없는 상황에 의해 발생하는 강하고 지속적인 두려움이다. 다른 유형들의 공포장애가 있는데, **특정공포증**(specific phobia)은 특정 대상이나 혹은 상황에 대한 두려움이다(LeBeau et al., 2010). 비행, 높이, 뱀, 거미, 혹은 닫힌 공간을 두려워하는 사람들은 특정공포증으로 고통 받는다. 때때로 사람들은 결코 예상하지 못했을 수도 있는 대상에 대해 공포증을 발달시키는데, 이 책 6장은 단추에 대한 공포증이 있는 사람들 사례로 시작한다.

광장공포증(agoraphobia)은 집 밖의 다양한 사회적 상황에 있는 것에 대한 두려움이다. 광장공포증이 있는 사람들은 상점, 극장, 대중교통, 또는 군중들이 있는 장소라면 어디라도 회피할 수도 있다(Wittchen et al., 2010). 광장(agora)은 그리스어로 '모이는 장소'를 의미하며 사람들이 사회적으로 만나는 도시에 있는 장소를 말한다. 따라서 '광장공포증'은 그와 같은 공공장소에 있는 것에 대한 사람들의 두려움이다.

특정공포증은 흔하다. 미국 성인의 거의 2,000만 명(성인의 8~9%)이 어떤 형태로든 특정공

공포증 실제적 위협이 거의 혹은 전혀 없는 상황에 의해 발생하는 강하고 지속적인 두려움

특정공포증 비행, 높이, 뱀, 거미, 혹은 닫힌 공간과 같은 특정 대상이나 혹은 상황에 대한 두려움

광장공포증 상점, 극장, 대중교통, 또는 군중이 있는 장소와 같이 집 밖의 다양한 사회적 상황에 있는 것에 대한 두려움

포증을 경험한다(NIMH, 2009). 광장공포증은 훨씬 드물어서 성인 0.5% 정도가 고통 받고 있다 (Grant et al., 2006; McCabe et al., 2006).

치료 공포증의 치료에 관해서라면, '집어던진 말 잔등 위에 다시 올라타야만 한다'는 옛 미국 속 담을 기억하는 것이 가치 있다. 사람들이 공포증을 극복하는 데 특히 효과적인 방법은 단지 그것 에 대해서 말하는 것보다는 공포에 직접 정면으로 부딪치는 것이다.

공포에 정면으로 맞서는 핵심 전략은 바로 노출치료이다. 특히 두려워하는 상황에 대처하는 개 인적 능력에서 내담자의 신념이 증가할 때(Bandura, 1986) 노출치료는 공포증을 효과적으로 치료 한다(Choy, Fyer, & Lipsitz, 2007).

밀접하게 관련된 전략은 숙달치료이다(Williams & Zane, 1997). 숙달치료에서 치료자는 내담자 를 따라 그들이 두려워하는 상황에 동반하고 함께 활동을 수행한다. 예를 들어 광장공포증을 치 료하는 치료자는 내담자가 쇼핑몰에서 물건을 살 때 함께 가거나 버스를 탈 때도 함께 탈 수도 있다(Gloster et al., 2011). 치료자는 점차적으로 내담자에게 주는 도움의 양을 감소시킨다. 그렇게 함으로써 내담자는 스스로 공포를 제어하는 것을 배울 수 있다. 치료에 있어서 이러한 행동적 경 험은 흔히 공포를 극복하기 위해 내담자 능력에 대한 신념을 북돋도록 고안된 인지 전략과 결합 된다.

공포증을 치료하기 위한 인지행동 전략은 특정공포증과 광장공포증을 가진 사람들에게 도움을 주는 성공담이다(Butler et al., 2006). 특정공포증에 대한 치료는 특히 강력하다. 이를테면 대다수 의 내담자들에게서 공포 반응을 종종 근절시킨다(Bandura, Adams, & Beyer, 1977). 당신이 공포증 을 지닌 누군가를 안다면, 심리학이 도울 수 있다.

연구들은 치료자가 마음(두려워하는 자극과 그에 대처하는 능력에 대한 사람들의 신념)뿐만 아니 라 뇌에 영향을 미침으로써 공포행동을 변화시킨다는 것을 밝혀냈다(Paquette et al., 2003). 결합 된 인지행동치료에 참여한 거미공포증을 가진 사람들은 두려워하는 신념을 변화시키기 위한 인 지 전략을 가지고 거미에 노출된다. 치료가 영향을 미쳤고, 모든 참여자의 공포 반응을 감소시켰 다. 치료 전후에, 연구자들은 거미를 묘사한 영상을 보았을 때 고도로 활성화된 부위를 확인하기 위해 참여자의 뇌를 정밀 촬영했다. 치료는 뇌의 활동을 변화시켰다. 치료 전에는, 거미 영상은 사람들이 해로운 사상에 대해 과도하게 걱정할 때 정상적으로 활동하는 전두피질 부위를 활성화 시켰다. 치료 후 영상은 같은 뇌 부위를 활성화시키지 않았다. 연구자들이 요약한 것처럼, "마음 을 바꾸면 당신은 뇌를 변화시킨다"(Paquette et al., 2003, p. 401). 인지행동치료는 사람들의 신념 을 변화시켰다. 이를테면 그들은 더 이상 거미를 위협적인 존재로 보지 않는다. 결과적으로 사람 들이 위협적인 존재에 대해서 걱정할 때 활성화되는 부위의 뇌 활동은 감소했다.

두 가지 장애를 설명하면서 이 장을 끝낼 것이다. 두 가지 장애는 불안과 관련되지만 충분히 구

공포증 치료하기 고소공포증과 같은 공포증을 극복하는 데 특히 효과적인 방법은 사람들로 하여금 공포와 정면으 로 직접 맞서게 하는 것이다. 치료자는 내담자가 안전한 방법으로 스스로를 불안 유발 상황에 노출하도록 용기를 북돋을 수도 있다.

© GARO / PHANIE / age fotostock

별되는 특성을 지녔으며 DSM-5에서 독립된 장애로 분류한 (1) 강박장애(OCD), (2) 정신적 외상과 관련된 장애, 특히 외상 후 스트레스장애(PTSD)이다.

강박장애

사전 질문

> › 강박장애를 무엇이라고 정의하며 유병률은 얼마나 되는가?
> › 강박장애는 어떤 치료가 효과적인가?

"개에게 밥을 주는 데 두 시간이 걸렸어요. 개에게 적절한 음식과 적당한 양을 주었는지 확인하고 다시 확인했기 때문이지요." 영국인 주부인 헤일리 마틴은 강박장애로 고통 받았다. 그 이름이 시사하는 것처럼, **강박장애**(obsessive-compulsive disorder, OCD)는 강박관념과 강박충동의 두 가지 증상을 보일 때 정의된다(Abramowitz, Taylor, & McKay, 2009).

1. 강박관념은 잠재적 위험과 해로움에 대한 반복적이고 침투적인 사고이다.
2. 강박충동은 강박관념 속에서 위험과 해로움을 상상하면서 그것을 방지하기 위해 행하는 반복적인 행동이다. 강박장애(OCD)를 가진 사람들은 몇 번이고 다시 문이 잠겼는지 점검하고, 손을 여러 번 씻고, 가정용품을 엄격한 순서대로 배열하는 것과 같은 행동을 한다.

개에게 먹이를 주는 것은 불행하게도 헤일리 마틴의 문제였다. 강박관념은 그녀의 가족관계를 지배했다. "내가 갖는 두려움은 내가 사랑하는 사람이 모든 게 안전한지를 내가 점검하지 않은 결과로 인해 다치거나 죽을지도 모른다는 것이며, 그 두려움은 온통 내 마음을 다 빼앗아 갔습니다. 가스가 꺼졌는지 점검하고 다시 점검하는 데 4시간이 걸렸어요." OCD는 그녀의 친구관계에도 영향을 미쳤다. 예를 들면 "누군가에게 전화를 하면, 그들을 기분 상하게 한 것이 두려워서 내가 그들을 기분 상하게 하지 않았다는 것을 점검하기 위해 그들에게 다시 전화를 해야만 합니다." OCD는 또한 그녀의 건강에도 영향을 미쳤다. 그녀는 결국 OCD로 인한 스트레스 때문에 심장마비를 일으켰다("Checking House Was Safe," 2010).

강박장애가 있는 사람들은 여러 차례 손을 씻는 것과 같은 반복행동에 사로잡힌다.

특징 정의하기와 유병률 DSM에서는 강박장애의 특징을 정의할 때 다음의 내용을 포함한다.

> › 개인이 억제하고자 시도하는 반복적인 사고
> › 그러한 사고에 응하여 수행된 반복적인 행동
> › 강박사고와 강박행동은 하루에 한 시간 이상 일어나며 그의 사회적 또는 전문적인 삶을 방해한다.

OCD의 강박행동은 비합리적이며 OCD가 있는 사람들은 그것을 안다. 그들은 가스가 꺼지고, 물이 안 나오며, 문이 잠겼다는 것과 손이 깨끗하다는 것을 안다. 그러나 이러한 냉정하고 사실적인 지식은 충분하지 않다. 그들은 여전히 잠재된 피해 때문에 불안하며, 불안이 촉발하는 행동을 강박적으로 하게 된다.

다른 심리장애를 가졌을 때처럼, OCD의 증상은 당신에게 익숙하게 들릴 수도 있다. 우리들 대부분은 때때로 일상적인 피해에 대해 과도하게 걱정하고, 행동 '점검'을 지나치게 한다. 그러나 OCD는 이것보다 더 심각하고 보다 더 드문 일이다. 강박장애의 극도의 불안과 강박은 성인 인구의 약 1%에서 발생한다(Franklin & Foa, 2011).

강박장애(OCD) 잠재적인 위험과 해로움에 대한 반복적이고 침투적인 사고(강박관념)와 상상 속의 위험과 피해를 방지하기 위해 행해지는 반복적 행동(강박충동)을 포함하는 정신장애

치료 많은 치료적 전략들은 OCD를 가진 사람들에게 유익하다. 노출과 재발 방지가 그 한 가지 방법이다(Franklin & Foa, 2011). **노출과 재발 방지**(exposure and response prevention) 치료에서, 치료자는 내담자를 강박관념을 촉발하는 자극과 접촉하게 한다. 그런 다음 내담자가 평상시의 강박행동에 관여하는 것을 방지한다. 예를 들어 치료자가 병균을 피하려고 강박적으로 손을 씻는 내담자와 치료 장면에 있다고 가정해보라. 치료자는 내담자가 아주 깨끗하지는 않은 물건을 만지도록 할 수 있으며, 그런 후 손을 씻는 것을 막을 수도 있다. 처음에는 이것은 내담자에게 불안을 유발한다. 그렇지만, 반복적으로 노출되면 내담자는 전형적인 강박행동을 하지 않았을 때 아무런 위험한 결과가 없다는 것을 알게 됨으로써 불안은 소멸되는 경향이 있다.

그밖에 인지치료와 약물치료도 OCD를 성공적으로 치료할 수 있다. 인지치료자는 내담자의 비합리적 신념과 맞선다. 예를 들면 비합리적 신념이란 내담자가 상황을 체크하고 또 체크하지 않는다면 해로운 일이 사람들에게 닥칠 것이라는 신념과 같은 것이다. 약물치료에서, 우울증을 치료하는 데 사용된 약물이 OCD가 있는 사람들에게도 유익하다는 것이 밝혀졌다. 그렇지만 문제점은 내담자가 약물을 지속적으로 복용할 때만 유용하다는 점이다(Franklin & Foa, 2011). 그에 비해 인지행동치료는 치료가 끝난 후에도 내담자에게 여전히 기술이 지속적으로 스며들게 한다. 이 장점은 치료자가 '약'이 아닌 '기술'을 촉진하도록 이끈다. 다시 말해 인지와 행동적 접근이 약물보다 오히려 효과를 보증한다.

정신적 외상과 외상 후 스트레스장애

사전 질문

> ❯ 외상 후 스트레스장애를 무엇이라고 정의하며 유병률은 얼마나 되는가?
> ❯ 외상 후 스트레스장애는 어떤 치료가 효과적인가?

실상 나는 20년 동안 제대로 잠을 자지 못했다. 누워 있지만, 잠을 자지 않는다. 항상 문을, 그 리고 창문을, 다시 문을 바라보고 있다. … 해가 떠오르기 시작할 때까지 그렇게 하다가, 그러고나면 한두 시간 잘 수 있을 뿐이다. … 유압액에 불이 붙었을 때 한 녀석이 정말 심한 화상을 입었 다. … 나는 상처 없이 베트남 전을 겪어냈지만, 살이 타는 냄새가 나를 전쟁 이후 엉망진창으로 만들었다. … 나는 그 녀석이 불붙을 때 그것을 알아채지 못했지만, 다음 몇 주 동안 계속해서 생생하게 떠올랐다. … 나는 아내와의 결혼생활을 할 자격이 없다. 나와 결혼한 그녀에게 어떤 미 래를 약속할 수 있겠는가? 나는 한번은 그녀를 침대 밖으로 집어던진 적도 있다. … 그때 나는 북 베트남 군대 수류탄이 우리 위로 떨어졌다고 생각했다.

- Shay(1994, pp. xiv-xv)

이 베트남 참전용사는 정서적 외상을 경험했고, 그 값을 치르고 있다. 그는 혼자가 아니다. 많은 사람들 사이에서 정신적 외상은 외상 관련 장애를 촉발한다. 외상 관련 장애는 스트레스가 많은 외상적 사건을 경험한 뒤에 불안, 우울증, 분노, 사회적 삶에서 흥미 상실과 같이 정서적 삶에서 광범위한 폐해를 경험하게 된다(American Psychiatric Association, 2013).

심리학자들은 현장 역사를 통틀어 정신적 외상의 심리적 영향을 연구해왔다. 1800년대 후반에 환자들이 외상적 성적 학대를 보고했던 사례들은 프로이트의 성격 이론을 위한 토대가 되었다(12장). 1970년대에, 정신적 외상에 대한 연구는 심리학자들이 베트남 전쟁에서 돌아온 군인들을 연구하면서 발전했다(Boscarino & Figley, 2012). 그들은 많은 참전용사들에게서 **외상 후 스트레스장애**로 알려진 증후군을 확인했다.

노출과 재발 방지 내담자가 평상시의 강박행동에 관여하는 것을 방지하면서 강박관념을 촉발하는 자극과 접촉하게 하는 강박장애를 위한 치료 유형

특징 정의하기와 유병률 외상 후 스트레스장애(posttraumatic stress disorder, PTSD)는 사람들이 극단적으로 높은 수준의 스트레스를 경험할 때 발생한다(예 : 군대의 전투 경험, 성폭행; Nemeroff et al., 2006). PTSD가 있는 사람들은 스트레스가 많은 사건을 경험한 후 몇 달 혹은 몇 년 동안 플래시백을 경험하는데, 그것은 과거 정신적 외상에 대한 생생한 기억이다. 범죄의 희생양은 빈번하게 범죄의 광경과 소리를 다시 경험할 수도 있다. 전쟁 참전용사는 감당할 수 없게 전투에 대한 장면과 느낌을 다시 체험한다. 플래시백은 앞에 인용한 베트남 전쟁 참전용사의 사례에서 읽었듯이 일상생활을 방해하는 극심한 불안을 촉발할 수 있다. PTSD의 증상도 또한 외상 사건을 떠올리게 하는 어떤 것을 맞닥뜨렸을 때의 분노, 끊임없이 지속적인 부적 정서(분노, 죄책감, 공포), 사람들을 쉽게 놀라게 하는 높은 수준의 각성을 비롯하여 정서에서의 변화를 포함한다.

많은 사람들이 PTSD 증상을 경험한다. 언제라도, 미국에 있는 성인들의 유병률은 3.5%이다 (American Psychiatric Association, 2013). 모든 개인이 정신적 외상을 경험한 인구집단을 조사한다면 비율은 상당히 더 높을 것이다. 예를 들면 9/11 테러 후에 세계무역센터에서 돕던 구조 및 구난 자원봉사자들 중 12% 이상이 PTSD를 경험했다(Perrin et al., 2007).

치료 다행스럽게도, 치료는 사람들이 장애에 대처할 수 있게 도울 수 있다(Foa, Keane, & Friedman, 2000). 인기 있는 한 가지 전략은 인지행동 접근인데, 그 전략은 내담자가 정신적 외상기억에 효과적으로 대처하는 법을 배우도록 한다. 예를 들면 여성 참전용사를 위한 치료에서 (Schnurr et al., 2007), 여성들은 그들이 겪었던 외상적 사건에 대해 생각을 회피하기보다 차라리 그것을 생각하도록 고무되었다. 외상적 사건에 초점을 맞추어 지속적으로 생각하도록 했을 때 정서적 스트레스는 서서히 감소했다. 따라서 그들은 사고와 정서에 대한 통제를 잃지 않고도 지나간 정신적 외상을 생각할 수 있는 법을 배웠다. 치료의 효율성에 대한 메타분석은 외상적 사건과 그 결과에 대한 사람들의 신념을 바꿀 때 PTSD 증상이 감소한다는 것을 보여준다(Bisson et al., 2007).

현대 기술은 PTSD 치료의 효율성을 향상시킬 수 있다. 외상적 사건에 대한 정신적 이미지를 내담자 스스로 기억해내는 것에 의존하는 것보다, 차라리 치료자는 외상적 사건에 대한 이미지를 제시하는 가상현실기술을 사용한다 (예 : 군대 전투 장면; Rizzo et al., 2013). 가상현실은 내담자로 하여금 컴퓨터가 생성한 생생한 환경에 몰두하게 한다(사진 참조). 따라서 그들은 외상적 사건을 표상하는 것과 같은 삶을 경험하는 동안 정서에 대처하는 기술을 발달시킬 수 있다.

Defense Dept. photo by John J. Kruzel

가상현실 치료와 PTSD 군인에게 중요 도전은 외상적 전투를 치른 후 경험한 외상 후 스트레스장애다. 가상현실 기술은 참전용사들이 전투의 생생한 기억이 만들어낼 수 있는 정서를 어떻게 관리할 수 있는지를 배우도록 도울 수 있다.

↩➡ 돌아보기 & 미리보기

마침내 이 장을 마쳤다. 심리장애를 어떻게 정의해야 하는지 그 문제를 가지고 이 장을 시작했으며, 장애에 대한 진단과 치료를 위한 전략을 다각적으로 살펴보았다. 그런 다음 우울장애, 불안장애, 강박장애, 외상 후 스트레스장애에 대해 상세하게 안내했다.

하지만 심리장애가 이것이 전부는 아니다. 앞으로 사람들이 실제 세계를 지각하는 정상적인 능력을 상실한 다른 영역의 장애에 대해서도 살펴보기를 권한다.

외상 후 스트레스장애(PTSD) 군대의 전투 경험 혹은 성폭행과 같이 이전에 맞닥뜨렸던 극단적으로 스트레스가 많은 경험에 대해 플래시백을 경험함으로써 특징지어지는 정신장애

Chapter Review
복습

이제 이 장을 마쳤다. 부록에는 심리장애에 대해 배운 부분이 요약되어 있다. 요약을 읽어보면 이 장에서 학습한 내용을 복습하는 데 도움이 된다.

핵심 용어

DSM-5	외상 후 스트레스장애(PTSD)	임상심리학자	주요우울장애
광장공포증	벡의 인지치료	인본주의 치료	사회불안장애
전기충격요법(ECT)	노출치료	인지치료	조증
공황 발작	행동치료	통찰치료	특정공포증
항불안제	소멸(정서의)	심리치료자	심리장애의 의학 모델
공황장애	정신과 의사	공병	체계적 둔감화
항경련제	생물학적 치료	집단치료	약물치료
공감적 이해	자유연상법	반영	토큰경제
공포증	향정신성 물질	상담심리학자	정신장애 진단 및 통계편람(DSM)
불안	양극성 장애(조울증)	비합리적 신념	기분안정제
근거 기반 치료	범불안장애	계절성 기분장애	전이
위약 효과	정신분석	우울(증)	절충적 치료(통합 심리치료)
불안장애	심리장애	리튬	강박장애(OCD)
노출과 재발 방지	혈뇌 장벽	선택적 세로토닌 재흡수 억제제(SSRIs)	무조건적인 긍정적 존중
산후 우울증	집단치료	정신장애 진단 및 통계편람	
자동적 사고	심리치료	전두엽 절제술	

연습문제

1. 리드 박사는 활동에서 흥미를 잃은 기색이 역력하고 깊은 슬픔에 잠기는 등의 내담자 증상의 원인을 우울증이라고 결정하기 전에, 2주일 동안 내담자를 만났다. 외부로 드러난 증상의 내부 원인을 찾는 것으로 특징지어진 리드 박사의 접근을 흔히 무엇이라고 말하는가?
   a. 의학 모델
   b. 진단 모델
   c. 정신질환 모델
   d. 장애 모델

2. 동성애는 정신장애 진단 및 통계편람(DSM)의 초판에서는 장애에 포함되었지만, 최신 판에는 포함되지 않았다. 이것은 장애가 DSM에 포함되고 제거되는 것이 어떤 과정을 통해서 이루어지고 있는지를 시사하고 있는가?
   a. 과정은 임상의의 편견과 무관하다.
   b. 과정은 항상 과학적 연구에 확고하게 근거한다.
   c. 과정은 사회적 경향을 고려한다.
   d. 과정은 여론에 양보하지 않는다.

3. 샤이나는 개에 대한 공포를 극복하고 싶어서 치료자의 도움을 받기로 했다. 치료자는 그녀에게 개가 있는 다른 상황을 상상하도록 요청했고, 그녀는 개와 좀 더 가까이에서 상호작용하는 데 성공했다. 이 과정을 통해서 치료자는 그녀가 평정을 유지하도록 도왔다. 마침내 그녀는 어떤 부정적 상황 없이 개를 어루만질 수 있는 것을 배웠다. 치료자는 어떤 치료적 기법을 사용했는가?
   a. 벡의 인지치료
   b. 체계적 둔감화
   c. 자유연상법
   d. 집단치료

4. 여러 회기 내내, 사샤는 내담자의 많은 부분의 심리적 고통이 아무도 신뢰할 수 없는 내담자의 신념에 기인한다는 것을 가정했다. 사샤는 내담자가 자신의 신념을 깨닫도록 질문을 했고 또한 도전하도록 요청했다. 사샤가 필시 사용한 치료법은 어떤 종류의 치료법인가?

a. 인지치료 b. 정신분석
c. 인본주의 치료 d. 절충적 심리치료

5. 인지행동치료로 불리는 접근으로 맞게 설명한 것은 다음 중 어느 것인가?

 a. 이름과는 반대로, 그것은 새로운 행동을 가르치는 데 전혀 초점을 두지 않는다.

 b. 정신분석과 같은 과거의 정신적 외상 사건에 바로 초점을 맞춘다.

 c. 내담자의 정서와 사고를 목표로 하는 것이 유용할 때 사용된다.

 d. 주요 목표는 심리적 성장을 위한 역량을 내담자가 자신의 내부에서 발견할 수 있게 하는 것보다 내담자에게 대인관계를 제공하는 것이다.

6. 치료자가 치료적 전략을 어떻게 선택하는지 맞게 설명한 것은 다음 중 어느 것인가?

 a. 미국에서 치료자들은 적어도 두 가지 이론적 방향에 의지하도록 요구받는다.

 b. 미국에서 대부분의 치료자들은 이론적 방향을 절충적으로 묘사한다.

 c. 미국의 치료자들은 한 가지 이론적 방향을 세우도록 요구받는다.

 d. 미국에서 대부분의 치료자들은 한 가지 이론적 방향을 세우는 것을 선호한다.

7. 다음 중 어떤 상황하에서 개인이 위약 효과를 경험할 수 있었는가?

 a. 어떤 약을 복용하고 있는지 몰랐을 때

 b. 그 약이 그들을 좋아지게 할 것이라고 믿었을 때

 c. 그 약이 장애를 치료하는 데 소용이 없다고 믿었을 때

 d. 그들이 복용한 약이 그들을 호전시키지 않는다고 들었을 때

8. 미국에서 개인이 평생 동안 주요우울장애를 경험할 비율은 어느 정도인가?

 a. 1% b. 5%
 c. 10% d. 15%

9. 다음의 장애 중에서 어떤 장애가 리튬, 항경련제, 또는 항정신병약과 같은 기분안정제를 가장 처방받기 쉬운가?

 a. 강박장애 b. 양극성 장애
 c. 범불안장애 d. 공황장애

10. 공포증 치료에 사용되는 숙달치료에서 '숙달'은 무엇에 대한 언급인가?

 a. 내담자는 치료자가 그들을 치료하도록 지배력을 준다.

 b. 내담자는 그들 자신의 공포를 통제하는 숙달을 얻는다.

 c. 내담자는 그들을 돕도록 보다 큰 권력에 숙달을 준다.

 d. 내담자는 공포를 관리하는 데 석사학위를 얻는다.

11. 드완의 여동생은 범불안장애로 고통 받고 있으며, 그는 최선을 다해 인정을 베풀었다. 그러나 어느 날 "만일 매사에 걱정하는 것을 바로 멈춘다면, 너는 좋아질 거다"라고 스스로에게 무심코 말하는 것을 발견했다. 장애에 관한 증상을 고려한다면, 불감증 외에 그의 격한 표현에서 가장 문제가 있는 것은 다음 중 어떤 것인가?

 a. 그의 여동생은 그녀가 걱정하는 것을 통제할 능력이 부족하다고 느낄지 모른다.

 b. 그의 여동생은 걱정하는 것을 즐길지도 모른다.

 c. 그의 여동생은 그녀가 걱정하는 것을 멈출 준비가 되어 있다는 것을 느끼지 못할지도 모른다.

 d. 걱정하는 것 그 자체는 적응할 수 있는 것일지도 모른다.

12. 왜 노출치료가 공황장애를 치료하기 위한 효과적인 접근인가?

 a. 많은 사람들은 노출치료가 이루어질 때 그 효율성은 대체로 위약 효과에 기인한다고 믿는다.

 b. 많은 사람들은 노출치료가 아주 신난다는 것을 발견하기 때문에 그것이 만들어내는 긍정적 각성에 의해서 산만해진다.

 c. 내담자는 과거에 공황장애를 촉발했던 그 상황 안에 머무는 것이 아무런 해가 없는 상황이라는 것을 배운다.

 d. 내담자는 공황장애를 촉발했고 그들에게 의미를 준 지나간 정신적 외상을 확인하도록 고무된다.

13. 왜 집단치료가 사회불안장애를 치료하는 데 효율적인 접근인가?

 a. 그 치료 회기는 사회적 상호작용의 주도자인 치료자에 의해 지배된다.

 b. 집단 구성원이 매주 달라져서, 내담자는 다른 사람들을 다시 만나는 것에 대해서 걱정할 필요가 없다.

 c. 집단치료 회기는 대부분 대본이 있어서 내담자는 편안하고 친근하다.

 d. 집단치료는 내담자가 사회적 기술을 연습하고 사회적 장면에서 숙달된 경험을 가질 기회를 제공한다.

14. 왜 노출과 재발 방지 치료가 강박장애를 치료하는 데 효율적인 접근인가?

 a. 내담자는 사실상 강박행동을 하지 않더라도 위험한 상황은 일어나지 않는다는 것을 배운다.

 b. 내담자는 강박행동을 억누를 때 가치 있는 다른 것을 살 수 있는 '토큰'이 주어진다.

 c. 내담자들은 강박행동이 과거의 해결되지 않은 정신적 외상의 결과라는 것을 이해하도록 인도된다.

 d. 내담자는 이미 있는 강박행동을 보다 사회적으로 수용될 수 있는 새로운 것으로 대체하는 것을 배운다.

15. 베르트람은 3년 전에 그의 가족을 죽게 한 정면충돌 사고의 유일한 생존자이다. 그는 종종 생생하고 무서운 기억이 떠오르면서, 그가 살았다는 것에 극도로 죄책감을 느낀다. 그는 쉽게 화들짝 놀란다. 이러한 특정 증상으로 특징지어지는 장애는 어떤 장애인가?

 a. 공황장애　　　　　　　　b. 사회불안장애

 c. 주요우울장애　　　　　　d. 외상 후 스트레스장애

해 답

해답은 부록에서 확인할 수 있다.

부록
요약 & 연습문제 해답

제 1 장 심리학 소개

요약

심리학이란 무엇인가?
심리학이란 사람, 마음, 뇌에 대한 과학적 연구다.

심리학 분야의 특징인 다양성을 보여주는 예에는 어떤 것들이 있는가?
심리학 분야는 매우 다양하다. 어떤 심리학자는 사람들 간의 인터넷 연결이나 뇌 세포 간의 연결과 같은 주제를 탐색하는 연구자로 일한다. 어떤 심리학자는 뛰어난 대인관계기술을 가지고 있으며 그 기술을 사용하여 사람들의 심리를 치료한다.

직관의 단점은 무엇인가?
직관에 너무 의존하게 되면 다른 추가적인 정보가 불필요하다고 생각하기 쉽다. 그 외에, 같은 문제에 대하여 사람들이 가지고 있는 직관이 다르다.

직관에 대한 좋은 대안은 무엇인가?
심리학자들이 의존하는 한 가지 대안은 과학적 방법이며 그것은 증거에 기초한 광범위한 절차를 의미한다. 과학적 방법은 연구자들이 편견 없는 의심을 가지고 문제에 접근할 수 있게 해준다.

'과학적' 문제란 어떤 것인가?
과학적 문제란 과학적 방법으로 증거를 수집하여 설득력 있게 정확한 답을 보여줄 수 있는 문제를 말한다. 규범적 질문, 믿음에 대한 질문, 논리적 질문은 증거를 수집함으로써 답을 얻을 수 있는 문제가 아니기 때문에 과학적 문제가 아니다.

심리 현상을 설명하기 위한 '분석 수준' 접근의 특징은 무엇인가?
심리 현상은 독립적이지만 서로 보완적인 세 가지 수준인 사람, 마음, 뇌의 각 수준에서 연구할 수 있다. 사람의 분석 수준은 개인을 전체적으로 그리고 개인이 살고 있는 사회 환경적으로 접근한다. 마음의 분석 수준은 사고 처리과정, 정서, 그리고 다른 정신적 사건으로 접근한다. 뇌의 분석 수준은 뇌의 구조와 기능에 대한 접근을 의미한다.

수학 수행에서의 성차는 사람, 마음, 뇌 수준에서 각각 어떻게 설명할 수 있는가?
사람 수준의 연구에 의하면 여성의 수학 성적이 낮은 이유는 고정관념 때문이다. 마음 수준의 연구에 의하면 이런 고정관념 때문에 불안이 생겨서 기억력이 감소하고 수학문제를 잘 못 풀게 된다고 한다. 뇌 수준의 연구에 의하면 고정관념이 정서를 담당하는 어떤 뇌 영역의 활동에 영향을 미쳐서 수학시험의 수행을 방해한다.

아리스토텔레스와 부처를 현대 심리학자와 비교할 때 비슷한 점과 다른 점은 무엇인가?
아리스토텔레스는 심리학에 대한 과학적인 질문을 했으며 정신 능력을 분류하기 위한 체계를 개발했다. 부처는 정서의 원인에 대해 알고 싶어 했으며 정서적인 고통을 감소시키기 위한 명상이라는 '치료법'을 개발했다. 현대 심리학자도 이런 문제를 다루는 것은 마찬가지지만 과학적 방법을 사용하여 아이디어를 평가한다.

철학자인 로크와 칸트는 인간이 어떻게 지식을 획득한다고 믿었는가?
로크는 마음이란 경험에 의해 조성할 수 있는 '백지'라고 믿은 반면에, 칸트는 3차원 공간에 우리가 존재한다는 것과 같은 어떤 지식은 선천적으로 가지고 있다고 믿었다.

분트와 제임스를 과학적 심리학의 창시자들이라고 하는 이유는 무엇인가?
분트는 심리학과 마음에 대한 생물학적 정보가 포함되어 있는 **생리심리학의 원리**를 저술했다. 1875년에는 처음으로 심리실험실을 설립했다. 제임스도 실험실을 설립했지만 그는 심리학의 범위를 정의한 **심리학의 원리**라는 교재를 저술한 것으로 더 유명하다.

심리학의 여섯 가지 주요 관점의 특징은 무엇인가?
구성주의는 마음의 요소들이 어떻게 구성되어 복잡한 지각을 경험할 수 있는지에 관심이 있었다. 기능주의는 특히 마음이 신체 및 환경과 상호작용하는 정신 활동에 초점을 맞추었다. 정신분석학은 마음의 잠재된 갈등이 행동에 어떻게 영향을 미치는지에 관심을 가졌다. 행동주의는 쥐와 같은 동물을 대상으로 환경이 관찰 가능한 행동을 어떻게 조성하는지에 집중했다. 인본주의는 초점을 사람에

계로 돌려서 특히 전인으로서의 인간 경험에 대한 연구에 관심을 가졌다. 인지 혁명은 마음을 정보 처리 시스템으로 보고 정보를 획득하고, 저장하고, 상징으로 전환하는 장치로 생각했다.

연습문제 해답

1. c	6. c	11. a
2. d	7. d	12. d
3. b	8. a	13. d
4. a	9. b	14. c
5. d	10. c	15. c

제 **2** 장 연구 방법

요약

심리학 연구의 가치를 감소시킬 수 있는 결점에는 어떤 것들이 있는가?
(1) 연구자의 질문에 사람들이 정직하게 대답하지 않을 수 있다.
(2) 연구과정이 사람들의 의견을 있는 그대로 측정하는 대신 사람들의 의견을 바꿀 수 있다. (3) 사람들은 때에 따라 다르게 반응할 수 있다. (4) 연구에 포함된 사람들과 연구에 포함되지 않은 사람들의 반응이 다를 수 있다. (5) 심리학자가 질문하는 방식이 참여자의 대답에 영향을 미칠 수 있다. (6) 참여자의 반응이 애매할 수 있다. (7) 연구자가 참여자의 반응을 정확하지 않게 기록할 수 있다.

누가 심리학 연구의 문제점에 대하여 비판적으로 생각할 수 있는가?
바로 당신이다. 당신은 단점을 찾아내고 그것을 고치기 위해 일상생활에서 사용하는 비판적 사고기술을 적용하는 능력을 가지고 있다.

과학적 연구의 세 가지 목적은 무엇인가?
심리학에서 혹은 어떤 과학에서도 연구자는 일반적으로 세 가지 중 하나의 목적을 가지고 있다. 그것은 기술, 예측, 인과관계의 설명이다.

조사법이란 무엇인가?
심리학자들은 하위집단을 대상으로 조사해서 큰 집단의 사람들에 대한 이해를 하려고 한다. 연구자들은 일반적으로 조사법을 사용하여 심리적 특성을 연구한다. 그들은 면담을 하거나 질문지를 사용하여 질문을 한다.

모집단과 표본은 어떻게 다른가? 왜 연구자는 자료를 전체 모집단에서 수집하지 않고 표본에서 수집하는가?
연구자가 알고 싶어 하는 성질을 가지고 있는 전체 집단을 연구의 모집단이라고 한다. 모집단의 하위집단으로서 조사가 실시된 집단을 연구의 표본이라고 한다. 연구자들은 모집단이 너무 크기 때문에 모집단에 속하는 모든 사람에게 조사를 실시하지 않는다.

무선표집이 표본의 대표성을 증가시키는 이유는 무엇인가?
무선표집은 표본이 전체 모집단과 차이가 있을 가능성을 최소화한다.

상관연구란 무엇인가?
상관연구란 측정된 두 변인 간의 관계를 결정하기 위한 연구설계다.

상관연구는 심리학자가 어떤 과학적 목적을 달성하는 것을 돕는가?
심리학자는 상관 설계를 통하여 과학적인 예측을 할 수 있다. 상관연구의 결과는 한 변인이 다른 변인을 어느 정도 예측할 수 있는지 나타낸다.

산포도란 무엇이고 어떻게 해석하는가?
산포도란 두 변인 간의 관계를 나타내는 그래프다. 산포도 속의 점들은 두 변인이 함께 하는 지점을 나타낸다. 즉 한 변인의 높은 수준이 다른 변인의 높은 수준(혹은 낮은 수준)과 관련이 있는지를 알 수 있다.

정적상관이란 무엇인가? 부적상관이란 무엇인가?
정적상관이란 한 변인의 양이 증가하면 다른 변인의 양도 함께 증가하는 것을 말한다. 반면에 부적상관이란 한 변인의 양이 감소하면 다른 변인의 양이 증가하는 것을 말한다.

상관계수란 무엇인가? 강한 정적상관계수, 약한 정적상관계수, 강한 부적상관계수, 약한 부적상관계수란 무엇인가?
상관계수란 두 변인 간의 강도를 나타내는 숫자다. +1.0에 가까우면 매우 강한 정적상관이 있는 것을 나타낸다. −1.0에 가까우면 매우 강한 부적상관이 있다. 상관계수가 0에 가까우면 상관이 거의 없는 것을 나타낸다.

상관설계의 주요 제한점은 무엇인가?
주요 제한점은 두 변인 간의 관계가 원인과 결과인지, 우연인지, 혹은 두 변인 모두에게 영향을 미치는 제3의 변인이 있는지 알 수 없다는 것이다.

실험 설계는 어떤 과학적 목적을 가지고 있는가?
실험 설계는 심리학자가 원인과 결과를 설명할 수 있도록 해준다. 한 변인이 두 번째 변인에 영향을 미치는지 알아보기 위해 한 변인을 조작함으로써 첫 번째 변인이 두 번째 변인의 원인인지 결정할 수 있다.

독립변인과 종속변인은 어떻게 다른가?
실험설계에서 독립변인은 조작되는 변인이고, 종속변인은 측정되는 변인 혹은 결과다.

가설이란 무엇인가?
심리학에서 가설이란 연구의 결과에 대한 예측이다.

통제집단이란 무엇인가?
통제집단이란 실험처치를 받지 않는 실험조건이다.

실험을 정의하는 두 가지 특징은 무엇인가?
실험은 연구의 한 유형으로 (1) 하나 이상의 실험 조건과 (2) 연구 참여자를 무선적으로 실험 조건들에 배치하는 특징이 있다.

무선배치는 어떻게 독립변인과 종속변인 간의 원인 효과를 확인시킬 수 있는가?
무선배치는 개인차를 실험 조건들에 균등하게 배분하여 실험 전의 개인차 효과를 제거함으로써 실험 조건들 간의 유일한 이론적인 차이는 독립변인이라는 것을 보여준다.

측정이란 무엇인가? 심리학에서 측정의 세 가지 예에는 어떤 것이 있는가?
측정이란 대상이나 사건에 숫자를 부여하는 절차를 말한다. 다음과 같은 세 가지 예가 있다 — (1) 검사에서 정답의 개수 세기, (2) 의견의 연속체를 나타내기 위한 수 척도 만들기, (3) 문제를 풀기 위해 걸리는 시간 측정하기.

조작적 정의란 무엇인가?
변인을 측정하기 위해 사용될 수 있는 절차를 구체화한 정의이다.

변인을 측정할 때 신뢰도와 타당도란 무엇인가?
신뢰도란 심리적 특성을 일관성 있게 측정하는 정도를 말한다. 타당도란 측정하려고 하는 것을 얼마나 정확하게 측정하는가 하는 정도를 말한다.

양적연구법의 잠재적인 장점과 단점은 무엇인가?
숫자는 사건을 정확하게 기술할 수 있다. 양적자료는 연구를 간략하게 요약할 수 있으며 숫자는 단어나 문장보다 서로 비교하기가 쉽다. 한 가지 잠재적인 단점은 사람들은 측정 척도에 포함되지 않는 생각과 감정을 가지고 있을 수 있다는 것이다.

연구 결과가 통계적으로 유의미하다는 것은 무엇을 의미하는가?
연구 결과가 우연히 일어난다고 기대되던 결과와 다를 때 통계적으로 유의미하다고 말한다.

질적 연구 방법이란 무엇인가? 질적자료를 구하는 세 가지 방법은 무엇인가?
질적연구는 사람들의 진술과 행동을 관찰하고 숫자를 사용하지 않고 관찰한 것을 기술한다. 질적연구의 세 가지 전략에는 임상 사례연구, 관찰연구, 공동체 참여연구가 있다.

질적자료의 세 가지 장점은 무엇인가? 대부분의 심리학자들이 질적자료보다 양적자료를 선호하는 이유는 무엇인가?
질적자료는 (1) 개인적인 의미와 (2) 이야기같은 삶을 이해하기에 적절하고 (3) 자연스럽게 증거를 획득할 수 있는 장점을 가지고 있다. 하지만 질적자료는 양적자료가 가지고 있는 비교, 간략함, 정확함을 제공하지 못하며 따라서 많은 심리학자들이 양적자료를 선호한다.

사람의 사고, 감정, 행동을 연구하기 위해 심리학자들이 획득하는 세 가지 유형의 심리학적 증거는 무엇인가?
(1) 자기보고는 참여자가 자신에 대하여 정보를 제공하는 증거의 유형이다. (2) 관찰자 보고는 관찰자에게 관찰자가 잘 아는 어떤 사람에 대하여 보고하도록 요구한다. (3) 직접관찰은 연구자가 연구참여자의 행동을 직접 관찰하여 증거를 수집하는 유형이다.

사람의 행동에 대한 증거 자원으로서 자기보고의 두 가지 제한점은 무엇인가?
자기보고 연구에서 사람들은 자신에 대한 어떤 정보를 정확하게 (1) 보고하지 **않으려고** 하거나 (2) 정확하게 보고할 수 **없**을 수 있다.

심리학과 생물학 연구의 두 가지 주요 목표는 무엇이며, 과학자들은 어떻게 연구하는가?
연구의 두 가지 주요 대상은 정신적으로 관련된 뇌와 신체에서 일어나는 활동이다. 뇌에서 일어나는 전기 활동을 연구하는 두 가지 방법에는 (1) 두피에 전극을 설치하여 전기 활동을 기록하는 뇌파기록(EEG)과 (2) 사람이 정신적 과제를 수행하는 동안의 뇌 혈류를 기록하는 기능적 자기공명영상(fMRI)이 있다. 정신생리학적 증거는 신체에 대한 정보를 제공한다. 정신생리학자는 신체적 각성 수준을 기록하기 위해 피부전도반응기와 같은 도구를 사용한다.

과학적 이론이란 무엇인가?
과학적 이론이란 현상에 대한 체계적이고 자료를 기반으로 하는 설명이다.

이론과 증거는 어떤 관계인가?
이론과 증거는 '양방향' 관계를 가지고 있다. 과학자가 이론을 형성한 후에, 그 이론의 가설이 확인될 수 있는지 결정하기 위하여 과학적 증거가 수집된다. 그러나 과학자가 이론을 형성하기 전에는, 이론 개발을 위한 관련된 정보를 과학적 증거가 제공한다.

연구 제안서의 윤리적 문제는 어떻게 결정되는가?
미국에서는 연구가 수행되는 모든 주요 기관에 기관윤리심의위원회(IRB)가 있어서 연구에서 얻는 이득(과학적 지식 획득)과 그것의 비용(참여자에 대한 불편함과 잠재적 위험)을 판단하여 제안된 연구의 윤리를 평가한다.

심리학에서 윤리적 연구의 지침이 되는 세 가지 원칙은 무엇인가?
첫째, 연구 참여는 자발적이어야 하며 참여자에게 어떤 방식으로든 강압적인 느낌을 받도록 해서는 안 된다. 둘째, 잠재적 참여자에게 참여 여부를 결정하기 위해 필요한 모든 정보를 제공해야 한다는 내용을 문서 형식으로 제공해야 한다. 셋째, 참여자들은 어떠한 불이익도 없이 언제든지 실험을 그만둘 권리가 있다. 그밖에, 연구자는 나중에 참여자들에게 사후 설명(debriefing)을 반드시 해야 한다.

연습문제 해답

1. d	6. c	11. a
2. b	7. c	12. d
3. b	8. b	13. c
4. b	9. a	14. a
5. d	10. c	15. b

제 3 장 뇌와 신경계

요약

뇌를 설명하는 유추는 시대에 따라 어떻게 변화했는가?
고대 로마인은 뇌가 물을 공급하는 펌프와 같다고 보았다. 18세기의 과학자는 뇌와 신체를 기계와 같다고 생각하였다. 프로이트 같은 19세기의 심리학자는 뇌를 에너지 시스템으로 설명하였다. 지난 반세기 동안 심리학자는 뇌가 컴퓨터와 같다고 주장하였다.

뇌를 도구로 보는 유추는 어떤 점에 주목하고 있는가?
첫째, 진화적으로 과거에 존재하지 않았던 과제에도 도구를 사용할 수 있다. 둘째, 과제를 수행하기 위해 도구를 사용할 때 그 책임은 도구가 아닌 당신에게 있다.

뇌가 근육과 비슷하다는 것을 연구자들은 어떻게 증명하고 있는가?
근육처럼 뇌도 경험과 함께 성장한다. 연구자들은 저글링을 배운 사람의 뇌에서는 시각정보를 처리하는 영역이 변화한 것을 발견하였지만, 저글링을 배우지 않은 사람에게서 어떤 변화도 발견하지 못하였다.

뇌 손상은 뇌의 구조와 기능에 대해 무엇을 말해주는가?
뇌 손상은 어떤 구조가 어떤 기능과 관련되어 있는지를 확인하는 데 도움이 된다. 뇌가 손상을 입으면 특정 사고 능력은 완벽하게 기능하지만 다른 능력은 사라진다.

아리스토텔레스의 뇌 모델은 현대의 뇌 개념과 어떻게 비교되는가?
아리스토텔레스의 모델에서 식물 정신은 성장과 번식을 책임지고 있다. 동물 정신은 쾌락과 고통을 담당한다. 이성적 정신은 논리적 사고를 가능하게 한다. 20세기에 제안된 맥린의 삼위일체 뇌에서는 식물 정신과 비슷한 파충류의 뇌가 체온 및 호흡 조절 같은 비슷한 기능을 수행한다. 동물 정신과 비슷한 구포유류의 뇌는 정서를 만들어낸다. 이성적 뇌와 비슷한 신포유류의 뇌는 경험을 언어로 표현할 수 있게 해준다.

하나에 3개의 뇌를 가지고 있다는 맥린의 주장은 무슨 의미인가?
맥린은 삼위일체 뇌 모델에서 현대 인간의 뇌가 진화를 통해 자기만의 독특한 활동을 수행하는 차별적인 기능을 가지고 있다고 주장한다.

가장 하위 수준의 뇌 구조와 기능은 무엇인가?
뇌간은 연수, 뇌교, 중뇌로 이루어져 있다. 연수는 항상성에 중요한 역할을 한다. 뇌교는 호흡률을 조절하고 여러 뇌 영역들에 신호를 전달한다. 중뇌의 특정 연역은 위협적인 사건에 방어 반응을 하게 하여 유기체를 보호한다. 망상체는 각성에 영향을 미치는 시스템이다. 소뇌는 움직임과 관련이 있다.

중간 수준의 뇌 구조와 기능은 무엇인가?
변연계에는 시상하부, 해마, 편도체가 포함되어 있다. 시상하부는 먹기, 마시기, 성행동 같은 신체 반응과 상태를 조절한다. 해마는 기억의 중요한 구조이다. 편도체는 위협 상황에서 위험정보를 처리한다.

변연계의 다른 구조로는 뇌궁, 후각신경구, 대상회가 있다. 뇌궁은 해마와 시상하부를 연결하여 하나의 시스템으로 작동하도록 돕는다. 후각신경구는 냄새 감각과 관련이 있다. 대상회는 한 과제에서 다른 과제로 전환하는 능력과 관련이 있다.

상위 수준의 뇌 구조와 기능은 무엇인가?
대뇌피질은 4개의 엽(후두엽, 두정엽, 측두엽, 전두엽)으로 구성되어 있다. 일반적으로 시각피질로 불리는 후두엽은 주로 시각정보의 처리에 관여하고 있고 심상을 떠올릴 때에도 활성화된다. 두정엽은 체감각정보 처리에 필요한 영역을 포함하고 있다. 두정엽의 감각피질은 피질과 일대일 대응을 이루는 신체 부위에서 오는 감각정보를 받는다. 측두엽은 청각과 기억에 중요하다. 당신이 소리를 들을 때 측두엽의 청각피질이 활성화되면서 소리의 높이, 강도, 시간간격을 처리한다.

전두엽은 사람이 자신에 대해 생각할 수 있게 해주고, 스스로 목표를 세울 수 있게 해주고, 정서를 조절하고, 타인의 평가를 받는 사회적 존재로서 자신을 인식할 수 있게 해준다. 전두엽에는 운동피질 영역이 있어서 신호를 전달하고 신체 근육의 움직임을 제어한다. 대뇌피질의 연합 영역은 감각정보를 받아들여서 세계에 대한 사전지식과 연결하는 역할을 한다. 전전두엽은 주의를 집중하고, 정보를 조작하고, 사회규칙과 관습에 따라 행동할 수 있게 한다.

좌뇌와 우뇌를 연결하고 있는 것은 무엇인가?

신체의 왼쪽에서 오는 정보는 우반구로 가고 신체의 오른쪽에서 오는 정보는 좌반구로 간다. 이와 유사하게, 뇌에서 신체로 내려지는 명령도 교차한다. 반구는 2억 개 이상의 세포들로 이루어진 뇌량에 의해 연결되어 서로 소통하고 있다.

좌뇌와 우뇌는 어떤 기능에 특화되어 있는가?

좌반구는 산술과제와 언어를 이해하고 산출하는 과제 등 분석적 사고에 특화되어 있다. 우반구는 마음속에서 이미지를 만들어내는 능력 같은 공간적 사고에 특화되어 있다.

좌뇌와 우뇌가 분리되면 2개의 뇌를 갖게 되는 것인가? 우리는 그것을 어떻게 알 수 있는가?

뇌량이 절단되면 당신의 좌반구와 우반구는 마치 2개의 독립된 뇌처럼 작동할 것이다. 스페리와 그의 동료들은 분할뇌 환자를 스크린 앞에 앉히고 스크린 중앙을 응시하게 한 다음 동시에 스크린의 오른쪽과 왼쪽에 단어를 짧게 제시하였다. 분할뇌 환자에게 그들이 본 단어를 말하도록 하면 스크린의 오른쪽에 제시되었던 단어만 말할 수 있었다. 왼쪽에 제시되었던 단어는 말을 할 수 없었지만 왼손으로 정확한 물건을 집을 수 있었다.

우리 뇌는 엄청난 양의 정보를 어떻게 동시에 처리하는가?

우리 뇌는 특수한 기능을 가진 상이한 영역들이 서로 소통할 수 있는 연결망으로 조직되어 있다. 일종의 중계소와 같은 역할을 하는 시상이 뇌 영역 사이의 연결을 담당하고 있다.

신경세포는 신체의 다른 세포들과 어떤 차이가 있는가?

뉴런은 다른 세포와 두 가지 면에서 구별된다 — (1) 축색과 수상돌기라는 독특한 형태, (2) 시냅스에서 발견되는 특수 구조에 기초한 소통 능력.

어떻게 뉴런은 전기화학적으로 소통하는가?

전류가 세포체에서 축색종말을 따라 내려가는 전기화학적 사건에 의해 활동전위가 만들어진다. 휴지기의 뉴런 내부는 음전하를 띠는 물질로 채워져 있다. 세포의 바깥쪽에는 양전하를 띠는 나트륨 이론이 짧은 시간 뉴런의 세포벽에 있는 통로를 통과하여 뉴런 안으로 들어온다. 이런 전하를 띤 입자들의 흐름이 통로 부근에서 전기충격을 만들어낸다. 전기충격은 축색을 따라 아래로 내려가는데 축색을 둘러싼 지방물질로 절연제로 작용하는 수초에 의해 속력이 증가한다.

한 뉴런의 축색종말에서 다른 뉴런의 수상돌기로 신호 전달은 어떻게 일어나는가?

전송뉴런은 시냅스 소포로 알려진 작은 주머니에 신경전달물질을 담고 있다. 시냅스 소포는 뉴런 안에서 이동하여 축색을 따라 내려간다. 시냅스 소포가 축색의 끝에 도달하여 축색종말의 외부 가장자리와 도킹이 일어나면 이들은 자기가 가지고 있는 신경전달물질을 시냅스 공간에 방출한다. 이 신경전달물질의 일부는 수신뉴런의 수상돌기에 있는 수용기에 도달한다. 전송뉴런에서 나온 신경전달물질이 수신뉴런의 수용기에 부착되면 뉴런들 간의 놀라운 소통이 완결된다.

무엇이 한 뉴런의 발화를 결정하는가?

신경전달물질은 수신뉴런의 발화 여부를 결정한다. 어떤 신경전달물질은 뉴런의 발화율을 증가시키는 반면에 다른 신경전달물질은 발화율을 감소시키는 수용기와 연결된다. 수신뉴런은 모든 입력정보를 통합하여 발화율을 결정한다.

어떻게 뉴런은 그 자리에 고정되어 있는가?

아교세포는 뉴런을 제자리에 고정시킬 뿐만 아니라 영양분을 공급하고 노폐물을 제거하는 생물학적 기능을 담당한다.

중추신경계의 구조와 기능은 무엇인가?

중추신경계는 뇌와 척수로 이루어진다. 척수는 뇌와 신체 사이의 소통을 담당한다. 한 방향의 소통은 환경에서의 정보가 감각뉴런을 통해 척수를 거쳐서 뇌로 간다. 또 다른 방향의 소통으로는 뇌에서 나온 메시지가 척수에 도달하면 운동뉴런이 신체의 근육에 신호를 전달한다.

말초신경계의 구조와 기능은 무엇인가?

말초신경계는 체신경계와 자율신경계로 이루어진다. 체신경계는 신체 움직임을 통제할 수 있게 해주는 뇌-말단 소통을 제공한다. 자율신경계는 일반적으로 당신이 통제할 수 없는 신체 기능을 제어하기 위한 소통을 담당한다. 자율신경계는 '싸움'과 '도피' 반응에 필요한 생물학적 시스템을 활성화시켜서 행동을 준비시키는 교감신경계와 위협이나 스트레스가 없을 때 정상적인 신체 기능을 유지하게 해주는 부교감신경계로 구분된다.

내분비계는 무엇이고 이것은 신경계와 어떻게 다른가?

내분비계는 혈류를 통해 뇌에서 장기로 메시지를 전달하는 호르몬을 분비하는 여러 선으로 이루어져 있다. 신경계는 신속하고 특수적이라면 내분비계는 느리고 덜 특수하다. 신경계의 소통방식은 전기적이라면 내분비계는 전적으로 화학적이다.

주요 내분비선과 기능은 무엇인가?

송과선은 멜라토닌이라는 호르몬을 분비하여 수면과 각성 패턴에 영향을 미친다. 뇌하수체는 여러 다른 선의 생물학적 활동에 영향을 미치는 호르몬을 방출할 뿐만 아니라, 스트레스에 반응하고, 번식에 기여하고, 신체의 에너지를 조절한다. 또한 시상하부를 통하여 신경계와 내분비계 사이를 연결하고 있다. 갑상선은 신체 대사율을 조절하는 호르몬을 방출한다. 흉선은 면역 체계의 기능과 발달에 영향을 미치는 호르몬을 분비한다. 부신선은 스트레스에 반응하는 호르몬과 성호르몬을 만든다. 췌장은 인슐린을 포함하여 혈당을 조절하는 호르몬을 분비한다. 생식선은 번식 세포를 만든다. 여성의 난소는 난자를, 남성의 고환은 정자를 만든다. 생식선은 호르몬도 만들어낸다. 난자는 에스트로겐과 황체호르몬을, 고환은 테스토스테론을 만든다.

에스트로겐은 어떻게 기억과 행동에 영향을 미치는가?
폴린 매키(Paulin Maki)와 동료들의 연구는 기억이 여성의 생리주기에 따라 변화하는 것을 보여주었다. 에스트로겐 수준이 높을 때 기억은 우수하였다. 또한 마티 하셀턴(Martie Haselton)과 동료들은 여성들이 번식력이 높은 기간 동안 자신을 더 매력적으로 보이기 위해 더 유행하는 옷을 입고 노출도 더 많다는 것을 증명하였다.

연습문제 해답

1. c	6. b	11. a
2. b	7. a	12. a
3. c	8. d	13. d
4. c	9. d	14. d
5. b	10. c	

제 4 장 감각과 지각

요약

감각과 지각의 차이는 무엇인가?
생물학적 기제로서 감각은 신체 말단에 있는 세포가 물리적 자극을 탐지할 때, 그리고 지각은 뇌에 있는 시스템이 이 신호를 처리하고 감각 입력에 대한 의식적 자각을 만들어낼 때 일어난다.

물리적 사건은 어떻게 하여 심리 경험으로 변환되는가?
신체에 도달한 물리적 자극에 의해 신경 충격을 뇌로 전달하는 신체 신경계의 수용기 세포가 활성화된다. 뇌에서의 정보 처리가 감각과 지각 경험을 일으킨다.

한 눈만 가지고 어떻게 깊이 지각을 할 수 있는가?
우리는 수렴하는 수직선, 결기울기 변화, 중첩, 그림자, 선명도, 환경 맥락 같은 단안단서에 의존하고 있다.

두 눈을 가진 것의 장점은 무엇인가?
양안성의 장점은 '보조' 눈, 더 넓은 시각장, 더 정확한 깊이 지각이다. 우수한 깊이 지각은 두 양안단서 덕분이다 — 입체시와 수렴.

시각 시스템은 어떻게 움직임을 지각하는가?
시각 시스템은 관찰자가 움직이지 않을 때 환경에 있는 대상의 움직임에 대한 정보를 전달한다. 우리는 대상의 미세한 움직임뿐만 아니라 대상이 어디로 얼마나 빠르게 움직이는지도 탐지할 수 있다. 또한 움직임이 없는 환경에서 우리 자신의 움직임에 대한 정보도 전달한다.

과거 경험과 현재 맥락은 형태 지각에 어떤 영향을 미치는가?
'm'을 옆으로 돌려놓은 것 같은 형태는 12와 14라는 숫자 맥락에서는 숫자 13으로 보인다. 이 동일한 형태가 낱자 맥락에서는 B로 보인다.

불빛이 어두워졌다는 것을 우리는 어떻게 식별하는가?
최소식별차이(JND)는 환경에 얼마나 많은 빛이 존재하고 있는지에 달려있다. 빛이 밝은 조건에서는 밝기 변화를 탐지하려면 더 많은 조도 변화가 필요하다.

전체 환경에 대한 주의는 어떻게 색을 경험하게 만드는가?
색에 대한 심리적 경험은 파장에 의해서만 결정되지 않고 환경에서의 조도가 변화해도 특정 대상을 동일한 색으로 지각하는 우리의 능력에 의해서도 결정된다. 이런 능력을 색 항등성이라고 한다.

색은 반대색을 가지고 있는가?
그렇다. 예를 들어 당신은 불그스름한 갈색은 상상할 수 있지만 불그스름한 초록은 상상할 수 없는데 빨강과 초록, 그리고 노랑과 파랑이 대립색이기 때문이다. 지각에서 대립과정은 이런 반대색으로 이루어진 시각 경험을 만들어낸다. 하나의 색 경험과 관련된 생물학적 기제는 시간이 흐르면서 약화되는데, 이것이 반대색을 경험하게 만드는 원인이다.

빛 에너지는 어떤 생물학적 과정을 거쳐서 뇌로 전달되는 정보로 변환되는가?
각막에 의해 모아진 빛은 동공을 통과하는데, 동공의 크기는 홍채에 의해 조절된다. 수정체는 입력된 빛을 모아 간상체와 원추체가 있는 망막에 상이 맺히도록 한다. 망막은 도약 안구 운동 사이의 시각 고정이 일어나는 동안 대부분의 시각 정보를 수집한다.

시각정보가 일단 뇌에 도달하고 나면 어떤 정보 처리가 일어나는가?
간상체와 원추체는 시신경이라고 불리는 신경절 세포를 통해 정보를 전달한다. 이 시각 신호는 시교차에서 교차한다. 교차 후에 신호는 '계산'을 하는 외측 슬상핵에 도달한다.

시각정보의 복잡성에도 불구하고 우리는 어떻게 대상을 정확하게 지각할 수 있는 것인가?

형태, 밝기, 표면결, 색 같은 대상의 시각 속성은 지각 속성에 대한 정보를 통합하는 피질에서 복잡한 정보 처리과정을 통해 서로 영향을 미친다. 이런 통합이 대상에 대한 보다 정확한 지각을 만들어낸다.

소리의 특성은 무엇인가?

소리 강도, 음고, 음색, 위치

소리가 어디서 오는지를 어떻게 아는가?

우리는 오른쪽 귀와 왼쪽 귀에 소리가 도달하는 데 걸리는 시간과 음파에 의해 만들어지는 오른쪽 귀와 왼쪽 귀에서 압력의 차이에 기초한 단서를 사용한다. 이 단서는 오른쪽/왼쪽 위치는 쉽게 파악할 수 있게 하지만 앞뒤 위치 파악에서는 혼란을 일으킨다. 위/아래 위치는 비대칭적인 귀의 형태로 인해서 파악된다.

소리를 듣는 것뿐만 아니라 재인할 수 있게 해주는 심리과정은 무엇인가?

청각 재인(소리의 재인)이 일어나려면 단기기억에서 소리의 유지와 장기기억에 저장된 소리지식의 활성화 그리고 이 둘(입력된 소리와 기억에 저장된 소리)을 비교하는 과정이 필요하다.

어떤 생물학적 과정을 거쳐서 음파는 의미 있는 정보로 변환되는가?

외이에 의해 포착된 음파는 외이도를 따라 전달된다. 중이에서 고막의 움직임이 이소골의 움직임을 유발하고, 이것은 다시 내이에 활성화를 일으킨다. 변환은 청각 유모세포가 있는 달팽이관에서 일어나는데, 유모세포의 움직임이 신경충격을 유발하고, 이 신호는 청신경을 통해 측두엽에 있는 뇌의 청각피질에 전달된다.

왼쪽 귀의 신호는 우반구로 가고, 오른쪽 귀의 신호는 좌반구로 간다. 청각피질은 음고에 따라 체계적으로 조직되어 있다. 비슷한 음고를 가진 음파들은 인접한 영역에서 처리된다. 또한 청각피질의 특수 영역에서 소리 위치, 소리 출처, 종종 구성원의 발성에 대한 정보가 처리된다.

우리가 냄새 맡을 수 있는 자극은 어떤 것이 있는가?

음식, 페로몬(다른 종만큼 잘하지는 못하지만), 질병

어떤 생물학적 과정을 거쳐서 우리는 공기 중의 화학 신호를 뇌로 전송되는 정보로 변환할 수 있는 것인가?

수용기 세포에서 나온 신호(공기 중의 부취제, 페로몬, 질병 관련 분자에 의해 활성화된)는 후구를 거쳐서 후각피질에 도달하여 냄새를 재인하는 정보 처리가 완성된다.

왜 어떤 사람들은 다른 사람들보다 냄새에 더 민감한가?

연구자들은 후각의 개인차가 수용기의 수와 다양성의 차이를 만들어낸 유전적 변이와 연관이 있다는 것을 발견하였다.

짠맛과 단맛 외에 우리는 어떤 맛을 탐지할 수 있는가? 도대체 감칠맛은 무엇인가?

인간은 5개의 독특한 맛을 지각한다 — 단맛, 짠맛, 쓴맛, 신맛, 감칠맛. 감칠맛은 최근에 발견되었으며 우리가 보통 '풍미'라고 부르는 맛 감각에 해당한다.

모든 짠맛 나는 음식이 동일하지 않은 이유는 무엇인가?

두 음식이 짠맛이라는 동일한 맛을 가지고 있어도 맛에 영향을 미치는 다른 4차원이 존재한다. 쾌락은 당신이 이 맛을 얼마나 좋아하는지를 말한다. 위치는 한 가지 맛이 입 안에서 경험되는 장소에 대한 지각이다. 시작/뒷맛은 시간에 따른 미각 경험을 말한다. 강도는 미각 경험의 강도를 말한다. 두 음식이 모두 짤 수는 있지만 하나가 다른 것보다 강도가 더 높을 수 있고 더 오래 지속될 수도 있다.

풍미와 미각의 차이는 무엇인가?

당신이 음식을 먹을 때 미각 시스템에서 오는 정보와 후각 시스템에서 오는 정보를 모두 경험한다. 미각과 후각, 두 지각 시스템의 결합이 풍미에 기여하고 있다.

슈퍼 감식자는 어떤 사람인가?

다른 사람들보다 더 민감한 미각을 가진 사람

입에서 뇌로 어떤 생물학적 과정을 거쳐서 미각정보가 변환되는가?

미뢰에 함께 모여 있는 미각 수용기가 음식의 화학물질에 의해 자극되면 신경전달물질이 방출되면서 미각정보가 뇌에 전달되는 정보 처리를 시작한다. 미각 수용기에서 나온 신호는 신경경로를 따라 뇌간을 거쳐 뇌의 다른 영역들과 수많은 연결을 이루고 있는 미각피질에 도달한다. 이것은 맛 지각이 다른 감각정보와 전체 신체 상태에 의해 영향을 받는다는 것을 의미한다.

신체 부위 중 접촉을 가장 정확하게 지각하는 곳은 어디인가?

가장 예민한 신체 부위는 손가락이다. 가장 예민하지 않은 곳은 어깨, 등, 다리다.

손과 손가락 움직임은 표면 결, 온도, 경도에 대한 정보를 어떻게 전달하는가?

손가락 끝을 대상의 표면에서 이리저리 움직이면 결에 대한 정보가 얻어진다. 온도정보를 얻기 위해서는 손가락을 대상의 표면에 올려놓으면 된다. 대상의 표면을 누르면 대상이 얼마나 딱딱한지 알 수 있다.

어떻게 우리는 질량을 탐지하는가?

대상을 손에 올려놓고 이리저리 움직여보면 질량을 추정할 수 있다. 크기는 무게 판단에 영향을 미친다. 무게는 동일하지만 크기가 다른 2개의 대상이 있으면, 사람들은 더 큰 대상을 더 가볍게 판단한다.

어떤 생물학적 과정을 거쳐서 피부에서 뇌로 가는 촉각정보가 변환되는가?
물리적 자극은 촉각 수용기에서 신경 충격으로 변환되어 척수를 거쳐서 뇌로 간다.

여섯 번째 감각은 무엇인가?
여섯 번째 감각은 운동감각 시스템으로 신체와 신체 여러 부위의 방향에 대한 정보를 제공한다.

통증은 무엇인가?
통각 수용기가 칼이나 불같은 위험자극에 의해 활성화되면 뇌에 전기적 신호를 전달한다. 통각 수용기는 갑작스럽고 날카로운 통증을 만들어내는 빠른 신호와 오래 계속되는 둔탁한 통증을 만들어내는 느린 신호를 만들어낸다. 출입문 제어 통증 이론에 따르면 척수는 출입문처럼 작동하는 생물학적 기제를 가지고 있다. 문이 닫히면 통증 신호는 척수를 통과하여 뇌로 갈 수 없기 때문에 사람들은 통각 수용기가 발화해도 통증을 느끼지 못한다.

우리는 얼굴 재인을 왜 그렇게 잘하는 것일까?
진화과정에서 타인을 재인하는 능력은 생존, 번식, 자손의 생존에 중요하다. 자연선택은 이런 능력을 선호하였다.

동기(개인의 목표와 욕구)는 지각에 영향을 미치는가?
그렇다. 이 질문에 대한 증거를 제공하는 한 가지 사례가 아동에게 두 대상의 크기를 추정하도록 하는 연구이다—(1) 동전 또는 (2) 동전과 동일한 크기의 원반. 특히 빈곤한 가정환경의 아동은 원반보다 동전—원하는 대상—을 더 크다고 판단하였다.

사람들은 자신이 원하는 것만 듣는가?
실제로 사람들은 다른 정보는 무시하면서 특정 청각정보에만 선택적으로 주의를 기울일 수 있지만 주의를 기울이지 않은 정보들 중 어떤 것은 주의를 끌 수도 있다.

사람들은 자신이 보고 싶은 것만 보는가?
사람들은 특정 시각정보에 선택적으로 주의를 기울여서 기대하지 않은 정보를 놓칠 수 있다. 우리의 지각은 적어도 부분적으로는 현재의 동기에 의해 영향을 받는다.

연습문제 해답

1. d	6. d	11. b
2. d	7. c	12. d
3. a	8. a	13. d
4. d	9. b	14. c
5. b	10. a	

제 5 장 기억

요약

기억 능력에 의존하는 일상적인 경험의 사례에는 무엇이 있는가?
태도, 개인 목표, 자신이 어떤 사람인지에 대한 지각이 포함된 경험들이 해당한다. 이런 태도, 목표, 과거 경험을 기억할 수 없다면 새로운 방식으로 이런 경험을 생각할 때 심리적 안정감을 느낄 수 없을 것이다.

기억이란 무엇이며 AJ와 HM의 사례는 기억의 다양성에 대해 무엇을 말해주고 있는가?
기억은 지식을 유지하는 능력이다. AJ와 HM은 특정 유형의 지식을 기억하는 데 예외적으로 우수하거나(AJ) 부족하지만(HM) 다른 유형의 지식을 기억하는 데는 문제가 없다. 이런 다양성은 기억의 종류가 하나 이상이라는 것을 보여준다.

감각기억이란 무엇이고 감각기억의 두 가지 종류에는 어떤 것이 있는가?
감각기억은 감각 체계의 기능에 기초한 정보를 기억하는 능력이다. 감각기억에는 시각 이미지에 대한 감각기억인 영상기억과 소리에 대한 감각기억인 음향기억이 있다.

단기기억과 부호화는 무엇인가? 단기기억 용량은 얼마인가?
단기기억은 짧은 시간 동안 제한된 양의 정보를 마음에서 활성화된 상태로 유지할 수 있는 기억 체계이다. 부호화는 감각기억에서 단기기억으로 변환되는 과정이다. 현대의 연구 증거에 따르면 단기기억 용량은 4개의 항목이다.

왜 단기기억에 도달한 정보는 빠르게 망각되는가? 망각을 줄이기 위해 우리는 어떤 전략을 사용할 수 있는가?
단기기억에 도달한 정보를 망각하게 만드는 두 요인으로는 정보가 소멸되는 쇠퇴와 먼저 들어온 정보 또는 나중에 들어온 정보가 기억을 방해하는 간섭이 있다. 되뇌기와 깊은 수준의 정보 처리는 망각을 감소시키는 전략이다.

작업기억과 단기기억의 차이는 무엇인가? 작업기억의 세 가지 구성요소는 무엇인가?
작업기억은 짧은 시간 동안 마음에 정보를 유지하는 음운고리, 시공간 메모장, 중앙집행부라는 세 가지 구성요소를 포함하는 것으로 단기기억의 기본 개념을 확장하였다.

장기기억이란 무엇인가? 장기기억은 얼마나 오래 유지되는가? 장기기억의 용량은 얼마인가? 장기기억의 종류에는 어떤 것이 있는가?
장기기억은 장기간 정보를 저장하는 심적 체계로 용량은 무제한이다. 장기기억의 종류에는 사실 정보를 위한 의미기억, 행동을 수행하는 방법에 대한 절차기억, 사건에 대한 일화기억이 있다. 일화기억의 한 가지 유형이 자서전적 기억이다.

일단 정보가 장기기억에 들어가고 나면 자동적으로 망각되는 일은 없는가?˘
장기기억에 있는 정보가 사라질 수 있는 취약한 상태에서 비교적 영구적인 정보로 바뀌는 응고화가 일어나는 데 수 시간 또는 수일이 걸릴 수 있다.

장기기억에서 정보를 인출할 수 있게 하는 두 가지 요인은 무엇인가?
재생하려는 기억과 관련된 정보인 인출단서와 정보를 부호화할 때의 환경 또는 상황에 존재하는 맥락단서.

연결망이란 무엇인가?
연결망은 상호 연결된 요소들의 집합체를 말한다.

기억의 의미망 모델에서 무엇이 마음속의 두 개념이 얼마나 가까이 연결되어 있는지를 결정하는가?
의미망 모델에서 개념의 의미는 얼마나 가까이 연결되어 있는지를 결정한다. 비슷한 의미를 가진 개념들은 서로 가까이 연결되어 있다.

사람들은 마음속의 개념이 점화되는 순간을 자각할 수 있는가?
아니다. 개념이 점화될 때 사람들이 항상 자각하는 것은 아니다. 이것은 의식하지 못한 정보가 우리의 생각과 정서에 영향을 미칠 수 있다는 것을 의미한다.

병렬분산처리 모델의 기본 요소는 무엇인가?
장기기억이 켜졌다 꺼졌다 하는 단순 정보 처리 단위로 구성되어 있다고 보는 이론이다. 개념은 수많은 단위들의 활성화 패턴으로 PDP에 표상된다.

기억의 체화된 인지 이론은 의미망 모델이나 PDP 모델과 어떻게 다른가?
의미망과 PDP 모델에서는 지각 체계가 기억에 아무런 역할을 하지 않는다. 지각 체계는 사람들이 처음에 사건을 경험할 때에만 활성화된다. 체화된 인지 모델에서는 지각 체계와 운동 체계가 사람들이 사건을 기억하고 생각하는 데 영향을 미친다. 의미망 모델과 PDP 모델은 신체 비유를 설명할 수 없지만 체화된 인지는 신체 비유를 이해할 수 있게 해준다.

기억의 오류는 인간의 기억과정이 컴퓨터 같은 전자기기 안에 들어 있는 기억 저장고와 근본적으로 다르다는 것을 어떻게 보여주고 있는가?
전자기기는 정보를 수동적으로 기록하지만 인간의 기억은 능동적인 사고를 포함하고 있다. 전자기기와 다르게 사람은 상이한 정보들을 창의적으로 결합한다. 사람이 이런 일을 할 경우 때로 기억 오류가 발생한다.

청킹은 무엇이고 어떻게 하여 단기기억에 저장할 수 있는 정보의 양을 증가시키는가?
청킹은 여러 개의 정보를 하나의 '청크'로 결합하여 단기기억에서 저장하는 정보의 양을 증가시키는 전략이다. 각 청크에 여러 개의 정보를 포함할 수 있으면 단기기억의 전체 정보의 양은 증가한다.

기억술은 무엇이며 어떻게 기억을 향상시키는가?
기억술은 장기기억에서 정보를 조직화하는 전략들이다. 조직화는 필요할 때 정보를 인출하기 쉽게 만들어서 기억을 향상시킨다.

우리가 정보에 집중하고 조작할 때 활성화되는 뇌 부위는 어디인가?
현대의 연구 증거에 의하면 전두엽이 작업기억과 관련이 깊다.

영구적인 기억 형성에 관여하고 있는 뇌 체계는 무엇인가? 이런 뇌 체계는 좋아질 수 있는가?
측두엽의 해마는 기억 응고, 즉 영구적인 기억 형성에 중요한 역할을 한다. 응고는 장기강화라고 알려진 해마의 생물학적 과정으로 일어난다. 장기강화란 뇌세포들 사이의 소통 효율성이 지속적으로 증가하는 것을 말한다. 뇌세포의 발화를 촉발하는 생화학적 과정의 변화로 세포들끼리의 소통 효율성이 증가한다. 편도체도 이 과정에 참여하는데 특히 얕은 수준의 정보 처리 동안 습득된 정보의 응고에 중요한 역할을 한다. 에어로빅 운동이 해마 크기를 증가시켜서 기억을 향상시킨다는 연구 증거가 발견되었다.

인지도를 만드는 능력과 관련된 뇌 체계는 무엇인가?
해마는 이런 공간기억 기술 능력에 특히 중요하다.

정보가 뇌에 저장되어 있는 방식이 도서관에 책이 저장되는 방식과 유사한가?
아니다. 도서관의 책은 한 장소에 보관되어 있다. 이와 비교하여 경험에 대한 우리의 기억은 뇌의 여러 부위에 저장되어 있다.

연습문제 해답

1. d	6. c	11. c
2. a	7. b	12. a
3. a	8. a	13. d
4. d	9. b	14. c
5. c	10. b	15. d

제 6 장 학습

요약

일상생활에서 고전적 조건형성의 예는 무엇이 있는가?
고전적 조건형성에서 우리는 어떤 자극은 다른 어떤 사건을 예언한다는 것을 학습하였다. 예를 들어 당신이 놀이공원에서 연인과 헤어졌다면 놀이공원을 피하게 될 것이다. 왜냐하면 당신에게 있어서 놀이공원은 이별을 '예언'하기 때문이다.

고전적 조건형성에서 동물들이 학습하는 연합은 무엇인가?
고전적 조건형성에서 동물들은 학습 경험 이전에 반응을 이끌어내는 무조건 자극(US)과 원래 중립적이었으나 무조건 자극과 연합이 이루어진 후 반응을 이끌어내는 조건 자극(CS) 사이의 연합을 학습한다.

어떤 유형의 유기체가 고전적 조건형성을 통해 학습하는가?
매우 단순한 유기체(예 : 초파리)부터 복잡한 유기체(예 : 인간)까지 넓은 범위의 유기체들이 고전적 조건형성을 통해 학습한다.

쥐는 앨버트(연구 참여자)를 두렵게 하는 어떤 자극도 주지 않았는데, 앨버트는 심리학 실험이 진행되는 동안 왜 작은 흰 쥐를 두려워하게 되었는가?
앨버트의 두려움은 고전적 조건형성을 통해 발달하였다. 고전적 조건형성을 통해서 초기에는 공포를 일으키지 않았던 것(쥐)과 공포를 일으키는 것(큰 소리) 사이의 연합을 학습하였다. 이 연합이 일단 학습되면 쥐는 앨버트로 하여금 공포를 이끌어내게 된다.

당신이 동물에게 조건 자극과 무조건 자극의 연합을 가르치고 싶다면 무조건 자극이 나타나기 전, 조건 자극 후 어느 정도 기다려야 하는가?
아주 잠깐만 기다리면 된다(1초 이하). 더 오래 기다린다면 동물들이 CS-US 관계를 학습하는 것이 더디게 진행될 것이다.

고전적 조건형성에서 동물이 전에 학습한 무조건 자극과 연합된 조건 자극을 당신이 조금 변경한다면 어떤 일이 일어나겠는가?
당신이 그 자극을 조금만 변경한다면 유기체는 반응할 것이다. 하지만 그들이 원래 자극에 반응한 만큼 강하지는 않을 것이다. 이러한 과정을 일반화라고 한다.

고전적 조건형성에서 소거란 무엇인가?
소거는 어떤 US의 제시가 없어도 CS가 반복적으로 나타날 때 조건 반응이 점진적으로 감소하는 것을 말한다.

유기체에서 보통 반응을 일으키는 자극이 반복적으로 제시되면 무슨 일이 일어나는가?
유기체는 자극에 습관화된다. 즉 자극에 대한 반응이 점점 더 약해진다.

보상 반응에 관한 연구는 약물 남용에 관한 몇몇 경우를 어떻게 설명하는가?
약물 복용자들은 때때로 과다복용으로 고통 받는데, 이는 전에 복용해보지 않았던 약물을 복용한 상황에서 일어난다. 새로운 상황에서 그들의 신체는 보상 반응(자극에 대한 영향에 반대되는, 약물효과에 대응하는 생물학적 반응)을 나타내지 않는다. 약물을 과다복용한 결과가 보상 반응의 부재이다.

차단이란 무엇이며, 차단이라는 개념은 심리학자들이 이해하고 있는 고전적 조건형성의 과정을 어떻게 바꾸었는가?
차단은 동물이 조건 자극과 무조건 자극 사이의 연합을 학습하는 데 실패한 현상이다. 구체적으로 살펴보면 CS에 노출되기도 전에 US의 발생을 미리 예측할 수 있을 때 연합 학습에 실패하게 된다. 이는 동물들이 단순한 두 자극의 짝만을 학습하지 않음을 의미한다. 오히려 그들은 전체적으로 환경에 대한 정보를 획득한다.

동물들이 피하고 싶은 불쾌한 일들을 통제할 수 없다는 것을 학습할 때 어떤 일이 일어나는가?
동물들이 스스로 불쾌한 결과를 조절할 수 없음을 학습할 때, 그들은 해로운 것을 피하기 위해 노력조차 하지 않게 되는 동기의 감소라는 학습된 무기력을 경험한다.

조건화된 미각 혐오(가르시아 효과)는 고전적 조건형성에 진화와 생물학의 역할에 관한 정보를 어떻게 제공하는가?
음식의 맛과 질병 사이의 관계를 빠르게 학습하는 가르시아 효과는 모든 연합이 같은 방법으로 학습되는 것이 아님을 보여주는 것이다. 진화의 모든 과정에 걸친 종의 중요한 특징인 자극-반응 관계는 부분적으로 빠르게 학습된다.

과학자들은 어떤 전략을 통해서 고전적 조건형성의 생물학적 기초를 확인하는 데 성공했는가?
고전적 조건형성의 생물학적 기초를 확인하는 가치 있는 연구 전략은 비교적 적은 뉴런을 가진 단순유기체를 연구하는 것이었다. 에릭 캔들은 약 2만 개의 뉴런을 가진 바다 민달팽이인 아플리시아(Aplysia)를 대상으로 한 고전적 조건형성 연구에서 이러한 전략을 추구하였다.

동물이 습관화를 경험할 때 신경계통에서는 어떤 현상이 발생하는가?
뉴런은 그들이 보내는 신경전달물질의 양을 감소하게 한다. 예를 들어 물체가 감지될 때, 아플라시아는 반사적으로 아가미(호흡기관)를 집어넣는다. 자극이 아플라시아에게 반복적으로 주어질 때, 이 자극을 감지한 뉴런은 운동뉴런을 조절하는 뉴런으로 신경전달물질을 점차 덜 보내게 된다. 후자에 해당하는 뉴런이 신경전달물질을 적게 받게 되면 움직임이 줄어들면서 아가미를 집어넣게 된다.

일상생활에서 찾아볼 수 있는 조작적 조건형성의 예는 무엇이 있는가?
결과는 행동을 변화시킨다. 예를 들어 부모가 아이들의 요구에 '항복'했을 때, 아이는 나중에 더 부모와 언쟁을 많이 하게 된다. 왜냐하면 '항복'은 아이가 그 행동을 반복하게 될 가능성을 높여주게 되는 긍정적인 결과가 되어 버리기 때문이다.

고전적 조건형성과 조작적 조건형성 간의 두 가지 주요 차이점은 무엇인가?
자극 뒤 반응이 일어나는 고전적 조건형성과 달리 조작적 조건형성은 자극이 행동을 뒤따르게 하는데, 이를 반응 결과라고 한다. 고전적 조건형성에서 행동은 내면의 심리적 반응이다. 조작적 조건형성에서 외부세계에 영향을 주는 것은 행동이다.

동물들이 퍼즐 박스에서 탈출하는 방법을 어떻게 학습하는지에 관한 손다이크의 주요 연구 결과는 무엇인가?
손다이크는 고양이가 박스로부터 탈출하는 데 필요한 시간이 시행을 하면 할수록 줄어든다는 것을 발견했다. 처음에는 빠져나오는 데 2~3분이 걸렸지만 나중에는 몇 초 만에 빠져나올 수 있었다. 이처럼 그들은 시행착오 경험을 통하여 학습이 이루어졌다.

효과의 법칙이란 무엇인가?
효과의 법칙이란 주어진 상황에서 만족스러운 결과가 나오는 행동을 유기체가 수행할 때 나타나는 학습의 원리다. 나중에 같은 상황을 맞닥뜨리게 되면 그 행동을 수행할 가능성이 높다.

조작적 조건형성의 스키너의 분석에서 강화물은 무엇인가?
강화물은 반응 뒤에 일어나는 자극이며, 그 반응이 미래에 일어나게 될 가능성을 높여준다.

정적 강화와 부적 강화의 차이점은 무엇인가?
정적 강화에서 자극의 발생으로 특정 유형의 행동을 하게 될 가능성이 높아진다. 부적 강화에서 불쾌한 자극의 제거는 특정 유형의 행동이 일어날 가능성을 높여준다.

강화는 처벌과 어떻게 다른가?
처벌은 행동의 가능성을 감소시키는 자극이다. 강화(정적 또는 부적)와는 다른데, 강화는 행동의 가능성을 증가시킨다.

강화계획은 무엇인가?
강화계획은 행동 발생과 관련하여 강화가 일어날 때 알려주는 일종의 시간표이다.

행동에 영향을 주는 강화계획은 어떻게 다른가?
강화계획은 행동의 비율이 다르게 나타난다. 예를 들어 비율강화계획은 간격강화계획보다 더 높은 반응 비율을 나타낸다.

변별 자극은 무엇인가?
변별 자극은 행동과 강화물 사이의 관계에 관한 정보를 제공하는 자극이다. 특히 변별 자극은 강화되는 행동이냐 아니냐를 나타내는 자극이다.

변별 자극에 관한 연구는 다른 상황에서 다르게 행동하는 사람들의 경향을 어떻게 설명하는가?
일상생활에서의 많은 상황에서 강화가 일어나게 되는 특정 행동 유형에 해당하는 변별 자극을 포함하고 있다. 하지만 변별 자극은 상황에 따라 다양하게 사람들이 반응하기 때문에 개인의 행동은 때에 따라 다르게 나타난다.

유기체는 조작적 조건형성을 통해서 복잡한 행동을 어떻게 학습할 수 있는가?
조작적 조건형성에서 유기체는 점진적인 학습과정(심리학자들이 바람직하다고 여기는 행동을 강화하여 결국 나타나게 됨)인 조성을 통해서 복잡한 행동들을 학습한다.

'학습의 생물학적 제약'이라고 하는 의미는 무엇인가?
어떤 상황에서는 타고난 생물학적 특성으로 인해 유기체가 어떤 행동을 학습하는 것이 어렵다는 것을 의미한다. 다시 말해 행동을 학습하는 능력은 생물학적 소인에 의해 '제약'을 받게 된다.

학습의 생물학적 제약에 관한 연구에서의 연구 결과는 입증되었는가, 혹은 스키너가 발달시킨 학습 원리에 관하여 의문을 제기했는가?
학습의 생물학적 제약에 관한 연구 결과를 통해 행동과 강화의 어떤 조합은 실패할 수도 있다는 것이 밝혀졌다. 즉 유기체의 행동 가능성이 올라가지 않는다. 스키너 이론에 의하면 모든 행동과 강화의 조합이 같은 방법으로 작용하는 것이다. 그러나 위에서 살펴본 바와 같이 스키너 이론에서 오류가 발견되었다.

사람들이 활동에 참여하는 경향이 더 낮을 경우 때때로 왜 보상을 하는가?
흥미를 느끼는 활동을 처음 수행할 때 보상을 하게 되면 활동에 참여하는 경향성을 낮출 수 있다. 하지만 보상이 제공되면 사람들은 자신의 행동을 전과는 다르게 해석하게 된다. 즉 개인적 흥미가 아니라 외적 보상 때문에 어떤 행동을 하게 될 수 있다.

심리학자들은 뇌에 '보상센터'가 있다는 것을 어떻게 알았을까?

심리학자들은 대뇌 변연계에 전기적 자극을 반응 결과로서 사용한 연구를 통해 이를 알아냈다. 쥐는 이 영역의 자극을 얻기 위하여 반복적으로 지렛대를 눌렀다. 이 뇌 영역이 바로 자극이 행동을 강화하는 보상센터이다. 후속연구를 살펴보면, 보상이 도파민 계통의 영향을 통해서 행동에 영향을 준다는 것이 밝혀졌다.

반두라의 보보인형 실험 결과는 학습에 관한 조작적 조건형성에서 분석 내용을 어떻게 반박하는가?

보보인형 실험 결과는 조작적 조건형성 분석에 관하여 다음과 같이 반박하고 있다. 연구에 참여한 아이들은 스키너 학파가 학습에 반드시 필요하다고 했던 강화가 전혀 없는 상태에서 비교적 복잡한 행동을 학습한다. 또한 스키너 학파가 주장한 조성에 관한 점진적인 학습 시행을 하지 않았는데도 아이들은 학습한다.

관찰학습에서의 심리학적 과정은 무엇인가? 다시 말해 심리학적 모델에 의해 행해지는 행동 수행을 학습하기 위하여 어떤 과정을 거치는가?

네 가지 하위 과정은 주의집중(모델의 행동에 주의를 기울임), 파지(모델의 행동을 보유하고 기억함), 운동 재생(모델의 행동을 자기 자신의 행동으로 이끌어내기 위하여 정신적 표상을 사용함), 동기화(모델의 행동을 수행하기 위하여 동기화가 이루어짐)이다.

체벌은 아동의 공격성을 증가시키는가?

연구를 통해 밝혀진 것은 체벌은 아동의 공격성 증가와 관련이 있다는 것이다. 3세 때의 체벌 경험이 5세 때의 공격성 수준과 관련이 있다는 종단연구를 통하여 그 증거가 밝혀졌다.

체벌의 효과에 관한 연구는 조작적 조건형성 또는 관찰학습에서의 이론적 예측을 지지하는가?

다루기 힘든 행동에 대한 처벌인 체벌은 조작적 조건형성의 분석에서 주장하는 것처럼 그러한 행동을 감소시키는 데 효과가 없다. 대신 체벌은 관찰학습 분석에서 주장하는 바와 같이 공격적 행동 모델을 제공하여 아이들의 공격성을 증가시키는 것과 상관이 있다.

현대의 컴퓨터 기술로 모델링의 효과를 높일 수 있는 방법은 무엇인가?

기술이 모델링을 고양시킬 수 있는 한 가지 방법은 바람직한 행동을 수행하기 위해 사람들이 자신의 이미지를 볼 수 있는 **가상자아출현(VRS)**을 이용하는 것이다. 이 기술은 학습자가 자신과 매우 관련성이 높은 심리적 모델을 볼 수 있게 한다.

신경 시스템은 다른 사람의 행동을 모방하려는 유기체의 경향성과 직접적인 관련이 있는가?

복합유기체(사람과 동물)의 뇌는 어떤 행동 유형에 참여하는 것뿐만 아니라 같은 행동으로 다른 사람이 하는 것을 관찰할 때까지 운동피질 속에서 작용하는 뉴런이라 할 수 있는 거울뉴런을 가지고 있다.

연습문제 해답

1. a	6. d	11. b
2. c	7. b	12. c
3. a	8. a	13. a
4. d	9. d	14. d
5. b	10. a	15. b

제 **7** 장 　사고, 언어, 지능

요약

사용하기 가장 편한 범주화는 무엇인가?

사용하기 가장 자연스러운 범주는 기본 수준에서의 범주이다 — 유용성과 효율성을 적절히 결합시킨 중간 정도의 추상적 범주.

범주 구조란 무엇인가?

전통적 범주는 개별 항목이 범주에 애매모호함 없이 명확하게 들어가는 특징이 있다. 반면 애매한 범주는 애매모호한 경계가 존재한다. 가족 유사성 범주는 범주 구성원끼리 닮은 특징들이 다수 있으나, 반드시 꼭 있어야 하는 절대적인 특징이 있는 것은 아니다. 범주 내에서 원형이 가장 중심적인 것이라 할 수 있다. 범주는 추상도에 따라 달라진다. 두 번째 범주가 첫 번째 범주에 속하는 개념이라면 두 번째 범주보다 첫 번째 범주가 더 추상적이다. 임시 범주는 사람들이 특정 상황에 높인 목적에 가깝기 때문에 함께 묶이는 항목의 집합이다.

개는 언어를 사용하는가?

아니다. 그들이 의사소통을 한다 하더라도 그것은 후각에 의한 것이다. 언어는 다음과 같은 두 가지 측면에서 일반적인 의사소통과 구별된다 — (1) 언어와 사물 사이의 임의적 관계, (2) 일반적인 언어 규칙.

언어는 어떻게 조직되는가?

언어는 수준에 따라 조직된다. 가장 높은 단계는 대화이며, 그다음이 문장, 구, 단어 순이다. 단어는 뜻을 전달하는 형태소라고 하는 부분들로 이루어져 있다. 분석의 가장 낮은 수준에서 언어는 소리로 구성된다.

통사론은 어떤 규칙이 있는가?

문장에서 구의 나열이 문법적으로 잘 형성되어 있는지와 핵심 문장이 어떻게 형성되었는지를 알려주는 것이 통사론의 규칙이다. 변형 문법은 문장의 요소들이 문법적으로 정확한 또 다른 문장을 어떻게 만들어내는지에 관한 규칙들이다.

아이들은 언어를 어떻게 획득하는가?

스키너는 아이들이 환경적 보상에 의해 언어를 학습한다고 제안하였다. 촘스키는 모든 인간은 언어의 통사론(보편적 문법)을 이끌어내는 뇌 기제를 가지고 있다고 하였다. 통계적 언어 학습은 아이들이 통계적으로 자주 듣게 되는 소리와 단어를 학습함으로써 언어를 습득한다는 이론이다.

언어와 뇌에 관한 초기 연구에서 언어를 산출하고 이해하는 데 관여하는 뇌의 영역에 관해 무엇이라고 했는가?

뇌에는 언어 사용에 있어서 각각 독립적으로 기능하는 두 영역이 있다는 증거가 있다. 한 영역은 문법적 언어를 담당하는 브로카 영역이고, 또 다른 영역은 언어 이해를 담당하는 베르니케 영역이다.

오늘날의 뇌 영상 연구에서 나온 증거는 과학자들의 언어와 뇌에 관한 초기 믿음을 어떻게 변화시켰는가?

최근의 뇌 영상 증거는 브로카 영역과 베르니케 영역만이 아니라 다양한 뇌 영역이 언어 사용과 관련이 있음을 보여준다. 게다가 브로카 영역과 베르니케 영역은 언어뿐만 아니라 심리적 기능에도 관여하는 것으로 밝혀졌다.

동물들에게는 왜 언어가 없을까?

이 질문에 답하기 위하여 허버트 테라스는 님 촘스키라고 하는 침팬지에게 의사소통 수단으로 수화를 사용하게 하였다. 테라스는 님이 생각을 표현하는 — 언어 사용을 정의하는 행동 — 새로운 조합을 만들어내지 못한다는 결론을 내렸다.

언어는 현실을 형성하는가?

사피어-워프 가설에 의하면 그렇다. 사피어-워프 가설에 의하면 언어가 우리의 사고를 형성하는데, 이는 서로 다른 언어를 말하는 개인은 현실에 대해서도 기본적으로 다른 견해를 가질 수 있다는 것을 의미한다.

사피어-워프 가설 연구는 사고에 대한 언어의 영향이 어떻다고 설명해 주고 있는가?

사피어-워프 가설로부터 하나 추론해보면, 언어가 사고에 영향을 준다면 언어를 말하는 사람들은 색깔에 관해서 저마다 모두 다른 색이 있다고 생각할 것이다. 그러나 베를린과 케이(Berlin & Kay, 1969)의 연구에서 서로 다른 언어를 말하는 사람들이 색깔에 대해서 비슷하게 생각하고 있는 것으로 밝혀졌다. 이와 같은 증거들은 사피어-워프 가설을 반박하는 것이고 색깔에 대한 사람들의 생각이 시각 시스템 작동으로 인하여 부분적으로 결정되는 인지과정을 보여주고 있다.

사고가 언어에 영향을 준다는 것을 우리는 어떻게 아는가?

심리학자들은 우리가 제스처로 이미 의사소통을 한 것을 언어로 그 생각을 표현하려고 시도할 때 경험하는 어려움을 증거로 이용하였다. 언어로 표현하는 사고의 패턴은 문화마다 다를 수도 있다. 예를 들면 호주인은 한국인보다 형용사는 더 많이 사용하고 상태 동사는 더 적게 사용한다.

순조로운 논리적 추리가 가능한 심리적 과정은 무엇인가?

확증편향은 논리적으로 추론하는 사람들의 능력에 손상을 줄 수 있다. 확증편향이란 당신이 내린 초기의 모든 결론과 일치하는 정보를 찾고자 하는 경향성으로, 초기 결론과 반대된다고 판단되는 정보는 무시하게 된다. 확증편향은 중요한 정보를 간과할 수 있기에 위험한 것이다.

사람들은 항상 논리적 추리를 하는 데 어려움을 느끼는가?

그렇지 않다. 레다 코스미데스의 연구는 사람들이 물물교환과 같이 속임수 가능성이 있는 문제에 대해서 날카롭게 추론할 수 있음(다른 추론 과제에서 미숙했더라도)을 보여주고 있다.

사람들은 불확실한 사건의 가능성을 어떻게 판단하는가?

형식적인 계산을 통한 방법이 아닌 상황에서 어떤 일을 추정하는 간단한 인지과정인 어림법을 사용하여 사람들은 불확실한 사건의 가능성을 판단한다. 가용성 어림법에서 사람들은 쉽게 떠오르는 정보에 의거하여 판단하게 된다. 대표성 어림법에서 사람들은 범주의 개별 아이템이 사람 또는 사물이 속한 범주의 유사성 정도에 의거하여 판단하게 된다. 기점화-조정 어림법에서 사람들은 처음 추측한 것('기점')으로 최종 판단에 이를 때까지 조정하고 추정해낸다. 이러한 어림법들은 유용하지만 판단 오류를 일으키기도 한다.

얼마나 논리적으로 결정을 내리는가?

결정하기의 표준 모델로 설명하자면 우리는 주관적 가치와 순자산을 고려함으로써 결정에 이르게 된다. 하지만 틀 효과와 심적 회계 개념을 살펴보면 사람들이 항상 그러한 논리를 사용하는 것은 아님을 알 수 있다. 틀 효과에서 사람들의 결정은 선택을 함에 있어 주관적 가치가 아닌, 양자택일을 해야 하는 선택 상황에 의해 영향을 받는다. 심적 회계에서 사람들은 그들의 자산과 지출을 뚜렷하게 구별하는 인지 범주로 나누고, 그 과정에서 전체 순자산은 무시한다.

사람들은 어떻게 문제를 해결하는가?

생각나는 대로 말하기 프로토콜 분석을 해보면 우리는 이에 대한 답이 가능하다는 것을 알고 있다. 사람들은 문제 공간 전체를 마음속에 그릴 수 없기 때문에 수단-목적 분석과 같은 문제 해결 어림법에 의존한다. 수단-목적 분석에서 바람직한 결과가 나올 수 있는 모든 가능성을 상상하는 대신, 사람들은 단지 현재 상황과 최종 목표 사이와의 거리를 좁히려고 노력한다.

컴퓨터는 어떻게 문제를 해결하는가?

문제 해결에 관하여 연구하는 연구자들은 수단-목적 분석을 사용하여 문제를 해결하는 컴퓨터 프로그램을 사용하였다. 컴퓨터의 수행을 인간의 수행과 비교했을 때 결과는 유사하게 나왔다. 즉 컴퓨터와 인간 모두 수단-목적 문제 해결 전략을 사용하고 있었다.

머릿속에서 우리가 얼마나 빨리 심상을 회전시킬 수 있는지를 결정하는 것은 무엇인가?

셰퍼드와 동료들의 연구에 따르면, 사람들이 이미지를 전환하는 데 걸리는 시간은 정신적으로 이미지를 회전시키는 실제 각도와 거의 일치하는 것으로 나타났다.

심리적 거리감 연구는 우리가 어떻게 심상을 사용하는지에 관하여 무엇을 알려주는가?

코슬린과 동료들의 연구에 따르면, 사람들은 심리적 거리감을 가지고 있는 질문에는 대답하기까지 더 오랜 시간이 걸린다.

지능이란 무엇인가? 무엇이 지능이 아닌가?

지능은 지식을 획득하고, 문제를 해결하며, 새롭고 가치 있는 산물을 창조하기 위해 획득된 지식을 사용하는 능력이다. 성격 특성, 신체 능력, 특정 기술은 지능에 해당되지 않는다.

지능은 어떻게 측정되는가?

1900년대 초반에 프랑스 심리학자 비네는 학업성취를 잘 예언하는 검사를 개발하였다 ― 논리적 추론, 어휘 사용, 지식 등. 그는 검사 수행상의 개인차가 교실에서의 성취 차이를 예언한다고 했으며, 지금까지의 연구 결과도 그러하다. 독일 심리학자 슈테른은 비네의 연구에 보탬을 주었다. 즉 아동의 정신연령이라는 개념을 도입하여 'IQ=(정신연령/생활연령)×100'이라는 지능에 관한 공식을 만들어냈다. 지능검사를 성인에게 실시할 때 평균 100, 표준편차 15에 해당하는 점수를 얻게 된다. 약 2/3의 사람들이 점수 85~115 사이의 IQ 점수를 얻게 된다.

'일반'지능이 존재하는가?

서로 다른 능력을 측정하는 사람들의 검사 점수는 정적 상관을 나타내었다. 이 정적 상관은 다른 검사 유형의 수행에 영향을 미치는 전반적인 정신 능력인 일반지능이라는 개념을 제시함으로써 설명이 가능해진다.

일반지능에서 어떤 인지과정으로 개인차가 발생하는가?

유동적 지능에서의 개인차는 작업기억 능력의 개인차로 설명이 가능하다. 유동적 지능은 사람들이 시도하고자 하는 모든 도전 과제의 수행에 유용한 정신 능력이다. 작업기억 능력은 주의산만함을 피하고 주의집중할 수 있는 능력이다.

유전이 지능의 유일한 결정 요인인가?

네 가지 연구 결과를 살펴보면, 생물학적 요인만이 사람들의 지능 수준을 설명한다고 보기는 어렵다. 첫째, 시간이 지남에 따라 나타나는 평균 지능의 상승을 보이는 플린 효과이다. 이러한 변화는 10년에 걸쳐 일어났다(너무 빨라서 세대 변화로 설명이 어려움). 둘째, 교육이 지능의 상승을 가져온다는 연구 결과가 있다. 셋째, 지능의 개인차는 시간이 지남에 따라 변할 수 있다. 넷째, 지능의 유전 효과는 인구학적 요인에 기인한다.

지능에는 여러 유형이 있는가?

하워드 가드너의 다중지능 이론에 따르면, 사람들은 지능과는 구별되는 다른 정신 능력들을 가지고 있다고 한다. 그는 신동을 그 증거로 들어 설명하였다. 다른 증거로는 서번트 증후군이 있는데, 이는 많은 영역에서 손상을 나타내지만 유독 한 영역에서만 뛰어난 수행력을 보이게 된다. 세 번째 증거는 사람들이 늙어서 전반적인 정신 능력의 쇠퇴를 보이는 가운데 예외적인 지적 발달을 보일 때가 있다는 것이다.

큰 뇌를 가진 사람은 더 똑똑한가?

그렇다. 하지만 상관의 크기는 보통 정도이다. 다시 말해 작은 뇌를 가진 사람들도 비교적 높은 지적 수준을 나타내기도 하며, 그 반대도 성립한다.

뇌 연결은 지능과 어떻게 관련되는가?

지적인 행동은 뇌의 다양한 영역을 사용함으로써 이루어진다. 다양한 뇌 영역 간에 비교적 강한 신경 연결을 상태를 가진 사람들은 정보를 더 효과적으로 처리할 수 있기 때문에 더 높은 IQ 점수를 얻는 경향이 있다.

연습문제 해답

1. a	6. c	11. a
2. b	7. a	12. c
3. d	8. c	13. a
4. d	9. b	14. d
5. b	10. b	15. c

제 **8** 장   의식

요약

1980년대까지 '입에 담기도 힘든 주제'인 의식을 주목받게 한 것은 무엇인가?

행동주의자들은 의식은 직접적으로 측정이 불가능하기 때문에 과학적으로 연구될 수 없고 과학적 연구와는 거리가 멀다고 하였다.

1960년대에 심리학자들의 관심은 인간의 사고과정이 컴퓨터의 정보 처리과정과 유사하다는 비유에 쏠려 있었다. 컴퓨터가 생각은 가능하다고 할지 모르지만, 느낌이 있다고는 할 수 없었기에 위와 같은 비유는 의식 연구의 아주 적은 부분을 차지하고 있다.

의식이 '주관적'이라는 것은 어떤 의미인가?
이는 의식 경험을 가지고 있는 개인의 관점에서만 유일하게 존재하고 평가될 수 있다는 의미이다.

'의식'을 가지고 있다고 말하기 위해서 반드시 있어야 할 심리학적 특성은 무엇인가?
의식에는 느낌이 포함되어야 한다. 주관적 느낌을 가진 유일무이한 존재는 의식을 가지고 있다고 말할 수 있다.

프랑스 철학자 데카르트가 의식은 삶의 기본적인 사실이라고 주장하였는데, 이는 무엇에 근거한 것인가?
데카르트가 진실이라고 확인할 수 있는 사실을 찾는 과정에서 그가 전혀 의심하지 않았던 유일한 것은 그가 존재하고 그는 의식 경험을 가지고 있다는 사실이었다. 그의 존재를 의심한다는 것은 누군가가 그 사실을 의심하고 있는 것이라는 이유에서 그의 존재를 증명하였다.

발달하는 동안 인간이 처음 의식을 경험하는 것은 언제인가?
의식은 출생 이전부터 시작된다. 27주와 35주의 태아를 대상으로 한 연구(Shahidullah & Hepper, 1994)에서 모든 태아들이 엄마의 배 밖에서 들리는 소리를 인지한다는 것이 밝혀졌다.

동물들은 의식이 있는가? 어떻게 알 수 있는가?
있다. 동물들이 과제를 수행할 때, 인간이 하는 것과 매우 동일하게 산만한 모습을 보였다. 인간 의식에 필요한 뇌 시스템이 포유류에게도 있다는 것이 생물학적 증거를 통해 밝혀졌다.

동물들은 자의식이 있는가? 어떻게 알 수 있는가?
자기재인 거울검사에서 일부 동물들은 자의식이 있다는 어떤 신호를 나타냈다. 유인원과 돌고래는 이 검사를 통과했지만, 개와 고양이는 통과하지 못했다.

왜 로봇은 의식이 없는가?
로봇은 정보를 논리적 규칙에 따라 처리하도록 프로그램되어 있다. 의식은 논리적 사고뿐만 아니라 감정, 감각, 기타 느낌 등을 가지고 있어야 한다.

마음은 신체와 분리되는가?
이원론에 의하면, 마음과 신체는 2개의 독립개체이다. 신체는 세상의 이미지를 비물리적 마음이 그 이미지를 살펴보는 뇌의 어떤 부분에 발사한다.

이원론의 한계점은 무엇인가?
첫째, 마음-신체 문제이다. 마음이 비물리적 독립개체라면 신체에 영향을 주는 것이 불가능할 것이다. 둘째, 소인 문제이다. 의식적으로 보이는 것과 들리는 것을 경험하는 뇌 구조가 있다고 말하는 것은 뇌에 작고 의식이 있는 뇌 속에 사는 사람, 즉 소인이 있다는 것을 의미한다. 여기에서는 다음과 같은 의문점이 생긴다 ― "어떻게 소인은 의식적인 존재인가?"

외부세계의 이미지가 머릿속에서 재현된다는 것을 제시하지 않은 채 의식을 어떻게 설명할 수 있는가?
의식에 관한 대니얼 데닛의 이론에서 뇌는 자극을 재현하지 않는다. 단순히 자극의 특징을 감지하고 어떤 유형의 사물이 거기에 있는지에 관해 추측할 뿐이다. 이 이론에서는 뇌의 다양한 부분이 다양한 특징을 감지한다. 세상을 재현되는 마음속 '극장'은 없다.

의식에 있어서 진화상 우위란 무엇인가?
의식은 유기체가 여러 유형의 정보를 고려하여 어떻게 행동할 것인지를 결정할 때 그 정보들을 결합하게끔 해준다.

의식은 진화론적으로 얼마나 오래되었는가?
의식은 약 3억 년 정도 되었다.

유기체가 의식 경험을 갖기 위해 필요한 뇌의 하위 시스템은 무엇인가? 우리는 어떻게 알 수 있는가?
시상-피질 회로는 다양한 뇌 영역에서 활성화가 통합되고 의식의 기본을 이루게 된다. 앨카이어 등(Alkire et al., 2008)의 연구를 살펴보면, 마취는 시상의 활동을 감소시킴으로써 무의식을 이끌어낸다. 이로 미루어볼 때, 시상-피질 회로는 의식에 있어서 핵심이라 할 수 있다.

REM 수면과 비REM 수면의 특징은 무엇인가?
REM 수면 동안 심장박동, 혈압, 호흡률은 마치 깨어 있을 때처럼 요동치며, 남성과 여성 모두 성적 흥분을 경험하기도 한다. 비REM 수면 동안 심장박동과 혈압은 깨어 있는 상태에서보다 더 낮으며 정상 호흡을 하는 것처럼 매우 규칙적이다. 체온은 비REM 수면 동안 떨어진다. REM 수면 동안 뇌 활성화 정도는 깨어 있을 때와 유사하다. 사람들은 REM 수면과 비REM 수면 동안 모두 꿈을 꾸지만 REM 수면 동안 꿈을 더 자주, 더 생생하게 꾸게 된다.

REM 수면 동안 왜 우리의 눈은 빠르게 움직이지만 근육은 전혀 움직이지 않는가?
눈은 꿈에서 보이는 장면을 '스캔'하거나 꿈의 세계를 만들어내는 데 기여하고 있을 것이다. 깨어 있는 동안 움직임을 관장하는 세포를 활성화하는 신경전달물질을 방출해 뇌가 변화를 주기 때문에 우리의 신체는 정적인 상태를 유지한다.

수면의 각 단계 특성은 무엇인가?

잠이 든 뒤 첫 90분 동안 당신은 3단계의 비REM 수면을 겪게 되는데, 이때는 심장박동과 호흡이 급격히 감소하고 뇌파가 깨어 있을 때보다 요동을 덜 치게 된다. 약 90분 후, 깊은 잠에 빠져드는 대신 당신은 첫 번째 REM 수면 단계에 들어서게 되고 그 이후 비REM 수면 단계로 가게 된다. 이러한 주기가 밤 동안 저절로 반복되기 때문에 REM 주기는 더 길어지고 가장 깊은 단계의 비REM 수면 단계로 들어가지 않게 된다.

체내 시계의 타이밍을 연구하기 위해 수면 실험실을 어떻게 사용하였는가?

수면 실험실은 하루의 길이를 나타내는 24시간 주기에 변화를 줄수 있는 빛과 어둠과 같은 외부 단서 등의 환경을 조성할 수 있다. 외부환경의 변화로 인해 연구 참여자들의 체내 생물학적 리듬이 바뀌는지를 관찰하였다. 두 집단으로 나누어 한 달을 수면 실험실에서 지내게 한 연구가 있었다. 28시간 주기로 생활하는 집단과 20시간 주기로 생활하는 집단으로 나누었다. 연구 결과, 두 집단 모두 24시간 일주기를 나타내었다.

우리는 왜 잠을 자는가?

수면은 신체가 아니라 뇌를 회복시키는 데 필수적이라는 최근 연구가 있지만, 비REM 수면의 낮은 신진대사율은 깨어 있는 동안 생긴 신체의 손상을 회복할 수 있는 시간을 준다. REM 수면 동안의 정신적 활동은 뇌가 깨어 있을 때 자극을 처리하는 데 필요한 신경연결을 만들 수 있도록 해준다. 음식 섭취는 수면 패턴에 영향을 미칠 것이다.

수면 박탈은 수행에 어떤 식으로 악영향을 끼치는가?

수면 박탈은 불안함과 우울함을 더 느끼게 하며, 더 높은 수준의 편집증적인 생각을 하게끔 한다. 집중력뿐만 아니라 정보를 기억하고 해결하는 능력을 저하시키고 집중력을 유지하고 빠른 반응을 나타내야 하는 운전과 같은 활동 수행력에도 지장을 줄 수 있다.

수면장애의 특징은 무엇인가?

기면증은 낮 동안 갑작스럽게 극도의 졸리는 현상을 경험하는 수면장애로 때때로 '마이크로 수면'을 동반한다. 수면 무호흡증인 경우에 사람들은 잠자는 동안 짧은 호흡 정지로 고통 받는다. 불면증은 잠이 들거나 잠자는 상태를 유지해야 하는 데 어려움을 겪는 증상이 장기적으로 지속된 경우이다.

꿈의 내용은 어느 정도로 기이한가?

그렇게 기이하지는 않다. 사람들은 학교 또는 직장에서의 대화와 활동(일)에 관한 꿈을 꾼다. 일반적으로 실내환경에서 이루어지는 연애 상대자 또는 가족들과의 대화, 스포츠 활동, 비행, 싸움, 전쟁(보통 남자들이 꾸는 꿈), 또는 쇼핑, 색칠하기(보통 여자들이 꾸는 꿈) 등이 있다. 빨리 달리기 또는 빠른 속도로 운전하기와 같이 폭력, 위협, 두려움 등이 결합된 것도 있다.

사람들은 왜 꿈을 꾸는가?

프로이트에 따르면, 꿈은 우리의 수면을 방해하는 성적·공격적 에너지를 해소함으로써 욕망을 충족시킨다. 활성화-종합 이론에 따르면, 꿈은 무작위적으로 발생하는 뇌의 신호를 이해하는 이해 방식이다. 진화론적 관점에 의하면 꿈은 현실세계의 위협에 잘 대처할 수 있도록 준비시켜 주는 정신적 자극이다.

계획된 명상은 무엇이고 두 가지 주요 기술은 무엇인가?

명상법은 집중 능력을 향상하도록 고안되었다. 첫 번째 기술에서 명상하는 동안 사람들은 특정 사물 또는 사건에 그들의 정신을 집중한다. 두 번째 방법에서, 사람들은 모든 생각으로부터 정신을 깨끗이 하려고 노력할 것이다.

명상이 정신 능력을 향상시킨다는 것을 어떻게 알 수 있는가?

한 연구(Slagter et al., 2007)에서 명상 훈련을 받은 사람들은 과제에 대한 주의집중과 집중을 유지하는 능력이 통제집단보다 높게 나타났다.

누구나 최면에 걸리는가?

최면에 대한 민감성은 사람마다 다르다.

최면 상태는 어떻게 유발되는가?

연구 참여자들에게 긴장을 푸는 동안 어떤 물체에 집중하도록 하였다. 최면술사는 충분히 긴장을 풀도록 이야기한다. 사람들이 눈을 감으면 연구 참여자들에게 최면술사가 하는 말에 집중하도록 지시를 내리게 되고 최면 상태에 들어가게 된다. 최면술사가 다시 지시를 내릴 때까지 연구 참여자들은 최면 상태에서 나오지 않는다.

최면에 걸렸다는 것은 어떻게 알 수 있는가?

한 연구(Hilgard et al., 1975)에서 최면술사는 연구 참여자들에게 두가지 지시를 내렸다―(1) 그들의 손을 얼음물에 담근다 해도 어떤 고통도 의식적으로 경험하지 않을 것이다. 그러나 (2) 숨겨진 부분은 고통을 느낄 것이다. 연구 참여자들에게 극도로 차가운 물에 손을 넣도록 하였다. '숨겨진 부분'은 경험했겠지만 사실 그들은 얼음물 고통을 의식적으로 경험하지는 않았다.

환각제, 오피오이드, 흥분제, 진정제의 효과는 무엇이며, 어떻게 작용하는가?

환각제는 사람들로 하여금 환각 상태에 빠지게 하고, 현실 감각을 잃게 한다. 환각제는 신경전달물질인 세로토닌의 활성화에 영향을 미친다.

모르핀과 같은 아편이 든 약물은 신체에서 뇌로 전달되는 통증을 덜 느끼게 함으로써 고통을 경감해주는 화학물질인 오피오이드가 포함되어 있다. 아편은 고통은 경감해주지만 행복감과 황홀감을 강력하게 느끼게도 해주며 중독성이 매우 강하다.

카페인과 같은 흥분제는 신경 계통의 활성화를 자극하여 민첩성과 에너지 수준을 향상시켜 주는 향정신성 약물이다. 흥분제 또한 사람들로 하여금 심리적 안녕감과 자존감을 고양시켜 줄 수 있고 억제행동 수준은 낮춘다. 암페타민은 각성 수준을 높이고 여러 신경전달물질(도파민 포함)에 영향을 줌으로써 행복감을 느끼게 해주는 강력한 흥분제이다.

진정제는 중추신경계의 각성 상태를 감소시키는 향정신성 약물이다. 그렇게 함으로써 자극에 대한 민감성과 불안감을 낮출 수 있다. 진정제는 억제 신경전달물질(즉 뇌의 활성화 수준을 감소시키는 신경전달물질)의 효과를 부분적으로 증가시킴으로써 그 효과가 나타나게 된다. 벤조디아제핀은 뇌의 보상 센터를 활성화시켜 유쾌한 기분이 들게 하는 진정제이다.

연습문제 해답

1. b	6. b	11. c
2. c	7. a	12. d
3. d	8. a	13. c
4. a	9. d	14. b
5. b	10. a	15. b

제 **9** 장 정서, 스트레스, 건강

요약

정서의 네 가지 주요 요소는 무엇인가?

정서는 네 가지 요소, 즉 (1) 감정, (2) 사고, (3) 신체적 각성, 그리고 종종 함께 수반하는 (4) 눈에 띄게 나타나는 얼굴 표정이 결합된 심리상태이다. 얼굴 움직임 부호화 시스템(FACS)은 자기도 인식하지 못하는 사이에 얼굴에 나타나는 표정에서 정서를 읽어내는 시스템이다.

기분은 정서와 어떻게 다른가?

기분은 정서보다 오래 지속된다. 하지만 기분은 반드시 특정한 사고과정을 수반하지는 않는다. 기분은 얼굴에 크게 나타나지 않는다.

우리가 정서를 바탕으로 성취할 수 있는 네 가지 심리 활동은 무엇인가?

정서는 우리가 의사결정을 할 때 돕는다. 정서는 동기부여하는 힘을 가지고 있다. 또한 정서는 정보를 전달하며 그리고 도덕적 판단을 도와준다.

우리의 사고가 우리의 정서에 어떤 영향을 미치는가?

정서는 사건에 대해 의미를 부여함으로써 생기게 되지만 사건 자체에 의해 생기지는 않는다. 의미를 부여하는 사고는 사람마다 다르기 때문에 정서도 다를 수밖에 없다.

어떤 사고가 정서 경험에 영향을 미치는가?

정서 평가 이론에 따르면 작은 몇몇의 평가도 많은 다양한 정서를 느끼게 할 수 있다. 여기에는 동기적 의미(이 사건은 나의 목표와 추구하는 바와 관련이 있는가?), 동기적 적합(이 사건은 나의 목표를 돕는가 아니면 방해하는가?), 책임 소재(누가 이 사건에 대해 잘못이 있거나 칭찬을 받아야 하는가?), 미래 기대(상황이 변할 수 있는가?), 문제 중심 해결 능력(내가 문제를 해결하여 변화를 가져올 수 있는 잠재 능력이 있는가?), 그리고 정서 중심 해결 능력(나는 사건을 심리 측면에서 바르게 대응할 수 있는가?)에 대한 평가를 포함한다.

정서를 조절하려면 어떻게 해야 하는가? 우리가 금해야 할 행동은 무엇인가?

평가 사고가 정서를 결정하기 때문에 사람들은 기대 평가, 즉 어떤 사건이 발생하기 전에 이미 가지고 있는 사고를 변경함으로써 정서를 조절할 수 있다. 예를 들어 아이들이 마시멜로를 음식이 아닌 가지고 놀 수 있는 공으로 생각하도록 배운다면 아이들은 마시멜로를 먹지 않을 수 있다. 기대되는 평가 내용을 변경하는 것이 역으로 각성을 불러오는 정서 억압 방법보다 더 효과적이다.

만약에 우리가 상금을 많이 받게 된다면 우리는 반드시 행복하게 될 것으로 예측할 수 있을까?

그렇지 않다. 사람들은 삶에서 발생한 사건이 정서에 미치는 영향을 더 크게 평가하는 경향이 있다. 실제보다 나쁜 일은 정서적으로 더 안 좋게, 좋은 일은 정서적으로 더 들뜨게 만든다고 기대한다. 행복을 예측할 때는 유전의 효과를 지나치게 과대평가해서는 안 된다. 밝혀졌듯이 이타적 행동에 목표를 설정하는 것과 같이 사회적 요인이 행복을 증진시킨다.

우리가 기분을 유인가와 각성이라는 2개의 단순 구조로 설명한다는 것은 무엇을 의미하는가?

각성이란 어떤 기분 상태일 때 신체와 뇌가 활성화되는 정도를 말한다. 유인가는 긍정적 기분과 부정적 기분을 말한다. 심리학자는 이 두 차원을 함께 연결한 지도 위에 모든 다양한 정서를 설명할 수 있다. 어떤 특정 시점에서 가지는 어떤 기분이든지 기분 지도상에 어느 한 지점으로 설명할 수 있다.

기분을 향상시키기 위해 어떤 활동을 하면 좋은가?

한 활동은 요가를 포함한 운동인데, 운동은 긍정적 정서는 증가시키고 스트레스 같은 부정적 각성은 감소시킨다. 동일한 효과를 주는 활동으로 마사지 테라피가 있으며 또 다른 활동으로 음악을 들거나 노래를 부르는 것도 포함된다.

오늘의 날씨가 당신의 삶의 만족에 얼마나 영향을 미칠 수 있을까?
그렇다. 정보로서의 기분 가설은 사람들이 자신의 감정에 의거하여 삶의 만족을 평가한다고 전제한다. 이것은 날씨처럼 관계없는 요인이 사람들의 평가에 영향을 미칠 수 있다는 것을 함축한다. 맑은 날에 인터뷰한 사람들은 비오는 날에 인터뷰한 사람보다 삶의 만족에 있어 더 긍정적으로 높게 평가한 결과를 보여준 실험연구는 이 사실을 지지하고 있다.

사람들은 기분이 좋을 때와 나쁠 때 중 어느 때에 다른 사람들을 더 잘 도와줄까?
연구는 우리가 기분이 좋을 때면 다른 사람들을 훨씬 더 많이 도울 것이라고 한다. 동전을 주운 것과 같이 작은 일이지만 기분에 영향을 미치는 작은 사건도 다른 사람을 돕는 행동을 더 부추길 수 있다.

정서를 경험하기 위해서 우리는 신체적인 각성을 먼저 경험해야만 하는가?
제임스-랑게 정서 이론에 의하면 대답은 그렇다. 사건이 발생하면 뇌는 감각계로부터 정보를 받아들여 신체 반응인 각성 상태가 된다. 그리고 신체는 뇌에 이 각성을 알리고 당신은 정서를 경험하게 된다. 반대로 캐논-바드 정서 이론은 정서가 신체 각성보다 먼저 일어나지 않으며 또한 이것이 정서를 경험하는 원인이 아니라고 말한다. 대신 정서적 각성을 일으키는 사건에 대한 정보가 감각계를 거쳐 뇌의 변연계에 전달되며, 동시에 정서 경험을 유발하고, 정서와는 구별되는 신체적 변화를 가져온다.

모든 정서는 제임스와 랑게, 캐논과 바드의 정서 이론에서 말하고 있는 일련의 동일한 단계들을 거치면서 유발되는가?
그렇지 않다. 현대의 심리학자는 정서가 다양한 과정을 통해 유발된다는 것을 알아냈다. 게다가 뇌에 대한 현대 연구는 뇌에서 일어나는 많은 과정이 동시다발적으로 발생한다고 보고하고 있다.

뇌의 대뇌피질 하부의 어느 영역이 정서 활동에서 주요한 역할을 할까? 우리는 그것을 어떻게 알 수 있을까?
변연계는 피질 아래 그리고 뇌간 위에 위치하고 있으며 몇 개의 하위 구조로 구성되어 있는데 정서 활동에 중요한 역할을 한다. 변연계 안에서 특히 정서 반응에 중요한 기능을 하는 구조는 편도체로 공포를 유발하는 사건 과정에서 특히 중요한 역할을 한다. 아주 특별한 SM 사례는 이것을 증명해주고 있는데, 그녀는 양쪽 편도체에 손상을 입어서 결과적으로 공포를 느끼지 못했다.

어떻게 하면 우리가 경험하는 정서의 복잡한 심리 현상을 생리적 수준으로 분석하여 설명할 수 있을까?
정서의 생물학적 분석은 정서의 심리 요소(사고, 감정, 동기와 얼굴 표정)를 담당하는 뇌 구조, 즉 대뇌피질을 포함한다. 심리 요소가 동시에 발생하는 것을 설명하기 위해서는 대뇌피질과 변연계 안의 상호 연결망을 또한 분석할 필요가 있다. 뇌 사진 방법을 사용한 연구 결과는 뇌 체계 속에 있는 변연계의 2개의 연결망과 대뇌피질의 4개 상호 연결된 연결망이 복잡한 정서 경험 현상에 개입하고 있다.

심리학자들은 환경적 스트레스인을 어떻게 분류하는가? 이것들은 항상 나쁜가?
연구자들은 스트레스의 유형을 세 가지로 구분하였다. 위해(이미 발생하여 손상을 주는 사건), 위협(미래에 발생하여 강한 손상을 줄 수 있는 사건), 그리고 도전(극복하면 개인의 성장이 될 수도 있는 난관을 해결하기 위해 지금 노력하고 있는 또는 곧 취해야 할 행동)으로 구분하였다. 급성 스트레스인은 아주 잠깐 동안만 지속되지만 만성적 스트레스인은 오랜 기간 삶 속에서 지속된다. 스트레스인은 대개 부정적 사건들이지만 새로운 생활에 적응처럼 도전으로 보이는 좋은 사건들도 포함될 수 있다.

주어진 환경이 스트레스를 준다고 결정짓게 만드는 심리적 특징은 무엇인가?
사람들은 환경 요구와 개인 능력 간에 균형이 맞지 않을 때 주관적 스트레스를 받게 된다. 만약 능력에 비해 요구가 더 많다면 스트레스를 받게 된다. 반대로 개인 능력이 환경 요구를 훨씬 능가하는 경우에 사람들은 지루해하고 그런 지루함은 스트레스가 될 것이다.

우리 몸은 어떤 생물학적 과정을 통해 스트레스에 적절히 적응하는가?
스트레스인을 감지하게 되면 우리 신체는 스트레스인과 직면하여 싸우거나 아니면 피하여 도망갈 수 있도록 조화된 일련의 생리적 변화인 스트레스 반응을 한다. 심장박동수가 증가하여 근육에 산소를 더 많이 공급하며, 스트레스인에 대해 주의를 기울이도록 사고 체계도 변하고, 면역 체계도 그 기능에 변화가 생긴다.

셀리에의 일반 적응 증후군(GAS)은 스트레스인에 대응하는 일련의 생리적 반응이다. 첫 번째 단계는 경고 반응으로 스트레스인이 제일 먼저 발생하였을 때 신체 내면에서는 위에서 설명한 스트레스 반응을 하기 시작한다. 두 번째 단계는 저항으로 계속적으로 스트레스인이 존재하게 되면 면역 체계는 '오랜 기간 대응하면서' 활동한다. 만성적 스트레스인이 지나치게 오랫동안 지속되면 우리는 세 번째 단계인 고갈을 경험하게 되는데, 신체 에너지는 탈진되고 병에 걸릴 높은 위험에 놓이게 된다.

스트레스 대처에 있어 호르몬은 어떤 역할을 하는가?
스트레스 대처의 중추신경체계는 시상하부-뇌하수체-부신피질(HPA) 축이다. 스트레스로 인해 시상하부가 활동하기 시작하면 연쇄 활동이 일어나기 시작한다. 처음에는 시상하부가 부신피질 자극 호르몬 방출 호르몬(CRH)이라는 호르몬을 뇌하수체와 연결되어 있는 관에 방출한다. CRH는 뇌하수체가 부신피질 자극 호르몬 (ACTH)을 방출하도록 하며 ACTH는 혈류를 통해서 부신피질에 전달된다. 마지막으로 ACTH는 부신피질이 또 다른 호르몬인 코르티솔을 혈류 속으로 방출하도록 한다. 코르티솔은 심장박동수와 혈당량을 높여서 신체에 에너지를 공급함으로써 스트레스에 대응하도록 한다.

스트레스는 우리 면역 체계에 어떤 영향을 미치는가? 이것은 건강과 연관하여 어떤 의미를 갖는가?
짧은 기간의 스트레스인은 면역 체계 활동을 증가시키지만 반대로 오랜 기간 지속되는 스트레스는 면역 체계를 낮춘다. 면역 체계가 손상을 입으면 사람들은 건강이 나빠지게 된다.

연구자들은 스트레스가 바쁜 사람의 면역 체계에 미치는 영향을 어떤 방법으로 조사하는가?
셸던 코헨과 그 연구진이 실시한 실험적 접근법을 사용할 수 있다. 코헨과 그 연구진은 무작위로 사람들을 두 집단으로 나누어 한 집단에는 호흡기 바이러스가 든 코 분무기를, 다른 한 집단에게는 식염수나 물이 든 코 분무기를 나누어주었다. 그 후 바이러스 노출을 통제하기 위해 연구 참여자를 각자의 집에 격리시켰다. 매일 의사들이 그들의 건강을 검진했고, 코헨과 그 연구진은 참여자들의 스트레스를 측정하였다. 연구 결과 바이러스를 받은 사람들 가운데서 더 많은 스트레스를 받는다고 대답한 사람이 감기에 더 많이 걸렸다.

스트레스는 어떻게 자신의 실제 나이보다 더 늙어 보이게 하는가?
스트레스는 세포의 '젊음'을 유지하는 말단소립이라는 DNA의 작은 조각에 영향을 미쳐서 노화가 되도록 영향을 미친다. 세포가 말단소립을 많이 잃어버리면 그것은 더 이상 복제가 되지 않는다.

스트레스를 주는 사건에 대처할 때 문제를 바꾸는 것과 자신의 정서에 집중하는 것 중 어느 것이 더 유익한가?
상황에 따라 다르다. 문제 중심 대처는 때때로 문제를 통제할 수 없을 경우처럼 모험을 수반한다. 차라리 정서 중심 방식이 훨씬 나을 수도 있다. 연구는 유연적 대처가 유익하다는 것을 지적한다.

스트레스 대처에 있어 남녀 간에 어떤 차이가 있으며 또 왜 차이가 있는가?
스트레스에 직면하게 되면 사람들은 싸움 또는 도피 반응 전략이나 배려와 친교 방식 전략을 사용한다. 여성은 배려와 친교 전략을 남자보다 더 많이 사용하는데 아마도 여성이 남성보다 육아에 훨씬 깊이 관여하기 때문이다. 싸움 또는 도피 방식은 태아를 보호하는 데 적합하지 않으며 임신 기간 동안 적절한 방식이 아니다. 태아의 요구에 대한 배려는 스트레스를 받을 때 생존하도록 도우며 타인에게 친절함은 산모를 도울 수 있는 사회적 지지망을 만들어준다.

사회적 지지는 신체 건강과 정신 건강에 어떻게 유익한가?
스트레스가 발생하기 전조차도 사회적 지지는 전반적인 심리적 행복을 증진시킴으로써 건강을 지원한다. 양육과 관련한 어려움같은 스트레스를 받게 되면, 다른 사람의 지지는 그 충격의 완충 역할을 할 수 있다. 배우자 간의 긍정적인 정서적 사회 지지는 결혼을 지속하는 데 영향을 미친다.

연습문제 해답

1. b	6. b	11. d
2. a	7. a	12. d
3. d	8. a	13. b
4. c	9. a	14. b
5. b	10. c	

제 **10** 장 동기

요약

매슬로는 인간 행동을 동기화하는 욕구는 위계적으로 되어 있다고 했는데 이것은 무엇을 말하는가?
욕구는 여러 수준으로 존재하며 가장 높은 수준인 자아실현으로 점진적으로 나가기 위해서는 낮은 수준의 욕구(예 : 섭식같은 생물적 생존 욕구)가 먼저 충족되어야만 한다.

배고픔만이 섭식의 이유인가?
그렇지 않다. 배고픔과 섭식에 대한 기준점 이론은 사람은 일정한 에너지 항상성 유지를 위해서 먹는다고 주장하지만 배고프지 않을 때에도 사람이 섭식하는 것에 대해서는 설명하지 못한다. 쾌락 허기는 맛있는 음식이 우리의 식욕을 돋울 때 생긴다. 이런 허기는 자연적으로 생겨서 음식이 생기면 우리로 하여금 음식을 먹도록 하여 음식이 궁한 시기에 생존할 수 있도록 한다.

섭식장애의 특징은 무엇인가? 섭식장애는 왜 발생하는가?
신경성 식욕 부진증은 비만을 두려워하여 스스로 굶으며 때때로 심각하게 굶어 골다공증, 근육량 감소를 겪게 한다. 신경성 폭식증은 폭식 후 먹은 것을 제거하는 패턴을 반복하며 때때로 먹을 것을 스스로 토하는 특징이 있다. 이는 다른 문제들과 함께 탈수와 충치를 야기할 수도 있다. 폭식장애는 토하는 것 없이 계속적으로 폭식하는 특성이 있어 비만의 원인이 된다. 섭식장애는 날씬한 몸매를 추구하는 사회적 압력, 부모 비난과 완벽주의 등을 포함한 요인의 영향을 받는다.

성욕과 식욕은 어떤 면에서 서로 다른가?

첫째, 성생활 없이는 살아갈 수 있지만 음식 없이는 살아갈 수 없다. 둘째, 성적 동기와 연합되어 있는 다양한 행동이 음식과 연합되어 있는 행동보다 훨씬 많다. 사람들의 성욕 대상도 다양하며 성적 각성을 유발하는 자극도 다양하다. 게다가 성욕은 본질적으로 성과 관계없는 행동 범주를 포함한 다양한 활동에 의해 동기화된다. 마지막으로, 성행동을 하는 이유는 매우 많으며 다양하다.

성욕은 생물학적 기반을 어디에 두고 있는가?

실험연구는 테스토스테론이 성욕을 활성화하는 역할을 보여주고 있다.

모든 사람은 성취하고자 하는 동기 수준이 동일한가? 성취 욕구를 어떻게 측정할 수 있는가?

사람들은 성취 욕구의 강도에 있어 차이가 있다. 연구들은 예를 들어 그림들을 보고 이야기를 만들어보도록 하는 간접적인 측정 방법을 사용하여 성취 욕구를 측정한다. 성취를 추구하거나 성공에 대해 조바심을 내는 사람에 대한 이야기를 만든 사람은 성취 욕구가 높은 사람이다.

어떤 유형의 사람이 도전을 추구하는가?

성취 욕구가 높고 실패 회피 욕구가 낮은 사람은 상대적으로 성취 욕구가 낮고 실패 회피 욕구가 높아서 조심스러운 경향이 있는 사람보다 더 높은 도전적 과제를 선택하는 경향이 있다.

모든 사람이 소속의 욕구를 느끼는가?

그렇다. 연구는 소속의 욕구가 보편적이라고 말한다. 많은 연구들이 이 욕구는 인류의 진화역사에 뿌리를 두고 있다고 한다. 소속의 욕구를 가진 사람들은 집단생활이 제공하는 안전의 장점을 향유한다.

사람은 사건을 애매모호한 상태로 이해하는 것에 대해 만족하는가?

그렇지 않다. 이해의 욕구를 추구하기 때문에 우리는 사건을 단지 모호하게 이해하기보다는 모호함을 해결하고 혼란이 없는 분명한 이해, 즉 인지적 결론을 원한다.

결과를 통제할 수 있는 힘을 소유함으로써 갖게 되는 유익한 점은 무엇인가?

통제의 욕구는 자율과 숙달의 욕구를 포함한다. 교사로부터 수업 시간에 더 많은 자율성을 허락받은 학생은 학교에서 배우는 내용에 더 많은 흥미를 보인다. 암환자가 자신의 병 진단에 대해 통제력을 가진 상태로 대응할 때 이 병과 훨씬 잘 싸울 수 있다. 이런 환자는 치료 기간 동안 덜 고통스러워하고 덜 피곤해한다고 연구는 보고하고 있다.

자아 향상의 욕구를 설명하는 행동은 무엇이 있는가?

자아 향상의 욕구는 왜 우리가 영성과 관련 있는 목표를 추구하는지를 설명한다. 예를 들어 중세 유럽에서 대부분의 시민은 상대적으로 가난 속에 살았지만 그 당시 사회는 거대한 성당을 짓는 데 수천만 달러를 소모했다. 현대 세계에 있어서 많은 사람은 영적 목표에 많은 시간과 노력을 쏟아붓는다. 이런 소모는 단지 생물적 요구에 의해서 인간은 동기화된다는 말로는 설명할 수 없다.

인간이 가진 고유한 욕구인 신뢰의 욕구를 보여주는 일상의 예는 무엇인가?

사회 일상생활의 대부분은 신뢰로 구성되어 있다. 식품 가게에서는 음식과 당신의 사인이 적힌 개인 수표 한 장을 교환한다. 당신은 은행 직원에게 돈을 맡기면서 그들이 당신의 돈을 보관할 것으로 신뢰한다.

신뢰의 생물학적 기반은 무엇인가?

실험연구는 신뢰는 옥시토신이라는 생화학물질에 기반한다고 주장한다. 이 호르몬은 우리 신체와 뇌에 방류되어 아이의 출생과 생존을 돕는 작용을 한다. 하지만 옥시토신은 개인의 사회기술 정도와 대인관계 희망 정도와 같은 개인차에 따라 다른 영향을 미친다.

어떤 종류의 목표가 가장 강하게 동기부여하는가?

구체적이고 자신의 잠재 능력 안에서 도전적인 목표가 가장 강하게 동기부여한다. 여기에 추가로 목표의 근접성도 중요하다. 단기 목표는 가까운 미래에 해야만 하는 일을 구체적으로 명시한 것으로 먼 미래에 당신이 해야만 하고 압도될 수 있는 목표를 명시하는 장기 목표보다 훨씬 관리할 수 있다.

동기에서 피드백은 얼마나 중요한가?

실험연구는 특정한 목표와 특정한 피드백을 가지는 것은 높은 동기부여를 하는데 이것들이 사람들로 하여금 목표에 못 미치면 자신에 대해 분을 내거나 목표를 이루었을 때는 자신에 대해 자긍심을 가질 기회를 제공하기 때문이다.

우리 삶에서 어떤 종류의 목표가 설계되는가?

개인 과제는 (1) 한 목표를 이루기 위한 많은 다른 활동을 포함하며 (2) 상당히 긴 시간 동안 지속되는 목표를 말한다. 예로 대학원 과정에 들어가는 것이 목표이다. 이 목표를 성취하기 위해 일정 기간 동안 어떤 사람은 수많은 다양한 활동을 시도한다. 개인 과제는 일련의 별개 행동처럼 보이는 것들에게 의미를 부여함으로써 유기체가 살아가도록 한다.

우리가 인식하지 못한 채 환경적 특색이 우리의 행동에 영향을 미치는 목표를 활성화하는가?

그렇다. 예를 들어 한 연구에서 성취 관련 단어 또는 단어 찾기 퍼즐에 참여한 대상자가 중립 단어에 노출된 사람들보다 나중에 과제에서 훨씬 좋은 점수를 얻었다.

목표는 어느 정도 수준으로 자세하게 설정되어야 하는가?

실행 의도에 관한 연구에 의하면 목표는 아주 상세하게 설정되어야 한다. 한 연구에서 언제, 어디서 보고서를 써야 하는지 계획한 사람들의 대부분은 실제로 보고서를 적었지만 그런 실행 의도를 가지지 않은 사람들의 2/3는 보고서를 적지 못했다.

실행 의도는 노후를 위해 저축을 하도록 동기부여를 하는가?

쉽게 그럴 수 있는 것은 아니다. 먼 미래이고 구체적이지 않은 시간과 장소에 관한 목표는 관심을 두기 어렵다. 하지만 한 연구에서 참여자의 사진을 늙게 보이도록 디지털 사진을 만듦으로써 저축을 높이도록 동기화하였다. '자신들의 늙은 모습'을 본 참여자들은 자신들의 미래 모습을 생생하게 보았기 때문에 이런 사진을 만들지 않은 다른 연구 참여자보다 노후 계획을 위해 더 많은 가상의 돈을 저금하였다.

자신의 성장 역량에 대한 신념은 동기에 영향을 미치는가?

그렇다. 지능은 정해졌다고 믿는 고정된 마인드세트를 가진 사람과 달리 지능은 변화할 수 있다고 믿는 성장 마인드세트를 가진 사람이 결과적으로 어려운 과제를 배울 수 있는 기회로 여긴다. 그들은 도전을 경험할 수 있는 기회이며 또한 역경은 자신의 기술을 향상시킬 수 있는 기회로 이해한다. 고정 마인드세트를 가진 사람들은 난관을 자신의 낮은 지능을 보여주는 증거로 해석한다. 결과적으로 그들은 좌절하게 되어 동기를 위축시킨다.

우리가 좋아하는 행동에 대해 외적 보상을 받게 되면 왜 동기는 감소하는가?

내적으로 동기화되어 하는 행동에 대해 외적 보상을 받게 되면 보상이 자율감을 감소시키며 이로 인해 사람들의 내적 동기는 감소된다. 하지만 이런 일반적 발견 내용은 모든 문화에서 동일하게 나타나는 것은 아니다. 한 아시아계 미국인과 2명의 인도 사람의 사례에서는 자율감이 오히려 동기를 감소시켰다.

목표를 이루고자 노력하고 있을 때 목표를 성취할 수 있도록 돕는 전략에 초점을 맞추어야 하는가 아니면 실패를 피할 수 있는 전략에 초점을 맞추어야 하는가?

이것은 당신이 향상 중심 성향인지 또는 예방 중심 성향인지에 달렸다. 만약 당신이 향상 중심 성향이라면 당신에게 훨씬 좋은 조절 적합성은 예를 들어 제시간에 과제를 마치는 것 같은 성취 전략을 선택하는 것이다. 하지만 당신이 예방 중심 성향이라면 당신에게 훨씬 좋은 조절 적합성은 미루지 않기 같은 회피 전략을 선택하는 것이다.

어떻게 하면 '플로' 상태를 경험할 수 있는가?

플로 상태를 경험하기 위한 2개의 주요 요인은 (1) 도전적이지만 자신이 가진 기술을 초월하지 않는 활동과 (2) 명확한 과제 목표와 피드백이다. 이런 요인을 제공할 수 있는 과제라면 어떤 것이든 몰입감을 줄 수 있다.

다른 사람의 존재가 성취를 향상시키는가 아니면 악화시키는가?

두 경우 모두 가능하다. 다른 사람의 존재는 주어진 환경 속에서 가장 최상으로 얻어낼 수 있는 지배적 반응의 강도를 증가시킨다. 덜 능숙한 과제에서는 이 반응은 실수를 하고 그래서 다른 사람의 존재는 성취를 감소하게 한다. 하지만 아주 능숙한 과제에서는 다른 사람의 존재는 성취를 향상시킨다.

학교 성적이 지능이나 자기훈련을 측정하는가?

연구는 자기훈련이 종종 지능보다 학교 성적을 잘 예측하는 더 중요한 지표라고 말한다.

어떻게 하면 교사는 학생의 동기를 높일 수 있을까?

교사들은 학생들에게 단순히 높은 학점을 받으라고 말하는 것보다는 학습의 목표를 설정하도록 도와주고 교과 내용을 완벽히 앎으로써 학생의 동기를 높일 수 있다. 지능이 경험을 통해 변화될 수 있다는 것을 학생들에게 가르치는 마인드세트 프로그램을 적용함으로써 동기를 높일 수 있다. 앞에서의 프로그램을 수행하였을 때 '똑똑'해야만 된다는 학생의 강박감이 낮아지고, 학생이 배우는 내용에 더 많은 노력을 하도록 동기부여된다고 연구는 보고한다. 그러나 학생들이 학업적 성공을 개인적으로 가치 있게 여기지 않거나 학교에서의 성공이 또래집단에게 가치 있게 인정을 받지 못하는 환경 속에 살고 있다면 이 학생들은 학교에서의 성공을 위해 개인적으로 시간을 덜 투자하게 될 것이다.

고용한 사람들을 동기부여하려면 임금 지급을 어떻게 계획해야 할까?

근로자가 개별적으로 일하는 환경에서는 회사는 각 개인이 생산한 일의 양에 따라서 개인별로 임금을 지급하는 것이 생산량을 극대화할 수 있다. 연합된 팀으로 일하는 환경에서 회사는 그 그룹의 사람들에게 똑같은 임금을 지급하고 그룹 전체가 이룬 성공에 기초하여 임금 인상을 함으로써 생산량을 극대화할 수 있다.

어떤 유형의 리더십이 가장 동기부여를 하는가?

거래적 리더십은 근로자가 목표에 도달하면 리더는 이에 대해 보상을 주어 근로자의 자기 이익만 단순히 강조한다. 이와 대조적으로 변혁적 리더십은 근로자에게 더 큰 동기를 주며 리더에 대해 더 많이 만족하는 것으로 예측한다.

접근 동기와 회피 동기의 생물학적 기반은 무엇인가?

보상을 알려주는 신호는 행동 접근 체계를 활성화하여 유기체가 보상 자극을 찾도록 촉진한다. 신경전달물질인 도파민은 이 체계의 생화학적 주요소이며 뇌간과 변연계가 뇌에서 관여하는 구체적인 신경 구조이다. 도파민은 신경섬유다발을 지나 내측전뇌속으로 이동하여 보상 추구의 중심인 뉴런으로 된 중격핵에 도달한다. 처벌 신호는 행동 억제 체계를 활성화하여 유기체로 하여금 환경 위협에 즉각적으로 집중하도록 한다. 가장 중요한 신경전달물질은 세로토닌이며 주요 신경 체계인 해마와 편도체 안에 있다.

중독은 생물학적으로 어떻게 설명할 수 있는가?

중독성은 도파민의 활동을 증가시킴으로써 뇌의 보상 체계에 영향을 미친다. 중독은 뇌의 보상 체계의 정상적 기능을 감소시킬 수 있어서 자연스럽게 일어나는 일상사에 대해서 보상을 덜 주어 일상생활에 대한 사람들의 동기를 낮춘다. 또한 중독은 사람들의 중독 약물 수준이 낮을 때에 가지는 정서적으로 부정적이며 위축된 상태로 만드는 뇌의 활동을 촉진한다.

목표과정에서 뇌의 어떤 영역이 활성화되는가?

뇌에 대한 한 연구에서는 목표과정에서 뇌의 2개 영역이 활성화되는 것을 보여주었다. 후부 대상피질은 사람들이 미래의 가능성을 판단할 때 활성화되는 영역으로 알려져 있고, 배쪽 내측전전두엽은 주어진 정보가 개인에게 얼마나 가치 있는지 정도를 판단할 때 개입한다. 뇌의 이 두 영역에서의 활성화는 목표과정이 가능성 판단과 가치 정도 판단 같은 심리적 분석이 진행될 때 함께 일어난다.

연습문제 해답

1. b	6. d	11. a
2. b	7. d	12. c
3. b	8. c	13. d
4. c	9. c	14. c
5. c	10. d	15. b

제 **11** 장 사회심리학

요약

군중을 물리적 객체로 보는 것은 인간의 행동을 이해하는 데 어떠한 도움을 주는가?

종교 순례자 345명의 죽음을 가져온 메카의 보행자 다리에서 벌어진 과잉인파 사례에서 볼 때 군중을 흐르는 액체로 봄으로써 연구자들은 비심리 요인인 다리의 병목 현상으로 비극을 설명할 수 있었다.

익명성이 아닌 사회 규범이 군중의 행동을 결정한다는 것을 어떻게 아는가?

군중 폭력에 대한 60개의 연구 요약은 익명성이 폭력을 야기한다는 관점을 지지하지 않았다. 대신 연구 결과는 군중은 사회 규준에 따라 자신의 행동을 한다고 말했다. 군중 폭력의 또 다른 요인은 질적 자료에서 관찰한 것처럼 군중 속에 있는 폭력적 행동을 할 의도를 가진 몇 사람이 군중이 일으킨 대부분의 손상에 대해 많은 부분 책임이 있다.

재난에 대한 군중의 실제적 대응과 미디어에서의 묘사는 어떻게 다른가?

영화나 TV에서 묘사되어 많은 사람들이 믿는 것과는 반대로 재난 시에 대부분의 사람이 공황 상태가 되는 것은 보기 드물다. 오히려 사람들은 종종 상대적으로 평온을 유지하며 사회 규준을 준수한다. 많은 사람들은 오히려 공동 운명체로 인식하고 서로 도우며 협력한다.

사람이 다른 사람에게 동조하기 위해 필요한 최소 인원수는 몇 명인가?

솔로몬 애쉬는 개인은 2~3명이 있는 집단일 경우 다른 사람들의 의견에 순응하기 쉬운데, 특히 소수의 구성원으로 된 집단의 모든 사람이 같은 의견을 가질 때 그렇다는 것을 발견하였다.

어떻게 하면 사람들이 당신의 요구에 순응할 수 있을까?

한 예는 문간에 발 들여놓기인데, 먼저 작은 요구를 청탁한 후 이를 통해 나중에 더 큰 요청에 순응할 수 있도록 만드는 순응 전략이다. 또 다른 전략은 혼란 후 재구성하기 기법으로 순응할 때 드는 비용을 생각하지 못하도록 방해함으로써 순응하도록 만드는 전략이다.

권위 복종에 대한 밀그램의 연구는 어떤 의미를 함축하고 있는가?

밀그램의 연구는 사람들이 다른 사람에게 해를 끼치는 명령일지라도 권위자에게 복종하며, 큰 권한을 가지지 않은 사람이 내린 명령에도 복종하는 것을 보여주었다. 이 결과는 더 큰 권력을 지닌 사람이 내린 명령에 대해 광범위한 복종을 하게 할 수 있다는 것을 의미한다. 수많은 대량 학살의 예가 이것을 증명하고 있다.

형무소 간수의 제복을 입는 것만으로도 폭력적으로 될 수 있을까?

스탠퍼드대학 감옥 실험에 의하면 대답은 '그렇다'이다. 짐바르도의 연구에서 보통의 사람들에게 무작위로 죄수나 간수의 역할이 주어졌다. 한 번도 감옥에 가본 적이 없었지만 연구에 참여한 모든 사람은 죄수와 간수에게 기대되는 행동을 알고 있었다. 간수의 경우 기대되는 행동에 따라 행동함으로써 폭력적으로 되었다.

집단 경쟁을 감소시킬 수 있는 강력한 힘은 무엇인가?

셰리프의 로버스 케이브 연구에서 보았듯이 경쟁하는 상대팀과 함께 협력해야만 해결할 수 있는 과제를 만났을 때 집단 경쟁심은 없어졌다.

위급 시에 사람들이 돕지 않는 것은 사람들이 냉담하고 무정하기 때문인가?

반드시 그렇다고 말할 수는 없다. 달리와 라타네의 방관자 개입 연구에서와 같이 집단 크기가 위급 시에 사람들이 돕기 위해 개입하는 정도에 크게 영향을 미친다. 많은 사람들이 주변에 있으면 나 아닌 다른 사람이 개입할 책임이 있다고 생각하는데 이러한 책임감 분산에 의해 구조 요청이 있을 때 사람은 더 빨리 대응하지 않는다.

다른 사람이 당신에게 호감을 갖게 하는 가장 확실한 전략은 무엇인가?

답은 그 사람의 이웃이 되는 것이다. 연구에 의하면 물리적 거리가 우정 형성 가능성을 가장 잘 예측하고 있다.

이성을 유혹하기 위해 당신은 당신의 심리적 강점이나 신체적 매력 중 어느 것을 강조해야 하는가?

당신은 절대적으로 신체적 매력을 강조해야만 한다. 실험연구는 신체적 매력이 사랑으로 이끌게 할 것이라고 말하고 있지만 심리적 강점은 이런 사랑을 낮게 보장한다. 하지만 '실세계'에서 사람들은 자신들과 잘 어울리는 매력을 지닌 사람을 전략적으로 짝으로 찾는 경향이 있다.

낭만적 사랑의 감정은 성욕 이상의 무엇인가? 그것은 얼마나 지속되는가?

한 연구에서 참여자들은 사랑의 세 가지 요소인 열정, 친밀감, 헌신의 중요성에 대해 평점을 매겼다. 양적, 질적 연구 모두에서 열정을 포함한 모든 요소는 평생 지속될 수 있다는 것이 밝혀졌다.

사랑은 어떤 면에서 마약과 비슷한가?

뇌 영상 실험연구에서 연구 참여자에게 뜨거운(아픈) 자극을 주면서, 동시에 자신이 사랑하는 애인의 사진을 단지 보여주기만 해도 뇌의 보상센터를 자극함으로써 고통이 감소한다.

우리는 다른 사람의 행동의 원인을 능숙하게 파악하는가?

연구에 따르면 사람은 종종 기본 귀인 오류를 범하는데 이는 개인의 특성과 속성이 행동의 원인인 것으로 잘못 간주하게 하는데 실제는 상황적 요인이 사람들이 그렇게 행동하도록 만든 것이다.

강한 주장이 항상 더 설득적인가?

그렇지 않다. 참여자가 체계적으로 사고할 때에는 강한 주장일수록 설득의 효과가 크지만 사람들이 발견적으로 사고할 때에는 약한 주장이 더 효과적이었다.

우리의 행동은 언제 우리의 태도를 변화시키는가?

인지 부조화 이론에 따르면 자신의 태도와 일치하지 않는 행동을 하게 될 때 사람은 불편함을 느끼게 되고 이로 인해 그 행동과 일치하도록 자신의 태도를 변경하려는 동기를 갖게 된다.

우리의 태도는 언제 우리의 행동을 예측하는가?

상황적 영향이 약할 때, 자신의 태도와 자기 자신에 대해 잠시 숙고할 때, 그리고 태도와 행동이 모두 구체적일 때 태도는 행동을 잘 예측할 수 있다.

고정관념을 갖지 않는 것이 가능한가?

고정관념은 마음속에 자동적으로 떠오르는 생각이다. 하지만 통제 사고과정을 통해 고정관념을 없앨 수 있다.

당신이 속한 집단에 대해 사람들이 가진 고정관념 중에서 지적 성취를 방해하는 고정관념으로 무엇이 있는가?

자신이 속한 집단에 대해 사람들이 가진 고정관념을 아는 것은 고정관념 위협과정을 통해 지적 성취를 방해하는데, 사람은 자신이 속한 집단에 대한 부정적 고정관념을 확인할까 봐 두려워한다. 이런 두려움이 수행할 과제에 몰두하지 못하게 만들어 그들의 성취를 방해한다.

어떤 사람도 인정하고 싶어 하지 않지만 가지고 있는 태도에 대해 심리학자들은 어떻게 측정하는가?

심리학자는 그와 같은 태도를 암묵적 연상 검사(IAT) 같은 암묵적 측정 방법을 사용하여 측정한다. IAT에서는 참여자가 다른 집단의 사람과 관련된 정보에 반응하는 속도를 측정하는데 이는 참여자는 알지 못하지만 그 집단에 대해 참여자가 가진 태도를 보여준다.

어떤 인지, 정서, 동기, 사회적 요인이 편견을 야기하는가?

일반화(집단의 구성원들을 모두 동일하게 대함), 적의(집단 구성원들에 대한 부정적 정서), 희생양 만들기(자신이나 자신의 집단의 실패를 다른 집단의 구성원에게 전가)가 편견을 야기한다. 네 번째 요인은 권력집단에 의한 사회적 착취이다.

어떻게 하면 편견을 줄일 수 있는가?

편견을 줄일 수 있는 확실한 방법은 집단 간 접촉으로 상이한 집단의 구성원이 함께 만나서 많은 시간을 함께 보내는 환경을 만들어 주는 것이다.

문화가 우리의 생각과 행동에 관여하는 것을 보여주는 예로 무엇이 있는가?

문화에 따라 많은 행동이 다양하다. 미국이 아닌 어떤 문화에서는 재산을 개인의 소유가 아닌 공유물로 간주한다. 동남아시아 문화에서는 '신만이 인간이 언제 죽는지 안다'고 믿고 있어 병 추이에 대해 묻지 않는다.

사회심리학자들이 범하기 쉬운 가정은 무엇인가?

사회심리학자는 자신의 연구가 모든 문화에 일반화된다고 가정하는 오류를 범할 수 있다.

기본 귀인 오류는 얼마나 보편적인가?

그렇게 보편적이지는 않다. 예를 들어 연구에 따르면 중동, 동남아시아는 행동에 있어 개인 특성보다는 맥락적 특성을 원인으로 돌리는 경향이 더 많다. 이런 차이는 집단 문화를 가진 사람이 일반적으로 가진 발견적 사고과정으로 설명할 수 있다.

다른 사람이 고통을 받고 있을 것을 보면 우리는 왜 얼굴을 찌푸리게 되는가?

다른 사람이 고통을 받고 있는 것을 보게 되면 뇌는 그들의 경험과 비슷한 것을 만들어낸다. 뇌에 있는 거울 체계는 자극과 다른 사람의 경험을 모방하는 신경 체계 안에 있는 뉴런을 활성화하기 때문에 얼굴을 찌푸리게 된다.

다른 사람이 무엇을 경험하고 있는지에 대한 사고는 다른 사람이 어떤 사람인지에 대한 사고와 차이가 있는가?

차이가 있다. 다른 사람이 무엇을 경험하고 있는지를 생각할 때는 측두두정 접합(TPJ)에 위치한 거울 체계가 활성화된다. 다른 사람이 누구인지에 대해 생각할 때는 내측 전전두엽 피질(mPFC)이 활성화된다. mPFC는 뇌의 다른 영역과 긴밀하게 연결되어 있어 다양한 다른 정보를 통합하여 사람에 대한 인상을 결정하는 과제를 수행하기에 필요한 기능을 한다.

연습문제 해답

1. c	6. a	11. a
2. b	7. b	12. a
3. d	8. d	13. c
4. d	9. b	14. c
5. c	10. a	15. b

제 **12** 장 성 격

요약

성격심리학자들이 성취하고자 노력하는 두 가지 과학적 목표는 무엇인가?

한 가지는 사람들의 관찰 가능한 전형적인 행동 패턴에서의 개인차를 묘사하는 것이다. 다른 하나는 마음의 내적 작동에 대한 이해이다. 성격심리학자들의 마음에 대한 과학적 이해는 그들이 관찰한 성격에서의 개인차를 설명하도록 도울 수 있다.

설명하고자 하는 성격의 구조와 과정은 무엇인가?

성격 구조는 오랜 시간 동안 일관되게 남아 있는 성격의 특성이다. 성격과정은 상대적으로 짧은 기간에 걸쳐서 일어나는 사람들의 사고와 정서에서의 변화를 설명한다.

성격심리학자는 어떤 도구를 가지고 사람들을 과학적으로 연구하는가?

심리학자들은 성격평가에 의존하는데, 그것은 개인의 독특한 심리적 특성을 알아내기 위한 구조화된 절차이다.

프로이트에 따르면, 마음의 중요한 세 가지 구조는 무엇인가?

프로이트에 의하면 마음은 원초아, 자아, 초자아라는 선천적으로 갈등 상황에 있는 세 가지 구조로 되어 있다고 제안했다. 원초아는 정신 에너지의 즉각적인 방출을 추구하고, 초자아는 사회적 규범을 고수하고자 노력하며, 자아는 원초아와 초자아의 요구에 대처하기 위한 현실적인 전략을 고안하려고 시도한다.

프로이트의 '빙산' 비유에 따르면, 마음의 각 구조는 의식의 어떤 수준에 속하는가?

프로이트의 빙산 모델에 의하면, 원초아는 완전히 무의식에 있는 반면에 자아와 초자아는 부분적으로 의식에 있다.

프로이트 이론에 의하면, 정신 에너지의 두 가지 기본적 유형은 무엇인가?

한 가지는 삶의 에너지로, 삶의 보존과 재생산에 동기를 부여한다. 다른 한 가지는 죽음과 관련된 에너지로 종종 공격성으로 표현된다.

프로이트에 의하면, 아동기 발달 단계에서의 경험이 어떻게 평생 동안 영향을 미칠 수 있는가?

프로이트는 인생 초기의 경험이 그 경험이 발생한 아동기 특유의 고착을 만들어낸다고 믿었다. 그 후의 인생에서 사람들은 아동기의 정서, 동기, 그리고 갈등을 재경험한다.

프로이트에 따르면, 개인은 어떻게 스스로에게 과도한 불안이나 사회적으로 용납할 수 없는 행동을 하지 못하게 하는가?

사람들은 방어기제를 사용하는데, 그것은 수용할 수 없는 생각과 충동을 막는 과정에서, 혹은 사회적으로 수용할 수 없는 욕망이 수용할 수 있는 방식으로 표현되도록 왜곡하는 과정에서 생긴 불안으로부터 자기를 보호하기 위해 자아에 의해 고안된 정신적 전략이다.

프로이트에 따르면, 왜 자유연상법이 성격을 평가하는 가장 좋은 방법인가?

프로이트에 따르면, 자유연상하는 동안 무언가 마음속에 떠오른다면, 그것은 생각이 떠오르게 한 내적 정신 구조의 활동에 기인한 것임에 틀림없다. 그래서 사람이 단지 그의 마음을 '흘러가는 대로' 내버려둔다면, 마음에 떠오르는 생각은 정신 구조의 내적 작동을 드러낼 것이다.

어떤 종류의 결과가 투사검사가 타당한지 아닌지를 예측할 수 있게 하는가? 과연 그런 결과들을 예측하는가?

로르샤흐 잉크반점 검사와 같은 투사검사는 누가 심리장애가 발생할지 혹은 근무 중에 고도의 스트레스 밑에서 수행을 잘할지와 같은 중요한 삶의 결과를 예측할 것이다. 그러나 연구는 로르샤흐 검사 점수가 일반적으로 실제 삶의 심리적 결과를 정확히 예측하는 데 실패한다는 것을 드러내 보인다.

신프로이트학파 성격 이론가들의 생각은 프로이트의 그것과 어떻게 다른가?

아들러(Adler, 1927)는 프로이트가 사회적 동기, 특히 열등감을 보상하기 위한 동기의 중요성을 과소평가했다고 믿었다. 융(Jung, 1939)은 프로이트가 마음을 형성하는 데 역할을 한 진화의 역할, 특히 집단 무의식을 과소평가했다고 판단했다. 에릭슨(Erikson, 1950)은 초기 아동기를 넘어 전 생애로 프로이트의 발달 이론을 확대했다. 또한 다른 사람과 상호작용하면서 경험하는 갈등 혹은 위기를 통합하려고 했다.

이론의 유용성에 의문을 제기하는 프로이트 이론의 한계점은 무엇인가?

그의 이론은 쉽게 검증될 수 없다. 마찬가지로, 정신 에너지 모델과 마음의 세 가지 구조는 인간의 사회적 행동의 폭넓은 가변성을 설명하지 못할지도 모른다.

정신분석과는 대조적으로 인본주의 이론이 강조하는 것은 무엇인가?

인본주의 이론은 정신분석과 다르게 각 개인의 자신에 대한 개인적, 주관적, 의식적 경험뿐만 아니라 자유와 자신의 삶에 대해 반성하는 역량에 대한 사람의 욕망을 강조한다.

'자기개념'이란 무엇이며, 로저스는 그의 성격 이론에서 왜 그것을 강조하는가?

로저스의 성격 이론에서 자기는 우리가 진정 어떻게 존재하는지에 대한 조직화된 일련의 자기지각이다. 그것은 중심적인 성격 구조이며 자기를 통해서 매일의 경험을 이해한다.

인본주의 이론에 의하면 정서의 근원은 무엇인가?

사람들은 이상적인 자기를 소유한다. 즉 이상적인 자기란 그들이 이상적으로 어떻게 되고 싶은지에 대한 개념이다. 실제 경험이 이상적인 자기에 미치지 못할 때 그들은 고통스러워하게 된다.

로저스에 따르면 인간의 근본적인 동기는 무엇인가?

인간의 근본적인 동기는 자기실현이다. 자기실현은 사람의 심리적 상태를 향상시키기 위한 동기, 즉 개인적으로 삶의 의미를 성취하고 심리적으로 성숙한 상태에 이르는 것이다.

다른 사람들과의 관계가 어떻게 자기실현을 발전시키거나 방해하는가?

무조건적 긍정적 존중을 경험하는 관계는 사람들이 세상을 자신 있게 탐색하고 진정한 자기를 발달시킬 수 있게 한다. 관계가 가치 조건을 특징으로 삼을 때 사람들은 다른 사람들의 수용을 얻기 위해서 진정한 자기의 측면들을 거부하도록 강요당하며, 그 관계는 결국 자기실현을 방해한다.

자기개념을 어떻게 측정할 수 있는가?

자기개념은 Q 분류와 같은 절차를 통해서 측정될 수 있다. Q 분류는 사람들이 자신에 관한 그들 관점의 다양한 측면을 묘사하도록 하는 성격평가 방법이다.

로저스의 이론은 어떤 면에서 프로이트의 이론을 개선하는가?

프로이트와는 달리 로저스는 성격에서의 의식적 사고과정과 대인관계의 중요성을 밝혔으며 또한 치료 과정에서 일어날 수 있는 성격에서의 변화도 보여주었다. 로저스는 프로이트에 의해 대부분 간과되었던 인간 본성의 긍정적인 측면들을 강조했다.

로저스의 이론은 성격 이론으로서 어떤 면에서 제한적인가?

로저스 이론의 제한점은 성격의 생물학적 측면에 대한 언급이 거의 없다는 점이다.

특질 이론에서 성격 측정의 특징은 무엇인가?

성격 측정 도구로서 특질 이론의 특성은 효율성과 신뢰성이다.

특질 이론가들이 언어에 나타난 수천 개의 특질을 5요인(또는 6요인)으로 줄이기 위해 사용한 과학적 방법은 무엇인가?

특질심리학자들은 요인분석을 사용했는데, 그것은 다른 성격특질의 측정치들 간 상관과 같이 대규모 세트의 상관관계에서 패턴을 규명해내는 통계 기법이다. 요인분석은 심리학자들이 일부 특성들이 서로 빈번하게 잘 어울리기 때문에 그 특성들은 하나의 기본적인 특질의 다른 측면으로 고려되어야 한다는 것을 결정할 수 있게 한다.

아이젠크의 이론이 제안한 것은 외향성 특질의 생물학적 기반인가?

아이젠크의 연구는 환경자극에 반응하는 피질 활동에서의 개인차는 외향성에서 개인차의 기초를 이룬다고 제안했다. 외향적인 사람들은 상대적으로 낮은 수준의 피질 반응을 보이고, 따라서 환경으로부터 보다 많은 자극을 찾는다. 내향적인 사람들은 높은 수준의 각성을 보이기 때문에 어떤 환경에서 과도하게 자극받기 쉽다. 그러므로 각성 수준은 사람들이 외향적인 사람들(낮은 각성)이나 내향적인 사람들(높은 각성)이 되는 원인이 된다.

특질 이론에서 아이젠크의 연구는 구조를 과정에 어떻게 연결시킬 수 있는가?

아이젠크의 피질 각성과 외향성에 관한 분석은 사람들이 자극의 낮고 높은 수준을 특징으로 삼는 상황을 접할 때 뇌 과정이 작동하기 시작하는 것을 확인한다. 외향적인 사람들은 주어진 자극으로부터 더 낮은 피질 각성을 경험하며 따라서 더 강한 사회적 경험을 추구한다.

특질 이론가들은 성격을 어떻게 평가하며 이러한 평가에 의해 예측할 수 있는 결과는 무엇인가?

특질 이론가들은 사람들이 자신의 전형적인 선호성과 개인적인 경향성을 보고한 설문지를 사용하여 성격을 평가한다. 설문지 반응에서의 개인차는 개인적 공간 스타일과 같은 매일의 행동과 장수와 같은 장기적인 삶에서 실제 삶의 결과를 예측할 수 있게 보여주었다.

특질 이론의 강점과 취약점은 무엇인가?

특질 이론은 개인차를 평가하기 위해 간단한 방법을 제공하며 심리학과 생물학 간의 관계를 연구하도록 이끈 원동력이 되었다. 그러나 특질이 행동에 있어서 스스로를 표현하는 것을 통해 심리적 과정을 상세하게 다루는 데는 실패했으며, 한 상황에서 다른 상황으로 개인의 행동에서의 변화를 충분히 설명하지 못한다.

사회인지 이론에서 가장 중요한 두 이론가인 반두라와 미셸은 성격을 개념화하면서 무엇을 강조했는가?

두 사람 모두 성격은 사회적 세상에서 다른 사람들과 상호작용하면서 발달시킨 서로 관련된 신념과 기술로 구성된다는 것을 강조한다. 두 사람 모두 이론과 연구는 개인적 발달이 개인 통제 밖의 유전적 속성에 의해 단지 결정되는 것이 아니라는 사실에 밑줄을 친다. 오히려 자기통제의 역량을 갖고 있으며, 사회적 맥락의 중요성을 중시한다.

사회인지 이론의 각각 다른 세 가지 성격 구조인 자기참조 인지, 기술, 감정 체계를 규정하는 것은 무엇인가?

자기참조 인지는 사람들이 세계와 상호작용하고 그들의 경험을 반영할 때 스스로에 대해 갖는 사고를 말한다. 기술은 경험을 통해 개발되는 능력이며, 사람들을 효과적인 방법으로 행동할 수 있게 한다. 감정 체계는 개인의 사고방식에 영향을 주고 영향을 받는 기분과 정서이다.

반두라와 다른 학자들의 연구에 의하면, 개인들은 어떤 과정을 통해서 기술을 습득하는가?

사람들은 모델링을 통해서 기술을 습득하는데, 모델링이란 삶의 기술을 내보이는 다른 사람들을 관찰함으로써 기술을 습득하는 것이다. 반두라의 공격성 모델링에 관한 연구는 아동들이 대중매체를 보고 빠르게 공격적인 행동 패턴을 배운다는 것을 보여주었다. 일반적으로 사람들은 모델링을 통해 부정적, 긍정적 행동 모두를 배울 수 있다.

미셸과 그의 동료들의 연구에 의하면, 개인들은 어떤 전략으로 정서와 충동을 통제하는가?

사람들은 스스로 집중을 방해하고, 특히 피하려고 애쓰는 유혹적인 대상으로부터 주의를 돌림으로써 정서와 충동을 통제할 수 있다.

'맥락에서' 인지와 행동을 평가한다는 것은 무엇을 의미하는가?

'맥락에서' 인지와 행동을 평가한다는 것은 사람들의 사고와 행동뿐만 아니라 언제 생각하고 행동하는지 그것이 이루어지는 상황까지도 평가하는 것이다.

사회인지 이론의 강점과 제한점은 무엇인가?

사회인지 이론의 강점은 기초와 적용 연구방법 모두에서 광범위하고 다양한 연구 기반을 가지고 있으며 포괄성과 사회적 맥락과 성격 간의 관계에 초점을 둔다는 점이다. 제한점은 사회인지 이론은 무의식적 동기가 사람들의 행동, 정서, 심리적 고통에 어떻게 표현되는지 정확하게 언급되지 않는다는 것이다.

뇌에 관한 연구는 사고가 무의식적으로 떠오른다는 생각을 지지하는가?

그렇다. 예를 들어 의사결정을 하고 있다는 것을 알아차리기 몇 초 전에 의사결정을 한다는 것을 뇌 부위의 활성화가 예측한다는 것을 보여준다. 이러한 결과는 의사결정을 하는 과정에서 무의식의 역할을 강조한다.

연구자들은 뇌에 대해 어떻게 연구해왔으며 또한 자기 스스로에 대해 생각하는, 즉 자기반성에 대한 사람들의 능력을 어떻게 연구해왔는가?

뇌 영상 연구에서, 사람들은 다른 사람들의 특성뿐만 아니라 자기 자신에 관한 특성을 반성하도록 요구받았다. 연구 결과는 구별되는 뇌의 영역이 있다는 것을 보여준다. 뇌 피질 정중선 구조물로 알려진 그 영역은 특히 사람들이 자신에 대해 생각할 때 활성화된다.

연습문제 해답

1. d	6. a	11. c
2. c	7. c	12. b
3. a	8. b	13. c
4. c	9. b	14. c
5. a	10. b	

제 **13** 장 발 달

요약

피아제의 연구 방법의 핵심 특징은 무엇인가?

첫째, 피아제는 아동들에게 추론을 요구하는 새로운 문제를 제시했다. 전형적인 문제에서, 그는 넓은 그릇에 있는 물을 좁고 긴 그릇에 따르고 아동들에게 새로운 질문을 했다. 이 과정 동안 전체 물의 양이 변했는지 혹은 그대로인지를 물었다. 이 문제를 바르게 풀기 위해 아동들은 물리적 대상에 대한 일반적인 원리를 적용해야만 했다. 두 번째 특징은, 피아제는 아동들의 답에 관해 단지 옳은지를 기록하지 않았다. 그들의 사고과정을 알아내기 위해 그들이 왜 그런 답을 선택했는지 그 이유를 물었다.

우리가 전에 결코 접한 적이 없는 논리적인 추론문제를 풀 수 있게 하는 인지 도구는 무엇인가?
우리는 조작에 관여할 수 있게 하는 스키마를 가지고 있다. 스키마(도식)는 의미 있는 활동이 가능하도록 만드는 조직화된 정신 구조이다. 예를 들면 잡기 도식은 영아가 다양한 장난감을 움켜잡을 수 있게 한다. 조작은 대상 혹은 일련의 대상을 수정하는 행위이다. 수정은 물리적(예 : 가장 작은 것에서 가장 큰 것으로 대상을 배열하는 것) 또는 개념적(예 : 알파벳순으로 단어를 배치하는 것)일 수 있다. 조작은 가역할 수 있다. 즉 조작에서 사용된 논리 체계는 두 방향으로 갈 수 있다(예 : 대상이 큰 것에서 가장 작은 것으로 정리되거나 혹은 알파벳 순서를 거꾸로 배치하는 것).

우리의 기존 지식은 어떻게 우리가 환경에 적응할 수 있게 하는가? 우리는 어떤 과정을 통해서 그 지식을 갱신하는가?
우리는 환경에 적응하기 위해 스키마(도식)를 사용한다. 외부 사건들을 기존의 도식에 포함시킴으로써 이해한다. 닭에 대한 도식을 가지고 있는 아동이 추수감사절의 칠면조를 보고 "꼬꼬댁, 꼬꼬댁, 닭이다"라고 말한다면, 그가 갖고 있는 닭 도식에 덧붙이기 위해, 아동은 동화라고 불리는 과정에 참여한다. 즉 아동은 칠면조를 닭 도식에 동화하고 있다. 반면에 환경으로부터 "아니야, 이건 닭이 아니야"라는 피드백을 받으면, 아동은 도식을 수정하게 되며, 아마도 원래 도식이 둘로, 즉 닭 도식과 칠면조 도식으로 나뉘게 될 것이다. 따라서 경험을 통해서 아동들이 가지고 있는 도식의 수와 정교성을 증가시키게 된다.

피아제의 접근을 천성과 양육으로 보는 것은 무엇인가?
아동은 전통적인 '양육' 관점이 제시하는 경험에 의해 배운다. 그러나 아동은 저장하고 도식을 사용하는 능력과 같은 정신적 힘도 사용하는데, 그것은 '천성' 관점이 설명할 수 있는 생물학적 기원을 가진다.

무엇이 먼저인가? 학습인가 혹은 발달인가?
많은 학습 이론가들은 학습이 발달을 추동한다고 믿는다. 환경적 경험은 아동의 반응을 수정하고 아동에게 정보를 제공한다. 따라서 이러한 변화는 학습을 구성하며, 학습을 통해서 아동은 발달한다. 피아제의 경우, 발달은 학습의 원동력이 된다. 아동들은 세상과 상호작용할 때 자발적으로 그들의 도식을 수정하고 정교하게 만들어낸다. 이러한 지식 구조의 발달은 결과적으로 그들이 부모님과 선생님으로부터 학습할 수 있게 한다.

피아제의 인지발달 각 단계를 특징짓는 것은 무엇인가?
감각운동기(출생~2세)에서, 영아는 단지 자신의 감각 체계(예 : 청각, 시각)와 운동 체계(예 : 빨기, 잡기)를 통해 세상과 상호작용하며, 대상영속성을 발달시킨다. 전조작기(2~7세)에서, 아동들은 세상에 대해 생각하기 위해 정신적 상징들(단어, 숫자, 이미지)을 사용할 수 있다. 그러나 아동은 여전히 조작에 관여할 수 없다. 특히 그들은 논리적 가역을 할 수 있는 역량을 갖지 못하며, 논리적 가역이란 보존 현상에 의해 입증된 정신적 한계이다. 보존 현상은 대상이 변형되었을 때 대상의 중요한 물리적 속성의 일부가 여전히 유지된다는 인식이다.

구체적 조작기(7~11세) 발달에서, 아동은 가역할 수 있는 논리적 조작을 수행할 수 있다. 만일 여섯 마리의 고양이와 두 마리의 개로 이루어진 집단을 보여주고 고양이보다 많은 동물이 있는지를 묻는다면, 구체적 조작기에 있는 아동은 문제를 해결할 수 있다. 이 단계의 제한점은 대상, 즉 아동의 경험 안에 실제 존재하는 것들에 대해서만 조작을 실행할 수 있다는 것이다. 형식적 조작 단계(11세부터 성인기 동안)에서, 아동은 대상이 존재하지 않는 가설적 대상뿐만 아니라 실제적 대상에 대해서도 정신적 조작을 실행할 수 있다. 그들은 대수에서 발견했던 것과 같은 추상적 규칙을 적용함으로써 가설적 대상에 대해서 생각한다.

피아제가 예측했던 것보다 실제로 더 영리한 아동들의 사고 영역은 어떤 영역인가?
첫째, 피아제는 영아들이 대상영속성이 결핍된다는 것을 발견했다. 그러나 응시 시간 방법을 사용한 연구는 이러한 그의 연구가 부정확하다는 것을 지적한다. 둘째, 피아제의 신념과 반대되는 연구는 3세 아동들은 무생물과 살아 있는 생물(즉 식물은 아닌, 동물들) 간을 구별할 수 있다는 것을 지적한다. 마지막으로, 아동들도 인간의 마음에 대해서 생각할 때 피아제가 예상한 것보다 더 많은 지식을 내보인다. 심지어 아주 어릴 때에도, 아동들은 그들이 마주치는 사람들은 마음을 가지고 있다는 것을 알며, 그들이 마주치는 식물과 장난감은 마음을 가지고 있지 않다는 것을 안다. 아동들은 또한 다른 사람들이 느낌과 생각을 가지고 있다는 것을 이해하는 마음 이론을 보유하고 있다.

아이들은 태어나면서부터 무엇인가를 알고 있는가?
아동들은 경험만으로 어떻게 그들의 정신 능력을 설명할 수 있었는지를 알아보는 것이 어려운 그런 어린 나이에 복합적인 신념을 발달시킨다. 하버드대학의 심리학자 수잔 캐리는 아동들이 선천적인 입력 분석기를 보유한다고 제안한다. 즉 그것은 특수한 유형의 정보를 발견하고 처리하도록 설계된 생물학적으로 유전된 정신적 기제이며, 이때 정보는 대상과 생물체와 사람의 마음에 관한 정보를 포함한다.

아동들의 사회적 상호작용이 어떻게 발달에 영향을 미치는가?
비고츠키는 아동들은 성인이나 나이 많은 또래와의 상호작용에 의해서 그들이 속한 문화의 인지적 도구를 획득한다고 설명한다. 인지적 도구란 언어, 셈하기, 읽기와 쓰기, 셈하기, 대수기호, 도표, 순서도, 기보법과 같은 것이다. 아동들은 일단 문화적 도구를 사용해서 연습하면 그것을 내면화한다. 처음에는 사회적 활동이었던 것이 아동의 내적인 정신생활의 특징이 된다.

발달을 돕기 위해, 아동들이 현재 능력을 넘어서는 문제에 도전하는 것은 좋은 생각인가?
비고츠키는 근접발달영역이라고 불리는 공간에서 학습자의 현재 능력보다 약간 수준이 높은 문제에 학습자가 도전함으로써 교사는 그들의 학습과 심리적 발달을 더 빠르게 할 수 있을 것이라고 믿었다. 연구는 이러한 믿음을 지지한다.

보다 풍요로운 환경에서의 양육이 뇌 크기를 증가시키는가?
그렇다. 한 연구에서, 자극이 풍부한 환경에서 자란 쥐들의 뇌는 자극이 부족한 환경에서 자란 쥐들의 뇌와 현저하게 달랐다. 대뇌피질이 더 두껍고, 각각의 뇌세포들은 다른 세포들과의 연결을 보다 많이 형성했으며, 뇌세포들은 보다 많은 수초로 덮여 있었고, 뇌혈관은 보다 충분히 발달되었다.

뇌 발달은 실제로 피아제의 인지발달 단계와 연관되는가?
그렇다. 운동 움직임 발달과 일치하여, 감각운동피질은 생후 몇 달 동안에 일어나는 급속한 발달과 함께 맨 먼저 발달한다. 언어 처리 발달과 일치하여, 두정엽과 측두엽 피질은 8개월에서 2년 사이에 일어나는 중요한 생물학적 발달과 함께 그 뒤에 발달한다. 과제에 주의를 지속시키고 정서적 충동을 통제하는 능력의 발달과 일치하여, 전전두피질은 마지막에 발달하는데, 이 부위의 뇌는 십대까지 줄곧 중요한 성숙에는 상당히 미치지 못하며, 20대 동안 계속해서 발달한다.

뇌의 연결은 일생에 걸쳐서 변하는가?
아동기에 대부분의 뇌 연결은 '국지적'이다. 이 말은 뇌의 한 부위 내에서 신경세포들이 상호 연결되었다는 것이다. 만년에는 연결은 '전체적'이다. 즉 뇌의 다른 부위들은 보다 강하게 상호 연결된다. 예를 들면 한 연구에서 연구자들은 중앙집행 체계와 관련된 뇌 부위와 주의 네트워크 간의 상호 연결이 보다 강해진다는 것을 알아냈다. 연결에 있어서 이러한 증가는 사람들이 그들의 생각, 정서, 그리고 행동을 보다 잘 통제할 수 있게 한다. 다시 말하면, 인생의 만년에는 사람들은 무엇에 주의를 집중해야 할지를 조절하고 해결되어야 할 문제에 집중을 더 잘한다. 이러한 보다 큰 통제는 부분적으로 뇌의 중앙집행 체계와 주의 네트워크 간의 보다 강한 연결

에 기인한다.

기질이란 무엇이며, 심리학자들은 그것을 왜 연구하는가?
기질은 생물학적 기반을 가진, 아동의 정서적, 행동적 경향성에서의 개인차를 말한다. 심리학자들은 아동기에 개인들의 차이를 이해하려는 내적 호기심으로 인해 기질을 연구한다. 기질의 속성은 아동기 이후까지 지속되며 청소년과 성인 발달을 이해하는 데 중요하기 때문이고, 또한 기질은 사회적으로 의미 있는 행동을 예측하기 때문이다.

기질은 모든 맥락에서 같은가?
연구자들은 아동의 기질이 어떤 사회적 맥락에서는 분명하지만, 다른 맥락에서는 그렇지 않다고 밝힌다. 예를 들면 억압적 기질을 가진 아이들은 새로운 자극이 있는 맥락에서 특히 소심해 보인다.

왜 새끼 거위들이 어미 거위를 따라가는가?
그것은 각인이다. 즉 새로 태어난 것들은 그들이 마주치는 처음에 움직이는 대상에 주의를 고정시키고 따라간다. 대상은 일반적으로 어미이다. 각인은 어미와 자식을 영구히 결합시킨다.

음식 또는 신체적 안락함 : 왜 아기들은 양육자와 유대감을 형성하는가?
할로의 연구 결과 짧은꼬리원숭이 새끼가 음식을 제공하는 '철사 어미'보다 따뜻하고 꼭 껴안고 싶은 '헝겊 어미'를 훨씬 더 좋아했다. 할로의 실험은 따뜻하고 포근한 신체적 편안함에 대한 욕구가 부모와의 유대를 형성하게 만드는 주된 욕구라는 것을 보여주었다. 다른 연구는 아동기에 위로가 되는 애착관계가 결핍된 인간과 동물의 아기들은 성인기에 비정상적인 행동 패턴을 발달시키는 경향이 있다는 것을 보여준다.

애착 이론에 따르면, 인생의 초기 경험이 왜 일생 동안 영향을 미치는가?
부모-아동의 상호작용은 아동이 다른 사람으로부터 기대할 수 있는 것에 대한 아동들의 신념을 형성하며, 이러한 신념들은 이후의 삶에서 새로운 관계에 적용된다. 따라서 애착은 미래 관계에 대한 신념이 세워지는 기초를 만들어낸다.

'낯선 상황' 실험을 통해 우리는 어떻게 애착 유형을 이해할 수 있는가?
낯선 상황 패러다임은 어머니와 아동은 실험실에서 구조화된 일련의 사건에 참여하며, 연구자들은 그들의 상호작용을 관찰한다. 처음에, 어머니와 아동은 다른 사람 없이 방 안에서 몇 분 동안 시간을 보낸다. 그때 낯선 사람이 들어온다. 다음에, 어머니가 떠난다. 그 뒤에 낯선 사람이 떠나고 어머니가 방으로 돌아온다. 어머니로부터 분리되고 그러고 나서 다시 만났을 때의 아이 반응은 아이의 애착 스타일을 보여준다. 심리학자들은 아동의 반응을, 특히 부모가 돌아올 때 관찰한다. 안전 애착 영아들은 돌아온 어머니에 의해 쉽게 편안해진다. 회피 애착 아동들은 어머니로부터 눈길을 돌리고

떠난다. 불안-양가 애착 아동들은 어머니에 의해 수용되기를 갈망하나 그러면서도 또한 어머니가 돌아와서 달래려고 시도하면 벗어나려고 하며 거절한다.

아동기의 부정적 경험들이 우리에게 평생 상처를 남기는가?
일반적으로 그렇지 않다. 연구는 많은 사람들이 탄력성을 갖고 있다는 것을 드러내 보이는데, 탄력성이란 부정적 경험을 한 뒤에 심리적 기능을 유지하거나 회복하는 능력이다. 예를 들면 인생 초기에 약물 남용 혹은 방치를 경험했던 600명 이상의 청소년들을 대상으로 한 연구에서 거의 반 정도는 매우 잘 자랐다. 안정적인 삶의 조건은 이와 같은 긍정적인 결과에 기여했다. 즉 사회적 환경은 그들이 인생 초기의 고난으로부터 다시 회복될 수 있게 한다.

가족에 대한 체계적 관점은 무엇인가? 체계적 관점에 따르면 어떤 양육 유형이 사회성 발달에 가장 좋은가?
가족에 대한 체계적 관점은 모든 가족 구성원이 서로 영향을 미친다는 것을 주장하는 이론적 관점이다. 체계적 관점은 모든 사람에게 가장 좋은 한 가지 양육 방식은 없다는 것을 인정한다. 이 말은 아동들에게 미치는 양육 방식의 영향이 아동의 기질과 같은 가족력의 다른 요인들에 달려있다.

가족환경의 특징이 어떻게 운동발달에 영향을 미치는가?
아동들이 운동기술을 발달시키는 비율은 가족환경의 여러 측면에 의해 영향을 받는다. 여러 측면이란 사회경제적 지위와 부모가 기저귀 사용을 선택할지 여부, 아동을 괴어서 받쳐주는지 또는 아동들을 요람에 눕혀 놓는지 여부를 포함한다. 보다 부유한 가정에서 태어난 아동들은 가난한 가정의 아동들보다 운동기술 검사에서 더 나은 결과를 내는 경향이 있다. 왜냐하면 보다 부유한 가정에서는 아동들이 운동발달을 더 빠르게 할 수도 있는 뛰어다닐 공간(예 : 뒤뜰)과 갖고 놀 장난감이 더 많다. 연구 결과는 특히 천 기저귀는 일회용 기저귀보다 걷는 것을 더 손상시킨다고 지적하며, 일부 카리브 해 지역과 아프리카 문화에서는 부모들은 종종 영아들을 요람에 눕혀 놓기보다 오히려 괴어서 받쳐주기 때문에 결과적으로 이러한 문화권의 아동들은 상대적으로 이른 시기에 도움 없이 앉는 것을 배운다.

어떻게 형제자매는 발달에 직접은 물론 간접적으로도 영향을 미치는가?
직접적 형제 효과에서, 형제들 간 일대일 상호작용은 행동과 정서적인 삶을 형성한다. 예를 들면 한 형제가 다른 형제에게 따돌림에 어떻게 대처할지를 가르칠 수 있다. 간접적 형제 효과에서는 한 형제와 부모의 상호작용이 다른 형제에 대한 부모의 대우에 영향을 미칠 때 일어난다. 예를 들면 첫아이와의 상호작용 경험이 부모에게 어린 형제의 양육에 있어서 보다 숙련되게 한다. 두 가지 다른 간접적 효과는 출생 순위와 서열을 포함한다.

또래와의 상호작용은 어떻게 성격발달을 형성하는가?
또래 상호작용은 두 가지 방식의 효과를 갖는다. 즉 동화와 집단 내 차별이다. 또래와 많은 시간을 보내는 것은 다른 아이들과 유사하게 되도록 한다. 이것이 집단 내 동화이다. 동시에 집단 구성원들은 집단 내에서 개인의 독특성에 초점을 맞추는 차이를 확인하고 꼬리표를 붙인다. 이 효과가 집단 내 차별이다.

유치원은 성격발달에 미치는 빈곤의 부정적인 영향을 방지하도록 도와줄 수 있는가?
경제적으로 취약한 사람들은 개인의 동기와 기술을 발달시키는 목적을 가진 음악과 예술 같은 자극을 경험할 기회가 훨씬 적다. 페리의 유치원 프로그램은 매일 추가로 2시간 30분 동안 유치원 교육을 하고 교사가 가정을 방문하여 각 아동의 교육적 진보와 전반적인 발달을 상담하는 것을 특징으로 하는 강화된 고품질 교육 프로그램이며, 오래 지속되는 효과를 갖는다는 것이 밝혀졌다. 강화된 교육을 받은 아동들은 고등학교를 졸업하는 것이 더 쉬웠고, 체포될 가능성이 낮았으며, 성인이 되었을 때 돈을 더 많이 벌었다.

아동들은 자기감을 어떻게 획득하는가? 이러한 자기표상은 시간이 흐르면서 어떻게 변하는가?
아동의 자기개념 또는 자기표상의 주요 원천은 다른 사람들이다. 성인과 다른 아동들로부터의 조언은 아동들에게 기술과 독특한 성격 특성, 인기의 수준에 대해서 알려준다. 아동들이 발달함에 따라 자기표상은 보다 추상적이 된다. 그들은 보다 복합적이 되며 자기표상들을 서로 연결한다(예 : 어떤 아동은 인기가 있다. 왜냐하면 비밀을 지킬 수 있기 때문이다). 또한 그들은 구체적인 활동과 선호뿐만 아니라 일반화된 성격특질도 언급한다.

자존감은 아동기를 지나면서 어떻게 변하는가?
아동들의 자존감은 9, 10세경에 높고 초기 청소년기에 떨어지는 경향이 있는데(약 12, 13세경), 자존감에서 청소년들의 경우, 소년들보다 소녀들이 미약하지만 더 떨어진다.

왜 모든 사람은 같은 수준의 자존감을 갖지 않는가?
우선 첫째로, 모든 사람은 같은 기질을 물려받지 않는다. 부정적 정서를 경험하는 경향성을 물려받은 아동들은 낮은 자존감을 발달시키는 것이 보다 쉽다. 모든 사람은 같은 양육 방식을 또한 경험하지 않는다. 관심을 기울이고 애정을 쏟는 부모의 자녀는 높은 자존감을 경험하는 경향이 있다.

자기통제를 행사하기 위해 우리는 어떤 기술을 필요로 하는가?
자기통제는, 장기 목표 및 가치와 일치하는 방식으로 행동하는 능력이며, 바라지 않거나 부적절한 정서와 충동적 행동을 억제하는 능력인 인지적 통제에 상당 부분 달려있다. 가까이에 있는 과제에 주의를 집중함으로써 사람들은 집중을 방해하는 것들을 피할 수 있고 충동에 대한 통제를 유지할 수 있다. 다행스럽게도 이 능력은 나이가 들어감에 따라 증가한다.

아동기에 만족감을 지연시키는 능력이 중요한 것을 예측하는가?

그렇다. 월터 미셸의 연구는 자기통제 능력이 시간이 흐르면서 현저하게 안정적이며 SAT 점수와 같은 중요한 삶의 결과물들을 예측한다는 것을 보여준다.

생물학적인 요소와 사회적 환경이 사춘기 동안의 행동에 영향을 미치는 데 어떻게 상호작용을 하는가?

생물심리사회 모델에 따르면, 행동에 미치는 생물학적 변화의 효과는 사회적 환경에 달려있다. 마그누손의 연구는 다른 소녀들보다 일찍 사춘기에 도달한 소녀들이 음주, 커닝과 같이 더 많은 반사회적 행동에 참여하는 경향을 보였다고 지적했다. 왜냐하면 그들은 그런 행동에 연루된 조숙한 또래들과 많은 시간을 보내고 있었기 때문이다.

청소년들이 개인적 정체감을 세우기 위한 도전에 대처하는 네 가지 방법은 무엇인가?

마르샤는 개인 정체성 확립이라는 도전에 대처하는 정체성 지위를 네 가지 접근으로 요약했다. 정체성 획득은 삶의 선택에 대해서 깊이 생각하고 그들의 가치에 기초해서 진로에 헌신한 사람들에 의해 획득된 정체성 지위이며, 정체성 유실은 삶에서 그들의 역할과 미래의 유망한 직업을 알지만, 이러한 것들이 다른 사람에 의해 그들에게 부과되었다고 느끼는 정체성 지위를 의미한다. 정체성 혼란은 인생에서 그들의 목표를 어디에 두어야 할지 확고한 감을 갖지 못하고 방향을 잃었다고 느끼는 사람들의 정체성 지위이고, 정체성 유예는 삶의 많은 선택들을 생각하나 어느 일련의 목표에 헌신할 수 없다. 이러한 사람들은 유예라고 불리는 정체성 지위를 갖는다.

18세가 과연 자격을 제대로 갖춘 성인인가?

어느 정도 그렇다. 사람들은 전에 비해 더 늦게 결혼하고 있다. 심리학자들은 이 시기를 신흥 성인기라고 부르는데, 10대 후반과 20대 초반의 삶의 기간이다. 그 기간은 한 손에는 성인기의 심리적 독립과 권리를 갖고 있고 다른 한 손에는 아직 가정생활의 의무와 책임을 갖지 못한 사람들이 경험하는 시기이다. 사람들이 성인처럼 느끼는지 여부를 질문받았을 때, 대부분의 사람들은 그래요 또는 아니요라고 대답하지 않는다. 그들은 "그렇기도 하고 아니기도 해요"라고 말한다. 삶의 이 시기는 탐색의 시간이다.

중년의 위기는 필연적인가?

그렇지 않다. 연구는 중년기에 대한 고정관념이 틀렸다는 것을 보여준다. 중년들은 과거의 성취, 즉 이미 성취한 것과 미래의 도전을 평가함으로써 그들의 삶을 '점검'한다. 그러나 이것이 위기를 촉발하는 것은 매우 드물다. 그랬을 때조차도, 위기는 종종 직업을 잃거나 가족 구성원의 죽음과 같이 어떤 나이에나 일어날 수 있는 문제 속에 있다.

개인들의 인생 이야기의 공통 주제는 무엇인가?

두 가지 핵심 주제는 생산성과 구원이다. 생산성은 미래 세대의 행복에 기여하는 것과 관련된다. 구원은 개인적 고통 또는 위기가 극복될 때 삶이 탈바꿈되는 주제이며, 위기를 극복하면서 사람들은 세상에 기여할 태세가 된다.

대부분의 사람들은 노년기에 행복이 감소하는 것을 경험하는가?

대체로 그렇지 않다. 노인 대부분은 나이에 대해 우울해하지 않는데, 그들의 심리적 행복 수준이 흔히 젊은 사람들보다 높기 때문이다.

선택, 최적화, 보상은 노년기의 성공적인 심리적 적응에 어떻게 기여하는가?

노인들은 그들에게 중요한 것이 무엇인지를 결정하고, 그것을 위해 시간을 할애하며 상관없는 일에 시간을 낭비하는 것을 피하기 위해 우선순위를 매긴다. 이러한 우선순위 매김은 성공적인 노화를 위해 선택, 최적화, 보상(SOS) 모델로 기술되었으며 발테스와 그의 동료들에 의해 고안되었다. 이 모델은 노인들이 제한된 일련의 매일의 활동들을 높은 수준으로 성취하도록 함으로써 강한 행복감을 유지하도록 돕는다. 선택은 주어진 기간의 삶을 위해 개인적 목표를 설정하는 과정이다. 최적화는 설정된 목표를 성취하기 위한 계획을 고안하는 과정이다. 보상은 처음에 성공하지 못했을 경우, 목표를 성취하기 위하여 대안적인 전략을 발견하는 것이다.

당신이 삶의 마지막 단계에 있다는 것을 아는 것이 여생을 보내기를 원하는 방식에 어떻게 영향을 미치는가?

연구 결과는 사회정서적 선택 이론의 예측을 지지한다. 그것은 삶에 남아 있는 시간의 양이 얼마나 되는지에 대한 지각이 동기에 영향을 미친다고 설명한다. 남아 있는 시간이 몇 년 되지 않는다는 것을 아는 노인들은 가족 그리고 오랜 가까운 친구들과 시간을 보내는 것과 같은 정서적으로 의미 있는 활동을 선호한다.

나이가 드는 것은 사람들이 부정적인 면을 깊이 생각하게 하는가?

바로 그 반대다. 노인들은 긍정성 효과를 보여주는데, 그것은 노인들이 부정적인 정보보다 긍정적인 정보에 주의를 더 기울이는 경향성을 의미한다. 노인들은 정서적으로 긍정적인 정보에 대한 기억을 훨씬 많이 갖고 있었다. 노인들이 긍정성 효과를 보여준다는 것은 그것이 제시될 때 정서적으로 긍정적인 정보에 더욱 유심히 주의를 기울인다는 것을 시사한다.

우리는 도덕성을 어떻게 발달시키는가?

콜버그는 도덕성이 뚜렷한 수준과 단계에 따라 발달한다고 제안했다. 그는 각 수준별로 두 단계씩 세 수준을 제안했다. 전인습 수준에서 아동의 사고는 보상과 처벌에 대한 아이디어에 맞춰 조직된다. '좋은' 행동은 벌을 피하는 행동으로 구성되고(단계 1), 뒤이어 아동은 개인적 보상을 가져오는 행동이 역시 좋다고 인식한다(단계 2). 인습 수준에서 아동은 사회적 관습과 규범 면에서 행동을 평가한다. 아동은 행동이 '착한 소녀' 또는 '착한 소년'이 되는 것과 일치하는지 여부를 평가하며(단계 1), 그리고 나서 '사회의 규칙'을 유지시키기 위한 의무에 대해서 생각한다(단계 2). 후인습 수준에서 개인은 막강한 실력자들의 규칙들을 초월할 수 있고 도덕적 추론은 추상적 원리에 근거를 둔다. 사람들은 개인적 권리에 대해서 생각한다. 만일 당국자에 의해 제정된 법이 개인의 권리를 침해한다면, 개인의 권리를 보호하기 위해 법이 변화되어야만 한다는 것을 인식하며(단계 1), 공평성과 개인의 존엄성에 대한 존중과 같은 보편적인 윤리의 원리에 따라서 행동을 평가한다(단계 2).

여성의 도덕적 추론은 남성과 어떻게 다른가?

길리건은 여성들이 남성 참가자들을 대상으로 수행한 연구에서 콜버그에 의해 확인된 것과는 다른 도덕성 단계들을 거치면서 진전을 보인다는 것을 발견했다. 길리건은 여성에게 최상의 단계는 비폭력 원리에 따른 추론과 관련된다는 것을 확인했다. 다시 말해서 추상적인 정의의 원리를 고수하기보다 오히려 여성들은 다른 사람들을 해치지 않는 구체적인 인간 중심 원리를 고수한다는 것이다. 그러나 그녀가 자신의 접근을 제안한 후 수행된 연구는 도덕적 추론에서의 성차가 그녀가 기대했던 것보다 작다는 것을 지적한다.

연습문제 해답

1. b	6. d	11. a
2. a	7. b	12. d
3. c	8. a	13. d
4. c	9. c	14. d
5. b	10. b	15. c

제 **14** 장 심리장애 : 불안장애와 기분장애

요약

우리는 신체 질병과 같은 방식으로 심리장애를 진단하고 치료하는가?

심리장애의 진단은 의학 모델을 따르는데, 그것은 신체 질병을 진단하는 것과 유사하다. 불안감이나 우울감과 같은 심리적 경험은 심리적 또는 생물학적 원인에 의해 발생하는 증상처럼 보인다. 치료자들은 그 원인을 치료하고 증상을 완화하기 위해 개인의 뇌와(또는) 심리적 기능을 바꾸려고 시도한다.

심리장애의 내적 원인에 초점을 맞추는 것의 장점과 단점은 무엇인가?

한 가지 장점은 정신병을 도덕적 결함(악령이 들어와 있는 사람)이 있는 것으로 보고 벌줌으로써 치료해왔던 방식을 중지하고, 질병으로 여김으로써 극심한 정신질환으로 고통 받는 사람들에게 윤리적 치료를 촉진해왔다는 것이다. 두 번째 장점은 정신병이 생물학적 원인을 가질 수 있다고 인식하면서, 생물학적 문제를 바꾸는 치료적 약물에 관한 연구로 이어졌다. 한 가지 단점은 일단 정신적으로 아프다고 꼬리표가 붙은 개인은 다른 사람들보다 정신적으로 무능하다고 생각될 수도 있다. 의학 모델의 두 번째 잠재적인 문제는 정신장애의 원인을 추구하는 것과 관련된다. 의학 모델의 진단과정은 전문가들이 환경에 있는 '외부'의 원인을 환자의 '머릿속'에서 찾게 할지도 모른다.

이상행동을 평가할 때 우리는 어떤 주의를 발휘해야만 하는가?

때때로 흔치 않은 행동은 특이한 생활환경을 반영한다. 한 사회 혹은 역사적 환경에서 비정상을 드러내는 행동이 다른 사회나 역사적 환경에서는 완벽하게 정상처럼 보일 수도 있다.

정신 건강 전문가들이 심리적 문제를 진단하고 분류하기 위해 사용하는 주요 도구는 무엇인가?

심리학자들은 장애를 분류하기 위해 정신장애 진단 및 통계편람(DSM)을 사용한다. DSM은 개인이 특정한 장애를 가졌을 때 분류되기 위해 보여야만 하는 기준을 명시한다.

정신 건강 전문가들이 심리적 문제를 진단하고 분류하기 위해 사용하는 주요 도구에 관한 비판점들은 무엇인가?

첫째, DSM의 범주는 과학적 연구에 부분적으로 근거를 두고 있을지라도 또한 신뢰할 수 없는 전문가 견해에 의지한다. 둘째, DSM 범주는 증상을 단지 묘사하고 '원인에 관한 것이 아닌, 신호와 증상의 외관 유사성'에 따라서 장애를 분류한다. 셋째, DSM에서 성과 다른 편향들은 일부 정신병을 과잉진단되게 할 수도 있다.

왜 다른 유형의 치료법들이 그렇게 많은가?

첫 번째 요인은 많은 다른 유형의 장애와 그로부터 고통 받는 사람의 다양성이다. 두 번째 요인은 다른 임상의들은 다른 치료 전략을 받아들인다는 것이다.

가장 중요한 유형의 심리치료 중에는 무엇이 있으며 그들 각각을 경험한다는 것은 어떤 것인가?

정신분석, 행동치료, 인지치료, 인본주의 치료, 집단치료의 다섯 유형이 특히 중요하다. 만일 정신분석을 경험한다면, 치료자는 고통의 근원인 무의식적 기억을 드러내도록 자유연상법을 사용할 것이다. 이런 맥락에서, 내담자는 마치 치료자를 자신의 중요한 과거 인물(예 : 부모)인 것처럼 무심코 치료자에게 반응할 때 일어나는 전이를 경험할 수도 있다. 이 경험은 내담자가 다시 경험하는 정서를 분석할 수 있게 하며, 이러한 분석을 통해서 과거의 정서적 경험이 어떻게 현재 고통의 원인이 되고 있는지 통찰을 얻을 수 있다.

행동치료자는 내담자에게 새로운 행동 방법을 가르치기 위해 환경을 바꾼다. 바람직한 행동을 위해 강화인을 제공함으로써 환경을 바꾼다. 예를 들면 토큰경제는 치료자가 행동이 더 잘 일어나게 하는 강화물을 사용하여 내담자의 바람직한 행동에 보상하는 것이다. 강화물은 플라스틱 칩과 같은 토큰이며 내담자는 나중에 가치 있는 것(예 : 음식물)과 교환할 수 있다. 내담자가 공포를 없애기를 원한다면 노출치료를 경험할 수 있다. 그것은 공포를 불러일으키는 대상이나 상황에 직접적으로 직면케 함으로써 치료자는 내담자의 공포를 감소시킬 수 있다. 또는 체계적 둔감화에 의해 내담자를 서서히 점진적인 방법으로 공포스러운 대상에 노출시킴으로써 공포를 감소시킨다.

벡의 인지치료를 사용하는 인지치료자는 자동적으로 마음속에 떠오르는 부정적이고 비합리적인 인지를 목표로 한다 — 인식을 증가시키기(내담자가 자신의 부정적 사고가 정서적 고통에 어떻게 영향을 주는지 알 수 있도록 돕는다), 부정적 사고에 도전하기(치료자는 확인한 부정적 사고에 도전한다. 치료자는 논리적으로 질문하고 사고 이면을 입증한다), 긍정적 사고를 제안하기(내담자가 부정적 사고를 대신하여 보다 긍정적이고 적응적인 방식으로 사고하도록 격려하고 용기를 준다).

인본주의 치료자는 내담자에게 치료 장면에서 좋은 인간관계를 제공함으로써 내담자가 긍정적 성장을 성취하도록 돕는다. 성장을 위한 세 가지 필요조건은 일치감, 수용(무조건적 긍정적 존중), 공감적 이해이다. 집단치료에서, 치료자는 집단 구성원들이 반드시 자신을 드러내 보이고 토론에 참여하게 함으로써 집단을 형성하고 유지한다. 또한 집단행동에 대한 규준을 수립하며, 집단 구성원들이 '지금 여기'의 사고와 감정에 초점을 맞춤으로써 대인 간 행동에서 통찰을 얻도록 돕는다.

어떤 심리치료가 가장 인기있는가?

대부분의 치료자들은 개별적인 내담자의 요구에 적합한 다른 접근법들의 가장 좋은 방법들을 통합하려고 시도한다. 일부 치료자들은 이러한 작업을 절충적 심리치료라고 묘사한다.

의사들은 심리장애가 약물로 치료되는지 어떻게 알아냈는가?

약물이 정신병을 완화할 수 있다는 것을 발견한 것은 우연이었다. 1940년대에 프랑스의 한 의사가 수술 후 회복하는 동안 수술 환자를 돕는 약을 찾고 있었다. 그가 노력해서 찾아낸 약은 소라진(thorazine)으로, 수술 후 환자를 진정시키고 이완시켰다. 정신과 의사들은 이 약을 조증으로 고통 받는 사람들에게도 사용하였으며, 그들의 사고는 보다 명료하게 되었다. 프로작과 졸로프트 같은 항우울제는 우연하게 발견한 것이 아니다. 기분에 관련된 신경전달물질인 세로토닌이 우울증을 완화할 수 있다는 이론에 근거해서 개발

되었다. 그러나 세로토닌이 원래 이론화되었을 때만큼 효과적이지는 않다는 것이 드러났다.

약물이 정신건강에 어떻게 영향을 미치는가?

일단 약물이 혈뇌 장벽으로 스며들면, 뇌세포 기능에 영향을 미치고 따라서 사고와 정서에 영향을 미친다. 약물이 정신 건강에 영향을 미칠 수 있는 두 번째 방법은 위약 효과를 통해서인데, 그것은 사람들이 약물 복용은 그들을 개선할 것이라고 믿기 때문에 일어난다. 다시 말해 기대는 실제 개선, 즉 자기충족적 예언을 가져올 수 있다.

약물치료의 대안으로는 무엇이 있는가?

한 가지 방법인 전기충격요법(ECT)에서, 의사는 두뇌에 전류를 보낸다. 다른 방법인 전두엽 절제술에서, 지금은 드물지만, 외과의는 뇌의 전두피질에 있는 뇌 조직을 훼손한다.

치료 효과에 대한 증거로 사례연구를 사용하는 것은 무엇이 문제인가?

사례연구는 치료자의 주관적 관찰에 의존하는데, 이것은 치료자가 자신의 치료법을 선호하기 때문에 그 효과에 대해 해석하고 보고할 때 편향될 수도 있다. 또한 통제집단의 결핍을 들 수 있다. 각각의 환자가 치료하는 동안 개선될 때, 그 사람이 치료 없이도 유사한 방법으로 개선되었을지 여부를 알 수 있는 방법이 없다. 일부 정신 건강 문제들은 시간이 흐르면서 자연적으로 소멸된다. 원인과 결과를 확인하기 위해, 치료가 증상의 변화의 진정한 원인인지 아닌지를 결정하기 위해 치료를 받은 사람을 치료를 받지 않은 통제집단에 있는 다른 사람들과 비교해야 한다.

무엇이 주요우울장애를 정의하며 유병률은 얼마나 되는가?

주요우울장애는 일련의 증상에 의해 정의된다. 이를테면 개인은 이러한 증상이 2주 혹은 그 이상 지속될 경우에 한에서 주요우울장애로 진단되며, 증상은 다음과 같다 — 일관된 우울한 기분, 대부분의 일상적 활동에 대한 흥미 상실, 체중에서의 변화, 수면 패턴의 변화, 피로, 무가치감과 절망감 및 무기력감, 집중하는 것의 어려움, 자살에 대한 생각.

미국 성인들에 대한 조사에서 인구의 6.7%가 그 전년의 어느 시점에 주요우울장애로 고통을 받았다고 지적했다. 미국 사회에서 집단마다 유병률이 다양할지라도, 적어도 일생 동안 한 번은 장애를 경험하는 사람들의 비율인 장애의 평생 유병률은 약 15%이다.

어떤 치료법이 주요우울장애를 효과적으로 치료하는가?

네 가지 선택을 살펴보면 행동치료, 인지치료, 집단치료, 약물치료가 있다. 첫 번째 접근은 행동치료로서, 행동치료자들은 환경이 사람들의 심리적 삶에 영향을 미친다는 것을 강조한다. 두 번째 접근은 인지치료로서, 인지치료자들은 부정적 신념에 도전해서 내담자

들이 우울한 사고를 보다 긍정적인 사고로 대체할 수 있도록 돕는다. 세 번째 접근은 집단치료로서, 치료자는 내담자의 현재 우울증에 기여하는 대인 간 문제를 확인하고 변화시키려고 노력한다. 주요 목적은 내담자의 관계망을 확장시킴으로써 내담자의 고립을 감소시키는 것이다. 네 번째 접근은 약물치료이다.

양극성 장애를 무엇이라고 정의하며 유병률은 얼마나 되는가?
양극성 장애로 진단되기 위해서, 개인은 적어도 2주 이상 우울증을 보여야 하며, 조증을 보이는 기간이 적어도 4일간 연이어 계속된다. 조증의 증상은 비정상적으로 높은 에너지, 급격한 사고 전환, 극단적인 수다스러움, 높은 수준의 자존감, 고비용 또는 위험이 따르는 재미난 활동 등이 포함된다. 성인의 약 1%가 양극성 장애로 고통 받는다.

양극성 장애를 치료하는 데 어떤 치료가 효과적인가?
양극성 장애는 리튬, 항경련제, 항정신병제를 포함하는 기분안정제로 치료된다.

범불안장애를 무엇이라고 정의하며 유병률은 얼마나 되는가?
범불안장애로 진단되기 위해서 개인은 거의 매일 두 가지 이상의 삶의 측면(예 : 관계, 건강, 경제, 집안일, 직업)에 대해서 걱정해야 하며 증상이 적어도 3개월 동안 지속되어야 한다. 범불안장애는 미국에 있는 성인들 약 700만 명에게 영향을 미치는데, 불안장애 가운데 가장 일반적이며, 남성들보다 여성들 사이에서 흔히 2배 정도 발생한다.

범불안장애는 어떤 치료가 효과적인가?
약물치료와 심리치료 두 가지 다 범불안장애를 치료하기 위해 사용된다. 즉 범불안장애는 인지치료 및 행동치료와 협력하여, 일반적으로 항불안제인 벤조디아제핀으로 치료된다.

공황장애를 무엇이라고 정의하며 유병률은 얼마나 되는가?
공황장애의 핵심 특징을 정의하면 공황 발작의 출현이다. 공황 발작은 극단적인 공포 에피소드이며, 명확한 이유 없이 갑자기 일어나는 높은 수준의 신체적 각성을 포함한다. 공황 발작 동안 고통 받는 사람은 마치 자신의 신체에 대한 통제를 잃어버리고 있고, 심장 발작을 일으키며, 죽을 것 같고, 미쳐가는 것 같이 느낀다. 공황 발작을 진단하기 위해, 한 달 또는 그 이상 동안 사람들은 발작과 그 상황에 대해 걱정해야만 한다. 공황 발작은 약 또는 약물의 부작용이 아니다. 공황장애는 약 600만 명의 미국인에게서 발생하며 남성보다 여성들 사이에서 2배 정도 흔하다.

공황장애는 어떤 치료가 효과적인가?
공황장애는 정신분석치료, 인지행동치료, 노출치료, 약물치료로 치료된다.

사회불안장애를 무엇이라고 정의하며 유병률은 얼마나 되는가?
사회불안장애는 대중 앞에서 굴욕감과 쑥스러움을 경험할 것이라는 예상과 그런 사회적 상황에 대한 극도의 불안이 현저하게 드러난다. 증상이 적어도 6개월간 지속되어야 하며 장애를 가진 사람은 불안이 과도하다는 것을 인식해야만 한다. 사회불안장애는 매우 유병률이 높다. 연구조사는 미국 시민의 12.1%가 성인기의 어떤 시점에 사회불안장애를 경험한다고 지적한다. 일부는 이 장애가 과잉 진단된다는 것을 제안했다.

사회불안장애는 어떤 치료가 효과적인가?
사회불안장애는 인지치료 및 행동치료와 협력하여 항불안 약물로 치료된다. 사회불안장애를 가진 사람들은 새로운 사회적 기술을 만들어내는 특별한 장점을 지닌 집단치료로도 도움을 받는다.

공포증을 무엇이라고 정의하며 유병률은 얼마나 되는가?
공포증은 실제적 위협이 거의 혹은 전혀 없는 상황에 의해 발생하는 강하고 지속적인 두려움이다. 특정공포증은 특정 대상이나 혹은 상황에 대한 두려움이다. 미국 성인의 8~9%가 어떤 형태로든 특정공포증을 경험한다.

공포증은 어떤 치료가 효과적인가?
노출치료의 한 형태인 숙달치료가 종종 효과적이다. 숙달치료에서, 치료자는 내담자를 따라 그들이 두려워하는 상황에 동반하고 함께 활동을 수행한다. 치료자는 점차적으로 내담자에게 주는 도움의 양을 감소시킨다. 그렇게 함으로써 내담자는 스스로 공포를 제어하는 것을 배울 수 있다. 이 접근은 흔히 인지 전략과 결합되는데, 그 인지 전략은 내담자가 공포를 극복하는 자신의 능력에 대한 신념을 신장시키도록 고안되었다.

강박장애를 무엇이라고 정의하며 유병률은 얼마나 되는가?
강박장애(OCD)를 진단하기 위해서, 개인은 억누르고자 한 잠재적 위험과 해로움에 대해 반복적이고 침투적인 사고를 해야 하며(강박관념), 그 사고에 반응하는 반복적인 행동을 해야 한다(강박충동). 강박관념과 강박충동은 개인 시간 중에서 하루에 한 시간 이상 차지하고 그의 사회적 또는 전문적인 삶을 방해한다. 우리들 대부분은 때때로 일상적인 피해에 대해 과도하게 걱정하고, 행동 '점검'을 지나치게 한다. 그러나 OCD는 이것보다 더 심각하고 보다 더 드문 일이다. 강박장애에서 보이는 극도의 불안과 강박은 성인인구의 약 1%에서 발생한다.

강박장애는 어떤 치료가 효과적인가?
노출과 재발 방지 치료가 지금까지도 효과적이다. 노출과 재발 방지 치료에서, 치료자는 내담자가 강박관념을 촉발하는 자극과 접촉하게 한다. 그런 다음 내담자가 평상시의 강박충동에 관여하는 것을 방지한다. 처음에 이것은 내담자에게 불안을 유발한다. 그렇지만 반복적으로 노출되면 내담자는 전형적인 강박충동을 하지 않았을 때 아무런 위험한 결과가 없다는 것을 알게 됨으로써 불안이 소멸되는 경향이 있다. 그밖에 인지치료와 약물치료도 역시 지금까지 효과적이다.

외상 후 스트레스장애를 무엇이라고 정의하며 유병률은 얼마나 되는가?

외상 후 스트레스장애(PTSD)는 사람들이 군대의 전투 경험과 같은 극단적으로 높은 수준의 스트레스를 경험할 때 발생한다. PTSD가 있는 사람들은 플래시백을 경험하는데, 그것은 과거 정신적 외상에 대한 생생한 기억이며, 일상생활을 방해하는 극심한 불안을 촉발할 수 있다. PTSD의 다른 증상들은 정서적인데, 외상 사건을 떠올리게 하는 어떤 것을 맞닥뜨렸을 때의 분노, 끊임없이 반복되는 부적 정서(분노, 죄책감, 공포), 사람들을 쉽게 놀라게 하는 높은 수준의 각성을 포함한다. 미국에 있는 성인들의 유병률은 3.5%이다.

외상 후 스트레스장애는 어떤 치료가 효과적인가?

인지행동치료는 내담자가 정신적 외상기억에 효과적으로 대처하는 법을 배우도록 한다. 또한 치료 자에게 외상적 사건에 대한 이미지를 제시하는 가상현실기술을 사용하여 내담자로 하여금 외상적 사건을 표상하는 것과 같은 삶을 경험하게 한다. 따라서 내담자는 비위협적인 환경에서 정서에 대처하는 기술을 발달시킬 수 있다.

연습문제 해답

1. a	6. b	11. a
2. c	7. b	12. c
3. b	8. d	13. d
4. a	9. b	14. a
5. c	10. b	15. d

용어 해설

3단계 기억 모델 정보가 3개의 기억 체계(감각기억, 단기기억, 장기기억)에 저장된다고 주장하는 개념적 기술 모델

DSM-5 내용면에서 상당히 달라진 2013년에 출판된 최신판 DSM 설명서

LSD 뇌에서 뉴런의 발화에 영향을 주는 합성 화학물질로, 다양한 생물학적·심리적 증상을 일으킴

Q 분류 표현들이 얼마나 자신들에게 적절한지, 완전함 또는 빈약함 정도에 따라 일련의 단어와 문장들을 범주화하는 평가절차

REM 수면 빠른 눈동자 움직임을 보이는 수면 단계. 이때는 자주 꿈을 꾸고 뇌의 활성화 상태는 깨어 있을 때와 유사함

가설 연구의 결과에 대한 예측

가소성 경험의 결과로 물리적으로 변화하는 뇌의 역량

가용성 어림법 사람들이 쉽게 떠오르는 정보에 의거하여 판단하는 심리적 과정

가족 유사성 범주의 구성원들이 많은 특징을 공유하고 있지만 꼭 필요한 절대적 특징은 없는 범주 구조

가치 조건 로저스의 성격 이론에서 충분히 평가되고, 사랑받고, 존중받기 위한 조건으로서 부모와 같은 다른 사람에 의해 부과되는 행동적 필요조건

각막 눈의 가장 앞쪽에 있는 투명한 물질로 이루어져 있고 빛을 모으는 기능을 가진다.

각인 갓 태어난 새끼들이 그들이 처음 마주치게 된 움직이는 대상에 주의를 고정시키고 따라가는, 일부 종들에게서 나타나는 현상

간격강화계획 특정 시간 간격을 두고 유기체에 강화물이 첫 번째 반응 후에 전달되는 조작적 조건형성 원리

간상체 낮은 조도에서 볼 수 있게 해주는 광수용기

간섭 먼저 또는 나중에 학습한 자료가 기억을 방해할 때 일어나는 단기기억에서 정보 유지의 실패

간접적 형제 효과 한 명의 형제와 그 부모 간 상호작용이 다른 형제의 대우에 영향을 주는 발달적 영향

감각기억 감각 체계의 작동에 기초한 기억

감각뉴런 외부자극에 반응하고 환경에 대한 메시지를 척수에 전달하는 신경세포

감각 신체의 말단에 위치한 세포들이 물리적 자극을 탐지할 때 일어나는 생리적 과정

감각운동기 아동발달에 대한 피아제 이론에서 아동이 그의 감각과 운동 체계를 통해서 세상과 상호작용하는 단계(출생~2세)

감각피질 신체의 각 부위에서 오는 감각정보를 받는 두정엽의 한 영역

감정 체계 사회인지 이론에서 기분과 정서적 상태를 생성하는 심리적 체계

감칠맛 음식에 들어 있는 많은 양의 단백질에 의해 유발되는 맛 감각

갑상선 신체 대사율을 조절하는 호르몬을 방출하는 내분비선

강박장애(OCD) 잠재적인 위험과 해로움에 대한 반복적이고 침투적인 사고(강박관념)와 상상 속의 위험과 피해를 방지하기 위해 행해지는 반복적 행동(강박충동)을 포함하는 정신장애

강화계획 조작적 조건형성 연구에서 강화가 언제 일어나는지를 알려주는 시간표

강화물 조작적 조건형성에서 반응 뒤에 발생하고 반응의 미래 가능성을 높여주는 어떤 자극

개인적 주도성 목표를 설정하고 기술을 개발함으로써 동기, 행동 그리고 삶의 결과물에 영향을 끼치는 사람들의 능력

개인적 주도성 목표를 설정하고 기술을 개발함으로써 자신의 동기, 행동, 삶의 결과물에 대해 영향을 미치는 개인의 역량

개인주의 문화 차이에 대한 연구에서 개인의 행복 추구와 자유로운 의사 표현과 '자기다움'의 권리를 강조하는 문화 신념과 가치 양식

거울뉴런 유기체가 행동을 직접 할 때뿐만 아니라 다른 유기체가 같은 행동을 하는 것을 관찰할 때도 운동피질의 뉴런이 활성화된다.

결기울기 시각 장면에서 대상의 표면 무늬에 기초한 단안 깊이단서

결정적 시기 이미 정해진 심리적 과정을 위해 심리적 과정이 언젠가 일어난다면 그 과정이 일어나야만 하는 인생 초반의 어떤 기간

결정하기 많은 대안들 중 선택을 하는 과정

계열위치효과 목록의 중간에 위치한 항목보다 시작과 끝에 제시

된 항목을 더 잘 기억하는 현상

계절성 기분장애 일조량이 적을 때인 늦가을과 겨울 동안 우울한 기분을 경험하는 우울장애

고막 음파가 부딪칠 때 진동하는 귀에 있는 얇은 막

고전적 조건형성 두 번째 자극 발생이 반복적으로 일어나는 자극이 유기체에 가해질 때 일어나는 학습 형태

고정강화계획 전체 시행에서 강화가 일정 간격으로 제공되는 조작적 조건형성 원리

고정관념 위협 자신이 속한 집단에 대해 사회가 부정적 고정관념을 가진다고 확인하게 되었을 때 가지게 되는 부정적 정서 반응

고정관념 한 집단 구성원의 특성에 대한 단순화된 신념 체계

고착 프로이트의 심리발달 이론에서 고착은 심리성적 단계에서 개인이 너무 적게 또는 너무 많이 만족감을 경험할 때 발생하며 발달이 더 이상 진행되지 않고 멈추는 것

고환 정자가 만들어지는 남성의 번식세포

공간기억 물리적 환경의 배치에 대한 기억 능력

공감적 이해 인본주의 치료에서, 치료자가 내담자의 관점에서 내담자의 심리적 삶을 이해하는 것

공동체 참여연구 연구의 목적과 절차를 결정하기 위해 연구자가 공동체 주민들과 협력하는 연구의 한 유형

공병 한 사람에게 둘 이상의 장애 증상이 보이는 경우

공포 관리 이론 죽음이 너무 두렵기 때문에 죽음에 관한 생각은 죽음에서 살아남을 제도(예 : 종교, 국가)에 동일시하는 느낌을 증가시킨다는 것을 제안한 이론

공포증 실제적 위협이 거의 혹은 전혀 없는 상황에 의해 발생하는 강하고 지속적인 두려움

공황 발작 명확한 이유 없이 갑자기 일어나는 높은 수준의 신체적 각성을 포함하는, 극단적인 공포 에피소드

공황장애 사람들이 격렬한 테러와 공황 발작으로 알려진 극단적인 생리적 각성을 갑자기 한바탕 경험하는 심리적 장애

과학적 방법 과학자들이 세상에 대한 정보를 획득하는 여러 절차. 과학적 방법은 증거 수집 단계, 관찰한 내용을 체계적으로 기록하는 단계, 관찰한 방법을 기록하는 세 가지 핵심적인 단계를 포함한다.

과학적 이론 과학에서 한 현상이나 일련의 현상들에 대한 자료에 기반한 체계적인 일련의 설명

과학적 질문 과학적인 방법으로 수집한 증거를 가지고 답할 수 있는 질문

관찰연구 연구자들이 사람들과의 상호작용 없이 멀리서 사람들의 행동을 관찰하는 유형의 연구

관찰자 보고 특정한 사람을 알고 있는 다른 사람으로부터 보고를 받음으로써 그 사람의 다양한 특성을 연구자가 알아내는 연구

방법의 하나

관찰학습 타인의 행동을 관찰함으로써 새로운 지식과 기술을 습득하는 학습 형태

광수용기 빛 자극에 민감하게 반응하는 눈에 있는 수용기 세포

광장공포증 상점, 극장, 대중교통, 또는 군중들이 있는 장소와 같이 집 밖의 다양한 사회적 상황에 있는 것에 대한 두려움

광학적 흐름 유기체가 환경을 관통하여 움직일 때 일어나는 시각 이미지의 연속적인 변화

교감신경계 '투쟁' 또는 '도피' 반응에 필요한 생물학적 시스템을 활성화시킴으로써 유기체의 준비를 돕는 자율신경계의 구성성분

구강기 프로이트의 심리발달 이론에서, 아동이 입을 통해 만족감을 추구하는 0~18개월까지의 발달 단계

구성주의 마음의 기본적인 성분이나 구조 그리고 그것들이 어떻게 합쳐져서 복잡한 정신적 경험을 만들어내는지에 초점을 맞추는 관점

구체적 조작기 아동발달에 관한 피아제 이론에서 아동들이 실제 존재하는 '구체적' 대상에 한하여 가역이 가능한 논리적 조작(예 : 기본 연산)을 수행할 수 있는 단계(7~11세)

군중 서로를 잘 알 필요가 없는 대규모 사람들의 무리

귀 세 부분(외이, 중이, 내이)으로 이루어진 청력을 담당하는 생물학적 구조

귀인 사회행동의 원인으로 보는 신념

그림자 광원의 차단으로 발생하는 시각 이미지 내에서 상대적으로 어두운 영역에 기초한 단안 깊이단서

근거 기반 치료 주의 깊게 통제된 실험연구에서 효과성이 수립된 치료법

근접발달영역 인지발달에 관한 비고츠키의 이론에서, 아동의 독립적인 인지발달의 현재 수준과 다른 사람과의 상호작용을 통해서 성취될 수 있는 수준 간의 영역

긍정성 효과 개인적 경험을 회상하고 고려할 때 노인들이 긍정적인 정보에 더 많은 주의를 기울이는 현상

긍정심리학 인간의 나약함보다는 사랑, 용기, 용서와 같은 긍정적인 개인 특성을 강조하는 지적 운동

기관윤리심의위원회(IRB) 제안된 연구의 윤리를 평가하는 전문가로 구성된 집단

기능적 자기공명영상(fMRI) 사람이 심리적 활동을 할 때 특정한 뇌 영역에서 일어나는 활동을 보여주는 뇌 주사(brain-scanning) 방법

기능주의 마음의 구조보다는 신체와 상호작용하고 환경에 적응하는 마음의 정신적 활동에 초점을 맞추는 관점

기면증 적당한 수면을 했음에도 불구하고 낮 동안 갑작스럽고 극도의 졸음을 경험하는 수면장애. 때로는 '마이크로 수면'을 동반하기도 함

기본 귀인 오류 사람들이 상황적 요인이 사람의 행동에 미치는 영향은 과소평가하고 개인 요인이 미치는 영향은 과대평가하는 사고방식

기본 수준 범주 유용하고 효율적인 범주이며, 가장 흔하게 사용되는 범주화 방법

기분 긍정적이든 부정적이든 오랫동안 지속되는 감정 상태

기분안정제 환자의 동요하는 기분 상태를 진정시키기 위해 신경전달물질에 영향을 미침으로써 양극성 장애의 증상을 감소시키도록 고안된 약물

기분 차원 감정 상태의 보편적인 다양한 범주. 사람들의 기분을 설명해주는 다양한 범주

기술 대인 간 기술을 포함하여 경험을 통해 개발하는 능력

기억술 회상에 도움이 되는 특별한 방식으로 정보를 조직해 기억을 향상시키는 전략

기억 지식을 유지하는 능력

기점화-조정 어림법 사람들이 처음 추측한('기점화') 것으로 최종 판단에 이를 때까지 조정하고 추정해내는 심리적 과정

기준점 이론 허기와 섭식에 대한 이론적 설명으로 사람들은 자신의 기준점 아래나 위로 에너지 수준이 떨어지거나 올라가게 되면 이에 따라 음식 섭취를 조절하여 항상성을 유지하는 과정을 설명하는 이론

기질 생물학적 기반을 가진 정서적, 행동적 경향성에서의 개인차

기질 차원 정서성, 활동성, 사회성과 같이 모든 아동이 더 많거나 더 적은 정도로 지니고 있는 생물학적 기반의 심리적 특성

깊이단서 우리가 지각하는 대상과 우리 사이의 거리를 판단하게 해주는 출처정보

깊이 지각 거리에 대한 지각

난소 난자가 만들어지는 여성의 번식세포

남근기 프로이트의 심리발달 이론에서, 생식기관이 만족감의 원천이 되는 3.5~6세까지의 발달 단계

낯선 상황 패러다임 분리되었다가 재결합하는 일련의 사건에서 어머니와 아동이 상호작용할 때, 아동이 보이는 반응을 연구자가 기록하는 애착 유형에 대한 행동 척도

내분비계 혈류를 통해서 뇌에서 장기에 메시지를 전달하는 호르몬을 만들어내고 분비하는 선의 집합체

내적 동기 개인적으로 흥미가 있고, 도전적이며, 즐기기 때문에 어떤 활동을 하고자 하는 욕구

노출과 재발 방지 내담자가 평상시의 강박행동에 관여하는 것을 방지하면서 강박관념을 촉발하는 자극과 접촉하게 하는 강박장애를 위한 치료 유형

노출치료 치료자는 내담자가 공포를 불러일으키는 대상이나 상황에 직접 접촉함으로써 노출되는 동안 내담자에게 어떤 해로운

일도 일어나지 않는다는 것을 보장하면서 공포와 불안 정서에 맞서 싸우게 하는 행동치료 기법

뇌간 가장 낮은 수준의 뇌 영역. 뇌간의 구조들은 생존에 필요한 신체 활동을 조절한다.

뇌교 호흡률의 제어와 REM 수면의 생성과 관련된 생물학적 기능을 수행하는 뇌간의 구조

뇌량 두 반구가 동시에 작용할 수 있게 두 반구를 연결하고 있는 뇌 구조

뇌신경 머리에서 발견되는 말초신경계의 일부. 뇌의 하단에서 눈, 코, 혀 같이 머리에 있는 기관에 이어지는 신경

뇌파기록(EEG) 두피에 전극을 붙여서 뇌의 전기적 활동을 기록하고 시각적으로 보여줄 수 있도록 하는 기술. 뇌파기록을 사용한 뇌의 전기적 활동을 기록한 것을 뇌전도(electroencephalogram)라고 한다.

뇌하수체 내분비계의 '주분비선'. 스트레스 반응, 번식, 대사율을 조절하는 여러 다른 선들의 생물학적 활동에 영향을 미치는 호르몬을 방출한다.

뉴런 독특한 형태와 서로 소통하는 능력에서 다른 세포들과 차별되는 신경세포라고도 불리는 뇌세포

니코틴 쾌락과 정서적 안녕감 향상과 더불어 각성 수준도 높여주는 담배에 들어 있는 흥분제

다중지능이론 가드너가 제안한 이론으로 사람들은 수많은 정신능력을 소유하고 있는데, 각 능력은 지능과는 구별되는 개념임

단기기억 짧은 시간 동안 제한된 양의 정보를 마음에서 활성화된 상태로 유지할 수 있는 기억 체계

단기 목표 가까운('근접') 미래에 당신이 해야만 하는 구체적인 목표

단안단서 한 눈만으로 가용할 수 있는 깊이단서

대뇌반구 뇌의 양쪽. 좌반구는 수학과 언어를 포함하여 분석적 과제에 특화되어 있다면, 우반구는 이미지를 만들어내고 생각하는 능력에 특화되어 있다.

대뇌피질 복잡한 개념적 사고 역량의 핵심이 되는 뇌의 바깥 표면에 있는 세포층

대상영속성 대상이 더 이상 눈에 보이지 않거나 혹은 그 외에 지각되지 않을 수 있을 때조차도 그것이 계속 존재한다는 것을 이해하는 것

대표성 어림법 범주의 유사성 정도를 평가함으로써 사람 또는 사물이 주어진 범주에 속하는지를 판단하는 심리적 과정

대표적 표본 전체 모집단의 특성과 닮은 특성을 가지고 있는 표본

도덕성 단계 콜버그에 따르면, 도덕성 단계는 개인의 도덕적 추론이 단일한 방식의 사고에 맞춰 일관되게 조직되는 동안의 발달 기간

도덕성 발달 개인적 권리, 책임, 다른 사람들의 복지 및 사회적 의

무에 대한 추론에서의 성장

도덕성 판단 옳고 그름에 대한 원천적 질문에 대한 결정

도식(스키마) 의미 있는 활동이 가능하도록 만드는 조직화된 정신 구조

도약 안구 운동 한 지점에서 다른 지점으로 옮겨가는 빠른 눈 움직임

독립변인 실험 설계에서 한 변인에 대한 효과를 알아보기 위하여 조작을 하는 변인

동공 빛이 통과하는 구멍

동기 사람이나 다른 유기체로 하여금 행동하게 하고 오랜 시간을 들여 자신의 노력을 지속하도록 만드는 심리적이고 생물적인 과정

동기 지향성 광범위하게 다양한 과제에 있어 사람들의 행동에 영향을 미칠 수 있는 다양한 사고와 감정 패턴

동의절차 연구자가 연구 절차를 설명하고 연구 참여자가 참여에 동의할 것인지를 결정하는 과정

동조 집단의 규준에 맞추기 위해서 자신들의 행동을 변경하는 것

동화 피아제 이론에서 이미 존재하는 도식에 대상이나 사건을 통합함으로써 그것을 이해하는 인지과정

되뇌기 단기기억에서 정보를 유지하기 위해 반복하는 전략

두 점 절차 하나의 자극이 아닌 2개의 자극으로 지각되는 피부의 가장 짧은 거리를 평가하기 위한 촉각 시스템의 측정 방법

두정엽 신체 감각에 대한 정보 처리(예 : 신체를 환경과 연결하는)와 관련된 대뇌피질 영역

로르샤흐 잉크반점 검사 검사문항은 대칭적인 잉크반점으로 되어 있으며, 그것을 응답자에게 해석하도록 요청하는 투사검사

리튬 양극성 장애를 치료하기 위해 선택한 보편적 약물로서 물질적 요소인 리튬을 핵심적으로 포함하는 기분안정제

마리화나 행복감과 긴장이 완화된 고요한 상태라는 특징이 나타나는 등의 광범위한 효과를 지닌 약물

마음 시간 여행 정신 속에서 시간을 앞으로 또는 뒤로 하면서 자기 자신을 계획하는 능력

마음 이론 다른 사람들이 느낌과 생각을 가지고 있다는 직관적인 이해

마인드세트 지능이 고정된 능력인지 아니면 변화가 가능한지처럼 심리학적 특성의 본질에 대한 신념

만일 …라면 프로파일법 사람들이 다른 상황을 맞닥뜨릴 때 일어나는 행동에서의 변화들을 연구자가 기록하는 행동 평가 방법

말초신경계 중추신경계 바깥 신체 말단에서 발견되는 신경계의 일부. 체신경계와 자율신경계로 구성되어 있다.

망막 빛에 반응하고 뇌에 신호를 보내는 신경세포가 위치하는 눈의 가장 뒤쪽에 있는 벽

망상체 신체 각성에 영향을 주는 뇌간의 세포 연결망

매슬로의 욕구 위계 이론 낮은 수준의 욕구가 충족이 되어야 높은 수준의 욕구로 갈 수 있는 인간의 다섯 가지 기본 욕구를 바탕으로 인간 동기 유형을 체계화함

맹점 광수용기가 존재하지 않는 망막 부위에 빛이 떨어지는 것 때문에 아무것도 보이지 않는 시각장의 위치

메타분석 많은 연구들에서 나타나는 전체적인 패턴을 확인하기 위해 여러 연구 결과들을 종합하기 위한 통계적 기법

면역 체계 신체에 잠입하여 병을 일으킬 수 있는 세균, 미생물, 외부 물질로부터 신체를 보호하는 일련의 과정

명상 오랜 시간 동안 주의집중하는 일종의 훈련으로, 집중 능력을 향상시키는 방법

명시적 기억 사전정보 또는 경험에 대한 의식적인 회상

모델링 다른 사람들을 관찰함으로써 지식과 기술을 습득하는 학습의 한 형태로서 관찰학습이라고도 알려짐

모집단 연구를 수행하는 연구자가 관심을 가지고 있는 큰 집단의 모든 사람

목격자 기억 (대화 또는 읽기를 통해 간접적으로 학습된 것이 아닌) 직접적으로 관찰한 사건에 대한 기억

목표 행동이 추구하는 목적의 심리적 표현으로 더 간단히 설명하면 목표는 사람들이 이루기 바라는 미래 성취에 대한 생각이다.

무선배치 전적으로 우연에 의해 참여자들이 실험조건에 배치되는 절차

무선표본 각 개인이 포함되거나 혹은 포함되지 않을 확률이 우연에 의해 결정되는 표본

무의식 프로이트의 의식 수준에 대한 분석에서 의식하지 못하는 생각들과 원하는데도 불구하고 일반적으로 의식할 수 없게 되는 생각들을 포함하는 마음의 영역

반응(UR) 학습되기 전 자동적으로 발생하는 무조건 자극에 의해 일어나는 반응

무조건 자극(US) 학습되기 전 유기체의 반응을 이끌어내는 자극

무조건적인 긍정적 존중 내담자의 행동적 요구에 의존하지 않고 내담자에 대해 일관되게 수용과 존중을 보여주는 것

문간에 발 들여놓기 기법 사람들이 처음에는 작은 요구에 응하도록 하여 나중에 더 큰 요구에 응할 수 있도록 하는 응종 전략

문제 해결 단계적으로 사람들이 해결책을 찾기 위하여 노력하는 사고과정

문화 공유된 신념과 이런 신념에 영향을 미치는 사회행동

문화심리학 문화를 바탕으로 한 사회행동과 개인의 심리적 특성이 상호 영향을 미치는 것에 대해 연구하는 심리학의 한 분야

미각 수용기 음식에 들어 있는 화학물질에 의해 자극되는 세포. 이 세포가 활성화되면 미각정보가 뇌로 전달되는 정보 처리과정

이 일어난다.

미각 시스템 화학물질에 민감하게 반응하고 맛에 대한 감각을 제공하는 지각 시스템

미각피질 맛의 지각적 신호에 대한 정보처리가 끝나는 두정엽에 있는 뇌 영역

미뢰 미각 수용기들이 함께 모여 있는 구조로 주로 혀에서 발견되지만 입천장과 목에도 있다.

반사 외부 자극에 대한 자동적이고 불수의적인 반응

반영 심리치료에서, 내담자가 말한 진술을 치료자가 순환적으로 요약하는 긍정적 경청 기술. '반영'이란 내담자의 진술내용을 내담자에게 되돌려주는 것임

발견적 정보 처리과정 심리적 지름길이나 경험에 근거한 단순 규칙을 발견하는 데 사용되는 사고과정

발달 단계 아동발달에 대한 피아제 이론에서, 특정한 사고의 한 가지 형태가 뚜렷하게 보이는 몇 달 또는 몇 년의 기간

발달심리학 삶의 행로를 따라서 사람들이 변하고, 같은 상태로 남아 있는 그 방식을 탐구하는 연구 분야

방어기제 정신분석 이론에서 불안으로부터 자기를 지키기 위해 자아에 의해 고안된 정신적 전략

배고픔 유기체로 하여금 먹을 것을 찾도록 동기화하는 음식 결핍을 느끼게 하는 상태

배려와 친교 다른 사람들과 긴밀한 네트워크를 유지하면서 다른 사람을 돕는(배려하는) 행동으로 특히 여성들이 위협에 대응하는 전략으로 규명됨

범불안장애 심지어 불안감을 유발하는 현재 사건이 없을 때조차 높고 지속적인 수준의 긴장과 동요, 우려, 걱정을 경험하는 심리적 장애

범주 구조 범주 형성을 결정하는 규칙

범주 수준 범주 간의 관계. 어떤 범주는 다른 범주보다 하위 범주이다. 전자 안에 포함되는 모든 일원이 상위 범주인 후자에 모두 포함될 때 그렇다.

범주화 사물(또는 사건)의 유형을 나누고 묶는 분류 방법

베르니케 영역 언어를 이해하고 의미 있는 문장을 산출하는 기능을 담당하는 좌측 측두엽 부분

벡의 인지치료 자동적 사고에 대한 내담자의 인식이 증가하고 부정적 사고에 도전, 긍정적인 대안을 제시함으로써 부정적, 비합리적 사고를 변화시키는 치료 방법

벤조디아제핀 불안감에 시달릴 때 처방하는 향정신성 약물로, 근육의 긴장완화와 수면을 취할 수 있도록 해줌. 이와 함께 유쾌한 기분이 들도록 해줌

변동강화계획 전체 시행에서 강화가 일정하지 않은 간격으로 제공되는 조작적 조건형성 원리. 강화물의 전달은 예기치 않게 일어남

변별 유기체가 두 자극에 대해서 다르게 반응함으로써 자극을 구별하는 능력

변별 자극 특정 상황에서 어떻게 행동하느냐에 따라 달라지는 결과가 어떤지, 그에 관한 정보를 제공해 주는 어떤 자극

변연계 시상하부, 해마, 편도체를 포함하는 뇌간 바로 위에 있는 뇌 구조로 포유동물이 정서 반응을 경험할 수 있는 능력을 제공한다.

변인 사람에 따라 혹은 시간에 따라 변화하는 어떤 특성

변형 문법 문장의 요소들이 문법적으로 정확한 또 다른 문장을 어떻게 만들어내는지에 관한 규칙들

변환 물리적 자극에 의해 신경계의 세포가 활성화되는 생물학적 과정으로 이때 발생한 신경 충격은 뇌로 전달되어 지각과 감각 경험을 일으킨다.

병렬분산처리(PDP) 장기기억이 켜졌다 꺼졌다 하는 단순 정보 처리 단위로 구성되어 있다고 보는 지식 표상에 대한 개념 모델. 개념은 수많은 단위들의 활성화 패턴으로 표상이 일어난다.

보상 반응 자극의 영향에 반대되고 그 영향에 부분적으로 반응하는 조건화된 자극에 대한 생물학적 반응

보상 성공적인 노화의 SOC 모델에서 처음에 성공하지 못했을 경우 목표를 성취하기 위하여 대안적인 전략을 발견하는 것

보존 피아제의 심리학에서, 대상이 물리적으로 변형되었을 때에도 필수적인 어떤 물리적 속성을 유지한다는 인식

보편적 문법 사람들이 문장을 이해하고 만들어내는 능력을 가지고 있다는 촘스키의 언어 규칙

복종 권위를 가진 사람의 지시와 명령을 지킴

본능 생물학적으로 타고난 본능으로 나타나는 행동적 경향

부교감신경계 소화와 배설작용을 활성화시키고 기저 심박률과 혈압을 회복시켜서 위협 또는 스트레스가 없을 때 신체가 정상적인 기능을 유지할 수 있게 하는 자율신경계의 일부

부신선 스트레스에 반응하는 호르몬과 성호르몬을 만드는 내분비선

부적 강화 행동의 미래 가능성을 높여주는 행동을 제거하는 자극

부적상관 한 변인이 증가하면 다른 변인이 감소하는 상관

부취제 냄새를 유발하는 어떤 것. 부취제에는 음식, 페로몬 같은 여러 다양한 물질과 세포 손상과 질병에 대한 화학적 신호가 포함되어 있다.

부호화 정보가 감각기억에서 단기기억으로 변환되는 과정으로 물리적 자극이 개념정보로 바뀐다.

분석 수준 어떤 대상이나 사건을 기술하고 설명하는 여러 방법. 심리학적 현상은 사람, 마음, 뇌의 세 가지 수준에서 연구될 수 있다.

분할 뇌 뇌량을 절단하는 외과적 절차의 결과로 대뇌반구 사이의

정보 교환이 방해를 받아 의식 경험이 달라진다.

불면증 잠이 들거나 잠자는 상태를 유지하는 것이 어려운 수면 장애

불안 금방이라도 일어날 것 같은 위험 또는 불행에 대한 이해의 느낌을 포함해서 마음을 뒤흔드는 정서 상태

불안장애 일상생활을 방해하는, 강하고 집요한 불안감을 포함해서 오래 지속되는 심리적 상태

불안-양가 애착 어머니에게 가까이 다가가고 싶은 욕망과 부모를 향해 불안과 분노가 결합되어 나타나는, 아동이 정서적 갈등을 경험하는 애착 유형

브로카 영역 말을 산출해내는 기능이 있는 뇌의 좌반구 전두엽 부분

비REM 수면 뇌 활성화가 깨어 있을 때와는 다른 양상을 보이는 수면 단계. 이때는 호흡률, 혈압, 체온 등이 현저히 낮음

비교 문화 연구 동일한 연구과정을 다른 두 문화권에서 수행하는 연구

비억압적 기질 두려움을 거의 경험하지 않고 자연스럽고 사교적인 태도로 행동하는 경향성

비율강화계획 유기체에게 몇 가지 반응이 나타난 후 강화물이 제공되는 강화 시간표

비판적 사고 논리적으로 생각하고, 가정을 의심하고, 증거를 분석하고, 일반적으로 개방적이지만 의심하는 사고기술

비합리적 신념 현실을 비논리적으로 왜곡하고 사람들이 부정적 정서를 경험하도록 하는, 쉽게 만족하지 않는 독단적인 사고

빅 파이브 연구자들이 사람들의 성격 묘사를 요인분석으로 분석할 때 일관되게 발견된 성격특질의 한 세트

빈도 정해진 기간 동안에 발생하는 진동의 수에 기초한 음고 변화를 일으키는 음파의 물리적 속성

사례연구 특정한 한 사람이나 한 집단에 대한 상세한 분석. 한 사람이나 집단이 그 '사례'다.

사춘기 아동이 생물학적으로 생식할 수 있는 성적 성숙에 도달한 시기

사피어-워프 가설 언어가 사고를 형성한다고 주장하는 언어와 사고의 관계에 관한 신념. 이 가설은 서로 다른 언어를 말하는 사람들은 세상에 대해 서로 다르게 인식함을 의미한다.

사회 규범 어떤 주어진 맥락 속에서 바람직하게 받아들여지는 행동 유형에 대해 사회 구성원이 함께 가지는 신념

사회불안장애 특히 다른 사람과 관련된 상황에서 극단적 수준의 불안과 자의식에 의해 특징지어진 장애

사회성 발달 특히 자신의 정서를 통제하고 다른 사람들과 관계를 유지하며 의미 있는 개인적 정체감을 세움으로써 사회적 세상에서 효과적으로 기능하는 능력에서의 성장

사회신경과학 사회 인지와 행동의 기저를 이루는 뇌의 생물학적 체계를 탐구하는 연구 분야

사회 인지 사람들이 사회적으로 상호작용을 하는 개인이나 집단에 대해 가지는 신념, 의견, 정서

사회인지 이론 성격의 핵심은 사회적 상호작용을 통해서 획득된 개인의 지식, 기술, 신념으로 구성된다는 성격에 대한 이론적 접근

사회적 욕구 다른 사람들과 상호작용하면서 사회에서 의미 있는 역할을 성취하려는 욕구

사회적 지지 특별히 스트레스를 받는 기간에 친구나 가족으로부터 받는 사랑 넘치는 돌봄이나 개인적 도움

사회적 촉진 단지 다른 사람의 존재만으로도 자신이 잘하는 기술 분야에서 사람들의 성취가 향상되는 현상

사회적 태만 집단 과제에서 어떤 사람은 자신이 노력하지 않더라도 집단이 성공할 것으로 기대하기 때문에 집단 과제에 대한 다른 사람의 개인적 동기를 하락시킴

사회정서적 선택 이론 삶에 남아 있는 시간의 양이 얼마나 되는지에 대한 지각이 동기에 영향을 미친다고 설명하는 동기과정에 대한 전 생애 발달 이론

사회행동 다른 사람과의 상호작용에서 생기는 행동

산포도 두 변인 간의 관계를 나타내는 그래프. 두 변인의 측정치를 나타내는 자료점들은 흩어진 정도를 시각적으로 보여준다.

산후 우울증 일부 여성은 출산 후 몇 주 내에 발생하며 주요우울증과 유사한 증상을 경험하는 우울장애

삼원 지능 이론 스턴버그가 제안한 지능 이론으로, 지적 행동은 세 가지 정신적 구성요소를 필요로 한다 — 지식 습득 요소, 운영 요소, 수행 요소.

삼위일체 뇌 인간의 뇌가 상이한 시기에 진화하여 서로 다른 기능을 수행하는 3개의 뇌 부위로 나뉘어 있다는 뇌 구조에 대한 개념 모델

상관계수 두 변인 간 상관의 강도를 나타내는 수치

상관연구 2개 이상의 변인 간 관계를 결정하는 것을 목적으로 하는 연구설계

상담심리학자 정신 건강뿐만 아니라 개인과 진로발달에 관한 조언에 대해 특별히 강조하는, 임상심리학자의 활동과 유사한 훈련과 전문적 활동을 하는 전문가

색맹 빨강, 초록, 파랑 중 하나 이상의 색에 대한 무감각

색 항등성 조도의 변화에도 불구하고 대상의 색을 동일하게 지각하는 경향성

생물심리사회 모델 행동에 미치는 생물학적 요소의 영향이 청소년들의 사회 경험에 달려있다고 하는 발달적 사건(예 : 사춘기의 행동적 변화)을 설명하는 방법

생물학적 욕구 (음식, 음료처럼) 유기체의 생존과 번식에 대한 욕구

생물학적 제약 어떤 보상 형태로 강화될 때 어떤 행동 유형을 학습하는 종에게 불가능한 건 아니지만 학습을 어렵게 만드는 진화론적 성향

생물학적 치료 심리장애 치료에서 신경 체계의 생화학 또는 해부학적인 부분을 직접적으로 바꾸는 개입

생성적 화자가 문장의 수를 무한정으로 만들어내는(또는 생산해내는) 언어규칙을 갖는다.

생식기 프로이트의 심리발달 이론에서, 성적욕망을 다시 불러일으키는 신호를 보내는 사춘기에 시작되는 발달 단계

생식선 번식 세포를 만드는 장기. 여성의 난소에서는 난자를, 남성의 고환에서는 정자를 만든다.

생애사 개인 인생의 주요 사건과 주제에 대한 서사적 이해

서번트 증후군 대부분의 영역에 정신적 손상이 발생하였으나 한 영역에만 뛰어난 수행을 보이는 증후군

선명도 흐릿함에 반대되는 것으로 시각 이미지가 구별되는 정도. 단안 깊이단서

선택, 최적화, 보상(SOC) 모델 긍정적인 개인적 발달을 촉진하는 세 가지 심리적 과정을 확인하는 성공적인 노화 모델. 심리적 과정에는 선택, 최적화, 보상이 있다.

선택 성공적인 노화의 SOC 모델에서 주어진 기간의 삶을 위해 개인적 목표를 설정하는 과정

선택적 세로토닌 재흡수 억제제(SSRIs) 재흡수로 알려진 생화학과정을 방해함으로써 세로토닌의 활동을 증가하게 하여 우울증을 완화하도록 고안된 약

선택적 주의 의식적 자각으로 들어오게 될 정보의 흐름을 선택하는 능력

섬광기억 예상치 못한, 매우 정서적이고 의미 있는 사건에 대한 생생한 기억

섭식장애 음식 섭취를 통제하는 능력을 잃어버려서 건강에 심각한 위험을 주는 섭식 방해

성격과정 한 순간에서 다음 순간에 일어나는 심리적 경험과 행동에서 변화 패턴의 개인차

성격 구조 오랜 기간이 지나도록 일관되게 남아 있는 성격의 요소들

성격 느끼고 생각하고 행동하는 데 있어서 상대적으로 일관되고 관찰 가능한 패턴들, 그리고 이러한 패턴들을 설명하는 내적인 심리적 체계

성격 이론 인간 본성과 개인차에 관한 포괄적인 과학적 모형

성격 평가 개인의 독특한 심리적 속성을 알아내기 위한 구조화된 절차

성욕도착 본질적으로 전혀 성적이지 않은 자극에 의한 성적 각성

성취 욕구 숙련되고 만족할 만한 성취를 요구하는 도전적 활동에서 성공하려는 욕망

소거 US(고전적 조건형성에서) 또는 강화(조작적 조건형성에서) 없이 CS가 반복적으로 제시될 때 나타났던 반응의 점진적인 감소

소뇌 움직임의 제어, 정서, 사고에 기여하는 뇌간 뒤에 위치하고 있는 뇌 구조

소리 강도 청각 경험의 강도에 대한 주관적인 경험

소망-충족 이론 꿈은 우리가 수면을 취하는 것에 도움이 된다는 프로이트의 주장

소멸(정서의) 노출치료에서, 정서적으로 기대하던 자극적인 상황이 일어나지 않을 때 발생하는 정서 반응에서의 감소

소속의 욕구 사람들이 다른 개인들과 시간을 보내며 사회집단의 구성원이 되도록 동기화하는 사회적 욕구

소인 문제 마음 또는 뇌 구조가 의식적이라고 제안함으로써 유기체가 의식 능력이 있다고 설명하는데, 과학적으로 그 가능성을 입증하지 못하고 있음. 의식이 마음 또는 뇌 구조에서 어떻게 발생하는지를 설명하는 데 실패했다는 것이 소인 문제임

송과선 수면과 각성 패턴에 영향을 미치는 멜라토닌이라고 불리는 호르몬을 만드는 내분비선

쇠퇴 단기기억에서 정보의 소멸

수단-목적 분석 복잡한 문제를 해결하는 전략으로, 해결을 위한 각 단계에서 사람들은 진보를 위한 현 상태와 그들이 이루고자 하는 최종 문제 해결 목표 사이의 차이를 줄이기 위해 노력함

수렴 가까이 있는 대상을 보기 위해 안구 근육이 기울이는 노력에 기초한 양안 깊이단서

수렴하는 수직선 서로 가까이 다가가는 수직 방향의 선들로 이루어진 단안 깊이단서

수면 단계 모든 사람들이 동일한 순서로 겪게 되는 REM 수면과 비REM 수면의 변화 주기

수면 무호흡증 잠자는 동안 호흡이 일시적으로 정지하여 고통 받는 장애로, 자는 도중 깨어나게 함

수면 박탈 잠을 충분히 자지 않아 피곤함을 느낄 뿐만 아니라 정상적인 의식 경험에 손상이 생기는 것

수면 방해 정상적인 수면 패턴을 방해하는 어떤 의학적 상태

수면 실험실 수면을 과학적으로 연구할 수 있는 시설. 연구 참여자들이 밤잠을 자는 동안 생체 리듬과 뇌 활동을 모니터할 수 있음

수상돌기 다른 뉴런으로부터의 입력 신호를 받아들이는 뉴런의 세포체에서 가지들이 뻗어 나온 부위

수용기 세포 환경에 있는 특정 종류의 물리적 자극에 민감하게 반응하고, 자극이 일어나면 뇌에 신호를 전달하는 신경계 세포

수용기 신경전달물질이 부착되는 수신 뉴런의 수상돌기에 위치한다. 특정 종류의 신경전달물질과 결합될 수 있는 화학 분자

수정체 입력된 빛을 모으는 기능을 하는 조절이 가능한 투명한 기관

수초 축색을 둘러싸고 있는 지방물질로 절연제로 작용한다.

수화 손과 손가락의 신체 움직임으로 정보를 전달하는 언어

순행간섭 먼저 학습한 자료가 나중에 학습한 자료에 대한 기억을 방해할 때 일어나는 단기기억의 결함

슈퍼 감식자 다른 사람들보다 더 민감한 미각을 가진 사람

스트레스 반응 스트레스에 대해 싸울 것인지 아니면 회피할 것인지, 즉 스트레스인을 대면할 수 있도록 아니면 피할 수 있도록 준비시켜 주는 잘 조율된 일련의 생리적 변화

습관화 유기체로 하여금 어떤 반응을 일으키는 자극이 반복적으로 나타날 때 반응이 감소하는 것

승화 성 또는 공격적 본능이 사회적으로 용인되는 목표를 이루어내는 방향으로 전환된 방어기제

시각 고정 시선이 한 지점에서 유지되는 기간. 이때 대부분의 시각정보가 추출된다.

시각 시스템 빛의 형태로 신체에 도달하는 환경정보를 탐지하는 지각 시스템

시각피질 시각정보의 처리에 기여하는 뇌 뒤쪽에 있는 영역

시간 청지각 연구에서 소리가 양쪽 귀에 도달하는 시간의 차이에 기초한 소리 출처의 위치 단서

시교차 왼쪽 시각장의 정보는 우반구로 가고, 오른쪽 시각장의 정보는 좌반구로 가도록 시신경이 교차되는 뇌의 부위

시냅스 두 뉴런 사이의 매우 작은 공간. 뉴런들 사이의 화학적 신호가 이 미세한 틈을 이어주어야 한다.

시냅스 소포 뉴런 안에서 신경전달물질을 저장하고, 운반하고, 시냅스로 신경전달물질을 방출하는 작은 주머니들

시상 뇌 영역들 사이의 빠른 연결을 위해 '중계소'와 같은 기능을 하는 뇌 중앙에 위치하고 있는 구조

시상하부 먹기, 마시기, 성 반응 같은 행동과 신체 상태를 조정하는 변연계의 구조

신경계 신체 부위들 사이에서 신호를 전달하는 뉴런들의 집합체

신경성 식욕 부진증 살찌는 것이 두려워서 음식 섭취를 기아 수준까지 심하게 제한하는 섭식장애

신경성 폭식증 폭식과 먹은 것을 제거하는 패턴을 반복하는 섭식장애

신경전달물질 뉴런 사이의 시냅스를 가로질러 이동하는 화학물질. 뉴런의 기본 소통 방식

신동 매우 어린 나이에 비상한 전문가적 솜씨를 나타내는 아이들

신뢰도 측정의 한 가지 특성으로 만일 한 측정 시점과 다른 측정 시점에서 일관성 있는 결과를 나타낸다면 그 측정은 '신뢰도'를 가지고 있다.

신체 감각 시스템 신체 부위의 위치정보를 탐지하는 지각 시스템

신프로이트 성격이론 프로이트 연구의 제한점을 극복하고자 그로부터 영감을 받아 시도한 성격 이론

신흥 성인기 한 손에는 성인기의 심리적 독립과 권리를 갖고 있지만 다른 한 손에는 아직 가정생활의 의무와 책임을 갖지 못한 사람들이 경험하는, 10대 후반과 20대 초반의 삶의 기간(대략 18~25세)

실어증 다른 정신 능력은 정상이나 언어 능력에 손상이 있는 것

실제 자기 사람들이 지금 현재 가지고 있는 심리적 특성에 대한 지각

실패 회피 욕구 능력 부족으로 인해 실패할 수 있는 상황을 피하고 싶어 하는 욕구

실행 의도 그 목표를 이루기 위해 자신이 언제, 어디서, 무엇을 할 것인지를 구체적으로 명시하는 계획

실험 사건의 원인을 확인하기 위한 목적을 가지고 한 변인을 조작하는 연구설계

실험 설계 실험에서 하나 이상의 변인을 조작하기 위한 연구자의 계획

실험조건 연구설계에서 독립변인 수준이 각각 다른 환경

심리성적 단계 심리발달에 관한 프로이트 이론에서, 아동이 특정 신체 부위를 통해서 감각적 만족감을 얻는 것에 초점을 둔 아동발달의 기간

심리장애 개인의 일상생활을 방해하는 심리적 고통 또는 빈약한 심리 기능의 장기적 경험. 정신장애라고도 함

심리장애의 의학 모델 신체 질병을 생각하는 방식을 모방하여 심리장애의 원인과 그것의 치료법을 생각하기 위한 틀

심리치료자 심리치료를 제공하는 전문가

심리치료 정서 상태, 사고, 행동기술을 개선하려는 목표를 가지고 치료자가 내담자와 이야기를 나누는 상황에서 치료자와 내담자 간의 상호작용

심리학 사람·마음·뇌에 대한 과학적인 연구

심상 말, 숫자, 논리적 규칙이 아닌 사진과 공간의 관계를 포함하는 사고

심신문제 이원론적 이론 안에서 일어나는 개념문제(이원론 참고)로 과학의 법칙을 위반하지 않고 비물리적인 마음이 신체에 어떻게 영향을 줄 수 있는지 설명할 방법이 없음

심적 회계 사람들이 전체 비용과 순자산을 고려하는 것이 아니라 자신의 자산과 지출을 뚜렷하게 구별하는 인지 범주로 나누어 생각하는 사고과정

심적 회전 마음속 이미지를 세상에 존재하는 물체로 전환하는 심리적 과정

싸움 또는 도피 반응 유기체가 위협에 직면하면 싸움과 도피 중 하

나를 선택하는 행동 패턴

아교세포 뉴런을 제자리에 고정시키고 뇌에서 영양분의 공급과 노폐물 제거 같은 생물학적 기능을 가진 세포

아이오와 도박 과제 카드 도박 게임을 통해 정서가 의사결정에 미치는 영향을 연구한 과제

안면 피드백 가설 얼굴 근육을 생물적으로 움직이면 그에 수반되는 정서 상태를 즉각적으로 경험하게 될 것을 예측함

안정 애착 어머니(양육자)가 주는 편안함을 바탕으로 아동이 안정감을 갖고 세상을 탐색할 수 있도록 어머니(양육자)와 긍정적인 관계를 갖는 애착 유형

알코올 맥주, 와인, 스프리츠(음료) 등에 들어 있는 화합물인 진정제. 긴장을 완화해주고 억제행동을 감소시켜 주는 효과가 있음

암묵적 기억 이전 자료를 명시적으로 기억하지 못하지만 사전정보 또는 경험의 영향을 받는 과제 수행

암페타민 강한 각성 효과와 행복에 젖은 느낌을 주는 흥분제

압력 청지각 연구에서 한쪽에서 오는 음파에 의해 만들어지는 왼쪽 귀와 오른쪽 귀에서 압력의 차이에 기초한 소리 출처의 위치 단서

애매한 범주 경계가 모호한 범주

애착 두 사람, 특히 부모와 같은 양육자와 아이 간의 강한 정서적 유대

애착 유형 아동과 부모가 상호작용하고 정서적으로 서로 연결되는 특유의 방식

애착 이론 아동에게 평생 영향을 미치는 부모와 아동 간의 애착 관계 방식에 관한 볼비의 이론

약물 중독 몸에 해로운 화학물질을 강박적, 습관적, 조절 불가능한 상태로 복용하는 것

약물치료 심리장애 치료에서 정서 상태와 사고 능력을 개선하기 위해 뇌의 생화학적 부분을 바꾸는 약으로 치료하는 것

양극성 장애(조울증) 심각한 우울증으로부터 조증까지 극단적인 기분의 변화에 의해 특징지어지는 우울장애

양안단서 두 눈이 필요한 깊이단서

양육 세상 경험을 통한 능력의 발달. 양육에서 오는 능력은 물려받은 것이 아니라 학습한 것이다.

양적 연구방법 참여자의 반응을 숫자로 기술하는 과학적인 방법

양적자료 수치 자료, 즉 숫자를 사용하여 과학적으로 관찰한 것을 기록하는 자료

어림법 경험법칙. 즉 어떤 일을 수행하는 가장 쉬운 방법이 그 과정을 덜 복잡하게 한다는 것

어휘적 접근 사람들 사이의 모든 의미 있는 차이는 일상의 언어에서 자연스럽게 발생하는 단어에 의해 표상된다고 간주하며, 언어 속의 단어로부터 성격 특질을 확인하는 관점

억압 외상적 기억들이 무의식 속에 묻혀 계속 있게 둠으로써 자각으로부터 차단된 방어기제

억압적 기질 특히 낯선 상황 또는 낯선 사람들 앞에서 높은 수준의 고통과 두려움을 경험하는 경향성

언어 의미를 가지고 있는 소리와 언어적 단위(예 : 단어)가 결합하는 규칙을 가진 의사소통 시스템

에임스 방 크기 지각의 연구 도구. 시각 시스템이 가정하고 있는 것과 다르게 이 방은 정육면체가 아니기 때문에 크기와 관련된 지각 착시를 일으킨다.

엑스터시 불안을 감소시키고 친밀감과 행복감을 가져다주는 기분전환 약제로 체온을 상승시킨다. 흥분제이자 환각제에 해당됨

역할 주어진 상황 속에서 한 사람에게 기대되는 일련의 행동

역행간섭 나중에 학습한 자료가 먼저 학습한 자료에 대한 기억을 방해할 때 일어나는 단기기억의 결함

연구 설계 과학적인 연구 프로젝트를 수행하기 위한 계획

연수 생리 활동 비율을 조정하여 항상성에 기여하고, 뇌에서 신체의 나머지 부위에 이르는 소통 경로를 담당하는 뇌간의 구조

연합 영역 뇌의 다른 영역으로부터 감각정보를 받아서 저장되어 있는 기억 또는 지식과 연결하는 영역으로 의미 있는 심리 경험을 가능하게 하는 대뇌피질 영역

영상기억 시각 이미지에 대한 감각기억

예방 동기 책임과 의무에 초점을 둔 마음 안에서 일어나는 활동에 대한 정신적 접근

오기억 실제로 발생하지 않은 사건을 기억하는 경험

오피오이드 주로 고통을 경감하는 데 향정신적 효과가 있는 화학물질 행복감과 황홀감을 가져다줄 수도 있다.

옥시토신 분만 시에 필요한 근육을 활성화하며 수유를 위해 모유를 방출하도록 자극한다. 옥시토신은 뇌에서 신뢰감을 자극한다.

외상 후 스트레스장애(PTSD) 군대의 전투 경험 혹은 성폭행과 같이 이전에 맞닥뜨렸던 극단적으로 스트레스가 많은 경험에 대해 플래시백을 경험함으로써 특징지어지는 정신장애

외생변인 독립변인 이외의 요인으로서 실험조건들 간에 차이를 만들 수 있는 요인

외측 슬상핵 시각 신호를 받아서 이것을 시각피질로 전송하기 전에 '계산'을 하는 세포

요인분석 대규모 세트의 상관관계에서 패턴을 규명해내는 통계 기법

우울증 슬픔, 절망, 피로감, 활동에서의 흥미 상실의 느낌을 포함하며, 섭식과 수면의 전형적 패턴에서 변화를 보이고 그 증상이 몇 주 동안 지속되는 우울장애군

운동뉴런 뇌가 신체 움직임을 통제할 수 있도록 척수로부터 나온 신호를 신체 근육에 전달하는 신경세포

운동피질 신체의 근육 움직임을 통제하는 신호를 내보내는 대뇌 피질 영역

원초아 프로이트의 정신분석 이론에서, 기본적인 신체적 욕구를 충족하도록 우리를 동기화하는 성격 구조

원추체 망막의 중심부에 집중되어 있으며 시각적 세부사항에 대한 정보와 색 정보를 제공하는 광수용기

원형 구조 범주의 구성은 중심적이고 가장 전형적인(원형) 항목의 유사성을 기준으로 삼는 범주 구조

원형 범주의 가장 전형적이고 중심이 되는 구성원

웩슬러 성인용 지능검사(WAIS) 언어 이해, 지각 추론, 작업기억, 처리속도를 평가하는 가장 보편적으로 사용되고 있는 지능검사

위약 효과 약물치료에서, 생물학적으로 활성화된 약물의 속성에 의해 발생하지 않으나, 약물이 자신을 도울 것이라는 환자의 기대에 의해 생기는 의료 혜택

유모세포 음파의 변환을 담당하는 내이에 있는 청각 수용기 세포

음고 '낮은' 또는 '높은'이라는 단어를 사용하여 기술하는 소리 경험(악보 또는 목소리)

음색 음파의 복잡성의 변화에 기초한 소리의 독특한 '특징'

음파 귀에 도달하는 압력의 변화로 청각 시스템에 의해 신호로 변환된다.

음향기억 소리에 대한 감각기억

응고 사라질 수 있는 불안정한 상태에서 비교적 영구적으로 사용가능한 고정된 상태로 장기기억에서 정보가 변환되는 과정

응종 솔직한 요구에 대한 수락

의미기억 사실정보에 대한 기억

의미망 모델 장기기억이 수많은 상호 연결된 개별 개념들의 집합체로 이루어져 있다고 가정하는 개념 모델

의식 나의 지각 상태이며 내 주변을 둘러싼 개인적 경험

의식의 수준 사람들이 마음의 내용을 알아차리는, 그리고 알아차리게 될 수 있는 정도에서의 다양함

의식 프로이트의 의식 수준에 대한 분석에서 어떠한 주어진 순간에 의식하고 있는 정신적 내용을 포함하는 마음의 영역

이상적 자기 사람들이 미래에 최선으로 가지고 싶어 하는 심리적 특성에 대한 지각

이원론 마음(비물리적 정신의 속성을 지닌 의식)과 신체가 2개의 분리된 독립체라는 명제

이해의 욕구 왜 사건이 일어났는지를 이해하고 앞으로 무슨 일이 발생할지를 예측하려는 사회적 욕구

인본주의 심리학 일상의 개인적 경험(사고, 느낌, 희망, 두려움, 자기 개념)이 심리학자들의 주된 연구 목표라고 주장하는 지적 움직임

인본주의 이론 사람들이 자신에 대한 사고와 감정, 그리고 대인 간 관계가 이러한 감정을 형성하는 방식에 초점을 맞추는 성격에 대한 접근

인본주의 치료 치료자가 내담자에게 지지적인 인간관계를 제공하는 심리치료이다. 치료자와 내담자 간 관계의 질은 내담자의 성장과 변화에 핵심이다.

인지발달 특히 인생의 초기 동안에 지적인 능력에서의 성장

인지 부조화 사람들이 자신의 생각과 행동이 상당히 일치하지 않는 것을 인지하였을 때 발생하는 부정적 심리 상태

인지적 통제 바라지 않거나 부적절한 정서와 충동적 행동을 억제하는 능력

인지치료 내담자가 생각하는 방식을 변화시키고 부정적이고 자멸적인 사고를 감소시킴으로써 정신 건강을 개선하도록 노력하는 심리치료

인지 혁명 마음을 정보 처리 시스템으로 보는 관점으로 심리과학에 새로운 형식의 이론과 연구를 소개했다.

인출 장기기억에 저장되어 있는 정보에의 접근

일반 적응 증후군(GAS) 스트레스인에 대응하는 일련의 생리적 반응으로 경고, 저항, 고갈 단계로 되어 있다.

일반지능(g) 다양한 지적 검사 유형에서 일관된 수행 능력을 보이는 등의 전체적 특성을 나타내는 정신 능력을 측정함

일반화 반응을 획득하는 동안 만나는 자극이 조금씩 달라져도 자극에 의해 일어나는 반응을 학습하는 과정

일주기 체내 생리과정이 약 24시간을 주기로 변화가 일어남

일화기억 당신이 경험한 사건에 대한 기억

임상 사례연구 심리치료를 받고 있는 사람에 대한 분석. 일반적으로 사례의 기록된 요약이다.

임상심리학자 심리과학의 원리뿐만 아니라 심리장애를 진단하는 데 원리를 적용하고 치료를 제공하는 것을 훈련받은 전문가

입체시 두 눈이 약 2~3인치 떨어져 있는 것 때문에 두 눈에 맺힌 이미지의 차이로 일어나는 3차원 공간의 지각. 양안 깊이단서

자기 로저스와 같은 인본주의 이론에서 성격 특성에 관한 일련의 조직화된 자기지각이며, 내가 누구인지에 대한 사람들의 개념

자기보고 참여자들에게 자신들에 대한 정보를 제공하도록 부탁하는 연구 기법

자기실현 자기 내면의 가능성을 깨닫게 하는 동기

자기재인 거울검사 자기 자신을 인식하는 동물의 능력을 평가는 방법. 연구자들은 거울 속에 보이는 자기 몸에 있는 표시를 인식하는 것을 통해서 알아보았다.

자기조절 자신의 행동과 정서를 통제하는 사람들의 노력

자기참조 인지 사람들이 세계와 상호작용하고 그들의 경험을 반영할 때 스스로에 대해 갖는 사고

자기통제 개인이 다르게 행동하려는 충동을 느낄 때조차 장기 목표 및 가치와 일치하는 방식으로 행동하는 능력

자기표상 자기 자신의 특성과 자기 자신이 다른 사람과 다른 방식에 대한 신념

자기효능감 수행을 하기 위한 자기 자신의 능력에 대한 판단

자동적 사고 순식간에 아무 생각 없이 마음속에 떠오르는 생각

자료 과학적인 연구에서 획득된 모든 정보

자발적 회복 소거 후 짧은 기간 후에 소거된 CR이 다시 나타나는 것

자아실현 자기 내면의 잠재 능력을 실현시키고자 하는 동기

자아 프로이트의 정신분석 이론에서 원초아의 요구와 현실세계에서의 기회와 제약 사이의 균형을 이루게 도와주는 정신 체계

자아 향상의 욕구 한 인간으로 성장하고 심리적으로 의미 있고 다른 사람에게 잠재력으로 유익을 주는 삶을 영위하여 자신의 진정한 잠재 능력을 실현하려는 사회적 욕구

자연 심리학에서 심리적 특성의 생물학적 기원. 자연에서 오는 특성은 물려받은 것이다.

자유연상법 심리학자가 사람들로 하여금 마음속에 떠오르는 생각을 자유롭게 무엇이나 말하도록 격려하는 방법으로, 프로이트에 의해 고안되었으며 성격평가와 치료 모두에서 쓰임

자유연상법 심리학자들은 사람들이 그들의 생각을 자유롭게 떠올리고 생각나는 것은 무엇이든 말하도록 격려하는, 프로이트에 의해 고안된 성격평가 방법이자 치료 방법

자율신경계 호흡처럼 통제가 불가능한 신체 기능을 제어하는 소통을 제공하고 있는 말초신경계의 일부

자의식 자기 자신에 대한 사고과정. 즉 자기 자신의 경험과 타인에게 어떻게 보이는지에 대한 생각

자존감 개인의 전반적인 자기가치감

자폐증 다른 사람과의 의사소통과 사회적 상호작용이 손상된 것을 중심 특징으로 다양한 증상을 나타내는 자폐 스펙트럼 장애

작업기억 정보를 저장하고 조작하는 상호 연결된 기억 시스템으로, 음운고리, 시공간 메모장, 중앙집행부로 구성되어 있다.

잠복기 프로이트의 심리발달 이론에서, 성적욕망이 무의식 속으로 억압되는 6세에서 사춘기가 시작되기 전까지의 발달 단계

장기강화 뇌세포들 간의 지속적인 소통 효율성의 증가

장기기억 장기간 동안 지식을 저장하는 심적 체계

장기 목표 먼 미래에 이루고자 하는 성취를 구체화한 목표

전경−배경 지각 장면을 주의의 초점이 되는 대상인 '전경'과 배경 맥락으로 구분하려는 시각 시스템의 경향성

전기충격요법(ECT) 심한 우울증을 치료하기 위해 뇌에 전류를 가하여 약한 발작을 유발하는 생물학적 치료

전두엽 자기반성(예 : 자신에 대해 생각하는 것)처럼 인간의 특별한 정신적 능력을 가능하게 해주는 인간의 뇌에서 특히 넓은 대뇌피질 부위

전두엽 절제술 외과의가 전두피질에 있는 뇌 조직을 훼손함으로써 정신장애를 치료하는 유행이 지나간 수술 절차

전 생애 발달심리학 생의 시작부터 노년에 이르기까지 인간의 심리적 발달을 탐색하는 학문 분야

전의식 프로이트의 의식 수준에 대한 분석에서 쉽게 의식적 자각을 가져올 수 있는 내용을 포함하는 마음의 영역

전이 마치 치료자를 부모와 같은 환자의 중요한 과거 인물인 것처럼 여겨, 치료자에게 환자가 무심코 정서적으로 반응하는 정신분석과정

전전두피질 이마 바로 뒤에 있는 뇌 영역. 사실에 초점을 맞추고, 주의를 집중하고, 정보를 조작하고, 사회적 규칙에 맞추어 행동을 조정하는 뇌 영역

전조작기 아동발달에 대한 피아제 이론에서 아동이 단어, 숫자, 생각하기와 같은 정신적 상징들을 사용할 수 있으나 아직 여전히 논리적 조작을 수행할 수 없는 단계(2~7세)

전통적 범주 명확한 규칙으로 항목이 결정되는 특징으로 인해 경계가 모호하지 않은 범주

절차기억 행동을 수행하는 방법에 대한 기억

절충적 치료(통합 심리치료) 치료자는 일반적 또는 개별 내담자를 치료하기 위한 최적의 접근을 고안하기 위해 다른 학파의 치료 방법들을 결합함으로써 이용 가능한 모든 방법을 동원한 치료

접근 동기 음식 획득부터 높은 사회적 지위 획득까지 유기체의 성장과 향상에 관여하는 넓은 범주의 유인가

정보로서 기분 가설 감정 상태가 사고과정에 영향을 미친다는 가설. 기분은 마치 정보의 원천인 것처럼 사고에 직접적으로 정보를 제공한다.

정보 처리 수준 제시된 정보의 피상적인 측면보다 의미에 대해 생각하는 정도

정보 처리 시스템 상징을 획득하고 저장하고 조작하여 정보를 변환시키는 장치

정서 감정, 사고, 신체적 각성이 결합된 심리상태로 종종 얼굴 표정 속에 구별된다.

정서적 판단 옳고 그름에 대한 원천적 질문에 대한 결정

정서 평가 이론 사람들이 자신과 자신의 주변세계의 관계를 지속적으로 모니터링하는 심리적 관계 속에서 일어나는 정서를 평가하는 이론으로, 이 평가는 사람들이 느끼는 정서를 평가한다.

정신과 의사 장애의 생물학적 토대와 장애를 방지하기 위한 약물 사용을 특별히 강조하는, 정신장애에 대한 진단과 치료를 위해 훈련받은 의사

정신물리학 물리적 자극과 심리적 반응 사이의 관계를 연구하는 심리학의 한 분야

정신분석 이론 프로이트의 성격 이론을 말하며, 정신역동 이론이라고도 한다.

정신분석 프로이트에 의해 본래 개발된 심리치료 전략으로, 통찰

치료의 한 유형

정신생리학 생리적 반응과 심리적 경험 간의 관계에 대한 과학적 정보를 제공하는 연구 분야

정신역동과정 프로이트의 이론에서, 한 성격 구조로부터 다른 성격 구조로 에너지가 흘러감으로써 발생하거나 또는 욕망의 대상으로 향하는 정신적 에너지에서의 변화

정신연령 검사를 받은 아동의 점수와 동일 검사를 받은 같은 연령 아동의 반응 점수에 근거하여 아동의 지능을 측정하는 것. 아동의 정신연령은 해당 아동뿐만 아니라 검사를 받은 다른 아동들의 평균 연령과 일치한다.

정신장애 진단 및 통계편람(DSM) 정신장애를 포괄적으로 목록을 작성하고 분류하며 진단 기준을 명시한 참고도서

정적 강화 행동의 미래 가능성을 높여주는 행동이 뒤따르게 하는 자극

정적상관 (두 변인 간의 통계적 관계에서) 한 변인이 증가하면 다른 변인도 증가하는 상관

정체성 사회에서 그들의 역할, 강점과 약점, 그들의 역사, 미래 가능성과 같이 사람들의 자신에 대한 전반적인 이해

정체성 유실 마르샤에 따르면, 정체성 유실은 삶에서 그들의 역할과 미래의 유망한 직업을 알지만, 이러한 것들이 다른 사람에 의해 그들에게 부과되었다고 느끼는 사람들의 정체성 지위이다.

정체성 유예 마르샤에 따르면, 정체성 유예는 삶의 많은 선택들을 생각하나 어느 일련의 목표에 헌신할 수 없는 사람들의 정체성 지위이다.

정체성 지위 마르샤의 이론에서, 개인의 정체성 확립이라는 도전에 대처하는 네 가지 다른 접근이다.

정체성 혼란 마르샤에 따르면, 정체성 혼란은 인생에서 그들의 목표를 어디에 두어야 할지 확고한 감을 갖지 못하고 방향을 잃었다고 느끼는 사람들의 정체성 지위이다.

정체성 획득 마르샤에 따르면, 정체성 획득은 삶의 선택에 대해서 깊이 생각하고 그들의 가치에 기초해서 진로에 헌신한 사람들에 의해 획득된 정체성 지위이다.

제임스-랑게 정서이론 정서 반응을 유발하는 사건에 반응하여 신체 각성이 발생하면 뇌와 신체가 어떻게 정서를 경험하는지를 설명하는 이론

조건 반응(CR) 고전적 조건형성을 통한 학습의 결과로 나타나는 조건 자극에 대한 반응

조건 자극(CS) 이전에는 중립적이었으나 유기체가 다른 자극과 연합되는 것을 학습한 후에 유기체의 반응을 이끌어내는 사건

조건화된 미각 혐오(가르시아 효과) 음식을 먹고 난 후 일어나는 음식의 맛과 질병 사이의 관계를 빠르게 학습하는 것

조사법 선택된 하위집단으로부터 정보를 얻음으로써 연구자가 큰 집단의 사람들에 대한 기술적 정보를 획득하는 한 가지 연구

설계

조성 바람직한 행동이 성공적으로 강화되는 점진적 과정을 통한 복잡한 행동의 학습이라는 조작적 조건형성 원리

조작적 정의 한 변인을 측정하기 위해 사용될 수 있는 절차를 구체적으로 서술한 것

조작적 조건형성 행동의 미래 가능성이 행동의 결과에 의해 수정되는 학습 형태

조작 피아제 이론에서 대상 혹은 대상들의 집합을 물리적으로 혹은 개념적으로 수정하는 가역할 수 있는 행동

조절 적합성 동기 성향과 행동 전략의 연결

조절 피아제 이론에서, 환경으로부터의 피드백에 반응할 때 도식이 수정되는 인지과정

조증 비정상적으로 높은 에너지, 각성, 무모한 행동이 수반될 수 있는 긍정적 정서를 종종 보이는 기간

종속변인 실험설계에서 독립변인의 조작에 의한 잠재적으로 영향을 받는 변인

주관적 가치 결과에 대한 개인의 위치보다는 개인이 생각하는 가치의 정도

주관적 스트레스 스트레스를 강하게 주는 사건에 대해 개인이 경험하는 주관적 관점에서의 심리적 부담

주요우울장애 적어도 우울한 기분이 2주 이상 지속되며, 일상적 활동에 대한 흥미 상실, 체중과 수면에서의 변화, 피로, 무가치감, 절망감, 집중하기가 어렵고 자살에 대해 생각하는 등 앞에 열거한 증상 가운데 반드시 모든 증상이 아니라 몇 가지 증상을 경험하게 될 때 발생하는 장애

주의노력 환경에 있는 자극에 주의를 초점화하는 것. 집중

주의력결핍 과잉행동장애(ADHD) 높은 주의산만성, 낮은 집중력, 빠르고 빈번한 움직임과 말 등과 같은 충동행동이 특징임

주의 생각과 외부자극을 의식적 자각으로 불러오는 과정

준비성 자극과 반응 간의 관계 학습에 대한 용이성. 진화과정에서 종이 경험하는 사건으로 인하여 어떤 자극-반응 관계는 '준비'된다. 즉 학습하기 쉬워진다.

중뇌 위협 사건에 대한 방어 반응을 만들어내는 등 다양한 방식으로 생존에 기여하는 뇌간의 구조

중독 마약을 하거나 어떤 활동에 통제할 수 없을 정도로 반복적으로 몰두하는 심리장애

중심와 원추체가 밀집되어 있는 망막의 중심 영역

중첩 시각장에 있는 한 대상이 다른 대상의 일부를 가리는 것에 기초한 단안 깊이단서

중추신경계 신체의 중심에서 발견되는 신경계 부위. 두 주요 부위는 뇌와 척수이다.

지각 뇌의 시스템이 감각 신호를 처리하고 감각 입력을 자각할

때 일어나는 생리적 과정

지각 시스템 감각정보와 지각정보를 전달하는 신체의 상호 연결된 부위들. 인간은 6개의 지각 시스템을 가지고 있다.

지능 지식을 획득하고, 문제를 해결하고, 획득한 지식을 새롭고 가치 있는 것으로 만들어내는 능력

지능지수(IQ) 연령을 고려하여 전체 지능을 측정함

지식 표상 장기기억에 지식이 저장되고 이러한 지식의 요소들이 상호 연결되어 있는 형태

직접관찰 연구자들이 연구 참여자들의 행동을 직접 관찰하고 기록하는 연구의 한 방법으로 종종 특수한 행동을 카운트한다.

직접적 형제 효과 형제 간 일대일 상호작용에 관련된 발달적 영향

진정제 중추신경계의 각성 상태를 감소시키는 향정신성 약물로 자극에 대한 민감성과 불안감을 낮추는 효과가 있음

질문지법 참여자들에게 자신의 생각을 가장 잘 나타내는 답을 진술하거나 선택하도록 하는 가장 일반적인 자기보고 방법

질적 연구방법 연구자가 숫자가 아니라 언어를 사용하여 관찰하고 기록하고 요약하는 방법

질적자료 숫자로 전환되지 않고 언어로 보고되는 과학적 정보의 원천들

집단 간 접촉 상이한 다양한 집단이 함께 만나서 시간을 함께 하여 편견을 감소시키는 기술

집단 무의식 모든 인류가 진화 덕에 상속받은 심상, 상징, 사상들의 보고라고 하는 융의 개념

집단 사고 집단 구성원들이 불일치를 피하고 같은 결론에 도달하는 데 동기부여가 되어 그들이 함께 내린 결론이 본래 도달하고자 하는 결론인지를 적절히 평가할 수 없는 의사결정 현상

집단 서로 알고 의사소통을 하며 특별한 역할(예 : 집단 지도자)이 주어지면 공동의 목표를 위해 함께 일을 하는 사람들의 무리

집단 역동 집단 구성원들 간의 의사소통, 갈등, 압력을 포함한 심리적 과정

집단주의 문화 차이에 대한 연구에서 개인이 가족이나 이웃 공동체와 같은 더 큰 집단에 소속되어 있는 것을 강조하는 문화 신념과 가치 양식

집단치료 집단치료자가 둘 또는 그 이상의 내담자들을 함께 만나는 모든 유형의 심리치료

집단치료 치료자가 특히 내담자의 사회적 고립을 감소시킴으로써 내담자의 심리적 고통의 한 원인이 되는 대인 간 문제를 확인하고 변화시키려는 노력을 하는 치료 접근

차단 다른 환경적 자극이 US의 발생을 예견하는 CS와 US 사이의 연합에 대한 학습을 실패하는 것

차별 집단 소속에 기초하여 구성원에 대한 불공정한 대우

차별화된 자존감 그들 삶의 다른 측면들을 생각할 때 사람들이 자

신에 대해 가질지 모르는 다양한 느낌

책임감 분산 다른 사람이 도울 것으로 생각하기 때문에 도움이 필요한 사람을 도와야 한다는 개인적 의무감을 적게 가짐

처벌 조작적 조건에서 주어진 행동의 미래 가능성을 낮춰주는 자극

척수 뇌간에서 척추 아래까지 뻗어 있는 뉴런 다발. 뇌와 신체 사이의 두 가지 소통 방식에 관여하고 있다.

척수신경 척수에서부터 신체의 목, 몸통, 팔다리에 이르는 말초신경계의 일부

청각 시스템 소리 파장으로 이루어진 환경정보를 탐지하는 지각 시스템

청각피질 소리에 대한 정보 처리와 사실과 경험을 기억하는 데 핵심이 되는 측두엽의 한 영역

청소년기 대략 10대에 해당하는, 아동기에서 성인기 사이의 기간

청신경 내이에서 뇌로 가는 청각정보를 전달하는 신경세포 다발

청킹 상이한 정보를 '청크'로 묶음으로써 단기기억에서 유지되는 정보의 양을 증가시키는 전략

체계적 둔감화 내담자를 서서히 점진적인 방법으로 공포스러운 대상에 노출시킴으로써 공포를 감소시키는 노출치료

체계적 정보 처리과정 면밀하고 세세한 단계별 사고 과정

체신경계 신체 움직임을 통제할 수 있게 해주는 뇌-말초 소통을 제공하는 말초신경 시스템의 일부

체화된 인지 사건의 지각 같은 비교적 단순한 정신 활동에만 관여한다고 여겨졌던 마음의 부위가 복잡한 사고와 기억에도 기여하고 있다고 보는 지식 표상의 개념 모델

초자아 프로이트의 정신분석 이론에서 사회적으로 도덕적, 윤리적 규칙을 표상하는 성격 구조

촉각 시스템 접촉을 통해 대상에 대한 정보를 획득하는 지각 시스템

총체적 자존감 개인의 전반적인 자기가치감

최면 유도 보통 긴장 완화와 주의집중을 결합하는 과정을 통해 피험자를 최면의 상태로 유도하는 과정

최면 최면술사의 지시에 따라 평소와 다르게 반응하는 의식의 변성 상태

최소식별차이(JND) 빛 또는 소리 같은 물리적 자극에서 사람이 탐지할 수 있는 최소 변화

최적화 성공적인 노화의 SOC 모델에서 설정된 목표를 성취하기 위한 계획을 고안하는 과정

추리 사실, 신념, 경험에 근거하여 결론을 내리는 과정으로, 처음에 인지했던 정보를 능가하는 결론에 이를 수 있도록 사실, 신념, 경험, 정보 등을 결합하는 것

축색 다른 뉴런에 정보를 전달하는 뉴런의 얇고 길게 뻗어 있는 부위

출입문 제어 통증 이론 척수에 출입문처럼 작동하는 생물학적 기제가 있다는 이론. 문이 닫히면 통증 신호가 뇌에 도달하지 못하기 때문에 통증 수용기가 활성화되어도 통증을 경험하지 못한다.

췌장 혈류에 있는 당 수준을 조절하는 인슐린을 포함하여 호르몬을 분비하는 장기

측두엽 듣기와 기억을 포함하여 심리적 기능에 중요한 대뇌피질의 영역

측정 대상이나 현상에 숫자를 부여하는 절차

친밀한 관계 빈번히 접촉하며 상대방에 대해 강한 연대감을 느끼는 일대일의 상호관계

친사회적 행동 도움이 필요한 사람들을 위로하는 것과 같이 다른 사람들에게 직접적으로 유익한 행동

카페인 커피, 차, 에너지 드링크, 탄산 음료, 초콜릿 등에 들어 있는 각성 효과를 높여주는 화합물

캐논-바드 정서 이론 정서를 야기하는 사건은 신체적 반응과 정서적 반응을 동시에 유발하지 신체적 반응이 정서적 반응을 유발하는 것은 아니라는 정서 상태 유발에 대한 이론

커넥톰 유기체의 전체 신경계와 뇌의 완벽한 신경 연결망

코카인 각성 효과와 행복에 젖은 느낌을 가져다주는 흥분제로 중독성도 강함

쾌락 허기 좋은 음식 먹는 것을 기대하는 즐거움에서 유발되는 배고픔

타당도 측정의 한 가지 특성으로 만일 그것이 측정하고자 하는 것을 측정한다면 그 측정은 타당도를 가지고 있다.

탄력성 부정적 경험을 한 뒤에 심리적 기능을 유지하거나 회복하는 능력

태도 어떤 사람, 대상, 아이디어에 대한 생각과 감정의 복합

테스토스테론 남성과 여성 모두에게 성욕을 불러일으키는 역할을 하는 호르몬

토큰경제 내담자가 바람직한 행동을 다시 하도록 토큰을 강화물로 사용함으로써 바람직한 행동에 보상하는 행동치료 기법

통각 수용기 칼에 베거나 불에 데는 것처럼 위험 자극에 의해 활성화되는 특별한 통증 수용기

통계 여러 숫자들을 요약 위한 수학적 절차

통계적 언어 학습 사람들이 자주 듣는, 즉 통계적으로 빈번하게 듣는 소리와 단어의 규칙을 학습함으로써 언어를 습득하게 된다는 이론

통계적으로 유의미하다 관찰된 결과가 우연히 일어날 수 있다고 기대되는 것과 다를 때 그 실험 결과를 통계적으로 유의미하다고 한다.

통사론 구가 문법적으로 정확한 문장을 만들어내는지를 결정하는 규칙의 집합

통제의 욕구 자신의 삶의 활동을 선택하고 사건에 영향을 미치게 되길 바라는 욕구

통제집단 실험처치를 받지 않는 한 가지 실험조건

통찰치료 내담자가 자신의 심리증상의 근원을 확인하고 이해하도록 치료자가 도와주는 심리치료의 한 유형

투사검사 검사문항이 모호하고 심리학자들은 응답자가 모호성을 어떻게 해석하는지에 관심을 가진, 응답자의 성격요소들이 검사에 '투사'된 성격 평가 도구

특정공포증 비행, 높이, 뱀, 거미, 혹은 닫힌 공간과 같은 특정 대상이나 혹은 상황에 대한 두려움

특질 성격심리학에서 한 개인의 행동과 정서의 전형적인 방식

특질 이론 사람들의 성격 특질을 확인하고, 묘사하고, 측정하려고 노력하는 이론적 접근

틀 효과 타인의 결과에 대한 설명이나 '틀에 박힌' 방식이 사람들의 결정에 영향을 주는 결정하기 현상

파이 현상 정지된 대상이 차례로 반짝이면 하나의 대상이 앞뒤로 움직이는 것으로 지각되는 움직임 착시

페로몬 한 유기체에 의해 분비되고 동일 종의 다른 유기체에 의해 탐지되어 독특한 반응을 유발하는 화학 신호

편견 한 집단에 속한 개인을 폄하하는 생각이나 정서를 포함하며 집단에 대해 가지는 태도에 기초하여 그 집단 구성원인 개인에게 가지는 부정적 태도

편도체 위협자극의 정보 처리에 기여하는 변연계의 구조

평가 현재나 앞으로 일어날 일에 대해 개인적으로 부여하는 의미의 평가

평균 한 분포에서의 평균점수

포만감 충분히 음식을 먹었거나 배가 부름을 느끼는 상태

폭식장애 계속적으로 폭식하는 패턴으로 먹은 것은 제거하지 않음

표본 연구자가 접촉하는 선택된 하위집단의 사람들. 연구자는 표본으로부터 얻은 정보를 사용하여 전체 모집단에 대한 결론을 추출한다.

표준편차 평균에서 떨어져 있거나 이탈한 정도를 기술하는 통계치

플로 장시간 어떤 한 활동에 깊게 주의집중하고 있으며 활동에 몰두하는 것을 느끼는 심리적 상태

플린 효과 세대에 걸쳐 비교적 빠르게 지능검사 점수가 상승하는 것

피부 수용기 피부 아래에 있으면서 물리적 자극을 신경 충격으로 변환시키는 수용기 세포

피부전도반응(SCR) 피부에 나타나는 전기저항의 정도를 말하며 심리적 불안 정도를 측정하기 위해 땀샘의 활동을 사용한다.

학습 경험으로부터 생기는 행동 능력 또는 감정 반응 등이 장기간에 걸쳐 진행되는 변화

학습된 무기력 동물이 자신들의 행동이 불쾌한 결과를 통제할 수

없다는 것을 학습할 때 일어나는 동기의 급격한 감소

항경련제 간질발작을 치료하기 위해 전형적으로 사용된 약물이지만, 양극성 증상을 감소시키기 위해서도 사용된다.

항문기 프로이트의 심리발달 이론에서, 배설물을 통제하고 제거하는 데서 비롯되는 긴장 상태를 풀어줌으로써 만족감을 경험하는 18개월~3.5세까지의 발달 단계

항불안제 어느 정도 불안감을 감소시키는 신경전달물질에 영향을 미침으로써 뇌 기능을 대체하도록 제약회사가 고안한 약물

항상성 과정 유기체 안에서 안정된 생물학적 상태를 유지하려는 과정

항상성 허기 신체가 필요로 하는 에너지 때문에 먹고자 하는 동기

해마 영구적인 기억의 형성과 공간기억(지리학적 배치에 대한 기억)에 필요한 변연계의 구조

행동 억제 체계 처벌의 신호에 반응하여 활성화되는 신경 체계로 각성 수준과 긴장감을 증대함

행동 접근 체계 미래에 있을 보상을 알려주는 자극에 의해 활성화되는 신경 체계로 유기체를 활성화하여 보상 자극(예 : 음식)을 찾도록 촉진한다.

행동주의 환경이 행동을 조성하는 방법을 연구함으로써 관찰 가능한 행동의 예측과 통제에만 관심이 있는 관점

행동치료 치료자가 보다 적응적인 행동 방식을 가르침으로써 내담자의 행동 패턴을 직접적으로 바꾸는 것을 목표로 하는, 학습에 관한 연구에 근거한 치료 전략

향상 동기 마음이 개인적으로 획득하기 원하는 성취에 초점을 두었을 때 일어나는 정의적 활동

향정신성 물질 혈뇌 장벽을 통과하기에 충분히 작은 지각, 사고, 정서에 관한 심리과정에 영향을 미치는 화학물질

향정신성 약물 의식 경험에 변화를 가져옴으로써 신경계에 영향을 주는 일종의 화학물질

혈뇌 장벽 혈류 안에 있는 대부분의 물질이 뇌 조직에 진입하는 것을 방지하는 신체 순환 체계 속의 생리적 기제 일습

형식적 조작기 아동발달에 대한 피아제의 이론에서 아동들이 실제적 대상과 가설적 대상 모두에게 추상적 규칙을 사용하여 정신적 조작을 실행할 수 있는 단계(11세부터 성인기까지)

형태소 의미를 전달하는 언어의 가장 작은 단위. 단어는 하나 또는 그 이상의 형태소를 가짐

호르몬 내분비계가 소통에 사용하는 화학물질. 혈류를 따라 이동하고 신체 장기에 메시지를 전달한다.

혼란 후 재구성하기 기법 목표되는 응종에 대해 산만하게 되어 그 결과 사람들이 응종을 하도록 요청하는 내용에 대해 부정적인 생각을 하지 못하게 하는 응종 전략

홍채 동공을 확장 또는 수축시켜서 다양한 빛 수준에 반응하도록 하는 동공을 둘러싸고 있는 다양한 색을 띠고 있는 구조

확증편향 초기 결론과 일치하는 정보를 찾고자 하는 경향성(초기 결론과 반대되는 정보는 무시함)

환각제 사람들로 하여금 환각과 현실과의 접촉을 끊어버리는 것과 같은 현상을 경험하게 하는 등 의식을 극심하게 변형시키는 물질

환상지 증후군 절단한 팔이 여전히 신체에 붙어 있다고 느끼는 주관적인 의식

활동전위 신경 충격(또는 스파이크). 전류가 축색을 따라 내려가는 전기화학적 사건

활성화−종합 이론 꿈이 생산되는 과정에 관한 이론으로, 무작위적으로 발생하는 뇌의 신호에 대한 의미를 찾고자 할 때 꿈이 생산된다는 것이다.

회피 동기 자신을 신체적이고 사회적인 위협이나 위험으로부터 보호하려는 추동

회피 애착 아동이 부모를 안전과 편안함의 원천으로 기대하지 않는, 상대적으로 무관심한 방식으로 부모에게 반응하는 애착 유형

획득 학습심리학에서 새로운 반응을 수행하기 위한 능력을 얻는 것

효과의 법칙 주어진 상황에서 만족스러운 결과를 이끌어내는 행동을 유기체가 수행할 때 나타내는 학습 원리로, 같은 상황이 발생했을 때 그 행동을 더 많이 수행하게 될 것이다.

후각 시스템 공기 중의 화학물질을 탐지하고 냄새 감각을 제공하는 지각 시스템

후각피질 냄새를 확인하는 데 필요한 생물학적 과정이 끝나는 신경 시스템

후구 후각 수용기 세포에서 오는 신호를 받고 냄새를 확인하는 정보 처리과정이 시작되는 뇌 앞쪽에 있는 세포 집합체

후두엽 시각정보와 시각적 심상의 처리와 관련된 대뇌피질 영역. 보통 시각피질이라고 불린다.

흉선 면역 체계의 발달과 기능에 영향을 미치는 호르몬을 만드는 내분비선

흥분제 신경 계통의 활성화를 자극하여 민첩성과 에너지 수준을 향상시켜 주는 향정신성 약물

희생양 만들기 자신이 처한 상황에 좌절감을 가질 때 그 나쁜 상황을 다른 집단의 탓으로 비난하는 것

참고문헌

Abbott, E. (2000). *A history of celibacy: From Athena to Elizabeth I, Leonardo da Vinci, Florence Nightingale, Gandhi, & Cher.* New York, NY: Scribner.

ABC News. (2005, August 6). One-legged cyclist transforms African nation. Retrieved from http://abcnews.go.com/WNT/International/story?id=1005135

ABC News (Producer). (2009, July 16). J. K. Rowling: A year in the life, part 2: Author says period of depression inspired "Dementors" in "Harry Potter." Retrieved from http://abcnews.go.com/video/playerIndex?id=8105333

Abi-Dargham, A. (2004). Do we still believe in the dopamine hypothesis? New data bring new evidence. *The International Journal of Neuropsychopharmacology, 7*(1), S1–S5. doi:10.1017/S1461145704004110

Ablon, J. S., & Jones, E. E. (2002). Validity of controlled clinical trials of psychotherapy: Findings from the NIMH Treatment of Depression Collaborative Research Program. *American Journal of Psychiatry, 159,* 775–783. doi:10.1176/appi.ajp.159.5.775

Abramowitz, J. S., Taylor, S., & McKay, D. (2009). Obsessive-compulsive disorder. *The Lancet, 374,* 491–499. doi:10.1016/S0140-6736(09)60240-3

Acarturk, C., Cuijpers, P., van Straten, A., & de Graaf, R. (2009). Psychological treatment of social anxiety disorder: A meta-analysis. *Psychological Medicine, 39,* 241–254. doi:10.1017/S0033291708003590

Acevedo, B. P., & Aron, A. (2009). Does a long-term relationship kill romantic love? *Review of General Psychology, 13,* 59–65. doi:10.1037/a0014226

Adler, A. (1927). *Understanding human nature.* New York, NY: Garden City Publishing.

Adolph, K. E., Cole, W. G., Komati, M., Garciaguirre, J. S., Badaly, D., Lingeman, J. M., . . . & Sotsky, R. B. (2012). How do you learn to walk? Thousands of steps and dozens of falls per day. *Psychological Science, 23,* 1387–1394. doi:10.1177/0956797612446346

Adolph, K. E., Karasik, L. B., & Tamis-LeMonda, C. S. (2010). Using social information to guide action: Infants' locomotion over slippery slopes. *Neural Networks, 23,* 1033–1042. doi:10.1016/j.neunet.2010.08.012

Adolphs, R., Tranel, D., Damasio, H., & Damasio, A. (1994). Impaired recognition of emotion in facial expressions following bilateral damage to the human amygdala. *Nature, 372,* 669–672. doi:10.1038/372669a0

Aghajanian, G. K., & Marek, G. J. (1999). Serotonin and hallucinogens. *Neuropsychopharmacology, 21,* 16S–23S. doi:10.1016/S0893-133X(98)00135-3

Agosta, L. (2010). Empathy in the context of philosophy. New York, NY: Palgrave Macmillan. doi:10.1057/9780230275249

Aiello, J. R., & Douthitt, E. A. (2001). Social facilitation from Triplett to electronic performance monitoring. *Group Dynamics: Theory, Research, and Practice, 5,* 163–180. doi:10.1037/1089-2699.5.3.163

Ainsworth, M. D. S. (1967). *Infancy in Uganda: Infant care and the growth of love.* Oxford, England: Johns Hopkins Press.

Ainsworth, M. D. S., Bleher, M. C., Waters, E., & Wall, S. (1978). *Patterns of attachment: A psychological study of the strange situation.* Hillsdale, NJ: Erlbaum.

Ajzen, I., & Fishbein, M. (1977). Attitude–behavior relations: A theoretical analysis and review of empirical research. *Psychological Bulletin, 84,* 888–918. doi:10.1037/0033-2909.84.5.888

Alkire, M. T., Haier, R. J., & Fallon, J. H. (2000). Toward a unified theory of narcosis: Brain imaging evidence for a thalamocortical switch as the neurophysiologic basis of anesthetic-induced unconsciousness. *Consciousness and Cognition, 9,* 370–386. doi:10.1006/ccog.1999.0423

Alkire, M. T., Hudetz, A. G., & Tononi, G. (2008). Consciousness and anesthesia. *Science, 322,* 876–380. doi:10.1126/science.1149213

Alleyne, R. (2010, September 23). Oxytocin—the love hormone—could cure shyness: A nasal spray could cure shyness, a new study suggests. *The Telegraph.* Retrieved from http://www.telegraph.co.uk/health/healthnews/8020464/Oxytocin-the-love-hormone-could-cure-shyness.html

Allison, K. R., & Rootman, I. (1996). Scientific rigor and community participation in health promotion research: Are they compatible? *Health Promotion International, 11,* 333–340. doi:10.1093/heapro/11.4.333

Allport, G. W. (1937). *Personality: A psychological interpretation.* New York, NY: Holt, Rinehart & Winston.

Allport, G. W. (1954). *The nature of prejudice.* Reading, MA: Addison-Wesley.

Allport, G. W. (1965). *Letters from Jenny.* New York: Harcourt, Brace.

Allport, G. W., & Odbert, H. S. (1936). Trait-names: A psycholexical study. *Psychological Monographs, 47,* i–171. doi:10.1037/h0093360

Ameri, A. (1999). The effects of cannabinoids on the brain. *Progress in Neurobiology, 58,* 315–348. doi:10.1016/S0301-0082(98)00087-2

American Psychiatric Association. (2013). *Diagnostic and statistical manual of mental disorders* (5th ed.). Arlington, VA: American Psychiatric Publishing.

American Sleep Apnea Association. (2013). *Enhancing the lives of those with sleep apnea.* Retrieved from http://www.sleepapnea.org

Ames, C. (1992). Classrooms: Goals, structures, and student motivation. *Journal of Educational Psychology, 84,* 261–271. doi:10.1037/0022-0663.84.3.261

Andersen, R. A., Snyder, L. H., Bradley, D. C., & Xing, J. (1997). Multimodal representation of space in the posterior parietal cortex and its use in planning movements. *Annual Review of Neuroscience, 20,* 303–330. doi:10.1146/annurev.neuro.20.1.303

Anderson, A. K., Christoff, K., Stappen, I., Panitz, D., Ghahremani, D. G., Glover, G., . . . & Sobel, N. (2003). Dissociated neural representations of intensity and valence in human olfaction. *Nature Neuroscience, 6,* 196–202. doi:10.1038/nn1001

Anderson, J. R., Bothell, D., Byrne, M. D., Douglass, S., Lebiere, C., & Qin, Y. (2004). An integrated theory of the mind. *Psychological Review, 111*(4), 1036–1060.

Anderson, L. (n.d.). Ricky Williams: A story of social anxiety disorder. Retrieved from http://www.adaa.org/living-with-anxiety/personal-stories/ricky-williams-story-social-anxiety-disorder

Anderson, M. L. (2003). Embodied cognition: A field guide. *Artificial Intelligence, 149,* 91–130. doi:10.1016/S0004-3702(03)00054-7

Anderson, M., Ochsner, K., & Kuhl, B. (2004). Neural systems underlying the suppression of unwanted memories. *Science, 303,* 232–235. doi:10.1126/science.1089504

Anderson, S. R., & Lightfoot, D. W. (1999). The human language faculty as an organ. *Annual Review of Physiology, 62,* 697–722. doi:10.1146/annurev.physiol.62.1.697

Andreassi, J. L. (2007). *Human behavior and psychophysiological response* (4th ed.). Mahwah, NJ: Erlbaum.

Andrews, G., Hobbs, M. J., Borkovec, T. D., Beesdo, K., Craske, M. G., Heimberg, R. G., . . . & Stanley, M. A. (2010). Generalized worry disorder: A review of DSM-IV generalized anxiety disorder and options for DSM-V. *Depression and Anxiety, 27,* 134–147. doi:10.1002/da.20658

Angell, J. R. (1906). *Psychology: An introductory study of the structure and function of human conscious* (3rd ed., revised). New York, NY: Henry Holt and Company. doi:10.1037/10999-000

Antonova, E., Sharma, T., Morris, R., & Kumari, V. (2004). The relationship between brain structure and neurocognition in schizophrenia: A selective review. *Schizophrenia Research, 70,* 117–145. doi:10.1016/j.schres.2003.12.002

Anzai, Y., & Simon, H. A. (1979). The theory of learning by doing. *Psychological Review, 86,* 124–140. doi:10.1037/0033-295X.86.2.124

APA Monitor. (2009). ICD vs. DSM. *Monitor on Psychology, 40,* 63. Retrieved from http://www.apa.org/monitor/2009/10/icd-dsm.aspx

Apkarian, A. V., Bushnell, M. C., Treede, R.-D., & Zubieta, J.-K. (2005). Human brain mechanisms of pain perception and regulation in health and disease. *European Journal of Pain, 9,* 463–484. doi:10.1016/j.ejpain.2004.11.001

Appleton, K. M., Gentry, R. C., & Shepherd, R. (2006). Evidence of a role for conditioning in the development of liking for flavours in humans in everyday life. *Physiology & Behavior, 87,* 478–486. doi:10.1016/j.physbeh.2005.11.017

Aquino, K., Freeman, D., Reed, A., II, Lim, V. K. G., & Felps, W. (2009). Testing a social-cognitive model of moral behavior: The interactive influence of situations and moral identity centrality. *Journal of Personality and Social Psychology, 97,* 123–141. doi:10.1037/a0015406

Arango, C., & Carpenter, W. T. (2011). The schizophrenia construct: Symptomatic presentation. In D. R. Weinberger, & P. J. Harrison (Eds.), *Schizophrenia* (3rd ed., pp. 9–23). Oxford, UK: Wiley-Blackwell. doi:10.1002/9781444327298.ch2

Araque, A., & Navarrete, M. (2010). Glial cells in neuronal network function. *Philosophical Transactions of the Royal Society of London. Series B, Biological Sciences, 365,* 2375–2381. doi:10.1098/rstb.2009.0313

Ariely, D., Loewenstein, G., & Prelec, D. (2004). Arbitrarily coherent preferences. In I. Brocas & J. D. Carrillo (Eds.), *The psychology of economic decisions* (Vol. 2, pp. 131–161). Oxford, UK: Oxford University Press.

Aristotle. (1963 ce/350 bce). *Aristotle's Categories and de Interpretatione.* J. L. Ackrill & L. Judson, Eds. (J. L. Ackrill, Trans.). Oxford, UK: Oxford University Press.

Aristotle. *On the soul.* (J. A. Smith, Trans., 2010) Retrieved from http://ebooks.adelaide.edu.au/a/aristotle/a8so/

Armony, J., & Vuilleumier, P. (Eds.). (2013). *The Cambridge handbook of human affective neuroscience.* New York, NY: Cambridge University Press. doi:10.1017/CBO9780511843716

Arnett, J. J. (2000). Emerging adulthood: A theory of development from the late teens through the twenties. *American Psychologist, 55,* 469–480. doi:10.1037/0003-066X.55.5.469

Arnett, J. J., & Taber, S. (1994). Adolescence terminable and interminable: When does adolescence end? *Journal of Youth and Adolescence, 23,* 517–537. doi:10.1007/BF01537734

Aron, A., & Westbay, L. (1996). Dimensions of the prototype of love. *Journal of Personality and Social Psychology, 70,* 535–551. doi:10.1037/0022-3514.70.3.535

Art Tatum. (n.d.). *New World Encyclopedia.* http://www.newworldencyclopedia.org/entry/Art_Tatum.

Arya, P. U. (1978). *Superconscious Meditation.* Honesdale, PA: Himalayan Institute Press.

Asch, S. (1955). Opinions and social pressure. *Scientific American, 193,* 31–35. doi:10.1038/scientificamerican1155-31

Ashcraft, M. H., & Kirk, E. P. (2001). The relationships among working memory, math anxiety, and performance. *Journal of Experimental Psychology: General, 130,* 224–237. doi:10.1037//0096-3445.130.2.224

Ashton, M. C., & Lee, K. (2007). Empirical, theoretical, and practical advantages of the HEXACO model of personality structure. *Personality and Social Psychology Review, 11,* 150–166. doi:10.1177/1088868306294907

Ashton, M. C., Lee, K., Perugini, M., Szarota, P., de Vries, R. E., Di Blas, L., . . . & De Raad, B. (2004). A six-factor structure of personality-descriptive adjectives: Solutions from psycholexical studies in seven languages. *Journal of Personality and Social Psychology, 86,* 356–366. doi:10.1037/0022-3514.86.2.356

Aspinwall, L. G., & Staudinger, U. M. (Eds.). (2002). *A psychology of human strengths: Fundamental questions and future directions for a positive psychology.* Washington, DC: American Psychological Association.

Associated Press. (2005, July 16). Emmanuel Yeboah preps for Fitness Triathlon. Retrieved from http://www.ghanaweb.com/GhanaHomePage/NewsArchive/artikel.php?ID=85911

Associated Press. (2011, September 6). 38% of Europeans are mentally ill, study says. *CBS News.* Retrieved from http://www.cbsnews.com/stories/2011/09/06/health/main20102020.shtml

Association of Genetic Technologists. (2008, April 25). *Genetics in the Laboratory* [PowerPoint file]. Lenexa, KS. Retrieved from www.agt-info.org

Atkins, P. (2003). *Galileo's finger: The ten great ideas of science.* New York: Oxford University Press.

Atkinson, A. P., Dittrich, W. H., Gemmell, A. J., & Young, A. W. (2004). Emotion perception from dynamic and static body expressions in point-light and full-light displays. *Perception, 33,* 717–746. doi:10.1068/p5096

Atkinson, J. W., & Litwin, G. H. (1960). Achievement motive and test anxiety conceived as motive to approach success and motive to avoid failure. *The Journal of Abnormal and Social Psychology, 60,* 52–63. doi:10.1037/h0041119

Atkinson, R. C., & Shiffrin, R. M. (1968). Human memory: A proposed system and its control processes. In K. W. Spence and J. T. Spence (Eds.), *The psychology of learning and motivation: Advances in research and theory* (Vol. II, pp. 89–195). New York, NY: Academic Press.

Aubrey, A. (2011, October 19). IQ isn't set in stone, suggests study that finds big jumps, dips in teens. *NPR.* Retrieved from http://m.npr.org/news/Health/141511314

Ault, R. L. (1977). *Children's cognitive development: Piaget's theory and the process approach.* New York, NY: Oxford University Press.

Austin, J. H. (2013). Review of *The Heart of William James. Perspectives on Psychological Science, 8,* 314–315. doi:10.1177/1745691613483473

Austin, J. L. (1962). *How to do things with words.* Oxford, UK: Oxford University Press.

Auvray, M., & Spence, C. (2008). The multisensory perception of flavor. *Consciousness and Cognition, 17,* 1016–1031. doi:10.1016/j.concog.2007.06.005

Azevedo, F. A. C., Carvalho, L. R. B., Grinberg, L. T., Farfel, J. M., Ferretti, R. E. L., Leite, R. E. P., . . . & Herculano-Houzel, S. (2009). Equal numbers of neuronal and nonneuronal cells make the human brain an isometrically scaled-up primate brain. *The Journal of Comparative Neurology, 513,* 532–541. doi:10.1002/cne.21974

Baars, B. J. (2005). Subjective experience is probably not limited to humans: The evidence from neurobiology and behavior. *Consciousness and Cognition, 14,* 7–21. doi:10.1016/j.concog.2004.11.002

Babyak, M., Blumenthal, J. A., Herman, S., Khatri, P., Doraiswamy, M., Moore, K., . . . & Krishnan, K. R. (2000). Exercise treatment for major depression: Maintenance of therapeutic benefit at 10 months. *Psychosomatic Medicine, 62,* 633–638. doi:10.1097/00006842-20000 9000-00006

Baccus, J. R., Baldwin, M. W., & Packer, D. J. (2004). Increasing implicit self-esteem through classical conditioning. *Psychological Science, 15,* 498–502. doi:10.1111/j.0956-7976.2004.00708.x

Baddeley, A. (2003). Working memory: Looking back and looking forward. *Nature Reviews Neuroscience, 4,* 829–839. doi:10.1038/ nrn1201

Baddeley, A., & Hitch, G. (1974). Working memory. In G. H. Bower (Ed.), *The Psychology of Learning & Motivation* (Vol. 8, pp. 47–89). New York, NY: Academic Press.

Baer, R. (2003). Mindfulness training as a clinical intervention: A conceptual and empirical review. *Clinical Psychology: Science and Practice, 10,* 125–143. doi:10.1093/clipsy.bpg015

Bailey, N., & Zuk, M. (2009). Same-sex sexual behavior and evolution. *Trends in Ecology & Evolution, 24,* 439–446. doi:10.1016/j. tree.2009.03.014

Baillargeon, R. (1986). Representing the existence and the location of hidden objects: Object permanence in 6- and 8-month-old infants. *Cognition, 23,* 21–41. doi:10.1016/0010-0277(86)90052-1

Balderston, N. L., Schultz, D. H., & Helmstetter, F. J. (2011). The human amygdala plays a stimulus specific role in the detection of novelty. *NeuroImage, 55,* 1889–1898. doi:10.1016/j. neuroimage.2011.01.034

Baldo, J. V, & Dronkers, N. F. (2007). Neural correlates of arithmetic and language comprehension: A common substrate? *Neuropsychologia, 45,* 229–235. doi:10.1016/j.neuropsychologia.2006.07.014

Baltes, E. B., & Graf, E. (1996). Psychological aspects of aging: Facts and frontiers. In D. Magnusson (Ed.), *The Lifespan Development of Individuals: Behavioural, Neurobiological and Psychosocial Perspectives* (pp. 427–460). Cambridge, England: Cambridge University Press.

Baltes, P. B. (1997). On the incomplete architecture of human ontogeny: Selection, optimization, and compensation as foundation of developmental theory. *American Psychologist, 52,* 366–380. doi:10.1037/0003-066X.52.4.366

Baltes, P. B., Staudinger, U. M., & Lindenberger, U. (1999). Lifespan psychology: Theory and application to intellectual functioning. *Annual Review of Psychology, 50,* 471–507. doi:10.1146/annurev. psych.50.1.471

Bandura, A. (1965). Vicarious processes: A case of no-trial learning. In L. Berkowitz (Ed.), *Advances in Experimental Social Psychology* (Vol. 2, pp. 3–57). New York, NY: Academic Press.

Bandura, A. (1969). *Principles of behavior modification.* Oxford, England: Holt, Rinehart, & Winston.

Bandura, A. (1978). The self system in reciprocal determinism. *American Psychologist, 33,* 344–358. doi:10.1037/0003-066X.33.4.344

Bandura, A. (1986) *Social foundations of thought and action: A social-cognitive theory.* Englewood Cliffs, NJ: Prentice-Hall.

Bandura, A. (1997). *Self-efficacy: The exercise of control.* New York, NY: Freeman.

Bandura, A. (1999). Social-cognitive theory of personality. In D. Cervone & Y. Shoda (Eds.), *The Coherence of Personality: Social-Cognitive Bases of Consistency, Variability, and Organization* (pp. 185–241). New York, NY: Guilford Press.

Bandura, A. (2001). Social cognitive theory: An agentic perspective. *Annual Review of Psychology, 52,* 1–26. doi:10.1146/annurev.psych.52.1.1

Bandura, A., & Cervone, D. (1983). Self-evaluative and self-efficacy mechanisms governing the motivational effects of goal systems. *Journal of Personality and Social Psychology, 45,* 1017–1028. doi: 10.1037/0022-3514.45.5.1017

Bandura, A., & Cervone, D. (1986). Differential engagement of self-reactive influences in cognitive motivation. *Organizational Behavior and Human Decision Processes, 38,* 92–113. doi:10.1016/0749-5978(86) 90028-2

Bandura, A., & Schunk, D. (1981). Cultivating competence, self-efficacy, and intrinsic interest through proximal self-motivation. *Journal of Personality and Social Psychology, 41,* 586–598. doi:10.1037/ 0022-3514.41.3.586

Bandura, A., & Walters, R. H. (1959). *Adolescent aggression.* New York, NY: Ronald.

Bandura, A., & Walters, R. H. (1963). *Social learning and personality development.* New York, NY: Holt, Rinehart, & Winston.

Bandura, A., Adams, N. E., & Beyer, J. (1977). Cognitive processes mediating behavioral change. *Journal of Personality and Social Psychology, 35,* 125–139. doi:10.1037/0022-3514.35.3.125

Bandura, A., Ross, D., & Ross, S. (1961). Transmission of aggression through imitation of aggressive models. *Journal of Abnormal and Social Psychology, 63,* 575–582. doi:10.1037/h0045925

Bangert, M., Peschel, T., Schlaug, G., Rotte, M., Drescher, D., Hinrichs, H., et al. (2006). Shared networks for auditory and motor processing in professional pianists: Evidence from fMRI conjunction. *NeuroImage, 30,* 917–926.

Banyard, V. L. (1995). "Taking another route": Daily survival narratives from mothers who are homeless. *American Journal of Community Psychology, 23,* 871–891. doi:10.1007/BF02507019

Barber, C. (2008). *Comfortably numb: How psychiatry is medicating a nation.* New York, NY: Pantheon Books.

Barch, D. M. (2005). The cognitive neuroscience of schizophrenia. *Annual Review of Clinical Psychology, 1,* 321–353. doi:10.1146/ annurev.clinpsy.1.102803.143959

Bardone-Cone, A. M., Wonderlich, S. A., Frost, R. O., Bulik, C. M., Mitchell, J. E., Uppala, S., & Simonich, H. (2007). Perfectionism and eating disorders: Current status and future directions. *Clinical Psychology Review, 27,* 384–405. doi:10.1016/j.cpr.2006.12.005

Barger, B., Nabi, R. L., & Yu Hong, L. (2010). Standard back-translation procedures may not capture proper emotion concepts: A case study of Chinese disgust terms. *Emotion, 10,* 703–711. doi:10.1037/a0021453

Bargh, J. A., Gollwitzer, P. M., Lee-Chai, A., Barndollar, K., & Trötschel, R. (2001). The automated will: Nonconscious activation and pursuit of behavioral goals. *Journal of Personality and Social Psychology, 81,* 1014–1027. doi:10.1037/0022-3514.81.6.1014

Bargh, J. A., & Morsella, E. (2008). The unconscious mind. *Perspectives on Psychological Science, 3,* 73–79. doi:10.1111/j.1745-6916.2008.00064.x

Barker, P. J. (2004). *Assessment in psychiatric and mental health nursing: In search of the whole person* (2nd ed.). Cheltenham, UK: Nelson Thornes.

Barlow, D. H., & Craske, M. G. (2007). *Mastery of your anxiety and panic: Workbook.* Treatments that work. New York, NY: Oxford University Press.

Barnes, J., Bartlett, J. W., van de Pol, L. A., Loy, C. T., Scahill, R. I., Frost, C., . . . & Fox, N. C. (2009). A meta-analysis of hippocampal atrophy rates in Alzheimer's disease. *Neurobiology of Aging, 30,* 1711–1723. doi:10.1016/j.neurobiolaging.2008.01.010

Baron-Cohen, S., Leslie, A. M., & Frith, U. (1985). Does the autistic child have a "theory of mind"? *Cognition, 21,* 37–46. doi:10.1016/0010-0277(85)90022-8

Barrera, M. E., & Maurer, D. (1981). The perception of facial expressions by the three-month-old. *Child Development, 52,* 203–206. doi:10.2307/1129231

Barrett, L., Ochsner, K., & Gross, J. (2007). On the automaticity of emotion. In J. A. Bargh (Ed.), *Social Psychology and the Unconscious: The Automaticity of Higher Mental Processes* (pp. 173–217). Frontiers of social psychology. New York, NY: Psychology Press.

Barrett, L. F., Lindquist, K. A., & Gendron, M. (2007). Language as context for the perception of emotion. *Trends in Cognitive Science, 11,* 327–332. doi:10.1016/j.tics.2007.06.003

Barrós-Loscertales, A., Meseguer, V., Sanjuán, A., Belloch, V., Parcet, M. A., Torrubia, R., & Avila, C. (2006). Striatum gray matter reduction in males with an overactive behavioral activation system. *European Journal of Neuroscience, 24,* 2071–2074. doi:10.1111/j.1460-9568.2006.05084.x

Barry, J. (2009, September 7). A case using rational emotive behavior therapy. *Counselling connection.* Retrieved from http://www.counsellingconnection.com/index.php/2009/09/07/a-case-using-rational-emotive-behaviour-therapy/

Barsalou, L. W. (1999) Perceptual symbol systems. *Behavioral and Brain Sciences, 22,* 577–660.

Barsalou, L. W. (2010). Ad hoc categories. In P. Hogan (Ed.), *The Cambridge Encyclopaedia of the Language Sciences* (pp. 86–87). Cambridge, England: Cambridge University Press.

Barsalou, L. W., Simmons, W. K., Barbey, A. K., & Wilson, C. D. (2003). Grounding conceptual knowledge in modality-specific systems. *Trends in Cognitive Sciences, 7,* 84–91. doi:10.1016/S1364-6613(02)00029-3

Bartoshuk, L. M. (2000). Comparing sensory experiences across individuals: Recent psychophysical advances illuminate genetic variation in taste perception. *Chemical Senses, 25,* 447–460. doi:10.1093/chemse/25.4.447

Bartz, J. A., Zaki, J., Bolger, N., Hollander, E., Ludwig, N. N., Kolevzon, A., & Ochsner, K. N. (2010). Oxytocin selectively improves empathic accuracy. *Psychological Science, 21,* 1426–1428. doi:10.1177/0956797610383439

Bartz, J. A., Zaki, J., Bolger, N., & Ochsner, K. N. (2011). Social effects of oxytocin in humans: Context and person matter. *Trends in Cognitive Sciences, 15,* 301–309. doi:10.1016/j.tics.2011.05.002

Bartz, J. A., Zaki, J., Ochsner, K. N., Bolger, N., Kolevzon, A., Ludwig, N., & Lydon, J. E. (2010). Effects of oxytocin on recollections of maternal care and closeness. *Proceedings of the National Academy of Sciences of the United States of America, 107,* 21371–21375. doi:10.1073/pnas.1012669107

Batelaan, N. M., Van Balkom, A. J., & Stein, D. J. (2012). Evidence-based pharmacotherapy of panic disorder: An update. *The International Journal of Neuropsychopharmacology, 15,* 403–415. doi:10.1017/S1461145711000800

Bates, J. E., Pettit, G. S., Dodge, K. A., & Ridge, B. (1998). Interaction of temperamental resistance to control and restrictive parenting in the development of externalizing behavior. *Developmental Psychology, 34,* 982–995. doi:10.1037/0012-1649.34.5.982

Baumeister, R. F., & Leary, M. R. (1995). The need to belong: Desire for interpersonal attachments as a fundamental human motivation. *Psychological Bulletin, 117,* 497–529. doi:10.1037/0033-2909.117.3.497

Baumeister, R. F., Stillwell, A. M., & Heatherton, T. F. (1994). Guilt: An interpersonal approach. *Psychological Bulletin, 115,* 243–267. doi:10.1037/0033-2909.115.2.243

Bayard, S., & Lassonde, M. (2001). Cognitive, sensory and motor adjustment to hemispherectomy. In I. Jambaque, M. Lassonde, & O. Dulac (Eds.), *Neuropsychology of childhood epilepsy* (pp. 229–244). Hingham, MA: Kluwer Academic Publishers. doi:10.1007/0-306-47612-6_25

Bean, B. P. (2007). The action potential in mammalian central neurons. *Nature Reviews Neuroscience, 8,* 451–465. doi:10.1038/nrn2148

Beauregard, M., & O'Leary, D. (2008). Believing can make it so: The neuroscience of the placebo effect. *Advances in Mind–Body Medicine, 23,* 14–18.

Bechara, A., Damasio, A. R., Damasio, H., & Anderson, S. W. (1994). Insensitivity to future consequences following damage to human prefrontal cortex. *Cognition, 50,* 7–15. doi:10.1016/0010-0277(94)90018-3

Bechara, A., Damasio, H., Tranel, D., & Damasio, A. R. (1997). Deciding advantageously before knowing the advantageous strategy. *Science, 275,* 1293–1295. doi:10.1126/science.275.5304.1293

Bechara, A., Damasio, H., Tranel, D., & Damasio, A. R. (2005). The Iowa Gambling Task and the somatic marker hypothesis: Some questions and answers. *Trends in Cognitive Sciences, 9,* 159–162. doi:10.1016/j.tics.2005.02.002

Beck, A. T. (1979). *Cognitive therapy and the emotional disorders.* New York, NY: Meridian.

Beck, A. T. (1987). Cognitive models of depression. *Journal of Cognitive Psychotherapy: An International Quarterly, 1,* 5–37.

Beck, A. T., Freeman, A., & Davis, D. D. (2004). *Cognitive therapy of personality disorders* (2nd ed.). New York, NY: Guilford Press.

Beck, A. T., & Rector, N. A. (2002). Delusions: A cognitive perspective. *Journal of Cognitive Psychotherapy, 16,* 455–468. doi:10.1891/jcop.16.4.455.52522

Beck, A. T, Rush, A. J., Shaw, B. E, & Emery, G. (1979). *Cognitive therapy of depression.* New York: Guilford Press.

Beck, A. T., Steer, R. A., & Brown, G. K. (1996). *Manual for the Beck Depression Inventory-II.* San Antonio, TX: Psychological Corporation.

Becklen, R., & Cervone, D. (1983). Selective looking and the noticing of unexpected events. *Memory & Cognition, 11,* 601–608. doi:10.3758/BF03198284

Beilock, S. L., Lyons, I. M., Mattarella-Micke, A., Nusbaum, H. C., & Small, S. L. (2008). Sports experience changes the neural processing of action language. *Proceedings of the National Academy of Sciences of the United States of America, 105,* 13269–13273. doi:10.1073/pnas.0803424105

Bellak, L. (1961). Free association: Conceptual and clinical aspects. *The International Journal of Psychoanalysis, 42,* 9–20.

Belliveau, J., Kennedy, D., McKinstry, R., Buchbinder, B., Weisskoff, R., Cohen, M., . . . & Rosen, B. (1991). Functional mapping of the human visual cortex by magnetic resonance imaging. *Science, 254,* 716–719. doi:10.1126/science.1948051

Bem, D. J. (1987). Writing the empirical journal article. In M. P. Zanna & J. M. Darley (Eds.), *The compleat academic: A practical guide for the beginning social scientist* (pp. 171–201). New York, NY: Random House.

Bem, D. J. (2011). Feeling the future: Experimental evidence for anomalous retroactive influences on cognition and affect. *Journal of Personality and Social Psychology, 100,* 407–425. doi:10.1037/a0021524

Benedetti, F., Mayberg, H. S., Wager, T. D., Stohler, C. S., & Zubieta, J.-K. (2005). Neurobiological mechanisms of the placebo effect. *The Journal of Neuroscience, 25,* 10390–10402. doi:10.1523/jneurosci.3458-05.2005

Benjamin, L. T. Jr., & Baker, D. B. (2012). The internationalization of psychology: A history. In D. B. Baker (Ed.), *The Oxford Handbook of the History of Psychology: Global Perspectives* (pp. 1–17). New York: Oxford University Press. doi:10.1093/oxfordhb/9780195366556.013.0001

Bennet, M. R., & Hacker, P. M. S. (2003). Reductionism. In *Philosophical Foundations of neuroscience* (pp. 355–377). Malden, MA: Blackwell.

Berger, A., Tzur, G., & Posner, M. I. (2006). Infant brains detect arithmetic errors. *Proceedings of the National Academy of Sciences of the United States of America, 103,* 12649–12653. doi:10.1073/pnas.0605350103

Berggren, Niclas, & Nilsson, Therese. (2012). Does economic freedom foster tolerance? *Kyklos, 66,* 177–207.

Bergman, A. J., Harvey, P. D., Mitropoulou, V., Aronson, A., Marder, D., Silverman, J., . . . & Siever, L. J. (1996). The factor structure of schizotypal symptoms in a clinical population. *Schizophrenia Bulletin, 22,* 501–509. doi:10.1093/schbul/22.3.501

Berlin, B., & Kay, P. (1969). *Basic color terms: Their universality and evolution.* Berkeley, CA: University of California.

Berman, S. M., Kuczenski, R., McCracken, J. T., & London, E. D. (2009). Potential adverse effects of amphetamine treatment on brain and behavior: A review. *Molecular Psychiatry, 14,* 123–142. doi:10.1038/mp.2008.90

Bermudez-Rattoni, F. (2010). Is memory consolidation a multiple-circuit system? *Proceedings of the National Academy of Sciences, 107,* 8051–8052. doi:10.1073/pnas.1003434107

Berridge, K. C. (2004). Motivation concepts in behavioral neuroscience. *Physiology & Behavior, 81,* 179–209. doi:10.1016/j.physbeh.2004.02.004

Berridge, K. C., & Robinson, T. E. (2003). Parsing reward. *Trends in Neurosciences, 26,* 507–513. doi:10.1016/S0166-2236(03)00233-9

Berry, J. W. (2013). Global psychology. *South African Journal of Psychology, 43,* 391–401. doi:10.1177/0081246313504517

Bhattacharyya, N., Baugh, R. F., Orvidas, L., Barrs, D., Bronston, L. J., Cass, S., . . . & Haidari, J. (2008). Clinical practice guideline: Benign paroxysmal positional vertigo. *Otolaryngology-Head and Neck Surgery, 139,* S47–S81. doi:10.1016/j.otohns.2008.08.022

Biehl, M. C., Natsuaki, M. N., & Ge, X. (2007). The influence of pubertal timing on alcohol use and heavy drinking trajectories. *Journal of Youth and Adolescence, 36,* 153–167. doi:10.1007/s10964-006-9120-z

Bigelow, J., & Poremba, A. (2014). Achilles' ear? Inferior human short-term and recognition memory in the auditory modality. *PLoS One, 9,* e89914. doi:10.1371/journal.pone.0089914

Bijttebier, P., & Vertommen, H. (1999). Coping strategies in relation to personality disorders. *Personality and Individual Differences, 26,* 847–856. doi:10.1016/S0191-8869(98)00187-1

Bingham, G. P., & Pagano, C. C. (1998). The necessity of a perception–action approach to definite distance perception: Monocular distance perception to guide reaching. *Journal of Experimental Psychology: Human Perception and Performance, 24,* 145–168. doi:10.1037/0096-1523.24.1.145

Biological Sciences Curriculum Study. (2003). *Sleep, Sleep Disorders, and Biological Rhythms* (NIH Publication No. 04-4989). Retrieved from http://science.education.nih.gov/supplements/nih3/sleep/guide/info-sleep.htm

Bisson, J. I., Ehlers, A., Matthews, R., Pilling, S., Richards, D., & Turner, S. (2007). Psychological treatments for chronic post-traumatic stress disorder: Systematic review and meta-analysis. *The British Journal of Psychiatry, 190,* 97–104. doi:10.1192/bjp.bp.106.021402

Bitterman, M. E. (2006). Classical conditioning since Pavlov. *Review of General Psychology, 10,* 365–376. doi:10.1037/1089-2680.10.4.365

Blackwell, L. S., Trzesniewski, K. H., & Dweck, C. S. (2007). Implicit theories of intelligence predict achievement across an adolescent transition: A longitudinal study and an intervention. *Child Development, 78,* 246–263. doi:10.1111/j.1467-8624.2007.00995.x

Blanchard, J. J., Kring, A. M., Horan, W. P., & Gur, R. (2011). Toward the next generation of negative symptom assessments: The Collaboration to Advance Negative Symptom Assessment in Schizophrenia. *Schizophrenia Bulletin, 37,* 291–299. doi:10.1093/schbul/sbq104

Blanco, C., Okuda, M., Wright, C., Hasin, D. S., Grant, B. F., Liu, S. M., & Olfson, M. (2008). Mental health of college students and their non–college-attending peers: Results from the National Epidemiologic Study on Alcohol and Related Conditions. *Archives of General Psychiatry, 65,* 1429–1437. doi:10.1001/archpsyc.65.12.1429

Blashfield, R. K., Keeley, J. W., Flanagan, E. H., & Miles, S. R. (2014). The cycle of classification: DSM-I through DSM-5. *Annual Review of Clinical Psychology, 10,* 25–51. doi:10.1146/annurev-clinpsy-032813-153639

Bliss, T. V., & Collingridge, G. L. (1993). A synaptic model of memory: Long-term potentiation in the hippocampus. *Nature, 361,* 31–39. doi:10.1038/361031a0

Block, J. (1961). *The Q-sort method in personality assessment and psychiatric research.* Springfield, IL: Charles C Thomas. doi:10.1037/13141-000

Blood, A. J., & Zatorre, R. J. (2001). Intensely pleasurable responses to music correlate with activity in brain regions implicated in reward and emotion. *Proceedings of the National Academy of Sciences of the United States of America, 98,* 11818–11823. doi:10.1073/pnas.191355898

Bloom, G., & Sherman, P. W. (2005). Dairying barriers affect the distribution of lactose malabsorption. *Evolution and Human Behavior, 26,* 301.e1–301.e33. doi:10.1016/j.evolhumbehav.2004.10.002

Bloom, P. (2004). *Decartes' baby: How the science of child development explains what makes us human.* New York, NY: Basic Books.

Bloom, P., & Keil, F. C. (2001). Thinking through language. *Mind and Language, 16,* 351–367. doi:10.1111/1468-0017.00175

Blumenthal, A. L. (2001). A Wundt primer: The operating characteristics of consciousness. In W. Rieber & D. K. Robinson (Eds.), *Wilhelm Wundt in history: The making of a scientific psychology* (pp. 121–144). New York: Kluwer Academic/Plenum Publishers.

Blumenthal, J. A., Babyak, M. A., Moore, K. A., Craighead, W. E., Herman, S., Khatri, P., . . . & Krishnan, K. R. (1999). Effects of exercise training on older patients with major depression. *Archives of Internal Medicine, 159,* 2349–2356. doi:10.1001/archinte.159.19.2349

Bodhi, B. (Ed.). (1993). *A comprehensive manual of Abhidhamma (The Abhidhammattha Sangaha of Acariya Anuruddha).* Kandy, Sri Lanka: Buddhist Publication Society.

Bogaert, A. F. (2006). Biological versus nonbiological older brothers and men's sexual orientation. *Proceedings of the National Academy of Sciences of the United States of America, 103,* 10771–4. doi:10.1073/pnas.0511152103

Bohannon, J. (2010). A taste for controversy. *Science, 328,* 1471–1473. doi:10.1126/science.328.5985.1471

Bolger, N., Davis, A., & Rafaeli, E. (2003). Diary methods: Capturing life as it is lived. *Annual Review of Psychology, 54,* 579–616. doi:10.1146/annurev.psych.54.101601.145030

Bolton, R. (1978). Aristotle's definition of the soul: "De Anima" II, 1–3. *Phronesis, 23,* 258–278. doi:10.1163/156852878X00154

Bond, R. M., Fariss, C. J., Jones, J. J., Kramer, A. D. I., Marlow, C., Settle, J. E., & Fowler, J. H. (2012). A 61-million-person experiment in social influence and political mobilization. *Nature, 489,* 295–298. doi:10.1038/nature11421

Bookheimer, S. (2002). Functional MRI of language: New approaches to understanding the cortical organization of semantic processing. *Annual Review of Neuroscience, 25,* 151–188. doi:10.1146/annurev.neuro.25.112701.142946

Boring, E. G. (1929). *A history of experimental psychology.* New York, NY: The Century Company.

Boring, E. G. (1950). *A history of experimental psychology* (2nd ed.) New York: Appleton-Century-Crofts, 1950.

Borjon, J. I.., & Ghanzanfar, A. A. (2013). Neural tuning of human face processing. *Proceedings of the National Academy of Sciences, 110,* 16702–16703. doi:10.1073/pnas.1315621110

Borkovec, T. D., & Costello, E. (1993). Efficacy of applied relaxation and cognitive-behavioral therapy in the treatment of generalized anxiety disorder. *Journal of Consulting and Clinical Psychology, 61,* 611–619. doi:10.1037/0022-006X.61.4.611

Bornstein, R. F., & D'Agostino, P. R. (1992). Stimulus recognition and the mere exposure effect. *Journal of Personality and Social Psychology, 63,* 545–552. doi:10.1037/0022-3514.63.4.545

Borsboom, D., & Dolan, C. V. (2006). Why *g* is not an adaptation: A comment on Kanazawa (2004). *Psychological Review, 113,* 433–437. doi:10.1037/0033-295X.113.2.433

Borsboom, D., Mellenbergh, G. J., & van Heerden, J. (2004). The concept of validity. *Psychological Review, 111,* 1061–1071. doi:10.1037/0033-295X.111.4.1061

Boscarino, J. A., & Figley, C. R. (2012). Understanding the neurobiology of fear conditioning and emergence of PTSD psychobiology: Commentary on Blanchard et al. *The Journal of Nervous and Mental Disease, 200,* 740–744. doi:10.1097/NMD.0b013e318266b5ea

Boston Post. (1848, September 13). *Horrible Accident.* Retrieved from http://www.genling.nw.ru/Staff/Psycholinguistics/Computer.pdf

Bouchard, T., Lykken, D., & McGue, M. (1990). Sources of human psychological differences: The Minnesota study of twins reared apart. *Science, 250,* 223–228. doi:10.1126/science.2218526

Boulanger, F. D. (1976). The effects of training in the proportional reasoning associated with the concept of speed. *Journal of Research in Science Teaching, 13,* 145–154. doi:10.1002/tea.3660130207

Bowden, C. L. (2009). Anticonvulsants in bipolar disorders: Current research and practice and future directions. *Bipolar Disorders, 11*(s2), 20–33. doi:10.1111/j.1399-5618.2009.00708.x

Bower, G. H. (1970). Analysis of a mnemonic device: Modern psychology uncovers the powerful components of an ancient system for improving memory. *American Scientist, 58,* 496–510.

Bower, G. H. (1981). Mood and memory. *American Psychologist, 36,* 129–148. doi:10.1037/0003-066X.36.2.129

Bower, G. H., & Hilgard, E. R. (1981). *Theories of learning.* Englewood Cliffs, NJ: Prentice-Hall.

Bowlby, J. (1969). *Attachment and loss: Vol. 1. Attachment.* New York, NY: Basic Books.

Bowlby, J. (1988). *A secure base.* New York, NY: Basic Books.

Bowles, D. P., Armitage, C. J., Drabble, J., & Meyer, B. (2013). Self-esteem and other-esteem in college students with borderline and avoidant personality disorder features: An experimental vignette study. *Personality and Mental Health, 7,* 307–319. doi:10.1002/pmh.1230

Boyer, P. (2001). *Religion explained: The evolutionary origins of religious thought.* New York: Basic Books.

Bozarth, M. A. (1994). Pleasure systems in the brain. In D.M. Warburton (Ed.), *Pleasure: The politics and the reality* (pp. 5–14). New York, NY: John Wiley & Sons.

Brady, J. V, Porter, R. W., Conrad, D. G., & Mason, J. W. (1958). Avoidance behavior and the development of gastroduodenal ulcers. *Journal of the Experimental Analysis of Behavior, 1,* 69–72. doi:10.1901/jeab.1958.1-69

Brandão, M. L., Borelli, K. G., Nobre, M. J., Santos, J. M., Albrecht-Souza, L., Oliveira, A. R., & Martinez, R. C. (2005). Gabaergic regulation of the neural organization of fear in the midbrain tectum. *Neuroscience and Biobehavioral Reviews, 29,* 1299–1311. doi:10.1016/j.neubiorev.2005.04.013

Brandtstädter, J., & Wentura, D. (1995). Adjustment to shifting possibility frontiers in later life: Complementary adaptive modes. In R. A. Dixon, & L. Bäckman (Eds.), *Compensating for Psychological Deficits and Declines: Managing losses and promoting gains* (pp. 83–106). Mahwah, NJ: Lawrence Erlbaum Associates.

Braudel, F. (1992). *The structures of everyday life.* Civilization and capitalism, 15th–18th century (Vol. I, S. Reynold, Trans.). Berkeley and Los Angeles, CA: University of California Press. (Original work published 1979)

Brefczynski-Lewis, J. A., Lutz, A., Schaefer, H. S., Levinson, D. B., & Davidson, R. J. (2007). Neural correlates of attentional expertise in long-term meditation practitioners. *Proceedings of the National Academy of Sciences of the United States of America, 104,* 11483–11488. doi:10.1073/pnas.0606552104

Breggin, P. R., & Breggin, G. R. (2010). *Talking back to Prozac: What doctors aren't telling you about Prozac and the newer antidepressants.* New York, NY: E-Reads.

Breland, K., & Breland, M. (1961). The misbehavior of organisms. *American Psychologist, 16,* 681–684. doi:10.1037/h0040090

Brembs, B., Lorenzetti, F. D., Reyes, F. D., Baxter, D. A., & Byrne, J. H. (2002). Operant reward learning in *Aplysia*: Neuronal correlates and mechanisms. *Science, 296,* 1706–1709. doi:10.1126/science.1069434

Breslin, P., & Spector, A. (2008). Mammalian taste perception. *Current Biology, 18,* R148–R155. doi:10.1016/j.cub.2007.12.017

Bretherton, I. (1992). The origins of attachment theory: John Bowlby and Mary Ainsworth. *Developmental Psychology, 28,* 759–775. doi:10.1037/0012-1649.28.5.759

Breuer, J., & Freud, S. (1895). *Studies on hysteria.* In *Standard Edition* (Vol. 2). London: Hogarth Press. (Translation 1955.)

Brewer, M. B. (1991). The social self: On being the same and different at the same time. *Personality and Social Psychology Bulletin, 17,* 475–482. doi:10.1177/0146167291175001

Bringmann, W. G., & Ungerer, G. A. (1980). The foundation of the Institute for Experimental Psychology at Leipzig University. *Psychological Research, 42,* 5–18.

Brislin, R. W. (1970). Back-translation for cross-cultural research. *Journal of Cross-Cultural Psychology, 1,* 185–216. doi:10.1177/135910457000100301

Brody, G. H. (2004). Siblings' direct and indirect contributions to child development. *Current Directions in Psychological Science, 13,* 124–126. doi:10.1111/j.0963-7214.2004.00289.x

Brody, N. (1992). *Intelligence* (2nd ed.). San Diego, CA: Academic Press.

Brooks, S. N., & Kushida, C. A. (2002). Recent advances in the understanding and treatment of narcolepsy. *Primary Psychiatry, 9,* 30–36.

Broverman, I. K., Broverman, D. M., Clarkson, F. E., Rosenkrantz, P. S., & Vogel, S. R. (1970). Sex-role stereotypes and clinical judgments of mental health. *Journal of Consulting and Clinical Psychology, 34,* 1–7. doi:10.1037/h0028797

Brown, D. E. (1991). *Human universals.* Philadelphia, PA: Temple University Press.

Brown, J. (1958). Some tests of the decay theory of immediate memory. *Quarterly Journal of Experimental Psychology, 10,* 12–21. doi:10.1080/17470215808416249

Brown, M. Z., Comtois, K. A., & Linehan, M. M. (2002). Reasons for suicide attempts and nonsuicidal self-injury in women with borderline personality disorder. *Journal of Abnormal Psychology, 111,* 198–202. doi:10.1037/0021-843X.111.1.198

Brown, R. (1958). *Words and things.* New York, NY: Free Press.

Brown, R. (1973). *A first language: The early stages.* Cambridge, MA: Harvard University Press. doi:10.4159/harvard.9780674732469

Bruch, H. (1973). *Eating disorders: Obesity, anorexia nervosa, and the person within.* New York, NY: Basic Books.

Bruder, C., Piotrowski, A., Gijsbers, A. A., Andersson, R., Erickson, S., de Ståhl, T. D., . . . & Poplawski, A. (2008). Phenotypically concordant and discordant monozygotic twins display different DNA copy-number-variation profiles. *The American Journal of Human Genetics, 82,* 763–771. doi:10.1016/j.ajhg.2007.12.011

Bruner, J. S. (1957). On perceptual readiness. *Psychological Review, 64,* 123–152. doi:10.1037/h0043805

Bruner, J. S., & Goodman, C. C. (1947). Value and need as organizing factors in perception. *Journal of Abnormal Psychology, 42,* 33–44. doi:10.1037/h0058484

Buller, D. J. (2005). *Adapting minds: Evolutionary psychology and the persistent quest for human nature.* Cambridge, MA: MIT Press.

Bullmore, E., & Sporns, O. (2009). Complex brain networks: Graph theoretical analysis of structural and functional systems. *Nature Reviews Neuroscience, 10,* 186–198. doi:10.1038/nrn2575

Burch, C. (2000). *Top hundred words.* Retrieved from http://www.cs.cmu.edu/~cburch/words/top.html

Burger, J. M. (1999). The foot-in-the-door compliance procedure: A multiple-process analysis and review. *Personality and Social Psychology Review, 3,* 303–325. doi:10.1207/s15327957pspr0304_2

Burke, B. L., Martens, A., & Faucher, E. H. (2010). Two decades of terror management theory: A meta-analysis of mortality salience research. *Personality and Social Psychology Review, 14,* 155–195. doi:10.1177/1088868309352321

Bushman, B. J., & Anderson, C. A. (2002). Violent video games and hostile expectations: A test of the general aggression model. *Personality & Social Psychology Bulletin, 28,* 1679–1686. doi:10.1177/014616702237649

Buss, A. H., & Plomin, R. (1984). *Temperament: Early developing personality traits.* Hillsdale, NJ: Lawrence Erlbaum Associates.

Buss, D. (1989). Sex differences in human mate preferences: Evolutionary hypotheses tested in 37 cultures. *Behavioral and Brain Sciences, 12,* 1–49. doi:10.1017/S0140525X00023992

Buss, D. (1991). Evolutionary personality psychology. *Annual Review of Psychology, 42,* 459–491. doi:10.1146/annurev.ps.42.020191.002331

Buss, D. (1995). Evolutionary psychology: A new paradigm for psychological science. *Psychological Inquiry, 6,* 1–30. doi:10.1207/s15327965pli0601_1

Buss, D. M. (2009). How can evolutionary psychology successfully explain personality and individual differences? Perspectives *in Psychological Science, 4,* 359–366. doi:10.1111/j.1745-6924.2009.01138.x

Buster, J. E., Kingsberg, S. A., Aguirre, O., Brown, C., Breaux, J. G., Buch, A., . . . Casson, P. (2005). Testosterone patch for low sexual desire in surgically menopausal women: A randomized trial. *Obstetrics and Gynecology, 105,* 944–952. doi:10.1097/01.AOG.0000158103.27672.0d

Butler, A. C., Chapman, J. E., Forman, E. M., & Beck, A. T. (2006). The empirical status of cognitive-behavioral therapy: A review of meta-analyses. *Clinical Psychology Review, 26,* 17–31. doi:10.1016/j.cpr.2005.07.003

Butler, E. A., Young, V. J., & Randall, A. K. (2010). Suppressing to please, eating to cope: The effect of overweight women's emotion suppression on romantic relationships and eating. *Journal of Social and Clinical Psychology, 29,* 599–623. doi:10.1521/jscp.2010.29.6.599

Cabanac, A., & Cabanac, M. (2000). Heart rate response to gentle handling of frog and lizard. *Behavioural Processes, 52,* 89–95. doi:10.1016/S0376-6357(00)00108-X

Cabanac, M., Cabanac, A. J., & Parent, A. (2009). The emergence of consciousness in phylogeny. *Behavioural Brain Research, 198,* 267–272. doi:10.1016/j.bbr.2008.11.028

Cacioppo, J. T., Berntson, G. G., & Decety, J. (2012). A history of social neuroscience. In A. W. Kruglanski & W. Stroebe (Eds.), *Handbook of the History of Social Psychology* (pp. 123–136). New York, NY: Psychology Press.

Cacioppo, J. T., Berntson, G. G., Lorig, T. S., Norris, C. J., Rickett, E., & Nusbaum, H. (2003). Just because you're imaging the brain doesn't mean you can stop using your head: A primer and set of first principles. *Journal of Personality and Social Psychology, 85,* 650–661. doi:10.1037/0022-3514.85.4.650

Cain, W. (1979). To know with the nose: Keys to odor identification. *Science, 203,* 467–470. doi:10.1126/science.760202

Cain, W. S., & Gent, J. F. (1991). Olfactory sensitivity: Reliability, generality, and association with aging. *Journal of Experimental Psychology: Human Perception and Performance, 17,* 382–391. doi:10.1037/0096-1523.17.2.382

Cale, E. M., & Lilienfeld, S. O. (2002). Sex differences in psychopathy and antisocial personality disorder: A review and integration. *Clinical Psychology Review, 22,* 1179–1207. doi:10.1016/S0272-7358(01)00125-8

Cameron, N., & Rychlak, J. F. (1985). *Personality development and psychopathology: A dynamic approach* (2nd ed.). Boston, MA: Houghton, Mifflin and Company.

Camperio-Ciani, A., Corna, F., & Capiluppi, C. (2004) Evidence for maternally inherited factors favouring male homosexuality and promoting female fecundity. *Philosophical Transactions of the Royal Society of London. Series B, Biological Sciences, 271,* 2217–2221. doi:10.1098/rspb.2004.2872

Cannon, W. B. (1927). The James–Lange theory of emotions: A critical examination and an alternative theory. *The American Journal of Psychology, 39,* 106–124. doi:10.2307/1415404

Cannon, W. B. (1932). *The wisdom of the body.* New York, NY: Norton.

Canter, D. V. (2011). Resolving the offender "profiling equations" and the emergence of an investigative psychology. *Current Directions in Psychological Science, 20,* 5–10. doi:10.1177/0963721410396825

Cantor, N., & Kihlstrom, J. F. (1987). *Personality and social intelligence.* Englewood Cliffs, NJ: Prentice Hall.

Capellini, I., Barton, R. A., McNamara, P., Preston, B. T., & Nunn, C. L. (2008). Phylogenetic analysis of the ecology and evolution of mammalian sleep. *Evolution, 62,* 1764–1776. doi:10.1111/j.1558-5646.2008.00392.x

Capellini, I., Nunn, C. L., McNamara, P., Preston, B. T., & Barton, R. A. (2008). Energetic constraints, not predation, influence the evolution of sleep patterning in mammals. *Functional Ecology, 22,* 847–853. doi:10.1111/j.1365-2435.2008.01449.x

Caporael, L. R. (2001). Evolutionary psychology: Toward a unifying theory and a hybrid science. *Annual Review of Psychology, 52,* 607–628. doi:10.1146/annurev.psych.52.1.607

Caprara, G. V., Steca, P., Cervone, D., & Artistico, D. (2003). The contribution of self-efficacy beliefs to dispositional shyness: On social-cognitive systems and the development of personality dispositions. *Journal of Personality, 71,* 943–970. doi:10.1111/1467-6494.7106003

Carek, P. J., Laibstain, S. E., & Carek, S. M. (2011). Exercise for the treatment of depression and anxiety. *The International Journal of Psychiatry in Medicine, 41,* 15–28. doi:10.2190/PM.41.1.c

Carey, B. (2011, June 23). Expert on mental illness reveals her own fight. *The New York Times.* Retrieved from http://www.nytimes.com/2011/06/23/health/23lives.html

Carey, S. (2009). *The origin of concepts.* Oxford series in cognitive development. Oxford, England: Oxford University Press. doi:10.1093/acprof:oso/9780195367638.001.0001

Carey, S. (2011). Précis of the origin of concepts. *Behavioral and Brain Sciences, 34,* 113–124. doi:10.1017/S0140525X10000919

Carlsson, A. (1999). The discovery of the SSRIs: A milestone in neuropsychopharmacology and rational drug design. In S. C. Stanford (Ed.), *Selective Serotonin Reuptake Inhibitors (SSRIs): Past, Present and Future* (pp. 1–7). Austin, TX: R. G. Landes Co.

Carstensen, L. L. (1995). Evidence for a life-span theory of socioemotional selectivity. *Current Directions in Psychological Science, 4,* 151–156. doi:10.1111/1467-8721.ep11512261

Carstensen, L. L. (2006). The influence of a sense of time on human development. *Science, 312,* 1913–1915. doi:10.1126/science.1127488

Carter, C. S., Braver, T. S., Barch, D. M., Botvinick, M. M., Noll, D., & Cohen, J. D. (1998). Anterior cingulate cortex, error detection, and the online monitoring of performance. *Science, 280,* 747–749. doi:10.1126/science.280.5364.747

Carver, C. S., & Scheier, M. F. (1998). *On the self-regulation of behavior.* New York, NY: Cambridge University Press. doi:10.1017/CBO9781139174794

Casey, B. J., Somerville, L. H., Gotlib, I. H., Ayduk, O., Franklin, N. T., Askren, M. K., . . . & Shoda, Y. (2011). Behavioral and neural correlates of delay of gratification 40 years later. *Proceedings of the National Academy of Sciences of the United States of America, 108,* 14998–15003. doi:10.1073/pnas.1108561108

Casey, B. J., Tottenham, N., Liston, C., & Durston, S. (2005). Imaging the developing brain: What have we learned about cognitive development? *Trends in Cognitive Sciences, 9,* 104–110. doi:10.1016/j.tics.2005.01.011

Cash, T. F., & Deagle, E. A. (1997). The nature and extent of body-image disturbances in anorexia nervosa and bulimia nervosa: A meta-analysis. *International Journal of Eating Disorders, 22,* 107–126. doi:10.1002/(SICI)1098-108X(199709)22:2

Caspi, A., McClay, J., Moffitt, T. E., Mill, J., Martin, J., Craig, I. W., . . . & Poulton, R. (2002). Role of genotype in the cycle of violence in maltreated children. *Science, 297,* 851–854. doi:10.1126/science.1072290

Caspi, A., Sugden, K., Moffitt, T. E., Taylor, A., Craig, I. W., Harrington, H., . . . & Poulton, R. (2003). Influence of life stress on depression: Moderation by a polymorphism in the 5-HTT gene. *Science, 301,* 386–389. doi:10.1126/science.1083968

Casselman, A. (2008, April 3). Identical twin's genes are not identical. *Scientific American.* Retrieved from http://www.scientificamerican.com/article/identical-twins-genes-are-not-identical/

Cattell, R. B. (1965). *The scientific analysis of personality.* Baltimore, MD: Penguin.

Cattell, R. B. (Ed.). (1987). *Intelligence: Its structure, growth, and action.* Advances in Psychology. Amsterdam, Netherlands: Elsevier Science Publishers, B. V.

Ceci, S. J. (1991). How much does schooling influence general intelligence and its cognitive components? A reassessment of the evidence. *Developmental Psychology, 27,* 703–722. doi:10.1037//0012-1649.27.5.703

Ceci, S. J., Williams, W. M., & Barnett, S. M. (2009). Women's underrepresentation in science: Sociocultural and biological considerations. *Psychological Bulletin, 135,* 218–261. doi:10.1037/a0014412

Celizic, M. for TODAY, NBC News. (2010, March 25). *Meet the girl with half a brain: 9-year-old had radical surgery to fight seizures; today she's back in school.* Retrieved from http://today.msnbc.msn.com/id/36032653/

Cervone, D. (1991). The two disciplines of personality psychology. *Psychological Science, 6,* 371–377. doi:10.1111/j.1467-9280.1991.tb00169.x

Cervone, D. (2004). The architecture of personality. *Psychological Review, 111,* 183–204. doi:10.1037/0033-295X.111.1.183

Cervone, D. (2012). Diverse perspectives. *Program, 24th Annual Convention of the Association for Psychological Science,* Chicago, IL.

Cervone, D., Kopp, D. A., Schaumann, L., & Scott, W. D. (1994). Mood, self-efficacy, and performance standards: Lower moods induce higher standards for performance. *Journal of Personality and Social Psychology, 67,* 499–512. doi:10.1037/0022-3514.67.3.499

Cervone, D., & Mischel, W. (Eds.). (2002). *Advances in personality science.* New York, NY: Guilford.

Cervone, D., Orom, H., Artistico, D., Shadel, W. G., & Kassel, J. (2007). Using a knowledge-and-appraisal model of personality architecture to understand consistency and variability in smokers' self-efficacy appraisals in high-risk situations. *Psychology of Addictive Behaviors, 21,* 44–54. doi:10.1037/0893-164X.21.1.44

Cervone, D., Shadel, W. G., & Jencius, S. (2001). Social-cognitive theory of personality assessment. *Personality and Social Psychology Review, 5,* 33–51. doi:10.1207/S15327957PSPR0501_3

Cervone, D., & Shoda, Y. (Eds.). (1999). *The coherence of personality: Social-cognitive bases of consistency, variability, and organization.* New York, NY: Guilford.

Chadwick, P. D. J. (2006). *Person-based cognitive therapy for distressing psychosis.* Chichester, England: John Wiley & Sons. doi:10.1002/9780470713075

Chaiken, S., Liberman, A., & Eagly, A. H. (1989). Heuristic and systematic information processing within and beyond the persuasion context. In J. S. Uleman & J. A. Bargh (Eds.), *Unintended Thought* (pp. 212–252). New York, NY: Guilford Press.

Chalmers, D. J. (1996). *The conscious mind: In search of a fundamental theory.* Oxford, UK: Oxford University Press.

Chalmers, D. J. (2010). *The character of consciousness.* Oxford, UK: Oxford University Press. doi:10.1093/acprof:oso/9780195311105.001.0001

Chambless, D. L., & Ollendick, T. H. (2001). Empirically supported psychological interventions: Controversies and evidence. *Annual Review of Psychology, 52,* 685–716. doi:10.1146/annurev.psych.52.1.685

Champagne, F. A., & Curley, J. P. (2009). Epigenetic mechanisms mediating the long-term effects of maternal care on development. *Neuroscience and Biobehavioral Reviews, 33,* 593–600. doi:10.1016/j.neubiorev.2007.10.009

Chance, P. (1999). Thorndike's puzzle boxes and the origins of the experimental analysis of behavior. *Journal of the Experimental Analysis of Behavior, 72,* 433–440. doi:10.1901/jeab.1999.72-433

Chandrashekar, J., Hoon, M. A., Ryba, N. J. P., & Zuker, C. S. (2006). The receptors and cells for mammalian taste. *Nature, 444,* 288–294. doi:10.1038/nature05401

Charles, S. T., Mather, M., & Carstensen, L. L. (2003). Aging and emotional memory: The forgettable nature of negative images for older adults. *Journal of Experimental Psychology: General, 132,* 310–324. doi:10.1037/0096-3445.132.2.310

Chater, N., & Christiansen, M. H. (2010). Language acquisition meets language evolution. *Cognitive Science, 34,* 1131–1157. doi:10.1111/j.1551-6709.2009.01049.x

Checking house was safe 200 times a day gave me a heart attack. (2010, March 9). *The Sun.* Retrieved from http://www.thesun.co.uk/sol/homepage/woman/real_life/2884211/The-nightmare-of-living-with-obsessive-compulsive-disorder.html

Chemerinski, E., Triebwasser, J., Roussos, P., & Siever, L. J. (2013). Schizotypal personality disorder. *Journal of Personality Disorders, 27,* 652–679. doi:10.1521/pedi_2012_26_053

Chen, X., Gabitto, M., Peng, Y., Ryba, N. J. P., & Zuker, C. S. (2011). A gustotopic map of taste qualities in the mammalian brain. *Science, 333,* 1262–1266. doi:10.1126/science.1204076

Cheng, C. (2001). Assessing coping flexibility in real-life and laboratory settings: A multimethod approach. *Journal of Personality and Social Psychology, 80,* 814–833. doi:10.1037/0022-3514.80.5.814

Cheng, C. (2003). Cognitive and motivational processes underlying coping flexibility: A dual-process model. *Journal of Personality and Social Psychology, 84,* 425–438. doi:10.1037/0022-3514.84.2.425

Cheng, C., & Cheung, M. W. (2005). Cognitive processes underlying coping flexibility: Differentiation and integration. *Journal of Personality, 73,* 859–886. doi:10.1111/j.1467-6494.2005.00331.x

Cheng, C., Kogan, A., & Chio, J. H. M. (2012). The effectiveness of a new, coping flexibility intervention as compared with a cognitive–behavioural intervention in managing work stress. *Work & Stress, 26,* 272–288. doi:10.1080/02678373.2012.710369

Cheryan, S., & Bodenhausen, G. V. (2000). When positive stereotypes threaten intellectual performance: The psychological hazards of "model minority" status. *Psychological Science, 11,* 399–402. doi: 10.1111/1467-9280.00277

Chesler, P. (1997). *Women and madness* (25th Anniversary Edition). New York, NY: Four Walls Eight Windows.

Chi, K. R. (2009). Hit or miss? Genome-wide association studies have identified hundreds of genetic clues to disease. Kelly Rae Chi looks at three to see just how on-target the approach seems to be. *Nature, 461,* 712–714. doi:10.1038/461712a

Chiao, J. Y., & Blizinsky, K. D. (2010). Culture–gene coevolution of individualism–collectivism and the serotonin transporter gene. *Philosophical Transactions of the Royal Society of London. Series B, Biological Sciences, 277,* 529–537. doi:10.1098/rspb.2009.1650

Chittka, L. (1996). Does bee color vision predate the evolution of flower color? *Naturwissenschaften, 83,* 136–138. doi:10.1007/BF01142181

Chochon, F., Cohen, L., van de Moortele, P. F., & Dehaene, S. (1999). Differential contributions of the left and right inferior parietal lobules to number processing. *Journal of Cognitive Neuroscience, 11,* 617–630. doi:10.1162/089892999563689

Chodron, T. (1990). *Open heart, clear mind.* Ithaca, NY: Snow Lion Publications.

Chomsky, N. (1959). A review of B. F. Skinner's "Verbal Behavior." *Language, 35,* 26–58. doi:10.2307/411334

Chomsky, N. (1965). *Aspects of the theory of syntax.* Cambridge, MA: MIT Press.

Chomsky, N. (1980). *Rules and representations.* New York, NY: Columbia University Press.

Choy, Y., Fyer, A. J., & Lipsitz, J. D. (2007). Treatment of specific phobia in adults. *Clinical Psychology Review, 27,* 266–286. doi:10.1016/j.cpr.2006.10.002

Christensen, A., Sevier, M., Simpson, L., & Gattis, K. (2004). Acceptance, mindfulness, and change in couple therapy. In S. C. Hayes, V. M. Follette, & M. M. Linehan (Eds.), *Mindfulness and Acceptance: Expanding the Cognitive-Behavioral Tradition* (pp. 288–309). New York, NY: Guilford Press.

Christensen, K., Doblhammer, G., Rau, R., & Vaupel, J. W. (2009). Ageing populations: The challenges ahead. *The Lancet, 374,* 1196–1208. doi:10.1016/S0140-6736(09)61460-4

Cialdini, R. B. (2009). *Influence: Science and practice* (5th ed.). Boston, MA: Pearson Education.

Cialdini, R. B., & Goldstein, N. J. (2004). Social influence: Compliance and conformity. *Annual Review of Psychology, 55,* 591–621. doi:10.1146/annurev.psych.55.090902.142015

Clark, L., Averbeck, B., Payer, D., Sescousse, G., Winstanley, C. A., & Xue, G. (2013). Pathological choice: The neuroscience of gambling and gambling addiction. *The Journal of Neuroscience, 33,* 17617–17623. doi:10.1523/JNEUROSCI.3231-13.2013

Clift, S. M., & Hancox, G. (2001). The perceived benefits of singing: Findings from preliminary surveys of a university college choral society. *The Journal of the Royal Society for the Promotion of Health, 121,* 248–256. doi:10.1177/146642400112100409

Coffey, Wayne. (2005, March 13). Ghana: From rags to riches, *New York Daily News.* http://www.nydailynews.com/archives/sports/ghana-rags-to-riches-abandoned-child-disabled-cyclist-rises-poor-streets-west-africa-change-world-article-1.595793

Cohen, D., & Eisdorfer, C. (2001). *The loss of self: A family resource for the care of Alzheimer's disease and related disorders (Revised and updated ed.).* London, England: W. W. Norton and Company.

Cohen, J. (1992). A power primer. *Psychological Bulletin, 112,* 155–159.

Cohen, S., Janicki-Deverts, D., Chen, E., & Matthews, K. A. (2010). Childhood socioeconomic status and adult health. *Annals of the New York Academy of Sciences, 1186,* 37–55. doi:10.1111/j.1749-6632.2009.05334.x

Cohen, S., Tyrrell, D., & Smith, A. (1993). Negative life events, perceived stress, negative affect, and susceptibility to the common cold. *Journal of Personality and Social Psychology, 64,* 131–140. doi:10.1037/0022-3514.64.1.131

Cohen, S., & Wills, T. A. (1985). Stress, social support, and the buffering hypothesis. *Psychological Bulletin, 98,* 310–357. doi:10.1037/0033-2909.98.2.310

Cohn, J., Ambadar, Z., & Ekman, P. (2007). Observer-based measurement of facial expression with the Facial Action Coding System. In J. A. Coan & J. J. B. Allen (Eds.), *The Handbook of Emotion Elicitation and Assessment* (pp. 203–221). Series in affective science. New York, NY: Oxford University Press.

Cole, N. S. (1997). *The ETS gender study: How females and males perform in educational settings.* Princeton, NJ: Education Testing Service.

Cole, P. M., & Hall, S. E. (2008). Emotion dysregulation as a risk factor for psychopathology. In T. P. Beauchaine, & S. P. Hinshaw (Eds.), *Child and Adolescent Psychopathology* (pp. 265–298). Hoboken, NJ: John Wiley & Sons.

Cole, S. W. (2009). Social regulation of human gene expression. *Current Directions in Psychological Science, 18,* 132–137. doi:10.1111/j.1467-8721.2009.01623.x

Cole, S. W., Hawkley, L. C., Arevalo, J. M., Sung, C. Y., Rose, R. M., & Cacioppo, J. T. (2007). Social regulation of gene expression in human leukocytes. *Genome Biology, 8,* R189. doi:10.1186/gb-2007-8-9-r189

Cole, T. (2011). *Open city.* New York, NY: Random House.

Cole, W. G., Lingeman, J. M., & Adolph, K. E. (2012). Go naked: Diapers affect infant walking. *Developmental Science, 15,* 783–790. doi:10.1111/j.1467-7687.2012.01169.x

Coleman, P. D. (1963). An analysis of cues to auditory depth perception in free space. *Psychological Bulletin, 60,* 302–315. doi:10.1037/h0045716

Collins, A. M., & Loftus, E. F. (1975). A spreading-activation theory of semantic processing. *Psychological Review, 82,* 407–428. doi:10.1037//0033-295X.82.6.407

Collins, C. J., Hanges, P. J., & Locke, E. A. (2004). The relationship of achievement motivation to entrepreneurial behavior: A meta-analysis. *Human Performance, 17,* 95–117. doi:10.1207/S15327043HUP1701_5

Collins, W. A., Maccoby, E. E., Steinberg, L., Hetherington, E. M., & Bornstein, M. H. (2000). Contemporary research on parenting: The case for nature and nurture. *American Psychologist, 55,* 218–232. doi:10.1037/0003-066X.55.2.218

Colom, R., Rebollo, I., Palacios, A., Juan-Espinosa, M., & Kyllonen, P. (2004). Working memory is (almost) perfectly predicted by g. *Intelligence, 32,* 277–296. doi:10.1016/j.intell.2003.12.002

Comstock, G., & Paik, H. (1991). Television and the American child. San Diego, CA: Academic Press.

Conklin, C. Z., Bradley, R., & Westen, D. (2006). Affect regulation in borderline personality disorder. *The Journal of Nervous and Mental Disease, 194,* 69–77. doi:10.1097/01.nmd.0000198138.41709.4f

Conley, D. (2004). *The pecking order: Which siblings succeed and why.* New York, NY: Pantheon.

Cooley, C. H. (1902). *Human nature and the social order.* New York, NY: Scribner's.

Cooney, G. M., Dwan, K., Greig, C. A., Lawlor, D. A., Rimer, J., Waugh, F. R., . . . & Mead, G. E. (2013). Exercise for depression (Review). *Cochrane Database of Systematic Reviews, 12,* CD004366. doi:10.1002/14651858.CD004366.pub6

Cooper, H., Hedges, L. V., & Valentine, J. C. (Eds.). (2009). *Handbook of research synthesis and meta-analysis.* New York, NY: Russell Sage Foundation.

Coopersmith, S. (1967). *The antecedents of self-esteem.* San Francisco, CA: W. H. Freeman.

Copeland, W. E., Angold, A., Shanahan, L., & Costello, E. J. (2014). Longitudinal patterns of anxiety from childhood to adulthood: The great smoky mountains study. *Journal of the American Academy of Child and Adolescent Psychiatry, 53,* 21–33.

Coren, S. (1998, March). Sleep deprivation, psychosis and mental efficiency. *Psychiatric Times, 15*(3).

Corkin, S. (2002). What's new with the amnesic patient H. M.? *Nature Reviews Neuroscience, 3,* 153–60. doi:10.1038/nrn726

Corkin, S., Amaral, D. G., González, R. G., Johnson, K. A., & Hyman, B. T. (1997). H. M.'s medial temporal lobe lesion: Findings from magnetic resonance imaging. *The Journal of Neuroscience, 17,* 3964–3979.

Corr, P. (2004). Reinforcement sensitivity theory and personality. *Neuroscience and Biobehavioural Reviews, 28,* 317–332. doi:10.1016/j.neubiorev.2004.01.005

Cosmides, L. (1989). The logic of social exchange: Has natural selection shaped how humans reason? Studies with the Wason selection task. *Cognition, 31,* 187–276. doi:10.1016/0010-0277(89)90023-1

Cosmides, L., & Tooby, J. (1997). Evolutionary psychology: A primer. Retrieved from http://www.psych.ucsb.edu/research/cep/primer.html

Cosmides, L., & Tooby, J. (2013). Evolutionary psychology: New perspectives on cognition and motivation. *Annual Review of Psychology, 64,* 201–229. doi:10.1146/annurev.psych.121208.131628

Costa, P. T., Jr., & McCrae, R. R. (1992). *NEO-PI-R: Professional manual.* Odessa, FL: Psychological Assessment Resources.

Costandi, M. (2008, August 27). *Wilder Penfield, neural cartographer.* Retrieved from http://neurophilosophy.wordpress.com/2008/08/27/wilder_penfield_neural_cartographer/

Coury, C. (1967). The basic principles of medicine in the primitive mind. *Medical History, 11,* 111–127. doi:10.1017/S0025727300011972

Covington, M. V. (2000). Goal theory, motivation, and school achievement: An integrative review. *Annual Review of Psychology, 51,* 171–200. doi:10.1146/annurev.psych.51.1.171

Cowan, N. (2001). The magical number 4 in short-term memory: A reconsideration of mental storage capacity. *Behavioral and Brain Sciences, 24,* 87–114. doi:10.1017/S0140525X01003922

Cowan, N., Morey, C. C., & Chen, Z. (2007). The legend of the magical number seven. In S. Della Sala (Ed.), *Tall Tales about the Mind & Brain: Separating Fact from Fiction* (pp. 45–59). Oxford, U.K.: Oxford University Press. doi:10.1093/acprof:oso/9780198568773.003.0005

Cox, G. R., Callahan, P., Churchill, R., Hunot, V., Merry, S. N., Parker, A. G., & Hetrick, S. E. (2012). Psychological therapies versus antidepressant medication, alone and in combination for depression in children and adolescents (Review). *Cochrane Database of Systematic Reviews 2012, 11,* CD008324. doi:10.1002/14651858.CD008324.pub2

Coyne, S. M., Padilla-Walker, L. M., & Howard, E. (2013). Emerging in a digital world: A decade review of media use, effects, and gratifications in emerging adulthood. *Emerging Adulthood, 1,* 125–137. doi:10.1177/2167696813479782

Craik, F. I., & Tulving, E. (1975). Depth of processing and the retention of words in episodic memory. *Journal of Experimental Psychology: General, 104,* 268–294. doi:10.1037/0096-3445.104.3.268

Craik, F. I., & Watkins, M. J. (1973). The role of rehearsal in short-term memory. *Journal of Verbal Learning and Verbal Behavior, 12,* 599–607. doi:10.1016/S0022-5371(73)80039-8

Cramer, A. O., Sluis, S., Noordhof, A., Wichers, M., Geschwind, N., Aggen, S. H., . . . & Borsboom, D. (2012). Dimensions of normal personality as networks in search of equilibrium: You can't like parties if you don't like people. *European Journal of Personality, 26,* 414–431. doi:10.1002/per.1866

Cramer, A. O., Waldorp, L. J., van der Maas, H. L., & Borsboom, D. (2010). Comorbidity: A network perspective. *Behavioral and Brain Sciences, 33,* 137–150. doi:10.1017/S0140525X09991567

Crews, F. C. (1998). *Unauthorized Freud: Doubters confront a legend.* New York, NY: Viking.

Crick, A. (2009, November 4). Shot and awe. *The Sun.* Available from http://www.thesun.co.uk/sol/homepage/news/campaigns/our_boys/2711716/Shot-and-awe.html

Cruz, N., Sanchez-Moreno, J., Torres, F., Goikolea, J. M., Valentí, M., & Vieta, E. (2010). Efficacy of modern antipsychotics in placebo-controlled trials in bipolar depression: A meta-analysis. *The International Journal of Neuropsychopharmacology, 13,* 5–14. doi:10.1017/S1461145709990344

Csikszentmihalyi, M. (1990). *Flow: The psychology of optimal experience.* New York, NY: Harper Row.

Csikszentmihalyi, M., Larson, R., & Prescott, S. (1977). The ecology of adolescent activity and experience. *Journal of Youth and Adolescence, 6,* 281–294. doi:10.1007/BF02138940

Csikszentmihalyi, M., & LeFevre, J. (1989). Optimal experience in work and leisure. *Journal of Personality and Social Psychology, 56,* 815–822. doi:10.1037/0022-3514.56.5.815

Cuijpers, P., van Straten, A., Andersson, G., & van Oppen, P. (2008). Psychotherapy for depression in adults: A meta-analysis of comparative outcome studies. *Journal of Consulting and Clinical Psychology, 76,* 909–922. doi:10.1037/a0013075

Cuncic, A. (2010, January 28). What is Kim Basinger's experience with social anxiety? *About.com.* Retrieved from http://socialanxietydisorder.about.com/od/celebrieswithsad/p/kimbasinger.htm

Curcio, C. A., Sloan, K. R., Kalina, R. E., & Hendrickson, A. E. (1990). Human photoreceptor topography. *Journal of Comparative Neurology, 292,* 497–523. doi:10.1002/cne.902920402

Curtis, C. E., & D'Esposito, M. (2003). Persistent activity in the prefrontal cortex during working memory. *Trends in Cognitive Sciences, 7,* 415–423. doi:10.1016/S1364-6613(03)00197-9

Custer, R., & Aarts, H. (2010). The unconscious will: How the pursuit of goals operates outside of conscious awareness. *Science, 329,* 47–50. doi:10.1126/science.1188595

Cutrell, E., & Guan, Z. (2007, April). What are you looking for?: An eye-tracking study of information usage in web search. In *Proceedings of the SIGCHI Conference on Human Factors in Computing Systems* (pp. 407–416). New York, NY: ACM. doi:10.1145/1240624.1240690

Cutting, J. E. (2012). Gunnar Johansson, events, and biological motion. In K. Johnson & M. Shiffrar (Eds.), *Visual Perception of the Human Body in Motion.* New York, NY: Oxford University Press.

Cyranoski, D. (2011, October 31). More clues in the genetics of schizophrenia: Chinese researchers add three chromosomal regions to a slow-growing list of genetic links. *Nature News.* doi:10.1038/news.2011.620

Czeisler, C. A., Duffy, J., Shanahan, T., Brown, E., Mitchell, J., Rimmer, D., . . . & Kronauer, R. (1999). Stability, precision, and near-24-hour period of the human circadian pacemaker. *Science, 284,* 2177–2181. doi:10.1126/science.284.5423.2177

Czeisler, C. A., & Fryer, B. (2006). Sleep deficit: The performance killer. *Harvard Business Review, 94,* 53–59.

D'Argembeau, A., Feyers, D., Majerus, S., Collette, F., Van der Linden, M., Maquet, P., & Salmon, E. (2008). Self-reflection across time: Cortical midline structures differentiate between present and past selves. *Social Cognitive and Affective Neuroscience, 3*, 244–252. doi:10.1093/scan/nsn020

D'Argembeau, A., Stawarczyk, D., Majerus, S., Collette, F., Van der Linden, M., Feyers, D., . . . & Salmon, E. (2010). The neural basis of personal goal processing when envisioning future events. *Journal of Cognitive Neuroscience, 22*, 1701–1713. doi:10.1162/jocn.2009.21314

Dalai Lama, & Cutler, H. C. (1998). *The art of happiness*. New York, NY: Riverhead Books.

Damasio, A. R. (1994). *Descartes' error: Emotion, reason, and the human brain*. New York, NY: Grosset/Putnam.

Damasio, H., Grabowski, T., Frank, R., Galaburda, A. M., & Damasio, A. R. (1994). The return of Phineas Gage: Clues about the brain from the skull of a famous patient. *Science, 264*, 1102–1105. doi:10.1126/science.8178168

Damisch, L., Stoberock, B., & Mussweiler, T. (2010). Keep your fingers crossed! How superstition improves performance. *Psychological Science, 21*, 1014–1020. doi:10.1177/0956797610372631

Daniels, H., Cole, M., & Wertsch, J. V. (Eds.). (2007). *The Cambridge companion to Vygotsky*. New York, NY: Cambridge University Press. doi:10.1017/CCOL0521831040

Danziger, K. (2008). *Marking the mind: A history of memory*. Cambridge, UK: Cambridge University Press. doi:10.1017/CBO9780511810626

Darley, J., & Latané, B. (1968). Bystander intervention in emergencies: Diffusion of responsibility. *Journal of Personality and Social Psychology, 8*, 377–383. doi:10.1037/h0025589

Darwin, C. (1872). *The expression of emotions in man and animals*. New York, NY: Philosophical Library. doi:10.1037/10001-000

Daugman, J. (2001). Brain metaphor and brain theory. In W. Bechtel, P. Mandik, J. Mundale, & R. S. Stufflebeam (Eds.), *Philosophy and the neurosciences: A reader* (pp. 23–36). Oxford, England: Blackwell Publishers.

Daum, I., Ackermann, H., Schugens, M. M., Reimold, C., Dichgans, J., & Birbaumer, N. (1993). The cerebellum and cognitive functions in humans. *Behavioral Neuroscience, 107*, 411–419. doi:10.1037/0735-7044.107.3.411

Davis, B. P., & Knowles, E. S. (1999). A disrupt-then-reframe technique of social influence. *Journal of Personality and Social Psychology, 76*, 192–199. doi:10.1037/0022-3514.76.2.192

Davis, J. (2011, July/August). The persecution of Daniel Lee. *Stanford Magazine*. Retrieved from http://alumni.stanford.edu/get/page/magazine/article/?article_id=40913

Dawood, K., Bailey, J. M., & Martin, N. G. (2009). Genetic and environmental influences on sexual orientation. In Y.-K. Kim (Ed.), *Handbook of Behavior Genetics* (pp. 269–279). New York, NY: Springer New York. doi:10.1007/978-0-387-76727-7_19

de Araujo, I. E., & Simon, S. A. (2009). The gustatory cortex and multisensory integration. *International Journal of Obesity, 33*, S34–S43. doi:10.1038/ijo.2009.70

De Beaumont, L., Tremblay, S., Poirier, J., Lassonde, M., & Théoret, H. (2012). Altered bidirectional plasticity and reduced implicit motor learning in concussed athletes. *Cerebral Cortex, 22*, 112–121. doi:10.1093/cercor/bhr096

de Maat, S., de Jonghe, F., Schoevers, R., & Dekker, J. (2009). The effectiveness of long-term psychoanalytic therapy: A systematic review of empirical studies. *Harvard Review of Psychiatry, 17*, 1–23. doi:10.1080/10673220902742476

De Martino, B., Camerer, C. F., & Adolphs, R. (2010). Amygdala damage eliminates monetary loss aversion. *Proceedings of the National Academy of Sciences of the United States of America, 107*, 3788–3792. doi:10.1073/pnas.0910230107

Deary, I. J. (2001). *Intelligence: A very short introduction*. Oxford, UK: Oxford University Press. doi:10.1093/actrade/9780192893215.001.0001

Deary, I. J., Penke, L., & Johnson, W. (2010). The neuroscience of human intelligence differences. *Nature Reviews Neuroscience, 11*, 201–211. doi:10.1038/nrn2793

Deary, I. J., Strand, S., Smith, P., & Fernandes, C. (2007). Intelligence and educational achievement. *Intelligence, 35*, 13–21. doi:10.1016/j.intell.2006.02.001

Deater-Deckard, K., Pike, A., Petrill, S. A., Cutting, A. L., Hughes, C., & O'Connor, T. G. (2001). Fast-Track Report: Nonshared environmental processes in social-emotional development: An observational study of identical twin differences in the preschool period. *Developmental Science, 4*, F1–F6. doi:10.1111/1467-7687.00157

Deci, E. L., Koestner, R., & Ryan, R. M. (1999). A meta-analytic review of experiments examining the effects of extrinsic rewards on intrinsic motivation. *Psychological Bulletin, 125*, 627–668. doi:10.1037/0033-2909.125.6.627

Degnan, K. A., Henderson, H. A., Fox, N. A., & Rubin, K. H. (2008). Predicting social wariness in middle childhood: The moderating roles of childcare history, maternal personality and maternal behavior. *Social Development, 17*, 471–487. doi:10.1111/j.1467-9507.2007.00437.x

Dehaene, S. (2004). Evolution of human cortical circuits for reading and arithmetic: The "neuronal recycling" hypothesis. In S. Dehaene, J. R. Duhamel, M. Hauser & G. Rizzolatti (Eds.), *From Monkey Brain to Human Brain* (pp. 133–157). Cambridge, MA: MIT Press.

Dehaene, S., & Naccache, L. (2001). Towards a cognitive neuroscience of consciousness: Basic evidence and a workspace framework. *Cognition, 79*, 1–37. doi:10.1016/S0010-0277(00)00123-2

DeKay, W. T., & Buss, D. M. (1992). Human nature, individual differences, and the importance of context: Perspectives from evolutionary psychology. *Current Directions in Psychological Science, 1*, 184–189. doi:10.1111/1467-8721.ep10770389

Dement, W. C. (1978). *Some must watch while some must sleep: Exploring the world of sleep*. New York, NY: Norton.

Dennett, D. C. (1991). *Consciousness explained*. Boston, MA: Little Brown.

Dennett, D. C. (1995). *Darwin's dangerous idea: Evolution and the meanings of life*. New York, NY: Simon & Schuster.

Dennett, D. C. (2003). *Freedom evolves*. New York, NY: Viking.

Dennett, D., & Kinsbourne, M. (1992). Time and the observer: The where and when of consciousness in the brain. *Behavioral and Brain Sciences, 15*, 183–247. doi:10.1017/S0140525X00068229

Denzin, N. K. & Lincoln, Y. S. (Eds.). (2011). *The Sage handbook of qualitative research* (4th ed.). Thousand Oaks, CA: Sage.

Department of Homeland Security. (2008, February 25). *Privacy impact assessment for the experimental testing of Project Hostile Intent technology* (DHS Publication No. DHS/S&T/PIA-005). Retrieved from http://www.dhs.gov/xlibrary/assets/privacy/privacy_pia_st_phi.pdf

Department of Homeland Security. (2011, December 21). *Privacy impact assessment update for the Future Attribute Screening Technology (FAST)/passive methods for precision behavioral screening* (DHS Publication No. DHS/S&T/PIA-012(a)). Retrieved from http://www.dhs.gov/xlibrary/assets/privacy/privacy_pia_st_fast-a.pdf

Devilbiss, D. M., & Berridge, C. W. (2008). Cognition-enhancing doses of methylphenidate preferentially increase prefrontal cortex neuronal responsiveness. *Biological Psychiatry, 64*, 626–635. doi:10.1016/j.biopsych.2008.04.037

Devine, P. G. (1989). Stereotypes and prejudice: Their automatic and controlled components. *Journal of Personality and Social Psychology, 56*, 5–18. doi:10.1037//0022-3514.56.1.5

Dickerson, F. B., Sommerville, J., Origoni, A. E., Ringel, N. B., & Parente, F. (2002). Experiences of stigma among outpatients with schizophrenia. *Schizophrenia Bulletin, 28,* 143–155. doi:10.1093/oxfordjournals.schbul.a006917

Dickinson, D., Bellack, A. S., & Gold, J. M. (2007). Social/communication skills, cognition, and vocational functioning in schizophrenia. *Schizophrenia Bulletin, 33,* 1213–1220. doi:10.1093/schbul/sbl067

Diener, E., Tay, L., & Oishi, S. (2013). Rising income and the subjective well-being of nations. *Journal of Personality and Social Psychology, 104,* 267–276. doi:10.1037/a0030487

Dobson, K. S. (1989). A meta-analysis of the efficacy of cognitive therapy for depression. *Journal of Consulting and Clinical Psychology, 57,* 414–419. doi:10.1037/0022-006X.57.3.414

Doherty, S. T., Lemieux, C. J., & Canally, C. (2014). Tracking human activity and well-being in natural environments using wearable sensors and experience sampling. *Social Science & Medicine, 106,* 83–92. doi:10.1016/j.socscimed.2014.01.048

Domhoff, G. W. (2005). Refocusing the neurocognitive approach to dreams: A critique of the Hobson versus Solms debate. *Dreaming, 15,* 3–20. doi:10.1037/1053-0797.15.1.3

Domjan, M., & Galef, B. G. (1983). Biological constraints on instrumental and classical conditioning: Retrospect and prospect. *Animal Learning & Behavior, 11,* 151–161. doi:10.3758/BF03199643

Downing, P. E. (2000). Interactions between visual working memory and selective attention. *Psychological Science, 11,* 467–473. doi:10.1111/1467-9280.00290

Doyle, A. C. (2007). *The Treasury of Sherlock Holmes.* Radford, VA: Wilder Publications.

Draganski, B., Gaser, C., Busch, V., Schuierer, G., Bogdahn, U., & May, A. (2004). Changes in grey matter induced by training. *Nature, 427,* 311–312. doi:10.1038/427311a

Dreifus, C. (2007, April 3). Finding hope in knowing the universal capacity for evil: A conversation with Philip G. Zimbardo. *The New York Times.* Retrieved from http://www.nytimes.com/2007/04/03/science/03conv.html

Dreifus, C. (2012, March 5). A quest to understand how memory works: A conversation with Eric R. Kandel. *The New York Times.* Retrieved from http://www.nytimes.com/2012/03/06/science/a-quest-to-understand-how-memory-works.html

Dreissen, Y. E., Bakker, M. J., Koelman, J. H., & Tijssen, M. A. (2012). Exaggerated startle reactions. *Clinical Neurophysiology, 123,* 34–44. doi:10.1016/j.clinph.2011.09.022

Dreyfus, G., & Thompson, E. (2007). Asian perspectives: Indian theories of mind. In P. D. Zelazo, M. Moscovitch, and E. Thompson (Eds.), *The Cambridge Handbook of Consciousness* (pp. 89–114). New York, NY: Cambridge University Press. doi:10.1017/CBO9780511816789.006

Dronkers, N. F., Plaisant, O., Iba-Zizen, M. T., & Cabanis, E. A. (2007). Paul Broca's historic cases: High resolution MR imaging of the brains of Leborgne and Lelong. *Brain, 130,* 1432–1441. doi:10.1093/brain/awm042

Drury, J. (2004). No need to panic. *The Psychologist, 3,* 118–119.

Drury, J., & Cocking, C. (2007). *The mass psychology of disasters and emergency evacuations: A research report and implications for practice.* Unpublished manuscript. University of Sussex, Brighton. Retrieved from http://www.sussex.ac.uk/affiliates/panic/Disasters%20and%20emergency%20evacuations%20%282007%29.pdf

Duan, J., Sanders, A. R., & Gejman, P. V. (2010). Genome-wide approaches to schizophrenia. *Brain Research Bulletin, 83,* 93–102. doi:10.1016/j.brainresbull.2010.04.009

Duckworth, A. L., & Seligman, M. E. P. (2005). Self-discipline outdoes IQ in predicting academic performance of adolescents. *Psychological Science, 16,* 939–944. doi:10.1111/j.1467-9280.2005.01641.x

Dudai, Y. (1988). Neurogenetic dissection of learning and short-term memory in *Drosophila. Annual Review of Neuroscience, 11,* 537–563. doi:10.1146/annurev.ne.11.030188.002541

Duffy, E. (1934). Emotion: An example of the need for reorientation in psychology. *Psychological Review, 41,* 184–198. doi:10.1037/h0074603

DuMont, K. A., Widom, C. S., & Czaja, S. J. (2007). Predictors of resilience in abused and neglected children grown-up: The role of individual and neighborhood characteristics. *Child Abuse & Neglect, 31,* 255–274. doi:10.1016/j.chiabu.2005.11.015

Durham, W. H. (1991). *Co-evolution: Genes, culture and human diversity.* Stanford, CA: Stanford University Press.

Duritz, A. (2008, April 17). The lonely disease: Counting Crows front man Adam Duritz reveals how he battled a debilitating mental disorder to record the best music of his career—and reclaim his life. *Men's Health.* Retrieved from http://www.menshealth.com/health/mental-illness

Dutton, D. G., & Aron, A. P. (1974). Some evidence for heightened sexual attraction under conditions of high anxiety. *Journal of Personality and Social Psychology, 30,* 510–517. doi:10.1037/h0037031

Dweck, C. S. (1986). Motivational processes affecting learning. *American Psychologist, 41,* 1040–1048. doi:10.1037/0003-066X.41.10.1040

Dweck, C. S. (2006). *Mindset: The new psychology of success.* New York, NY: Random House.

Dzierzewski, J. M., O'Brien, E. M., Kay, D., & McCrae, C. S. (2010). Tackling sleeplessness: Psychological treatment options for insomnia in older adults. *Nature and Science of Sleep, 2,* 47–61. doi:10.2147/NSS.S7064

Eagly, A., & Wood, W. (1999). The origins of sex differences in human behavior: Evolved dispositions versus social roles. *American Psychologist, 54,* 408–423. doi:10.1037/0003-066X.54.6.408

Eagly, A. H., Johannesen-Schmidt, M. C., & van Engen, M. L. (2003). Transformational, transactional, and laissez-faire leadership styles: A meta-analysis comparing women and men. *Psychological Bulletin, 129,* 569–591. doi:10.1037/0033-2909.129.4.569

Easwaran, E. (1997). *Gandhi the man: The story of his transformation.* Berkeley, CA: The Blue Mountain Center of Meditation.

Eaves, L., Heath, A., Martin, N., Maes, H., Neale, M., Kendler, K., . . . & Corey, L. (1999). Comparing the biological and cultural inheritance of personality and social attitudes in the Virginia 30 000 study of twins and their relatives. *Twin Research, 2,* 62–80.

Echeverría, J., & Niemeyer, H. M. (2013). Nicotine in the hair of mummies from San Pedro de Atacama (Northern Chile). *Journal of Archaeological Science, 40,* 3561–3568. doi:10.1016/j.jas.2013.04.030

Ecker, B., Ticic, R., & Hulley, L. (2012). *Unlocking the emotional brain: Eliminating symptoms at their roots using memory reconsolidation.* New York, NY: Routledge.

Edelman, G. M. (2003). Naturalizing consciousness: A theoretical framework. *Proceedings of the National Academy of Sciences of the United States of America, 100,* 5520–5524. doi:10.1073/pnas.0931349100

Edelman, G. M., & Tononi, G. (2000). *A universe of consciousness: How matter becomes imagination.* New York, NY: Basic Books.

Education: Ginny and Gracie go to school. (1979, December 10). *Time.* Retrieved from http://www.time.com/time/magazine/article/0,9171,912582,00.html

Ehrlich, P. R. (2000). *Human natures: Genes, cultures, and the human prospect.* New York, NY: Penguin Books.

Eisenberg N. (2012). Temperamental effortful control (self-regulation) (Revised ed.). In R. E. Tremblay, M. Boivin, & R. DeV. Peters (Eds.), M. K. Rothbart (Topic Ed.), *Encyclopedia on Early Childhood Development* [online]. Montreal, Quebec: Centre of Excellence for Early Childhood Development and Strategic Knowledge Cluster on Early Child Development. Retrieved from http://www.child-encyclopedia.com/documents/EisenbergANGxp2-Temperament.pdf

Ekman, P. (1993). Facial expression and emotion. *American Psychologist, 48,* 376–379. doi:10.1037/0003-066X.48.4.384

Ekman, P. (2003). Darwin, deception, and facial expression. In P. Ekman, J. J. Campos, R. J. Davidson, & F. B. M. de Waal (Eds.), *Emotions Inside Out: 130 Years after Darwin's: The Expression of the Emotions in Man and Animals* (pp. 205–221). New York, NY: New York Academy of Sciences.

Ekman, P., & Friesen, W. (1971). Constants across cultures in the face and emotion. *Journal of Personality and Social Psychology, 17,* 124–129. doi:10.1037/h0030377

Ekman, P., O'Sullivan, M., & Frank, M. G. (1999). A few can catch a liar. *Psychological Science, 10,* 263–266. doi:10.1111/1467-9280.00147

Elgie, R., Amerongen, A. P. V., Byrne, P., D'Arienzo, S., Hickey, C., Lambert, M., . . . & Sappia, S. (2005, May). *Discover the road ahead: Support and guidance for everyone affected by schizophrenia* [Booklet]. Leopardstown, Ireland: Bristol-Myers Squibb and Otsuka Pharmaceuticals Europe Ltd.

Eliot, L. (1999). *What's going on in there? How the brain and mind develop in the first five years of life.* New York, NY: Bantam.

Elkins D. N. (2009). *Humanistic psychology: A clinical manifesto: A critique of clinical psychology and the need for progressive alternatives.* Colorado Springs, CO: University of the Rockies Press.

Elliot, A. J., & Sheldon, K. M. (1997). Avoidance achievement motivation: A personal goals analysis. *Journal of Personality and Social Psychology, 73,* 171–185. doi:10.1037/0022-3514.73.1.171

Elliot, S. M. (2009, August 20). The lady vanishes part I: Agatha Christie. *Swallowing the Camel.* Retrieved from http://swallowingthecamel.blogspot.com/2009/08/lady-vanishes-part-i-agatha-christie_20.html

Ellis, A., & Dryden, W. (1997). *The practice of rational emotive behavior therapy.* New York, NY: Springer Publishing.

Ellsworth, P. C., & Scherer, K. R. (2003). Appraisal processes in emotion. In R. J. Davidson, K. R. Scherer, & H. H. Goldsmith (Eds.), *Handbook of Affective Sciences* (pp. 572–595). New York, NY: Oxford University Press. doi:10.1037/1528-3542.3.1.81

Elman, J. L. (1991). Distributed representations, simple recurrent networks, and grammatical structure. *Machine Learning, 7,* 195–225. doi:10.1007/BF00114844

Elman, J. L., Bates, E. A., Johnson, M. H., Karmiloff-Smith, A., Parisi, D., & Plunkett, K. (1996). *Rethinking innateness: A connectionist perspective on development.* Cambridge, MA: MIT Press.

Emmons, R. A. (2005). Striving for the sacred: Personal goals, life meaning, and religion. *Journal of Social Issues, 61,* 731–745. doi:10.1111/j.1540-4560.2005.00429.x

Emmons, R. A., & King, L. A. (1988). Conflict among personal strivings: Immediate and long-term implications for psychological and physical well-being. *Journal of Personality and Social Psychology, 54,* 1040–1048. doi:10.1037/0022-3514.54.6.1040

Emsley, R., Chiliza, B., Asmal, L., & Harvey, B. H. (2013). The nature of relapse in schizophrenia. *BMC Psychiatry, 13,* 50–57. doi:10.1186/1471-244X-13-50

Engle, R. (2002). Working memory capacity as executive attention. *Current Directions in Psychological Science, 11,* 19–23. doi:10.1111/1467-8721.00160

Engle, R. W., Tuholski, S. W., Laughlin, J. E., & Conway, A. R. A. (1999). Working memory, short-term memory, and general fluid intelligence: A latent-variable approach? *Journal of Experimental Psychology: General, 128,* 309–331. doi:10.1037/0096-3445.128.3.309

Enns, M. W., Cox, B. J., & Clara, I. (2002). Adaptive and maladaptive perfectionism: Developmental origins and association with depression proneness. *Personality and Individual Differences, 33,* 921–935. doi:10.1016/S0191-8869(01)00202-1

Epel, E. S., Blackburn, E. H., Lin, J., Dhabhar, F. S., Adler, N. E., Morrow, J. D., & Cawthon, R. M. (2004). Accelerated telomere shortening in response to life stress. *Proceedings of the National Academy of Sciences of the United States of America, 101,* 17312–17315. doi:10.1073/pnas.0407162101

Epstein, S. (1979). The stability of behavior: I. On predicting most of the people much of the time. *Journal of Personality and Social Psychology, 37,* 1097–1126. doi:10.1037/0022-3514.37.7.1097

Eranti, S. V., Maccabe, J. H., Bundy, H., & Murray, R. M. (2013). Gender difference in age at onset of schizophrenia: A meta-analysis. *Psychological Medicine, 43,* 155–167. doi:10.1017/S003329171200089X

Erdelyi, M. H. (1985). *Psychoanalysis: Freud's cognitive psychology.* New York, NY: W. H. Freeman.

Erickson, K. I., Voss, M. W., Prakash, R. S., Basak, C., Szabo, A., Chaddock, L., . . . & Kramer, A. F. (2011). Exercise training increases size of hippocampus and improves memory. *Proceedings of the National Academy of Sciences, 108,* 3017–3022. doi:10.1073/pnas.1015950108

Ericsson, K. A., & Simon, H. (1984). *Protocol analysis: Verbal reports as data.* Cambridge, MA: MIT Press.

Erikson, E. (1950). *Childhood and society.* New York, NY: Norton.

Erikson, E. H. (1959). Identity and the life cycle: Selected papers. *Psychological Issues, 1,* 1–171.

Erikson, E. H. (1963). *Childhood and society* (2nd ed.). New York, NY: W. W. Norton.

Ermer, E., Guerin, S. A., Cosmides, L., Tooby, J., & Miller, M. B. (2006). Theory of mind broad and narrow: Reasoning about social exchange engages ToM areas, precautionary reasoning does not. *Social Neuroscience, 1,* 196–219. doi:10.1080/17470910600989771

Esser, J. K. (1998). Alive and well after 25 years: A review of groupthink research. *Organizational Behavior and Human Decision Processes, 73,* 116–141. doi:10.1006/obhd.1998.2758

Estroff, S. E. (1989). Self, identity, and subjective experiences of schizophrenia. *Schizophrenia Bulletin, 15,* 189–196. doi:10.1093/schbul/15.2.189

Evans, N., & Levinson, S. C. (2009). The myth of language universals: Language diversity and its importance for cognitive science. *The Behavioral and Brain Sciences, 32,* 429–448; discussion 448–494. doi:10.1017/S0140525X0999094X

Everett, G. E., Olmi, D. J., Edwards, R. P., Tingstrom, D. H., Sterling-Turner, H. E., & Christ, T. J. (2007). An empirical investigation of time-out with and without escape extinction to treat escape-maintained noncompliance. *Behavior Modification, 31,* 412–434. doi:10.1177/0145445506297725

Everitt, B. J., Belin, D., Economidou, D., Pelloux, Y., Dalley, J. W., & Robbins, T. W. (2008). Neural mechanisms underlying the vulnerability to develop compulsive drug-seeking habits and addiction. *Philosophical Transactions of the Royal Society of London. Series B, Biological Sciences, 363,* 3125–3135. doi:10.1098/rstb.2008.0089

Eysenck, H. J. (1970). *The structure of personality* (3rd edition). London, England: Methuen.

Eysenck, H. J. (1972). *Psychology is about people.* New York, NY: Library Press.

Eysenck, M. W. (2013). Social anxiety and performance. In D. Cervone, M. Fajkowska, M. W. Eysenck, & T. Maruszewski, T. (Eds.), *Personality Dynamics: Meaning Construction, the Scial World, and the Embodied Mind* (pp. 125–140). Warsaw Lectures in Personality and Social Psychology. Clinton Corners, NY: Eliot Werner Publications.

Fagan, P. J., Wise, T. N., Schmidt, C. W., & Berlin, F. S. (2002). Pedophilia. *Journal of the American Medical Association, 288,* 2458–2465. doi:10.1001/jama.288.19.2458

Fair, D. A., Cohen, A. L., Power, J. D., Dosenbach, N. U., Church, J. A., Miezin, F. M., . . . & Petersen, S. E. (2009). Functional brain networks develop from a "local to distributed" organization. *PLoS Computational Biology, 5*, e1000381. doi:10.1371/journal.pcbi.1000381

Fancher, R. E. (1979). *Pioneers of psychology*. New York: Norton.

Fantegrossi, W. E., Murnane, K. S., & Reissig, C. J. (2008). The behavioral pharmacology of hallucinogens. *Biochemical Pharmacology, 75*, 17–33. doi:10.1016/j.bcp.2007.07.018

Farah, M. J. (1984). The neurological basis of mental imagery: A componential analysis. *Cognition, 18*, 245–272. doi:10.1016/0010-0277(84)90026-X

Farrell, H. M. (2011). Dissociative identity disorder: Medicolegal challenges. *Journal of the American Academy of Psychiatry and the Law Online, 39*, 402–406.

Fedorenko, E., & Kanwisher, N. (2009). Neuroimaging of language: Why hasn't a clearer picture emerged? *Language and Linguistics Compass, 3*, 839–865. doi:10.1111/j.1749-818X.2009.00143.x

Feero, W. G., Guttmacher, A. E., & Collins, F. S. (2010). Genomic medicine—An updated primer. *New England Journal of Medicine, 362*, 2001–2011. doi:10.1056/NEJMra0907175

Feinstein, J. S., Adolphs, R., Damasio, A., & Tranel, D. (2011). The human amygdala and the induction and experience of fear. *Current Biology, 21*, 34–38. doi:10.1016/j.cub.2010.11.042

Feng, S., D'Mello, S., & Graesser, A. C. (2013). Mind wandering while reading easy and difficult texts. *Psychonomic Bulletin & Review, 20*, 586–592. doi:10.3758/s13423-012-0367-y

Ferster, C. B., & Skinner, B. F. (1957). *Schedules of reinforcement*. New York, NY: Appleton-Century-Crofts. doi:10.1037/10627-000

Festinger, L., & Carlsmith, J. M. (1959). Cognitive consequences of forced compliance. *The Journal of Abnormal and Social Psychology, 58*, 203–210. doi:10.1037/h0041593

Festinger, L., Pepitone, A., & Newcomb, T. (1952). Some consequences of de-individuation in a group. *The Journal of Abnormal and Social Psychology, 47*, 382–389. doi:10.1037/h0057906

Festinger, L., Schachter, S., & Back, K. W. (1950). *Social pressures in informal groups: A study of human factors in housing* (No. 3). Stanford, CA: Stanford University Press.

Fields, R. D. (Ed.). (2008). *Beyond the synapse: Cell–cell signaling in synaptic plasticity*. Cambridge, UK: Cambridge University Press.

Fields, R. D., & Ni, Y. (2010). Nonsynaptic communication through ATP release from volume-activated anion channels in axons. *Science Signaling, 3*, ra73. doi:10.1126/scisignal.2001128

Fincher, C. L., Thornhill, R., Murray, D. R., & Schaller, M. (2008). Pathogen prevalence predicts human cross-cultural variability in individualism/collectivism. *Philosophical Transactions of the Royal Society of London. Series B, Biological Sciences, 275*, 1279–1285. doi:10.1098/rspb.2008.0094

Finkel, E. J., & Eastwick, P. W. (in press). Interpersonal attraction: In search of a theoretical rosetta stone. In J. A. Simpson & J. F. Dovidio (Eds.), *Handbook of Personality and Social Psychology: Interpersonal Relations and Group Processes*. Washington, DC: American Psychological Association.

Firestein, S. (2001). How the olfactory system makes sense of scents. *Nature, 413*, 211–218. doi:10.1038/35093026

Fisher, C. (2008). *Wishful drinking*. New York, NY: Simon and Schuster.

Fiske, S. T. (2009). *Social beings: Core motives in social psychology* (2nd ed.). Hoboken, NJ: John Wiley & Sons.

Fitch, W. T., Hauser, M. D., & Chomsky, N. (2005). The evolution of the language faculty: Clarifications and implications. *Cognition, 97*, 179–210; discussion 211–225. doi:10.1016/j.cognition.2005.02.005

Fitzgerald, M. (2010). The lost domain of pain. *Brain, 133*, 1850–1854. doi:10.1093/brain/awq019

Fitzpatrick, S. M., Kaye, Q., Feathers, J., Pavia, J. A., & Marsaglia, K. M. (2009). Evidence for inter-island transport of heirlooms: Luminescence dating and petrographic analysis of ceramic inhaling bowls from Carriacou, West Indies. *Journal of Archaeological Science, 36*, 596–606. doi:10.1016/j.jas.2008.08.007

Fitzsimons, G. M., Chartrand, T. L., & Fitzsimons, G. J. (2008). Automatic effects of brand exposure on motivated behavior: How Apple makes you "think different." *Journal of Consumer Research, 35*, 21–35. doi:10.1086/527269

Flanagan, J. R., & Beltzner, M. A. (2000). Independence of perceptual and sensorimotor predictions in the size–weight illusion. *Nature Neuroscience, 3*, 737–741. doi:10.1038/76701

Flavell, J. H. (1963). *The developmental psychology of Jean Piaget*. The university series in psychology. Princeton, NJ: D Van Nostrand. doi:10.1037/11449-000

Flavell, J. H. (1996). Piaget's legacy. *Psychological Science, 7*, 200–203. doi:10.1111/j.1467-9280.1996.tb00359.x

Flavell, J. H., & Markman, E. M. (Eds.). (1983). *Handbook of child psychology: Cognitive development* (Vol. 3). New York, NY: Wiley.

Fleeson, W. (2001). Toward a structure- and process-integrated view of personality: Traits as density distributions of states. *Journal of Personality and Social Psychology, 80*, 1011–1027. doi:10.1037/0022-3514.80.6.1011

Floderus-Myrhed, B., Pedersen, N., & Rasmuson, I. (1980). Assessment of heritability for personality, based on a short-form of the Eysenck Personality Inventory: A study of 12,898 twin pairs. *Behavior Genetics, 10*, 153–162. doi:10.1007/BF01066265

Flynn, J. R. (1987). Massive IQ gains in 14 nations: What IQ tests really measure. *Psychological Bulletin, 101*, 171–191. doi:10.1037/0033-2909.101.2.171

Flynn, J. R. (1999). Searching for justice: The discovery of IQ gains over time. *American Psychologist, 54*, 5–20. doi:10.1037/0003-066X.54.1.5

Foa, E. B., Keane, T. M., & Friedman, M. J. (2000). Guidelines for treatment of PTSD. *Journal of Traumatic Stress, 13*, 539–588. doi:10.1023/A:1007802031411

Foa, E. B., & Kozak, M. J. (1986). Emotional processing of fear: Exposure to corrective information. *Psychological Bulletin, 99*, 20–35. doi:10.1037/0033-2909.99.1.20

Fodor, J. (1983). *The modularity of mind: An essay on faculty psychology*. Cambridge, MA: MIT Press.

Fodor J, & Piatelli-Palmerini M. (2010). *What Darwin got wrong*. New York, NY: Farrar, Straus and Giroux.

Foley, W. A. (1997). *Anthropological linguistics*. Oxford, UK: Blackwell Publishing Ltd.

Folkman, S., & Moskowitz, J. T. (2004). Coping: Pitfalls and promise. *Annual Review of Psychology, 55*, 27.1–27.30. doi:10.1146/annurev.psych.55.090902.141456

Folley, B. S., & Park, S. (2005). Verbal creativity and schizotypal personality in relation to prefrontal hemispheric laterality: A behavioral and near-infrared optical imaging study. *Schizophrenia Research, 80*, 271–282. doi:10.1016/j.schres.2005.06.016

Food and Drug Administration. (2007). *Medicines in my home: Caffeine and your body*. Retrieved from http://www.fda.gov/downloads/UCM200805.pdf

Foucault, M. (1965). *Madness and civilization* (R. Howard, Trans.). New York, NY: Pantheon.

Fouche, G., & Klesty, V. (2011, November 29). Norwegian mass killer ruled insane, likely to avoid. Reuters. Retrieved from http://www.reuters.com/article/2011/11/29/us-norway-killer-idUSTRE7AS0PY20111129

Fournier, J. C., DeRubeis, R. J., Hollon, S. D., Dimidjian, S, Amsterdam, J. D., Shelton, R. C., & Fawcett, J. (2010). Antidepressant drug effects and depression severity: A patient-level meta-analysis. *Journal of the American Medical Association, 303*(1): 47–53. doi:10.1001/jama.2009.1943.

Fowler, K. A., & Lilienfeld, S. O. (2007). The psychopathy Q-sort: Construct validity evidence in a nonclinical sample. *Assessment, 14,* 75–79. doi:10.1177/1073191106290792

Fowles, D. C. (1992). Schizophrenia: Diathesis-stress revisited. *Annual Review of Psychology, 43,* 303–336. doi:10.1146/annurev.ps.43.020192.001511

Fox, J., & Bailenson, J. N. (2009). Virtual self-modeling: The effects of vicarious reinforcement and identification on exercise behaviors. *Media Psychology, 12,* 1–25. doi:10.1080/15213260802669474

Fox, K. C. R., Nijeboer, S., Solomonova, E., Domhoff, G. W., & Christoff, K. (2013). Dreaming as mind wandering: Evidence from functional neuroimaging and first-person content reports. *Frontiers in Human Neuroscience, 7,* 412. doi:10.3389/fnhum.2013.00412

Fox, M. C., Ericsson, K. A., & Best, R. (2011). Do procedures for verbal reporting of thinking have to be reactive? A meta-analysis and recommendations for best reporting methods. *Psychological Bulletin, 137,* 316–344. doi:10.1037/a0021663

Fox, N. A., Henderson, H. A., Rubin, K. H., Calkins, S. D., & Schmidt, L. A. (2001). Continuity and discontinuity of behavioral inhibition and exuberance: Psychophysiological and behavioral influences across the first four years of life. *Child Development, 72,* 1–21. doi:10.1111/1467-8624.00262

Fraley, R. C., & Shaver, P. R. (2000). Adult romantic attachment: Theoretical developments, emerging controversies, and unanswered questions. *Review of General Psychology, 4,* 132–154. doi:10.1037/1089-2680.4.2.132

Frank, A. (1952). *Anne Frank: The diary of a young girl.* New York, NY: Doubleday & Co.

Frank, M. G. (2011). The ontogeny and function(s) of REM sleep. In B. N. Mallick, S. R. Pandi-Perumal, R. W. McCarley, & A. R. Morrison (Eds.), *Rapid Eye Movement Sleep: Regulation and Function.* Cambridge, UK: Cambridge University Press. doi:10.1017/CBO9780511921179.008

Frank, M. G., & Ekman, P. (1997). The ability to detect deceit generalizes across different types of high-stake lies. *Journal of Personality and Social Psychology, 72,* 1429–1439. doi:10.1037/0022-3514.72.6.1429

Frank, R. G., & Glied, S. A. (2006). *Better but not well: Mental health policy in the United States since 1950.* Baltimore, MA: Johns Hopkins University Press.

Franklin, M. E., & Foa, E. B. (2011). Treatment of obsessive-compulsive disorder. *Annual Review of Clinical Psychology, 7,* 299–243. doi:10.1146/annurev-clinpsy-032210-104533

Franz, M. J., VanWormer, J. J., Crain, A. L., Boucher, J. L., Histon, T., Caplan, W., . . . & Pronk, N. P. (2007). Weight-loss outcomes: A systematic review and meta-analysis of weight-loss clinical trials with a minimum 1-year follow-up. *Journal of the American Dietetic Association, 107,* 1755–1767. doi:10.1016/j.jada.2007.07.017

Freedman, J. L., & Fraser, S. L. (1971). Compliance without pressure: The foot-in-the-door technique. In J. L. Freedman, J. M. Carlsmith, & D. Sears (Eds.), *Readings in Social Psychology* (pp. 542–552). Englewood Cliffs, NJ: Prentice-Hall. (Reprinted from *Journal of Personality and Social Psychology, 4* (1966), 195–202. doi:10.1037/h0023552)

Freitas, A. L., & Higgins, E. T. (2002). Enjoying goal-directed action: The role of regulatory fit. *Psychological Science, 13,* 1–6. doi:10.1111/1467-9280.00401

Freud, S. (1900). *The interpretation of dreams.* In *Standard edition,* Vols. 4 & 5. London: Hogarth Press. (Translation 1953.)

Freud, S. (1913). *The interpretation of dreams* (3rd ed., A. A. Brill, Trans.). New York, NY: Macmillan. doi:10.1037/10561-000

Freud, S. (1923). *The ego and the id.* In *Standard edition,* Vol. 19 (pp. 1–59). London, England: Hogarth Press. (Translation 1961.)

Freud, S. (1930). *Civilization and its discontents.* New York, NY: Norton. (Translation 1961, J. Strachey.)

Freud, S., & Breuer, J. (1895). *Studies on hysteria.* In *Standard edition,* Vol. 2. London, England: Hogarth Press. (Translation 1955.)

Freund, A. M. (2008). Successful aging as management of resources: The role of selection, optimization, and compensation. *Research in Human Development, 5,* 94–106. doi:10.1080/15427600802034827

Freund, A. M., & Baltes, P. B. (2002). Life-management strategies of selection, optimization and compensation: Measurement by self-report and construct validity. *Journal of Personality and Social Psychology, 82,* 642–662. doi:10.1037/0022-3514.82.4.642

Fridlund, A. J., Beck, H. P., Goldie, W. D., & Irons, G. (2012). Little Albert: A neurologically impaired child. *History of Psychology, 15,* 302–327. doi:http://dx.doi.org/10.1037/a0026720

Froming, W. J., Walker, G. R., & Lopyan, K. J. (1982). Public and private self-awareness: When personal attitudes conflict with societal expectations. *Journal of Experimental Social Psychology, 18,* 476–487. doi:10.1016/0022-1031(82)90067-1

Fung, H. H., & Carstensen, L. L. (2003). Sending memorable messages to the old: Age differences in preferences and memory for advertisements. *Journal of Personality and Social Psychology, 85,* 163–178. doi:10.1037/0022-3514.85.1.163

Fung, H. H., Carstensen, L. L., & Lutz, A. M. (1999). Influence of time on social preferences: Implications for life-span development. *Psychology and Aging, 14,* 595–604. doi:10.1037/0882-7974.14.4.595

G. v. D. (1970, July 9). Soviet civil rights activist condemned to insane asylum. *Radio Free Europe Research.* Retrieved from http://osaarchivum.org/files/holdings/300/8/3/text/66-2-238.shtml

Gabbiani, F., & Midtgaard, J. (2001). Neural information processing. In *Encyclopedia of Life Sciences.* Nature Publishing Group. doi:10.1038/npg.els.0000149

Gable, S. L., & Haidt, J. (2005). What (and why) is positive psychology? *Review of General Psychology, 9,* 103–110. doi:10.1037/1089-2680.9.2.103

Gailliot, M. T., Stillman, T., Schmeichel, B. J., Plant, E. A., & Maner, J. K. (2008). Mortality salience increases adherence to cultural norms. *Personality and Social Psychology Bulletin, 34,* 993–1003. doi:10.1177/0146167208316791

Gaines, S. O., & Reed, E. S. (1995). Prejudice: From Allport to DuBois. *American Psychologist, 50,* 96–103. doi:10.1037/0003-066X.50.2.96

Galak, J., LeBoeuf, R. A., Nelson, L. D., & Simmons, J. P. (2012). Correcting the past: Failures to replicate Psi. *Journal of Personality and Social Psychology, 103,* 933–948. doi:10.1037/a0029709

Galanti, G. A. (2000). An introduction to cultural differences. *Western Journal of Medicine, 172,* 335–336. doi:10.1136/ewjm.172.5.335

Galdos, P. M., van Os, J. J., & Murray, R. M. (1993). Puberty and the onset of psychosis. *Schizophrenia Research, 10,* 7–14. doi:10.1016/0920-9964(93)90071-P

Gallagher, M., & Chiba, A. A. (1996). The amygdala and emotion. *Current Opinion in Neurobiology, 6,* 221–227. doi:10.1016/S0959-4388(96)80076-6

Gallese, V., Eagle, M. N., & Migone, P. (2007). Intentional attunement: Mirror neurons and the neural underpinnings of interpersonal relations. *Journal of the American Psychoanalytic Association, 55,* 131–175. doi:10.1177/00030651070550010601

Gallistel, C. R., Fairhurst, S., & Balsam, P. (2004). The learning curve: Implications of a quantitative analysis. *Proceedings of the National Academy of Sciences of the United States of America, 101,* 13124–13131. doi:10.1073/pnas.0404965101

Galton, F. (1883). *Inquiries into human faculty and its development.* London, UK: Macmillan and Company.

Garcia, J., & Koelling, R. A. (1966). Relation of cue to consequence in avoidance learning. *Psychonomic Science, 4,* 123–124. doi:10.3758/BF03342209

Gardner, H. (1985). *Frames of mind: The theory of multiple intelligences.* New York, NY: Basic Books.

Gardner, H. (1993). *Frames of mind: The theory of multiple intelligences* (10th Anniversary ed.). New York, NY: Basic Books.

Gardner, H. (1999). *Intelligence reframed: Multiple intelligences for the 21st century.* New York, NY: Basic Books.

Gardner, R. A., & Gardner, B. T. (1969). Teaching sign language to a chimpanzee. *Science, 165,* 664–672. doi:10.1126/science.165.3894.664

Garfield, S. L. (1995). *Psychotherapy: An eclectic-integrative approach,* 2nd edition. New York, NY: Wiley

Garyfallos, G., Katsigiannopoulos, K., Adamopoulou, A., Papazisis, G., Karastergiou, A., & Bozikas, V. P. (2010). Comorbidity of obsessive–compulsive disorder with obsessive–compulsive personality disorder: Does it imply a specific subtype of obsessive–compulsive disorder? *Psychiatry Research, 177,* 156–160. doi:10.1016/j.psychres.2010.01.006

Garz, D. (2009). *Lawrence Kohlberg—An Introduction.* Opladen & Farmington Hills, MI: Barbara Budrich Publishers.

Gasper, K., & Clore, G. L. (2000). Do you have to pay attention to your feelings to be influenced by them? *Personality and Social Psychology Bulletin, 26,* 698–711. doi:10.1177/0146167200268005

Gately, I. (2008). *Drink: A cultural history of alcohol.* New York, NY: Gotham Books.

Gatzounis, R., Schrooten, M. G., Crombez, G., & Vlaeyen, J. W. (2012). Operant learning theory in pain and chronic pain rehabilitation. *Current Pain and Headache Reports, 16,* 117–126. doi:10.1007/s11916-012-0247-1

Gawin, F. W., & Ellinwood, E. H., Jr. (1988). Cocaine and other stimulants: Actions, abuse and treatment. *New England Journal of Medicine, 318,* 1173–1182. doi:10.1056/NEJM198805053181806

Gawronski, B., LeBel, E. P., & Peters, K. R. (2007). What do implicit measures tell us? Scrutinizing the validity of three common assumptions. *Perspectives on Psychological Science, 2,* 181–193. doi:10.1111/j.1745-6916.2007.00036.x

Gazit, I., & Terkel, J. (2003). Domination of olfaction over vision in explosives detection by dogs. *Applied Animal Behaviour Science, 82,* 65–73. doi:10.1016/S0168-1591(03)00051-0

Gazzaniga, M. S., & Miller, M. B. (2009). The left hemisphere does not miss the right hemisphere. In S. Laureys & G. Tononi (Eds.), *The Neurology of Consciousness: Cognitive Neuroscience and Neuropathology* (pp. 261–270). London, England: Academic Press. doi:10.1016/B978-0-12-374168-4.00020-4

Geddes, J. R., Burgess, S., Hawton, K., Jamison, K., & Goodwin, G. M. (2004). Long-term lithium therapy for bipolar disorder: Systematic review and meta-analysis of randomized controlled trials. *American Journal of Psychiatry, 161,* 217–222. doi:10.1176/appi.ajp.161.2.217

Geddes, J., Freemantle, N., Harrison, P., & Bebbington, P. (2000). Atypical antipsychotics in the treatment of schizophrenia: Systematic overview and meta-regression analysis. *BMJ, 321,* 1371–1376. doi:10.1136/bmj.321.7273.1371

Gee, A. (2007, July 30). Russian dissident "forcibly detained in mental hospital." *London Independent.* Retrieved from http://infowars.net/articles/july2007/300707dissident.htm

Geertz, C. (1973). The impact of the concept of culture on the concept of man. In C. Geertz, *The Interpretation of Cultures: Selected Essays by Clifford Geertz* (pp. 33–54). New York, NY: Basic Books.

Gelfand, M. J., Chiu, C., & Hong, Y. (2013). *Advances in culture and psychology* (Vol. 3). New York: Oxford University Press.

Gerdin, I. (1981). The Balinese sidikara: Ancestors, kinship, and rank. *Bijdragen tot de Taal-, Land- en Volkenkunde (Journal of the Humanities and Social Sciences of Southeast Asia), 137,* 17–34.

Gerlach, K. D., Spreng, R. N., Gilmore, A. W., & Schacter, D. L. (2011). Solving future problems: Default network and executive activity associated with goal-directed mental simulations. *Neuroimage, 55,* 1816–1824. doi:10.1016/j.neuroimage.2011.01.030

Gershman, J. (2006, November 8). Spitzer, in a historic landslide, vows "a new brand." *The New York Sun.* Retrieved from http://www.nysun.com/new-york/spitzer-in-a-historic-landslide-vows-a-new-brand/43126/.

Geschwind, N. (1970). The organization of language and the brain. *Science, 170,* 940–944. doi:10.1126/science.170.3961.940

Gibbs, J. R., & Singleton, A. (2006). Application of genome-wide single nucleotide polymorphism typing: Simple association and beyond. *PLoS Genetics, 2,* e150. doi:10.1371/journal.pgen.0020150

Gibson, J. J. (1962). Observations on active touch. *Psychological Review, 69,* 477–491. doi:10.1037/h0046962

Gibson, J. J. (1966). *The senses considered as perceptual systems.* Oxford, England: Houghton Mifflin.

Gibson, J. J. (1968). What gives rise to the perception of motion? *Psychological Review, 75,* 335–346. doi:10.1037/h0025893

Gilbert, S. E., & Gordon, K. C. (2013). Interpersonal psychotherapy informed treatment for avoidant personality disorder with subsequent depression. *Clinical Case Studies, 12,* 111–127. doi:10.1177/1534650112468611

Gillath, O., Mikulincer, M., Birnbaum, G. E., & Shaver, P. R. (2008). When sex primes love: Subliminal sexual priming motivates relationship goal pursuit. *Personality and Social Psychology Bulletin, 34,* 1057–1069. doi:10.1177/0146167208318141

Gillespie, P., & Müller, U. (2009). Mechanotransduction by hair cells: Models, molecules, and mechanisms. *Cell, 139,* 33–44. doi:10.1016/j.cell.2009.09.010

Gillig, P. M. (2009). Dissociative identity disorder: A controversial diagnosis. *Psychiatry (Edgmont), 6,* 24–29.

Gilligan, C. (1977). In a different voice: Women's conceptions of self and of morality. *Harvard Educational Review, 47,* 481–517.

Giovino, G., Mirza, S., Samet, J., Gupta, P., Jarvis, M., Bhala, N., . . . & Group, G. C. (2012). Tobacco use in 3 billion individuals from 16 countries: An analysis of nationally representative cross-sectional household surveys. *Lancet, 380,* 668–679. doi:10.1016/S0140-6736(12)61085-X

Giuliani, N. R., Drabant, E. M., & Gross, J. J. (2011). Anterior cingulate cortex volume and emotion regulation: Is bigger better? *Biological Psychology, 86,* 379–382. doi:10.1016/j.biopsycho.2010.11.010

Gjerdingen, R. O., & Perrott, David. (2008). Scanning the dial: The rapid recognition of music genres. *Journal of New Music Research, 37,* 93–100.

Glahn, D. C., Ragland, J. D., Abramoff, A., Barrett, J., Laird, A. R., Bearden, C. E., & Velligan, D. I. (2005). Beyond hypofrontality: A quantitative meta-analysis of functional neuroimaging studies of working memory in schizophrenia. *Human Brain Mapping, 25,* 60–69. doi:10.1002/hbm.20138

Glenberg, A. M. (2010). Embodiment as a unifying perspective for psychology. *Wiley Interdisciplinary Reviews: Cognitive Science, 1,* 586–596.

Glick, P. (2005). Choice of scapegoats. In J. F. Dovidio, P. Glick, & L. Rudman (Eds.), *Reflecting on the Nature of Prejudice* (pp. 244–261). Malden, MA: Blackwell Press. doi:10.1002/9780470773963.ch15

Gloster, A. T., Wittchen, H. U., Einsle, F., Lang, T., Helbig-Lang, S., Fydrich, T., . . . & Arolt, V. (2011). Psychological treatment for panic disorder with agoraphobia: A randomized controlled trial to examine the role of therapist-guided exposure in situ in CBT. *Journal of Consulting and Clinical Psychology, 79,* 406–420. doi:10.1037/a0023584

Gluck, M. A., Mercado, E., & Myers, C. E. (2008). *Learning and memory: From brain to behavior.* New York, NY: Worth.

Godden, D. R., & Baddeley, A. D. (1975). Context-dependent memory in two natural environments: On land and underwater. *British Journal of Psychology, 66,* 325–331. doi:10.1111/j.2044-8295.1975.tb01468.x

Goffman, E. (1959). *The presentation of self in everyday life.* New York, NY: Doubleday Anchor Books.

Goffman, E. (1961). *Asylums: Essays on the social situation of mental patients and other inmates.* Garden City, NY: Anchor Books.

Goghari, V. M., Harrow, M., Grossman, L. S., & Rosen, C. (2013). A 20-year multi-follow-up of hallucinations in schizophrenia, other psychotic, and mood disorders. *Psychological Medicine, 43,* 1151–1160. doi:10.1017/S0033291712002206

Gold, J. M., Tadin, D., Cook, S. C., & Blake, R. (2008). The efficiency of biological motion perception. *Perception & Psychophysics, 70,* 88–95. doi:10.3758/PP

Goldberg, L. R. (1981). Language and individual differences: The search for universals in personality lexicons. In L. Wheeler (Ed.), *Review of Personality and Social Psychology* (pp. 141–165). Beverly Hills, CA: Sage.

Goldberg, L. R. (1993). The structure of phenotypic personality traits. *American Psychologist, 48,* 26–34. doi:10.1037/0003-066X.48.1.26

Goldberg, T., Egan, M., Gscheidle, T., Coppola, R., Weickert, T., Kolachana, B., . . . & Weinberger, D. (2003). Executive subprocesses in working memory: Relationship to catechol-O-methyltransferase Val158Met genotype and schizophrenia. *Archives of General Psychiatry, 60,* 889–896. doi:10.1001/archpsyc.60.9.889

Goldhaber, D. (2012). *The nature–nurture debates: Bridging the gap.* New York, NY: Cambridge University Press.

Goldman, D., Oroszi, G., & Ducci, F. (2005). The genetics of addictions: Uncovering the genes. *Nature Reviews Genetics, 6,* 521–532. doi:10.1038/nrg1635

Goldsmith, H. H. (1983). Genetic influences on personality from infancy to adulthood. *Child Development, 54,* 331–355. doi:10.2307/1129695

Goldstone, A. P. (2006). The hypothalamus, hormones, and hunger: Alterations in human obesity and illness. *Progress in Brain Research, 153,* 57–73. doi:10.1016/S0079-6123(06)53003-1

Goleman, D. (1988). *The meditative mind: The varieties of meditative experience.* New York, NY: Tarcher/Putnam.

Gollwitzer, P. M. (1999). Implementation intentions: Strong effects of simple plans. *American Psychologist, 54,* 493–503. doi:10.1037/0003-066X.54.7.493

Gollwitzer, P. M., & Oettingen, G. (2013). Implementation intentions. In M. Gellman & J. R. Turner (Eds.), *Encyclopedia of Behavioral Medicine* (Part 9, pp. 1043–1048). New York, NY: Springer-Verlag.

Gollwitzer, P., & Sheeran, P. (2006). Implementation intentions and goal achievement: A meta-analysis of effects and processes. *Advances in Experimental Social Psychology, 38,* 69–119. doi:10.1016/S0065-2601(06)38002-1

González-Maeso, J., Weisstaub, N. V, Zhou, M., Chan, P., Ivic, L., Ang, R., . . . & Gingrich, J. A. (2007). Hallucinogens recruit specific cortical 5-HT(2A) receptor-mediated signaling pathways to affect behavior. *Neuron, 53,* 439–452. doi:10.1016/j.neuron.2007.01.008

Gosling, S. D., Ko, S. J., Mannarelli, T., & Morris, M. E. (2002). A room with a cue: Judgments of personality based on offices and bedrooms. *Journal of Personality and Social Psychology, 82,* 379–398. doi:10.1037/0022-3514.82.3.379

Gosling, S. D., Rentfrow, P. J., & Swann, W. B., Jr. (2003). A very brief measure of the Big Five Personality Domains. *Journal of Research in Personality, 37,* 504–528. doi:10.1016/S0092-6566(03)00046-1

Gottlieb, G. (1998). Normally occurring environmental and behavioral influences on gene activity: From central dogma to probabilistic epigenesis. *Psychological Review, 105,* 792–802. doi:10.1037/0033-295X.105.4.792-802

Gould, R. A., Buckminster, S., Pollack, M. H., & Otto, M. W. (1997). Cognitive-behavioral and pharmacological treatment for social phobia: A meta-analysis. *Clinical Psychology: Science and Practice, 4,* 291–306. doi:10.1111/j.1468-2850.1997.tb00123.x

Gould, S. J. (1981). *The mismeasure of man.* New York, NY: W. W. Norton & Co.

Govan, F. (2011, August 3). Lobotomy: A history of the controversial procedure. *The Telegraph.* Retrieved from http://www.telegraph.co.uk/news/worldnews/southamerica/argentina/8679929/Lobotomy-A-history-of-the-controversial-procedure.html

Graefe, A., Armstrong, J. S., Jones, R. J., & Cuzán, A. G. (2014). Accuracy of combined forecasts for the 2012 presidential election: The PollyVote. *PS: Political Science & Politics, 47,* 427–431. doi:10.1017/S1049096514000341

Graeff, F. G. (2004). Serotonin, the periaqueductal gray and panic. *Neuroscience & Biobehavioral Reviews, 28,* 239–259. doi:10.1016/j.neubiorev.2003.12.004

Grant, B. F., Hasin, D. S., Stinson, F. S., Dawson, D. A., Goldstein, R. B., Smith, S., . . . & Saha, T. D. (2006). The epidemiology of DSM-IV panic disorder and agoraphobia in the United States: Results from the National Epidemiologic Survey on Alcohol and Related Conditions. *Journal of Clinical Psychiatry, 67,* 363–374. doi:10.4088/JCP.v67n0305

Gray, J. A., & McNaughton, N. (2000). *The neuropsychology of anxiety: An enquiry into the function of the Septo-Hippocampal System* (2nd ed.). Oxford, UK: Oxford University Press.

Graziano, M. (2010). Ethologically relevant movements mapped on the motor cortex. In M. L. Platt & A. A. Ghazanfar (Eds.), *Primate neuroethology* (pp. 454–470). New York, NY: Oxford University Press.

Graziano, M., Taylor, C., Moore, T., & Cooke, D. (2002). The cortical control of movement revisited. *Neuron, 36,* 349–362. doi:10.1016/S0896-6273(02)01003-6

Graziano, W. G., Jensen-Campbell, L. A., & Finch, J. F. (1997). The self as a mediator between personality and adjustment. *Journal of Personality and Social Psychology, 73,* 392–404. doi:10.1037/0022-3514.73.2.392

Grbich, C. (2009). *Qualitative research in health: An introduction.* London, England: Sage.

Green, M. F., Olivier, B., Crawley, J. N., Penn, D. L., & Silverstein, S. (2005). Social cognition in schizophrenia: Recommendations from the Measurement and Treatment Research to Improve Cognition in Schizophrenia New Approaches Conference. *Schizophrenia Bulletin, 31,* 882–887. doi:10.1093/schbul/sbi049

Greenberg, D. L., & Verfaellie, M. (2010). Interdependence of episodic and semantic memory: Evidence from neuropsychology. *Journal of the International Neuropsychological Society, 16,* 748–753. doi:10.1017/S1355617710000676

Greenberg, J., & Arndt, J. (2012). Terror management theory. In P. A. M. Van Lange, A. W. Kruglanski, & E. T. Higgins (Eds.), *Handbook of Theories of Social Psychology* (Vol. 1, pp. 398–415). London, England: Sage Press. doi:10.4135/9781446249215.n20

Greene, J. D., Sommerville, R. B., Nystrom, L. E., Darley, J. M., & Cohen, J. D. (2001). An fMRI investigation of emotional engagement in moral judgment. *Science, 293,* 2105–2108. doi:10.1126/science.1062872

Greenwald, A. G., & Farnham, S. D. (2000). Using the implicit association test to measure self-esteem and self-concept. *Journal of Personality and Social Psychology, 79,* 1022–1038. doi:10.1037/0022-3514.79.6.1022

Greenwald, A. G., McGhee, D. E., & Schwartz, J. L. K. (1998). Measuring individual differences in implicit cognition: The implicit association test. *Journal of Personality and Social Psychology, 74,* 1464–1480. doi:10.1037/0022-3514.74.6.1464

Gregory, S., Simmons, A., Kumari, V., Howard, M., Hodgins, S., & Blackwood, N. (2012). The antisocial brain: Psychopathy matters: A structural MRI investigation of antisocial male violent offenders. *Archives of General Psychiatry, 69,* 962–972. doi:10.1001/archgenpsychiatry.2012.222

Greven, C., Harlaar, N., Kovas, Y., Chamorro-Premuzic, T., & Plomin, R. (2009). More than just IQ: School achievement is predicted by self-perceived abilities—but for genetic rather than environmental reasons. *Psychological Science, 20,* 753–762. doi:10.1111/j.1467-9280.2009.02366.x

Grice, H. P. (1975). Logic and conversation. In P. Cole and J. L. Morgan (Eds.), *Syntax and Semantics Volume 3: Speech Acts* (pp. 41–58). New York, NY: Academic Press.

Griggs, R. A. (2014). Coverage of the Stanford Prison Experiment in Introductory Psychology Textbooks. *Teaching of Psychology, 41,* 195–203. doi:10.1177/0098628314537968

Grimbos, T., Dawood, K., Burriss, R. P., Zucker, K. J., & Puts, D. A. (2010). Sexual orientation and the second to fourth finger length ratio: A meta-analysis in men and women. *Behavioral Neuroscience, 124,* 278–287. doi:10.1037/a0018764

Gross, J. J. (1998). Antecedent- and response-focused emotion regulation: Divergent consequences for experience, expression, and physiology. *Journal of Personality and Social Psychology, 74,* 224–237. doi:10.1037/0022-3514.74.1.224

Groves, R. M., Fowler, F. J., Couper, M. P., Lepkowski, J. M., Singer, E., & Tourangeau, R. (2009). *Survey methodology* (2nd ed.). Hoboken, NJ: Wiley.

Gruber, J. (2011). Can feeling too good be bad? Positive emotion persistence (PEP) in bipolar disorder. *Current Directions in Psychological Science, 20,* 217–221. doi:10.1177/0963721411414632

Guenther, H. V., and Kawamura, L. (1975). *Mind in Buddhist Psychology: Necklace of Clear Understanding by Yeshe Gyaltsen.* Tibetan translation series. Berkeley, CA: Dharma.

Guillot, A., Collet, C., Nguyen, V. A., Malouin, F., Richards, C., & Doyon, J. (2009). Brain activity during visual versus kinesthetic imagery: An fMRI study. *Human Brain Mapping, 30,* 2157–2172. doi:10.1002/hbm.20658

Gunderson, J. G., & Links, P. (2008). *Borderline personality disorder: A clinical guide* (2nd ed.). Washington, DC: American Psychiatric Press, Inc.

Gupta, V., Saluja, S., Ahuja, G. K., & Walia, L. (2010). Reticular formation—A network system of brain. *Journal of Anaesthesiology Clinical Pharmacology, 26,* 143–148.

Gur, R. E., Kohler, C. G., Ragland, J. D., Siegel, S. J., Lesko, K., Bilker, W. B., & Gur, R. C. (2006). Flat affect in schizophrenia: Relation to emotion processing and neurocognitive measures. *Schizophrenia Bulletin, 32,* 279–287. doi:10.1093/schbul/sbj041

Gygi, B., Kidd, G. R., & Watson, C. S. (2004). Spectral–temporal factors in the identification of environmental sounds. *The Journal of the Acoustical Society of America, 115,* 1252–1265. doi:10.1121/1.1635840

Ha, J. H., Greenberg, J. S., & Seltzer, M. M. (2011). Parenting a child with a disability: The role of social support for African American parents. *Families in Society: The Journal of Contemporary Social Services, 92,* 405–411. doi:10.1606/1044-3894.4150

Haber, S. N., & Knutson, B. (2010). The reward circuit: Linking primate anatomy and human imaging. *Neuropsychopharmacology, 35,* 4–26. doi:10.1038/npp.2009.129

Habermas, T., & Bluck, S. (2000). Getting a life: The emergence of the life story in adolescence. *Psychological Bulletin, 126,* 748–769. doi:10.1037/0033-2909.126.5.748

Hacker, P. M. S. (2004). The conceptual framework for the investigation of emotions. *International Review of Psychiatry, 16,* 199–208. doi:10.1080/09540260400003883

Hacker, P. M. S. (2010). *Human nature: The categorical framework.* Chichester, UK: Wiley-Blackwell.

Haggbloom, S. J., Warnick, R., Warnick, J. E., Jones, V. K., Yarbrough, G. L., Russell, T. M., . . . & Monte, E. (2002). The 100 most eminent psychologists of the 20th century. *Review of General Psychology, 6,* 139–152. doi:10.1037//1089-2680.6.2.139

Haidt, J. (2001). The emotional dog and its rational tail: A social intuitionist approach to moral judgment. *Psychological Review, 108,* 814–834. doi:10.1037/0033-295X.108.4.814

Halpern-Meekin, S., Manning, W. D., Giordano, P. C., & Longmore, M. A. (2013). Relationship churning, physical violence, and verbal abuse in young adult relationships. *Journal of Marriage and Family, 75,* 2–12. doi:10.1111/j.1741-3737.2012.01029.x

Halpin, T., & Booth, J. (2009, May 27). Feral girl in Siberian city of Chita was brought up by cats and dogs. *Times.* Retrieved from http://www.thetimes.co.uk/tto/news/world/europe/article2600036.ece

Hamann, S. (2011). Affective neuroscience: Amygdala's role in experiencing fear. *Current Biology, 21,* R75–R77. doi:10.1016/j.cub.2010.12.007

Hamilton, J. for NPR Science News. (2010, October 5). *Twitchy nerves (literally) may explain epilepsy, pain.* Retrieved from http://www.npr.org/templates/story/story.php?storyId=130244715

Hamlin, J. K., & Wynn, K. (2011). Young infants prefer prosocial to antisocial others. *Cognitive Development, 26,* 30–39. doi:10.1016/j.cogdev.2010.09.001

Hamlin, J. K., Ullman, T., Tenenbaum, J., Goodman, N., & Baker, C. (2013). The mentalistic basis of core social cognition: Experiments in preverbal infants and a computational model. *Developmental Science, 16,* 209–226. doi:10.1111/desc.12017

Hamlin, J. K., Wynn, K., & Bloom, P. (2007). Social evaluation by preverbal infants. *Nature, 450,* 557–559. doi:10.1038/nature06288

Hammarlund, M., Palfreyman, M. T., Watanabe, S., Olsen, S., & Jorgensen, E. M. (2007). Open syntaxin docks synaptic vesicles. *PLoS Biology, 5,* e198. doi:10.1371/journal.pbio.0050198

Hampden-Turner, C. (1981). *Maps of the mind: Charts and concepts of the mind and its labyrinths.* New York, NY: Macmillan.

Hampson, S. E. (2012). Personality processes: Mechanisms by which personality traits "get outside the skin." *Annual Review of Psychology, 63,* 315–339. doi:10.1146/annurev-psych-120710-100419

Han, J., Kamber, M., & Pei, J. (2012). Data mining: Concepts and techniques (2nd ed.). Waltham, MA: Elsevier.

Haney, C., Banks, W. C., & Zimbardo, P. G. (1973). Interpersonal dynamics in a simulated prison. *International Journal of Criminology and Penology, 1,* 69–97.

Hankin, B. L., Abramson, L. Y., & Siler, M. (2001). A prospective test of the hopelessness theory of depression in adolescence. *Cognitive Therapy and Research, 25,* 607–632. doi:10.1023/A:1005561616506

Hanson, N. R. (1961). *Patterns of discovery: An inquiry into the conceptual foundations of science.* Cambridge, UK: Cambridge University Press.

Hare, R. D. (1999). *Without conscience: The disturbing world of the psychopaths among us.* New York, NY: Guilford Press.

Hare, R. D., & Neumann, C. S. (2008). Psychopathy as a clinical and empirical construct. *Annual Review of Clinical Psychology, 4,* 217–246. doi:10.1146/annurev.clinpsy.3.022806.091452

Harlow, H. F. (1958). The nature of love. *American Psychologist, 13,* 673–685. doi:10.1037/h0047884

Harmon-Jones, E. (2011). Neural bases of approach and avoidance. In M. D. Alicke, & C. Sedikides (Eds.), *The Handbook of Self-Enhancement and Self-Protection* (pp. 23–48). New York, NY: Guilford Press.

Harper, R. S. (1950). The first psychological laboratory. *Isis, 41,* 158–161. doi:10.1086/349141

Harré, R. (2000). Acts of living. *Science, 289,* 1303–1304. doi:10.1126/science.289.5483.1303

Harré, R. (2002). *Cognitive science: A philosophical introduction.* London, U. K.: Sage Publications.

Harré, R. (2012). The brain can be thought of as a tool. *Integrative Psychological and Behavioral Science, 46,* 387–394. doi:10.1007/s12124-012-9195-x

Harré, R., & van Langenhove, L. (1999). *Positioning theory.* Oxford, UK: Blackwell Publishers.

Harris, J. R. (1995). Where is the child's environment? A group socialization theory of development. *Psychological Review, 102,* 458–489. doi:10.1037/0033-295X.102.3.458

Harrow, M., Grossman, L. S., Jobe, T. H., & Herbener, E. S. (2005). Do patients with schizophrenia ever show periods of recovery? A 15-year multi-follow-up study. *Schizophrenia Bulletin, 31,* 723–734. doi:10.1093/schbul/sbi026

Harter, S. (1999). *The construction of the self: A developmental perspective.* New York, NY: Guilford Press.

Harter, S., & Whitesell, N. R. (2003). Beyond the debate: Why some adolescents report stable self-worth over time and situation, whereas others report changes in self-worth. *Journal of Personality, 71,* 1027–1058. doi:10.1111/1467-6494.7106006

Haselton, M. G., Mortezaie, M., Pillsworth, E. G., Bleske-Rechek, A., & Frederick, D. A. (2007). Ovulatory shifts in human female ornamentation: Near ovulation, women dress to impress. *Hormones and Behavior, 51,* 40–45. doi:10.1016/j.yhbeh.2006.07.007

Hasin-Brumshtein, Y., Lancet, D., & Olender, T. (2009). Human olfaction: From genomic variation to phenotypic diversity. *Trends in Genetics, 25,* 178–184. doi:10.1016/j.tig.2009.02.002

Haslam, S. A., & Reicher, S. (2003). Beyond Stanford: Questioning a role-based explanation of tyranny. *Dialogue, 18,* 22–25.

Hatemi, P. K., Funk, C. L., Medland, S. E., Maes, H. M., Silberg, J. L., Martin, N. G., & Eaves, L. J. (2009). Genetic and environmental transmission of political attitudes over a lifetime. *The Journal of Politics, 71,* 1141. doi:10.1017/S0022381609090938

Hauser, M. D. (2006). *Moral minds: How nature designed our universal sense of right and wrong.* New York, NY: Ecco.

Hauser, M. D., Chomsky, N., & Fitch, W. T. (2002). The faculty of language: What is it, who has it, and how did it evolve? *Science, 298,* 1569–1579. doi:10.1126/science.298.5598.1569

Havas, D. A., Glenberg, A. M., Gutowski, K. A., Lucarelli, M. J., & Davidson, R. J. (2010). Cosmetic use of botulinum toxin-A affects processing of emotional language. *Psychological Science, 21,* 895–900. doi:10.1177/0956797610374742

Hayes, A. (1994). *Normal and impaired motor development: Theory into practice.* London, England: Chapman & Hall Publishers.

Haznedar, M. M., Buchsbaum, M. S., Hazlett, E. A., Shihabuddin, L., New, A., & Siever, L. J. (2004). Cingulate gyrus volume and metabolism in the schizophrenia spectrum. *Schizophrenia Research, 71,* 249–262. doi:10.1016/j.schres.2004.02.025

Headey, B., Muffels, R., & Wagner, G. G. (2010). Long-running German panel survey shows that personal and economic choices, not just genes, matter for happiness. *Proceedings of the National Academy of Sciences of the United States of America, 107,* 17922–17926. doi:10.1073/pnas.1008612107

Healey, M. D., & Ellis, B. J. (2007). Birth order, conscientiousness, and openness to experience: Tests of the family-niche model of personality using a within-family methodology. *Evolution and Human Behavior, 28,* 55–59. doi:10.1016/j.evolhumbehav.2006.05.003

Heaner, M. K., & Walsh, B. T. (2013). A history of the identification of the characteristic eating disturbances of bulimia nervosa, binge eating disorder and anorexia nervosa. *Appetite, 65,* 185–188. doi:10.1016/j.appet.2013.01.005

Heckers, S., Barch, D. M., Bustillo, J., Gaebel, W., Gur, R., Malaspina, D., . . . & Carpenter, W. (2013). Structure of the psychotic disorders classification in DSM-5. *Schizophrenia Research, 150,* 11–14. doi:10.1016/j.schres.2013.04.039

Heckman, J. J. (2006). Skill formation and the economics of investing in disadvantaged children. *Science, 312,* 1900–1902. doi:10.1126/science.1128898

Hegarty, J. D., Baldessarini, R. J., Tohen, M., Waternaux, C., & Oepen, G. (1994). One hundred years of schizophrenia: A meta-analysis of the outcome literature. *American Journal of Psychiatry, 151,* 1409–1416.

Heimberg, R. G. (2002). Cognitive-behavioral therapy for social anxiety disorder: Current status and future directions. *Biological Psychiatry, 51,* 101–108. doi:10.1016/S0006-3223(01)01183-0

Heine, S. J., Kitayama, S., Lehman, D. R. (2001). Cultural differences in self-evaluation: Japanese readily accept negative self-relevant information. *Cross-Cultural Psychology, 32,* 434–443. doi:10.1177/0022022101032004004

Heine, S. J., Lehman, D. R., Markus, H. R., & Kitayama, S. (1999). Is there a universal need for positive self-regard? *Psychological Review, 106,* 766–794. doi:10.1037/0033-295X.106.4.766

Helbing, D., Brockmann, D., Chadefaux, T., Donnay, K., Blanke, U., Woolley-Meza, O., . . . & Perc, M. (2014). Saving human lives: What complexity science and information systems can contribute. *Journal of Statistical Physics, 156,* 1–47. doi:10.1007/s10955-014-1024-9

Helbing, D., Johansson, A., & Al-Abideen, H. Z. (2007). Dynamics of crowd disasters: An empirical study. *Physical Review E, 75,* 046109. doi:10.1103/PhysRevE.75.046109

Helm, B. W. (2009). Emotions as evaluative feelings. *Emotion Review, 1,* 248–255. doi:10.1177/1754073909103593

Helper, S., Kleiner, M. M., & Wang, Y. (2010, November). *Analyzing compensation methods in manufacturing: Piece rates, time rates, or gain-sharing?* (NBER Working Paper No. 16540). Cambridge, MA: National Bureau of Economic Research.

Hennenlotter, A., Dresel, C., Castrop, F., Ceballos-Baumann, A. O., Wohlschläger, A. M., & Haslinger, B. (2009). The link between facial feedback and neural activity within central circuitries of emotion—New insights from Botulinum toxin–induced denervation of frown muscles. *Cerebral Cortex, 19,* 537–542. doi:10.1093/cercor/bhn104

Hensch, T. K. (2004). Critical period regulation. *Annual Review of Neuroscience, 27,* 549–579. doi:10.1146/annurev.neuro.27.070203.144327

Hensley, S. (2011). Look around: 1 in 10 Americans takes antidepressants. *Health News from NPR.* Retrieved from http://www.npr.org/blogs/health/2011/10/20/141544135/look-around-1-in-10-americans-take-antidepressants

Herbener, E. S. (2008). Emotional memory in schizophrenia. *Schizophrenia Bulletin, 34,* 875–887. doi:10.1093/schbul/sbn081

Herbert, J. D., Gaudiano, B. A., Rheingold, A. A., Myers, V. H., Dalrymple, K., & Nolan, E. M. (2005). Social skills training augments the effectiveness of cognitive behavioral group therapy for social anxiety disorder. *Behavior Therapy, 36,* 125–138. doi:10.1016/S0005-7894(05)80061-9

Herman, C. P., Fitzgerald, N. E., & Polivy, J. (2003). The influence of social norms on hunger ratings and eating. *Appetite, 41,* 15–20. doi:10.1016/S0195-6663(03)00027-8

Hermans, H. J. (1996). Voicing the self: From information processing to dialogical interchange. *Psychological Bulletin, 119,* 31–50. doi:10.1037/0033-2909.119.1.31

Hermans, H. J., & Kempen, H. J. (1998). Moving cultures: The perilous problems of cultural dichotomies in a globalizing society. *American Psychologist, 53,* 1111–1120. doi:10.1037/0003-066X.53.10.1111

Herring, A. H., Attard, S. M., Gordon-Larsen, P., Joyner, W. H., and Halpern, C. T. (2013). Like a Virgin (Mother): Analysis of data from a longitudinal, U.S. population representative sample survey. *British Medical Journal, 347*:f7102.

Herrnstein, R. J., & Murray, C. (1994). *The bell curve: Intelligence and class structure in American life.* New York, NY: Free Press.

Hersh, S. M. (2004, May 10). Torture at Abu Ghraib: American soldiers brutalized Iraqis. How far up does the responsibility go? *The New Yorker.* Retrieved from http://www.newyorker.com/archive/2004/05/10/040510fa_fact

Hershberger, S. L., & Segal, N. L. (2004). The cognitive, behavioral, and personality profiles of a male monozygotic triplet set discordant for sexual orientation. *Archives of Sexual Behavior, 33,* 497–514. doi:10.1023/B:ASEB.0000037430.17032.7d

Hershfield, H. E. (2011). Future self-continuity: How conceptions of the future self transform intertemporal choice. *Annals of the New York Academy of Sciences, 1235,* 30–43.

Hershfield, H. E., Goldstein, D. G., Sharpe, W. F., Fox, J., Yeykelis, L., Carstensen, L. L., & Bailenson, J. N. (2011). Increasing saving behavior through age-progressed renderings of the future self. *Journal of Marketing Research, 48,* S23–S37. doi:10.1509/jmkr.48.SPL.S23

Hess, E. (2008). *Nim Chimpsky: The chimp who would be human.* New York, NY: Bantam.

Hess, E. H. (1958). Imprinting in animals. *Scientific American, 198,* 81–90. doi:10.1038/scientificamerican0358-81

Hewitt, P. L., & Flett, G. L. (1991). Dimensions of perfectionism in unipolar depression. *Journal of Abnormal Psychology, 100,* 98–101. doi:10.1037/0021-843X.100.1.98

Heyes, C. (2003). Four routes of cognitive evolution. *Psychological Review, 110,* 713–727. doi:10.1037/0033-295X.110.4.713

Heyes, C. (2012). New thinking: The evolution of human cognition. *Philosophical Transactions of the Royal Society of London. Series B, Biological Sciences, 367,* 2091–2096. doi:10.1098/rstb.2012.0111

Higbee, K. L. (1996). *Your memory: How it works & how to improve it* (2nd ed.). New York, NY: Marlowe & Company.

Higgins, E. T. (1987). Self-discrepancy: A theory relating self and affect. *Psychological Review, 94,* 319–340. doi:10.1037/0033-295X.94.3.319

Higgins, E. T. (1997). Beyond pleasure and pain. *American Psychologist, 52,* 1280–1300. doi:10.1037/0003-066X.52.12.1280

Higgins, E. T. (2005). Value from regulatory fit. *Current Directions in Psychological Science, 14,* 209–213. doi:10.1111/j.0963-7214.2005.00366.x

Highlights of prescribing information. (2014, March 13). Indianapolis, IN: Eli Lilly and Co. Retrieved from http://pi.lilly.com/us/prozac.pdf

Higley, S. L. (2007). *Hildegard of Bingen's Unknown language: An edition, translation, and discussion.* New York, NY: Palgrave Macmillan. doi:10.1057/9780230610057

Hilgard, E. R., Morgan, A. H., & Macdonald, H. (1975). Pain and dissociation in the cold pressor test: A study of hypnotic analgesia with "hidden reports" through automatic key pressing and automatic talking. *Journal of Abnormal Psychology, 84,* 280–289. doi:10.1037/h0076654

Hilti, C. C., Delko, T., Orosz, A. T., Thomann, K., Ludewig, S., Geyer, M. A., . . . & Cattapan-Ludewig, K. (2010). Sustained attention and planning deficits but intact attentional set-shifting in neuroleptic-naïve first-episode schizophrenia patients. *Neuropsychobiology, 61,* 79–86. doi:10.1159/000265133

Hines, M. (2010). Sex-related variation in human behavior and the brain. *Trends in Cognitive Sciences, 14,* 448–456. doi:10.1016/j.tics.2010.07.005

Hintsanen, M., Lipsanen, J., Pulkki-Råback, L., Kivimäki, M., Hintsa, T., & Keltikangas-Järvinen, L. (2009). EAS temperaments as predictors of unemployment in young adults: A 9-year follow-up of the Cardiovascular Risk in Young Finns Study. *Journal of Research in Personality, 43,* 618–623. doi:10.1016/j.jrp.2009.03.013

Hiraishi, K., Sasaki, S., Shikishima, C., & Ando, J. (2012). The second to fourth digit ratio (2D:4D) in a Japanese twin sample: Heritability, prenatal hormone transfer, and association with sexual orientation. *Archives of Sexual Behavior, 41,* 711–724. doi:10.1007/s10508-011-9889-z

Hirschfeld, L. A., & Gelman, S. A. (Eds.). (1994). *Mapping the mind: Domain specificity in cognition and culture.* Cambridge, UK: Cambridge University Press. doi:10.1017/CBO9780511752902

Hirstein, W., & Ramachandran, V. (1997). Capgras syndrome: A novel probe for understanding the neural representation of the identity and familiarity of persons. *Proceedings of the Royal Society of London. Series B, Biological Sciences, 264,* 437–444. doi:10.1098/rspb.1997.0062

Hishikawa, Y., & Shimizu, T. (1995). Physiology of REM sleep, cataplexy, and sleep paralysis. *Advances in Neurology, 67,* 245–271.

Hobsbawm, E. J. (1994). *Age of extremes: The short twentieth century, 1914–1991.* London, England: Michael Joseph.

Hobson, J., & McCarley, R. (1977). The brain as a dream state generator: An activation-synthesis hypothesis of the dream process. *American Journal of Psychiatry, 134,* 1335–1348.

Hobson, J. A. (1988). *The dreaming brain: How the brain creates both the sense and the nonsense of dreams.* New York: Basic Books.

Hodgkin, A. L., & Katz, B. (1949). The effect of sodium ions on the electrical activity of giant axon of the squid. *Journal of Physiology, 108,* 37–77.

Hoffman, A. (1979). *LSD, My problem child: Reflections on sacred drugs, mysticism, and science.* New York, NY: McGraw-Hill.

Hoffman, H. G., Garcia-Palacios, A., Carlin, A., Furness, T. A., III, & Botella-Arbona, C. (2003). Interfaces that heal: Coupling real and virtual objects to treat spider phobia. *International Journal of Human-Computer Interaction, 16,* 283–300. doi:10.1207/S15327590IJHC1602_08

Hoffmann, H., Janssen, E., & Turner, S. L. (2004). Classical conditioning of sexual arousal in women and men: Effects of varying awareness and biological relevance of the conditioned stimulus. *Archives of Sexual Behavior, 33,* 43–53. doi:10.1023/B:ASEB.0000007461.59019.d3

Hofmann, S. G., Moscovitch, D. A., Litz, B. T., Kim, H.-J., Davis, L. L., & Pizzagalli, D. A. (2005). The worried mind: Autonomic and prefrontal activation during worrying. *Emotion, 5,* 464–475. doi:10.1037/1528-3542.5.4.464

Hofmann, W., Gschwendner, T., Friese, M., Wiers, R. W., & Schmitt, M. (2008). Working memory capacity and self-regulatory behavior: Toward an individual-differences perspective on behavior determination by automatic versus controlled processes. *Journal of Personality and Social Psychology, 95,* 962–977. doi:10.1037/a0012705

Hogan, R. (1983). A socioanalytic theory of personality. In M. Page (Ed.), *Nebraska Symposium on Motivation* (pp. 58–89). Lincoln, NE: University of Nebraska Press.

Holden, C. (2001). 'Behavioral' addictions: Do they exist? *Science, 294,* 980–982. doi:10.1126/science.294.5544.980

Holden, C. (2007). Modeling Mecca's crowds. *Science, 316,* 347. doi:10.1126/science.316.5823.347d

Holden, J. E., Jeong, Y., & Forrest, J. M. (2005). The endogenous opioid system and clinical pain management. *AACN Advanced Critical Care, 16,* 291–301.

Holdsworth, N. (2008, February 10). Student sectioned for anti-Putin activities. *The Telegraph.* Retrieved from http://www.telegraph.co.uk/news/worldnews/1578228/Student-sectioned-for-anti-Putin-activities.html

Holmes, T., & Rahe, R. (1967). The social readjustment rating scale. *Journal of Psychosomatic Research, 11,* 213–218. doi:10.1016/0022-3999(67)90010-4

Hong, C. C. H., Harris, J. C., Pearlson, G. D., Kim, J. S., Calhoun, V. D., Fallon, J. H., . . . & Pekar, J. J. (2009). fMRI evidence for multisensory recruitment associated with rapid eye movements during sleep. *Human Brain Mapping, 30,* 1705–1722. doi:10.1002/hbm.20635

Hong, C. C. H., Potkin, S. G., Antrobus, J. S., Dow, B. M., Callaghan, G. M., & Gillin, J. C. (1997). REM sleep eye movement counts correlate with visual imagery in dreaming: A pilot study. *Psychophysiology, 34,* 377–381. doi:10.1111/j.1469-8986.1997.tb02408.x

Hornsey, M. J. (2008). Social identity theory and self-categorization theory: A historical review. *Social and Personality Psychology Compass, 2,* 204–222. doi:10.1111/j.1751-9004.2007.00066.x

Horowitz, M., Wilner, N., & Alvarez, W. (1979). Impact of event scale: A measure of subjective stress. *Psychosomatic Medicine, 41,* 209–218. doi:10.1097/00006842-197905000-00004

Horwitz, A. V., & Wakefield, J. C. (2007). *The loss of sadness: How psychiatry transformed normal sorrow into depressive disorder.* New York, NY: Oxford University Press.

Hottola, P. (2004). Culture confusion: Intercultural adaptation in tourism. *Annals of Tourism Research, 31,* 447–466. doi:10.1016/j.annals.2004.01.003

Houston, M. B., Bettencourt, L. A., & Wenger, S. (1998). The relationship between waiting in a service queue and evaluations of service quality: A field theory perspective. *Psychology & Marketing, 15,* 735–753. doi:10.1002/(SICI)1520-6793(199812)15:8<735::AID-MAR2>3.0.CO;2-9

Howes, R. (2009, March 25). Seven questions for Irvin Yalom. *Psychology Today.* Retrieved from http://www.psychologytoday.com/blog/in-therapy/200903/seven-questions-irvin-yalom

Hsu, C. L., & Lu, H. P. (2004). Why do people play on-line games? An extended TAM with social influences and flow experience. *Information & Management, 41,* 853–868. doi:10.1016/j.im.2003.08.014

Hubel, D. H. (1963). The visual cortex of the brain. *Scientific American, 209,* 54–63. doi:10.1038/scientificamerican1163-54

Hubel, D. H., & Wiesel, T. N. (1968). Receptive fields and functional architecture of monkey striate cortex. *Journal of Physiology, 195,* 215–243.

Huesmann, L. R., Moise-Titus, J., Podolski, C., & Eron, L. D. (2003). Longitudinal relations between children's exposure to TV violence and their aggressive and violent behavior in young adulthood: 1977–1992. *Developmental Psychology, 39,* 201–221. doi:10.1037/0012-1649.39.2.201

Huff, N. C., Hernandez, J. A., Blanding, N. Q., & LaBar, K. S. (2009). Delayed extinction attenuates conditioned fear renewal and spontaneous recovery in humans. *Behavioral Neuroscience, 123,* 834–843. doi:10.1037/a0016511

Hughes, R. (2003). The flow of human crowds. *Annual Review of Fluid Mechanics, 35,* 169–182. doi:10.1146/annurev.fluid.35.101101.161136

Huk, A. C. (2008). Visual neuroscience: Retinotopy meets perceptotopy? *Current Biology, 18,* R1005–R1007. doi:10.1016/j.cub.2008.09.015

Humphreys, M. S., & Revelle, W. (1984). Personality, motivation, and performance: A theory of the relationship between individual differences and information processing. *Psychological Review, 91,* 153–184. doi:10.1037/0033-295X.91.2.153

Hunt, R. H., & Thomas, K. M. (2008). Magnetic resonance imaging methods in developmental science: A primer. *Development and Psychopathology, 20,* 1029–1051. doi:10.1017/S0954579408000497

Hunton, J., & Rose, J. M. (2005). Cellular telephones and driving performance: The effects of attentional demands on motor vehicle crash risk. *Risk Analysis, 25,* 855–866.

Huppert, J. D., & Sanderson, W. C. (2009). Psychotherapy for generalized anxiety disorder. In D. J. Stein, E. Hollander, & B. O. Rothbaum (Eds.), *Textbook of Anxiety Disorders* (2nd ed., pp. 141–155). Arlington, VA: American Psychiatric Publishing.

Hurtz, G. M., & Donovan, J. J. (2000). Personality and job performance: The Big Five revisited. *Journal of Applied Psychology, 85,* 869–879. doi: 10.1037//0021-9010.85.6.869

Hurvich, L., & Jameson, D. (1957). An opponent-process theory of color vision. *Psychological Review, 64,* 384–404. doi:10.1037/h0041403

Hyde, J. S. (2005). The gender similarities hypothesis. *American Psychologist, 60,* 581–592. doi:10.1037/0003-066X.60.6.581

Iacoboni, M., Woods, R. P., Brass, M., Bekkering, H., Mazziotta, J. C., & Rizzolatti, G. (1999). Cortical mechanisms of human imitation. *Science, 286,* 2526–2528. doi:10.1126/science.286.5449.2526

Iemmola, F., & Camperio-Ciani, A. (2009). New evidence of genetic factors influencing sexual orientation in men: Female fecundity increase in the maternal line. *Archives of Sexual Behavior, 38,* 393–399. doi:10.1007/s10508-008-9381-6

Iggo, A., & Andres, K. H. (1982). Morphology of cutaneous receptors. *Annual Review of Neuroscience, 5,* 1–31. doi:10.1146/annurev.ne.05.030182.000245

Information Please® Database. (2009). Median age at first marriage, 1890–2010. *United States statistics.* Pearson Education. Retrieved from http://www.infoplease.com/ipa/A0005061.html

Innocence Project. (2012, July 19). DNA evidence exonerates Oklahoma man who served 16 years for a burglary and robbery he didn't commit: Innocence Project urges state lawmakers to stop lagging behind the rest of the nation and enact DNA testing law. *Innocence Project.* Retrieved from http://www.innocenceproject.org/Content/3720PRINT.php

Intelligent Children More Likely to Become Vegetarian. (2006, December 15). *ScienceDaily.* Retrieved November 7, 2013, from http://www.sciencedaily.com/releases/2006/12/061215090916.htm

Isen, A. M., & Levin, P. F. (1972). Effect of feeling good on helping: Cookies and kindness. *Journal of Personality and Social Psychology, 21,* 384–388. doi:10.1037/h0032317

Ito, M. (2002), Historical review of the significance of the cerebellum and the role of Purkinje cells in motor learning. *Annals of the New York Academy of Sciences, 978,* 273–288. doi:10.1111/j.1749-6632.2002.tb07574.x

Ivry, R. B., & Keele, S. W. (1989). Timing functions of the cerebellum. *Journal of Cognitive Neuroscience, 1,* 136-152. doi:10.1162/jocn.1989.1.2.136

Iyengar, S. S., & Lepper, M. R. (1999). Rethinking the value of choice: A cultural perspective on intrinsic motivation. *Journal of Personality and Social Psychology, 76,* 349–366. doi:10.1037/0022-3514.76.3.349

Izhikevich, E. M., & Edelman, G. M. (2008). Large-scale model of mammalian thalamocortical systems. *Proceedings of the National Academy of Sciences, 105,* 3593–3598. doi:10.1073/pnas.0712231105

Jack, R. E., Caldara, R., & Schyns, P. G. (2012). Internal representations reveal cultural diversity in expectations of facial expressions of emotion. *Journal of Experimental Psychology: General, 141,* 19–25. doi:10.1037/a0023463

Jaffee, S., & Hyde, J. S. (2000). Gender differences in moral orientation: A meta-analysis. *Psychological Bulletin, 126,* 703–726. doi:10.1037/0033-2909.126.5.703

James, W. (1884). What is an emotion? *Mind, 9,* 188–205. doi:10.1093/mind/os-IX.34.188

James, W. (1890). *Principles of psychology.* New York, NY: Henry Holt. doi:10.1037/11059-000

Janis, I. L. (1971, November). Groupthink. *Psychology Today, 5*(6), 43–46, 74–76.

Janson, H., & Mathiesen, K. S. (2008). Temperament profiles from infancy to middle childhood: Development and associations with behavior problems. *Developmental Psychology, 44,* 1314–1328. doi:10.1037/a0012713

Javaheri, S., Parker, T. J., Liming, J. D., Corbett, W. S., Nishiyama, H., Wexler, L., & Roselle, G. (1998). Sleep apnea in 81 ambulatory male patients with stable heart failure types and their prevalences, consequences, and presentations. *Circulation, 97,* 2154–2159. doi:10.1161/01.CIR.97.21.2154

Jensen, A. R. (1969). How much can we boost IQ and scholastic achievement? *Harvard Educational Review, 39,* 1–123.

Jensen, J. P., Bergin, A. E., & Greaves, D. W. (1990). The meaning of eclecticism: New survey and analysis of components. *Professional Psychology: Research and Practice, 21,* 124–130. doi:10.1037/0735-7028.21.2.124

Jensen, V. L., Hougaard, E., & Fishman, D. B. (2013). Sara, a social phobia client with sudden change after exposure exercises in intensive cognitive-behavior group therapy: A case-based analysis of mechanisms of change. *Pragmatic Case Studies in Psychotherapy, 9,* 275–336. Retrieved from http://pcsp.libraries.rutgers.edu/index.php/pcsp/article/view/1825/3250

Jesteadt, W., Green, D. M., & Wier, C. C. (1978). The Rawdon–Smith illusion. *Perception & Psychophysics, 23,* 244–250. doi:10.3758/BF03204133

John, O. P., Naumann, L. P., & Soto, C. J. (2008). Paradigm shift to the integrative Big Five trait taxonomy: History, measurement, and conceptual issues. In O. P. John, R. W. Robins, & L. A. Pervin (Eds.), *Handbook of Personality: Theory and Research* (pp. 114–158). New York, NY: Guilford.

Johns, L. C., & van Os, J. (2001). The continuity of psychotic experiences in the general population. *Clinical Psychology Review, 21,* 1125–1141. doi:10.1016/S0272-7358(01)00103-9

Johnson, C. Y. (2009, September 18). Spotting a terrorist: Next-generation system for detecting suspects in public settings holds promise, sparks privacy concerns. *Boston Globe.* Retrieved from http://www.boston.com/business/technology/articles/2009/09/18/spotting_a_terrorist/

Johnson, M. (1996). *Slaying the dragon: How to turn your small steps to great feats.* New York, NY: HarperCollins.

Johnson, S. B., Blum, R. W., & Giedd, J. N. (2009). Adolescent maturity and the brain: The promise and pitfalls of neuroscience research in adolescent health policy. *Journal of Adolescent Health, 45*(3), 216–221. doi:10.1016/j.jadohealth.2009.05.016

Johnson, W., Turkheimer, E., Gottesman, I., & Bouchard, T. (2009). Beyond heritability: Twin studies in behavioral research. *Current Directions in Psychological Science, 18,* 217–220. doi:10.1111/j.1467-8721.2009.01639.x

Johnson-Laird, P. N. (1990). The development of reasoning ability. In G. Butterworth & P. Bryant (Eds.), *Causes of development: Interdisciplinary perspectives* (pp. 85–110). New York, NY: Harvester Wheatsheaf.

Johnson-Laird, P. N. (1999). Deductive reasoning. *Annual Review of Psychology, 50,* 109–135. doi:10.1146/annurev.psych.50.1.109

Johnston, D. M., & Johnson, N. R. (1989). Role extension in disaster: Employee behavior at the Beverly Hills Supper Club fire. *Sociological Focus, 22,* 39–51.

Jones, E. (1953). *The life and work of Sigmund Freud.* Oxford, England: Basic Books.

Jones, E. E., & Harris, V. A. (1967). The attribution of attitudes. *Journal of Experimental Social Psychology, 3,* 1–24. doi:10.1016/0022-1031(67)90034-0

Jonides, J., Lewis, R. L., Nee, D. E., Lustig, C. A., Berman, M. G., & Moore, K. S. (2008). The mind and brain of short-term memory. *Annual Review of Psychology, 59,* 193–224. doi:10.1146/annurev.psych.59.103006.093615

Josse, G., & Tzourio-Mazoyer, N. (2004). Hemispheric specialization for language. *Brain Research Reviews, 44,* 1–12. doi:10.1016/j.brainresrev.2003.10.001

Jouvet, M., & Delorme, F. (1965). Locus coeruleus et sommeil paradoxal. *Comptes Rendus des Séances de la Société de Biologie et de ses Filiales, 159,* 895–899.

Joye, Y. (2007). Architectural lessons from environmental psychology: The case of biophilic architecture. *Review of General Psychology, 11,* 305–328. doi:10.1037/1089-2680.11.4.305

Judge, T. A., & Piccolo, R. F. (2004). Transformational and transactional leadership: A meta-analytic test of their relative validity. *Journal of Applied Psychology, 89,* 755–768. doi:10.1037/0021-9010.89.5.755

Juffer, F., & van IJzendoorn, M. H. (2007). Adoptees do not lack self-esteem: A meta-analysis of studies on self-esteem of transracial, international, and domestic adoptees. *Psychological Bulletin, 133,* 1067–1083. doi:10.1037/0033-2909.133.6.1067

Julien, R. M. (2005). *A primer of drug action: A comprehensive guide to the actions, uses, and side effects of psychoactive drugs* (10th edition). New York, NY: Worth Publishers.

Jung, C. G. (1939). *The integration of the personality.* New York, NY: Farrar & Rinehart.

Jung, C. G. (Ed.). (1964). *Man and his symbols.* London, UK: Aldus Books.

Jurgens, H. A., & Johnson, R. W. (2012). Environmental enrichment attenuates hippocampal neuroinflammation and improves cognitive function during influenza infection. *Brain, Behavior, and Immunity, 26,* 1006–1016. doi:10.1016/j.bbi.2012.05.015

Juster, F. T., Ono, H., & Stafford, F. P. (2004). *Changing times of American youth: 1981–2003.* Ann Arbor, MI: Institute for Social Research, University of Michigan. Retrieved from http://www.nwf.org/~/media/PDFs/Eco-schools/teen_time_report.pdf

Justus, T., & Hutsler, J. J. (2005). Fundamental issues in the evolutionary psychology of music: Assessing innateness and domain specificity. *Music Perception, 23,* 1–27. doi:10.1525/mp.2005.23.1.1

Kaare, B., & Woodburn, J. (1999). The Hadza of Tanzania. In R. B. Lee and R. H Daly (Eds.), *The Cambridge encyclopedia of hunters and gatherers* (pp. 200–204). Cambridge, U.K.: Cambridge University Press.

Kafka, M. P. (2010). The DSM diagnostic criteria for paraphilia not otherwise specified. *Archives of Sexual Behavior, 39,* 373–376. doi:10.1007/s10508-009-9552-0

Kagan, J. (1988). The meanings of personality predicates. *The American Psychologist, 43,* 614–620. doi:10.1037/0003-066X.43.8.614

Kagan, J. (1997). Temperament and the reactions to unfamiliarity. *Child Development, 68,* 139–143. doi:10.1111/j.1467-8624.1997.tb01931.x

Kagan, J. (1998). *Three seductive ideas.* Cambridge, MA: Harvard University Press.

Kagan, J. (2002). *Surprise, uncertainty, and mental structures.* Cambridge, MA: Harvard University Press.

Kagan, J., & Snidman, N. (1991). Infant predictors of inhibited and uninhibited profiles. *Psychological Science, 2,* 40–44. doi:10.1111/j.1467-9280.1991.tb00094.x

Kagan, J., & Snidman, N. (1991). Temperamental factors in human development. *American Psychologist, 46,* 856–862. doi:10.1037/0003-066X.46.8.856

Kahn-Greene, E. T., Killgore, D. B., Kamimori, G. H., Balkin, T. J., & Killgore, W. D. S. (2007). The effects of sleep deprivation on symptoms of psychopathology in healthy adults. *Sleep Medicine, 8,* 215–221. doi:10.1016/j.sleep.2006.08.007

Kahneman, D. (1973). *Attention and effort.* Englewood Cliffs, NJ: Prentice-Hall.

Kahneman, D. (2011). *Thinking fast and slow.* New York, NY: Farrar, Straus and Giroux.

Kahneman, D., & Miller, D. T. (1986). Norm theory: Comparing reality to its alternatives. *Psychological Review, 93,* 136–153. doi:10.1037/0033-295X.93.2.136

Kahneman, D., & Tversky, A. (1979). Prospect theory: An analysis of decision under risk. *Econometrica, 47,* 263–292. doi:10.2307/1914185

Kahneman, D., & Tversky, A. (1982). The psychology of preferences. *Scientific American, 246,* 160–173. doi:10.1038/scientificamerican 0182-160

Kahneman, D., & Tversky, A. (1984). Choices, values, and frames. *American Psychologist, 39,* 341–350. doi:10.1037/0003-066X.39.4.341

Kahneman, D., Krueger, A. B., Schkade, D., Schwarz, N., & Stone, A. A. (2006). Would you be happier if you were richer? A focusing illusion. *Science, 312,* 1908–1910. doi:10.1126/science.1129688

Kamin, L. J. (1968). "Attention-like" processes in classical conditioning. In M.R. Jones (Ed.), *Miami symposium on the prediction of behaviour: Aversive stimulation* (pp. 9–33). Coral Gables, FL: University of Miami Press.

Kamphuisen, H. A., Kemp, B., Kramer, C. G., Duijvestijn, J., Ras, L., & Steens, J. (1992). Long-term sleep deprivation as a game: The wear and tear of wakefulness. *Clinical Neurology and Neurosurgery, 94,* S96–S99. doi:10.1016/0303-8467(92)90036-3

Kanamori, T., Kanai, M. I., Dairyo, Y., Yasunaga, K., Morikawa, R. K., & Emoto, K. (2013). Compartmentalized calcium transients trigger dendrite pruning in Drosophila sensory neurons. *Science, 340,* 1475–1478. doi:10.1126/science.1234879

Kandel, E. R. (1991). Cellular mechanisms of learning and the biological basis of individuality. In E. R. Kandel, J. H. Schwartz, & T. M. Jessell (Eds.), *Principles of Neural Science* (3rd ed., pp. 1009–1031). Norwalk, CT: Appleton & Lange.

Kandel, E. R. (2006). Essay: The new science of mind. *Scientific American Mind, 17,* 62–69. doi:10.1038/scientificamericanmind0406-62

Kandel, E. R. for CHARLIE ROSE, PBS. (2013, March 7). *Brain Series 2 Episode 13: Public Policy Implications of the New Science of Mind with Eric Kandel, Alan Alda, Daniel Kahneman, Michael Shadlen, and Walter Mischel.* Retrieved from http://www.charlierose.com/watch/60190667

Kandel, E. R., Schwartz, J. H., & Jessell, T. M. (Eds.). (2000). *Principles of neural science* (Vol. 4). New York, NY: McGraw-Hill.

Kane, J. M. (2004). Tardive dyskinesia rates with atypical antipsychotics in adults: Prevalence and incidence. *The Journal of Clinical Psychiatry, 65*(9), 16–20.

Kanizsa, G. (1976). Subjective contours. *Scientific American, 234,* 48–52. doi:10.1038/scientificamerican0476-48

Kanwisher, N. (2000). Domain specificity in face perception. *Nature Neuroscience, 3,* 759–763. doi:10.1038/77664

Kapur, R., & Smith, M. D. (2009). Treatment of cardiovascular collapse from caffeine overdose with lidocaine, phenylephrine, and hemodialysis. *The American Journal of Emergency Medicine, 27,* 253. e3–253.e6. doi:10.1016/j.ajem.2008.06.028

Kapur, S. (2003). Psychosis as a state of aberrant salience: A framework linking biology, phenomenology, and pharmacology in schizophrenia. *American Journal of Psychiatry, 160,* 13–23. doi:10.1176/appi.ajp.160.1.13

Karau, S. J., & Williams, K. D. (1993). Social loafing: A meta-analytic review and theoretical integration. *Journal of Personality and Social Psychology, 65,* 681–706. doi:10.1037/0022-3514.65.4.681

Karg, K., Burmeister, M., Shedden, K., & Sen, S. (2011). The serotonin transporter promoter variant (5-HTTLPR), stress, and depression meta-analysis revisited: Evidence of genetic moderation. *Archives of General Psychiatry, 68,* 444–454. doi:10.1001/archgen psychiatry.2010.189

Karmiloff-Smith, A. (2009). Nativism versus neuroconstructivism: Rethinking the study of developmental disorders. *Developmental Psychology, 45,* 56–63. doi:10.1037/a0014506

Kashima, Y., Kashima, E. S., Kim, U., & Gelfand, M. (2006). Describing the social world: How is a person, a group, and a relationship described in the East and the West? *Journal of Experimental Social Psychology, 42,* 388–396. doi:10.1016/j.jesp.2005.05.004

Kawachi, I., Colditz, G. A., Stampfer, M. J., Willett, W. C., Manson, J. E., Speizer, F. E., & Hennekens, C. H. (1995). Prospective study of shift work and risk of coronary heart disease in women. *Circulation, 92,* 3178–3182. doi:10.1161/01.CIR.92.11.3178

Kay, P., Berlin, B., Maffi, L., & Merrifield, W. (1997). Color naming across languages. In C. L. Hardin & L. Maffi (Eds.), *Color categories in thought and language* (pp. 21–56). Cambridge, England: Cambridge University Press. doi:10.1017/CBO9780511519819.002

Keith, T. Z. (1982). Time spent on homework and high school grades: A large-sample path analysis. *Journal of Educational Psychology, 74,* 248–253. doi:10.1037/0022-0663.74.2.248

Kelley, H. H. (1967). Attribution theory in social psychology. In D. Levine (Ed.), *Nebraska Symposium on Motivation, 1967.* Lincoln, NE: University of Nebraska Press.

Kelley, H. H., & Michela, J. L. (1980). Attribution theory and research. *Annual Review of Psychology, 31,* 457–501. doi:10.1146/annurev. ps.31.020180.002325

Kelley, H. H., Berscheid, E., Christensen, A., Harvey, J. H., Huston, T. L., Levinger, G., . . . & Peterson, D. R. (Eds.). (1983). *Close relationships.* New York, NY: Freeman.

Kellogg, T. H. (1897). *A text-book on mental diseases.* New York, NY: William Wood & Company.

Kelly, G. A. (1955). *The psychology of personal constructs.* New York, NY: Norton.

Kelly, J. G. (2004). The legacy of consultee-centered consultation for collaborative research. In N. M. Lambert, I. Hylander, & S. Sandoval (Eds.), *Consultee-centered consultation* (pp. 233–244). Mahwah, NJ: Lawrence Erlbaum.

Keltner, D. (1995). Signs of appeasement: Evidence for the distinct displays of embarrassment, amusement, and shame. *Journal of Personality and Social Psychology, 68,* 441–454. doi:10.1037//0022-3514.68.3.441

Kemperman, I., Russ, M. J., & Shearin, E. (1997). Self-injurious behavior and mood regulation in borderline patients. *Journal of Personality Disorders, 11,* 146–157. doi:10.1521/pedi.1997.11.2.146

Kendall, P. C. (1998). Empirically supported psychological therapies. *Journal of Consulting and Clinical Psychology, 66,* 3–6. doi:10.1037/ 0022-006X.66.1.3

Keppel, G., & Underwood, B. J. (1962). Proactive inhibition in short-term retention of single items. *Journal of Verbal Learning and Verbal Behavior, 1,* 153–161. doi:10.1016/S0022-5371(62)80023-1

Kessler, R. C., Berglund, P. A., Chiu, W. T., Deitz, A. C., Hudson, J. I., Shahly, V., . . . & Xavier, M. (2013). The prevalence and correlates of binge eating disorder in the World Health Organization World Mental Health Surveys. *Biological Psychiatry, 73,* 904–914. doi:10.1016/j.biopsych.2012.11.020

Kessler, R. C., Chiu, W. T., Demler, O., & Walters, E. E. (2005). Prevalence, severity, and comorbidity of 12-month DSM-IV disorders in the National Comorbidity Survey Replication. *Archives of General Psychiatry, 62,* 617–627. doi:10.1001/archpsyc.62.6.617

Kessler, R. C., McGonagle, K. A., Zhao, S., Nelson, C. B., Hughes, M., Eshleman, S., . . . & Kendler, K. S. (1994). Lifetime and 12-month prevalence of DSM-III-R psychiatric disorders in the United States: Results from the National Comorbidity Survey. *Archives of General Psychiatry, 51,* 8–19. doi:10.1001/archpsyc.1994.03950010008002

Kessler, R. C., Zhao, S., Blazer, D. G., & Swartz, M. (1997). Prevalence, correlates, and course of minor depression and major depression in the National Comorbidity Survey. *Journal of Affective Disorders, 45,* 19–30. doi:10.1016/S0165-0327(97)00056-6

Kett, J. F. (2003). Reflections on the history of adolescence in America. *The History of the Family, 8,* 355–373. doi:10.1016/S1081-602X(03)00042-3

Keyes, C. L. M., Fredrickson, B. L., & Park, N. (2012). Positive psychology and the quality of life. In K. Land, A. Michelos, & M. Sirgy (Eds.), *Handbook of Social Indicators and Quality of Life Research* (pp. 99–112). Dordrecht, Netherlands: Springer Netherlands. doi:10.1007/978-94-007-2421-1_5

Khundrakpam, B. S., Reid, A., Brauer, J., Carbonell, F., Lewis, J., Ameis, S., . . . & Fadale, D. (2013). Developmental changes in organization of structural brain networks. *Cerebral Cortex, 23,* 2072–2085. doi:10.1093/cercor/bhs187

Kiecolt-Glaser, J. K., Marucha, P. T., Malarkey, W. B., Mercado, A. M., & Glaser, R. (1995). Slowing of wound healing by psychological stress. *Lancet, 346,* 1194–1196. doi:10.1016/S0140-6736(95)92899-5

Kiecolt-Glaser, J. K., & Newton, T. L. (2001). Marriage and health: His and hers. *Psychological Bulletin, 127,* 472–503. doi:10.1037/0033-2909.127.4.472

Kihlstrom, J. F. (2005). Dissociative disorders. *Annual Review of Clinical Psychology, 1,* 227–253. doi:10.1146/annurev.clinpsy.1.102803.143925

Kihlstrom, J. F. (2006). Does neuroscience constrain social-psychological theory? *Dialogue, 21,* 16–17.

Kihlstrom, J. F. (2007). Consciousness in hypnosis. In P. D. Zelazo, M. Moscovitch, & E. Thompson (Eds.), *Cambridge Handbook of Consciousness* (pp. 445–479). Cambridge, UK: Cambridge University Press. doi:10.1017/CBO9780511816789.018

Kikuchi, H., Fujii, T., Abe, N., Suzuki, M., Takagi, M., Mugikura, S., . . . & Mori, E. (2010). Memory repression: Brain mechanisms underlying dissociative amnesia. *Journal of Cognitive Neuroscience, 22,* 602–613. doi:10.1162/jocn.2009.21212

Kim, Y.-K. (Ed.). (2009). *Handbook of behavior genetics.* New York, NY: Springer. doi:10.1007/978-0-387-76727-7

King, B. M. (2006). The rise, fall, and resurrection of the ventromedial hypothalamus in the regulation of feeding behavior and body weight. *Physiology and Behavior, 87,* 221–244. doi:10.1016/j.physbeh.2005.10.007

Kinney, H. C., Korein, J., Panigrahy, A., Dikkes, P., & Goode, R. (1994). Neuropathological findings in the brain of Karen Ann Quinlan—The role of the thalamus in the persistent vegetative state. *New England Journal of Medicine, 330,* 1469–1475. doi:10.1056/NEJM199405263302101

Kinsey, A. C., Pomeroy, W. B. and Martin, C. E. (1948). *Sexual behavior in the human male.* Philadelphia, PA: W. B. Saunders.

Kintsch, W. (1994). Text comprehension, memory, and learning. *American Psychologist, 49,* 294–303.

Kirk, R. (2009). Zombies. In E. N. Zalta (Ed.), *The Stanford Encyclopedia of Philosophy* (Summer 2009 Ed.). Retrieved from http://plato.stanford.edu/archives/sum2009/entries/zombies/

Kirkpatrick, B., Buchanan, R. W., McKenny, P. D., Alphs, L. D., & Carpenter Jr, W. T. (1989). The Schedule for the Deficit Syndrome: An instrument for research in schizophrenia. *Psychiatry Research, 30,* 119–123. doi:10.1016/0165-1781(89)90153-4

Kirsch, I. (2010). *The emperor's new drugs: Exploding the antidepressant myth.* New York, NY: Basic Books.

Kirschenbaum, H. (1979). *On becoming Carl Rogers.* New York, NY: Delacorte.

Kirsh, S. J. (2012). *Children, adolescents, and media violence: A critical look at the research* (2nd ed.). Thousand Oaks, CA: Sage.

Kitayama, S., & Cohen, D. (Eds.). (2007). *Handbook of cultural psychology.* New York, NY: Guilford Press.

Kitayama, S., Duffy, S., Kawamura, T., & Larsen, J. T. (2003). Perceiving an object and its context in different cultures: A cultural look at new look. *Psychological Science, 14,* 201–206. doi:10.1111/1467-9280.02432

Kitayama, S., & Markus, H. R. (1999). Yin and Yang of the Japanese self: The cultural psychology of personality coherence. In D. Cervone & Y. Shoda (Eds.), *The coherence of personality: Social-cognitive bases of consistency, variability, and organization* (pp. 242–302). New York, NY: Guilford Press.

Kitayama, S., Markus, H. R., Matsumoto, H., & Norasakkunit, V. (1997). Individual and collective processes of self-esteem management: Self-enhancement in the United States and self-depreciation in Japan. *Journal of Personality and Social Psychology, 72,* 1245–1267. doi:10.1037/0022-3514.72.6.1245

Klein, D., Zatorre, R. J., Milner, B., & Zhao, V. (2001). A cross-linguistic PET study of tone perception in Mandarin Chinese and English speakers. *Neuroimage, 13,* 646–653. doi:10.1006/nimg.2000.0738

Kleinman, A., & Kleinman, J. (1985). Somatization: The interconnections in Chinese society among culture, depressive experiences, and the meanings of pain. In A. Kleinman, & B. Good (Eds.), *Culture and Depression: Studies in the Anthropology and Cross-Cultural Psychiatry of Affect and Disorder* (pp. 429–490). Berkeley, CA: University of California Press.

Klerman, G. L., Weissman, M. M., Rounsaville, B. J., & Chevron, E. S. (1984). *Interpersonal psychotherapy of depression.* New York, NY: Basic Books.

Kling, K. C., Hyde, J. S., Showers, C. J., & Buswell, B. N. (1999). Gender differences in self-esteem: A meta-analysis. *Psychological Bulletin, 125,* 470–500. doi:10.1037/0033-2909.125.4.470

Kluft, R. P. (2012). Hypnosis in the treatment of dissociative identity disorder and allied states: An overview and case study. *South African Journal of Psychology, 42,* 146–155. doi:10.1177/008124631204200202

Knapp, M., Mangalore, R., & Simon, J. (2004). The global costs of schizophrenia. *Schizophrenia Bulletin, 30,* 279–293. doi:10.1093/oxfordjournals.schbul.a007078

Knight, S. (2009, April 10). Is high IQ a burden as much as a blessing? *Financial Times.* Retrieved from http://www.ft.com/intl/cms/s/0/4add9230-23d5-11de-996a-00144feabdc0.html#axzz34rPxUZjo

Knudsen, N., Laurberg, P., Rasmussen, L. B., Bülow, I., Perrild, H., Ovesen, L., & Jørgensen, T. (2005). Small differences in thyroid function may be important for body mass index and the occurrence of obesity in the population. *Journal of Clinical Endocrinology & Metabolism, 90,* 4019–4024. doi:10.1210/jc.2004-2225

Kobayakawa, T., Wakita, M., Saito, S., Gotow, N., Sakai, N., & Ogawa, H. (2005). Location of the primary gustatory area in humans and its properties, studied by magnetoencephalography. *Chemical Senses, 30*(suppl 1), i226–i227. doi:10.1093/chemse/bjh196

Kober, H., Barrett, L., Joseph, J., Bliss-Moreau, E., Lindquist, K., & Wager, T. D. (2008). Functional grouping and cortical–subcortical interactions in emotion: A meta-analysis of neuroimaging studies. *Neuroimage, 42,* 998–1031. doi:10.1016/j.neuroimage.2008.03.059

Koch, C., & Crick, F. (2001). The zombie within. *Nature, 411,* 893–893. doi:10.1038/35082161

Koch, S., Holland, R. W., Hengstler, M., & van Knippenberg, A. (2009). Body locomotion as regulatory process stepping backward enhances cognitive control. *Psychological Science, 20,* 549–550. doi:10.1111/j.1467-9280.2009.02342.x

Koelsch, S., Fritz, T., von Cramon, D. Y., Müller, K., & Friederici, A. D. (2006). Investigating emotion with music: An fMRI study. *Human Brain Mapping, 27,* 239–250. doi:10.1002/hbm.20180

Koenigsberg, H. W., Siever, L. J., Lee, H., Pizzarello, S., New, A. S., Goodman, M., . . . & Prohovnik, I. (2009). Neural correlates of emotion processing in borderline personality disorder. *Psychiatry Research: Neuroimaging, 172,* 192–199. doi:10.1016/j.pscychresns.2008.07.010

Kohlberg, L. (1969). Stage and sequence: The cognitive-developmental approach to socialization. In D. A. Goslin (Ed.), *Handbook of Socialization Theory and Research* (pp. 347–480). Chicago, IL: Rand McNally.

Kohlberg, L., & Hersh, R. H. (1977). Moral development: A review of the theory. *Theory Into Practice, 16,* 53–59. doi:10.1080/00405847709542675

Kolb, B., & Whishaw, I. Q. (1990). *Fundamentals of human neuropsychology* (3rd ed.). New York, NY: Freeman.

Koob, G. F., & Le Moal, M. (2005). Plasticity of reward neurocircuitry and the 'dark side' of drug addiction. *Nature Neuroscience, 8,* 1442–1444. doi:10.1038/nn1105-1442

Kopp, C. B. (2011). Development in the early years: Socialization, motor development, and consciousness. *Annual Review of Psychology, 62,* 165–187. doi:10.1146/annurev.psych.121208.131625

Kosfeld, M., Heinrichs, M., Zak, P. J., Fischbacher, U., & Fehr, E. (2005). Oxytocin increases trust in humans. *Nature, 435,* 673–676. doi:10.1038/nature03701

Kosslyn, S. M. (1973). Scanning visual images: Some structural implications. *Perception and Psychophysics, 14*(1), 90–94.

Kosslyn, S. M. (1980). *Image and mind.* Cambridge, MA: Harvard University Press.

Kosslyn, S. M., Thompson, W. L., Kim, I. J., Rauch, S. L., & Alpert, N. M. (1996). Individual differences in cerebral blood flow in area 17 predict the time to evaluate visualized letters. *Journal of Cognitive Neuroscience, 8,* 78–82.

Kouider, S., Stahlhut, C., Gelskov, S. V., Barbosa, L. S., Dutat, M., De Gardelle, V., . . . & Dehaene-Lambertz, G. (2013). A neural marker of perceptual consciousness in infants. *Science, 340,* 376–380. doi:10.1126/science.1232509

Kozol, J. (1991). *Savage inequalities: Children in America's schools.* New York, NY: Crown Publishers, Inc.

Krahé, B., Becker, J., & Zöllter, J. (2008). Contextual cues as a source of response bias in personality questionnaires: The case of the NEO-FFI. *European Journal of Personality, 22,* 655–673. doi:10.1002/per.695

Kranz, G. S., Kasper, S., & Lanzenberger, R. (2010). Reward and the serotonergic system. *Neuroscience, 166,* 1023–1035. doi:10.1016/j.neuroscience.2010.01.036

Krathwohl, D. R. (2002). A revision of Bloom's taxonomy: An overview. *Theory into Practice, 41,* 212–218.

Krendl, A., Richeson, J., Kelley, W., & Heatherton, T. F. (2008). The negative consequences of threat: A functional magnetic resonance imaging investigation of the neural mechanisms underlying women's underperformance in math. *Psychological Science, 19,* 168–175. doi:10.1111/j.1467-9280.2008.02063

Kreutz, G., Bongard, S., Rohrmann, S., Hodapp, V., & Grebe, D. (2004). Effects of choir singing or listening on secretory immunoglobulin A, cortisol, and emotional state. *Journal of Behavioral Medicine, 27,* 623–635. doi:10.1007/s10865-004-0006-9

Kring, A. M., Kerr, S. L., Smith, D. A., & Neale, J. M. (1993). Flat affect in schizophrenia does not reflect diminished subjective experience of emotion. *Journal of Abnormal Psychology, 102,* 507–517. doi:10.1037/0021-843X.102.4.507

Kring, A. M., & Moran, E. K. (2008). Emotional response deficits in schizophrenia: Insights from affective science. *Schizophrenia Bulletin, 34,* 819–834. doi:10.1093/schbul/sbn071

Kross, E., Berman, M. G., Mischel, W., Smith, E. E., & Wager, T. D. (2011). Social rejection shares somatosensory representations with physical pain. *Proceedings of the National Academy of Sciences of the United States of America, 108,* 6270–6275. doi:10.1073/pnas.1102693108

Kruglanski, A. W., Pierro, A., Mannetti, L., & De Grada, E. (2006). Groups as epistemic providers: Need for closure and the unfolding of group-centrism. *Psychological Review, 113,* 84–100. doi:10.1037/0033-295X.113.1.84

Kruglanski, A. W., Shah, J. Y., Fishbach, A., Friedman, R., Chun, W. Y., & Sleeth-Keppler, D. (2002). A theory of goal systems. In M. P. Zanna (Ed.), *Advances in Experimental Social Psychology* (pp. 331–378). New York, NY: Academic Press.

Kruglanski, A. W., & Webster, D. M. (1996). Motivated closing of the mind: "Seizing" and "freezing." *Psychological Review, 103,* 263–283. doi:10.1037/0033-295X.103.2.263

Krull, F., & Schifferdecker, M. (1990). Inpatient treatment of conversion disorder: A clinical investigation of outcome. *Psychotherapy and Psychosomatics, 53,* 161–165. doi:10.1159/000288360

Krumhansl, C. L. (1997). An exploratory study of musical emotions and psychophysiology. *Canadian Journal of Experimental Psychology/Revue Canadienne de Psychologie Expérimentale, 51,* 336–353. doi:10.1037/1196-1961.51.4.336

Krumhansl, C. L. (2002). Music: A link between cognition and emotion. *Current Directions in Psychological Science, 11,* 45–50. doi:10.1111/1467-8721.00165

Kuffler, S. W., & Nicholls, J. G. (1976). *From neuron to brain: A cellular approach to the function of the nervous system.* Sunderland, MA: Sinauer Associates.

Kuhbandner, C., Spitzer, B., & Pekrun, R. (2011). Read-out of emotional information from iconic memory: The longevity of threatening stimuli. *Psychological Science, 22,* 695–700. doi:10.1177/0956797611406445

Kuhl, P. K. (2000). A new view of language acquisition. *Proceedings of the National Academy of Sciences, 97,* 11850–11857.

Kunz, M., Rainville, P., & Lautenbacher, S. (2011). Operant conditioning of facial displays of pain. *Psychosomatic Medicine, 73,* 422–431. doi:10.1097/PSY.0b013e318218db3e

Kuperberg, G., & Heckers, S. (2000). Schizophrenia and cognitive function. *Current Opinion in Neurobiology, 10,* 205–210. doi:10.1016/S0959-4388(00)00068-4

Kuppens, P., Van Mechelen, I., & Rijmen, F. (2008). Toward disentangling sources of individual differences in appraisal and anger. *Journal of Personality, 76,* 969–1000. doi:10.1111/j.1467-6494.2008.00511.x

Kurtz, M. E., Kurtz, J. C., Given, C. W., & Given, B. A. (2008). Patient optimism and mastery—Do they play a role in cancer patients' management of pain and fatigue? *Journal of Pain and Symptom Management, 36,* 1–10. doi:10.1016/j.jpainsymman.2007.08.010

La Mettrie, J. O. (1748). *L'homme machine.* Leyden: Elie Luzac.

Labar, K. (2007). Beyond fear: Emotional memory mechanisms in the human brain. *Current Directions in Psychological Science, 16,* 173–177. doi:10.1111/j.1467-8721.2007.00498

LaBrode, R. T. (2007). Etiology of the psychopathic serial killer: An analysis of antisocial personality disorder, psychopathy, and serial killer personality and crime scene characteristics. *Brief Treatment and Crisis Intervention, 7,* 151–160. doi:10.1093/brief-treatment/mhm004

Lachman, M. E. (Ed.). (2001). *Handbook of midlife development.* New York, NY: Wiley.

Laffey, P. (2003). Psychiatric therapy in Georgian Britain. *Psychological Medicine, 33,* 1285–1297. doi:10.1017/S0033291703008109

Lakoff, G. (1987). *Women, fire, and dangerous things: What categories reveal about the mind.* Chicago, IL: The University of Chicago Press. doi:10.7208/chicago/9780226471013.001.0001

Lakoff, G. (2012). Explaining embodied cognition results. *Topics in Cognitive Science, 4,* 773–785. doi:10.1111/j.1756-8765.2012.01222.x

Lakoff, G., & Johnson, M. (1999). *Philosophy in the flesh: The embodied mind and its challenge to western thought.* New York, NY: Basic Books.

Laland, K., Odling-Smee, J., & Myles, S. (2010). How culture shaped the human genome: Bringing genetics and the human sciences together. *Nature Reviews Genetics, 11,* 137–148. doi:10.1038/nrg2734

Landolfi, E. (2012). Exercise addiction. *Sports Medicine, 43,* 111–119. doi:10.1007/s40279-012-0013-x

Langfield, A., & Briggs, B. (2013, April 16). Amid the chaos and carnage in Boston, heroes emerge. *NBC News.* Retrieved from http://usnews. nbcnews.com/_news/2013/04/16/17780108-amid-the-chaos-and-carnage-in-boston-heroes-emerge?lite

Långström, N., Rahman, Q., Carlström, E., & Lichtenstein, P. (2010). Genetic and environmental effects on same-sex sexual behavior: A population study of twins in Sweden. *Archives of Sexual Behavior, 39,* 75–80. doi:10.1007/s10508-008-9386-1

Lansford, J. E. (2009). Parental divorce and children's adjustment. *Perspectives on Psychological Science, 4,* 140–152. doi:10.1111/j.1745-6924.2009.01114.x

Larson, R., & Ham, M. (1993). Stress and "storm and stress" in early adolescence: The relationship of negative events with dysphoric affect. *Developmental Psychology, 29,* 130–140. doi:10.1037/0012-1649 .29.1.130

Latham, G. P., & Pinder, C. C. (2005). Work motivation theory and research at the dawn of the twenty-first century. *Annual Review of Psychology, 56,* 485–516. doi:10.1146/annurev.psych.55.090902. 142105

Lattin, D. (2010). *The Harvard psychedelic club: How Timothy Leary, Ram Dass, Huston Smith, and Andrew Weil killed the fifties and ushered in a new age for America.* New York, NY: Harper Collins.

Laurie, A., & Neimeyer, R. A. (2008). African Americans in bereavement: Grief as a function of ethnicity. *OMEGA—Journal of Death and Dying, 57,* 173–193. doi:10.2190/OM.57.2.d

Laursen, B., Coy, K. C., & Collins, W. A. (1998). Reconsidering changes in parent–child conflict across adolescence: A meta-analysis. *Child Development, 69,* 817–832. doi:10.1111/j.1467-8624.1998. tb06245.x

Lazarus, R. S. (1991). *Emotion and adaptation.* New York, NY: Oxford University Press.

Lazarus, R. S., & Alfert, E. (1964). Short-circuiting of threat by experimentally altering cognitive appraisal. *Journal of Abnormal and Social Psychology, 69,* 195–205. doi:10.1037/h0044635

Lazarus, R. S., & Folkman, S. (1984). *Stress, appraisal, and coping.* New York, NY: Springer.

Lazarus, R. S., & Lazarus, B. N. (1994). *Passion and reason: Making sense of our emotions.* New York, NY: Oxford University Press.

Lazear, E. (1986). Salaries and piece rates. *Journal of Business, 59,* 405–431. doi:10.2307/2352711

Le Bihan, D., Mangin, J., Poupon, C., Clark, C. A., Pappata, S., Molko, N., & Chabriat, H. (2001). Diffusion tensor imaging: Concepts and applications. *Journal of Magnetic Resonance Imaging, 13,* 534–546. doi:10.1002/jmri.1076

Le Bon, G. (1896). *The crowd: A study of the popular mind.* London, England: Ernest Benn.

Le Grange, D., Lock, J., Loeb, K., & Nicholls, D. (2010). Academy for eating disorders position paper: The role of the family in eating disorders. *International Journal of Eating Disorders, 43,* 1–5. doi:10.1002/eat.20751

Leaper, C., & Ayres, M. M. (2007). A meta-analytic review of gender variations in adults' language use: Talkativeness, affiliative speech, and assertive speech. *Personality and Social Psychology Review, 11,* 328–363. doi:10.1177/1088868307302221

Leary, M. R., Tambor, E. S., Terdal, S. K., & Downs, D. L. (1995). Self-esteem as an interpersonal monitor: The sociometer hypothesis. *Journal of Personality and Social Psychology, 68(3),* 518–530. doi:10 .1037/0022-3514.68.3.518

LeBeau, R. T., Glenn, D., Liao, B., Wittchen, H. U., Beesdo-Baum, K., Ollendick, T., & Craske, M. G. (2010). Specific phobia: A review of DSM-IV specific phobia and preliminary recommendations for DSM-V. *Depression and Anxiety, 27,* 148–167. doi:10.1002/da.20655

Lederman, S., & Klatzky, R. (2009). Haptic perception: A tutorial. *Attention, Perception, & Psychophysics, 71,* 1439–1459. doi:10. 3758/APP

LeDoux, J. E. (1994). Emotion, memory and the brain. *Scientific American, 270,* 50–57. doi:10.1038/scientificamerican0694-50

Lee, J. L. C. (2009). Reconsolidation: maintaining memory relevance. *Trends in Neuroscience, 32,* 413–420. doi:10.1016/j.tins.2009.05.002

Lee, K. M., & Kang, S. Y. (2002). Arithmetic operation and working memory: Differential suppression in dual tasks. *Cognition, 83,* B63–B68. doi:10.1016/S0010-0277(02)00010-0

Lee, S. (2002). The stigma of schizophrenia: A transcultural problem. *Current Opinion in Psychiatry, 15,* 37–41. doi:10.1097/00001504-200201000-00007

Lefcourt, H. M. (1973). The function of the illusions of control and freedom. *American Psychologist, 28,* 417–425. doi:10.1037/h0034639

Lemmer, B. (2007). The sleep–wake cycle and sleeping pills. *Physiology & Behavior, 90,* 285–293. doi:10.1016/j.physbeh.2006.09.006

Lenzenweger, M. F., Lane, M. C., Loranger, A. W., & Kessler, R. C. (2007). DSM-IV personality disorders in the National Comorbidity Survey Replication. *Biological Psychiatry, 62,* 553–564. doi:10.1016/j. biopsych.2006.09.019

Leotti, L. A., Iyengar, S. S., & Ochsner, K. N. (2010). Born to choose: The origins and value of the need for control. *Trends in Cognitive Sciences, 14,* 457–463. doi:10.1016/j.tics.2010.08.001

Lepper, M. R., Greene, D., & Nisbett, R. E. (1973). Undermining children's intrinsic interest with extrinsic reward: A test of the "overjustification" hypothesis. *Journal of Personality and Social Psychology, 28,* 129–137. doi:10.1037/h0035519

Lerner, B. H. (2005). Last-ditch medical therapy: Revisiting lobotomy. *New England Journal of Medicine, 353,* 119–121. doi:10.1056/ NEJMp048349

Letchworth, W. P. (1889). *The insane in foreign countries.* New York, NY: G. P. Putnam's Sons.

Leventhal, H., & Tomarken, A. (1986). Emotion: Today's problems. *Annual Review of Psychology, 37,* 565–610. doi:10.1146/annurev. ps.37.020186.003025

Levinson, S. C. (1996). Frames of reference and Molyneaux's question: Cross-linguistic evidence. In P. Bloom, M. Peterson, L. Nadel, & M. Garrett (Eds.), *Language and space* (pp. 109–169). Cambridge, MA: MIT Press.

Levy, R., & Goldman-Rakic, P. S. (2000). Segregation of working memory functions within the dorsolateral prefrontal cortex. *Experimental Brain Research, 133,* 23–32. doi:10.1007/s0022100 00397

Lewin, K., & Lippitt, R. (1938). An experimental approach to the study of autocracy and democracy: A preliminary note. *Sociometry, 1,* 292–300. doi:10.2307/2785585

Lewin, K., Lippitt, R., & White, R. K. (1939). Patterns of aggressive behavior in experimentally created "social climates." *The Journal of Social Psychology, 10,* 269–299. doi:10.1080/00224545.1939.9713366

Lewinsohn, P. M., & Graf, M. (1973). Pleasant activities and depression. *Journal of Consulting and Clinical Psychology, 41,* 261–268. doi:10.1037/h0035142

Lewinsohn, P. M., Sullivan, J. M., & Grosscup, S. J. (1980). Changing reinforcing events: An approach to the treatment of depression. *Psychotherapy: Theory, Research & Practice, 17,* 322–334. doi:10.1037/h0085929

Lewis, M., Haviland-Jones, J. M., & Barrett, L. F. (Eds.). (2008). *Handbook of emotions.* New York, NY: Guilford Press.

Lewis, R. S., Goto, S. G., & Kong, L. L. (2008). Culture and context: East Asian American and European American differences in P3 event-related potentials and self-construal. *Personality and Social Psychology Bulletin, 34,* 623–634. doi:10.1177/0146167207313731

Lewontin, R. C. (2000). *The triple helix: Gene, organism, and environment.* Cambridge, MA: Harvard University Press.

Lewy, A. J., Wehr, T. A., Goodwin, F. K., Newsome, D. A., & Markey, S. P. (1980). Light suppresses melatonin secretion in humans. *Science, 210,* 1267–1269. doi:10.1126/science.7434030

Li, Q., & Brewer, M. B. (2004). What does it mean to be an American? Patriotism, nationalism, and American identity after 9/11. *Political Psychology, 25,* 727–739. doi:10.1111/j.1467-9221.2004.00395.x

Li, X., Staszewski, L., Xu, H., Durick, K., Zoller, M., & Adler, E. (2002). Human receptors for sweet and umami taste. *Proceedings of the National Academy of Sciences, 99,* 4692-4696. doi:10.1073/pnas.072090199

Li, Y., Liu, Y., Li, J., Qin, W., Li, K., Yu, C., & Jiang, T. (2009). Brain anatomical network and intelligence. *PLoS Computational Biology, 5,* e1000395. doi:10.1371/journal.pcbi.1000395

Libet, B., Gleason, C. A., Wright, E. W., & Pearl, D. K. (1983). Time of conscious intention to act in relation to onset of cerebral activity (readiness potential): The unconscious initiation of a freely voluntary act. *Brain, 106,* 623–642. doi:10.1093/brain/106.3.623

Lickliter, R., & Honeycutt, H. (2003). Developmental dynamics: Towards a biologically plausible evolutionary psychology. *Psychological Bulletin, 129,* 819–835. doi:10.1037/0033-2909.129.6.819

Lickliter, R., & Honeycutt, H. (2013). A developmental evolutionary framework for psychology. *Review of General Psychology, 17,* 184–189. doi:10.1037/a0032932

Lieberman, J. A., Stroup, T. S., McEvoy, J. P., Swartz, M. S., Rosenheck, R. A., Perkins, D. O., . . . & Hsiao, J. K. (2005). Effectiveness of antipsychotic drugs in patients with chronic schizophrenia. *New England Journal of Medicine, 353,* 1209–1223. doi:10.1056/NEJMoa051688

Lieberman, M. D., Jarcho, J. M., & Satpute, A. B. (2004). Evidence-based and intuition-based self-knowledge: An fMRI study. *Journal of Personality and Social Psychology, 87,* 421–435. doi:10.1037/0022-3514.87.4.421

Lilienfeld, S. O., Kirsch, I., Sarbin, T. R., Lynn, S. J., Chaves, J. F., Ganaway, G. K., & Powell, R. A. (1999). Dissociative identity disorder and the sociocognitive model: Recalling the lessons of the past. *Psychological Bulletin, 125,* 507–523. doi:10.1037/0033-2909.125.5.507

Lilienfeld, S. O., Wood, J. M., & Garb, H. N. (2000). The scientific status of projective techniques. *Psychological Science in the Public Interest, 1,* 27–66. doi:10.1111/1529-1006.002

Linehan, M. M. (1993). *Cognitive-behavioral treatment of borderline personality disorder.* New York, NY: Guilford Press.

Linehan, M. M., Comtois, K. A., Murray, A. M., Brown, M. Z., Gallop, R. J., Heard, H. L., . . . & Lindenboim, N. (2006). Two-year randomized controlled trial and follow-up of dialectical behavior therapy vs. therapy by experts for suicidal behaviors and borderline personality disorder. *Archives of General Psychiatry, 63,* 757–766. doi:10.1001/archpsyc.63.7.757

Link, B. G., & Phelan, J. C. (2009). Labeling and stigma. In T. L. Scheid, & T. N. Brown (Eds.), *A Handbook for the Study of Mental Health: Social Contexts, Theories, and Systems* (2nd ed., pp. 571–588). New York, NY: Cambridge University Press. doi:10.1017/CBO9780511984945.034

Lissek, S., Biggs, A. L., Rabin, S. J., Cornwell, B. R., Alvarez, R. P., Pine, D. S., & Grillon, C. (2008). Generalization of conditioned fear-potentiated startle in humans: Experimental validation and clinical relevance. *Behaviour Research and Therapy, 46,* 678–687. doi:10.1016/j.brat.2008.02.005

Little, B. R., Salmela-Aro, K., & Phillips, S. D. (Eds.). (2007). *Personal project pursuit: Goals, action and human flourishing.* Mahwah, NJ: Lawrence Erlbaum Associates.

Little, D. R., Lewandowsky, S., & Heit, E. (2006). Ad hoc category restructuring. *Memory & Cognition, 34,* 1398–1413. doi:10.3758/BF03195905

Littner, M., Johnson, S. F., McCall, W. V., Anderson, W. M., Davila, D., Hartse, K., . . . & Woodson, B. T. (2001). Practice parameters for the treatment of narcolepsy: An update for 2000. *Sleep, 24,* 451–466.

Lo, J. C., Groeger, J. A., Santhi, N., Arbon, E. L., Lazar, A. S., Hasan, S., . . . & Dijk, D. J. (2012). Effects of partial and acute total sleep deprivation on performance across cognitive domains, individuals and circadian phase. *PLoS one, 7,* e45987. doi:10.1371/journal.pone.0045987

Locke, E. A., & Latham, G. P. (1990). *A theory of goal setting & task performance.* Englewood Cliffs, NJ: Prentice-Hall, Inc.

Loftus, E. F. (1975). Leading questions and the eyewitness report. *Cognitive Psychology, 7,* 560–572. doi:10.1016/0010-0285(75)90023-7

Loftus, E. F. (1997). Creating false memories. *Scientific American, 277,* 70–75. doi:10.1038/scientificamerican0997-70

Loftus, E. F. (2003). Make-believe memories. *American Psychologist, 58,* 867–873. doi:10.1037/0003-066X.58.11.867

Lohr, C., Thyssen, A., & Hirnet, D. (2011). Extrasynaptic neuron-glia communication: The how and why. *Communicative and Integrative Biology, 4,* 109–111. doi:10.4161/cib.4.1.14184

Lombardo, G. P., & Foschi, R. (2003). The concept of personality in 19th-century French and 20th-century American psychology. *History of Psychology, 6,* 123–142. doi:10.1037/1093-4510.6.2.123

Lopes da Silva, F. (1991). Neural mechanisms underlying brain waves: From neural membranes to networks. *Electroencephalography and Clinical Neurophysiology, 79,* 81–93. doi:10.1016/0013-4694(91)90044-5

Lorenz, K. Z. (1997). *King Solomon's ring: New light on animals' ways* (M. K. Wilson, Trans.). New York, NY: Penguin Group. (Original work published 1952)

Lorenzetti, F. D., Mozzachiodi, R., Baxter, D. A., & Byrne, J. H. (2006). Classical and operant conditioning differentially modify the intrinsic properties of an identified neuron. *Nature Neuroscience, 9,* 17–19. doi:10.1038/nn1593

losthobbit. (2011, August 25). Cant take it anymore. Feel like running away. but you cant runaway from anxiety. Anxiety forums and chat rooms. Retrieved from http://www.anxietyzone.com/index.php/topic,45308.0.html

Lovallo, W. R. (2005). *Stress and health: Biological and psychological interactions* (2nd ed.). Thousand Oaks, CA: SAGE.

Low, L. K., & Cheng, H.-J. (2006). Axon pruning: An essential step underlying the developmental plasticity of neuronal connections. *Philosophical Transactions of the Royal Society of London. Series B, Biological Sciences, 361,* 1531–1544. doi:10.1098/rstb.2006.1883

Lowe, M. R., & Butryn, M. L. (2007). Hedonic hunger: A new dimension of appetite? *Physiology & Behavior, 91,* 432–439. doi:10.1016/j.physbeh.2007.04.006

Luthar, S. S., Cicchetti, D., & Becker, B. (2000). The construct of resilience: A critical evaluation and guidelines for future work. *Child Development, 71,* 543–562. doi:10.1111/1467-8624.00164

Lutz, A., Slagter, H. A., Dunne, J. D., & Davidson, R. J. (2008). Attention regulation and monitoring in meditation. *Trends in Cognitive Sciences, 12,* 163–169. doi:10.1016/j.tics.2008.01.005

Lykken, D., & Tellegen, A. (1996). Happiness is a stochastic phenomenon. *Psychological Science, 7,* 186–189. doi:10.1111/j.1467-9280.1996.tb00355.x

Lynch, T. R., Cheavens, J. S., Cukrowicz, K. C., Thorp, S. R., Bronner, L., & Beyer, J. (2007). Treatment of older adults with co-morbid personality disorder and depression: A dialectical behavior therapy approach. *International Journal of Geriatric Psychiatry, 22,* 131–143. doi:10.1002/gps.1703

Lysaker, P. H., Glynn, S. M., Wilkniss, S. M., & Silverstein, S. M. (2010). Psychotherapy and recovery from schizophrenia: A review of potential applications and need for future study. *Psychological Services, 7,* 75–91. doi:10.1037/a0019115

Mac Suibhne, S. (2011). Erving Goffman's *Asylums* 50 years on. *The British Journal of Psychiatry, 198,* 1–2. doi:10.1192/bjp.bp.109.077172

MacCarthy-Leventhal, E. M. (1959). Post-radiation mouth blindness. *The Lancet, 274,* 1138–1139. doi:10.1016/S0140-6736(59)90117-5

Macchia, F. D. (2006). *Baptized in the spirit: A global Pentecostal theology.* Grand Rapids, MI: Zondervan.

MacDonald, G., & Leary, M. R. (2005). Why does social exclusion hurt? The relationship between social and physical pain. *Psychological Bulletin, 131,* 202–223. doi:10.1037/0033-2909.131.2.202

Mackie, D. M., & Worth, L. T. (1989). Processing deficits and the mediation of positive affect in persuasion. *Journal of Personality and Social Psychology, 57,* 27–40. doi:10.1037/0022-3514.57.1.27

Macklin, R. (1973). The medical model in psychoanalysis and psychotherapy. *Comprehensive Psychiatry, 14,* 49–69. doi:10.1016/0010-440X(73)90055-2

MacLean, P. D. (1990). *The triune brain in evolution: Role in paleocerebral functions.* New York, NY: Plenum.

MacLeod, C., & MacDonald, P. (2000). Interdimensional interference in the Stroop effect: Uncovering the cognitive and neural anatomy of attention. *Trends in Cognitive Sciences, 4,* 383–391. doi:10.1016/S1364-6613(00)01530-8

Macmillan, M. (2000). *An odd kind of fame: Stories of Phineas Gage.* Cambridge, MA: MIT Press.

MacVean, M. (2012, September 6). Popular kids more likely to smoke, research says. *Los Angeles Times.* Retrieved from http://articles.latimes.com/2012/sep/06/news/la-heb-popular-smoking-20120906

Maday, S., & Holzbaur, E. (2012). Autophagosome assembly and cargo capture in the distal axon. *Autophagy, 8,* 858–860. doi:10.4161/auto.20055

Maddox, W. T., Glass, B. D., Wolosin, S. M., Savarie, Z. R., Bowen, C., Matthews, M. D., & Schnyer, D. M. (2009). The effects of sleep deprivation on information-integration categorization performance. *Sleep, 32,* 1439–1448.

Madigan, S., Atkinson, L., Laurin, K., & Benoit, D. (2013). Attachment and internalizing behavior in early childhood: A meta-analysis. *Developmental Psychology, 49,* 672–689. doi:10.1037/a0028793

Magnusson, D. (1992). Individual development: A longitudinal perspective. *European Journal of Personality, 6,* 119–138. doi:10.1002/per.2410060205

Maier, S. F., & Seligman, M. E. (1976). Learned helplessness: Theory and evidence. *Journal of Experimental Psychology: General, 105,* 3–46. doi:10.1037//0096-3445.105.1.3

Maiti, S., Kumar, K. H. B. G., Castellani, C. A., O'Reilly, R., & Singh, S. M. (2011). Ontogenetic *de novo* copy number variations (CNVs) as a source of genetic individuality: Studies on two families with MZD twins for schizophrenia. *PloS ONE, 6,* e17125. doi:10.1371/journal.pone.0017125

Maki, P. M., Rich, J. B., & Rosenbaum, R. S. (2002). Implicit memory varies across the menstrual cycle: Estrogen effects in young women. *Neuropsychologia, 40,* 518–529. doi:10.1016/S0028-3932(01)00126-9

Makris, N., Oscar-Berman, M., Jaffin, S. K., Hodge, S. M., Kennedy, D. N., Caviness, V. S., . . . & Harris, G. J. (2008). Decreased volume of the brain reward system in alcoholism. *Biological Psychiatry, 64,* 192–202. doi:10.1016/j.biopsych.2008.01.018

Maley, R. F., Feldman, G. L., & Ruskin, R. S. (1973). Evaluation of patient improvement in a token economy treatment program. *Journal of Abnormal Psychology, 82,* 141–144. doi:10.1037/h0034975

Malle, B. F. (2007). Attributions as behavior explanations: Toward a new theory. In D. Chadee & J. Hunter (Eds.), *Current Themes and Perspectives in Social Psychology* (pp. 3–26). St. Augustine, Trinidad: SOCS, The University of the West Indies.

Malle, B. F. (2011). Time to give up the dogmas of attribution: An alternative theory of behavior explanation. In J. M. Olson & M. P. Zanna (Eds.), *Advances in Experimental Social Psychology* (Vol. 44, pp. 297–311). San Diego, CA: Academic Press.

Mancebo, M. C., Eisen, J. L., Grant, J. E., & Rasmussen, S. A. (2005). Obsessive compulsive personality disorder and obsessive compulsive disorder: Clinical characteristics, diagnostic difficulties, and treatment. *Annals of Clinical Psychiatry, 17,* 197–204. doi:10.3109/10401230500295305

Manderscheid, R., Atay, J., & Crider, R. (2009). Changing trends in state psychiatric hospital use from 2002 to 2005. *Psychiatric Services, 60,* 29–34. doi:10.1176/appi.ps.60.1.29

Mandik, P. (2001). Mental representation and the subjectivity of consciousness. *Philosophical Psychology, 14,* 179–202. doi:10.1080/09515080120051553

Maner, J. K., DeWall, C. N., & Gailliot, M. T. (2008). Selective attention to signs of success: Social dominance and early stage interpersonal perception. *Personality and Social Psychology Bulletin, 34,* 488–501. doi:10.1177/0146167207311910

Mani, A., Mullainathan, S., Shafir, E., & Zhao, J. (2013). Poverty impedes cognitive function. *Science, 341,* 976–980. doi:10.1126/science.1238041

Manna, A., Raffone, A., Perrucci, M. G., Nardo, D., Ferretti, A., Tartaro, A., . . . & Romani, G. L. (2010). Neural correlates of focused attention and cognitive monitoring in meditation. *Brain Research Bulletin, 82,* 46–56. doi:10.1016/j.brainresbull.2010.03.001

Marcel, A. (1983). Conscious and unconscious perception: Experiments on visual masking and word recognition. *Cognitive Psychology, 15,* 197–237. doi:10.1016/0010-0285(83)90009-9

Marchani, E. E., Watkins, W. S., Bulayeva, K., Harpending, H. C., & Jorde, L. B. (2008). Culture creates genetic structure in the Caucasus: Autosomal, mitochondrial, and Y-chromosomal variation in Daghestan. *BMC Genetics, 9,* 47–59. doi:10.1186/1471-2156-9-47

Marcia, J. E. (1980). Identity in adolescence. In J. Adelson (Ed.), *Handbook of Adolescent Psychology* (pp. 159–187). New York: Wiley

Marek, G. R. (1975). *Toscanini—A biography.* New York, NY: Atheneum.

Markham, J. A., & Greenough, W. T. (2004). Experience-driven brain plasticity: Beyond the synapse. *Neuron Glia Biology, 1,* 351–363. doi:10.1017/S1740925X05000219

Markman, A. B., & Gentner, D. (2001). Thinking. *Annual Review of Psychology, 52,* 223–247. doi:10.1146/annurev.psych.52.1.223

Markus, H. (1977). Self-schemata and processing information about the self. *Journal of Personality and Social Psychology, 35,* 63–78. doi:10.1037/0022-3514.35.2.63

Markus, H. R., & Hamedani, M. G. (2010). Sociocultural psychology: The dynamic interdependence among self systems and social systems. In S. Kitayama & D. Cohen (Eds.), *Handbook of Cultural Psychology* (pp. 3–39). New York, NY: US: Guilford Press.

Markus, H. R., & Kitayama, S. (1991). Culture and the self: Implications for cognition, emotion, and motivation. *Psychological Review, 98,* 224–253. doi:10.1037//0033-295X.98.2.224

Martin, C. L., & Fabes, R. A. (2001). The stability and consequences of young children's same-sex peer interactions. *Developmental Psychology, 37,* 431–446. doi:10.1037/0012-1649.37.3.431

Martin, K. M., & Aggleton, J. P. (1993). Contextual effects on the ability of divers to use decompression tables. *Applied Cognitive Psychology, 7,* 311–316. doi:10.1002/acp.2350070405

Martin, R. C. (2003). Language processing: Functional organization and neuroanatomical basis. *Annual Review of Psychology, 54,* 55–89. doi:10.1146/annurev.psych.54.101601.145201

Mashour, G. A., Walker, E. E., & Martuza, R. L. (2005). Psychosurgery: Past, present, and future. *Brain Research Reviews, 48,* 409–419. doi:10.1016/j.brainresrev.2004.09.002

Maslow, A. H. (1943). A theory of human motivation. *Psychological Review, 50,* 370–396. doi:10.1037/h0054346

Maslow, A. H. (1954). *Motivation and personality.* New York, NY: Harper.

Maslow, A. H. (1970). *Motivation and personality* (2nd ed.). New York, NY: Harper & Row.

Masten, A. S., & Gewirtz, A. H. (2006). Resilience in development: The importance of early childhood. In R. E. Tremblay, R. G. Barr, & R. DeV. Peters (Eds.), *Encyclopedia on Early Childhood Development* [online]. Montreal, Quebec: Centre of Excellence for Early Childhood Development. Retrieved from http://www.child-encyclopedia.com/pages/PDF/Resilience_EN.pdf

Masterpasqua, F. (2009). Psychology and epigenetics. *Review of General Psychology, 13,* 194–201. doi:10.1037/a0016301

Mather, M., Cacioppo, J. T., & Kanwisher, N. (2013). How fMRI can inform cognitive theories. *Perspectives on Psychological Science, 8,* 108–113. doi:10.1177/1745691612469037

Mather, M., Canli, T., English, T., Whitfield, S., Wais, P., Ochsner, K., . . . & Carstensen, L. L. (2004). Amygdala responses to emotionally valenced stimuli in older and younger adults. *Psychological Science, 15,* 259–263. doi:10.1111/j.0956-7976.2004.00662.x

Mather, M., & Carstensen, L. L. (2005). Aging and motivated cognition: The positivity effect in attention and memory. *Trends in Cognitive Sciences, 9,* 496–502. doi:10.1016/j.tics.2005.08.005

Matthews, P. (1982). Where does Sherrington's "muscular sense" originate? Muscles, joints, corollary discharges? *Annual Review of Neuroscience, 5,* 189–218. doi:10.1146/annurev.ne.05.030182.001201

Maurer, D., Le Grand, R., & Mondloch, C. J. (2002). The many faces of configural processing. *Trends in Cognitive Science, 6,* 255–260.

Mauss, I. B., & Robinson, M. D. (2009). Measures of emotion: A review. *Cognition and Emotion, 23,* 209–237. doi:10.1080/02699930802204677

McAdams, D. P. (2001). The psychology of life stories. *Review of General Psychology, 5,* 100–122. doi:10.1037/1089-2680.5.2.100

McAdams, D. P. (2006). The redemptive self: Generativity and the stories Americans live by. *Research in Human Development, 3,* 81–100. doi:10.1080/15427609.2006.9683363

McAdams, D. P. (2006). *The redemptive self: Stories Americans live by.* New York: Oxford University Press. doi:10.1093/acprof:oso/9780195176933.001.0001

McAdams, D. P., & de St. Aubin, E. (1992). A theory of generativity and its assessment through self-report, behavioral acts, and narrative themes in autobiography. *Journal of Personality and Social Psychology, 62,* 1003–1015. doi:10.1037/0022-3514.62.6.1003

McAdams, D. P., Reynolds, J., Lewis, M., Patten, A. H., & Bowman, P. J. (2001). When bad things turn good and good things turn bad: Sequences of redemption and contamination in life narrative and their relation to psychosocial adaptation in midlife adults and in students. *Personality and Social Psychology Bulletin, 27,* 474–485. doi:10.1177/0146167201274008

McAllister, T. W. (2011). Neurobiological consequences of traumatic brain injury. *Dialogues in Clinical Neurosience, 13,* 287–300.

McCabe, L., Cairney, J., Veldhuizen, S., Herrmann, N., & Streiner, D. L. (2006). Prevalence and correlates of agoraphobia in older adults. *The American Journal of Geriatric Psychiatry, 14,* 515–522. doi:10.1097/01.JGP.0000203177.54242.14

McCauley, R. N. (1986). Intertheoretic relations and the future of psychology. *Philosophy of Science, 53,* 179–199.

McClelland, D. C. (1985). How motives, skills, and values determine what people do. *American Psychologist, 40,* 812–825. doi:10.1037//0003-066X.40.7.812

McClelland, D. C. (1987). *Human motivation.* Cambridge, UK: Cambridge University Press.

McClelland, D. C., Koestner, R., & Weinberger, J. (1989). How do self-attributed and implicit motives differ? *Psychological Review, 96,* 690–702. doi:10.1037//0033-295X.96.4.690

McClelland, J. L., & Rogers, T. T. (2003). The parallel distributed processing approach to semantic cognition. *Nature Reviews Neuroscience, 4,* 310–322. doi:10.1038/nrn1076

McCorduck, P. (2004). *Machines who think* (2nd ed.). Natick, MA: A. K. Peters, Ltd.

McCrae, R. R., & Costa, P. T., Jr. (1987). Validation of the five-factor model of personality across instruments and observers. *Journal of Personality and Social Psychology, 52,* 81–90. doi:10.1037/0022-3514.52.1.81

McCrae, R. R., & Costa, P. T., Jr. (1995). Trait explanations in personality psychology. *European Journal of Personality, 9,* 231–252. doi:10.1002/per.2410090402

McCrae, R. R., & Costa, P. T., Jr. (1996). Toward a new generation of personality theories: Theoretical contexts for the five-factor model. In J. S. Wiggins (Ed.), *The Five-Factor Model of Personality. Theoretical Perspectives* (pp. 51–87). New York, NY: Guilford.

McCrae, R. R., & Costa, P. T., Jr. (2010). *NEO inventories for the NEO Personality Inventory-3 (NEO PI-3), NEO Five-Factor Inventory-3 (NEO-FFI-3) and NEO Personality Inventory-revised (NEO PI-R): Professional Manual.* Lutz, FL: Psychological Assessment Resources.

McDaniel, M. (2005). Big-brained people are smarter: A meta-analysis of the relationship between in vivo brain volume and intelligence. *Intelligence, 33,* 337–346. doi:10.1016/j.intell.2004.11.005

McDonald, J. (2006, August 13). China bans 'Simpsons' from prime-time TV. *The Associated Press.* Retrieved from http://www.washingtonpost.com/wp-dyn/content/article/2006/08/13/AR2006081300242.html

McEwen, B. S., Eiland, L., Hunter, R. G., & Miller, M. M. (2012). Stress and anxiety: Structural plasticity and epigenetic regulation as a consequence of stress. *Neuropharmacology, 62,* 3–12. doi:10.1016/j.neuropharm.2011.07.014

McGaugh, J. L. (2000). Memory—A century of consolidation. *Science, 287,* 248–251. doi:10.1126/science.287.5451.248

McGinn, C. (1999). *The mysterious flame: Conscious minds in a material world.* New York, NY: Basic Books.

McGregor, I., & Little, B. R. (1998). Personal projects, happiness, and meaning: On doing well and being yourself. *Journal of Personality and Social Psychology, 74,* 494–512. doi:10.1037/0022-3514.74.2.494

McIntosh, D. N. (1996). Facial feedback hypotheses: Evidence, implications, and directions. *Motivation and Emotion, 20,* 121–147. doi:10.1007/BF02253868

McIntyre, C. K., McGaugh, J. L., & Williams, C. L. (2012). Interacting brain systems modulate memory consolidation. *Neuroscience & Biobehavioral Reviews, 36,* 1750–1762. doi:10.1016/j.neubiorev.2011.11.001

McKenna, P. J., & Oh, T. M. (2005). *Schizophrenic speech: Making sense of bathroots and ponds that fall in doorways.* Cambridge, UK: Cambridge University Press.

McKone, E., Crookes, K., & Kanwisher, N. (2009). The cognitive and neural development of face recognition in humans. In M. S. Gazzaniga (Ed.), *The cognitive neurosciences IV* (4th ed., pp. 467–482). Cambridge, MA: MIT Press, Bradford Books.

McLachlan, N., & Wilson, S. (2010). The central role of recognition in auditory perception: A neurobiological model. *Psychological Review, 117,* 175–196. doi:10.1037/a0018063

McMillan, M. (2004). *The person-centered approach to therapeutic change.* London, England: Sage.

McMullen, T. (2001). Getting rid of the homunculus: A direct realist approach. In J. R. Morss, N. Stephenson, & H. van Rappard (Eds.), *Theoretical issues in psychology* (pp. 159–167). New York, NY: Springer. doi:10.1007/978-1-4757-6817-6_14

McNally, R. J. (2007). Mechanisms of exposure therapy: How neuroscience can improve psychological treatments for anxiety disorders. *Clinical Psychology Review, 27,* 750–759. doi:10.1016/j.cpr.2007.01.003

McNally, R. J. (2011). *What is mental illness?* Cambridge, MA: Harvard University Press.

McNeill, D. (2005). *Gesture and thought.* Chicago, IL: University of Chicago Press. doi:10.7208/chicago/9780226514642.001.0001

McNulty, J. K., & Fincham, F. D. (2012). Beyond positive psychology? Toward a contextual view of psychological processes and well-being. *The American Psychologist, 67,* 101–110. doi:10.1037/a0024572

McPhail, C. (1994). Presidential address: The dark side of purpose: Individual and collective violence in riots. *The Sociological Quarterly, 35,* 1–32. doi:10.1111/j.1533-8525.1994.tb00396.x

Meichenbaum, D. (1977). *Cognitive-behavior modification: An integrative approach.* New York, NY: Plenum Press. doi:10.1007/978-1-4757-9739-8

Meier, M. H., Caspi, A., Ambler, A., Harrington, H., Houts, R., Keefe, R. S., . . . & Moffitt, T. E. (2012). Persistent cannabis users show neuropsychological decline from childhood to midlife. *Proceedings of the National Academy of Sciences, 109,* E2657–E2664. doi:10.1073/pnas.1206820109

Meloy, J. R. (2007). Antisocial personality disorder. In G. O. Gabbard (Ed.), *Treatments of Psychiatric Disorders* (4th ed., pp. 775–789). Washington, DC: American Psychiatric Press.

Melzack, R., & Wall, P. D. (1965). Pain mechanisms: A new theory. *Science, 150,* 971–979. doi:10.1126/science.150.3699.971

Menand, L. (2001). *The metaphysical club.* New York, NY: Farrar, Straus & Giroux.

Menon, R. S. (2012). Mental chronometry. *NeuroImage, 62,* 1068–1071. doi:10.1016/j.neuroimage.2012.01.011

Menon, V., Levitin, D., Smith, B., Lembke, A., Krasnow, B., Glazer, D., . . . & McAdams, S. (2002). Neural correlates of timbre change in harmonic sounds. *NeuroImage, 17,* 1742–1754. doi:10.1006/nimg.2002.1295

Menon, V., & Uddin, L. Q. (2010). Saliency, switching, attention and control: A network model of insula function. *Brain Structure and Function, 214,* 655–667. doi:10.1007/s00429-010-0262-0

Merckelbach, H., Devilly, G. J., & Rassin, E. (2002). Alters in dissociative identity disorder: Metaphors or genuine entities? *Clinical Psychology Review, 22,* 481–497. doi:10.1016/S0272-7358(01)00115-5

Merker, B. (2005). The liabilities of mobility: A selection pressure for the transition to consciousness in animal evolution. *Consciousness and Cognition, 14,* 89–114. doi:10.1016/S1053-8100(03)00002-3

Mesholam-Gately, R. I., Giuliano, A. J., Goff, K. P., Faraone, S. V., & Seidman, L. J. (2009). Neurocognition in first-episode schizophrenia: A meta-analytic review. *Neuropsychology, 23,* 315–336. doi:10.1037/a0014708

Meston, C. M., & Buss, D. M. (2007). Why humans have sex. *Archives of Sexual Behavior, 36,* 477–507. doi:10.1007/s10508-007-9175-2

Meston, C. M., & Buss, D. M. (2009). *Why women have sex.* New York, NY: Holt.

Meston, C. M., & Frolich, P. F. (2003). Love at first fright: Partner salience moderates roller-coaster induced excitation transfer. *Archives of Sexual Behavior, 32,* 537–544. doi:10.1023/A:1026037527455

Metcalfe, J., & Mischel, W. (1999). A hot/cool-system analysis of delay of gratification: Dynamics of willpower. *Psychological Review, 106,* 3–19. doi:10.1037/0033-295X.106.1.3

Meyerowitz, B. E., & Chaiken, S. (1987). The effect of message framing on breast self-examination attitudes, intentions, and behavior. *Journal of Personality and Social Psychology, 52,* 500–510. doi:10.1037/0022-3514.52.3.500

Michalsen, A., Grossman, P., Acil, A., Langhorst, J., Ludtke, R., Esch, T., . . . Dobos, G. J. (2005). Rapid stress reduction and anxiolysis among distressed women as a consequence of a three-month intensive yoga program. *Medical Science Monitor, 11,* CR555–CR561. Retrieved from http://www.yoga-vidya.de/fileadmin/yv/Yogatherapie/Artikel/StressreduktionYoga.pdf

Michalski, D. Kohout, J., Wicherski, M., & Hart, B. (2011). *2009 Doctorate Employment Survey.* APA Center for Workforce Studies.

Middlebrooks, J., & Green, D. (1991). Sound localization by human listeners. *Annual Review of Psychology, 42,* 135–159. doi:10.1146/annurev.ps.42.020191.001031

Milgram, S. (1971). Behavioral study of obedience. In J. L. Freedman, J. M. Carlsmith, & D. Sears (Eds.), *Readings in Social Psychology* (pp. 529–541). Englewood Cliffs, NJ: Prentice-Hall. (Reprinted from *Journal of Abnormal and Social Psychology, 67* (1963), 371–378. doi:10.1037/h0040525)

Milivojevic, B., Hamm, J. P., & Corballis, M. C. (2009a). Functional neuroanatomy of mental rotation. *Journal of Cognitive Neuroscience, 21,* 945–959. doi:10.1162/jocn.2009.21085

Milivojevic, B., Hamm, J. P., & Corballis, M. C. (2009b). Hemispheric dominance for mental rotation: It is a matter of time. *NeuroReport, 20,* 1507–1512. doi: 10.1097/WNR.0b013e32832ea6fd

Milkman, K. L., Beshears, J., Choi, J. J., Laibson, D., & Madrian, B. C. (2011). Using implementation intentions prompts to enhance influenza vaccination rates. *Proceedings of the National Academy of Sciences of the United States of America, 108,* 10415–10420. doi:10.1073/pnas.1103170108

Miller, B. L., Cummings, J., Mishkin, F., Boone, K., Prince, F., Ponton, M., & Cotman, C. (1998). Emergence of artistic talent in frontotemporal dementia. *Neurology, 51,* 978–982. doi:10.1212/WNL.51.4.978

Miller, G. A. (1956). The magical number seven, plus or minus two: Some limits on our capacity for processing information. *Psychological Review, 63,* 81–97. doi:10.1037/h0043158

Miller, G. A. (2003). The cognitive revolution: A historical perspective. *Trends in Cognitive Sciences, 7,* 141–144. doi:10.1016/S1364-6613(03)00029-9

Miller, J. G. (1984). Culture and development of everyday social explanation. *Journal of Personality and Social Psychology, 46,* 961–978. doi:10.1037/0022-3514.46.5.961

Miller, M. B., Van Horn, J. D., Wolford, G. L., Handy, T. C., Valsangkar-Smyth, M., Inati, S., . . . & Gazzaniga, M. S. (2002). Extensive individual differences in brain activations associated with episodic retrieval are reliable over time. *Journal of Cognitive Neuroscience, 14,* 1200–1214. doi:10.1162/089892902760807203

Miller, N. E. (1985). The value of behavioral research on animals. *American Psychologist, 40,* 423–440. doi:10.1037/0003-066X.40.4.423

Millon, T., Grossman, S. D., & Meagher, S. E. (2004). *Masters of the mind: Exploring the story of mental illness from ancient times to the new millennium*. Hoboken, NJ: John Wiley & Sons.

Millon, T., Millon, C. M., Meagher, S., Grossman, S., & Ramnath, R. (2004). *Personality disorders in modern life* (2nd ed.). Hoboken, NJ: John Wiley & Sons.

Milrod, B., Leon, A., Busch, F., Rudden, M., Schwalberg, M., Clarkin, J., . . . & Shear, M. (2007). A randomized controlled clinical trial of psychoanalytic psychotherapy for panic disorder. *American Journal of Psychiatry, 164,* 265–272. doi:10.1176/appi.ajp.164.2.265

Mischel, W. (1968). *Personality and assessment.* New York, NY: Wiley.

Mischel, W. (1974). Processes in delay of gratification. In L. Berkowitz (Ed.), *Advances in Experimental Social Psychology* (Vol.7, pp. 249–292). San Diego, CA: Academic Press.

Mischel, W. (2004). Toward an integrative science of the person. *Annual Review of Psychology, 55,* 1–22. doi:10.1146/annurev.psych.55.042902.130709

Mischel, W. (2009). From *Personality and Assessment* (1968) to Personality Science, 2009. *Journal of Research in Personality, 43,* 282–290. doi:10.1016/j.jrp.2008.12.037

Mischel, W. (2009). Becoming a cumulative science. *Observer, 22,* 18.

Mischel, W., & Baker, N. (1975). Cognitive transformations of reward objects through instructions. *Journal of Personality and Social Psychology, 31,* 254–261. doi:10.1037/h0076272

Mischel, W., & Peake, P. K. (1982). Beyond deja vu in the search for cross-situational consistency. *Psychological Review, 89,* 730–755. doi:10.1037/0033-295X.89.6.730

Mischel, W., & Shoda, Y. (1995). A cognitive-affective system theory of personality: Reconceptualizing the invariances in personality and the role of situations. *Psychological Review, 102,* 246–286. doi:10.1037/0033-295X.102.2.246

Mita, T. H., Dermer, M., & Knight, J. (1977). Reversed facial images and the mere-exposure hypothesis. *Journal of Personality and Social Psychology, 35,* 597–601. doi:10.1037/0022-3514.35.8.597

Mitchell, J. P., Cloutier, J., Banaji, M. R., & Macrae, C. N. (2006). Medial prefrontal dissociations during processing of trait diagnostic and nondiagnostic person information. *Social Cognitive and Affective Neuroscience, 1,* 49–55. doi:10.1093/scan/nsl007

Mithen, S. J. (1996). *The prehistory of the mind: A search for the origins of art, religion, and science.* London, England: Thames and Hudson.

Mobini, S., Chambers, L. C., & Yeomans, M. R. (2007). Effects of hunger state on flavour pleasantness conditioning at home: Flavour–nutrient learning vs. flavour–flavour learning. *Appetite, 48,* 20–28. doi:10.1016/j.appet.2006.05.017

Moffitt, T. E. (1993). Adolescence-limited and life-course-persistent antisocial behavior: A developmental taxonomy. *Psychological Review, 100,* 674–701. doi:10.1037/0033-295X.100.4.674

Moffitt, T. E., Arseneault, L., Belsky, D., Dickson, N., Hancox, R. J., Harrington, H., . . . & Caspi, A. (2011). A gradient of childhood self-control predicts health, wealth, and public safety. *Proceedings of the National Academy of Sciences of the United States of America, 108,* 2693–2698. doi:10.1073/pnas.1010076108

Mohammed, S. (2001). Personal communication networks and the effects of an entertainment-education radio soap opera in Tanzania. *Journal of Health Communication, 6,* 137–154. doi:10.1080/10810730117219

Monti, M. M., Vanhaudenhuyse, A., Coleman, M. R., Boly, M., Pickard, J. D., Tshibanda, L., . . . & Laureys, S. (2010). Willful modulation of brain activity in disorders of consciousness. *New England Journal of Medicine, 362,* 579–589. doi:10.1056/NEJMoa0905370

Moore, J. K., & Linthicum, F. H. (2004). Auditory System. In G. Paxinos & J. K. Mai (Eds.), *The Human Nervous System* (2nd ed., pp. 1241–1279). Amsterdam, Netherlands: Elsevier Academic Press.

Moors, A. (2007). Can cognitive methods be used to study the unique aspect of emotion: An appraisal theorist's answer. *Cognition and Emotion, 21,* 1238–1269. doi:10.1080/02699930701438061

Moors, A., & De Houwer, J. (2001). Automatic appraisal of motivational valence: Motivational affective priming and Simon effects. *Cognition & Emotion, 15,* 749–766. doi:10.1080/02699930143000293

Moos, R. H., & Moos, B. S. (2003). Long-term influence of duration and intensity of treatment on previously untreated individuals with alcohol use disorders. *Addiction, 98,* 325–337. doi:10.1046/j.1360-0443.2003.00327.x

Morf, C. C., & Rhodewalt, F. (2001). Unraveling the paradoxes of narcissism: A dynamic self-regulatory processing model. *Psychological Inquiry, 12,* 177–196. doi:10.1207/S15327965PLI1204_1

Morris, I. (2010). *Why the West rules—for now: The patterns of history, and what they reveal about the future.* New York, NY: Farrar, Straus and Giroux.

Moruzzi, G., & Magoun, H. W. (1949). Brain stem reticular formation and activation of the EEG. *Electroencephalography and Clinical Neurophysiology, 1,* 455–473. doi:10.1016/0013-4694(49)90219-9

Moskowitz, H. R., Dravnieks, A., & Klarman, L. A. (1976). Odor intensity and pleasantness for a diverse set of odorants. *Perception & Psychophysics, 19,* 122–128. doi:10.3758/BF03204218

Moyer, C. A., Rounds, J., & Hannum, J. W. (2004). A meta-analysis of massage therapy research. *Psychological Bulletin, 130,* 3–18. doi:10.1037/0033-2909.130.1.3

Mrazek, M. D., Chin, J. M., Schmader, T., Hartson, K. A., Smallwood, J., & Schooler, J. W. (2011). Threatened to distraction: Mind-wandering as a consequence of stereotype threat. *Journal of Experimental Social Psychology, 47,* 1243–1248. doi:10.1016/j.jesp.2011.05.011

Muench, J., & Hamer, A. M. (2010). Adverse effects of antipsychotic medications. *American Family Physician, 81,* 617–622.

Mueser, K. T., & McGurk, S. R. (2004). Schizophrenia. *The Lancet, 363,* 2063–2072. doi:10.1016/S0140-6736(04)16458-1

Mund, M., & Mitte, K. (2012). The costs of repression: A meta-analysis on the relation between repressive coping and somatic diseases. *Health Psychology, 31,* 640–649. doi:10.1037/a0026257

Munzenmaier C., & Rubin, N. (2013). *Bloom's taxonomy: What's old is new again.* Santa Rosa, CA: The eLearning Guild. http://onlineteachered.mit.edu/edc-pakistan/files/best-practices/session-2/Pre-Session-Munzenmaier-Rubin-2013.pdf

Munger, S. D. (2009). Olfaction: Noses within noses. *Nature, 459,* 521–522. doi:10.1038/459521a

Muraven, M., & Baumeister, R. F. (2000). Self-regulation and depletion of limited resources: Does self-control resemble a muscle? *Psychological Bulletin, 126,* 247–259. doi:10.1037/0033-2909.126.2.247

Murphy, Z. (2006, January 12). Tragedy despite huge investment. *BBC News.* Retrieved from http://news.bbc.co.uk/2/hi/middle_east/4607420.stm

Murray, H. A. (1938). *Explorations in personality.* Oxford, England: Oxford University Press.

Murray, L. (2009). *Killing the black dog.* Collingwood, Australia: Black Inc.

Myers, L. B. (2010). The importance of the repressive coping style: Findings from 30 years of research. *Anxiety, Stress & Coping, 23,* 3–17. doi:10.1080/10615800903366945

Nadel, L. (1991). The hippocampus and space revisited. *Hippocampus, 1,* 221–229. doi:10.1002/hipo.450010302

Nadel, L., & Moscovitch, M. (1997). Memory consolidation, retrograde amnesia and the hippocampal complex. *Current Opinion in Neurobiology, 7,* 217–227. doi:10.1016/S0959-4388(97)80010-4

Nakic, M., Krystal, J. H., & Bhagwagar, Z. (2010). Neurotransmitter systems in bipolar disorder. In L. N. Yatham, & M. Maj (Eds.), *Bipolar Disorder* (pp. 210–227). Chichester, UK: John Wiley & Sons. doi:10.1002/9780470661277.ch16

Nakielny, S., Fischer, U., Michael, W. M., & Dreyfuss, G. (1997). RNA transport. *Annual Review of Neuroscience, 20,* 269–301. doi:10.1146/annurev.neuro.20.1.269

Nantais, K. M., & Schellenberg, E. G. (1999). The Mozart effect: An artifact of preference. *Psychological Science, 10,* 370–373.

Nathan, D. (2011). *Sybil exposed: The extraordinary story behind the famous multiple personality case.* New York, NY: Free Press.

Nathan, P. E., & Gorman, J. M. (Eds.). (2007). *A guide to treatments that work* (3rd ed.). New York, NY: Oxford University Press.

National Academy of Sciences. (2008). *Science, Evolution, and Creationism.* Washington, D.C.: National Academies Press.

National Commission for the Protection of Human Subjects of Biomedical and Behavioral Research. (1979). *Belmont report: Ethical principles and guidelines for the protection of human subjects of research.* Bethesda, Md.: Author.

National Heart, Lung, and Blood Institute. (n.d.). *National Institutes of Health: National Center on Sleep Disorders Research.* Retrieved from http://www.nhlbi.nih.gov/about/ncsdr/

National Human Genome Research Institute, National Institutes of Health (NIH). (2003, April 14). *International consortium completes Human Genome Project: All goals achieved; new vision for genome research unveiled.* Retrieved from http://www.genome.gov/11006929

National Institute of General Medical Sciences, National Institutes of Health (NIH). (2006). *The new genetics* (NIH Publication No. 10-662) [Booklet]. Retrieved from http://publications.nigms.nih.gov/thenewgenetics/

National Institute of Mental Health (NIMH). (2009). *Schizophrenia* (NIH Publication No. 09-3517) [Booklet]. Retrieved from http://www.nimh.nih.gov/health/publications/schizophrenia/schizophrenia-booket-2009.pdf

National Institute of Mental Health [NIMH]. (2007, May 8). *Genetic roots of bipolar disorder revealed by first genome-wide study of illness* (Press Release). Retrieved from http://www.nimh.nih.gov/news/science-news/2007/genetic-roots-of-bipolar-disorder-revealed-by-first-genome-wide-study-of-illness.shtml

National Institute of Mental Health. (2009). *Anxiety disorders* (NIH Publication No. 09-3879). Bethesda, MD: National Institute of Mental Health. Retrieved from http://www.nimh.nih.gov/health/publications/anxiety-disorders/nimhanxiety.pdf

National Institute of Mental Health. (2009). *Schizophrenia* (NIH Publication No. 09-3517). Bethesda, MA: National Institute of Mental Health. Retrieved from http://www.nimh.nih.gov/health/publications/schizophrenia/schizophrenia-booket-2009.pdf

National Institute of Mental Health. (2011). *A parent's guide to autism spectrum disorder* (NIH Publication No. 11-5511). Bethesda, MD: National Institute of Mental Health. Retrieved from http://www.nimh.nih.gov/health/publications/a-parents-guide-to-autism-spectrum-disorder/parent-guide-to-autism.pdf

National Institute of Mental Health. (2011). *Depression* (NIH Publication No. 11-3561). Bethesda, MD: National Institute of Mental Health. Retrieved from http://www.nimh.nih.gov/health/publications/depression/depression-booklet.pdf

National Institute of Mental Health. (2011). *Eating disorders* (Revised, NIH Publication No. 11-4901). Retrieved from http://www.nimh.nih.gov/health/publications/eating-disorders/eating-disorders.pdf

National Institute on Drug Abuse. (2010). *Drugs, brains, and behavior: The science of addiction* (NIH Publication No. 10-5605). Retrieved from http://www.drugabuse.gov/sites/default/files/sciofaddiction.pdf

National Institute on Drug Abuse. (2011). *Facts on CNS depressants.* Retrieved from http://teens.drugabuse.gov/sites/default/files/peerx/pdf/PEERx_Toolkit_Depressants.pdf

National Institute on Drug Abuse. (2012). Costs of substance abuse. In *Trends & Statistics* (Updated December 2012). Retrieved from http://www.drugabuse.gov/related-topics/trends-statistics

National Institute on Drug Abuse. (2014). *Drugfacts: Marijuana.* Retrieved from http://www.drugabuse.gov/publications/drugfacts/marijuana

National Institutes of Health, U.S. Department of Health and Human Services. (2009, July 15). *NIH launches the Human Connectome Project to unravel the brain's connections.* Retrieved from http://www.nih.gov/news/health/jul2009/ninds-15.htm

National Institutes of Health. (2012). *Attention Deficit Hyperactivity Disorder (ADHD)* (NIH Publication No. 12-3572). Retrieved from http://www.nimh.nih.gov/health/publications/attention-deficit-hyperactivity-disorder/adhd_booklet_cl508.pdf

National Institutes of Health. (updated 2011). *Your guide to healthy sleep* (NIH Publication No. 11-5271). Retrieved from http://www.nhlbi.nih.gov/health/public/sleep/healthy_sleep.pdf

NBA Entertainment. (1999). ESPN Internet Ventures and Starwave Corporation, http://web.archive.org/web/20000818063945/; http://www.nba.com/finals98/00738002.html

Neath, I. (1998). *Human memory: An introduction to research, data, and theory.* Belmont, CA: Thomson Brooks/Cole Publishing Co.

Neiss, M. B., Stevenson, J., Legrand, L. N., Iacono, W. G., & Sedikides, C. (2009). Self-esteem, negative emotionality, and depression as a common temperamental core: A study of mid-adolescent twin girls. *Journal of Personality, 77,* 327–346. doi:10.1111/j.1467-6494.2008.00549.x

Neisser, U. (1976). *Cognition and reality: Principles and implications of cognitive psychology.* San Francisco, CA: W. H. Freeman.

Neisser, U. (1997). Rising Scores on Intelligence Tests Test scores are certainly going up all over the world, but whether intelligence itself has risen remains controversial. *American Scientist, 85,* 440–447.

Neisser, U., & Becklen, R. (1975). Selective looking: Attending to visually specified events. *Cognitive Psychology, 7,* 480–494. doi:10.1016/0010-0285(75)90019-5

Nelson, K., & Fivush, R. (2004). The emergence of autobiographical memory: A social cultural developmental theory. *Psychological Review, 111,* 486–511. doi:10.1037/0033-295X.111.2.486

Nemeroff, C. B., Bremner, J. D., Foa, E. B., Mayberg, H. S., North, C. S., & Stein, M. B. (2006). Posttraumatic stress disorder: a state-of-the-science review. *Journal of Psychiatric Research, 40,* 1–21. doi:10.1016/j.jpsychires.2005.07.005

Nesse, R. M., & Ellsworth, P. C. (2009). Evolution, emotions, and emotional disorders. *American Psychologist, 64,* 129–139. doi:10.1037/a0013503

Nesse, R. M., & Stein, D. J. (2012). Towards a genuinely medical model for psychiatric nosology. *BMC Medicine, 10,* 5. doi:10.1186/1741-7015-10-5

Nestler, E. J. (2006). The addicted brain: Cocaine use alters genes. *Paradigm, 11,* 12–22.

Neubauer, D. N. (2004). Chronic insomnia: Current issues. *Clinical Cornerstone, 6,* S17–S22. doi:10.1016/S1098-3597(04)80044-9

Neuroslicer. (2007, April 18). *Schizophrenia: Gerald, Part 1* [Video file]. Retrieved from https://www.youtube.com/watch?v=gGnl8dqEoPQ

Newell, A., & Simon, H. A. (1961). Computer simulation of human thinking. *Science, 134,* 2011–2017. doi:10.1126/science.134.3495.2011

Newell, A., & Simon, H. A. (1972). *Human problem solving.* Englewood Cliffs, NJ: Prentice-Hall.

Newman, J. D., & Harris, J. C. (2009). The scientific contributions of Paul D. MacLean (1913–2007). *The Journal of Nervous and Mental Disease, 197,* 3–5. doi:10.1097/NMD.0b013e31818ec5d9

Newman, L. S. & Caldwell, T. L. (2005). Allport's "living inkblots": The role of defensive projection in stereotyping and prejudice. In J. F. Dovidio, P. Glick, & L. A. Rudman (Eds.), *On the Nature of Prejudice: 50 Years After Allport* (pp. 377–392). Malden, MA: Blackwell Publishing. doi:10.1002/9780470773963.ch23

Newman, M. G., Llera, S. J., Erickson, T. M., Przeworski, A., & Castonguay, L. G. (2013). Worry and generalized anxiety disorder: A review and theoretical synthesis of evidence on nature, etiology, mechanisms, and treatment. *Annual Review of Clinical Psychology, 9,* 275–297. doi:10.1146/annurev-clinpsy-050212-185544

Nguyen, H. H. D., & Ryan, A. M. (2008). Does stereotype threat affect test performance of minorities and women? A meta-analysis of experimental evidence. *Journal of Applied Psychology, 93,* 1314–1334. doi:10.1037/a0012702

Nicholls, J. G. (1984). Achievement motivation: Conceptions of ability, subjective experience, task choice, and performance. *Psychological Review, 91,* 328–346. doi:10.1037/0033-295X.91.3.328

Nichols, D. E. (2004). Hallucinogens. *Pharmacology & Therapeutics, 101,* 131–181. doi:10.1016/j.pharmthera.2003.11.002

Nickerson, R. S. (1998). Confirmation bias: A ubiquitous phenomenon in many guises. *Review of General Psychology, 2,* 175–220. doi:10.1037/1089-2680.2.2.175

Nicolas, S., & Levine, Z. (2012). Beyond intelligence testing: Remembering Alfred Binet after a century. *European Psychologist, 17,* 320–325.

NIDCD. (2013). *Noise-induced hearing loss.* NIH Pub 13-4233. Bethesda, MD: National Institute on Deafness and Other Communication Disorders. Available from www.nidcd.nih.gov/health/hearing/noise.asp

Nisbett, R. E. (2009). *Intelligence and how to get it: Why schools and cultures count.* New York, NY: W. W. Norton & Company.

Nisbett, R. E., Peng, K., Choi, I., & Norenzayan, A. (2001). Culture and systems of thought: Holistic versus analytic cognition. *Psychological Review, 108,* 291–310. doi:10.1037/0033-295X.108.2.291

Nolan, J., for the Associated Press. (1994, March 1). Suit against Cardinal is dropped: The plaintiff, a Philadelphia man, was no longer sure the Chicago prelate had abused him. *The Inquirer.* Retrieved from http://articles.philly.com/1994-03-01/news/25848095_1_cardinal-bernardin-steven-cook-chicago-prelate

Norcross, J. C., & Wampold, B. E. (2011). What works for whom: Tailoring psychotherapy to the person. *Journal of Clinical Psychology, 67,* 127–132. doi:10.1002/jclp.20764

Nordentoft, M., Mortensen, P. B., & Pedersen, C. B. (2011). Absolute risk of suicide after first hospital contact in mental disorder. *Archives of General Psychiatry, 68,* 1058–1064. doi:10.1001/archgenpsychiatry.2011.113

Nowak, A., & Vallacher, R. R. (1998). *Dynamical social psychology.* New York, NY: Guilford Press.

Nozick, R. (1981). *Philosophical explanations.* Cambridge, MA: Belknap Press of Harvard University Press.

Nucci, L., & Turiel, E. (2009). Capturing the complexity of moral development and education. *Mind, Brain, and Education, 3,* 151–159. doi:10.1111/j.1751-228X.2009.01065.x

Nuevo, R., Chatterji, S., Verdes, E., Naidoo, N., Arango, C., & Ayuso-Mateos, J. L. (2010). The continuum of psychotic symptoms in the general population: A cross-national study. *Schizophrenia Bulletin, 38,* 475–485. doi:10.1093/schbul/sbq099

O'Donohue, W., Fisher, J. E., & Hayes, S. C. (Eds.). (2003). *Cognitive behavior therapy: Applying empirically supported techniques in your practice.* New York, NY: Wiley.

O'Donohue, W., & Krasner, L. (Eds.). (1995). *Theories of behavior therapy: Exploring behavior change.* Washington, DC: American Psychological Association.

O'Reilly, J. X., Jbabdi, S., & Behrens, T. E. (2012). How can a Bayesian approach inform neuroscience? *European Journal of Neuroscience, 35,* 1169–1179. doi:10.1111/j.1460-9568.2012.08010.x

Ochsner, K. N., Ray, R. D., Cooper, J. C., Robertson, E. R., Chopra, S., Gabrieli, J. D., & Gross, J. J. (2004). For better or for worse: Neural systems supporting the cognitive down-and up-regulation of negative emotion. *Neuroimage, 23,* 483–499. doi:10.1016/j.neuroimage.2004.06.030

Ogbu, J. U., & Simons, H. D. (1998). Voluntary and involuntary minorities: A cultural-ecological theory of school performance with some implications for education. *Anthropology & Education Quarterly, 29,* 155–188. doi:10.1525/aeq.1998.29.2.155

Ogden, C. L., Fryar, C. D., Carroll, M. D., & Flegal, K. M. (2004). Mean body weight, height, and body mass index, United States 1960–2002. *Advance data from vital and health statistics; no 347.* Hyattsville, Maryland: National Center for Health Statistics.

Ohayon, M. M., & Zulley, J. (2001). Correlates of global sleep dissatisfaction in the German population. *Sleep, 24,* 780–787.

Öhman, A., & Mineka, S. (2001). Fears, phobias, and preparedness: Toward an evolved module of fear and fear learning. *Psychological Review, 108,* 483–522. doi:10.1037/0033-295X.108.3.483

Olds, J. (1958). Self-stimulation of the brain. *Science, 127,* 315–324. doi:10.1126/science.127.3294.315

Olds, J., & Milner, P. (1954). Positive reinforcement produced by electrical stimulation of septal area and other regions of rat brain. *Journal of Comparative and Physiological Psychology, 47,* 419–427. doi:10.1037/h0058775

Olejniczak, P. (2006). Neurophysiologic basis of EEG. *Journal of Clinical Neurophysiology, 23,* 186–189. doi:10.1097/01.wnp.0000220079.61973.6c

Olfson, M., & Marcus, S. C. (2010). National trends in outpatient psychotherapy. *American Journal of Psychiatry, 167,* 1456–1463. doi:10.1176/appi.ajp.2010.10040570

Oliansky, A. (1991). A confederate's perspective on deception. *Ethics & Behavior, 1,* 253–258. doi:10.1207/s15327019eb0104_3

Olshansky, S. J. (2011). Aging of US presidents. *Journal of the American Medical Association, 306,* 2328–2329. doi:10.1001/jama.2011.1786

Oltmanns, T. F., & Turkheimer, E. (2009). Person perception and personality pathology. *Current Directions in Psychological Science, 18,* 32–36. doi:10.1111/j.1467-8721.2009.01601.x

Omotoso, S. (1978). Storytelling: A cherished cultural tradition in Nigeria. *Language Arts, 55,* 724–727.

Opler, M. G., & Susser, E. S. (2005). Fetal environment and schizophrenia. *Environmental Health Perspectives, 113,* 1239–1242. doi:10.1289/ehp.7572

Ornstein, R., & Thompson, R. (1984). *The amazing brain.* Boston, MA: Houghton Mifflin.

Orom, H., & Cervone, D. (2009). Personality dynamics, meaning, and idiosyncrasy: Identifying cross-situational coherence by assessing personality architecture. *Journal of Research in Personality, 43,* 228–240. doi:10.1016/j.jrp.2009.01.015

Ostrov, J. M., & Keating, C. F. (2004). Gender differences in preschool aggression during free play and structured interactions: An observational study. *Social Development, 13,* 255–275. doi:10.1111/j.1467-9507.2004.000266.x

Overmier, J. B. & Murison, R. (2000). Anxiety and helplessness in the face of stress predisposes, precipitates, and sustains gastric ulceration. *Behavioural Brain Research, 110,* 161–174. doi:10.1016/S0166-4328(99)00193-X

Owen, A. M., Coleman, M. R., Boly, M., Davis, M. H., Laureys, S., & Pickard, J. D. (2006). Detecting awareness in the vegetative state. *Science, 313,* 1402. doi:10.1126/science.1130197

Owren, M. J., & Bachorowski, J.-A. (2003). Reconsidering the evolution of nonlinguistic communication: The case of laughter. *Journal of Nonverbal Behavior, 27,* 183–200. doi:10.1023/A:1025394015198

Oxley, D. R., Smith, K. B., Alford, J. R., Hibbing, M. V, Miller, J. L., Scalora, M., . . . & Hibbing, J. R. (2008). Political attitudes vary with physiological traits. *Science, 321,* 1667–1670. doi:10.1126/science.1157627

Oyserman, D., Coon, H. M., & Kemmelmeier, M. (2002). Rethinking individualism and collectivism: Evaluation of theoretical assumptions and meta-analyses. *Psychological Bulletin, 128,* 3–72. doi:10.1037//0033-2909.128.1.3

Padilla-Walker, L. M., Barry, C. M., Carroll, J. S., Madsen, S. D., & Nelson, L. J. (2008). Looking on the bright side: The role of identity status and gender on positive orientations during emerging adulthood. *Journal of Adolescence, 31,* 451–467. doi:10.1016/j.adolescence.2007.09.001

Pai, A., & You, L. (2009). Optimal tuning of bacterial sensing potential. *Molecular Systems Biology, 5,* 286. doi:10.1038/msb.2009.43

Paikoff, R. L., & Brooks-Gunn, J. (1991). Do parent-child relationships change during puberty? *Psychological Bulletin, 110,* 47–66. doi:10.1037/0033-2909.110.1.47

Palmer, B. W., Dawes, S. E., & Heaton, R. K. (2009). What do we know about neuropsychological aspects of schizophrenia? *Neuropsychology Review, 19,* 365–384. doi:10.1007/s11065-009-9109-y

Palmer, B. W., Savla, G. N., Fellows, I. E., Twamley, E. W., Jeste, D. V., & Lacro, J. P. (2010). Do people with schizophrenia have differential impairment in episodic memory and/or working memory relative to other cognitive abilities? *Schizophrenia Research, 116,* 259–265. doi:10.1016/j.schres.2009.11.002

Paluck, E. L., & Green, D. P. (2009). Prejudice reduction: What works? A review and assessment of research and practice. *Annual Review of Psychology, 60,* 339–367. doi:10.1146/annurev.psych.60.110707.163607

Palusci, V. J. (2013). Adverse childhood experiences and lifelong health. *JAMA Pediatrics, 167,* 95–96. doi:10.1001/jamapediatrics.2013.427

Panagopoulos, C. (2009). Polls and elections: Preelection poll accuracy in the 2008 General Elections. *Presidential Studies Quarterly, 39,* 896–907. doi:10.1111/j.1741-5705.2009.03713.x

Panayiotopoulos, C. P. (1999). *Benign childhood partial seizures and related epileptic syndromes.* London, England: John Libbey & Company.

Pandya, D. N., & Seltzer, B. (1982). Intrinsic connections and architectonics of posterior parietal cortex in the rhesus monkey. *Journal of Comparative Neurology, 204,* 196–210. doi:10.1002/cne.902040208

Paquette, V., Lévesque, J., Mensour, B., Leroux, J.-M., Beaudoin, G., Bourgouin, P., & Beauregard, M. (2003). "Change the mind and you change the brain": Effects of cognitive-behavioral therapy on the neural correlates of spider phobia. *NeuroImage, 18,* 401–409. doi:10.1016/S1053-8119(02)00030-7

Parish, S. M. (1991). The sacred mind: Newar cultural representations of mental life and the productions of moral consciousness. *Ethos, 19,* 313–351. doi:10.1525/eth.1991.19.3.02a00030

Parisi, D., & Petrosino, G. (2010). Robots that have emotions. *Adaptive Behavior, 18,* 453–469. doi:10.1177/1059712310388528

Parke, R. D. (2004). Development in the family. *Annual Review of Psychology, 55,* 365–399. doi:10.1146/annurev.psych.55.090902.141528

Parker, E. S., Cahill, L., & McGaugh, J. L. (2006). A case of unusual autobiographical remembering. *Neurocase, 12,* 35–49. doi:10.1080/13554790500473680

Parks, T. (2012, April 5). Chekhov: Behind the charm. *The New York review of books.* Retrieved from http://www.nybooks.com/articles/archives/2012/apr/05/chekhov-behind-charm/

Paulhus, D. L., & Reid, D. B. (1991). Enhancement and denial in socially desirable responding. *Journal of Personality and Social Psychology, 60,* 307–317. doi:10.1037/0022-3514.60.2.307

Pavlov, I. P. (1928). *Lectures on conditioned reflexes.* New York, NY: International Publishers.

Pearlstein, T., Howard, M., Salisbury, A., & Zlotnick, C. (2009). Postpartum depression. *American Journal of Obstetrics and Gynecology, 200,* 357–364. doi:10.1016/j.ajog.2008.11.033

Pedersen, N. L., Plomin, R., McClearn, G. E., & Friberg, L. (1988). Neuroticism, extraversion, and related traits in adult twins reared apart and reared together. *Journal of Personality and Social Psychology, 55,* 950–957. doi:10.1037/0022-3514.55.6.950

Penfield, W., & Boldrey, E. (1937). Somatic motor and sensory representation in the cerebral cortex of man as studied by electrical stimulation. *Brain, 60,* 389–443. doi:10.1093/brain/60.4.389

Penn, A. A., & Shatz, C. J. (1999). Brain waves and brain wiring: The role of endogenous and sensory-driven neural activity in development. *Pediatric Research, 45,* 447–458. doi:10.1203/00006450-199904010-00001

Pennisi, E. (2005). Why do humans have so few genes? *Science, 309,* 80. doi:10.1126/science.309.5731.80

Pentland, A. (2013). The Data-Driven Society. *Scientific American, 309,* 78–83. doi:10.1038/scientificamerican1013-78

Pepperberg, I. (1991). A communicative approach to animal cognition: A study of conceptual abilities of an African grey parrot. In C. A. Ristau (Ed.), *Cognitive ethology: The minds of other animals: Essays in honor of Donald R. Griffin* (pp. 153–186). Hillsdale, NJ: Lawrence Erlbaum Associates, Inc.

Perkel, J. M. (2013). This is your brain: Mapping the connectome. *Science, 339,* 350–352. doi:10.1126/science.339.6117.350

Perlis, R. H., Welge, J. A., Vornik, L. A., Hirschfeld, R. M., & Keck Jr, P. E. (2006). Atypical antipsychotics in the treatment of mania: A meta-analysis of randomized, placebo-controlled trials. *Journal of Clinical Psychiatry, 67,* 509–516. doi:10.4088/JCP.v67n0401

Perrin, J. S., Merz, S., Bennett, D. M., Currie, J., Steele, D. J., Reid, I. C., & Schwarzbauer, C. (2012). Electroconvulsive therapy reduces frontal cortical connectivity in severe depressive disorder. *Proceedings of the National Academy of Sciences of the United States of America, 109,* 5464–5468. doi:10.1073/pnas.1117206109

Perrin, M., DiGrande, L., Wheeler, K., Thorpe, L., Farfel, M., & Brackbill, R. (2007). Differences in PTSD prevalence and associated risk factors among World Trade Center disaster rescue and recovery workers. *American Journal of Psychiatry, 164,* 1385–1394. doi:10.1176/appi.ajp.2007.06101645

Pervin, L. A. (Ed.). (1989). *Goal concepts in personality and social psychology.* Hillsdale, NJ: Lawrence Erlbaum Associates, Inc.

Pessoa, L., & Adolphs, R. (2010). Emotion processing and the amygdala: From a 'low road' to 'many roads' of evaluating biological significance. *Nature Reviews Neuroscience, 11,* 773–783.

Peterson, L., & Peterson, M. J. (1959). Short-term retention of individual verbal items. *Journal of Experimental Psychology, 58,* 193–198. doi:10.1037/h0049234

Petrides, M., Alivisatos, B., Meyer, E., & Evans, A. C. (1993). Functional activation of the human frontal cortex during the performance of verbal working memory tasks. *Proceedings of the National Academy of Sciences, 90,* 878–882. doi:10.1073/pnas.90.3.878

Pettigrew, T. F., & Tropp, L. R. (2006). A meta-analytic test of intergroup contact theory. *Journal of Personality and Social Psychology, 90,* 751–783. doi:10.1037/0022-3514.90.5.751

Petty, R. E., Fazio, R. H., & Briñol, P. (Eds.). (2009). *Attitudes: Insights from the new implicit measures.* New York, NY: Psychology Press.

Phinney, J. S. (1989). Stages of ethnic identity development in minority group adolescents. *The Journal of Early Adolescence, 9,* 34–49. doi:10.1177/0272431689091004

Piaget, J. (1964), Part I: Cognitive development in children: Piaget development and learning. *Journal of Research in Science Teaching, 2,* 176-186. doi: 10.1002/tea.3660020306

Pickering, A. D., & Corr, P. J. (2008). J. A. Gray's reinforcement sensitivity theory (RST) of personality. In G. J. Boyle, G. Matthews, & D. H. Saklofske (Eds.), *The SAGE Handbook of Personality Theory and Assessment* (Vol 1, pp. 239–256). Thousand Oaks, CA: SAGE Publications. doi:10.4135/9781849200462.n11

Pickering, A. D., & Corr, P. J. (2008). The neuroscience of personality. In G. Boyle, G. Matthews, & D. H. Saklofske (Eds.), *Handbook of Personality Testing and Theory* (pp. 239–256). London, England: Sage.

Piechowski, M. M., & Tyska, C. (1982). Self-actualization profile of Eleanor Roosevelt, a presumed nontranscender. *Genetic Psychology Monographs, 105,* 95–153.

Pietiläinen, K. H., Kaprio, J., Rissanen, A., Winter, T., Rimpelä, A., Viken, R. J., & Rose, R. J. (1999). Distribution and heritability of BMI in Finnish adolescents aged 16y and 17y: A study of 4884 twins and 2509 singletons. *International Journal of Obesity and Related Metabolic Disorders: Journal of the International Association for the Study of Obesity, 23,* 107–115. doi:10.1038/sj.ijo.0800767

Pigott, H. E., Leventhal, A. M., Alter, G. S., & Boren, J. J. (2010). Efficacy and effectiveness of antidepressants: Current status of research. *Psychotherapy and Psychosomatics, 79,* 267–279. doi:10.1159/000318293

Pilley, J. W., & Reid A. K. (2011). Border collie comprehends object names as verbal referents. *Behavioural Processes, 86,* 184–195.

Pillsbury, W. B. (1911). *The essentials of psychology.* New York, NY: Macmillian.

Pinel, J. P. J., Assanand, S., & Lehman, D. R. (2000). Hunger, eating, and ill health. *American Psychologist, 55,* 1105–1116. doi:10.1037//0003-066X.55.10.1105

Pinker, S. (1994). The language instinct: How the mind creates language. New York, NY: Harper Collins. doi:10.1016/j.cub.2004.10.009

Pinker, S. (1997). *How the mind works.* New York, NY: Norton.

Pinker, S. (1999). *Words and rules: The ingredients of language.* New York, NY: Basic Books.

Pinker, S. (2002). *The blank slate: The modern denial of human nature.* New York, NY: Viking.

Pinker, S., & Jackendoff, R. (2005). The faculty of language: What's special about it? *Cognition, 95,* 201–236. doi:10.1016/j.cognition.2004.08.004

Pinto, A., Liebowitz, M. R., Foa, E. B., & Simpson, H. B. (2011). Obsessive compulsive personality disorder as a predictor of exposure and ritual prevention outcome for obsessive compulsive disorder. *Behaviour Research and Therapy, 49,* 453–458. doi:10.1016/j.brat.2011.04.004

Plack, C. J., & Carlyon, R. P. (1995). Differences in frequency modulation detection and fundamental frequency discrimination between complex tones consisting of resolved and unresolved harmonics. *The Journal of the Acoustical Society of America, 98,* 1355–1364. doi:10.1121/1.413471

Plomin, R., & Daniels, D. (1987). Why are children in the same family so different from one another? *Behavioral and Brain Sciences, 10,* 1–16. doi:10.1017/S0140525X00055941

Pogue-Geile, M., & Yokley, J. (2010). Current research on the genetic contributors to schizophrenia. *Current Directions in Psychological Science, 19,* 214–219. doi:10.1177/0963721410378490

Pokorny, J., Lutze, M., Cao, D., & Zele, A. J. (2006). The color of night: Surface color perception under dim illuminations. *Visual Neuroscience, 23,* 525–530. doi:10.1017/S0952523806233492

Polikovsky, S. S., Kameda, Y., & Ohta, Y. (2010). *Facial micro-expressions recognition using high speed camera and 3D-gradient descriptor.* Paper presented at the 3rd International Conference on Imaging for Crime Detection and Prevention (ICDP-09), London, UK. Retrieved from http://kameda-lab.org/research/publication/2009/20091203_ICDP/200912_ICDP_senya_revised.pdf

Polivy, J., & Herman, C. P. (2002). Causes of eating disorders. *Annual Review of Psychology, 53,* 187–213. doi:10.1146/annurev.psych.53.100901.135103

Polkinghorne, D. E. (2005). Language and meaning: Data collection in qualitative research. *Journal of Counseling Psychology, 52,* 137–145. doi:10.1037/0022-0167.52.2.137

Poo, C., & Isaacson, J. (2009). Odor representations in olfactory cortex: "Sparse" coding, global inhibition, and oscillations. *Neuron, 62,* 850–861. doi:10.1016/j.neuron.2009.05.022.Odor

Portman, M. (2009). *Generalized anxiety disorder across the lifespan: An integrative approach.* New York, NY: Springer. doi:10.1007/978-0-387-89243-6

Posner, M. I. (1978). *Chronometric explorations of mind.* Hillsdale, N.J: Lawrence Erlbaum Associates

Posner, M. I., & Rothbart, M. K. (2007). Research on attention networks as a model for the integration of psychological science. *Annual Review of Psychology, 58,* 1–23. doi:10.1146/annurev.psych.58.110405.085516

Posner, M. I., & Rothbart, M. K. (2011). Brain states and hypnosis research. *Consciousness and Cognition, 20,* 325–327. doi:10.1016/j.concog.2009.11.008

Postmes, T., & Spears, R. (1998). Deindividuation and antinormative behavior: A meta-analysis. *Psychological Bulletin, 123,* 238–259. doi:10.1037//0033-2909.123.3.238

Potter, J., & Hepburn, A. (2005). Qualitative interviews in psychology: Problems and possibilities. *Qualitative Research in Psychology, 2,* 281–307. doi:10.1191/1478088705qp045oa

Powell, R. A., Digdon, N., Harris, B., & Smithson, C. (2014). Correcting the record on Watson, Raynor, and Little Albert: Albert Barger as "psychology's lost boy." *American Psychologist, 69,* 600–611.

Poythress, N. G., Edens, J. F., Skeem, J. L., Lilienfeld, S. O., Douglas, K. S., Frick, P. J., . . . & Wang, T. (2010). Identifying subtypes among offenders with antisocial personality disorder: A cluster-analytic study. *Journal of Abnormal Psychology, 119,* 389–400. doi:10.1037/a0018611

Presseau, J., Tait, R. I., Johnston, D. W., Francis, J. J., & Sniehotta, F. F. (2013). Goal conflict and goal facilitation as predictors of daily accelerometer-assessed physical activity. *Health Psychology, 32,* 1179–1187. doi:10.1037/a0029430

Preti, A., Girolamo, G. D., Vilagut, G., Alonso, J., Graaf, R. D., Bruffaerts, R., . . . & Morosini, P. (2009). The epidemiology of eating disorders in six European countries: Results of the ESEMeD-WMH project. *Journal of Psychiatric Research, 43,* 1125–1132. doi:10.1016/j.jpsychires.2009.04.003

Pribram, K. H., & Gill, M. M. (1976). *Freud's 'Project' reassessed: Preface to contemporary cognitive theory and neuropsychology.* New York, NY: Basic Books.

Prime Time: Carrie Fisher interview. (2000, December 21). Retrieved from http://abcnews.go.com/Primetime/story?id=132315

Prinz, J. J. (2012). *The conscious brain: How attention engenders experience.* Oxford, U. K.: Oxford University Press. doi:10.1093/acprof:oso/9780195314595.001.0001

Punch, K. F. (2003). *Survey research: The basics.* Thousand Oaks, CA: Sage.

Quevedo, K., Smith, T., Donzella, B., Schunk, E., & Gunnar, M. (2010). The startle response: Developmental effects and a paradigm for children and adults. *Developmental Psychobiology, 52,* 78–89. doi:10.1002/dev.20415

Quinn, D. M., & Spencer, S. J. (2001). The interference of stereotype threat with women's generation of mathematical problem-solving strategies. *Journal of Social Issues, 57,* 55–71. doi:10.1111/0022-4537.00201

Rabagliati, A. (1881). Critical digests and notices of books. *Brain, 4,* 100–110. doi:10.1093/brain/4.1.100

Rabinowitz, J., Levine, S. Z., Garibaldi, G., Bugarski-Kirola, D., Berardo, C. G., & Kapur, S. (2012). Negative symptoms have greater impact on functioning than positive symptoms in schizophrenia: Analysis of CATIE data. *Schizophrenia Research, 137,* 147–150. doi:10.1016/j.schres.2012.01.015

Rachlin, H. (1976). *Behavior and learning.* San Francisco, CA: Freeman.

Raine, A., & Yang, Y. (2006). Neural foundations to moral reasoning and antisocial behavior. *Social Cognitive and Affective Neuroscience, 1,* 203–213. doi:10.1093/scan/nsl033

Rama. (1998). *Meditation and its practice* (Revised). Honesdale, PA: Himalayan Institute Press.

Ramachandran, V. W., & Hirstein, W. (1998). The perception of phantom limbs: The D. O. Hebb lecture. *Brain, 121,* 1603–1630. doi:10.1093/brain/121.9.1603

Rammstedt, B., & John, O. P. (2007). Measuring personality in one minute or less: A 10-item short version of the Big Five Inventory in English and German. *Journal of Research in Personality, 41,* 203–212. doi:10.1016/j.jrp.2006.02.001

Ramsden, S., Richardson, F. M., Josse, G., Thomas, M. S., Ellis, C., Shakeshaft, C., . . . & Price, C. J. (2011). Verbal and non-verbal intelligence changes in the teenage brain. *Nature, 479,* 113–116. doi:10.1038/nature10514

Randolph-Seng, B., & Nielsen, M. E. (2007). Honesty: One effect of primed religious representations. *The International Journal for the Psychology of Religion, 17,* 303–315. doi:10.1080/10508610701572812

Raney, G. E., Campbell, S. J., & Bovee, J. C. (2014). Using eye movements to evaluate the cognitive processes involved in text comprehension. *Journal of Visualized Experiments, 83,* e50780. doi:10.3791/50780

Rankin, C. H. (2002). A bite to remember. *Science, 296,* 1624–1625. doi:10.1126/science.1072683

Rasch, R., & Plomp, R. (1999). The perception of musical tones. In D. Deutsch (Ed.), *The psychology of music* (2nd ed., pp. 89–112). San Diego, CA: Academic Press. doi:10.1016/B978-012213564-4/50005-6

Rauschecker, J. P., & Tian, B. (2000). Mechanisms and streams for processing of "what" and "where" in auditory cortex. *Proceedings of the National Academy of Sciences of the United States of America, 97,* 11800–11806. doi:10.1073/pnas.97.22.11800

Raz, A., Fan, J., & Posner, M. I. (2005). Hypnotic suggestion reduces conflict in the human brain. *Proceedings of the National Academy of Sciences, 102,* 9978–9983. doi:10.1073/pnas.0503064102

Raz, A., & Shapiro, T. (2002). Hypnosis and neuroscience: A cross talk between clinical and cognitive research. *Archives of General Psychiatry, 59,* 85–90. doi:10.1001/archpsyc.59.1.85

Rebuschat, J., & Williams, J. N. (Eds.). (2012). *Statistical learning and language acquisition.* Berlin, Germany: Mouton de Gruyter.

Ree, M. J., & Earles, J. A. (1992). Intelligence is the best predictor of job performance. *Current Directions in Psychological Science, 1,* 86–89. doi:10.1111/1467-8721.ep10768746

Reep, R. L., Finlay, B. L., & Darlington, R. B. (2007). The limbic system in Mammalian brain evolution. *Brain, Behavior and Evolution, 70,* 57–70. doi:10.1159/000101491

Regier, T., Kay, P., & Cook, R. S. (2005). Focal colors are universal after all. *Proceedings of the National Academy of Sciences of the United States of America, 102,* 8386–8391. doi:10.1073/pnas.0503281102

Reid, R. (2011, May 6). Travel etiquette 101: Body language. *BBC Travel Tips.* Retrieved from http://www.bbc.com/travel/feature/20110405-travel-etiquette-101-body-language

Reinhardt-Rutland, A. H. (1998). Increasing-loudness aftereffect following decreasing-intensity adaptation: Spectral dependence in interotic and monotic testing. *Perception, 27,* 473–482. doi:10.1068/p270473

Reis, H. T., & Patrick, B. C. (1996). Attachment and intimacy: Component processes. In E. T. Higgins & A. W. Kruglanski (Eds.), *Social Psychology: Handbook of Basic Principles* (pp. 523–563). New York, NY: Guilford Press.

Reiss, D., & Marino, L. (2001). Mirror self-recognition in the bottlenose dolphin: A case of cognitive convergence. *Proceedings of the National Academy of Sciences of the United States of America, 98,* 5937–5942. doi:10.1073/pnas.101086398

Repovš, G., & Baddeley, A. (2006). The multi-component model of working memory: Explorations in experimental cognitive psychology. *Neuroscience, 139,* 5–21. doi:10.1016/j.neuroscience.2005.12.061

Rescorla, R. A. (1988). Pavlovian conditioning: It's not what you think it is. *American Psychologist, 43,* 151–160. doi:10.1037/0003-066X.43.3.151

Rescorla, R. A. (2004). Spontaneous recovery. *Learning & Memory, 11,* 501–509. doi:10.1101/lm.77504

Rescorla, R., & Wagner, A. (1972). A theory of Pavlovian conditioning: Variations in the effectiveness of reinforcement and nonreinforcement. In A. H. Black & W. F. Prokasy (Eds.), *Classical conditioning II: Current research and theory* (pp. 64–99). New York, NY: Appleton-Century-Crofts.

Revonsuo, A. (2000). The reinterpretation of dreams: An evolutionary hypothesis of the function of dreaming. *Behavioral and Brain Sciences, 23,* 877–901. doi:10.1017/S0140525X00004015

Rhee, S. H., & Waldman, I. D. (2002). Genetic and environmental influences on antisocial behavior: A meta-analysis of twin and adoption studies. *Psychological Bulletin, 128,* 490–529. doi:10.1037/0033-2909.128.3.490

Ribeiro, J. A., & Sebastião, A. M. (2010). Caffeine and adenosine. *Journal of Alzheimers Disease, 20,* S3–15. doi:10.3233/JAD-2010-1379

Richardson, J. T. E. (2003). Howard Andrew Knox and the origins of performance testing on Ellis Island, 1912–1916. *History of Psychology, 6,* 143–170.

Richardson, R., Williams, C., & Riccio, D. C. (1984). Stimulus generalization of conditioned taste aversion in rats. *Behavioral and Neural Biology, 41,* 41–53. doi:10.1016/S0163-1047(84)90706-4

Ridley, M. (2003). *Nature via nurture: Genes, experience, & what makes us human.* New York, NY: Harper Collins.

Rieke, F., & Baylor, D. A. (1998). Origin of reproducibility in the responses of retinal rods to single photons. *Biophysical Journal, 75,* 1836–1857. doi:S0006-3495(98)77625-8

Rieke, F., Warland, D., De Ruyter van Steveninck, R., & Bialek, W. (1997). *Spikes: Exploring the neural code.* Cambridge, MA: The MIT Press.

Riley, B. (2011). Genetic studies of schizophrenia. In J. D. Clelland (Ed.), *Genomics, Proteomics, and the Nervous System* (pp. 333–380). Advances in neurobiology 2. New York, NY: Springer.

Riolo, S. A., Nguyen, T. A., Greden, J. F., & King, C. A. (2005). Prevalence of depression by race/ethnicity: Findings from the National Health and Nutrition Examination Survey III. *American Journal of Public Health, 95,* 998–1000. doi:10.2105/AJPH.2004.047225

Ripley, A. (2008). *The unthinkable: Who survives when disaster strikes—and why.* New York, NY: Crown Publishing.

Ritchey, M., LaBar, K. S., & Cabeza, R. (2011). Level of processing modulates the neural correlates of emotional memory formation. *Journal of Cognitive Neuroscience, 23,* 757–771. doi:10.1162/jocn.2010.21487

Ritchie, S., Wiseman, R., & French, C. (2012). Failing the future: Three unsuccessful attempts to replicate Bem's "Retroactive facilitation of recall" effect. *PLoS ONE, 7,* e33423. doi:10.1371/journal.pone.0033423

Ritschel, T., & Eisemann, E. (2012). A computational model of afterimages. *Computer Graphics Forum, 31,* 529–534. doi:10.1111/j.1467-8659.2012.03053.x

Rivière, S., Challet, L., Fluegge, D., Spehr, M., & Rodriguez, I. (2009). Formyl peptide receptor-like proteins are a novel family of vomeronasal chemosensors. *Nature, 459,* 574–577. doi:10.1038/nature08029

Rizzo, A., John, B., Newman, B., Williams, J., Hartholt, A., Lethin, C., & Buckwalter, J. G. (2013). Virtual reality as a tool for delivering PTSD exposure therapy and stress resilience training. *Military Behavioral Health, 1,* 52–58. doi:10.1080/21635781.2012.721064

Rizzolatti, G., Fogassi, L., & Gallese, V. (2001). Neurophysiological mechanisms underlying the understanding and imitation of action. *Nature Reviews Neuroscience, 2,* 661–670. doi:10.1038/35090060

Roberts, N. A., Levenson, R. W., & Gross, J. J. (2008). Cardiovascular costs of emotion suppression cross ethnic lines. *International Journal of Psychophysiology, 70,* 82–87. doi:10.1016/j.ijpsycho.2008.06.003

Robie, C., Brown, D. J., & Beaty, J. C. (2007). Do people fake on personality inventories? A verbal protocol analysis. *Journal of Business and Psychology, 21,* 489–509. doi:10.1007/s10869-007-9038-9

Robins, R. W., Hendin, H. M., & Trzesniewski, K. H. (2001). Measuring global self-esteem: Construct validation of a single-item measure and the Rosenberg Self-Esteem Scale. *Personality and Social Psychology Bulletin, 27,* 151–161. doi:10.1177/0146167201272002

Robins, R. W., & Trzesniewski, K. H. (2005). Self-esteem development across the lifespan. *Current Directions in Psychological Science, 14,* 158–162. doi:10.1111/j.0963-7214.2005.00353.x

Robinson, D. K. (2002). Reaction-time experiments in Wundt's institute and beyond. In R. Rieber & D. Robinson (Eds.), *Wilhelm Wundt in history: The making of a scientific psychology* (pp. 161–204). New York, NY: Kluwer.

Röder, B., Ley, P., Shenoy, B.H., Kekunnaya, R., & Bottari, D. (2013). Sensitive periods for the functional specialization of the neural system for human face processing. *Proceedings of the National Academy of Sciences, 110,* 16760–16765. doi:10.1073/pnas.1309963110

Rodrigues, S. M., LeDoux, J. E., & Sapolsky, R. M. (2009). The influence of stress hormones on fear circuitry. *Annual Review of Neuroscience, 32,* 289–313. doi:10.1146/annurev.neuro.051508.135620

Roediger, H. L. (1980). Memory metaphors in cognitive psychology. *Memory & Cognition, 8,* 231–246. doi:10.3758/BF03197611

Roediger, H. L., & McDermott, K. B. (1995). Creating false memories: Remembering words not presented in lists. *Journal of Experimental Psychology: Learning, Memory, and Cognition, 21,* 803–814. doi:10.1037/0278-7393.21.4.803

Rogers, C. R. (1951). *Client-centered therapy: Its current practice, implications, and theory.* Boston, MA: Houghton Mifflin Harcourt.

Rogers, C. R. (1961). *On becoming a person: A therapist's view of psychotherapy.* Boston, MA: Houghton Mifflin.

Rogers, C. R., & Farson, R. E. (1987). Active listening. In R. G. Newman, M. A. Danzinger, & M. Cohen (Eds.), *Communication in Business Today.* Washington, DC: Heath and Co.

Rogers, G., Elston, J., Garside, R., Roome, C., Taylor, R., Younger, P., . . . & Somerville, M. (2009). The harmful health effects of recreational ecstasy: A systematic review of observational evidence. *Health Technology Assessment, 13,* xii–338. doi:10.3310/hta13060

Rogers, T. T., & McClelland, J. L. (2004). *Semantic cognition: A parallel distributed processing approach.* Cambridge, MA: MIT Press.

Rogoff, B. (1990). *Apprenticeship in thinking: Cognitive development in social context.* New York, NY: Oxford University Press.

Romberg, A. R., & Saffran, J. R. (2010). Statistical learning and language acquisition. *Wiley Interdisciplinary Reviews: Cognitive Science, 1,* 906–914.

Romero-Corral, A., Caples, S. M., Lopez-Jimenez, F., & Somers, V. K. (2010). Interactions between obesity and obstructive sleep apnea: Implications for treatment. *CHEST Journal, 137,* 711–719. doi:10.1378/chest.09-0360

Rorden, C., & Karnath, H.-O. (2004). Using human brain lesions to infer function: A relic from a past era in the fMRI age? *Nature Reviews Neuroscience, 5,* 813–819. doi:10.1038/nrn1521

Rosch, E. (1978). Principles of categorization. In E. Rosch, & B. Lloyd (Eds.), *Cognition and categorization.* Hillsdale, NJ: Erlbaum.

Rose, A. J., & Rudolph, K. D. (2006). A review of sex differences in peer relationship processes: Potential trade-offs for the emotional and behavioral development of girls and boys. *Psychological Bulletin, 132,* 98–131. doi:10.1037/0033-2909.132.1.98

Rose, J. D. (2002). The neurobehavioral nature of fishes and the question of awareness and pain. *Reviews in Fisheries Science, 10,* 1–38. doi:10.1080/20026491051668

Rosenberg, M. (1965). *Society and the adolescent self-image.* Princeton, NJ: Princeton University Press.

Rosenblatt, P. C. (1993). Grief: The social context of private feelings. In M. S. Stroebe, W. Stroebe, & R. O. Hansson (Eds.), *Handbook of Bereavement* (pp. 102–111). New York, NY: Cambridge University Press. doi:10.1017/CBO9780511664076.008

Rosenthal, N. (2009). Issues for DSM-V: Seasonal affective disorder and seasonality. *American Journal of Psychiatry, 166,* 852–853. doi:10.1176/appi.ajp.2009.09020188

Ross, L. (1977). The intuitive psychologist and his shortcomings: Distortions in the attribution process. In L. Berkowitz (Ed.), *Advances in Experimental Social Psychology* (Vol. 10). New York, NY: Academic Press.

Ross, L. D., Amabile, T. M., & Steinmetz, J. L. (1977). Social roles, social control, and biases in social-perception processes. *Journal of Personality and Social Psychology, 35,* 485–494. doi:10.1037/0022-3514.35.7.485

Rothbart, M. K. (2012). Advances in temperament: History, concepts, and measures. In M. Zentner, & R. L Shiner (Eds.), *Handbook of Temperament* (pp. 3–20). New York, NY: Guilford Press.

Rothbart, M. K., Ellis, L. K., Rueda, R. M., & Posner, M. I. (2003). Developing mechanisms of temperamental effortful control. *Journal of Personality, 71,* 1113–1144. doi:10.1111/1467-6494.7106009

Rothbart, M. K., Posner, M. I., & Kieras, J. (2006). Temperament, attention, and the development of self-regulation. In K. McCartney, & D. Phillips (Eds.), *Blackwell Handbook of Early Childhood Development* (pp. 338–357). Blackwell handbooks of developmental psychology. Malden, MA: Blackwell Publishing. doi:10.1002/9780470757703.ch17

Rothermund, K., & Brandstädter, J. (2003). Coping with deficits and losses in later life: From compensatory action to accommodation. *Psychology and Aging, 18,* 896–905. doi:10.1037/0882-7974.18.4.896

Rozin, P., Dow, S., Moscovitch, M., & Rajaram, S. (1998). What causes humans to begin and end a meal? A role for memory for what has been eaten, as evidenced by a study of multiple meal eating in amnesic patients. *Psychological Science, 9,* 392–396. doi:10.1111/1467-9280.00073

Rubin, D. C. (1995). *Memory in oral traditions: The cognitive psychology of counting-out rhymes, ballads, and epics.* New York, NY: Oxford University Press.

Rudgley, R. (1995). The archaic use of hallucinogens in Europe: An archaeology of altered states. *Addiction, 90,* 163–164. doi:10.1111/j.1360-0443.1995.tb01023.x

Rudorfer, M. V., Henry, M. E., & Sackeim, H. A. (2003). Electroconvulsive therapy. In A. Tasman, J. Kay, J. A. Lieberman (Eds.), *Psychiatry* (2nd ed., pp. 1865–1901). Chichester, England: John Wiley & Sons.

Rumelhart, D. E., McClelland, J. L., & PDP Research Group. (1986). *Parallel distributed processing: Explorations in the microstructure of cognition* (Vols. 1 and 2). Cambridge, MA: MIT Press.

Russell, E. (2011). *Evolutionary history: Uniting history and biology to understand life on earth.* New York, NY: Cambridge University Press. doi:10.1017/CBO9780511974267

Russell, J. A. (2003). Core affect and the psychological construction of emotion. *Psychological Review, 110,* 145–172. doi:10.1037/0033-295X.110.1.145

Ruthazer, E. S., & Aizenman, C. D. (2010). Learning to see: Patterned visual activity and the development of visual function. *Trends in Neurosciences, 33,* 183–192. doi:10.1016/j.tins.2010.01.003

Rutherford, B. R., Wager, T. D., & Roose, S. P. (2010). Expectancy and the treatment of depression: A review of experimental methodology and effects on patient outcome. *Current Psychiatry Reviews, 6,* 1–10. doi:10.2174/157340010790596571

Ryan, R. M., & Deci, E. L. (2000). Self-determination theory and the facilitation of intrinsic motivation, social development, and well-being. *American Psychologist, 55,* 68–78. doi:10.1037/0003-066X.55.1.68

Saavedra, L. M., & Silverman, W. K. (2002). Case study: Disgust and a specific phobia of buttons. *Journal of the American Academy of Child & Adolescent Psychiatry, 41,* 1376–1379. doi:10.1097/00004583-200211000-00020

Sacks, O. (2013, February 21). Speak, memory. *The New York Review of Books.* Retrieved from http://www.nybooks.com/articles/archives/2013/feb/21/speak-memory

Saffran, J. R. (2003). Statistical language learning: Mechanisms and constraints. *Current Directions in Psychological Science, 12,* 110–114. doi:10.1111/1467-8721.01243

Saha, S., Chant, D., Welham, J., & McGrath, J. (2005). A systematic review of the prevalence of schizophrenia. *PLoS Medicine, 2,* e141. doi:10.1371/journal.pmed.0020141

Saks, E. R. (1991). Multiple personality disorder and criminal responsibility. *UC Davis Law Review, 25,* 383–461.

Saks, E. R. (2007). *The center cannot hold: My journey through madness.* New York, NY: Hyperion.

Salmela-Aro, K. (2009). Personal goals and well-being during critical life transitions: The four C's—Channelling, choice, co-agency and compensation. *Advances in Life Course Research, 14,* 63–73. doi:10.1016/j.alcr.2009.03.003

Salmon, W. C. (1989). Four decades of scientific explanation. In P. Kitcher & W. C. Salmon (Eds.), *Minnesota studies in the philosophy of science, Vol. XIII. Scientific Explanation* (pp. 3–219). Minneapolis: University of Minnesota Press.

Sameroff, A. (1994). Developmental systems and family functioning. In R. D. Parke, & S. G. Kellam (Eds.), *Exploring Family Relationships with Other Social Contexts* (pp. 199–214). Hillsdale, NJ: Lawrence Erlbaum Associates.

Sánchez-Meca, J., Rosa-Alcázar, A. I., Marín-Martínez, F., & Gómez-Conesa, A. (2010). Psychological treatment of panic disorder with or without agoraphobia: A meta-analysis. *Clinical Psychology Review, 30,* 37–50. doi:10.1016/j.cpr.2009.08.011

Sandell, R., Blomberg, J., Lazar, A., Carlsson, J., Broberg, J., & Schubert, J. (2000). Varieties of long-term outcome among patients in psychoanalysis and long-term psychotherapy: A review of findings in the Stockholm Outcome of Psychoanalysis and Psychotherapy Project (STOPP). *The International Journal of Psychoanalysis, 81,* 921–942. doi:10.1516/0020757001600291

Sanders, J. L., & Newman, A. B. (2013). Telomere length in epidemiology: A biomarker of aging, age-related disease, both, or neither? *Epidemiologic Reviews, 35,* 112–131. doi:10.1093/epirev/mxs008

Saneyoshi, A., Niimi, R., Suetsugu, T., Kaminaga, T., & Yokosawa, K. (2011). Iconic memory and parietofrontal network: fMRI study using temporal integration. *Neuroreport, 22,* 515–519. doi:10.1097/WNR.0b013e328348aa0c

Sanislow, C. A., Bartolini, E. E., & Zoloth, E. C. (2012). Avoidant personality disorder. In V. S. Ramachandran (Ed.), *Encyclopedia of Human Behavior* (2nd ed., pp. 257–266). San Diego, CA: Academic Press. doi:10.1016/B978-0-12-375000-6.00049-5

Sansone, C., & Thoman, D. B. (2005). Interest as the missing motivator in self-regulation. *European Psychologist, 10,* 175–186. doi:10.1027/1016-9040.10.3.175

Sapolsky, R. M. (2004). Mothering style and methylation. *Nature Neuroscience, 7,* 791–792. doi:10.1038/nn0804-791

Sarbin, T. R. (1950). Contributions to role-taking theory: I. Hypnotic behavior. *Psychological Review, 57,* 255–270. doi:10.1037/h0062218

Saroglou, V., & Fiasse, L. (2003). Birth order, personality, and religion: A study among young adults from a three-sibling family. *Personality and Individual Differences, 35,* 19–29. doi:10.1016/S0191-8869(02)00137-X

Sarter, M., Gehring, W. J., & Kozak, R. (2006). More attention must be paid: The neurobiology of attentional effort. *Brain Research Reviews, 51,* 145–160. doi:10.1016/j.brainresrev.2005.11.002

Saudino, K. J. (1997). Moving beyond the heritability question: New directions in behavioral genetic studies of personality. *Current Directions in Psychological Science, 6,* 86–90. doi:10.1111/1467-8721.ep11512809

Saunders, P. L., & Chester, A. (2008). Shyness and the internet: Social problem or panacea? *Computers in Human Behavior, 24,* 2649–2658. doi:10.1016/j.chb.2008.03.005

Sauter, D. A., Eisner, F., Ekman, P., & Scott, S. K. (2010). Cross-cultural recognition of basic emotions through nonverbal emotional vocalizations. *Proceedings of the National Academy of Sciences of the United States of America, 107,* 2408–2412. doi:10.1073/pnas.0908239106

Savani, K., Markus, H. R., & Conner, A. L. (2008). Let your preference be your guide? Preferences and choices are more tightly linked for North Americans than for Indians. *Journal of Personality and Social Psychology, 95,* 861–876. doi:10.1037/a0011618

Savani, K., Markus, H. R., Naidu, N. V. R., Kumar, S., & Berlia, V. (2010). What counts as a choice? U.S. Americans are more likely than Indians to construe actions as choices. *Psychological Science, 21,* 391–398. doi:10.1177/0956797609359908

Savastano, H. I., & Miller, R. R. (1998). Time as content in Pavlovian conditioning. *Behavioural Processes, 44,* 147–162. doi:10.1016/S0376-6357(98)00046-1

Savin-Williams, R. C., Joyner, K., & Rieger, G. (2012). Prevalence and stability of self-reported sexual orientation identity during young adulthood. *Archives of Sexual Behavior, 41,* 103–110. doi:10.1007/s10508-012-9913-y

Saxe, R., & Wexler, A. (2005). Making sense of another mind: The role of the right temporo-parietal junction. *Neuropsychologia, 43,* 1391–1399. doi:10.1016/j.neuropsychologia.2005.02.013

Schachter, S., & Singer, J. (1962). Cognitive, social, and physiological determinants of emotional state. *Psychological Review, 69,* 379–399. doi:10.1037/h0046234

Schachtman, T. R., & Reilly, S. (2011). *Associate learning and conditioning theory: Human and non-human applications.* New York, NY: Oxford University Press. doi:10.1093/acprof:oso/9780199735969.001.0001

Schacter, D. L. (1987). Implicit expressions of memory in organic amnesia: Learning of new facts and associations. *Human Neurobiology, 6,* 107–118.

Schacter, D. L. (1996). *Searching for memory: The brain, the mind, and the past.* New York, NY: Basic Books.

Schaffhausen, J. (2011, April 26). The day his world stood still: The strange story of "H. M." *Brain Connection.* Retrieved from http://brainconnection.positscience.com/the-day-his-world-stood-still/

Schaller, M., Park, J. H., & Kenrick, D. T. (2007). Human evolution and social cognition. In R. I. M. Dunbar & L. Barrett (Eds.), *Oxford Handbook of Evolutionary Psychology* (pp. 491–504). Oxford, U. K.: Oxford University Press.

Scheef, L., Jankowski, J., Daamen, M., Weyer, G., Klingenberg, M., Renner, J., . . . & Boecker, H. (2012). An fMRI study on the acute effects of exercise on pain processing in trained athletes. *Pain, 153,* 1702–1714. doi:10.1016/j.pain.2012.05.008

Scheibe, K. E. (2000). *The drama of everyday life.* Cambridge, MA: Harvard University Press.

Scheibe, K. E. (2000). *The Drama of Everyday Life.* Harvard University Press, Boston, MA.

Schein, E., & Bernstein, P. (2007). *Identical strangers: a memoir of twins separated and reunited.* New York: Random House

Scherer, K. R. (2004). Which emotions can be induced by music? What are the underlying mechanisms? And how can we measure them? *Journal of New Music Research, 33,* 239–251. doi:10.1080/0929821042000317822

Scherer, K. R., Schorr, A., & Johnstone, T. (Eds.). (2001). *Appraisal processes in emotion: Theory, methods, research.* Series in affective science. New York, NY: Oxford University Press.

Schifano F., & Corkery, J. (2008). Cocaine/crack cocaine consumption, treatment demand, seizures, related offences, prices, average purity levels and deaths in the UK (1990–2004). *Journal of Psychopharmacology, 22,* 71–79. doi:10.1177/0269881107079170

Schiffman, S., & Pasternak, M. (1979). Decreased discrimination of food odors in the elderly. *Journal of Gerontology, 34,* 73–79. doi:10.1093/geronj/34.1.73

Schiller, D., Monfils, M. H., Raio, C. M., Johnson, D. C., LeDoux, J. E., & Phelps, E. A. (2010). Preventing the return of fear in humans using reconsolidation update mechanisms. *Nature, 463,* 49–53. doi:10.1038/nature08637

Schiller, F. (1979). *Paul Broca, founder of French anthropology, explorer of the brain.* Berkeley, CA: University of California Press.

Schiller, F. (1992). *Paul Broca: Explorer of the brain.* Oxford, England: Oxford University Press.

Schizophrenia facts and statistics. (1996–2010). *The internet mental health initiative.* Retrieved from http://www.schizophrenia.com/szfacts.htm

Schizophrenia Psychiatric Genome-Wide Association Study (GWAS) Consortium. (2011). Genome-wide association study identifies five new schizophrenia loci. *Nature Genetics, 43,* 969–976. doi:10.1038/ng.940

Schlesinger, M., & Casey, P. (2003). Where infants look when impossible things happen: Simulating and testing a gaze-direction model. *Connection Science, 15,* 271–280. doi:10.1080/09540090310001655093

Schmitz, T. W., & Johnson, S. C. (2007). Relevance to self: A brief review and framework of neural systems underlying appraisal. *Neuroscience and Biobehavioral Reviews, 31,* 585–596. doi:10.1016/j.neubiorev.2006.12.003

Schneider, D., Slaughter, V. P., Bayliss, A. P., & Dux, P. E. (2013). A temporally sustained implicit theory of mind deficit in autism spectrum disorders. *Cognition, 129,* 410–417. doi:10.1016/j.cognition.2013.08.004

Schnieder, S. (2007). Daniel Dennett on the nature of consciousness. In M. Velmans & S. Schneider (Eds.), *The Blackwell companion to consciousness* (pp. 313–324). Malden, MA: Blackwell. doi:10.1002/9780470751466.ch25

Schnurr, P. P., Friedman, M. J., Engel, C. C., Foa, E. B., Shea, M. T., Chow, B. K., . . . & Bernardy, N. (2007). Cognitive behavioral therapy for posttraumatic stress disorder in women: A randomized controlled trial. *Journal of the American Medical Association, 297,* 820–830. doi:10.1001/jama.297.8.820

Schreiber, F. R. (1973). *Sybil: The true story of a woman possessed by 16 different personalities.* Chicago, IL: Henry Regnery.

Schultz, S. K., Miller, D. D., Oliver, S. E., Arndt, S., Flaum, M., & Andreasen, N. C. (1997). The life course of schizophrenia: Age and symptom dimensions. *Schizophrenia Research, 23,* 15–23. doi:10.1016/S0920-9964(96)00087-4

Schultz, W. (2006). Behavioral theories and the neurophysiology of reward. *Annual Review of Psychology, 57,* 87–115. doi:10.1146/annurev.psych.56.091103.070229

Schwartz, N., Schohl, A., & Ruthazer, E. S. (2011). Activity-dependent transcription of BDNF enhances visual acuity during development. *Neuron, 70,* 455–467. doi:10.1016/j.neuron.2011.02.055

Schwartz, S. (2004). What dreaming can reveal about cognitive and brain functions during sleep: A lexico-statistical analysis of dream reports. *Psychologica Belgica, 44,* 5–42.

Schwarz, N., & Clore, G. (1983). Mood, misattribution, and judgments of well-being: Informative and directive functions of affective states. *Journal of Personality and Social Psychology, 45,* 513–523. doi:10.1037/0022-3514.45.3.513

Schwarz, N., & Clore, G. L. (2007). Feelings and phenomenal experiences. In A. Kruglanski & E. T. Higgins (Eds.), *Social Psychology: Handbook of Basic Principles* (2nd ed., pp. 385–407). New York, NY: Guilford.

Schwarz, S., Hassebrauck, M., & Dörfler, R. (2010). Let us talk about sex: Prototype and personal templates. *Personal Relationships, 17,* 533–555. doi:10.1111/j.1475-6811.2010.01289.x

Schweinhart, L. J., Montie, J., Xiang, Z., Barnett, W. S., Belfield, C. R., & Nores, M. (2005). *Lifetime effects: The HighScope Perry Preschool Study through age 40* (Monographs of the HighScope Educational Research Foundation, 14). Ypsilanti, MI: HighScope Press. Retrieved from http://www.highscope.org/Content.asp?ContentId=219

Scorolli, C., Ghirlanda, S., Enquist, M., Zattoni, S., & Jannini, E. A. (2007). Relative prevalence of different fetishes. *International Journal of Impotence Research, 19,* 432–437. doi:10.1038/sj.ijir.3901547

Scott, R. A. (2003). *The gothic enterprise: A guide to understanding the medieval cathedral.* Berkeley, CA: University of California Press.

Scoville, W. B., & Milner, B. (1957). Loss of recent memory after bilateral hippocampal lesions. *Journal of Neurology, Neurosurgery, and Psychiatry, 20,* 11–21. doi:10.1136/jnnp.20.1.11

Seabright, P. (2004). *The company of strangers: A natural history of economic life.* Princeton, NJ: Princeton University Press.

Searle, J. R. (1980). Minds, brains, and programs. *Behavioral and Brain Sciences, 3,* 417–424. doi:10.1017/S0140525X00005756

Searle, J. R. (1998). How to study consciousness scientifically. *Philosophical Transactions of the Royal Society of London. Series B, Biological Sciences, 353,* 1935–1942. doi:10.1098/rstb.1998.0346

Seeley, W. W., Menon, V., Schatzberg, A. F., Keller, J., Glover, G. H., Kenna, H., . . . & Greicius, M. D. (2007). Dissociable intrinsic connectivity networks for salience processing and executive control. *The Journal of Neuroscience, 27,* 2349–2356. doi:10.1523/JNEUROSCI.5587-06.2007

Segal, M. W. (1974). Alphabet and attraction: An unobtrusive measure of the effect of propinquity in a field setting. *Journal of Personality and Social Psychology, 30,* 654–657. doi:10.1037/h0037446

Segerstrom, S. C., & Miller, G. E. (2004). Psychological stress and the human immune system: A meta-analytic study of 30 years of inquiry. *Psychological Bulletin, 130,* 601–630. doi:10.1037/0033-2909 .130.4.601

Segev, E., & Baram-Tsabari, A. (2012). Seeking science information online: Data mining Google to better understand the roles of the media and the education system. *Public Understanding of Science, 21,* 813–829. doi:10.1177/0963662510387560

Sekuler, R., Watamaniuk, S. N. J., & Blake, R. (2002). Visual motion perception. In H. Pashler (Series Ed.) & S. Yantis (Vol. Ed.), *Stevens' Handbook of Experimental Psychology: Vol. 1. Sensation and perception* (3rd ed., pp. 121–176). New York, NY: Wiley.

Sela, L., & Sobel, N. (2010). Human olfaction: A constant state of change-blindness. *Experimental Brain Research, 205,* 13–29. doi:10.1007/s00221-010-2348-6

Seligman, M. E. (1970). On the generality of the laws of learning. *Psychological Review, 77,* 406-418. doi:10.1037/h0029790

Seligman, M. E. P. (1975). *Helplessness: On depression, development, and death.* San Francisco, CA: W. H. Freeman.

Seligman, M. E., & Csikszentmihalyi, M. (2000). Positive psychology: An introduction. *American Psychologist, 55,* 5–14. doi:10.1037// 0003-066X.55.1.5

Seligson, J. L., Huebner, E. S. & Valois, R. F. (2003). Preliminary validation of the Brief Multidimensional Students' Life Satisfaction Scale (BMSLSS). *Social Indicators Research, 61,* 121–145. doi:10.1023/ A:1021326822957

Sellers, R. M., Smith, M. A., Shelton, J. N., Rowley, S. A., & Chavous, T. M. (1998). Multidimensional model of racial identity: A reconceptualization of African American racial identity. *Personality and Social Psychology Review, 2,* 18–39. doi:10.1207/ s15327957pspr0201_2

Selye, H. (1950). *The physiology and pathology of exposure to stress.* Montreal: Acta.

Semendeferi, K., Lu, A., Schenker, N., & Damasio, H. (2002). Humans and great apes share a large frontal cortex. *Nature Neuroscience, 5,* 272–276. doi:10.1038/nn814

Sen, A. (2012). Socioeconomic status and mental health: What is the causal relationship? *Acta Psychiatrica Scandinavica, 125,* 187–188. doi:10.1111/j.1600-0447.2011.01829.x

Shah, P., & Mountain, D. (2007). The medical model is dead—Long live the medical model. *The British Journal of Psychiatry, 191,* 375–377. doi:10.1192/bjp.bp.107.037242

Shahidullah, S., & Hepper, P. G. (1994). Frequency discrimination by the fetus. *Early Human Development, 36,* 13–26. doi:10.1016/ 0378-3782(94)90029-9

Shamay-Tsoory, S. G., Harari, H., Aharon-Peretz, J., & Levkovitz, Y. (2010). The role of the orbitofrontal cortex in affective theory of mind deficits in criminal offenders with psychopathic tendencies. *Cortex, 46,* 668–677. doi:10.1016/j.cortex.2009.04.008

Shapley, R., & Hawken, M. J. (2011). Color in the cortex: Single- and double-opponent cells. *Vision Research, 51,* 701–717. doi:10.1016/j. visres.2011.02.012

Sharpe, L. T., Stockman, A., Jägle, H., & Nathans, J. (1999). Opsin genes, cone photopigments, color vision, and color blindness. In K. R. Gegenfurtner & L. T. Sharpe (Eds.), *Color Vision: From Genes to Perception* (pp. 3–51). Cambridge, UK: Cambridge University Press.

Shatz, C. J. (1992) The developing brain. *Scientific American, 267,* 60–67. doi:10.1038/scientificamerican0992-60

Shavers, V. L., Lynch, C. F., & Burmeister, L. F. (2000). Knowledge of the Tuskegee study and its impact on the willingness to participate in medical research studies. *Journal of the National Medical Association, 92,* 563–572.

Shay, J. (1994). *Achilles in Vietnam: Combat trauma and the undoing of character.* New York, NY: Scribner.

Shea, N. (2012). New thinking, innateness and inherited representation. *Philosophical Transactions of the Royal Society B: Biological Sciences, 367,* 2234–2244. doi:10.1098/rstb.2012.0125

Shedler, J. (2010). The efficacy of psychodynamic psychotherapy. *American Psychologist, 65,* 98–109. doi:10.1037/a0018378

Shedler, J., Beck, A., Fonagy, P., Gabbard, G. O., Gunderson, J., Kernberg, O., . . . & Westen, D. (2010). Personality disorders in DSM-5. *American Journal of Psychiatry, 167,* 1026–1028. doi:10.1176/ appi.ajp.2010.10050746

Shepard, R. N. (1964). Attention and the metric structure of the stimulus space. *Journal of Mathematical Psychology, 1,* 54–87. doi:10.1016/0022-2496(64)90017-3

Shepard, R., & Metzler, J. (1971). Mental rotation of three-dimensional objects. *Science, 171,* 701–703. doi:10.1126/science.171.3972.701

Sherif, M. H., Harvey, O. J., White, B. J., Hood, W. R., & Sherif, C. (1954). *Experimental study of positive and negative intergroup attitudes between experimentally produced groups: Robbers Cave experiment.* Norman, OK: University of Oklahoma.

Sherman, G. D., Lee, J. J., Cuddy, A. J., Renshon, J., Oveis, C., Gross, J. J., & Lerner, J. S. (2012). Leadership is associated with lower levels of stress. *Proceedings of the National Academy of Sciences, 109,* 17903–17907. doi:10.1073/pnas.1207042109

Shevell, S. K., & Kingdom, F. A. A. (2008). Color in complex scenes. *Annual Review of Psychology, 59,* 143–166. doi:10.1146/annurev. psych.59.103006.093619

Shikata, H., McMahon, D. B., & Breslin, P. A. (2000). Psychophysics of taste lateralization on anterior tongue. *Perception & Psychophysics, 62,* 684–694. doi:10.3758/BF03206915

Shinbrot, T., & Young, W. (2008). Why decussate? Topological constraints on 3D wiring. *Anatomical Record, 291,* 1278–1292. doi:10.1002/ar.20731

Shiner, R. L., & Masten, A. S. (2012). Childhood personality traits as a harbinger of competence and resilience in adulthood. *Development and Psychopathology, 24,* 507–528. doi:10.1017/S0954 579412000120

Shoda, Y., Cervone, D., & Downey, G. (Eds.). (2007). *Persons in context: Building a science of the individual.* New York, NY: Guilford Press.

Shoda, Y., Mischel, W., & Peake, P. K. (1990). Predicting adolescent cognitive and self-regulatory competencies from preschool delay of gratification: Identifying diagnostic conditions. *Developmental Psychology, 26,* 978–986. doi:10.1037/0012-1649.26.6.978

Shoda, Y., Mischel, W., & Wright, J. C. (1994). Intraindividual stability in the organization and patterning of behavior: Incorporating psychological situations into the idiographic analysis of personality. *Journal of Personality and Social Psychology, 67,* 674–687. doi:10.1037/0022-3514.67.4.674

Shurman, B., Horan, W. P., & Nuechterlein, K. H. (2005). Schizophrenia patients demonstrate a distinctive pattern of decision-making impairment on the Iowa Gambling Task. *Schizophrenia Research, 72,* 215–224. doi:10.1016/j.schres.2004.03.020

Shweder, R. A. (1993). The cultural psychology of the emotions. In M. Lewis & J. Haviland (Eds.), *The Handbook of Emotions* (pp. 417–431). New York: Guilford Press.

Shweder, R. A. (2003). Toward a deep cultural psychology of shame. *Social Research: An International Quarterly, 70,* 1109–1129.

Shweder, R. A. (Ed.). (1998). *Welcome to middle age! (And other cultural fictions).* Chicago, IL: University of Chicago Press.

Shweder, R. A., & Sullivan, M. A. (1993). Cultural psychology: Who needs it? *Annual Review of Psychology, 44,* 497–523. doi:10.1146/ annurev.ps.44.020193.002433

Siegel, J. M. (2003). Why we sleep: The reasons that we sleep are gradually becoming less enigmatic. *Scientific American, 289,* 92–97. doi:10.1038/scientificamerican1103-92

Siegel, J. M. (2005). REM sleep. In M. H. Kryger, T. Roth & W. C. Dement (Eds.), *Principles and practice of sleep medicine.* Philadelphia, PA: W. B. Saunders Company.

Siegel, P., Han, E., Cohen, D., & Anderson, J. (2013). A dissociation between detection and identification of phobic stimuli: Unconscious perception? *Cognition & Emotion, 27,* 1153–1167. doi:10.1080/0269 9931.2013.774264

Siegel, S. (2001). Pavlovian conditioning and drug overdose: When tolerance fails. *Addiction Research & Theory, 9,* 503–513. doi:10.3109/16066350109141767

Siegel, S. (2005). Drug tolerance, drug addiction, and drug anticipation. *Current Directions in Psychological Science, 14,* 296–300. doi:10.1111/j.0963-7214.2005.00384.x

Siegel, S., & Ellsworth, D. W. (1986). Pavlovian conditioning and death from apparent overdose of medically prescribed morphine: A case report. *Bulletin of the Psychonomic Society, 24,* 278–280. doi:10.3758/BF03330140

Siegel, S., & Ramos, B. (2002). Applying laboratory research: Drug anticipation and the treatment of drug addiction. *Experimental and Clinical Psychopharmacology, 10,* 162–183. doi:10.1037/1064-1297.10.3.162

Sierra, M. (2009). *Depersonalization: A new look at a neglected syndrome.* Cambridge, UK: Cambridge University Press. doi:10.1017/CBO97805 11730023

Sigmon, S. C., Herning, R. I., Better, W., Cadet, J. L., & Griffiths, R. R. (2009). Caffeine withdrawal, acute effects, tolerance, and absence of net beneficial effects of chronic administration: Cerebral blood flow velocity, quantitative EEG, and subjective effects. *Psychopharmacology, 204,* 573–585. doi:10.1007/s00213-009-1489-4

Silber, M. H., Ancoli-Israel, S., Bonnet, M. H., Chokroverty, S., Grigg-Damberger, M. M., Hirshkowitz, M., . . . & Iber, C. (2007). The visual scoring of sleep in adults. *Journal of Clinical Sleep Medicine, 3,* 121–131.

Silventoinen, K., Magnusson, P. K. E., Tynelius, P., Kaprio, J., & Rasmussen, F. (2008). Heritability of body size and muscle strength in young adulthood: A study of one million Swedish men. *Genetic Epidemiology, 32,* 341–349. doi:10.1002/gepi.20308

Silvia, P. J. (2008). Interest—The curious emotion. *Current Directions in Psychological Science, 17,* 57–60. doi:10.1111/j.1467-8721.2008.00548.x

Simmons, R. (2014). *Success through stillness: Meditation made simple.* New York: Gotham Books.

Simon, H. (1990). Invariants of human behavior. *Annual Reviews of Psychology, 41,* 1–19. doi:10.1146/annurev.ps.41.020190.000245

Simon, H. A. (1969). *The sciences of the artificial.* Cambridge, MA: MIT Press.

Simon, H. A. (1979). *Models of thought.* New Haven, CT: Yale University Press. doi:10.5840/thought197954224

Simon, H. A. (1983). *Reason in human affairs.* Stanford, CA: Stanford University Press.

Simon, H. A. (1992). What is an "explanation" of behavior? *Psychological Science, 3,* 150–161. doi:10.1111/j.1467-9280.1992.tb00017.x

Simon, H. A. (1996). *The sciences of the artificial* (3rd ed.). Cambridge, MA: MIT Press.

Simons, D. J., & Chabris, C. F. (1999). Gorillas in our midst: Sustained inattentional blindness for dynamic events. *Perception, 28,* 1059–1074. doi:10.1068/p2952

Simons, R. C. (1996). *Boo! Culture, experience, and the startle reflex.* New York, NY: Oxford University Press.

Singh, D. (1993). Adaptive significance of female physical attractiveness: Role of waist-to-hip ratio. *Journal of Personality and Social Psychology, 65,* 293–307. doi:10.1037/0022-3514.65.2.293

Siok, W. T., Kay, P., Wang, W. S., Chan, A. H., Chen, L., Luke, K. K., & Tan, L. H. (2009). Language regions of brain are operative in color perception. *Proceedings of the National Academy of Sciences, 106,* 8140–8145. doi:10.1073/pnas.0903627106

Skinner, B. F. (1938). *The behavior of organisms: An experimental analysis.* Oxford, England: Appleton-Century.

Skinner, B. F. (1948). "Superstition" in the pigeon. *Journal of Experimental Psychology, 38,* 168–172. doi:10.1037/h0055873

Skinner, B. F. (1953). *Science and human behavior.* New York, NY: Simon & Schuster.

Skinner, B. F. (1956). A case history in scientific method. *American Psychologist, 11,* 221–233. doi:10.1037/h0047662

Skinner, B. F. (1957). *Verbal behavior.* Acton, MA: Copley Publishing Group. doi:10.1037/11256-000

Skinner, B. F. (1974). *About behaviorism.* New York, NY: Alfred A. Knopf, Inc.

Skitka, L. J. (2010). The psychology of moral conviction. *Social and Personality Psychology Compass, 4,* 267–281. doi:10.1111/j.1751-9004.2010.00254.x

Slagter, H. A, Lutz, A., Greischar, L. L., Francis, A. D., Nieuwenhuis, S., Davis, J. M., & Davidson, R. J. (2007). Mental training affects distribution of limited brain resources. *PLoS Biology, 5,* e138. doi:10.1371/journal.pbio.0050138

Slavich, G. M., & Cole, S. W. (2013). The emerging field of human social genomics. *Clinical Psychological Science, 1,* 331–348. doi:10.1177/2167702613478594

Sluckin, W. (2007). *Imprinting and early learning* (2nd ed.). Piscataway, NJ: Aldine Transaction.

Smillie, L. D., Pickering, A. D., & Jackson, C. J. (2006). The new reinforcement sensitivity theory: Implications for personality measurement. *Personality and Social Psychology Review, 10,* 320–335. doi:10.1207/s15327957pspr1004_3

Smith, C. A., & Lazarus, R. S. (1990). Emotion and adaptation. In L. A. Pervin (Ed.), *Handbook of Personality: Theory and Research* (pp. 609–637). New York, NY: Guilford Press.

Smith, D. V., & Margolskee, R. F. (2001). Making sense of taste. *Scientific American, 284,* 32–39. doi:10.1038/scientificamerican0301-32

Smith, K. D., Smith, S. T., & Christopher, J. C. (2007). What defines the good person? Cross-cultural comparisons of experts' models with lay prototypes. *Journal of Cross-Cultural Psychology, 38,* 333–360. doi:10.1177/0022022107300279

Smith, K., Alford, J. R., Hatemi, P. K., Eaves, L. J., Funk, C., & Hibbing, J. R. (2012). Biology, ideology, and epistemology: How do we know political attitudes are inherited and why should we care? *American Journal of Political Science, 56,* 17–33. doi:10.1111/j.1540-5907.2011.00560.x

Smith, M. B. (1990). Humanistic psychology. *Journal of Humanistic Psychology, 30,* 6–21. doi:10.1177/002216789003000402

Smith, R. A., & Feigenbaum, K. D. (2013). Maslow's intellectual betrayal of Ruth Benedict? *Journal of Humanistic Psychology, 53,* 307–321. doi:10.1177/0022167812469832

Solms, M. (2000). Dreaming and REM sleep are controlled by different brain mechanisms. *Behavioral and Brain Sciences, 23,* 843–850. doi:10.1017/S0140525X00003988

Soloff, P. H., Fabio, A., Kelly, T. M., Malone, K. M., & Mann, J. J. (2005). High-lethality status in patients with borderline personality disorder. *Journal of Personality Disorders, 19,* 386–399. doi:10.1521/pedi.2005.19.4.386

Solomon, R. (1993). The philosophy of emotions. In M. Lewis, & J. M. Haviland (Eds.), *Handbook of Emotions* (pp. 3–15). New York, NY: Guilford Press.

Solomon, S., Greenberg, J., & Pyszczynski, T. (2004). The cultural animal: Twenty years of terror management theory and research. In J. Greenberg, S. L. Koole, & T. Psyzczynski (Eds.), *Handbook of Experimental Existential Psychology* (pp. 13–34). New York, NY: Guilford.

Sommer, B., Avis, N., Meyer, P., Ory, M., Madden, T., Kagawa-Singer, M., . . . & Adler, S. (1999). Attitudes toward menopause and aging across ethnic/racial groups. *Psychosomatic Medicine, 61,* 868–875. doi:10.1097/00006842-199911000-00023

Sonoda, H., Kohnoe, S., Yamazato, T., Satoh, Y., Morizono, G., Shikata, K., . . . & Maehara, Y. (2011). Colorectal cancer screening with odour material by canine scent detection. *Gut, 60,* 814–819. doi:10.1136/gut.2010.218305

Soon, C. S., Brass, M., Heinze, H. J., & Haynes, J. D. (2008). Unconscious determinants of free decisions in the human brain. *Nature Neuroscience, 11,* 543–545. doi:10.1038/nn.2112

Sorjonen, K., Hemmingsson, T., Lundin, A., Falkstedt, D., & Melin, B. (2012). Intelligence, socioeconomic background, emotional capacity, and level of education as predictors of attained socioeconomic position in a cohort of Swedish men. *Intelligence, 40,* 269–277. doi:10.1016/j.intell.2012.02.009

Spangler, W. D. (1992). Validity of questionnaire and TAT measures of need for achievement: Two meta-analyses. *Psychological Bulletin, 112,* 140–154. doi:10.1037/0033-2909.112.1.140

Spanos, N. P., & Hewitt, E. C. (1980). The hidden observer in hypnotic analgesia: Discovery or experimental creation? *Journal of Personality and Social Psychology, 39,* 1201–1204. doi:10.1037/h0077730

Spearman, C. (1904). "General intelligence," objectively determined and measured. *The American Journal of Psychology, 15,* 201–292. doi:10.2307/1412107

Sperling, G. (1960). The information available in brief visual presentations. *Psychological Monographs: General and Applied, 74,* 1–29. doi:10.1037/h0093759

Sperry, R. (1982). Some effects of disconnecting the cerebral hemispheres. *Science, 217,* 1223–1226. doi:10.1126/science.7112125

Sperry, R. W. (1961). Cerebral organization and behavior. *Science, 133,* 1749–1757. doi:10.1126/science.133.3466.1749

Sperry, R. W., Gazzaniga, M. S., & Bogen, J. E. (1969). Interhemispheric relationships: The neocortical commissures; syndromes of hemisphere disconnection. In *Handbook of Clinical Neurology* (Vol. 4, pp. 273–290). Amsterdam: North Holland Publishing Company.

Spinath, F. M., & Angleitner, A. (1998). Contrast effects in Buss and Plomin's EAS questionnaire: A behavioral-genetic study on early developing personality traits assessed through parental ratings. *Personality and Individual Differences, 25,* 947–963. doi:10.1016/S0191-8869(98)00097-X

Sporns, O. (2010). *Networks of the brain.* Cambridge, MA: MIT Press.

Sporns, O. (2011). *Networks of the brain.* Cambridge, MA: MIT Press.

Sporns, O. (2012). *Discovering the human connectome.* Cambridge, MA: MIT Press.

Sporns, O., Tononi, G., Kötter, R. (2005). The human connectome: A structural description of the human brain. *PLoS Computational Biology, 1,* e42. doi:10.1371/journal.pcbi.0010042

Spradley, J. P., & Phillips, M. (1972). Culture and stress: A quantitative analysis. *American Anthropologist, 74,* 518–529. doi:10.1525/aa.1972.74.3.02a00190

Sprouse-Blum, A. S., Smith, G., Sugai, D., & Parsa, F. D. (2010). Understanding endorphins and their importance in pain management. *Hawaii Medical Journal, 69,* 70–71.

Squire, L. R. (1992). Memory and the hippocampus: A synthesis from findings with rats, monkeys, and humans. *Psychological Review, 99,* 195–231. doi:10.1037/0033-295X.99.2.195

Squire, L. R. (2009). Memory and brain systems: 1969–2009. *The Journal of Neuroscience, 29,* 12711–12716. doi:10.1523/JNEUROSCI.3575-09.2009

Squire, L. R., & Wixted, J. T. (2011). The cognitive neuroscience of human memory since H. M. *Annual Review of Neuroscience, 34,* 259–288. doi:10.1146/annurev-neuro-061010-113720

Stahl, S. M. (2002). *Essential psychopharmacology of antipsychotics and mood stabilizers.* Cambridge, UK: Cambridge University Press.

Stahl, S. M. (2002). *Essential psychopharmacology: Neuroscientific basis and practical applications* (2nd ed.). New York, NY: Cambridge University Press.

Stahl, S. M. (2002). *Essential psychopharmacology: Neuroscientific basis and practical applications* (2nd ed.). New York, NY: Cambridge University Press.

Steckel, R. H. (1995). "Percentiles of Modern Height Standards for Use in Historical Research," NBER Historical Working Papers 0075, National Bureau of Economic Research, Inc.

Steele, C. (1997). A threat in the air: How stereotypes shape intellectual identity and performance. *American Psychologist, 52,* 613–629. doi:10.1037/0003-066X.52.6.613

Steele, C. (2010). *Whistling Vivaldi: How stereotypes affect us and what we can do.* New York: Norton.

Steele, C. M., & Josephs, R. A. (1990). Alcohol myopia: Its prized and dangerous effects. *American Psychologist, 45,* 921–933. doi:10.1037/0003-066X.45.8.921

Stelmack, R. M., & Rammsayer, T. H. (2008). Psychophysiological and biochemical correlates of personality. In G. J. Boyle, G. Matthews, & D. H. Saklofske (Eds.), *The SAGE Handbook of Personality Theory and Assessment* (Vol 1, pp. 33–55). Thousand Oaks, CA: SAGE Publications. doi:10.4135/9781849200462.n2

Stephenson, W. (1953). *The study of behavior.* Chicago, IL: University of Chicago Press.

Stern, D. G. (1991). Models of memory: Wittgenstein and cognitive science. *Philosophical Psychology, 4,* 203–218. doi:10.1080/09515089108573027

Stern, K., & McClintock, M. K. (1998). Regulation of ovulation by human pheromones. *Nature, 392,* 177–179. doi:10.1038/32408

Sternberg, E. M., & Gold, P. W. (1997). The mind–body interaction in disease. *Scientific American, 7,* 8–15.

Sternberg, R. J. (1985). Implicit theories of intelligence, creativity, and wisdom. *Journal of Personality and Social Psychology, 49,* 607. doi:10.1037/0022-3514.49.3.607

Stevens, S. S. (1948). Sensation and psychological measurement. In E. G. Boring, H. S. Langfeld, & H. P. Weld (Eds.), *Foundations of psychology* (pp. 250–268). New York, NY: Wiley. doi:10.1037/11332-011

Stevens, S. S. (1955). The measurement of loudness. *Journal of the Acoustical Society of America, 27,* 815–829. doi:10.1121/1.1908048

Stevenson, J. (2014, July 14). How after 14 years of hell that stemmed from severe panic and anxiety attacks, I literally gained my life and self-confidence back and permanently put an end to my panic attacks within days. *My anxiety solution.* Retrieved from http://www.myanxietysolution.com/

Stipp, D. (2005, November 28). Trouble in Prozac nation. *Fortune, 152,* 154–156.

Stock, J., & Cervone, D. (1990). Proximal goal-setting and self-regulatory processes. *Cognitive Therapy and Research, 14,* 483–498. doi:10.1007/BF01172969

Stoerig, P. (2007). Hunting the ghost: Toward a neuroscience of consciousness. In P. D. Zelazo, M. Moscovitch, & E. Thompson (Eds.), *Cambridge Handbook of Consciousness.* New York, NY: Cambridge University Press. doi:10.1017/CBO9780511816789.026

Stoet, G., & Geary, D. C. (2012). Can stereotype threat explain the gender gap in mathematics performance and achievement? *Review of General Psychology, 16,* 93–102. doi:10.1037/a0026617

Stratton, G. M. (1917). The mnemonic feat of the "Shass Pollak." *Psychological Review, 24,* 244–247. doi:10.1037/h0070091

Streeter, C. C., Whitfield, T. H., Owen, L., Rein, T., Karri, S. K., Yakhkind, A., . . . & Jensen, J. E. (2010). Effects of yoga versus walking on mood, anxiety, and brain GABA levels: A randomized controlled MRS study. *Journal of Alternative and Complementary Medicine, 16,* 1145–1152. doi:10.1089/acm.2010.0007

Strelau, J. (1998). *Temperament: A psychological perspective.* Perspectives on individual differences. New York, NY: Springer Science+Business.

Strick, P. L., Dum, R. P., & Fiez, J. A. (2009). Cerebellum and nonmotor function. *Annual Review of Neuroscience, 32,* 413–434. doi:10.1146/annurev.neuro.31.060407.125606

Stroebe, W. (2012). The truth about Triplett (1898), but nobody seems to care. *Perspectives on Psychological Science, 7,* 54–57. doi:10.1177/1745691611427306

Stroebe, W., Papies, E. K., & Aarts, H. (2008). From homeostatic to hedonic theories of eating: Self-regulatory failure in food-rich environments. *Applied Psychology, 57,* 172–193. doi:10.1111/j.1464-0597.2008.00360.x

Stroop, J. R. (*1935*). Studies of interference in serial verbal reactions. *Journal of Experimental Psychology, 28,* 643–662. doi:10.1037/h0054651

stubear. (2010, November 18). *Man steals for dying girlfriend, marries her while in prison.* Retrieved from http://www.chinasmack.com/2010/pictures/man-steals-for-dying-girlfriend-marries-her-while-in-prison.html

Sturm, R., Duffy, D., Zhao, Z., Leite, F., Stark, M., Hayward, N., . . . & Montgomery, G. (2008). A single SNP in an evolutionary conserved region within intron 86 of the HERC2 gene determines human blue-brown eye color. *The American Journal of Human Genetics, 82,* 424–431. doi:10.1016/j.ajhg.2007.11.005.

Stuss, D. T. (2011). Traumatic brain injury: Relation to executive dysfunction and the frontal lobes. *Current Opinion in Neurology, 24,* 584–589. doi:10.1097/WCO.0b013e32834c7eb9

Substance Abuse and Mental Health Services Administration. (2010). *Results from the 2009 National Survey on Drug Use and Health: Volume I. Summary of National Findings* (Office of Applied Studies, NSDUH Series H-38A, HHS Publication No. SMA 10-4586Findings). Rockville, MD: Substance Abuse and Mental Health Services Administration. Retrieved from http://www.samhsa.gov/data/2k9/2k9Resultsweb/web/2k9results.pdf

Suddendorf, T., & Butler, D. L. (2013). The nature of visual self-recognition. *Trends in Cognitive Sciences, 17,* 121–127. doi:10.1016/j.tics.2013.01.004

Suddendorf, T., & Corballis, M. C. (2007). The evolution of foresight: What is mental time travel, and is it unique to humans? *The Behavioral and Brain Sciences, 30,* 299–313; discussion 313–351. doi:10.1017/S0140525X07001975

Sullivan, H. S. (1953). *The interpersonal therapy of psychiatry.* New York, NY: W. W. Norton & Co.

Sullivan, K. T., Pasch, L. A., Johnson, M. D., & Bradbury, T. N. (2010). Social support, problem solving, and the longitudinal course of newlywed marriage. *Journal of Personality and Social Psychology, 98,* 631–644. doi:10.1037/a0017578

Sulloway, F. J. (1996). *Born to rebel: Birth order, family dynamics and creative lies.* New York, NY: Pantheon.

Swinson, R. P. (2005). Social anxiety disorder. *The Canadian Journal of Psychiatry / La Revue Canadienne de Psychiatrie, 50,* 305–307.

Sylvers, P., Lilienfeld, S. O., & LaPrairie, J. L. (2011). Differences between trait fear and trait anxiety: Implications for psychopathology. *Clinical Psychology Review, 31,* 122–137. doi:10.1016/j.cpr.2010.08.004

Szasz, T. (2011). The myth of mental illness: 50 years later. *The Psychiatrist, 35,* 179–182. doi:10.1192/pb.bp.110.031310

Szasz, T. S. (1960). The myth of mental illness. *American Psychologist, 15,* 113–118. doi:10.1037/h0046535

Takahashi, Y. K., Nagayama, S., & Mori, K. (2004). Detection and masking of spoiled food smells by odor maps in the olfactory bulb. *Journal of Neuroscience, 24,* 8690–8694. doi:10.1523/JNEUROSCI.2510-04.2004

Talarico, J. M., & Rubin, D. C. (2003). Confidence, not consistency, characterizes flashbulb memories. *Psychological Science, 14,* 455–461. doi:10.1111/1467-9280.02453

Tan, K. R., Rudolph, U., & Lüscher, C. (2011). Hooked on benzodiazepines: $GABA_A$ receptor subtypes and addiction. *Trends in Neurosciences, 34,* 188–197. doi:10.1016/j.tins.2011.01.004

Tang, Y., Zhang, W., Chen, K., Feng, S., Ji, Y., Shen, J., . . . & Liu, Y. (2006). Arithmetic processing in the brain shaped by cultures. *Proceedings of the National Academy of Sciences of the United States of America, 103,* 10775–10780. doi:10.1073/pnas.0604416103

Tang, Y.-Y., & Posner, M. I. (2009). Attention training and attention state training. *Trends in Cognitive Sciences, 13,* 222–227. doi:10.1016/j.tics.2009.01.009

Tanner, C. M., & Chamberland, J. (2001). Latah in Jakarta, Indonesia. *Movement Disorders, 16,* 526–529. doi:10.1002/mds.1088

Tanner, J. M. (1978). *Foetus into man: Physical growth from conception to maturity.* Cambridge, MA: Harvard University Press.

Tassinary, L., & Hansen, K. (1998). A critical test of the waist-to-hip-ratio hypothesis of female physical attractiveness. *Psychological Science, 9,* 150–155. doi:10.1111/1467-9280.00029

Tateyama, M., Asai, M., Hashimoto, M., Bartels, M., & Kasper, S. (1998). Transcultural study of schizophrenic delusions. *Psychopathology, 31,* 59–68. doi:10.1159/000029025

Taylor, C. A., Manganello, J. A., Lee, S. J., & Rice, J. C. (2010). Mothers' spanking of 3-year-old children and subsequent risk of children's aggressive behavior. *Pediatrics, 125,* e1057–e1065. doi:10.1542/peds.2009-2678

Taylor, L. S., Fiore, A. T., Mendelsohn, G. A., & Cheshire, C. (2011). "Out of my league": A real-world test of the matching hypothesis. *Personality and Social Psychology Bulletin, 37,* 942–954. doi:10.1177/0146167211409947

Taylor, S. (1983). Adjustment to threatening events: A theory of cognitive adaptation. *American Psychologist, 38,* 1161–1173. doi:10.1037/0003-066X.38.11.1161

Taylor, S. E., Klein, L. C., Lewis, B. P., Gruenewald, T. L., Gurung, R. A., & Updegraff, J. A. (2000). Biobehavioral responses to stress in females: Tend-and-befriend, not fight-or-flight. *Psychological Review, 107,* 411–429. doi:10.1037/0033-295X.107.3.411

Taylor, S. E., & Stanton, A. L. (2007). Coping resources, coping processes, and mental health. *Annual Review of Clinical Psychology, 3,* 377–401. doi:10.1146/annurev.clinpsy.3.022806.091520

Terracciano, A., Löckenhoff, C. E., Zonderman, A. B., Ferrucci, L., & Costa, P. T. (2008). Personality predictors of longevity: Activity, emotional stability, and conscientiousness. *Psychosomatic Medicine, 70,* 621–627. doi:10.1097/S0033291709992029

Terzis, V., Moridis, C. N., and Economides, A. A. (2011). Measuring instant emotions based on facial expressions during computer-based assessment. *Personal and Ubiquitous Computing, 17,* 43–52. doi:10.1007/s00779-011-0477-y

Thayer, R. E. (1996). *The origin of everyday moods: Managing energy, tension, and stress.* New York, NY: Oxford University Press.

Thayer, R. E. (2003). *Calm energy: How people regulate mood with food and exercise.* New York, NY: Oxford University Press.

Thelen, E., & Smith, L. B. (1994). *A dynamic systems approach to the development of cognition and action*. Cambridge, MA: MIT Press.

Thiel, C. M., Studte, S., Hildebrandt, H., Huster, R., & Weerda, R. (2014). When a loved one feels unfamiliar: A case study on the neural basis of Capgras delusion. *Cortex, 52*, 75–85. doi:10.1016/j.cortex.2013.11.011

Thoma, N. C., & Cecero, J. J. (2009). Is integrative use of techniques in psychotherapy the exception or the rule? Results of a national survey of doctoral-level practitioners. *Psychotherapy: Theory, Research, Practice, Training, 46*, 405–417. doi:10.1037/a0017900

Thomas, A., & Chess, S. (1977). *Temperament and development*. Oxford, England: Brunner/Mazel.

Thomas, A., & Chess, S. (1996). *Temperament: Theory and practice*. New York, NY: Brunner/Mazel.

Thompson, E. M., & Morgan, E. M. (2008). "Mostly straight" young women: Variations in sexual behavior and identity development. *Developmental Psychology, 44*, 15–21. doi:10.1037/0012-1649.44.1.15

Thompson, R. F. (2000). *The brain: A neuroscience primer* (3rd ed.). New York, NY: Worth.

Tiest, W. M. B., & Kappers, A. M. (2009). Cues for haptic perception of compliance. *Haptics, IEEE Transactions on Haptics, 2*, 189–199. doi:10.1109/TOH.2009.16

Titchener, E. B. (1898). A psychological laboratory. *Mind, 7*, 311–331. doi:10.1093/mind/VII.27.311

Toga, A. W., & Thompson, P. M. (2003). Mapping brain asymmetry. *Nature Reviews Neuroscience, 4*, 37–48. doi:10.1038/nrn1009

Tolman, D. L., & Diamond, L. M. (2001). Desegregating sexuality research: Cultural and biological perspectives on gender and desire. *Annual Review of Sex Research, 12*, 33–74.

Tolman, E. C. (1948). Cognitive maps in rats and men. *Psychological Review, 55*, 189–208. doi:10.1037/h0061626

Tomkins, S. S. (1962). *Affect. Imagery. Consciousness* (Vol. I: The positive affects). New York, NY: Springer Publishing Co.

Tomkins, S. S. (1963). *Affect. Imagery. Consciousness* (Vol. II. The negative affects). New York, NY: Springer Publishing Co.

Tondo, L., Baldessarini, R. J., & Floris, G. (2001). Long-term clinical effectiveness of lithium maintenance treatment in types I and II bipolar disorders. *The British Journal of Psychiatry, 178*, s184–s190. doi:10.1192/bjp.178.41.s184

Tooby, J., & Cosmides, L. (2005). Conceptual foundations of evolutionary psychology. In D. M. Buss (Ed.), *The Handbook of Evolutionary Psychology* (pp. 5–67). Hoboken, NJ: Wiley.

Tootell, R. B. H., Silverman, M. S., Switkes, E., & De Valois, R. L. (1982). Deoxyglucose analysis of retinotopic organization in primate striate cortex. *Science, 218*, 902–904. doi:10.1126/science.7134981

Treffert, D. A. (2009). The savant syndrome: an extraordinary condition. A synopsis: Past, present, future. *Philosophical Transactions of the Royal Society B: Biological Sciences, 364*, 1351–1357. doi:10.1098/rstb.2008.0326

Treisman, A. (1969). Strategies and models of selective attention. *Psychological Review, 76*, 282–299.

Treisman, A. M., & Gelade, G. (1980). A feature-integration theory of attention. *Cognitive Psychology, 12*, 97–136. doi:10.1016/0010-0285(80)90005-5

Triandis, H. C. (1995). *Individualism and collectivism*. Boulder, CO: Westview Press.

Triesman, A. (1964). Selective attention in man. *British Medical Bulletin, 20*, 12–16.

Tripathi, R. (2014). The science and art of learning about cultures: Descriptions, explanations, and reflections–In conversation with Sri Sri Ravi Shankar. *IIMB Management Review, 26*, 122–129. doi:10.1016/j.iimb.2014.03.012

Triplett, N. (1898). The dynamogenic factors in pacemaking and competition. *American Journal of Psychology, 9*, 507–533. doi:10.2307/1412188

Trope, Y., & Liberman, N. (2003). Temporal construal. *Psychological Review, 110*, 403–421. doi:10.1037/0033-295X.110.3.403

Trumbull, E., Rothstein-Fisch, C., & Greenfield, P. M. (2001, Spring). Ours and mine. *Journal of Staff Development, 22*, 10–14.

Trzesniewski, K. H., Donnellan, M. B., & Robins, R. W. (2003). Stability of self-esteem across the lifespan. *Journal of Personality and Social Psychology, 84*, 205–220. doi:10.1037/0022-3514.84.1.205

Tsai, J. L., & Chentsova-Dutton, Y. (2002). Understanding depression across cultures. In I. H. Gotlib, & C. L. Hammen (Eds.), *Handbook of Depression* (pp. 467–491). New York, NY: Guilford Press.

Tsai, Y.-M., Kunter, M., Lüdtke, O., Trautwein, U., & Ryan, R. M. (2008). What makes lessons interesting? The role of situational and individual factors in three school subjects. *Journal of Educational Psychology, 100*, 460–472. doi:10.1037/0022-0663.100.2.460

Tseng, W. S. (2006). From peculiar psychiatric disorders through culture-bound syndromes to culture-related specific syndromes. *Transcultural Psychiatry, 43*, 554–576. doi:10.1177/1363461506070781

Tudor, K., & Worrall, M. (2006). *Person-centred therapy: A clinical philosophy*. Hove, UK: Routledge.

Tulving, E. (1972). Episodic and semantic memory. In E. Tulving & W. Donaldson (Eds.), *Organization of memory*. New York, NY: Academic Press.

Turk, C. L., Heimberg, R. G., & Magee, L. (2008). Social anxiety disorder. In D. H. Barlow (Ed.), *Clinical Handbook of Psychological Disorders: A Step-by-Step Treatment Manual* (4th ed., pp.123–163). New York, NY: Guilford Publications.

Turkheimer, E., Haley, A., Waldron, M., D'Onofrio, B., & Gottesman, I. (2003). Socioeconomic status modifies heritability of IQ in young children. *Psychological Science, 14*, 623–628. doi:10.1046/j.0956-7976.2003.psci_1475.x

Turvey, M. T., & Carello, C. (2011). Obtaining information by dynamic (effortful) touching. *Philosophical Transactions of the Royal Society of London. Series B, Biological Sciences, 366*, 3123–3132. doi:10.1098/rstb.2011.0159

Tversky, A., & Kahneman, D. (1974). Judgment under uncertainty: Heuristics and biases. *Science, 185*, 1124–1131. doi:10.1126/science.185.4157.1124

Tversky, A., & Kahneman, D. (1983). Extensional versus intuitive reasoning: The conjunction fallacy in probability judgment. *Psychological Review, 90*, 293–315. doi:10.1037/0033-295X.90.4.293

Tweedy, J. (2008, March 5). Shaking it off. *The New York Times*. Retrieved from http://migraine.blogs.nytimes.com/2008/03/05/shaking-it-off/

Uchino, B. N., Cacioppo, J. T., & Kiecolt-Glaser, J. K. (1996). The relationship between social support and physiological processes: A review with emphasis on underlying mechanisms and implications for health. *Psychological Bulletin, 119*, 488–531. doi:10.1037/0033-2909.119.3.488

Uddin, L. Q., Supekar, K. S., Ryali, S., & Menon, V. (2011). Dynamic reconfiguration of structural and functional connectivity across core neurocognitive brain networks with development. *The Journal of Neuroscience, 31*, 18578–18589. doi:10.1523/JNEUROSCI.4465-11.2011

United Nations Development Programme. (2012). Gender equality index 2012. Retrieved from https://data.undp.org/dataset/Table-4-Gender-Inequality-Index/pq34-nwq7, January 27, 2014.

United Nations Office on Drugs and Crime. (2009). *UNODC-WHO joint programme on drug dependence and care* [Booklet]. Retrieved from http://www.unodc.org/documents/drug-treatment/UNODC-WHO-brochure.pdf

Urban, P. P., & Caplan, L. R. (Eds.). (2011). *Brainstem disorders.* Berlin: Springer-Verlag. doi:10.1007/978-3-642-04203-4

Useem, M. (2008, Nov. 19). America's best leaders: Indra Nooyi, PepsiCo CEO: The karaoke-singing chief executive is taking Pepsi in an unlikely direction—toward healthful foods. *U.S. News and World Report.* Retrieved from http://www.usnews.com/news/best-leaders/articles/2008/11/19/americas-best-leaders-indra-nooyi-pepsico-ceo

Valenstein, E. S. (1998). *Blaming the brain: The truth about drugs and mental health.* New York, NY: Free Press.

Valenzuela, C. F. (1997). Alcohol and neurotransmitter interactions. *Alcohol Health and Research World, 21,* 144–148.

Valli, K., Strandholm, T., Sillanmäki, L., & Revonsuo, A. (2008). Dreams are more negative than real life: Implications for the function of dreaming. *Cognition & Emotion, 22,* 833–861. doi:10.1080/02699930701541591

Vallone, R. P., Ross, L., & Lepper, M. R. (1985). The hostile media phenomenon: Biased perception and perceptions of media bias in coverage of the Beirut massacre. *Journal of Personality and Social Psychology, 49,* 577–585. doi:10.1037/0022-3514.49.3.577

Van Cappellen, P., & Saroglou, V. (2012). Awe activates religious and spiritual feelings and behavioral intentions. *Psychology of Religion and Spirituality, 4,* 223–236. doi:10.1037/a0025986

van der Maas, H. L. J., Dolan, C. V, Grasman, R. P. P. P., Wicherts, J. M., Huizenga, H. M., & Raijmakers, M. E. J. (2006). A dynamical model of general intelligence: The positive manifold of intelligence by mutualism. *Psychological Review, 113,* 842–861. doi:10.1037/0033-295X.113.4.842

Van Dongen, H. P. A, Maislin, G., Mullington, J. M., & Dinges, D. F. (2003). The cumulative cost of additional wakefulness: Dose–response effects on neurobehavioral functions and sleep physiology from chronic sleep restriction and total sleep deprivation. *Sleep, 26,* 117–126. Retrieved from http://www.ncbi.nlm.nih.gov/pubmed/12683469

Van Horn, J. D., Irimia, A., Torgerson, C.M., Chambers, M.C., Kikinis, R. et al. (2012). Mapping connectivity damage in the case of Phineas Gage. *PLoS ONE 7*(5): e37454.

van IJzendoorn, M. H., & Kroonenberg, P. M. (1988). Cross-cultural patterns of attachment: A meta-analysis of the strange situation. *Child Development, 59,* 147–156. doi:10.1111/j.1467-8624.1988.tb03202.x

Van Noppen, B. (2010). *Obsessive compulsive personality disorder (OCPD).* Boston, MA: International OCD Foundation. Retrieved from http://www.ocfoundation.org/uploadedfiles/maincontent/find_help/ocpd%20fact%20sheet.pdf

Van Overwalle, F. (2009). Social cognition and the brain: A meta-analysis. *Human Brain Mapping, 30,* 829–858. doi:10.1002/hbm.20547

van Ree, J. M., Gerrits, M. A., & Vanderschuren, L. J. (1999). Opioids, reward and addiction: An encounter of biology, psychology, and medicine. *Pharmacological Reviews, 51,* 341–396.

Vance, David, Webb, Nicole M., Marceaux, Janice C., Viamonte, Sarah M., Foote, Anne W., & Ball, Karlene K. (2008, January 1). Mental stimulation, neural plasticity, and aging: Directions for nursing research and practice. *Journal of Neuroscience Nursing,* Fig. 2.

Vanhaudenhuyse, A., Boly, M., Balteau, E., Schnakers, C., Moonen, G., Luxen, A., . . . & Faymonville, M. E. (2009). Pain and non-pain processing during hypnosis: A thulium-YAG event-related fMRI study. *NeuroImage, 47,* 1047–1054. doi:10.1016/j.neuroimage.2009.05.031

Vartanian, A. (1973). Man–machine from the Greeks to the computer. *Dictionary of the History of Ideas, 3,* 131–146.

Vaughn, P. W., Rogers, E. M., Singhal, A., & Swalehe, R. M. (2000). Entertainment-education and HIV/AIDS prevention: A field study in Tanzania. *Journal of Health Communication, 5* (Supplement 1), 81–200. doi:10.1080/10810730050019573

Vedantam, S. (2012, April 6). Indian engineers build a stronger society with school lunch program. *NPR, the salt.* Retrieved from http://www.npr.org/blogs/thesalt/2012/04/06/149867092/indian-engineers-build-a-stronger-society-with-school-lunch-program

Veltkamp, M., Aarts, H., & Custers, R. (2008). Perception in the service of goal pursuit: Motivation to attain goals enhances the perceived size of goal-instrumental objects. *Social Cognition, 26,* 720–736. doi:10.1521/soco.2008.26.6.720

Venetsanou, F., & Kambas, A. (2010). Environmental factors affecting preschoolers' motor development. *Early Childhood Education Journal, 37,* 319–327. doi:10.1007/s10643-009-0350-z

Verduyn, P., Van Mechelen, I., & Tuerlinckx, F. (2011). The relation between event processing and the duration of emotional experience. *Emotion, 11,* 20–28. doi:10.1037/a0021239

Virk, G., Reeves, G., Rosenthal, N. E., Sher, L., & Postolache, T. T. (2009). Short exposure to light treatment improves depression scores in patients with seasonal affective disorder: A brief report. *International Journal on Disability and Human Development, 8,* 283–286. doi:10.1515/IJDHD.2009.8.3.283

Vogel, F., & Motulsky, A. G. (1997). *Human genetics: Problems and approaches* (3rd ed.). Berlin, Germany: Springer. doi:10.1007/978-3-662-03356-2

Von Lang, J., & Sibyll, C. (Eds.). (1983). *Eichmann interrogated: Transcripts from the archives of the Israeli police* (R. Manheim, Trans.). New York, NY: Farrar, Straus and Giroux.

Voon, V., Brezing, C., Gallea, C., Ameli, R., Roelofs, K., LaFrance, W. C., & Hallett, M. (2010). Emotional stimuli and motor conversion disorder. *Brain, 133,* 1526–1536. doi:10.1093/brain/awq054

Vygotsky, L.S. (1978). *Mind in society: The development of higher mental processes.* Cambridge, MA: Harvard University Press.

Wagar, B. M., & Dixon, M. (2006). Affective guidance in the Iowa gambling task. *Cognitive, Affective & Behavioral Neuroscience, 6,* 277–290. doi:10.3758/CABN.6.4.277

Wagemans, J., Elder, J. H., Kubovy, M., Palmer, S. E., Peterson, M. A., Singh, M., & von der Heydt, R. (2012). A century of Gestalt psychology in visual perception: I. Perceptual grouping and figure-ground organization. *Psychological Bulletin, 138,* 1172–1217. doi:10.1037/a0029333

Wagenmakers, E.-J., Wetzels, R., Borsboom, D., & van der Maas, H. L. J. (2011). Why psychologists must change the way they analyze their data: The case of psi: Comment on Bem (2011). *Journal of Personality and Social Psychology, 100,* 426–432. doi:10.1037/a0022790

Wahba, A., & Bridgewell, L. (1976) Maslow reconsidered: A review of research on the need hierarchy theory. *Organizational Behavior and Human Performance, 15,* 212–240. doi:10.1016/0030-5073(76)90038-6

Wahl, O. F. (1999). Mental health consumers' experience of stigma. *Schizophrenia Bulletin, 25,* 467–478. doi:10.1093/oxfordjournals.schbul.a033394

Waldinger, R. J. (1987). Intensive psychodynamic therapy with borderline patients: An overview. *American Journal of Psychiatry, 144,* 267–274.

Waller, B.M., Cray, J. J., & Burrows, A. M. (2008). Selection for universal facial emotion. *Emotion, 8,* 435–439. doi:10.1037/1528-3542.8.3.435

Walsh, R., & Shapiro, S. L. (2006). The meeting of meditative disciplines and Western psychology: A mutually enriching dialogue. *The American Psychologist, 61,* 227–239. doi:10.1037/0003-066X.61.3.227

Walster, E., Aronson, V., Abrahams, D., & Rottman, L. (1966). Importance of physical attractiveness in dating behavior. *Journal of Personality and Social Psychology, 4,* 508–516. doi:10.1037/h0021188

Wang, C., Swerdloff, R. S., Iranmanesh, A., Dobs, A., Snyder, P. J., Cunningham, G., . . . & the Testosterone Gel Study Group. (2000). Transdermal testosterone gel improves sexual function, mood, muscle strength, and body composition parameters in hypogonadal men. *Journal of Clinical Endocrinology & Metabolism, 85,* 2839–2853. doi:10.1210/jcem.85.8.6747

Wang, Q. (2004). The emergence of cultural self-constructs: Autobiographical memory and self-description in European American and Chinese children. *Developmental Psychology, 40,* 3–15. doi:10.1037/0012-1649.40.1.3

Wang, Q. (2006). Culture and the development of self-knowledge. *Current Directions in Psychological Science, 15,* 182–187. doi:10.1111/j.1467-8721.2006.00432.x

Ware, N. C., Wyatt, M. A., Geng, E. H., Kaaya, S. F., Agbaji, O. O., Muyindike, W. R., . . . & Agaba, P. A. (2013). Toward an understanding of disengagement from HIV treatment and care in sub-Saharan Africa: A qualitative study. *PLoS Medicine, 10,* e1001369; discussion e1001369. doi:10.1371/journal.pmed.1001369

Wason, P. C. (1960). On the failure to eliminate hypotheses in a conceptual task. *Quarterly Journal of Experimental Psychology, 12,* 129–140. doi:10.1080/17470216008416717

Wasserman, J. D., & Tulsky, D. S. (2005). A history of intelligence assessment. In D. P. Flanagan & P. L. Harrison (Eds.), *Contemporary intellectual assessment: Theories, tests, and issues* (2nd ed., pp. 3–22). New York, NY: Guilford Publications.

Waterhouse, L. (2006). Multiple intelligences, the Mozart effect, and emotional intelligence: A critical review. *Educational Psychologist, 41,* 207–225. doi:10.1207/s15326985ep4104_1

Watkins, M. W., & Smith, L. (2013). Long-term stability of the Wechsler Intelligence Scale for Children—Fourth Edition. *Psychological Assessment, 25,* 477–483. doi:10.1037/a0031653

Watson, D., & Tellegen, A. (1985). Toward a consensual structure of mood. *Psychological Bulletin, 98,* 219–235. doi:10.1037/0033-2909.98.2.219

Watson, J. B. (1913). Psychology as the behaviorist views it. *Psychological Review, 20,* 158–177. (Reprinted in *Psychological Review, 101* (1994), 248–253). doi:10.1037/h0074428

Watson, J. B., & Rayner, R. (1920). Conditioned emotional reactions. *Journal of Experimental Psychology, 3,* 1–14. doi:10.1037/h0069608

Watson, R. I. (1963). *The great psychologists: from Aristotle to Freud.* Oxford, England: Lippincott.

Weaver, I. C. G., Meaney, M. J., & Szyf, M. (2006). Maternal care effects on the hippocampal transcriptome and anxiety-mediated behaviors in the offspring that are reversible in adulthood. *Proceedings of the National Academy of Sciences of the United States of America, 103,* 3480–3485. doi:10.1073/pnas.0507526103

Weber, R., Tamborini, R., Westcott-Baker, A., & Kantor, B. (2009). Theorizing flow and media enjoyment as cognitive synchronization of attentional and reward networks. *Communication Theory, 19,* 397–422. doi:10.1111/j.1468-2885.2009.01352.x

Wechsler, D. (2008). *Wechsler Adult Intelligence Scale–Fourth Edition (WAIS–IV).* San Antonio, TX: NCS Pearson.

Wegner, D. M. (1994). Ironic processes of mental control. *Psychological Review, 101,* 34–52. doi:10.1037/0033-295X.101.1.34

Wegner, D. M., Schneider, D. J., Carter, S. R., & White, T. L. (1987). Paradoxical effects of thought suppression. *Journal of Personality and Social Psychology, 53,* 5–13. doi:10.1037/0022-3514.53.1.5

Weinberger, D. A., Schwartz, G. E., & Davidson, R. J. (1979). Low-anxious, high-anxious, and repressive coping styles: Psychometric patterns and behavioral and physiological responses to stress. *Journal of Abnormal Psychology, 88,* 369–380. doi:10.1037/0021-843X.88.4.369

Weiner, B. (1985). An attributional theory of achievement motivation and emotion. *Psychological Review, 92,* 548–573. doi:10.1037/0033-295X.92.4.548

Weisel, T. N. (1981, December 8). *The postnatal development of the visual cortex and the influence of environment* [Nobel lecture]. Reprinted in *Bioscience Reports, 2* (1982), 351–377. doi:10.1007/BF01119299

Weiss, J. (1971). Effects of coping behavior in different warning-signal conditions on stress pathology in rats. *Journal of Comparative and Physiological Psychology, 77,* 1–13. doi:10.1037/h0031583

Weitzenhoffer, A., & Hilgard, E. (1962). Stanford hypnotic susceptibility scale, form C. Retrieved from http://ist-socrates.berkeley.edu/~kihlstrm/PDFfiles/Hypnotizability/SHSSC Script.pdf

Wellman, H. M., & Gelman, S. A. (1992). Cognitive development: Foundational theories of core domains. *Annual Review of Psychology, 43,* 337–375. doi:10.1146/annurev.ps.43.020192.002005

Wellman, H. M., Cross, D., & Watson, J. (2001). Meta-analysis of theory-of-mind development: The truth about false belief. *Child Development, 72,* 655–684. doi:10.1111/1467-8624.00304

Wellman, K. (1992). *La Mettrie: Medicine, philosophy, and enlightenment.* Durham, NC: Duke.

Werner, E. E. (1993). Risk, resilience, and recovery: Perspectives from the Kauai longitudinal study. *Development and Psychopathology, 5,* 503–515. doi:10.1017/S095457940000612X

Werner, E. E., & Smith, R. S. (1982). *Vulnerable but invincible: A longitudinal study of resilient children and youth.* New York, NY: McGraw-Hill.

Werner, G., & Mitterauer, B. J. (2013). Neuromodulatory systems. *Frontiers in Neural Circuits, 7,* 36. doi:10.3389/fncir.2013.00036

Wertheimer, M. (1970). *A brief history of psychology.* New York, NY: Holt Rinehart & Winston.

Wertsch, J. V. (2007). Mediation. In H. Daniels, M. Cole, & J. V. Wertsch (Eds.), *The Cambridge Companion to Vygotsky* (pp. 178–192). New York, NY: Cambridge University Press. doi:10.1017/CCOL0521831040.008

Wessinger, C. M., Buonocore, M. H., Kussmaul, C. L., & Mangun, G. R. (1997). Tonotopy in human auditory cortex examined with functional magnetic resonance imaging. *Human Brain Mapping, 5,* 18–25. doi:10.1002/(SICI)1097-0193(1997)5:1<18::AID-HBM3>3.0.CO;2-Q

Westen, D. (1999). Scientific status of unconscious processes: Is Freud really dead? *Journal of American Psychoanalytic Association, 47,* 1061–1106. doi:10.1177/000306519904700404

Westen, D. (2007). *The political brain: The role of emotion in deciding the fate of the nation.* New York, NY: Public Affairs.

Wethington, E. (2000). Expecting stress: Americans and the "midlife crisis." *Motivation and Emotion, 24,* 85–103. doi:10.1023/A:1005611230993

Wethington E., Kessler, R. C., & Pixley, J. E. (2004). Turning points in adulthood. In O. G. Brim, C. D. Ryff, & R. C. Kessler (Eds.), *How Healthy Are We? A National Study of Well-Being at Midlife* (pp. 585–613). Chicago, IL: The University of Chicago Press.

Wexler, M., & van Boxtel, J. J. A. (2005). Depth perception by the active observer. *Trends in Cognitive Sciences, 9,* 431–438. doi:10.1016/j.tics.2005.06.018

Wheeler, V. (2008, April 21). Gillian is terrified of buttons: Student Gillian Linkins suffers one of the world's most bizarre phobias—A fear of buttons. *The Sun.* Retrieved from http://www.thesun.co.uk/sol/homepage/news/1066163/Student-is-terrified-of-buttons.html

White, R. W. (1959). Motivation reconsidered: The concept of competence. *Psychological Review, 66,* 297–333. doi:10.1037/h0040934

Whiteman, S. D., McHale, S. M., & Crouter, A. C. (2003). What parents learn from experience: The first child as a first draft? *Journal of Marriage and Family, 65,* 608–621. doi:10.1111/j.1741-3737.2003.00608.x

Who Concert Tragedy Task Force. (1980, July 8). *Crowd management: Report of the Task Force on Crowd Control and Safety* (Report). Cincinnati, OH. Retrieved from http://www.crowdsafe.com/taskrpt/

Whorf, B. L. (1956). *Language, thought and reality.* Cambridge, MA: MIT Press.

Wierzbicka, A. (1999). *Emotions across languages and cultures: Diversity and universals.* Cambridge, UK: Cambridge University Press. doi:10.1017/CBO9780511521256

Wilgus, J., & Wilgus, B. (2009). Face to Face with Phineas Gage. *Journal of the History of the Neurosciences, 18,* 340–345.doi:10.1080/09647040903018402

Williams, C. (2011, August 25). Crittervision: What a dog's nose knows. *NewScientist, 2826.* Available from http://www.newscientist.com/article/mg21128262.000-crittervision-what-a-dogs-nose-knows.html

Williams, J. M. G., & Wells, J. (1989). Suicidal patients. In J. Scott, J. M. G. Williams, & A. T. Beck (Eds.), *Cognitive Therapy in Clinical Practice* (pp. 118–128). London, England: Routledge. doi:10.4324/9780203359365_chapter_nine

Williams, L. E., & Bargh, J. A. (2008). Experiencing physical warmth promotes interpersonal warmth. *Science, 322,* 606–607. doi:10.1126/science.1162548

Williams, S. J., Seale, C., Boden, S., Lowe, P., & Steinberg, D. L. (2008). Waking up to sleepiness: Modafinil, the media and the pharmaceuticalisation of everyday/night life. *Sociology of Health & Illness, 30,* 839–855. doi:10.1111/j.1467-9566.2008.01084.x

Williams, S. L., & Zane, G. (1997). Guided mastery treatment of phobias. *The Clinical Psychologist, 50,* 13–15.

Wilmoth, J. R. (2000). Demography of longevity: Past, present, and future trends. *Experimental Gerontology, 35,* 1111–1129. doi:10.1016/S0531-5565(00)00194-7

Wilson, E. (1922, July 5). A review of James Joyce's *Ulysses. New Republic.* Retrieved from http://www.newrepublic.com/book/review/ulysses

Wilson, M. (2002). Six views of embodied cognition. *Psychonomic Bulletin & Review, 9,* 625–636. doi:10.3758/BF03196322

Wilson, T. D., & Dunn, E. W. (2004). Self-knowledge: Its limits, value, and potential for improvement. *Annual Review of Psychology, 55,* 493–518. doi:10.1146/annurev.psych.55.090902.141954

Wilson, T. D., & Gilbert, D. T. (2003). Affective forecasting. *Advances in Experimental Social Psychology, 35,* 345–411. doi:10.1016/S0065-2601(03)01006-2

Wilson, T. D., & Linville, P. W. (1985). Improving the performance of college freshmen with attributional techniques. *Journal of Personality and Social Psychology, 49,* 287–293. doi:10.1037//0022-3514.49.1.287

Wilson, T. D., Wheatley, T., Meyers, J. M., Gilbert, D. T., & Axsom, D. (2000). Focalism: A source of durability bias in affective forecasting. *Journal of Personality and Social Psychology, 78,* 821–836. doi:10.1037/0022-3514.78.5.821

Wimmer, H., & Perner, J. (1983). Beliefs about beliefs: Representation and constraining function of wrong beliefs in young children's understanding of deception. *Cognition, 13,* 103–128. doi:10.1016/0010-0277(83)90004-5

Wingfield, N. (2007, July 25). Hide the button: Steve Jobs has his finger on it: Apple CEO never liked the physical doodads, not even on his shirts. *The Wall Street Journal.* Retrieved from http://online.wsj.com/news/articles/SB118532502435077009

Winkielman, P., Halberstadt, J., Fazendeiro, T., & Catty, S. (2006). Prototypes are attractive because they are easy on the mind. *Psychological Science, 17,* 799–806. doi:10.1111/j.1467-9280.2006.01785.x

Winkler, S. (2013). Characteristics of human vision. In R. Lukac (Ed.), *Perceptual digital imaging: Methods and applications* (pp. 1–36). Boca Raton, FL: CRC Press.

Wirth, W. (1908). *Die experimentelle analyse der bewußtseinphänomene* (Experimental analysis of the phenomena of consciousness). Braunschweig: Friedrich Vieweg.

Wise, R. A. (1998). Drug-activation of brain reward pathways. *Drug and Alcohol Dependence, 51,* 13–22. doi:10.1016/S0376-8716(98)00063-5

Wise, R. A. (2004). Dopamine, learning and motivation. *Nature Reviews Neuroscience, 5,* 483–494. doi:10.1038/nrn1406

Wise, R. A., Spindler, J., DeWit, H., & Gerber, G. J. (1978). Neuroleptic-induced "anhedonia" in rats: Pimozide blocks reward quality of food. *Science, 201,* 262–264. doi:10.1126/science.566469

Witelson, S. F., Kigar, D., & Harvey, T. 1999. The exceptional brain of Albert Einstein. *Lancet, 353,* 2149–2153. doi:10.1016/S0140-6736(98)10327-6

Withagen, R., & Michaels, C. F. (2005). On ecological conceptualizations of perceptual systems and action systems. *Theory & Psychology, 15,* 603–620. doi:10.1177/0959354305057265

Wittchen, H. U., Gloster, A. T., Beesdo-Baum, K., Fava, G. A., & Craske, M. G. (2010). Agoraphobia: A review of the diagnostic classificatory position and criteria. *Depression and Anxiety, 27,* 113–133. doi:10.1002/da.20646

Wittchen, H. U., & Hoyer, J. (2001). Generalized anxiety disorder: Nature and course. *Journal of Clinical Psychiatry, 62*(s11), 15–19.

Wittgenstein, L. (1953). *Philosophical investigations.* New York, NY: Macmillan.

Wittgenstein, L. (1967). *Zettel* (G. E. M. Anscombe & G. H. von Wright, Eds., G. E. M. Anscombe, Trans.). Berkeley, CA: University of California Press.

Wolpe, J. (1958). *Psychotherapy by reciprocal inhibition.* Stanford, CA: Stanford University Press.

Wong, F., & Halgin, R. (2006). The "model minority": Bane or blessing for Asian Americans? *Journal of Multicultural Counseling and Development, 34,* 38–49. doi:10.1002/j.2161-1912.2006.tb00025.x

Wood, J. N., & Grafman, J. (2003). Human prefrontal cortex: Processing and representational perspectives. *Nature Reviews Neuroscience, 4,* 139–147. doi:10.1038/nrn1033

Wood, R. L., & Williams, C. (2008). Inability to empathize following traumatic brain injury. *Journal of the International Neuropsychological Society, 14,* 289–296. doi:10.1017/S1355617708080326

Woods, D. L., & Alain, C. (2009). Functional imaging of human auditory cortex. *Current Opinion in Otolaryngology & Head and Neck Surgery, 17,* 407–411. doi:10.1097/MOO.0b013e3283303330

Woods, S., Schwartz, M., Baskin, D., & Seeley, R. (2000). Food intake and the regulation of body weight. *Annual Review of Psychology, 51,* 255–277. doi:10.1146/annurev.psych.51.1.255

Woodward, J. (2003). *Making things happen: A theory of causal explanation.* New York, NY: Oxford University Press.

Woollett, K., & Maguire, E. A. (2011). Acquiring "the knowledge" of London's layout drives structural brain changes. *Current Biology, 21,* 2109–2114. doi:10.1016/j.cub.2011.11.018

Woollett, K., Spiers, H. J., & Maguire, E. A. (2009). Talent in the taxi: A model system for exploring expertise. *Philosophical Transactions of the Royal Society of London. Series B, Biological Sciences, 364,* 1407–1416. doi:10.1098/rstb.2008.0288

World Health Organization. (2004). *Neuroscience of psychoactive substance use and dependence.* Geneva, Switzerland: World Health Organization. Retrieved from http://www.who.int/substance_abuse/publications/en/Neuroscience.pdf

World Health Organization. (n.d.). Poverty and health. In *Health and development programmes.* Retrieved from http://www.who.int/hdp/poverty/en/

World-Elephants (based on ancient Hindu myth), http://www.native-science.net/Turtle_Elephant_Myth.htm

Worth, R., & Annese, J. (2012). Brain Observatory and the continuing study of H. M.: Interview with Jacopo Annese. *Europe's Journal of Psychology, 8,* 222–230. doi:10.5964/ejop.v8i2.475

Wright, J. C., & Mischel, W. (1987). A conditional approach to dispositional constructs: The local predictability of social behavior. *Journal of Personality and Social Psychology, 53,* 1159–1177. doi:10.1037/0022-3514.53.6.1159

Wright, R. (for TIME). (2004, April 26). The 2004 TIME 100: Steven Pinker. *TIME,* Vol. 163, No. 17. Retrieved from http://www.time.com/time/specials/packages/article/0,28804,1970858_1970909_1971671,00.html

Wright, S. (1978). The relation of livestock breeding to theories of evolution. *Journal of Animal Science, 46,* 1192–1200. Retrieved from http://www.animal-science.org/content/46/5/1192.short

Wu, C. C., Sacchet, M. D., & Knutson, B. (2012). Toward an affective neuroscience account of financial risk taking. *Frontiers in Neuroscience, 6,* 159–168. doi:10.3389/fnins.2012.00159

Wu, E. Q., Birnbaum, H. G., Shi, L., Ball, D. E., Kessler, R. C., Moulis, M., & Aggarwal, J. (2005). The economic burden of schizophrenia in the United States in 2002. *Journal of Clinical Psychiatry, 66,* 1122–1129. doi:10.4088/JCP.v66n0906

Wyatt, T. D. (2009). Fifty years of pheromones. *Nature, 457,* 262–263. doi:10.1038/457262a

Xie, L., Kang, H., Xu, Q., Chen, M. J., Liao, Y., Thiyagarajan, M., . . . & Nedergaard, M. (2013). Sleep drives metabolite clearance from the adult brain. *Science, 342,* 373–377. doi:10.1126/science.1241224

Xinyan, X. (2013). Chinese dialectical thinking—The yin yang model. *Philosophy Compass 8/5,* 438–446. doi:10.1111/phc3.12035

Xu, C., Aragam, N., Li, X., Villla, E. C., Wang, L., Briones, D., . . . & Wang, K. (2013). BCL9 and C9orf5 are associated with negative symptoms in schizophrenia: Meta-analysis of two genome-wide association studies. *PloS ONE, 8,* e51674. doi:10.1371/journal.pone.0051674

Xu, M. Q., Sun, W. S., Liu, B. X., Feng, G. Y., Yu, L., Yang, L., . . . & He, L. (2009). Prenatal malnutrition and adult schizophrenia: Further evidence from the 1959–1961 Chinese famine. *Schizophrenia Bulletin, 35,* 568–576. doi:10.1093/schbul/sbn168

Yalom, I. D. (1970). *The theory and practice of group psychotherapy.* New York, NY: Basic Books.

Yang, C. (2013). Ontogeny and phylogeny of language. *Proceedings of the National Academy of Sciences, 110,* 6324–6327. doi:10.1073/pnas.1216803110

Younger, J., Aron, A., Parke, S., Chatterjee, N., & Mackey, S. (2010). Viewing pictures of a romantic partner reduces experimental pain: Involvement of neural reward systems. *PLoS One, 5,* e13309. doi:10.1371/journal.pone.0013309

Zajonc, R. B. (1965). Social facilitation. *Science, 149,* 269–274. doi:10.1126/science.149.3681.269

Zajonc, R. B. (1980). Feeling and thinking: Preferences need no inferences. *American Psychologist, 35,* 151–175. doi:10.1037/0003-066X.35.2.151

Zajonc, R. B. (2001). Mere exposure: A gateway to the subliminal. *Current Directions in Psychological Science, 10,* 224–228. doi:10.1111/1467-8721.00154

Zanarini, M. C., Frankenburg, F. R., DeLuca, C. J., Hennen, J., Khera, G. S., & Gunderson, J. G. (1998). The pain of being borderline: Dysphoric states specific to borderline personality disorder. *Harvard Review of Psychiatry, 6,* 201–207. doi:10.3109/10673229809000330

Zatorre, R., Belin, P., & Penhune, V. (2002). Structure and function of auditory cortex: Music and speech. *Trends in Cognitive Sciences, 6,* 37–46. doi:10.1016/S1364-6613(00)01816-7

Zatorre, R., Fields, R., & Johansen-Berg, H. (2013). Plasticity in gray and white: Neuroimaging changes in brain structure during learning. *Nature Neuroscience, 15,* 528–536. doi:10.1038/nn.3045

Zentner, M., & Bates, J. E. (2008). Child temperament: An integrative review of concepts, research programs, and measures. *International Journal of Developmental Science, 2,* 7–37. doi:10.3233/DEV-2008-21203

Zentner, M., & Renaud, O. (2007). Origins of adolescents' ideal self: An intergenerational perspective. *Journal of Personality and Social Psychology, 92,* 557–574. doi:10.1037/0022-3514.92.3.557

Zhang, F., Wang, G., Shugart, Y. Y., Xu, Y., Liu, C., Wang, L., . . . & Zhang, D. (2014). Association analysis of a functional variant in ATXN2 with schizophrenia. *Neuroscience Letters, 562,* 24–27. doi:10.1016/j.neulet.2013.12.001

Zhang, L. I., & Poo, M. M. (2001). Electrical activity and development of neural circuits. *Nature Neuroscience, 4,* 1207–1214. doi:10.1038/nn753

Zhu, G., Evans, D. M., Duffy, D. L., Montgomery, G. W., Medland, S. E., Gillespie, N. A, . . . & Martin, N. G. (2004). A genome scan for eye color in 502 twin families: Most variation is due to a QTL on chromosome 15q. *Twin Research, 7,* 197–210. doi:10.1375/136905204323016186

Zimbardo, P. G. (1970). A social-psychological analysis of vandalism: Making sense out of senseless violence. (No. ONR-TR-Z-05). Technical report, Stanford University, Department of Psychology.

Zimbardo, P. G. (1970). The human choice: Individuality, reason, and order versus deindividuation, impulse, and chaos. In W. J. Arnold & D. Levine (Eds.), *Nebraska Symposium on Motivation.* Lincoln, NE: University of Nebraska Press.

Zimbardo, P. G. (1977). *Shyness: What it is, what to do about it.* Reading, MA: Addison-Wesley.

Zimbardo, P. G. (2007). *The lucifer effect: Understanding how good people turn evil.* New York, NY: Random House.

Zimmerman, M. E., Pan, J. W., Hetherington, H. P., Katz, M. J., Verghese, J., Buschke, H., . . . & Lipton, R. B. (2008). Hippocampal neurochemistry, neuromorphometry, and verbal memory in nondemented older adults. *Neurology, 70,* 1594–1600. doi:10.1212/01.wnl.0000306314.77311.be

Zitzmann, M., & Nieschlag, E. (2001). Testosterone levels in healthy men and the relation to behavioural and physical characteristics: Facts and constructs. *European Journal of Endocrinology, 144,* 183–197. doi:10.1530/eje.0.1440183

Zoch, P. A. (1998). *Ancient Rome: An introductory history.* Norman, OK: Oklahoma University Press.

찾아보기

Daniel Cervone

미국 일리노이대학교 시카고 캠퍼스의 심리학 교수로, 미국 오벌린대학을 졸업하고 스탠퍼드대학교에서 앨버트 반두라의 지도를 받으며 박사학위를 받았다. 그는 워싱턴대학교와 이탈리아 로마 라 사피엔자 대학교의 방문교수로 재직했으며 행동과학고등연구소(Center for Advanced Study in the Behavioral Sciences)의 선임 연구원으로도 재직했다.

그는 일리노이대학교 시카고 캠퍼스에서 심리학개론 이외에도 성격심리학, 사회인지, 연구 방법을 가르치고 있다. 그는 일리노이대학교 시카고 캠퍼스 심리학 박사과정의 사회/성격심리학과 임상심리학 전공 학생들을 지도하고 있으며, 일리노이대학교 시카고 캠퍼스의 학부 우등대학 선임 연구원이다.

그는 성격심리학에 대한 학부와 대학원 수준의 교재들을 집필했고, 성격과학에 대한 4권의 책을 공동 집필했다. 그는 주로 사회인지과정과 성격에 대한 많은 논문을 발표했다. 그는 또한 심리과학협회(Association for Psychological Science)의 연차학술대회에서 세 차례에 걸쳐 프로그램 회장직을 맡았으며 국제심리과학총회(International Convention of Psychological Science)의 미국 회장이다.

Tracy L. Caldwell(부가자료 개발자)

미국 도미니칸대학교의 심리학 부교수다. 뉴저지대학을 졸업하고 일리노이대학교 시카고 캠퍼스에서 성격과 사회심리학을 전공하고 박사학위를 받았다. 그녀는 심리학개론, 성격심리학, 사회심리학, 성심리학, 연구 방법과 통계를 가르치고 있다. 또한 사회인지와 애정관계 심리학에 대한 세미나를 맡고 있다.

그녀는 고정관념이 어떻게 형성되는지, 억압적 대처 유형에 따라 어떻게 위협을 처리하는지, 유머 스타일을 어떻게 평가할 것인지 등을 포함한 다양한 주제의 논문을 발표했다. 최근에는 교수와 학습, 애정관계에서 유머의 관점에 대한 성차, 학습유형 수용의 효능 등에 대한 연구를 수행하고 있다.

옮긴이

김정희

이화여자대학교 학사(영어영문학 전공)
이화여자대학교 교육학 석사(교육심리학 전공)
미국 서던캘리포니아대학교 철학박사
　(교육심리학 전공)
현재 홍익대학교 교육대학원 교수

김남희

서울대학교 학사(지리교육학 전공)
이화여자대학교 교육학 석사(교육심리학 전공)
홍익대학교 교육학 박사(교육심리학 전공)
현재 홍익대학교 사범대학 교육학과 초빙교수

이경숙

서강대학교 학사(영어영문학 전공)
미국 텍사스 A&M 대학교 석사(교육심리학 전공)
미국 텍사스 A&M 대학교 박사(교육심리학 전공)
현재 건양대학교 교육력강화센터 연구교수

이나경

독일 올덴부르크국립대학교 학사(심리학 전공)
독일 올덴부르크국립대학교 석사(심리학 전공)
독일 올덴부르크국립대학교 박사(심리학 전공)

장인희

고려대학교 학사(가정교육, 심리학 전공)
고려대학교 석사(아동학 전공)
일본 국립고베대학교 박사(발달심리학 전공)
현재 고려대학교, 홍익대학교, 덕성여자대학교,
　단국대학교, 순천향대학교 출강